제5판

형사소송법판례150선

심희기 · 양동철

弘文社

FIFTH EDITION

All of the Major Court Case Summaries of the KOREAN CRIMINAL PROCEDURE

By

Dr. Hui-Gi Sim
Dr. Dong-Chul Yang

HONG MOON SA
Seoul, 2015

제5판 머리말

2014년에 선고된 판례 중 가장 주목되는 새 판결은 대법원 2014.1.16. 선고 2013도7101 판결(⇨7.3)이다. 이 판결은 1차증거와 마찬가지로 증거능력이 배제(독수독과)되는 증거의 범위를 '1차증거와 직접적 인과관계 하에 있는 2차증거(파생증거)'로 한정한다는 법리를 명시한 점에서 중요하다. 그러나 이 판결을 제외하면 2014년에는 예년에 비하여 리딩 케이스라 할 만한 새 판례가 거의 선고되지 않았다. 형사소송법과 그 판례가 안정기에 접어들었음을 의미한다. 제5판의 수정에서는 다음과 같은 점에 유의하였다.

첫째, 2015.2.26. 간통죄 조문이 위헌판정(2011헌가31)을 받아 향후 형사소송법 229조도 의미가 없게 되었다. 이날 선고로 간통죄 마지막 합헌 결정이 있었던 2008년 10월 30일 이후 처벌받은 사람들은 재심을 통해 구제받을 수 있게 되었다. 헌법재판소법 제47조 제2항이 '해당 법률 또는 법률의 조항에 대해 종전에 합헌으로 결정한 사건이 있는 경우에는 그 결정이 있는 날의 다음 날로 소급해 효력을 상실한다'고 규정하였기 때문이다. 실형을 선고받고 복역한 사람이나 구속 기소된 사람은 형사보상금을 청구할 수 있다. 그러나 최근 간통죄 피고인에게 실형이 아닌 집행유예를 선고하는 사례가 많아 형사보상금 청구 사례는 많지 않을 전망이다. 더불어 형사소송법 229조의 포섭과 관련하여 종래 선고되었던 복잡한 판례이론들의 중요성도 점차 소멸될 것이다. 본서의 2.15 항목의 중요성은 급속도로 소멸될 것이지만 간통죄 이외에도 친고죄가 더러 남아 있으므로 제5판에서는 삭제하지 않았다.

둘째, 새로 나온 문헌 중에서 주목할 만한 문헌은 법원행정처, 법원실무제요 형사(Ⅰ, Ⅱ)(2014.2)와 한국형사소송법학회편, 형사소송법 핵심판례 110선(박영사, 2014)이다. 이를 반영하여 '1.1 토지관할 병합심리 신청사건의 관할법원'과 '11.11 제1심판결에 대하여 양형부당만을 항소이유로 내세운 피고인이 사실오인·법령위반사유를 들어 상고이유로 삼을 수 있는가'를 보강하였다. 다음에 강의교재가 2건(이창현 교수 저, 김인회 교수 저) 새로 출간되었다.

셋째, 새 판례는 아니지만 간과할 수 없는 판례라 생각되어 '11.15 약식명령에 대한 피고인만의 정식재판청구와 불이익변경금지'를 신설하였다.

넷째, 이미 리딩 케이스로서 본서에 포함된 판례와 같은 취지의 판례들(이른바 따름판례/추가판례들)은 발견되는 대로 관련되는 곳에서 추가시켰다. 이하에서 새로 보강된 판례들의 사건번호를 본서에 인용되는 순서대로 열거하면 다음과 같다.

1. 대법원 2014.8.28. 선고 2014도4496 판결(⇨2.9)
2. 대법원 2014.2.27. 선고 2011도13999 판결(⇨2.41)
3. 대법원 2013.6.27. 선고 2013도2714 판결(⇨5.5)
4. 대법원 2013.5.23. 선고 2013도3284 판결(⇨5.8)
5. 대법원 2014.10.15. 선고 2011도3509 판결(⇨7.1)
6. 대법원 2014.1.16. 선고 2013도7101 판결(⇨7.3)
7. 대법원 2014.4.30. 선고 2012도725 판결(⇨8.14)
8. 대법원 2012.10.25. 선고 2011도5459 판결(⇨8.21)
9. 대법원 2014.1.16. 선고 2013도7101 판결(⇨11.3)
10. 대법원 2013.12.12. 선고 2012도7198 판결(⇨11.7)
11. 대법원 2013.12.12. 선고 2012도7198 판결(⇨11.8)
12. 대법원 2014.5.30. 자 2014모739 결정(⇨11.9)

다섯째, 제6장과 제7장의 순서를 변경하였다. 위법수집증거배제는 '증거'라는 용어가 들어가는 관계로 '증거법'의 일환(제4판까지의 관점)처럼 보이지만 궁극적으로는 '위법수사의 억제방안'이므로 증거법에서 배제되는 것(제5판의 관점)이 맞다.

여섯째, 대법원판례해설이나 각종 학술지의 판례평석, 판례연구논문들을 찾아 본서의 해설에 반영하였다.

마지막으로, 제5판에서는 조금이라도 페이지 수를 줄이려고 '순수한 판례 소개 부분'의 활자 크기를 1포인트 작게 하였고, 하드 바운드를 포기하고 페이퍼 바운드로 바꾸었으며, 제목도 순 한글로 바꾸었다. 모두 독자의 편의를 고려한 것이다.

본서의 편집은 이경희 부장이 담당하여 주셨다. 또 어려운 출판환경 속에서도 변함없이 본서의 출판을 지원하여 주시는 임권규 사장님 이하 홍문사 임직원님들께 감사의 말씀을 전한다.

2015년 3월
저자들 씀

제4판 머리말

2013년에도 주목할 만한 새 판례들이 쏟아져 나와 2013년판의 수정·증보가 불가피해졌다. 또 새 판례는 아니지만 우선순위에서 밀려 그간 손을 댈 여유가 없었던 판례들을 찾아 새롭게 해설을 덧붙인 판례들(예를 들어 5.2, 8.24 등)도 있다. 그런가 하면 실체형법과 형사소송법 문제가 착종되어 있어 형법에서도 소홀히 취급되고 절차법에서도 소홀히 취급되어 관심의 사각지대에 있는 판례들도 있어 이번 기회에 서술대상에 포함시킨 판례(5.8)도 있다. 또 이미 리딩 케이스로서 본서에 포함된 판례와 같은 취지의 판례들(이른바 따름판례들)은 발견되는 대로 관련되는 곳에서 추가시켜 서술하였다. 그런 류의 작은 수정·증보(小變通)를 제외하고 2014년판에 새로 추가되거나 대폭 수정한 판례(大變通)들만 열거하면 다음과 같다:

(1) **2.9** 국선변호인의 적정한 선정의 기준과 변론활동의 보장[대법원 2013.7.11. 선고 2013도351 판결]

(2) **2.27** 구속된 피의자의 조사수인의무[대법원 2013.7.1. 자 2013모160 결정]

(3) **2.37** 국제우편물 통관검사절차에서 압수·수색영장 없는 우편물 개봉·시료채취·통제배달의 적법성[대법원 2013.9.26. 선고 2013도7718 판결]

(4) **2.42** 보호조치(경찰행정상 즉시강제) 상태에서의 음주측정요구의 적법성[대법원 2012.2.9. 선고 2011도4328 판결; 대법원 2012.12.13. 선고 2012도11162 판결]

(5) **3.14** 정당한 이유 없는 문서송부촉탁의 거절이나 변호인의 열람·지정의 거절[대법원 2012.5.24. 선고 2012도1284 판결]

(6) **4.4** 실질적 불이익설(구체적 방어설)[대법원 2011.11.24. 선고 2009도7166 판결]

(7) **5.2** 피고인의 대면권: 공범인 공동피고인(D2)의 법정진술의 피고인(D) 사건에서의 증거능력[대법원 1992.7.28. 선고 92도917 판결]

(8) **5.3** 대면권(반대신문권)과 피해자의 재판절차 진술권의 조화[대법원 2010.1.14. 선고 2009도9344 판결; 대법원 2012.2.23. 선고 2011도15608 판결]

(9) **5.8** 재판장의 증언거부권 불고지와 위증죄의 성부[대법원 2010.1.21. 선고 2008도942 전원합의체 판결; 대법원 2010.2.25. 선고 2007도6273 판결 등]

(10) **7.3** 절차위반행위와 그로 인한 수집증거와의 사이의 인과관계의 희석·단절[대법원 2013.3.14. 선고 2012도13611 판결 등]

(11) **8.22** 전자증거의 진정성 입증방법과 전문법칙의 적용방법[대법원 2013. 7. 26. 선고 2013도2511 판결]

(12) **8.23** 제312조의 적법한 절차와 방식의 의미[대법원 2012.5.24. 선고 2011도7757 판결;

대법원 2013.3.28. 선고 2010도3359 판결]
(13) **8.24** 진술서의 증거능력[대법원 2001.9.4. 선고 2000도1743 판결]
(14) **8.25** 변호사가 작성한 법률의견서의 성격과 증거능력 인정의 요건[대법원 2012.5.17. 선고 2009도6788 전원합의체 판결]

위와 같이 14개의 아이템을 새로 추가하는 대신 인용빈도가 낮은 4개의 아이템은 삭제하였고 역시 인용빈도가 낮은 이슈들은 분석과 해설 부분에서 삭제하거나 축소시켰다. 그럼에도 불구하고 본서에 수록된 아이템의 수는 150개로 증가하였고 페이지수도 다소 증가하였다. 2014년부터 본서의 제목을 100선에서 150선으로 변경한다.

2008년 이후 형사소송법 영역에서는 국회가 입법부의 역할을 제대로 하지 못하고 있다. 이런 상황이기 때문에 기존법률의 평범한 문리해석만으로 풀기 어려운 현안문제를 대법원과 하급법원이 판결의 형태로 선언하는 최신 판례들이 쏟아져 나오고 있다. 이 판례들은 법률의 신설 못지않은 중요성을 갖는다. 그래서 그런지 최근의 변호사시험과 사법시험, 각종 공무원시험에서는 최신판례지식을 묻는 문제들이 속출하고 있다. 본서가 최신판례의 소개와 분석에 중점을 두는 이유는 여기에 있다.

본서의 편집도 2013년에 이어 선시현 과장님이 담당하여 주셨다. 또 어려운 출판환경 속에서도 변함없이 본서의 출판을 지원하여 주시는 임권규 사장님 이하 홍문사 임직원들께 감사의 말씀을 전한다.

2014년 2월
저자들 씀

제3판 머리말

2012년에도 주목할 만한 새 판례가 쏟아져 나와 2012년판의 증보와 수정이 불가피해졌다. 그 내용을 일별해 보면 다음과 같다.

신설한 항목은 다음과 같이 15개이다:

(1) **6.** 적법절차와 영장주의[헌재 2012.6.27. 선고 2011헌가36 결정]

(2) **19.** '효과적인 변호를 받을 권리'는 '즉시 변호인의 조력을 받을 권리'의 한 내용인가(긍정)[대법원 2012.2.16. 자 2009모1044 전원합의체 결정]

(3) **25.** 간통피고사건의 항소심계속 중 고소취소간주(이혼심판청구의 취하 등)사유가 생기는 경우의 법원의 조치(공소기각의 판결)[대법원 1975.6.24. 선고 75도1449 전원합의체 판결]

(4) **32.** 긴급체포된 피의자의 체포적부심사청구에서 법원이 보증금 납입을 조건으로 석방할 수 있는가(부정)[대법원 1997.8.27. 자 97모21 결정]

(5) **37.** 정지질문의 법적 성격: 제한적 체포·수색·압수[대법원 2012.9.13. 선고 2010도6203 판결]

(6) **43.** 제216조 제3항의 현행범성·긴급성요건불비와 선의의 예외이론의 불인정[대법원 2012.2.9. 선고 2009도14884 판결]

(7) **46.** 사전·사후영장 없이 행한 검증·실황조사는 위법수사[대법원 1984.3.13. 선고 83도3006 판결; 대법원 1989.3.14. 선고 88도1399 판결]

(8) **76.** 공판절차를 주재하는 법원의 소송지휘재량과 재량권 일탈의 사례[대법원 2009.11.12. 선고 2009도8949 판결; 대법원 2011.11.10. 선고 2011도11115 판결]

(9) **94.** CC TV 녹화테이프는 전문증거인가(부정)[고물상주인 CC TV 녹화테이프망실 사건][대법원 2011.12.8. 선고. 2010도2080 판결]

(10) **120.** 몰수·추징의 요건사실과 공소사실과의 관련성[대법원 1992.7.28. 선고 92도700 판결]

(11) **126.** 경범죄처벌법상 범칙금통고처분을 받고 범칙금을 납부한 자와 기판력 재론[대법원 1986.2.25. 선고 85도2664 판결; 대법원 2011.4.28. 선고 2009도12249 판결; 대법원 2012.9.13. 선고 2012도6612 판결]

(12) **136.** 비상상고의 사유[대법원 2011.2.24. 선고 2010오1, 2010전오1 판결]

(13) **138.** 피고인을 위한 기간계산방법의 특칙[대법원 2006.3.9. 자 2005모304 결정; 대법원 2006.3.16. 선고, 2005도9729 전원합의체 판결]

(14) **139.** 대법원의 상고기각결정[대법원 2010.4.20. 자 2010도759 전원합의체 결정; 대법원 2012.1.27. 선고 2011도15914 판결; 대법원 2012.4.27. 자 2012모576 결정]

(15) **140.** 국민의 형사재판 참여에 관한 법률 관련 중요판례[대법원 2010.3.25. 선고 2009도14065 판결; 대법원 2009.10.23. 자 2009모1032 결정; 대법원 2011.9.8. 선고 2011도

7106 판결; 대법원 2012.4.26. 선고 2012도1225 판결]

서술을 보강하여 대폭 수정한 아이템들은 다음과 같이 9개다:

(1) **26**. 반의사불벌죄의 처벌불원의 의사표시의 시한[대법원 1988.3.8. 선고 85도2518 판결]
(2) **56**. 변호인의 수사기록열람·등사권[헌재 1997.11.27. 선고 94헌마60 결정 외 2개]
(3) **74**. 피고인의 출석권·공시송달·특례법·위법한 궐석재판에 대한 구제방법(상소권회복)[대법원 2003.11.14. 선고 2003도4983 판결]
(4) **78**. 과학적 추론: 경험칙·논리칙의 적용례[대법원 2011.5.26. 선고 2011도1902 판결]
(5) **82**. 고의(범의)와 공모사실의 증명방법(엄격한 증명)·적법한 증거조사[대법원 2002.3.12. 선고 2001도2064 판결; 대법원 2003.12.12. 선고 2001도606 판결; 대법원 2011.11.10. 선고 2011도11115 판결]
(6) **96**. 공범피의자를 상대로 사법경찰관이 작성한 피의자신문조서를 증거로 사용할 때 필요한 요건[대법원 1986.11.11. 선고 86도1783 판결]
(7) **98**. 공범자에 대한 검사작성 피의자신문조서를 증거로 사용할 때 필요한 요건[대법원 1990.12.26. 선고 90도2362 판결]
(8) **106**. 진술 또는 작성이 특히 신빙할 수 있는 상태[대법원 2011.11.10. 선고 2010도12 판결]
(9) **131**. 포괄일죄·상상적 경합범의 일부상소와 편면적 공방대상론[대법원 1991.3.12. 선고 90도2820 판결]

서술내용에는 변경이 없지만 제목만 변경한 것들은 다음과 같다. 제목을 변경하면 사물을 바라보는 시각에도 변화가 초래되므로 제목변경은 사소한 변경이 아니다:

(1) **24**. 반의사불벌죄에 고소의 주관적 불가분원칙의 적용이 있는가(부정)[대법원 1994.4.26. 선고 93도1689 판결]
(2) **63**. 공소시효의 법적성질과 정지[대법원 2008.12.11. 선고 2008도4101 판결]
(3) **88**. 적법한 진술거부권의 고지는 없으나 임의성 있는 자백의 2차증거의 증거능력(오염순화의 예외이론)[대법원 2009.3.12. 선고 2008도11437 판결]
(4) **93**. 진술증거와 비진술증거·최우량증거제출의 원칙과 예외[대법원 2008.11.13. 선고 2006도2556 판결]
(5) **103**. 법 제312조·성폭력특례법상의 영상녹화물과 성립의 진정인정주체[서울남부지법 2007.6.20. 선고 2006고단3255 판결]

2012.12.18. 형법과 아동·청소년의 성보호에 관한 법률 일부개정으로 2013년 6월 19일 이후에 범하여지는 성범죄에 대하여는 피해자의 고소나 처벌을 원하는 의사표시가 없어도 소추에 지장이 없게 된다. 따라서 본서의 20,

21, 22, 23번 판례의 중요성은 시간이 갈수록 감소될 것이다. 그러나 그 판례들의 법리는 2013년 6월 18일 이전까지 범하여지는 성범죄에 대하여는 여전히 유효하여 제3판에서는 삭제하지 아니하였다.

제54회 사법시험에 합격하여 사법연수원 입소를 앞두고 본서의 교정에 힘써준 최종호 군의 노고에 감사한다. 그리고 새로이 편집을 담당한 선시현 과장님께도 감사의 말씀을 전한다. 선시현 과장님은 저자들의 까다로운 주문을 성실하게 이행하여 주셨다.

2013년 2월

저자들 씀

제 2 판 머리말

최근 형사절차분야에서 주목할 만한 새 판례가 쏟아져 나왔고, 법령개정의 빈도와 폭이 높아 2011년판의 증보와 수정이 불가피해졌다. 그 내용을 일별해 보면 다음과 같다.

신설된 항목은 다음과 같이 9개이고,

(1) **6-2**. 반의사불벌죄에서 14세 10개월된 피해자가 '가해자의 처벌을 희망하지 않는다'는 의사를 표시할 수 있는 능력(소송능력의 일종)이 있는가(긍정)[대법원 2009.11.19. 선고 2009도6058 전원합의체 판결]

(2) **26-2**. 검사의 구속영장 청구 전 피의자 대면조사(피의자인치명령)의 적법성(예외적 긍정)[대법원 2010.10.28. 선고 2008도11999 판결]

(3) **32-2**. 전자정보에 대한 압수·수색[대법원 2011.05.26.자 2009모1190 결정]

(4) **32-3**. 플레인 뷰 이론[대법원 2009.5.14. 선고 2008도10914 판결]

(5) **32-4**. 적법한 체포·구속에 선행하는 압수·수색의 금지와 영장 없는 수색·압수의 범위[서울중앙지법 2006.10.31. 선고 2006노2113 판결]

(6) **74-3**. 스탠딩 법리의 부정[대법원 2011.6.30. 선고 2009도6717 판결]

(7) **87-2**. '조사자 증언'과 '특히 신빙할 수 있는 상태'의 긍정례[대구고등법원 2008.11.27. 선고 2008노293 판결]

(8) **88-2**. '진술 또는 작성이 특히 신빙할 수 있는 상태'와 진술불능요건

(9) **94-2**. 315조(당연히 증거능력 있는 서류)[대법원 2007.7.26. 선고 2007도3219 판결]

새 판례가 나와 기존판례와 합체하여 수정하거나 기존의 해설을 대폭 수정한 항목은 다음과 같이 12개이다.

(10) **14**. 내사의 수사(범죄인지)전환시기(실질설)·피내사자의 변호인과의 접견교통권[대법원 1996.6.3.자 96모18 결정; 대법원 2001.10.26. 선고 2000도2968 판결]

(11) **32**. 적법한 강제처분집행의 범위[대법원 2008.7.10. 선고 2008도2245 판결; 대법원 2011.05.26. 자 2009모1190 결정]

(12) **33**. 음주운전피의자 본인의 동의 없이 채혈된 혈액은 음주운전피고사건 등에서 위법수집증거인가[대법원 1999.9.3. 선고 98도968 판결; 대법원 2011.4.28. 선고 2009도2109 판결]

(13) **49**. 기소 후의 수사의 적법성[대법원 1982.6.8. 선고 82도754 판결; 대법원 2011.4.28. 선고 2009도10412 판결]

(14) **71**. 공동피고인의 증인적격[대법원 2008.6.26. 선고 2008도3300 판결; 대법원 2006.1.12. 선고 2005도7601 판결]

(15) **74.** 위법수집증거와 2차적 증거의 증거능력[대법원 2007.11.15. 선고 2007도3061 전원합의체 판결(공2007하,1974)]; [광주고법 2008.1.15. 선고 2007노370 판결]; 대법원 2009.3.12. 선고 2008도763 판결]
(16) **74-2.** 적법한 진술거부권의 고지는 없으나 임의성 있는 자백의 2차증거의 증거능력(오염순화의 예외이론)[대법원 2009.3.12. 선고 2008도11437 판결]
(17) **78.** 원본증거와 전문증거의 구별·최우량증거제출의 원칙과 예외[대법원 2008.11.13. 선고 2006도2556 판결]
(18) **79.**사법경찰관 작성 피의자신문조서와 사경조사단계에서 작성된 자술서의 전문예외요건[대법원 1982.9.14. 선고 82도1479 판결]
(19) **90.** 피고인에게 적대적인 참고인진술조서의 증명력 제한[대법원 2006.12.8. 선고 2005도9730 판결]
(20) **96.** 임의성에 의심이 있는 비전형적 자백(철야신문과 약속)[대법원 1997.6.27. 선고 95도1964 판결]
(21) **97.** 공동피고인의 공판정 자백의 증거능력[대법원 1985.6.25. 선고 85도691 판결]

다음에 2011.7.18.자로 형사소송법이 대폭 개정(시행일: 2012.1.1.)되었다. 가장 중요한 변화는 '적법한 대물적 강제처분집행의 범위'를 '강제집행의 빌미가 된 사건과 관련성 있는 증거에 한정'한 부분[제106조(압수), 제107조(우체물의 압수), 제215조(압수, 수색, 검증), 제219조(준용규정)]이다. 이 개정은 대법원 2011.05.26.자 2009모1190 결정][32]으로 촉발된 것이다. 판례가 법개정을 주도하고 있음을 알 수 있다.

두 번째로 중요한 개정은 검경수사권조정에 관한 제196조(사법경찰관리)의 개정이다. 외관상으로는 그 변화가 잘 보이지 아니한다. 외관상 두드러진 변화는 사법경찰관의 수사개시권을 명시한 점이다. 이제 검경의 갈등은 검사의 수사지휘에 관한 구체적 사항을 정하게 된 대통령령으로 옮겨졌다. 형소법 제196조와 대통령령(검사의 사법경찰관리에 대한 수사지휘 및 사법경찰관리의 수사준칙에 관한 규정안)의 골자는 '모든 수사에 관하여 검사는 사법경찰관리를 지휘한다'는 점이다. 그러자 이제 경찰은, '내사는 수사가 아니므로 내사단계는 검사의 지휘대상이 아니'라고 주장하고 있고 검사는 '내사도 수사의 일종'이라고 대응하고 있다. '내사도 수사의 일종'이라는 입장과 '내사는 수사가 아니'라는 입장이 첨예하게 대립되고 있는 셈이다.

위 두 가지를 제외한 나머지 항목은 재판실명제를 강화한 제40조(재판서의 기재요건), 판결서의 공개를 용이하게 한 제59조의3(확정 판결서 등의 열람·복사), 영장의 기재요건을 엄격화한 제114조(영장의 방식), 수사과정에서 수사와 관련하여 작성하거나 취득한 서류 또는 물건에 대한 목록을 빠짐없이 작성하도록 한 제198조(준수사항), 압수물의 환부, 가환부를 용이하게 하여 시민의 재산권을 강화한 제218조의2(압수물의 환부, 가환부), 피의사실공표죄(형법 제126조)에 대한 재정신청을 제한한 제260조(재정신청)이다.

본서(2012년판)에 위와 같은 새판례와 개정법률의 내용을 모두 반영하다 보니 전체 분량이 크게 늘어났다. 독자들의 양해를 구한다.

2012년 2월
저자들 씀

초판 머리말

현행 형사소송법이 제정·시행(1954년)된 지 55년 이상이 경과하고 있다. 한국의 형사소송법해석학이 발전하여 다양한 해석론이 풍부하게 전개되고 있지만 55년이 경과하는 사이에 판례이론도 확고하게 굳어져 종래의 판례를 확인하여 정리하는 작업도 쉬운 작업이 아니었다. 본서는 종래의 판례를 확인·정리하여 가급적 간결하게 형사소송법의 초학자·입문자에게 '지금까지 한국의 판례가 어떤 길을 걸어 왔는가'를 분석하는 데 초점을 맞추고 있다.

법원도서관에서 제작하여 배포하고 있는 법고을(DVD 타이틀)에는 엄청나게 많은 자료가 담겨 있고 그 내용이 해마다 업그레이드되고 있다. 거기에는 대법원과 하급심의 판례, 현행법령은 물론이고 연혁법령도 수록되어 있으며, 대법원판례해설, 판례평석, 법학자들의 논문도 중요한 것은 거의 망라되어 수록되고 있다. 이 훌륭한 자료를 활용하여 '형사소송법의 기본판례'를 2011년 2월 현재의 시점에서 정리하여 보자는 것이 본서의 목표이다.

분석의 대상은 선례가 되는 판례, 관련 쟁점에 대한 이론이 집약된 판례, 그리고 현안이 되고 있는 판례를 위주로 선정하였음을 밝혀 둔다.

Ⅰ. **사안**(facts)은 '가능한 한 자세하게' 소개하려고 노력하였다. 사안을 경시하고 판례를 깊이 이해할 수 없을 뿐 아니라, 향후 사법시험이나 변호사시험에서는 실제의 사건을 바탕으로 사례가 상세히 제시되는 경향이 심화될 것으로 예상되기 때문이다. **Ⅱ. 쟁점** 부분은 일단 '저자들이 생각한 쟁점'을 적시하였다. 그러나 독자들이 저자들보다 더 정확하고 적절한 쟁점을 제시할 수도 있을 것이다. **Ⅲ. 재판요지** 부분에서 재판요지가 복수일 경우에 저자들은 ⓐ·ⓑ·ⓒ 등의 기호를 붙여 분석을 시도하였다. **Ⅳ. 분석**(analysis)**과 해설**(explanation) 부분에 포함시키고자 한 내용은 "1. 대상판례의 내용(contents), 논거(grounds, rationale)와 의미(meaning), 대상판례의 이전·이후의 판례와의 이동(異同), 2. 판례와 다른 결론을 주장하는 주목할 만한 견해들(다수설·통설, 유력설, 신학설 등)·평석 등의 논거와 결론의 소개, 3. 관련문제(다른 판례·쟁점과의 연결고리), 4. 문헌목록의 제시" 등이었다. **'분석과 해설'** 부분의 집필원칙은 다음과 같다.

첫째, 가능한 한 수많은 재판연구관들이 집필한 『대법원판례해설』을 기초자료로 활용하였다. 재판연구관들의 판례해설은 '개별 연구관들의 사견(私見)'의 형태로 발표되고 있으나 저자들은 이 해설이야말로 '한국 대법원판결의 진의(眞意)'에 접근할 수 있는 가장 근접한 '판례자료'로 생각하기 때문이다. 그러나 '원해설자의 해설의 의미'가 '잘못 전달된다'면 그 잘못은 전적으로 저자들에게 귀속된다. 대법원판례해설을 본서에서 대량으로 인용한 저자들의 의도는 '한국의 법'을 배우려는 학생들에게 '대법원 판례의 깊은 뜻을 정확히 전달'하려는 데 그 진의가 있다.

둘째, 저자들이 사용한 방법론은 주로 판례의 역사를 추적하는 역사법학적 방법이다. 대법원판례해설의 상당부분은 이미 이 방법을 사용하고 있다. 저자들은 이 방법이야말로 가장 정통적인 판례연구방법이라고 믿고 있다.

셋째, 형사소송법이론은 최소화시키고 판례를 이해하는 데 필요한 기본적인 이론과 정보를 전달하는 데 목표를 둔다.

넷째, '언어의 경제'를 달성하기 위하여 피의자는 S(suspect), 피고인은 D(defendant), 변호인은 C(counsel), 피해자는 V(victim), 사법경찰관(police)은 P, 참고인·증인은 W(witness), 공소외(公訴外)는 O(outsider)로 표시하고, 복수일 때는 D, D2, … 식으로 표기하였다. 이렇게 표기하니 글자 수를 줄일 수 있고 사안파악이 용이해지는 장점이 생겼다. 또 문어체·한문투의 판례 원문은 '한글구어체'로 과감히 변경하거나 생략하였다.

본서가 법학전문대학원, 법과대학의 형사소송법 판례의 학습과 이해에 도움이 되기를 바란다. 본서의 집필을 격려하고 자극하여 주신 홍문사 임권규 사장님, 그리고 홍문사 편집부의 실무진들께 깊은 감사의 뜻을 전한다.

2011년 2월
저자들 씀

차 례

제 1 장　총　　론
제 2 장　수　　사
제 3 장　공소의 제기
제 4 장　공소장 변경
제 5 장　공　　판
제 6 장　위법수집증거배제
제 7 장　증거법총론
제 8 장　전문법칙과 그 예외
제 9 장　자백의 증거능력과 증명력
제 10 장　재　　판
제 11 장　상소·비상구제절차·국민참여재판

세부차례

제1장 총 론

제1절 관할과 제척·기피·회피

1.1 토지관할 병합심리 신청사건의 관할법원[대법원 2006.12.5. 2006초기335 전원합의체 결정] ······ 3

1.2 법관의 제척사유[대법원 1999.4.13. 선고 99도155 판결; 대법원 1999.10.22. 선고 99도3534 판결] ······ 10

1.3 '전심재판의 기초되는 조사심리에 관여'의 의미[대법원 1971.7.6. 선고 71도974 판결; 대법원 1989.9.12. 선고 89도612 판결] ······ 14

1.4 기피신청의 법리[대법원 1974.10.16. 74모68 결정; 대법원 2001.3.21. 2001모2 결정] ······ 17

제2절 형사절차의 구조

1.5 현행 형사소송법의 구조[헌재 1995.11.30. 선고 92헌마44 결정] ······ 21

1.6 적법절차와 영장주의[헌재 2012.6.27. 2011헌가36 결정] ······ 26

제3절 소송행위

1.7 착오에 의한 절차형성적 소송행위(상소취하)가 무효로 인정되기 위한 요건[대법원 1992.3.13. 92모1 결정] ······ 29

1.8 반의사불벌죄에서 14세 10개월된 피해자가 '가해자의 처벌을 희망하지 않는다'는 의사를 표시할 수 있는 능력(소송능력의 일종)이 있는가(긍정)[대법원 2009.11.19. 선고 2009도6058 전원합의체 판결] ······ 34

1.9 소송행위의 성립·불성립과 유효·무효, 무효의 치유[대법원 2003.11.14. 선고 2003도2735 판결] ······ 40

제4절 소송주체

1.10 검사의 공익적 지위와 객관의무[대법원 2002.2.22. 선고 2001다23447 판결] 47

1.11 변호인의 진실의무[대법원 2007.1.31. 2006모656 결정] ······ 51

제2장 수 사

제1절 피의자의 권리

2.1 피의자의 미란다 고지를 받을 권리[대법원 1992.6.23. 선고 92도682 판결] … 57
2.2 진술거부·범행의 부인과 양형[대법원 2001.3.9. 선고 2001도192 판결]……… 66
2.3 접견교통권의 법적 성질과 침해에 대한 구제[대법원 1991.3.28.자 91모24 결정] …………………………………………………………………………… 74
2.4 접견교통의 비밀보장[헌재 1992.1.28. 선고 91헌마111 결정] …………………… 87
2.5 내사의 수사(범죄인지)전환시기(실질설)·피내사자의 변호인과의 접견교통권[대법원 1996.6.3.자 96모18 결정; 대법원 2001.10.26. 선고 2000도2968 판결]……… 90
2.6 피의자신문에 변호인의 참여를 요구할 수 있는 권리의 내용과 근거[대법원 2003.11.11.자 2003모402 결정; 헌재 2004.9.23. 선고 2000헌마 138 결정] ………… 95
2.7 피의자신문참여변호인의 동석권과 진술거부권고[대법원 2007.1.31.자 2006모657 결정;대법원 2008.9.12.자 2008모793 결정]……………………………………… 99
2.8 '효과적인 변호를 받을 권리'는 '즉시 변호인의 조력을 받을 권리'의 한 내용[대법원 2012.2.16. 자 2009모1044 전원합의체 결정] ………………………… 103
2.9 국선변호인의 적정한 선정의 기준과 변론활동의 보장[대법원 2013.7.11. 선고 2013도351 판결]…………………………………………………………… 106

제2절 친고죄와 반의사불벌죄

2.10 친고죄·전속고발범죄의 고소·고발 전 수사의 적법성[대법원 1995.2.24. 선고 94도252 판결] ……………………………………………………………… 111
2.11 고소권이 있는 모(母)의 의미[대법원 1986.11.11. 선고 86도1982 판결] … 117
2.12 법정대리인의 고소권의 법적 성질[대법원 1999.12.24. 선고 99도3784 판결] …………………………………………………………………………… 121
2.13 비친고죄로 기소되었지만 친고죄 사실만 인정되는 경우 항소심에서의 고소취소의 효력(부정)[대법원 1999.4.15. 선고 96도1922 판결; 대법원 2002.7.12. 선고 2001도6777 판결] ……………………………………………………… 124
2.14 반의사불벌죄에 고소의 주관적 불가분원칙의 적용이 있는가(부정)[대법원 1994.4.26. 선고 93도1689 판결] ……………………………………………… 128
2.15 간통피고사건의 항소심계속 중 고소취소간주(이혼심판청구의 취하 등)사유

가 생기는 경우 법원의 조치(공소기각의 판결)[대법원 1975.6.24. 선고 75도1449 전원합의체 판결] ······ 134
2.16 간통고소취소·반의사불벌죄의 처벌불원의 의사표시의 시한[대법원 1988.3.8. 선고 85도2518 판결] ······ 139

제3절 임의수사와 강제수사

2.17 임의동행의 적법성의 요건[대법원 2006.7.6. 선고 2005도6810 판결] ······ 142
2.18 함정수사의 법리[대법원 2004.5.14. 선고 2004도1066 판결; 대법원 2005.10.28. 선고 2005도1247 판결] ······ 148
2.19 사진촬영이 적법한 수사방법으로 인정되기 위한 요건[대법원 1999.9.3. 선고 99도2317 판결; 대법원 1999.12.7. 선고 98도3329 판결] ······ 157

제4절 체포와 구속

2.20 긴급체포의 요건과 요건불비의 효과[대법원 2002.6.11. 선고 2000도5701 판결] ······ 161
2.21 검사의 구속영장 청구 전 피의자 대면조사(피의자인치명령)의 적법성(예외적 긍정)[대법원 2010.10.28. 선고 2008도11999 판결] ······ 167
2.22 긴급체포된 피의자의 체포적부심사청구에서 법원이 보증금 납입을 조건으로 석방할 수 있는가(부정)[대법원 1997.8.27. 자 97모21 결정] ······ 174
2.23 긴급체포와 체포감금죄의 성부[대법원 2003.3.27.자 2002모81 결정] ··· 178
2.24 범죄혐의의 상당성과 도망·증거인멸의 염려의 판단[대법원 2006.9.8. 선고 2006도148 판결] ······ 184
2.25 현행범 체포의 요건[대법원 1991.9.24. 선고 91도1314 판결] ······ 189
2.26 준현행범 체포의 요건[대법원 2000.7.4. 선고 99도4341 판결; 대법원 2006.2.10. 선고 2005도7158 판결] ······ 199
2.27 구속된 피의자의 조사수인의무[대법원 2013.7.1. 자 2013모160 결정] ··· 204

제5절 압수·수색·검증

2.28 피압수자의 압수물에 대한 권리포기행위와 압수물환부청구권[대법원 1996.8.16.자 94모51 전원합의체 결정] ······ 208
2.29 적법한 강제처분집행의 범위[대법원 2008.7.10. 선고 2008도2245 판결; 대법원 2011.5.26.자 2009모1190 결정] ······ 215
2.30 전자정보에 대한 압수·수색[대법원 2011.5.26.자 2009모1190 결정] ······ 224

2.31 플레인 뷰 이론[대법원 2009.5.14. 선고 2008도10914 판결] ………………… 228

2.32 적법한 체포·구속에 선행하는 압수·수색의 금지와 현행범 긴급 압수·수색·검증 후의 사후승인영장 획득의 필요[서울중앙지법 2006.10.31. 선고 2006노2113 판결] ……………………………………………………………… 232

2.33 제216조 제3항의 현행범성·긴급성요건불비와 선의의 예외이론의 불인정[대법원 2012.2.9. 선고 2009도14884 판결] ……………………………… 237

2.34 음주운전피의자 본인의 동의 없이 채혈된 혈액은 위법수집증거인가[대법원 1999.9.3. 선고 98도968 판결; 대법원 2011.4.28. 선고 2009도2109 판결] … 240

2.35 1개의 압수·수색영장으로 거듭하여 압수·수색을 집행할 수 있는가?(부정)[대법원 1999.12.1. 자 99모161 결정] ………………………………… 248

2.36 사전·사후영장 없이 행한 검증·실황조사는 위법수사[대법원 1984.3.13. 선고 83도3006 판결; 대법원 1989.3.14. 선고 88도1399 판결]……………………… 252

2.37 국제우편물 통관검사절차에서 압수·수색영장 없는 우편물 개봉·시료채취·통제배달의 적법성[대법원 2013.9.26. 선고 2013도7718 판결] …… 254

제6절 수사의 종결

2.38 검사의 '부당한 기소유예처분'에 대한 재정신청[대법원 1988.1.29.자 86모58 결정]……………………………………………………………………………… 260

2.39 검사의 불기소처분에 대한 헌법소원[헌재 2004.5.27. 선고 2004헌마27 결정] ……………………………………………………………………………………… 266

2.40 검사의 자의적인 공소권행사[대법원 2001.9.7. 선고 2001도3026 판결; 대법원 1999.12.10. 선고 99도577 판결; 대법원 1996.2.13. 선고 94도2658 판결] ………… 269

제7절 경찰관직무집행법

2.41 정지질문의 법적 성격: 제한적 체포·수색·압수[대법원 2012.9.13. 선고 2010도6203 판결] …………………………………………………………………… 275

2.42 보호조치(경찰행정상 즉시강제) 상태에서의 음주측정요구의 적법성[대법원 2012.2.9. 선고 2011도4328 판결; 대법원 2012.12.13. 선고 2012도11162 판결] …… 282

제3장 공소의 제기

제1절 공소장일본주의

3.1 공소장일본주의[대법원 2009.10.22. 선고 2009도7436 전합판결] ··············· 293

제2절 공소장특정과 공소권의 내용

3.2 공소사실의 특정과 불특정의 효과[대법원 2005.6.24. 선고 2005도1014 판결; 대법원 1997.8.22. 선고 97도1211 판결] ··············· 298

3.3 마약류 투약죄와 공소사실의 특정[대법원 1994.12.9. 선고 94도1680 판결] 316

3.4 마약류 투약범죄의 공소사실 특정에 대한 세 가지 패턴의 판례들[대법원 2007.1.11. 선고 2005도7422 판결; 대법원 2010.8.26. 선고 2010도4671 판결] ······ 320

제3절 피고인의 인정

3.5 성명모용소송의 법리[대법원 1993.1.19. 선고 92도2554 판결] ················· 323

제4절 검사의 기소재량과 그 한계·공소시효

3.6 일죄의 일부기소와 법원이 취해야 할 조치[대법원 1999.11.26. 선고 99도1904 판결; 대법원 2008.2.14. 선고 2005도4202 판결] ··············· 327

3.7 공소사실의 예비적·택일적 기재[대법원 1966.3.24. 선고 65도114 전원합의체 판결] ··············· 331

3.8 기소 후의 수사의 적법성[대법원 1982.6.8. 선고 82도754 판결; 대법원 2011.4.28. 선고 2009도10412 판결] ··············· 334

3.9 강간죄의 수단인 폭행·협박 행위에 대한 분리기소[대법원 2002.5.16. 선고 2002도51 판결] ··············· 339

3.10 공소시효의 법적성질과 정지[대법원 2008.12.11. 선고 2008도4101 판결] 342

3.11 죄수판단의 유동성과 동일법원에의 추가기소·변론병합·추가취지의 공소장변경허가신청의제[대법원 1996.10.11. 선고 96도1698 판결; 대법원 2007.8.23. 선고 2007도2595 판결; 대법원 2012.6.28. 선고 2012도2087 판결] ··················· 348

제5절 수사기록의 열람·등사(증거개시)

3.12 법원의 증거개시결정과 검사의 증거개시의무[대법원 2012.11.15. 선고 2011다48452 판결; 헌재 2010.6.24. 선고 2009헌마257 결정; 헌재 1997.11.27. 선고 94헌마60 결정] ··············· 356

3.13 구속피의자의 변호인의 공소제기전 수사기록열람·등사청구권[헌재 2003.3.27. 선고 2000헌마474 결정] ······ 362

3.14 정당한 이유 없는 문서송부촉탁의 거절이나 변호인의 열람·지정의 거절[대법원 2012.5.24. 선고 2012도1284 판결] ······ 366

제4장 공소장 변경

4.1 공소사실의 동일성[대법원 1982.12.28. 선고 82도2156 판결; 대법원 1989.9.26. 선고 88도1677 판결] ······ 373

4.2 공소사실의 단일성[대법원 1989.3.14. 선고 88도2428 판결; 대법원 1990.1.25. 선고 89도1317 판결] ······ 378

4.3 공소장변경의 필요성[대법원 1984.9.25. 선고 84도312 판결; 대법원 1979.6.26. 선고 78도1166 판결] ······ 382

4.4 실질적 불이익설(구체적 방어설)[대법원 2011.11.24. 선고 2009도7166 판결] ··· 389

4.5 일반법과 특별법이 동일한 구성요건을 가지고 있는 경우 검사의 기소재량권[대법원 2007.12.27. 선고 2007도4749 판결] ······ 393

4.6 공소사실의 축소인정이 가능한 범위[대법원 1999.4.15. 선고 96도1922 판결] ······ 396

4.7 법원의 축소사실 인정의 의무성[대법원 1999.11.9. 선고 99도3674 판결] ··· 401

4.8 이중기소의 위법의 치유[대법원 1989.2.14. 선고 85도1435 판결; 대법원 1996.9.24. 선고 96도2151 판결] ······ 408

4.9 공소장변경과 공소시효완성 여부의 계산 기준시점[대법원 2001.8.24. 선고 2001도2902 판결] ······ 412

제5장 공 판

5.1 제1심 공판중심주의[대법원 2006.11.24. 선고 2006도4994 판결] ······ 417

5.2 피고인의 대면권: 공범인 공동피고인(D2)의 법정진술의 피고인(D) 사건에서의 증거능력[대법원 1992.7.28. 선고 92도917 판결] ······ 422

5.3 대면권(반대신문권)과 피해자의 재판절차 진술권의 조화[대법원 2010.1.14. 선고 2009도9344 판결; 대법원 2012.2.23. 선고 2011도15608 판결] ······ 427

5.4 법정증언을 번복하는 내용의 검사작성의 참고인진술조서의 증거능력[대법원 2000.6.15. 선고 99도1108 판결; 대법원 2013.8.14. 선고 2012도13665 판결] 430

5.5 피고인의 출석권·공시송달·특례법·위법한 궐석재판에 대한 구제방법(상소권회복)[대법원 2003.11.14. 선고 2003도4983 판결] ……………………………… 435

5.6 공판조서에 대한 이의와 그 증명력[대법원 1988.11.8. 선고 86도1646 판결; 대법원 1995.4.14. 선고 95도110 판결] ……………………………………………………… 446

5.7 공판절차를 주재하는 법원의 소송지휘재량과 재량권 일탈의 사례[대법원 2009.11.12. 선고 2009도8949 판결; 대법원 2011.11.10. 선고 2011도11115 판결] … 452

5.8 재판장의 증언거부권 불고지와 위증죄의 성부[대법원 2010.1.21. 선고 2008도942 전원합의체 판결; 대법원 2010.2.25. 선고 2007도6273 판결 등] ………………… 457

제6장 위법수집증거배제

6.1 위법수집증거와 2차적 증거의 증거능력[대법원 2007.11.15. 선고 2007도3061 전원합의체 판결; 광주고법 2008.1.15. 선고 2007노370 판결; 대법원 2009.3.12. 선고 2008도763 판결] ……………………………………………………………………………… 467

6.2 적법한 진술거부권의 고지는 없으나 임의성 있는 자백의 2차증거의 증거능력(오염순화의 예외이론)[대법원 2009.3.12. 선고 2008도11437 판결] ………… 477

6.3 절차위반행위와 그로 인한 수집증거와의 사이의 인과관계의 희석·단절[대법원 2013.3.14. 선고 2012도13611 판결 등] ……………………………………… 487

6.4 스탠딩 법리의 부정[대법원 2011.6.30. 선고 2009도6717 판결] …………………498

6.5 통화·대화의 당사자녹음·청취와 제3자 녹음·청취의 적법성[대법원 1999.3.9. 선고 98도3169 판결; 대법원 2002.10.8. 선고 2002도123 판결] ………………502

6.6 사인이 위법하게 수집한 증거[대법원 1997.9.30. 선고 97도1230 판결; 대법원 2008.6.26. 선고 2008도1584 판결]……………………………………………………… 511

6.7 통신제한조치허가의 유효범위·영장 없는 영상감시의 적법요건·컴퓨터 디스켓의 수록내용과 전문법칙의 적용[대법원 1999.9.3. 선고 99도2318 판결] ……………………………………………………………………………………… 517

제7장 증거법총론

7.1 자연적 관련성(거짓말탐지기 검사결과의 증거능력)[대법원 1983.9.13. 선고 83도712 판결] ······ 531

7.2 과학적 추론: 경험칙·논리칙의 적용례[대법원 2011.5.26. 선고 2011도1902 판결] ······ 535

7.3 아동의 증언능력[대법원 1999.11.26. 선고 99도3786 판결] ······ 540

7.4 공정한 범인식별(identification)의 절차와 요건[대법원 2004.2.27. 선고 2003도7033 판결] ······ 546

7.5 악성격(유사사실) 증거배척의 원칙[대법원 1991.11.12. 선고 91도2172 판결] 555

7.6 고의(범의)와 공모사실의 증명방법(엄격한 증명)·적법한 증거조사[대법원 2002.3.12. 선고 2001도2064 판결; 대법원 2003.12.12. 선고 2001도606 판결; 대법원 2011.11.10. 선고 2011도11115 판결] ······ 559

7.7 자유로운 증명의 대상[대법원 2006.4.7. 선고 2005도9858 전원합의체 판결; 대법원 1987.9.22. 선고 87도929 판결; 대법원 1961.10.26. 선고 4294형상 590 판결] ······ 565

7.8 공동피고인의 증인적격[대법원 2008.6.26. 선고 2008도3300 판결; 대법원 2006.1.12. 선고 2005도7601 판결] ······ 569

7.9 명예훼손죄의 위법성조각사유의 거증책임과 증명의 방법[대법원 1996.10.25. 선고 95도1473 판결] ······ 575

7.10 위드마크 공식에 의한 역추산 방식을 이용한 혈중 알코올농도의 산정[대법원 2005.7.28. 선고 2005도3904 판결] ······ 583

제8장 전문법칙과 그 예외

제1절 전문증거의 개념

8.1 진술증거와 비진술증거·최우량증거제출의 원칙과 예외[대법원 2008.11.13. 선고 2006도2556 판결] ······ 593

8.2 CCTV 녹화테이프는 전문증거인가(부정)[고물상주인 CCTV 녹화테이프망실 사건][대법원 2011.12.8. 선고 2010도2080 판결] ······ 603

제2절 전문법칙의 예외(피의자신문조서)

8.3 사법경찰관 작성 피의자신문조서와 사경조사단계에서 작성된 자술서의 전문예외요건[대법원 1982.9.14. 선고 82도1479 판결] ……607
8.4 공범피의자를 상대로 사법경찰관이 작성한 피의자신문조서를 증거로 사용할 때 필요한 요건[대법원 1986.11.11. 선고 86도1783 판결] ……611
8.5 검면조서 등의 '성립의 진정'의 의미[대법원 2004.12.16. 선고 2002도537 판결] ……616
8.6 공범자에 대한 검사작성 피의자신문조서를 증거로 사용할 때 필요한 요건[대법원 1990.12.26. 선고 90도2362 판결] ……621
8.7 검사명의로 작성되었지만 실질적으로 검찰주사·주사보가 주도한 검찰조사단계에서 작성된 피의자신문조서·자필진술서의 증거능력과 적용법조[대법원 1990.9.28. 선고 90도1483 판결; 대법원 2003.10.9. 선고 2002도4372 판결] ……624

제3절 전문법칙의 예외(전문서류)

8.8 감정서가 증거로 사용되기 위한 요건[대법원 2011.5.26. 선고 2011도1902 판결] ……631
8.9 사법경찰관 작성의 검증조서에 포함되어 있는 피고인의 진술 또는 범행재연사진의 증거능력[대법원 1998.3.13. 선고 98도159 판결] ……634
8.10 녹음테이프의 음성정보의 증거능력[대법원 2005.12.23. 선고 2005도2945 판결; 대법원 1999.3.9. 선고 98도3169 판결] ……637
8.11 법 제312조·성폭력특례법상의 영상녹화물과 성립의 진정인정주체[서울남부지법 2007.6.20. 선고 2006고단3255 판결] ……643
8.12 '조사자 증언'과 '특히 신빙할 수 있는 상태'의 긍정례[대구고등법원 2008.11.27. 선고 2008노293 판결] ……650
8.13 법 제314조의 진술불능요건과 그 적용범위[대법원 2008.2.28. 선고 2007도10004 판결] ……653
8.14 진술 또는 작성이 특히 신빙할 수 있는 상태[대법원 2011.11.10. 선고 2010도12 판결] ……658
8.15 진술불능 요건의 충족 여부와 아동진술의 신빙성[대법원 1999.11.26. 선고 99도3786 판결] ……663
8.16 피고인에게 적대적인 참고인진술조서의 증명력 제한[대법원 2006.12.8. 선고 2005도9730 판결] ……668

제4절 전문법칙의 예외(전문진술과 기타)

8.17 공동피고인의 공판정 외의 진술을 내용으로 하는 증인의 전문진술의 증거능력[대법원 1984.11.27. 선고 84도2279 판결] ······ 673
8.18 탄핵증거의 적격과 탄핵대상[대법원 1998.2.27. 선고 97도1770 판결] ······ 676
8.19 재전문증거의 의의와 증거능력[대법원 2000.3.10. 선고 2000도159 판결] ···682
8.20 증거동의와 그 취소·철회의 주체와 시기[대법원 1988.11.8. 선고 88도1628 판결] ······ 689
8.21 315조(당연히 증거능력이 있는 서류)[대법원 2007.7.26. 선고 2007도3219 판결] 697
8.22 전자증거의 진정성 입증방법과 전문법칙의 적용방법[대법원 2013.7.26. 선고 2013도2511 판결] ······ 701
8.23 제312조의 적법한 절차와 방식의 의미[대법원 2012.5.24. 선고 2011도7757 판결; 대법원 2013.3.28. 선고 2010도3359 판결] ······ 704
8.24 진술서의 증거능력[대법원 2001.9.4. 선고 2000도1743 판결] ······ 710
8.25 변호사가 작성한 법률의견서의 성격과 증거능력 인정의 요건[대법원 2012.5.17. 선고 2009도6788 전원합의체 판결] ······ 715

제9장 자백의 증거능력과 증명력

제1절 자백의 증거능력

9.1 임의성 없는 자백의 증거능력을 부정하는 취지[대법원 1998.4.10. 선고 97도3234 판결] ······ 723
9.2 임의성에 의심이 있는 비전형적 자백(철야신문과 약속)[대법원 1997.6.27. 선고 95도1964 판결] ······ 729

제2절 자백의 증명력

9.3 실질설의 응용사례들[대법원 1983.5.10. 선고 83도686 판결; 대법원 1986.2.25. 선고 85도2656 판결] ······ 734
9.4 개인수첩의 자백성 여부[대법원 1996.10.17. 선고 94도2865 판결] ······ 741
9.5 공동피고인의 공판정 자백의 증거능력[대법원 1985.6.25. 선고 85도691 판결] ······ 746

제10장 재 판

10.1 기판력의 객관적 범위: 수정된 기본적 사실동일설(장물취득죄와 강도상해죄)[대법원 1994.3.22. 선고 93도2080 전합판결; 대법원 2002.11.22. 선고 2001도849 판결; 대법원 2007.4.12. 선고 2006도4322 판결] ………… 753

10.2 기판력의 시간적 범위[대법원 1993.5.25. 선고 93도836 판결] ………… 760

10.3 상습범과 기판력의 객관적·시간적 범위[대법원 2004.9.16. 선고 2001도3206 전원합의체 판결] ………… 765

10.4 면소판결의 성질[대법원 1964.3.31. 선고 64도64 판결; 대법원 1986.12.9. 선고 86도1976 판결] ………… 770

10.5 범칙금통고처분 납부와 기판력[대법원 2002.11.22. 선고 2001도849 판결;대법원 1986.2.25. 선고 85도2664 판결] ………… 775

10.6 경범죄처벌법상 범칙금통고처분을 받고 범칙금을 납부한 자와 기판력[대법원 1986.2.25. 선고 85도2664 판결; 대법원 2011.4.28. 선고 2009도12249 판결; 대법원 2012.9.13. 선고 2012도6612 판결] ………… 780

10.7 몰수·추징의 요건사실과 공소사실과의 관련성[대법원 1992.7.28. 선고 92도700 판결] ………… 785

제11장 상소·비상구제절차·국민참여재판

11.1 상소의 이익[대법원 1964.4.7. 선고 64도57 판결; 대법원 1983.5.10. 선고 83도632 판결] ………… 789

11.2 파기판결의 기속력[대법원 1984.9.11. 선고 84도1379 판결] ………… 793

11.3 항소심의 구조[대법원 1983.4.26. 선고 82도2829 판결] ………… 796

11.4 경합범의 일부상소와 상소심의 심판범위[대법원 1992.1.21. 선고 91도1402 판결] ………… 799

11.5 포괄일죄·상상적 경합범의 일부상소와 편면적 공방대상론[대법원 1991.3.12. 선고 90도2820 판결] ………… 805

11.6 죄수판단의 변경과 심판의 범위[대법원 1980.12.9. 선고 80도384 전원합의체 판결] ………… 810

11.7 불이익변경금지의 원칙[대법원 1998.3.26. 선고 97도1716 전원합의체 판결] ………… 812

11.8 전체적·실질적 고찰방법의 구체적 전개[대법원 1965.12.10. 선고 65도826 전원합의체 판결; 대법원 1977.9.13. 선고 77도2114 전원합의체 판결] ………………… 818

11.9 재심사유인 '증거의 신규성과 명백성'[대법원 2009.7.16.자 2005모472 전원합의체 결정] ………………………………………………………………………… 824

11.10 비상상고의 사유[대법원 2011.2.24. 선고 2010오1, 2010전오1 판결] ……… 835

11.11 제1심판결에 대하여 양형부당만을 항소이유로 내세운 피고인이 사실오인·법령위반사유를 들어 상고이유로 삼을 수 있는가[대법원 1987.12.8. 선고 87도1561 판결; 대법원 1999.6.25. 선고 98도3927 판결; 대법원 2000.7.28. 선고 98도4558 판결; 대법원 2000.11.10. 선고 2000도3483 판결] …………………………… 839

11.12 피고인을 위한 기간계산방법의 특칙[대법원 2006.3.9. 자 2005모304 결정; 대법원 2006.3.16. 선고, 2005도9729 전원합의체 판결] ……………………………… 842

11.13 대법원의 상고기각결정[대법원 2010.4.20. 자 2010도759 전원합의체 결정; 대법원 2012.1.27. 선고 2011도15914 판결; 대법원 2012.4.27. 자 2012모576 결정] ……… 850

11.14 국민의 형사재판 참여에 관한 법률 관련 중요판례[대법원 2010.3.25. 선고 2009도14065 판결; 대법원 2009.10.23. 자 2009모1032 결정; 대법원 2011.9.8. 선고 2011도7106 판결; 대법원 2012.4.26. 선고 2012도1225 판결] …………………………… 854

11.15 약식명령에 대한 피고인만의 정식재판청구와 불이익변경금지[헌법재판소 2005.3.31. 2004헌가27, 2005헌바8(병합) 결정(형사소송법 제457조의2 위헌제청 등)] ………………………………………………………………………… 863

■ 판례색인 ………………………………………………………………………… 867

■ 사항색인 ………………………………………………………………………… 879

[인용문헌 약어표]

Ⅰ. 교과서와 연습서

김인회, 형사소송법(2015, 피엔씨미디어)	김인회
노명선·이완규, 형사소송법(2011, 성균관대출판부)	노명선/이완규
배종대·이상돈·정승환·이주원, 형사소송법(2015, 홍문사)	배종대/이상돈/정승환/이주원
백형구, 알기쉬운 형사소송법(제4판)(2007, 박영사)	백형구
백형구, 형사소송법연습(1995, 박영사)	백형구, 연습
손동권, 형사소송법(2012, 세창출판사)	손동권
신동운, 신형사소송법(2012, 법문사)	신동운
신양균, 형사소송법(신판)(2009, 화산미디어)	신양균
신이철, 형사증거법(2012, 유스티니아누스)	신이철
심희기/양동철, 쟁점강의 형사소송법(2012, 삼영사)	심희기/양동철
이은모, 형사소송법(2012, 박영사)	이은모
이재상, 신형사소송법(9판)(2012, 박영사)	이재상
이재상, 형사소송법연습(개정7판)(2012, 박영사)	이재상, 연습
이창현, 형사소송법(입추출판사, 2014)	이창현
임동규, 신형사소송법(제7판)(2012, 법문사)	임동규
정웅석/백승민, 형사소송법(5판)(2012, 대명출판사)	정웅석/백승민
차용석/최용성, 형사소송법(제4판)(2013, 21세기사)	차용석/최용성
Charles Alan Wright, *Federal Practice and Procedure*, 1982	
池田修/前田雅英, 刑事訴訟法講義(2009, 東京大學出版會)	
松本時夫, 條解刑事訴訟法(제4판)(2010, 弘文堂)	

Ⅱ. 판례연구서·판례해설

형사판례연구회 편, 『형사판례연구』(1993-2012, 1-22호, 박영사)	필자, 제목, 『형사판례연구』 호수, 쪽수
형사실무연구회 편, 『형사재판의 제문제』(1996-2009, 1-6호, 박영사)	필자, 제목, 『제문제』 호수, 쪽수
법원행정처, 대법원판례해설	필자, 제목, 『해설』 호수, 쪽수

한국형사소송법학회편, 형사소송법 핵심판례 110선(박영사, 2014) 110선

Ⅲ. 주석서

백형구 외 공저, 『주석 형사소송법』 백형구 외, 주석, 쪽수

Ⅳ. 실무서

법원행정처, 『법원실무제요(형사)』(2014.2) Ⅰ, Ⅱ 『제요』(2014)

Ⅴ. 기타 정기간행물

『법조』, 『고시계』, 『고시연구』, 『사법행정』, 『인권과 정의』, 『법률신문』

[법령 약어표]

형사소송법	법
형사소송규칙	규칙
형법	형법
헌법	헌법
법원조직법	법조
검찰청법	검
경찰관직무집행법	경직법
도로교통법	도교법
군사법원법	군법
변호사법	변
성폭력범죄의 처벌 등에 관한 특례법	성폭력특례법
소년법	소년
소송촉진 등에 관한 특례법	소촉법
즉결심판에 관한 절차법	즉심
특정범죄 가중처벌 등에 관한 법률	특가법
폭력행위 등 처벌에 관한 법률	폭처법
형사보상법	형보
형사소송비용법	형비

제 1 장

총 론

제1절 관할과 제척·기피·회피

제2절 형사절차의 구조

제3절 소송행위

제4절 소송주체

제1절 관할과 제척·기피·회피

1.1

토지관할 병합심리 신청사건의 관할법원

대법원 2006.12.5. 2006초기335 전원합의체 결정

I 사 안

D는 2006.7.26. 무고죄 혐의로 서울중앙지방법원(단독재판부)에 기소(이하 '1사건'으로 약칭함)되었는데 또 다른 무고죄로 2006.7.31. 수원지방법원 성남지원(단독재판부)에 기소되었다(이하 '2사건'으로 약칭함). 위 두 사건은 관련사건이다.[1)] 토지관할을 달리하는 수개의 사건이 관련된 때에는 1개의 사건에 관하여 관할권 있는 법원은 다른 사건까지 관할할 수 있다(법 제5조(토지관할의 병합)). 서울중앙지방법원과 수원지방법원 성남지원은 토지관할을 달리하는 동일 심급의 법원들이다. 2사건의 국선변호인은 2006.9.15. 대법원에, '1사건이 계류 중인 법원에서 2사건도 함께 재판받게 해달라'는 취지로 '토지관할의 병합심리결정'을 신청하였다. 토지관할을 달리하는 수개의 관련사건이 각각 다른 법원에 계속된 때에는 '공통되는 직근 상급법원'이 검사 또는 피고인의 신청에 의하여 결정으로 1개 법원으로 하여금 병합심리하게 할 수 있다(법 제6조(토지관할의 병합심리)). D의 국선변호인은 대법원 1991.2.12. 90초112 결정에 따라 이 사안에서 법 제6조의 '공통되는 직근상급법원'을 대법원으로 설정한 것이다.

II 쟁 점

형사소송법 제6조의 '공통되는 직근 상급법원'이란 심급관할에 따른 상급법원인가(심급법설), 토지관할에 따른 상급법원(조직법설)인가?

III 재판요지 (직권이송)

1) 형사소송법 제6조는 사물관할은 같지만 토지관할을 달리하는 수개의 제1심 법원(지원을 포함한다. 이하 같다)들에 관련 사건이 계속된 경우에 있어서, 위 조항에서 말하는 상급법원은 그 성실상 형사사건의 토지관할 구역을 정해 놓은 '각급 법원의 설치와 관할구역에 관한 법률' 제4조에 기한 [별표

---

1) 법 제11조(관련사건의 정의) 관련사건은 다음과 같다. 1. 1인이 범한 수죄 2. 수인이 공동으로 범한 죄 3. 수인이 동시에 동일장소에서 범한 죄 4. 범인은닉죄, 증거인멸죄, 위증죄, 허위감정통역죄 또는 장물에 관한 죄와 그 본범의 죄.

3]의 관할구역 구분을 기준으로 정하여야 한다. 형사사건의 제1심 법원은 각각 일정한 토지관할 구역을 나누어 가지는 대등한 관계에 있으므로 그 상급법원은 위 표에서 정한 제1심 법원들의 토지관할 구역을 포괄하여 관할하는 고등법원이 된다. 따라서 토지관할을 달리하는 수개의 제1심 법원들에 관련 사건이 계속된 경우에 그 소속 고등법원이 같은 경우에는 그 고등법원이, 그 소속 고등법원이 다른 경우에는 대법원이 위 제1심 법원들의 공통되는 직근 상급법원으로서 위 조항에 의한 토지관할 병합심리 신청사건의 관할법원이 된다. 이와 달리 위 조항의 상급법원을 이른바 심급관할에 따른 상급법원으로 본 대법원 1991.2.12. 90초112 결정(심급법설) 등은 이와 배치되는 범위 내에서 모두 변경하기로 한다.

2) 이 사건 토지관할 병합심리 신청의 대상사건들은 서울중앙지방법원 2006고단3591 무고피고사건과 수원지방법원 성남지원 2006고단1276 무고피고사건인바, 위 사건들의 제1심 법원들은 모두 서울고등법원 소속이므로 이 사건 신청의 관할법원은 서울고등법원이고, 대법원은 관할권이 없다. 따라서 대법원을 관할법원으로 하여 제기한 이 사건 신청은 관할을 위반한 잘못이 있으나, 이는 대법원의 종전 견해에 따른 것임을 고려하여 관할법원인 서울고등법원으로 이송하여 처리하도록 하기로 한다.

IV 분석과 해설

(가) 대법원 1991.2.12. 90초112 결정의 문제점

종래 대법원은 법 제6조의 '직근 상급법원'을 '심급관할에 따른 상급법원'으로 보았다(대법원 1991.2.12. 90초112 결정). 이 해석은 문리해석에 부합한다. '직근 상급법원'이란 심급개념에 합치하는 용어이기 때문이다. 피고인 D의 국선변호인은 위 두 사건의 공통되는 직근 상급법원을 대법원으로 보고 병합심리할 법원의 결정을 대법원에 신청하였다. 공통되는 직근상급법원을 심급관할 기준으로 판단하고 여기에 법원조직법 조문들을 염두에 두면서 합리적으로 해석하면 다음과 같이 된다.

서울중앙지방법원 단독사건의 항소심은 서울중앙지방법원 항소부이고 수원지방법원 성남지원 단독사건의 항소심은 수원지방법원 항소부[2]이다. 3심급의 3심제를 염두에 두면 서울중앙지방법원 항소부(제2심)와 수원지방법원 항소부(제2심)의 공통되는 직근 상급법원은 서울고등법원이 아니라 대법원(제3심)이다. 3심제 발상에 따라 상고심은 언제나 대법원이 되어야 하기 때문이다. 그러나 이 입장은 실무상 다음과 같은 불편을 초래한다:

2) **법원조직법 제32조**(합의부의 심판권) ② 지방법원본원 합의부 및 다음 각호의 지방법원지원 합의부는 지방법원단독판사의 판결·결정·명령에 대한 항소 또는 항고사건 중 제28조 제2호에 해당하지 아니하는 사건을 제2심으로 심판한다.〈개정 2001.1.29〉 1. 삭제 〈2005.3.24〉 2. 춘천지방법원 강릉지원.

"첫째, 이 입장에 서면 동일 고등법원 관내 지방법원(제1심) 합의사건의 상급법원은 해당 고등법원인 데 반하여 단독(제1심)·항소(제2심) 사건의 상급법원은 대법원이라는 결론에 이르게 되어[3] 상대적으로 중요도가 덜한 사건의 관할 문제를 오히려 대법원이 다루어야 하는 문제가 발생한다. 둘째, 특히 서울과 멀리 떨어진 동일 고등법원 관내 지방법원 단독·항소사건의 경우 형사소송법 제6조에 의한 병합심리 관할법원이 대법원이 되어 당사자의 불편을 초래할 수 있다."[4]

정책법원이 되어야 할 대법원이 이런 문제까지 처리하도록 하는 것은 국가사법자원의 낭비가 아닐 수 없다. 이리하여 대법원은 종래의 판례를 변경하여 위 조문의 직근상급법원을 토지관할에 따른 상급법원으로 변경한 것으로 보인다.

(나) 새로운 해석에 따른 해결방법

서울중앙지방법원과 수원지방법원 성남지원의 "공통되는 직근 상급법원"은 서울고등법원이다. 결과적으로 피고인의 국선변호인의 토지관할 병합심리 신청은 심급관할권이 없는 법원에 한 것이지만, 그 신청은 종래의 대법원 판례에 따른 것이므로 대법원은 당사자의 신청을 기각하지 아니하고 그 신청사건을 관할권이 있는 서울고등법원에 이송하여, 서울고등법원으로 하여금 피고인의 신청에 대한 결정을 하도록 한 것이다.

(다) 동일 피고인에 대하여 사물관할이 다른 수개의 사건이 각기 다른 법원에 계속된 때

본 사안은 '사물관할은 같지만 토지관할을 달리하는 수개의 제1심 법원(지원을 포함한다. 이하 같다)들에 관련 사건이 계속'된 경우이다. 이와 달리 '동일 피고인에 대하여 사물관할이 다른 수개의 사건이 각기 다른 법원에 계속'된 때에는 합의부가 결정으로 단독판사에 속한 사건을 병합하여 심리할 수 있다(법 제10조(사물관할의 병합심리)).

(라) 종래의 해석이 여전히 유용한 경우

토지관할을 달리하는 수개의 제1심법원들이 같은 고등법원 관내에 있을 때만 새 판례가 의미가 있다. 그러니 토지관할을 달리하는 수개의 제1심법원

---

3) "심급설과 조직설에 따른 관할 법원의 차이는 동일 고등법원 관내 지방법원의 단독·항소사건의 경우에 나타난다. 예를 들어 서울중앙지방법원과 서울동부지방법원의 단독·항소사건의 경우 심급설을 취할 때의 직근상급법원은 대법원이 되고, 조직설을 취할 때의 직근상급법원은 서울고등법원이 된다."

4) 이재권, 형사소송법 제6조에 의한 토지관할 병합신청 사건의 관할법원, 정의로운 사법: 이용훈 대법원장재임기념(사법발전재단, 2011).

들이 서로 다른 고등법원 관내에 있을 때는 종래의 심급법설이 여전히 유효하다.[5)]

(마) 항소심에서 공소장변경에 의하여 단독판사의 관할사건이 합의부 관할사건으로 된 경우의 관할법원(대법원 1997.12.12. 선고 97도2463 판결)

"광주지방법원 단독판사가 피고인에 대한 부정수표단속법, 상습사기, 공문서위조의 공소사실을 유죄로 인정하고 형을 선고하였고, 피고인의 불복으로 사건이 항소심에 계류 중에, 원심은, 검사가 상습사기의 공소사실을 추가하고 죄명을 상습사기에서 특정경제범죄 가중처벌 등에 관한 법률위반죄(사기)로, 적용법조에 특정경제범죄 가중처벌 등에 관한 법률 제3조 제1항 제2호를 추가하는 내용으로 한 공소장변경신청을 허가한 다음 심리를 마치고, 위 단독판사의 제1심판결을 직권으로 파기하여 공소사실을 모두 유죄로 인정하고 형을 선고하였다. 그런데 특정경제범죄 가중처벌 등에 관한 법률 제3조 제1항 제2호의 법정형은 3년 이상의 유기징역이고, 법원조직법 제32조 제1항 제3호에 의하면 사형·무기 또는 단기 1년 이상의 징역 또는 금고에 해당하는 사건은 지방법원 또는 그 지원의 합의부가 제1심으로 심판권을 행사하는 것으로 규정되어 있다. 그리고 같은 법 제28조에는 고등법원은 지방법원 합의부의 제1심판결에 대한 항소사건을 심판하도록 규정되어 있으며, 형사소송법 제8조 제2항에는 '단독판사의 관할사건이 공소장변경에 의하여 합의부 관할사건으로 변경된 경우에 법원은 결정으로 관할권이 있는 법원에 이송한다'고 규정되어 있다. 항소심에서 공소장변경에 의하여 단독판사의 관할사건이 합의부 관할사건으로 된 경우에도 법원은 사건을 관할권이 있는 법원에 이송하여야 하고, 항소심에서 변경된 위 합의부 관할사건에 대한 관할권이 있는 법원은 고등법원이라고 봄이 상당하다."

(바) 치료감호사건의 제1심 재판관할과 항소심재판관할(대법원 2009.11.12. 선고 2009도6946, 2009감도24 판결)

"치료감호법은 제3조 제2항에서 '치료감호사건의 제1심 재판관할은 지방법원 합의부 및 지방법원지원 합의부로 한다. 이 경우 치료감호가 청구된 치료감호대상자에 대한 치료감호사건과 피고사건의 관할이 다른 때에는 치료감호사건의 관할에 따른다.'고 규정하면서, 제4조 제5항에서 '검사는 공소제기한 사건의 항소심 변론종결 시까지 치료감호를 청구할 수 있다.'고 규정하고, 제

5) 『제요(I)』(2014), 59면; 110선 36번(이주원 집필 부분).

12조 제2항 본문에서 '치료감호사건의 판결은 피고사건의 판결과 동시에 선고하여야 한다.'고 규정하고 있다. **위 규정들의 내용을 종합**해 보면, 단독판사 관할 피고사건의 항소사건이 지방법원 합의부나 지방법원지원 합의부에 계속 중일 때 그 변론종결 시까지 청구된 치료감호사건의 관할법원은 고등법원이고, 피고사건의 관할법원도 치료감호사건의 관할을 따라 고등법원이 되며, 위와 같은 치료감호사건이 지방법원이나 지방법원지원에 청구되어 피고사건 항소심을 담당하는 합의부에 배당된 경우 그 합의부는 치료감호사건과 피고사건을 모두 고등법원에 이송하여야 한다.

이 사건에서 단독판사 관할 피고사건의 항소사건이 항소심법원에 계속 중일 때 검사가 항소심법원이 소속된 춘천지방법원에 치료감호청구를 하고 그 치료감호사건이 항소심법원에 배당되었으므로, 항소심법원은 치료감호사건과 피고사건을 모두 관할권이 있는 서울고등법원으로 이송하였어야 한다. 그런데도 항소심법원은 피고사건과 치료감호사건을 병합심리하여 피고인 겸 피치료감호청구인을 징역 1년 및 치료감호에 처하였으니, 원심판결에는 관할의 인정을 잘못하여 실체의 재판을 함으로써 판결에 영향을 미친 위법이 있다. 그러므로 피고인 겸 피치료감호청구인의 상고이유에 대한 판단을 생략한 채 형사소송법 제391조, 제394조, 치료감호법 제51조에 따라 원심판결을 파기하고 사건을 관할권이 있는 서울고등법원으로 이송한다."[6)]

(사) 형사소송법 제4조 제1항의 '현재지'의 의미(대법원 2011.12.22. 선고 2011도12927 판결)

"여기서 '현재지'라고 함은 공소제기 당시 피고인이 현재한 장소로서 임의에

---

6) **[사안]** D는 아무런 이유 없이 피해자 V의 가게에서 '한국 상품을 가게에서 빼라'며 주먹으로 V의 얼굴을 때리는 등 수회 폭행하였고, 또한 V2의 식당에서 음식을 먹다가 커터칼을 들고 위 V2에게 '이 씨부랄년아, 우리 엄마, 아버지를 네년이 죽였지?, 네년 보지에 애를 넣어 가지고 있지?, 이 칼로 네년을 난도질하여 죽여 버리겠다'고 욕설을 하였으며, V에게 폭행하게 된 경위에 대하여 D는 'V가 한국 여성들을 가두어 놓고 옷이나 만들어 판다고 해서 내가 혼내려고 했지… 대중이 새끼들이 시켜서 그 놈이 일본 놈의 새끼들과 결탁을 해서 옷가게를 확장해서 문을 닫으려 했지… 그래서 밖으로 그 놈을 데리고 나가 패면서 끌고 돌아다니려 했지'라고 진술하였고, 커터칼과 관련하여 경찰에서는, '일본새끼들을 죽이려고 산 것'이라고 진술하다가, 커터칼을 식당에 가지고 들어간 이유를 묻는 검사의 질문에는 '니가 알아서 판단해 인마…'라고 진술하였다. **[항소심 판지]** D의 항소심 법정에서의 진술 태도, 항소심에서 D에 대하여 실시한 정신감정 결과에 따르면 D는 정신분열병으로 인하여 정신과적인 치료, 입원치료, 약물치료가 필요할 것으로 보인다. "D는 범행당시 사물을 변별하거나 의사를 결정할 능력이 미약한 상태로서 심신미약의 상태에 있었다고 봄이 상당한 바, 제1심은 형의 필요적 감경사유에 해당하는 위와 같은 사정을 고려하지 아니한 채 법령적용을 한 위법이 있으므로, 이 점에서 원심판결은 파기를 면할 수 없게 되었다. 따라서 피고인의 항소는 이유 있으므로, 양형부당 주장에 대한 판단을 생략한 채 형사소송법 제364조 제6항에 의하여 원심판결을 파기하고, 변론을 거쳐 다음과 같이 다시 판결(한다.)

의한 현재지뿐만 아니라 적법한 강제에 의한 현재지도 이에 해당한다.”

(아) 합의부의 관할사건이 공소장변경에 의하여 단독판사 관할사건으로 변경된 경우의 조치(대법원 2013. 4. 25. 선고 2013도1658 판결)

[**사안**] 부산지방법원 제1심 합의부는 실체심리에 들어가기 전에 검사가 공소사실 중 일부에 관하여 죄명을 특정경제범죄 가중처벌 등에 관한 법률 위반(사기)죄에서 사기죄로 변경하고, 적용법조 중 특정경제범죄 가중처벌 등에 관한 법률 제3조 제1항 제2호를 삭제하는 내용의 공소장변경허가신청서를 제출하자, 공소장변경을 허가하는 결정을 하지 않은 채 착오배당을 이유로 이 사건을 제1심 단독판사에게 재배당하게 하였다. 검사는 제1심 제13회 공판기일에서 공소장 및 공소장변경허가신청서에 의하여 공소사실, 죄명, 적용법조를 낭독하였고, 제1심 단독판사는 심리를 마친 후 이 부분 공소사실을 유죄로 인정하여 형을 선고하였다. 피고인 D가 항소하였지만 항소가 기각되자 상고하였다.

[**판지**(파기환송)] 특정경제범죄 가중처벌 등에 관한 법률 제3조 제1항 제2호에서 정한 법정형은 3년 이상의 유기징역이고, 법원조직법 제32조 제1항 제3호에 의하면 사형·무기 또는 단기 1년 이상의 징역 또는 금고에 해당하는 사건은 지방법원 또는 그 지원의 합의부가 제1심으로 심판권을 행사하는 것으로 규정되어 있다. 그리고 형사소송법은 제8조 제2항에서 ‘단독판사의 관할사건이 공소장변경에 의하여 합의부 관할사건으로 변경된 경우에 법원은 결정으로 관할권이 있는 법원에 이송한다’라고 규정하고 있을 뿐이고, 반대의 경우, 즉 합의부의 관할사건이 공소장변경에 의하여 단독판사 관할사건으로 변경된 경우에 관하여는 규정하고 있지 아니하며, ‘법관 등의 사무분담 및 사건배당에 관한 예규’에서도 이러한 경우를 재배당사유로 규정하고 있지 아니하다. 그렇다면, 이 사건은 공소제기 당시부터 합의부 관할사건이었고, 설령 합의부가 공소장변경을 허가하는 결정을 하였다고 하더라도 그러한 사정은 합의부의 관할에 아무런 영향을 미치지 아니하므로, 합의부로서는 마땅히 이 사건에 관하여 그 실체에 들어가 심판하였어야 하고 사건을 단독판사에게 재배당할 수는 없다. 그런데도 제1심 및 원심이 이 사건에 관한 실체 심리를 거쳐 심판한 조치는 관할권이 없는데도 이를 간과하고 실체판결을 한 것으로서 소송절차에 관한 법령을 위반한 잘못을 저지른 것이라 할 것이고, 관할제도의 입법 취지(관할획일의 원칙)와 그 위

법의 중대성 등에 비추어 이러한 잘못은 판결에 영향을 미쳤음이 명백하다. 이 점을 지적하는 상고이유의 주장은 이유 있다. 그러므로 나머지 상고이유에 관한 판단을 생략한 채, 형사소송법 제391조, 제394조에 의하여 원심판결 및 제1심판결을 모두 파기하고 사건을 관할권이 있는 부산지방법원 합의부에 이송하기로 하여, 관여 대법관의 일치된 의견으로 주문과 같이 판결한다.

1.2

법관의 제척사유

대법원 1999.4.13. 선고 99도155 판결; 대법원 1999.10.22. 선고 99도3534 판결

I 사 안

제1사안

D는 A정당의 지구당 위원장으로서 1998년에 지방선거에 대비하여 당원 등 450여 명을 참석시킨 가운데 당원단합대회를 개최할 때 당원집회의 표지를 게시하지 아니하여(당원집회를 개최하는 때에는 집회 장소에 관한 선거관리위원회의 검인을 받아 당원집회임을 표시하는 표지를 게시하여야 한다) 정당법과 공직선거 및 선거부정방지법 제256조, 제141조에 위반한 혐의로 기소되었다. 제1심과 항소심은 유죄를 선고하였다. D는 "항소심 재판에 관여한 법관 중 한 사람은 선거관리위원장으로서 D의 공직선거 및 선거부정방지법 위반 혐의사실에 대하여 수사기관에 수사의뢰를 한 법관이었으므로 항소심 판결은 형사소송법 제17조 제6호, 제7호[1]에 위배한 위법이 있다"며 상고하였다.

제2사안

D2는 폭력행위 등 처벌에 관한 법률위반 등의 혐의로 기소되었다. 제1심과 항소심은 유죄판결을 선고하였다. D2는 "항소심 재판에 관여한 판사 중 한 사람이 제1심 제1회 공판기일에 유죄증거로 제출된, D2에 대한 피의자신문조서, 참고인들에 대한 진술조서 등에 대하여 증거조사를 하였고, 이후 위 증거들은 모두 제1심판결에서 D2의 유죄증거로 사용"되었으므로(다만 제1심판결은 이후 경질(更迭, 바뀜)된 다른 판사가 선고하였다) 항소심판결이 위법하다"고 주장하며 상고하였다.

II 쟁 점

1) 수사기관에 수사의뢰한 법관이 그 후 당해 형사피고사건의 항소심 재판에 관여하면 제척사유(법 제17조 제6호, 제7호)에 해당하는가?(제1사안의 쟁점)

2) 제1심에서 유죄증거로 사용된 증거를 '조사'한 판사가 항소심 재판에 관여하는 것이 제척사유에 해당하는가?(제2사안의 쟁점)

---

1) **법 제17조**(제척의 원인) 법관은 다음 경우에는 직무집행에서 제척된다. 1. 법관이 피해자인 때 2. 법관이 피고인 또는 피해자의 친족, 호주, 가족 또는 이러한 관계가 있었던 자인 때 3. 법관이 피고인 또는 피해자의 법정대리인, 후견감독인인 때 4. 법관이 사건에 관하여 증인, 감정인, 피해자의 대리인으로 된 때 5. 법관이 사건에 관하여 피고인의 대리인, 변호인, 보조인으로 된 때 6. 법관이 사건에 관하여 검사 또는 사법경찰관의 직무를 행한 때 7. 법관이 사건에 관하여 전심재판 또는 그 기초되는 조사, 심리에 관여한 때.

III 재판요지

제1사안(상고 기각)

㉮ 그것이 적절하다고는 볼 수 없으나 ㉯ 형사소송법 제17조 제6호의 제척원인인 '법관이 사건에 관하여 사법경찰관의 직무를 행한 때'에 해당한다고 할 수 없다. 또 형사소송법 제17조 제7호의 제척원인인 '법관이 사건에 관하여 그 기초되는 조사에 관여한 때'라 함은 ㉰ '전심재판의 내용 형성에 사용될 자료'의 수집·조사에 관여하여 그 결과가 전심재판의 사실인정 자료로 쓰여진 경우를 말하므로, (㉰이론의 본 사안에의 적용) 법관이 선거관리위원장으로서 공직선거 및 선거부정방지법위반 혐의사실에 대하여 수사기관에 수사의뢰를 하고, 그 후 당해 형사피고사건의 항소심 재판을 하는 경우 역시 적절하지는 않으나 위 제척원인인 법관이 사건에 관하여 그 기초되는 조사에 관여한 때에 해당한다고 볼 수는 없다.

제2사안(파기 환송)

사정이 그러하다면 동(同) 판사는 형사소송법 제17조 제7호 소정의 '전심재판의 기초가 되는 조사·심리에 관여'하였다.

IV 분석과 해설

수사의뢰는 재판의 일환이 아니므로 제1사안은 '법관이 사건에 관하여 사법경찰관의 직무를 행한 때'나 '법관이 사건에 관하여 전심재판의 기초되는 조사에 관여한 때'에 해당하지 않음이 명백하고, 제2사안은 항소심법관이 법 제17조 제7호 소정의 전심재판(이 사안에서는 제1심)의 기초가 되는 조사, 심리에 관여하였음이 명백하다. 기타 주목하여야 할 사항은 아래와 같다.

(가) 법관 등의 제척·기피·회피제도와 공정한 재판

헌법재판소는 헌법의 적법절차조항(헌법 제12조 제1항, 제3항)과 재판청구권 조항(헌법 제27조 제1항, 제3항)을 개인의 '적법절차에 의한 공정한 재판을 받을 권리'를 보장하는 조항으로 해석[2]하고 있다. 공정한 재판은 우선 "공정한 법원"에 의하여 담보될 수 있다. "공정한 법원"이란 첫째, '편파적이거나 불공정할 우려가 없는 조직과 구성을 가진 법원'을 의미한다. 둘째, "공정한 법원"은 '구체적인 사건'에 대하여 불공정할 우려가 없는 조직과 구성을 갖는 법원이어야 한다. 이 점을 보장하려는 소송법상의 제도적 장치가 제척, 기피, 회피제도이다. 제척이란 불공정한 재판이 될 우려가 현저한 유형을 사전에 법률로 추상적으로 법정하고, 법관이 이에

2) 헌재 1996.12.26. 선고 94헌바1 결정(형사소송법 제221조의2 위헌소원 헌공 제19호).

해당할 때는 그 법관이 '법률상 당연히' 그 직무로부터 배제되도록 하는 제도이다(법 제17조). 기피란 제척사유가 존재함에도 불구하고 법관이 사건에 관여하려는 경우(유형적 사유), 기타 법관이 불공정한 재판을 할 우려가 있는 경우(비유형적 사유)에 당사자의 신청으로 당해 법관을 직무로부터 배제하는 장치이다(법 제18조 이하). 회피란 법관 스스로 기피사유가 있다고 생각하는 경우에 자발적으로 그 직무로부터 물러날 것을 기대하는 장치이다(법 제24조). 법관 등의 제척·기피·회피사유 중 법 제17조의 제7호(법관이 사건에 관하여 전심재판 또는 그 기초되는 조사, 심리에 관여한 때-이는 법 제18조의 제1항 제1호 사유이기도 하다)와 법 제18조의 제1항 제2호(법관이 불공평한 재판을 할 염려가 있는 때)가 특히 중요하다.

(나) 전심재판의 의미

1) '전심'(前審)이란 '상소에 의하여 불복이 신청된 재판'이며 '재판'이란 '종국재판'이다. 파기환송 전의 원심에 관여한 법관이 환송 후의 재판에 관여하는 것, 재심청구의 대상인 확정판결에 관여한 법관이 재심사건에 관여하는 것은 각각 법이 인정하는 정상적인 제도이고 전심에 관여한 것이 아니며, 판결정정신청(법 제400조)을 받은 상고심도 전심이 아니다.

2) 약식명령이나 즉결심판을 행한 판사가 정식재판을 담당하는 것이 전심재판에 관여한 때에 해당하는가? "약식명령을 발부한 판사가 그 제2심판결에 관여하면 제척, 기피의 원인이 된다."는 판례(대법원 1955.10.18. 선고 4288형상242 판결, 대법원 1985.4.23. 선고 85도281 판결)가 있다. 이 사안은 약식명령을 발부한 판사가 제1심판결이 아니라 항소심판결에 관여한 사안이므로 자연스러운 판결이다. 그러나 약식명령·즉결심판과 그 정식재판의 제1심은 동일심급이므로 부정함이 타당하다(대법원 2002.4.12. 선고 2002도944 판결[3]).

3) '관여'란 '재판의 내부적 성립에 실질적으로 관여'하는 것이어야 한다. 상급심의 법관이 하급심 재판의 선고(외부적 성립)에만 관여한 때, 사실심리나 증거조사를 하지 않고 공판기일을 연기하는 재판에만 관여한 때, 공판에 관여한 바 있지만 판결선고 전에 교체(경질)된 때(이 경우에는 공판절차가 갱신될 것이다) 등은 여기서의 '관여'에 해당하지 않는다.

3) "약식절차와 피고인 또는 검사의 정식재판청구에 의하여 개시된 제1심공판절차는 동일한 심급 내에서 서로 절차만 달리할 뿐이므로, 약식명령이 제1심공판절차의 전심재판에 해당하는 것은 아니고, 따라서 약식명령을 발부한 법관이 정식재판절차의 제1심판결에 관여하였다고 하여 형사소송법 제17조 제7호에 정한 '법관이 사건에 관하여 전심재판 또는 그 기초되는 조사, 심리에 관여한 때'에 해당하여 제척의 원인이 된다고 볼 수는 없다." (대법원 2002.4.12.선고 2002도944 판결)

(다) 총 평

'제척사유로서의 전심재판 관여'의 의미해석에 관한 종래의 판례의 흐름은 '전심재판 관여'로 판단되는 범위를 가급적 최소화하려는 데 있었다. 법관의 수가 부족하고 판사의 순환보직제로 법관들이 자주 이동하고 있는데 제척, 기피, 회피사유를 폭넓게 인정하면 재판을 진행하는 데 지장이 많았기 때문이다. 과거에는 법관의 수가 부족하여 그러한 해석이나 정책의 수행도 용납될 소지가 있었다. 그러나 현재에는 법관의 수도 늘어났고 시민들의 공정한 법원의 구성에 대한 관심이 고조되고 있으므로 종래의 판례를 수정하여 제척, 기피사유를 좀 더 폭넓게 인정할 필요가 있다. 실무상으로는 '사건의 재배당'으로 제척, 기피, 회피제도가 노리는 바를 우회적으로 달성하기도 한다.

1.3

'전심재판의 기초되는 조사심리에 관여'의 의미

대법원 1971.7.6. 선고 71도974 판결; 대법원 1989.9.12. 선고 89도612 판결

I 사 안

제1사안(생략)

제2사안(생략)

II 쟁 점

1) 상급심의 법관이 수사절차나 하급심에서 수탁판사로서 증거조사를 행하였거나 증거보전절차(혹은 수사상의 증인신문절차)에 관여한 것이 전심재판의 기초되는 조사심리에 관여한 것인가?

2) 항소심법관이 수사단계에서 피고인에 대하여 구속영장을 발부한 것이 전심재판의 기초되는 조사심리에 관여한 것인가?

III 재판요지

제1사안(상고기각)

공소제기 전에 검사의 청구에 의하여 형사소송법 제184조에 의한 증인신문을 한 법관은 형사소송법 제17조 제7호에 이른바 전심재판 또는 그 기초되는 조사, 심리에 관여한 법관이라고 할 수 없으므로, 이 사건에 있어서 형사소송법 제184조에 의한 검사의 증거보전신청에 의하여 증인을 신문한 판사가 원심법관으로 관여하였다 하여 제척원인 있는 법관이 원판결에 관여하였다고 할 수 없다.

제2사안(상고기각)

법관이 수사단계에서 피고인에 대하여 구속영장을 발부한 경우는 형사소송법 제17조 제7호 소정의 '법관이 사건에 관하여 전심재판 또는 그 기초되는 조사, 심리에 관여한 때'에 해당된다고 볼 수 없(다).

IV 분석과 해설

(가) '기초되는 조사 · 심리'의 의미

'제척사유로서의 전심재판관여'에 대한 종래의 판례의 흐름과 마찬가지로 판례는 '전심재판의 기초되는 조사 · 심리에 관여'의 의미를 매우 좁게 해석하여 왔다.

'관여'란 "전심재판의 실체적 내용형성에 영향을 미친 것"을 말하며 공소제기의 전인가 후인가를 묻지 않는다. 상급심의 법관이 수사절차나 하급심에서 구속영장을 발부하거나 구속적부심사에 관여하거나 또는 보석재판에 관여하는 것은 이에 해당하지 아니한다. 이 재판들은 재판의 실체적 내용에 관련되는 재판들이 아니라 순절차적인 사항에 관련되는 재판들이기 때문이다.

대법원은 상급심의 법관이 수사절차나 하급심에서 증거보전절차(혹은 수사상의 증인신문절차)[1]에 관여하였다 하더라도 전심재판의 실체적 내용형성에 영향을 미친 것이 아니므로 '전심의 기초되는 조사·심리에 관여'한 것이 아니라고 하지만[2] 납득하기 어렵다.

(나) 재정신청절차(기소강제절차)에서 공소제기결정에 관여한 법관(고등법원판사)이 당해 사건의 제1심과 항소심 재판에 관여하면 '전심재판'의 기초가 되는 조사, 심리에 관여한 것인가?

법 제17조 제7호는 "'전심재판'의 기초가 되는 조사, 심리"라고 하였으므로 항소심에서는 제1심, 상고심에서는 제1심과 항소심이 전심이 될 것이다. 재정신청절차에서 공소제기결정이 내려진 경우 당해 사건의 항소심 법관의 입장에서 볼 때 재정신청절차는 '제1심 재판의 기초가 되는 조사, 심리의 성격'을 가진 것으로 파악될 소지가 없지 않다. 제척제도는 법관의 예단배제를 그 목적의 하나로 삼는데, 재정신청절차에서 공소제기결정에 관여한 법관이라면 이미 사건의 실체에 대하여 예단(특히 유죄방향의 예단)을 가지고 있다고 할 수 있으므로 재정신청절차에서 공소제기결정에 관여한 법관이 다시 당해 사건의 제1심이나 항소심 법관이 되는 것은 적절하지 아니하다. 그러나 '재정신청절차와 지방법원 제1심이나 항소심의 관계'는 전심과 상급심의 관계가 아니므로 재정신청절차에서 공소제기결정에 관여한 법관이 다시 당해 사건의 제1심 법관으로 관여할 때 적어도 형식적으로는 "'전심재판'의 기초가 되는 조사, 심리에 관여"한 것에 해당하지는 아니한다. 이것은 한국 형사소송법의 입법상의 불비[3]라고 생각된다.

---

1) 대법원 1971.7.6. 선고 71도974 판결: "공소제기 전에 검사의 청구에 의하여 형사소송법 제184조에 의한 증인신문을 한 법관은 형사소송법 제17조 제7호에 이른바 전심재판 또는 그 기초되는조사, 심리에 관여한 법관이라고 할 수 없다."

2) 제척사유가 된다는 반대 견해가 있다. 이재상, 80; 신동운, 601; 정웅석/백승민, 71.

3) 일본 형사소송법은 준기소절차에서 부심판결정(한국의 공소제기결정에 상당)에 관여한 법관은 심급여하를 불문하고 부심판결정이 난 형사사건에 관여하는 것을 제척사유로 하는 명문의 조항을 두고 있다(일본 형사소송법 제20조 제7호). 이런 조항이 없는 우리나라에서 대법원이 장차 어떤 입장을 보일지 주목된다.

생각건대 재정신청절차에서 공소제기결정에 관여한 법관이 다시 당해 사건의 제1심 법관이나 항소심 법관으로 관여할 때 문리해석상 제척사유는 되지 않는다 하더라도, 최소한 법 제18조 제2호의 기피사유(법관이 불공평한 재판을 할 염려가 있는 때)에 해당한다고 봄이 옳을 것이다.

1.4

기피신청의 법리

대법원 1974.10.16. 74모68 결정; 대법원 2001.3.21. 2001모2 결정

I 사 안

D는 1999.11.17. 항소심의 제1회 공판기일이 개시된 이래 변호인의 신청에 의하여 전후 6회에 걸쳐 공판기일이 변경되었거나 연기되었으며 증인도 그 사이 도합 9명이 채택되어 신문을 마쳤다. 2000.12.21. 제11회 공판기일에 검사는 D에게 유리한 방향의 공소장변경신청을 하였다. 항소심 법원이 검사의 공소장변경신청을 불허하고 이미 증거로 채택하지 않기로 결정한 W에 대한 변호인의 증인신청을 기각하자 변호인은 구두로 항소심 재판장에 대한 기피신청을 하였다. 항소심 법원은 위와 같은 재판진행 경과와 상황 등을 종합하여, "본 건 기피신청은 소송지연을 목적으로 한 것"이라는 이유로 기피신청인(변호인)의 소명자료 제출을 기다리지 아니하고 기피신청을 기각하였다. D가 대법원에 재항고하였다.

II 쟁 점

1) 소송지연을 목적으로 함이 명백한 기피신청인지의 여부는 기피신청인이 제출한 소명방법만에 의하여 판단할 것인가?

2) 당사자가 불공평한 재판이 될지도 모른다고 추측할 만한 주관적인 사정이 있는 때에도 기피사유에 관한 형사소송법 제18조 제1항 제2호 소정의 '불공평한 재판을 할 염려가 있는 때'에 해당하는가?

III 재판요지 (재항고기각)

1) 기피신청이 소송의 지연을 목적으로 함이 명백한 경우에는 그 신청 자체가 부적법한 것이므로 신청을 받은 법원 또는 법관은 이를 결정으로 기각할 수 있는 것이고, 소송지연을 목적으로 함이 명백한 기피신청인지의 여부는 기피신청인이 제출한 소명방법만에 의하여 판단할 것은 아니고, 당해 법원에 현저한 사실이거나 당해 사건기록에 나타나 있는 제반 사정들을 종합하여 판단할 수 있다. (중략) 위 형사피고사건을 담당하여 진행해 오던 원심법원이 위와 같은 재판진행 경과와 상황 등을 종합하여, 이 사건 기피신청은 소송지연을 목적으로 한 것이라는 이유로 기각한 것은 수긍할 수 있고, 원심법원이 기피신청인의 소명자료 제출을 기다리지 아니하고 이를 기각하였다 하여 거기에 형사소송법 제20조 제1항에 관한 법리오해의 위법이 있다고 할 수 없다.

2) 기피원인에 관한 형사소송법 제18조 제1항 제2호 소정의 '불공평한 재판을 할 염려가 있는 때'라고 함은 당사자가 불공평한 재판이 될지도 모른다고 추측할 만한 주관적인 사정이 있는 때를 말하는 것이 아니라, 통상인의 판단으로서 법관과 사건과의 관계상 불공평한 재판을 할 것이라는 의혹을 갖는 것이 합리적이라고 인정할 만한 객관적인 사정이 있는 때를 말하는 것이다(대법원 1996.2.9. 95모93 결정 참조).

IV 분석과 해설

(가) 간이기각

형사소송법 제20조 제1항은 "기피신청이 소송의 지연을 목적으로 함이 명백하거나 제19조[1)]의 규정에 위배된 때에는 신청을 받은 법원 또는 법관은 결정으로 이를 기각한다."고 규정하고 있고, 민사소송법 제45조 제1항에도 유사한 규정이 있다. 일반적으로 '기각'이란 '당사자의 상소(하급심의 재판에 불복하여 상급법원에 그 시정을 요구하는 당사자의 법률행위적 소송행위)에 대한 상급심의 부정적 가치판단'을 지칭한다. 그러나 형사소송법 제20조 제1항의 기각은 당사자의 '상소'가 아니라 당사자의 '신청'에 대한 당해 심급의 부정적 가치판단이므로 '통상의 기각'과 구분하여 '간이기각'으로 불린다. 기피신청이 소송의 지연을 목적으로 함이 명백한 때에는 신청을 받은 당해 법원이 간이기각할 수 있고 '소송지연을 목적으로 함이 명백한 기피신청인지의 여부는 기피신청인이 제출한 소명방법만에 의하여 판단할 것은 아니고, 당해 법원에 현저한 사실이거나 당해 사건기록에 나타나 있는 제반 사정들을 종합하여 판단할 수 있다.'

사안에서 D의 변호인은 항소심의 제1회 공판기일이 개시된 이래 전후 6회에 걸쳐 공판기일의 변경과 연기를 요청하였으며 9명에 달하는 증인을 신청하여 신문을 마쳤음에도 제11차 공판기일에 기피신청을 하여 간이기각결정을 받았다. 피고인이 판결 선고기일을 고지받으면 기피신청하고 변경된 선고기일을 고지받으면 또 기피신청하기를 4번에 걸쳐 행한 사건(첫 번째 선고기일이 1984.7.10.이었는데 네 번째 선고기일은 1985.6.25.)에 대하여 대법원은 '소송지연을 목적으로 함이 명백한 기피신청'으로 인정하여 간이기각하였다(대법원 1985.7.8. 85초29 결정)[2)].

(나) '불공평한 재판을 할 염려가 있는 때'의 의미: 객관설

제척, 기피, 회피의 세 가지 제도적 장치 중 '현실적으로 의미 있게 작동가

1) **제19조**(기피신청의 관할) ① 합의법원의 법관에 대한 기피는 그 법관의 소속법원에 신청하고 수명법관, 수탁판사 또는 단독판사에 대한 기피는 당해 법관에게 신청하여야 한다. ② 기피사유는 신청한 날로부터 3일 이내에 서면으로 소명하여야 한다.

2) 대법원 1969.1.6. 68모57 결정.

능한 장치'는 기피제도이다. 그런데 대법원은 기피사유(=기피원인, 법 제18조 제1항 제2호)의 존재를 좀처럼 인정하지 않고 있다. 대법원은 합당한 기피사유를 '당사자가 불공평한 재판이 될지도 모른다고 추측할 만한 주관적인 사정이 있는 때를 말하는 것이 아니라, 통상인의 판단으로써 법관과 사건과의 관계상 불공평한 재판을 할 것이라는 의혹을 갖는 것이 합리적이라고 인정할 만한 객관적인 사정이 있는 때'[3]로 축소해석한다. 이리하여 법관이 피고인에게 '공판기일에 어김없이 출석하라'고 촉구하거나,[4] 법관이 재판진행 중 소송당사자에 대하여 '이 사람아'라고 하고 이로 인하여 '피고인이 모욕감을 느꼈다'는 것은 기피사유가 되지 않는다[5]고 한다. 또한 대법원은 '소송지휘태도 등 소송절차 내에서 드러나는 특정법관의 구체적인 소송지휘행위와 태도'(예를 들어 재판장이 당사자의 증거신청을 채택하지 않은 것)[6]는 합당한 기피사유가 되지 않는다고 판시한다. 당사자, 특히 '피고인 측의 기피신청권 남용의 폐해'를 억제하여야 할 필요성도 없지 아니하다. 그러나 위와 같은 종래의 대법원 판결의 흐름은 공정한 법원을 보장하려는 헌법정신의 구현에 지나치게 인색한 것[7]으로 보인다. 이런 맥락에서 "법관이 심리 중에 피고인의 유죄취지로 미리 법률판단을 한 때에는 경우에 따라서 불공평한 재판을 할 염려가 있는 경우에도 해당될 수 있다"는 취지의 판결[8]은 주목할 만한 가치가 있다.

(다) 사건의 재배당

실무에서는 어느 법관에게 '제척·기피·회피'사유가 예상되는 경우에 사건을 재배당하는 방식으로 미리 문제의 소지를 없애는 관행이 정착되어 가는 추

3) 대법원 1987.10.21. 87두10 결정; 대법원 1990.11.2. 90모44 결정; 대법원 1995.4.3. 95모10 결정.
4) 대법원 1969.1.6. 68모57 결정.
5) 대법원 1987.10.21. 87두10 결정.
6) 대법원 1987.10.21. 87두10 결정.
7) 예를 들어 독일법원은, 재판장이 언론에 보도된 피의사실을 마치 사실인 것처럼 피고인에게 이야기한 경우, 법관이 심리개시 전에 피고인은 범죄인목록에 의하여 볼 때 상습범 죄인형임이 틀림없다는 취지의 발언을 한 경우, 묵비권이 보장되는 피고인에 대하여 통상적이 아닌 추궁하는 자세로 범죄사실에 대하여 진술할 것을 강요한 경우, 증인의 증언에 대하여 지금 '최종적으로' 진실을 말하였다고 의견을 표명한 경우, 피고인이 변론기일에 변호인에 대한 선임을 철회하자 그 책임은 피고인이 져야 한다고 표명한 경우, 피고인은 기회가 있다면 법관을 살해할지도 모른다는 언명을 한 경우에 기피사유가 있다고 보았다.
8) 대법원 1974.10.16. 74모68 결정(법관기피신청기각결정에 대한 즉시항고): "기피신청서 기재와 같이 재판장이 더 나아가서 '집권공약을 연설하였으니 사전 선거운동을 한 점은 인정된다'고 말하였다면 그것은 미리 법률판단을 가한 경우가 될 수도 있고 피고인으로서는 재판부의 유죄를 예단한 취지의 말로 들을 수도 있어 경우에 따라서는 불공평한 재판을 할 염려가 있는 경우에도 해당할 수 있는 것."

세에 있다. 다만 사건의 재배당은 형사소송법상의 제도가 아니라, 사법행정상의 해결책에 불과하다. 따라서 사건 당사자에게는 사건의 재배당을 요구할 권리는 없다.

제2절 형사절차의 구조

1.5

현행 형사소송법의 구조

헌재 1995.11.30. 선고 92헌마44 결정

I 사 안

D는 1991.8.24. 서울형사지방법원에 국가보안법위반 혐의등으로 구속기소되어 1992.1.7. 징역 6년 및 자격정지 4년의 형을 선고받았다. D와 변호인, 검사가 모두 항소하여 같은 해 1.9. D와 검사의 항소장이, 같은 달 13. 변호인의 항소장이 위 법원에 각 접수되었다. 위 법원은 같은 달 27. 그에 대응한 서울지방검찰청 검사에게, 서울지방검찰청 검사는 같은 해 2.24. 항소법원에 대응한 서울고등검찰청 검사에게, 서울고등검찰청 검사는 같은 달 28. 항소법원인 서울고등법원에 소송기록과 증거물을 각 송부하였다. D는 "검사를 경유하여 소송기록과 증거물을 항소법원에 송부하도록 규정한 구 형사소송법 제361조 제1항, 제2항은 헌법 제11조의 평등권과 헌법 제27조 제3항의 신속한 재판을 받을 권리를 침해하는 위헌의 법률"이고, 가사 그렇지 않다고 하더라도 "서울지방검찰청 검사가 위 법률조항 소정의 기간보다 21일 늦게 서울고등검찰청 검사에게 소송기록을 송부한 행위는 헌법 제27조 제3항의 신속한 재판을 받을 권리와 헌법 제27조 제1항의 공정한 재판을 받을 권리를 침해하는 위헌의 공권력행사"라는 이유로 헌법소원심판을 청구하였다.

II 쟁 점

1) 구 형사소송법 제361조 제1항, 제2항[1]이 D의 평등권과 신속한 재판을 받을 권리를 직접 침해하는 위헌의 법률인가?(주위적 청구)

2) 서울지방검찰청 검사의 기록송부지연이 D의 신속·공정한 재판을 받을 권리를 침해하였는가?(예비적 청구)

---

1) 구 **형사소송법 제361조**(소송기록과 증거물의 송부) **제1항**: 전조의 경우 외에는 원심법원은 항소장을 받은 날로부터 14일 이내에 소송기록과 증거물을 그 법원에 대응한 검찰청검사에게 송부하고 그 검사는 그 송부를 받은 날로부터 7일 이내에 항소법원에 대응한 검찰청검사에게 송부하여야 한다.
제2항: 항소법원에 대응한 검찰청검사는 전항의 소송기록과 증거물을 받은 날로부터 5일 이내에 항소법원에 송부하여야 한다.

III 결정요지 (위 헌)

1) 형사소송의 구조를 당사자주의와 직권주의 중 어느 것으로 할 것인가의 문제는 입법정책의 문제로서 **우리나라 형사소송법은 그 해석상 소송절차의 전반에 걸쳐 기본적으로 당사자주의 소송구조를 취하고 있는 것**으로 이해되는바, **당사자주의에 충실**하려면 제1심 법원에서 항소법원으로 소송기록을 바로 송부하는 것이 바람직하다.

2) **신속한 재판을 받을 권리**는 주로 피고인의 이익을 보호하기 위하여 인정된 기본권이지만 동시에 실체적 진실발견, 소송경제, 재판에 대한 국민의 신뢰와 형벌목적의 달성과 같은 공공의 이익에도 근거가 있기 때문에 어느 면에서는 이중적인 성격을 갖고 있다고 할 수 있어, 형사사법체제 자체를 위하여서도 아주 중요한 의미를 갖는 기본권이다.

3) 구 형사소송법 제361조 제1항, 제2항은 그 입법목적을 달성하기 위하여 형사소송법의 다른 규정만으로 충분한데도 구태여 항소법원에의 기록 송부시 검사를 거치도록 함으로써 피고인의 헌법상 기본권을 침해하고 법관의 재판상 독립에도 영향을 주는 것으로 과잉금지의 원칙에 반하여 **피고인의 신속·공정한 재판을 받을 기본권**을 침해하는 위헌의 법률조항이다.

IV 분석과 해설

(가) 공판구조: 당사자주의와 직권주의의 혼재

(1) 형사절차의 목표는 분쟁의 해결인가, 아니면 실체적 진실발견인가? 유죄답변(guilty plea)과 그 협상(plea bargaining)제도를 인정하지 않고, 자유심증주의가 명시적으로 선언되고 있으며(법조 제308), 실체진실발견이 형사소송의 최고이념으로 설정(예를 들어 대법원 2008.10.9. 선고 2007도1220 판결)되고 있는 점은 직권주의적 모습(Inquisitorial system)의 발현이다. 그러나 기소편의주의(법조 제247)와 기소변경주의(법조 제255조(공소의 취소))가 인정되고 있는 점은 당사자주의적 모습(Adversary system)이다.

(2) 공판절차의 주도적 주체가 누구인가? 재판부가 당사자의 주장과 입증에 관여하지 않고 수동적으로 유죄·무죄만을 판정하는 것이 당사자주의의 모습이다. 당사자의 신청에 의한 증거조사(법조 제294)가 증거조사의 원칙적 모습이며, 증인신문이 교호신문방식(법 제161조의2)으로 진행되고, 전문법칙이 채택(법 제310조의2)된 점은 당사자주의적 모습의 발현이다. 현행 형사소송법은 공소장에 공소사실을 특정하여 기재하도록 하고(법 제254조 제4항), 공소사실과 동일성이 인정되는 사실이라 할지라도 원칙적으로 공소장변경절차를 거치지 아니하면 심판의 대상이 될 수 없도록 하였다(법조 제298). 이런 모습들은 당사자주의의 발현이다.

(3) 직권주의적 발상의 광범한 현존 직권에 의한 증거조사(법 제295조)의 가능성이 열려 있는 점, 법원의 공소장변경요구의 가능성(법 제298조 제2항)이 열려 있는 점, 항소심과 상고심의 직권조사와 직권심판의 가능성 등은 직권주의적 발상이 현존하고 있는 모습이다.

(4) 소 결 이처럼 현행 형소법의 공판구조는 당사자주의적 모습과 직권주의적 모습이 혼재하여 어느 것이 압도적이고 어느 것이 부차적인지 판단하기 어려울 정도이다. 그럼에도 불구하고 1983년에 대법원이 현행 형소법은 "당사자주의를 그 기본골격으로 하면서 한편으로는 직권주의적 규정을 아울러 두고 있(다)"고 판시[2)]하고, 1995년에 본 사안에서 헌법재판소가 "소송절차의 전반에 걸쳐 한국 현행 형사소송법은 직권주의를 취한 구(舊)형사소송법과는 달리 당사자주의를 대폭 도입하여 기본적으로 당사자주의 소송구조를 취하고 있는 것으로 이해되고, 또한 재판실무도 그와 같은 전제하에 운용"되고 있으며, "이와 같은 제도 아래에서는 **검사**가 비록 공익의 대표자적 지위에 있다고는 하나, 기본적으로 **피고인과 대등한 당사자**의 지위에 있는 것이므로, 검사와 피고인에게 공정한 공격·방어의 기회를 주어야 할 것이고, 검사를 지나치게 유리하게 하는 것은 **당사자주의의 기본취지**에 반하게 된다"[3)]고 판시한 취지를 어떻게 이해해야 할 것이냐가 문제된다.

생각건대 중요한 것은 '**변화의 방향**'이다. 현재는 질적으로나 양적으로 여전히 직권주의적 구도가 강하게 남아 있으나, 시간이 흐를수록 당사자주의적 구도가 강화되어 가고 있는 과도기적 상태이다.

(나) 수사구조

(1) '공판전 절차(수사와 예심)'와 공판절차가 명백히 절연되어 있는가 여부, 수사·예심의 결과가 공판에 인계되는가 여부 이전에는 공소가 제기된 후 검찰은 기소된 사건의 수사기록을 사건을 배당받은 수소법원으로 미리 송부하였다. 그러면 그 수사기록은 공판기일 전후에 담당재판부에 제출된다. 대부분의 재판부는 수사기록을 미리 읽어 보고 사안의 쟁점을 파악한 후 공판심리에 임하였다.[4)] 이렇게 하지 않으면 재판부가 제1회 공판기일을 허송하게 되고 구속피고

2) 대법원 1983.3.8. 선고 82도3248 판결.

3) 헌재 1995.11.30. 선고 92헌마44 결정(위헌).

4) '실제의 재판과정에서 공소장일본주의를 그대로 지키는가'라는 질문에 대하여 법관 426명 중 82.4%(351명)가 '적어도 최소한의 서류를 읽어 보고 공판에 임한다'고 응답하였다.(법원행정처, 설문

사건에서는 심리기한을 맞출 수 없기 때문이다. 1982년에 제정된 형사소송규칙은 수사절차와 공판절차를 차단하기 위해 공소장일본주의를 도입(규칙 제118조 제2항)하였지만, 2008년 1월 1일 이전에는 실무상 공판전 절차와 공판절차는 철저하게 분단되지 못하고 수사기록이 공판에 인계되고 있었다. 2008년 1월 1일 이후에는 법제상 증거의 분리제출이 행하여져야 하므로 향후에 실무가 어떤 모습을 보일지 주목된다.

(2) 기록의 작성·수집이 중요한지, 혹은 작성·수집된 기록, 특히 수사기록(the dossier of pretrial investigation)이 유·무죄를 판정할 때 중요한 기능을 행사하는지 여부

직권주의 소송구조를 채택한 독일, 프랑스 등의 국가에서는 수사기록을 비롯한 각종 기록의 작성·수집이 매우 중시되고 있으며 공판정에서도 유·무죄를 판정하는 중요한 자료로 사용되고 있다. 일제강점기를 경유하면서 한국에서는 수사기록이 극단적으로 중요한 역할을 수행하여 왔다. 그러나 1954년 제정된 제정 형사소송법과 2008년 1월 1일부터 시행된 신(개정)형사소송법에 의하여 수사기록의 중요성은 공판중심주의적 구상에 의하여 조금씩 해체되는 도중에 있다.

(3) 검찰청법의 구도 검찰청법에는 검사의 준사법관적 지위와 객관의무를 전제·암시하는 조항들을 다수 두고 있다. '객관적이고 중립적인 국가공무원이 형사절차'를 주도하여 실체진실을 규명한다는 발상이 직권주의의 기본발상인데 검사의 준사법관적 지위와 객관의무의 긍정에서 그런 정책이 표출되고 있다.

(4) 소 결 공판전 절차와 공판절차가 철저하게 분단되지 못하고 수사기록이 공판에 인계되는 측면이 없다고 할 수 없으며 검사의 준사법관적 지위와 객관의무가 강조되고 있는 측면에서 현행법의 수사구조에 (검사의) 직권주의[5]적 측면이 있음을 부정할 수 없다. 그러나 피의자의 진술거부권, 변호인의 조력을 받을 권리 확대, 변호인의 피의자신문참여권보장, 피고인의 기록열람·등사권의 확대, 전면적인 구속영장실질심사제도의 시행, 국제인권규약 B규약에의 가입 등으로 수사구조에서도 변화의 방향은 당사자주의적 구도의 확대·강

조사로 본 형사재판의 현실과 과제, 2002.12, 39.)

5) '검사의 직권주의'란 비논리적인 언명일 수 있다. 그러나 2차대전 이후 미군이 진주하면서 예심이 폐지된 독일, 일본, 한국에서는 과거 예심판사가 수행하던 기능의 일부가 검사에게 포섭되었으므로 그런 연혁적 차원에서 '검사의 직권주의'라는 용어를 사용하였다.

화에 있다.

(다) 결 론

현행법의 '광의의 소송구조'는 공간적으로 볼 때 직권주의적 수사구조와 당사자주의적 공판구조가 결합된(mix-ed) 절충적 구조이다. 현행법의 '광의의 소송구조'는 시간적으로 볼 때 직권주의적 구도(일제강점기의 형사소송법)에 당사자주의적 구도가 접목된 형태이다. 직권주의적 구도로 편성된 텃밭에 당사자주의적 구도가 접목되어 당사자주의적 구도는 심각한 저항에 직면하고 있다. 1982년에 형사소송규칙으로 수사절차와 공판절차를 차단하려는 혁신적인 조치를 단행하려 하였으나 직권주의적 기질에 물들어 있는 실무가들의 준비 소홀로 공소장일본주의가 제대로 시행되지 못한 현실이 좋은 실례이다. 그러나 변화의 방향은 당사자주의적 구조의 확대·강화에 있다.

1.6

적법절차와 영장주의

헌재 2012.6.27. 2011헌가36 결정

I 사 안

1. D는 성폭력범죄의 처벌 및 피해자보호 등에 관한 법률(현재는 성폭력범죄의 처벌에 관한 특례법) 위반(특수강도강간 등) 등 사건으로 기소되었다. 제1심(서울북부지방법원)이 2011. 9.19. D에 대하여 D의 모친상을 이유로 2011.9.20.까지 구속의 집행을 정지한다는 결정을 하였으나, 같은 날 검사가 법 제101조 제3항에 따라 위 구속집행정지결정에 불복하여 즉시항고를 제기함으로써 이 사건은 그 결정의 집행이 정지된 채 서울고등법원에 이르게 되었다. 서울고등법원은 2011.10.26. 직권으로 법 제101조 제3항에 대하여 위헌법률심판을 제청하였다.

2. '법원이 피고인에 대하여 하는 구속집행정지'제도의 개요

구속집행정지란 구속의 집행력을 정지시켜서 피고인을 석방하는 재판 및 그 집행을 말한다. 법원은 상당한 이유가 있는 때에는 결정으로 구속된 피고인을 친족·보호단체 기타 적당한 자에게 부탁하거나 피고인의 주거를 제한하여 구속의 집행을 정지할 수 있다(법 제101조 제1항).

II 쟁 점

법원의 구속집행정지결정에 대하여 검사가 즉시항고할 수 있도록 한 법 제101조 제3항(이하 '3항'으로 약칭함)이 헌법상 영장주의, 적법절차원칙, 과잉금지원칙에 위배되는지 여부(모두 긍정)이다.

III 판 지

(가) 즉시항고는 제기기간이 3일이고(법 제409조), 즉시항고의 제기기간 내와 즉시항고의 제기가 있는 때에는 재판의 집행은 정지된다(법 제410조). 그러므로 3항이 검사에게 구속집행정지결정에 대한 즉시항고권을 인정함으로써, 즉시항고의 제기기간 동안은 물론 즉시항고가 제기된 경우 그 항고심의 재판이 확정될 때까지 구속집행정지결정의 집행이 일률적으로 무조건 정지된다.

(나) 영장주의의 위배 여부

영장주의란 '강제수사의 요부 판단권한을 수사의 당사자가 아닌 인적·물적 독립을 보장받는 제3자인 법관에게 유보하는 것으로서, 법치국가의 사법질서 확립을 위해

서는 수사절차에서의 사법통제가 반드시 필요한 것임을 선언한 것'(헌재 1997.3.27. 96헌바28 등; 헌재 2004.9.23. 2002헌가17 등)이다.

또한 영장주의는 "구속개시 시점에서 신체의 자유에 대한 박탈의 허용만이 아니라 그 구속영장의 효력을 계속 유지할 것인지 아니면 정지 또는 실효시킬 것인지 여부의 결정도 오직 법관의 판단에 의하여만 결정되어야 한다는 것을 의미한다."(헌재 1992.12.24. 92헌가8 결정)

법원이 피고인의 구속 또는 그 유지 여부의 필요성에 관하여 한 재판의 효력이 검사나 다른 기관의 이견이나 불복이 있다 하여 좌우되거나 제한받는다면 이는 영장주의에 위반된다. 3항은 검사의 불복을 그 피고인에 대한 구속집행을 정지할 필요가 있다는 법원의 판단보다 우선시킬 뿐만 아니라, 사실상 법원의 구속집행정지결정을 무의미하게 할 수 있는 권한을 검사에게 부여한 것이라는 점에서 헌법 제12조 제3항의 영장주의원칙에 위배된다.

(다) 적법절차원칙 위배 여부

적법절차의 원칙은 국가작용으로서 기본권 제한과 관련되든 아니든 모든 입법작용 및 행정작용에도 광범위하게 적용되는 것으로서(헌재 2001.11.29. 2001헌바41 결정), 법률이 정한 형식적 절차와 실체적 내용이 모두 합리성과 정당성을 갖춘 적정한 것이어야 한다는 실질적 의미를 지니고 있으며, 형사소송절차와 관련하여서는 '형사소송절차의 전반을 기본권 보장의 측면에서 규율하여야 한다는 기본원리'(헌재 1996.12.26. 94헌바1 결정)이다.

헌법 제12조 제3항의 영장주의는 헌법 제12조 제1항의 적법절차원칙의 특별규정이므로, 헌법상 영장주의원칙에 위배되는 3항은 헌법 제12조 제1항의 적법절차원칙에도 위배된다.

(라) 과잉금지원칙 위배 여부

3항은 부당한 구속집행정지결정으로 피고인이 출소한 후 도망가거나 증거를 인멸함으로써 공정한 재판 진행이나 형의 집행에 차질을 가져오는 것을 예방하기 위한 것으로서 **입법목적의 정당성 및 수단의 적절성**이 인정된다. 그러나 피고인에 대한 신병확보의 필요성은 피고인의 출석을 보장할 만한 조건의 부가에 의하여 그 목적을 달성할 수 있으며, 법원의 구속집행정지결정에 대하여 검사가 불복할 수 있도록 하더라도, **보통항고를 하고 집행정지를 청구**하거나, **즉시항고를 인정하되 즉시항고에 재판의 집행을 정지하는 효력을 인정하지 않는 방법**도 있으므로, 구속집행정지결정 자체를 무력화시키는 방법보다 덜 침해적인 방법에 의해서는 그 목적을 전혀 달성할 수 없다고 보기 어렵다는 점을 고려할 때 구속집행정지결정에 대하여 즉시항고권을 인정하는 것은 피해의 최소성을 갖춘 것이라고 할 수 없다.

IV

분석과 해설

(가) 적법절차와 영장주의의 의미

적법절차와 영장주의의 의미는 그리 명확하지 않다. 이런 상황에서 이 결정은 적법절차(형사소송절차의 전반을 기본권 보장의 측면에서 규율하여야 한다는 기본원리)와 영장주의(강제수사의 요부 판단권한을 수사의 당사자가 아닌 인적·물적 독립을 보장받는 제3자인 법관에게 유보하는 것으로서 구속개시 시점에서 신체의 자유에 대한 박탈의 허용만이 아니라 그 구속영장의 효력을 계속 유지할 것인지 아니면 정지 또는 실효시킬 것인지 여부의 결정도 오직 법관의 판단에 의하여만 결정되어야 한다는 것)의 의미를 시도한 점에서 주목할 가치가 있다.

(나) 법 제97조 제4항의 위헌선언가능성

본 2012년 결정은 무죄 판결 등이 선고될 경우 구속영장의 실효 여부를 검사의 의견에 좌우되도록 한 구법 제331조(무죄 등 선고와 구속영장의 효력)(무죄, 면소, 형의 면제, 형의 선고유예, 형의 집행유예, 공소기각 또는 벌금이나 과료를 과하는 판결이 선고된 때에는 구속영장은 효력을 잃는다) 단서 규정(검사의 즉시항고 인정)의 위헌선언(92헌가8), 법원의 보석허가 결정에 대하여 검사가 즉시항고할 수 있도록 한 구법 제97조 제3항의 위헌선언(헌재 1993.12.23. 93헌가2 결정)에 이은 3번째 위헌선언이며, 그것도 재판관 전원일치의 위헌결정이다. 따라서 법원의 구속취소 결정에 대하여 검사의 즉시항고권을 인정한 법 제97조 제4항도 향후 위헌선언될 가능성이 있다.

제3절 소송행위

1.7

착오에 의한 절차형성적 소송행위(상소취하)가 무효로 인정되기 위한 요건

대법원 1992.3.13. 92모1 결정

I 사 안

D(재항고인)는 특정범죄 가중처벌 등에 관한 법률위반(강도, 절도)등의 혐의로 기소되었다. 제1심(마산지방법원)은 "징역 7년, 벌금 20만 원"의 유죄판결을 선고하고 또한 '재범의 위험성'을 인정하여 '보호감호'(폐지된 사회보호법상 상습범에 대처하려는 제도)에 처하는 판결을 선고하였다. D가 항소하였다. 항소심(부산고등법원)은 제1심판결을 파기하고 "징역 5년, 벌금 20만 원"을 선고하고 보호감호판결에 대한 항소는 기각하였다. 그런데 공판출정담당 교도관으로서 판결선고 결과보고서(공판정 계호규정 제15조에 근거하여 작성하는 것)를 작성한 교도관(K)이 재판장의 '보호감호부분의 항소기각'이라는 선고내용을 '보호감호부분의 청구기각'으로 잘못 알아듣고 위 보고서에 '보호감호 청구기각'이라고 기재하였다. D는 부산구치소에서 항소심판결에 불복하여 **상고장을 제출**하였는데, 그 상고장을 대필하여 준 교도관 Y는 그날 저녁 보안과에 비치된 판결선고 결과보고서를 보고 D에게 '보호감호청구가 기각되었다'고 말하자 D는 '그렇다면 보호감호부분에 대한 상고는 없는 것으로 해 달라'고 요청하였다. 이리하여 D의 상고장 중 보호감호부분이 삭제되었다. D는 1990.8.28. 마산교도소로 이감된 후 자신의 피고사건에 대한 **상고취하서를 제출**하였다. D의 상고취하는 보호감호사건이 항소심에서 '청구기각'된 것으로 잘못 생각하여 실행된 것이다. D는 1990.9.8. 마산교도소 관계직원으로부터 '피고사건의 형과 보호감호처분이 모두 확정되었다'는 통보를 받았다. 깜짝 놀란 D는 1990.9.11. 부산고등법원에 상소권 회복 신청서[1]를 제출하였으나, 부산고등법원은 이 신청을 기각하였다. D는 12.9. 이 기각재판에 불복하여 항고하였다. 부산고등법원

1) 형소법은 상소권자가 자기 또는 대리인의 귀책사유가 아닌 사유로 말미암아 상소기간 내에 상소를 할 수 없었던 때에는 원심법원에 상소권회복청구를 할 수 있는 길을 열어 놓고 있다(법 제345조). 상소권 회복절차를 설치한 이유는 무엇인가? '당사자가 책임질 수 없는 사유가 있을 때에는 소송절차의 안정성보다는 당사자의 권리구제를 중요시하여야 한다'는 고려에 입각한 것이다. 더 근본적으로는 현행법상의 재판확정제도가 너무 엄격하기 때문에 그것을 다소간 완화하려는 발상에서 비롯된다.

은 '항고이유서를 제출하지 아니하였다'는 이유로 이 항고도 기각하였다. D는 1991.9.26. 부산고등법원에 형사소송규칙 제154조[2]에 근거하여 상소절차속행[3]신청서를 제출하였다. 부산고등법원(1991.12.30. 자 91초103)은 "민법 제109조 제1항[4]은 원칙으로 사법상의 법률행위에 적용되는 것이고, 소송절차의 확정성·안정성이 요구되는 사정에 비추어 소송행위에까지 적용하기는 어려우므로 상고취하가 설사 착오에 기(基)한 것이라 하더라도 취소할 수 있거나 무효로 되는 것이 아니며, 가사 위 민법규정이 상고의 취하에 관하여 적용된다고 해석하더라도 이 사건에서 신청인(D)은 교도관들이 선고결과를 잘못 들을 수도 있을 뿐 아니라 구속상태에 있던 신청인에게는 형사소송규칙 제148조에 의하여 조만간(14일 이내: 필자 주) 판결등본이 송달될 것이므로 이를 기다려 보호감호청구부분에 관한 결과를 확인한 다음 상고취하 여부를 결정하였어야 할 것임에도 그렇게 하지 아니한 채 성급하게 상고를 취하한 것은 신청인의 중대한 과실에 기인한 것"이라는 이유로 **상소절차속행신청을 기각**하였다. D는 "구속피고인은 담당교도관의 공식적인 구두고지와 이를 뒷받침하는 판결선고 결과보고서의 기재를 믿고 처신하는 것이 논리적이고 상식적이므로 D가 담당교도관의 말과 판결선고 결과보고서의 기재를 믿고 상고를 취하한 것은 D의 잘못이 아니며, 항소심 판결문은 판결선고 후 20여 일이 지나서야 항고인(D)에게 송달되므로 판결문을 받아보고 상고취하를 하면 미결구금일수 산입에서 20여 일이나 손해 보게 되는데(소촉법 제24조 참조)[5] 담당교도관의 고지를 믿지 아니하

---

2) **형사소송규칙 제154조**(상소의 포기 또는 취하의 효력을 다투는 절차) ① 상소의 포기 또는 취하가 부존재 또는 무효임을 주장하는 자는 그 포기 또는 취하 당시 소송기록이 있었던 법원에 절차속행의 신청을 할 수 있다. ② 법 제1항의 신청을 받은 법원은 신청이 이유 있다고 인정하는 때에는 신청을 인용하는 결정을 하고 절차를 속행하여야 하며, 신청이 이유 없다고 인정하는 때에는 결정으로 신청을 기각하여야 한다. ③ 법 제2항 후단의 신청기각결정에 대하여는 즉시항고할 수 있다.

3) 구속된 피고인에게 실형을 선고할 때 판결법원은 미결구금일수를 통산하는데 피고인의 상소로 확정이 지연되면 상소제기 이후의 미결구금일수를 통산하지 아니한다. '1일이 3년과 같다'는 속설이 있듯이 구속된 피고인은 단 1일이라도 '미통의 이익'을 향유하려고 상소를 주저하고, 상소하였다 하더라도 상소를 취하하는 경향이 있다. 그런데 미통의 이익을 기대하고 상소를 취하한 피고인이 미통이익에 관한 자신의 판단착오를 이유로 상소취하의 부존재 또는 무효임을 주장하는 사례가 빈발하고 있다. 이 점을 고려하여 1983.1.1. 시행된 형사소송규칙 제154조 제1항은 상소의 포기 또는 취하가 부존재 또는 무효임에도 불구하고 사건이 종료된 것으로 처리된 경우에 이를 시정할 수 있는 절차를 명문으로 규정하였다. 규칙 제154조는 일단 상소 제기기간 내에 적법한 상소가 제기된 경우의 구제방법을 마련한 조항이다.

4) **민법 제109조**(착오로 인한 의사표시) ① 의사표시는 법률행위의 내용의 중요부분에 착오가 있는 때에는 취소할 수 있다. 그러나 그 착오가 표의자의 중대한 과실로 인한 때에는 취소하지 못한다.

5) **소송촉진 등에 관한 특례법 제24조**(상소제기 후 판결 전 구금일수의 산입): "'피고인 또는 피고인 아닌 자'의 상소를 기각할 경우에 상당한 이유 없이 상소를 제기한 것으로 인정되는 때에는 상소제기 후의 판결 선고 전 구금일수 중 '상소제기기간 만료일로부터 상소이유서 제출기간 만료일까지의 일수'는 이를 본형에 산입하지 아니한다." 여기서 '피고인 또는 피고인 아닌 자'라 함은 결국 '검사 이외의 자'의 뜻이다(일본 형사소송법 제495조 참조). 이 조문은 [헌재 2009.6.25. 선고 2007헌바25 결정] 이후 삭제되었다.

고 이러한 손해를 감수하라는 것은 상식에 반한다"고 주장하며 대법원에 재항고(즉시 항고) 하였다.

II 쟁 점

착오에 의한 절차형성적 형사소송행위(상소 취하)가 무효로 인정되려면 어떤 요건을 구비하여야 하는가?(본 사안에서는 무효로 판단되어야 피고인에게 유리하다)

III 재판요지 (재항고기각)

판례이론

절차형성적 소송행위가 착오로 인하여 행하여진 경우, **절차의 형식적 확실성**을 강조하면서도 **피고인의 이익**과 **정의**의 희생이 커서는 안 된다는 측면에서 그 소송행위의 효력을 고려할 필요가 있으므로 착오에 의한 소송행위가 무효로 되기 위하여는 ㉮ 첫째, **통상인의 판단을 기준**으로 하여 만일 착오가 없었다면 그러한 소송행위를 하지 않았으리라고 인정되는 중요한 점(동기를 포함)에 관하여 착오가 있고, ㉯ 둘째, 착오가 행위자 또는 대리인이 **책임질 수 없는 사유**로 인하여 발생하였으며, ㉰ 셋째, 그 행위를 **유효로 하는 것이 현저히 정의에 반한다**고 인정될 것 등 세 가지 요건을 필요로 한다.

판례이론의 본 사안에의 적용

이 사건의 경우 일응 첫째의 요건은 갖추었다고 인정되나 두 번째의 요건, 즉 재항고인의 책임질 수 없는 사유로 상고취하를 하였는가 하는 것이 문제된다. 재항고인이 착오를 일으키게 된 과정에 교도관의 과실이 개입되어 있었다 하더라도 착오에 의한 상고취하의 무효를 인정하려면 우선 재항고인 자신의 과실이 없어야 하는 것인데, 보호감호가 선고된 것으로 알고 일단 상고를 제기한 재항고인으로서 '교도관의 말'과 '판결선고결과보고서'의 기재를 믿은 나머지 **판결등본송달**(규칙 제148조)을 기다리지 않고 상고취하를 하였다는 점에서는 재항고인에게 과실이 없었다고 단정하기 어렵다. '상소(항소·상고)의 취하로 형이 확정되면 형사소송법 제482조[6] 소정의 법정통산의 사유로 보지 아니하기 때문에 판결등본송달을 기다려 상소(항소·상고)취하를 하면 미결구금일수 산입에서 손해를 보게 된다'는

6) **제482조**(상소제기 후 판결 전 구금일수 등의 산입 〈개정 2004.10.16〉) ① 상소제기 후의 판결선고 전 구금일수는 다음 경우에는 전부를 본형에 산입한다. 〈개정 2007.6.1〉 1. 검사가 상소를 제기한 때 2. 검사가 아닌 자가 상소를 제기한 경우에 원심판결이 파기된 때 ② 상소제기기간 중의 판결확정 전 구금일수(상소제기 후의 구금일수를 제외한다)는 전부 본형에 산입한다. 〈신설 2004.10.16〉 ③ 상소기각 결정 시에 송달기간이나 즉시항고기간 중의 미결구금일수는 전부를 본형에 산입한다. 〈신설 2007.6.1〉 ④ 제1항부터 제3항까지의 경우에는 구금일수의 1일을 형기의 1일 또는 벌금이나 과료에 관한 유치기간의 1일로 계산한다. 〈개정 1973.1.25, 1995.12.29, 2004.10.16, 2007.6.1〉 ⑤ 상소법원이 원심판결을 파기한 후의 판결선고 전 구금일수는 상소 중의 판결선고 전 구금일수에 준하여 통산한다. 〈개정 2007.6.1〉

재항고인의 주장[7]을 감안하더라도 그렇다. 결국 이 사건의 경우 재항고인이 책임질 수 없는 사유로 인하여 상고취하를 하였다고 보기는 어려운 것이다.

IV 분석과 해설

(가) 소송행위의 흠(하자)과 그 효과

소송절차는 소송 관여자들의 소송행위들의 연쇄와 집적으로 진행된다. 따라서 소송행위에는 법적 안정성이 강하게 요청되고 중요한 소송행위는 때로 서면으로 할 필요가 있다. 이것이 소송행위의 **형식적 확실성의 요청**'이다. 다른 한편 실체적 진실의 발견과 피고인지위의 보호라는 목적 때문에 소송행위의 요건과 방식이 미리 법정되어 있는 경우도 있다. 이것이 소송행위의 '**정형성의 요구**'이다. 이 때문에 의사표시를 요소로 하는 소송행위의 효과에 대하여는 민법상의 의사표시이론, 특히 착오와 대리, 무효와 취소에 관한 조항들이 그대로 적용될 수 없다. 다만 피고인의 소송행위에 대하여는 일정범위에서 민법상의 착오와 대리이론을 다소간 참작할 필요가 있다.

(나) 착오로 인한 소송행위의 효력

(1) 실체형성행위 소송행위가 실체형성행위(변론, 증언, 진술 등)인 때에는 그것이 행위자의 진의와 합치하는지 여부보다도 실체에 부합하는가의 여부가 중요하므로 착오는 실체형성행위의 효력에 영향을 미칠 수 없게 하거나 당사자는 언제든지 실체에 부합하는 내용을 재판부에 전달할 수 있어야 한다. 그러나 본 사안에서의 상고취하와 같은 절차형성적 소송행위에 착오가 있는 경우에 관하여는 견해가 갈릴 수 있다.

(2) 절차형성적 소송행위 ㉮ 그 성질상 외부적으로 표시된 대로 판단하지 아니하면 절차의 확실성과 신속한 진행을 기할 수 없기 때문에 절차의 형식적 확실성, 기술성을 강조하여 사기, 강박 또는 착오와 같은 사유는 소송행위의 효력에 영향을 미칠 수 없다는 제1설, ㉯ 소송의 형식적 확실성을 지나치게 강조하여 피고인의 이익과 정의가 희생되어서는 아니 된다는 이유로 착오가 본인의 귀책사유에 기인하지 아니하고 그 행위를 유효로 하는 것이 현저히 정의에 반하는 경우에는 무효로 해석함이 타당하다고 하는 제2설, ㉰ 형식적 확실

7) 현행 형사소송법은 판결선고일부터 상소제기시까지의 미결구금일수는 형기에 산입(제482조 제2항)하도록 하면서도 상소제기 이후부터 상소취하 전일까지의 기간을 형기에 산입하는 규정은 두고 있지 않지만 이 조항에 대하여 헌법불합치결정(2008헌가13)이 선고되었고 대법원도 "이 기간 미결구금일수를 형기에 산입하지 않고 형집행지휘를 하는 것은 위법하다"는 결정(2010모179)을 내려 이제는 이 주장의 근거가 소멸되었다.

성을 요구하는 소송행위에 관하여 사법상의 의사의 흠(하자)에 관한 규정을 적용하면 곤란하므로 그 소송행위가 적법절차의 원칙에 반하여 이루어진 경우를 제외하고는 무효원인이 될 수 없다고 해석함이 타당하며, 따라서 법원 또는 검사의 사기, 강박에 의한 경우 이외에는 무효원인이 될 수 없다고 보는 제3설 등이 제시되고 있다.

(3) 본 결정의 의의 본 결정은 착오로 인한 절차형성적 소송행위의 효력에 관하여 제2설을 취한 것이다. 그러나 본 결정의 기준은 피고인에게 너무 가혹한 기준이어서 재고를 요한다.[8)]

(다) 관련 문제: 상소절차 속행신청 제기기간

상소절차 속행신청에 관한 규칙 제154조는 그 신청기간에 관하여 아무런 규정을 두지 아니하여 기간의 제한 없이 언제나 속행신청을 할 수 있는 것으로 해석될 여지가 있다. 그러나 소송절차는 기본적으로 안정성, 확실성이 요구되는 것이고, 상소권회복청구에 관하여 법 제346조 제1항에서 그 청구기간을 제한(사유가 종지한 날로부터 상소의 제기에 상당한 기간 내)하고 있음을 고려하여야 한다. 따라서 형사소송규칙을 개정하여 상소절차 속행신청도 그 신청기간을 '사유가 있음을 안 날로부터 일정기간' 등의 방법으로 제한하는 것이 바람직하다.[9)]

8) 예를 들어 다음의 판례(대법원 1995.8.17. 95모49 결정)를 읽어 보라. D는 간통죄로 기소되어 제1심에서 '징역 10월'의 유죄판결을 선고받았다. D는 항소하고 싶었다. D는 안경을 쓰지 않아 글을 알아보기가 불가능하여 담당교도관이 **항소장** 용지 대신에 **상소권포기서** 용지를 잘못 내어 주는 바람에 이를 항소장 용지로 알고 항소장에 서명무인할 의사로 이에 서명무인하였다. 그 후 D의 변호인이 항소를 제기하였다. 제1심은 변호인의 항소를 기각하였다. 변호인이 이 재판에 대하여 즉시항고 하였다. 항고법원(제2심)은 "항소포기와 같은 절차형성적 소송행위가 착오로 인하여 행하여진 경우 그 행위가 무효로 되기 위하여는 그 착오가 행위자 또는 대리인이 책임질 수 없는 사유로 발생하였을 것이 요구되는 것인바(대법원 1992.3.13. 92모1 결정 참조), 변호인의 주장 자체에 의하더라도 교도관이 내어 주는 상소권 포기서를 항소장으로 잘못 믿은 나머지 이를 확인하여 보지도 않고 서명무인하였다는 점에서는 재항고인에게 과실이 없다고 보기는 어렵고, 따라서 재항고인의 항소포기는 유효하다. 그 후에 제기된 변호인의 항소가 항소권 소멸 후인 것이 명백하여 이를 기각한 제1심결정은 정당하다"며 항고를 기각하였다. D가 대법원에 재항고하였지만 대법원도 재항고를 기각하였다. 그 후에도 대법원의 태도는 지속되고 있다(대법원 2000.6.15. 2000모85 결정; 대법원 2000.6.20. 2000모69 결정).

9) 김택수, 착오에 의한 절차형성적 형사소송행위가 무효로 인정되기 위한 요건, 『해설』 제17호, 896 이하 참조.

1.8

반의사불벌죄에서 14세 10개월된 피해자가 '가해자의 처벌을 희망하지 않는다'는 의사를 표시할 수 있는 능력(소송능력의 일종)이 있는가(긍정)

대법원 2009.11.19. 선고 2009도6058 전원합의체 판결[1)]

I 사 안

D는 청소년성보호법[2)]의 적용을 받는 피해자 V를 성폭행(강간)[3)]한 혐의로 기소되었다. V는 D의 처벌을 희망하는 의사표시를 하였다가 제1심판결선고 전에 처벌을 희망하는 의사표시를 철회하였다. 항소심은, "구 청소년성보호법 제16조[4)]를 적용함에 있어 의사능력 있는 피해자인 청소년의 처벌희망 의사표시의 철회에 법정대리인의 동의가 있어야 하는 것은 아니"라고 전제한 다음, "피해자가 피고인들에 대한 처벌희망 의사표시를 철회할 당시에 비록 **14세 10개월 정도의 어린 나이**였다고 하더라도 이 사건 범행의 의미와 본인이 피해를 당한 정황 및 자신이 하는 처벌희망 의사표시의 철회의 의미와 효과 등을 충분히 이해하고 분별할 수 있어 의사능력이 있는 상태에서 위와 같은 의사표시를 한 것이고, 따라서 그 의사표시에 법정대리인의 동의가 없었더라도 그 의사표시는 유효하다"고 판단하여 청소년성보호법 위반의 점의 공소를 기각하였다. 검사는 "V는 법정대리인의 동의 없이 처벌희망 의사표시를 철회하였으므로 그 철회는 효력이 없다."며 상고하였다.

II 쟁 점

반의사불벌죄에서 **14세 10개월된** 피해자가 '가해자의 처벌을 희망하지 않는다'는 의사를 표시할 수 있는 능력(소송능력의 일종)이 있는가?

---

1) 김태업, 구 청소년의 성보호에 관한 법률 제16조에 규정된 반의사불벌죄에서 피해 청소년이 처벌불원 여부 등의 의사표시를 하는 데에 법정대리인의 동의가 필요한지 여부, 『해설』 82호, 839~877.

2) 현재는 '아동·청소년의 성보호에 관한 법률'(아청법)로 개정되었으며, 아청법은 2011.1.1.부터 시행되고 있다.

3) 고소기간 연장(6월에서 1년으로)⇒친고죄⇒반의사불벌죄⇒비친고죄·비반의사불벌죄(2010.4.).

4) 구 **청소년성보호법 제16조**(피해자의 의사) 「형법」 제306조 및 「성폭력범죄의 처벌 및 피해자보호 등에 관한 법률」(현재는 성폭력범죄의 처벌에 관한 특례법으로 개정) 제15조에도 불구하고 청소년을 대상으로 한 다음 각 호의 죄에 대하여는 피해자의 고소가 없어도 공소를 제기할 수 있다. 다만, 피해자의 명시한 의사에 반하여 공소를 제기할 수 없다. 1. 제7조의 죄(강간, 강제추행) 2. 「형법」 제297조부터 제300조까지의 죄와 제302조·제303조·제305조의 죄 3. 「성폭력범죄의 처벌 및 피해자보호 등에 관한 법률」 제11조 제1항의 죄. 2014년 현재의 「아동·청소년의 성보호에 관한 법률」에 따르면 친고죄나 반의사불벌죄가 아니다.

III 재판요지 (재항고기각)

청소년의 성보호에 관한 법률(이하 '청소년성보호법'이라고 한다. 현재는 아동·청소년의 성보호에 관한 법률로 개정되었으며, 줄여서 '아청법'이라고 한다) 제16조는 "형법 제306조 및 성폭력범죄의 처벌 및 피해자보호 등에 관한 법률 제15조에도 불구하고 청소년을 대상으로 한 다음 각 호의 죄에 대하여는 피해자의 고소가 없어도 공소를 제기할 수 있다. 다만, 피해자의 명시한 의사에 반하여 공소를 제기할 수 없다."고 하면서 그 각 호에서 청소년성보호법 제7조의 죄, '형법 제297조부터 제300조까지의 죄'(강간, 강제추행과 그 미수)와 제302조·제303조·제305조의 죄, 성폭력범죄의 처벌 및 피해자보호 등에 관한 법률(이하 '성폭력법'이라고 한다) 제11조 제1항의 죄 등을 열거함으로써 위 청소년성보호법 제7조의 죄 등을 이른바 **반의사불벌죄**로 규정하고 있다. 반의사불벌죄에서 피해자가 피고인 또는 피의자에 대하여 처벌을 희망하지 않는다는 의사를 표시하거나 처벌을 희망하는 의사표시를 철회하는 것은 형사소송절차에서 **소극적 소송조건**으로서 법원 또는 수사기관에 대한 피해자의 소송행위에 해당하므로, 피해자에게 소송능력이 있어야 형사소송법상 그 효과가 인정된다.

형사소송법상 소송능력이라 함은 '소송당사자가 유효하게 소송행위를 할 수 있는 능력, 즉 피고인 또는 피의자가 자기의 소송상의 지위와 이해관계를 이해하고 이에 따라 방어행위를 할 수 있는 의사능력'을 의미한다. 형사소송법이 제26조에서 "형법 제9조 내지 제11조의 규정의 적용을 받지 아니하는 범죄사건에 관하여 피고인 또는 피의자가 의사능력이 없는 때에는 그 법정대리인이 소송행위를 대리한다"고 규정하고, 제306조 제1항에서 "피고인이 사물의 변별 또는 의사의 결정을 할 능력이 없는 상태에 있는 때에는 법원은 검사와 변호인의 의견을 들어서 결정으로 그 상태가 계속하는 기간 공판절차를 정지하여야 한다"고 각 규정하고 있는 것도 형사소송절차에서의 소송능력을 위와 같이 파악하고 있기 때문이다. 이는 민사소송법이 소송능력에 관하여 특별한 규정이 없으면 민법상의 행위능력에 의하도록 하는 것(민사소송법 제51조, 제55조)과는 대비되는데, **형사벌과 관련한 자기책임의 원칙상 피고인 또는 피의자에게 의사능력이 있으면 직접 소송행위를 하는 것이 원칙**이라는 데에 근거한 것이다. 의사능력이 있으면 소송능력이 있다는 **위 원칙은 피해자 등 제3자가 소송행위를 하는 경우에도 마찬가지**라고 보아야 한다. 종래 대법원도 "고소를 함에는 소송행위능력, 즉 고소능력이 있어야 하는바, 고소능력은 **피해를 받은 사실을 이해하고 고소에 따른 사회생활상의 이해관계를 알아차릴 수 있는 사실상의 의사능력으로 충분**하므로, 민법상의 행위능력이 없는 자라도 위와 같은 능력을 갖춘 자에게는 고소능력이 인정된다"고 하여 이 입장을 분명히 하고 있다(대법원 1999.2.9. 선고 98도2074 판결,5) 대법원

---

5) 대법원 1999.2.9. 선고 98도2074 판결: "**[고소대리권의 존재 여부]** 고소를 함에는 **소송행위능력**, 즉 **고소능력**이 있어야 하는바, 고소능력은 피해를 받은 사실을 이해하고 고소에 따른 사회생활상의 이해관계를 알아차릴 수 있는 사실상의 의사능력으로 충분하므로 **민법상의 행위능력이 없는 자라도 위와 같은 능력을 갖춘 자에게는 고소능력이 인정**되고, **고소위임을 위한 능력**도 위와 마찬가지이다. V는 1976.12.20.생으로서 O에게 고소를 위임한 1996.10.16. 및 O2에게 고소를 위임한 1996.11.5.

2004.4.9. 선고 2004도664 판결, 대법원 2007.10.11. 선고 2007도4962 판결6) 등 참조)

따라서 반의사불벌죄에 있어서 피해자의 피고인 또는 피의자에 대한 처벌을 희망하지 않는다는 의사표시 또는 처벌을 희망하는 의사표시의 철회는, 위와 같은 형사소송절

당시 **만 19세** 남짓 되었으므로 위와 같은 **고소를 위임**할 능력이 있다. V가 당시 미성년자이므로 그 고소위임은 법정대리인인 후견인만이 할 수 있다는 논지는 이유 없다. [**고소위임사실의 존부**] V, V2가 1996.10. 16.자로 O2에게 고소를 위임한 위임장(수사기록 12쪽)에 의하면, "한국유선방송사의 모든 민·형사 및 권리를 위임한다."라고 기재되어 있고, V가 1996.11.5.자로 O에게 고소를 위임한 위임장(수사기록 25쪽)에 의하면, "피고소인인 피고인에 대한 배임 등 사건의 모든 민·형사상의 권한을 위임합니다."라고 기재되어 있는바, 이상을 종합하면, **V, V2가 이 사건 배임죄에 대한 고소를 위임**한 것으로 보기에 충분하다. **[친고죄에서의 고소 유무에 대한 사실은 자유로운 증명의 대상인지 여부]** 친고죄에서의 고소 유무에 대한 사실은 자유로운 증명의 대상이 된다. V, V2 명의의 1996.10.16.자 위임장에는 위 V2 본인이 발급받은 인감증명서가 첨부되어 있으나 "단, V는 미성년자인 관계로 등본으로 증명함"이라고 기재되어 있고, V 명의의 1996.11.5.자 위임장에는 인감증명 등이 첨부되어 있지 않다고 하더라도, V에 대하여도 특별히 고소위임의 진정성을 의심할 만한 사정은 보이지 아니하므로 원심이 그 점에 대하여 구체적으로 심리하지 아니한 것이 위법하다고 할 수 없다."

6) **대법원 2007.10.11. 선고 2007도4962 판결**(**강간 피해 당시 14세의 정신지체아**가 범행일로부터 약 1년 5개월 후 담임교사 등 주위 사람들에게 피해사실을 말하고 비로소 그들로부터 고소의 의미와 취지를 설명듣고 고소에 이르렀다면 위 설명을 들은 때 고소능력이 생겼다): **[사안]** D는 청소년의 성보호에 관한 법률위반혐의로 기소되었다. **친고죄**인 청소년의 성보호에 관한 법률 제10조 제4항(위계·위력에 의한 간음, 추행)에 해당하는 범죄의 고소는 성폭력범죄의 처벌 및 피해자보호 등에 관한 법률 제19조 제1항에 따른 **고소기간인 1년**이 경과된 후에 제기되기는 하였으나, 제1심과 항소심은 유죄를 선고하였다. D는 "V가 범행 당시인 2004.4.23.경 14세 4개월 남짓의 나이였으나, 범행 후 약 1년 7개월 후에 실시된 면담 및 심리검사결과에 따르면 심리검사 당시의 V의 나이는 15세 11개월 남짓임에도 그 **지능지수 49**로 **정신지체 수준**에 해당하고 발달성숙도 및 사회적응성이 10세 1개월 수준에 불과하다는 것이고, 비록 V가 자발적인 의사표현이 가능하고 기본적인 대상 명명 및 인식능력을 갖추고 있으며 자신의 이름과 가족 이름을 비롯한 나이, 집주소, 전화번호 등과 같은 기본적인 신변사항에 대하여 정확히 보고할 정도의 능력이 있으나, 10단위 이하의 간단한 덧셈과 뺄셈만 가능하고 그 이상의 계산이 불가능하여 수 개념 형성이 미흡한 상태이고 간단한 읽기와 쓰기 정도의 문자해독력을 가지고 있는 것에 불과하다"며 상고하였다(상고기각). 고소를 함에는 소송행위능력, 즉 고소능력이 있어야 하는바, 고소능력은 피해를 받은 사실을 이해하고 고소에 따른 사회생활상의 이해관계를 알아차릴 수 있는 사실상의 의사능력으로 충분하므로 민법상의 행위능력이 없는 자라도 위와 같은 능력을 갖춘 자에게는 고소능력이 인정되고(대법원 1999.2.9. 선고 98도2074 판결, 대법원 2004.4.9. 선고 2004도664 판결 참조), 범행 당시 피해자에게 고소능력이 없었다가 그 후에 비로소 고소능력이 생겼다면 그 고소기간은 **고소능력이 생긴 때로부터 기산**하여야 한다(대법원 1987.9.22. 선고 87도1707 판결, 대법원 1995.5.9. 선고 95도696 판결 참조). 이 V의 정신 상태와 지적 능력, 이 사건 범행일시는 위 심리검사일로부터 약 1년 7개월 이전이어서 이 사건 범행 당시의 V의 정신능력은 심리검사 당시의 정신능력에 비하여 더 낮은 수준이었을 것으로 보이는 점에 비추어 보면, 이 사건 범행 당시의 V로서는 자신이 피해를 받은 사실을 이해하고 고소에 따른 사회생활상의 이해관계를 알아차릴 수 있는 사실상의 의사능력이 있었던 것으로 볼 수 없고, 이 사건 범행일로부터 약 1년 5개월 후인 2005.9.14. 피해자가 재학 중이던 (이름 생략)학교(정신지체아 교육기관)의 기숙사 생활지도원과의 상담 중에 이 사건 범행사실을 말함으로써 담임교사와 할머니 등 주위 사람들에게 이 사건 범행사실이 알려지게 되어 V가 그들로부터 고소의 의미와 취지 등을 설명 듣고 그 무렵 비로소 고소능력이 생겨 그로부터 1년 내인 2006.6.5. 이 사건 고소에 이르게 된 것으로 봄이 타당하므로 이 사건 고소는 **고소기간 내에 제기된 것으로 적법**하다고 판단하였는바, 이 원심의 판단은 위 법리와 기록에 비추어 정당하다.

차에서 소송능력에 관한 일반원칙에 따라, 의사능력이 있는 피해자가 단독으로 이를 할 수 있고, 거기에 법정대리인의 동의가 있어야 한다거나 법정대리인에 의해 대리되어야만 한다고 볼 것은 아니다. 나아가 청소년성보호법에 형사소송법과 다른 특별한 규정을 두고 있지 않는 한 위와 같은 **반의사불벌죄에 관한 해석론**은 청소년성보호법의 경우에도 그대로 적용되어야 한다.

이와 달리, 만약 반의사불벌죄에 있어서 피해자에게 의사능력이 있음에도 불구하고 그 처벌을 희망하지 않는다는 의사표시 또는 처벌희망 의사표시의 철회에 법정대리인의 동의가 있어야 하는 것으로 본다면, 이는 피고인 또는 피의자에 대한 처벌희망 여부를 결정할 수 있는 권한을 명문의 근거 없이 새롭게 창설하여 법정대리인에게 부여하는 셈이 되어 부당하며, 형사소송법 또는 청소년성보호법의 해석론을 넘어서는 입론이라고 할 것이다. 뿐만 아니라, 처벌을 희망하지 않는다는 의사표시 또는 처벌희망 의사표시의 철회는 이른바 소극적 소송조건에 해당하고, 소송조건에는 죄형법정주의의 파생원칙인 유추해석금지의 원칙이 적용된다고 할 것인데, 명문의 근거 없이 그 의사표시에 법정대리인의 동의가 필요하다고 보는 것은 유추해석에 의하여 소극적 소송조건의 요건을 제한하고 피고인 또는 피의자에 대한 처벌가능성의 범위를 확대하는 결과가 되어 죄형법정주의 내지 거기에서 파생된 유추해석금지의 원칙에도 반한다.

그러므로 청소년성보호법 제16조에 규정된 반의사불벌죄라고 하더라도, 피해자인 청소년에게 의사능력이 있는 이상, 단독으로 피고인 또는 피의자의 처벌을 희망하지 않는다는 의사표시 또는 처벌희망 의사표시의 철회를 할 수 있고, 거기에 법정대리인의 동의가 있어야 하는 것으로 볼 것은 아니다. 다만, 여기에서 피해자인 청소년의 의사능력은 그 '나이, 지능, 지적 수준, 발달성숙도 및 사회적응력 등에 비추어 그 범죄의 의미, 피해를 당한 정황, 처벌을 희망하지 않는다는 의사표시 또는 처벌희망 의사표시의 철회가 가지는 의미·내용·효과를 이해하고 알아차릴 수 있는 능력'을 말하고, 그 '의사표시는 흠이 없는 진실한 것'이어야 하므로, 법원으로서는 위와 같은 의미에서 피해자인 청소년에게 의사능력이 있는지 여부 및 그 의사표시가 진실한 것인지 여부를 세밀하고 신중하게 조사·판단하여야 함은 물론이다. 앞서 본 법리에 비추어 살펴보면, 원심의 판단은 정당하다.

IV 분석과 해설

(가) 피고인에게는 당사자능력이 있어야 한나

1) '수형능력이 없는 자'[7]에게는 당사자능력이 없어 이들에게 공소가 제기되면 법원은 공소기각의 결정을 하여야 한다.

7) 피고인의 사망, 법인의 청산종료 등에 필적; **제328조**(공소기각의 결정) ① 다음 경우에는 결정으로 공소를 기각하여야 한다. 1. 공소가 취소되었을 때 2. 피고인이 사망하거나 피고인인 법인이 존속하지 아니하게 되었을 때.

2) (살아있는) 자연인은 연령, 국적에 관계없이 누구나 당사자능력이 있다. 책임무능력자(만 14세 미만인 자)에게도 **일반추상적**으로는 당사자능력이 있다.

3) 법인에 대하여는 '처벌규정이 있는 경우에 한하여 당사자능력이 있다'는 견해도 있으나, 자연인처럼, 그것과 무관하게 당사자능력을 인정하여야 한다.

본 사안에서는 당사자능력이 아니라 소송능력이 문제되고 있다.

(나) 소송능력(=의사능력)

소송능력은 소송행위(⇨본서 1.7, 1.9 참조)의 의미를 이해하고 자기 권리를 수호할 수 있는 능력이다. 대법원은 반의사불벌죄에서 **14세 10개월 된** 피해자가 '가해자의 처벌을 희망하지 않는다'는 의사를 표시할 수 있는 능력(소송능력의 일종)이 있다고 보았다.

(다) 소송능력 없는 자의 소송행위의 효과

1) 소송능력 없는 자의 소송행위는 **무효이다**. 따라서 피고인이 심신상실상태에 도달하면 원칙적으로 법원은 회복될 때까지 공판절차를 정지(제306조(공판절차의 정지))시켜야(검사와 사법경찰관도 수사를 일시 중단하여야 할 것) 한다. 그러나 법원은 법정대리인으로 하여금 피고인의 소송행위를 대리(제26조(의사무능력자와 소송행위의 대리))시킬 수 있다.

(라) 대법관 김영란의 반대의견

"미성년자인 피고인이나 피의자에 대하여는 그 의사능력이 불완전하다는 입법적·현실적 평가가 전제되어 있는바, 이는 피해자 등 제3자가 소송행위를 하는 데에 대하여도 마찬가지라고 보아야 한다. 그런데 청소년대상 성폭력범죄의 피해자는 정도의 차이는 있으나 지능, 지적 수준, 발달성숙도나 사회적응력이 성인의 그것에 미치지 못할 것이고, 이에 따라 자신에게 가해진 범행의 의미, 피해를 당한 정황, 처벌을 희망하지 않는다는 의사표시 또는 처벌희망 의사표시의 철회가 가지는 의미·내용·효과에 대한 이해 및 인식 능력 또한 마찬가지로 부족하다고 보아야 한다. 따라서 청소년 대상 성폭력범죄의 피해 청소년이 피고인 또는 피의자에 대하여 처벌을 원하지 않는다는 의사표시를 하거나 처벌희망 의사표시를 철회하는 데에 대하여는 그 의사능력의 불완전성이 보완될 수 있도록 하여야 한다. 청소년 성보호에 관한 법률에서의 반의사불벌죄는 피해자의 고소 없이도 수사가 개시되도록 하여 처벌의 실효성을 제고함으로써 청소년을 보다 두텁게 보호하려는 데에 그 취지가 있을 뿐, 처벌의 유무를 오로지 청소년인 피해자 본인의 의사에만 맡기고 친권자 등 법정대리인의 후견적 역할을 배제하려고 하는 데에 그 취지가 있는 것은 아니다. 형사소송법 등에서 친고죄와 달리 반의사불벌죄에 대하여는 법정대리인이 관여할 수 있는 규정을 명시적으로 두고 있지 않다는 이유만으로 일률적으로 피해 청소년이 그와 같이 중요한 의미를 갖는 소송행위를 단독으로 결정하도록 내버려두는 것은 헌법이 요구하는 국가의 책무인 청소년에 대한 보호를 방기하는 결과로 될 것이다. 피해 청소년의 그와 같은 소송행위에 대하여 법정대리인이 관여한다는 의미는 불완전한 피해 청소년의 소송능력을 완성할 수 있도록 한다는 것일 뿐, 법정대리인에게 피고인 또는 피의자에 대한 형사처벌 여부를 결정할 새로운 권한을 부여한다거나 소극적 소송조건의 요건을 강화함으로써 피고인 또는 피의자에 대한 가벌성의 범위를 넓히는 것도 아니므로, 이를 두고 죄형법정주의의 파생원칙인 유추해석금지의 원칙에 어긋나는 법률 해석은 아니다."

1.9

소송행위의 성립·불성립과 유효·무효, 무효의 치유

대법원 2003.11.14. 선고 2003도2735 판결

I 사 안[1]

D는 대진운수 소유의 서울 742208호 시내버스 운전업무에 종사하는 자이다. 승객 L이 "D가 2002.8.10. 11:30경 방배역과 이수역 사이에서 난폭운전을 하였다"고 경찰에 신고하였다. 이에 서울 성북경찰서장은 2002.8.26. 안전운전의무 불이행(난폭운전)을 이유로 2002.9.5. 1차 납부기한으로 하여 D에게 범칙금부과처분(범칙금 50,000원)을 하였다. 그러자 D는 신고인이 신고한 시간과 자신이 운행한 시간이 30분정도 차이가 나고 신고된 시간에 자신은 점심식사 시간 중으로 버스를 운행하지 않았으며, 그 시간대에는 차량이 많아 지체되고 도로여건상 난폭운전을 할 수 없다는 것 등을 이유로 이의를 신청하였다. 서울 성북경찰서장은 2002.9.4. 도로교통법 제48조[2](안전운전의무)위반을 이유로 서울지방법원에 D에 대한 즉결심판을 청구하였다. 서울지방법원의 즉결담당 판사는 같은 날 위 사건이 '즉결심판절차로 심판함이 적당하지 아니하다'고 인정하여 **결정으로 그 즉결심판청구를 기각**(즉결심판에 관한 절차법 제5조 제1항)하였다. 서울 성북경찰서장은 사건기록을 서울지방검찰청 검사장에게 송부하였다. 이 사건을 배당받은 검사는 2002.11.16. 이 사건에 관하여 'D로부터 **정식재판청구가 있다**'고 오인하여 그대로 사건기록을 '서울지방법원'에 송부(이하 '**검사의 제1행위**'로 약칭함)하였고 이 사건은 서울지방법원의 형사단독판사(이하 '법원' 혹은 '제1심'으로 약칭함)에게 배당되었다. 법원은 외관상 정식재판청구로 보이므로 공소제기가 있는 것으로 보고 사건번호를 부여하고 2002.12.27.을 제1회 공판기일로 정한 다음 D를 소환하였다. 법원은 제1회 공판기일에 D를 상대로 인정신문을 한 다음 공소제기절차상의 문제점을 검토하려고 공판기일을 연기(이상의 법원의 행위를 '**법원의 제1행위**'로 약칭함)하였다. 검사는 2003.1.21. D에게 벌금 50,000원의 형을 구하는 약식명령을 청구하는 공소장을 제출(이하 '**검사의 제2행위**'로 약칭함)하였다. 법원은 2003.1.22.에 실시된 제2회 공판기일에 D에게 인정신문을 다시 실시하고, D에게 진술거부권을 고지한 다음 피고인 신문절차를 진행하였으며, D가 공소사실을 부인하자, 검사

---

1) 사안구성에는 조윤신, "공소장의 제출이 없는 경우 공소제기의 성립 여부와 추후 공소장이 제출된 경우에 법원이 취하여야 할 조치", 해설 48호(2003 하반기), 2004.07, 681-723 을 참조하였다.

2) **도교법 제48조**(안전운전의 의무) 모든 차의 운전자는 차의 조향장치·제동장치와 그 밖의 장치를 정확하게 조작하여야 하며, 도로의 교통상황과 차의 구조 및 성능에 따라 다른 사람에게 위험과 장해를 주는 속도나 방법으로 운전하여서는 아니 된다.
제156조(벌칙) 다음 각 호의 어느 하나에 해당하는 사람은 20만 원 이하의 벌금이나 구류 또는 과료에 처한다.〈개정 2009.12.29〉 1. (중략) 제48조, (하략)

로부터 증거를 제출받아 증거조사를 거치는 등 공판기일을 진행(이상의 법원의 행위를 '법원의 제2행위'로 약칭함)하였다. 제1심과 항소심은 검사의 제1행위에 대하여 "일단 검사가 'D의 정식재판청구가 있다'는 이유로 기록을 법원에 송부하였다면, 이는 검사가 경찰서장의 즉결심판청구를 공소제기로 간주하여 그 심판을 구하는 의사표시를 한 것으로 보아야 한다"고 판단하고, "그러나 이 사건은 즉결심판청구가 기각된 사건이어서 검사만이 공소제기할 수 있고, 이 경우 검사는 형사소송법의 규정에 따라 공소장을 작성하여 법원에 제출하여야 할 것임에도, 검사가 제출한 공소장이 아닌, 경찰서장의 즉결심판청구서로 공소제기의 소송행위가 이루어졌으므로, 이 사건은 결국 공소제기의 절차가 법률의 규정에 위반하여 무효인 때에 해당"한다고 판단하고 검사의 제2행위에 대하여는, "검사가 사후에 공소장(약식기소장)을 추송하였다 하더라도 그 흠(하자)이 치유된다고 볼 수도 없다"고 판단하여 공소를 기각(법 제327조 제2호)하였다. 검사가 상고하였다.

II 쟁점

소송행위(특히 공소제기)의 성립요건은 무엇이며 소송행위의 무효(흠=하자)의 치유가 가능한가?

III 재판요지

(항소심판결 및 제1심판결을 모두 파기하고 환송)

검사의 제1행위에 대한 판단

소송행위가 성립하기 위하여는 소송행위에 요구되는 소송법상의 정형(定型)을 충족하기 위한 본질적 개념요소를 구비하여야 할 것이고, 공소제기는 법원에 대하여 특정한 형사사건의 심판을 요구하는 검사의 법률행위적 소송행위로서 (중략) 형사소송법이 공소의 제기에 관하여 위와 같은 서면주의와 엄격한 요식행위를 채용한 것은 공소의 제기에 의해서 법원의 심판이 개시되므로, 심판을 구하는 대상(공소사실 및 피고인)을 명확하게 하고 피고인의 방어권을 보장하기 위한 것이다. 따라서 ㉮ **검사에 의한 공소장의 제출**은 공소제기라는 소송행위가 성립하기 위한 본질적 요소라고 보아야 할 것이므로, 이러한 공소장의 제출이 없는 경우에는 소송행위로서의 공소제기가 성립되었다고 할 수 없다. **즉결심판 청구기각의 결정**이 있어 경찰서장이 관할 지방검찰청 또는 지청의 장에게 송치한 사건의 경우에는 검사만이 공소를 제기할 수 있고, 공소를 제기할 경우에 검사는 형사소송법 제254조에 따른 공소장을 작성하여 법원에 제출하여야 할 것이다. 그런데도 검사가 이를 즉결심판에 대한 피고인의 정식재판청구가 있은 사건으로 오인하여 그 사건기록을 법원에 송부한 경우에는 이러한 **검사의 사건기록 송부행위**는 외관상 **즉결심판에 대한 피고인의 정식재판청구가 있는 사건의 사건기록 송부행위**와 차이가 없다고 할지라도, 공소 제기의 본질적 요소라고 할 수 있는 검사에 의한 공소장의 제출이 없는 이상 기록을 법원에 송부한 사실만으로 공소제기가 성립되었다고 볼 수 없다. 따라서 이러한 경우에는 소송행위로서의 공소제기가 있었으나 공소제기의 절차가 법률의 규정에 위반하여 무효인 경우에 해당한다고 할 수 없다. 소송행위로서 요구되는 본질적인 개념요소가 결여되어 소송행위로 성립되지 아니한 경우에는 소송행위가 성립되었으나 무효인 경우와는 달리 하자의 치유문제는 발생하지 않는다.

검사의 제2행위와 법원의 제2행위에 대한 판단

그러나 추후 당해 소송행위가 적법하게 이루어진 경우에는 그때부터 위 소송행위가 성립된 것으로 볼 수 있으므로 이에 따른 조치를 취하여야 할 것이다.

이 사건은 원래 공소제기가 없었음에도 피고인의 소환이 이루어지는 등 '사실상의 소송계속'이 발생(법원의 제1행위)한 상태에서 ㉯ 검사가 약식명령을 청구하는 공소장을 제1심법원에 제출(검사의 제2행위)하여 이때 비로소 적법한 공소제기가 있게 되었다고 할 수 있고, 한편 ㉰ 법원은 약식명령의 청구가 있는 경우에 그 사건이 약식명령을 할 수 없거나 약식명령으로 하는 것이 부적당하다고 인정한 때에는 공판절차에 의하여 심판하여야 하고(법 제450조), ㉱ 법원이 약식명령 청구사건을 공판절차에 의하여 심판하기로 함에 있어서는 사실상 공판절차를 진행하면 되고, 특별한 형식상의 결정을 할 필요는 없으며, 제1심법원이 앞서 본 바와 같이 피고인에 대하여 다시 인정신문을 하고 위 공소장에 기하여 피고인 신문을 하는 등 제2회 공판기일을 진행한 것은 위 약식명령 청구에 대하여 공판절차회부를 하여 그 공판절차를 진행한 것으로 볼 수 있고(형사소송규칙에 의하면, 공판절차회부를 한 때에는 법원사무관 등은 즉시 검사에게 그 취지를 통지하여야 하고(규칙 제172조 제1항), 그 통지서를 받은 검사는 5일 이내에 피고인 수에 상응하는 공소장부본을 법원에 제출하여야 하며(위 규칙 제172조 제2항), 법원은 공소장부본이 제출되면 제1회 공판기일 전 5일까지 이를 피고인에게 송달하여야 하도록 규정하고 있다(위 규칙 제172조 제3항)), ㉲ 이 사건의 경우 공소장 부본을 피고인에게 송달하였음을 인정할 자료가 없으나, 검사와 피고인이 공판기일에 출석하여 피고인을 신문하고 피고인도 이에 대하여 이의를 제기하지 아니하고 신문에 응하고 변론을 한 이상 이러한 하자는 모두 치유되었다. 따라서 제1심법원으로서는 추후 제출된 공소장에 의한 적법한 공소제기에 기하여 실체심리를 진행하였으므로 이에 기하여 유·무죄의 실체판단을 하였어야 할 것임에도 불구하고, 검사의 착오에 의한 최초의 기록송부에 공소제기의 의사가 있다고 보아 공소제기가 성립하였으나 검사의 공소장 제출이 없으므로 이는 공소제기로서 무효라는 이유로 공소기각의 판결을 선고하였고, 항소심도 같은 이유로 공소제기의 절차가 법률의 규정에 위반하여 무효인 때에 해당한다고 보고, 추후 공소장의 제출로서 이러한 하자가 치유되지 않는다는 이유로 제1심을 그대로 유지한 것은 공소제기에 관한 법리를 오해한 위법이 있고 이는 판결 결과에 영향을 미쳤다.

IV 분석과 해설

본 판결은 소송행위의 성립·불성립, 유효·무효, 무효의 치유를 언급한 드문 사례에 속하므로 큰 의미가 있는 판결이다. 이하 주요논점을 차례로 검토하여 보자.

(가) '검사의 제1행위'에 대한 가치판단: 소송행위의 성립요건과 불성립의 효과

소송행위가 성립하려면 최소한 '소송행위가 소송법상의 정형을 충족하기 위한 본질적 개념요소'를 구비하여야 한다. 소송행위의 불성립의 효과로서 특기할 점은 '소송행위가 성립되었으나 무효인 경우'와는 달리 '흠(하자)의 치유' 문제가 발생하지 아니한다는 점이다. 다만 추후 당해 소송행위가 적법하게 이루어진 경우에는 그때부터 위 소송행위가 성립된다. 사안에서 특이한 점은 법원(제1심)이 수행한 두 개의 행위('법원의 제1행위'와 '법원의 제2행위')는 모두 '정식의 공판절차'였다는 점이다. 그런데 법원에 제기된 객관적 행위는 '경찰서장의 즉결심판청구'(이와 더불어 즉결심판 담당판사의 즉결심판청구기각결정이 부가되어 있다)였다. 검사는 즉결심판 담당판사의 즉결심판청구기각결정이 첨부된 사건기록을 정식재판청구로 오인하여 법원에 기록을 송부하였다. 대법원은 이와 같은 '검사의 과실 있는 기록송부행위'에 대한 소송법적 가치판단을 함에 있어 "검사가 공소제기의 의사로 '경찰서장의 즉결심판청구서'를 법원에 접수시키는 행위"를 '기소행위로 성립하였으나 무효인 행위'로 볼 것인가, 아니면 '처음부터 기소행위로서는 불성립하였다'고 볼 것인가를 검토하고 있다. 이것이 본 사안의 첫 번째 쟁점이다.

제1심과 항소심은 '**검사의 제1행위(사건기록 송부행위)**'를 '**기소행위로 성립하였으나 무효인 행위**'로 **판단하여 무효의 치유 문제를 검토**한 후, 검사의 제2행위(약식기소)로 검사의 제1행위의 무효가 치유되지 아니한다고 판단하였다. 그러나 대법원은 '㉮ **검사에 의한 공소장(약식청구)의 제출**은 공소제기라는 소송행위가 성립하기 위한 본질적 요소'이므로, 검사 명의의 공소장 제출이 없는 경우에는 소송행위로서의 공소제기가 성립되었다고 할 수 없다'며 '**검사의 제1행위**'를 '**소송행위 불성립'의 사례**로 판단하였다.

(나) '검사의 제2행위'에 대한 가치판단

제1심과 항소심은 '검사의 제2행위(약식기소)'에 대하여 '검사의 제1행위'의 '무효를 치유할 수 없다'고 판단하였다. 그러나 대법원은 다음과 같은 판단을 하고 있어 주목된다.

대법원은 '검사의 제1행위'를 '기소행위로서는 불성립'한다고 판단하였지만

'검사의 제2행위'와 '법원의 제2행위'를 매우 세심하게 관찰·분석하여 유효로 볼 부분이 없는가 하는 점을 최대한 고려하고 있다. '검사의 제2행위'와 '법원의 제2행위'는 모두 약점을 지니고 있다. 첫째, '검사의 제2행위'는 약식기소인데 '법원의 제2행위'는 정식의 공판절차이므로 '법원의 제2행위'를 정당화시키려면 모종의 논리조작이 필요하다. 대법원은 형사소송법의 정교한 해석과 논증으로 '법원의 제2행위'를 다음과 같이 정당화시키고 있다.

"공소제기가 없었음에도 피고인의 소환이 이루어지는 등 '사실상의 소송계속'이 발생한 상태에서 ㉯ 검사가 약식명령을 청구하는 공소장을 제1심법원에 제출하여 이때 비로소 적법한 공소제기가 있게 되었"으며 한편 "㉰ 수소법원은 약식명령의 청구가 있는 경우에 그 사건이 약식명령을 할 수 없거나 약식명령으로 하는 것이 부적당하다고 인정한 때에는 공판절차에 의하여 심판하여야 하고(법 제450조), ㉱ 수소법원이 약식명령 청구사건을 공판절차로 심판하려고 마음먹으면 사실상 공판절차를 진행하면 되고, 특별한 형식상의 결정을 할 필요는 없으며, 제1심법원이 피고인에 대하여 다시 인정신문을 하고 공소장(약식기소장)에 기하여 피고인 신문을 하는 등 제2회 공판기일을 진행한 것은 위 약식명령 청구에 대하여 공판절차회부를 하여 그 공판절차를 진행한 것으로 볼 수 있다." 그러나 또 하나의 장애물이 제거되어야 한다. 그 장애물이란 "법원이 제2회 공판기일을 진행한 것"을 "약식명령 청구에 대하여 공판절차회부를 하여 그 공판절차를 진행한 것으로 볼 수 있다"고 하더라도 공판절차회부에 상응하는 적법절차(피고인에게 공소장부본의 송달 등)가 수반되었어야 하는데 본 사안에서 그러한 적법절차가 생략되었다는 점이다.

(다) 무효의 치유

대법원이 인정하듯 본 사안에서 공소장부본이 송달되었다는 증거는 없다. 그러나 대법원은 '피고인의 책문권 포기로 인한 무효(피고인에게 공소장부본이 송달되지 않은 흠)의 치유' 논증(㉲)으로 "제1심법원으로서는 추후 제출된 공소장에 의한 적법한 공소제기에 기하여 실체심리를 진행하였으므로 이에 터잡아 유·무죄의 실체판단을 하였어야 마땅하다"는 결론을 도출하였다. 그러나 "엄격한 형식과 절차에 따른 공소장의 제출은 공소제기라는 소송행위가 성립하기 위한 본질적 요소이므로, 공소의 제기에 현저한 방식 위반이 있는 경우에는 공소제기의 절차가 법률의 규정에 위반하여 무효인 경우에 해당하고, 위와 같은 절차위배의 공소제기에 대하여 피고인과 변호인이 이의를 제기하지 아니하고 변론에 응하였다고 하여 그 하자가 치유되지는 않는다."(⇨(라)의 판례 참조)

(라) 방식 위반이 있는 기소라도 피고인측이 이의 없이 변론에 응하면 하자가 치유되는가(사소한 방식 위반은 긍정될 수 있지만 하자가 중대(현저한 방식 위반)하면 치유부정)(대법원 2009.2.26. 선고 2008도11813 판결)

[사안] D는 4개의 필로폰 판매행위(이하 '판매행위') 혐의로 기소되었다. 검사는 제1심 계속 중이던 2008.5.9. 주위적 공소사실(판매행위)에 덧붙여 2007.8.30.자 필로폰 매매알선행위(이하 '이 사건 알선행위', 4개의 판매행위 중 1개는 2007.8.26.자이다)를 예비적으로 추가하는 내용의 공소장변경 허가신청서(이하 '변경신청서')를 제출하였다. 제1심법원은 변경신청을 허가하였다가 2008.6.13. 제13회 공판기일에서 '판매행위와 알선행위 사이에 동일성이 없다'는 이유로 변경신청에 대한 허가결정을 취소하였다. 그러자 검사는 그 자리에서 '변경신청서로 알선행위에 대한 공소장을 갈음한다'고 하면서 변경신청서에 의하여 기소요지 진술을 하였고, 이에 피고인과 변호인은 '이의 없다'고 진술하였다. 제1심법원은 2008.8.13. 판매행위에 대하여는 무죄를 선고하였고, 알선행위를 포함하여 나머지 범죄사실에 대하여는 유죄를 선고하였다. D는 유죄부분에 대하여, 검사는 무죄부분에 대하여 각각 항소하였다. 항소심에서 알선행위에 대하여 D는 사실오인 주장을 하였으나 그 주장이 받아들여지지 않아 항소가 기각되었고, 위 무죄 부분에 대한 검사의 항소도 기각되었다. 변경신청서에는 알선행위에 대한 공소사실과 '변경신청을 허가하여 달라'는 취지의 문구만이 기재되어 있을 뿐 피고인의 성명, 기타 피고인을 특정할 수 있는 사항, 적용법조 등이 기재되어 있지 않고, 변경신청서가 피고인 또는 변호인에게 송달되지 않았으며, 새로운 공소제기에 대한 사건번호의 부여 및 사건배당절차도 이루어지지 않았다. D가 상고하였다. **[판지**(파기환송)**]** "형사소송법이 공소의 제기에 관하여 서면주의와 엄격한 요식행위를 채용한 것은 공소의 제기에 의해서 법원의 심판이 개시되므로 심판을 구하는 대상을 명확하게 하고 피고인의 방어권을 보장하기 위한 것이다. 따라서 위와 같은 엄격한 형식과 절차에 따른 공소장의 제출은 공소제기라는 소송행위가 성립하기 위한 본질적 요소이므로, 공소의 제기에 현저한 방식 위반이 있는 경우에는 공소제기의 절차가 법률의 규정에 위반하여 무효인 경우에 해당하고, 위와 같은 절차위배의 공소제기에 대하여 피고인과 변호인이 이의를 제기하지 아니하고 변론에 응하였다고 하여 그 하자가 치유되지는 않는다. 이 사건 알선행위에 대

한 공소의 제기는 법 제254조에 규정된 형식적 요건을 갖추지 못한 변경신청서에 기(초)하여 이루어졌을 뿐만 아니라, 공소장부본 송달 등의 절차 없이 공판기일에서 이 사건 변경신청서로 공소장을 갈음한다는 검사의 구두진술에 의한 것이라서, 그 공소제기의 절차에는 법률의 규정에 위반하여 무효라고 볼 정도의 현저한 방식위반이 있다. 피고인과 변호인이 그에 대하여 이의를 제기하지 않았다고 하여 그 하자가 치유된다고 볼 수는 없으므로, 이 사건 알선행위 부분에 대한 공소사실에 대하여는 판결로써 공소기각의 선고를 하여야 한다."

(마) 공소제기절차의 하자와 기명날인·서명의 추완(대법원 2012.9.27. 선고 2010도17052 판결)[3)]

"형사소송법 제254조 제1항은 '공소를 제기함에는 공소장을 관할법원에 제출하여야 한다'고 정한다. 한편 형사소송법 제57조 제1항은 '공무원이 작성하는 서류에는 법률에 다른 규정이 없는 때에는 작성 연월일과 소속공무소를 기재하고 기명날인 또는 서명하여야 한다'고 정하고 있다. 여기서 '공무원이 작성하는 서류'에는 검사가 작성하는 공소장이 포함되므로, 검사의 기명날인 또는 서명이 없는 상태로 관할법원에 제출된 공소장은 형사소송법 제57조 제1항에 위반된 서류이다. 그리고 이와 같이 법률이 정한 형식을 갖추지 못한 공소장 제출에 의한 공소의 제기는 특별한 사정이 없는 한 그 절차가 법률의 규정에 위반하여 무효인 때(법 제327조 제2호)에 해당한다. 다만 이 경우 공소를 제기한 검사가 공소장에 기명날인 또는 서명을 추완하는 등의 방법에 의하여 공소의 제기가 유효하게 될 수 있다(대법원 2007.10.25. 선고 2007도4961 판결 참조). 이 사건 제1심법원에 제출된 공소장에는 그 하단에 부동문자로 '검사'라는 기재가 있을 뿐이고 그 공소장에 형사소송법 제57조 제1항이 요구하는 검사의 기명날인 또는 서명이 되어 있지 않다. 그럼에도 제1심법원은 이러한 공소제기절차의 하자를 간과한 채 피고인에게 공소장 부본을 송달하고 공판기일에서 피고사건에 대하여 심리한 뒤 무죄판결을 선고하였고, 항소심 또한 위와 같은 제1심판결의 위법을 시정하는 조치를 하지 아니하고 검사의 항소를 기각하는 판결을 선고하였다. 이러한 원심의 판단에는 검사의 기명날인 또는 서명이 누락된 공소장 제출에 의한 공소제기의 효력에 관한 법리를 오해하여 판결에 영향을 미친 위법이 있다."

---

3) 이에 대하여는 김승주, "검사의 기명날인·서명이 없는 공소장에 의한 공소제기의 효력", 『해설』 제94호(2012년 하), 2013, 800-821 참조.

제4절 소송주체

1.10

검사의 공익적 지위와 객관의무

대법원 2002.2.22. 선고 2001다23447 판결

I 사 안

D는 '1996.8.18. 무렵부터 그해 10.22.까지 사이에 4회에 걸쳐 야간에 피해자들의 주거에 침입하여 피해자들을 강간한 후 돈을 강취'한 혐의로 1996.10.22. 구속되어 그해 11.18. 성폭력행위 등 처벌 및 피해자보호 등에 관한 법률위반죄로 기소되었다가 제1심에서 범죄사실의 일부가 유죄로 인정되어 징역 15년의 형을 선고(1997.4.18.)받고 항소하였다. 서울 구로경찰서는 1996.8. 무렵부터 관내에서 발생한 강도강간사건에 관한 피해 신고를 받자 피해자들에 대한 조사를 하였다. 그 피해자들은 경찰과 검찰의 조사과정에서 '범인으로부터 위와 같은 피해를 당하였다'고 진술하면서, '범인이 범행 후 공범자가 더 있는 것처럼 행세'하였고 '수돗물을 틀어 범행에 사용한 식칼을 담궈 놓고 나갔다'고 진술함으로써 그 부분의 진술은 모두 일치하였으나, 범인의 인상착의나 범인의 얼굴을 확인할 수 있었던 상황, D를 범인으로 지목하게 된 경위 등에 대한 진술은 각자 차이를 보였고 '일부 피해자들의 범인의 인상착의에 대한 진술내용'은 실제 D의 인상착의와 다른 점이 있었다.

경찰은 범행 직후 V가 '범인의 정액 등이 묻은 것'이라면서 제출한 팬티에서 검출된 범인 정액 및 분비물 등에 대하여 감정의뢰를 하였다가 **1996.10.30.** 국과수로부터 '감정 결과 그 정액 등의 **혈액형**은 D의 혈액형(A형)과 다른 O형임이 확인되었다'는 통보를 받게 되자, 좀 더 정확한 판별을 위하여 1996.11.19. 국립과학수사연구소(이하 '국과수'로 약칭함)에 **유전자 감정**을 의뢰하였다. **경찰은 V의 팬티에서 검출된 정액 등에 대한 감정 결과를 기록에 편철하지 않고** 유전자분석감정을 의뢰한 상태에서 위의 사건을 검찰로 송치(1996.11.19. 무렵)하였다. 국과수는 **1996.12.30.** 'V가 제출한 팬티에서 검출된 남성의 유전자형은 D나 V의 남편의 유전자형과 일치하지 않을 뿐 아니라, V의 유전자형과도 일치하지 않는다'는 회신을 하였고, 경찰은 그 무렵 그 **회신을 검찰에 추송**하였다.

사건을 송치받은 검사는 1996.10.30. 국과수로부터 위와 같은 감정 결과를 회신

받고도 위의 **회신 내용을 수사 기록에 편철하지 않고** V, V2, V3에 대한 보강수사 및 D에 대한 피의자신문을 마친 후 1996.11.18. **D를 기소**하였으며 재판 과정에서도 그 감정 결과를 전혀 증거로 제출하지 않아 **제1심법원은 그 회신 내용을 모르는 상태에서 D에게 유죄판결을 선고**하였다. D가 항소하였다. 항소심에서 피고인 D는 'V가 경찰에 범인의 정액이 묻은 팬티를 제출하였고, 경찰이 이를 감정의뢰하였다.'고 주장하였다. 항소심 법원은 그 결과를 확인하기 위하여 국과수에 사실조회를 하였다. 항소심 법원은 국과수의 회신 내용을 비로소 알게 되어 D에게 무죄판결을 선고하고 이 판결은 확정되었다. 무죄가 확정된 D는 형사보상금을 수령한 후 국가를 상대로 국가배상법 제2조에 의한 손해배상청구소송을 제기하였다. 손해배상청구소송의 제1심과 항소심은 원고승소판결을 선고하였고 패소한 국가가 대법원에 상고하였다.

II 쟁 점

검사에게는 기소전후를 막론하고 피고인의 무죄를 입증하는 증거까지 수집하고 법원에 제출할 객관의무가 있는가?

III 재판요지

검사가 D를 기소한 후 국과수로부터 'V의 팬티에서 검출된 남자의 유전자형이 D 및 V의 남편의 그것과 다르다'는 감정서를 받고도 이를 법원에 제출하지 아니한 채 이미 제기된 그 공소를 유지한 행위는 위법하다. ㉠ 검찰청법 제4조 제1항은 '검사는 공익의 대표자로서 범죄수사·공소제기와 그 유지에 관한 사항 및 법원에 대한 법령의 정당한 적용의 청구 등의 직무와 권한을 가진다'고 규정하고, 같은 조 제2항은 '검사는 그 직무를 수행함에 있어 그 부여된 권한을 남용하여서는 아니된다'고 규정하고 있을 뿐 아니라, ㉡ 형사소송법 제424조는 '검사는 피고인을 위하여 재심을 청구할 수 있다'고 규정하고 있고, ㉢ '검사는 피고인의 이익을 위하여 항소할 수 있다'고 해석되므로 '검사는 공익의 대표자로서 실체적 진실에 입각한 국가 형벌권의 실현을 위하여 공소제기와 유지를 할 의무뿐만 아니라 그 과정에서 피고인의 정당한 이익을 옹호하여야 할 의무를 진다.' 따라서 검사가 수사 및 공판과정에서 피고인에게 유리한 증거를 발견하게 되었다면 피고인의 이익을 위하여 이를 법원에 제출하여야 한다.

(중략) V의 피해경위에 관한 진술과 V의 팬티의 압수 및 감정의뢰 경위 등을 감안할 때, V의 팬티에 묻은 얼룩에서 검출된 남자의 유전자형이 D 및 V의 남편의 그것과 다를 뿐 아니라 V의 그것과도 다르다는 감정 결과는 제3의 범인의 존재를 강력하게 시사하는 것으로서, D가 범행을 강력하게 부인하고 있고 V와 V2도 범인의 얼굴을 정확하게 보지 못한 이 사건에서는 D의 무죄를 입증할 수 있는 결정적인 증거에 해당한다고 보이므로, 검사가 그 감정서를 법정에 제출하지 아니함으로써 제1심법원이 D에 대

하여 일부 유죄를 인정하여 징역 15년의 형을 선고하게 하고, 항소심에서도 그 감정서를 제출하지 아니하여 항소심법원이 국과수에 직접 사실조회를 하여 비로소 위와 같은 감정 결과가 나온 사실을 알고서 D에게 무죄판결을 선고하도록 하였으니, 검사는 공판과정에서 피고인인 D에게 결정적으로 유리한 증거를 입수하고도 이를 법원에 제출하지 아니하고 은폐한 것으로서 그와 같은 검사의 행위는 도저히 그 합리성을 긍정할 수 없는 정도에 이르러 위법할 뿐 아니라, '평균적인 검사의 주의력을 기준으로 한다'고 하더라도 검사가 그와 같은 감정서를 법정에 제출하지 아니한 데에는 과실이 있다.

IV 분석과 해설

(가) 검사의 객관의무를 명시적으로 인정[1)]

본 판결은 검사가 '수사 및 공판과정에서 피고인에게 유리한 증거를 발견한 경우에 이를 자신의 귀책사유로 수소법원에 제출하지 아니하면 위법한 공소유지행위가 되어 불법행위책임을 져야 함'을 긍정하여 검찰권 행사의 객관성을 담보하려 한 획기적인 판결이다. 대법원은 본 판결에서 ㉠ 검찰청법 제4조 제1항, ㉡ 형사소송법 제424조, ㉢ 형사소송법 제338조 제1항을 근거로 삼아 검사에게는 "공익의 대표자로서 실체적 진실에 입각한 국가 형벌권의 실현을 위하여 공소제기와 유지를 할 의무뿐만 아니라 그 과정에서 피고인의 정당한 이익을 옹호하여야 할 의무"가 있고 따라서 "검사가 수사 및 공판과정에서 피고인에게 유리한 증거를 발견하였다면 피고인의 이익을 위하여 이를 법원에 제출"하여야 하고 이를 검사의 귀책사유로 제출하지 아니하면 위법한 공소유지행위가 되어 불법행위책임을 져야 한다고 판시하고 있다.

(나) 사법경찰관이나 검사의 불법행위책임의 한계

피고인에 대하여 무죄판결이 선고된 모든 경우에 사법경찰관이나 검사에게

---

1) 이완규, 검사의 지위와 객관의무, 『형사판례연구』 12권, 301~329 :김상국, 무죄판결과 국가배상책임: 검사의 직무행위를 중심으로, 부산판례연구회, 『판례연구』 15집(2004.02), 571~620 2003; 김윤성, 검사직무 관련 국가배상책임 성립시 검사에 대한 구상권 행사여부, 검찰 114호, 2003.12, 48~84; 대법원 2010.10.28. 선고 2008노11999 판결: "인권침해의 소지가 가장 많은 수사 분야에서 국민의 인권과 자유를 보호하기 위하여 우리 헌법과 법률은 검사 제도를 두어 검사에게 **준사법기관으로서의 지위를 부여하고 철저한 신분보장과 공익의 대변자로서 객관의무를 지워** 사법경찰관리의 수사에 대한 지휘와 감독을 맡게 함과 동시에 **전속적 영장청구권**(헌법 제12조 제3항), **수사주재자로서 사법경찰관리에 대한 수사지휘**(형사소송법 제196조), 체포·구속 장소 감찰(형사소송법 제198조의2) 등의 권한을 부여하여 절차법적 차원에서 인권보호의 기능을 수행하게 하고 있다. 이런 측면에서 검사의 수사에 관한 지휘는 수사과정에서의 인권침해를 방지하는 '인권옹호'를 당연히 포함한다."[⇨상세는 본서 2.21]

불법행위가 성립하는 것은 아니다. "사법경찰관이나 검사는 수사기관으로서 피의사건을 조사하여 진상을 명백히 하고, 수집·조사된 증거를 종합하여 피의자가 유죄판결을 받을 가능성이 있는 정도의 혐의를 가지게 된 데에 합리적인 이유가 있다고 판단될 때에는 소정의 절차에 의하여 기소의견으로 검찰청에 송치하거나 법원에 공소를 제기할 수 있으므로, 객관적으로 보아 사법경찰관이나 검사가 당해 피의자에 대하여 유죄의 판결을 받을 가능성이 있다는 혐의를 가지게 된 데에 상당한 이유가 있는 때에는 후일 재판과정을 통하여 그 범죄사실의 존재를 증명함에 족한 증거가 없다는 이유로 그에 관하여 무죄의 판결이 확정되더라도, 수사기관의 판단이 경험칙이나 논리칙에 비추어 도저히 그 합리성을 긍정할 수 없는 정도에 이른 경우에만 귀책사유가 있다(대법원 1993.8.13. 선고 93다20924 판결 참조). 형사재판에서의 무죄판결은 공소사실에 대하여 증거능력 있는 엄격한 증거에 의하여 법관으로 하여금 합리적인 의심을 배제할 정도의 확신을 가지게 하는 입증이 없다는 의미일 뿐 공소사실의 부존재가 증명되었다는 의미는 아니고(대법원 1998.9.8. 선고 98다25368 판결 참조), 또 형사재판의 증인이나 참고인은 스스로 체험한 사실을 기억나는 대로 진술하면 되고, 객관적 사실에 일치하는 진술을 할 의무가 있는 것은 아니다(대법원 1984.2.28. 선고 84도114 판결 참조)"(대법원 2005.12.23. 선고 2004다46366 판결).

1.11

변호인의 진실의무

대법원 2007.1.31. 2006모656 결정

I 사 안

구속된 피의자 D는 변호인과의 접견에서 변호인으로부터 진술거부권이 있다는 조언과 함께 적극적으로 '진술을 거부하라'는 권고를 받고, 수사검사의 신문에 대하여 진술을 거부하였다. D가 진술을 거부하게 된 경위를 확인한 검사는 변호인이 수사를 방해한다는 이유 등으로 D와 변호인 간의 접견을 금지하였다. D는 형사소송법 제417조에 따라 '검사의 접견금지처분은 부당하니 취소하여 달라'는 취지의 준항고를 서울중앙지방법원에 제기하였다. 위 법원은 D의 주장을 받아들여 검사의 접견금지처분을 취소하였다. 검사는 대법원에 재항고를 제기하였다.

II 쟁 점

변호인에게 진실의무가 있는가? 진술거부를 권고한 변호인의 행위가 변호인의 진실의무에 반하는가?

III 재판요지 (재항고기각)

변호사인 변호인에게는 변호사법이 정하는 바에 따라서 이른바 진실의무가 인정되는 것(제24조 제2항: 필자 주)이지만, 변호인이 신체구속을 당한 사람에게 법률적 조언을 하는 것은 그 권리이자 의무이므로 변호인이 적극적으로 피고인 또는 피의자로 하여금 허위진술을 하도록 하는 것이 아니라 단순히 헌법상 권리인 진술거부권이 있음을 알려주고 그 행사를 권고하는 것을 가리켜 변호사로서의 진실의무에 위배되는 것이라고는 할 수 없다.

IV 분석과 해설

(가) 변호사의 진실의무

형사변호와 관련하여 변호인은 피고인의 이익을 보호하는 보호자이다. 그러나 변호인의 공익적 지위에서 변호사에게는 진실의무가 부여된다. 따라서 변호인이 보호하는 피고인의 이익은 피고인의 '정당한 이익'에 한정된다. 변호사법 제1조 제1항의 "변호사는 기본적 인권을 옹호하고 사회정의를 실현함을 사명으로 한다."는 규정, 변호사법 제24조 제2항의 "변호사는 그 직무를 수행할 때에 진실을 은폐하거나 거짓 진술을 하여서는 아니 된다"는 규정은 변호인의 공익적 지위를 명문화한 것이다.

그런데 다소간의 논란은 있지만, 당사자주의 형사소송구조 아래에서는 피고인의 보호자인 변호인에게 진실의무는 다소간 제한적일 수밖에 없다.[1] 이러한 견해는 변호인에게 피고인의 행위에 관한 적극적인 은폐행위는 금지되지만, 소극적인 묵비의무는 허용된다고 하거나, 변호인이 보호하여야 할 피고인의 이익은 피고인의 정당한 이익에 제한된다든지, 소극적 진실의무만 있다든지 하는 견해 등으로 나타나고 있다.

(나) 본 판례의 취지

본 판례는 비록 구체적인 기준을 제시하지는 않았지만, 변호인에게는 진실의무가 있다는 사실을 명백히 한 점에 그 의의가 있다. 이와 아울러 변호인이 진술거부권과 같은 헌법상의 권리를 의뢰인(피의자, 피고인)에게 적극적으로 행사하라고 권유한 것이 변호인의 진실의무와 상치되지 아니한다는 점을 확인한 점에서도 주목된다.

다소 조심스럽지만 본 결정은 설사 실체적 진실의 발견을 저해하는 측면이 있을 수 있다 하더라도 진술거부권의 행사를 권유하는 것은 허용된다는 취지로 해석된다. 사법연수원교재인 「변호사실무(2005)」에서는 "피고인이 법을 악용하여 진실을 은폐하는 차원을 떠나 적극적으로 이에 가담하거나 이를 옹호하는 행위를 하여서는 아니 되고, (변호인은) 피고인에게 진실을 왜곡하지 않도록 충고를 하는 적극적인 역할을 수행하여야 할 뿐 아니라 소극적으로 묵비권의 행사를 권유하는 수밖에 없다"고 적혀 있다.

(다) 결 어

변호인이 의뢰인에게 진술거부권 등을 포함하여 헌법과 형사소송법상의 권리의 존재와 그 행사를 조언하거나 권유하는 것은 거의 무제한적으로 허용된다. 그러나 변호인이 의뢰인에게 허위진술을 하도록 유도하거나 증거인멸이나 도망하도록 권유하는 것은 허용되지 아니한다. 그러나 변호인은 설사 의뢰인이 유죄라는 사실을 알고 있다 하더라도 이를 수사기관이나 법원에 알려야 할 의무는 없다.

(라) 변호인의 허위진술이나 허위진술권고의 위법성(대법원 2012.8.30. 선고 2012도6027 판결)

[사안] D2는 "D, D3의 범인도피교사에 따라 2010.8.31. 경찰 및 2011.2.17. 검찰에서 조사를 받고, 2011.3.18. 및 2011.4.8. 법원에서 제1심 재판을 받음에 있어 '휴대전화 문자발송 사기 범행을 자신(D2)이 저질렀

1) 배기석, 형사변호인의 진실의무와 변호권의 한계, 『인권과 정의』(통권 제357호), 2006.5.

다'는 취지로 허위자백하여, 이로써 D, D3를 도피"하게 한 혐의로 기소되었다. D4(변호사)는 범인도피죄의 방조범 혐의로 기소되었다. (1) D2의 형사책임에 대하여 항소심은, "D2는 이미 D4가 개입하기 전부터도 D로부터 1억 원을 받고 허위자백을 유지하기로 마음먹고 있었던 점, D4는, D2와 D 사이에서 양쪽의 의사를 전달하는 데 그쳤을 뿐, 그 구체적인 합의안의 결정에 직접 관여하지는 않은 점 등에 비추어, D4의 행위는 정범인 D2에게 결의를 강화하게 한 방조행위로 평가할 수 있을 뿐, 공동가공의 의사나 기능적 행위지배가 있다고 보기는 어렵다"고 판단(D2를 정범으로 판단)하였다. (2) D4의 형사책임에 대하여 항소심은 "D4는 변호인으로서 단순히 D2의 이익을 위한 적절한 변론과 그에 필요한 활동을 하는 데 그치지 아니하고, D2와 D 사이에 부정한 거래가 진행 중이며, D2 사건의 수임과 변론이 그 거래의 향배와 불가결한 관련이 있을 것임을 분명히 인식하고도 D로부터 D2 사건을 수임하고, 그들 사이의 합의가 성사되도록 도왔으며, 스스로 합의금의 일부를 예치하는 방안까지 용인하고 합의서를 작성하는 등으로 D와 D2 사이의 거래관계에 깊숙이 관여하였으므로, 이러한 행위를 정당한 변론권의 범위 내에 속한다고 평가할 수는 없으며, 변호인의 비밀유지의무는 변호인이 업무상 알게 된 비밀을 다른 곳에 누설하지 않을 소극적 의무를 말하는 것일 뿐, 이 사건과 같이 진범을 은폐하는 허위자백을 적극적으로 유지하게 한 행위가 변호인의 비밀유지의무에 의하여 정당화될 수는 없다" 고 판단하였다. 비록 D4가 D와 D2 사이에 위와 같은 부정한 거래가 성사되는 데 중요한 역할을 담당하기는 하였으나, D2로 하여금 허위자백을 유지하도록 적극적으로 종용하지는 않았고, D나 D2는 언제라도 D4를 해임하는 등의 방법으로 D4를 사건에서 배제시킬 수 있었고 다른 방법을 통하여 연락을 취하는 것도 가능하였다(D4를 방조범으로 판단). 검사와 D4가 상고하였다.

[판지(상고기각)] "1. 형법 제30조의 공동정범이 성립하기 위하여는 **주관적 요건**인 **공동가공의 의사**와 객관적 요건으로서 그 **공동의사에 기한 기능적 행위지배를 통하여 범죄를 실행하였을 것**이 필요하고, 여기서 **공동가공의 의사란 타인의 범행을 인식하면서도 이를 제지함이 없이 용인하는 것만으로는 부족하고 공동의 의사로 특정한 범죄행위를 하기 위하여 일체가 되어 서로 다른 사람의 행위를 이용하여 자기의 의사를 실행에 옮기는 것을 내용으로 하는 것**이어야 한다(대법원 2004.6.24. 선고 2002도995 판결 등 참조).

D와 D2가 위와 같은 합의를 하고 허위자백을 유지하기로 한 사태의 핵심적 경과를 D4가 계획적으로 조종하거나 저지·촉진하는 등으로 지배하고 있었다고 보기는 어렵다. 따라서 원심이 같은 취지에서, D4의 판시 행위가 범인도피죄의 공동정범에 해당한다고 볼 수 없다고 판단한 것은 정당하다.

범인도피죄는 범인을 도피하게 함으로써 기수에 이르지만, 범인도피행위가 계속되는 동안에는 범죄행위도 계속되고 행위가 끝날 때 비로소 범죄행위가 종료된다. 따라서 공범자의 범인도피행위의 도중에 그 범행을 인식하면서 그와 공동의 범의를 가지고 기왕의 범인도피상태를 이용하여 스스로 범인도피행위를 계속한 경우에는 범인도피죄의 공동정범이 성립하고(대법원 1995.9.5. 선고 95도577 판결 참조), 이는 그 공범자의 범행을 방조한 종범의 경우도 마찬가지이다.

D2의 위 범행은 2011.4.8. 이전에 이미 기수에 이르렀다. 그러나 제1심이 적법하게 채택한 증거들에 의하면, D2는 2011.5.23. 진실을 밝히는 내용의 항소이유서를 항소심 법원에 제출하기는 하였으나, 이후 2011.6.14. 열린 항소심 공판기일에서는 여전히 위 허위자백을 유지하는 태도를 취하였고, 2011.6.28. 오후 검찰에서 조사를 받으면서 비로소 D 및 D3가 진범임을 밝혔으므로, D2의 범행이 종료된 시점은 2011.6.28.이다. 따라서 원심이 이러한 전제하에, D4가 2011.5.2.경부터 2011.6.28. 오전경까지 그 판시와 같은 행위를 통해 D2의 범인도피행위를 방조한 것으로 볼 수 있다고 판단한 것은, 위와 같은 법리에 비추어 정당하다.

2. 변호사는 공공성을 지닌 법률 전문직으로서 독립하여 자유롭게 그 직무를 수행하여야 하고(변호사법 제2조), 그 직무를 수행함에 있어 진실을 은폐하거나 거짓 진술을 하여서는 아니 된다(같은 법 제24조 제2항). 따라서 형사변호인의 기본적인 임무가 피고인 또는 피의자를 보호하고 그의 이익을 대변하는 것이라고 하더라도, 그러한 이익은 법적으로 보호받을 가치가 있는 정당한 이익으로 제한되고, 변호인이 의뢰인의 요청에 따른 변론행위라는 명목으로 수사기관이나 법원에 대하여 적극적으로 허위의 진술을 하거나 피고인 또는 피의자로 하여금 허위진술을 하도록 하는 것은 허용되지 않는다.”

제 2 장

수 사

제1절 피의자의 권리

제2절 친고죄와 반의사불벌죄

제3절 임의수사와 강제수사

제4절 체포와 구속

제5절 압수·수색·검증

제6절 수사의 종결

제7절 경찰관직무집행법

제1절 피의자의 권리

2.1

피의자의 미란다 고지를 받을 권리

대법원 1992.6.23. 선고 92도682 판결

I 사 안

D는 범죄단체를 조직하고 '수괴'의 역할을 한 혐의(폭력행위 등 처벌에 관한 법률 제4조 제1호 위반)로 기소되었다. 제1심과 항소심은 공범으로 별도 기소된 D3에 대한 수사과정에서 담당검사가 D3와 위 사건에 관하여 대화하는 내용과 장면을 녹화한 것으로 보이는 '비디오 테이프에 대한 검증조서'를 유죄인정의 증거로 사용하였다. 제1심과 항소심이 채용한 증거 중 위 검증조서를 제외하고 나머지 증거만으로도 D의 범죄사실을 인정하기에 넉넉하다. D는 "검사가 D3의 진술을 들음에 있어 D3에게 미리 진술거부권이 있음을 고지한 사실을 인정할 자료가 없는데도 제1심과 항소심이 이를 D의 유죄인정의 증거로 사용한 것은 위법하다"고 주장하며 상고하였다.

II 쟁 점

공범피의자(D3)에게 진술거부권을 고지하지 아니하고 작성한 피의자신문조서의 대용물(영상녹화물)에 증거능력이 있는가?[1)]

III 재판요지 (상고기각)

판례이론의 창설

구 형사소송법 제200조 제2항(현행법 제244조의3 제1항)은 '검사 또는 사법경찰관이 출석한 피의자의 진술을 들을 때에는 미리 피의자에 대하여 진술을 거부할 수 있음을 알려야 한다'고 규정하고 있는바, 이러한 ㉮ 피의자의 진술거부권은 헌법이 보장하는 형사상 자기에 불리한 진술을 강요당하지 않는 자기부죄(自己負罪)거부의 권리(privilege against self-incrimination)에 터잡은 것이므로 수사기관이 피의자를 신문함에 있어서 피의자에게 미리 진술거부권을 고지하지 않은 때에는 ㉯ 그 피의자의 진술은 위법하게 수

1) 선결문제로서 '공범(D3)의 자백과 형소법 제310조'('피고인'에 공범자가 포함되는가: 판례부정)의 문제, 공범피의자 D3가 성립의 진정을 인정한 검면조서가 피의자 D의 형사피고사건에서도 증거능력이 있느냐(판례긍정)의 문제, D에게 'D3의 권리침해를 주장할 자격(standing)이 있느냐(판례인정)'의 문제가 있다. 본 사안에서는 이 문제들이 쟁점화되지 아니하였다.

집된 증거로서 ㉰ 진술의 임의성이 인정되는 경우라도 증거능력이 부인되어야 한다. 원심이 인용한 1심판결 채용증거 중 부산지방법원 90고합 1410호 사건의 비디오검증조서(공판기록 1284정 이하)는 이 사건 범죄단체조직죄에 관한 공범으로서 별도로 공소제기된 위 사건의 피고인 D3에 대한 수사과정에서 담당검사가 위 D3와 위 사건에 관하여 대화하는 내용과 장면을 녹화한 것으로 보이는 비디오테이프에 대한 검증조서인바, 이러한 ㉱ 비디오테이프의 녹화내용은 피의자의 진술을 기재한 피의자신문조서와 **실질적으로 같다**고 볼 것이므로 피의자신문조서에 준하여 그 증거능력을 가려야 할 것이다.

판례이론의 본 사안에의 적용

그런데 기록을 살펴보아도 검사가 위 D3의 진술을 들음에 있어 동인(同人, D3)에게 미리 진술거부권이 있음을 고지한 사실을 인정할 자료가 없으므로 위 녹화내용은 **위법하게 수집된 증거**로서 증거능력이 없는 것으로 볼 수밖에 없고, 따라서 이러한 녹화내용에 대한 검증조서기재는 유죄증거로 삼을 수 없는데도 원심이 위 검증조서를 유죄증거로 채용한 것은 채증법칙에 위반한 위법한 처사로서 이 점에 관한 논지는 이유 있다.

그러나 아래에서 보는 바와 같이 원심채용증거 중 위 검증조서를 제외하고 나머지 증거만으로도 피고인들의 이 사건 범죄사실을 인정하기에 넉넉하므로 위 검증조서의 증거채용에 관한 위법은 원심의 유죄결론에는 결국 영향이 없다.

IV 분석과 해설

(가) 한국형 미란다 권리의 창설과 위법수집증거배제규칙[2)]

본 판결의 내용은 1990년의 다음 판결의 내용과 합쳐서 파악하면 '한국형 미란다 판결'이라 불러도 손색이 없다.

> "원심은, 검사 작성의 피고인 D2에 대한 제7회 내지 제10회 피의자신문조서는 검사가 변호인의 접견을 부당하게 제한하고 있는 동안에 작성된 것이라는 이유로 그 조서의 증거능력을 부정하였는바 그 판단은 법리상 수긍할 수 있는 것이고 부당한 접견제한이 없었다는 전제에서 원심판단을 비의(非議=비난)하는 논지는 받아들일 수 없다."(대법원 1990.8.24. 선고 90도1285 판결)

위의 두 판결(1990년 판결과 1992년 판결)에서 대법원은 1983년 판결이 채택 여부를 유보했던 배제규칙의 일부를 소폭적으로나마 현실세계에 실현시켰다. 2008년에 시행된 신형사소송법은 이 두 판결의 취지를 확대하여 조문(법 제244조의3(진술거부권 등의 고지)과 법 제308조2(위법수집증

2) 많은 학자들이 '위법수집증거배제법칙'으로 명명하지만 우리나라의 그것은 아직 '법칙'으로 부를 수 있을 만큼 일반화되어 있지 않으므로 배제규칙(exclusionary rule)으로 부르는 것이 적절하다. 법 제308조의2의 조문타이틀은 '위법수집증거배제'라고 명명하고 있을 뿐 위법수집증거배제 '법칙'으로 명명하고 있지 않다.

(거의 배제)화시켰다. 그런데 여기서 다음과 같은 까다로운 문제가 발생한다. 그것은 적법절차 보장에 봉사하는 '자기부죄거부특권'(진술거부권), '자백법칙'(법 제309조(강제 등 자백의 증거능력)), '위법수집증거배제규칙' 등 삼자(三者)의 상호관계를 어떻게 파악해야 하는가 하는 문제이다. 삼자 모두 연혁을 서로 달리하고 그 적용범위에 관하여 견해차이가 심한 분야이므로, 그 상호관계를 어떻게 이해할 것인가는 매우 어려운 문제이다.

(나) 대법원의 논증방식의 특성

대법원은 1980년대에 위법수집증거배제규칙의 일부 채용을 고민하다가 1990년대에 이르러 체포·구속된 피의자의 변호인의 조력을 받을 권리와 진술거부권 분야에서 일부 채택을 실현하기에 이르렀다. 1992년 판결 논증의 특색은 수사기관의 진술거부권 불고지의 경우에 '자기부죄거부특권'과 '위법수집증거배제규칙'을 결합시켜 자백의 증거능력을 부정하고 있다는 점이다. 이것은 대법원이 이 문제에 대한 해결을 '자백의 임의성 문제의 각도'에서 풀려고 하지 않았음을 보여주고 있다. 이 입장에 서면 자백 때문에 유죄판결을 받을 위험에 노출된 피고인은 ① 자백법칙(허위배제설과 인권옹호설의 경합설의 견지에서 파악되는 자백법칙)의 적용을 시도하거나 혹은 ② 위법수집증거배제규칙의 적용을 시도할 수 있다.

(다) 경고를 받을 권리의 포기

법 제244조의3 제1항 제3호는 피의자의 '진술을 거부할 권리의 포기'를 인정하고 있다. 피의자의 전면적인 '진술거부권 포기'를 인정할 수는 없으므로 여기서 말하는 '진술거부권 포기'는 경고를 받을 권리(rights of Miranda warning)의 '일시적·잠정적 포기'로 해석된다. 미란다 판결 이후의 미국판결의 태도가 그런 입장에 서 있다. 다만 이를 긍정하게 되면 '유효한 포기의 요건'이 무엇인지가 검토되어야 한다. 그것은 피의자가 경고내용을 '알면서(know-ing-ly), 임의로(free-ly), 또한 진지하게(seri-ous-ly) 포기'할 것을 요건으로 삼아야 한다. 그 입증책임은 소추자측에 있다. 소추자측이 이 입증책임을 다하기 위하여 필요한 것이 경고 후에 피의자로부터 경고 포기서[3]를 받는 일이다.

(라) 체포와 피의사실 등의 고지시기(대법원 2000.7.4. 선고 99도4341 판결 참조)

"헌법 제12조 제5항 전문은 '누구든지 체포 또는 구속의 이유와 변호인의 조력을

3) 실무에서는 확인서라고 부르고 있다.

받을 권리가 있음을 고지받지 아니하고는 체포 또는 구속을 당하지 아니한다.'는 원칙을 천명하고 있고, 형사소송법 제72조는 '피고인에 대하여 범죄사실의 요지, 구속의 이유와 변호인을 선임할 수 있음을 말하고 변명할 기회를 준 후가 아니면 구속할 수 없다.'고 규정하는 한편, 이 규정은 같은 법 제213조의2에 의하여 검사 또는 사법경찰관리가 현행범인을 체포하거나 일반인이 체포한 현행범인을 인도받는 경우에 준용[4]되므로, 사법경찰리가 현행범인으로 체포하는 경우에는 반드시 범죄사실의 요지, 구속의 이유와 변호인을 선임할 수 있음을 말하고 변명할 기회를 주어야 할 것임은 명백하며, 이러한 법리는 비단 현행범인을 체포하는 경우뿐만 아니라 긴급체포의 경우에도 마찬가지로 적용되는 것이고, 이와 같은 고지는 체포를 위한 실력행사에 들어가기 이전에 미리 하여야 하는 것이 원칙이나, 달아나는 피의자를 쫓아가 붙들거나 폭력으로 대항하는 피의자를 실력으로 제압하는 경우에는 붙들거나 제압하는 과정에서 하거나, 그것이 여의치 않은 경우에는 일단 붙들거나 제압한 후에 지체 없이 행하여야 한다."[5]

---

4) 현행법은 이 부분을 200조의5에서 명시하고 제213조의2(준용조항)에서 제72조를 삭제하였다.

5) **[따름판례]** 대법원 2007.11.29. 선고 2007도7961 판결: **[사안]** D는 음반·비디오물 및 게임물에 관한 법률 위반죄로 지명수배되어 있던 탓에 주거지를 수개월간 떠나 있다가 집 근처로 돌아와서 처를 전화로 불러내어 인근 모텔에 투숙하였다. 위 법률 위반행위의 수사를 담당하던 경찰관 3명은 D가 처와 함께 모텔에 투숙한 것을 확인하고 D를 검거하려고 새벽 1시에 마스터키로 모텔방문을 열고 방안으로 들어가면서, "당신, D(D의 이름)지?"라고 하면서 체포하려 하였는데, D는 "나는 O2(D의 동생의 이름)인데요"라고 대답하였고, 이에 경찰관들은 지문을 확인하려 하였다. 그러자 D는 태도를 돌변하여 욕설을 하면서 주먹으로 유리창을 깨뜨리고 유리조각을 쥐고 경찰관들이 다가오지 못하도록 앞으로 휘둘렀으며, 이에 경찰관들은 D를 제압하기 위하여 D와 엉켜서 20분간의 몸싸움을 하기에 이르렀다. 이 때문에 경찰관들은 체포 전에 미란다 원칙을 고지하지 못하고, D를 제압한 후 비로소 미란다 원칙을 고지하였다. 경찰관들이 위 몸싸움과정에서 상해를 입었다. D는 당초 음반·비디오물 및 게임물에 관한 법률 위반죄 혐의로 기소되었는데 특수공무집행방해치상죄의 혐의가 추가기소되었다. 항소심은, "D가 지명수배되어 있는 상태에서 O 등 경찰관 3명이, D가 처와 함께 위 모텔에 투숙한 것을 확인하고 D를 검거하기 위하여 새벽 1시에 마스터키로 모텔방문을 열고 방안으로 들어가는 순간 이미 D를 긴급체포하기 위한 실력행사에 착수한 것이고, 따라서 형사소송법 규정에 따라 피의자를 긴급체포하려는 사법경찰관리로서는 위 실력행사에 들어가기 전, 즉 마스터키로 모텔방문을 열기에 앞서 D를 임의로 방 밖으로 나오도록 하거나 D의 승낙 하에 방안으로 들어가서 D에게 지명수배된 범죄사실의 요지, 구속의 이유와 변호인을 선임할 수 있음을 말하고 변명의 기회를 주어야 하는 것이 원칙이며, 그렇게 하지 않고 D가 도주하거나 자해할 우려가 있다는 등의 이유로 D의 승낙 없이 새벽시간에 D 부부가 머물고 있는 모텔 방에 마스터키로 방문을 열고 들어감으로써 이와 같은 고지를 하지 않은 채 먼저 긴급체포를 위한 실력행사부터 돌입한 경우라면, 방안에서 D를 만난 순간 지체 없이 D에게 이와 같은 고지를 하였어야 할 것으로서, 긴급체포하기 위하여 야간에 주거에 침입하는 경우에는 침입한 직후에 미란다 원칙을 고지하여야 하고, 이를 위반하였다면 적법한 공무집행으로 보지 않는 것이 사생활의 평온과 주거권을 보장하는 헌법정신에 부합"하는데 그럼에도 "경찰관들은 D에게 경남지방경찰청에 지명수배되어 있는 사실과 불법 성인피시방 영업행위 등의 범죄사실만 말한 채 곧바로 D의 신분증을 제시해 줄 것을 요구하였고, D가 동생의 운전면허증을 제시하는 바람에 경찰관들이 그 운전면허증으로 지문조회를 하는 동안에도 D에게 구속의 이유와 변호인을 선임할 수 있음을 말하거나 변명할 기회를 준 바는 없으며, 그렇다면 경찰관들이 D를 긴급체포하기 위한 실력행사를 개시한 후 상당한 시간이 경과하는 동안에도 위와 같은 적법절차를 준수하지 아니한 이상 경찰관들이 모텔방문을 열고 들어가 D를 긴급체포하려고 한 일련의 행위는 적법한 공무집행이라고 보기 어렵고, 따라서 D가 유리창을 깬 후 깨진 유리조각을 들고 위협한다

(마) 피고인의 진술거부권

피고인은 진술하지 아니하거나 개개의 질문에 대하여 진술을 거부할 수 있다. 재판장은 피고인에게 미리 진술을 거부할 수 있음을 고지하여야 한다(법 제283조의 2(피고인의 진술거부권)). 피고인의 진술거부권과 관련되는 주요 쟁점사항은 다음과 같다.

(1) 피고인의 진술거부권 행사와 피고인에게 불리한 양형 법원은 피고인이 진술거부권을 행사하였다는 이유만으로 피고인에게 불리한 판결을 하여서는 아니 된다. 그러나 "객관적이고 명백한 증거가 있음에도 피고인이 진실의 발견을 적극적으로 숨기거나 법원을 오도하려고 시도하는 경우에는 가중적 양형의 조건으로 참작될 수 있다."(대법원 2001.3.9. 선고 2001도192 판결)

(2) 인정신문 단계에서도 피고인에게 진술거부권이 인정되는가? 신형사소송법은 피고인의 진술거부권 조항을 인정신문 조항(법 제284조) 앞에 설치하였으므로 긍정하여야 한다. 따라서 사실인정자(법원과 배심단)는 피고인이 인정신문에 대하여 진술을 거부한 것을 이유로 유죄의 심증을 가지거나 양형상 참작하여서는 아니 된다. 피고인이 인정신문에 대하여 진술을 거부한 경우에 재판장은 적당한 방법으로 피고인의 동일성을 확인하는 조치를 취하여야 하고, 공판조서에는 진술이 거부되었음과 재판장이 피고인에게 취한 확인조치의 내용을 기재하여야 한다.

는 이유로 D에게 달려들어 D를 제압하는 과정에서 경찰관들이 D가 휘두른 유리조각에 찔리거나 손가락 부위 등에 상해를 입게 되었다고 하더라도, 이로 인하여 경찰관들의 긴급체포업무에 관한 정당한 직무집행이 방해되었다고 볼 수 없다."고 판단하였다. 검사는 "대법원 99도4341 판결에서 적시한 바와 같이, 달아나는 피의자를 쫓아가 붙들거나 폭력으로 대항하는 피의자를 실력으로 제압하는 경우에는, 그 제압과정 또는 제압 이후에 미란다 원칙을 고지하면 무방하며, 이 사건 경찰관들은 긴급체포에 관한 적법한 직무집행을 한 것"이라고 주장하며 상고하였다. [**판지**(파기환송)] 경찰관들이 D가 처와 함께 모텔에 투숙하였음을 확인한 후 도주나 자해우려를 이유로 방안으로 검거하러 들어가서 D의 이름을 부른 다음, 그 지명수배사실 및 범죄사실을 말하고 신분증 제시를 요구하였는데, D가 자신이 동생인 O2라고 주장하면서 O2 명의의 운전면허증을 제시하는 경우라면, 경찰관으로서는 체포하려는 상대방이 D 본인이 맞는지를 먼저 확인한 후에 이른바 미란다 원칙을 고지하여야 하는 것이지, 그 상대방이 D인지 O2인지를 확인하지 아니한 채로 일단 체포하면서 미란다 원칙을 고지할 것은 아니다. 만약 상대방을 확인하지도 않은 채로 먼저 체포하고 미란다 원칙을 고지한다면, 때로는 실제 피의자가 아닌 사람을 체포하는 경우도 생길 수 있고, 이런 경우에는 일반적으로 미란다 원칙의 고지가 앞당겨짐에서 얻어지는 인권보호보다도 훨씬 더 큰 인권침해가 생길 수도 있다. 따라서 이 사건 경찰관들이 미란다 원칙의 고지사항을 전부 고지하지 않은 채로 신원확인절차에 나아갔다고 해서, 그 행위가 부적법하다고 볼 수는 없다. 이와 같이 폭력으로 대항하는 피의자를 실력으로 제압하는 단계에 이르면, 경찰관들로서는 그 제압 과정 또는 그것이 여의치 않으면 제압한 후에 지체 없이 미란다 원칙을 고지하면 되는 것이며, 따라서 이 사건 경찰관들의 긴급체포행위를 적법한 공무집행이라고 보기 어렵다고 할 수는 없고, 경찰관들이 D에게 달려들어 D를 제압하는 과정에서 경찰관들이 D가 휘두른 유리조각에 찔리거나 손가락 부위 등에 상해를 입게 되었다면, 이는 경찰관들의 긴급체포업무에 관한 정당한 직무집행이 방해된 경우라고 볼 수 있다. 상세는 전원열, 미란다 원칙의 고지시기, 『해설』 74호, 497~505면 참조.

(3) **피고인의 증인적격** 통설과 법실무는 '피고인의 증인적격을 부정'하고 있다. 피고인의 증인적격을 인정하면 첫째, 반대신문에서 피고인에게 불이익한 사실의 진술을 유도하게 되고, 둘째, 피고인이 증인으로 나설 것을 거절하는 경우에 사실인정자가 피고인에게 불이익한 사실을 추정하게 될 위험이 있기 때문이라고 한다. 그러나 영미법계 국가에서 피고인의 증인적격을 인정하는 것은 피고인이 자기부죄거부특권을 포기하고 스스로 증언대에 서고자 할 때에 국한되는 것이다. 이 경우에 피고인의 진술거부권이 강제로 포기되는 것은 아니다. 피고인이 증언대에 서려고 하지 않는데 강제로 증인의무를 부여하는 것은 강요이지만 피고인이 자기부죄거부특권을 포기하고 스스로 증언대에 서고자 하는 경우까지 진술거부권의 포기강요로 파악하는 것은 비합리적이다.

(바) 헌재결정

(1) **주취운전의 혐의자에게 호흡측정기에 의한 측정에 응할 것을 요구하는 것이 형사상 불리한 진술을 강요하는 것인가**(부정)(헌재 1997.3.27. 선고 96헌가11 전원재판부(도교법 제41조 제2항 등 위헌제청)) "먼저 호흡측정기에 의한 측정에 응하는 것이 '형사상 불리한'것이 되는 것은 의문의 여지가 없다. 호흡측정의 결과는 곧바로 주취운전죄라는 범죄의 직접적 증거로 활용되기 때문이다. 다음 호흡측정에 응하도록, 구체적으로는 호흡측정기에 입을 대고 호흡을 불어 넣도록 요구하고 이를 거부할 때 처벌하는 것이 '진술강요'에 해당하는 것인가가 문제이다. '진술'이라 함은 언어적 표출 즉, 생각이나 지식, 경험사실을 정신작용의 일환인 언어를 통하여 표출하는 것을 의미하는 데 반하여, 호흡측정은 신체의 물리적, 사실적 상태를 그대로 드러내는 행위에 불과하다. 또한 호흡측정은 진술서와 같은 진술의 등가물로도 평가될 수 없고 신체의 상태를 객관적으로 밝히는 데 그 초점이 있을 뿐, 신체의 상태에 관한 당사자의 의식, 사고, 지식 등과는 아무런 관련이 없다. 호흡측정에 있어 결정적인 것은 측정결과 밝혀질 객관적인 혈중 알코올농도로서 이는 당사자의 의식으로부터 독립되어 있고 당사자는 이에 대하여 아무런 지배력도 갖고 있지 아니하다. 따라서 호흡측정행위는 진술이 아니므로 호흡측정에 응하도록 요구하고 이를 거부할 경우 처벌한다고 하여도 '진술강요'에 해당한다고 할 수는 없다. 요컨대 이 사건 법률조항은 형사상 불리한 '진술'을 강요하는 것이 아니며 수사상 증거확보를 목적으로 사람의 신체를 직접적인 대상으로 하는 **신체검사로서의 성질**을 가지므로, 헌법 제12조 제2항의 진술거부권조항에 위배되지는 아니한다."

(2) **지문채취의 강요는 영장주의에 의하여야 할 강제처분인가**(지문채취에 불응하는 피의자에게 형사처벌을 가하는 경범죄처벌법 제1조 제42호는 영장주의의 원칙과 적법절차의 원칙에 위반되는가)(부정)(헌재 2004.9.23. 선고 2002헌가17·18(병합) 전원재판부(경범죄처벌법 제1조 제42호 위헌제청)) "1. 이

조항은 수사기관이 직접 물리적 강제력을 행사하여 피의자에게 강제로 지문을 찍도록 하는 것을 허용하는 규정이 아니며 형벌에 의한 불이익을 부과함으로써 심리적·간접적으로 지문채취를 강요하고 있으므로 피의자가 본인의 판단에 따라 수용 여부를 결정한다는 점에서 궁극적으로 당사자의 자발적 협조가 필수적임을 전제로 하므로 물리력을 동원하여 강제로 이루어지는 경우와는 질적으로 차이가 있다. 따라서 이 조항에 의한 지문채취의 강요는 영장주의에 의하여야 할 강제처분이라 할 수 없다. 또한 수사상 필요에 의하여 수사기관이 직접강제에 의하여 지문을 채취하려 하는 경우에는 반드시 법관이 발부한 영장에 의하여야 하므로 영장주의원칙은 여전히 유지되고 있다. 2. 이 조항은 피의자의 신원확인을 원활하게 하고 수사활동에 지장이 없도록 하기 위한 것으로, 수사상 피의자의 신원확인은 피의자를 특정하고 범죄경력을 조회함으로써 타인의 인적 사항 도용과 범죄 및 전과사실의 은폐 등을 차단하고 형사사법제도를 적정하게 운영하기 위해 필수적이라는 점에서 그 목적은 정당하고, 지문채취는 신원확인을 위한 경제적이고 간편하면서도 확실성이 높은 적절한 방법이다. 또한 이 조항은 형벌에 의한 불이익을 부과함으로써 심리적·간접적으로 지문채취를 강제하고 그것도 보충적으로만 적용하도록 하고 있어 피의자에 대한 피해를 최소화하기 위한 고려를 하고 있으며, 지문채취 그 자체가 피의자에게 주는 피해는 그리 크지 않은 반면 일단 채취된 지문은 피의자의 신원을 확인하는 효과적인 수단이 될 뿐 아니라 수사절차에서 범인을 검거하는 데에 중요한 역할을 한다. 한편, 이 조항에 규정되어 있는 법정형은 형법상의 제재로서는 최소한에 해당되므로 지나치게 가혹하여 범죄에 대한 형벌 본래의 목적과 기능을 달성함에 필요한 정도를 일탈하였다고 볼 수도 없다."

(사) 수사기관에 의한 진술거부권 고지대상이 되는 피의자 지위의 발생시기

(대법원 2011.11.10. 선고 2011도8125 판결)

[사안] 검사는 항소심에서 D들에 대한 공소사실 중 일부를 "D가 중국에 있는 O와 공모하여 2009.12.8. 11:00경 인천 제2국제여객터미널에서 청도발 인천행 여객선을 타고 입국한 O2를 통하여 필로폰 약 1g이 들어 있는 곡물포대를 배달받는 방법으로 필로폰을 수입하고, D들이 위 O와 공모하여 2010.1.7. 11:00경 위 여객터미널에서 같은 방법으로 필로폰 약 2g을, 2010.2.4. 11:00경 위 여객터미널에서 같은 방법으로 필로폰 약 5g을 각 수입하였다."는 요지의 주위적 공소사실과 "D가 2009.12.8. 11:00경 인천 제2국제여객터미널에서 청도발 인천행 여객선을 타고 입국한 O2를 통하여 필로폰 약 1g이 들어 있는 곡물포대를 배달받는 방법으로 필로폰을 매수하고, D들이 공모하여 2010.1.7. 11:00경 위 여객터미널에서 같은 방법으로 필로폰 약 2g을, 2010.2.4. 11:00경 위 여객터미널에서 같은 방법으로 필로폰 약

5g을 각 매수하였다."는 요지의 예비적 공소사실로 하는 공소장변경을 신청하여 원심이 이를 허가하였다.

검사는 위 주위적 공소사실을 입증하기 위하여 검사 작성의 **O3에 대한 진술조서**를 증거로 신청하였는데, 항소심은 'O3는 D들이 O로부터 필로폰을 수입 또는 매수함에 있어 D들을 돕기 위하여 D들과 함께 또는 홀로 인천국제여객터미널로 가서 O2로부터 필로폰이 들어 있는 곡물포대를 건네받는 등의 역할을 한 사람이므로 D들의 필로폰 수입 또는 매수 범행의 공범으로서 피의자의 지위에 있는데, O3에 대한 진술조서는 그것이 진술조서의 형식을 취하였다고 하더라도 그 실질적인 내용과 성격은 O3에 대한 피의자신문조서와 달리 볼 수 없고, 따라서 수사기관이 형사소송법 제244조의3 제1항에 따라 O3에게 미리 진술거부권을 고지하였음을 인정할 만한 아무런 자료가 없는 이상 O3에 대한 진술조서는 위법하게 수집된 증거로서 증거능력이 없다'는 이유로 증거신청을 기각하는 한편, O3 진술의 특신상태를 입증하기 위하여 검사가 신청한 O3에 대한 영상녹화CD 검증신청도 받아들이지 않았다. 검사가 상고하였다.

[판지(파기환송)**]** 피의자에 대한 진술거부권의 고지는 피의자의 진술거부권을 실효적으로 보장하여 진술이 강요되는 것을 막기 위하여 인정되는 것인데, 이러한 진술거부권 고지에 관한 형사소송법의 규정내용 및 진술거부권 고지가 갖는 실질적인 의미를 고려하면 수사기관에 의한 진술거부권 고지의 대상이 되는 피의자의 지위는 수사기관이 조사대상자에 대한 범죄혐의를 인정하여 수사를 개시하는 행위를 한 때에 인정되는 것으로 봄이 상당하다(대법원 2001.10.26. 선고 2000도2968 판결, 대법원 2010.6.24. 선고 2008도12127 판결 참조). 따라서 이러한 피의자의 지위에 있지 아니한 자에 대하여는 진술거부권이 고지되지 아니하였다 하더라도 그 진술의 증거능력을 부정할 것은 아니다.

원심판결 이유에 의하면, 이 사건 필로폰이 중국에서 국내로 반입되어 D들에게 전달되는 과정에서 O3가 인천국제여객터미널에서 O2로부터 필로폰이 은닉된 곡물포대를 건네받아 이를 D들에게 전달하는 역할을 하였다는 것이므로, 그에 의하면 O3가 D들과 이 사건 필로폰의 수입 내지 매수에 관한 공범관계에 있을 가능성을 배제할 수는 없지만, O3가 D들과 공범관계에 있을 가능성만으로 O3가 이 사건의 참고인으로서 검찰 조사를 받을 당시 또는 그 후라도 검사가 O3에 대한 범죄혐의를 인정하고 수사를 개시하여 O3가 피의자의 지위에 있게 되었다고 단정할 수 없고 그와 같이 볼 만한 아무런 객관적인 자료가 없으며, 검사가 O3에 대한 수사를 개시할 수 있는 상태이었는데도 진술거부권 고지를 잠탈할 의도로 피의자 신문이 아닌 참고인 조사의 형식을 취한 것으로 볼 만한 사정도 기록상 찾을 수 없다. 오히려 D들이 이 사건 수사과정에서 이 사건 '필로폰이 중국으로부터 수입되는 것인지 몰랐다'는 취지로 변소하였기 때문에 D들의 수입에 관한 범의를 명백하게 하기 위하여 검사가 이 사건 필로폰이 은닉된 곡물포대를 받아 D들에게 전달한 O3를 참고인으로 조사한 것이라면, O3가 수사기관에 의해 범죄혐의를 인정받아 수사가 개시된 피의자의 지위에 있었다고 할 수 없고, O3가 피의자로서의 지위가 아닌 참고인으로서 조사를 받으면서 수사기관으로부터 진술거부권을 고지받지 않았다 하더라도 그 이유만으로 그 진술조서가 위법수집증거로서 증거능력이 없다고 할 수 없다.

그런데도 원심은 아무런 객관적 자료 없이 O3가 D들의 필로폰 수입 또는 매수 범행의 공범으로서 피의자의 지위에 있다고 단정한 후 진술거부권 불고지로 인하여 O3에 대한 진술조서의 증거능력이 없다고 판단하고 그 진술조서의 특신상태를 입증하기 위한 검사의 영상녹화CD 검증신청을 받아들이지 아니하고 말았으니, 이러한 원심의 판단에는 진술거부권을 고지하지 않은 상태에서 행해진 피의자 진술의 증거능력에 관한 법리를 오해한 위법이 있고, 이러한 위법은 이 부분 주위적 공소사실을 무죄로 판단한 원심의 판결 결과에 영향을 미쳤음이 분명하다. 이 점을 지적하는 검사의 상고이유 주장은 이유 있다.

2.2

진술거부 · 범행의 부인과 양형

대법원 2001.3.9. 선고 2001도192 판결

I 사 안[1)]

D는 D2, D3, D4와 공모하여 강도살인죄를 범한 혐의로 구속기소되어 제1, 2심에서 유죄판결을 선고받고 상고하였다. 대법원은 '강도살인죄의 살인의 고의가 인정되기 어렵다'며 사건을 항소심에 파기환송하였다. 제2차 항소심에서 검사는 강도살인죄를 강도치사죄로 공소장변경을 신청하였다. 항소심은 이 신청을 허가한 후 변경된 공소사실을 전부 유죄로 인정하고 "D가 시종 범행의 죄책을 회피하는 태도로 일관하는 등(다른 공범자들인 D2, D3, D4는 범행을 시인하였다) 반성의 빛을 찾아볼 수 없다"면서 제1심판결을 직권으로 파기하고 D에게 D2, D3, D4보다 중한 형을 선고하였다. D의 변호인은 "D의 태도를 양형에 고려한 것은 D의 범행부인권 행사를 이유로 양형을 불리하게 한 것이어서 이는 결과적으로 D에게 불리한 진술을 강요한 것이 되어 헌법 제12조 제2항이 규정하고 있는 '형사상 자기에게 불리한 진술을 강요받지 않을 권리'를 침해한 위법이 있고 이는 판결 결과에 영향을 미쳤다"며 다시 상고하였다.

II 쟁 점

범행을 부인하는 피고인(D)에게 범행을 시인한 공범피고인(D2, D3, D4)보다 중한 형을 선고하는 것이 진술거부권 침해인가?

III 재판요지 (상고기각)

㉮ 형법 제51조 제4호에서 양형의 조건의 하나로 정하고 있는 '범행 후의 정황' 가운데에는 형사소송절차에서의 피고인의 태도나 행위를 들 수 있는데, 모든 국민은 형사상 자기에게 불리한 진술을 강요당하지 아니할 권리가 보장되어 있으므로(헌법 제12조 제2항), 형사소송절차에서 피고인은 방어권에 기하여 범죄사실에 대하여 진술을 거부하거나 거짓 진술을 할 수 있고, 이 경우 ㉯ 범죄사실을 **단순히 부인**하고 있는 것이 죄를 반성하거나 후회하고 있지 않다는 인격적 비난요소로 보아 가중적 양형의 조건으로 삼는 것은 결과적으로 피고인에게 자백을 강요하는 것이 되어 허용될 수 없다고 할 것이나, ㉰ 그러한 태도나 행위가 피고인에게 보장된 방어권 행사의 범위를 넘어 객관적이고 명백한 증거가 있음에도 진실의 발견을 적극적으로 숨기거나 법원을 오도하려는 시도에 기인한 경우에는 가중적 양형

---

1) 사안 구성은 김대영, 범행부인과 양형, 『해설』 제37호(2001 상반기), 2001.12, 389~396을 참조하였다.

의 조건으로 참작될 수 있다.

IV 분석과 해설

본 판결에서 확인되고 있는 중요한 사항들은 다음과 같다. 첫째, 형법 제51조 제4호에서 양형 조건의 하나로 정하고 있는 '범행 후의 정황' 가운데에 '형사소송절차에서의 피고인의 태도나 행위'가 포함된다(재판요지 ㉮). 둘째, 피고인이 범죄사실을 단순히 부인하고 있는 점을 들어 죄를 반성하거나 후회하고 있지 않다는 인격적 비난요소로 보아 법원이 가중적 양형(불이익 양형)의 조건으로 삼는 것은 피고인에게 자백을 강요하는 것이 되어 허용될 수 없다(재판요지 ㉯). 셋째, ㉰ 피고인의 부인이 진실의 발견을 적극적으로 숨기거나 법원을 오도하려는 시도인 때에 그 사정은 불이익(가중적) 양형의 조건으로 참작될 수 있다(재판요지 ㉰). 본 판결에 명시되어 있지 아니하지만 진술거부권 행사를 이유로 '유죄를 추정'할 수 없음은 본 판결의 전제사항이다.

(가) 양형참작사유와 형법 제51조

형법 제51조는 '**양형의 조건**'이라는 제목을 붙이고 있으나 그것보다는 '**양형참작사유**'의 의미로 해석하는 것이 자연스럽다. 형법 제51조는 법원이 형을 정할 때 참작하여야 할 사항으로, ① 범인의 연령, 성행, 지능과 환경, ② 피해자에 대한 관계, ③ 범행의 동기, 수단과 결과, ④ 범행 후의 정황 등을 규정하고 있다. 형법 제51조는 양형의 참작사유 중 중요한 것을 예시적·추상적으로 열거하고 있는 것으로 보아야 하므로, 그 외의 사항도 적정한 양형을 위하여 필요한 것이라면 얼마든지 참작할 수 있다. 형사판결서에 양형 참작사유를 기재하는 것은 법이 요구하는 바가 아니다. "양형실무에서는 양형의 이유 기재를 생략하지만 중형을 과할 때나 사회적 이목이 집중된 사건, 선고유예, 집행유예를 선고하는 때에는 양형의 이유를 기재하는 경우가 많다"[2)]

(나) 양형참작사유로서의 '범행 후의 정황'

'범행 후의 정황'이라는 참작사유는 형법 제51조 제3호의 참작사유인 '범행의 결과'를 제외한 '범행 후이 행위자요소'를 의미한다. 피해자와의 원만한 합의 등 피해회복이나 피해감소를 위한 행위자의 노력, 행위자의 형사소송절차에서의 태도나 행위, 행위 후 피해를 심화시키거나 새로운 범죄를 저질렀는지 여부, 범행 후 행위자의 사회적 생활관계의 안정화 여부 등이 참작될 수 있

---

2) 김대영, 범행부인과 양형, 『해설』 제37호, 391.

고, 또 범행 후 장기간이 경과하였다거나 형사소송절차가 장기화되고 있는 등의 정황도 경우에 따라 특별예방적인 관점이나 형벌감수성의 정도를 판단하는 참작사유로 삼을 수 있다.[3] 본 사안에서 특히 문제된 사유는 '형사소송절차에서의 피고인의 태도나 행위'였다.

(다) 형사소송절차에서의 피고인의 태도와 양형

(1) 진술거부권의 보장 헌법 제12조 제2항은 자기부죄거부의 권리를 천명(판례)하고 있고, 이에 터잡아 형사소송법은 제283조의2에서 피고인의 진술거부권을, 제244조의3에서 피의자의 진술거부권을, 제148조(근친자의 형사책임과 증언거부)에서 자기부죄적 증언거부권을 보장하고 있다. 따라서 피고인(또는 피의자)은 자기에게 불리한 진술을 강요당하지 아니하고 자신의 결정으로 범행을 자백하거나 부인할 수 있으며 침묵하면서 아무런 진술을 하지 않을 수도 있다.

(2) 진술거부권 행사의 효과 진술거부권을 행사한 사실을 들어 유죄의 정황증거로 삼을 수는 없다. 한걸음 더 나아가 진술거부권을 행사한 사실만을 들어 묵비하는 피고인에게 불이익한(가중적) 양형요소로 삼을 수도 없다. 이를 허용하면 피고인에게 진실이든 거짓이든 진술을 하도록 하는 결과가 되어 진술거부권을 보장한 취지가 무색하게 되기 때문이다.

(3) 자 백 피고인이 범죄사실을 후회하고 자신의 범죄행위에 책임을 느끼거나 양심의 가책을 받아 범죄사실을 진실하게 시인하겠다는 심정에서 자백한 때에는 범죄행위자의 책임이나 재범의 위험성이 낮아지므로 감경사유로 참작될 수 있다. 그러나 자백의 동기가 위와 다른 경우에는 감경적 양형사정으로 참작될 수 없다. 예를 들어 범죄사실에 대한 충분한 증거가 확보되어 있어 부인하는 것이 무의미하다고 판단하여 어쩔 수 없이 한 자백, 부인하면 미결구금이 장기화될 뿐이어서 불리하다고 판단하여 사건을 빨리 종결하기 위하여 한 자백 등 소송절차상의 전략에 바탕을 둔 자백에 대하여는 감경적 양형사정으로 참작될 수 없다. 다른 한편 진범이나 공범관계에 있는 다른 범죄행위자를 숨기기 위하여 자신의 단독범행이라고 자백하는 경우나, 자신이 저지른 더욱 중한 범죄를 숨기기 위하여 다른 작은 범행을 자백한 경우에는 오히려 가중적 양형사정으로 참작될 수 있다.[4]

---

3) 김대영, 범행부인과 양형,『해설』제37호, 392.
4) 법원행정처, 양형실무, 1999, 86~87.

(4) 단순부인과 양형 사건부담에 시달리는 법관에게 후회, 반성에 따른 자백은 형벌감경적 사유로 작용하고 단순부인은 형벌가중적 사유로 작용되기 쉽다. 그러나 본 판결은 단순부인을 일률적으로 불이익(가중적) 양형 사유로 삼을 수 없음을 명시하고 있다. 때로는 적극적 부인의 경우에도 정당한 방어권에 터 잡은 **합리적 이유가 있는 부인**, 예를 들어 범의를 부인한다든지 가해행위와 결과 사이의 인과관계를 다툰다든지, 정당행위, 정당방위 등 위법성 조각사유의 주장을 한 경우 등에는 변명이나 주장들이 종국적으로 이유 없는 것으로 밝혀진 경우라 하더라도 그와 같은 사정만을 들어 범죄행위자로서 반성하거나 후회하고 있지 않다는 인격적 비난요소로 보아 가중적 참작사유로 삼아서는 아니 된다.[5]

(5) 적극적 부인과 불이익 양형 피고인이 범행을 단순히 부인하는 정도를 넘어 악의적인 동기나 범죄적 에너지가 강하게 표출될 때에는 형을 가중하는 양형사정으로 참작할 수 있다. 예를 들어 범죄사실을 부인하였다가 검사의 입증으로 그 부인이 허위인 것으로 밝혀지자 또 다시 다른 내용으로 부인을 계속하는 경우, 자신의 범행을 부인함과 동시에 공동피고인이나 증인에게 허위진술을 강요하거나 위협을 가하여 증언을 하지 못하도록 시도하는 경우, 범죄행위로 인하여 불법취득한 물건의 소재를 확인할 수 없도록 하려고 범행을 부인하면서 그 물건을 숨기거나 해외로 반출하는 경우, 향정신성의약품관리법위반죄를 범한 범죄행위자가 그 향정신성의약품의 공급처를 숨기려고 범행을 부인하는 경우를 그 예로 들 수 있다. 또한 범죄사실을 인정할 수 있는 객관적으로 명백하고 충분한 증거가 있음에도 불구하고 피고인이 자신의 범행을 부인하는 태도로 일관하면 특별예방 차원에서 불이익 양형의 자료로 삼을 수 있을 것이며 집행유예나 선고유예의 장애사유로 참작될 수도 있다.[6]

(라) 부당한 방어권의 행사와 민사상의 불법행위의 성부

대법원은 부당한 방어권의 행사가 민사상의 불법행위가 성립될 수 있는지 여부가 문제된 사안에서 "형사법상 인정되는 피의자 또는 피고인의 방어권은 법령상 허용된 범위 내에서 인정되는 것일 뿐 방어자가 내용허위의 문서를 작성하여 제출하거나 증인에게 자기에게 유리하도록 위증을 교사하는 등 법령상 허용되는 범위를 넘어 형사상 처벌받은 위법한 방법으로 다투고 그로 인하여

5) 김대영, 범행부인과 양형, 『해설』 제37호, 393.
6) 법원행정처, 양형실무, 1999, 86~87.

타인에게 손해를 입힌 경우에는 이는 방어권의 범위를 일탈한 방어권의 남용으로서 위법하여 불법행위가 성립될 수 있다"[7]고 판시한 바 있다.

7) 대법원 1983.12.13. 선고 81다카1030 판결.

2.3

접견교통권의 법적 성질과 침해에 대한 구제

대법원 1991.3.28.자 91모24 결정

I 사 안

국가보안법위반의 혐의를 받아 구속된 피의자인 D와 D2는 국가안전기획부에서 조사를 받고 있었다(D의 구속일자는 1991.3.12.이며, D2의 구속일자는 1991.3.1.이다). 변호사 C는 D, D2의 어머니들로부터 변호인으로 선임되어 D와 D2를 접견하고자 1991.3.14. 국가안전기획부 서울분실과 인접한 중부경찰서 산하 주자파출소에 임하여 'D와 D2의 변호인으로서 국가안전기획부에 접견신청한다'는 취지의 접견신청서를 제출하였다. 그러나 3.14.에 접견은 이루어지지 아니하였다. C는 법 제417조에 따라 서울형사지방법원에 '국가안전기획부장의 접견불허처분의 취소'를 구하는 준항고를 제기하였고 서울형사지방법원은 '접견불허처분을 취소한다'는 취지의 결정을 내렸다. 국가안전기획부장은 대법원에 재항고하였다. 국가안전기획부장은 "첫째, ① 변호인의 준항고는 법 제417조 소정의 사법경찰관이 아닌 국가안전기획부장을 상대방으로 표시한 위법이 있다. 둘째, ② 변호인의 접견신청은 국가안전기획부에 제출되지 아니하고 중부경찰서 산하 주자파출소에 제출된 위법이 있다. 셋째, ③ 원심결정은 접견불허처분을 취소하도록 판시하고 있지만 취소의 대상이 되는 접견불허처분은 존재하지 않는다"며 재항고하였다.[1)]

II 쟁 점

접견신청의 절차(접견신청의 장소와 상대방)와 준항고의 요건과 절차(준항고의 상대방), 접견교통권의 법적 성질, 접견불허처분으로 볼 수 있는 요건과 근거, 접견신청이 부당하게 거부·지연되었을 경우의 피의자신문조서의 효력

III 재판요지 (재항고기각)

1) 이 사건에서 '국가안전기획부장이 한 D, D2에 대한 변호인접견불허처분을 취소한다'는 원심결정의 취지는 결국 국가안전기획부직원으로서 국가안전기획부장의 지명에 의하여 사법경찰관의 직무를 행하는 자가 한 변호인접견금지처분을 취소한다는 취지이고, 또한 형사소송법 제417조 소정의 준항고절차는 당사자주의에 입각한 소송절차와는 달리 대립되는 양 당사자의 관여를 필요로 하는 것이 아니므로 논지가 주장하는 바와 같이 원심이 위 제417조

1) 신동운, 수사기관의 구금처분에 대한 준항고, 『법률신문』, 1991.6.17, 15 참조.

소정의 사법경찰관이 아닌 국가안전기획부장을 상대방으로 표시한 잘못이 있다고 하더라도 그것이 형사소송법 제415조[2]의 재항고이유로 되는 위법사유가 된다고 볼 수 없다.

2) 이 사건에서 국가안전기획부가 위 피의자들을 구속 수사함에 있어 위 피의자들에 대한 각 구속영장상의 인치장소가 중부경찰서유치장으로 기재되어 있었고 위 중부경찰서 산하 주자파출소가 국가안전기획부 서울분실과 인접한 위치에 있다는 등의 사유로 신청인이 접견신청서를 위 주자파출소에 제출하였으나, 위 신청서에는 국가안전기획부에 대하여 접견신청을 한다는 취지가 명시되어 있었던 점, 국가안전기획부장은 국가안전기획부법 제2조 제2항, 정보 및 보안업무기획조정규정 제3조에 의하면 각급 경찰기관을 포함한 위 규정 소정의 각 정보수사기관의 업무를 조정할 수 있는 권한을 보유하고 있는 점, 그리고 변호사가 형사소송법 제34조에 의하여 접견을 신청함에 있어서는 반드시 일정한 형식을 갖추어야 하는 것은 아닌데 기록에 의하면 신청인이 국가안전기획부장 앞으로의 위 접견신청서를 위 주자파출소에 제출하였으나, 그 취지가 유선을 통하여 국가안전기획부에 통보되었음이 엿보이는 사정 등에 비추어 보면 소론과 같이 적법한 접견신청이 없었다고 단정할 수 없으므로 같은 취지의 원심판단은 정당하고 이 점에 관한 논지는 이유 없다.

3) 헌법 제12조 제4항 전문은 "누구든지 체포 또는 구속을 당한 때에는 '즉시' 변호인의 조력을 받을 권리를 가진다"라고 규정하고 있고, 형사소송법 제34조는 위와 같은 권리를 실질적으로 보장하기 위하여 변호인의 피고인 또는 피의자와의 접견교통권을 규정하면서 이에 대하여는 절차상 또는 시기상의 아무런 제약도 두지 아니하는 한편 같은 법 제89조, 제90조, 제91조 등의 규정은 구속된 피고인 또는 피의자에 대하여도 '즉시' 변호인과 접견교통할 수 있는 권리를 보장하고 있는바, 이와 같은 변호인의 접견교통권은 신체구속을 당한 피고인이나 피의자의 인권보장과 방어준비를 위하여 필수불가결한 권리이므로, 법령에 의한 제한이 없는 한 수사기관의 처분은 물론 법원의 결정으로도 이를 제한할 수 없는 것이다. 따라서 관계법령의 규정취지에 비추어 볼 때 접견신청일이 경과하도록 접견이 이루어지지 아니한 것은 실질적으로 접견불허처분이 있는 것과 동일시된다. 그러므로 같은 취지의 원심판단은 정당하고, 거기에 재항고이유가 될 만한 위법사유가 있다고 볼 수 없다.

IV 분석과 해설

(가) 접견의 실태

먼저 재항고이유 제2점을 보기로 하자. 구속된 피의자를 접

2) **법 제415조**(재항고) 항고법원 또는 고등법원의 결정에 대하여는 재판에 영향을 미친 헌법·법률·명령 또는 규칙의 위반이 있음을 이유로 하는 때에 한하여 대법원에 즉시항고를 할 수 있다.

견하고자 하는 변호인은 어디에 가서 누구에게 접견을 신청해야 할 것인가? 본 사안에서 변호인은 피의자가 현재 국가안전기획부에 억류되어 있다는 점을 알면서도 중부경찰서 산하 주자파출소에 가서 접견을 신청한 것으로 보인다. 그렇기 때문에 국가안전기획부장은 재항고이유 제2점과 같이 다투고 있다. 그러면 신청인(변호인)은 왜 그렇게 했을까?

형사소송법 제34조는 접견교통권을 규정하고 있을 뿐 그 구체적인 절차에 대하여는 말하는 바 없다. 이것은 그동안 변호인의 구속피의자와의 접견이 활발히 이루어지지 않았으며 접견이 행해지는 경우에도 변호인과 수사기관, 구금시설(경찰서유치장, 교도소의 미결수용실, 구치소)측 사이의 그때그때의 형편과 사정에 따라 편의적으로 행해졌음을 말하여 준다.[3)]

(나) 재항고이유 제2점을 기각한 대법원 결정의 배경

안기부장은 수사를 이유로 피의자의 신병을 인수하고 있으면서 자신에게 접견신청이 들어오면 '구속영장상의 구금장소에 가서 접견신청하라'고 발뺌하고 구속영장상의 구금장소에 가서 접견신청을 하면 '현재 피의자는 다른 장소에 있다'고 변명하는 셈이다. 이렇게 되니 피의자의 신병이 국가안전기획부에 있다는 것을 알면서도 형식상 영장기재상의 유치장에 가서 접견신청하는 사례

3) 변호인과의 접견은 구속된 피의자에게 큰 힘이 될 수 있다. 그러나 수사측은 변호인의 구속피의자접견이 수사를 방해해서는 안 된다는 생각을 갖고 있다. 과거의 권위주의시대에는 접견교통의 비밀이 유지되지 않는 경우, 변호인이 구속피의자의 소재를 알지 못하여 시간을 소비하는 경우, 끝내 접견이 이루어지지 못하는 경우가 적지 않았다. 이러한 상황이라면 변호인과 구속피의자가 서로 접견교통할 수 있다는 형소법의 규정은 법문상의 규정에 그치고 1980년대까지 접견교통이 '권리'로서 보장되어 있었다고 할 수는 없는 상황이었다. 1992년 5월 12일 대한변협은 회원들을 상대로 설문조사한 결과를 공표하였는데 이에 따르면 경찰수사단계에서의 구속피의자에 대한 변호인접견에 대하여 응답자의 절반 이상이, 특히 공안시국관련사건이나 피의자가 부인하는 사건의 경우 접견이 거부·지연되고 있다고 답하였으며, UN인권이사회에 제출한 정부의 최초 보고서에 대한 반박문인 「한국인권의 실상」에서도 1992년 현재의 접견의 실태를 다음과 같이 기록하고 있다. "80. 한국의 헌법과 법률은 정부보고서에 인용된 바와 같이(201항 b) 형사피의자 또는 피고인의 변호인의 조력을 받을 권리를 보장하고 있다. 그러나 실제로는 구속되어 있는 피의자나 피고인의 경우 변호인의 조력을 받을 권리를 광범위하게 침해받아 왔다. 그 이유는 수사기관이 구속상태를 피의자로부터 자백을 강요하여 받아내는 수단으로 혹은 피고인의 재판을 위한 방어준비를 방해하는 수단으로 이용하려 하고 있기 때문이다. 81. 한국에서 변호인의 조력을 받을 권리가 침해되는 모습은 변호인과 피의자의 접견 자체를 수사기관이 거부하는 경우, 접견을 여러 방법으로 방해하거나 지연시키는 경우, 그리고 접견의 비밀을 침해하고 변호인과 피의자에게 부당한 영향을 주는 경우 등으로 나누어 볼 수 있다. 82. 변호인의 접견권이 침해되는 것은 대부분 "공안사건"으로 분류되는 정치범들의 경우이다. 그중에서도 주로 국가보안법위반사건을 수사하는 국가안전기획부와 경찰청(과거의 치안본부) 대공분실, 국군기무사령부(과거의 보안사령부)의 경우에 침해되는 양상이 심각하다" 민주사회를 위한 변호사모임·한국기독교교회협의회, 한국인권의 실상, 역사비평사, 1992, 59~60.

가 생긴 것이다.

위와 같은 사정이 있기 때문에 재항고이유 제2점을 기각한 대법원의 결정은 타당한 것이다. 본 결정은 위와 같은 사정을 직시하여 '적법한 접견신청이 없었다고 할 수 없다'고 하여 신청인측을 구제하였지만 적법한 접견신청의 상대방은 과연 누구인가, 특히 구속영장상의 구금장소와 현재의 억류장소가 다를 경우 누구에게 접견신청해야 적법한가 하는 문제는 여전히 모호한 상태로 남아 있다.

(다) 접견신청의 장소와 상대방

일반형사범의 경우 경찰수사단계에서는 경찰서유치장에 유치된다. 법률상 이 기간은 최장 10일간이다(법 제202조). 법률상 이 기간은 최장 20일간이다(국가보안법 제19조-국가보안법 제3조 내지 제10조의 죄에 대하여 적용된다). 검찰에 송치되면서부터 구치소(서울의 경우)나 교도소의 미결수용실(구치소가 설치되어 있지 않은 지방의 경우)에 구금된다. 검찰구속기간은 최장 20일간(법 제203조, 제205조)이며 국가보안법위반사건의 경우에는 30일간(국가보안법 제19조)이다.

형사소송법이 법원의 구속(법 제70조) 외에 경찰구속과 검찰구속을 별도로 규정하고 있는 것은 피의자의 신병에 관하여 수사기관에게 일정한 권한을 부여한 것으로 볼 수 있다. 헌법과 형사소송법상의 영장주의의 정신에 비추어 볼 때 피의자의 신병에 관한 궁극적인 처분권자가 법원인지 수사기관인지에 대하여는 해석상 논란의 여지(명령장설은 법원, 허가장설은 검사)가 있을 수 있다.

(라) 접견교통권의 법적 성질

헌법재판소 1990.2.13.자 89모37 결정(변호인접견불허에 대한 재항고)[4]에서 "변호인의 접견

---

4) 이 사건의 사실관계와 결정요지는 다음과 같다. A, B, C, D는 국가보안법위반피의사건의 피의자들로서 서울지방검찰청 검사로부터 수사를 받고 있었다. 피의자들은 서울구치소에 구속되어 있었다. X 등은 피의자들의 변호인으로 선임되었거나 선임되려는 변호사들로서 피의자들을 접견하려고 1989.7.31. 서울구치소장에게 접견신청하였으나 원심이 심리를 종결한 8월 9일까지도 접견이 허용되지 아니하였다. 이에 X 등은 서울형사지방법원에 변호인접견불허처분을 취소하라고 준항고(법 제417조, 수사기관의 구금에 관한 처분에 대한 준항고)를 제기하였다. 서울형사지방법원은 준항고신청을 인용하였다(대법원 1989.8.10.자 89보4 결정). 서울지방검찰청 검사장은 이 결정에 불복하여 대법원에 재항고(법 제415조의 즉시항고)하였다. 대법원은 재항고를 기각하고 원심결정을 인용하였다. 대법원은 "1. 변호인의 접견교통권은 신체구속을 당한 피고인이나 피의자의 인권보장과 방어준비를 위한 필수불가결한 권리이므로 법령에 의한 제한이 없는 한 수사기관의 처분은 물론 법원의 결정으로도 이를 제한할 수 없다. 2. 수사기관의 구금 등에 관한 처분에 대하여 불복이 있는 경우 행정소송절차와는 다른 특별절차로서 준항고절차를 마련하고 있는 형사소송법의 취지에 비추어 위 신청인들(피의자들: 필자 주)에 대한 접견이 '접견신청일로부터 상당한 기간'이 경과하도록 허용되지 않고 있는 것은 접견불허처분이 있는 것과 동일시된다고 봄이 상당하다"고 판시하였다.

교통권은 신체구속을 당한 피고인이나 피의자의 '인권보장과 방어준비를 위한 필수불가결한 권리'이므로 법령에 의한 제한이 없는 한 수사기관의 처분은 물론 법원의 결정으로도 이를 제한할 수 없다"고 판시하였는데 본 대법원 결정에서도 동일한 판단을 반복하고 있다.

다음에 헌법 제12조 제4항은 그 규정형식이 '체포 또는 구속을 당한 피의자·피고인의 권리'로 표현되고 있으나 형사소송법 제34조의 접견교통권은 '변호인의 권리'로 표현되고 있다. 형사소송법 제34조의 규정형식이 '변호인의 권리'라 하더라도 그것이 궁극적으로는 체포·구속된 피의자·피고인의 이익을 위한 것이므로 접견교통권이 피의자·피고인의 권리이기도 하다는 점에는 이론의 여지가 없다. 그리고 피의자·피고인의 접견교통권은 형사소송법상의 권리에 그치지 않고 헌법적으로 보장되는 기본권으로 보아야 한다. 문제는 변호인의 접견교통권도 형사소송법상의 권리에 그치지 않고 헌법적인 권리인가 하는 점이다. 헌법재판소의 다수의견은 "변호인과의 접견교통권은 헌법조항의 문언에 비추어 체포 또는 구속당한 피의자·피고인 자신에만 한정되는 신체적 자유에 관한 기본권이지 그 규정으로부터 변호인의 구속피의자·피고인의 접견교통권까지 파생된다고 할 수는 없을 것이다. 따라서 변호인 자신의 구속피의자·피고인과의 접견교통권은 헌법상 보장되는 피의자·피고인의 접견교통권과는 별개의 것으로 단지 형사소송법 제34조에 의하여 비로소 보장되는 권리임에 그친다"고 하였지만, "접견교통권이란 구속된 피고인이나 피의자와 변호인과의 사이에 있어서의 필요적·상호적인 공동관계에서 비로소 실현될 수 있는 것으로서 위 헌법상의 권리가 피고인이나 피의자의 한쪽에만 있고, 그 대향적인 지위에 있는 변호인에게는 허용되지 않는다고 하는 것은 논리상 모순이다. 따라서 변호인 자신의 구속된 피고인·피의자와의 접견교통권 역시 피구속자의 변호인 접견교통권과 상호적이고 보완적으로 작용하여 피구속자의 인권보장과 방어준비를 위한 헌법상의 권리라고 할 것이며, 형사소송법 제34조가 규정하고 있는 변호인의 접견교통권은 바로 위 헌법상의 기본권 성격을 해당 일반법률에서 구체적으로 명문화한 것"이라고 주장한 조규광, 변정수 재판관의 반대의견이 경청할 만하다.

접견교통권의 법적 성질에 대한 논의는 수사기관측의 접견거부행위에 대한 법적 평가를 하는 데 기초가 되어야 한다. 지금까지의 논의를 종합해 볼 때 접견교통권은 구속피의자에게는 헌법상의 기본권인 동시에 형사소송법상의 권리이며 변호인에게는 피의자·피고인의 방어를 위하여 인정되는 형사소송법상의 중요한 권리이므로 접견교통권의 침해는 기본적 인권의 침해인 동시에 형사절차상의 중대한 위법사유가 된다. 따라서 접견교통권의 침해는 '사소한 절차상의 흠(하자)'에 그치는 것이 아니다.

현행 법체계상 접견교통권침해에 대한 구제방법으로서는 준항고(법 제417조)에 의한 취소, 교도소나 구치소장의 처분에 대한 행정쟁송, 접견교통권을 침해하여 얻은 증거의 증거능력부인, 접견방해자에 대한 불법행위책임의 추궁, 기본권침해의 구제를 구하는 헌법소원[5] 등을 생각해 볼 수 있다.

(마) 접견불허처분으로 볼 수 있는 요건과 근거

형사소송법 제417조의 준항고의 대상은 '검사 또는 사법경찰관'의 '구금, 압수 또는 압수물의 환부에 관한 처분과 제243조의2에 따른 변호인의 참여 등에 관한 처분'에 한정된다. 이 규정을 엄격히 해석하면 준항고의 대상이 되려면, 첫째, 검사 또는 사법경찰관의 처분이어야 하며, 둘째, 그 처분은 구금, 압수 또는 압수물의 환부에 관한 처분과 제243조의2에 따른 변호인의 참여 등에 관한 처분이어야 한다. 그런데 수사기관 측에서 명시적으로(즉 작위에 의해서) 접견을 거부하는 경우에 그것이 '구금에 관한 처분'으로서 준항고의 대상이 된다는 점은 어렵지 않게 인정할 수 있지만 접견을 요청했을 때 '담당자가 없으니 기다리라'고 하거나 '수사가 끝날 때까지 기다리라'고 하면서 사실상 접견을 못하도록 지연시키거나 적극적으로 접견을 주선하지 않는 부작위로 나오는 경우에 '구금에 관한 처분'이 있었다고 볼 수 있을지가 문제된다. 국가안전기획부장의 재항고이유 제3점은 바로 이 점을 다투고 있다.

통상적으로 '처분'이라고 할 때에는 작위에 의한 처분을 가리키는 경우가 많다. 1990.2.13.자 대법원결정에서는 수사기관(검사)의 부작위에 대하여 준항고를 인정하는 근거로서 '행정절차와는 다른 특별절차로서 준항고절차를 마련하고 있는 형사소송법의 취지'를 들고 있다. 이 결정의 결론에 대하여는 이론이 있을 수 없지만 그 근거는 쉽게 납득하기 어렵다. 준항고절차뿐만 아니라 형사소송법상의 절차는 모두 행정절차와 다른 것인데 절차가 다르므로 '처분'의 의미를 달리 해석해야 한다면 형소법상의 모든 처분에 대해서도 동일한 논지를 펴야 할 것이기 때문이다. 이 점을 간파했는지 본 결정에서는 1990.2.

5) 헌재 1992.1.28. 선고 91헌마111 결정, 헌재 2004.12.16. 2002헌마478 전원재판부 결정.

13.자 결정에서와는 달리 수사기관의 부작위에 대하여 준항고를 인정하는 근거로서, 첫째, 헌법 제12조 제4항은 '즉시' 변호인의 조력을 받을 권리가 있다고 규정하고, 둘째, 형사소송법 제34조는 접견신청의 절차와 시기에 대하여 아무런 제약을 두지 아니하였으며, 셋째, 형사소송법 제89조, 제90조, 제91조는 구속된 피의자·피고인에게도 '즉시' 변호인과 접견할 수 있는 권리를 보장하고 있으므로 신속한 접견실현을 생명으로 여기는 위와 같은 관계법령의 규정취지에 비추어 볼 때 신속히 접견이 이루어지지 아니한 것은 '실질적으로 접견불허처분이 있는 것과 동일시된다'고 보고 있다. 이것은 종전결정보다 진일보한 해석이다.

그러면 어느 정도 접견이 지연될 경우에 적극적인 접견불허처분이 있는 것과 동일시할 수 있을까? 그 기간을 일률적으로 판단할 수는 없을 것이다. 지연된 기간과 접견실현을 위하여 수사 측에서 기울인 노력을 종합하여 개별적으로 결정할 문제일 것이다. 아무 이유 없이 접견이 지연되는 때에는 불과 1시간 정도 지연되어도 접견불허처분으로 볼 수 있는 때가 있는 반면 현장검증을 위하여 수사관이 피의자를 대동하여 출타한 경우에는 몇 시간씩 지연되어도 접견불허처분으로 볼 수 없는 경우가 있을 것이다. 대법원 1990.2.13.자 결정에서 "접견신청일로부터 '상당한 기간'이 경과하도록 접견이 허용되지 않고 있는 것은 접견불허처분이 있는 것과 동일시된다고 봄이 상당하다"고 한 것은 이 점을 고려한 것으로 보인다. 본 결정에서는 '접견신청 당일'에 접견이 이루어지지 아니한 것을 접견불허처분으로 보았으며 1991.4.16. 서울형사지방법원결정에서는 1시간 지체된 것만으로도 접견불허처분으로 인정하여 준항고를 인용하였다.[6)]

(바) 준항고의 상대방

대법원은 국가안전기획부장이 법 제417조 소정의 사법경찰관이 아니므로 준항고의 상대방을 국가안전기획부장으로 한 것의 위법성을 긍정하면서도 '법 제417조 소정의 준항고절차는 당사자주의에 입각한 소송절차와는 달리 대립되는 양 당사자의 관여를 필요로 하는 것이 아니므로 이러한 잘못은 법 제

6) 이 점과 관련하여 국제형사인권법에는 다음과 같은 규정이 있음에 유의해야 한다. "원칙 16의 4에서부터 원칙 18의 3항에 규정된 예외의 경우라도 구금 또는 수감된 자와 외계, 특히 가족과 변호인과의 교통은 수일 이상 거부될 수 없다"[「모든 형태의 구금·수감 하에 있는 모든 사람의 보호를 위한 원칙」(1988.12.9. 국제연합 제43회 총회결의 43/173 원칙 15)].

415조의 재항고이유로 되는 위법사유가 아니'라고 한다.

(사) 접견교통권이 침해된 상태에서 작성된 피의자신문조서(자백)의 증거능력

수사기관의 적법한 직무집행을 담보하기 위하여 가장 효과적인 방책은 위법한 직무집행의 결과 획득된 증거의 증거능력을 배제하는 것[7]이다. 이 분야에서도 대법원은 매우 중요한 결단을 내렸다.

대법원은 1990.8.24. 선고 90도1285 판결에서 변호인의 접견이 부당하게 제한되고 있는 동안에 작성된 피의자신문조서(자백)의 증거능력을 부정한 바 있고, 1990.9.25. 선고 90도1586 판결에서도 "변호인과의 접견교통권은 헌법상 보장된 변호인의 조력을 받을 권리의 중핵을 이루는 것으로서 변호인과의 접견교통이 위법하게 제한된 상태에서는 실질적인 변호인의 조력을 기대할 수 없으므로 위와 같은 변호인의 접견교통권 제한은 헌법이 보장한 기본권을 침해한 것으로서 그러한 위법한 상태에서 얻어진 피의자의 자백은 그 증거능력을 부인하여 유죄의 증거에서 배제하여야 하며 이러한 위법증거의 배제는 실질적이고 완전하게 증거에서 제외함을 뜻하는 것"이라고 판시하여 변호인과의 접견교통권을 침해하고 획득한 증거의 증거능력부인을 위법수집증거배제규칙의 일환으로 이해하고 있음을 분명히 하였다. 위 판결들은 변호인의 조력을 받을 권리부문에서의 획기적 판례일 뿐만 아니라 위법수집증거배제의 일단을 최초로[8] 수용하였다는 점에서도 획기적인 의의를 가지고 있다. 이 판결 이후에도 대법원은 "수사기관이 피의자를 신문함에 있어서 피의자에게 미리 진술거부권을 고지하지 않은 때에는 그 피의자의 진술은 위법하게 수집된 증거로서 진술의 임의성이 인정되는 경우라도 증거능력이 부인되어야 한다"[9]고 판시하였고 2008년 1월 1일부터 시행된 신형소법은 위법수집증거배제를 명문(법 제308조의2(위법수집증거의 배제))으로 규정하였다.

(아) 접견교통권을 침해한 수사관 등의 손해배상책임

접견교통을 방해한 수사관이나 그의 사용자인 국가에게 민사상의 손해배상책임을 물릴 수 있다면 이 또한 원활한 접견교통의 실현에 도움이 될 것이다. 접견교통권침해를 이유로 한 준항고인용결정이 잇따르고 접견교통권을 침해하

---

7) John M.Burkoff, Exclusionary Rules, in *Encyclopedia of Crime and Jusitce*, V.2(N.Y.: The Free Press, 1983), p.720.

8) 대법원 1992.2.28. 선고 91도2337 판결.

9) 대법원 1992.6.23. 선고 92도682 판결.

여 획득한 피의자신문조서의 증거능력을 거부하는 판결이 선고되자 접견교통권을 침해한 수사관과 국가를 상대로 하는 배상청구소송이 제기되기도 한다.

(자) 비변호인과의 접견교통권

변호인과의 접견교통권과는 달리 비변호인과의 접견·교통은 광범위한 제한을 받는다. 형사소송법 제91조는 "법원은 도망하거나 또는 죄증을 인멸할 염려가 있다고 인정할 만한 상당한 이유가 있는 때에는 직권 또는 검사의 청구에 의하여 결정으로 구속된 피고인과 제34조에 규정한 외의 타인과의 접견을 금하거나 수수할 서류 기타 물건의 검열, 수수의 금지 또는 압수를 할 수 있다. 단, 의류, 양식, 의료품의 수수를 금지 또는 압수할 수 없다."고 규정하고 있다. 이것은 구속피고인의 신병에 대한 궁극적인 감독권한을 사법관인 법원에게 인정하여 인권보장에 소홀함이 없도록 하려는 정신의 반영이라고 해석된다. 그런데 형사소송법 제209조는 이 조항을 '검사 또는 사법경찰관의 피의자구속'에 준용하고 있다. 형사소송법 제209조의 해석에 대하여는 구속피의자의 비변호인과의 접견교통은 검사와 사법경찰관의 처분으로 제한할 수 있다는 해석[10]과 이 경우에도 접견교통을 제한하려면 법원의 결정이 있어야 한다는 해석[11]이 있다. 전자의 입장은 구속피의자의 신병에 대한 1차적 지배권이 수사기관에 있다는 전제(허가장설)를 갖고 있는 것이다. 이러한 해석은 피의자·피고인의 신병을 독립된 사법관의 감독 하에 두려고 하는 국제형사인권법의 추세[12]에 반하는 해석이다.

아울러 '형의 집행 및 수용자의 처우에 관한 법률'에 의하여 접견 및 서신제한 등의 제한을 받게 된다.(형의 집행 및 수용자의 처우에 관한 법률 제41조~제44조)[13]

---

10) 이재상, 268. 다만 입법론으로서는 법원의 결정을 요하는 것으로 규정하는 것이 타당하다고 한다.

11) 강구진, 『형사소송법원론』, 학연사, 1989, 239; 유선호, 유치장의 설치·감독상의 문제점과 외국의 실태, 『인권과 정의』, 1989.10월호, 22.

12) 국제인권규약 제9조 제3항은 '형사상의 죄의 혐의로 체포되거나 억류된 사람은 법관 또는 법률에 의하여 사법권을 행사할 권한을 부여받은 기타 관헌에게 신속히 회부되어야 하며, 또한 그는 합리적인 기간 내에 재판을 받거나 또는 석방될 권리를 갖는다'고 규정하고 있고 또한 「모든 형태의 구금·수감하에 있는 모든 사람의 보호를 위한 원칙」 제9조도 '사람을 체포하고, 그 구금하에 두고, 혹은 사건을 수사하는 관헌은 법률에 의해 허용된 권한만을 행사해야 하고 그 권한행사는 사법관 또는 기타의 관헌의 판단에 의거해야 한다'고 규정하고 있다.

13) 단, 변호인과의 접견·교통은 제외된다. "**제84조**(변호인과의 접견 및 서신수수) ① 제41조제2항에도 불구하고 미결수용자와 변호인(변호인이 되려고 하는 사람을 포함한다. 이하 같다)과의 접견에는 교도관이 참여하지 못하며 그 내용을 청취 또는 녹취하지 못한다. 다만, 보이는 거리에서 미결수용자를 관찰할 수 있다. ② 미결수용자와 변호인 간의 접견은 시간과 횟수를 제한하지 아니한다."

(차) 구속피고인의 변호인과의 접견교통권(면접·교섭권)의 한계(제한은 엄격한 비례의 원칙에 따라야 한다)(헌재 2009.10.29. 선고 2007헌마992 결정(변호인의 조력을 받을 권리 침해위헌확인))

[사안] (1) D는 2007.3.30. 일반자동차방화죄의 혐의로 구속되어 같은 해 4.4.부터 울산구치소에 수용되었고, 같은 해 4.20. 울산지방법원에 기소되었다. 공소사실은 다음과 같다: "D는 화물연대 ○○지회 조직차장으로 주○돈, 정○식, 이○호 등과 공모하여, 화물연대 총파업 결의에 따라 조합원들의 파업을 독려하고, 총파업에 동참하지 않고 운행 중인 화물차량 운전기사들로 하여금 파업기간 동안 화물운송을 못하게 하기 위하여 파업에 참가하지 않고 화물을 적재한 차량을 방화하기로 마음먹고, 2006.12.1. 01:50경 양산시 물금읍 증산리 소재 (주)양산 ICD 사무실 앞 주차장에서 피해자 유○권 소유의 트레일러에 신너를 뿌리고 불을 붙여서 피해자들의 화물차량 2대 합계 약 2,333만 원 상당의 재물을 손괴하였다."

(2) 2007.6.19. 16:30 울산지방법원 101호 법정에서 D에 대한 제1심 피고사건의 제2차 공판이 예정되어 있었다. 위 법정 옆 구속피고인 대기실에서 대기 중이던 D는 16:10경 D를 호송하는 교도관 교위에게 '변호인을 접견하게 하여 달라'고 요구하였다. 이에 교위는 '법정 옆 구속피고인 대기실에서는 변호인 접견이 허용되지 않는다'며 D의 요구를 받아들이지 않았다.

[쟁점] '교도관 교위가 2007.6.19. 16:10경 울산지방법원 101호 법정 옆 구속피고인 대기실에서 D의 변호인접견을 허용하지 않은 행위'(이하 '이 사건 접견불허행위'라고 한다)가 정당한가?

[당사자의 주장의 요지] 가. D의 주장요지: 신체구속을 당한 사람에게 보장된 변호인의 조력을 받을 권리, 특히 미결구금 피고인의 변호인과의 자유로운 접견은 국가안전보장, 질서유지, 공공복리 등 어떠한 명분으로도 제한될 수 있는 성질의 것이 아니므로 구속피고인인 D에 대한 이 사건 접견불허행위는 헌법 제12조 제4항이 정한 변호인의 조력을 받을 권리를 침해한 것으로서 위헌적인 처분이다.

나. 이해관계기관 울산구치소장의 답변 요지: 1) 구속피고인과 변호인과의 접견은 일정한 절차에 따라 변호인 접견신청서를 제출하여야 하고, 지정된 장소에서 하여야 한다. 그러므로 재판을 위하여 대기 중인 수용자가 법정 옆 구속피고인 대기실에서 접견을 요청하는 것은 적법한 접견신청이라고 할 수 없다. 2) 법정 옆 구속피고인 대기실에는 많은 수용자들이 재판을 준비하기 위하여 대기하고 있고, 계호하는 교도관 역시 수용자의 공범분리 및 질서유지 등을 위하여 엄격한 규율에 따라야 하므로, 교도관이 시간과 장소를 무시한 D의 접견신청을 허가하지 아니할 정당한 이유가 있다. 3) 법정 옆 구속피고인 대기실에는 많은 피고인들이 재판을 대기하고 있고, 달리 독립되어 접견할 수 있는 공간이 없으므로 피고인과 변호인 간의 자유로운 접견장소라고 하기 어렵다. 4) 당시 D가 공판을 받기 위하여 출석한 울산지방법원 제101호 법정은 형사합의

부 재판법정인바, 당시 D를 비롯한 14명의 피고인이 대기실에서 공판종료 후 또는 공판대기를 위하여 재석하고 있었고, 반면 대기실에서 근무하는 교도관은 2명뿐이었다. 교도관들은 공판대기 중인 수용자의 질서유지를 위하여 미결수용자를 계호하여야 하고 그 입소부터 출소까지의 전반적인 과정을 기록으로 유지하여 관리해야 하는바, 이러한 여건 속에서 법정 옆 구속피고인 대기실에서 변호인 접견의 업무까지 담당할 경우에는 교도관들의 계호업무 등 교정행정업무에 막대한 지장을 초래한다.

[판지] 가(일반론): 헌법 제12조 제4항 본문은 "누구든지 체포 또는 구속을 당한 때에는 즉시 변호인의 조력을 받을 권리를 가진다."라고 규정하여 신체구속을 당한 사람에 대하여 변호인의 조력을 받을 권리를 기본권으로 보장하고 있다. 여기서 '변호인의 조력'은 '변호인의 충분한 조력'을 의미하는 것인바(헌재 1992.1.28. 91헌마111 결정, 판례집 4, 51, 59 참조), 신체구속을 당한 사람에 대하여 변호인의 충분한 조력을 받게 하기 위하여는 무엇보다도 신체구속을 당한 사람이 변호인과 충분한 상담을 할 수 있도록 해 주어야만 할 것이므로 변호인의 조력을 받을 권리의 필수적 내용은 신체구속을 당한 사람과 변호인과의 접견교통이다. 변호인은 접견을 통하여 구속된 피의자나 피고인의 상태를 파악하여 그에 따른 적절한 대응책을 강구하고, 피의사실이나 공소사실의 의미를 설명해 주고 그에 관한 피의자나 피고인의 의견을 들어 대책을 의논한다. 또한 법적·심리적으로 불안한 상태에 있는 피의자나 피고인은 변호인과의 접견을 통하여 위로를 받음으로써 심리적인 안정을 회복하고, 형사소송절차 내에서 효과적으로 방어권을 행사할 수 있게 된다. 한편, 헌법 제27조 제4항은 "형사피고인은 유죄의 판결이 확정될 때까지 무죄로 추정된다."라고 하여 이른바 무죄추정의 원칙을 선언하고 있다. 이와 같은 무죄추정의 원칙은 형사절차에서 불리한 처지에 놓인 피의자나 피고인의 지위를 옹호하여 그들의 불이익을 필요한 최소한에 그치게 하자는 것으로서 인간의 존엄성 존중을 궁극의 목표로 하고 있는 헌법이념에서 나온 것이다. 형사소송절차는 이와 같이 무죄로 추정되는 피고인이 자신에게 유리한 사실과 증거자료를 제출함으로써 자신의 방어권을 가장 효과적으로 행사할 수 있는 절차이므로, 형사소송절차에서 피고인의 방어권을 최대한 보장하는 것은 헌법상 보장되는 '공정한 재판받을 권리'를 실현하기 위한 전제 조건이라고 할 수 있다. 따라서 재판을 앞둔 피고인이 방어권 행사를 준비하기 위한 변호인과의 면접·교섭권은 최대한 보장되어야 할 권리이고, 이와 같은 중대한 기본권을 침해하는 조치는 위헌적이다. 특히 신체가 구속되어 있는 피고인으로서는 심리적으로도 가장 불안한 시점이라고 할 것이어서, 변호인의 법률적·심리적 조력을 가장 필요로 하는 시점이라고 할 것이므로 그 면접·교섭권의 보장이 더욱 절실히 요청된다.

나. 면접·교섭권의 한계: 그러나 구속피고인의 변호인 면접·교섭권의 위와 같은 중요성은 독자적으로 존재하는 것이 아니라 국가형벌권의 적정한 행사와 피고인의 인

권보호라는 형사소송절차의 전체적인 체계 안에서 의미를 갖고 있다. 따라서 구속피고인의 변호인 면접·교섭권은 최대한 보장되어야 하지만, 형사소송절차의 위와 같은 목적을 구현하기 위하여 제한될 수 있다. 다만 이 경우에도 그 제한은 엄격한 비례의 원칙에 따라야 하고, 시간·장소·방법 등 일반적 기준에 따라 중립적이어야 한다. 이에 따라 행형법(2007.12.21. 법률 제8728호 '형의 집행 및 수용자의 처우에 관한 법률'로 전부 개정되기 전의 것)은 제18조에서 수용자의 접견에 관한 일반적 규정을 두는 것과는 별도로, 제66조 제1항에서 미결수용자와 변호인 간의 접견에 관한 특별규정을 두어, 미결수용자와 변호인과의 접견에는 교도관이 참여하거나 그 내용을 청취 또는 녹취하지 못하고, 단지 보이는 거리에서 미결수용자를 감시할 수 있도록만 하였다. 또한 행형법 시행령(2008.10.29. 대통령령 제21095호로 전부 개정되기 전의 것)도 미결수용자와 변호인 간의 접견에 대하여는 특별규정을 두어, 접견시간 및 접견횟수의 제한이 없도록 하고(제54조, 제56조 제2항), 접견시에도 일반 접견과는 달리 변호인의 성명과 주소만을 기록할 뿐 면담요지등을 기록하지 않도록 하였다(제58조 제1항). 나아가 **계호근무준칙**(법무부훈령 제520호, 2005.7.11. 개정된 것) 제275조는 출정수용자의 일반적 접견은 허가하지 아니하면서도, 변호인과의 접견은 허용하되, 다만 계호의 효율성과 접견의 특성을 고려하여 변호인 접견의 절차(제1호), 장소(제2호) 및 방식(제3호, 제4호) 등을 규율하고 있다. 결국 출정피고인에게도 변호인과의 면접·교섭권을 최대한 보장하여야 하지만, 계호의 필요성과 접견의 비밀성을 위하여 비례의 원칙에 따라 일반적 기준 아래에서 그 절차, 시간, 장소, 방식 등이 제한될 수 있다.

다. 이 사건 접견불허행위(A): 청구인(D)은 법정 옆 구속피고인 대기실에서 재판을 대기하던 중 자신에 대한 재판 시작 전 약 20분 전에 교도관 교위에게 변호인과의 면담을 요구하였다. 당시 위 대기실에는 청구인을 포함하여 14인이 대기 중이었고, 그 중 11인은 살인미수, 강간치상 등 이른바 강력범들이었다. 반면 대기실에서 근무하는 교도관은 위 교위를 포함하여 2명뿐이었고, 위 대기실에는 다른 피고인들로부터 접견의 비밀이 보장될 공간이 없었다. 또한 청구인은 변호인과의 면접에 관하여 사전에 서면은 물론 구두로도 신청한 바 없어, 교도관들이 이에 대한 준비를 하지 아니하였을 뿐 아니라, 청구인이 만나고자 하는 변호인이 법정에 있는지조차 알 수 없는 상황이었다. 이때 교도관 교위가 계호근무준칙상의 변호인 접견절차를 무시하고라도 청구인의 변호인과의 면접을 허용하려면, 위 교위가 법정으로 들어가 변호인을 찾은 후 면담의 비밀성이 보장되고 계호에도 문제가 없는 공간을 찾아서 교위가 면담내용이 들리지 않는 거리에서 지켜보는 가운데 면담을 하게 하여줄 수밖에 없다. 그러나 위 상황에서 교위가 청구인과 변호인 간의 면담을 위하여 이와 같은 행위를 해 주리라고 기대하는 것은 현실적으로 어려울 뿐 아니라 오히려 그러한 행위가 다른 피고인들의 계호 등 교도행정업무에 치명적 위험이 될 가능성도 배제할 수 없다. 결국 위와 같은 시간적·장소적 상황을 고려할 때, 청구인의 이 사건 면담 요구는 구속피고인의 변호인과의 면접·

교섭권으로서 현실적으로 보장할 수 있는 한계 범위 밖이라고 아니할 수 없다. 따라서 청구인의 변호인 면담 요구를 받아들이지 아니한 교도관 교위의 이 사건 접견불허행위는 청구인의 기본권을 침해하는 위헌적인 공권력의 행사라고 보기 어렵다.

(카) 공휴일이라는 이유로 변호인의 구속 피고인과의 접견을 거부한 구치소장의 처분의 위헌성(부정)(헌재 2011.5.26. 선고 2009헌마341 전원재판부)

[사안] D는 사기 등의 죄로 2009.3.3. 기소되어 선고기일인 5.1.에 이르기까지 불구속 상태로 공판을 받았고, 선고기일에 불출석하여 5.27. 구속되었고, 그 후 20여 일이 지난 6.19. 공판기일이 다시 열렸으며, 그로부터 5일 후인 6.24. 판결이 선고되었다. D가 구속된 후 6.1. D의 국선변호인이 선정되었고, 그 국선변호인은 6.5. D에 대한 접견을 신청하였는데, 접견을 희망한 6.6.이 현충일로 공휴일이라는 이유로 접견이 거부되었고, 이로부터 이틀 후인 6.8. D와 변호인의 접견이 실시되었고 그 후로도 공판기일까지는 열흘 넘는 기간이 남아 있었다. D는 방어권 행사를 위해 특히 '2009.6.6.'이라는 특정한 시점에 변호인과의 접견이 필요하였다거나, 그날 변호인과의 접견이 이루어지지 못해 방어권 행사와 관련하여 어떠한 불이익을 입었는지에 대해 아무런 구체적인 주장도 하지 못하고 있다. D는 불구속 상태에서 재판을 받은 후 선고기일만을 남겨 놓았다가 그 기일에 출석하지 않아 비로소 구속된 것으로, 불구속 상태에서 사실상 재판은 모두 진행되었으며, 구속된 후 새로이 공판기일이 열리기는 하였으나 그 공판기일은 D를 위한 국선변호인이 선정된 6.1.부터 따져도 18일 후인 6.19. 예정되어 있었다.

[쟁점] 접견을 희망한 일자가 공휴일이라는 이유로 접견을 거부한 구치소장의 처분은 위헌인가?

[판지] 1. 체포 또는 구속된 자와 변호인 간의 접견은 변호인의 조력을 받을 권리의 필수적인 내용이므로 미결수용자와 변호인 간의 접견은 가능한 한 충분히 보장되어야 한다. 그러나, 변호인의 조력을 받을 권리를 보장하는 목적은 피의자 또는 피고인의 방어권 행사를 보장하기 위한 것이므로, 미결수용자 또는 변호인이 원하는 특정한 시점에 접견이 이루어지지 못하였다 하더라도 그것만으로 곧바로 변호인의 조력을 받을 권리가 침해되었다고 단정할 수는 없다. 변호인의 조력을 받을 권리가 침해되었다고 하려면 접견이 불허된 특정한 시점을 전후한 수사 또는 재판의 진행 경과에 비추어 보아, 그 시점에 접견이 불허됨으로써 피의자 또는 D의 방어권 행사에 어느 정도는 불이익이 초래되었다고 인정할 수 있어야만 하며, 그 시점을 전후한 변호인 접견의 상황이나 수사 또는 재판의 진행 과정에 비추어 미결수용자가 방어권을 행사하기 위해 변호인의 조력을 받을 기회가 충분히 보장되었다고 인정될 수 있는 경우에는, 비록 미결수용자 또는 그 상대방인 변호인이 원하는 특정 시점에는 접견이 이루어지지 못하였다 하더라

도 변호인의 조력을 받을 권리가 침해되었다고 할 수 없다.

2. D가 국선변호인을 접견하고 조력을 받을 수 있는 기간은 충분히 있었다. 무엇보다도 6.6.자 접견은 불허되었으나 그로부터 이틀 후인 6.8. 접견이 실시되었으며, 그 후로도 공판기일까지는 열흘 넘는 기간이 남아 있었던 점에 비추어 보면, 국선변호인이 희망한 6.6. D에 대한 접견이 이루어지지 못하였다고 해서 D의 방어권 행사에 어떠한 불이익이 있었다고 보기는 어렵다.

(타) 피구속자가 변호인을 공범으로 가담시키려 하였다는 사정과 접견교통권의 금지(대법원 2007.1.31. 2006모656 결정 (접견신청불허처분취소결정에 대한 재항고))

[사안] 항고심은 '다른 공동변호인들이 선임되어 있더라도 준항고인은 독자적으로 이 사건 피의자를 접견할 필요가 있고, 변호인들이 수시로 접견권을 행사함으로써 수사기관의 수사에 다소간의 어려움이 발생하였다고 하더라도 총 접견시간 등 여러 사정에 비추어 준항고인이 접견권의 행사를 빙자하여 접견교통을 하려는 것이라고 단정할 수 없으며, 준항고인이 이 사건 피의자들로 하여금 진술거부권을 행사하도록 법률적 조언을 하는 것을 위법하다고 할 수 없고, 준항고인의 접견권 행사가 준항고인 자신을 위한 것이라고 단정할 수도 없다'는 등의 이유로 '검사의 접견불허처분을 위법하다'는 취지로 판단하였다. 검사가 재항고하였다.

[판지(재항고기각)**]** 1. "형사소송법은 제89조에서 '구속된 피고인은 법률의 범위 내에서 타인과 접견할 수 있다.'고 규정하고, 제209조에 의하여 이를 체포 또는 구속된 피의자에 관하여도 준용하는 외에, 제34조에서 '변호인 또는 변호인이 되려는 자는 신체구속을 당한 피고인 또는 피의자와 접견하고 서류 또는 물건을 수수할 수 있다.'고 규정하고 있다. 이러한 형사소송법의 규정들은, 헌법 제12조 제4항 본문이 '누구든지 체포 또는 구속을 당한 때에는 즉시 변호인의 조력을 받을 권리를 가진다.'라고 규정하여 체포 또는 구속을 당한 사람이 변호인의 조력을 받을 권리를 기본적 인권의 하나로 보장한 취지를 실현하기 위하여 피의자 등의 헌법상 기본권을 구체화함과 동시에 변호인 또는 변호인이 되려는 자에게 피의자 등과 자유롭게 접견교통을 할 수 있는 법률상 권리를 인정한 것이다. 종래 변호인의 접견교통권을 직접적으로 제한하는 규정을 따로 두고 있지 아니하므로, 수사기관의 일방적인 처분 등을 통하여 함부로 변호인의 접견교통권을 제한할 수는 없다. 그러나 형사소송법상 체포 또는 구속은 죄를 범하였다고 의심할 만한 상당한 이유가 있는 피의자 또는 피고인의 도망이나 증거인멸을 방지하고 출석을 보장하기 위해 이루어지는 것이므로(제70조, 제200조의2, 제201조), 신체구속을 당한 피고인 또는 피의자에 대한 변호인의 접견교통권은 위와 같은 신체구속 제도의 본래의 목적을 침해하지 아니하는 범위 내에서 행사되어야 하고, 이러한 한계를 일탈하는 접견교통권의 행사는 정당한 접견교통권의 행사에 해당하지 아니하여 허용될 수 없다. 다만, 신

체구속을 당한 사람에 대한 변호인의 접견교통권은 헌법상 기본권의 하나로 보장되고 있는 신체구속을 당한 사람이 변호인의 조력을 받을 권리와 표리관계에 있는 것이므로 그 접견교통권의 행사가 위와 같은 한계를 일탈한 것이라고 인정함에 있어서는 신체구속을 당한 사람의 헌법상의 기본적 권리로서의 변호인의 조력을 받을 권리의 본질적인 내용이 침해되는 일이 없도록 신중을 기하여야 한다. 한편, 변호사인 변호인에게는 변호사법이 정하는 바에 따라서 이른바 진실의무가 인정되는 것이지만, 변호인이 신체구속을 당한 사람에게 법률적 조언을 하는 것은 그 권리이자 의무이므로 변호인이 적극적으로 피고인 또는 피의자로 하여금 허위진술을 하도록 하는 것이 아니라 단순히 헌법상 권리인 진술거부권이 있음을 알려주고 그 행사를 권고하는 것을 가리켜 변호사로서의 진실의무에 위배되는 것이라고는 할 수 없다. 나아가, 신체구속을 당한 피의자 또는 피고인이 범한 것으로 의심받고 있는 범죄행위에 해당 변호인이 관련되어 있다는 등의 사유에 기하여 그 변호인의 변호활동을 광범위하게 규제하는 변호인의 제척(除斥)과 같은 제도를 두고 있지 아니한 우리 법제 아래에서는, 변호인의 접견교통의 상대방인 신체구속을 당한 사람이 그 변호인을 자신의 범죄행위에 공범으로 가담시키려고 하였다는 등의 사정만으로 그 변호인의 신체구속을 당한 사람과의 접견교통을 금지하는 것이 정당화될 수는 없다. 이러한 법리는 신체구속을 당한 사람의 변호인이 1명이 아니라 여러 명이라고 하여 달라질 수 없고, 어느 변호인의 접견교통권의 행사가 그 한계를 일탈한 것인지의 여부는 해당 변호인을 기준으로 하여 개별적으로 판단하여야 할 것이다. 2. 이러한 법리와 기록에 의하여 살펴보면, 원심이 그 판시와 같은 사실들을 인정한 다음, 다른 공동변호인들이 선임되어 있더라도 준항고인은 독자적으로 이 사건 피의자를 접견할 필요가 있고, 변호인들이 수시로 접견권을 행사함으로써 수사기관의 수사에 다소간의 어려움이 발생하였다고 하더라도 총 접견시간 등 여러 사정에 비추어 준항고인이 접견권의 행사를 빙자하여 접견교통을 하려는 것이라고 단정할 수 없으며, 준항고인이 이 사건 피의자들로 하여금 진술거부권을 행사하도록 법률적 조언을 하는 것을 위법하다고 할 수 없고, 준항고인의 접견권 행사가 준항고인 자신을 위한 것이라고 단정할 수도 없다는 등의 이유로 검사의 이 사건 접견불허처분을 위법하다는 취지로 판단한 것은 결론에 있어서 정당한 것으로 수긍할 수 있다."

(파) 구금장소의 임의적 변경과 접견교통권의 행사(대법원 1996.5.15. 자 95모94 결정(사법경찰관의 처분취소에 대한 재항고))

"청구인에 대하여 1995.11.29. 서울지방법원 판사로부터 국가보안법위반으로 구속영장이 발부되었고 그 구속영장에는 청구인을 구금할 수 있는 장소로 서울 서초경찰서 유치장으로 기재되어 있었는데, 청구인에 대하여 위 구속영장에 의하여 같은 달 30. 07:50경 서초경찰서 유치장에 구속이 집행되었다가 같은 날 08:00에 그 신병이 조사차 국가안전기획부 직원에게 인도된 후 위 서초경찰서 유치장에 인도된 바 없이 계속하여 국가안전기획부 청사에 사실상 구금되어 있다면, 피청구인의 청구인에 대한 이러한 사실상의 구금장소의 임의적 변경은 청구인의 방어권이나 접견교통권의 행사에 중대한 장애를 초래하는 것이므로 위법하다. 같은 취지에서 피청구인의 이 사건 구금장소변경처분을 취소한 원심의 조치는 정당하다."

2.4

접견교통의 비밀보장

헌재 1992.1.28. 선고 91헌마111 결정

I 사 안

D는 1991.6.13. 국가보안법위반 등 피의사건으로 국가안전기획부 수사관에게 구속되어 서울중부경찰서 유치장에 수감되어 있던 중 1991.6.14. 17시부터 그날 18시경까지 국가안전기획부 면회실에서 그의 변호인인 변호사C, D의 처 K와의 접견을 동시에 하게 되었다. 그때 국가안전기획부 수사관 5인이 접견에 참여하여 가까이서 지켜보면서 그들의 대화내용을 듣고 또 이를 기록하기도 하고, 만나고 있는 장면을 사진을 찍기도 하므로 C는 이에 항의하고 "변호인과 피의자의 접견은 비밀이 보장되어야 하니 D와 변호인이 따로 만날 수 있도록 해줄 것"과 "대화내용의 기록이나 사진촬영을 하지 말 것"을 요구하였으나 수사관들은 변호인의 요구를 거절하였다. 유죄가 확정되어 교도소에 있는 수형자와 외부인의 접견에 구금시설의 장(경찰서장, 구치소장, 교도소장)은 교도관을 참여하게 할 수 있다(구 행형법 제18조 제3항). 구행형법 제62조는 행형법 제18조 제3항을 미결수용자의 변호인접견에도 준용하였다. D는 국가안전기획부 수사관들의 위와 같은 행위는 "헌법 제12조 제4항의 신체구속을 당한 사람에게 보장되고 있는 변호인의 조력을 받을 권리를 침해한 것"이라고 주장하며 헌법소원심판청구를 하였다.

II 쟁 점

형사소송법 제34조는 변호인의 접견교통권을 아무런 제약 없이 인정하고 있고, 헌법 제12조 제4항은 '즉시' 변호인의 조력을 받을 권리를 체포 또는 구속당한 사람의 기본권으로 설정하고 있다. 그러나 구금시설 측에서는 시설의 안전 또는 질서유지 등을 위한 감시의 필요가 있다. 따라서 비밀접견교통권의 보장과 구금시설의 안전 또는 질서유지 등을 위한 감시 필요성 사이에 조정이 필요하다. 충돌하는 양자의 요청을 어떻게 합리적으로 조정할 것인가?

III 결정요지

1) ㉮ 헌법 제12조 제4항이 보장하고 있는 신체구속을 당한 사람의 변호인의 조력을 받을 권리는 무죄추정(無罪推定)을 받고 있는 피의자·피고인에 대하여 신체구속의 상황에서 생기는 여러 가지 폐해를 제거하고 구속이 그 목적의 한도를 초과하여 이용되거나 작용하지 않게끔 보장하기 위한 것으로 여기의 '변호인의 조력'은 '변호인의 충분한 조력'을 의미한다. ㉯ 변호인의 조력을 받을 권리의 필수적 내용은 신체구속을 당한 사람과 변호인과의 접견교통권이

며 이러한 접견교통권의 충분한 보장은 구속된 자와 변호인의 대화내용에 대하여 비밀이 완전히 보장되고 어떠한 제한, 영향, 압력 또는 부당한 간섭 없이 자유롭게 대화할 수 있는 접견을 통하여서만 가능하고 이러한 자유로운 접견은 구속된 자와 변호인의 접견에 교도관이나 수사관 등 관계공무원의 참여가 없어야 가능하다. ㉰ 변호인과의 자유로운 접견은 신체구속을 당한 사람에게 보장된 변호인의 조력을 받을 권리의 가장 중요한 내용이어서 국가안전보장, 질서유지, 공공복리 등 어떠한 명분으로도 제한될 수 있는 성질의 것이 아니다. 그리고 ㉱ 구속된 사람을 계호함에 있어서도 1988.12.9. 제43차 유엔총회에서 채택된 '모든 형태의 구금 또는 수감상태에 있는 모든 사람들을 보호하기 위한 원칙' 제18조 제4항이 '피구금자 또는 피수감자와 그의 변호인 사이의 대담은 법집행공무원의 가시거리(可視距離) 내에서 행하여질 수는 있으나 가청거리(可聽距離) 내에서 행하여져서는 아니 된다'라고 적절하게 표현하고 있듯이 관계공무원은 구속된 자와 변호인의 대담내용을 들을 수 있거나 녹음이 가능한 거리에 있어서는 아니 되며 계호나 그 밖의 구실 아래 대화 장면의 사진을 찍는 등 불안한 분위기를 조성하여 자유로운 접견에 지장을 주어서도 아니 될 것이다.

2) D가 1991.6.14. 17시부터 그날 18시경까지 국가안전기획부 면회실에서 변호인과 접견할 때 안기부 소속직원(수사관)이 참여하여 대화내용을 듣거나 기록한 것은 헌법 제12조 제4항이 규정한 변호인의 조력을 받을 권리를 침해한 것으로서 위헌임을 확인한다. 행형법(구 행형법) 제62조는 그중 행형법 제18조 제3항을 미결수용자의 변호인 접견에도 준용하도록 한 부분은 헌법에 위반된다.

IV 분석과 해설

(가) 형사절차법 분야의 법원(法源)의 하나로 국제형사인권법을 활용

본 결정이 선고되기 이전에는 수형자의 접견에 교도관이 참여하도록 하는 행형법 제18조가 행형법 제62조에 의하여 미결수용자에게 준용되었기 때문에 변호인과 구속피의자와의 접견에 수사관이 참여하는 것을 수사측은 적법한 것이라고 주장하여 왔었다. 1992.1.28.자 본 헌법재판소결정은 행형법 제62조 중 "행형법 제18조 제3항을 미결수용자의 변호인접견에도 준용"하도록 한 부분은 헌법에 위반된다고 선언하였다. 이로써 적어도 법률상으로는 자유롭고 비밀스러운 접견교통권이 거의 완벽하게 보장되게 되었다.

본 결정은 무죄추정의 원칙의 의의를 적극적으로 자리매김하여 피의자·피고인의 구속을 바라보는 데 새로운 지평을 열어주었으며, 비밀접견의 권리를 끌어내는 데 국제적으로 통용되고 있는 국제형사인권법을 원용한 선례를 보여

주었다. 대한민국은 1989년에 '시민적 및 정치적 권리에 관한 국제규약'을 비준하여 이 규약이 1990년 7월 10일부터 국내에서 효력을 갖게 되었으며 한국정부는 1991년 8월경에 최초 보고서를 제출한 바 있다. 이 국제규약에는 형사절차에 관련된 규약이 다수 포함되어 있다. 본 결정에서 원용한 것은 국제인권규약은 아니지만 국제연합의 가입당사국이라면 가급적 존중해야 할 '국제적으로 승인된 일반원칙'이다.

(나) 본 결정에 대한 입법적 후속조치

이 결정 이후, 행형법은 본 결정의 내용에 충실하게 개정되었다. 그리고 2008. 12.12.부터는 행형법이 전면 개편되어 "형의 집행 및 수용자의 처우에 관한 법률"로 시행 중이다.[1)]

---

1) **형의 집행 및 수용자의 처우에 관한 법률 제84조**(변호인과의 접견 및 서신수수) ① 제41조 제2항에도 불구하고 미결수용자와 변호인(변호인이 되려고 하는 사람을 포함한다. 이하 같다)과의 접견에는 교도관이 참여하지 못하며 그 내용을 청취 또는 녹취하지 못한다. 다만, 보이는 거리에서 미결수용자를 관찰할 수 있다. ② 미결수용자와 변호인 간의 접견은 시간과 횟수를 제한하지 아니한다. ③ 제43조 제4항 단서에도 불구하고 미결수용자와 변호인 간의 서신은 교정시설에서 상대방이 변호인임을 확인할 수 없는 경우를 제외하고는 검열할 수 없다.

제41조(접견) ② 소장은 다음 각 호의 어느 하나에 해당하는 사유가 있으면 교도관으로 하여금 수용자의 접견내용을 청취·기록·녹음 또는 녹화하게 할 수 있다. 1. 범죄의 증거를 인멸하거나 형사 법령에 저촉되는 행위를 할 우려가 있는 때 2. 수형자의 교화 또는 건전한 사회복귀를 위하여 필요한 때 3. 시설의 안전과 질서유지를 위하여 필요한 때 ③ 제2항에 따라 녹음·녹화하는 경우에는 사전에 수용자 및 그 상대방에게 그 사실을 알려주어야 한다. ④ 접견의 횟수·시간·장소·방법 및 접견내용의 청취·기록·녹음·녹화 등에 관하여 필요한 사항은 대통령령으로 정한다.

제43조(서신수수) ④ 수용자가 주고받는 서신의 내용은 검열받지 아니한다. 다만, 다음 각 호의 어느 하나에 해당하는 사유가 있으면 그러하지 아니하다. 1. 서신의 상대방이 누구인지 확인할 수 없는 때 2. 「형사소송법」이나 그 밖의 법률에 따른 서신검열의 결정이 있는 때 3. 제1항 제2호 또는 제3호에 해당하는 내용이나 형사 법령에 저촉되는 내용이 기재되어 있다고 의심할 만한 상당한 이유가 있는 때 4. 대통령령으로 정하는 수용자 간의 서신인 때

2.5

내사의 수사(범죄인지)전환시기(실질설) · 피내사자의 변호인과의 접견교통권

대법원 1996.6.3.자 96모18 결정; 대법원 2001.10.26. 선고 2000도2968 판결

I 사 안 (대법원 1996.6.3.자 96모18 결정)

1996.2.28. 저녁 무렵 D는 정기간행물의 등록에 관한 법률위반 등의 혐의로 임의동행 형식으로 동대문경찰서에 연행되어 사법경찰관 P의 조사를 받았다. P는 D를 아직 정식으로 입건하지 아니하여 P는 D를 '피내사자'(=용의자)로 간주하였다. 따라서 D는 형식적으로는 내사의 대상인 피내사자이다. 1996.2.28. 22:40경 D의 변호인('D의 처'가 선임) 변호사 C가 위 경찰서에 찾아가 P에게 D의 접견을 요구하자, P는 '조사가 끝나지 않았다'는 이유로 접견시켜 주지 않았다. 1996.2.29. 12:25경 D의 변호인인 또 다른 변호사 C2(D의 처가 선임)가 다시 접견을 요구하자, P는 같은 날 12:45경 '상부의 지시'라며 접견을 거부하였다. 변호사 C, C2가 사법경찰관 P의 처분의 취소를 구하는 준항고(법 제417조)를 제기하였다. 서울지방법원은 "형사소송법 제34조에 규정된 변호인 또는 변호인이 되려는 자의 접견교통권은 신체구속을 당한 피고인이나 피의자의 인권보장과 방어준비 및 실체적 진실의 발견을 위하여 필수불가결한 권리이므로 행형법 등의 법률에 근거하지 아니하고는 수사기관이 이를 제한할 수 없으며, ㉠ 신체구속을 당한 피고인이나 피의자에 대하여 변호인 접견교통권이 인정되는 이상 그보다 더 자유로운 상태에 있는 불구속 피고인 또는 피의자나 '임의동행 형식으로 수사기관에 연행'된 피의자 및 정식으로 입건되기 전의 내사단계에 있는 자에 대하여도 변호인 또는 변호인이 되려는 자의 접견교통권은 당연히 인정된다"며 접견불허처분을 취소하였다. 동대문경찰서장은 "㉡ 변호인의 접견교통권은 형사소송법 제34조에 의하면 체포·구속당한 피의자나 피고인에게만 인정되는 권리이고, 불구속상태(혹은 내사상태)에 있는 피의자는 자의에 의하여 얼마든지 귀가할 수 있는 상황이므로 굳이 그러한 지위에 있는 자에게 변호인접견권을 인정해 줄 현실적 필요성이 없을 뿐더러, 이를 인정하는 것은 위 명문의 규정에도 반한다"며 대법원에 재항고하였다.

II 쟁 점

'임의동행 형식으로 수사기관에 연행'되고 정식으로 입건되기 전의 내사단계에 있는 자 혹은 불구속피의자에게도 변호인 또는 변호인이 되려는 자와의 접견교통권이 인정되는가?(긍정)

III
재판요지
(재항고기각)

1) ㉮ 헌법 제10조는 '모든 국민은 인간으로서의 존엄과 가치를 가지며 행복을 추구할 권리를 가진다'고 규정하고 있고, 헌법 제12조 제1항 후문은 '누구든지 법률에 의하지 아니하고는 체포·구속·압수·수색 또는 심문을 받지 아니하며, 법률과 적법한 절차에 의하지 아니하고는 처벌·보안처분 또는 강제노역을 받지 아니한다'고 규정하여 형사소송에 있어서 '적법절차주의'를 선언하고 있으며 이를 구체화하기 위하여 헌법 ㉯ 제12조 제4항은 '누구든지 체포 또는 구속을 당한 때에는 즉시 변호인의 조력을 받을 권리를 가진다'고 규정하고 있으며, 형사소송법 제30조 제1항은 '피고인 또는 피의자는 변호인을 선임할 수 있다'고 규정하여 변호인의 조력을 받을 권리를 불구속 피고인 또는 피의자에게까지 확대하고 있는바 이와 같은 ㉰ 변호인의 조력을 받을 권리를 실질적으로 보장하기 위하여는 변호인과의 접견교통권의 인정이 당연한 전제가 되므로, ㉱ 임의동행의 형식으로 수사기관에 연행된 피의자에게도 변호인 또는 변호인이 되려는 자와의 접견교통권은 당연히 인정된다. 또한 ㉲ 임의동행의 형식으로 연행된 피내사자의 경우에도 이는 마찬가지이다. ㉳ 형사소송법 제34조는 변호인 또는 변호인이 되려는 자에게 구속을 당한 피고인 또는 피의자에 대하여 '까지' 접견교통권을 보장하는 취지의 규정이므로 위 접견교통권을 위와 달리 해석할 법령상의 근거가 될 수 없다.

2) ㉴ 접견교통권은 피고인 또는 피의자나 피내사자의 인권보장과 방어준비를 위하여 필수불가결한 권리이므로 법령에 의한 제한이 없는 한 수사기관의 처분은 물론 법원의 결정으로도 이를 제한할 수 없다(대법원 1991.3.28.자 91모24 결정 참조).

IV
분석과 해설

(가) 동대문경찰서장과 서울지방법원의 관련법조항 해석방법의 차이

동대문경찰서장(재항고인)은 형사소송법 제34조를 문리해석하고 또한 '불구속상태에 있는 피의자나 내사상태에 있는 피내사자는 자의(自意)로 얼마든지 귀가할 수 있는 상황이므로 굳이 그러한 지위에 있는 자에게 변호인접견권을 인정해 줄 현실적 필요성'이 없다고 주장하는 데 반하여 D(준항고신청인)와 서울지방법원은 "㉠ 신체구속을 당한 피고인이나 피의자에 대하여 변호인 접견교통권이 인정되는 이상 그보다 더 자유로운 상태에 있는 불구속 피고인 또는 피의자나 '임의동행 형식으로 수사기관에 연행'된 피의자 및 정식으로 입건되기 전의 내사단계에 있는 자에 대하여도 변호인 또는 변호인이 되려는 자의 접견교통권은 당연히 인정된다"고 물론해석을 전개하였다. 대법원은 서울지방법원의 해석방법(물론해석)을 지지하였다.

(나) 본 결정의 판례사적 의의

본 결정은 첫째, 형사소송법상 명백히 규정된 '체포·구속된 피고인·피의자'의 변호인과의 접견교통권 외에 '불구속 피고인·피의자'에 대하여도 변호인과의 접견교통권이 인정된다(재판요지 1)의 ㉣)고 판시하고, 둘째, 임의동행의 형식으로 연행된 피내사자에게도 변호인과의 접견교통권이 인정된다(재판요지 1)의 ㉤)고 판시하여 변호인의 조력을 받을 권리를 확장시킨 데 그 의의[1]가 있다. 그런데 본 판례가 그렇게 보는 논거에 주목할 필요가 있다.

(다) 본 결정의 논거

대법원이 그렇게 보는 논거는 ㉮ 헌법 제10조의 행복추구권, 헌법 제12조 제1항 후문의 '적법절차주의', ㉯ 헌법 제12조 제4항의 '체포 또는 구속을 당한 자의 즉시 변호인의 조력을 받을 권리', 형사소송법 제30조 제1항(대법원은 이 조항이 변호인의 조력을 받을 권리를 불구속 피고인 또는 피의자에게까지 확대하고 있는 조항이라고 해석하고 있다)이다. 가장 주목되는 부분은 재판요지 제1항 중 '㉶ 형사소송법 제34조는 변호인 또는 변호인이 되려는 자에게 구속을 당한 피고인 또는 피의자에 대하여까지' 접견교통권을 보장하는 취지의 규정이라는 확장(혹은 물론)해석 부분이다.

(라) 다른 논증의 가능성

수사기관이 (주관적·객관적·실질적으로) 특정범죄에 대하여 상당한 혐의를 갖게 되면 범죄인지서를 작성하고 형제번호를 부여하여 범죄접수부에 등록한다. 실무에서는 이를 입건(立件)이라 부른다. 입건 이전의 수사기관의 조사활동을 수사실무에서는 내사(內査)로 부르고 있다. 구 사법경찰관리집무규칙[2] 제20조(범죄의 내사)는 '범죄에 관한 신문 기타 출판물의 기사, 익명의 신고 또는 풍설이 있을 때에는 특히 출처에 주의하여 그 진상을 내사한 후 범죄의 (주관적·객관적·실질적으로) 혐의가 있다고 인정할 때에는 즉시 수사에 착수하여야 한다. 다만 내사를 빙자하여 막연히 관계인의 출석을 요구하거나 물건을 압수하는 일이 없도록 하여야 한다(제1항). 사법경찰관은 내사결과 범죄의 혐의가 없다고 인정할 때에는 즉시 내사를 종결하여야 한다(제2항)'고 규정하고 있고 검찰사건사무규칙 제2조 내지 제4조에도 비슷한 근거규정이 있다.

---

1) 서명수, 불구속 피고인·피의자의 변호인 접견교통권, 『해설』 제25호, 1996, 562~574 참조.

2) 2012.1.1. 시행된 '검사의 사법경찰관리에 대한 수사지휘 및 사법경찰관리의 수사준칙에 관한 규정'에는 내사에 관한 규정이 없다. 현행 특별사법경찰관리 집무규칙 제22조 참조.

(마) 내사의 수사(범죄인지)전환시기(실질설)

수사기관이 피내사자에 대하여 (주관적·객관적·실질적으로) 특정범죄에 대한 상당한 혐의를 갖게 되었음에도 범죄인지서를 작성하지 아니하였다면 형식적으로 입건이 되지 아니하였음을 이유로 그 상대방을 '피의자가 아닌 피내사자(형식적으로 입건되지 아니하였으므로 아직 피의자가 아니다)'로 보아야 할 것인가?

범죄인지서 작성 여부는 수사기관의 내부적인 절차에 불과하므로 범죄인지서를 작성하는 때에 비로소 피의자로 된다고 볼 것은 아니고, '수사기관이 실질적으로 특정범죄에 대한 주관적·객관적 혐의를 인정하고 조사활동을 개시하면 그때 피내사자가 피의자로 전환'된다.[3]

수사기관이 피내사자를 소환하여 진술을 청취하거나, 임의동행 형식으로 연행하였거나, 통신제한조치허가를 신청하였거나, 체포, 긴급체포, 현행범으로 체포하였다면 특단의 사정이 없는 한 수사기관은 이미 상대방에 대하여 범죄의 혐의를 인정하고 실질적으로 수사를 개시한 것으로 보는 것(실질설)이 자연스럽다. 주관적·객관적·실질적 혐의의 존부를 판단하기 위한 수단은 어디까지나 일반인도 할 수 있는 수단에 그쳐야 하는 것이지 이를 빙자하여 정식의 수사수단을 사용하는 것은 본말이 전도된 방법이기 때문이다.

피내사자를 임의동행 형식으로 연행하였다면 설사 피내사자의 온전한 동의를 얻은 임의동행이라 하더라도 상대방은 이미 피의자의 지위로 전환된 것이다. 따라서 변호인의 두 번에 걸친 접견요청이 '조사가 끝나지 않았다'는 이유로, 혹은 '상부의 지시'라는 정당하지 못한 이유로 거부되고 접견지연의 시

---

3) "검찰사건사무규칙 제2조 내지 제4조에 의하면, 검사가 범죄를 인지하는 경우에는 범죄인지서를 작성하여 사건을 수리하는 절차를 거치도록 되어 있으므로, 특별한 사정이 없는 한 수사기관이 그와 같은 절차를 거친 때에 범죄인지가 된 것으로 볼 것이나, ⓐ 범죄의 인지는 실질적인 개념이고, ⓑ 이 규칙의 규정은 검찰행정의 편의를 위한 사무처리 절차 규정이므로, ⓒ 검사가 그와 같은 절차를 거치기 전에 범죄의 혐의가 있다고 보아 수사를 개시하는 행위를 한 때에는 이때에 범죄를 인지한 것으로 보아야 하고, ⓓ 그 뒤 범죄인지서를 작성하여 사건수리 절차를 밟은 때에 비로소 범죄를 인지하였다고 볼 것이 아니며(대법원 1989.6.20. 선고 89도648 판결 참조), ⓔ 이러한 인지절차를 밟기 전에 수사를 하였다고 하더라도, 그 수사가 장차 인지의 가능성이 전혀 없는 상태 하에서 행해졌다는 등의 특별한 사정이 없는 한, 인지절차가 이루어지기 전에 수사를 하였다는 이유만으로 그 수사가 위법하다고 볼 수는 없고, 따라서 그 수사과정에서 작성된 피의자신문조서나 진술조서 등의 증거능력도 이를 부인할 수 없다"(대법원 1995.2.24. 선고 94도252 판결); (대법원 2001.10.26. 선고 2000도2968 판결). 이 2001년 판결에 대하여는 이완규, "범죄인지서 작성 전에 행한 피의자신문조서의 증거능력", 『형사판례연구』 11, 306 이하; 신동운, 내사종결처분의 법적 성질, 『법학』 45권 3호(132호) (2004.09) 309~331; 조광훈, 수사기관 내사의 효율적 통제와 피내사자의 인권보장에 관한 연구, 연세대학교 법학연구 15권 3호 (2005.09) 115~160.

간이 14시간에 달한 때는 피의자에 대한 접견교통권이 부당하게 침해된 것으로 못 볼 바 아니다. 본 판례사안은 종래의 판례이론으로도 합리적 해결이 가능했던 사안이다.

2.6

피의자신문에 변호인의 참여를 요구할 수 있는 권리의 내용과 근거

대법원 2003.11.11.자 2003모402 결정; 헌재 2004.9.23. 선고 2000헌마 138 결정

I 사 안

D는 독일 뮌스터 대학교 철학교수로 독일에 거주하여 오다가 2003.9.18. 국가보안법 위반혐의로 체포영장이 발부된 상태에서 2003.9.22. 대한민국으로 입국하여 2003.9.23.부터 국가정보원과 서울지방검찰청에서 13차례에 걸쳐 불구속상태로 수사를 받아오던 중 2003.10.22. 구속영장이 발부되어 서울구치소에 수감되었다. D는 국가정보원과 서울지방검찰청에서 13차례에 걸쳐 수사를 받을 때 변호인의 참여 하에 신문을 받았다. 서울지방검찰청 검사가 2003.10.24. D에 대한 피의자신문을 시작하려고 하자 D는 변호인 참여를 요구하였으나 검사는 "이 사건 수사가 다른 피의자들에 대한 내용도 포함되어 있고, 기본적으로 국가안보에 관한 것으로 대외적으로 공표되어서는 아니 될 기밀사항을 많이 포함하고 있으므로 피의자 신문시 변호인의 참여가 허용되어서는 아니 된다"고 주장하면서 변호인의 참여를 불허하였다. 그러나 검사는 그것을 입증할 만한 아무런 자료도 제출하지 않았다. D는 검사의 변호인참여불허처분에 불복하기 위하여 형사소송법 제417조의 준항고를 제기하였다. 서울지방법원은 '변호인참여불허처분을 취소'한다는 결정을 하였다. 검사가 대법원에 재항고하였다.

II 쟁 점

피의자는 수사기관의 신문시 변호인을 참여시켜 달라고 요구할 수 있는가?

III 재판요지 (재항고기각)

"㉮ 형사소송법이 아직은 구금된 피의자의 피의자신문에 변호인이 참여할 수 있다는 명문규정을 두고 있지 아니하지만,[1] ㉯ 접견교통권이 헌법과 법률에 의하여 보장되고 있을 뿐 아니라 '누구든지 체포 또는 구속을 당한 때에는 즉시 변호인의 조력을 받을 권리를 가진다'고 선언한 헌법 규정에 비추어, ㉰ 구금된 피의자는 형사소송법의 위 규정을 유추적용하여 피의자신문을 받음에 있어 변호인의 참여를 요구할 수 있고, ㉱ 그러한 경우 수사기관은 이를 거절

1) 신형소법은 변호인의 피의자신문참여권을 명문으로 규정하였다: **법 제243조의2**(변호인의 참여 등) ① 검사 또는 사법경찰관은 피의자 또는 그 변호인·법정대리인·배우자·직계친족·형제자매의 신청에 따라 변호인을 피의자와 접견하게 하거나 '정당한 사유'가 없는 한 피의자에 대한 신문에 참여하게 하여야 한다.

할 수 없는 것으로 해석하여야 하고, ㉳ 이렇게 해석하는 것은 인신구속과 처벌에 관하여 '적법절차주의'를 선언한 헌법의 정신에도 부합한다. 그러나 구금된 피의자가 피의자신문시 변호인의 참여를 요구할 수 있는 권리가 형사소송법 제209조, 제89조 등의 유추적용에 의하여 보호되는 권리라 하더라도 헌법상 보장된 다른 기본권과 사이에 조화를 이루어야 하며, ㉴ 구금된 피의자에 대한 신문시 무제한적으로 변호인의 참여를 허용하는 것 또한 헌법이 선언한 '적법절차의 정신'에 맞지 아니하므로 신문을 방해하거나 수사기밀을 누설하는 등의 염려가 있다고 의심할 만한 상당한 이유가 있는 특별한 사정이 있음이 객관적으로 명백하여 변호인의 참여를 제한하여야 할 필요가 있다고 인정되는 경우에는 변호인의 참여를 제한할 수 있음[2]은 당연하다.

구금된 상태에 있는 D(준항고인)가 D에 대한 피의자신문시 변호인의 참여를 명시적으로 요구하고 있음에도 검사(재항고인)가 변호인의 참여를 불허하였고, 검사가 변호인의 참여를 불허할 필요가 인정되는 명백한 특별한 사정이 있음을 인정할 만한 아무런 자료를 제출하고 있지 않으므로, 변호인의 참여를 불허한 검사의 처분은 위법하다.

IV 분석과 해설

(가) 참여권인정의 헌법적 논거

대법원은 종래 신체구금상태에 있는 피의자의 변호인과의 접견교통이 부당하게 불허된 사안에서 수사기관의 접견불허처분을 '구금에 관한 처분'이라고 확인[3]한 바 있지만 검사가 피의자신문시 피의자의 변호인참여요구를 부당하게 불허한 경우에 그것을 검사의 '구금에 관한 처분'으로 볼 수 있는가 여부는 본 사안에서 처음으로 쟁점화되었다. 준항고법원과 대법원은 이를 긍정하고 있다. 그런데 대법원이 이를 긍정한 논거가 중요하다.

대법원은 이를 헌법의 적법절차조항('피의자의 적법절차에 따른 조사·재판을 받을 권리'의 각도)에서 찾고 있다. 즉 대법원은 "㉰ 구금된 피의자는 피의자신문을 받음에 있어 변호인의 참여를 요구할 수 있고, ㉱ 그러한 경우 수사기관은 이를 거절할 수 없"으나 "㉴ 구금된 피의자에 대한 신문시 무제한적으로 변호인의 참여를 허용하는 것 또한 헌

---

2) 신형소법도 변호인의 무제한적인 참여를 보장하지는 아니한다. 정당한 사유가 있는 때에는 변호인의 참여가 제한될 수 있다. 향후에는 무엇이 정당한 사유인가에 대하여 논란이 예상된다: **법 제243조의 2**(변호인의 참여 등) ② 신문에 참여하고자 하는 변호인이 2인 이상인 때에는 피의자가 신문에 참여할 변호인 1인을 지정한다. 지정이 없는 경우에는 검사 또는 사법경찰관이 이를 지정할 수 있다. ③ 신문에 참여한 변호인은 신문 후 의견을 진술할 수 있다. 다만, 신문 중이라도 부당한 신문방법에 대하여 이의를 제기할 수 있고, 검사 또는 사법경찰관의 승인을 얻어 의견을 진술할 수 있다. ④ 제3항에 따른 변호인의 의견이 기재된 피의자신문조서는 변호인에게 열람하게 한 후 변호인으로 하여금 그 조서에 기명날인 또는 서명하게 하여야 한다. ⑤ 검사 또는 사법경찰관은 변호인의 신문참여 및 그 제한에 관한 사항을 피의자신문조서에 기재하여야 한다.

3) 대법원 1990.2.13.자 89모37 결정; 대법원 1991.3.28.자 91모24 결정.

법이 선언한 '적법절차의 정신'에 맞지 아니하므로 신문을 방해하거나 수사기밀을 누설하는 등의 염려가 있다고 의심할 만한 상당한 이유가 있는 특별한 사정이 있음이 객관적으로 명백하여 변호인의 참여를 제한할 수 있"(다)고 판시하여 '신체구금상태에 있는 피의자(D)의 입장과 검사의 입장을 절충'하고 있다.

(나) 무죄추정의 원칙(헌법 제27조 제4항)과 '인신구속과 처벌에 관한 적법절차주의'(헌법 제12조 제1항)

2003년 당시 대법원은 '명시적 법규정의 흠결'을 피의자·피고인 보호방향으로 해석·적용하고 한걸음 더 나아가 유추적용하고 있음을 알 수 있다. 이와 같은 피의자·피고인 보호방향의 해석·적용과 유추적용의 근거는 무엇인가?

대법원은 그 근거로 헌법 제27조 제4항의 무죄추정의 원칙[4)]과 '인신구속과 처벌에 관한 적법절차주의'(헌법 제12조 제1항)[5)]에서 찾고 있다. 이른바 '헌법적 형사소송론'이 전개되고 있는 것이다.

(다) 참여를 제한할 수 있는 경우

본 결정은 무제한적인 변호인참여요구권을 인정한 것이 아니라 "신문을 방해하거나 수사기밀을 누설하는 등의 염려가 있다고 의심할 만한 상당한 이유가 있는 특별한 사정이 있음이 객관적으로 명백하여 변호인의 참여를 제한하여야 할 필요가 있다고 인정되는 경우에는 변호인의 참여를 제한"할 수 있다고 판시하여 수사기관의 입장도 배려하고 있다. 그러나 대법원은 변호인참여요구권을 제한할 수 있는 '특별한 객관적 사정의 입증책임'을 수사기관 측에 분배하여 인간의 존엄성 존중을 궁극의 목표로 하고 있는 헌법이념을 중시하는

4) "헌법 제27조 제4항은 '형사피고인은 유죄의 판결이 확정될 때까지는 무죄로 추정된다'고 규정하여 무죄추정의 원칙을 선언하고 있는데, 이 무죄추정의 원칙은 불리한 처지에 놓인 피의자·피고인의 지위를 보호하여 형사절차에서 그들의 불이익을 필요한 최소한에 그치게 하자는 것으로서 인간의 존엄성 존중을 궁극의 목표로 하고 있는 헌법이념에서 나온 것이다. 구속은 피의자나 피고인에 대하여 특히 부득이한 사유가 있을 때에만 인정되는 제도이나, 단순히 수사나 재판의 편의만을 위하여 수사기관이나 재판기관에 의하여 구속제도가 남용되기 쉬우며, 특히 구속된 피의자에 대하여는 고문이나 폭행 등이 자행되기 쉽고 구속된 상태에서는 헌법 제12조 제2항에 규정하고 있는 진술거부권도 효과적으로 보장되지 않을 수 있다. 따라서 무죄추정을 받고 있는 피의자·피고인에 대하여 신체구속의 상황에서 생기는 여러 가지 폐해를 제거하여 구속이 그 본래의 목적에서 벗어나 부당하게 이용되지 않도록 보장하기 위하여 헌법 제12조 제4항 본문은 위와 같이 신체구속을 당한 사람에 대하여 변호인의 조력을 받을 권리를 기본권으로 보장하고 있는 것이며, 이때 변호인의 조력이란 변호인의 충분한 조력을 의미한다."

5) "신체의 자유와 증거능력에 관한 헌법 제12조의 첫머리에 법률 이외에 '적법한 절차'를 규정한 취지는 법관이 인신의 구속에 관한 헌법과 법률의 규정들을 해석·적용함에 있어 국가형벌권보다 개인의 인권옹호에 우위를 두고 헌법과 법률을 해석·적용함으로써 개인의 인신구속에 신중을 기하여야 한다는 것으로 풀이된다"

모습을 보이고 있다.

변호인참여요구권이 제한되는 경우는 "변호인참여를 허용할 경우 증거가 인멸되거나 공범이 도주하거나 또는 제3자 타인에게 육체적 위해가 발생할 것이라고 믿을만한 상당한 이유가 있는 경우, 또는 피의자신문에 참석한 변호인의 의도적 신문방해가 있는 경우 등"으로 제한되어야 할 것이다.[6)]

(라) 2004년의 헌재결정

2004년에 헌재는 불구속상태의 피의자신문에도 변호인에게 참여권이 있음을 확인[7)]하였다. 신체구금상태에 있는 피의자·피고인의 변호인참여요구권은 단지 피의자·피고인의 방어권을 보장하는 데 그치지 아니한다. 변호인이 참여한 이후에는 피의자·피고인의 자백의 임의성과 신빙성에 대한 불필요한 다툼을 사전에 차단할 수 있다는 점에서 수사와 재판의 효율을 촉진하는 측면도 가지고 있다.

---

6) 2004년 법무부 개정 시안은 변호인의 참여로 인하여 ① 죄증의 인멸, 은닉, 조작 또는 조작된 증거의 사용 ② 공범의 도주 ③ 피해자, 당해 사건의 수사 또는 재판에 필요한 사실을 알고 있다고 인정되는 자 또는 그 친족의 생명·신체나 재산에 대한 위해가 발생할 것이라고 믿을 만한 상당한 이유가 있는 경우 변호인 참여를 제한할 수 있다고 규정한 바 있으므로 위와 같은 요소를 충분히 고려하여 '정당한 사유'의 의미를 구체화할 필요가 있다. 법무부, 개정형사소송법해설, 2007, 116~117 참조.

7) 헌재 2004.9.23. 선고 2000헌마138 결정(변호인의 조력을 받을 권리 등 침해 위헌확인).

2.7

피의자신문참여변호인의 동석권과 진술거부권고

대법원 2007.1.31.자 2006모657 결정;대법원 2008.9.12.자 2008모793 결정

I 사 안

(생략)

II 쟁 점

1) 피의자신문참여변호인은 피의자와 동석할 수 있는가?

2) 피의자신문참여변호인은 피의자에게 진술거부를 권고할 수 있는가?

3) 피의자신문참여변호인은 수사기관의 위법수사의 중단을 요구할 수 있는가?

III 재판요지 (상고기각)

2007년 결정

형사소송법 제243조의2 제1항의 '정당한 사유'라 함은 변호인이 피의자신문을 방해하거나 수사기밀을 누설할 염려가 있음이 객관적으로 명백한 경우 등을 말하는 것이므로, 수사기관이 피의자신문을 하면서 위와 같은 정당한 사유가 없음에도 불구하고, 변호인에 대하여 피의자로부터 떨어진 곳으로 옮겨 앉으라고 지시를 한 다음 이러한 지시에 따르지 않았음을 이유로 변호인의 피의자신문 참여권을 제한하는 것은 허용될 수 없다. 재항고인이 위와 같이 변호인에게 퇴실을 명한 행위는 변호인의 피의자신문 참여권을 침해한 처분에 해당하므로 이를 이유로 이 사건 준항고를 받아들여 재항고인의 위 처분을 취소한 원심의 조치는 옳고, 거기에 재판에 영향을 미친 헌법·법률·명령 또는 규칙의 위반이 없다.

2008년 결정

변호사인 변호인에게는 변호사법이 정하는 바에 따라서 이른바 진실의무가 인정되는 것이지만, 변호인이 신체구속을 당한 사람에게 법률적 조언을 하는 것은 그 권리이자 의무이므로 변호인이 적극적으로 피고인 또는 피의자로 하여금 허위진술을 하도록 하는 것이 아니라 단순히 헌법상 권리인 진술거부권이 있음을 알려주고 그 행사를 권고하는 것을 가리켜 변호사로서의 진실의무에 위배되는 것이라고는 할 수 없다. 나아가, 신체구속을 당한 피의자 또는 피고인이 범한 것으로 의심받고 있는 범죄행위에 해당 변호인이 관련되어 있다는 등의 사유에 기하여 그 변호인의 변호활동을 광범위하게 규제하는 변호인의 제척(除斥)과 같은 제도를 두고 있지 아니한 우리 법제 아래에서는, 변호인의 접견교통의 상대방인 신체구속을 당한 사람이 그 변호인을 자신의 범죄행위에 공범으로 가담시키려고 하였다는 등의 사정만으로 그 변호인의 신체구속을 당한 사람과의 접견교통을 금지하는 것이 정당화될 수는 없다. 이러한 법리는 신체구속을 당한 사람의 변호인이 1명이 아니라 여러 명이라고 하여 달라질 수 없고, 어느 변호인의 접견교통권의 행사가 그 한계를 일탈한 것인지의 여부는 해당 변호인을 기준으로 하여 개별적으로 판단하여야 할 것이다. (중략) 다른 공동변호인들이 선임되어 있더라도 준항고인은 독자적으로 이 사건 피의자들을 접견할 필요가 있고, 변호인들이 수시로 접견권을 행사함으로써 수사기관의 수사에 다소간의 어려움이 발생하였다고 하더라도 총 접견시간 등 제반 사정에 비추어 준항고인이 접견권의 행사를 빙자하여 수사를 방해하려는 것이라고 단정할 수 없으며, 준항고인이 이 사건 피의자들로 하여금 진술거부권을 행사하도록 법률적 조언을 하는 것을 위법하다고 할 수 없고, 준항고인의 접견권 행사가 준항고인 자신을 위한 것이라고 단정할 수도 없다.

IV 분석과 해설

(가) 피의자신문참여변호인의 동석권

피의자신문에 참여하는 변호인이 '단순히 참여'하는 데 그치게 하면 굳이 변호인으로 하여금 피의자신문에 참여하게 할 필요가 없다. 그런 역할은 피의자의 가족이나 비변호인도 얼마든지 할 수 있다. 변호인은 피의자의 정당한 권리를 대변하고 위법수사를 저지·감시하는 역할을 하여야 한다. 변호인이 적시에 진술거부를 권고하고 수사기관의 부당한 신문방법에 대하여 적시에 이의를 제기'하려면 변호인이 피의자 옆에 동석할 것이 요구된다. 따라서 변호인의 동석권은 정당한 변호권·방어권 행사로 인정되어야 한다. 2008년 결정은 수사기관이 피의자신문을 하면서 변호인에 대하여 '피의자로부터 떨어진 곳으로 옮겨 앉으라'고 지시한 다음 이러한 지시에 따르지 않았음을 이유로 변호인의 피의자신문 참여권을 제한하는 것의 위법성을 확인하였다.

(나) 참여변호인의 진술거부권고권의 내용과 한계

적법하게 '피의자신문'(이하 '신문'으로 약칭한다)에 참여한 변호인이 신문 도중에 피의자에게 수사관의 특정질문에 대하여 진술하지 말도록 권고(이하 '일시적 진술거부권고'로 약칭함)하거나 향후 일체의 질문에 답변하지 말 것을 권고(이하 '일체의 진술거부권고'로 약칭함)하는 행위, 수사기관의 철야신문 등 오랜 기간의 신문지속, 거듭되는 신문행위(예를 들어 10 차례 이상의 거듭된 신문)를 중단하여 줄 것을 요구하는 행위를 부당한 신문방해로 볼 것인가? 2007년 결정은 이 문제에 대한 해답을 제시하고 있다.

신문 도중에 피의자의 능동적인 조언·상담요청에 응하여 참여한 변호인이 장래에 향하여 '일체의 진술거부권고' 혹은 '일시적 진술거부권고'를 하는 행위는 누가 보아도 적법한 조언·상담이다. 다음에 피의자의 조언·상담요청이 없는데 참여한 변호인이 능동적으로 나서서 피의자에게 진술거부권고를 하는 행위도 부적법하다고 할 일은 아니다. 영국의 PACE 실무규정(codes of practice, 'PACE 1984'의 부속규정이다)은 "변호인은 부적절한 질문에 이의를 제기할 수 있고 특정한 질문에 답변을 하지 말 것을 권고할 수 있다"[1]고 규정하고 있다. 영국의 실무규정이 걱정하고 있는 사안은 변호인이 '대신 답변'하거나 '피의자가 진술하는 것을 방해'하는 행위이지 변호인의 진술거부권고가 아니다.

그러나 변호인이 "피의자의 특정한 답변 또는 진술번복의 유도"(2004년 법무부 개정안 243조의2 제4항)를 시도하는 행위는 영국의 실무규정이 금지하는 '대신 답변', '피의자가 진술하는 것을 방해'하는 행위에 해당한다. 그러나 그런 방식으로 표출된 피의자의 진술은 신빙성이 떨어져서 사실인정의 자료로 사용될 가능성이 적으므로 합리적인 변호인이라면 그런 시도를 삼가할 것이다.

(다) 수사기관의 부적법·부당한 신문 제지·중단요구

2008년 시행된 신형소법이 시행되기 전에 시도된 경찰과 검찰의 지침, 법무부의 개정안들은 변호인이 신문을 "제지, 중단", "신문내용을 촬영 또는 녹음"하는 행위를 신문방해 행위의 일종으로 예시(예를 들어 2004년 법무부 개정안 243조의2 제4항)하고 있었다.

수사기관의 철야신문 등 오랜 기간의 신문의 지속[2], 거듭되는 피의자신문 행위(예를 들어 5~10차례 이상의 거듭된 피의자신문)를 중단하여 줄 것을 요구하는 변호인의 행위는 적법한 방어권의 행사이므로 이것을 신문방해 행위로 평가할 수는 없다. 영국에서는 '경찰이 피의자를 기소할 방침을 정한 후'에는 여죄조사의 필요가 없는 한 조

---

1) Code of Practice for the Detention, Treatment and Questioning of Persons by Police Officers, 1991, notes and guidance 6D.

2) 필자는 본문에서 **인권보호수사준칙**(법무부 훈령, 2003년 1월 1일부터 시행) **제17조**(심야 조사의 금지) "① 검사는 자정 이전에 피의자 등 사건 관계인에 대한 조사를 마치도록 한다. ② 검사는 제1항의 규정과 상관없이 조사받는 사람이나 그 변호인의 동의를 받았을 때, 공소시효의 완성이 임박했을 때, 체포기간 내에 구속 여부를 판단하기 위해 신속한 조사가 필요할 때 등 합리적인 이유가 있는 경우에는 인권보호관의 허가를 받아 자정 이후에도 조사를 할 수 있다."에 반하는 철야수사, 심야조사를 염두에 두고 있다.

사는 중단되어야 하고 프랑스에서는 경찰의 '기소결정 후'(After charging) 피의자 조사가 금지되고 있는데 한국의 수사기관이 5~10차례 이상의 거듭된 피의자신문을 강행하는 관행[3]은 한국이 가입한 국제인권규약[4] 위반의 의심이 있다.

고문으로 평가될 만한 철야신문, 사안의 복잡성에 어울리지 않게 거듭되는 신문의 중단을 요구하는 변호인의 행위가 신문방해로 판단되어서는 아니 될 것이고 오히려 변호인은 부적법·부당한 신문의 제지, 중단을 적극적으로 요구하여야 한다. 2004년 헌재결정은 "피의자신문을 방해하거나 수사기밀을 누설하는 경우 등에까지 허용되는 것은 아니다. 왜냐하면 조언과 상담을 통한 변호인의 조력을 받을 권리는 변호인의 '**적법한**' 조력을 받을 권리를 의미하는 것"이라고 판시하였는데 고문으로 평가될 만한 철야신문, 거듭되는 신문의 중단을 요구하는 행위는 **적법한** 조력으로 보이기 때문이다.

3) 2003년 대법원 결정의 계기가 된 사건에서 피의자는 국가정보원과 서울지방검찰청에서 13차례 이상 피의자신문을 받았다.

4) **국제인권규약 자유권 규약**(B규약) **제14조**(공평한 재판을 받을 권리) 3 (b) 방어를 준비하기 위해 적절한 시간과 편의가 제공되고, 또 자기가 선임한 변호인과 연락을 가지는 일. (g) 본인에게 불리한 진술을 하도록 강요당하거나 유죄를 인정하도록 강요당하지 않는 일.

2.8

'효과적인 변호를 받을 권리'는 '즉시 변호인의 조력을 받을 권리'의 한 내용

대법원 2012.2.16. 자 2009모1044 전원합의체 결정

I 사 안

D는 제1심판결에 불복하여 항소하였다. D는 70세 이상이므로 D의 사건은 필요적 변호사건(법 제33조 제1항 제3호)이다. 항소심은 D 본인의 항소이유서 제출기간이 경과한 후 비로소 국선변호인을 선정하고 국선변호인에게 소송기록접수통지를 하였으나 위 국선변호인이 법정기간 내에 항소이유서를 제출하지 아니하자 항소심은, 국선변호인이 항소이유서를 제출하지 아니한 데 대하여 피고인에게 책임을 돌릴 만한 사유가 있는지 여부를 확인하거나 고려하지 아니한 채, "피고인 D와 국선변호인이 모두 그 제출기간 내에 항소이유서를 제출하지 아니하였고 제1심판결에 직권조사사유가 없다"며 결정(법 제361조의4 제1항)으로 항소를 기각하였다. 1966년에 대법원은 "국선변호인이 선정된 경우 국선변호인이 형사소송법 제361조의3 제1항의 기간 내에 항소이유서를 제출하지 아니한 때에는 피고인 본인이 적법한 항소이유서를 제출하지 아니한 이상 형사소송법 제361조의4 제1항 본문에 따라 항소기각의 결정을 하는 것이 상당하다"고 판시(대법원 1966.5.25. 자 66모31 결정)한 바 있다. D가 대법원에 재항고하였다.

II 쟁 점

'효과적인 변호를 받을 권리'는 '즉시 변호인의 충분한 조력을 받을 권리'의 한 내용인가?

III 재판요지 (파기환송)

1) 가. 헌법 제12조 제4항 본문은 '누구든지 체포 또는 구속을 당한 때에는 즉시 변호인의 조력을 받을 권리를 가진다.'고 규정하고 있는바, 우리 헌법상의 법치국가원리, 적법절차원칙 등에 비추어 이러한 변호인의 조력을 받을 권리는 구속 피의자·피고인뿐만 아니라 불구속 피의자·피고인에게도 당연히 인정된다(헌재 2004.9.23. 선고 2000헌마138 전원재판부 결정 등 참조). 나아가 헌법은 같은 항 단서에서 "다만, 형사피고인이 스스로 변호인을 구할 수 없을 때에는 법률이 정하는 바에 의하여 국가가 변호인을 붙인다."고 규정함으로써 일정한 경우 형사피고인에게 국선변호인의 조력을 받을 권리가 있음을 밝히면서 이를 보장하는 것이 국가의 공적 의무임을 천명하고 있다.

그런데 위와 같이 헌법상 보장되는 '변호인의 조력을 받을 권리'는 변호인의 '충분한 조력'을 받을 권리를 의미하므로(대법원 2003.11.11.자 2003모402 결정 등 참조), 일정한 경우 피고인에게 국선변호인의 조력을 받을 권리를 보장하여야 할 국가의 의무에는 형사소송절차에서 단순히 국선변호인을 선정하여 주는 데 그치지 않고 한걸음 더 나아가 피고인이 국선변호인의 '실질적인 조력을 받을 수 있도록 필요한 업무 감독과 절차적 조치를 취할 책무까지 포함된다.'

때문에 위와 같은 헌법의 취지와 정신을 구현하기 위하여 형사소송법은 일정한 경우 법원으로 하여금 직권 또는 피고인의 청구 등에 의하여 국선변호인을 선정하도록 하는 한편(법 제33조), 국선변호인이 선정된 사건에 관하여 변호인 없이 개정하지 못하게 하면서 만일 변호인이 출석하지 아니한 때에는 직권으로 새로운 국선변호인을 선정하도록 하였고(법 제282조, 법 제283조, 법 제370조), 형사소송규칙은, 국선변호인을 선정한 후에도 법원으로 하여금 그 선정 취소, 사임 허가, 감독 등의 업무를 담당하도록 하고 있다(규칙 제18조 내지 제21조).

나. 한편 형사소송법 제361조의3 제1항, 제361조의2 제1항, 제2항, 제361조의4 제1항, 제364조 제1항 등에 의하면, 피고인이 항소한 경우 형사 항소심은 기본적으로 피고인 또는 변호인이 법정기간 내에 제출한 항소이유서에 포함된 항소이유에 관하여 심판하는 구조이고, 만일 법정기간 내에 적법한 항소이유서가 제출되지 아니하면 원칙적으로 피고인의 항소를 기각하도록 되어 있다. 그 결과 피고인은 항소법원으로부터 본안판단을 받을 기회를 잃게 된다. 항소심 소송절차에서 항소이유서의 작성과 제출이 지니는 위와 같은 의미와 중요성에 비추어 볼 때, 항소심 소송절차에서 국선변호인이 선정된 경우 국선변호인으로부터 충분한 조력을 받을 피고인의 권리는 공판심리 단계에서뿐만 아니라 항소이유서의 작성·제출 과정에서도 당연히 보장되어야 한다.

그러므로 ⓐ 피고인을 위하여 선정된 국선변호인이 법정기간 내에 항소이유서를 제출하지 아니하면 이는 피고인을 위하여 요구되는 충분한 조력을 제공하지 아니한 것이고, ⓑ 이런 경우에 피고인에게 책임을 돌릴 만한 아무런 사유가 없음에도 불구하고, 항소법원이 형사소송법 제361조의4 제1항 본문에 따라 피고인의 항소를 기각한다면, 피고인에게 국선변호인으로부터 충분한 조력을 받을 권리를 보장하고 이를 위한 국가의 의무를 규정하고 있는 헌법의 취지에 반하는 조치이다. 따라서 ⓒ 피고인과 국선변호인이 모두 법정기간 내에 항소이유서를 제출하지 아니하였다고 하더라도, 국선변호인이 항소이유서를 제출하지 아니한 데 대하여 **피고인에게 귀책사유가 있음이 특별히 밝혀지지 않는 한,** ⓓ 항소법원은 종전 국선변호인의 선정을 취소하고 새로운 국선변호인을 선정하여 다시 소송기록접수통지를 함으로써 새로운 국선변호인으로 하여금 그 통지를 받은 때로부터 형사소송법 제361조의3 제1항의 기간 내에 피고인을 위하여 항소이유서를 제출하도록 하여야 한다.

이와 달리, 국선변호인이 선정된 경우 국선변호인이 형사소송법 제361조의3 제1

항의 기간 내에 항소이유서를 제출하지 아니한 때에는 피고인 본인이 적법한 항소이유서를 제출하지 아니한 이상 형사소송법 제361조의4 제1항 본문에 따라 항소기각의 결정을 하는 것이 상당하다고 판시한 대법원 1966.5. 25.자 66모31 결정 등은 이 결정의 견해에 배치되는 범위 내에서 변경하기로 한다.

2) 원심으로서는 국선변호인이 그 제출기간 내에 항소이유서를 제출하지 아니한 데 대하여 재항고인에게 책임을 돌릴 만한 사유가 특별히 밝혀지지 아니한 이상, 재항고인과 국선변호인이 항소이유서를 제출하지 아니하였다고 하여 곧바로 형사소송법 제361조의4 제1항에 의하여 재항고인의 항소를 기각할 것이 아니라, 위 국선변호인의 선정을 취소하고 새로운 국선변호인을 선정하여 그에게 소송기록접수통지를 함으로써 재항고인을 위하여 새로운 국선변호인으로 하여금 항소이유서를 제출하도록 하는 조치를 취하여야 했다.

IV 분석과 해설

(가) '효과적인 변호를 받을 권리'는 '즉시 변호인의 충분한 조력을 받을 권리'의 한 내용

이 판결은 '효과적인 변호를 받을 권리'는 '즉시 변호인의 충분한 조력을 받을 권리'의 한 내용임을 명시적으로 인정한 판결로서 향후 형사변호인들의 충실하고 효과적인 변호를 촉구하는 획기적 판결이다.

(나) 사안에서는 국선변호인의 불충실한 변호가 문제되었지만 사선변호인에 대하여도 결론이 달라질 것 같지 않다.

(다) 미국에서는 이 분야의 판례가 많이 축적되어 있다. 그 판례들을 참고로 향후 한국형 '효과적인 변호를 받을 권리'의 내용이 전개될 것으로 전망된다.[1)]

1) 미국의 상황을 간략히 소개하면 다음과 같다: [Effectiveness of counsel] The Sixth Amendment entitles D not only to have a lawyer, but to have the effective assistance of counsel. 1. Standard: Where a lawyer has actually participated in D's trial, D has a hard burden to show that he did not receive 'effective assistance.' D must show both that: (1) counsel's performance was 'deficient', in the sense that counsel was not a 'reasonably competent attorney'; and (2) the deficiencies were prejudicial to the defense, in the sense that there is a 'reasonable probability that, but for counsel's errors, the result of the proceeding would have been different.'[Strickland v. Washington] 2. Other causes of ineffectiveness: Apart from actual blunders made by the lawyer at trial, some other events may be found to amount to a denial of effective assistance. These include: (1) **that the court refused to grant a postponement to allow a newly-appointed lawyer adequate time to prepare for trial;** (2) that the lawyer was not given a reasonable right of access to his client before or during the trial; or (3) that the lawyer represented multiple defendants, and the interests of those defendants conflicted to the detriment of D.

2.9

국선변호인의 적정한 선정의 기준과 변론활동의 보장

대법원 2013.7.11. 선고 2013도351 판결

I 사 안

D는 "2011.1.23. 15:45경 수원시 권선구 가구거리 '프란시아' 가구점 앞 도로에서 권선상가 방면에서 영통 방면으로 우회전 중이던 스타렉스 승합차가 수원중앙병원 방면에서 영통 방면으로 직진하던 렉스턴 차량과 충돌하면서 그 충격으로 주차 중이던 포터 화물차를 충격할 당시 포터 화물차 조수석에 타고 있지 아니하였음에도, 2011.1.31. 16:10경 스타렉스 승합차가 가입한 보험사인 O 주식회사(이하 'O 회사'라고 한다)에, 마치 사고 당시 포터 화물차에 타고 있어 상해를 입은 것처럼 말하면서 상해진단서를 제출하여 이에 속은 O 회사로부터 치료비 및 합의금 명목으로 보험금을 교부받으려고 하였으나 발각되어 미수에 그친" 사기미수죄 혐의로 기소되었다.

[국선변호인 선정과 관련된 사안] 당초 D는 약식명령을 고지받았으나 '공소사실을 인정할 수 없다'는 이유로 약식명령에 대한 정식재판의 청구를 하였다. 제1심법원은 직권으로 국선변호인을 선정하여 심리를 진행한 다음 무죄판결을 선고하였다. 이에 검사가 항소하자 D는 항소심법원에 빈곤을 이유로 국선변호인 선정청구를 하였다. 항소심은 국선변호인 선정청구서가 제출된 당일 별다른 추가 심리 없이 곧바로 그 청구를 기각하였다. 이후 항소심은 제1회 공판기일을 열어 검사가 신청한 증인을 채택하고 이후 증인신문을 실시한 다음 변론을 종결하였다. 그 과정에서 D는 변호인의 조력을 전혀 받지 못하였다. 항소심은 이후 제1심판결의 결론을 바꾸어 D에게 유죄판결을 선고하였다. D는 '변호인의 조력을 받을 권리를 침해당하였다'고 주장하며 상고하였다.

II 쟁 점

국선변호인 선정(형소법 제33조 제2항, 제3항)의 기준과 범위, 절차

III 재판요지 (파기환송)

1. **[국선변호인의 조력을 받을 권리]** "형사소송법 제33조는 헌법 제12조에 의하여 피고인에게 보장된 변호인의 조력을 받을 권리가 공판심리절차에서 효과적으로 실현될 수 있도록 일정한 경우에 직권 또는 피고인의 청구에 의한 법원의 국선변호인 선정의무를 규정하는 한편(제1·2항), 피고인의 연령·지능 및 교육 정도 등을 참작하여 권리보호를 위하여 필요하다고 인정되는

때에도 피고인의 명시적 의사에 반하지 아니하는 범위 안에서 법원이 국선변호인을 선정하여야 한다고 규정하고 있다(제3항).

2. **[국선변호인 선정의 의무]** "헌법상 변호인의 조력을 받을 권리와 형사소송법상 국선변호인 제도의 취지에 비추어 보면, 법원은 피고인으로부터 형사소송법 제33조 제2항에 의한 국선변호인 선정청구가 있는 경우 또는 직권으로 소송기록과 소명자료를 검토하여 피고인이 형사소송법 제33조 제2항 또는 제3항에 해당한다고 인정되는 경우 즉시 국선변호인을 선정하고, 소송기록에 나타난 자료만으로 그 해당 여부가 불분명한 경우에는 제1회 공판기일의 심리에 의하여 국선변호인의 선정 여부를 결정할 것이며, 제1심에서 피고인의 청구 또는 직권으로 국선변호인이 선정되어 공판이 진행된 경우에 항소법원은 특별한 사정변경이 없는 한 국선변호인을 선정함이 바람직하다(국선변호에 관한 예규 제6조 내지 제8조 참조)."

IV 분석과 해설

(가) 법 제33조와 본 판례의 취지

법 제33조는 제1항 각 호에 해당하는 경우에 변호인이 없는 때에는 의무적으로 변호인을 선정하도록 강제하는 반면, 제3항에서는 피고인의 연령·지능 및 교육 정도 등을 참작하여 권리보호를 위하여 필요하다고 인정하는 때에 한하여 재량으로 피고인의 명시적 의사에 반하지 아니하는 범위 안에서 변호인을 선정하도록 규정하고 있다. 법 제33조 제1항 각 호에 해당하는 경우가 아니면 법원이 국선변호인을 선정하지 아니할 수 있다.

사안에서 대법원이 항소심판결을 파기환송한 이유는 항소심이 국선변호인을 선정하지 않았다는 점에 있지 않다. 대법원은 "원심이 채택한 증거들만으로는 이 사건 공소사실에 관하여 합리적인 의심을 할 여지가 없을 정도의 증명이 이루어졌다고 단정할 수 없다."는 이유로 파기환송하였다.

그러나 대법원은 "피고인의 국선변호인 선정청구를 곧바로 기각하여 변호인이 없는 상태에서 재판을 진행하였으니, 이러한 원심의 조치는 비록 위법하다고까지는 할 수 없을망정 바람직한 재판진행이 아니었음을 지적하여 둔다."고 판시함으로써 항소심의 소홀함을 우회적으로 탓하고 있다. 대법원은 '법 제33조 제1항의 필요적 변호사건이 아니더라도 제1심에서 국선변호인이 선정된 경우에 특별한 사정이 없는 한 항소심도 국선변호인을 선정하여 심리를 하여야 한다'는 기준을 제시하고 있다.[1] 특별한 사정의 예로 "피고인이 항소하면서 피해자들과의 합의를 전제로 감형만을 구하는 사안"을 들 수 있다(대법원 2013.5.9. 선고 2013도1886 판결).

(나) 국선변호인에 의한 조력을 받을 권리 보장의 강화

헌법 제12조 제4항은 '누구든지 체포 또는 구속을 당한 때에는 즉시 변호인의 조력을 받을 권리를 가진다. 다만, 형사피고인이 스스로 변호인을 구할 수 없을 때에는 법률이 정하는 바에 의하여 국가가 변호인을 붙인다.'고 규정하고 있고, '형사소송의 역사는 변호권 확대의 역사'라는 말이 있을 정도로 변호인의 조력을 받을 권리는 중요한 의미를 갖는다.

헌법상 보장되는 '변호인의 조력을 받을 권리'는 변호인의 '충분한 조력'을 받을 권리를 의미한다. 피고인에게 국선변호인의 조력을 받을 권리를 보장하여야 할 국가의 의무에는 형사소송절차에서 단순히 국선변호인을 선정하여 주는데 그치지 않고 한 걸음 더 나아가 피고인이 국선변호인의 실질적인 조력을 받을 수 있도록 필요한 업무 감독과 절차적 조치를 취할 법원의 책무까지 포함된다. 형사소송법, 형사송규칙, 재판예규(국선변호에 관한 예규, 국선변호인 선정을 위한 고지 등에 관한 예규 등) 등 입법을 통한 국선변호인 제도의 확충과 개선도 꾸준히 진척되고 있다. 최근 일련의 대법원 판결례에서는 국선변호인에 의한 변호인의 조력을 받을 권리를 충실화시키려는 노력이 점진적으로 가시화되고 있다.

(다) 관련 판례들

(1) 국선변호인이 기간 내에 항소이유서를 제출하지 아니한 경우에 법원이 취하여야 할 조치 "[다수의견] 피고인을 위하여 선정된 국선변호인이 법정기간 내에 항소이유서를 제출하지 아니하면 이는 피고인을 위하여 요구되는 충분한 조력을 제공하지 아니한 것으로 보아야 하고, 이런 경우에 피고인에게 책임을 돌릴 만한 아무런 사유가 없는데도 항소법원이 형사소송법 제361조의4 제1항 본문에 따라 피고인의 항소를 기각한다면, 이는 피고인에게 국선변호인으로부터 충분한 조력을 받을 권리를 보장하고 이를 위한 국가의 의무를 규정하고 있는 헌법의 취지에 반하는 조치이다. 따라서 피고인과 국선변호인이 모두 법정기간 내에 항소이유서를 제출하지 아니하였더라도, 국선변호인이 항소

1) 국선변호인 미선정이 위법하지 아니하여 직접적 파기사유가 아닌 경우에도 변호인의 조력 없이 진행된 심리절차는 본 판결의 사안과 같이 심리미진으로 인한 채증법칙의 위배로 파기될 소지가 있다. 같은 취지의 판결로는 대법원 2013.7.11. 선고 2012도16334 판결을 참조하기 바란다.

이유서를 제출하지 아니한 데 대하여 피고인에게 귀책사유가 있음이 특별히 밝혀지지 않는 한, 항소법원은 종전 국선변호인의 선정을 취소하고 새로운 국선변호인을 선정하여 다시 소송기록접수통지를 함으로써 새로운 국선변호인으로 하여금 그 통지를 받은 때로부터 형사소송법 제361조의3 제1항의 기간 내에 피고인을 위하여 항소이유서를 제출하도록 하여야 한다."(대법원 2012.2.16. 자 2009모1044 전원합의체 결정) (⇨ 상세는 본서 2.8번 참조)

(2) 법 제33조 제2항에 따른 국선변호인 선정

① "지체(척추)4급 장애인으로서 국민기초생활수급자는 특별한 사정이 없는 한 빈곤으로 인하여 변호인을 선임할 수 없는 경우에 해당하는 것으로 인정할 여지가 충분하다."(대법원 2011.3.24. 선고 2010도18103 판결)

② "빈곤을 이유로 국선변호인 선정을 청구하였는데, 항소법원이 그로부터 3개월여가 지나서야 국선변호인을 선정하면서 그에게 따로 소송기록접수통지를 하지 아니한 채 변론을 종결한 다음 곧바로 항소이유서 미제출을 이유로 피고인의 항소를 기각하는 결정을 한 것은 위법하다."(대법원 2011.2.10. 선고 2008도4558 판결)

(3) 법 제33조 제3항에 따른 국선변호인 선정

① 청각장애인 "법원으로서는 형사소송법 제33조 제3항의 규정을 준용하여 피고인의 연령·지능·교육 정도를 비롯한 청각장애의 정도 등을 확인한 다음, 권리보호를 위하여 필요하다고 인정하는 때에는 청각장애인인 피고인의 명시적 의사에 반하지 아니하는 범위 안에서 국선변호인을 선정하여 방어권을 보장해 줄 필요가 있다. 그럼에도 국선변호인의 선정 없이 공판심리가 이루어져 피고인의 방어권이 침해됨으로써 판결 결과에 영향을 미쳤다고 인정되는 경우에는 형사소송법 제33조 제3항을 위반한 위법이 있다." (대법원 2010.6.10. 선고 2010도4629 판결)

② 점자(點字)자료가 아닌 경우에는 인쇄물 정보접근에 상당한 곤란을 겪는 시각장애인 "형사소송법 제33조 제3항의 규정을 준용하여 피고인의 연령·지능·교육 정도를 비롯한 시각장애의 정도 등을 확인한 다음 권리보호를 위하여 필요하다고 인정하는 때에는 시각장애인인 피고인의 명시적 의사에 반하지 아니하는 범위 안에서 국선변호인을 선정하여 방어권을 보장해 줄 필요가 있다. 그럼에도 국선변호인의 선정 없이 공판심리가 이루어져 피고인의 방어권이 침해됨으로써 판결에 영향을 미쳤다고 인정되는 경우에는 형사소송법 제33조 제3항을 위반한 위법이 있다."(대법원 2010.4.29. 선고 2010도881판결; 대법원 2014.8.28. 선고 2014도4496 판결)

(4) 항소심에서의 국선변호인에 대한 소송기록접수통지

① "항소법원이 국선변호인 선정 이후 병합된 사건에 관하여 국선변호인에게 소송기록 접수통지를 하지 아니함으로써 항소이유서 제출기회를 주지 아니한 채 판결을 선고한 것은 위법하다."(대법원 2010.5.27. 선고 2010도3377 판결)

② "제33조 제2항이나 제3항의 규정에 의하여 선정된 국선변호인의 경우에도 국선변호인의 항소이유서 제출기간 만료 시까지 항소이유서를 제출하거나 수정·추가 등을 할 수 있는 권리는 마찬가지로 보호되어야 한다."(대법원 2009.4.9. 선고 2008도11213 판결)

③ "필요적 변호사건이 아니고 형사소송법 제33조 제3항에 의하여 국선변호인을 선정하여야 하는 경우도 아닌 사건에서 피고인이 항소이유서 제출기간이 도과한 후에야 비로소 형사소송법 제33조 제2항의 규정에 따른 국선변호인 선정청구를 하고 법원이 국선변호인 선정결정을 한 경우에는 그 국선변호인에게 소송기록접수통지를 할 필요가 없고, 이러한 경우 설령 국선변호인에게 같은 통지를 하였다고 하더라도 국선변호인의 항소이유서 제출기간은 피고인이 소송기록접수통지를 받은 날로부터 계산된다."(대법원 2013.6.27. 선고 2013도4114 판결)

(5) 기타

① "제33조 제1항 제1호의 '피고인이 구속된 때'라고 함은, 원래 구속제도가 형사소송의 진행과 형벌의 집행을 확보하기 위하여 법이 정한 요건과 절차 아래 피고인의 신병을 확보하는 제도라는 점 등에 비추어 볼 때 피고인이 당해 형사사건에서 구속되어 재판을 받고 있는 경우를 의미하고, 피고인이 별건으로 구속되어 있거나 다른 형사사건에서 유죄로 확정되어 수형중인 경우는 이에 해당하지 아니한다."(대법원 2009.5.28. 선고 2009도579 판결)

제2절 친고죄와 반의사불벌죄

2.10

친고죄·전속고발범죄의 고소·고발 전 수사의 적법성

대법원 1995.2.24. 선고 94도252 판결

I 사 안

D는 조세범처벌법위반 혐의로 기소되었다. 제1심과 항소심은 세무공무원 등의 고발이 있기 전에 수사기관이 확보한 증거를 채택하여 D에게 유죄판결을 선고하였다. D는 "제1심과 항소심이 세무공무원 등의 고발이 있기 전에 수사기관이 확보한 증거를 채택한 위법이 있다"며 항소하고 상고하였다.

II 쟁 점

1) 친고죄나 '세무공무원 등의 고발이 있어야 논할 수 있는 전속고발범죄'에 대하여 고소나 고발이 있기 전에 행하여진 수사는 적법한가?

2) 조세범처벌법위반사건에서 세무서장의 고발이 있기 전에 작성된 검사작성의 조서와 조서등본은 증거능력이 있는가?

III 재판요지 (상고기각)

판례이론의 설시

㉮ 친고죄나 '세무공무원 등의 고발이 있어야 논할 수 있는 죄'에 있어서 고소 또는 고발은 이른바 **소추조건에 불과**하고 당해 범죄의 성립 요건이나 **수사의 조건은 아니므로,** ㉯ 위와 같은 범죄에 관하여 고소나 고발이 있기 전에 수사를 하였다고 하더라도, 그 수사가 **장차 고소나 고발이 있을 가능성이 없는 상태 하에서 행해졌다는 등의 특단의 사정이 없는 한**, 고소나 고발이 있기 전에 수사를 하였다는 이유만으로 그 수사가 위법하다고 볼 수는 없다.

판례이론의 본 사안에의 적용

원심이 인용한 제1심판결의 채택증거 중 검사 작성의 D에 대한 피의자신문조서, D2에 대한 각 피의자신문조서등본 및 D3에 대한 각 진술조서등본은 이 사건 조세범처벌법 위반죄에 대한 세무서장의 고발이 있기 전에 작성된 것으로 보여지나, 한편 피고인(D)이나 위 D2, D3 등에 대한 신문이 이 사건 범죄에 대한 고발의 가능성이 없는 상태하에서 이루어졌다고 볼 아무런 자료도 없으므로, 그들에 대한 신문이 고발 전에 이루어졌다는 이유만으로 위 조서나 각 조서등본의 증거능력을 부정할 수는 없다.

IV 분석과 해설

(가) 문제 상황

'친고죄·전속고발권자(관세청장이나 세관장)의 고발이 있어야 공소를 제기할 수 있는 죄[1](이하 '전속고발범죄'로 약칭함)에 대하여 고소가 없는 상태에서 수사함이 가능한가' 하는 문제는 '당사자주의적 소송조건론'(소추조건론)에 자극받아 촉발된 '수사조건론의 문제제기'를 염두에 두고 친고죄로 삼은 취지를 고려하여 개별적으로 검토하여야 할 문제이다. 본 판례는 친고죄와 전속고발범죄를 동일시하고 있지만 친고죄와 전속고발범죄는 그 성격이 현저히 다르다. 예를 들어 보자.

관세법 제312조(즉시고발)는 '관세청장 또는 세관장은 범죄의 정상이 징역형에 처할 것으로 인정될 때에는 제311조 제1항의 규정에 불구하고 즉시 고발하여야 한다'고 규정하고 있다. 형법상의 친고죄는 피해자의 명예보호 등 피해자의 의사를 존중하는 것이 오히려 피해자에게 유리한 경우가 있을 수 있다는 취지에서 피해자의 고소가 소추요건으로 설정된 것이지만 각종의 행정법의 벌칙조항에 설치된 전속고발범죄는 입법자가 위반범죄에 경중(輕重)이 있을 수 있다는 전제 하에서 '통고처분에 의한 재산형부과로 족한 경우'와 '공판절차에 회부하는 것이 불가피한 경우(범죄의 정상이 징역형에 처할 것으로 인정될 때)'를 나누어 후자의 경우에는 관세청장 등에게 검찰에의 즉시고발의무를 부여하되, 다만 재산형부과로 족한가 아니면 공판절차에 회부할 정도로 죄질이 무거운가 하는 점에 대한 판단문제에서만 관세청장 등의 행정청의 장에게 판단상의 1차적 재량(이 재량은 완전 자유재량행위가 아니라 기속재량으로 보인다)을 부여한 것이다. 형법상의 친고죄는 피해자 등 고소권자에게 고소여부에 대한 선택권이 있지만 행정형법상의 전속고발범죄는 고발권자에게 불처벌을 선택할 재량이 부여되어 있지 않다. 그러므로 양자는 고소·고발이 소추의 유효조건인 점에서는 비슷한 것 같지만 고소·고발을 소

1) **조세범처벌법 제6조**(고발〈신설 1994.12.22〉) 이 법의 규정에 의한 범칙행위는 국세청장·지방국세청장, 세무서장 또는 세무에 종사하는 공무원의 고발을 기다려 논한다. 다만, 제12조의2 제2호 또는 제15조의 범칙행위에 대하여는 예외로 한다.

추의 유효조건으로 한 근거는 매우 상이하다. 본 사안은 세무공무원 등의 고발이 없는데도 검사가 수사를 개시한 경우이고 대법원 1995.3.10. 선고 94도3373 판결의 사안은 관세청장이 검사에게 수사지휘를 요청한 경우로 사안이 다르다. 후자의 경우 사실관계가 분명하지는 않지만 관세청장이 검사에게 수사지휘를 요청했다면 고발이 선행되었거나 아니면 최소한 관세청장의 수사지휘요청 속에 고발의사가 포함되어 있다고 보아야 하지 않을까 생각한다. 본 사안은 관세청장 등의 전속고발권자가 아직 고발하지 않은 상태에서 검사가 수사를 개시한 사안이다.

(나) 수사조건론의 기본발상: 수사가 허용되지 않는 경우가 있는가?

수사조건론은 수사기관의 수사가 개인의 권리나 자유를 위협하는 위험성을 갖기 때문에 일정한 경우에는 처음부터 수사가 허용되지 아니하는 것으로 보는 것이 피의자의 권리침해를 사전에 차단하고 시민의 자유 확보에 유익하다는 문제의식 하에 개발된 이론이다. 수사조건론이 제시하는 논증 중 유익한 것은 다음과 같은 세 가지 논증이다.

첫째, 수사기관은 '범죄가 있다'고 사료될 때에 비로소 수사할 수 있으므로(법 제195조, 제196조) '범죄의 혐의가 존재하지 아니하는 경우'에 수사는 허용되지 아니한다. 예를 들어 정치적 탄압목적, 일반예방목적 혹은 공연한 부담을 주려는 목적의 '괴롭힘'성 수사는 금지된다. 둘째, 수사는 공소제기를 준비하기 위한 활동(이른바 탄핵적 수사관(彈劾的 搜査觀))이므로 공소제기의 가능성이 없게 된 경우에 수사는 허용되지 아니한다. 셋째, 수사활동에 특히 중대한 위법이 있는 경우(예를 들어 범의를 유발시키는 함정수사 등 수사활동이 강한 불법성을 갖는 경우)에 그 후의 수사를 허용하지 않는 것이 시민의 권리보호에 유익하다. 적법절차의 보장은 공판절차뿐만 아니라 오히려 수사절차에 적용되어야 할 원칙이므로 수사상 중대한 위법이 있었던 경우 그 후의 수사는 개인의 기본권이나 자유의 보장을 위하여 금지되어야 하기 때문이다.

친고죄에 대하여 고소가 없는 상태에서 수사함이 가능한가 하는 수사조건론의 문제의식은 둘째의 관점과 관련성이 있는 문제영역이지만 전속고발범죄에 수사조건론의 문제의식을 엄격히 적용할 필요는 없다.

(다) 조세범처벌법·관세법 등의 전속고발범죄

소송조건인 고소나 고발이 없는 상태에서의 수사가 개시될 수 있는가 여부에 관하여 전면적 허용설과 전면적 부정설이 있다. 그러나 고소가 없는 경우에도 수사는 허용되지만 고소의 가능성이 없는 때에는 수사가 허용되지 않거나 제한된다는 견해[2]가 다수 견해이다. 보통 임의수사와 강제수사 모두가 허용된다고 하지만, 강제수사는 허용되지 않는다는 견해도 있다. 그 외에 고소의 가능성이 남아 있는 경우에 원칙적으로 임의수사만을 허용하되 강간죄와 같은 폭력범죄에 한하여 강제수사를 허용하자는 견해[3]도 있다.

본 판례를 '제한적 허용설'로 보는 견해도 있으나, '원칙적 허용설'로 부르는 것이 더 정확한 표현이다. 대법원은 조세범처벌법 제6조의 '세무종사 공무원'의 고발 전에 행한 수사에 대하여 "㉮ 세무종사 공무원의 고발은 공소제기의 요건이고 수사개시의 요건은 아니므로, ㉯ 수사기관이 고발에 앞서 수사를 하고, ㉰ 피고인에 대한 구속영장을 발부받은 후, ㉱ 검찰의 요청에 따라 세무서장이 고발조치를 하였다고 하더라도",[4] "㉲ 그 수사가 장차 고소나 고발이 있을 가능성이 없는 상태 하에서 행해졌다는 등의 특단의 사정이 없는 한",[5] "공소제기 전에 고발이 있은 이상 조세범처벌법 위반사건 피고인에 대한 공소제기의 절차가 법률의 규정에 위반하여 무효라고 할 수 없다"[6]고 판시하여, 피의자가 결국 기소된 경우 '고발 전에 이루어진 피의자에 대한 강제수사'의 위법성을 부정한다. 조세범칙사건에서 관할행정관청은 관행적으로 ⓐ 사안이 가벼운 경우 먼저 통고처분을 하고, ⓑ 사안이 무거운 경우에만 예외적으로 형사절차로 처리하고 있다. 그런데 ⓒ 범칙자가 통고처분에 따르지 아니하면 사안이 무겁게 변하므로 국세청장이나 관세청장, 세관장의 고발이 있을 가능성이 있다. 그때 비로소 수사를 개시하면 수사의 적시성과 시의성을 상실할 우려가 있다. 그리고 이런 사건들은 피해자의 프라이버시를 존중하여 전속고발범죄로 삼은 것도 아니다. 따라서 이런 사건에서는 고발 전에 임의수사는 물론이고 강제수사까지 허용해도 무방(원칙적 허용설)하다.

(라) 강제추행죄, 강간죄 등 성폭력범

입법자가 강제추행죄, 강간죄 등의 성폭력범죄를 친고죄[7]로 삼은 취지는

2) '제한적 허용설' 또는 '원칙적 허용설'이라고 한다. 이재상, 187; 백형구, 38 등 다수 견해
3) 배종대/이상돈/정승환/이주원, 86. '예외적 허용설'이라고 부를 수 있겠다.
4) 대법원 1995.2.24. 선고 94도252 판결; 대법원 1995.3.10. 선고 94도3373 판결.
5) 대법원 1995.2.24. 선고 94도252 판결.
6) 대법원 1995.2.24. 선고 94도252 판결; 대법원 1995.3.10. 선고 94도3373 판결.
7) 2013.6.19. 이후의 성폭력범죄는 친고죄가 아님을 유의하여야 한다. 다만 그 이전에 발생한 형법상의 강간, 강제추행죄 등은 친고죄이다. 따라서 성폭력범죄의 특례에 따라 고소기간이 1년이므

공공의 이익(법인의 처벌)을 희생하더라도 피해자의 의사를 존중하여 그 명예를 보호하기 위한 것이다. 수사기관이 고소에 앞서 수사를 진행시켜 사건 내용이 공개되면 피해자의 프라이버시가 침해될 것이다. 반대로 뒤늦게 고소가 행하여지면 공소유지가 곤란하게 될 우려가 있다. 그렇게 되면 사후적이나마 수사기관의 무능과 무책임이 비난될 수도 있다. 그러므로 다음과 같은 처리가 바람직하다.

첫째, 법률상 혹은 사실상 공소제기의 가능성이 소멸된 경우에는 피해자의 프라이버시 보호를 위하여 수사가 허용되어서는 아니 된다. 예를 들어 고소기간이 이미 경과한 경우나 피해자가 고소포기의사를 명시한 경우에 적어도 강제수사는 허용될 수 없다. 둘째, 현재 고소는 없지만 아직 고소가 가능한 기간 중일 때에는 증거수집의 필요성, 긴급성의 존재를 조건으로 수사를 허용하되 수사기관은 피해자의 명예가 손상되지 않도록 조심하는 방향의 수사만이 허용된다. 셋째, 공소제기가 없을 수도 있음을 고려하여 피의자의 이익을 배려하고, 특히 강제수사의 실행은 가급적 억제되어야 한다(예외적 허용설).

(마) 국회의장과 상임위원회 위원장의 고발

국회에서의 증언·감정 등에 관한 법률에 따른 '본회의 또는 위원회의 의장 또는 위원장 명의의 고발'은 그것이 있을 때까지는 국회에의 경찰권의 개입을 금지하는 취지이기 때문에 고발이 있을 때까지 수사는 일체 허용되지 아니한다(같은 법 제15조 제1항)(전면적 금지).[8)]

(바) 일반사법경찰관리가 출입국사범에 대한 출입국관리사무소장 등의 고발이 있기 전에 한 수사가 소급하여 위법하게 되는지 여부(부정)

D는 체류자격이 없는 외국인들을 고용하여 구 출입국관리법(2010.5.14. 법률 제10282호로 개정되기 전의 것) 위반으로 기소되었다. 당초 위 사건을 입건한 지방경찰청은 지체 없이 관할 출입국관리사무소장 등에게 인계하지 아니한 채 그 고발 없이 수사를 진행하였고, 이후 위 사무소장이 지방경찰청장의 고발의뢰에 따라 고발하면서 그

로 고소가 뒤늦게 제기될 가능성을 배제할 수 없다. 현행법상으로도 친고죄인 모욕죄나 사자명예훼손죄의 고소기간은 6개월이다.

8) 대법원 1965.12.10. 선고 65도826 판결: "국회에서의 증언·감정 등에 관한 법률은 국회에서 국정에 관한 조사의 필요상 국회내부의 절차에 관한 규정으로서 국회에 있어서의 위증죄 등의 고발에 관하여 특히 동법 제10조 본문 및 단서와 같은 특별규정을 두고 있는 취지에 비추어 동 위증죄 등의 처벌에 있어서는 국회의 자율권에 맡겨 동 제10조 소정의 고발을 기소조건으로 봄이 상당할 것이다(대법원 1961.11.16. 선고 4294형상 제543 판결 참조). 원판결이 피고인 D의 동법 제8조의 위증죄에 관하여 국회의 고발이 기소요건이 아니라는 전제에서 국회의 고발이 없는 본건에 있어 실체에 관하여 심리하여 유죄로 인정하고 타 범죄사실과 경합죄로 처단하였음은 판결에 영향을 미친 위법이라 할 것이다."

사유를 '지방경찰청의 고발의뢰 공문 등에 의해 명백히 입증되었다'라고만 기재한 사안이다: "고발 경위에 비추어 사무소장이 한 위 고발은 구체적인 검토에 따라 재량으로 행하여진 것이어서 무효로 볼 수 없고, 지방경찰청에서 같은 법 제101조 제2항의 규정을 위반하였다는 것만으로는 지방경찰청 및 검찰의 수사가 위법하다거나 공소제기의 절차가 법률의 규정에 위배되어 무효인 때에 해당하지 않는다."(대법원 2011.3.10. 선고 2008도7724 판결)

2.11

고소권이 있는 모(母)의 의미

대법원 1986.11.11. 선고 86도1982 판결

I 사 안

D는 자신의 미성년 친생 딸(호적(현재는 가족관계등록부)상으로도 D의 친생자로 등재되어 있었다)인 V를 강간·강제추행하였다. D의 생모 M이 D를 고소하였다. 호적상 M과 D는 친자관계에 있지 않다. D는 강간·강제추행죄로 기소되어 제1심과 항소심에서 유죄판결을 선고받았다. D는 "M은 호적상 D의 母가 아니다. 따라서 V와 M 사이에는 친족관계가 없다. M에게 고소권이 없음에도 불구하고 항소심이 M의 고소를 적법한 것으로 판단하여 D에게 유죄판결을 선고한 것이므로 위법하다"며 상고하였다.

II 쟁 점

호적(현재는 가족관계등록부)상의 부모가 아니더라도 생모는 법 제226조의 '친족'[1]에 해당하는가?

III 재판요지 (상고기각)

판례이론

㉮ 모자관계는 호적에 입적되어 있는 여부와는 관계없이 자의 출생으로 법률상 당연히 생기는 것이므로 D의 생모와 D가 호적에 모자관계로 등재되어 있지 않아도 법률상의 친족관계에 있다 할 것이고, 따라서 ㉯ D의 생모인 M과 D의 딸인 V 사이에도 법률상의 친족관계가 있다.

판례이론의 본 사안에의 적용

D의 생모 M이, 미성년자인 D의 딸 V의 법정대리인인 D를 상대로 'D의 딸에 대한 범죄사실'에 대하여 고소를 제기한 것은 형사소송법 제226조 소정의 '피해자의 친족에 의한 피해자의 법정대리인에 대한 적법한 고소'라 할 것이다.

IV 분석과 해설

(가) 피해자 아닌 자의 고소권

강간이나 강제추행죄는 모두 친고죄로서 피해자측의 고소가 있어야 논할 수 있는 범죄이다. '친고죄의 고소'란 '수사기관

1) **민법 제777조**(친족의 범위) 친족관계로 인한 법률상 효력은 이 법 또는 다른 법률에 특별한 규정이 없는 한 다음 각호에 해당하는 자에 미친다. 1. 8촌 이내의 혈족 2. 4촌 이내의 인척 3. 배우자〈전문개정 90.1.13〉

에 대하여 범죄사실을 신고하여 범인의 소추를 구하는 고소권자의 의사표시'로서 고소권이 있는 자만이 고소할 수 있다. 원칙적으로 범죄의 피해당사자에게 고소권이 있으며(법조 제223), 예외적으로 비피해자에게도 고소권이 있다. 비피해자에게 인정된 고소권 중의 하나가 '피해자가 무능력자인 경우에 법정대리인이 고소권을 행사하는 것'이다(법조 제225 제1항).

그런데 민법상의 행위무능력자인 피해자의 법정대리인이 피의자이거나 법정대리인의 친족이 피의자인 때에는 법정대리인의 적정한 고소권 행사를 기대할 수 없다. 본 사안은 행위무능력자인 피해자의 법정대리인이 피의자인 사안이다. 그러므로 이 경우에는 법정대리인 이외의 사람에게 고소권을 인정할 필요성이 생긴다. 이와 같은 필요에서 형사소송법은 '피해자의 법정대리인이 피의자이거나 법정대리인의 친족이 피의자인 때에는 피해자의 친족은 독립하여 고소할 수 있다'(법조 제226)고 규정하고 있다. 본 사안에서 M이 제기한 고소가 적법한 고소인지 여부를 따져보려면 M이 피해자 V의 친족에 해당하는지 검토하여야 한다.

(나) 생모(生母)와 친생자 간의 친족관계

본 판결은 먼저 '모자관계는 호적(가족관계등록부)에 입적되어 있는지 여부와 관계없이 자의 출생으로 법률상 당연히 생기는 것'이므로 "M과 D는 호적부에 모자관계로 등재되어 있지 않다 하더라도 법률상의 친족관계에 있다"고 판시하고 있다(재판요지 ㉮). 이것은 대법원 1967.10.4. 선고 67다1791 판결 이래 대법원이 취해 온 견해이고, 대법원 1987.9.22. 선고 87도1707 판결에서도 거듭 확인된 바 있다. 그 다음 본 판결은 M과 D가 친족관계에 있는 이상 M과 V(D의 딸)와의 사이에도 법률상의 친족관계에 있는 것으로 보아야 한다(재판요지 ㉯)고 판시하고 있다. 그런데 '자기 또는 배우자의 직계존속은 고소하지 못하'므로(법조 제224), '피해자 본인도 고소할 수 없는 피해자의 직계존속을 타인이 고소하여 처벌받도록 하는 것은 부당하지 아니한가'하는 의문이 생길 수 있다.

(다) 성폭력범죄의 처벌 등에 관한 특례법

성폭력범죄의 처벌 등에 관한 특례법(이하 '성폭력특례법'으로 약칭함) 제18조는 '성폭력범죄에 대하여는 형사소송법 제224조(고소의 제한)의 규정에 불구하고 자기 또는 배우자의 직계존속을 고소할 수 있다'고 규정하여 형사소송법 제224조의 적용을 배제하는 조항을 신설하였다. 직계존속에 대하여 고소를 하지 못하도록 규정하고 있는 법 제224조는 '자기 또는 배우자의 직계존속으로부터 피해를 입더라도 자손된 입장에서는 이를 감수하여야 하고 존장(尊長)에 대한 처벌을 요구하여서는 아니 된다는 한국 전래의 봉건적 윤리사상에 터잡아 제정된 보수적인 규정' 이었지만 '여성과 아동보호의 관점'에서 성폭력특례법 제8조가 신설되었다. 친부나 의부(義父, 의붓아버지)의 아동학대, 성폭행의 사례가 대단히 많아 위와 같은 특별법이 신설된 것이다. 따라서 이제 성폭력사안에서는 '피해자 본인도 고소할 수 없는 피해자의 직계존속을 타인이 고소하여 처벌받도록 하는 것은 부당한 것이 아닌가' 하는 의문은 제기할 필요가 없다.

(라) 본 판결에 대한 논평

2012.12.18. 형법과 아동·청소년의 성보호에 관한 법률 일부개정으로 2013년 6월 19일 이후에 범하여지는 성범죄에 대하여는 피해자의 고소나 처벌을 원하는 의사표시가 없어도 소추에 지장이 없게 된다. 따라서 본 판례의 중요성은 시간이 갈수록 감소될 것이다. 그러나 본 판례의 법리는 2013년 6월 18일 이전까지 범하여지는 성범죄에 대하여는 여전히 유효하다. 성폭행으로 인한 충격과 후유증은 조기에 발견하여 치료할수록 치료도 쉽고 후유증의 정도도 저하된다. 그러나 그것을 치료하지 아니하고 방임할수록 후유증의 정도는 깊어지고 치료도 어려워진다. 성추행 피해사실을 수치나 부끄러운 일로 치부하고 쉬쉬하려는 태도도 사실은 후유증상 중의 하나에 속한다. 성폭력 피해 직후에 피해자가 고소하였다가 고소를 취소하는 행위도 성폭력으로 인한 심리적 혼란의 와중에서 행한 일일 경우가 많다. 선진국(예를 들어 미국, 캐나다, 호주, 뉴질랜드)에서 친고죄 조항을 폐지하고 성폭력피해 사실을 발견하기 용이한 지위에 있는 자(교사, 의사, 유아원 보육사)에게 신고의무를 부과하는 이유는 성폭력피해 사실을 조기에 발견하여 피해자를 치료·재활시키고 더 이상의 '폭력의 연쇄작용'(성폭행피해자가 치료를 받지 않고 오랜 기간을 억눌림 속에 생활하면 나중에 가해자로 나오거나 성매매에 나서는 수가 많다)을 차단하기 위한 것이다.

영어권의 커먼로 국가들에서는 성폭력범죄에 대한 친고죄 조항을 폐지한 지 오래되었으며 지금 그 나라들에서는 공소시효와 소멸시효의 폐지가 논의[2)]되고 있을 정도이다. 독일에서도 성폭력범죄에 관하여 친고죄 조항이 폐지되었고[3)], 가까운 일본국도 2000년도에 형사소송법을 개정하여 고소기간을 철폐하였다.[4)]

---

2) Annette Marfording, "Access to justice for survivors of child sexual abuse" in *Torts Law Journal*, 1997, Volume. 5

3) 김선복, 친고죄에 대한 고찰, 『형사법연구』 제10호, 1997. 176.

4) 김용세·도중진, 형사소송절차에서의 피해자 지위강화, 『비교형사법연구』 제2권 제2호, 2000. 12, 257~258.

성범죄 처리에 관한 국제적 추세에 비추어 볼 때 성범죄의 소추가능성을 넓힌 본 판례는 2012년 개정형법 이전의 형법 해석론으로서는 진보적인 판결에 속한다.

2.12

법정대리인의 고소권의 법적 성질

대법원 1999.12.24. 선고 99도3784 판결

I 사 안

피해자 V(미성년자)는 D를 강간혐의로 고소하였다가 1995.7.26. D에 대한 고소를 취소하였다. 그 후 V의 법정대리인인 V의 아버지 F가 1995.8.3. D를 고소하였다. D는 강간혐의로 기소되었다. 제1심과 항소심은 유죄를 선고하였다. D는 "V가 고소를 취소하였으므로 법정대리인 F의 고소는 고소로서의 효력이 없고 따라서 공소는 그 제기의 절차가 법률의 규정에 위반된 것"이라고 주장하면서 상고하였다.

II 쟁 점

1) 고소권자인 피해자가 고소를 취소하면 법정대리인의 고소는 고소로서의 효력이 없는가?

2) 법정대리인의 고소권(법 제225조 제1항)은 대리권인가 고유권인가?

III 재판요지

형사소송법 제225조 제1항이 규정한 법정대리인의 고소권은 무능력자의 보호를 위하여 법정대리인에게 주어진 고유권이므로, 법정대리인은 피해자의 고소권 소멸 여부에 관계없이 고소할 수 있고(대법원 1984.9.11. 선고 84도1579 판결, 1987.6.9. 선고 87도857 판결 등 참조), 이러한 고소권은 피해자의 명시한 의사에 반하여도 행사할 수 있는 것인바, 이러한 취지에서 이 사건 강간 피해자는 미성년자로서 이 사건 공소제기 이전인 1995.7.26. 피고인에 대한 고소를 취소하였지만 피해자의 법정대리인인 아버지 F가 이 사건 공소제기 이전인 같은 해 8.3. D를 독립하여 고소한 이상 이 사건 강간 부분의 공소는 그 제기의 절차가 법률의 규정에 위반된 것으로 볼 수 없다고 판단한 원심판결에는 상고이유의 주장과 같은 법리오해의 위법이 있다고 할 수 없다.

IV 분석과 해설

(가) 법정대리인의 고소권의 법적 성질

'피해자의 법정대리인은 독립하여 고소할 수 있다'(법 제225조 제1항). 이 조항에 의하여 허용된 법정대리인의 고소권의 성질에 대하여 고유권설과 독립대리권설이 경쟁하고 있다. 고유권설은 위 고소권이 피해자인 무능력자를 보호하기 위하여 '법정대리인'에게 부여된 고유권이고 피해자의 권리를 대리하여 행사하는 것이 아니므로 '법정대리인이 피해자의 명시 또는 묵시의 의사로부터 독립하여 행사할 수 있고, 법정대리인은 피해자의 고소권 소멸 여부에 관계없이 독자적으로 고소권을 행사할 수 있다'고 주장한다. 그러나 (독립)대리권설은 '피해자의 고소권이 원래 일신전속적인 것이고 또 피해자의 고소권이 소멸된 후에 다시 친족이 고소를 제기할 수 있게 하면 법률관계의 불안정을 초래'하게 되므로 '법정대리인은 피해자가 가지고 있는 고소권을 독립하여 대리행사할 수 있음에 불과하다'고 판단하여 '피해자 자신의 고소권이 소멸되면 법정대리인과 친족도 고소를 제기할 수 없다'고 주장한다. 이 쟁점에 관하여 대법원은 고유권설을 취하고 있음을 알 수 있다.

현재 모든 성범죄가 비친고죄로 변경되었으므로 이 판례의 적용범위는 현저히 축소되었다.

(나) 고소기간 등

대법원은 법정대리인의 고소권을 고유권으로 새기므로 그 당연한 귀결로서 법정대리인의 고소기간(범인을 알게 된 날로부터 6월, 법 제230조)은 법정대리인의 사정을 기준으로 진행한다고 보게 된다.[1] 따라서 피해자가 고소를 취소하거나 고소를 포기한 경우에도 법정대리인의 고소권은 소멸되지 아니하고 그 역(법정대리인이 고소를 취소하거나 고소를 포기한 경우에도 피해자의 고소권은 소멸되지 아니한다)[2]도 성립한다.[3]

---

1) "법정대리인은 피해자의 고소권 소멸여부에 관계없이 고소할 수 있는 것이므로 법정대리인의 고소기간은 법정대리인 자신이 범인을 알게 된 날로부터 진행한다."(대법원 1984. 9.11. 선고 84도1579 판결); "형사소송법 제225조 제1항이 규정한 법정대리인의 고소권은 무능력자의 보호를 위하여 법정대리인에게 주어진 고유권이어서 피해자의 고소권 소멸여부에 관계없이 고소할 수 있는 것이라고 새겨야 할 것이다. 원심이 같은 취지에서 법정대리인의 고소기간은 법정대리인 자신이 범인을 알게 된 날로부터 진행할 것이라고 하여 법정대리인의 이 사건 고소가 적법하다고 판단한 조처는 정당하고, 거기에 소론과 같은 친고죄의 고소기간에 관한 법리오해의 위법이 없다."(대법원 1987.6.9. 선고 87도857 판결)

2) **법정대리인의 고소취소와 피해자의 고소권:** ['성폭행' 아빠는 합의해줬지만 "난 절대 용서 못해"/성폭행 피해 여중생, 법원에 직접 고소장/디지털 조선 2005.03.04 06:54 45′ 입력/수정:2005.03.04 07:52 46′] 성폭행 피해 여중생이 자신의 뜻과 달리 아버지의 합의로 가해자가 풀려나자 자신이 직접 고소장을 제출, 법원으로부터 가해자 구속 결정을 받아냈다. 3일 춘천지법에서 진행된 이 사건 영장실질심사에서 임범석 부장판사는 "법정대리인인 부모와 피해자의 고소권은 각각 독립적이기 때문에 애당초 고소권자인 아버지가 고소를 취하했더라도 피해자 본인의 고소권은 유효하다"며 "또 피해자가 고소장을 제출하고 처벌을 원해 공소제기 요건이 충족됐다고 판단했으며 범죄사실에 대한 판단을 거쳐 이같이 결정했다"고 밝혔다. 경찰은 지난달 16일 인터넷 채팅을 통해 알게 된 A(15)양을 두 차례 성폭행한 혐의로 최모(19)군에 대해 구속영장을 신청했으나 A양의 아버지가 최군에 대한 법원의 구속전심문에 앞서 가해자측으로부터 수백만 원의 합의금을 받고 '처벌을 원치 않는다'며 고소를 취하해 구속영장이 기각되고 긴급체포되었던 최군은 풀려났었다. A양은 하지만 최군이 풀려난 직후 '자신의 뜻에 반한 아버지의 합의는 무효'라며 경찰에 탄원서를 제출했고, 이에 따라 검찰과 경찰은 재조사를 거친 끝에 A양으로부터 고소장을 다시 제출받아 최씨에 대한 구속영장을 재청구하기에 이르렀다.

(다) 반의사불벌죄에서 피해자의 처벌불원의사에 법정대리인의 동의가 필요한가(대법원2009.11.19. 선고 2009도6058 전원합의체 판결)

반의사불벌죄에서 피해자의 처벌불원의사에 법정대리인의 동의가 필요한지 여부가 쟁점이 된 사안에서 대법원은 이를 부정한다: "반의사불벌죄에서 피해자의 피고인 또는 피의자에 대한 처벌을 희망하지 않는다는 의사표시 또는 처벌을 희망하는 의사표시의 철회는, 위와 같은 형사소송절차에서의 소송능력에 관한 일반원칙에 따라, 의사능력이 있는 피해자가 단독으로 이를 할 수 있고, 거기에 법정대리인의 동의가 있어야 한다거나 법정대리인에 의해 대리되어야만 한다고 볼 것은 아니다."

---

3) "간음 목적 미성년자 약취 범행과 관련하여, 당시 V는 11세 남짓한 초등학교 6학년생으로서 그 정신능력과 수사기관 조사에서의 진술 태도 등에 비추어 자신이 피해를 받은 사실을 이해하고 고소에 따른 사회생활상의 이해관계를 알아차릴 수 있는 사실상의 의사능력이 있었던 것으로 보이고, V는 고소장을 제출하지는 아니하였으나 경찰에서 피해자진술조서를 작성할 당시 사법경찰리에게 위 범행 당일 02:30경 간음 목적으로 V를 주차장으로 끌고 간 약취 범행 등을 이유로 피고인 겸 피부착명령청구인(이하 'D'라고만 한다)을 형사처벌하여 달라는 의사표시를 분명히 하여 그 의사표시가 피해자진술조서에 기재되었으며, 위 진술조서에 대해서는 D의 변호인이 제1심 공판기일에서 증거동의하여 증거조사가 마쳐진 사실을 알 수 있는바, 앞서 본 법리에 비추어 보면 이 부분 공소사실에 대하여는 고소능력이 있는 V 본인이 고소를 하였다고 보아야 할 것이고 한편 이 부분 공소사실에는 D가 간음 목적으로 위 범행 당일 02:30경 V를 주차장으로 끌고 간 다음 같은 날 02:40경 다시 V를 그 부근의 빌딩 2층으로 끌고 간 약취 범죄사실이 포함되어 있으나 이들은 서로 일죄의 관계에 있으므로 친고죄인 이 부분 공소사실에 대한 공소제기 요건은 충족되었다. D가 제출한 합의서에 V의 성명이 기재되어 있기는 하나 V의 날인은 없고, V의 법정대리인인 부(父)의 무인 및 인감증명서가 첨부되어 있을 뿐이어서 V 본인이 고소를 취소한다는 의사표시가 여기에 당연히 포함되어 있다고 볼 수는 없다. 그렇다면 설령 V의 법정대리인 부의 고소는 취소되었다고 하더라도 V 본인의 고소가 취소되지 아니한 이상 이 부분 공소사실에 대한 공소제기 요건은 여전히 충족되고 있다."(대법원 2011.6.24. 선고 2011도4451·2011전도76 판결)

2.13

비친고죄로 기소되었지만 친고죄 사실만 인정되는 경우 항소심에서의 고소취소의 효력(부정)

대법원 1999.4.15. 선고 96도1922 판결; 대법원 2002.7.12. 선고 2001도6777 판결

I 사 안

V의 친권자가 D를 고소하였다. D는 "1995.7.19. 12:30경 서울 강남구 일원동 662의1 소재 D2 경영의 롯데슈퍼 내에서 그 앞을 지나가던 V(여, 9세)를 발견하고 욕정을 일으켜 V를 위 슈퍼 안으로 들어오게 하여 V에게 과자를 주면서 '같이 텔레비젼을 보자'며 의자에 앉은 자신의 무릎 위로 V를 끌어 당겨 앉히고, V가 몸을 비틀며 빠져 나가려고 하자 양손으로 V를 꽉 붙들어 V의 반항을 억압한 후 V의 오른손을 잡아끌어 D의 성기를 만지게 하고 D의 오른 손을 V의 바지 안으로 넣어 V의 음부를 수회 만지는 등으로 V를 강제로 추행하고 그로 인하여 치료일수 미상의 외음부 열상을 입게" 한 강제추행치상죄(형법 제301조) 혐의로 기소되었다. 제1심 재판 진행 중인 1995.8.16.경 D는 V의 친권자와 합의하고 고소취소장(인감증명첨부)까지 받아 두었으나 그 고소취소장을 제1심 재판 종결 전에 재판부에 제출하지 않았다. 제1심 제1회 공판기일에 D는 공소사실을 자백하였고 변호인은 V와 합의되었음을 주장하였다. 제1심은 D의 유죄를 인정하여 D에게 징역 1년 집행유예 2년을 선고하였다. D가 항소하였다. 항소심에서 V의 신체가 손상되었다거나 건강상태가 불량하게 변경되었다고 볼 수 없는 점이 재판부에 인식되기 시작했다. 1995.11. D는 비로소 고소취소장을 재판부에 제출하였다. 1996.7.9. 항소심은 공소장변경절차를 경유하지 아니한 채 강제추행죄를 인정하여 제1심판결을 파기하고 D에게 '징역 1년 집행유예 2년'을 선고(파기자판)하였다. D는 "제1심에서 검사가 공소장변경절차를 거쳤더라면 D가 고소취소장을 제출하여 공소기각 판결을 받을 수 있었는데 제1심에서 검사가 공소장변경절차를 거치지 않았고, 또 항소심에서 공소장변경절차를 거치지 않은 결과 D의 방어권행사를 침해하였다"[1]고 주장하며 상고하였다.

II 쟁 점

비친고죄인 큰 범죄(강제추행치상죄)의 혐의로 기소되었지만 항소심에서 친고죄인 축소 사실(강제추행죄)이 판명되어 비로소 고소가 취소되면 이 고소취소는 유효한가?

---

1) 대법원의 반대의견은 이 견해에 동의한다. 이 입장에 선 논고로 이호중, 축소사실에 대한 공소장변경 없는 유죄인정, 『형사판례연구』 8권, 2000.6., 398 이하; 천진호, 비친고죄의 공소사실에 대하여 친고죄의 유죄를 인정하는 경우, 『형사판례연구』 8권, 2000.6., 428 이하 참조.

III
재판요지
(상고기각)

다수의견

ⓐ 이 사건에서 공소제기된 강제추행치상의 공소사실 중에는 강제추행의 공소사실도 포함되어 있다고 볼 것이므로 ⓑ 강제추행치상의 공소사실에 대한 피고인의 방어행위는 동시에 강제추행의 공소사실에 대한 방어행위를 겸하고 있으며 한편, 고소와 그의 취소는 고소의 대상이 된 범죄사실과 동일성이 인정되는 범위 내의 공소사실 전부에 대하여 그의 효력이 미치는 것이어서, ⓒ 피고인으로서는 그 방어행위의 일환으로 자신의 행위로 인하여 피해자에게 강제추행치상죄에서의 상해를 입힌 사실이 없다는 주장을 하고 법원이 그와 같은 주장을 받아들여 피고인의 행위가 강제추행죄로 처벌하는 때까지도 대비하여 강제추행죄에 관한 고소인의 고소취소의 원용 등 일체의 방어행위를 할 수 있다.

판례이론의 본 사안에의 적용

법원이 사건의 실체적 사실관계나 공소요건을 포함한 절차적 사실관계에 관하여 심리를 거쳐 판단한 이상 공소장변경절차를 거치지 아니하고 강제추행치상죄의 공소사실에 대하여 강제추행죄를 인정·처벌하였다고 하더라도, 그로 인하여 피고인에게 미처 예기하지 못한 불의의 타격을 가하여 강제추행죄에 관한 방어권행사에 어떠한 불이익을 주었다고는 할 수 없으며, 이러한 이치는 공소제기된 강제추행치상죄는 친고죄가 아닌 반면 원심법원에 의하여 인정된 강제추행죄는 친고죄라 하여 달라질 것은 아닐 터이다. 그렇기 때문에, 공소제기된 강제추행치상죄가 입증되지 않고 강제추행죄만 입증되는 때에 법원은 공소장변경절차를 거치지 아니하고 강제추행의 공소사실에 관하여 심리·판단할 수 있고, 그때 그 강제추행죄에 대한 고소를 취소한 사실이 인정되면 공소기각의 판결(법 제327조 제2호)을 선고하여야 할 것이지 강제추행치상죄의 증명이 없다 하여 무죄의 선고를 할 것은 아니다.[2)]

형사소송법 제232조 제1항은 '고2.11 고소권이 있는 모(母)의 의미소는 제1심판결 선고 전까지 취소할 수 있다'고 규정한다. 원래 고소의 대상이 된 피고소인의 행위가 친고죄에 해당할 경우 소송요건인 그 친고죄의 고소를 취소할 수 있는 시기를 언제까지로 한정하는가는 형사소송절차운영에 관한 입법정책상의 문제이기에 형사소송법의 그 규정은 국가형벌권의 행사가 피해자의 의사에 의하여 좌우되는 현상을 장기간 방치하지 않으려는 목적에서 고소취소의 시한을 획일적으로 제1심판결 선고시까지로 한정한 것이다. 따라서 그 규정을 현실적 심판의 대상이 된 공소사실이 친고죄로 된 당해 심급의 판결 선고 시까지 고소인이 고소를 취소할 수 있다는 의미로 볼 수는 없다. 항소심에서 공소장의 변경에 의하여 또는 공소장변경절차를 거치지 아니하고 법원

2) 대법원 1988.3.8. 선고 87도2673 판결 참조.

직권에 의하여 친고죄가 아닌 범죄를 친고죄로 인정하였더라도 항소심을 제1심이라 할 수는 없는 것이므로[3], 항소심에 이르러 비로소 고소인이 고소를 취소하였다면 이는 친고죄에 대한 고소취소로서의 효력은 없다.[4]

IV 분석과 해설

(가) 피고인의 입장과 반대의견

본 판결의 반대의견이 적절히 비판하고 있는 바와 같이 "강제추행치상죄로 공소가 제기된 경우 공소장변경절차를 거치지 아니하고 친고죄인 강제추행죄를 인정하는 것은 피고인에게 미처 예기치 못한 불의의 타격을 가하여 방어권행사에 실질적 불이익을 줄 우려"가 있음을 부정할 수 없다. 본 판결의 다수의견이 전개하고 있는 ⓐ, ⓑ, ⓒ의 논증은 '법원 측이 일방적으로 상정하는 검사와 피고인의 입장'일 따름이다. ⓐ, ⓑ, ⓒ의 논증 중 ⓐ의 논증은 그런 대로 수긍할 수 있으나 피고인의 입장에서 볼 때 ⓑ, ⓒ의 논증은 다소 받아들이기 어려운 논증일지 모른다. 그럼에도 불구하고 본 판결의 다수의견이 ⓐ, ⓑ, ⓒ의 논증을 강행한 모종의 합리적인 이유가 있다면 그것은 무엇일까?

(나) '시스템 중시'(system centered)의 사고

가능한 정당화 근거는 '어떤 조건, 어떤 환경 하에서도 법원은 소송조건의 구비 여부를 실체적 법률관계의 존부판단에 앞서 판단하여야 한다'거나 혹은 "항소심에서 공소장의 변경에 의하여 또는 공소장변경절차를 거치지 아니하고 법원 직권에 의하여 친고죄가 아닌 범죄를 친고죄로 인정하였더라도 항소심을 제1심이라 할 수는 없(다)"는 '시스템 중시'(system centered)의 사고에 있다.

(다) 방향을 같이하는 유사 판례(대법원 2002.7.12. 선고 2001도6777 판결)

1) "㉮ 강간치상죄는 강간죄의 결과적 가중범으로서 강간치상의 공소사실 중에는 강간죄의 공소사실도 포함되어 있는 것이어서 강간치상죄로 공소가 제기된 사건에 있어서 그 치상의 점에 관하여 증명이 없더라도 법원으로서는 공소장 변경절차 없이 강간의 점에 대하여 심리판단할 수 있다. ㉯ 다만 이 경우에 있어서 공소제기 전에 그 소추요건인 고소의 취소가 있었다면, 형사소송법 제327조 제2호에 의하여 공소기각의 판결을 선고하여야 할 것이지 범죄의 증명이 없다고 하여 무죄의 선고를 할 수는 없다. (중략) 합의서의 제출로써 피해자는 피고인에 대하여 처벌을 희망하던 종전의 의

---

3) 대법원 1988.3.8. 선고 85도2518 판결 참조.
4) 대법원 1985.2.8. 선고 84도2682 판결 참조.

사를 철회한 것으로서 이 사건 공소제기 전에 고소를 취소한 것으로 봄이 상당하다.[5] 그러므로 위에서 본 바와 같이 원심이 이 사건 ㉰ **강간치상죄의 공소사실 중 그 치상의 점에 관하여 증명이 없다고 판단한 이상, 나아가 강간의 점에 대하여 심리판단하여야 할 것**인데, 이미 이 사건 공소제기 전에 강간죄의 소추요건인 고소의 취소가 있었다면, 원심으로서는 마땅히 직권으로 이 사건 공소사실을 유죄로 인정한 제1심판결을 파기하고 이 사건 공소사실에 대하여 형사소송법 제327조 제2호에 따라 공소기각의 판결을 선고하였어야 할 것임에도 불구하고, 피고인에 대하여 강간의 범행을 인정할 증거가 없다는 이유로 이 사건 공소사실에 대하여 무죄를 선고한 조치는 위와 같은 법리를 오해하여 그 판결 결과에 영향을 미친 위법을 저지른 것이라고 아니할 수 없고 이를 지적하는 상고이유의 주장은 이유 있다."

2) "항소심에서 비로소 공소사실이 친고죄로 변경된 경우에도 항소심을 제1심이라 할 수는 없는 것이므로, 항소심에 이르러 고소인이 고소를 취소하였다면 이는 친고죄에 대한 고소취소로서의 효력이 없다(대법원 1999.4.15. 선고 96도1922 전원합의체 판결 참조). 검사는 D의 V에 대한 2005.5.7.자 및 2005.5.21.자 범행에 대해서 정보통신망 이용촉진 및 정보보호 등에 관한 법률 위반죄로 기소를 하였다가 항소심에 이르러 친고죄인 모욕죄로 공소장을 변경하였는데, V는 제1심판결이 선고된 후에야 고소취소를 하였으므로 앞서 본 법리에 비추어 볼 때 그 고소취소 역시 아무런 효력이 없다."(대법원 2007.3.15. 선고 2007도210 판결)

5) 대법원 1981.11.10. 선고 81도1171 판결 참조.

2.14

반의사불벌죄에 고소의 주관적 불가분원칙의 적용이 있는가(부정)

대법원 1994.4.26. 선고 93도1689 판결

I 사 안

정치인 V가 사망하자, 주간지의 편집장 D는 기자인 D2(제1심 공동피고인)와 공모하여 'V와 그의 여비서 V2의 불륜관계를 폭로하는 기사'를 실었다. V2와 V의 유족은 고소를 제기하였고, D와 D2는 "공연히 허위의 사실을 적시하여 사자(死者)인 망(亡) V의 명예를 훼손(친고죄)하고, 동시에 사람을 비방할 목적으로 허위의 사실을 적시하여 V2의 명예를 출판물에 의하여 훼손"(반의사불벌죄)한 혐의로 기소되었다. 그 후 고소인들은 제1심 공동피고인 D2에 대하여만 고소를 취소하고 처벌을 희망하는 의사표시를 철회하였다. 제1심은 "공소사실 중 망 V의 명예를 훼손한 점은 고소가 있어야 죄를 논할 수 있는 죄이고, V2의 명예를 훼손한 점은 피해자의 명시한 의사에 반하여 죄를 논할 수 없는 죄인데, 고소인들이 고소를 취소하거나 처벌을 희망하는 의사표시를 철회"하였다는 이유로 공소를 기각하였다. 검사는 "위 고소인들은 피고인 D에 대하여는 고소를 취소하거나 처벌을 희망하는 의사표시를 철회한 바 없고, 또 형사소송법 제233조 소정의 고소불가분의 원칙은 친고죄에 대하여만 그 적용이 있고 반의사불벌죄에는 적용 또는 준용되지 아니함에도 불구하고 제1심이 반의사불벌죄인 출판물에 의한 명예훼손의 점에 대하여 공소기각의 판결을 한 것은 위법"하다고 주장하며 항소하였다. 항소심은 "㉠ 형법이 규정한 친고죄와 반의사불벌죄는 다 같이 피해자의 의사표시로써 소송법상의 일정한 법적효과를 지향하고 있는 점에서 그 공통점이 있고, 비록 '고소'는 수사 또는 소송을 개시, 진행시키고자 하는 적극적 효과의사를 가진 행위인 데 반하여, '명시한 의사'는 일단 개시되고 성립한 수사 또는 소송의 진행 발전을 저지하려고 하는 소극적 효과의사를 가진 행위로써 그 지향하는 법적효과가 다소 상반된 것이기는 하나, ㉡ 반의사불벌죄의 처벌을 희망하지 아니하는 의사표시 또는 처벌을 희망하는 의사표시의 철회를 의미하는 '명시한 의사'가 지향하는 법적효과는 친고죄의 '고소취소'와 같으며, 법률의 규정을 보더라도 ㉢ 법 제232조 제3항이 '처벌을 희망하는 의사표시의 철회에 관하여는 고소취소에 관한 규정을 준용'하도록 규정함으로써 처벌을 희망하는 의사표시의 철회와 고소취소의 소송법적 성질이 동일한 것으로 규정하고 있고, 아울러 ㉣ 법 제327조는 반의사불벌죄의 '명시한 의사'와 친고죄의 '고소의 부존재 또는 고소취소'를 소송법적 효과면에서도 공통적인 것으로 규정하고 있어, 친고죄의 '고소'와 반의사불벌죄의 '명시한 의사'는 모두 실체적 심판의 조건이 되는 소송조건으로서, 단지 전자는 고소의 존재가 소송조건이 되나 후자는 처벌을 희망하지 아니하는 의사표시의 부존재가 소송조건으로 되는 것으로 구별되는 이외에는 그 법적 성질 및 소송법적 효과면에서도 공통점이 있고, ㉤ 반의사불벌죄가 종래 친고죄의 운영상 결함을 보완하고자 하는 취지에서 새로운 유형의 범죄로 창설된 것으로 여겨지는 점 등에 비추어 반의사불벌죄는, 친고죄의 일종 또는 이에 준하는 범죄유형이라고 봄이 상당하고, ㉥ 고소권자가 지정한 범인만을 처벌할 경우 고소인의 자의에 의하여 국가형벌권이 행사되는 불공평한 결과가 발생할 우려가 있으므로 이를 방지하고 국가소추권 및 국가형벌권의 행사에 적정을 기하고자 하는 취지에서 같은 법 제233조가 '고소와 고소취소 불가분의 원칙'을 규정하고 있는데, 반의사불벌죄에서 이 원칙이 배제된다면 국가형벌권의 적정한 행사라는 형사소송의 목적을 달성할 수 없고, 이는 결국 같은 법 제233조의 입법취지에도 배치되므로 반의사불벌죄의 '피해자의 명시한 의사'에 관하여도 친고죄의 고소불가분의 원칙에 관한 같은 법 제233조의 규정이 준용된다고 해석함이 상당하다"고 판단하여 항소를 기각하였다. 검사가 상고하였다.

II 쟁 점

반의사불벌죄에도 고소불가분의 원칙이 적용되는가(친고죄의 고소불가분의 원칙을 규정한 법 제233조의 규정이 반의사불벌죄에 준용되는가)?

III 재판요지 (파기환송)

친고죄의 입법취지에 관한 판례이론

법이 친고죄를 인정하는 이유는 두 가지 유형이 있다. ㉮ 그 하나는 범죄를 소추해서 그 사실을 일반에게 알리는 것이 도리어 피해자에게 불이익을 줄 우려가 있기 때문에 이와 같은 경우에는 피해자의 처벌희망의 의사표시가 있어야 비로소 소추해서 처벌할 수 있게 하는 것이고, ㉯ 또 하나는 비교적 경미하고 주로 피해자 개인의 법익을 침해하는 범죄에 관하여 구태여 피해자의 의사나 감정을 무시하면서까지 처벌할 필요가 없기 때문에 이와 같은 경우에는 피해자로부터 아무런 말이 없으면 소추하지 아니하고 피해자가 적극적으로 처벌을 희망하여 올 경우에 한하여 논하게 하겠다는 것이다.

반의사불벌죄의 입법취지에 관한 판례이론

㉰ 반의사불벌죄는 1953.9.18. 형법 개정시 구 형법에 없던 새로운 유형의 범죄를 창설한 것으로서, 위의 이유 중 첫째의 것은 없고, 친고죄 중 두 번째 이유에 해당하는 유형의 경우 중 상대적으로 덜 경미하여 처벌의 필요성이 적지 않은데도 이를 친고죄로 하는 경우 피해자가 심리적 압박감이나 후환이 두려워 고소를 주저하여 법이

그 기능을 다하기 어려울 것에 대비한 것이며, 이와 같은 경우에는 다른 일반의 범죄와 마찬가지로 수사, 소추, 처벌을 할 것이나 피해자가 명시적으로 처벌을 희망하지 아니할 의사를 밝힌 경우에 한하여는 구태여 소추해서 처벌하지 않겠다는 것이다. 그러므로 친고죄와 반의사불벌죄는 피해자의 의사가 소추조건이 된다는 점에 있어서는 같다고 할 것이나, 피해자의 의사를 조건으로 하는 이유나 방법에 있어서는 같다고 할 수 없고, ㉣ 반의사불벌죄는 피해자에 대한 배상이나 당사자 사이의 개인적 차원에서 이루어지는 분쟁해결을 촉진하고 존중하려는 취지도 포함되어 있다고 볼 수 있어서, 이 점에서는 친고죄와는 다른 의미가 있다.

친고죄는 위에서 본 첫째의 이유에서 인정하는 유형이 주로 있는 것이므로, 그 고소는 피해자가 범죄사실이 알려지는 것을 감수하고 수사기관에 대하여 범죄사실을 신고하여 그 범인의 처벌을 희망하면 되는 것이고, 고소의 대상인 범죄사실이 특정되기만 하면 원칙적으로 범인을 특정하거나 범인이 누구인가를 적시할 필요는 없는 것이며, 친고죄에 '고소나 고소취소불가분의 원칙'이 적용되어야 함은 친고죄의 이러한 특질에서 연유된다고 볼 수도 있다. 그러나 ㉤ 반의사불벌죄에는 위의 첫째의 이유는 없는 것이므로 그 처벌을 희망하지 아니하는 의사표시는 반드시 위와 같은 불가분의 원칙에 따라야 한다고 할 수는 없고, 그 의사표시는 범죄사실에 대하여 하게 할 수도 있고 범인에 대하여 하게 할 수도 있다. 경미한 범죄에 대하여 피해자의 의사에 따라 처벌여부에 차등을 둔다고 하여 형사소송의 목적에 배치된다고 하기는 어려울 것이므로, 그 어느 경우로 할 것인가는 입법정책에 속하는 것이다. 그런데 형사소송법이 고소와 고소취소에 관한 규정을 하면서 그 ㉥ 제232조 제1항, 제2항에서 고소취소의 시한과 재고소의 금지를 규정하고 그 제3항에서는 반의사불벌죄에 위 제1항, 제2항의 규정을 준용하는 규정을 두면서도, 그 제233조에서 고소와 고소취소의 불가분에 관한 규정을 함에 있어서는 반의사불벌죄에 이를 준용하는 규정을 두지 아니한 것은 처벌을 희망하지 아니하는 의사표시나 처벌을 희망하는 의사표시의 철회에 관하여는 친고죄와는 달리 그 공범자 간에 불가분의 원칙을 적용하지 아니하고자 함에 있다고 볼 것이지, 입법의 불비로 볼 것은 아니다.[1)]

IV 분석과 해설

1) 본 판결에서는 '반의사불벌죄에 고소의 주관적불가분원칙을 규정한 법 제233조를 준용할 것인가' 하는 문제를 해결하기 위하여 항소심과 대법원이 친고죄와 반의사불벌죄의 입법

1) 대법원에 따르면 하급심은 다음과 같이 재판하여야 한다: D2의 출판물명예훼손 혐의에 대한 V, V2의 처벌희망의 의사표시의 철회의 효력이 D에게는 미치지 아니하므로 **D의 출판물명예훼손 혐의**에 대하여 법원은 실체심리를 진행하여야 한다. D의 사자명예훼손 혐의에 대한 V, V2의 고소취소의 효력은 D에게도 미치므로 법원은 **D의 사자명예훼손 혐의**에 대하여 공소기각판결을 선고하여야 한다.

취지를 상세히 논증하는 모습이 잘 드러나고 있다. 항소심은 양자의 차이를 미세한 것으로 본 반면 대법원은 양자가 질적으로 다른 것으로 보고 있다.

대법원의 입장은 공범사건인 경우에 피해자에게 처벌의 상대방을 자의적으로 선택할 수 있게 하므로 가해자들에 대한 처벌의 형평이 깨질 우려가 있다. 그러나 피해자에게 처벌의 상대방을 자의적으로 선택할 수 있게 하는 정책이 반드시 부정적인 결과를 초래하는 것은 아니다. 종래의 '국가-가해자'를 중시하는 형사사법모델 대신에 '국가-가해자-피해자-지역사회' 4자의 관계회복을 추구하는 회복적 사법(restorative justice) 모델에서는 피해자로 하여금 처벌의 상대방을 택할 수 있게 하는 정책이 피해자 보호에 긍정적으로 작용할 수도 있기 때문이다.

항소심의 해석과 대법원의 해석 중 어느 쪽이 타당한가 하는 질문은 선험적으로 결정될 수 없으며 어디까지나 구체적 현실이 결정할 문제이다. 반의사불벌죄는 한국 형사소송법이 친고죄를 다소 변형시켜 창설한 독특한 유형의 소추장치이다. 그러나 양자가 어떤 측면에서 유사하고 어떤 측면에서 구별되어야 하는지에 대하여는 아직 충분한 고민이 진척되지 아니하였다. 한국 형사소송법이 친고죄와 구분되는 반의사불벌죄의 유형을 창설한 것이 과연 현명한 정책이었는지에 대하여는 깊은 성찰이 요구되고 있다.

2) 친고죄의 공범 중 일부에 대하여만 처벌을 구하고 나머지에 대하여는 처벌불원의 의사를 표시한 고소의 적법성(부정)과 법원이 취하여야 할 조치(=공소기각)

"고소불가분의 원칙상 공범 중 일부에 대하여만 처벌을 구하고 나머지에 대하여는 처벌을 원하지 않는 내용의 고소는 적법한 고소라고 할 수 없고, 공범 중 1인에 대한 고소취소는 고소인의 의사와 상관없이 다른 공범에 대하여도 효력이 있다(대법원 1994.4.26. 선고 93도1689 판결 참조). 한편, 구 저작권법(2006.12.28. 법률 제8101호로 전문 개정되기 전의 것, 이하 '구 저작권법'이라고 한다) 제97조의5 위반죄와 같은 친고죄에서 공소제기 전에 고소의 취소가 있었다면 법원은 직권으로 이를 심리하여 공소기각의 판결을 선고하여야 한다(법 제327조 제2호)." (대법원 2009.1.30. 선고 2008도7462 판결)[2)]

2) "고소인 회사는 이 사건 공소사실 중 구 저작권법 제97조의5 위반의 점에 관하여 피고인들만을 피고소인으로 하여 고소를 제기하였다가 수사과정에서 S2가 공범으로 밝혀지자 이 사건 공소가 제기되기 전인 2007.1.22. S2에게 "S2가 본인의 잘못을 깊이 반성하고 이와 동일 또는 유사한 행위를 반복하지 않을 것을 약속하는 각서를 제출하고, 그 각서의 내용을 성실히 이행할 경우 고소 사건과 관련하여 S2에게 향후 민·형사상 책임을 묻지 않기로 한다"는 내용의 합의서를 작성하여 주었으며, 고소인 회사의 고소대리인은 S2로부터 위 합의서를 제출받은 검찰 수사관과의 전화통화에서 "고소

3) 전속고발사건에 주관적불가분의 적용이 있는가(부정)(대법원 2010.9.30. 선고 2008도4762 판결)

"형벌법규의 해석에 있어서 법규정 문언의 가능한 의미를 벗어나는 경우에는 유추해석으로서 죄형법정주의에 위반하게 되고, 이러한 유추해석금지의 원칙은 모든 형벌법규의 구성요건과 가벌성에 관한 규정에 준용되는데, 위법성 및 책임의 조각사유나 소추조건 또는 처벌조각사유인 형면제 사유에 관하여도 그 범위를 제한적으로 유추적용하게 되면 행위자의 가벌성의 범위는 확대되어 행위자에게 불리하게 되는바, 이는 가능한 문언의 의미를 넘어 범죄구성요건을 유추적용하는 것과 같은 결과가 초래되므로 죄형법정주의의 파생원칙인 유추해석금지의 원칙에 위반하여 허용될 수 없다(대법원 1997.3.20. 선고 96도1167 전원합의체 판결 참조). 독점규제 및 공정거래에 관한 법률(이하 '법'이라 한다) 제71조 제1항은 '법 제66조 제1항 제9호 소정의 부당한 공동행위를 한 죄는 공정거래위원회의 고발이 있어야 공소를 제기할 수 있다'고 규정함으로써 그 소추조건을 명시하고 있다. 반면에 법은 공정거래위원회가 법 위반행위자 중 일부에 대하여만 고발을 한 경우에 그 고발의 효력이 나머지 법 위반행위자에게도 미치는지 여부 즉, 고발의 주관적 불가분원칙의 적용 여부에 관하여는 명시적으로 규정하고 있지 아니하고, 형사소송법도 제233조에서 친고죄에 관한 고소의 주관적 불가분원칙을 규정하고 있을 뿐 고발에 대하여 그 주관적 불가분의 원칙에 관한 규정을 두고 있지 않고 또한 형사소송법 제233조를 준용하고 있지도 아니하다. 이와 같이 명문의 근거규정이 없을 뿐만 아니라 소추요건이라는 성질상의 공통점 외에 그 고소·고발의 주체와 제도적 취지 등이 상이함에도 불구하고 친고죄에 관한 고소의 주관적 불가분원칙을 규정하고 있는 형사소송법 제233조가 공정거래위원회의 고발에도 유추적용된다고 해석한다면 이는 공정거래위원회의 고

인은 S2를 고소할 의사가 처음부터 없어 고소한 사실이 없는데, S2가 경찰에서 조사를 받으며 피의자로 입건되어 S2에 대한 합의서를 작성해준 것으로, 만약 이 건을 고소취소하게 되면 피고인(S)을 고소취소하는 결과가 되기 때문에 부득이 합의서를 작성해주었다"고 진술하였음을 알 수 있는바, 위와 같은 고소과정과 합의서의 내용 및 고소대리인의 진술내용에 원심이 인용하고 있는 제1심이 적법하게 채택하여 조사한 증거들에 나타난 제반 사정 등을 종합하여 보면, 고소인 회사는 처음부터 피고인들에 대하여만 고소하였을 뿐 S2에 대하여는 고소할 의사가 없었던 것이거나, 피고인들에 대한 고소로 인하여 고소불가분의 원칙상 S2를 고소한 것이 되더라도 더 이상 S2에 대하여는 처벌을 원하지 아니한다는 의사를 수사기관에 표시한 것으로서, S2에 대하여 고소취소장이 아닌 합의서를 작성해준 이유는 고소인 회사가 피고인들에 대하여 고소하였을 뿐 S2에 대하여는 고소한 바 없었기에, 만약 기왕에 한 고소를 취소하게 될 경우 그것은 피고인들에 대한 고소취소를 의미하는 것이 된다고 여기고 S2만에 대한 처벌불원의사만을 명확히 표시하기 위해서라고 볼 여지가 있다. 만약, 사정이 그러하다면 고소인 회사의 고소는 **처음부터 공범 중 일부만의 처벌을 원하는 것이므로 부적법한 것으로서 무효이거나, 위 처벌불원 의사의 표시를 통하여 S2에 대한 고소를 취소한 것으로 볼 수 있고, 위 고소취소의 효력은 고소불가분의 원칙상 고소인 회사의 의사와 상관없이 공범인 피고인들에게도 미친다**고 할 것이므로, 원심으로서는 실체에 관한 판단에 앞서 직권으로 고소인 회사가 공범 중 일부에 대한 처벌만을 위하여 고소한 경우에 해당하는지 또는 S2에 대하여 합의서를 작성해주고 위와 같은 내용의 전화통화를 한 것이 그에 대하여 고소를 취소한 경우에 해당하는지에 관하여 심리하였어야 할 것이다."

발이 없는 행위자에 대해서까지 형사처벌의 범위를 확장하는 것으로서, 결국 피고인에게 불리하게 형벌법규의 문언을 유추해석한 경우에 해당하므로 죄형법정주의에 반하여 허용될 수 없다. 상고이유에서 주장하는 것처럼 공정거래위원회의 고발권 행사가 자의적으로 이루어질 가능성이나, 부당공동행위에 관한 가담 정도가 중한 자가 자진신고자 또는 조사협조자인 관계로 형사고발이 면제됨으로써 그 가담 정도가 경한 자와의 형평성 문제가 생길 가능성을 부정할 수는 없다 하더라도, 위와 같은 형사법의 대원칙인 '죄형법정주의 원칙' 및 입법자의 입법형성에 관한 재량권이 존중되어야 하는데다가 법이 검찰총장의 공정거래위원회에 대한 고발요청권을 명시하고 있는 등(제71조 제3항) 전속고발권의 공정한 행사를 위한 제도적 보완책을 마련한 점 등의 사정에 비추어 보면 이와 달리 보기는 어렵다. 같은 취지에서 원심이 공정거래위원회의 고발 대상에서 제외된 피고인들에 대한 이 사건 공소사실에 관하여 소추요건의 결여로 그 공소의 제기가 법률의 규정에 위반하여 무효인 경우에 해당한다는 이유로 공소기각판결을 선고한 제1심을 그대로 유지한 조치는 정당하고 거기에 상고이유 주장과 같은 고소의 주관적 불가분의 원칙에 관한 법리를 오해하여 판결에 영향을 미친 위법이 있다고 할 수 없다. 상고이유에서 지적하는 대법원판결은 이 사건과 사안을 달리하는 것이어서 이 사건에 원용하기에 적절하지 아니하다."

2.15

간통피고사건의 항소심계속 중 고소취소간주(이혼심판청구의 취하 등) 사유가 생기는 경우 법원의 조치(공소기각의 판결)

대법원 1975.6.24. 선고 75도1449 전원합의체 판결

I 사 안

D의 법률상 배우자 V는 D를 상대로 이혼심판청구를 한 후 D, D2를 간통혐의로 고소하였다. D, D2가 병합기소되었다. 제1심은 D, D2에게 각각 징역 8월(2년간 집행유예)의 유죄판결을 선고하였다. D2는 항소하지 아니하여 형이 확정되었고 D만이 항소하였다. 항소심계속 중 V가 D를 상대로 제기한 이혼심판청구에 취하간주사유(이혼심판청구의 취하)가 생겨 항소심은 공소를 기각하였다. 검사가 상고하였다.

II 쟁 점

간통피고사건의 항소심계속 중 고소취소간주(이혼심판청구의 취하)사유가 생기는 경우의 법원의 조치

III 재판요지 (상고기각)

고소인이 D를 상대로 제소한 이혼심판청구사건이 1975.2.28자로 취하로 간주되었다면 고소가 있어야 논할 이 사건에서는 위 ⓐ 취하간주된 것이 이 형사사건에 대한 제1심판결 선고 후라 할지라도, ⓑ 고소인의 D에 대한 이 사건 간통고소는 소급하여 그 효력을 상실하게 되고, ⓒ 그 고소가 유효조건을 소급하여 상실한다. 이런 취지로 판시한 원심판단은 적법하고 여기에는 법률위반의 위법사유가 없다. 이 사건에서 보건대 간통의 공동피고인이었던 D2는 이 사건 제1심 법원에서 징역 8월(2년간 집행유예)의 선고를 받고 항소하지 아니함으로써 이미 그 형이 확정되어 버렸기 때문에 위에서 본 고소를 취소한 것으로 간주하는 효력이 공범인 D2에게는 미칠 수가 없다. 그렇다고 하여 위에서 본 이론에 소장(消長=지장)을 가져오는 것이 아니다.(당원 1970.12.22. 선고 70도2240 판결[1] 참조)

---

1) **[이혼심판청구의 소장이 각하된 경우에는 최초부터 이혼심판청구의 소를 제기하지 아니한 것과 같아 간통고소는 소급하여 그 효력을 상실하게 된다]** "형사소송법 제229조 제1항에 의하면 간통고소는 혼인이 해소되거나 이혼소송을 제기한 경우가 아니면 할 수 없다고 규정하고 있으므로 위 고소는 혼인관계의 불존속 또는 이혼소송의 계속을 그 유효조건으로 하고 있음이 분명하고, 위 조건을 구비하지 아니하는 고소는 위 법조에 위반되는 고소이다. 위 고소 당시 이혼소송을 제기하였다 하더라도 그 소장이 각하되는 경우에는 최초부터 이혼소송을 제기하지 아니한 것과 같다. 고소인은 1970.1.12. 본건 간통고소를 하면서 서울가정법원에 이혼심판청구를 하였으나 1970.5.15.자로 소장이 각하되어 종결되었다. 위 소장각하의 효력은 최초부터 이혼심판청구의 소를 제기하지 아니한 것과 같아 그 각하일자가 형사사건의 제1심판결 선고 이후라 하더라도 고소인의 피고인에 대한 본건 간통고소는 소급하

IV 분석과 해설

(가) 다수의견의 논거

다수의견은, ⓐ 간통고소인이 피고소인(D)을 고소한 후에 간통고소인이 "피고소인(D)과 다시 혼인을 하거나 이혼소송을 취하한 때에는 고소는 취소된 것으로 간주한다."(법 제229조 제2항)는 규정을, "고소는 제1심판결 선고 전까지 취소할 수 있다."는 같은 법 제232조 제1항의 예외조항으로 해석하고, ⓑ "제1심판결이 선고된 이후에도, 고소인이 "피고소인(D)과 다시 혼인을 하거나 이혼소송을 취하한 때에는 고소취소 간주의 효력이 있으며", 한걸음 더 나아가서, ⓒ "간통죄의 공동피고인의 한 사람(사안에서는 D2)에 대한 유죄판결이 확정되어 그 사람(사안에서는 D2)에 대하여는 고소취소의 효력을 미치게 할 수 없는 경우라 할지라도 판결이 확정되지 아니한 다른 한 사람(사안에서는 D)에 대하여 고소취소의 효력이 있다고 해석한다.

이 판결을 전후하여 대법원은 이혼소송의 소장이 각하된 경우(94도774)도 고소취소로 간주하고 있으며, 이 경우의 고소취소 간주에는 소급효가 있다(75도1449)고 한다. 항소심에서 이혼소송이 취하되더라도 고소는 소급적으로 효력을 잃어 항소심은 공소기각의 판결을 하게 된다(75도1449, 75도1489).[2] 이혼소송이 청구기각되는 경우에는 논증이 다소 달라지지만 결과는 비슷하다.[3]

고소취소한 자에게는 재고소가 금지되는데(법 제232조 제2항), '간통죄의 고소취소간주자에게도 이 조항이 적용되는가'의 문제에 대하여 대법원은 긍정(95도477)한다. 다수설은 이를 부정한다. 대법원은 또 "고소인이 피고인에 대한 형사고소를 취소하기로 하는 조항이 포함된 내용의 임의조정이 성립된 사정만으로 위 고소인이 고소취소의 의사표시를 한 것으로 보기 어렵다"고 한다.(대법원 2008.11.27. 선고 2008도2493 판결)

여 효력을 상실하게 되고 그 고소가 유효조건을 상실한 이상, 검사의 피고인에 대한 간통 공소는 소추조건을 결한 것이 되어 공소제기절차가 법률의 규정에 위반하여 무효인 때에 해당한다."

2) 고소취소는 제1심판결 선고 전까지 하여야 한다는 판례와 비교하여 보라.

3) **대법원 1985.12.10. 선고 85도2139 판결:** "간통고소는 혼인이 해소되거나 이혼심판청구를 제기한 후가 아니면 할 수 없다(법 제229조 제1항). 따라서 간통고소는 혼인관계의 부존재 또는 이혼심판청구의 계속을 그 유효요건으로 하고 있고 또 이 조건은 공소제기시부터 재판이 종결될 때까지 구비되어야 한다(당원 1975.10.7. 선고 75도1489 판결 및 1975.11.25. 선고 74도2577 판결 참조). 이 조건을 구비하지 아니하는 고소는 이 법조에 위반되는 고소이고 고소당시 이혼심판청구를 제기하였다 하더라도 그 심판청구가 기각되어 확정된 경우에는 이혼소송의 계속도 없어지고 혼인이 해소되지 않은 것으로 확정되므로 위 고소의 유효요건 중 어느 것도 갖추지 못한 것이 되어 그 이후에는 그 간통고소는 부적법하게 된다. 고소인이 1982.7.30 D를 상대로 제기한 이혼소송은 1983.3.16. 청구인의 청구가 기각되고 위 심판은 확정되었고, 검사는 1984.7.31. 이 사건 공소를 제기하였음이 뚜렷하므로 결국 고소인의 이 사건 간통고소는 부적법한 것이고 이 부적법한 고소에 기한 이 사건 공소제기는 그 절차가 법률의 규정에 위반하여 무효인 때에 해당한다."

(나) 반대의견과 그 논거

고소취소 간주의 효력이 미치는 범위를 위 다수의견과 같이 본다면, 고소인의 의사 여하에 따라 간통죄의 필요적 공범자의 한 사람은 처벌되고 다른 한 사람은 처벌이 되지 않는 결과가 발생할 수 있어 재판권행사의 공평관념에 위배될 뿐만 아니라 이런 소송관계의 합일적 확정을 도모하기 위하여 '친고죄의 공범 중 그 1인 또는 수인에 대한 고소 또는 그 취소는 다른 공범자에 대하여서도 효력이 있다'는 이른바 고소와 그 취소에 관한 불가분원칙을 규정한 형사소송법 제233조의 정신과 충돌된다. 그러므로 이혼소송의 취하로 인하여 고소가 취소된 것으로 간주한다는 형사소송법 제229조 제2항은 같은 법 제232조 제1항의 범위 내인 간통죄 사건의 제1심판결이 선고되기 이전에 이혼소송이 취하된 경우에 한하여 그 효력이 발생하는 것이라고 해석하여야 한다.

(다) 대법원 2009.12.10. 선고 2009도7681 판결[4)]

[**사안**] D는 "고소인 V와 혼인신고를 마친 배우자 있는 사람으로서, 2008.2.22. 00:30경 서울 강남구 역삼동 삼정관광호텔 815호실에서 제1심 공동피고인 D2와 1회 성교하고, 2008.6.18. 01:00경 서울 관악구 봉천7동 힐하우스 305호실에서 제1심 공동피고인 D2와 1회 성교하여 각 간통"한 혐의로 기소되었다. V는 D를 상대로 이혼소송을 제기함과 동시에 D를 간통죄로 고소한 다음 2008.12.26. 협의이혼에 따른 이혼신고를 하였다. 제1심은 유죄를 선고하였다. D가 항소하였다. V는 항소심 계속 중이던 2009.6.23. D와 다시 혼인하였다. 그러나 항소심은 D에게 유죄를 선고하였다. D가 상고하였다: [**재판요지**(파기자판)] [고소인(V)이 D와 다시 혼인함으로써 간통고소의 유효조건이 상실되었으므로 이 사건 간통죄의 공소는 그 공소제기의 절차가 법률의 규정에 위반하여 무효인 때에 해당한다.] "1. 형법 제241조 제2항에 의하여 배우자의 고소가 있어야 논할 수 있는 간통죄에 관하여 형사소송법 제229조 제1항은 "혼인이 해소되거나 이혼소송을 제기한 후가 아니면 고소할 수 없다."고 규정함으로써 혼인관계의 부존재 또는 이혼소송의 계속을 간통고소의 유효조건으로 삼고 있고 이 조건은 공소제기시부터 재판이 종결될 때까지 유지되어야 한다(대법원 1975.6.24. 선고 75도1449 전원합의체 판결, 대법원 2008.8.21. 선고 2008도5335 판결 등 참조). 고소인이 D와 이혼하였다가 D에 대한 간통죄의 재판이 종결되기 전에 다시 D와 혼인한 경우에는 간통고소는 혼인관계의 부존재라는 유효조건을 상실하여 소추조건을 결하게 되므로, 결국 공소제기절차가 법률의 규정에 위반하여 무효인 때에 해당하게 된다. 이와 달리 원심은 이 사건 공소제기가 적법하다고 보아 이 사건 공소사실을 유죄로 인정한 제1심판결을 유지하였는바, 이러한 원심의 판단에는 간통

4) 심태규, 제1심판결 선고 후 고소인과의 재혼과 간통고소, 『해설』 82호, 755~767.

고소의 유효조건에 관한 법리를 오해한 위법이 있고, 이는 판결결과에 영향을 미쳤음이 분명하다. 이 점을 지적하는 상고이유의 주장은 이유 있다. 그러므로 원심판결을 파기하되, 이 사건은 소송기록과 원심에 이르기까지 조사된 증거에 의하여 판결하기에 충분하다고 인정되므로, 형사소송법 제396조에 의하여 직접 판결하기로 한다."

(라) 대법원 2011.8.25. 선고 2009도9112 판결

[**사안**] 환송 전 제1심은, D에 대한 공소사실 중 마약류관리에 관한 법률위반(향정), 마약류관리에 관한 법률위반(대마) 등의 점을 유죄로 인정하였으나 '각 간통의 점에 관해서는 배우자인 고소인이 이를 종용하였음'을 인정하여 그 '고소가 효력이 없다'는 이유로 형사소송법 제327조 제2호에 의하여 공소기각판결을 선고하였다. 위 환송 전 제1심판결에 대하여 D와 검사가 항소하여 항소심 절차가 진행되던 중 고소인이 D에 대한 고소를 취소하였다. 항소심은 고소인이 D의 간통을 종용하였다고 볼 수 없어 공소기각 부분이 위법하다는 이유로 간통 부분 및 이와 형법 제37조 전단의 경합범 관계에 있는 나머지 유죄 부분 등 환송 전 제1심판결 전부를 파기하고 사건을 다시 제1심법원에 환송하였다. 환송 후 제1심은 각 간통의 점을 비롯한 공소사실 전부를 유죄로 인정하고 D에 대하여 징역 8월을 선고하였다. D가 항소하였다. 항소심은 마약류관리에 관한 법률위반(대마)죄의 일부 적용법조가 누락되었음을 이유로 환송 후 제1심판결을 직권으로 파기하고 다시 각 간통의 점을 비롯한 공소사실 전부를 유죄로 인정하고 동일한 형을 선고하였다. D가 상고하였다: [**재판요지**(파기환송)] "1. 형사소송법 제232조 제1항은 고소를 제1심판결 선고 전까지 취소할 수 있도록 규정함으로써 친고죄에서 고소취소의 시한을 한정하고 있다. 그런데 상소심에서 형사소송법 제366조 또는 제393조 등에 의하여 제1심의 공소기각판결이 법률에 위배됨을 이유로 이를 파기하고 사건을 제1심법원에 환송함에 따라 다시 제1심 절차가 진행된 경우, 종전의 제1심판결은 이미 파기되어 그 효력을 상실하였으므로, 환송 후의 제1심판결 선고 전에는 고소취소의 제한사유가 되는 제1심판결 선고가 없는 경우에 해당한다. 뿐만 아니라 특히 간통죄의 고소는 제1심판결 선고 후 이혼소송이 취하된 경우 또는 D와 고소인이 다시 혼인한 경우에도 소급적으로 효력을 상실하게 되는 점(대법원 1975.6.24. 선고 75도1449 전원합의체 판결, 대법원 2009.12.10. 선고 2009도7681 판결 참조)까지 감안하면, 환송 후 제1심판결 선고 전에 간통죄의 고소가 취소되면 형사소송법 제327조 제5호에 의하여 판결로써 공소를 기각하여야 한다. 3. 고소인의 위 간통 부분 고소취소는 그 후 항소심에서 종전 제1심의 공소기각판결이 파기되고 사건이 제1심법원에 환송된 후 진행된 환송 후 제1심의 판결이 선고되기 전에 이루어진 것으로서 적법한 고소취소에 해당하므로, 원심으로서는 형사소송법 제327조 제5호에 의하여 각 간통의 점에 대한 공소를 기각하였어야 한다. 그럼에도 원심은 D에 대한 각 간통의 공소사실에 관한 실체판단에 나아가 이를 유죄로 인정하고 이는 나머지 범죄사실과 형법 제37

조 전단의 경합범 관계에 있다고 하여 그 전부에 대하여 하나의 형을 선고하였으니, 원심판결에는 친고죄의 고소취소 시기에 관한 법리를 오해하여 판결에 영향을 미친 위법이 있고, 이를 지적하는 상고이유의 주장은 이유 있다."

(마) 관련 판례

1) 고소를 취소한 자에게는 재고소가 금지된다(법 제232조 제2항). 간통죄의 고소취소간주자에게도 재고소가 금지되는가? 대법원은 긍정(95도477)하지만 다수설은 부정한다.

2) "고소인이 피고인에 대한 형사고소를 취소하기로 하는 조항이 포함된 내용의 임의조정이 성립된 사정만으로 위 고소인이 고소취소의 의사표시를 한 것으로 보기 어렵다."(대법원 2008.11.27. 선고 2008도2493 판결)

3) 필요적 공범인 상간자의 한 사람에 대하여 이미 제1심판결이 선고되어 그 사람에 대하여 고소취소의 효력이 미칠 수 없는 경우에는 비록 다른 한 사람에 대하여 아직 공소의 제기나 제1심판결이 선고되기 이전이라 하더라도 벌써 그 고소를 취소할 수가 없고 그 고소의 취소가 있다 하더라도 그 효력을 발생할 수 없다.(1975.6.10. 선고 75도204 판결) "원심은, 피고인(D)이 배우자가 있는 D2와 정교하여 간통을 하였다고 하는 공소 사실에 대하여 D2의 남편(고소인)인 O로부터 이 사건 공소가 제기되기 이전인 1974.10.에 이미 고소의 취소가 있었다는 이유로 형사소송법 제327조 제2호를 적용하여 공소를 기각하고 있다. 그러나 이 사건 간통죄와 같은 친고죄에서는 그 고소의 취소는 제1심판결 선고 전까지 이를 할 수 있다고 형사소송법 제232조 제1항이 규정하고 있고 또 같은 법 제233조의 이른바 고소와 그 취소에 관한 불가분의 원칙이 적용되는 결과 필요적 공범인 상간자의 한 사람에 대하여 이미 제1심판결이 선고되어 그 사람에 대하여 고소취소의 효력이 미칠 수 없는 경우에는 비록 다른 한 사람에 대하여 아직 공소의 제기나 제1심판결이 선고되기 이전이라 하더라도 벌써 그 고소를 취소할 수가 없고 그 고소의 취소가 있다 하더라도 그 효력을 발생할 수 없다. 상간자인 D2는 1974.9.26. 대전지방법원 공주지원에서 간통죄로 징역 10월이 선고되었음이 분명하고, O가 이 사건 고소를 취소한 것은 비록 피고인에 대한 공소가 제기되기 전이기는 하나 D2에 대한 제1심판결이 선고된 이후인 1974.10.임이 명백하다. 그렇다면 이러한 경우 O의 고소취소는 그 효력을 발생할 수 없다."

2.16

간통고소취소·반의사불벌죄의 처벌불원의 의사표시의 시한

대법원 1988.3.8. 선고 85도2518 판결

I 사 안

D는 "부산 북구 구포2동 1048의4 소재 근호여관을 경영하는 자로서, 1984.2.25. 15:30경 위 여관에서 V(당시 50세)가 'D에게 맡겨 둔 금 247,900원을 돌려달라'고 한 것이 발단이 되어 V와 싸우던 중 V의 멱살을 잡아 밀고 당겨 넘어뜨리는 등으로 V에게 상해를 가한" 혐의로 기소되었다. 제1심은 무죄를 선고하였다. 검사가 항소하였다. V는 이 사건 발생 이후 D에 대한 처벌의사를 밝히지 않고 있었다. 수사과정에서 V의 D에 대한 처벌의사에 관하여는 조사가 되지 아니하였다. 제2심 공판절차에서 검사는 폭행죄를 예비적 공소사실로 추가하는 공소장변경을 신청하였고 이 신청은 허가되었다. 그 후 V가 처벌의사가 없음을 명시하여 진술하였다. 항소심은 "폭행죄와 같은 소위 반의사불벌죄에서 피해자의 명시한 처벌의사의 철회는 제1심판결 선고 전까지만 할 수 있게 규정되어 있으나, 이 사건처럼 항소심에서야 비로소 반의사불벌죄로 공소장변경이 된 경우에는 항소심이 실질상 제1심인 셈이므로 그 처벌을 희망하는 의사의 철회는 공소장의 변경이 있는 항소심의 판결선고 전까지 유효하게 할 수 있다"면서 공소를 기각하였다. 검사가 상고하였다.

II 쟁 점

제1심에서는 비반의사불벌죄(혹은 비친고죄)로 기소되어 심리된 사건이 항소심에 이르러 반의사불벌죄(혹은 친고죄)로 공소장변경이 되면 항소심인 제2심이 사실상 제1심으로 기능하는 것이므로 이런 경우에는 항소심 변론종결 전까지 처벌불원의 의사표시를 할 수 있는 것으로 해석할 수 있는가?

III 재판요지 (파기자판)

형사소송법 제232조 제1항, 제3항의 취지는 국가형벌권의 행사가 피해자의 의사에 의하여 좌우되는 현상을 장기간 방치할 것이 아니라 제1심판결 선고 이전까지로 제한하자는 데 그 목적이 있다. 비록 항소심에 이르러 비로소 반의사불벌죄가 아닌 죄에서 반의사불벌죄로 공소장변경이 있었다 하여 항소심인 제2심을 제1심으로 볼 수는 없다. 피해자는 항소심에서 처벌을 희망하지 아니하는 의사를 명시하였지만 그것은 처벌을 희망하는 의사표시를 철회하는 경우와 마찬가지로 제1심판결 선고 전까지만 할 수 있다.[1)]

---

1) 참고로 파기자판한 대법원의 '법령의 적용'을 소개한다. "법률에 비추건대 D의 판시 소위는 형법 제260조 제1항에 해당하는 바, 소정형 중 **벌금형을 선택**하고 벌금등임시조치법 제4조 제1항에 의하여

IV
분석과 해설

(가) 고소와 처벌불원의 의사표시를 할 수 있는 시한

친고죄 고소는 제1심판결 선고 전까지 취소할 수 있으며(법 제232조 제1항) '피해자의 명시한 의사에 반하여 죄를 논할 수 없는 반의사불벌죄' 사건에서 '처벌을 희망하는 의사표시의 철회'에 관하여도 이 조항이 준용된다(법 제232조 제3항). 법 제232조의 고소 또는 처벌불원의 의사표시 등은 친고죄 또는 반의사불벌죄의 그것을 의미한다. 반의사불벌죄의 피해자가 수사과정에서는 아무 의사표시를 하지 않고 있다가 공판정에서 비로소 '처벌을 희망하지 아니하는 의사'(처벌불원의 의사)를 명시하는 경우에는 어떤가?

이 경우에도 처벌을 희망하는 의사표시의 철회의 경우와 마찬가지로 피해자는 제1심판결 선고시까지 그 의사표시를 유효하게 할 수 있다.[2)]

그런데 항소심에 이르러 비로소 반의사불벌죄가 아닌 죄에서 반의사불벌죄로 공소장 변경이 있으면 항소심인 제2심이 사실상 제1심으로 기능하는 것이므로 이런 경우에는 항소심 변론종결 전까지 처벌불원의 의사표시를 할 수 있는 것으로 해석함이 공평한 것이 아닐까 하는 의문이 제기된다. 이 의문을 풀려면 고소취소·처벌을 원하는 의사표시의 철회의 시기를 제1심판결 선고 전까지로 제한한 이유를 검토할 필요가 있다.

(나) 고소취소·처벌을 원하는 의사표시의 철회의 시기를 제1심판결 선고 전까지로 제한한 이유

고소취소·처벌을 원하는 의사표시의 철회의 시기를 제1심판결 선고 전까지로 제한한 실질적 근거는 '국가사법권이 장기간 사인의 의사에 좌우됨을 방지하기 위한 것'이라고 설명되고 있다(통설과 본 판결). 아마도 본 판결은 그런 실질적 이유 이외에 첫째, 고소와 처벌을 희망하는 의사표시의 취소시기를 제1심판결 선고 전까지로 제한하는 명문규정이 있고, 둘째, 공소장의 변경으로 제2심에서 비로소 현실적인 심판대상이 된 범죄사실도 제1심부터 잠재적인 심판대상

증액한 금액의 범위 내에서 D를 벌금 50,000원에 처하고, 형법 제70조, 제69조 제2항에 의하여 위 벌금을 납입하지 아니하는 경우 1일을 금 5,000원으로 환산한 기간 D를 노역장에 유치할 것이나 D는 초범(初犯)이고, 이 사건 범행은 그 사안이 아주 경미(輕微)하고 그 범행의 경위에 참작할 바가 있는 점 등 그 정상에 참작할 만한 사정이 있고 또 개전(改悛)의 정이 있으므로 형법 제59조 제1항에 의하여 D에 대한 위 '**형의 선고를 유예**'하기로 한다. 이상과 같은 이유로 원심판결 중 예비적 공소사실에 관한 부분을 위와 같이 파기자판하고, 주위적 공소사실에 관한 상고는 이를 기각하기로 하여 관여법관의 일치된 의견으로 주문과 같이 판결한다."

2) 대법원 1986.3.25. 선고 86도325 판결.

이 되어 있었으며, 셋째, '피해자는 특정의 죄에 대하여 고소 또는 그 취소를 하는 것이 아니고 어느 범죄사실 전체 또는 가해자에 대하여 이를 하는 것'이라는 점 등도 고려한 것으로 보인다. 그러나 '항소심에서 비로소 반의사불벌죄로 공소장이 변경된 경우에는 항소심이 실질상 제1심인 셈이므로 그 처벌을 희망하는 의사의 철회는 공소장의 변경이 있는 항소심의 판결선고 전까지 유효하게 할 수 있다'는 항소심의 논증이 더 설득력이 있음을 부정할 수 없다.

(다) 고소의 취소나 처벌을 희망하는 의사표시의 철회의 상대방(대법원 2012.2.23. 선고 2011도17264 판결)

"고소의 취소나 처벌을 희망하는 의사표시의 철회는 수사기관 또는 법원에 대한 법률행위적 소송행위이므로 공소제기 전에는 고소사건을 담당하는 수사기관에, 공소제기 후에는 고소사건의 수소법원에 대하여 이루어져야 한다."

제3절 임의수사와 강제수사

2.17

임의동행의 적법성의 요건

대법원 2006.7.6. 선고 2005도6810 판결[1)]

I 사 안

D는 2004년 9월 현금·수표 절도사건을 수사하던 사법경찰관(이하 'P'로 약칭함) 등과 함께 임의동행 형식으로 화천경찰서에 출석하였다. 6시간이 지난 후 P는 D에게 긴급체포의 절차를 밟았다. D는 그 후 경찰이 입감서류를 작성하느라 감시가 소홀한 틈을 타 경찰서를 빠져나갔다. D는 '긴급체포된 뒤 경찰의 허락 없이 경찰서를 빠져나간 행위'에 대해 도주죄 혐의로 기소되었다. 제1심과 항소심은 "D에 대한 동행이 임의성을 결여하였고, 따라서 그 실질은 영장을 발부받지도 않은 채 이루어진 강제연행, 즉 체포에 해당하며, 이에 이은 긴급체포도 적법한 것으로 볼 수 없어 D가 형법 제145조 제1항 소정의 도주죄의 주체가 될 수 없다"며 D에게 무죄를 선고하였다. 검사가 상고하였다. D가 경찰서에 임의동행된 사정은 다음과 같다.

① P 등이 D를 동행한 시각은 동틀 무렵인 새벽 06:00경이었고, 그 장소는 D의 집 앞이었으며, 그 동행방법은 4명의 경찰관들이 D의 집 부근에서 약 10시간 동안 잠복근무를 한 끝에 새벽에 집으로 귀가하는 D를 발견하고 4명이 한꺼번에 차에서 내려 D에게 다가가 피의사실을 부인하는 D가 동행되었다. ② P는 D4(D의 누나로서 도난당한 수표를 D로부터 건네받았다고 진술하였다)를 임의동행 형식으로 경찰서로 동행하였다. P는 D4의 진술서와 진술조서를 근거로 삼아 D를 현장에서 긴급체포하려고 하였으나 D가 혐의사실을 완강히 부인하고, D4의 진술 외에 확실한 증거가 없었기 때문에 현장에서 바로 D를 긴급체포하면 보강증거를 찾기에는 시간이 너무 부족한 것 같아 D의 동의를 얻은 후 임의동행하려고 하였다. P는 애당초 D를 긴급체포할 의사로 D의 집으로 갔고 ③ P가 D에게 동행을 요구할 당시 D에게 'D4가 이야기한 절도 사실'에 대하여 고지하니 D가 혐의내용을 완강히 부인하여 '경찰서에 가서 확인을 해 보고 D의 이야기가 맞으면 그냥 돌아가도 좋다'고 설득하였다. 이때 P는 D에게 '동행 요구에 응하지 않아도 된다'는 점을 고지하지 아

1) 정창호, 『해설』 66호 참조

니하였다. ④ D가 경찰서에서 화장실에 갈 때 경찰관 1명이 따라와 감시하였다.

II 쟁 점

임의동행은 경찰관이 피의자의 동의 또는 승낙을 얻고 어떤 강제력도 행사함이 없이 그를 경찰서로 동행하여야 적법하다. 그러나 경찰관이 피의자의 동의를 얻고 동행하였는지를 판단하는 것이 쉽지 않다. 여기서 임의성의 판단기준이 문제된다.

III 재판요지 (상고기각)

형사소송법 제199조 제1항은 "수사에 관하여 그 목적을 달성하기 위하여 필요한 조사를 할 수 있다. 다만, 강제처분은 이 법률에 특별한 규정이 있는 경우에 한하며, 필요한 최소한도의 범위 안에서만 하여야 한다."고 규정하여 임의수사의 원칙을 명시하고 있는바, ⓐ 수사관이 수사과정에서 당사자의 동의를 받는 형식으로 피의자를 수사관서 등에 동행하는 것은, ⓑ 상대방의 신체의 자유가 현실적으로 제한되어 실질적으로 체포와 유사한 상태에 놓이게 됨에도, 영장에 의하지 아니하고 그 밖에 강제성을 띤 동행을 억제할 방법도 없어서 제도적으로는 물론 현실적으로도 임의성이 보장되지 않을 뿐만 아니라, 아직 정식의 체포·구속단계 이전이라는 이유로 상대방에게 헌법 및 형사소송법이 체포·구속된 피의자에게 부여하는 각종의 권리보장 장치가 제공되지 않는 등 형사소송법의 원리에 반하는 결과를 초래할 가능성이 크므로, ⓒ '수사관이 동행에 앞서 피의자에게 동행을 거부할 수 있음을 알려주었거나 동행한 피의자가 언제든지 자유로이 동행과정에서 이탈 또는 동행장소로부터 퇴거할 수 있었음이 인정되는 등 오로지 피의자의 자발적인 의사에 의하여 수사관서 등에의 동행이 이루어졌음이 객관적인 사정에 의하여 명백하게 입증된 경우에 한하여, 그 적법성이 인정된다.' ⓓ 형사소송법 제200조 제1항에 의하여 검사 또는 사법경찰관이 피의자에 대하여 임의적 출석을 요구할 수는 있겠으나, 그 경우에도 수사관이 단순히 출석을 요구함에 그치지 않고 일정 장소로의 동행을 요구하여 실행한다면 위에서 본 법리가 적용되고, ⓔ 행정경찰 목적의 경찰활동으로 행하여지는 경찰관직무집행법 제3조 제2항 소정의 질문을 위한 동행요구도 형사소송법의 규율을 받는 수사로 이어지는 경우에는 역시 위에서 본 법리가 적용된다.

ⓕ 사법경찰관이 D를 동행할 당시에 물리력을 행사한 바가 없고, D가 명시적으로 거부의사를 표명한 적이 없다고 하더라도, P가 D를 수사관서까지 동행한 것은 위에서 본 적법요건이 갖추어지지 아니한 채 P의 동행 요구를 거절할 수 없는 심리적 압박 아래 행하여진 사실상의 강제연행, 즉 불법 체포에 해당한다. ⓖ P가 그로부터 6시간 상당이 경과한 이후에 비로소 D에 대하여 긴급체포의 절차를 밟았다고 하더라도 이는 동행의 형식 아래 행해진 불법 체포에 기하여 사후적으로 취해진 것에 불과하므로, 그와

같은 긴급체포 또한 위법하다고 아니할 수 없다. ⓗ 따라서 D는 불법체포된 자로서 형법 제145조 제1항 소정의 '법률에 의하여 체포 또는 구금된 자'가 아니어서 도주죄의 주체가 될 수 없다. 원심이 이 사건 D에 대한 수사관서로의 동행이 부적법하다고 판단함에 있어서 설시한 이유는 위의 법리와는 다소 달라 적절하지 아니한 점이 없지 아니하나, D에 대한 수사관서로의 동행과 이에 이은 긴급체포를 불법으로 보아 D에 대한 도주의 공소사실을 무죄로 판단한 조치는 결론에 있어 정당하다.

IV 분석과 해설

(가) 수사기관이 임의동행을 선호하는 이유[2)]

임의동행은 구속영장의 발부와 집행을 위한 신병확보의 목적으로 행하여지는 경우가 적지 않다. 수사기관은 구속대상자를 임의동행의 형식으로 수사관서에 데려간 후 48시간 정도의 범위 내에서 구속영장의 신청과 발부의 절차를 밟는다. 이렇게 하면 신병확보기간이 길어지므로 좋고 구속영장이 발부되면 이미 피의자의 신병이 확보되어 있어 구속집행이 용이하게 된다. 이런 이유로 수사기관은 즐겨 임의동행을 요구하고 있다.

(나) 임의성의 판단기준

임의동행의 핵심은 '임의성'에 있다. 피의자는 강제연행이라고 주장하는 사안을 수사기관은 임의동행이라고 주장하는 경우가 많다. 그러므로 임의동행인지 강제연행인지는 당사자의 주장이나 외견적 형식으로 판단할 일이 아니고 동행의 실질을 직관하여야 할 일이다. 동의라는 외형적 형식과 달리 수사기관의 임의동행 요청이 있으면 상대방이 심리적으로 위축되어 사실상 동행요구를 거절하기 곤란한 때가 있으므로[3)] 실질상 임의동행인지 아닌지를 잘 가려낼

---

2) 이하의 서술은 이재홍, 「임의동행과 적법절차」, 대법원 1985.7.29.자 85모16 결정(재정신청기각결정에 대한 재항고)에 대한 평석. 『법과 정의; 경사 이회창 선생 화갑기념』 참조. 임의동행이란 '수사기관이 범죄용의자나 피의자의 동의를 얻어 이들을 수사관서로 데려가서 수사를 계속하는 수사방법'을 말한다. 본 판례는 임의동행을 "ⓐ 수사관이 수사과정에서 당사자의 동의를 받는 형식으로 피의자를 수사관서 등에 동행하는 것"으로 정의하고 있다.

3) **[디지털조선 2004.6.18 18:30 41 입력]** "일단 가시죠." 검찰이나 경찰 수사관들이 잘 쓰는 말이다. 이를 어려운 말로는 '임의동행'이라고 한다. 수사기관이 현행범이 아닌 피의자 등을 필요에 의해 임의로 데려가 조사한다는 뜻이다. 문제는 무슨 이유인지 알려주지도 않고, 영문을 안다 해도 거부할 방도가 없기 때문에 말이 '임의'이지 사실은 '강제'나 다름없다는 데 있다. 실제로 경찰관직무집행법은 피의자 등의 '동의'를 얻어야만 영장 없이 임의동행이 가능하다고 되어 있다. 그럴 경우에도 수사기관은 6시간 이내에 조사를 마쳐야 한다. 위협적인 분위기를 조성하여 피의자가 임의동행을 거부할 수 없도록 했다면 불법체포에 해당된다는 대법원 판례(2001년 2월)도 있다. 그러나 역시 현실은 법전과 다르다. 임의동행과정에서 6시간 규정은 아무도 알려주지 않는다. 지난 4월 경찰조사를 받았던 윤모씨는 "당시 경찰서에 가지 않으면 긴급체포하겠다고 해서 어쩔 수 없이 따라갔다"고 했다. 대기업 건설회사 전 임원인 김모씨는 99년 9월 자택에서 임의동행 형식으로 인천지검으로 간 뒤 영장도 없이 70시간이

필요가 있다. 임의성의 존부는 "동행의 시간과 장소, 동행의 방법과 동행거부 의사의 유무, 동행 이후의 조사방법과 퇴거의사의 유무 등 여러 사정을 종합하여 객관적인 상황을 기준"으로 판단하여야 한다.[4] 심야에 자던 사람을 깨워 임의동행을 요구하면서 팔짱을 끼는 등 거절할 수 없는 분위기를 형성하였다면 임의성을 인정하기 어려우므로 불법체포에 해당한다. "ⓕ 사법경찰관이 피의자를 동행할 당시에 물리력을 행사한 바 없고, 피의자가 명시적으로 거부의사를 표명한 적이 없다고 하더라도 사법경찰관의 동행 요구를 피의자가 거절할 수 없는 심리적 압박아래 감행"되었다면 사실상의 강제연행(불법체포)에 해당된다.[5]

임의동행을 요구받는 시민(피의자. 참고인)은 임의동행의 개념을 제대로 이해하기 어려웠고, 상당수는 실제로 범죄를 저지른 사람들이었기에 감히 이에 항의하지 못하는 수가 많았다. 심지어 상대방은 '실제로 죄가 없는 경우에도 공연히 수사기관을 건드려서 좋을 것이 없다'는 인식 하에 부적법한 임의동행요구에 순응하는 예도 많다. 이와 같은 현실은 오랜 뿌리를 가지고 있다. 일제강점기 조선형사령 제12조 등에 의하여 수사기관에게 인정되었던 고유의 강제처분권은 1948년 미군정법령 제176호 형사소송법의 개정을 계기로 폐지되었고, 헌법은 강제처분에 법관의 영장을 요하도록 하는 영장주의를 헌법상의 원칙으로 도입하였다 그러나 용의자의 신병부터 확보하여 조사를 진행하던 종래의 수사관행은 그 편의성 때문에 좀처럼 사라지지 않고 있다.

(다) 임의성의 입증책임

본 판례에서 가장 주목하여야 할 점이 임의성의 입증책임 문제이다. 본 판례는 "ⓒ 수사관이 동행에 앞서 피의자에게 동행을 거부할 수 있음을 알려 주었거나 동행한 피의자가 언제든지 자유로이 동행과정에서 이탈 또는 동행

넘게 조사를 받았다고 주장했다. 이 사건은 국가인권위원회를 거쳐 지금 검찰에서 조사 중이다. 2003년 5월 형사정책연구원이 조사한 '범죄수사절차상 피의자 인권침해실태'에서는 임의동행 남발이 심각한 것으로 드러났다. 구치소 수감자 692명 중 132명이 임의동행으로 끌려와 조사받은 뒤 구속됐다고 응답했다. 이 중 수사관들로부터 임의동행 이유와 목적을 설명받지 않았거나, 수사관들의 신분과 소속조차 듣지 못한 경우가 132명 중 각각 32.6%(43명), 15.2%(20명)에 이르렀다. 특히 임의동행을 거부했음에도 불구, 강제로 연행된 사례도 4명 중 1명꼴이나 됐다. 모두 탈법수사 시비가 일 수 있는 것이다. 학계에서 "임의동행을 남발하는 것은 수사를 공짜로 하자는 셈"이라는 지적이 나오는 것도 이 때문이다. 경찰관이 "동행을 거부할 수도 있으나, 거부하더라도 강제로 연행할 수 있다"고 말하여 피의자가 동행에 응하였다면 강제연행으로 보아야 한다(⇨본서 6.4 참조)

4) 대법원 1993.11.23. 선고 93다35155 판결; *U.S. v. Mendenhall*(1980)

5) "실제의 임의동행은 동의라는 외형적 형식에도 불구하고 수사기관의 임의동행 요청이 있으면 상대방이 심리적으로 위축되어 사실상 동행요구를 거절하기 곤란하다는 점에서 실질상 임의동행이 아닌 경우가 많은 것이 현실"(박희태, 구속제도의 개선모색, 『검찰』 93집, 1-66, 51 참조)이다.

장소로부터 퇴거할 수 있었음이 인정되는 등 오로지 피의자의 자발적인 의사에 의하여 수사관서 등에의 동행이 이루어졌음이 객관적인 사정에 의하여 명백하게 입증된 경우에 한하여 그 적법성이 인정"된다고 판시하여 **임의성의 입증책임을 동행을 요구하는 수사기관에게 부여**하고 있다.[6)]

(라) 본 논증의 적용범위: '행정경찰 목적의 동행요구'에도 적용이 있다

첫째, 임의동행을 극단적으로 부정하는 학설은 "임의동행은 형사소송법상 직접적인 명문규정이 없고, 심리적 압박의 정도나 자발적 상실의 정도가 임의출석의 경우보다 훨씬 크므로, 임의출석은 허용하되 임의동행은 수사절차상 허용될 수 없다"는 등의 사유로 임의동행제도의 폐지를 주장한다.[7)] 그러나 본 판례는 그런 입장은 아니다.

둘째, 임의동행에는 형사소송법 제199조 제1항의 '임의수사로서의 임의동행'과 경찰관직무집행법의 '직무질문을 위한 임의동행'의 두 가지가 있다. 전자는 수사가 개시되어 입건된 범죄의 피의자를 수사기관이 상대방의 동의와 승낙을 얻어 경찰서로 데려가는 것이고 본 판례사안의 임의동행은 이에 해당한다. 후자는 아직 입건되지 않은 범죄의 피의자이거나 신원이 확인되지 않은 범죄혐의자를 그의 동의와 승낙을 얻어 경찰서로 데려가는 것이다. 예를 들어 불심검문(경직법 제3조 제1항)을 하는 것이 당해인에게 불리하거나 교통의 방해가 된다고 인정되는 때에 경찰관이 그에게 질문을 하려고 부근의 경찰서 등에 동행할 것을 요구하였는데 상대방이 이를 거절하지 않고 이에 응하여 경찰서 등에 동행하는 것이 이에 해당한다. 이 경우에 당해인은 경찰관의 요구를 거절할 수 있다(경직법 제3조 제1항). 본 판례는 "ⓔ 행정경찰 목적의 경찰활동으로 행하여지는 경찰관직무집행법 제3조 제2항 소정의 질문을 위한 동행요구도 형사소송법의 규율을 받는 수사로 이어지는 경우에는 역시 위에서 본 법리가 적용" 된다고 판시하여 경찰관직무집행법의 '직무질문을 위한 임의동행'에도 형사소송법 제199조 제1항의 '임의수사로서의 임의동행'의 법리를 적용하고 있다.

(마) 불법체포 후의 긴급체포

실질적인 불법체포 후에 '요건이 구비된 적법한 긴급체포'를 하면 이 나중

6) 정경식, 임의수사와 강제수사의 한계, 『한옥신 박사환력기념, 현대형사법학의 과제(하)』, 103~124, 110.

7) 곽상욱, 불법인신구속에 대한 검찰의 통제기능, 『검찰』, 1989-1, 143.

의 긴급체포로 말미암아 최초의 불법체포의 흠이 치유된 것으로 볼 것인가? 본 판례는 "ⓖ P가 그로부터 6시간 상당이 경과한 이후에 비로소 D에 대하여 긴급체포의 절차를 밟았다고 하더라도 이는 동행의 형식아래 행해진 불법체포에 기하여 사후적으로 취해진 것에 불과하므로, 그와 같은 긴급체포 또한 위법하다"고 판시하여 부정하는 입장이다.

2.18

함정수사의 법리

대법원 2004.5.14. 선고 2004도1066 판결; 대법원 2005.10.28. 선고 2005도1247 판결

I 사 안

D, D2는 스스로 히로뽕을 매수하거나 밀수입할 의사가 전혀 없었는데, D2의 애인이었던 마약정보원 A가 "서울지검 마약1반의 정보원인 A2가 마약반에서 많은 역할을 하던 중 또 다른 정보원의 배신으로 구속되게 되었다. 마약반의 계장 A3와 계장 A4가 A2의 공적(다른 마약범죄에 대한 정보를 제공하여 수사기관의 수사를 도운 공적)을 만들어 A2를 빼내려 한다. 그렇게 하려면 수사기관이 수사에 사용할 히로뽕을 구해야 하니, 수사기관을 돕기 위하여 히로뽕을 좀 구해 달라. 히로뽕을 구입하여 오면 검찰에서 D, D2의 안전을 보장한다고 하였다"고 이야기할 뿐만 아니라 심지어 히로뽕을 구입할 자금까지 교부하면서 D2에게 집요하게 부탁을 하여 비로소 D2가 A 및 검찰을 돕기로 마음먹고 D에게 그와 같은 사정을 다 이야기하면서 히로뽕의 매입을 의뢰하였고, D도 그에 따라 비로소 히로뽕을 매입하여 D2에게 교부하기로 마음먹고 범행에 이르게 되었다. D, D2가 위 마약을 밀수입하는 순간 A의 제보로 인천국제공항에서 체포되었음에도 검찰계장 A3는 A2의 제보로 D, D2가 체포된 것으로 공적사항 수사보고서를 작성하여 보고하였으며, A3가 D, D2의 범행 직전인 2003.3.6. A에게 1,000만 원을 송금하고, A는 그 즈음 D2에게 580만 원을 송금하는 등의 방법으로 교부하였다. 항소심은 유죄를 선고하였는데 D, D2가 상고하였다. 대법원은 "이와 같은 사정 하에서라면 원래 중국까지 가서 히로뽕을 매입하여 밀수입할 의도가 없었던 D, D2가 수사기관의 사술이나 계략으로 범의를 일으켜 이 사건 범행을 결행하게 되었을 가능성을 완전히 배제할 수 없다. 원심법원으로서는 (중략) 과연 D, D2가 수사기관의 사술에 의하여 이 사건 범행을 할 범의를 일으켰는지에 관하여 판단을 하였어야 할 것임에도 이러한 점들에 대하여 심리가 미진하다"(대법원 2004.5.14. 선고 2004도1066 판결)며 파기환송하였다. 제2차 항소심은 "D2와 D에 대한 공소는 범의를 가지지 아니한 사람에게 수사기관이 범행을 적극 권유하여 범의를 유발케 하고 범죄를 행하도록 한 뒤 범행을 저지른 사람의 그 범죄행위를 문제 삼아 공소를 제기하는 것"이므로 "적법한 소추권의 행사로 볼 수 없고 형사소송법 제327조 제2호에 규정된 공소제기의 절차가 법률의 규정에 위반하여 무효인 때에 해당한다"는 이유로 공소기각 판결을 선고하였다. 검사가 상고하였다.

II
쟁 점

함정수사는 적법한 수사방법인가? 함정수사임이 드러난 경우 법원은 어떤 조치를 취하여야 하는가?

III
재판요지
(상고기각)

ⓐ 범의를 가진 자에 대하여 단순히 범행의 기회를 제공하거나 범행을 용이하게 하는 것에 불과한 수사방법이 경우에 따라 허용될 수 있음은 별론으로 하고, ⓑ 본래 범의를 가지지 아니한 자에 대하여 수사기관이 사술이나 계략 등을 써서 범의를 유발케 하여 범죄인을 검거하는 함정수사는 위법함을 면할 수 없고, 이러한 ⓒ 함정수사에 기한 공소제기는 그 절차가 법률의 규정에 위반하여 무효인 때에 해당한다(대법원 2005.10.28. 선고 2005도1247 판결).

IV
분석과 해설

(가) 함정수사의 개념

수사관 또는 그 협력자·경찰정보원이 함정(올가미, entrapment)을 파 놓고 함정에 빠지기 쉬운 피유인자(주로 전과자)로 하여금 범죄를 행하도록 유인하고 그 피유인자가 범행을 개시한 후에 물증을 포착하고 이어서 수사→공소제기와 공소유지로 연결시키는 수사방법이 함정수사이다. 성매매·인신매매 사범이나 마약사범·도박사범·아동 포르노그라피 사범처럼 범행이 자주 행하여지고 있지만 외부적으로 흔적을 남기지 아니하고 은밀히 행하여지기 때문에 통상의 수사방법으로는 좀처럼 검거가 어려운 경우에 수사관이 종종 이 방법을 사용하고 있다. 함정수사는 표면적으로 강제수사라고 하기 어려우므로 영장주의 위반 등을 이유로 그 위법성을 논단하기는 어렵다. 그러나 범죄의 예방과 방지를 그 임무로 하는 국가기관이 함정을 파 놓고 취약자(피유인자)의 범죄를 유발하는 측면이 있기 때문에 다른 측면(수사의 신의칙과 국가행위의 청렴성, 수사조건론의 문제의식)에서 그 위법성이 검토되어야 한다.

(나) 함정수사의 소송법적 쟁점들

함정에 빠진 자가 현행범 등의 이유로 체포·구속되었거나 기소되었을 때 ㉮ 그 체포·구속은 적법한가, ㉯ 함정수사를 수단으로 획득한 수사자료·증거를 토대로 기소한 경우에 그 기소는 적법·유효한지 여부(부적법·무효로 보는 견해는 함정수사에 기초한 기소를 공소권남용의 한 태양으로 간주한다), ㉰ 함정수사로 획득한 증거물을 증거로 사용해도 좋은가 여부, ㉱ 법원은 함정에 빠진 피고인에게 유죄판결을 해도 좋은가 여부 등이 문제되고 있다.

(다) 종래의 판례·학설

(1) 위법성 판단기준에 관한 '기회제공형=적법/범의유발형=위법설'

2009년 현재까지 선고된 대법원 판례를 종합하면 판례설의 내용은 '함정수사를 ㉠ 기회제공형과 범의유발형으로 나누어 기회제공형은 위법성이 없어 허용되는 임의수사이고 ㉡ 범의유발형의 함정수사만이 위법한 함정수사이며, ㉢ 기회제공형의 함정수사는 ㉮, ㉯, ㉰, ㉱의 쟁점에서 아무 문제가 없다'[1]는 것이었다. 통설의 입장도 이와 크게 다르지 아니하다. '기회제공형 적법/범의유발형 위법설'은 위법으로 판단되는 함정수사의 범위를 매우 좁히는 결과를 초래하였다. 예를 들어 2001년 현재까지 법원이 '범의유발형의 위법한 함정수사'로 인정한 사례는 단 한 건도 없었으며 2004년 판결(대법원 2004.5.14. 선고 2004도1066 판결)에도 대법원이 ㉮, ㉯, ㉰, ㉱의 쟁점에 대하여 어떤 입장을 취하고 있는지를 분석할 수 있는 단서는 제공되지 아니하였다. 그런데 2005년 판결(대법원 2005.10.28. 선고 2005도1247 판결)은 ㉮, ㉯, ㉰, ㉱의 문제에 대하여 좀 더 명확한 입장을 표명하고 있기 때문에 주목된다.

(2) '기회제공형 적법/범의유발형 위법설'에 대한 심층 분석 종래의 대법원의 입장은 함정수사의 상대방이 '사전 범의'(predisposition)를 갖고 있었느냐를 문제삼고 있으므로 주관설(subjective test)로 평가할 수 있다. 주관설은 '함정수사의 상대방이 범의를 갖고 있지 않은 상태에서 수사기관의 권유, 설득 등의 함정설정행위로 범의가 유발되어 상대방이 범행에 나간 경우만을 위법한 함정수사인 범의유발형에 해당한다'고 보는 사고방식이다. 상대방의 사전 범의 유무를 확인하기 위하여 소추측은 동종의 전과기록, 동종의 행위를 감행한 사례, 특별한 범행수법의 수행 여부 등의 증거를 수집하여 제출하게 된다. 주관설은 함정수사의 위법성판단의 포인트를 '수사기관의 유발행위'보다는 오히려 범죄를 범하려는 행위자 자신이 갖고 있는 기존의 의사의 행태에서 찾고 있는 셈이다.

(3) 함정수사의 위법성판단기준으로서의 객관설의 등장 객관설(objective test)은 함정수사의 위법성을 판단하는 포인트를 대상자의 의사보다는 수사기관의 함정설정행위(유인행위)에 놓는다. 객관설은 대상자에게 사전 범의가 없는데 수사기

1) "함정수사라 함은 본래 범의를 가지지 아니한 자에 대하여 수사기관이 사술이나 계략 등을 써서 범죄를 유발케 하여 범죄인을 검거하는 수사방법을 말하는 것이므로 범의를 가진 자에 대하여 범행의 기회를 주거나 범행을 용이하게 한 것에 불과한 경우에는 함정수사라고 말할 수 없다. 피고인이 미국으로부터 물품을 밀수입할 것을 먼저 데이비드 엘·영에게 제의하였음을 알 수 있으니 피고인은 본래 범의를 가진 자라 할 것이니 여기에 함정수사라는 관념이 개재할 수 없다."(대법원 1983.4.12. 선고 82도2433 판결; 같은 취지로 대법원 1992.10.27. 선고 92도1377 판결)

관이 이를 유발한 경우는 물론이고 대상자에게 사전 범의가 있는 경우라 하더라도 수사기관의 활동이 지나치게 충동적이고 비신사적인 경우에는 함정에 빠진 행위자에게 사전 범의가 있었는가 여부를 불문하고 그러한 함정수사기법을 위법하다고 평가한다.[2] 객관설은 형사(소송)절차의 적법성(수사의 신의칙과 상당성, 국가행위의 청렴성)을 중시하는 절차법적 접근방법이다. 객관설은 '위법한 함정수사의 대상이 된 개인의 구제 문제'에서 벗어나 보다 근원적으로 '사법의 청렴성, 수사기관의 적정절차 준수'에 주안점을 둔 발상이다.

(4) 기회제공형(적법)과 범의유발형(위법)의 판별기준: 종합설

2004년 판결과 2005년 판결이 함정수사의 위법성판단기준에 관한 종래의 '기회제공형 적법/범의유발형 위법설'을 변경(예를 들어 객관설로의 전환)한 것은 아니다. 2004년 판결과 2005년 판결의 혁신성은 종래 한 번도 인정한 적이 없던 '범의유발형의 위법한 함정수사'의 사례를 확인한 점에 있다. 그 판례사안에서 검찰 마약반의 계장 A3와 A4는 A2의 공적(다른 마약범죄에 대한 정보를 제공하여 수사기관의 수사를 도운 공적)을 만들어 A2를 빼내려고 애꿎게 D, D2를 희생양(scape-goat)으로 설정하고자 하였다. A3와 A4의 구상은 '사법의 청렴성'에 대한 심각한 훼손행위이다.

그런데 어느 사안이 단순한 기회제공형(적법)에 불과한 것인지 아니면 범의유발형(위법)으로서 위법한 함정수사인지 여부는 "해당 범죄의 종류와 성질, 유인자의 지위와 역할, 유인의 경위와 방법, 유인에 따른 피유인자의 반응, 피유인자의 처벌 전력 및 유인행위 자체의 위법성 등을 종합하여 판단"(종합설)[3]하여야 한다.

(5) 또 하나의 위법한 함정수사 인정례(대법원 2008.10.23. 선고 2008도7362 판결) [사안] D는 음악

2) Gideon Yaffe, "The Government Beguiled Me": The Entrapment Defense and the Problem of Private Entrapment, *University of Southern California Journal of Ethics & Social Philosophy*, April, 2005, pp.2~43 참조.

3) "본래 범의를 가지지 아니한 자에 대하여 수사기관이 사술이나 계략 등을 써서 범의를 유발하게 하여 범죄인을 검거하는 함정수사는 위법하다. 구체적인 사건에 있어서 위법한 함정수사에 해당하는지 여부는 해당 범죄의 종류와 성질, 유인자의 지위와 역할, 유인의 경위와 방법, 유인에 따른 피유인자의 반응, 피유인자의 처벌 전력 및 유인행위 자체의 위법성 등을 종합하여 판단하여야 한다. 수사기관과 직접 관련이 있는 유인자가 피유인자와의 개인적인 친밀관계를 이용하여 피유인자의 동정심이나 감정에 호소하거나, 금전적·심리적 압박이나 위협 등을 가하거나, 거절하기 힘든 유혹을 하거나, 또는 범행방법을 구체적으로 제시하고 범행에 사용될 금전까지 제공하는 등으로 과도하게 개입함으로써 피유인자로 하여금 범의를 일으키게 하는 것은 위법한 함정수사에 해당하여 허용되지 않지만, 유인자가 수사기관과 직접적인 관련을 맺지 않은 상태에서 피유인자를 상대로 단순히 수차례 반복적으로 범행을 부탁하였을 뿐 수사기관이 사술이나 계략 등을 사용하였다고 볼 수 없는 경우는 설령 그로 인하여 피유인자의 범의가 유발되었다 하더라도 위법한 함정수사에 해당하지 않는다(대법원 2007.7.12. 선고 2006도2339 판결 등 참조)" (대법원 2007.11.29. 선고 2007도7680 판결).

산업진흥에 관한 법률위반 혐의로 기소되었다. 단속경찰관들은 단속 실적을 올리기 위하여 손님을 가장하고 D의 업소(노래방)에 들어가 도우미를 불러줄 것을 요구하였다. D는 평소 손님들에게 도우미를 불러준 적이 없으며, 사건 당일 '도우미를 불러달라'는 다른 손님들이 있었으나 응하지 않고 모두 돌려보낸 바 있다. 이 노래방이 평소 손님들에게 도우미 알선 영업을 해 왔다는 자료는 없었다. 단속경찰관들도 그와 같은 제보나 첩보를 가지고 이 노래방에 대한 단속을 한 것은 아니다. 단속경찰관들은 D로부터 한 차례 거절당하였으면서도 다시 위 노래방에 찾아가 도우미를 불러줄 것을 요구하여 도우미가 오게 되었다. 제1심과 항소심은, "이 사건 단속은 수사기관이 사술이나 계략 등을 써서 피고인의 범의를 유발케 한 것으로서 위법하고, 이런 함정수사에 기한 이 사건 공소제기 또한 그 절차가 법률의 규정에 위반하여 무효인 때에 해당한다"며 공소를 기각하였다. 검사가 상고하였다. [**판지**(상고기각)] "원심의 위와 같은 사실인정과 판단은 수긍이 간다."

(라) 위법한 함정수사(범의유발형)에 빠진 자가 기소되었을 경우 법원이 취하여야 할 조치: 공소기각설

이에 대하여는 크게 가별설과 불가별설로 양분될 수 있고 불가별설은 다시 공소기각설, 면소판결설, 무죄설로 세분될 수 있다. 가별설은 '수사의 위법으로 위법성과 책임이 조각될 수 없음'을 논거로 삼고 있다. 그러나 가별설에는 위법한 수사행위로 함정에 빠진 자를 구제하려는 문제의식이 없어 함정수사의 상대방에게 지나치게 가혹하다. 공소기각설이나 면소판결설은 형식재판으로 소송을 종결시키려고 하므로 무죄설보다 더 두텁게 함정에 빠진 자를 보호할 수 있다. 대법원은 공소기각설을 취하였다.

생각건대 범죄의 예방과 억제에 전념하여야 할 국가가 시민을 함정에 빠트리게 하려는 행위는 **수사의 상당성을 결여한 위법한 행위**이다. 이런 기소행위에 대하여는 그로 인하여 획득한 증거의 증거능력을 박탈하는 수준에 머무를 것이 아니라 한걸음 더 나아가 검사의 기소행위의 정당성을 부인하는 것이 마땅하다. 미국의 연방대법원은 19세기 말부터 '위법한 함정수사의 항변'(the defence of entrapment)을 인정할 때 '무죄(acquittal)를 선고'하여 왔다. 함정에 빠진 자를 형사처벌하는 것은 한국 시민의 법감정에도 반할 것이다.

(마) 또 하나의 공소권남용 유형의 인정

공소권남용론은 법원이 보기에 검사의 부당한 기소권행사가 있다고 판단되는 경우에 이를 권리남용의 일종으로 보아 법원이 형식재판으로 종결할 수 있음을 인정하는 이론이다. 형사소송법에 명문의 규정은 없지만 학자들은 법의 일반이론인 권리남용론을 원용하여 소추재량권의 자의적 행사를 억제하려고 한다.

공소권남용론을 전개하는 학자들이 공소권남용의 사례로 들고 있는 사례들은 유형적으로 ㉮ 객관적 혐의에 기초하지 아니한 기소, ㉯ 불공평하거나 차별적인 기소, ㉰ 위법수사에 기초한 기소, ㉱ 부당기소(기소유예가 마땅한 데 기소한 경우)의 4가지 경우이다. 공소권남용론자들은 '이들 사유가 확인되면 법원은 형식재판(공소기각의 재판)에 의하여 소송을 조기에 종결시켜야 한다'고 주장한다. 종래 대법원이 인정하였던 공소권남용의 유형은 피고인에게 '경합범 조항'(형법 제37조)과 '관련사건의 병합관할조항'(법 제11조 제1호)의 적용을 받을 수 있는 이익이 박탈되는 경우였다. 피고인의 일련의 범죄사실들(경합범 관계에 있는 사실들)이 한꺼번에 기소되지 않고 그중의 일부만 먼저 기소(이를 '선행기소'로 약칭함)되어 유죄판결이 선고된 후 선행기소에서 누락된 범죄사실을 검사가 별도의 공판절차로 기소(이를 '후행기소'로 약칭함)하여 결과적으로 피고인에게 '경합범 조항'(형법 제37조)과 '관련사건의 병합관할조항'(법 제11조 제1호)의 적용을 받을 수 있는 이익이 박탈되는 경우에 대법원은 공소권남용을 인정하여 공소기각 사유로 삼았다.[4] 법원이 보기에 검사의 부당한 기소권행사가 있다고 판단되는 경우에 이를 권리남용의 일종으로 보아 법원이 형식재판으로 종결할 수 있음을 인정하는 이론을 공소권남용론(⇨본서 **2.40** 참조)으로 보면 2004년 판결과 2005년 판결은 실무상 공소권남용으로 인정되는 사안 유형을 하나 더 추가한 판결로 평가할 수 있다.

(바) 위법한 함정수사가 아닌 사례들

1) "위 경찰관들은 지하철경찰대 소속으로서 사당역 인근에서 만취한 취객을 상대로 한 이른바 부축빼기 수법의 범죄가 빈발한다는 첩보를 입수하고 지하철 막차 근무를 마친 후 함께 범행장소인 까치공원으로 갔는데, 그곳 공원 옆 인도에 만취한 피해자가 누워 자고 있는 것을 보고서 '그 장소에서 사건이 계속 발생하다 보니 잡아야겠다는 생각'으로 일부러 잠복을 하기로 결심하고, 차량을 피해자로부터 약 10m 거리인

---

4) 이 경우에도 "검사가 자의적으로 공소권을 행사하여 피고인에게 실질적인 불이익을 줌으로써 소추재량권을 현저히 일탈하였다고 보여지는 경우에 이를 공소권의 남용으로 보아 공소제기의 효력을 부인할 수 있는 것이고, 여기서 자의적인 공소권의 행사라 함은 단순히 직무상의 과실에 의한 것만으로는 부족하고 적어도 미필적이나마 어떤 의도가 있어야 한다"고 엄격하게 해석한다.(대법원 1996.2.13. 선고 94도2658 판결, 대법원 1998.7.10. 선고 98도1273 판결, 대법원 1999.12.10. 선고 99도577 판결, 대법원 2001.9.7. 선고 2001도3026 판결 등 참조)

길 옆 모퉁이에 주차하고 머리를 숙이고 있던 중 피고인(51세)이 접근하는 것을 발견하였고, 이어 피고인이 위와 같은 범행에 이르자 즉석에서 피고인을 현행범으로 체포하였다. 위와 같이 노상에 정신을 잃고 쓰러져 있는 피해자를 발견한 위 경찰관들로서는 경찰관직무집행법 제4조에 규정된 바에 따라 보건의료기관 또는 공공구호기관에 긴급구호를 요청하거나 경찰관서에 보호하는 등의 적당한 보호조치를 하였어야 마땅할 것인데도, 오히려 그러한 피해자의 상태를 이용하여 범죄수사에 나아간 것이고, 이는 지극히 부적절한 직무집행이다. 나아가 국가경찰은 국민의 생명·신체 및 재산의 보호와 범죄의 예방·진압을 가장 우선적인 사명으로 삼고 있는바(경찰법 제3조 참조), 범죄 수사의 필요성을 이유로 일반 국민인 피해자의 생명과 신체에 대한 위험을 의도적으로 방치하면서까지 수사에 나아가는 것은 허용될 수 없고, 또 수사에 국민의 협조가 필요한 경우라 할지라도 본인의 동의 없이 국민의 생명과 신체의 안전에 대한 위험을 무릅쓰고 이른바 미끼로 이용하여 범죄수사에 나아가는 것을 두고 적법한 경찰권의 행사라고 보기도 어려울 것이다. 이 사건에서도 피해자의 상태나 저항 유무에 따라서는 잠재적 범죄자가 단순한 절도 범행이 아닌 강도의 범행으로 급작스럽게 나아갈 개연성도 배제할 수 없고, 더구나 정신을 잃고 노상에 쓰러져 있는 시민을 발견하고도 적절한 조치를 강구하지 아니하고 오히려 그러한 상태를 이용하여 이 사건과 같이 잠재적 범죄행위에 대한 단속 및 수사에 나아가는 것은 경찰의 직분을 도외시하여 범죄수사의 한계를 넘어선 것이라 하지 아니할 수 없다. 그러나 위와 같은 사유들은 어디까지나 피해자에 대한 관계에서 문제될 뿐으로서, 위 경찰관들의 행위는 단지 피해자 근처에 숨어서 지켜보고 있었던 것에 불과하고, 피고인은 피해자를 발견하고 스스로 범의를 일으켜 이 사건 범행에 나아간 것이어서, 앞서 본 법리에 의할 때 잘못된 수사방법에 관여한 경찰관에 대한 책임은 별론으로 하고, 스스로 범행을 결심하고 실행행위에 나아간 피고인에 대한 이 사건 기소 자체가 위법하다고 볼 것은 아니다."(대법원 2007.5.31. 선고 2007도1903 판결)

2) "수사기관에서 공범이나 장물범의 체포 등을 위하여 범인의 체포시기를 조절하는 등 여러 가지 수사기법을 사용한다는 점을 고려하면, 수사기관이 피고인의 범죄사실을 인지하고도 피고인을 바로 체포하지 않고 추가 범행을 지켜보고 있다가 범죄사실이 많이 늘어난 뒤에야 피고인을 체포하였다는 사정만으로는 피고인에 대한 수사와 공소제기가 위법하다거나 함정수사에 해당한다고 할 수 없고, 이 사건에서 수사관들이 특진이나 수상 등 개인적인 이익을 위하여 고의적으로 체포를 지연시켰다고 볼 만한 자료가 없다."(대법원 2007.6.29. 선고 2007도3164 판결)

3) "본래 범의를 가지지 아니한 자에 대하여 수사기관이 사술이나 계략 등을 써서 범의를 유발하게 하여 범죄인을 검거하는 함정수사는 위법하다. 구체적인 사건에 있어서 위법한 함정수사에 해당하는지 여부는 해당 범죄의 종류와 성질, 유인자의 지위와

역할, 유인의 경위와 방법, 유인에 따른 피유인자의 반응, 피유인자의 처벌 전력 및 유인행위 자체의 위법성 등을 종합하여 판단하여야 한다. 수사기관과 직접 관련이 있는 유인자가 피유인자와의 개인적인 친밀관계를 이용하여 피유인자의 동정심이나 감정에 호소하거나, 금전적·심리적 압박이나 위협 등을 가하거나, 거절하기 힘든 유혹을 하거나, 또는 범행방법을 구체적으로 제시하고 범행에 사용될 금전까지 제공하는 등으로 과도하게 개입함으로써 피유인자로 하여금 범의를 일으키게 하는 것은 위법한 함정수사에 해당하여 허용되지 않지만, 유인자가 수사기관과 직접적인 관련을 맺지 않은 상태에서 피유인자를 상대로 단순히 수차례 반복적으로 범행을 부탁하였을 뿐 수사기관이 사술이나 계략 등을 사용하였다고 볼 수 없는 경우는 설령 그로 인하여 피유인자의 범의가 유발되었다 하더라도 위법한 함정수사에 해당하지 않는다(대법원 2007.7.12. 선고 2006도2339 판결 등 참조). D가 2005.5.25. O2에게 필로폰 약 0.03g이 든 1회용 주사기를 교부하고, 같은 달 28. 18:00 무렵 필로폰 약 0.03g을 1회용 주사기에 넣고 생수로 희석한 다음 자신(D)의 팔에 주사하여 투약하였는바, O2가 같은 달 29. 위 사실을 검찰에 신고하여 위 D가 체포되도록 하였다. 그러나 O2가 수사기관과 관련을 맺은 상태에서 위 D로 하여금 위와 같이 필로폰을 교부하도록 하거나 필로폰을 투약하도록 유인했다고 볼 아무런 자료가 없으므로, 위 D의 필로폰 투약 등이 함정수사에 의한 것이라고 할 수 없다."(대법원 2007.11.29. 선고 2007도7680 판결)

(사) 사인(私人)의 유인에 빠진 자를 함정수사의 피해자로 볼 수 있는가(부정)

1) "원심이 인정한 사실관계에 의하더라도, 수사기관은, D가 O의 부탁을 받고 범행을 승낙한 이후에야 비로소 U를 통하여 그 사실을 알게 되었다는 것이고, O가 D에게 '필로폰을 구해달라'는 부탁을 할 당시에는 아직 그 사실을 알지 못하였던 것으로 보이는바, 이러한 사정에 비추어 이 사건은 수사기관이 U 또는 O로 하여금 D를 유인하도록 한 것이라기보다는 U 또는 O가 포상금 획득 등 사적인 동기에 기하여 수사기관과 관련 없이 독자적으로 D를 유인한 것이라고 보아야 할 것이다. 또한, O는 D에게 단순히 10여 차례에 걸쳐 '아는 여자가 필로폰을 구입하려고 하니 구해 달라'는 부탁을 하였을 뿐 그 과정에서 D와의 개인적인 친밀관계를 이용하여 D의 동정심이나 감정에 호소하거나, 금전적·심리적 압박이나 위협 등을 가하거나, 거절하기 힘든 유혹을 하거나, 또는 범행방법을 구체적으로 제시하고 범행에 사용될 금전을 제공하는 등의 방법을 사용하지 아니하였는바, 사정이 이러하다면 이 사건은 수사기관이 사술이나 계략 등을 사용한 경우에 해당한다고 볼 수도 없다. 따라서 설령 D가 O의 부탁을 받고 비로소 범의가 유발된 것이라 하더라도, 이를 위법한 함정수사라고 보기는 어렵다. 그리고 이러한 판단은 U 또는 O가 D를 유인한 목적이 수사기관으로부터 포상금을 지급받으려는 데에 있었다거나 D가 O의 부탁을 받고 몇 차례 거절한 사실

이 있었다고 하여 달라지는 것은 아니다."(대법원 2007.7.12. 선고 2006도2339 판결)

2) "**수사기관과 직접 관련이 있는 유인자가** 피유인자와의 개인적인 친밀관계를 이용하여 피유인자의 동정심이나 감정에 호소하거나, 금전적·심리적 압박이나 위협 등을 가하거나, 거절하기 힘든 유혹을 하거나, 또는 범행방법을 구체적으로 제시하고 범행에 사용될 금전까지 제공하는 등으로 과도하게 개입함으로써 피유인자로 하여금 범의를 일으키게 하는 것은 위법한 함정수사에 해당하여 허용되지 않지만, **유인자가 수사기관과 직접적인 관련을 맺지 않은 상태에서 피유인자를 상대로 단순히 수차례 반복적으로 범행을 부탁하였을 뿐 수사기관이 사술이나 계략 등을 사용하였다고 볼 수 없는 경우**는, 설령 그로 인하여 피유인자의 범의가 유발되었다 하더라도 위법한 함정수사에 해당하지 않는다(대법원 2007.7.12. 선고 2006도2339 판결 등 참조)."(대법원 2008.7.24. 선고 2008도2794 판결)

3) "유인자가 수사기관과 직접적인 관련을 맺지 아니한 상태에서 피유인자를 상대로 단순히 수차례 반복적으로 범행을 부탁하였을 뿐 수사기관이 사술이나 계략 등을 사용하였다고 볼 수 없는 경우는, 설령 그로 인하여 피유인자의 범의가 유발되었다 하더라도 위법한 함정수사에 해당하지 아니한다(대법원 2007.7.12. 선고 2006도2339 판결 참조)."(대법원 2007.11.29. 선고 2007도7680 판결)

2.19

사진촬영이 적법한 수사방법으로 인정되기 위한 요건

대법원 1999.9.3. 선고 99도2317 판결; 대법원 1999.12.7. 선고 98도3329 판결

I 사 안

제1사안

D가 "국가의 존립·안전이나 자유민주적 기본질서를 위태롭게 한다는 정을 알면서 반국가단체의 구성원 또는 그 지령을 받은 자와 회합·통신 기타의 방법으로 연락을 한"(국가보안법 제8조 제1항) 의심이 국가정보원 수사관에게 포착되었다. 국가정보원 수사관은 D 등이 W의 주거지에서 회합하는 증거를 확보하기 위하여, W의 주거지 외부에서 담장 밖 및 2층 계단을 통하여 집에 출입하는 D 등의 모습을 비디오로 촬영하였다. D 등은 국가보안법위반죄 등으로 기소되어 항소심에서도 유죄판결을 받게 되자, 상고하면서, 유죄판결의 증거로 사용된 위 비디오테이프는 자신들의 허락을 받지 않고 몰래 촬영한 것이므로 위법하게 수집된 증거라고 주장하였다.(⇨상세는 본서 7.7 참조)

제2사안

D2는 자동차를 운행하던 중, 도로상에 설치된 무인속도감시장비에 의하여 차량 및 번호판 등이 촬영되어 도로교통법위반(과속) 혐의로 기소되었다. D2는 항소심에서도 유죄판결을 받게 되자, "항소심은 무인카메라에 의한 과속단속의 법적 근거와 그 성능에 대한 신뢰성이 결여되어 있는 무인카메라에 찍힌 사진을 증거로 채택하여 사실을 잘못 인정한 위법을 범하였다"는 취지로 상고하였다.

II 쟁 점

1) 수사기관이 수사목적을 달성하기 위하여 피촬영자의 동의 없이 사진이나 비디오를 촬영하는 것이 적법한 수사수단인가?

2) 위와 같이 촬영된 사진은 증거로 사용될 수 있는가?(위법하게 수집된 증거로서 증거능력이 인정되는가?)

III 재판요지 (상고기각)

제1사안

누구든지 자기의 얼굴 기타 모습을 함부로 촬영당하지 않을 자유를 가지나 이러한 자유도 국가권력의 행사로부터 무제한으로 보호되는 것은 아니고 국가의 안전보장·질서유지·공공복리를 위하여 필요한 경우에는 상당한 제한이 따르는 것이고, 수사기관이 범죄를 수사함에 있어 ⓐ 현재 범행이 행하여지고 있거나 행하여진 직후이고, ⓑ 증거보전의 필요성 및 긴급성이 있으며, ⓒ 일반적으로 허용되는 상당한 방법에 의하여 촬영을 한 경우라면 위 촬영이 영장 없이 이루어졌다 하여 이를 위법하다고 단정할 수 없다.

이 사건 비디오촬영은 ⓐ 피고인들에 대한 범죄의 혐의가 상당히 포착된 상태에서 그 회합의 증거를 보전하기 위한 필요에서 이루어진 것이고, ⓑ W의 주거지 외부에서 담장 밖 및 2층 계단을 통하여 그 집에 출입하는 피고인들의 모습을 촬영한 것으로 ⓒ 그 촬영방법 또한 반드시 상당성이 결여된 것이라고는 할 수 없다 할 것인바, 위와 같은 사정 아래서 원심이 이 사건 비디오촬영행위가 위법하지 않다고 판단하고 그로 인하여 취득한 비디오테이프의 증거능력을 인정한 것은 정당하다.

제2사안

수사, 즉 범죄혐의의 유무를 명백히 하여 공소를 제기·유지할 것인가의 여부를 결정하기 위하여 범인을 발견·확보하고 증거를 수집·보전하는 수사기관의 활동은 수사목적을 달성함에 필요한 경우에 한하여 사회통념상 상당하다고 인정되는 방법 등에 의하여 수행되어야 하는 것인바, 무인장비에 의한 제한속도 위반차량 단속은 이러한 수사활동의 일환으로서 도로에서의 위험을 방지하고 교통의 안전과 원활한 소통을 확보하기 위하여 도로교통법령에 따라 정해진 제한속도를 위반하여 차량을 주행하는 범죄가 현재 행하여지고 있고, 그 범죄의 성질·태양으로 보아 긴급하게 증거보전을 할 필요가 있는 상태에서 일반적으로 허용되는 한도를 넘지 않는 상당한 방법에 의한 것이라고 판단되므로, 이를 통하여 **피고인 운전 차량의 차량번호 등을 촬영**한 이 사건 사진을 두고 위법하게 수집된 증거로서 증거능력이 없다고 말할 수도 없다.

IV 분석과 해설

(가) 사진촬영의 허용 여부와 법적 성격

수사목적을 위한 사진촬영행위의 법적 성격이나 허용 여부는 수사기관의 사진촬영이 임의수사인가, 강제수사인가 하는 논란에서부터 시작된다. 임의수사와 강제수사의 구별기준에 대하여는 형식설, 실질설, 적정절차기준설 등이 나뉘지만, 대체로 물리적 강제력의 사용 이외에도 일정한 권리침해적 요소가 있으면 강제수사로 보고, 침해대상의 권리에는 사생활의 비밀이 포함된다고 해석된다. 따라서 수사기관이 피촬영자 몰래 그 모습을 촬영하는 행위는 원칙적으로 강제수사이다. 특히 수사기관이 공개되지 아니한 장소에서 피사체를 촬영하는 경우는 더욱 그렇다.

(나) 판례의 분석

제1사안은, 수사기관이 피고인들이 회합을 가진 건물의 옆 건물에서 은신하여 비밀리에 영장 없이 비디오테이프에 녹화한 사안이다. 대법원은 초상권이나 사생활의 비밀의 침해를 인정하면서도 이와 같은 권리는 "국가의 안전보장·질서유지·공공복리를 위하여 필요한 경우에는 상당한 제한될 수 있다"고 전제하고, "① 현재 범행이 행하여지고 있거나 행하여진 직후이고, ② 증거보전의 필요성 및 긴급성이 있으며, ③ 일반적으로 허용되는 상당한 방법에 의하여 촬영을 한 경우라면 위법하다고 할 수 없다"고 하면서, W의 주거지 외부에서 촬영한 것이라는 이유로 촬영방법의 상당성을 인정하고 있으며, 사전이나 사후의 영장을 반드시 필요로 하는 것은 아니라는 취지로 보인다.

제2사안에서 대법원은 제1사안에서와는 달리 초상권 등 피촬영자의 기본권 문제는 언급하지 않고 있으므로 '널리 공개된 장소에서의 사진촬영을 임의수사로 파악한 것'이라는 해석이 가능하다.

(다) 사진촬영의 성격을 검증으로 파악할 경우의 해석상의 문제

사진촬영을 '강제수사인 검증'의 일종으로 보면, 영장주의의 적용을 받아야 한다. 따라서 촬영 전에 법원으로부터 검증영장을 받지 않았다면, 영장주의의 예외에 해당되어 적법한지 여부가 검토되어야 한다. 압수·수색·검증에 대한 영장주의의 예외는 형사소송법 제216조와 제217조에 규정되어 있다. 이 중 본 사안들에 가장 가까운 정황은 법 제216조 제3항의 "범행 중 또는 범행 직후의 범죄 장소에서 긴급을 요하여 법원판사의 영장을 받을 수 없는 때"이다. 그런데 이 경우에는 사후에 지체 없이 영장을 받아야 적법한 강제처분이 된다. 그런데 사안에서 수사기관은 사후에 영장을 신청한 사실이 없으므로 위 사안들에서 수집된 증거들은 모두 '영장주의에 위반하여 위법하게 수집된 증거로서 증거능력이 없다'는 반대 견해가 가능하다.

(라) 결 론

대법원은 위와 같은 문제점에 대하여 특별히 설명하고 있지 않다. 명백하지는 않지만 대법원은 위에서 본 바와 같은 몇 가지 요건을 충족시키는 것을 전제로 피촬영자의 동의 없는 수사기관의 사진촬영을 허용되는 수사방법으로 파악한 것으로 보인다.

사진촬영은 전통적인 대물적 강제처분과는 다른 새로운 수사기법으로서 종래의 법규정이나 법이론만으로 해결하기 어려운 점이 있다. 증거보전의 필요성과 긴급성이 현저하거나 실체적 진실을 밝혀야 할 공익적 측면이 강한 데 비하여 피촬영자의 권리침해는 비교적 가볍고 간접적인 경우에 한하여 대법원이 영장주의의 예외를 창설한 것이 아닌가 생각된다.

(마) 개인정보 보호법과 사진촬영·비디오촬영·CCTV

2011년 9월 30일 시행된 **개인정보 보호법**은 '공공기관의 개인정보 보호에 관한 법률'을 폐지[1)]하고 "일정한 공간에 지속적으로 설치되어 사람 또는 사물의 영상 등을 촬영하거나 이를 유·무선망을 통하여 전송하는 장치**로서 대통령령으로 정하는 장치**"를 "영상정보처리기기"로 정의한다(제2조 7호). CCTV는 동법이 적용되는 영상정보처리기기 중 하나로 간주된다(동법 시행령 제3조 1호). 이제 'CCTV 설치의 적법성'은 동법 제25조 제1항의 규율을 받게 되었다. 제25조 제1항은 원칙적으로 영상정보처리기기의 설치 운영을 금지하지만 '1. 법령에서 구체적으로 허용하고 있는 경우, 2. 범죄의 예방 및 수사를 위하여 필요한 경우, 3. 시설안전 및 화재 예방을 위하여 필요한 경우, 4. 교통단속을 위하여 필요한 경우, 5. 교통정보의 수집·분석 및 제공을 위하여 필요한 경우'의 5가지 예외사유가 인정되는 경우에 공개된 장소를 상대로 영상정보처리기기를 설치 운영할 수 있다.

이제 제2사안은 **개인정보 보호법** 제25조 제1항 제4호에 의하여 명시적으로 적법성을 획득하게 되었다. 개인정보보호법 제25조 제1항의 요건충족(허용되는 임의수사 방법) 여부를 판단할 때에는 '프라이버시에 대한 합리적인 주관적·객관적 기대'(⇨본서 2.41 참조)를 인정할 수 있는 상황인지 여부를 구체적으로 판단하여 해결할 일이다. 예를 들어 "피의자에 대한 범죄의 혐의가 상당히 포착된 상태"에서 "증거를 보전하기 위한 필요"가 있다면 반드시 "ⓐ 현재 범행이 행하여지고 있거나 행하여진 직후"가 아니더라도 사진촬영이 허용될 수 있다.

---

1) **개인정보 보호법 부칙** 제2조 (다른 법률의 폐지) 공공기관의 개인정보보호에 관한 법률은 폐지한다.

제4절 체포와 구속

2.20

긴급체포의 요건과 요건불비의 효과

대법원 2002.6.11. 선고 2000도5701 판결

I 사 안

수사검사는 1999.11.29. '현직 군수인 D에게 뇌물을 주었다'는 D2 및 관련 참고인들의 진술을 먼저 확보한 다음 D를 조사하기 위하여 검찰주사보 S로 하여금 D를 긴급체포하게 하였다. 1999.12.8. 16:40경 S는 군청 군수실에 도착하였으나 D가 군수실에 없어 도시행정계장에게 군수의 행방을 확인하였더니, D는 '검사가 자신을 소환하려 한다는 사실'을 미리 알고 "자택 옆에 있는 농장 농막에서 기다리고 있을 것이니 수사관이 오거든 그곳으로 오라고 하였다"고 하므로, 같은 날 17:30경 S는 도시행정계장과 함께 농장으로 갔다. S는 그곳에서 수사관을 기다리고 있던 D를 긴급체포하였다. 수사검사는 같은 달 11. 구속영장을 발부받을 때까지 D를 유치하면서 같은 달 9.과 10.에 각 피의자신문조서를 작성하였다(긴급체포서에는 긴급체포의 사유로서 '긴급체포하지 않으면 증거인멸 및 도주우려 있음' 이라고만 기재되어 있을 뿐, 왜 그러한 결론에 이르게 되었는지에 대하여는 아무런 설명이 없다). 그 피의자신문조서에는 D에게 불리한 진술이 담겨 있다. D는 뇌물수수혐의로 기소되었으며 수사검사가 긴급체포시에 작성한 피의자신문조서가 D의 유죄의 증거로 제출되었다. D는 그 후 수뢰사실을 시종일관 부인하고 있고 이를 뒷받침할 금융자료 등 물증은 없다. 공판관여검사가 D의 유죄를 주장하는 근거는 'D에게 뇌물을 주었다'고 진술하는 D2(증뢰피고인)의 진술과 관련 참고인들의 진술뿐이다. 항소심은 검사 작성의 D에 대한 각 피의자신문조서의 증거능력을 부인하여 D에게 무죄판결을 선고하였다(이하에서는 D에 대하여만 집중하기로 한다). 검사가 상고하였다.

II 쟁 점[1]

1) 요건을 구비하지 못한 긴급체포의 흠은 중대한 흠인가?

2) 요건을 구비하지 못한 긴급체포 상태에서 작성된 피의자신문조서는 증거로 할 수 있는가?

---

1) 긴급체포의 요건은 형사소송법 제200조의3에 규정되어 있지만 극히 추상적이어서 그 구체적 적용은 용이하지 아니하므로 요건인정기준의 개발이 필요한 형편이다. 또한 '요건을 갖추지 못한 긴급체포

III
재판요지
(상고기각)

㉮ 긴급체포는 영장주의원칙에 대한 예외인 만큼 형사소송법 제200조의3 제1항의 요건을 모두 갖춘 경우에 한하여 예외적으로 허용되어야 하고, 요건을 갖추지 못한 긴급체포는 법적 근거에 의하지 아니한 영장 없는 체포로서 위법한 체포에 해당하는 것이다. 여기서 ㉯ 긴급체포의 요건을 갖추었는지 여부는 사후에 밝혀진 사정을 기초로 판단하는 것이 아니라 체포 당시의 상황을 기초로 판단하여야 하고, 이에 관한 검사나 사법경찰관 등 수사주체의 판단에는 상당한 재량의 여지가 있다고 할 것이나, ㉰ 긴급체포 당시의 상황으로 보아서도 그 요건의 충족 여부에 관한 검사나 사법경찰관의 판단이 경험칙에 비추어 현저히 합리성을 잃은 경우에는 그 체포는 위법한 체포라 할 것이고, ㉱ 이러한 위법은 **영장주의에 위배되는 중대한 것**이니 그 체포에 의한 유치 중에 작성된 피의자신문조서는 위법하게 수집된 증거로서 특별한 사정이 없는 한 이를 유죄의 증거로 할 수 없는 것이다. (중략) D는 현직 군수직에 종사하고 있어 검사로서도 D의 소재를 쉽게 알 수 있었고, 1999.11.29. D2의 위 진술(D에게 뇌물을 공여하였다는 진술: 필자 주) 이후 시간적 여유도 있었으며, D도 도망이나 증거인멸의 의도가 없었음은 물론, 언제든지 검사의 소환조사에 응할 태세를 갖추고 있었고, 그 사정을 위 검찰주사보 S로서도 충분히 알 수 있었다 할 것이어서, 위 긴급체포는 그 당시로 보아서도 형사소송법 제200조의3 제1항의 요건을 갖추지 못한 것으로 쉽게 보여져 이를 실행한 검사 등의 판단이 현저히 합리성을 잃었다고 할 것이므로, 이러한 위법한 긴급체포에 의한 유치 중에 작성된 이 사건 각 피의자신문조서는 이를 유죄의 증거로 하지 못한다.

IV
분석과 해설

(가) 본 판례 이전에 선고된 긴급체포와 관련된 대법원 판결의 검토

본 판례 이전에 선고된 긴급체포와 관련된 중요 대법원 판결로서는 "형사소송법 제208조(재구속의 제한) 소정의 '구속되었다가 석방된 자'라 함은 구속영장에 의하여 구속되었다가 석방된 경우를 말하는 것이지, 긴급체포나 현행범으로 체포되었다가 사후영장발부 전에 석방된 경우는 포함되지 않는다. 수사 당시 긴급체포되었다가 수사기관의 조치로 석방된 후 법원이 발부한 구속영장에 의하여 구속이 이루어진 경우 제208조에 위배되는 위법한 구속이라고 볼 수 없다"는 판결[2]과 "사법경찰리가 현행범인으로 체포하는 경우에는 반드시 범죄사실의 요지, 구속의 이유와 변호인을 선임할 수 있음을 말하고 변

의 소송법적 효과'는 긴급체포요건의 구체화 문제와 일응 구별되는 문제이다. 본 판례는 위와 같은 두 가지 문제에 대하여 대법원이 견해를 표명한 선구적 사안이어서 주목을 요한다.

2) 대법원 2001.9.28. 선고 2001도4291 판결.

명할 기회를 주어야 할 것임은 명백하며, 이러한 법리는 비단 현행범인을 체포하는 경우뿐만 아니라 긴급체포의 경우에도 마찬가지로 적용되는 것이고, 이와 같은 고지는 체포를 위한 실력행사에 들어가기 이전에 미리 하여야 하는 것이 원칙이나, 달아나는 피의자를 쫓아가 붙들거나 폭력으로 대항하는 피의자를 실력으로 제압하는 경우에는 붙들거나 제압하는 과정에서 하거나, 그것이 여의치 않은 경우에라도 일단 붙들거나 제압한 후에는 지체 없이 행하여야 한다"는 판결[3], 그리고 긴급체포된 피의자에게도 체포적부심사청구권이 있다고 긍정한 결정[4]이 있다. 그러나 위의 세 가지 판결과 결정은 긴급체포의 주변적 쟁점에 관한 판결이고 정작 핵심쟁점이라고 할 '긴급체포의 요건인정기준'과 '요건을 갖추지 못한 긴급체포의 효과'에 관하여는 말하는 바 없었다.

긴급체포의 요건이 구비되었다고 볼 수 있는 경우로서 다음과 같은 사안들을 들 수 있다: "ⓐ 수사기관의 검문 중 우연히 지명수배자를 발견한 경우 또는 지명수배가 되지는 않았으나 주거불명이거나 출석에 불응한 피의자에 대한 소재수사 중 우연히 피의자를 발견한 경우 ⓑ 수사기관이 미리 확실하게 예정·예상할 수 없는 사정으로, 피의자가 중죄를 범하였다고 의심함에 충분한 이유가 인정되고, 동시에 피의자가 도망하거나 증거를 인멸할 염려가 강하다고 판명되는 경우 ⓒ 수사기관이 피의자를 알지 못하고 있다가 어느 순간에 이르러 피의자의 범죄혐의가 확실하여져서 피의자의 도망 또는 증거인멸 염려가 비약적으로 증가한 경우 ⓓ 피의자가 임의출석 하여 조사를 받던 중 범행이 드러나거나 영장이 청구되거나 청구의 기미가 보이자 피의자가 도주하려고 하는 경우."[5]

(나) 본 판결의 분석(1): '긴급체포의 요건인정기준'

'긴급체포의 요건인정기준'에 관한 본 판결의 내용을 문리해석하면 다음과 같은 3가지로 요약된다. 첫째, 긴급체포는 영장주의 원칙에 대한 중대한 예외인 만큼 요건을 갖추지 못한 긴급체포는 위법한 체포에 해당한다(㉮). 그러나 둘째, 긴급체포의 요건을 갖추었는지 여부는 사후에 밝혀진 사정을 기초로 판단하는 것이 아니라 '체포 당시의 상황을 기초로 판단'하여야 하고, 이에 관한 검사나 사법경찰관 등 수사주체의 판단에는 상당한 재량의 여지가 있다(㉯).

3) 대법원 2000.7.4. 선고 99도4341 판결.
4) 대법원 1997.8.27.자 97모21 결정.
5) 김용관, 자진 출석한 참고인에 대한 긴급체포, 『해설』 66호(2006 하반기) (2007.07), 379면.

셋째 '긴급체포 당시의 상황으로 보아서도 그 요건의 충족 여부에 관한 검사나 사법경찰관의 판단이 **경험칙에 비추어 현저히 합리성을 잃은 경우**'에는 그 체포는 위법한 체포이다(㉰).

이 3가지 점을 종합하여 대법원의 의도를 한마디로 간명하게 요약하면 긴급체포의 요건인정에 가급적 수사기관의 재량을 넓게 인정하되(이 점은 특히 ㉯ 부분에 잘 표현되어 있다) 요건의 충족 여부에 관한 검사나 사법경찰관의 판단이 경험칙에 비추어 현저하게 합리성을 잃은 경우에만 '**중대한 영장주의 위반=위법한 긴급체포**'로 보겠다는 것이다. 긴급체포의 요건인정에 가급적 수사기관의 재량을 넓게 인정하려는 태도는 구속영장실질심사제도가 도입된 1995년의 형사소송법 개정으로 수사기관의 피의자조사가 종전보다 어려워졌음을 시인하여 수사기관의 애로를 참작하려는 발상이다. 이와 같은 법원실무의 분위기는 '피의자가 수사기관에 자진 출석하여 조사를 받는 도중 또는 조사 후 귀가를 원하는 경우 긴급체포를 할 수 있는가' 하는 쟁점에 관하여 일률적으로 부정하지 아니하고 "자진출석하여 조사를 받는다 하더라도 조사과정을 통하여 자신의 죄가 무겁다고 인식하거나 변명이 받아들여지지 않는 점을 느끼게 되면 조사 후 영장을 청구하는 사이 도망할 경우가 있을 수 있으므로 일률적으로 정하기는 어렵고, 피의자가 출석하게 된 경위, 출석 횟수, 출석불응이 있었는지 여부, 조사시간, 수사상황 등 제반 사정을 고려하여 신중하게 판단하여야 한다"는 탄력적인 실무운용지침[6]에서 확인할 수 있다.

(다) 본 판결의 분석(2): '요건을 갖추지 못한 위법한 긴급체포의 효과'

(1) 수집절차가 위법한 증거의 증거능력(원칙적 배제설) 대법원은 종래 '원칙적 비배제설'의 입장에 서 있었지만 1990년대부터 변화의 조짐을 보였다. 1990년대 들어 대법원은 자백의 수집절차에 헌법위반(변호인의 조력을 받을 권리침해나 자기부죄거부특권침해, 참여권침해 등)이 있는 경우에 자백에 임의성이 있어도 증거로 할 수 없다[7]고 판시하였다. 2007년에 대법원은 위법수집증거의 증거능력을 원칙적으로 배제하도록 하는 판결을 선

6) 『제요』, 268.

7) 이 판례들을 "형사소송법 제244조의 규정에 비추어 수사기관이 피의자신문조서를 작성함에 있어서는 그것을 열람하게 하거나 읽어 들려야 하는 것이나 그 절차가 비록 행해지지 안했다 하더라도 그것만으로 그 피의자신문조서가 증거능력이 없게 된다고는 할 수 없고 같은 법 제312조 소정의 요건을 갖추게 되면 그것을 증거로 할 수 있다"(대법원 1988.5.10. 선고 87도2716 판결)는 판례와 비교하여 보라.

고[8]하였는데 2008년부터 시행된 신법(법 제308조의2(위법수집증거의 배제))은 이를 명시하고 있다.

(2) 위법수사처분 후에 이와 조건적으로 채집된 증거는 독과인가(긍정)

2007년 전원합의체 판결(⇨본서 7.1 참조)과 2009년 판결(⇨본서 7.2 참조)은 '위법수집된 1차증거(비진술증거)뿐만 아니라 1차증거와 조건적 관계에 있는 2차증거(진술증거와비진술증거)도 원칙적으로 배제되어야 한다'고 판시하여 독수독과론을 정면으로 수용하였다. 독수독과론이란 1차증거를 독나무, 2차증거를 '독나무의 과실'(독과)로 비유할 때 특단이 사정이 없는 한 독나무의 과실에도 독이 있을 것이므로 독과도 원칙적으로 증거능력이 없다는 논증이다. 그런데 위법수사처분이 있고 이에 곧이어 어떤 증거가 채집되었을 때(위법수사처분과 채집된 증거 사이에 조건적 관계가 인정되는 경우) 위법수사처분을 독나무로 보고 위법수사처분에 곧이어 생성된 증거를 독나무의 과실로 볼 수 있는가 하는 쟁점이 생긴다. 본 판결은 그 가능성을 긍정한 판결이다.

본 사안에서 위법수사처분(요건불비의 긴급체포)과 뒤이은 피의자신문결과 피의자의 자백이 생성되어 양자 사이에 조건관계가 긍정되므로 요건불비의 긴급체포를 독나무, 긴급체포에 뒤이은 피의자의 자백을 독나무의 과실로 파악할 수 있다. 이 논증을 받아들이면 다음과 같은 논증이 가능할 수 있다: '선행하는 위법수사처분이 있으면 설사 후행하는 수사처분 자체는 적법처분이라 하더라도, 때로 후행하는 수사처분까지 위법처분으로 오염시키는 경우가 있을 수 있다.'

(라) 관련 쟁점: 체포의 위법과 구속의 가부

'체포나 긴급체포의 요건이 현저하게 불비(不備)된 상태에서 구속영장이 청구된 경우 법관은 그 선행하는 체포나 긴급체포의 현저한 요건 불비를 이유로 구속영장의 청구를 기각할 수 있겠는가' 하는 점이 관련 쟁점이다. 체포와 구속을 별개 독립의 절차로 파악하면 구속영장을 청구받은 시점에서 구속의 요건이 구비되어 있는 한 법관은 구속영장을 발부하여야 한다. 그러나 피의자에 대한 '체포(혹은 긴급체포)와 구속은 하나의 연속적이고 일체적인 피의자의 신병보전방안'으로서 기간의 장단의 차이가 있을 뿐이다. 그러므로 체포의 위법이 클 때 때로 이 위법은 '구속의 위법'으로까지 영향을 미칠 수 있다.[9] 다만 본 판례의 정신에 비추어 볼 때 체포나 긴급체포의 절차상의 사소한 흠은 구속의 위법으로 당연히 승계되지는 아니한다고 보아야 할 것이다.

---

8) 대법원 2007.11.15. 선고 2007도3061 전원합의체 판결; 광주고법 2008.1.15. 선고 2007노370 판결.
9) 『제요』, 306.

(마) 미란다 경고의 고지시기

수사기관이 현행범·준현행범을 체포하거나 피의자를 긴급체포하려고 할 때는 사전에 '범죄사실의 요지, 체포의 이유와 변호인을 선임할 수 있음을 말하고 변명할 기회'를 부여하여야 한다(헌법 제12조 제5항 전문, 형사소송법 제200조의 5, 제213조의2). 이를 '수사기관의 체포시 권리사항(미란다 경고) 고지의무'로 칭하기로 하자. '수사기관의 체포시 피체포자의 권리사항고지는 "체포를 위한 실력행사에 들어가기 이전에 미리 하여야 하는 것이 원칙"이나 "달아나는 피의자를 쫓아가 붙들거나 폭력으로 대항하는 피의자를 실력으로 제압하는 경우에는 붙들거나 제압하는 과정에서 하거나 그것이 여의치 않은 경우에라도 일단 붙들거나 제압한 후에는 지체 없이 행하는 것"으로 족하다(대법원 2000.7.4. 선고 99도4341 판결).

2.21

검사의 구속영장 청구 전 피의자 대면조사(피의자인치명령)의 적법성(예외적 긍정)

대법원 2010.10.28. 선고 2008도11999 판결

I 사 안

1) D는 지방경찰청수사과 광역수사대 조직범죄수사팀장으로 재직 중이던 사법경찰관인 경감이다. D는 2005.12.12. 10: 50경 O를 상습사기 혐의로 긴급체포한 다음 검사에게 긴급체포 승인건의와 함께 구속영장을 신청하였는데 수사지휘검사인 대전지방검찰청 담당검사가 기록을 검토한 결과, '수사과정의 적법성 및 적정성에 의문이 있어 긴급체포 승인 여부와 구속영장의 청구 여부를 결정하기 전에 검사가 피의자를 직접 신문함이 상당하다'고 판단하고, 인권옹호직무를 수행하기 위하여 O를 대전지방검찰청 검사실로 데려올 것을 명하였다. D는, "1. 2005.12.13. 17:30경 대전 중구 중앙로 155 소재 지방경찰청광역수사대 조직범죄수사팀 사무실에서, 같은 날 16:00경 같은 팀 소속 사법경찰리로부터 위 O를 직접 대면 신문하겠으니 대전지방검찰청 담당검사실로 O를 데려오라는 검사의 직무상 명령을 전해 듣고도 이를 이행하지 않아 인권옹호에 관한 검사의 명령을 준수하지 않고(형법 제139조 인권옹호직무명령불준수죄[1] 혐의),

2) 같은 날 21:00경 위 조직범죄수사팀 사무실에서, 같은 날 18:25경 위 대전지방검찰 검사의 "피의자에 대하여 검사가 직접 대면 신문 후 구속영장 청구 여부에 대해 결정할 예정이니, 금일 21:00까지 대전지방검찰청 담당검사실로 수사기록과 함께 피의자 신병인치 요망"이라는 서면으로 된 직무상 명령을 받고도 이를 이행하지 않아 인권옹호에 관한 검사의 명령을 준수하지 않"은(형법 제122조 직무유기죄[2]) 혐의로 기소되었다. 검사는 인권옹호직무명령 불준수죄와 위 각 직무유기죄를 상상적 경합범으로 구성하여 기소하였다.

3) 제1심은 형법 제139조 인권옹호직무명령불준수죄와 형법 제122조 직무유기죄의 관계를 '법조경합 중 특별관계'로 파악하고 '법정형이 무거운 인권옹호직무명령 불준수죄가 성립하는 이상 별도로 직무유기죄를 구성하지는 않는다.'며 형법 제139조 인권옹호직무명령불준수죄 혐의에 대하여만 유죄(징역 8월의 선고유예)를 선고하고 직무유기죄 부

---

1) **형법 제139조**(인권옹호직무방해) 경찰의 직무를 행하는 자 또는 이를 보조하는 자가 인권옹호에 관한 검사의 직무집행을 방해하거나 그 명령을 준수하지 아니한 때에는 5년 이하의 징역 또는 10년 이하의 자격정지에 처한다.

2) **형법 제122조**(직무유기) 공무원이 정당한 이유 없이 그 직무수행을 거부하거나 그 직무를 유기한 때에는 1년 이하의 징역이나 금고 또는 3년 이하의 자격정지에 처한다.

분에 대하여는 무죄를 선고하였다(이하 이 쟁점은 크게 주목하지 않기로 한다). D가 상고하였다.

II
재판요지
(상고기각)

1) 인권침해의 소지가 가장 많은 수사 분야에서 국민의 인권과 자유를 보호하기 위하여 우리 헌법과 법률은 검사 제도를 두어 검사에게 **준사법기관으로서의 지위를 부여**하고 **철저한 신분보장과 공익의 대변자로서 객관의무를 지워** 사법경찰관리의 수사에 대한 지휘와 감독을 맡게 함과 동시에 **전속적 영장청구권**(헌법 제12조 제3항), **수사주재자로서 사법경찰관리에 대한 수사지휘**(법 제196조), 체포·구속 장소 감찰(법 제198조의2) 등의 권한을 부여하여 절차법적 차원에서 인권보호의 기능을 수행하게 하고 있다. 이런 측면에서 검사의 수사에 관한 지휘는 수사과정에서의 인권침해를 방지하는 '인권옹호'를 당연히 포함한다. 따라서 형법 제139조의 입법 취지 및 보호법익, 그 적용대상의 특수성 등을 고려하면 여기서 말하는 '인권'은 범죄수사 과정에서 사법경찰관리에 의하여 침해되기 쉬운 인권으로서, 주로 헌법 제12조에 의한 국민의 신체의 자유 등을 그 내용으로 한다. 인권의 내용을 이렇게 볼 때 형법 제139조에 규정된 '인권옹호에 관한 검사의 명령'은 사법경찰관리의 직무수행에 의하여 침해될 수 있는 인신 구속 및 체포와 압수수색 등 강제수사를 둘러싼 피의자, 참고인, 기타 관계인에 대하여 헌법이 보장하는 인권 가운데 주로 그들의 신체적 인권에 대한 침해를 방지하고 이를 위해 필요하고도 밀접 불가분의 관련성 있는 검사의 명령 중 '그에 위반할 경우 사법경찰관리를 형사처벌까지 함으로써 준수되도록 해야 할 정도로 인권옹호를 위해 꼭 필요한 검사의 명령'으로 보아야 하고 나아가 법적 근거를 가진 적법한 명령이어야 한다(헌재 2007.3.29. 선고 2006헌바69 전원재판부 결정 참조).

한편 사법경찰관이 검사에게 긴급체포된 피의자에 대한 긴급체포 승인 건의와 함께 구속영장을 신청한 경우, 검사는 긴급체포의 승인 및 구속영장의 청구가 피의자의 인권에 대한 부당한 침해를 초래하지 않도록 긴급체포의 적법성 여부를 심사하면서 수사서류뿐만 아니라 피의자를 검찰청으로 출석시켜 직접 대면조사할 수 있는 권한을 가진다. 따라서 이와 같은 목적과 절차의 일환으로 검사가 구속영장 청구 전에 피의자를 대면조사하기 위하여 사법경찰관리에게 피의자를 검찰청으로 인치할 것을 명하는 것은 적법하고 타당한 수사지휘 활동에 해당하고, 수사지휘를 전달받은 사법경찰관리는 이를 준수할 의무를 부담한다. 다만 체포된 피의자의 구금 장소가 임의적으로 변경되는 점, 법원에 의한 영장실질심사 제도를 도입하고 있는 현행 형사소송법 하에서 체포된 피의자의 신속한 법관 대면권 보장이 지연될 우려가 있는 점 등을 고려하면, 위와 같은 검사의 구속영장 청구 전 피의자 대면조사는 **긴급체포의 적법성을 의심할 만한 사유가 기록, 기타 객관적 자료에 나타나고 피의자의 대면조사를 통해 그 여부의 판단이 가능할 것으로 보이는 예외적인 경우에 한하여 허용**될 뿐, 긴급체포의 합당성이나 구속영장 청구에 필요한 사유를 보강하기 위한 목적으로 실시되어서는 아니 된다. 나아가 **검사의 구속영장 청구 전 피의자 대면조사는 강제수사가 아니므로 피의자는 검사의 출석 요구에 응할 의무가 없고, 피의자가 검사의 출석 요구에 동의한 때에 한**하여 사법경찰관리는 피의자를 검찰청으로 호송하여야 한다.

그리고 형법 제139조에 규정된 인권옹호직무명령불준수죄와 형법 제122조에 규정된 직무유기죄의 각 구성요건과 보호법익 등을 비교하여 볼 때, 인권옹호직무명령불준수죄가 직무유기죄에 대하여 법조경합 중 특별관계에 있다고 보기는 어렵고 **양 죄를 상상적 경합관계**로 보아야 한다.

2) 위 법리와 원심이 판시한 사정들을 종합하면, 긴급체포된 피의자에 대한 긴급체포의 승인 및 구속영장 청구 여부를 심사한 검사가 이 사건 긴급체포 등 강제처분의 적법성에 의문을 갖고 수사서류 외에 피의자를 대면조사할 충분한 사유가 있었던 것으로 보이므로, 2회에 걸친 검사의 이 사건 명령은 적법하고 타당한 수사지휘권의 행사에 해당하고, 사법경찰관리의 체포 등 강제수사 과정에서 야기될 수 있는 피의자의 신체적 인권에 대한 침해를 방지하기 위하여 사법경찰관리를 형사처벌까지 함으로써 준수되도록 해야 할 정도로 인권옹호를 위해 꼭 필요한 검사의 명령으로 봄이 상당하다. 또한 원심이 인정한 이 사건 명령의 외관, 형식 및 내용, 이 사건 명령이 발하여진 시기와 경위 등을 종합하면, 사법경찰관인 피고인으로서는 이 사건 명령이 강제수사 과정에서의 인권옹호에 관한 것임을 충분히 알고 있었던 것으로 보인다. 따라서 원심이 같은 취지에서 피고인에 대한 이 사건 인권옹호직무명령불준수 및 직무유기의 공소사실을 모두 유죄로 인정하고 양 죄를 상상적 경합관계로 처리한 것은 그 이유 설시에 다소 미흡한 점이 있으나 결론에 있어서는 정당하다.

III 분석과 해설[3]

(가) '긴급체포된 피의자를 검사실로 데려오라'는 검사의 명령에 법적 근거가 있는가(긍정)

(1) D는 "① 형사소송법이나 형사소송절차를 규정한 형사소송규칙 어디에도 사법경찰관이 신청한 구속영장을 심사하는 검사에게 피의자를 심문할 권한을 부여하고 있지 않은 점, ② 체포된 피의자에 대한 인치명령은 필연적으로 피의자의 변호인의 조력을 받을 권리와 방어권 등을 제한하게 되어 피의자의 인권을 침해하게 되는 점, ③ 체포된 피의자의 인치를 명할 수 있다는 검찰사건 사무규칙(법무부령) 제39조 제2항[4]과 인권보호수사준

3) 이하의 해설은 대전지법 2007.9.13. 선고 2006고합4 판결을 참조하였다.

4) **검찰사건 사무규칙**(법무부령) **제39조**(영장전담검사의 지정 등) ① 지방검찰청 또는 지청의 장은 구속영장의 청구를 위한 전담검사를 지정할 수 있다. ② 검사가 사법경찰관으로부터 구속영장의 신청

칙(법무부 훈령)[5] 제17조, 체포·구속업무처리지침(대검찰청 예규)[6]은 헌법과 법률의 위임 없이 규정된 위법한 명령인 점 등에 비추어 검사실로 긴급체포된 피의자를 데려오라는 검사의 명령은 법적 근거가 없으므로, 이를 준수하지 않은 D의 행위가 인권옹호직무명령불준수죄에 해당한다고 볼 수 없"으며, 또한 "O를 직접 대면 신문하겠으니 검사실로 동인(同人· O)을 데려오라"는 구두명령과 "피의자에 대하여 검사가 직접 대면 신문 후 구속영장 청구 여부에 대해 결정할 예정이니, 검사실로 피의자 신병인치 요망"이라는 서면에 의한 명령의 내용만으로는 "이 명령이 인권옹호에 관한 직무명령인지 여부를 알 수 없으므로 이를 지키지 않았다고 하여 인권옹호직무명령불준수죄로 의율할 수는 없다."고 주장하였다.

(2) 검사의 수사지휘권의 근거규정 "검사는 범죄의 혐의 있다고 사료하는 때에는 범인, 범죄사실과 증거를 수사"하여야 하며(법 제195조), "수사관, 경무관, 총경, 경감, 경위는 사법경찰관으로서 검사의 지휘를 받아 수사를 하여야" 하고(법 제196조 제1항)[7], "검사는 공익의 대표자로서 범죄수사에 관한 사법경찰관

을 받아 구속영장을 청구하는 경우에 구속의 사유를 판단하기 위하여 필요하다고 인정하는 때에는 피의자를 조사할 수 있다.

5) **인권보호수사준칙**(법무부훈령) **제17조**(구속영장청구 전 피의자 면담·조사) 검사는 사법경찰관으로부터 신청을 받아 구속영장 청구 여부를 판단하는 경우에 인권침해가 의심되거나 그 밖에 구속 사유를 판단하기 위하여 필요하다고 인정할 때에는 피의자를 면담·조사하여야 한다.

6) **7. 검사의 피의자 조사** 가. 검사가 사법경찰관으로부터 구속영장의 신청을 받아 구속영장을 청구하는 경우 아래와 같이 혐의의 상당성과 도망 또는 증거인멸의 염려가 있는지 여부 등을 판단하기 위하여 필요하다고 인정하는 때에는 피의자를 소환하여 조사할 수 있다. 1) 수사기록만으로는 범죄사실에 대한 소명 여부를 판단하기에 충분하지 아니한 경우 2) 구속의 사유 및 필요에 관하여 수사기록만에 의하여 판단하기 어려운 경우 3) 피의자가 긴급체포되거나 현행범으로 체포된 자로서 그 요건을 갖추었는지에 관하여 수사기록만에 의하여 판단하기 어려운 경우 나. 이 경우 별첨 제6호 서식에 의한 피의자조사결과서에 조사 내용을 기재하여 수사기록에 편철하고, 구속영장청구부 비고란에 '검사의 피의자조사'라고 기재한다. 다. 검사가 조사를 위하여 피의자를 소환한 때에는 사법경찰관은 신속히 피의자를 검사에게 출석시켜야 한다. **8. 구속영장신청의 기각** 검사는 사법경찰관의 구속영장신청을 검토하여 다음 각 항과 같은 경우에는 이를 기각하거나 보완수사 지휘를 하여야 한다. 가. 구속의 사유에 대한 소명이 부족한 경우 나. 구속을 함에 있어서 다른 법률에 정한 동의가 있어야 하는데 그 동의안이 부결된 경우 다. 현행범인 체포나 긴급체포 등 체포가 위법한 경우 라. 체포일시로부터 48시간이 경과하여 구속영장이 신청된 경우.

7) 2011.7.18.자 형사소송법은 사법경찰관의 수사개시권을 인정하되 모든 수사에 관하여 검사의 사법경찰관에 대한 지휘권을 명시하였으며 검사·사법경찰관리의 수사목록작성의무를 명시하였다. **제196조**(사법경찰관리) ① 수사관, 경무관, 총경, 경정, 경감, 경위는 사법경찰관으로서 모든 수사에 관하여 검사의 지휘를 받는다. ② 사법경찰관은 범죄의 혐의가 있다고 인식하는 때에는 범인, 범죄사실과 증거에 관하여 수사를 개시·진행하여야 한다. ③ 사법경찰관리는 검사의 지휘가 있는 때에는 이에 따라야 한다. 검사의 지휘에 관한 구체적 사항은 대통령령으로 정한다. ④ 사법경찰관은 범죄를 수사한 때에는 관계 서류와 증거물을 지체 없이 검사에게 송부하여야 한다. ⑤ 경사, 경장, 순경은 사법경찰리로서 수사의 보조를 하여야 한다. ⑥ 제1항 또는 제5항에 규정한 자 이외에 법률로써 사법경찰관리를 정할 수 있다.[시행일: 2012.1.1.] **제198조**(준수사항) ① 피의자에 대한 수사는 불구속

리를 지휘·감독"(검찰청법 제4조 제1항 제2호)하고, "사법경찰관리는 범죄수사에 있어서 소관 검사가 직무상 발한 명령에 복종"하여야 한다(검찰청법 제53조).

그런데 수사란 "수사·공판절차를 가리지 아니하고 범죄혐의의 유무를 확인하고 혐의가 인정되는 경우 범인을 발견·확보하며, 증거를 수집·보전하는 수사기관의 활동 일체"이고 대표적인 수사의 예로서는 피의자와 참고인의 조사, 피의자의 체포, 구속, 압수, 수색, 검증 등을 들 수 있다. 따라서 긴급체포도 당연히 수사의 범주에 포함된다.

(3) 체포의 적법성 등을 따져 구속영장 청구 여부를 판단하는 것은 수사의 주재자인 검사의 권한이자 의무로서, 체포의 적법성 판단을 위해 체포된 피의자의 면담이 필요한 경우 피의자를 면담할 수 있고, 법률에 의한 체포(법 제200조의2 내지 제200조의5, 제212조)는 신체의 자유에 대한 합법적 침해이므로 그 이후의 구속 등 수사절차의 적법성 여부를 확인·통제하기 위한 피의자의 검찰청으로의 일시적 장소의 이동을 또 다른 인권제약이라고 보기는 어렵다. 따라서 수사절차의 적법성 통제를 위하여 체포된 피의자를 검찰청으로 데려오라는 검사의 명령에 법적 근거가 없다거나 이런 명령이 위법하다고 볼 수는 없다.

또한, 검사가 체포된 피의자를 검찰청에 데려오라는 명령의 근거가 헌법, 형사소송법, 검찰청법에 관련 규정에 있고, 검찰사건 사무규칙(법무부령) 제39조 제2항과 인권보호수사준칙(법무부훈령) 제17조, 체포구속업무처리지침(대검찰청예규)은 위 법률들의 관련 규정을 구체화한 것에 불과하므로 위 규칙과 준칙 그리고 예규가 법률의 위임 없이 규정된 것이어서 여기에 근거한 검사의 피의자 인치명령이 위법하다는 D의 주장은 타당하지 않다.

(나) 검사와 사법경찰관리의 관계

형사소송법과 검찰청법의 관련 규정을 종합하면, 사법경찰관도 제한된 범위 내에서 수사권을 행사하되, 수사와 법률의 전문가인 검사가 일반적 지침 또는 일반적·구체적 지시와 지휘를 통해 사법경찰관의 수사활동을 법적으로 조정·통제하고, 검사와 사법경찰관의 의견이 일치하지 않을 경우에는

상태에서 함을 원칙으로 한다. ② 검사·사법경찰관리와 그 밖에 직무상 수사에 관계있는 자는 피의자 또는 다른 사람의 인권을 존중하고 수사과정에서 취득한 비밀을 엄수하며 수사에 방해되는 일이 없도록 하여야 한다. ③ 검사·사법경찰관리와 그 밖에 직무상 수사에 관계있는 자는 수사과정에서 수사와 관련하여 작성하거나 취득한 서류 또는 물건에 대한 목록을 빠짐없이 작성하여야 한다.〈신설 2011.7.18〉 [시행일: 2012.1.1.]

검사의 법률적 판단에 따라 수사를 진행하고 사건을 처리하는 제도를 입법적으로 채택하였음을 알 수 있다. 그 결과 검사는 수사의 주재자로서 사법경찰관리에 대하여 수사에 관한 일반적 지휘권과 구체적 지휘권을 행사하게 된다.

일반적 수사지휘는 대검찰청 소관부서에서 각급 검찰청에 대하여 예규 또는 지침의 형식으로 지시하여 지방검찰청 검사장 또는 지청장이 관할 사법경찰관리에게 이를 시달하는 방법으로 이루어지고, 구체적 수사지휘는 특정 사건 또는 사안을 담당하는 소관 검사가 사법경찰관리에게 지시하는 개별적 수사지휘로서 사법경찰관리가 수행하는 모든 수사 활동에 대하여 이루어지고 그 내용과 형식 등은 구체적 상황에 따라 다를 수 있다.

(다) 긴급체포의 집행에 대한 형사소송법 규정

형사소송법 제81조 제1항 본문은, "구속영장은 검사의 지휘에 의하여 사법경찰관리가 집행한다.", 제85조 제1항은, "구속영장을 집행함에는 피고인에게 반드시 이를 제시하여야 하며 신속히 지정된 법원 기타 장소에 인치하여야 한다.", 같은 법 제200조의5는, "… 제81조 제1항 본문 … (중략) … 제85조 제1항 … (중략) …의 규정은 검사 또는 사법경찰관이 피의자를 체포하는 경우에 이를 준용한다. 이 경우 '구속'은 이를 '체포'로, '구속영장'은 이를 '체포영장'으로 본다."고 규정하고 있으며, 형사소송법 제200조의5의 '체포' 개념에는 당연히 '긴급체포'도 포함된다. 형사소송법 제85조 제1항이 '집행'을 '지정된 장소에 인치하는 것'으로 규정하고 있으므로, '인치'는 당연히 '집행'의 개념에 포함된다.

(라) 검사의 구속영장 청구 전 피의자 대면조사의 예외적 허용과 피의자동의의 필요성

대법원은 검사의 인치명령에 법적 근거가 있음을 인정하지만, **체포된 피의자의 신속한 법관 대면권 보장**을 위하여 검사의 구속영장 청구 전 피의자 대면조사는 "긴급체포의 적법성을 의심할 만한 사유가 기록 기타 객관적 자료에 나타나고 피의자의 대면조사를 통해 그 여부의 판단이 가능할 것으로 보이는 **예외적인 경우에 한하여 허용**"하고 "긴급체포의 합당성이나 구속영장 청구에 필요한 사유를 보강하기 위한 목적의 인치명령의 실행"은 허용하지 아니한다. 대법원은 또 "검사의 구속영장 청구 전 피의자 대면조사는 강제수사가 아니므로 피의자는 검사의 출석 요구에 응할 의무가 없고, 피의자가 검사의 출석 요구에 동의한 때에 한하여 사법경찰관리는 피의자를 검찰청으로 호송하여야 한다."고 한다.

2.22

긴급체포된 피의자의 체포적부심사청구에서 법원이 보증금 납입을 조건으로 석방할 수 있는가(부정)

대법원 1997.8.27. 자 97모21 결정

I 사 안

D는 모종의 혐의(불명)로 수사기관에 의해 긴급체포되었다. D는 관할법원에 체포적부심사를 청구하였다. 제1심은 형사소송법 제214조의2 제4항(현재는 제5항)을 근거로 보증금 납입을 조건으로 석방을 명하였다. 검사는 "첫째, 긴급체포된 자에게는 체포적부심사청구권이 없으며, 둘째, 긴급체포된 자를 형사소송법 제214조의2 제4항(현재는 제5항)의 규정에 의하여 보증금 납입을 조건으로 석방할 수 없다."며 항고하였다. 항고심은 "첫째, 긴급체포된 피의자에게 적부심사청구권이 있으며, 둘째, 긴급체포되어 적부심사를 청구한 이 사건 피의자에 대하여 형사소송법 제214조의2 제4항(현재는 제5항)의 규정에 의하여 보증금 납입을 조건으로 한 석방이 가능하며, 셋째, 형사소송법 제214조의2 제7항(현재는 제8항), 같은 법 제402조 단서에 의하여 같은 법 제214조의2 제4항(현재는 제5항)의 규정에 의한 보증금 납입 조건부 석방결정이 항고의 대상이 되지 아니한다."며 항고를 기각하였다. 검사가 재항고하였다.

II 쟁 점

1) 긴급체포된 피의자에게 체포적부심사청구권이 있는지 여부
2) 체포적부심사절차에서 체포된 피의자를 보증금 납입을 조건으로 석방할 수 있는지 여부
3) 보증금 납입을 조건으로 한 피의자 석방결정에 대하여 항고할 수 있는지 여부

III 재판요지 (파기환송)

1) 헌법 제12조 제6항은 '누구든지 체포 또는 구속을 당한 때에는 적부의 심사를 법원에 청구할 권리를 가진다'고 규정하고 있고, 형사소송법 제214조의2 제1항은 '체포영장 또는 구속영장에 의하여[1] 체포 또는 구속된 피의자 등이 체포 또는 구속의 적부심사를 청구할 수 있다'고 규정하고 있는바, ㉮ 형사소송법의 위 규정이 체포영장에 의하지 아니하고 체포된 피의자의 적부심사청구권을 제한한 취지라고 볼 것은 아니므로 긴급체포 등 체포영장에 의하지 아니하고 체포된 피의자의 경우에도 헌법과 형사소송법의 위 규정에 따라 그 적부심사를 청구할 권리를 가진다. 위와 같은 취지에서 긴급체포된 이 사건 피의자에게 적

1) 현행법에는 '체포영장 또는 구속영장에 의하여'라는 구절이 삭제되어 긴급체포된 자에게 체포적부심신청자격이 있음이 명시된 것이나 마찬가지이다.

부심사청구권이 있다고 한 원심판단은 정당하다.

2) 형사소송법은 수사단계에서의 체포와 구속을 명백히 구별하고 있고, 이에 따라 체포와 구속의 적부심사를 규정한 같은 법 제214조의2에서 체포와 구속을 서로 구별되는 개념으로 사용하고 있는바, ㉯ 같은 조 제4항(현재는 제5항)에 기소 전 보증금 납입을 조건으로 한 석방의 대상자가 '구속된 피의자'[2]라고 명시되어 있다. 그런데 체포 또는 구속의 적부심사와는 달리 ㉰ 기소 전 보증금 납입을 조건으로 한 석방(현재는 제5항)은 헌법상 그에 관한 권리가 규정되어 있지 아니하며, ㉱ 체포의 적부심사권이 인정되고 체포한 때부터 48시간 이내에 구속영장을 청구하지 아니하는 때에는 피의자를 즉시 석방하여야 하며, 구속의 사유를 판단하기 위하여 필요하다고 인정하는 때에는 피의자의 심문이 이루어지는 점 등을 고려하면 체포의 단계에서 보증금 납입을 조건으로 한 석방을 허용하지 아니하더라도 피의자의 신체의 자유에 대한 절차적 보장이 미흡하다고 볼 수는 없다. 한편 ㉲ 기소 전 보증금 납입을 조건으로 석방된 피의자의 재체포 및 재구속의 제한에 관하여 규정하고 있는 같은 법 제214조의3 제2항의 취지를 체포된 피의자에 대하여도 보증금 납입을 조건으로 한 석방이 허용되어야 한다는 근거로 보기는 어렵다.

3) 형사소송법 제402조의 규정에 의하면, 법원의 결정에 대하여 불복이 있으면 항고를 할 수 있으나 다만 같은 법에 특별한 규정이 있는 경우에는 예외로 하도록 되어 있는바, 체포 또는 구속적부심사절차에서의 법원의 결정에 대한 항고의 허용 여부에 관하여, ㉳ 같은 법 제214조의2 제7항(현재는 제8항)은 제2항과 제3항의 기각결정 및 석방결정에 대하여 항고하지 못하는 것으로 규정하고 있을 뿐이고, 제4항에 의한 석방결정에 대하여 항고하지 못한다는 규정을 두고 있지 않다. 그런데 같은 법 제214조의2 제3항(현재는 제4항)의 석방결정은 체포 또는 구속이 불법이거나 이를 계속할 사유가 없는 등 부적법한 경우에 피의자의 석방을 명하는 것임에 비하여, 같은 법 제214조의2 제4항(현재는 제5항)의 석방결정은 구속의 적법을 전제로 하면서 그 단서에서 정한 제한사유가 없는 경우에 한하여 출석을 담보할 만한 보증금의 납입을 조건으로 하여 피의자의 석방을 명하는 것이어서 같은 법 제214조의2 제3항(현재는 제4항)의 석방결정과 제4항(현재는 제5항)의 석방결정은 원래 그 실질적인 취지와 내용을 달리 하는 것이고, 이에 따라 ㉴ 같은 법 제214조의3은 같은 법 제214조의2 제3항(현재는 제4항)의 규정에 의한 결정에 의하여 석방된 피의자와 제4항(현재는 제5항)의 규정에 의하여 석방된 피의자의 각 재체포 및 재구속의 제한에 관하여도 달리 취급하고 있으므로, 그 각 석방결정에 대한 항고의 허용 여부에 관하여 달리 취급하는 것이 체포 또는 구속적부심사제도에 관한 법의 취지에 어긋난다

2) 현행법에는 이 구절이 '구속된 피의자(심사청구 후 공소제기된 자를 포함한다)'로 변경되어 검사가 전격기소를 하는 경우에도 구속적부심사청구의 효력에는 영향이 없다.

고 단정할 수 없고, 또 ㉵ 기소 후 보석결정에 대하여 항고가 인정되는 점[3]에 비추어 그 보석결정과 성질 및 내용이 유사한 기소 전 보증금 납입 조건부 석방결정에 대하여도 항고할 수 있도록 하는 것이 균형에 맞는 측면도 있다. 그렇다면 ㉶ 같은 법 제214조의2 제4항(현재는 제5항)의 석방결정에 대하여는 피의자나 검사가 그 취소의 실익이 있는 한 같은 법 제402조에 의하여 항고할 수 있다.

IV 분석과 해설

(가) 대법원은 쟁점 제1항(긴급체포된 피의자에게 체포적부심사청구권이 있는지 여부)에 대하여 '긍정'하고 있다. 긍정의 논거로서 ㉮ 부분에서는 일견 '형사소송법 제214조의2 제1항의 문리(文理)'에 반하는 확장해석이 전개되고 있다. 대법원은 그 논거로서 헌법 제12조 제6항이 '누구든지 체포 또는 구속을 당한 때에는(하략)'이라고 규정한 것을 들고 있다. 이른바 '헌법적 형사소송론'이 응용된 것이다. 2008년에 이 판결에 부합하는 방향으로 조문이 변경되어 이 쟁점은 이제 입법적으로 해결되었다.

(나) 쟁점 제2항(체포적부심사절차에서 체포된 피의자를 보증금 납입을 조건으로 석방할 수 있는지 여부: 부정)에 대하여 대법원은 '헌법적 형사소송론'을 전개하지 않고 문리해석에 치중하고 있다(㉯, ㉰, ㉱, ㉲ 참조).

(다) 쟁점 제3항(보증금 납입을 조건으로 한 피의자 석방결정에 대하여 보통항고할 수 있는지 여부: 긍정)에 대하여 대법원은 긍정하고 있는데 그 논거들(㉳, ㉴, ㉵, ㉶)을 잘 음미하기 바란다. 2008년에 이 판결에 부합하는 방향으로 조문이 명시(제8항에서 제5항이 빠졌음)되어 이 쟁점(긍정)도 이제 입법적으로 해결되었다.

(라) 검사가 전격기소하여도 체포, 구속적부심절차에는 아무 영향이 없다.

종래 체포, 구속된 피의자가 체포, 구속적부심사청구권을 행사한 다음 검사가 법원의 재판이 있기 전에 기소하면(이하 이를 '전격기소'로 약칭함) 적부심청구를 받은 법원은 어떻게 하였는가? 1995년에 제정된 대법원 예규는 "적부심재판부는 청구를 기각하고, 본안재판부에게 적부심 기록을 송부하여 본안재판부가 이를 고려하여 직권으로 보석여부를 심리"(적부심청구기각설)하도록 하였다. 이 예규에 따르면 '수사기관의 체포, 구속의 헌법적 정당성'에 대하여 법원이 실질적인 판단(당부 판단설)을 하지 못하게 된다.

---

3) 보석허가결정에 대하여는 검사에게 보통항고가 허용된다(대법원 1997.4.28.자 97모26 결정). "개정된 형사소송법(1995.12.29. 법률 제5054호, 1997.1.1.시행, 이하 같다) 제97조 제3항이 구 형사소송법(1995.12.29. 법률 제5054호로 개정되기 전의 것) 제97조 제3항에서 인정하던 보석허가결정에 대한 검사의 즉시항고권을 삭제하였으나, 개정된 형사소송법이 시행된 이후에도 검사가 형사소송법 제403조 제2항에 의한 보통항고의 방법으로 보석허가결정에 대하여 불복하는 것은 허용된다."

2004년에 헌법재판소는 체포, 구속적부심청구의 주체를 '피의자'로 한정한 '형사소송법 제214조의2 제1항이 헌법에 불합치한다'고 선언(헌재 2004.3.25. 선고 2002헌바104 결정)하였고 이 결정에 따라 2007년에 현행 형사소송법 제214조의2 제4항 제2문이 신설되었다. 이제 검사가 전격기소하여도 체포, 구속적부심절차에는 아무 영향이 없게 되었다.

2.23

긴급체포와 체포감금죄의 성부

대법원 2003.3.27.자 2002모81 결정

I 사 안

버스운전기사 D는 "시내버스를 운전하여 3차로에서 2차로를 가로질러 1차로로 진행하던 중 마침 1차로를 진행하던 V 운전의 승용차 우측 앞 펜더 부위를 위 버스 좌측 뒷바퀴 앞 부위로 충격하여 수리비 25만 원이 들도록 손괴하고도 정차하여 피해 여부를 확인하는 등 필요한 조치 없이 도주"한 혐의로 서대문경찰서에 입건되어 조사를 받은 다음, 1996.7.23. 서울지방검찰청 서부지청(현재는 서울서부지방검찰청)에서 "피의사실이 인정되지만 'D 운전의 버스 왼쪽 뒤 모서리 부분과 V의 승용차 오른쪽 앞바퀴 부분이 경미하게 접촉된 사고로 V의 과실도 적지 아니하고 V가 처벌을 원하지 않는 점'이 참작되어 기소유예 처분을 받았다. 약 1년 6월 후 D는 2차례에 걸쳐 위 검찰청에 '담당 경찰관이 공권력을 남용하여 자신(D)을 가해자로 입건하였다'는 취지의 진정을 하였으나, '기록을 보아도 종전 결정을 번복할 자료가 없고 피진정인이 형사처벌을 받을 정도의 부당한 일처리를 했다고 볼 만한 자료가 없다'는 이유로 진정사건이 종결되자, 또 다시 이의를 제기하였다. 이에 진정사건을 담당하게 된 A검사는 V와 D에게 1998.12.16. 출석하도록 요구하였다. 1998.12.16. V가 출석하지 아니한 반면 D는 출석을 하였으나, A검사는 '대질조사를 하지 못한다'는 이유로 D에 대하여 진술조서를 작성하지 아니한 다음, 이미 기소유예 처분으로 종결되어 있던 D에 대한 위 도로교통법위반 피의사건을 1998.12.24.자로 재기(再起)(98형제48965호)하였다. 그 후 D는 1999.1.14. A검사의 사무실에 전화를 걸어 '다른 검사가 위 사건을 담당하게 하여 달라'는 취지의 말을 한 다음, 1999.2.18. 11:00경 A검사의 사무실에 다시 전화를 걸어 '당신으로부터는 조사를 받을 수 없다'고 하고, 같은 날 16:30경 위 지청 형사 제2부장검사 부속실에서 담당검사의 교체를 요구하고자 부장검사와의 면담을 기다리고 있던 중 담당검사인 A검사에 의하여 위 도로교통법위반 피의사실에 기초하여 긴급체포된 후 마포경찰서 유치장에 감금되기에 이르렀다. D에 대한 기소유예처분 당시 수사기록에는 실황조사서, D에 대한 피의자신문조서(경찰), V의 진술서, 목격자 W의 명함, 합의서 및 반성문 등이 첨부되어 있으며, 그 후 담당검사인 A검사는 1999.2.3. V를 상대로 진술조서를 작성하였는데, 당시 V는 종전과 마찬가지로 'D의 잘못으로 위 교통사고가 발생한 것'이라는 취지의 진술을 하였다. 그 후 담당검사인 A검사는 위 긴급체포 다음날인 1999.2.19. D에 대한 피의자신문을 한 다음 17:25분경 D를 석방하였고, 같은 해 3.22. 위 도로교통법위반 피의사실을 공소사실로 하여 D를 벌금 100만 원에 약식기소 하였다. 그러나 이 약식기소사건은 정식재판에 회부된 후 무죄로 확정되었다. D는 A검사를 "직권을 남용하여 자신을 긴급체포한 후 그 다음날 17:25경까지 마포경찰서 유치장에 불법구금하였다"는 혐의(형법 제124조 불법체포감금죄)로 고소하였다. 검사(A검사 아닌 다른 검사)가 불기소처분하자 D는 서울 고등법원에 재정신청하였다. 서울고등법원(서울고법 2002.2.28.자 99초455 결정)은 "A검사가 D에 대하여 수사 중이던 도로교통법위반의 점은 장기 3년 이상의 징역형에 해당하는 죄로서, D의 출석 불응 및 조사거부 행위, D에 대한 체포·구금의 경위 등을 종합하여 볼 때, D에 대한 긴급체포·감금이 형사소송법 제70조 제1항 제2호, 제3호 소정의 증거를 인멸할 염려 및 도망의 염려나 긴급체포 사유를 결여하였다고 보기 어렵고 달리 이를 인정할 자료도 없어 검사의 불기소처분은 정당하다"는 이유로 D의 재정신청을 기각하였다. D가 대법원에 재항고하였다.

II 쟁 점

긴급체포에서의 '긴급성'의 요건은 무엇인가?

III 재판요지 (파기환송)

형사소송법 제200조의3 제1항(의) (중략) ㉮ 긴급체포는 영장주의 원칙에 대한 예외인만큼 형사소송법 제200조의3 제1항의 요건을 모두 갖춘 경우에 한하여 예외적으로 허용되어야 하고, 요건을 갖추지 못한 긴급체포는 법적 근거에 의하지 아니한 체포로서 위법한 체포에 해당하며, 여기서 ㉯ 긴급체포의 요건을 갖추었는지 여부는 사후에 밝혀진 사정을 기초로 판단하는 것이 아니라 체포 당시의 상황을 기초로 판단하여야 하고, ㉰ 이에 관한 검사나 사법경찰관 등 수사주체의 판단에는 상당한 재량의 여지가 있으나, 긴급체포 당시의 상황으로 보아서도 그 요건의 충족 여부에 관한 검사나 사법경찰관의 판단이 경험칙에 비추어 현저히 합리성을 잃은 경우에는 그 체포는 위법한 체포이다.[1] (중략) 이 사건 긴급체포 당시 D는 담당검사인 피의자(A검사)가 위와 같이 종결된 도로교통법위반 피의사건을 재기(再起)함으로써 다시 수사의 대상자인 입장에 놓이게 되었지만, 그것은 어디까지나 D가 무혐의라는 취지의 주장과 함께 수사담당 경찰관을 상대로 진정을 제기함에 따라 이루어진 것이었던 점, 검찰은 D에 대한 위 도로교통법위반 피의사건에 관하여 나름대로의 증거수집이 마쳐졌다고 판단하고 제반 정상을 참작하여 D에 대하여 기소유예의 종국처분을 한 다음, D의 진정에 따라 이를 재기하여 그 피해자인 V에 대한 확인조사까지 마쳤던 점, 또한 D는 이 사건 긴급체포 당시 수사대상자인 동시에 진정인의 지위도 아울러 가지고 있었는데, 위와 같은 일련의 수사과정에서 수사대상자로서

1) 대법원 2002.6.11. 선고 2000도5701 판결(⇨ 본서 2.20 참조).

경찰과 검찰의 출석요구에 순순히 응하였을 뿐만 아니라, 진정인의 지위에서 철저한 수사를 요구하는 능동적인 입장에 있었고, 다만 최초 진정일인 1998.2.9.부터 1년 가까이 지난 1999.1.14. 이후에야 비로소 담당검사의 교체를 요구하는 태도를 취하였을 뿐인 점, 특히 긴급체포 당시 D는 진정인의 입장에서 담당검사인 피의자(A검사)의 상관인 형사 제2부장검사를 면담하기 위하여 스스로 검찰청을 방문하여 대기하고 있었던 점 등의 여러 사정을 종합하여 볼 때, 이 사건 긴급체포는 체포영장을 발부받을 수 없을 정도로 긴급을 요하는 경우에 해당한다고 도저히 볼 수 없어 긴급성의 요건을 갖추지 못하였을 뿐만 아니라, 위와 같은 입장의 D가 도망할 염려나 증거를 인멸할 염려가 있다고 볼 수도 없는 만큼 형사소송법 제70조 제1항 제2호나 제3호의 요건 또한 갖추지 못한 것으로서, 이를 실행한 피의자(A검사)의 판단은 당시의 상황과 경험칙에 비추어 현저히 합리성을 잃은 경우에 해당하므로, 이 사건 긴급체포는 위법한 체포에 해당한다. 그리고 ㉱ 위와 같은 사실관계에 비추어 보면, 피의자(A검사)에게는 직권을 남용하여 D를 체포·감금한다는 점에 대한 고의도 있었다. 그럼에도 불구하고 원심은 이 사건 긴급체포가 그 요건을 갖추고 있었다고 단정한 나머지 그 이유만으로 이 사건 재정신청을 기각하였고, ㉲ 이 사건에 관하여 원심이 기소유예 등 다른 불기소사유에 대하여 심리한 흔적도 기록상 나타나지 아니하므로, 위와 같은 원심결정에는 긴급체포의 요건에 관한 법리를 오해함으로써 재판에 영향을 미친 위법이 있다(대법관 이용우(재판장), 서 성, 배기원, 박재윤(주심)).

IV 분석과 해설

본 판례에서는 검사의 위법한 긴급체포가 인정되었을 뿐만 아니라 **사법사상 최초로 검사의 체포감금죄가 긍정**되었다. 재판요지 중 ㉮, ㉯, ㉰의 부분은 2002년 판결[2]에서 이미 판시된 사항이지만 ㉱ 부분은 본 판례에서 추가된 부분이다. 향후에 사법경찰관이나 검사가 긴급체포를 남용하면 "위법한 긴급체포에 의한 유치 중에 작성된 피의자신문조서"가 "위법하게 수집된 증거로서 특별한 사정이 없는 한 이를 유죄의 증거로 할 수 없는" 질책[3]을 받는 정도를 넘어 체포감금죄가 성립될 가능성도 있음이 확인된 것이다. 이하에서 본 판례에서 특히 주목되는 점을 분설하여 보자.

(가) 긴급성 요건의 충족 여부

긴급체포의 요건은 'ⓐ 피의자가 사형, 무기 또는 장기 3년 이상의 징역이나 금고에 해당하는 죄를 범하였다고 의심할 만한 상당한 이유가 있고, ⓑ 도

2) 대법원 2002.6.11. 선고 2000도5701 판결(⇨ 본서 **2.20** 참조).
3) 대법원 2002.6.11. 선고 2000도5701 판결(⇨ 본서 **2.20** 참조).

망하거나 도망할 우려가 있는 때 혹은 증거를 인멸할 염려가 있는 경우에 ⓒ 긴급을 요하여 지방법원 판사의 체포영장을 받을 수 없는 때(법 제200조의3)'이다. 본 사안에서는 그중에서 특히 ⓒ의 긴급성 요건의 구비 여부가 문제되었다. 대법원은 "D는 긴급체포 당시 수사대상자인 동시에 진정인의 지위도 아울러 가지고 있었는데", "일련의 수사 과정에서 수사대상자로서 경찰과 검찰의 출석요구에 순순히 응하였을 뿐만 아니라", "진정인의 지위에서 철저한 수사를 요구하는 능동적인 입장에 있었"고, "긴급체포 당시 스스로 검찰청을 방문하여 대기하고 있었던 점 등의 여러 사정을 종합"하여 "긴급성의 요건을 갖추지 못하였"다고 판단하고 있다. 여기서 본 판례에 비추어 제45회 사법시험 및 제17회 군법무관임용시험 제2차시험 형사소송법 제1문의 사안[4]에서 긴급성요건이 구비되었다고 볼 것인가 여부를 검토하여 보자.

제45회 사법시험 사안에서 갑이 경찰서에 자진출석한 점은 긴급성을 부정하여야 할 요인으로 작용하지만 "체포 당시의 상황을 기초로 판단하여 볼 때" 갑은 순수한 참고인의 입장에서 경찰서에 출석한 것이 아니라 경찰의 수사에 혼선을 일으킬 목적으로 출석한 것이 아닌가 하는 의심이 생길 수도 있다. 따라서 갑이 경찰서에 자진출석한 점 만에 주목하여 긴급성 요건의 불비를 단정함은 단견(短見)이 될 것이다.

(나) 체포감금죄의 고의

D가 줄기차게 진정을 거듭할 뿐만 아니라 '당신에게 조사를 받을 수 없다'고 말하고, 또 상급검사에게 '다른 검사가 위 사건을 담당하게 하여 달라'고 요청하자 A검사는 이미 기소유예처분으로 종결되어 있던 D에 대한 도로교통법위반 피의사건을 새로운 증거의 발견사실도 없으면서 재기(再起)하고 재기의 방향이 진정인이 의도하는 방향의 재기가 아니라 그 피의사실에 기초하여 D를 긴급체포한 것에서 알 수 있듯이 진정인에게 불이익을 주려는 방향의 재기여서 보복감정이 엿보인다. 그러므로 대법원은 A검사에게 체포감금죄의 고의를 인정하고 있다.

4) "살인사건을 수사하던 사법경찰관 A는 수개월간의 수사에도 불구하고 사건해결에 진척이 없던 차에, 그 살인사건을 목격하였다고 자처하면서 경찰서에 자진출석한 甲으로부터 사건의 목격상황을 듣게 되었다. 그러나 甲의 진술에 전후모순이 있다고 생각한 A는 甲을 범인으로 단정하고, 주거가 부정할 뿐 아니라 증거인멸의 우려도 농후하다는 이유로 긴급체포하였다."

(다) 사법경찰관의 체포감금죄를 긍정한 종래의 판결과의 비교

사법경찰관의 체포감금죄의 성립을 인정한 종래의 사안의 전형은 다음과 같다.[5)]

> "D2가 V2의 정당한 귀가요청을 거절한 채 경찰서 보호실 직원에게 V2의 신병을 인도하고 다음날 즉결심판법정이 열릴 때까지 V2를 경찰서 보호실에 강제유치시키려고 함으로써 V2를 즉결피의자 대기실에 10~20분 동안 있게 하고, 이로 인하여 V2를 위 보호실에 밀어 넣으려 하는 과정에서 V2로 하여금 치료일수를 알 수 없는 우견갑부좌상 등을 입게 한 점에 대하여 범죄의 증명이 있다고 하여 D2를 특정범죄 가중처벌 등에 관한 법률 제4조의2 제1항, 형법 제124조 제1항을 적용하여 처단하였는바, 원심이 인용한 제1심판결의 명시 증거들을 기록에 비추어 검토하여 보면 원심의 이러한 인정과 판단은 옳다"(대법원 1997.6.13. 선고 97도877 판결(특정범죄 가중처벌 등에 관한 법률위반[감금]))

사법경찰관에게 체포감금의 고의가 인정되는 한 그들의 법률의 착오의 주장은 쉽게 허용될 수 없다.[6)]

---

5) "용산경찰서 조사계장 및 조사계원인 S1, S2(피의자들)가 V3(재항고인)를 1989.7.21. 14:00경 신병인수시부터 7.24. 23:55경 V3에 대한 구속영장이 집행될 때까지 약 82시간 동안 위 경찰서 조사계 사무실 및 형사피의자 대기실 등에 있게 하면서 조사를 한 사실은 인정되나, 그 기간 중 신병처리품신과 영장신청을 위하여 형사피의자 대기실에서 대기하였던 몇 시간을 제외하고는 V3는 위 사무실에서 직장동료인 S1, S2와 어울려 함께 식사도 하고 사무실 내외를 자유로이 통행하였으며 또한 '며칠이 걸려서 조사를 받아도 좋으니 철저히 조사하여 억울한 일이 없도록 하여 달라'고 S1, S2에게 요청한 사실도 인정되는 터이므로 위 S1, S2가 위 기간 동안 V3를 그 의사에 반하여 부당하게 구금하였다고 보기 어렵고, 또 V3의 진술 외에는 달리 고소사실을 뒷받침할 자료를 찾아볼 수 없는 이상 위 직권남용에 의한 감금의 고소사실을 인정하기 어렵다고 하면서, 검사가 같은 취지로 한 불기소(무혐의)처분은 정당하다고 판단하였다. 그러나 감금죄에 있어서의 감금행위는 사람으로 하여금 일정한 장소 밖으로 나가지 못하도록 하여 신체의 자유를 제한하는 행위를 가리키는 것이고, 그 방법은 반드시 물리적, 유형적 장애를 사용하는 경우뿐만 아니라 심리적, 무형적 장애에 의하는 경우도 포함되는 것인바, 설사 V3가 경찰서 안에서 식사도 하고 사무실 안팎을 내왕하였다 하여도 V3를 경찰서 밖으로 나가지 못하도록 그 신체의 자유를 제한하는 유형, 무형의 억압이 있었다면 이는 바로 감금행위에 해당할 수도 있는 것이다"(대법원 1991.12.30.자 91모5 결정[재정신청기각결정에 대한 재항고]); "진주경찰서 정보 3계장으로 근무하던 P1 및 같은 정보계 경장으로 근무하던 P2, 같은 P3 등은 1982.1.15. 진주간호전문대학 교수 Y로부터 S3가 불온삐라를 소지하고 있으며 불온한 언동을 한다고 신고를 받고 S3를 국가보안법위반사범으로 수사를 함에 있어서 당일 위 S3의 집에서 S3를 임의동행형식으로 진주경찰서로 연행한 후 구속영장에 의하지 아니하고 그달 20일까지 6일간 위 경찰서 정보계 조사실 또는 보호실 등에서 계속 구금하다가 1982.1.20.에야 비로소 부산지방법원진주지원 판사의 구속영장을 발부받은 사실이 넉넉히 인정된다. 위와 같은 사실관계에 비추어 보면 P1, P2, P3가 구속영장을 발부받음이 없이 S3를 구금한 행위는 경찰관으로서 그 직권을 남용하여 사람을 불법감금한 것에 해당한다."(대법원 1985.7.29.자 85모16 결정)

6) "D2가 V2에게 형사소송법 제70조에 정한 구속사유가 있다고 인정하였으면, 검사에게 청구하여 관할 지방법원판사의 구속영장을 받아 V2를 구속할 것이고, 긴급을 요하여 지방법원판사의 구속영장을 받을 수 없는 때에는 같은 법 제206조에 의하여 그 사유를 고하고 영장 없이 긴급구속할 수 있을 것이며, 모든 국민이 이러한 법정절차에 의하지 아니하고는 구금을 받지 아니한다는 것은 헌법

그러나 종래의 판결에 따르면 사법경찰관이나 검사에게 유죄가 인정된다 하더라도 기소유예의 가능성이 여전히 열려 있음에 주의하여야 한다. 대법원 결정 중 ㉮ 부분이 이 점을 보여주고 있다.[7]

제10조가 보장한 권리라 할 것임에도 불구하고, D2가 위와 같은 법정절차 없이 V2를 이른바 경찰서 보호실에 구금케 한 행위는, D2가 이를 수사목적 달성을 위한 적절한 행위라고 믿고 한 행위라 할 수 없을 것이고, 설사 이를 정당한 행위로서 법령에 의하여 죄가 되지 아니하는 것으로 믿었다 하더라도, 기록상 그와 같이 믿을 만한 정당한 이유가 있었다 할 수 없으며, D2가 위와 같이 그 직무상의 권능을 행사함에 필요한 법정조건을 구비하지 않았음에도 불구하고 이를 행사한 것이니, 이는 곧 그 직권을 남용한 것에 해당한다 할 것이고, V2를 소위 보호실에 구금케 한 것이 곧 V2를 감금한다는 것을 인식한 것에 해당한다"(대법원 1971.3.9. 선고 70도2406 판결); "원심이 D2의 법률의 착오 내지 기대가능성이 없다는 주장에 대하여 이 사건 범행의 경위 및 D2의 경찰관 복무 경력 등에 비추어 보면 D2의 판시와 같은 감금, 유치행위가 법령에 의하여 죄가 되지 아니하는 것으로 오인하였다고 볼 수 없을 뿐만 아니라 D2가 경찰서 보호실 근무자로부터 보호유치지시를 받았다 하여 그러한 위법한 명령에 따라야 할 의무가 없는 이상 위와 같은 오인을 하게 된 데에 대하여 정당한 이유가 있다거나 D2가 V2의 보호실유치를 회피할 가능성이 없었다고 인정하기 어렵다는 이유로 위 주장을 모두 배척하였는바, 기록과 앞서 본 법리에 비추어 보면 원심의 이러한 판단은 옳다."(대법원 1997.6.13. 선고 97도877 판결)

7) "범죄의 혐의가 인정되어도 제반사정을 고려하여 기소유예를 할 만한 사건이라고 인정되는 경우에는 재정신청을 기각할 수 있으므로 '이 사건 재정신청은 그 이유 없으므로'라고 설시하여 이를 기각한 원심결정은 위와 같은 기소유예의 판단까지 포함한 취지가 아닌가 의문의 여지가 없지 않다. 그러나 검사의 이 사건 불기소결정이 오로지 피의사실에 대한 혐의 없음을 이유로 하고 있고 이에 대한 재정신청이유도 이 점을 다투고 있는 이 사건에 있어서는 '이 사건 재정신청은 그 이유가 없으므로'라는 원심결정의 설시는 혐의 없음을 이유로 한 불기소결정이 정당하다고 판단한 취지라고 보여지고 혐의는 인정되나 기소유예를 할 만한 사건이라고 인정하여 재정신청을 기각한 취지라고는 보기 어렵다." (대법원 1985.7.29.자 85모16 결정)

2.24

범죄혐의의 상당성과 도망·증거인멸의 염려의 판단

대법원 2006.9.8. 선고 2006도148 판결[1)]

I 사 안

2002.11.25. 인천지방법원 부천지원에서 위증교사, 위조증거사용죄로 기소된 D(검사경력 9년, 변호사경력 11년으로서 사무실이 검찰청사 앞에 있다)에 대하여 무죄가 선고되었고, 당시 공판검사이던 P(초임의 여성 검사)는 이에 불복하여 항소한 후 위 '무죄가 선고된 공소사실에 대한 보완수사를 한다'며 D의 변호사사무실 사무장이던 D2(D의 조카)에게 '참고인조사차 2003.1.3. 인천지방검찰청 부천지청 검사실로 출석하라'고 요구하였다. P는 2003.1.3. D의 위증교사 사건과 관련하여 "D2가 W에 대한 증인신문사항을 작성할 당시 W가 허위 증언할 것이라는 것을 알고 있었을 것이라고 생각한다"는 취지로 진술한 W2(이미 위 인천지방법원 부천지원 사건의 판결에서 그 진술의 신빙성이 배척되었다)와 D2를 대질조사하기 위하여 W2를 소환한 상태에서 자진출석한 D2에 대하여 참고인 조사를 하지 아니한 채 곧바로 위증 및 위증교사 혐의로 피의자신문조서를 받기 시작하였다. 이에 D2는 인적사항만을 진술한 후 P의 승낙 하에 D에게 전화를 하여 '검사가 나(D2)에 대하여 위증 및 위증교사 혐의로 피의자신문조서를 받고 있으니 여기서 데리고 나가 달라'고 요청하였다. 더 이상의 조사가 이루어지지 아니하는 사이 D가 위 408호 검사실로 찾아와서 P에게 "참고인 조사만을 한다고 하여 임의수사에 응한 것인데 D2를 피의자로 조사하는 데 대해서는 협조를 하지 않겠다"는 취지로 말하며 D2에게 '여기서 나가라'고 지시하였다. D2가 일어서서 검사실을 나가려 하자 P는 D2에게 "지금부터 긴급체포하겠다"고 말하면서 D2의 퇴거를 제지하려 하였다. D는 D2에게 계속 '나가라'고 지시하면서 D2를 붙잡으려는 P검사를 몸으로 밀어 이를 제지하였다. 이로 인하여 P는 상해를 입었다. D는 공무집행방해죄와 상해죄 혐의로 기소되었다. 제1심과 항소심은 공무집행방해죄와 상해죄 혐의 모두에 대하여 유죄를 선고하였다. D가 상고하였다.

II 쟁 점

1) D2에게 범죄혐의의 상당성이 있는가?

2) D2에게 도망과 증거인멸의 염려가 있는가?

---

1) 이 판결에 대하여는 김용관, 자진 출석한 참고인에 대한 긴급체포, 『해설』 66호(2006 하반기)(2007.07), 371면 이하의 해설을 참조하였다.

III 재판요지 (파기환송)

공무집행방해죄에 대하여

D2는 참고인 조사를 받는 줄 알고 검찰청에 자진출석하였는데 예상과는 달리 갑자기 '피의자로 조사한다'고 하므로 임의수사에 의한 협조를 거부하면서 그에 대한 위증 및 위증교사 혐의에 대하여 조사를 시작하기도 전에 귀가를 요구한 것이므로, P검사가 D2를 긴급체포하려고 할 당시 D2가 위증 및 위증교사의 범행을 범하였다고 의심할 만한 '상당한 이유'가 있었다고 볼 수 없고(위 W2의 진술은 이미 위 인천지방법원 부천지원 사건의 판결에서 그 신빙성이 배척되었으므로 위 W2의 진술만으로 D2가 위증 및 위증교사의 범행을 범하였다고 의심할 만한 상당한 이유가 있다고 볼 수 없다), 기록에 나타난 D2의 소환 경위, D2의 직업 및 혐의사실의 정도, D의 위증교사죄에 대한 무죄선고, D의 위증교사 사건과 관련한 D2의 종전 진술 등에 비추어 보면 D2가 임의수사에 대한 협조를 거부하고 자신의 혐의사실에 대한 조사가 이루어지기 전에 퇴거를 요구하면서 검사의 제지에도 불구하고, 퇴거하였다고 하여 도망할 우려가 있다거나 증거를 인멸할 우려가 있다고 보기도 어려우므로, 위와 같이 긴급체포를 하려고 한 것은 그 당시 상황에 비추어 보아 형사소송법 제200조의3 제1항의 요건을 갖추지 못한 것으로 쉽게 보여져 이를 실행한 검사 등의 판단이 현저히 합리성을 잃었다. 따라서 검사가 위와 같이 검찰청에 자진출석한 D2를 체포하려고 한 행위를 적법한 공무집행이라고 할 수 없다.

그럼에도 불구하고 원심은 (중략) 검사가 D2를 긴급체포하려고 한 행위가 적법한 공무집행에 해당한다는 이유로 D의 주장을 배척하고 이 부분 범죄사실을 유죄로 인정하였으니, 원심판결에는 긴급체포의 요건에 관한 법리를 오해하였거나, 그 점을 간과하여 공무집행의 적법성에 관한 판단을 그르친 위법이 있다고 하지 않을 수 없다. 이는 판결 결과에 영향을 미쳤음이 명백하다.

상해죄에 대하여

P검사의 행위는 앞서 본 바와 같이 이미 적법한 공무집행을 벗어나 D2를 불법하게 체포하려고 한 것으로 볼 수밖에 없으므로, D가 D2에 대한 체포를 제지하는 과정에서 위 검사에게 상해를 가한 것은 이러한 불법 체포로 인한 신체에 대한 현재의 부당한 침해에서 벗어나기 위한 행위로서 정당방위에 해당하여 위법성이 조각된다(대법원 2000.7.4. 선고 99도4341 판결, 대법원2002.5.10. 선고 2001도300 판결 등 참조). 그럼에도 불구하고, 원심은 P검사가 D2를 긴급체포한 행위가 적법한 공무집행에 해당한다는 이유로 D의 정당방위 주장을 배척하고 이 부분 범죄사실을 유죄로 인정하였으니, 원심판결에는 정당방위의 요건에 관한 법리를 오해하는 등의 위법이 있다. 이는 판결 결과에 영향을 미쳤음이 명백하다.

Ⅳ 분석과 해설

(가) 범죄혐의의 상당성(probable cause)

‘범죄혐의의 상당성’은 법원의 구속(법 제70조 제1항), 수사기관의 영장에 의한 체포(법 제200조의2 제1항), 수사기관의 긴급체포(법 제200조의3 제1항), 수사기관의 구속(법 제201조 제1항)에 공통되는 요건이다. 압수, 수색, 검증의 경우에는 명문의 조항이 없지만 법원의 그것이든 수사기관의 그것이든 ‘범죄혐의의 상당성’의 존재는 자명한 요건이다. 이처럼 ‘범죄혐의의 상당성’을 어떤 기준으로 인정하고 부정할 것인가 여부는 매우 중요한 문제임에도 불구하고 이 문제가 대법원에서 언급된 사안은 본 사안이 최초의 사안이므로 주목을 요한다.

(나) 범죄혐의의 상당성의 판단기준

“합리적 시민(reasonable person)이라면 특정의 피의자가 범죄를 범하였을지 모른다(체포와 구속의 경우), 혹은 그 장소에 모종의 범죄의 증거물이나 몰수물이 발견될지 모른다(수색의 경우)”고 “의심할 만한 사실이나 정황”이 존재할 때 ‘범죄혐의의 상당성’을 인정할 수 있다. 이 의심은 ‘유죄판결에 필요한 합리적 의심의 여지가 없는 심증(대략 90% 이상의 가능성)’보다는 낮은 정도의 의심으로 족하지만 법원이나 수사기관의 육감(wild hunch, 대략 10% 정도의 가능성)보다는 높은 정도의 심증(대략 50% 내외의 심증)이 요구된다.

범죄혐의의 상당성(probable cause) 요건은 수사기관의 ‘불합리하고 경솔한’ 강제처분으로부터 시민을 보호하기 위한 장치이므로 강제처분을 하려는 수사기관이 확보한 정보(information)의 근거(base)와 신빙성(trustworthiness)을 개별적으로 심사하여야 할 문제이다. 수사기관이 확보한 정보가 수사기관 스스로 혹은 정보원이 직접 목격한 것이면 수사기관에게 유리한 정황이다. 그러나 그 정보가 전문증거(hearsay evidence)이면 수사기관에게 불리한 정황이다. 전문증거라도 그 양이 많으면 범죄혐의의 상당성을 인정할 수 있는 근거가 될 수도 있다. 또 경찰정보원이 수집한 정보의 양은 적더라도 그 정보원이 과거에 정확한 정보만 제공한 신뢰할 만한 정보원이었다면 정보원천의 신뢰성 때문에 범죄혐의의 상당성을 인정하여야 할 경우도 있을 수 있다. ‘죄를 범하였다고 의심할 만한 상당한 이유’란 유죄판결에 필요한 ‘합리적 의심의 여지를 잠재울 정도의 고도의 증명’을 요구할 수는 없지만 ‘무죄추정을 깨뜨릴 수 있을 정도로 충분한 범죄혐의가 있다는 고도의 개연성과 구체적 소명자료가 존재함’을 의미[2]한다.

2) 제요(Ⅰ)(2014), 313면.

(다) 본 사안의 경우

P검사가 D2를 긴급체포하려고 할 당시 확보한 정보는 W2의 진술(“D2가 W에 대한 증인신문사항을 작성할 당시 W가 허위 증언할 것이라는 것을 알고 있었을 것이라고 생각한다”는 취지의 진술)로 수사기관에게 유리한 자료이다. 그런데 W2의 진술은 “이미 인천지방법원 부천지원 사건의 판결에서 그 신빙성이 배척”된 진술이므로 수사기관에게 불리한 정황이다. 대법원은 W2의 진술만으로는 “D2가 위증 및 위증교사의 범행을 범하였다고 의심할 만한 상당한 이유가 있다고 볼 수 없다”고 판시하고 있다. 본 사안에서 검사가 확보한 정보는 정보의 근거측면에서 유리한 정황이지만 정보의 질(신빙성)의 측면에서 범죄혐의의 상당성을 인정하기 어려운 정보였다.

(라) 도망과 증거인멸의 염려

‘도망과 증거인멸의 염려’는 법원의 구속(법 제70조 제1항), 수사기관의 긴급체포(법 제200조의3 제1항), 수사기관의 구속(법 제201조 제1항)에, 범죄혐의의 상당성에 추가하여 필요한 또 하나의 요건이다. 어떤 기준으로 ‘도망과 증거인멸의 염려’를 인정하고 부정할 것인가 여부도 매우 중요한 문제이지만 역시 이 문제가 대법원에서 언급된 사안은 본 사안이 최초의 사안이므로 주목을 요한다. 본 사안에 대하여 대법원은 “D2의 소환 경위, D2의 직업 및 혐의사실의 정도, D의 위증교사죄에 대한 무죄선고, D의 위증교사 사건과 관련한 D2의 종전 진술 등에 비추어 보면 D2가 임의수사에 대한 협조를 거부하고 자신의 혐의사실에 대한 조사가 이루어지기 전에 퇴거를 요구하면서 검사의 제지에도 불구하고, 퇴거하였다고 하여 도망할 우려가 있다거나 증거를 인멸할 우려가 있다고 보기도 어(렵다)”고 판시하였다.

(마) 자진출석과 긴급체포의 가부

본 사안에서 대법원은 결과적으로 검사의 긴급체포를 위법하다고 평가하였다. 위법의 논거는 범죄혐의의 상당성이 결여되어 있다는 점이지 자진출석자에게는 언제나 긴급체포가 불가하다는 취지는 아니다. 자진출석자에게는 도망의 우려나 증거인멸의 우려가 그지 않을 것이 예상되나 항상 그런 것은 아니다.[3)]

3) 수사기관이 자진출석자를 긴급체포하였는데 적법으로 판단된 사례도 있다: **[사안]** D가 O를 고소하자 O는 D를 무고죄 혐의로 고소하였다. D는 고소인 자격으로 피고소인 O와 대질조사를 받고 나서 조서에 무인하기를 거부하였다. 수사검사 P는 ‘D에게 무고혐의가 인정된다’면서 ‘무고죄로 인지하여 조사를 하겠다’고 고지하였다. D가 ‘조사를 받지 않겠다’고 하면서 가방을 들고 일어나 집으로 돌

아가려고 하자 검사 P는 범죄사실의 요지, 체포의 이유와 변호인 선임권, 변명할 기회를 준 후에 D를 긴급체포하였다. 같은 날 검사는 긴급체포서를 작성하였다. 다음날 D에 대한 구속영장이 신청되어 구속영장이 발부되었다. **[판지]** "'이 사건 긴급체포의 대상범죄인 무고죄의 법정형은 10년 이하의 징역 또는 15,000,000원 이하의 벌금으로서 법정형이 장기 3년 이상의 중대한 범죄에 해당하고, 검사의 행위는 긴급체포의 요건을 갖춘 정당한 공무집행에 해당한다.'고 판단한 원심의 조치는 수긍할 수 있다."[대법원 1998.7.6. 선고 98도785 판결(이 사안은 자진출석한 자에 대하여 조사한 결과 범죄혐의가 인정되는 사안으로 보인다)].

2.25

현행범 체포의 요건

대법원 1991.9.24. 선고 91도1314 판결

I 사 안

D2는 K 여자중학교에 근무하는 **교사**이다. D2는 어느 날 식칼을 들고 교장실에 들어가 교장을 협박하는 등의 소동을 피웠으나 그 자리에 있던 D2의 부모의 만류로 그 소동은 불과 5분 만에 끝났다. D2는 교장실을 나와 서무실에 앉아 있었다. 학교 측으로부터 협박신고를 받고 출동한 경찰관들은 D2를 체포하려고 하였다. 경찰관들이 D2를 체포하려고 한 시간은 소란행위가 종료된 때로부터 40여 분 정도 지난 후이고 출동한 경찰관들이 D2를 발견한 경위는 다음과 같다. 경찰관들은 처음에 교감과 서무주임을 만났고 그 결과 D2가 서무실에 있다는 사실을 알게 되었다. 경찰관들이 D2를 체포하려 했던 장소도 서무실이었다. D2는 경찰관들에게 구속영장의 제시를 요구하면서 동행을 거부하였다. 그럼에도 불구하고 경찰관들이 D2를 연행하려고 하자 **동료교사**였던 D는 D2를 연행하려는 김해경찰서 수사과 소속 경찰관들의 멱살을 잡아당기고 그 경찰관들이 D2를 운동장에 세워져 있는 자동차에 태워 연행하려고 하자 그 자동차의 출발을 저지하려고 자동차의 문짝을 계속하여 잡아당기는 등 위 경찰관들의 현행범체포업무를 방해하였다. D는 부산지방법원에 공무집행방해(형법 제136조 제1항)[1] 혐의로 기소되었다. 제1심과 항소심은 D에게 유죄(제1심은 징역 6월에 1년간 집행유예를 선고하였고 항소심은 징역 6월에 선고유예)를 선고하였다. 제1심과 항소심은 D2가 형소법 제211조 제1항의 '범죄실행의 즉후(卽後)인자'로서 현행범인이므로 D2에 대한 경찰관들의 강제연행행위는 적법한 공무집행이라고 본 것이다. D는 "D2를 체포하려는 경찰관들의 체포행위는 소동이 일어났던 장소(교장실)가 아닌 다른 장소(서무실)에서 감행되었고 또한 소동이 있었던 때로부터 약 40분이 지나서 감행되어 시간적으로나 장소적으로나 '범죄의 현행성'이 없으므로 적법한 공무집행으로 볼 수 없다"고 주장하며 상고하였다.[2]

II 쟁 점

'범죄실행의 즉후'(법 제211조 제1항)의 의미는 무엇인가?

1) 직무를 집행하는 공무원에 대하여 폭행 또는 협박한 자는 5년 이하의 징역에 처한다.
2) 유원규, 현행범인인 "범죄실행의 즉후인자"의 범위, 『법조』 433호(1992.10), 87~96 참조.

III 재판요지 (파기환송)

형사소송법 제211조가 현행범으로 규정한 '범죄 실행의 즉후인 자'라고 함은 범죄의 실행행위를 종료한 직후의 범인이라는 것이 '**체포하는 자의 입장에서 볼 때 명백한 경우**'를 일컫는 것이며 (중략) 시간적으로나 장소적으로 보아 체포를 당하는 자가 방금 범죄를 실행한 범인이라는 점에 관한 **죄증이 명백히 존재**하는 것으로 인정되는 경우에만 현행범으로 볼 수 있다. (중략) 본건에서 경찰관들이 D2를 체포할 당시 그 학교의 교사로서 서무실에 앉아 있던 D2가 방금 범죄를 실행한 범인이라는 점에 관한 죄증이 체포자인 경찰관들에게 명백히 인식될 만한 상황이었다고 단정하기 어렵다. 물론 D2가 형소법 제211조 제2항 각호의 1에 해당하는 요건을 갖추고 있어서 그를 준(準)현행범으로 볼 수 있었던 것인지의 여부는 별개의 문제이다. 그럼에도 불구하고 원심(原審, 항소심)은 D2의 범죄의 실행과 체포당시의 구체적 상황을 조금 더 세심하게 심리하여 과연 죄증이 현존하는 것으로 판단되는 상황에서 경찰관들이 D2를 체포한 것인지의 여부를 가려보지도 아니한 채, D2가 범죄 실행의 즉후인 자로서 현행범인이라고 단정하였으니, 원심판결에는 심리를 제대로 하지 아니하였거나 현행범인에 관한 법리를 오해한 위법이 있다.

IV 분석과 해설

(가) 현행범 체포의 요건으로서 '범죄실행의 즉후'의 의미

본 판결은 영장주의의 예외사유인 현행범(체포)의 요건에 관한 것으로서는 최초의 대법원판결[3]이다. 현행범의 요건으로서의 '범죄의 실행 중'이란 범죄의 실행에 착수하여 실행을 종료하지 못한 상태를 말한다. 그러면 범죄실행의 즉후란 무엇인가?

본 판결은 "범죄의 실행행위를 종료한 즉후라고 함은 범죄행위를 실행하여 끝마친 순간 또는 이에 아주 접착된 시간적 단계를 의미한 것"이라고 판시하고 있으나 시간적 근접성의 개념에는 '범인이 범행장소를 이탈한 때에는 시간적 접착성도 인정되지 않는다는 점에서 동시에 장소적 접착성' 개념도 포함되어 있는 것으로 보아야 한다. 그러면 여기서 말하는 '시간적·장소적 근접성' 요건을 어떤 기준에서 인정하고 또는 부정할 것인가?

(나) 시간적 근접성과 장소적 근접성

(1) 일반론 '실행행위를 종료한 후 어느 정도의 시간이 경과하면 현행범이 아니게 되는가' 하는 문제를 판단하는 것은 쉬운 문제가 아니지만 '극히 근

---

3) 유원규, 앞의 논문, 96.

접한 장소적·시간적 범위 밖'이면 현행범이 아니라고 해야 한다.[4)]

(2) 시간적 근접성　시간적 근접성의 한계를 숫자상으로 한정할 수는 없지만 대체로 3~40분 정도가 최대한이 될 것이다.[5)] 3~40분 정도라는 기준은 어떤 근거에서 나온 것인가? 그것은 '신고를 받은 경찰관이 현장에 출동하는데 통상적으로 소요되는 시간'에서 온 것이다. 현행범은 누구든지 체포할 수 있지만 개인이 체포하는 경우는 드물고 경찰관이 신고를 받고 현장으로 달려가 체포하는 경우가 많을 것이기 때문이다.[6)]

(3) 장소적 근접성　현행범은 시간적 단계상의 개념이지만 범행 후의 시간의 경과로 범인은 범행현장으로부터 이동할 것이 예상된다. 범인이 범행현장으로부터 이탈할수록 범행과 체포의 근접성이 희박해짐은 물론 범인이 다른 사람과 뒤섞여 범인의 명백성이 상실되므로 현행범의 요건으로서의 시간적 근접성 요건 속에는 장소적 요소도 고려되어 판단되어야 한다. 본 판결에서 대법원이 '시간적으로나 장소적으로 보아 (중략) 죄증이 존재하는 경우에만 현행범인으로 볼 수 있다'고 한 것은 이러한 취지의 판시로 해석된다.

본 사안에서 경찰관들이 D2를 체포하려고 한 것은 D2의 범죄실행행위가 종료된 때로부터 40여 분 정도가 지난 후였으며 체포하려고 한 장소도 범죄실행장소(교장실)가 아닌 다른 장소(서무실)였다. 매우 한계적인 정황이지만 이런 정도의 정황이라면 시간적으로나 장소적으로나 근접성의 요건이 상실되었다고 보기 어렵다. 대법원이 원심판결을 파기한 직접적 이유는 다른 데 있다. 그것은 시간적·장소적 근접성 요건이 상실되었기 때문이 아니라 범인과 범증의 명백성이라는 현행범체포의 또 하나의 요건이 갖추어져 있는지 여하가 밝혀지지 않았기 때문이다.

(다) 범인과 범증의 명백성

(1) '범인과 범증의 명백성' 요건이 필요한 이유　현행범에 대하여 형소법이 수사기관으로 하여금 영장 없이 체포할 수 있도록 하고 수사기관이 아닌 일반인에게도 체포권을 준 이유는 범죄가 명백하고 범인이 명백하여 범인의 오인(誤認)과 체포자의 권한남용의 우려가 없기 때문이다. 객관적으로는 현행범인이

---

4) 小野清一郎 외 3인 편, 포켓刑事訴訟法(上), 有斐閣, 1986, 485.
5) 青柳文雄 외 4인 편, 註釋刑事訴訟法 2, 立花書房, 1987, 171.
6) 위의 책, 171~172.

라 하더라도 그것이 외부적으로 명백하지 않으면 현행범인이라고 할 수 없다.[7)]

(2) **범인과 범증의 명백성요건의 인정자료** 범인과 범증의 명백성은 누구라도 알 수 있을 정도로 외부적으로 명백해야 하는가? 현행범인은 '누구든지' 체포할 수 있으므로 누구든지 알 수 있을 정도로 외부적으로 명백해야 한다는 견해도 있을 수 있다. 그러나 본 판결은 "**체포하는 자의 입장에서 볼 때** (중략) 체포를 당하는 자가 방금 범죄를 실행한 범인이라는 점에 관한 죄증이 명백히 존재하는 것으로 인정되는 경우"[8)] 현행범인으로 볼 수 있다고 판시하고 있다.

(라) 체포의 필요성

현행범(준현행범을 포함하여)을 체포하는 경우에도 형사소송법 제70조 제1항의 구속사유(주거부정, 도망의 염려, 증거인멸의 염려)가 필요한가? 형사소송법은 또 하나의 영장주의의 예외인 긴급체포에 대하여는 체포의 필요성이 긴급체포(법 제200조의3 제1항 제1호, 제2호; 도망의 염려, 증거인멸의 염려)의 요건임을 명문으로 규정하고 있으나 현행범체포에 대하여는 명문의 규정이 없으므로 체포의 필요성이 현행범체포의 요건이냐가 문제된다. 강제처분은 필요

---

7) "원심이 '신고를 받고 출동한 제천경찰서 청전지구대 소속 경장 P는 D가 음주운전을 종료한 후 40분 이상이 경과한 시점'에서 길가에 앉아 있던 D에게서 '술냄새가 난다'는 점만을 근거로 D를 음주운전의 현행범으로 체포한 것은 D가 '방금 음주운전을 실행한 범인이라는 점에 관한 죄증이 명백하다고 할 수 없는 상태'에서 이루어진 것으로서 적법한 공무집행이라고 볼 수 없고, 그 이후에 D에게 음주측정을 요구한 것은 절차적 적법성을 구비하지 못한 것이고 D에 대한 조사행위 역시 적법한 직무집행행위라고 볼 수 없다'고 판단하여 이 사건 공소사실에 대하여 D에게 무죄를 선고한 조치는 정당"(대법원 2007. 4.13. 선고 2007도1249 판결)

8) **명백성요건이 인정된 사안**: "술에 취한 D가 어느 날 09:10경 목욕탕 탈의실에서 V3를 구타하고 약 1분여 동안 V2의 목을 잡고 있다가 그곳에 있던 다른 사람들이 말리자 잡고 있던 V3의 목을 놓은 후 위 목욕탕 탈의실 의자에 앉아 있었는데, V3가 와서 탈의실 내 평상을 뒤집었고 이에 다른 사람들이 그 평상을 원위치시켜 놓았다. 그 무렵 위 목욕탕에서 이발소를 운영하고 있는 W가 D에게 '옷을 입고 가라'고 하여 D가 옷을 입고 있었다. 한편 다른 사람들은 D가 V3를 구타하는 것을 말린 후 위 목욕탕 주인이 경찰에 112 신고를 하여 경찰관 P, P4가 바로 출동하였는데, 경찰관들이 현장에 출동하였을 때 D는 위와 같이 탈의실에서 옷을 입고 있었다. P가 피해자(V2), D, 신고자(목욕탕 주인) 등을 상대로 신고내용을 들은 후 탈의실에 있는 D를 '상해죄의 현행범인으로 체포한다'고 하면서 미란다 원칙을 고지하고 D를 강제로 연행하려고 하자, D는 '잘못한 일이 없다'고 하면서 탈의실 바닥에 누워 한동안 체포에 불응하였다. P가 D에게 '목욕탕 영업에 지장이 있으니 누워있지 말고 나오라'고 하였음에도 D가 계속 누워서 저항하자 같은 날 09:35 내지 09:40경 위 P는 V2, V3 등과 힘을 합하여 D를 붙들고 위 목욕탕 밖으로 나와 112 순찰차량의 뒷좌석에 태웠다. 그런데 D가 갑자기 차 밖으로 뛰쳐나와 양손으로 경찰관 P의 멱살을 붙잡은 후 양 주먹으로 얼굴 부위를 수회 때려 P에게 2주간의 치료를 요하는 안면부 좌상을 가하였다. 이러한 사실관계와 체포 전후의 정황에 비추어 본다면, 위 P가 D를 현행범인으로 체포한 시기는 D가 V3에 대한 상해행위를 종료한 순간과 아주 접착된 시간적 단계에 있다고 볼 수 있을 뿐만 아니라 D를 체포한 장소도 D가 위 상해범행을 저지른 바로 위 목욕탕 탈의실이어서, 위 P가 D를 체포할 당시는 D가 방금 범죄를 실행한 범인이라고 볼 죄증이 명백히 존재하는 것으로 인정할 수 있는 상황이었으므로, D를 현행범인으로 볼 수 있다."(대법원 2006.2.10. 선고 2005도7158 판결)

한 최소한도 내에서만 허용되어야 한다는 강제처분의 일반원칙을 고려하고 형사소송법 제214조가 경미한 범죄의 현행범인에 대하여는 주거불명을 체포의 요건으로 규정하고 있는 점에 비추어 볼 때 체포의 필요성(구속사유)도 현행범체포의 요건이라고 보아야 한다.[9] 다만 현행범의 체포에는 통상 긴급성이 내재되어 있으므로 체포의 필요성은 명백히 체포의 필요성이 없는 경우에는 체포할 수 없다는 소극적인 의미로 이해된다.

본 사안에서 대법원은 범죄와 범인이 명백하지 않다는 이유로 원심판결을 파기하였지만 설사 그 요건이 긍정된다고 하더라도 본 사안은 체포의 필요성을 인정하기 곤란한 사안이었다. D2는 교사이기 때문에 특별한 사정이 없는 한 D2가 형사소송법 제70조 제1항의 구속사유에 해당되는 대상이 되는 경우가 드물 것이기 때문이다.

(마) 체포의 필요성이 부정된 사례(대법원 2011.5.26. 선고 2011도3682 판결)

[사안] D는 2009.9.6. 01:45경 서울 마포구 서교동 A빌라 주차장에서 술에 취한 상태에서 전화를 걸다가 인근 지역을 순찰하던 경찰관인 P, P2로부터 불심검문을 받게 되자 P2에게 자신의 운전면허증을 교부하였다. P가 D의 신분조회를 위하여 순찰차로 걸어간 사이에, D는 위 불심검문에 항의하면서 P에게 큰 소리로 욕설을 하였다. 이에 P는 D에게 '모욕죄의 현행범으로 체포하겠다'고 고지한 후 D의 오른쪽 어깨를 붙잡았고, D는 이에 강하게 반항하면서 P에게 상해를 가하였다. D는 모욕, 상해·공무집행방해 혐의로 기소되었다. 제1심과 항소심은 모욕죄에 대하여는 유죄(벌금 50만 원),[10] 상

9) "현행범인 체포의 요건으로서는 행위의 가벌성, 범죄의 현행성·시간적 접착성, 범인·범죄의 명백성 외에 체포의 필요성 즉, 도망 또는 증거인멸의 염려가 있을 것을 요한다고 보아야 함은 소론과 같다"(대법원 1999.1.26. 선고 98도3029 판결). 熊谷弘 외 2인 편, 捜査法大系 1(繁田實造 집필), 日本評論社, 1972, 153~156.

10) "심야에 골목길 빌라 주차장에서 휴대폰으로 타인과 통화를 시도하고 있었고, 112신고사건 처리내역서의 기재 등에 의하면, 위 빌라 일대에서는 그 무렵 수십 건의 절도와 강제추행 등의 사건이 발생하였음을 인정할 수 있으므로, 위 법률 규정에 비추어 P 등 경찰관이 D를 불심검문의 대상으로 삼은 데 어떠한 잘못이 있다고 볼 수 없다. 또한, 증인 P2, P3의 각 증언에 의하면, P2는 경찰관의 정복을 착용한 상태에서 D에게 "이 시간에 남의 주차장에 통화하러 들어갔다는 것이 이상하지 않느냐, 불심검문하겠다."라고 고지한 뒤 신분증의 제시를 요구하였고, 순찰차를 주차한 뒤 P2를 뒤따라온 동료 경찰 P3 역시 D에게 자신의 소속과 이름을 밝히면서 "주차장에서 심야에 왜 나오느냐."라고 고지한 사실을 인정할 수 있는바, 이러한 사실관계에 비추어 보면 경찰관인 P2 등이 D에 대해 불심검문의 목적과 이유를 전혀 밝히지 아니하였다고 볼 수 없고, 한편, 당시까지는 P2 등이 D에게 신분증 제시를 강요하거나 강제력을 행사한 것도 아니므로, D로서는 경찰관들에게 그 의사에 반하는 신분증 제시를 거부하면 충분한 것임에도 불구하고, 이에 머물지 않고 판시와 같이 P2에게 욕설을 한 이상, 이를 들어 부적법한 공무집행에 대한 항의의 표시에 불과하다고 볼 수 없다. 모욕죄에 있어서의 '공연성'은 불특정 또는 다수인이 인식할 수 있는 상태를 의미하므로, 불특정 다중이 인식할 수 있는 상황에서 모욕적인 언사를 하였다면, 설령 당시 이를 보고 들은 자가 없다고 하

해·공무집행방해 혐의에 대하여는 무죄를 선고하였다. 검사가 상고하였다.

[판지(상고기각)] 현행범인은 누구든지 영장 없이 체포할 수 있다(법제212조). 현행범인으로 체포하기 위하여는 행위의 가벌성, 범죄의 현행성·시간적 접착성, 범인·범죄의 명백성 이외에 체포의 필요성 즉, 도망 또는 증거인멸의 염려가 있어야 하고, 이러한 요건을 갖추지 못한 현행범인 체포는 법적 근거에 의하지 아니한 영장 없는 체포로서 위법한 체포에 해당한다(대법원 1999.1.26. 선고 98도3029 판결 등 참조). 여기서 현행범인 체포의 요건을 갖추었는지 여부는 체포 당시의 상황을 기초로 판단하여야 하고, 이에 관한 검사나 사법경찰관 등 수사주체의 판단에는 상당한 재량의 여지가 있으나, 체포 당시의 상황으로 보아서도 그 요건의 충족 여부에 관한 검사나 사법경찰관 등의 판단이 경험칙에 비추어 현저히 합리성을 잃은 경우에는 그 체포는 위법하다(대법원 2002.6.11. 선고 2000도5701 판결, 대법원 2002.12.10. 선고 2002도4227 판결 등 참조).

한편 형법 제136조가 규정하는 공무집행방해죄는 공무원의 직무집행이 적법한 경우에 한하여 성립하고, 여기서 적법한 공무집행은 그 행위가 공무원의 추상적 권한에 속할 뿐 아니라 구체적 직무집행에 관한 법률상 요건과 방식을 갖춘 경우를 가리킨다. 경찰관이 현행범인 체포의 요건을 갖추지 못하였음에도 실력으로 현행범인을 체포하려고 하였다면 적법한 공무집행이라고 할 수 없고, 현행범인 체포행위가 적법한 공무집행을 벗어나 불법하게 체포한 것으로 볼 수밖에 없다면, 현행범이 그 체포를 면하려고 반항하는 과정에서 경찰관에게 상해를 가한 것은 불법체포로 인한 신체에 대한 현재의 부당한 침해에서 벗어나기 위한 행위로서 정당방위에 해당하여 위법성이 조각된다(대법원 2006.9.8. 선고 2006도148 판결, 대법원 2006.11.23. 선고 2006도2732 판결 등 참조).

P가 D를 현행범인으로 체포할 당시 D가 모욕 범행을 실행 중이거나 실행행위를 종료한 직후에 있었다고 하더라도, D는 P, P2의 불심검문에 응하여 이미 운전면허증을 교부한 상태이고, P뿐 아니라 인근 주민도 D의 욕설을 직접 들었으므로, D가 도망하거나 증거를 인멸할 염려가 있다고 보기는 어려울 것이다. 또한 D의 모욕 범행은 불심검문에 항의하는 과정에서 저지른 일시적, 우발적인 행위로서 사안 자체가 경미할 뿐 아니라, 고소를 통하여 검사 등 수사 주체의 객관적 판단을 받지도 아니한 채 피해자인 경찰관이 범행현장에서 즉시 범인을 체포할 급박한 사정이 있다고 보기도 어렵다.

따라서 P가 D를 체포한 행위는 현행범인 체포의 요건을 갖추지 못하여 적법한 공무집행이라고 볼 수 없으므로 공무집행방해죄의 구성요건을 충족하지 아니하고, D가

더라도 모욕죄의 성립에 아무런 지장이 없다. 증인 O3의 법정진술에 의하면, 당시 O3의 주거는 D가 욕설을 한 빌라 주차장 부근에서 30~40m 거리에 있었음에도, D의 욕설이 너무 고성이어서 O3 자신은 무서움을 느낄 정도였고, 그 남편의 수면까지 방해되었던 사실을 인정할 수 있으므로, D의 모욕적인 언사가 '공연성'의 요건을 갖추지 못하였다고 볼 수 없다."(서울서부지방법원 2010.6.10. 선고 2009고단2746 판결[상해·공무집행방해·모욕])

그 체포를 면하려고 반항하는 과정에서 P에게 상해를 가한 것은 불법체포로 인한 신체에 대한 현재의 부당한 침해에서 벗어나기 위한 행위로서 정당방위에 해당하여 위법성이 조각된다.

(바) 현행범을 체포한 경찰관의 법정에서의 목격진술의 증거능력과 증명력

(대법원 1995.5.9. 선고 95도535 판결(특정범죄 가중처벌 등에 관한 법률위반[절도]))

"현행범을 체포한 경찰관의 진술이라 하더라도 범행을 목격한 부분에 관하여는 여느 목격자와 다름없이 증거능력이 있고, 다만 그 증거의 신빙성만 문제된다. 위와 같은 경찰관의 체포행위를 도운 자(O)가 '범인의 범행을 목격하였다'는 취지의 진술은 그 사람이 경찰정보원이라 하더라도 그 증거능력을 부인할 아무런 이유가 없다. 원심이, 피고인을 현행범으로 체포한 경찰관과 위 체포행위를 도운 O의 수사기관에서의 각 진술 및 법정에서의 각 증언이 증거능력이 있다고 판단한 것은 정당하다. 또한 형사재판에 있어서 유죄로 인정하기 위한 심증형성의 정도는 합리적인 의심을 할 여지가 없을 정도이어야 하나, 합리성이 없는 모든 가능한 의심을 배제할 정도에 이를 것까지 요구하는 것은 아니며, 증명력이 있는 것으로 인정되는 증거를 합리적인 근거가 없는 의심을 일으켜 이를 배척하는 것은 자유심증주의의 한계를 벗어나는 것으로 허용될 수 없으므로(당원 1994.9.13. 선고 94도1335 판결 참조), 소매치기의 현행범을 검거한 경찰관과 경찰정보원의 진술이라 하더라도 그 증명력에 있어서 합리적인 근거가 있는 의심을 할 만한 사정이 없는 한 그 신빙성을 배척할 수는 없다."

(사) 사인이 체포한 현행범인의 인도시기(대법원 2011.12.22. 선고 2011도12927 판결)

"피고인들은 2011.1.21. 06:00경 소말리아 가라카드에서 북동방으로 약 670마일 떨어진 공해상에서 국군 청해부대 소속 군인에 의하여 해상강도 등 범행의 현행범인으로 체포되어 삼호주얼리호(이하 '이 사건 선박'이라고 한다)에 격리 수용되었다. 청해부대는 장거리 호송에 따른 여러 문제점, 피고인들 입장에서도 자국에 가까운 곳에서 재판을 받는 것이 방어권 행사에 유리하다는 소송절차적 측면 등을 고려하고, 소말리아 인근 해역에서의 해적문제에 관하여 국제적인 공동 대응과 협력을 촉구하는 국제연합 안전보장이사회의 결의 내용 등에 따라 인접국들의 우호적인 태도를 기대하여, 오만 등 인접국들을 대상으로 피고인들 신병인도를 위한 협의를 진행하였다. 그러나 위 인접국들이 다른 국가들로부터도 동일한 요구를 받을 가능성, 수용시설 여건 등을 이유로 신병인수를 거절함에 따라 청해부대는 피고인들을 국내로 이송하기로 하였고, 이후 항공편 마련이 여의치 아니하던 중 아랍에미리트연합의 협조를 받아 그 전용기 편으로 2011.1.30. 04:00경 부산 김해공항으로 피고인들을 이송하여 남해지방해양경찰청 소속 경찰관들이 그 무렵 피고인들을 인도받았다. 검사는 피고인들이 국내에 도착하기 직전인 2011.1.29. 20:30경 부산지방법원에 피고인들에 대한 구속영장을 청구하였고, 부산지방법원은 같은 날 23:30경 피고인들에 대한 **심문용 구인영장을 발부**하였으며, 2011.1.30. 08:00경 피의자심문을 거친 후 같은 날 10:40경 구속영장을 발부한 것이다. 제1심법원은 위 인정사실에 기하여 청해부대 소속 군인들이 피고인들을 현행범인으로 체포한 것은 검사 등이 아닌 이에 의한 현행범인 체포에 해당하고, 피고인들 체포 이후 국내로 이송하는 데에 약 9일이 소요된 것은 공간적·물리적 제약상 불가피한 것으로 정당한 이유 없이 인도를 지연하거나 체포를 계속한 경우로 볼 수 없다고 판단하였다. 나아가 제1심법원은, 구속영장 청구기간인 48시간의 기산점은 경찰관들이 피고인들의 신병을 인수한 2011.1.30. 04:30경부터 진행된다고 전제한 다음, 그로부터 48시간 이내에 청구되어 발부된 구속영장에 의하여 피고인들이 구속되었으므로, 피고인들은 적법한 체포, 즉시 인도 및 적법한 구속에 의하여 공소제기 당시 부산구치소에 구금되어 있어서 제1심법원에 토지관할이 있다고 판단하였다. 앞서 본 법리와 기록에 비추어 살펴보면, 원심이 유지한 제1심법원의 위와 같은 판단은 정당하(다)."

(아) 혐의가 사후적으로 무죄로 판단된다고 하더라도 객관적으로 보아 범죄가 되는 행위의 현행범이라고 인정할 만한 충분한 이유가 있으면 적법한 현행범체포(대법원 2013.8.23. 선고 2011도4763 판결)

"공무집행방해죄는 공무원의 적법한 공무집행이 전제로 되는바, 추상적인 권한에 속하는 공무원의 어떠한 공무집행이 적법한지 여부는 행위 당시의 구체적 상황에 기하여 객관적·합리적으로 판단하여야 하고 사후적으로 순수한 객관적 기준에서 판단할 것은 아니다(대법원 1991.5.10. 선고 91도453 판결 등 참조). 마찬가지로 현행범 체포의 적법성은 체포 당시의 구체적 상황을 기초로 객관적으로 판단하여야 하고, 사후에 범인으로 인정되었는지에 의할 것은 아니다. 비록 D가 식당 안에서 소리를 지르거나 양은그릇을 부딪치는 등의 소란행위가 업무방해죄의 구성요건에 해당하지 않아 사후적으로 무죄로 판단된다고 하더라도, D가 '상황을 설명해 달라'거나 '밖에서 얘기하자'는 경찰관의 요구를 거부하고 경찰관 앞에서 소리를 지르고 양은그릇을 두드리면서 소란을 피운 당시 상황에서는 **객관적으로 보아 D가 업무방해죄의 현행범이라고 인정할 만한 충분한 이유가 있으므로**, 경찰관들이 D를 체포하려고 한 행위는 적법한 공무집행이라고 보아야 하고, 그 과정에서 D가 체포에 저항하며 V들을 폭행하거나 상해를 가한 것은 공무집행방해죄 등을 구성한다."

(자) 경범죄처벌법위반 범행의 현행범체포의 가부(한정 긍정)(수원지방법원 2013.3.28. 선고 2012노5294 판결)

[사안] D는 경범죄처벌법위반, 공무집행방해죄 혐의로 기소되었다. 사실관계는

다음과 같다: ① D는 2011.8.13. 03:30경 수원시 장안구 조원동 755 앞길에서 술에 취해 소리를 질러 주위를 시끄럽게 하였다. ② 신고를 받고 출동한 경찰관이 D에게 신분증 제시를 요구하였으나, D는 신분증을 제시하지 않았다. ③ 이에 경찰관이 D를 '주거가 불명한 경범죄처벌법위반 범행[11]의 현행범으로 체포한다'고 고지한 후 '순찰차에 타라'고 말하였다. ④ 그러자 D는 주머니에서 지갑을 꺼내 그 안에 들어있던 운전면허증을 경찰관에게 내밀었다. ⑤ 그러나 경찰관은 '이미 현행범 체포가 되었다'면서 D의 운전면허증을 제대로 확인하지 아니한 채, 현장을 떠나려고 하는 D를 붙잡아 강제로 순찰차에 태웠다(위 ③, ④, ⑤의 사실은 수사기록 58면에 편철되어 있는 동영상을 주로 참조함). 이 과정에서 D가 저항하여 외형상 경찰관에게 유형력이 행사된 것 같은 외관이 발현되었다. 검사는, '경찰관이 신분증 제시를 요구하였음에도 D가 이를 거부한 시점, 즉 위 ② 사실이 있었던 때에 현행범 체포를 위한 '주거의 불분명' 상태가 이미 확정되었고, 위 ③ 단계에서 체포행위는 완료된 것이므로, 그 이후인 ④ 단계에서 D가 신분증을 제시하였더라도 이는 이미 이루어진 현행범 체포의 적법성에 영향을 미치지 않는다'는 취지로 주장하였다. 제1심은 경범죄처벌법위반에 대하여는 유죄를 선고하였지만, 공무집행방해 부분에 대하여는 "D를 현행범 체포한 경찰관의 행위는 적법한 공무집행이 아니었음"을 전제로, 무죄를 선고하였다. 검사는 "D가 현행범 체포 당시 신분증 제시를 거부하여 그에 대한 현행범 체포의 요건이 충족되었고, 체포가 이루어진 후 신분증을 제시한 것은 이미 성립된 현행범 체포의 요건에 별다른 영향을 미치지 않음에도, 제1심이 D에 대한 경찰관의 체포행위가 위법한 공무집행이라고 보아 D에 대한 공소사실 중 공무집행방해 부분에 대하여 무죄를 선고한 것은 사실을 오인하거나 법리를 오해하여 판결에 영향을 미친 위법이 있다."며 항소하였다.

[판지(항소기각)**]** 현행범인은 누구든지 영장 없이 체포할 수 있으나(형사소송법 제212조), 다액 50만 원 이하의 벌금, 구류 또는 과료에 해당하는 죄의 현행범인에 대하여는 범인의 주거가 분명하지 아니한 때에 한하여 체포할 수 있으므로(형사소송법 제214조), 경찰관이 경범죄처벌법위반 범행을 저지른 사람을 현행범 체포함에 있어 특별한 사정(현행범인의 도주 등으로 주거 확인을 하기 어려운 경우 등) 없이 그의 주거가 분명한지 여부를 확인하지 아니한 채 현행범인으로 체포하였다면 적법한 공무집행이라고 할 수 없다.

[사안에서] 경찰관이 D의 운전면허증을 통하여 그의 주거가 분명한지 여부를 확인할 수 있었음에도 이를 확인하지 아니한 채 D를 순찰차에 강제로 태우는 현행범 체

11) 경범죄처벌법 [시행 2008.1.1] [법률 제8435호, 2007.5.17., 타법개정] 제1장 경범죄의 종류와 처벌 제1조 (경범죄의 종류) 다음 각호의 1에 해당하는 사람은 10만 원 이하의 벌금, 구류 또는 과료의 형으로 벌한다. 25. (음주소란등) 공회당·극장·음식점 등 여러 사람이 모이거나 다니는 곳 또는 여러 사람이 타는 기차·자동차·배등에서 몹시 거친 말 또는 행동으로 주위를 시끄럽게 하거나 술에 취하여 이유없이 다른 사람에게 주정을 한 사람 26. (인근소란등) 악기·라디오·텔레비전·전축·종·확성기·전동기등의 소리를 지나치게 크게 내거나 큰소리로 떠들거나 노래를 불러 이웃을 시끄럽게 한 사람.

포행위를 하였음이 인정된다. 형법 내지 형사소송법의 해석상 '체포'란 '피의자를 그의 의사에 반하여 비교적 짧은 기간 동안 수사관서 등 일정한 장소에 인치하는 것'을 의미하므로, 순찰차 또는 경찰서 등 일정한 장소에 D를 인치하기 위한 유형력의 행사가 있었던 시점, 즉 위 ⑤ 단계에 이르러서야 체포행위의 착수 내지 완료가 있었다. 따라서 그 이전에 D가 신분증을 제시하였다면 적어도 이를 통하여 그의 주거불명 여부를 확인한 후 위 ⑤ 단계로 나아갈지 여부를 결정하였어야 하므로, 검사의 위 주장은 받아들이기 어렵다. 따라서 제1심판결에는 검사가 주장하는 것과 같은 사실오인 내지 법리오해의 위법이 없고, 검사의 주장은 이유 없다.

2.26

준현행범 체포의 요건

대법원 2000.7.4. 선고 99도4341 판결; 대법원 2006.2.10. 선고 2005도7158 판결

I 사 안

인천중부경찰서 신흥파출소에 근무하는 P(경장), P2(순경)가 야간에 112차량을 타고 순찰 근무를 하던 중 교통사고가 발생하였다. P, P2는 **사고발생 후 4분 만**에 경찰서 지령실로부터 '교통사고를 일으킨 **검정색 그랜저 승용차**가 경찰서 방면으로 도주하였다'는 무전연락을 받고 인천 중구 신흥동 2가 54 소재 삼익아파트 쪽으로 진행하고 있었는데, 다시 도보 순찰자인 P3(순경)로부터 '검정색 그랜저 승용차가 펑크가 난 상태로 삼익아파트 뒷골목으로 도주하였다'는 무전연락을 받고 그 주변을 수색하던 중 삼익아파트 뒤편 철로 옆에 세워져 있던 검정색 그랜저 승용차에서 D가 내리는 것을 발견하였고, 그 승용차의 **운전석 범퍼 및 펜더 부분이 파손된 상태였다. 교통사고가 발생한 지점과 D가 체포된 지점은 거리상으로 약 1km 떨어져 있고 시간상으로도 10분 정도의 차이**가 있으며, P, P2는 D의 차량을 사고현장에서부터 추적하여 따라간 것이 아니고 순찰 중 경찰서로부터 무전연락을 받고 도주차량 용의자를 수색하다가 그 용의자로 보이는 D를 발견하고 검문하려다가 체포한 것이다. P, P2가 D를 체포하기 전후에 D에게 '범죄사실의 요지, 체포의 이유와 변호인을 선임할 수 있음을 말한 바는 없다. D는 자신을 파출소로 강제로 끌고 가려는 P, P2의 강제수사로 신체의 자유가 자신의 의사에 반하여 침해되는 긴급한 상황에 놓이게 되자, 이를 벗어날 목적으로 P, P2를 폭행한다고 생각할 겨를도 없이 단지 자신을 강제로 붙잡고 놓아주지 않는 그들의 손에서 벗어나기 위하여 발버둥치는 과정에서 팔꿈치로 그들의 가슴 부분을 밀어 넘어뜨리거나 손으로 밀어냈다. 그 결과 P, P2 중 1인이 상해를 입었다. D는 '폭력행위 등 처벌에 관한 법률위반(상해)·공무집행방해' 혐의로 기소되었다. 항소심은 "형사소송법 제211조가 현행범인으로 규정한 '범죄실행의 즉후인 자'란 체포하는 자가 볼 때 범죄의 실행행위를 종료한 직후의 범인이라는 것이 명백한 경우를 일컫는 것으로서, 시간이나 장소로 보아 체포당하는 자를 방금 범죄를 실행한 범인이라고 볼 증거가 명백히 존재하는 것으로 인정되는 경우에만 그를 현행범인으로 볼 수 있는 것"인데, 사안에서 "D를 현행범인으로 보기 어렵다"고 판단하고, 'D가 P, P2에게 상해를 가하였다'는 부분에 관하여, D에게 폭력행위의 범의가 있다고 보기 어려울 뿐만 아니라, D가 그와 같이 반항하게 된 경위와 반항의 정도, 방법 등에 비추어 볼 때, D의 위와 같은 행위는 신체의 자유에 대한 현재의 부당한 침해를 방위하기 위한 행위로서 정당방위에 해당되어 위법성이 조각된다"고 판단하였다. 검사가 상고하였다.

II
쟁 점

1) P, P2가 D를 체포할 때 현행범체포 또는 준현행범 체포의 요건들이 모두 구비되었는가?

2) D의 P, P2에 대한 물리력의 행사에 폭행·상해의 고의가 인정되는가?

3) D의 P, P2에 대한 물리력의 행사가 정당방위인가?

III
재판요지
(상고기각)

㉮ D를 형사소송법 제211조 제1항이 규정하고 있는 현행범인에 해당한다고 보기는 어려울 것이나, ㉯ D로서는 형사소송법 제211조 제2항[1] 제2호의 '장물이나 범죄에 사용되었다고 인정함에 충분한 흉기 기타의 물건을 소지하고 있는 때'에 해당한다고 볼 수 있으므로, 준현행범인으로서 영장 없이 체포할 수 있는 경우에는 해당한다. 그럼에도 D가 형사소송법 제211조 제1항의 현행범인이 아니라는 이유에서 그를 영장 없이 체포한 순경 등의 행위가 적법한 공무집행에 해당하지 않는다고 한 원심판결에는 형사소송법 제211조 제2항 제2호의 준현행범인에 관한 법리를 오해하였거나, 그 점을 간과하여 공무집행의 적법성에 관한 판단을 그르친 위법이 있다.

㉰ 그러나 헌법 제12조 제5항 전문은 '누구든지 체포 또는 구속의 이유와 변호인의 조력을 받을 권리가 있음을 고지받지 아니하고는 체포 또는 구속을 당하지 아니한다.'는 원칙을 천명하고 있고, 형사소송법 제72조는 D에 대하여 '범죄사실의 요지, 구속의 이유와 변호인을 선임할 수 있음을 말하고 변명할 기회를 준 후가 아니면 구속할 수 없다.'고 규정하는 한편, 이 규정은 같은 법 제213조의2[2]에 의하여 검사 또는 사법경찰관리가 현행범인을 체포하거나 일반인이 체포한 현행범인을 인도받는 경우에 준용되므로, 이 사건과 같이 사법경찰리가 D를 현행범인으로 체포하는 경우에 반드시 D에게 범죄사실의 요지, 구속의 이유와 변호인을 선임할 수 있음을 말하고 변명할 기회를 주어야 할 것임은 명백하다. 이러한 법리는 비단 현행범인을 체포하는 경우뿐만 아

---

1) **법 제211조**(현행범인과 준현행범인) ① 범죄의 실행중이거나 실행의 즉후인 자를 현행범인이라 한다. ② 다음 각호의 1에 해당하는 자는 현행범인으로 간주한다. 1. 범인으로 호창되어 추적되고 있는 때 2. 장물이나 범죄에 사용되었다고 인정함에 충분한 흉기 기타의 물건을 소지하고 있는 때 3. 신체 또는 의복류에 현저한 증적이 있는 때 4. 누구임을 물음에 대하여 도망하려 하는 때.

2) **법 제213조의2**(준용규정) 제87조, 제89조, 제90조, 제200조의2 제5항 및 제200조의5의 규정은 검사 또는 사법경찰관리가 현행범인을 체포하거나 현행범인을 인도받은 경우에 이를 준용한다.
법 제200조의5(체포와 피의사실 등의 고지) 검사 또는 사법경찰관은 피의자를 체포하는 경우에는 피의사실의 요지, 체포의 이유와 변호인을 선임할 수 있음을 말하고 변명할 기회를 주어야 한다.

니라 긴급체포의 경우에도 마찬가지로 적용되는 것이고(대법원 1994.3.11. 선고 93도958 판결; 1995.5.26. 선고 94다37226 판결 등 참조), ㉣ 이와 같은 고지는 체포를 위한 실력행사에 들어가기 이전에 미리 하여야 하는 것이 원칙이나, 달아나는 피의자를 쫓아가 붙들거나 폭력으로 대항하는 피의자를 실력으로 제압하는 경우에는 붙들거나 제압하는 과정에서 하거나, 그것이 여의치 않은 경우에라도 일단 붙들거나 제압한 후에는 지체 없이 행하여야 할 것이다.

㉤ 형법 제136조가 규정하는 공무집행방해죄는 공무원의 직무집행이 적법한 경우에 한하여 성립하는 것이고, 적법한 공무집행이라 함은 그 행위가 공무원의 추상적 권한에 속할 뿐 아니라 구체적 직무집행에 관한 법률상 요건과 방식을 갖춘 경우를 가리키는 것이므로, 경찰관이 적법절차를 준수하지 아니한 채 실력으로 현행범인을 연행하려고 하였다면 적법한 공무집행이라고 할 수 없고, 현행범인이 그 경찰관에 대하여 이를 거부하는 방법으로써 폭행을 하였다고 하여 공무집행방해죄가 성립하는 것은 아니다(대법원 1994.10.25. 선고 94도2283 판결; 1995.5.9. 선고 94도3016 판결; 1996.12.23. 선고 96도2673 판결 등 참조). 원심이 같은 취지에서 위와 같은 적법절차를 준수하지 아니한 채 D를 강제로 순찰차에 태우려고 한 사실을 들어 경장 등이 D를 현행범인으로 체포하려고 한 행위를 적법한 공무집행으로 볼 수 없다고 판단하였음은 정당(하다).

㉥ 상해죄의 성립에는 상해의 원인인 폭행에 대한 인식이 있으면 충분하고 상해를 가할 의사의 존재까지는 필요하지 아니한 것인바(대법원 1983.3.22. 선고 83도231 판결 등 참조), D가 비록 경장(P) 등의 손에서 벗어나기 위해서이기는 하나 그들과 몸싸움을 벌인 것은 분명하고, D가 팔꿈치 또는 손으로 경찰관들을 밀어 넘어뜨렸다면 적어도 폭행에 대한 인식은 있었다고 봄이 상당하므로, D에게 폭력에 대한 범의조차 없다고 본 원심의 판단 부분은 수긍하기 어렵다. ㉦ 그러나 경장 등의 행위는 이미 적법한 공무집행을 벗어나 D를 불법하게 체포한 것으로 볼 수밖에 없으므로, D가 그 체포를 면하려고 반항하는 과정에서 경장 등에게 상해를 가한 것은 이러한 불법체포로 인한 신체에 대한 현재의 부당한 침해에서 벗어나기 위한 행위로서 정당방위에 해당하여 위법성이 조각된다고 본 원심의 판단은 정당(대법원 1999.12.28. 선고 98도138 판결 등 참조)(하다).

IV 분석과 해설

(가) 적법한 준현행범체포정황을 긍정한 최초의 대법원판결

본 판례는 적법한 준현행범체포정황을 인정한 최초의 대법원판결이라는 점에서 주목할 가치가 있다. 항소심은 본 사안에서 '경찰관들이 D를 체포할 때 **현행범체포의 정황**이 구비되지 않았다'고 판정하였다. 대법원은 본 사안에서 경찰관들이 D를 체포할 때 **현행범체포의 정황**은 구비되지 않았지만 '**준현행범체포의 정황**은 구비되었다'고 판단하였다. 항소심과 대법원은 본 사안에서 특히 '범인·범죄의 명백성 요건'이 구비되지 아니하여 경찰관들이 D를 체포할 때 '현행범체포'의 요건이 구비되지 않았다고 판정한 것이다.

(나) 준현행범체포의 정황

본 사안에서 경찰관들은 **사고발생 후 4분 만에** 경찰서 지령실로부터 '교통사고를 일으킨 **검정색 그랜져 승용차**가 경찰서 방면으로 도주하였다'는 무전연락을 받고 도주로 방면으로 진행하고 있었는데, 다시 도보 순찰자인 P3(순경)로부터 '검정색 그랜져 승용차가 펑크가 난 상태로 삼익아파트 뒷골목으로 도주하였다'는 무전연락을 받고 그 주변을 수색하던 중 삼익아파트 뒤편 철로 옆에 세워져 있던 **검정색 그랜져 승용차**에서 D가 내리는 것을 발견하였고, 그 승용차의 **운전석 범퍼 및 펜더 부분이 파손된 상태**였음을 발견하고 D를 체포하였다. 대법원은 이런 정황이라면 법 제211조 제2항 제2호의 '장물이나 범죄에 사용되었다고 인정함에 충분한 흉기 기타의 물건을 소지하고 있는 때'에 해당한다고 보았다. 그럼에도 불구하고 대법원은 본 사안에서 검사의 상고를 기각하여 D가 경찰관들의 체포에 저항한 행위를 상해죄와 공무집행방해죄로 형사처벌할 수 없다는 취지의 항소심판결의 결론을 유지하고 있다. 그 이유는 무엇인가?

(다) 수사기관의 체포시 피체포자에 대한 미란다고지의무와 고지의무 해태의 효과

본 사안에서는 준현행범 체포의 적법요건이 거의 구비되어 있었다. 유일하게 문제된 점은 수사기관의 준현행범 체포시 피체포자에 대한 미란다고지의무가 해태되었다는 점 하나뿐이었다.

수사기관이 현행범·준현행범을 체포하거나 피의자를 체포·긴급체포하려고 할 때는 사전에 '범죄사실의 요지, 체포의 이유와 변호인을 선임할 수 있음을 말하고 변명할 기회'를 부여하여야 한다(헌법 제12조 제5항 전문, 형사소송법 제200조의5, 제213조의2). 이를 '수사기관의 체포·구속시 피체포·피구속자에 대한 미란다 원칙의 고지의무'[3], 혹은 '미란다 고지'로 칭하기로 하자.

미란다 고지는 "체포를 위한 실력행사에 들어가기 이전에 미리 하여야 하는 것이 원칙"이나, "달아나는 피의자를 쫓아가 붙들거나 폭력으로 대항하는 피의자를 실력으로 제압하는 경우에는 붙들거나 제압하는 과정에서 하거나, 그것이 여의치 않은 경우에라도 일단 붙들거나 제압한 후에는 지체 없이 행하

3) 대법원 2006.2.10. 선고 2005도7158 판결 참조.

여야" 한다(재판요지 ㉣). 본 사안에서 D를 체포하려는 경찰관들에게 준현행범 체포의 적법요건은 거의 모두 구비되었지만 그들은 미란다고지를 해태하여 D의 경찰관에 대한 상해죄와 공무집행방해죄혐의에 대하여 무죄판결[4)]을 유도하고 말았다.

(라) 기타 유념하여야 할 사항들

"형법 제136조가 규정하는 **공무집행방해죄는 공무원의 직무집행이 적법한 경우에 한하여 성립**하는 것이고, 여기서 적법한 공무집행이라 함은 그 행위가 공무원의 **추상적 권한에 속할 뿐 아니라 구체적 직무집행에 관한 법률상 요건과 방식을 갖춘 경우**를 가리키는 것이므로, 경찰관이 적법절차를 준수하지 아니한 채 실력으로 현행범인을 연행하려고 하였다면 적법한 공무집행이라고 할 수 없고, 현행범인이 그 경찰관에 대하여 이를 거부하는 방법으로써 폭행을 하였다고 하여 공무집행방해죄가 성립하는 것은 아"(니며)(재판요지 ㉤), "상해죄의 성립에는 상해의 원인인 폭행에 대한 인식이 있으면 충분하고 상해를 가할 의사의 존재까지는 필요하지 아니"(하며)(재판요지 ㉥), "D가 비록 경장 등의 손에서 벗어나기 위해서이기는 하나 그들과 몸싸움을 벌인 것은 분명하고, D가 팔꿈치 또는 손으로 경찰관들을 밀어 넘어뜨렸다면 적어도 **폭행에 대한 인식은 있었다고 봄이 상당**하므로, D에게 폭력에 대한 범의"는 있(다). 그러나 "경장 등의 행위는 이미 적법한 공무집행을 벗어나 D를 불법하게 체포한 것으로 볼 수밖에 없으므로, D가 그 체포를 면하려고 반항하는 과정에서 경장 등에게 상해를 가한 것은 이러한 불법체포로 인한 신체에 대한 현재의 부당한 침해에서 벗어나기 위한 행위로서 **정당방위에 해당하여 위법성이 조각**된다."(재판요지 ㉦)

4) 이런 결론은 대법원 2002.5.10. 선고 2001도300 판결에서 재확인되고 있다.

2.27

구속된 피의자의 조사수인의무

대법원 2013.7.1. 자 2013모160 결정

I 사 안

D(준항고인)는 국가보안법 위반의 혐의사실로 서울중앙지방법원이 2011.7.19. 발부한 구속영장에 의하여 2011.7.20. 서울구치소에 구금되었다. 수사기관인 국가정보원은 2011.7. 20. 피의자신문을 하기 위하여 D에게 국가정보원 조사실로 이동할 것을 요구하였는데, D는 '수사기관에서 어떠한 조사도 받지 않겠다'며 이를 거부하였다. 이에 검사가 서울구치소장에게 'D가 국가정보원에서 피의자 조사를 받을 수 있도록 인치하여 달라'는 내용의 협조요청 공문을 발송하였고, 서울구치소 교도관들은 2011.7.21. 및 2011.7.22. 위 공문에 기하여 D를 국가정보원 조사실로 구인하였다. D는 '교도관들의 국가정보원 조사실로의 구인처분이 위법하다'고 주장하면서 그 취소를 구하는 준항고를 제기하였다. 준항고법원이 준항고를 기각하자 D는 대법원에 재항고하였다.

II 쟁 점

구금된 피의자에게 조사수인의무가 있는가(구속영장이 발부되어 적법하게 구금된 피의자가 피의자신문을 위한 출석요구에 응하지 아니하면서 수사기관 조사실에의 출석을 거부한다면 수사기관은 그 구속영장의 효력으로 적법하게 피의자를 조사실로 구인할 수 있는가)

III 판 지 (재항고기각)

1. 형사소송법(이하 '법'이라고만 한다) 제199조 제1항은 '수사에 관하여는 그 목적을 달성하기 위하여 필요한 조사를 할 수 있다. 다만 강제처분은 이 법률에 특별한 규정이 있는 경우에 한하며, 필요한 최소한도의 범위 안에서만 하여야 한다.'고 하고, 법 제200조는 '검사 또는 사법경찰관은 수사에 필요한 때에는 피의자의 출석을 요구하여 진술을 들을 수 있다.'고 하여, 수사의 목적을 달성하기 위하여 **임의수사의 한 방법으로 피의자신문**을 할 수 있음을 규정하고 있다. 나아가 법 제200조의2 제1항은 '피의자가 죄를 범하였다고 의심할 만한 상당한 이유가 있고, 정당한 이유 없이 제200조의 규정에 의한 출석요구에 응하지 아니하거나 응하지 아니할 우려'가 있는 때에는 체포영장을 발부받아 피의자를 체포할 수 있다는 취지로 규정하고 있으므로, 수사기관은 그와 같은 경우 체포영장을 청구하여 피의자를 체포한 후 피의자를 상대로 법 제200조, 제241조 내지 제244조의5에 규정된 피의자신문을 할 수 있다.

한편 법 제201조 제1항은 '피의자가 죄를 범하였다고 의심할 만한 상당한 이유가 있고 제70조 제1항 각 호의 1에 해당하는 사유가 있을 때에는 검사는 관할 지방법원 판사에게 청구하여 구속영장을 받아 피의자를 구속할 수 있고 사법경찰관은 검사에게 신청하여 검사의 청구로 관할 지방법원 판사의 구속영장을 받아 피의자를 구속할 수 있다.'고 하여 검사나 사법경찰관이 피의자를 구속하려면 구속영장에 의하여야 한다는 점을 분명히 하고 있고, 법 제70조 제1항은 '구속의 사유'를 '피고인이 일정한 주거가 없는 때(제1호), 피고인이 증거를 인멸할 염려가 있는 때(제2호), 피고인이 도망하거나 도망할 염려가 있는 때(제3호)'로 규정하고 있다.

위와 같은 규정들의 취지와 내용에 비추어 보면, 수사기관이 관할 지방법원 판사가 발부한 구속영장에 의하여 피의자를 구속하는 경우, 그 ⓐ 구속영장은 기본적으로 장차 공판정에의 출석이나 형의 집행을 담보하기 위한 것이지만, ⓑ 이와 함께 법 제202조, 제203조에서 정하는 구속기간의 범위 내에서 수사기관이 법 제200조, 제241조 내지 제244조의5에 규정된 피의자신문의 방식으로 구속된 피의자를 조사하는 등 적정한 방법으로 범죄를 수사하는 것도 예정하고 있다. 따라서 ⓒ 구속영장 발부에 의하여 적법하게 구금된 피의자가 피의자신문을 위한 출석요구에 응하지 아니하면서 수사기관 조사실에의 출석을 거부한다면 수사기관은 그 구속영장의 효력에 의하여 피의자를 조사실로 구인할 수 있다. 다만 ⓓ 이 경우에도 그 피의자신문 절차는 어디까지나 법 제199조 제1항 본문, 제200조의 규정에 따른 임의수사의 한 방법으로 진행되어야 하므로 피의자는 헌법 제12조 제2항과 법 제244조의3에 따라 일체의 진술을 하지 아니하거나 개개의 질문에 대하여 진술을 거부할 수 있고, 수사기관은 피의자를 신문하기 전에 그와 같은 권리를 알려주어야 한다.

ⓔ D에 대하여 적법한 구속영장이 발부된 이상 수사기관으로서는 피의자신문을 위하여 D를 조사실로 구인할 수 있다. 그 피의자신문 과정에서 진술거부권이 고지되지 않았다거나 D의 진술을 강제하였다고 볼 만한 별다른 자료를 찾아볼 수 없는 이상, 피의자신문을 위하여 D를 인치 내지 구인한 수사기관의 조치에 어떠한 위법이 있다고 할 수 없다.

IV 분석과 해설

(가) 구속된 피의자에게 진술거부권은 있지만 조사자체를 거부할 수는 없다

체포·구속된 피의자에게 수사기관의 조사실로의 출석의무가 있는가? 본 사안의 피의자는, 피의자조사와 피의자신문은 현행 형소법상 체포·구속의 목적이 아니므로 이를 부인하지만 본 판례는 '구속영장의 효력에 의하여 피의자를 조사실로 구인할 수 있다'는 논증을 매개로 이를 긍정하고 있다. 종래 학계에서는 체포·구속된 피의자가 수사기관의 조사실로 강제로 호송되는 사태를 적법하게 바라보는 논증을 '조사수인의무 긍정설'로 파악하여 왔다. 본 판례는 체포·구속된 피의자의 조사수인의무를 명시적으로 인정한 것이다. 체포·구속된 피의자에게 진술거부권은 보장되지만 체포·구속된 피의자가 조사자체를 거부할 수는 없음이 확인된 것이다.

(나) 피의자신문은 임의수사방법이다.

피의자신문에 관한 정확한 개념정의는 찾아보기 어렵지만 현재의 실무에서 행하여지는 피의자신문의 실태에 비추어 피의자신문을 정의하면 "㉮ 수사기관이 일방적으로 주도권을 가지고(일방성) ㉯ 피의사실에 관하여 피의자를 추궁(이를 특히 '訊問'이라 한다)하는 방식으로 조사(추궁성)하여 ㉰ 자백과 기타의 증거를 취득하여 피의사실에 관한 심증을 형성하여 가는 엄격한 요식의 조사절차(정규절차성)"이다. 본 판결은 이와 같은 실태의 피의자신문의 법적 성격에 대하여 임의수사방법임을 명시하고 있어 주목된다. 수사기관(검사 또는 사법경찰관)은 '수사에 필요한 때'에는 피의자의 출석을 요구하여 진술을 청취할 수 있다(법 제200조). 이것을 법문에 따라 편의상 '**출석요구와 진술청취**'로 부르기로 하자. 그런데 법 제200조의 출석요구는 어디까지나 '상대방의 협조를 구하는 차원에서의 출석요구'(따라서 상대방은 언제든지 퇴거할 수 있다)이고, 또한 '피의자의 진술을 청취'(이런 맥락에서 일제강점기에는 '청취서'로 부르기도 하였다)하는 데 중점이 있어 '피의자신문'의 '일방성'과 '추궁성' 개념과 어울리지 아니한다. 그럼에도 불구하고 종래의 통설과 법실무는 법 제200조의 '출석요구와 진술청취'도 넓은 의미의 피의자신문의 일종으로 간주하여 왔다.[1] 사법경찰관리집무규칙 제17조[2]와 검찰사건

---

1) "법 제200조에 의한 피의자조사의 경우에는 참고인에서와 같이 진술조서를 작성함이 상당하고, 필요에 따라 진술서를 징구할 수도 있다. 하지만 피의자신문의 경우에는 반드시 피신조서를 작성하여야 한다. (중략) 실제에 있어서 피의자의 진술을 기재한 조서는 두 가지로 구분하고 있는데, 하나는 임의수사의 경우에 피의자의 진술을 기재한 조서이고 이것은 **피의자진술조서**라 한다. 다른 하나는 강제수사, 즉 피의자를 구속한 경우를 피신조서라 한다. 이 양자의 조서로서의 법률상 증거능력은 동일한 것이다. 다만 그 조서의 명칭구분에 따라서 그 수사방법의 차이가 있다는 것 뿐이다"(김종률, '현행 형사소송법상 피의자신문', 법률신문, 2004년 2월 19일자).

2) **제17조**(피의자에 대한 조사사항) 사법경찰관리가 범죄를 수사함에 있어서는 다음 사항에 유의하여야 한다. 다만, 진술을 들을 때에는 미리 피의자에 대하여 형사소송법 제200조 제2항의 규정에 의한 진술거부권이 있음을 알려야 한다. 1. 피의자의 성명·연령·주민등록번호·본적·주거·직업 및 전과·기소유예·선고유예등의 처분을 받은 사실 유무, 피의자가 외국인인 경우에는 국적·주거·출생지·입국연월일 및 입국목적, 피의자가 법인 또는 단체인 경우에는 명칭·상호·소재지·대표자의 성명 및 주거·설립목적 및 그 기구 2. 피의자가 자수 또는 자백하였을 때에는 그 동기와 경위 3. 피의자의 훈장·기장·포장·연금의 유무 4. 병역관계 5. 피의자의 환경·교육과 경력·가족상황·재산 및 생활의 정도·종교관계 6. 범죄의 동기와 원인·성질·일시·장소·방법·결과 7. 피해자의 주거·직업·성명·연령

사무규칙 제13조[3]도 그런 전제에 서 있으며 사법경찰관의 요구로 피의자가 작성한 자필진술서를 피의자신문조서와 동일시하는 대법원판결[4]도 마찬가지 입장이다. 그 결과 수사기관은 피의자로부터 단순한 **진술서**만 받아도 될 경우와 몇 가지 진술청취만 하여도 되는 경우에까지 참여자를 두고 피신조서를 작성하여야 하는 낭비와 번거로움을 감수하고 있다.

---

8. 피의자의 피해자와의 친족관계등으로 인한 죄의 성부, 형의 경중이 있는 사건에 대하여는 그 사항 9. 피의자의 처벌로 인하여 그 가정에 미치는 영향 10. 범죄로 인하여 피해자 및 사회에 미치는 영향 11. 피해의 상태·손해액·피해회복의 여부·처벌희망의 유무.

3) **제13조** (조서) ①검사가 피의자를 신문하고 조서를 작성하는 경우에는 별지 제19호 서식에 의한 피의자신문조서에 의한다. ②검사가 피의자 이외의 자로부터 진술을 듣고 조서를 작성하는 경우에는 별지 제20호 서식에 의한 진술조서에 의한다. ③검사는 피의자신문조서등을 작성하거나 당해 사건에 관한 자료를 접수한 때에는 작성 또는 접수한 순서에 따라 사건기록에 편철하고, 이를 기록목록에 기재하여야 하며, 사건기록에는 매장마다 장수를 기재하여야 한다.

4) "㉰ 사법경찰관이 피의자를 조사하는 과정에서 형사소송법 제244조에 의하여 피의자신문조서에 기재됨이 마땅한 피의자의 진술내용을 진술서의 형식으로 피의자로 하여금 기재하여 제출하게 한 경우에 위 진술서의 증거능력 유무는 검사 이외의 수사기관이 작성한 피의자신문조서와 마찬가지로 형사소송법 제312조 제2항에 따라 결정하여야 할 것이고 같은 법 제313조 제1항 본문에 따라 결정할 것은 아니라고 해석하여야 할 것으로 본다. ㉱ 그러하지 아니하고 이러한 경우에도 피의자가 작성한 진술서이므로 형사소송법 제313조 제1항 본문에 따라야 한다고 본다면 이 사건과 같이 사법경찰관이 피의자를 조사하는 과정에서 같은 날 같은 조건에서 같은 내용으로 작성된 사법경찰관의 피의자신문조서와 피의자의 진술서가 그 서류의 작성자와 명칭에 따라 전자는 형사소송법 제312조 제2항을, 후자는 같은 법 제313조 제1항 본문을 적용하게 되어 엄격하여야 할 증거능력의 부여 여부가 사법경찰관의 자의에 의하여 좌우되는 수긍하기 어려운 결과에 이를 수도 있을 것이기 때문이다. 따라서 증거능력이 없는 이 사건 진술서에 증거능력을 인정하고 동 진술서에 의한 자백에 여타 증거를 보강증거로 하고 피고인에 대한 살인공소사실을 유죄로 인정한 원심판결에는 채증법칙위반으로 판결에 영향을 미친 위법이 있다."(대법원 1982.9.14. 선고 82도1479 판결)

제5절 압수·수색·검증

2.28

피압수자의 압수물에 대한 권리포기행위와 압수물환부청구권

대법원 1996.8.16.자 94모51 전원합의체 결정

I 사 안

S(보석상회 영업사원, 피의자)는 '외국산 다이아몬드'를 매도하려다가 경찰에 적발되어 관세법위반(관세장물죄(關稅贓物罪, 관세장물이란 관세가 포탈된 물건))혐의로 체포되어 조사를 받았다. 수사관은 S(나중에 준항고인, 재항고인이 될 자이다)로부터 시가 금 65,000,000원 상당이던 다이아몬드를 압수하고 S로부터 '앞으로 위 다이아몬드에 대한 어떠한 권리나 소유권을 주장하지 않을 것임을 이에 서약한다'는 내용의 '소유권포기서'를 교부받았다. 그 후 검사는 '다이아몬드의 매매알선을 의뢰한 X를 조사하여야 하는데 그의 소재를 찾을 수 없다'는 이유로 S를 기소중지처분하고 위 다이아몬드를 '검찰이 계속 보관하겠다'는 결정을 하였다. S는 검사의 다이아몬드 계속보관결정의 취소를 구하는 준항고(법 제417조)를 서울형사지방법원에 제기하였다. S의 준항고 이유는 "다이아몬드의 수입이 금지되어 있는 것도 아니고 위 다이아몬드가 언제 누구에 의하여 '관세포탈된 물건'인지조차 알 수 없어 검사가 위 사건을 기소중지하였다면 위 다이아몬드를 관세포탈물이라고 단정할 수도 없어 이를 국고에 귀속시킬 수 없을 뿐만 아니라 이에 대한 압수를 계속할 필요도 없으므로 검사가 위 다이아몬드를 '제출인인 S'에게 환부(還付)하지 않고 계속 보관처분을 한 것은 위법"하므로 "그 취소를 구"하는 것이었다. 준항고법원(서울형사지방법원 94보3)은 "㉠ 피압수자인 S가 위 압수물에 관하여 일체의 권리를 포기하는 의사표시를 한 이상 ㉡ 그 의사표시가 착오나 사기, 강박 등을 원인으로 하여 취소 또는 철회되었다는 등의 특별한 사정이 없는 한 S는 그 압수물에 관하여 환부 기타 어떠한 처분도 구할 수 없으므로 결국 ㉢ S는 검사의 위 압수물을 계속보관하는 처분의 취소를 구할 아무런 법률상 또는 사실상 이익이 없다"며 준항고를 기각하였다. S가 대법원에 재항고(법 제419조, 제415조)[1]하였다.

---

1) **법 제415조**(재항고) 항고법원 또는 고등법원의 결정에 대하여는 재판에 영향을 미친 헌법·법률·명령 또는 규칙의 위반이 있음을 이유로 하는 때에 한하여 대법원에 즉시항고를 할 수 있다. 제419조(준용규정) 제409조, 제413조, 제414조, 제415조의 규정은 제416조, 제417조의 청구있는 경우에 준용한다.

II
쟁 점

피압수자가 수사과정에서 압수된 물건에 관한 소유권포기의 의사를 표시하면 그로 인하여 피압수자의 압수물에 대한 형사소송법상의 환부청구권도 소멸되는가?

III
재판요지
(파기환송)

다수의견

1) ㉮ 피압수자 등 환부를 받을 자가 압수 후에 그 소유권을 포기하는 등에 의하여 실체법상의 권리를 상실하는 일이 있다고 하더라도, ㉯ 그로 인하여 압수를 계속할 필요가 없는 압수물을 환부하여야 하는 수사기관의 의무에 어떠한 영향을 미친다고 할 수는 없으니, 그에 대응하는 압수물의 환부를 청구할 수 있는 절차법상의 권리가 소멸하는 것은 아니다. 따라서 이와 견해를 달리하여 피압수자가 수사과정에서 압수된 물건에 관한 소유권포기의 의사를 표시하면 그로 인하여 피압수자의 압수물에 대한 환부청구권은 소멸된다는 취지의 견해를 표명한 바 있는 대법원 1968.2.27.자 67모70 결정은 이를 폐기하기로 한다.

2) 형사소송법 제219조에 의하여 수사기관의 압수물 환부에 준용되는 같은 법 제133조 제1항 전문은 '압수를 계속할 필요가 없다고 인정되는 압수물은 피고 사건 종결 전이라도 결정으로 환부하여야 한다'고 규정하고 있고, 같은 법 제219조에 의하여 수사기관의 압수물 처분에 준용되는 같은 법 제486조는 압수물의 환부를 받을 자의 소재가 불명하거나 기타 사유로 환부할 수 없는 경우에는 그 압수물은 일정한 절차를 거쳐 국고에 귀속하는 것으로 규정하고 있는바, 위 각 규정의 취지를 종합하여 보면, ㉰ 압수물에 대하여 더 이상 압수를 계속할 필요가 없어진 때에는 수사기관은 환부가 불가능하여 국고에 귀속시키는 경우를 제외하고는 반드시 그 압수물을 환부하여야 하고, 환부를 받을 자로 하여금 그 환부청구권을 포기하게 하는 등의 방법으로 압수물의 환부의무를 면할 수는 없다.

3) ㉱ 피압수자 등 압수물을 환부받을 자가 수사기관에 대하여 가지는 형사소송법상의 환부청구권은 수사기관의 필요적 환부의무에 대응하는 절차법상의 권리라 할 것인데, 개인이 국가에 대하여 가지는 공법상의 권리(공권), 특히 절차법상의 권리를 포기하게 하는 등의 방법으로 국가로 하여금 개인에 대한 절차법상의 의무를 면하게 하는 것은 법규에 특별한 규정이 있는 경우를 제외하고는 원칙적으로 허용될 수 없다. 법률은 압수물에 대한 소유권의 박탈을 원칙적으로 몰수재판에 의하여서만 할 수 있도록 규정하는 한편, 압수물을 몰수재판에 의하지 아니하고 국고에 귀속시킬 수 있는 예외 근거규정으로서 형사소송법 제486조[2]와 관세법 제215조, 제229조[3] 및 국가보안법

2) **법 제486조**(환부불능과 공고) ① 압수물의 환부를 받을 자의 소재가 불명하거나 기타 사유로 인하여 환부를 할 수 없는 경우에는 검사는 그 사유를 관보에 공고하여야 한다. ② 공고한 후 3월 이내에

제15조 제2항[4] 등을 두고 있다. 이와 같이 법률이 압수물을 국고에 귀속시키는 절차와 방법에 관하여 엄격히 규정함과 아울러 압수된 범칙물이 범인에게 복귀되지 아니하도록 필요에 따른 준비를 하여 두고 있는데도, 법률이 정하고 있는 이러한 방법 이외에 피압수자 등으로 하여금 그 압수물에 대한 환부청구권을 포기하게 하는 등의 방법으로 압수물의 환부의무를 면하게 함으로써 압수를 계속할 필요가 없어진 물건을 국고에 귀속시킬 수 있는 길을 허용하는 것은 '적법절차에 의한 인권보장 및 재산권 보장의 헌법정신'에도 어긋나고, 압수물의 환부를 필요적이고 의무적인 것으로 규정한 형사소송법 제133조를 사문화시키며, 나아가 몰수제도를 잠탈할 수 있는 길을 열어 놓게 되는 것이다. 따라서 피압수자 등 압수물을 환부받을 자가 수사기관에 대하여 형사소송법상의 환부청구권을 포기한다는 의사표시를 한 경우에 있어서도, 그 효력이 없어 그에 의하여 수사기관의 필요적 환부의무가 면제된다고 볼 수는 없으므로, 그 환부의무에 대응하는 압수물의 환부를 청구할 수 있는 절차법상의 권리가 소멸하는 것은 아니다.(중략)

다수의견의 본 사안에의 적용

외국산 물품을 관세장물의 혐의가 있다고 보아 압수하였다 하더라도 그것이 언제, 누구에 의하여 관세포탈된 물건인지 알 수 없어 기소중지처분을 한 경우에는 그 압수물은 관세장물이라고 단정할 수 없어 이를 국고에 귀속시킬 수 없을 뿐만 아니라 압수를 더 이상 계속할 필요도 없는 것이므로(대법원 1984.12.21.자 84모61 결정; 대법원 1988.12.14.자 88모55 결정; 대법원 1991.4.22.자 91모10 결정 등 참조), 위와 같이 이 사건 다이아몬드가 관세장물인지 여부를 판단할 수 없어 재항고인 등을 기소중지처분한 이상 위 다이아몬드에 대한 압수는 그 계속의 필요가 없어졌다. 재항고인(S)이 수사과정에서 위 다이아몬드에 대하여 어떠한 권리나 소유권을 주장하지 아

환부의 청구가 없는 때에는 그 물건은 국고에 귀속한다(개정 73.1.25). ③ 전항의 기간 내에도 가치 없는 물건을 폐기할 수 있고 보관하기 곤란한 물건은 공매하여 그 대가를 보관할 수 있다.

3) **관세법 제215조**(압수물품의 국고귀속) ① 세관장은 제179조·제180조 제1항 내지 제3항·제183조 내지 제186조의 규정에 해당되어 압수된 물품에 대하여 그 압수일부터 6월 이내에 당해 물품의 소유자 및 범인을 알 수 없는 경우에는 당해 물품을 유실물로 간주하여 유실물의 공고를 하여야 한다. ② 제1항의 공고일부터 1년이 경과하여도 소유자 및 범인을 알 수 없는 경우에는 당해 물품은 국고에 귀속한다(전문개정 97.12.13).

관세법 제229조(압수물품의 환부) ① 관세청장 또는 세관장은 압수물품을 몰수하지 아니할 때에는 그 압수물품 또는 그 물품의 환가대금을 환부하여야 한다. ② 제1항의 물품 또는 그 환가대금을 환부받을 자의 주소 및 거소의 불명 기타의 사유로 인하여 환부할 수 없을 때에는 그 요지를 공고하여야 한다. ③ 제2항의 규정에 의한 공고를 한 날로부터 6월이 경과하여도 환부의 청구가 없을 때에는 그 물품 또는 그 환가대금을 국고에 귀속시킬 수 있다. ④ 제1항의 물품에 대하여 관세가 미납되었을 때에는 환부받을 자로부터 당해 관세를 징수한 후 환부하여야 한다(전문개정 72.12.30).

4) **국가보안법 제15조**(몰수·추징) ① 이 법의 죄를 범하고 그 보수를 받은 때에는 이를 몰수한다. 다만, 이를 몰수할 수 없을 때에는 그 가액을 추징한다. ② 검사는 이 법의 죄를 범한 자에 대하여 소추를 하지 아니할 때에는 압수물의 폐기 또는 국고귀속을 명할 수 있다.

니하기로 한 서약에 그 소유권 등 실체법상의 권리뿐만 아니라 그 환부를 청구할 수 있는 절차법상의 권리까지도 포기한다는 의사표시가 포함되어 있는 것으로 본다고 하더라도, 위에서 본 바와 같이 그러한 포기의 의사표시는 그 효력이 없어 검사의 필요적 환부의무가 면제되는 것은 아니라고 보아야 하므로 그로 인하여 위 환부의무에 대응하는 재항고인의 압수물에 대한 환부청구권이 소멸되었다고 할 수는 없다. 결국 재항고인이 이 사건 다이아몬드에 대한 환부를 구하고 있는 이상 그에게 위 다이아몬드를 환부할 필요가 없다거나 또는 이를 환부하는 것이 불가능한 것으로 볼 수 없는 이 사건에 있어서 검사의 위 압수물에 대한 계속보관결정은 부적법하여 마땅히 취소되어야 할 것이다. 따라서 이에 반하는 원심결정은 압수물의 환부에 관한 법리를 오해하여 결정에 영향을 미친 위법을 저질렀다 할 것이므로 이 점을 지적하는 재항고이유의 주장은 이유 있다.

IV 분석과 해설

(가) 피의자의 압수물에 대한 권리포기의 실태

1994년도에 검찰이 압수한 압수물 총수는 63,888건인데 그중 소유권포기에 의한 압수물처분건수는 5,840건(국고귀속 1,585건, 폐기 4,255건)으로 전체의 약 9.4%를 차지하고 있으며, 그 가운데 '혐의 없음, 공소권 없음, 범죄불성립' 등의 결정과 함께 처분한 것은 543건[5]이라 한다. 사정이 이러하다면 피의자가 수사도중에 압수물에 대한 권리를 포기하는 사례는 대단히 많은 편임을 알 수 있다.

(나) 피의자가 수사 도중 압수물에 대한 권리를 포기하는 동기

피의자가 수사 도중 압수물에 대한 권리를 포기하는 동기는 "범죄혐의를 받고 있는 피의자는 증거물이나 유죄확정될 경우의 몰수(沒收, 형법 제48조) 대상물에 대한 경제적 이익을 스스로 포기하고 수사기관에 이를 제공하여 수사에 협조함으로써 자신에게 유리한 정상(情狀)을 형성"하려는 데 있다.[6] 피의자의 희생감수의 대가로 검사가 피의자에 대하여 기소유예나 기소중지를 고려하는 것이 '구체적 타당성 있는 사법처분이 될 수 있는 사례'도 있다. ㉮ 피의사건 자체는 기소유예 하여야 할 사안이지만 압수물이 관세장물이거나 범행에 사용된 도구인 경우, ㉯ 피의자가 범행 당시 심신상실 또는 형사미성년자이므로 처벌할 수 없지만 압수물이 범행에 사용된 도구이거나 범행으로 취득한 물건으로서

5) 김희태, 수사도중의 권리포기를 근거로 한 압수물 환부거부의 가부, 『제문제』 1, 254, 각주 1) 참조.

6) 피의자가 '자신에게 유리한 정상(情狀)을 형성'한다는 것의 구체적 의미는 피의자가 피압수물에 대한 권리를 포기하는 희생을 감수함으로써 검사에게 기소유예나 기소중지의 불기소처분을 검토할 수 있는 근거를 제공하는 것이다.

제3자의 소유에 속하지 아니하는 물건인 경우, ㉰ 피의자 스스로 압수물이 관세장물임을 자인하고 있으나 그 장물취득 과정이나 일시 등에 관한 입증을 하지 못하여 검사가 더 이상 기소행위로 나아가기 곤란한 경우(본 사안은 이 유형에 속할 것이다: 필자), ㉱ 유죄판결을 받으면 압수물이 필요적 몰수의 대상이 되는데 유죄판결에서 몰수형이 누락되는 경우(법금물), ㉲ 압수물이, 피의자가 장물을 처분하여 소비하지 못한 현금이나 도박으로 취득한 현금이지만 피의자를 약식기소하는 것조차 가혹한 처벌이 되는 경우 등이 그것들이다. 요컨대 종래의 검찰은 '피의자에게 귀속시켜서는 아니 될 물건이 압수되었을 때(위에서 적시한 바와 같은 사안의 경우) 피의자가 압수물에 대한 권리를 포기하면 피의자의 권리포기라는 희생적 행위에 대한 보상으로 기소유예나 기소중지를 고려하는 것이 구체적인 사법적 정의에 맞는 때가 많다'고 파악해 왔다. 그런데 수사도중 피의자가 압수물에 대한 권리를 포기할 때 이 '권리포기행위의 실질'이 과연 피의자의 자의에 따른 '진정한 권리포기의사의 표명'일까 하는 의문이 발생한다.

다수의견은 이런 의심을 갖고 본 사안을 바라보고 있다. 왜냐하면 사유재산권보장을 체제의 존재이유로 삼고 있는 자본주의 체제와 법치주의(그리고 그 연장선상에 있는 무죄추정의 원칙과 강제처분법정주의) 하에서 피의자가 형사사법적 반대급부를 기대하고 압수물에 대한 권리를 포기하는 행위를 '자발적인 진정한 권리포기행위'로 자리매김하는 것은 문제가 있기 때문이다. 이에 반하여 반대의견과 검찰은 수사도중 피의자가 압수물에 대한 권리를 포기할 때 이 권리포기행위의 실질이 피의자의 임의에 따른 '진정한 권리포기의사의 표명'으로 받아들여야 한다고 주장한다.

(다) 본 결정이 몰고 올 검찰실무상의 난점

1995년 전국 검찰청에서 압수물에 대한 권리포기를 받아 국고귀속 처분한 건수는 총 7,600여 건으로 추산된다. 그중 현금이 6,100여 건으로 가장 많았다. 죄명별로는 도박죄가 6,300여 건으로 압도적으로 많았고 절도죄가 150여 건, 폭력이 120여 건이었으며, 본 사안의 대상범죄인 관세법 위반은 70여 건이었다. 판돈 또는 1회 도박 액수를 고려할 때 '일시 오락의 정도'로 치부할 수 없어 '혐의 없음' 결정을 하기가 곤란하나 약식기소조차 가혹하다고 판단될 경우 검사는 종래 기소유예를 고려해 왔다.

현행법상 검사의 처분으로 압수물을 몰수할 수는 없으므로 검사가 기소유예하면 검사는 피해자들에게 도박금을 환부하여야 한다.[7] 검사의 입장에서 볼 때 이것은 '구체적인 사법적 정의'에 반한다. 따라서 이 경우 검사는 피압수자의 권리포기의사를 확인하여 그가 일체의 권리를 포기하면 국고귀속처리를 하고 포기에 대한 보상으로 기소유예하는 관행을 발전시켜 온 것이다. 그러나 향후 검사는 이런 경우에 기소방향의 결정으로 나가는 수가 많을 것이다. 그렇게 하지 않으면 검사는 '범죄에 제공되었거나 범죄로 인하여 취득한 물건을 몰수'하는 형법 제48조에 충실할 수 없기 때문이다. 이렇게 되면 표면적으로 볼 때 검사의 기소편의주의(법 제247조 제1항)가 위축되는 것처럼 보일 수도 있다.

(라) '주관적 공권의 포기가부'의 이론적 쟁점

'환부청구권의 포기 가부'는 '주관적 공권의 포기에 관한 문제'이기도 하다. 그런데 본 결정 이전에도 "고소권은 공권이므로 그 성질상 명문의 규정이 없는 한 자유롭게 처분할 수 없다"는 판례[8]가 유지되어 오고 있었다. 본 결정

7) "원심은 그 판결에서 채용하고 있는 증거들을 종합하여, 원고들이 1997.11.15. 과천시에 있는 한국마사회 서울경마장에서 O(소외인)가 운영하는 사설경마에 참여한 행위로 현행범으로 체포되어 같은 날 수원지방검찰청에 의하여 그 판시의 물품(이하 '이 사건 압수물'이라고 한다)을 임의제출의 형식으로 각 압수당한 사실, 당시 원고들은 검찰에서 수사를 받던 중 위 각 압수물에 대한 소유권을 포기한다는 취지의 소유권포기여부확인서를 작성하여 검사에게 제출한 사실, 그 후 원고들은 1998.2.4. 한국마사회법 위반으로 각 벌금 3,000,000원을 선고받고 그 무렵 그 판결이 확정되었으나, 이 사건 압수물에 대한 몰수형은 선고되지 아니한 사실을 각 인정한 후, 원고들로부터 압수된 이 사건 압수물은 형사재판에서 몰수의 선고가 없는 상태로 확정되어 압수가 해제된 것으로 간주되므로 피압수자는 국가에 대하여 민사소송으로 그 반환을 청구한 수 있다고 전제한 다음, 나아가 원고들이 수사단계에서 압수물에 대한 소유권을 포기하였다고 하더라도, 압수물을 환부하여야 하는 수사기관의 의무에 어떠한 영향을 미칠 수 없어 그 환부청구권은 소멸하지 않는다 할 것이고, 이러한 법리는 형사재판에서 몰수의 선고가 없어 압수가 해제된 것으로 간주되어 피압수자가 민사소송으로 환부청구권을 행사하는 이 사건과 같은 경우에도 그대로 적용된다고 판단한 끝에 원고들의 이 사건 청구를 전부 또는 일부 인용하고 있다. 기록에 비추어 살펴보면, 원심의 위와 같은 판단은 수긍이 가고, 거기에 압수물에 대한 소유권포기가 그 환부청구권에 미치는 영향에 관하여 법리를 오해하였거나 그에 관한 대법원판례를 위반한 위법이 없다. 압수물에 대한 소유권포기가 피압수자의 환부청구권에 아무런 영향을 미치지 못한다는 대법원 1996.8.16.자 94모51 전원합의체 결정의 법리를 형사재판에서 몰수의 선고가 없어 압수가 해제된 것으로 간주되어 피압수자가 민사소송으로 환부청구권을 행사하는 이 사건과 같은 경우에는 적용될 수 없다는 것이 위 전원합의체 결정의 취지라는 상고이유의 주장은 독단적인 견해에 불과하여 받아들일 수 없다."(대법원 2000.12.22. 선고 2000다27725 판결)

8) "V의 고소권은 형사소송법상 부여된 권리로서, 친고죄에 있어서는 고소의 존재는 공소의 제기를 유효하게 하는 것이며 공법상의 권리라고 할 것이므로 그 권리의 성질상 법이 특히 명문으로 인정하는 경우를 제외하고는 자유처분을 할 수 없다. 그런데 형사소송법 제232조에 의하면, 일단 한 고소는 취소할 수 있도록 규정하였으나, 고소권의 포기에 관하여서는 아무러한 규정이 없으므로 고소 전에 고소권을 포기할 수는 없다. V는 군검찰관에게 S, S2의 본건 범행을 진술하고, 그 처벌을 희망하는 의사를 표명하였고, 그 후에 고소를 취소한 바가 없으므로, 고소 전에 V가 군 사법경찰관으로 부터 조사를 받을 때에 소론과 같이 S, S2의 처벌을 희망하지 않은 듯이 진술하였다 하더라도 그 후에 한

은 '주관적 공권의 포기가부'의 이론적 쟁점 측면에서는 종래의 판례와 일정한 연속성을 견지하고 있다.

(마) 구체적인 사법정의와 적법절차의 긴장관계

긴 안목에서 볼 때 본 판결은 형사절차상 '적법절차에 의한 인권보장과 재산권보장'을 강화시킨 1990년대 판결들 중의 하나로 자리매김할 수 있는 판결이다. 1987년 이후 대법원과 헌법재판소는 간헐적이지만 지속적으로 '적법절차'의 내용을 확장시켜 왔다. 본 결정은 그런 흐름 속에서 음미될 만한 판례이기도 하다. 반대의견이 '구체적 정의'를 키워드로 사용하고 있음에 반하여 다수의견은 '적법절차에 의한 인권보장 및 재산권 보장의 헌법정신'을 키워드로 사용하고 있는데 그런 의미에서 본 결정은 구체적인 사법적 정의와 적법절차가 긴장관계에 놓여 있음을 실증해 주는 판례이기도 하다.

(바) 제218조의2(압수물의 환부, 가환부)의 추가

피압수자의 권리보장을 위하여 소유자, 소지자, 보관자 또는 제출인의 환부 또는 가환부청구권이 명시되었다.[9)]

피해자의 본건 고소는 유효하다."(대법원 1967.5.23. 선고 67도471 판결)

9) **법 제218조의2**(압수물의 환부, 가환부) ① 검사는 사본을 확보한 경우 등 압수를 계속할 필요가 없다고 인정되는 압수물 및 증거에 사용할 압수물에 대하여 공소제기 전이라도 소유자, 소지자, 보관자 또는 제출인의 청구가 있는 때에는 환부 또는 가환부하여야 한다. ② 제1항의 청구에 대하여 검사가 이를 거부하는 경우에는 신청인은 해당 검사의 소속 검찰청에 대응한 법원에 압수물의 환부 또는 가환부 결정을 청구할 수 있다. ③ 제2항의 청구에 대하여 법원이 환부 또는 가환부를 결정하면 검사는 신청인에게 압수물을 환부 또는 가환부하여야 한다. ④ 사법경찰관의 환부 또는 가환부 처분에 관하여는 제1항부터 제3항까지의 규정을 준용한다. 이 경우 사법경찰관은 검사의 지휘를 받아야 한다.〈본조신설 2011.7.18.〉 (시행일 : 2012.1.1.)

2.29

적법한 강제처분집행의 범위

대법원 2008.7.10. 선고 2008도2245 판결; 대법원 2011.5.26.자 2009모1190 결정

I 사 안

제1사안

P는 전화사기방조 혐의자 D를 긴급체포한 직후 D의 집으로 가서 D의 집을 수색하여 D가 보관하고 있던 다른 사람의 주민등록증, 운전면허증이 든 지갑 등을 압수하였다. D는 타인의 신분증들을 습득하고도 이를 피해자들에게 반환하지 않고 소지하고 있었으며 타인에게 다수의 대포통장 및 현금카드를 교부하여 양도한 적이 있다. D는 점유이탈물횡령죄 혐의로 기소되었다. 제1심과 항소심에서 위 압수물을 증거로 유죄판결을 선고받자 D는 상고하면서, “위 압수물 등은 형사소송법 제217조의 영장 없이 압수할 수 있는 범위를 벗어난 위법수집증거로서 이를 증거로 점유이탈물횡령죄로 처벌한 것은 법리오해”라고 주장하였다.

제2사안

전국교직원노동조합(이하 '전교조'라 한다)은 2009년 6월께 미디어법 입법 중단과 한반도 대운하 추진 의혹해소 등을 요구하는 시국선언을 하여 교육과학기술부로부터 같은 달 서울중앙지검에 국가공무원법위반 혐의로 고발되었다. 검찰은 법원에 전교조사무실에 대한 압수·수색영장을 청구하여 영장이 발부되자 서울 영등포구에 있는 전교조 본부 사무실에서 압수·수색영장을 집행하였다. 검찰은 당시 사무실에 설치된 50여 대 중 대부분의 컴퓨터에 하드디스크가 제거되어 있고 컴퓨터와 서버의 전원공급이 차단되어 있는 등 컴퓨터 내용물을 확인할 수 없게 되자 데스크탑 컴퓨터 3대와 서버 컴퓨터 10대를 압수하였다. 영장의 집행은 당사자측의 합의 하에 이뤄졌고, 수사기관은 영장에 기재된 혐의사실의 일시로부터 소급해 일정 시점 이후의 파일들만 복사하였으며, 당사자측도 조치의 적합성에 대해 묵시적으로 동의한 것으로 보인다. 전교조는 “검찰이 사무실에서 컴퓨터와 서버 등을 경찰서로 가져가 복사한 것은 영장에 적시된 압수·수색방법에서 벗어나 위법하다”며 준항고하였으나 제1심법원은 이를 기각하였다. 전교조가 대법원에 재항고하였다.[1)]

1) 『법률신문』, 2011.5.28.자 기사

Ⅱ 쟁 점

제1사안

긴급체포시에 법 제217조 제1항에 규정한 '영장 없이 압수할 수 있는 물건'의 범위

제2사안

전자정보에 대한 압수·수색영장의 집행이 그 적법성을 갖추기 위하여 필요한 조치

Ⅲ 재판요지

제1사안(상고 기각)

구 형사소송법(2007.6.1. 법률 제8496호로 개정되기 전의 것, 이하 같다) 제217조 제1항 등에 의하면 검사 또는 사법경찰관은 피의자를 긴급체포한 경우 체포한 때부터 48시간[2] 이내에 한하여 영장 없이, ⓐ **긴급체포의 사유가 된 범죄사실 수사에 필요한 최소한의 범위 내에서 당해 범죄사실과 관련된** ⓑ **증거물 또는 몰수할 것으로 판단되는**, ⓒ 피의자의 소유, 소지 또는 보관하는 물건을 압수할 수 있다. 이때, 어떤 물건이 긴급체포의 사유가 된 범죄사실 수사에 필요한 최소한의 범위 내의 것으로서 압수의 대상이 되는 것인지는 당해 범죄사실의 구체적인 내용과 성질, 압수하고자 하는 물건의 형상, 성질, 당해 범죄사실과의 관련 정도와 증거가치, 인멸의 우려는 물론 압수로 인하여 발생하는 불이익의 정도 등 압수 당시의 여러 사정을 종합적으로 고려하여 객관적으로 판단하여야 한다. 위 법리와 기록에 비추어 살펴보면, 이 사건 중 제1호 내지 제4호는 D가 보관하던 다른 사람의 주민등록증, 운전면허증 및 그것이 들어있던 지갑으로서, D가 이른바 전화사기죄의 범행을 저질렀다는 범죄사실 등으로 긴급체포된 직후 압수되었는바, 그 압수 당시 위 범죄사실의 수사에 필요한 범위 내의 것으로서 '전화사기범행과 관련된다고 의심할 만한 상당한 이유가 있었다'고 보이므로 적법하게 압수되었다.

제2사안(재항고 기각)

전자정보에 대한 압수·수색영장의 집행에 있어서는 ⓓ 원칙적으로 영장 발부의 사유로 된 혐의사실과 관련된 부분만을 ⓔ 문서 출력물로 수집하거나 수사기관이 휴대한 저장매체에 해당 파일을 복사하는 방식으로 이루어져야 하고, ⓕ 집행현장의 사정상 위와 같은 방식에 의한 집행이 불가능하거나 현저히 곤란한 부득이한 사정이 존재하더라도 그와 같은 경우에 그 저장매체 자체를 직접 혹은 하드카피나 이미징 등 형태로 수사기관 사무실 등 외부로 반출하여 해당 파일을 압수·수색할 수 있도록 영장에 기재되어 있고 실제 그와 같은 사정이 발생한 때에 한하여 예외적으로 허용될 수

---
2) 현재는 24시간으로 축소되었다.

있을 뿐이다. 나아가 이처럼 ⓖ 저장매체 자체를 수사기관 사무실 등으로 옮긴 후 영장에 기재된 범죄 혐의 관련 전자정보를 탐색하여 해당 전자정보를 문서로 출력하거나 파일을 복사하는 과정 역시 전체적으로 압수·수색영장 집행의 일환에 포함된다. 따라서 그러한 경우의 문서출력 또는 파일복사의 대상 역시 혐의사실과 관련된 부분으로 한정되어야 함은 헌법 제12조 제1항[3], 제3항[4], 형사소송법 제114조[5], 제215조 의 적법절차 및 영장주의의 원칙상 당연하다. 그러므로 수사기관 사무실 등으로 옮긴 저장매체에서 범죄 혐의와의 관련성에 대한 구분 없이 저장된 전자정보 중 임의로 문서출력 혹은 파일복사를 하는 행위는 특별한 사정이 없는 한 영장주의 등 원칙에 반하는 위법한 집행이 된다. 한편, 검사나 사법경찰관이 압수·수색영장을 집행함에 있어서는 자물쇠를 열거나 개봉 기타 필요한 처분을 할 수 있지만 그와 아울러 압수물의 상실 또는 파손 등의 방지를 위하여 상당한 조치를 하여야 하므로(법 제219조[6], 제120조[7], 제131조[8] 등), 혐의사실과 관련된 정보는 물론 그와 무관한 다양하고 방대한 내용의 사생활 정보가 들어 있는 저장매체에 대한 압수·수색영장을 집행함에 있어서 그 영장이 명시적으로 규정한 위 예외적인 사정이 인정되어 그 전자정보가 담긴 저장매체 자체를 수사기관 사무실 등으로 옮겨 이를 열람 혹은 복사하게 되는 경우에도, 그 전체과정을 통하여 ⓗ 피압수·수색 당사자나 그 변호인의 계속적인 참여권 보장, 피압수·수색 당사자가 배제된 상태에서의 저장매체에 대한 열람·복사 금지, 복사대상 전자정보 목록의 작성·교부 등 압수·수색의 대상인 저장매체 내 전자정보의 왜곡이나 훼손과 오·남용 및 임의적인 복제나 복사 등을 막기 위한 적절한 조치가 이루어져야만 그 집행절차가 적법하다.

---

3) 모든 국민은 신체의 자유를 가진다. 누구든지 법률에 의하지 아니하고는 체포·구속·압수·수색 또는 심문을 받지 아니하며, **법률과 적법한 절차**에 의하지 아니하고는 처벌·보안처분 또는 강제노역을 받지 아니한다.

4) 체포·구속·압수 또는 수색을 할 때에는 **적법한 절차에 따라** 검사의 신청에 의하여 법관이 발부한 **영장을 제시**하여야 한다. 다만, **현행범인인 경우**와 장기 3년 이상의 형에 해당하는 죄를 범하고 도피 또는 증거인멸의 염려가 있을 때에는 **사후에 영장을 청구**할 수 있다.

5) **제114조**(영장의 방식) ① 압수·수색영장에는 피고인의 성명, 죄명, 압수할 물건, 수색할 장소, 신체, 물건, 발부연월일, 유효기간과 그 기간을 경과하면 집행에 착수하지 못하며 영장을 반환하여야 한다는 취지 기타 대법원규칙으로 정한 사항을 기재하고 재판장 또는 수명법관이 서명날인하여야 한다. ② 제75조 제2항의 규정은 전항의 영장에 준용한다.

6) **제215조**(압수, 수색, 검증) ① 검사는 범죄수사에 필요한 때에는 지방법원판사에게 청구하여 발부받은 영장에 의하여 압수, 수색 또는 검증을 할 수 있다. ② 사법경찰관이 범죄수사에 필요한 때에는 검사에게 신청하여 검사의 청구로 지방법원판사가 발부한 영장에 의하여 압수, 수색 또는 검증을 할 수 있다.

7) **제219조**(준용규정) 제106조, 제107조, 제109조 내지 제112조, 제114조, 제115조 제1항 본문, 제2항, 제118조 내지 제135조, 제140조, 제141조, 제333조 제2항, 제486조의 규정은 검사 또는 사법경찰관의 본장의 규정에 의한 압수, 수색 또는 검증에 준용한다. 단, 사법경찰관이 제130조 및 제132조부터 제134조까지의 규정에 따른 처분을 함에는 검사의 지휘를 받아야 한다.

8) **제131조**(주의사항) 압수물에 대하여는 그 상실 또는 파손 등의 방지를 위하여 상당한 조치를 하여야 한다.

IV
분석과 해설

(가) 2008년 판결의 분석

구 형사소송법 제217조 제1항은 "검사 또는 사법경찰관은 제200조의3의 규정(긴급체포)에 의하여 체포할 수 있는 자의 소유, 소지 또는 보관하는 물건에 대하여는 제200조의4에 규정한 기간(피의자를 체포한 때부터 48시간) 내에 한하여 영장 없이 압수, 수색 또는 검증을 할 수 있다."고 규정하고 있었으나, 개정 형사소송법은 "검사 또는 사법경찰관은 제200조의3(긴급체포)에 따라 **체포된 자**가 소유·소지 또는 보관하는 물건에 대하여 긴급히 압수할 필요가 있는 경우에는 체포한 때부터 **24시간** 이내에 한하여 영장 없이 압수·수색 또는 검증을 할 수 있다."로 변경[9]하였다. 개정취지는 ① 긴급 압수·수색·검증의 남용을 방지하기 위하여 구법의 '체포할 수 있는 자'를 '체포된 자'로 명확히 규정하고, ② 긴급압수·수색·검증은 실무상 긴급체포된 사실이 밝혀지면 피의자와 관련된 사람이 증거물을 은닉하는 것을 방지하기 위한 제도이므로, 법관으로부터 영장을 발부받을 시간적 여유가 없는 상태에서 긴급히 압수할 필요가 있는 경우에 할 수 있음을 명시하고, ③ 긴급압수·수색·검증이 허용되는 시간을 48시간에서 24시간으로 축소하였으며, ④ 체포현장에서의 긴급압수·수색·검증과 긴급체포에 부수된 긴급압수·수색·검증의 독자성을 인정하여 압수를 계속할 필요가 있을 경우 **구속영장과는 별도로** 체포시로부터 48시간 이내에 압수·수색영장을 청구하도록 한 것이다. 신법은 구법상 법문의 취지가 불명확하여 논란이 생길 소지가 있던 부분을 명백히 한 것이다.

제1사안에 대한 2008년 판결은 구법을 적용한 것이기는 하지만. 현행법의 해석론상으로도 여전히 유효한 판례이다. 현행법에서도 '소유·소지 또는 보관하는 물건'의 의미에 대하여 논란이 있을 수 있기 때문이다. 사안에서 D는 전화사기죄로 긴급체포되었다(체포 당시에는 위 주민등록증 등 압수물에 대한 점유이탈물횡령혐의는 포착되지 아니한 상태였다). P는 구 형사소송법 제217조에 따라 D의 집을 수색하면서 D가 보관하고 있던 다른 사람의 주민등록증, 운전면허증이 든 지갑 등을 압수하였다. 그 후 D가 점유이탈물인

9) **법 제217조**(영장에 의하지 아니하는 강제처분) ① 검사 또는 사법경찰관은 제200조의3에 따라 체포된 자가 소유·소지 또는 보관하는 물건에 대하여 긴급히 압수할 필요가 있는 경우에는 체포한 때부터 24시간 이내에 한하여 영장 없이 압수·수색 또는 검증을 할 수 있다. ② 검사 또는 사법경찰관은 제1항 또는 제216조 제1항 제2호에 따라 압수한 물건을 계속 압수할 필요가 있는 경우에는 지체 없이 압수수색영장을 청구하여야 한다. 이 경우 압수수색영장의 청구는 체포한 때부터 48시간 이내에 하여야 한다. ③ 검사 또는 사법경찰관은 제2항에 따라 청구한 압수수색영장을 발부받지 못한 때에는 압수한 물건을 즉시 반환하여야 한다.

그 주민등록증 등을 횡령한 사실이 밝혀지자 P는 이 혐의범죄를 새로이 추가 입건하였다. 그러자 D는 주민등록증 등의 압수의 적법성을 다투었다. 대법원은 "① ⓐ 긴급체포의 사유가 된 범죄사실 수사에 필요한 최소한의 범위 내에서 ⓑ 당해 범죄사실과 관련된 ⓒ 증거물 또는 몰수할 것으로 판단되는 피의자의 소유, 소지 또는 보관하는 물건을 압수할 수 있다"며 제217조 제1항의 해석론을 전개하되 ② 그 판단기준으로 "당해 범죄사실의 구체적인 내용과 성질, 압수하고자 하는 물건의 형상, 성질, 당해 범죄사실과의 관련 정도와 증거가치, 인멸의 우려는 물론 압수로 인하여 발생하는 불이익의 정도 등 압수 당시의 여러 사정을 종합적으로 고려한 객관적 판단"을 제시하면서, ③ "긴급체포의 사유인 범죄와 관련된다고 의심할 만한 상당한 이유가 있으면 된다"고 판시하고 있다.[10] 그러나 본 판결이 긴급체포의 빌미가 된 범죄(본건에서는 전화사기방조죄)와는 전혀 상관없는 물건(예를 들어 수색과정에서 불법 마약류나 총포가 발견된 경우)이 압수되는 경우까지 허용[11]하는 취지인지 여부는 불명확하다(아마도 부정적인 취지로 보인다). 이 판결을 계기로 향후 천착이 필요한 것은 '긴급체포의 빌미가 된 범죄(사안에서는 사기죄)와 관련된 증거'임을 어떤 기준으로 판정할 것인가 하는 점이다. 이에 대하여는 엄격한 입장(예를 들어 변호인의 입장)[12]과 관대한 입장(예를 들어 검사의 입장)이 팽팽하게 맞설 것으로 예상된다.

(나) 2011년 결정의 분석

2011년 결정에서도 영장 발부의 사유로 된 혐의사실과 관련된 부분만에 대하여 집행할 수 있다는 2008년 판결의 취지는 관철되고 있다. 관련성 있는

---

10) 다만, 위 압수물 등은 새로 입건된 점유이탈물횡령죄의 증거가 될 뿐만 아니라 긴급체포사유가 된 전화사기죄의 증거도 되는 경우로 보인다.

11) *United States v. Robinson*. 414U.S.218,94S.Ct.467,38L.Ed.2d427(1973)의 이른바 'blanket rule' 참조. 그러나 미국의 SILA는 S의 손이 미칠 수 있는 좁은 범위에 그치므로 미국법의 법리를 한국의 상황에 그대로 적용하기에는 무리가 있다: **[사안]** Local police officers went to Chimel's home with a warrant authorizing his arrest for burglary. Upon serving him with the arrest warrant, the officers conducted a comprehensive search of Chimel's residence. The search uncovered a number of items that were later used to convict Chimel. State courts upheld the conviction. **[판지]** In a 7-to-2 decision, the Court held that the search of Chimel's house was unreasonable under the Fourth and Fourteenth Amendments. The Court reasoned that searches "incident to arrest" are limited to the area within the immediate control of the suspect. While police could reasonably search and seize evidence on or around the arrestee's person, they were prohibited from rummaging through the entire house without a search warrant. The Court emphasized the importance of warrants and probable cause as necessary bulwarks against government abuse. *Chimel v. California*. 395 U.S. 752, 89 S.Ct. 2034, 23 L.Ed.2d 685(1969)

12) 예를 들어 오기두, 관련성 없는 핸드폰 녹음파일 압수와 위법수집증거(법률신문, 2013년 3월 4일 제4107호)는 매우 엄격한 입장이다.

사물에 한정된다는 이 판결의 취지는 모든 대물적 강제처분에 요구된다는 것이 2011.7.18.자 형사소송법개정에서 여러 조문으로 명시되었다.[13] 2011년 결정은 전자정보에 대한 압수·수색영장의 집행이 그 적법성을 갖추기 위하여 필요한 조치에 관하여 새로운 내용(ⓔ, ⓕ, ⓖ, ⓗ)의 판시가 행하여져 주목된다.

그것은 "ⓔ 문서 출력물로 수집하거나 수사기관이 휴대한 저장매체에 해당 파일을 복사하는 방식으로 이루어져야 하고, ⓕ 집행현장의 사정상 위와 같은 방식에 의한 집행이 불가능하거나 현저히 곤란한 부득이한 사정이 존재하더라도 그와 같은 경우에 그 저장매체 자체를 직접 혹은 하드카피나 이미징 등 형태로 수사기관 사무실 등 외부로 반출하여 해당 파일을 압수·수색할 수 있도록 영장에 기재되어 있고 실제 그와 같은 사정이 발생한 때에 한하여 예외적으로 허용될 수 있을 뿐이며, ⓖ 적법절차 및 영장주의의 원칙상 저장매체 자체를 수사기관 사무실 등으로 옮긴 후 영장에 기재된 범죄 혐의 관련 전자정보를

---

13) **제106조**(압수) ① 법원은 필요한 때에는 피고사건과 관계가 있다고 인정할 수 있는 것에 한정하여 증거물 또는 몰수할 것으로 사료하는 물건을 압수할 수 있다. 단, 법률에 다른 규정이 있는 때에는 예외로 한다. ② 법원은 압수할 물건을 지정하여 소유자, 소지자 또는 보관자에게 제출을 명할 수 있다. ③ 법원은 압수의 목적물이 컴퓨터용 디스크, 그 밖에 이와 비슷한 정보저장매체(이하 이 항에서 "정보저장매체 등"이라 한다)인 경우에는 기억된 정보의 범위를 정하여 출력하거나 복제하여 제출받아야 한다. 다만, 범위를 정하여 출력 또는 복제하는 방법이 불가능하거나 압수의 목적을 달성하기에 현저히 곤란하다고 인정되는 때에는 정보저장매체 등을 압수할 수 있다. 〈신설 2011.7.18.〉 ④ 법원은 제3항에 따라 정보를 제공받은 경우 「개인정보 보호법」 제2조 제3호에 따른 정보주체에게 해당 사실을 지체 없이 알려야 한다. **제107조**(우체물의 압수) ① 법원은 필요한 때에는 피고사건과 관계가 있다고 인정할 수 있는 것에 한정하여 우체물 또는 「통신비밀보호법」 제2조 제3호에 따른 전기통신(이하 "전기통신"이라 한다)에 관한 것으로서 체신관서, 그 밖의 관련 기관 등이 소지 또는 보관하는 물건의 제출을 명하거나 압수를 할 수 있다. 〈개정 2011.7.18.〉(시행일: 2012.1.1.) ② 삭제〈2011.7.18.〉 ③ 제1항에 따른 처분을 할 때에는 발신인이나 수신인에게 그 취지를 통지하여야 한다. 단, 심리에 방해될 염려가 있는 경우에는 예외로 한다. **제114조**(영장의 방식) ① 압수·수색영장에는 피고인의 성명, 죄명, 압수할 물건, 수색할 장소, 신체, 물건, 발부연월일, 유효기간과 그 기간을 경과하면 집행에 착수하지 못하며 영장을 반환하여야 한다는 취지 기타 대법원규칙으로 정한 사항을 기재하고 재판장 또는 수명법관이 서명날인하여야 한다. 다만, 압수·수색할 물건이 전기통신에 관한 것인 경우에는 작성기간을 기재하여야 한다.〈개정 2011.7.18.〉 ② 제75조 제2항의 규정은 전항의 영장에 준용한다. **제215조**(압수, 수색, 검증) ① 검사는 범죄수사에 필요한 때에는 피의자가 죄를 범하였다고 의심할 만한 정황이 있고 해당 사건과 관계가 있다고 인정할 수 있는 것에 한정하여 지방법원판사에게 청구하여 발부받은 영장에 의하여 압수, 수색 또는 검증을 할 수 있다. ② 사법경찰관이 범죄수사에 필요한 때에는 피의자가 죄를 범하였다고 의심할 만한 정황이 있고 해당 사건과 관계가 있다고 인정할 수 있는 것에 한정하여 검사에게 신청하여 검사의 청구로 지방법원판사가 발부한 영장에 의하여 압수, 수색 또는 검증을 할 수 있다. **제219조**(준용규정) 제106조, 제107조, 제109조 내지 제112조, 제114조, 제115조 제1항 본문, 제2항, 제118조부터 제132조까지, 제134조, 제135조, 제140조, 제141조, 제333조 제2항, 제486조의 규정은 검사 또는 사법경찰관의 본장의 규정에 의한 압수, 수색 또는 검증에 준용한다. 단, 사법경찰관이 제130조, 제132조 및 제134조에 따른 처분을 함에는 검사의 지휘를 받아야 한다.

탐색하여 해당 전자정보를 문서로 출력하거나 파일을 복사하는 과정 역시 전체적으로 압수·수색영장 집행의 일환에 포함되므로 문서출력 또는 파일복사의 대상 역시 **혐의사실과 관련된 부분으로 한정되어야 하며**, 그 전체과정을 통하여 ⓗ 피압수·수색 당사자나 그 변호인의 계속적인 참여권 보장, 피압수·수색 당사자가 배제된 상태에서의 저장매체에 대한 열람·복사 금지, 복사대상 전자정보 목록의 작성·교부 등 압수·수색의 대상인 저장매체 내 전자정보의 왜곡이나 훼손과 오·남용 및 임의적인 복제나 복사 등을 막기 위한 적절한 조치가 이루어져야만 그 집행절차가 적법하다."는 것이다(⇨상세는 본서 **2.30 전자정보에 대한 압수·수색** 참조).

(다) 압수·수색·검증과 사전영장주의의 예외

여기서 수사기관이 사전영장 없이 대물적 강제처분인 압수·수색·검증을 행할 수 있는 경우를 총정리하여 보자.

(1) **구속·체포 목적의 피의자수사**(법 제216조 제1항 제1호) 수사기관은 피의자를 구속·체포(영장체포·긴급체포·현행범체포)하기 위하여 필요한 때에는 영장 없이 타인의 주거나 간수하는 주거·가옥·건조물·항공기·선차를 수색할 수 있다.

(2) **구속·체포 현장에서의 압수·수색·검증**(법 제216조 제1항 제2호)

a) 문제의 소재 '체포 전의 수색 압수가 허용'(1961년의 일 최판의 입장)[14]되는가, 피의자의 체포에 성공하였을 것을 요하는가?

b) 문리해석하면 '현실로 체포한 경우'에 제한하여야 한다(체포설).[15]

c) 영장 없는 수색 압수의 장소적 범위 **'피체포자의 신체와 그 의 직접적 지배하에 있는 장소'**[16]이다.

---

14) '수사관이 피의자 S의 자택에서 부재 중이던 S의 귀가를 기다리는 동안에 행한 압수 수색을 적법하다'고 판시.

15) 미국연방대법원의 원칙적 입장(강구진; 배종대/이상돈; 신동운).

16) *Chimel v. California*(1969): "A search incident to a lawful arrest[SILA] is limited to the suspect's person and the area within which he[or she] could reach a weapon or evidence." ⇨**피체포자의 신체와 그의 직접적 지배하에 있는 장소에 제한**(이재상, 319); [**'체포현장에서의 압수'가 부정된 사안**]대법원 2010.7.22. 선고 2009도14376 판결: D는 폭력행위 등 처벌에 관한 법률위반(집단·흉기 등 상해) 혐의로 기소되었다. "형사소송법 제215조 제2항은 '사법경찰관이 범죄수사에 필요한 때에는 검사에게 신청하여 검사의 청구로 지방법원 판사가 발부한 영장에 의하여 압수, 수색 또는 검증을 할 수 있다.'고 규정하고 있는바, 사법경찰관이 위 규정을 위반하여 영장 없이 물건을 압수한 경우 그 압수물은 물론 이를 기초로 하여 획득한 2차적 증거 역시 유죄 인정의 증거로 사용할 수 없다. 이와 같은 법리는 헌법과 형사소송법이 선언한 영장주의의 중요성에 비추어 볼 때 **위법한 압수가 있은 직후에 피고인으로부터 작성받은 그 압수물에 대한 임의제출동의서**도 특별한 사정이 없는 한 마찬가지이다. 경찰이 피고인의 집에서 20m 떨어진 곳에서 피고인을 체포하여 수갑을 채운 후 피고인의 집으로 가서 집안을 수색하여 칼과 합의서를 압수하였을 뿐만 아니라 적법한 시간 내에 압수수색영장을 청구하여 발부받

d) c)의 범위에서 수색 압수할 수 있음은 'blanket rule'이다.[17]

e) 체포 전, 체포 후라 하더라도, c)의 범위에서는, 시간적·장소적 접착성이 있으면 수색 압수할 수 있다.[18]

f) c)의 범위를 벗어난 장소에서 체포의 빌미와 상관없는 물건을 수색·압수하는 것은 위법하다.[19]

g) 체포설을 다소 확장하려는 견해가 '**현장설≒체포착수설**'이다.

h) 인정하는 논거 ㉠ '체포자의 안전과 피체포자의 증거인멸방지'에 두는 긴급처분설[20]과 ㉡ '큰 법익침해가 정당화되므로 작은 법익침해는 영장발부자의 의사에 합치'한다는 부수처분설이 있다.

i) 압수한 물건을 계속 압수할 필요가 있는 경우 지체 없이(체포한 때로부터 48시간 내) 압수·수색영장을 청구하여야 한다(법217조 제2항).

(3) 범행 중 또는 범행 직후의 범죄장소에서의 압수·수색·검증(법 제216조 제3항) 범행 중 또는 범행 직후(현행범 상황)의 범죄 장소에서 긴급을 요하여 법원판사의 영장을 받을 수 없는 때에 수사기관은 영장 없이 압수, 수색 또는 검증을 할 수 있다. 이 경우에는 사후에 지체 없이 영장을 받아야 한다. 피의자가 현장에 있거나 체포되었을 필요는 없다.

(4) 긴급체포시의 압수·수색·검증(법 제217조 제1항) 본 사안은 이 경우에 속하는 사안이다.

(5) 권리자가 임의로 제출한 물건의 압수(법 제218조) 검사, 사법경찰관은 피의자 기타인의 유류한 물건이나 소유자, 소지자 또는 보관자가 임의로 제출한 물건을 영장 없이 압수할 수 있다. 이 경우에는 사후영장신청절차를 이행할 필요가 없다.

지도 않았음을 알 수 있는바, 이를 위 법리에 비추어 보면 위 칼과 합의서는 임의제출물이 아니라 영장 없이 위법하게 압수된 것으로서 증거능력이 없고, 따라서 이를 기초로 한 **2차 증거인 임의제출동의서, 압수조서 및 목록, 압수품 사진** 역시 증거능력이 없다."

17) *U.S. v. Robinson*(1973).

18) **example**: P는 거리에서 D를 공무집행방해 혐의로 체포하여 경찰서로 연행한 후 D의 소지품을 수색하여 압수하였다. 수색 압수시점은 처음 체포한 때부터 30분이 경과한 시점이고, 경찰서는 체포장소로부터 400미터 되는 지점이다.

19) **example**: P는 폭행혐의로 체포장을 발부받아 S를 체포할 때 S의 거실을 샅샅이 수색하였다. 침대 밑에서 백색분말과 주사기를 발견한 P는 S를 마약소지죄의 현행범으로 체포하였다.

20) "warrant requirement must be justified by concerns for officer safety or evidence preservation."

(라) 비례의 원칙/최소침해의 원칙은 강제처분전반에 적용된다(대법원 2004.3.23. 자 2003모126 결정(준항고에 대한 재항고))

[**사안**] 검사는 압수영장을 발부받아 폐수무단방류 혐의로 D의 공장부지, 건물, 기계류 일체 및 폐수운반차량 7대에 대하여 압수처분을 행하였다. D가 압수처분의 과잉성을 이유로 그 처분의 취소를 구하는 준항고를 하였다. 준항고법원이 "본건 압수처분은 수사상의 필요에서 행하는 압수의 본래의 취지를 넘는 것으로 상당성이 없을 뿐만 아니라, 수사상의 필요와 그로 인한 개인의 재산권 침해의 정도를 비교형량해 보면 비례성의 원칙에 위배되어 위법하다"며 압수처분을 취소하였다. 검사가 대법원에 상고하였다. [**판지**(재항고기각)] "형사소송법 제215조에 의하면 검사나 사법경찰관이 범죄수사에 필요한 때에는 영장에 의하여 압수를 할 수 있으나, 여기서 '범죄수사에 필요한 때'라 함은 단지 수사를 위해 필요할 뿐만 아니라 강제처분으로서 압수를 행하지 않으면 수사의 목적을 달성할 수 없는 경우를 말하고, 그 필요성이 인정되는 경우에도 무제한적으로 허용되는 것은 아니며, 압수물이 증거물 내지 몰수하여야 할 물건으로 보이는 것이라 하더라도, 범죄의 형태나 경중, 압수물의 증거가치 및 중요성, 증거인멸의 우려 유무, 압수로 인하여 피압수자가 받을 불이익의 정도 등 제반 사정을 종합적으로 고려하여 판단해야 한다. 원심의 위와 같은 판단은 정당하다."

(마) 압수물의 범죄사실과의 관련성(대법원 2014.1.16. 선고 2013도7101 판결(공직선거법위반·정치자금법위반))[⇨ 본서의 6.3 참조]

2.30

전자정보에 대한 압수·수색

대법원 2011.5.26.자 2009모1190 결정

I 사 안

(생략 ⇨ **2.29 적법한 강제처분집행의 범위** 참조)

II 쟁 점

범죄 혐의 관련 전자정보에 대한 압수·수색영장의 집행이 적법성을 갖추기 위하여 필요한 조치는 무엇인가

III 재판요지 (재항고기각)

"전자정보에 대한 압수·수색영장의 집행은 ⓐ 원칙적으로 **영장 발부의 사유로 된 혐의사실과 관련된 부분**만을 ⓑ 문서 출력물로 수집하거나, 수사기관이 휴대한 저장매체에 해당 파일을 복사하는 방식으로 이루어져야 하고, ⓒ 집행현장의 사정상 위와 같은 방식에 의한 집행이 불가능하거나 현저히 곤란한 부득이한 사정이 존재하더라도 그와 같은 경우에 그 저장매체 자체를 직접 혹은 하드카피나 이미징 등 형태로 수사기관 사무실 등 외부로 반출하여 해당 파일을 압수·수색할 수 있도록 영장에 기재되어 있고 실제 그와 같은 사정이 발생한 때에 한하여 예외적으로 허용될 수 있을 뿐이다. 나아가 이처럼 ⓓ 저장매체 자체를 수사기관 사무실 등으로 옮긴 후 영장에 기재된 범죄 혐의 관련 전자정보를 탐색하여 해당 전자정보를 문서로 출력하거나 파일을 복사하는 과정 역시 전체적으로 압수·수색영장 집행의 일환에 포함된다. 따라서 그러한 경우의 문서출력 또는 파일복사의 대상 역시 **혐의사실과 관련된 부분으로 한정되어야 함**은 헌법 제12조 제1항, 제3항, 형사소송법 제114조, 제215조의 적법절차 및 영장주의의 원칙상 당연하다. 그러므로 수사기관 사무실 등으로 옮긴 저장매체에서 ⓔ 범죄 혐의와의 관련성에 대한 구분 없이 저장된 전자정보 중 임의로 문서출력 혹은 파일복사를 하는 행위는 특별한 사정이 없는 한 영장주의 등 원칙에 반하는 위법한 집행이 된다. 한편, 검사나 사법경찰관이 압수·수색영장을 집행할 때는 자물쇠를 열거나 개봉 기타 필요한 처분을 할 수 있지만 그와 아울러 압수물의 상실 또는 파손 등의 방지를 위하여 상당한 조치를 하여야 하므로(법 제219조, 제120조, 제131조 등), 혐의사실과 관련된 정보는 물론 그와 무관한 다양하고 방대한 내용의 사생활 정보가 들어 있는 저장매체에 대한 압수·수색영장을 집행할 때는 그 영장이 명시적으로 규정한 위 예외적인 사정이 인정되어 그 전자정보가 담긴 저장매체 자체를 수사기관 사무실 등으로 옮겨 이를 열람 혹은 복사하게 되는 경우에도,

그 전체과정을 통하여 ⓕ 피압수·수색 당사자나 그 변호인의 계속적인 참여권 보장, 피압수·수색 당사자가 배제된 상태에서의 저장매체에 대한 열람·복사 금지, 복사대상 전자정보 목록의 작성·교부 등 압수·수색의 대상인 저장매체 내 전자정보의 왜곡이나 훼손과 오·남용 및 임의적인 복제나 복사 등을 막기 위한 적절한 조치가 이루어져야만 그 집행절차가 적법하다.

이 사건의 경우 당사자측의 합의 하에 집행이 이뤄졌고 수사기관이 영장에 기재된 혐의사실의 일시로부터 소급해 일정 시점 이후의 파일들만 복사한 것은 나름대로 혐의사실과 관련있는 부분으로 대상을 제한하려고 노력을 한 것으로 보이고 당사자측도 조치의 적합성에 대해 묵시적으로 동의한 것으로 봄이 상당해 압수·수색의 대상을 구체적으로 제한하기 위한 수사기관의 추가적인 조치가 없었더라도 영장집행이 위법하다고 볼 수 없다."

IV 분석과 해설

이 판례를 계기로 형사소송법과 형사소송규칙이 개정되었다. 가장 중요한 변화는 '적법한 대물적 강제처분집행의 범위'를 '강제집행의 빌미가 된 사건과 관련성 있는 증거에 한정'한 부분(법 제106조(압수), 제107조(우체물의 압수), 제215조(압수, 수색, 검증), 제219조(준용규정)), 압수의 목적물이 정보저장매체인 경우에는 범위를 정하여 출력하거나 복제하도록 한 부분(법 제106조(압수)), 그리고 압수·수색의 대상이 전기통신인 경우에는 압수·수색을 위한 영장청구서에 그 작성기간을 특정(법 제114조 제1항 단서)하게 한 부분이다. 대법원규칙 제2376호, 형사소송규칙 일부개정규칙(2012년 1월 1일부터 시행)은 "압수·수색의 대상이 전기통신인 경우에는 압수·수색을 위한 영장청구서에 그 작성기간을 명시(규칙 제107조 제1항 제7호 신설)하도록 하였고, 법 제215조의 규정에 따라 압수·수색·검증영장을 청구할 때에는 해당 사건과의 관련성을 인정할 수 있는 자료를 제출(규칙 제108조 제1항)"하도록 규정하였다.

(가) 범죄 혐의 관련 전자정보(전자기록)에 대한 압수·수색

피의자가 증거인멸을 기도하는 경우에 수사기관은 증거를 확보하기 위하여 대물적 강제처분(수색·압수·검증)이 불가피하다. 그런데 범죄 혐의사실이 전자정보의 형태로 보관되어 있을 경우에 압수·수색의 대상은 유체물 자체에 있지 않고 유체물에 내장되어 있는 정보에 있으므로 '무체정보에 대한 대물적 강제처분이 가능한가' 하는 의문이 제기된다.

(나) 정보에 대한 압수의 가부

1) 형사소송법은 수색·압수·검증 등 대물적 강제처분의 객체를 유체물로

한정[1]하고 있어 무체정보인 전자정보가 증거물에 포함되는가가 문제된다.

전자정보가 증거자료가 될 때 정보를 담고 있는 '하드 디스크나 자기 테이프 등의 기록매체'(이하 '기록매체'로 약칭함)가 증거로 되는 것은 아니므로 기록매체는 증거물이 될 수 없다는 주장이 있을 수 있다. 그러나 전자정보는 일정한 '컴퓨터 구동프로그램'(이하 '구동프로그램'으로 약칭함)을 구동하면 화면(모니터)에 가시적·가독적인 부호·영상으로 구현되고 화면에 구현된 정보가 출력되면 지속성이 부가될 수 있다. 기록매체에 저장된 전자정보 자체는 가시성·가독성이 없으나 '구동프로그램, 화면구현장치, 출력 메카니즘'의 작동으로 그 기록의 가시성·가독성·지속성을 구현할 수 있다. 전자정보는 처음부터 '구동프로그램, 화면구현장치, 출력 메카니즘'을 염두에 두고 생성·저장된다. 기록매체와 '구동프로그램, 화면구현장치, 출력 메카니즘'은 모두 합하여야 의미가 있는 '복합적인 실체'이다. 그러므로 '별도의 특별법'(한국에서는 전자정보에 관한 특별법이 아직 마련되지 않았다)이 마련되기 전에는 잠정적으로 다음과 같은 해석이 불가피하다.[2]

2) 궁극적으로는 전자정보가 증거자료가 되지만 그 전자정보를 보존하고 있는 기록매체가 수색·압수·검증 대상이 되는 유체물이다.

(다) 기록매체에 대한 대물적 강제처분의 범위(ⓐ)

일반적·탐색적 수색·압수·검증은 허용되지 아니하므로 기록매체의 수색·압수의 범위는 원칙적으로 영장 발부의 사유로 된 혐의사실과 관련된 부분으로 제한되어야 한다. 특히 그 컴퓨터의 소유·관리·점유가 제3자에게 속하는 때, 혹은 컴퓨터에 대한 강제처분을 행하면 사건과는 관계없는 제3자에게 막대한 손해를 끼칠 가능성이 있는 경우, 수색·압수의 범위는 최소한으로 제한되어야 한다(법 제219조가 준용하는 법 제120조). 수색·압수의 범위를 관련된 최소한으로 설정하려면 '관련 컴퓨터의 전문가'(이하 '관련 전문가'로 약칭함)의 협력이 필요하다. 그러므로 수사기관 내부에도 '관련 전문가'를 확보하거나 양성할 필요가 있다. 물론 '관련 전문가'의 협력을 강제할 방법은 없다. 경찰청에서 운영하고 있는 컴퓨터범죄 수사대, 사이버 범죄수사대는 이런 필요 때문에 생성된 기구이다

1) 형사소송법은 압수의 대상을 '증거물 또는 몰수할 것으로 사료되는 물건'(법 제106조)으로 정의하고 있으며, 수색의 대상도 '피고인(→피의자)의 신체, 물건, 또는 주거 기타 장소'로 예정하고 있고(법 제109조), 검증의 대상도 압수·수색의 대상과 다르지 않을 것이다.

2) 사법연수원, 『전자거래법』(2004), 480~481쪽도 이런 전제에 서 있다.

(라) 출력·파일복사가 원칙(ⓑ)

수사기관이 기록매체를 수색·압수·검증하는 궁극적 이유는 기록매체에 저장된 무체정보를 '구동프로그램, 화면구현장치, 출력 메카니즘'을 작동시켜 출력하여 수사자료로 삼고 공소제기 후에는 피고인의 유죄증거로 법정에 제출하기 위한 것이다. 따라서 압수의 목적물이 컴퓨터용 디스크, 그 밖에 이와 비슷한 정보저장매체(이하 이 항에서 '정보저장매체 등'이라 한다)인 경우에는 "기억된 정보의 범위를 정하여 출력하거나 복제하여 제출"받는 것이 원칙(법 제106조 제3항, 제219조)이다.

(마) 정보저장매체 자체를 압수할 수 있는 예외적인 경우

다만, 범위를 정하여 출력 또는 복제하는 방법이 불가능하거나 압수의 목적을 달성하기에 현저히 곤란하다고 인정되는 때에는 정보저장매체 등을 압수할 수 있다(법 제106조 제3항, 제219조). 법원 또는 수사기관은 제3항에 따라 정보를 제공받은 경우 개인정보 보호법 제2조 제3호에 따른 정보주체에게 해당 사실을 지체 없이 알려야 한다(법 제106조 제4항, 제219조).

(바) 저장매체 자체의 압수 등의 경우에 필요한 조치(ⓓ)

저장매체 자체를 수사기관 사무실 등으로 옮긴 후 영장에 기재된 범죄 혐의 관련 전자정보를 탐색하여 해당 전자정보를 문서로 출력하거나 파일을 복사하는 과정 역시 전체적으로 압수·수색영장 집행의 일환에 포함된다. 따라서 이 경우의 출력·파일복사의 대상 역시 **혐의사실과 관련된 부분으로 한정**되어야 한다.

(사) 범죄혐의와 관련성 없는 부분에 대한 출력·파일복사의 위법성(ⓔ)

특별한 사정이 없는 한 영장주의 등 원칙에 반하는 위법한 집행이다.

(아) 기타 집행절차의 적법요건(ⓕ)

그 전체과정을 통하여 피압수·수색 당사자나 그 변호인의 계속적인 참여권을 보장하여야 하고, 피압수·수색 당사자가 배제된 상태에서의 저장매체에 대한 열람·복사는 금지되며, 복사대상 전자정보 목록의 작성·교부 등 압수·수색의 대상인 저장매체 내 전자정보의 왜곡이나 훼손과 오·남용 및 임의적인 복제나 복사 등을 막기 위한 적절한 조치가 이루어져야만 그 집행절차가 적법성을 띤다.

2.31

플레인 뷰 이론

대법원 2009.5.14. 선고 2008도10914 판결

I 사 안

사법경찰리 P는, 2007.10.23. 구 정보통신망 이용촉진 및 정보보호 등에 관한 법률위반(음란물유포)의 범죄혐의를 이유로 발부받은 압수·수색영장에 기초하여 D의 주거지를 수색하는 과정에서 대마가 발견되자 D를 마약류관리에 관한 법률위반(대마소지)죄의 현행범으로 체포하면서 위 대마를 압수하였다. 현행범으로 체포된 D는 구속영장에 의하여 구속되지 않고 다음날인 2007.10.24. 석방되었다. 그 후 P는 위 대마에 대한 사후 압수·수색영장을 발부받지 않았다. D는 마약류관리에 관한 법률위반(대마소지)죄의 혐의로 기소되었다. 제1심은 대마, 그리고 압수조서 중 '증 제1호를 D로부터 압수하였다'는 취지의 기재, 감정의뢰회보를 증거로 유죄를 선고하였다. D가 항소하였다. 항소심은 "현행범으로 체포된 D가 구속영장에 의하여 구속되지 않고 다음날인 2007.10.24. 석방되었음에도 사후에 압수·수색영장을 받지 아니한 사실이 인정되므로 위 대마와 압수조서 중 '증 제1호를 D로부터 압수하였다'는 취지의 기재, 감정의뢰회보는, 형사소송법상의 영장주의를 위반하여 수집한 위법수집증거이고, 그 절차위반행위가 적법절차의 실질적인 내용을 침해하여, 그 증거능력을 배제하는 것이 형사사법 정의실현의 취지에 합치되므로 증거능력이 없어 대마소지에 관한 공소사실을 인정할 증거로 사용할 수 없고, D의 위 진술을 보강할 증거로도 사용할 수 없다"며 무죄를 선고하였다. 검사가 상고하였다.

II 쟁 점

'음란물유포 혐의'(본건)를 이유로 발부받은 압수·수색영장에 기초하여 피의자의 주거지를 수색하는 과정에서 별건의 증거물(대마)이 발견되자 피의자를 별건범죄(마약류관리에 관한 법률위반; 대마소지)의 현행범으로 체포하면서 별건증거물을 압수할 수 있는 근거는 무엇인가?

III 재판요지 (상고기각)

구 형사소송법(2007.6.1. 공포되고 2008.1.1.부터 시행된 법률 제8496호 이전의 것) 제216조 제1항 제2호, 제217조 제2항에 의하면 '피의자를 체포하는 경우에 필요한 때에는 영장 없이 체포현장에서 압수·수색'을 할 수 있고 이때 '구속영장의 발부를 받지 못한 때에는 이를 즉시 환부'하여야 하지만, '압수한 물건을 계속 압수할 필요가 있는 경우에는 사후에 압수·수색영장을 받아야 한다'고 규정하고, 같은 법 제216조 제3항에 의하면 '범행 중 또는 범행 직후의 범죄 장소에서 긴급을 요하여 법원판사의 영장을 받을 수 없는 때에는 영장 없이 압수·수색'을 하되, '사후에 영장을 받도록 규정'하고 있는바, 이러한 형사소송법의 규정과 앞서 본 법리에 비추어 보면, 이 사건 압수물과 압수조서의 기재는 형사소송법상 영장주의 원칙에 위배하여 수집하거나 그에 기초한 증거로서 그 절차위반행위가 적법절차의 실질적인 내용을 침해하는 정도에 해당한다.

IV 분석과 해설

(가) 사건단위설의 입장에서 본 본 사안의 문제성

본 사안에서는 사법경찰리 P가 2007.10.23. '구 정보통신망 이용촉진 및 정보보호 등에 관한 법률 위반(음란물유포)의 범죄혐의를 이유로 발부받은 압수·수색영장에 터잡아 D의 주거지를 수색하는 과정에서 대마가 발견되자 D를 마약류관리에 관한 법률 위반(대마소지)죄의 현행범으로 체포'한 것의 적법성이 문제되지 않는 것처럼 논증되고 있다. 사안에서 대마 등의 증거능력이 부정된 이유는 '수사기관이 사후에 압수영장을 발부받지 않았기' 때문이지, 대마압수 자체의 위법성 때문이 아닌 점에 주의하여야 한다.

강제처분의 유효범위에 대하여 사건단위설의 입장에 서면 '음란물유포 혐의'(본건)를 이유로 발부받은 압수·수색영장에 기초하여 피의자의 주거지를 수색하는 과정에서 별건의 증거물(대마)이 발견되자 피의자를 별건범죄(마약류관리에 관한 법률 위반; 대마소지)의 현행범으로 체포할 수 있는 근거는 무엇인가가 논증될 필요가 있다. 이 법집행은 일견하여 사건단위설에 배치되는 법집행이다. 그러나 사안에서의 법집행을 자연스러운 적법처분으로 논증하는 이론이 '플레인 뷰' 이론(the plain view doctrine)이다. 이 판결은 '플레인 뷰' 이론을 전제하지 않으면 이해될 수 없는 것이므로, 필자는 이 판결을 근거로 대법원이 '플레인 뷰' 이론을 암묵적으로 긍정한 것으로 추정한다(이설이 있을 수 있다).[1]

(나) 정의와 근거

(1) 정 의 플레인 뷰 이론이란 수사관이 A범죄 수사를 위하여 '적법하게 임의처분이나 강제처분을 집행'[2]하는 도중, 그가 적법하게 서 있는 장소에

---

1) '수사기관에게 권한을 인정하는 명문의 규정이 없음'을 이유로 이에 반대하는 반대설이 있을 수 있다.

2) 피의자를 적법하게 감시(surveillance, monitoring), 체포, 구속하거나, A 범죄혐의의 증거물을 수색하거나, A 범죄의 피의자나 증거물을 수색하려고 특정인의 주거에 진입하여 공무를 수행 등. 그러나 전형적인 사례는 'A 범죄의 증거물을 수색하는 도중 금제품(禁制品, contraband)이나 B 범죄의 증거물을 발견하여 압수하는 것' 이다. 사전영장 없이 수색·압수하여도 '최초의 처분'(initial intrusion)이 적법하면 그것에 부수하는 '부수처분에까지 사전 영장주의(warrant requirement)의 요청을 엄격히 요구할 필요는 없다'는 이론이 이 이론의 골자이다.

서, 별도의 인위적인 수색행위 없이우연히(inadvertently)[3] 명백한(immediately apparent) '금제품(contraband; 마약(필로폰), 총기 등)이나 B 범죄의 증거물'을 발견하였을 때 수사관이 '금제품이나 B 범죄의 증거물'의 수색·압수를 위한 별도의 수색·압수영장 획득절차를 생략하고, '금제품이나 B 범죄의 증거물'을 압수할 수 있게 하는 '사전영장주의의 예외이론'이다. 이 이론은 '영장 없는 광범한 수색·압수(general search)를 허용하는 이론'이 아니고, 오직 의도적인 계획(planned) 없이 발견된 명백한 '금제품이나 B 범죄의 증거물'의 압수를 허용하는 이론이다.

(2) 근 거 첫째, 수사관이 적법한 처분을 집행하는 도중 그 수사관에 의한 인위적·추가적인 수색행위 없이 (우연히 혹은 비의도적으로) 금제품이나 B 범죄의 증거물이 그 수사관의 눈에 발견된 경우에 금제품이나 B 범죄의 증거물 압수를 위한 별도의 영장획득절차를 밟도록 하는 것은 불필요하게 번거로운 일(a needless inconvenience)이다. 왜냐하면 처음 강제처분이 허용될 때 '강제처분대상의 특정' 차원의 억제 메카니즘이 작동되었고, 금제품이나 B 범죄의 증거물이 이미 수사관의 고의 없이 발견되었으므로 금제품이나 B 범죄의 증거물 소유자(관리자) 등의 프라이버시의 이익을 심각하게 침해하지 않기 때문이다.

둘째, 영장주의의 존재의의는 '비합리적인 강제처분의 억제'에 있다. 그러나 플레인 뷰 이론의 수용은 '합리적인 강제처분의 허용'이다.

(다) 이 이론의 확장

A 범죄 수사를 위하여 적법한 처분을 집행하는 '수사관의 눈에 쉽게 발견된(plain-view) '금제품이나 B 범죄의 증거물의 수색·압수'를 허용한다면 A 범죄 수사를 위하여 적법한 처분을 집행하는 수사관의 '비시각적(非視覺的) 감각'으로 발견(plain touch, plain hearing, plain smell etc.)된 금제품이나 B 범죄의 증거물' 의 압수를 허용하지 아니할 이유가 없다.[4]

(라) 요 건[5]

(1) 최초의 적법한 정당화근거(강제·임의처분)의 존재 먼저 수사관의 적법[6]한 감시, 체포, 구속, 수색, 주거진입이 선행되어야 한다.

---

3) 그러나 이 요건은 절대적인 것이 아니다. 중요한 것은 '미리 계획된(planned) 것이 아니어야 한다'는 점이다.

4) *Minnesota v. Dickerson*, 508 U.S. 366(1993).

5) *Horton v. California*, 496 U. S. 128(1990).

6) 적법한 임의처분, 적법한 강제처분, 영장 없는 적법한 강제처분 등.

(2) **적법한 발견지점** 압수의 대상이 되는 금제품이나 B 범죄의 증거물은 수사관의 적법한 처분의 집행 도중, 적법한 접근장소[7]에서 발견된 것이어야 한다.

(3) **금제품이나 B 범죄의 증거물임의 명백성** '발견된 물건이 금제품이나 B 범죄의 증거물임'은 적법한 처분을 집행하는 수사관의 별도의 인위적인 수색(search)이나 조사(examine) 없이도 명백[8]하여야 한다.

(마) 사후영장의 필요

현행법상 수사관은 '범행 중 또는 범행직후의 범죄 장소에서 긴급을 요하여 법원판사의 영장을 받을 수 없는 때에는 영장 없이 압수, 수색 또는 검증'을 할 수 있지만 사후에 지체 없이 영장을 받아야 한다(법 제216조 제3항). 또 수사관은 압수한 물건을 계속 압수할 필요가 있는 경우에는 지체 없이(적어도 체포한 때부터 48시간 이내) 압수수색영장을 청구하여야 하고(법 제217조 제2항), 청구한 압수수색영장을 발부받지 못한 때에는 압수한 물건을 즉시 반환하여야 한다(법 제217조 제3항). 플레인 뷰 이론에 의하여 압수한 물건에 대하여도 수사기관은 법 제216조 제3항, 법 제217조 제3항에 준하여 사후영장발부절차를 밟아야 한다. '한국형 플레인 뷰 이론'은 사전영장주의의 엄격성을 완화시키는 이론이 되어야지, 영장주의 자체를 불필요하게 하는 이론이 될 수 없기 때문이다.

압수물을 '계속 압수할 필요성이 없는 경우'에 압수자는 피압수자에게 환부할 수 있다. 환부하기 전에 그 압수물을 촬영하였다 하더라도 압수가 적법하였으므로 그 사진이나 비디오는 위법수집증거물이 아니다(이설이 있을 수 있다).

---

7) 이 이론은 수사관의 관찰장소가 공공장소(public property)일 때는 물론이고 수사관의 관찰장소가 피의자의 소유지(defendant's property)일 때에도 적용된다. **[Example]** 수사관이 D를 체포하려고 적법하게 D의 주거에 진입하였다고 하자. 수사관이 적법한 체포를 집행하는 동안 수사관은 자신의 눈에 쉽게 보이는 금제품이나 B 범죄의 증거물을 압수할 수 있다. 그러나 수사관은 자신의 시야를 넓히려고 서랍을 열거나 집기 등을 옮길 수 없다. 그런 행위는 영장이 필요한 추가적인 별도의 수색에 해당된다.

8) '일견 금제품인 것이 명백하거나 다른 범죄의 증거물임을 짐작할 수 있는 상당한 의심'(reasonably identified as contraband or known evidence of another crime)이 있으면 족하다.

2.32

적법한 체포·구속에 선행하는 압수·수색의 금지와 현행범 긴급 압수·수색·검증 후의 사후승인영장 획득의 필요

서울중앙지법 2006.10.31. 선고 2006노2113 판결

I 사 안

D는 O로부터 양수한 건물이 무허가 건물로 강제철거를 당하게 되어 O에게 앙심을 품고 있던 중, 2005.10.28. 10:00경 서울 동대문구(상세 주소 생략) 소재 O가 시행하는 상가신축공사현장에서 작업을 하고 있던 인부들을 툭툭 치고 시비를 걸면서 "일을 하더라도 사기꾼인 O로부터 임금을 받지 못할 것이다. 일을 그만 하고 나가라."라는 취지의 이야기를 하였다. O의 112신고를 받고 출동한 경찰관으로부터 제지를 당하고도 D는 다시 공사현장으로 찾아와 인부들에게 욕설을 하고 건축자재를 발로 차는 등 약 5시간 동안 O의 상가신축공사업무를 방해하였다. O가 같은 날 14:30경 현장사무실로 사용하던 컨테이너 박스에서 인부들에게 줄 임금을 세고 있는데 D가 들어 왔다. O는 돈을 세는 것을 멈추고 책상 서랍에 넣은 다음 D에게 퇴거를 요구하였으나 D는 계속 시비를 걸면서 나가지 않고 있던 중 같은 날 15:00경 '현장에서 작업하던 A가 손을 다쳤다'는 연락을 받은 O가 A를 병원에 데리고 갔다가 다시 현장사무실에 돌아오자 D가 현장사무실에서 나갔다. O가 현장사무실 책상 서랍을 열어 보고 돈이 없어진 것을 알게 되자 D의 소행임을 의심하여 경찰에 신고하였다. 서울동대문경찰서 용남지구대 소속 P경사 등은 O로부터 도난신고를 받고 O와 함께 D의 집으로 출동하였는데 D의 집 주방입구에서 지갑 옆에 흩어져 있던 19만 원을 발견하였으나 O가 분실하였다는 76만 원과는 차이가 있고 D가 절취사실을 부인하면서 수색영장과 구속영장의 제시를 요구하여 일단 임의동행 형식으로 D를 지구대로 데리고 갔다. 지구대에서 P2 경장은 D에게 인근에 주차되어 있던 D 소유 트럭의 열쇠를 요구하였으나 거절당하자 D의 주거를 함부로 수색하여 D 소유의 차량열쇠를 발견하고 그 열쇠로 인근에 주차되어 있던 D의 트럭 문을 열어 보았다. P2는 조수석 아래에 있던 종이박스 밑에 40만 원이 깔려 있는 것을 보고 사진을 촬영하고 P경사에게 연락하였다. P경사는 2005.10.28. 18:30경 D와 함께 D의 집에 가서 위 19만 원 및 40만 원을 D로부터 압수하고(압수물 59만 원은 다음 날 O에게 가환부되었다), D를 다시 지구대로 연행하여 압수조서를 작성한 후 현행범인으로 체포하였다. D는 절도혐의로 기소되었다. D는 검찰 이래 제2심에 이르기까지 절도 범행을 극구 부인하면서 D의 집에서 발견된 19만 원은 D의 돈이고, 차에서 발견된 40만 원은 D가 숨겨 둔 것이 아니라 O

가 D를 범인으로 만들기 위한 자작극이라고 변소하였다. 그러나 D는 이들을 증거로 함에 동의하였다. 제1심은 무죄를 선고하였고 검사가 항소하였다.

II 쟁 점

직접적으로는 'D의 차량에 있던 40만 원을 촬영한 사진의 영상'과 'D로부터 59만 원을 압수하였다'는 취지의 압수조서의 기재의 증거능력이다. 그러나 근본적으로는 P가 'D의 집 주방입구에서 지갑 옆에 흩어져 있던 19만 원과 D의 차량에 있던 40만 원을 압수한 행위가 체포현장에서의 압수인가'이다. 사법경찰관 P, P2의 현행범체포가 적법한지 의심스럽지만 설사 적법한 체포로 가정하더라도 압수는 체포에 선행하여 행하여졌다.

III 재판요지

형사소송법 제216조 제1항은 "수사기관이 현행범인을 체포하는 경우에 필요한 때에는 영장 없이 체포현장에서 압수·수색을 할 수 있다."고 규정하고, 형사소송법 제217조 제1항은 "수사기관은 '긴급체포할 수 있는 자'(현행법은 '긴급체포된 자')의 소유, 소지 또는 보관하는 물건에 대하여는 체포한 때부터 48시간 이내에 영장 없이 압수·수색을 할 수 있다."고 규정하고 있으나, 이는 영장주의 자체에 대한 예외규정이므로, ⓐ 현행범 체포행위에 선행하는 압수·수색은 허용되지 아니하고, ⓑ 현행범으로 체포된 자가 압수·수색의 현장에 있음을 요하며, 또한 '긴급체포할 수 있는 자'란 현실적으로 '긴급체포된 자'로 해석하여야 할 것이다. 그런데 D가 이미 지구대에 임의동행되어 있었던 이상 그 후 D를 현행범인으로 체포할 당시 D가 범죄의 실행 중이거나 범죄의 실행의 즉후에 있었다고 할 수 없어 D를 현행범인이라고 볼 수 없을 뿐만 아니라 형사소송법 제211조 제2항 각호의 준현행범인에 해당하지 아니하고, D를 지구대에 남겨두고 다시 D의 집으로 가서 D의 집과 차량을 수색한 것을 체포현장에서의 수색이라고 할 수 없으며, 또한 D가 긴급체포된 자에 해당한다고 볼 수도 없다. 나아가 형사소송법 제216조 제3항은 "범행 중 또는 범행 직후의 범죄장소에서 긴급을 요하여 법원판사의 영장을 받을 수 없는 때에는 영장 없이 압수·수색을 할 수 있다. 이 경우에는 사후에 지체 없이 영장을 받아야 한다."고 규정하고 있으나, 사후에 지체 없이 영장을 받지 아니한 이 사건에서 위 압수·수색이 적법하다고 할 수 없다. 그렇다면 이 사건 사진 및 압수조서는 위와 같은 위법한 수색에 계속되고 이것을 직접 이용해서 촬영되거나 작성된 것으로서, 이러한 수색 등 절차에는 헌법 제12조 제3항 및 이를 이어받은 형사소송법 제215조 등에서 기대되는 영장주의의 정신을 무시한 중대한 위법이 있고, 이들을 증거로 허용하는 것은 장래 위법한 수사의 억지의 관점에서 볼 때 상당하지 않다. 또 검사는, D가 이들을 증거로 함에 동의하였으므로 유죄의 증거로 할 수 있다고 주장하나, 위법하게 수집된 증거는 형사소송법 제318조 제1항에 의한 증거동의의 대상이 될 수 없어(대법원 1997.9.30. 선고 97도1230 판결 참조) 동의가 있다 하더라도 증거능력이 인정되지 않으므로, 위 주장은 받아들일 수 없다.

IV 분석과 해설

(가) 체포현장에서의 영장 없는 수색·압수·검증[1]이 허용되는 근거

㉠ '체포자의 안전과 피체포자의 증거인멸방지'에 두는 긴급처분설[2]과 ㉡ '큰 법익침해가 정당화되므로 작은 법익침해는 영장발부자의 의사에 합치'한다는 부수처분설(합리성설)이 있다. 긴급처분설은 수색·압수와 체포의 동시병행성을 요구하므로 체포현장의 포섭범위가 좁아 원칙적으로 체포 전이나 체포 후의 수색·압수를 부정한다. 적법절차가 강조되는 최근의 학설과 판례의 흐름은 긴급처분설이고 본 판결도 이 입장에 서 있다.

(나) '적법한 구속·체포 전의 수색·압수가 허용'(1961년의 일본최고재판소 판례)[3]되는가

형사소송법 제216조 제1항은 명시적으로 '체포현장'으로 표현하고 있으므로 문리해석하면 '적법한 구속·체포 전의 수색·압수'는 허용될 수 없다(체포(실현)설)[4]. 본 판결은 이 점을 명시적으로 확인하고 있다. 그런데 이보다 더 중요한 쟁점은 영장 없는 수색·압수의 장소적 범위이다. 예를 들어 보자. 피의자가 적법하게 구속·체포된 장소가 8층짜리 대형백화점의 로비라고 가정하자. 수사기관은 8층짜리 대형백화점 전체를 '체포현장'으로 보고 그 전체에 대하여 수색·압수할 수 있다고 논단할 수는 없으므로 그 장소적 한계가 적절하게 설정되어야 한다.

(다) 영장 없는 수색·압수의 장소적 범위

'피체포자의 신체와 그의 직접적 지배 하에 있는 장소'[5]로 보는 것이 합리적이다. 왜냐하면 적법한 구속·체포에 나서는 수사기관의 신체의 안전을 위하여 혹시 있을지 모르는 피의자의 무기를 수사기관이 미리 압수할 수 있도록 하여야 하고, 그 범위 내에 증거물이나 몰수물이 있을 가능성이 높기 때문이다.

---

1) '긴급히 압수할 필요가 있는 경우에 체포한 때부터 **24시간** 이내에 한정된다.'

2) "warrant requirement must be justified by concerns for officer safety or evidence preservation."

3) '수사관이 피의자 S의 자택에서 부재중이던 S의 귀가를 기다리는 동안에 행한 압수·수색을 적법하다'고 판시.

4) 미국연방대법원의 원칙적 입장(강구진; 배종대/이상돈; 신동운); 체포설을 다소 확장하려는 견해가 '현장설≒체포착수설'이지만 체포설과 크게 다르지 않다.

5) *Chimel v. California*(1969): "A search incident to a lawful arrest[SILA] is limited to the suspect's person and the area within which he[or she] could reach a weapon or evidence." '피체포자의 신체와 그의 직접적 지배 하에 있는 장소에 제한'(이재상, 2판, 307).

이 범위 내에서라면 피의자가 무기를 소지하고 있다고 의심할 만한 혐의가 있거나 증거물, 몰수물이 있음을 추정할 수 있는 상당한 혐의가 필요없다. 다시 말하면 이는 'blanket rule'[6]이다. 또 이 범위 내에서라면 체포 후라 하더라도 예외적으로 영장 없는 수색·압수를 허용하여야 할 경우가 있을 수 있다.[7]

(라) 그러나 수사기관이 이 범위를 벗어난 장소에서 적법한 구속·체포의 근거가 된 혐의사실과 상관없는 물건을 수색·압수·검증하는 것은 위법하다.[8]

(마) 수사기관이 준수하여야 하는 사후적 적법절차

압수한 물건을 계속 압수할 필요가 있는 경우 수사기관은 지체 없이(체포한 때로부터 48시간 내) 압수·수색영장을 청구하여야 한다(법217조 제2항).[9]

(바) 기타 영장 없는 강제처분이 가능한 경우

(1) 현행범 긴급압수·수색·검증(범행 중 또는 범행 직후의 범죄 장소에서의 압수·수색·검증)(법 제216조 제3항) 범행 중 또는 범행 직후(현행범 상황)의 범죄 장소에서 긴급을 요하여 법원판사의 영장을 받을 수 없는 때에 수사기관은 영장 없이 압수, 수색 또는 검증을 할 수 있다. 이 경우에는 사후에 지체 없이 영장을 받아야 한다. 피의자가 현장에 있거나 체포되었을 필요는 없다. 본 사안의 서울중앙지법 판결은 '범행 중 또는 범행 직후(현행범 상황)의 요건구비를 부정하였으며, 설사 그 요건이 구비되었다 하더라도 사후승인영장을 발부받지 못하였으므로 피고인 D의 동의가 있다 하더라도 압수물의 증거능력이 없다'고 판단하였다.

---

6) *U.S. v. Robinson*(1973).

7) [example] P는 거리에서 D를 공무집행방해 혐의로 체포하여 경찰서로 연행한 후 D의 **소지품**을 수색하여 압수하였다. 수색·압수시점은 처음 체포한 때부터 30분이 경과한 시점이고, 경찰서는 체포장소로부터 400미터 되는 지점이다.

8) [example] P는 폭행혐의로 체포장을 발부받아 S를 체포할 때 S의 거실을 샅샅이 수색하였다. 침대 밑에서 백색분말과 주사기를 발견한 P는 S를 마약소지죄의 현행범으로 체포하였다. 이 체포는 불법체포이다.

9) 대마발견·압수 후 수사기관이 사후영장을 발부받지 않으면 그 대마는 위법수집증거이다(대법원 2009.5.14. 선고 2008도10914 판결); "형사소송법 제216조 제1항 제2호, 제217조 제2항, 제3항은 사법경찰관은 형사소송법 제200조의3(긴급체포)의 규정에 의하여 피의자를 체포하는 경우에 필요한 때에는 영장 없이 체포현장에서 압수·수색을 할 수 있고, 압수한 물건을 계속 압수할 필요가 있는 경우에는 지체 없이 수색·압수영장을 청구하여야 하며, 청구한 수색·압수영장을 발부받지 못한 때에는 압수한 물건을 즉시 반환하여야 한다고 규정하고 있는바, 형사소송법 제217조 제2항, 제3항에 위반하여 수색·압수영장을 청구하여 이를 발부받지 아니하고도 즉시 반환하지 아니한 압수물은 이를 유죄 인정의 증거로 사용할 수 없는 것이고, 헌법과 형사소송법이 선언한 영장주의의 중요성에 비추어 볼 때 피고인이나 변호인이 이를 증거로 함에 동의하였다고 하더라도 달리 볼 것은 아니다."(대법원 2009.12.24. 선고 2009도11401 판결)

(2) 긴급체포시의 압수·수색·검증(법 제217조 제1항)

(3) 권리자가 임의로 제출한 물건의 압수(법 제218조) 검사, 사법경찰관은 피의자 기타인의 유류한 물건이나 소유자, 소지자 또는 보관자가 임의로 제출한 물건을 영장 없이 압수할 수 있다. 이 경우에는 사후영장신청절차가 필요 없다.

(4) 구속·체포 목적의 피의자수사(법 제216조 제1항 제1호) 수사기관은 피의자를 구속·체포(영장체포·긴급체포·현행범체포)하기 위하여 필요한 때에는 영장 없이 타인의 주거나 간수하는 주거·가옥·건조물·항공기·선차를 수색할 수 있다. 피의자의 주거는 말할 것도 없다.

(사) '체포현장에서의 적법한 압수'가 부정된 사안(대법원 2010.7.22. 선고 2009도14376 판결)

D는 폭력행위 등 처벌에 관한 법률위반(집단·흉기등상해) 혐의로 기소되었다. 경찰은 D의 집에서 20m 떨어진 곳에서 D를 체포하여 수갑을 채운 후 D의 집으로 가서 집안을 수색하여 칼과 합의서를 압수하였는데 적법한 시간 내에 압수수색영장을 청구하여 발부받지 않았다: "형사소송법 제215조 제2항은 '사법경찰관이 범죄수사에 필요한 때에는 검사에게 신청하여 검사의 청구로 지방법원 판사가 발부한 영장에 의하여 압수, 수색 또는 검증을 할 수 있다.'고 규정하고 있는바, 사법경찰관이 위 규정을 위반하여 영장 없이 물건을 압수한 경우 그 압수물은 물론 이를 기초로 하여 획득한 2차적 증거 역시 유죄 인정의 증거로 사용할 수 없다. 이와 같은 법리는 헌법과 형사소송법이 선언한 영장주의의 중요성에 비추어 볼 때 **위법한 압수가 있은 직후에 D로부터 작성받은 그 압수물에 대한 임의제출동의서**도 특별한 사정이 없는 한 마찬가지이다. 경찰이 D의 집에서 20m 떨어진 곳에서 D를 체포하여 수갑을 채운 후 D의 집으로 가서 집안을 수색하여 칼과 합의서를 압수하였을 뿐만 아니라 적법한 시간 내에 압수·수색영장을 청구하여 발부받지도 않았음을 알 수 있는바, 이를 위 법리에 비추어 보면 위 칼과 합의서는 임의제출물이 아니라 영장 없이 위법하게 압수된 것으로서 증거능력이 없고, 따라서 이를 기초로 한 **2차 증거인 임의제출동의서, 압수조서 및 목록, 압수품 사진** 역시 증거능력이 없다."

2.33

제216조 제3항의 현행범성·긴급성요건불비와 선의의 예외이론의 불인정

대법원 2012.2.9. 선고 2009도14884 판결

I 사 안

인천 소재 S 경찰서 소속 생활질서계는 불법 게임장에 대한 112신고가 접수되면 관할 지구대 소속 경찰관들로 하여금 1차로 단속을 하도록 하고, 단속에 실패한 업소에 대해서는 리스트를 작성하여 위 생활질서계 소속 경찰관들이 리스트에 기재된 업소 주변을 살피거나 잠복하는 등의 방법으로 수사해 왔다. M게임장에 대하여 112신고가 여러 차례 접수되었으나 그때마다 단속에 실패하자, 위 생활질서계 소속 P경장 등은 평소 M게임장 주위를 탐문한 결과 폐쇄회로 티브이(CCTV) 및 철문이 설치되어 있으며, 환풍기가 작동되고 있는데 문을 두드려도 열어주지 않는 등, M게임장이 112신고 내용처럼 불법 게임장이라는 의심을 하게 되었다. P 등은 2008.9.8. 차량을 타고 위 리스트에 기재된 업소들을 돌아보던 중 같은 날 17:00경 M게임장이 있는 건물을 지나다가, 남자들이 M 게임장 안으로 들어가는 것을 보고 뒤따라 들어가, M게임장 내부를 수색하여, 등급분류를 받지 아니한 바다이야기 게임기 47대가 보관되어 있는 것을 확인[1] 후, 같은 날 18:30경 위 게임기 등을 모두 압수하였다.

P 등은 사건 당일이나 그에 근접한 일시경에 M게임장에 대한 112신고 등 첩보를 접수받은 바 없고, P 등이 M게임장을 압수·수색할 당시 M게임장에서 범죄행위가 행해지고 있다는 구체적인 단서를 갖고 있지 않았으며, 단지 위 단속리스트에 기재된 게임장들 주위를 순찰하던 도중 M게임장에 남자들이 들어가는 것을 우연히 목격한 후 따라 들어가 그 내부를 수색한 것이다. P 등이 M게임장 안에 들어가 수색하며 게임기를 압수하려고 하자, M게임장 종업원 D는 P 등에 대항하여 협박을 하여 불법 사행성 게임장의 게임기 압수라는 정당한 공무집행을 방해한 혐의로 기소되었다. P 등이 M게임장에 진입하기 전에 사전 압수·수색영장을 발부받은 것은 아니고, 게임기를 압수·수색한 후에 법원에 영장을 신청하여 영장이 발부되었다. 제1심은 징역 1년의 실

1) **게임산업진흥에 관한 법률 제44조**(벌칙)[5년 이하의 징역 또는 5천만원 이하의 벌금] 제1호: 제28조 제2호의 규정을 위반하여 도박 그 밖의 사행행위를 하게 하거나 이를 하도록 방치한 자; 같은 법 **제45조**(벌칙)[2년 이하의 징역 또는 2천만원 이하의 벌금] 제2호: 제25조 또는 제26조 제1항·제2항·제3항 본문의 규정을 위반하여 허가를 받지 아니하거나 등록을 하지 아니하고 영업을 한 자.

형을 선고하였다. D가 항소하였다. 항소심은 "불법 게임장 영업은 그 성질상 상당한 기간 동안 계속적으로 이루어지고 불법 게임기는 상당한 부피 및 무게가 나가는 것들로서 은폐나 은닉이 쉽지 아니한 점에 비추어 보면, 위 경찰관들의 압수수색은 형사소송법 제216조 제3항 소정의 '긴급성' 요건을 충족시키지 못한 것으로 위법"하고, 따라서 "경찰관들의 이 사건 압수·수색에 대항하여 한 피고인의 행위가 공무집행방해죄의 구성요건에는 해당하나 '정당행위'에 해당하여 위법성이 조각된다"고 판단하여 무죄를 선고하였다. D가 상고하였다.

II 쟁 점

우리 대법원이 미국연방대법원이 인정하는 '선의의 예외(good-faith exception) 이론'의 수용을 거부하는 태도를 보인다고 해석될 여지가 있는가?

III 재판요지 (상고기각)

원심의 위와 같은 판단은 정당하고, 위 경찰관들의 이 사건 압수·수색에 관하여 사후에 법원으로부터 영장이 발부되었다고 하여 이와 달리 볼 수 없으며, 이 부분 원심판결에 형사소송법 제216조 제3항에 관한 법리를 오해한 위법이 없다.

IV 분석과 해설

(가) 법 제216조 제3항

수사기관은 범행 중 또는 범행 직후(현행범 상황)의 범죄 장소에서 긴급을 요하여 법원판사의 영장을 받을 수 없는 때에 수사기관은 영장 없이 압수, 수색 또는 검증을 할 수 있다. 이 경우에는 사후에 지체 없이 영장을 받아야 한다.

본 사안에서는 첫째, P 등에게 '범행 중 또는 범행 직후'라는 요건을 인정할 만한 단서가 충분하지 아니한 의심이 있고, 둘째, '긴급을 요하여 법원판사의 영장을 받을 수 없는 때'에 해당하는지도 의심스러운 사안이다. 제1심은 두 가지 쟁점 모두에 대하여 긍정적으로 판단하여 유죄판결을 선고하였으나 항소심과 상고심은 특히 긴급성요건의 불비(不備)를 지적하였다. 다만 대법원은 "위 경찰관들의 이 사건 게임장 단속 및 압수 업무가 적법한 직무집행이 아닌 이상 피고인이 이들에 대항하여 협박을 하였다고 하여도 공무집행방해죄가 성립될 수 없음에도 불구하고(=구성요건해당성을 부정), 원심이 위 경찰관들의 이 사건 압수·수색에 대항하여 한 피고인의 행위가 공무집행방해죄의 구성요건에는 해당하나 '정당행위'에 해당하여 위법성이 조각된다고 판단한 것은 위에서 본 공무집행방해죄의 구성요건에 관한 법리를 오해한 것이어서 위법하다고 하겠으나, 이 사건 공소사실에 대하여 무죄를 선고한 원심의 결론은 정당하므로, 위와 같은 위법은 판결 결과에 영향이 없다."고 판시하였다.

(나) 선의의 예외(good-faith exception)이론의 불인정

본 판례에서 특히 주목되는 점은 우리 대법원이 미국연방대법원이 인정하는 '선의의 예외(good-faith exception)이론'의 수용을 거부하는 태도를 보인다고 해석될 여지가 있는가 하는 점이다. 선의의 예외이론에 따르면 위 사안은 다음과 같은 결론이 된다.

> 본 사안에서 설사 '범행 중 또는 범행 직후'라는 요건이 구비되지 않았고, 또한 '긴급을 요하여 법원판사의 영장을 받을 수 없는 때'에 해당하지 않았다 하더라도, 어쨌거나 지방법원판사가 사후영장을 발부하였으므로 앞선 절차에서의 수사기관의 불법행위는 적법성을 띠게 되고, 압수물(적법하게 등급분류를 받지 아니한 게임기)도 위법수집증거가 아니다.

위 이론의 탄생을 촉발한 미국의 판례사안은 '범죄혐의의 상당성이 인정되지 아니함에도 지방법원판사가 착각하여 상당성을 인정하여 영장을 발부하였고, 나중에 상급법원에서 상당성불비로 판명된 경우에 지방법원판사의 영장발부를 신뢰하여 영장을 집행한 수사기관의 행위는 선의의 집행으로 보아야 한다'는 사안임에 비하여, 본 사안은 사후의 추인영장의 효력을 인정할 것인가가 문제된 것으로, 다소의 차이는 있다. 유사한 논점을 제기하는 판례가 하나 더 있다(⇨ 본서 **3.8**의 대법원 2011.4.28. 선고 2009도10412 판결). 본 판결은 은근히 선의의 예외(good-faith exception)이론의 불인정을 암시하고 있다.

2.34

음주운전피의자 본인의 동의 없이 채혈된 혈액은 위법수집증거인가

대법원 1999.9.3. 선고 98도968 판결; 대법원 2011.4.28. 선고 2009도2109 판결

I 사 안

제1사안

D는 1995.7.19. 17:00경 공주시 우성면 상서리 소재 도로에서 혈중 알코올농도 0.09%의 주취상태로 화물차를 운전하다가 중앙선을 침범하여 반대차선에서 진행 중이던 프라이드 및 그랜져 승용차와 충돌하였다. 이 사고로 D는 의식을 잃어 공주의료원으로 후송되었고 위 승용차에 타고 있던 사람 5명은 약 2주 내지 6주간의 치료를 요하는 상해를 입었다. 피해자측 요구에 따라 경찰관 P가 공주의료원에서 호흡으로 음주측정이 어려운 D의 음주운전죄 혐의를 수사하려고 혈액을 채취하려 하였으나 당시 D는 전혀 의식이 없었고 D의 가족들도 현장에 없었다. 마침 위 의료원 간호사가 치료목적으로 D의 혈액을 채취하자 P가 간호사에게 부탁하여 채혈된 혈액 중 일부를 임의로 제출받은 후 이를 교통사고처리반에 인계하여 사고당시 D의 혈중 알코올농도의 감정용으로 사용하였다. D는 음주운전죄와 교통사고처리특례법(업무상과실치상죄) 위반 혐의로 기소되었다(이하 교통사고처리특례법 위반혐의는 논외로 함). 제1심은 국립과학수사연구소의 혈액감정의뢰회보를 증거로 채택하여 D에게 유죄를 선고하였다. D는 "P가 D의 동의를 얻거나 법관의 영장에 의하는 등 적절한 법률상의 절차를 거치지도 아니한 상태로 D의 신체에서 임의로 혈액을 채취하여 국립과학수사연구소에 감정을 의뢰하여 얻게 된 혈액감정의뢰회보는 그 수집절차에 중대한 위법이 있어 증거능력이 없다"고 주장하며 항소하였다. 항소심은 "D나 그 가족의 동의를 얻을 수 없는 상황에서 간호사에 의하여 병원에서 치료의 필요에 따라 채취한 D의 혈액 중 소량을 사용하여 얻어진 위 감정결과는 모든 절차를 적법하게 준수하여 얻어진 증거라고 할 수는 없다고 하더라도 그 위법의 정도나 그로 인하여 D가 입은 신체의 안전과 인간의 존엄성의 각 침해 정도가 위 증거를 배제하여야 할 정도에는 이르지 아니하므로 위 채혈에 따른 감정의뢰회보는 그 증거능력이 있다"고 판시하며 D의 항소를 기각하였다. D가 상고하였다.

제2사안

D2는 2008.6.25. 21:00경 나주시 인근에서 음주한 채 면허도 없이 화물자동차를 운전하여 가다가 도로 우측 가드레일을 들이받고 논으로 빠졌다. 그 후 D2는 약 7주

간의 치료를 요하는 상해를 입고 의식을 잃은 채 응급실로 후송되었다. 21:14경 신고를 받고 출동한 경찰관은 "운전자가 술을 마신 것 같다"는 주변의 말을 듣고 D2의 동서로부터 채혈동의를 받고 의료인에게 의뢰하여 D2의 혈액을 채취하여 음주측정감정위촉절차를 밟았다. 그 결과 D2의 혈중 알코올농도는 0.255%로 운전당시 만취상태였던 것으로 추정되었다. 검찰은 D2를 음주운전과 무면허운전을 한 혐의로 기소하였다. 제1심은 공소사실을 모두 유죄로 인정하여 징역 4월을 선고하였다. D2가 항소하자 제2심은 음주운전혐의에 대하여는, "이 사건 채혈은 법관으로부터 영장을 발부받지 않은 상태에서 이루어졌고 사후영장을 발부받지도 아니하였으므로 D2의 혈중 알코올농도에 대한 국립과학수사연구소 감정서, 주취운전자적발보고서는 위법수집증거로서 증거능력이 없고, 이 사건 채혈이 D2의 동서로부터 채혈동의를 받고 이루어졌다는 사정만으로는 달리 볼 수 없다"며 무죄를 선고하고, 무면허운전 혐의만을 유죄로 인정하여 벌금 300만 원을 선고하였다. 검사가 무죄부분에 대하여 상고하였다.

II 쟁 점

음주운전피의자의 동의 없이 채혈된 혈액은 음주운전피고사건에서 위법수집증거인가?

III 재판요지

제1사안(상고기각)

(1) 판례이론의 설시 형사소송법 제218조는 '검사 또는 사법경찰관은 피의자, 기타인의 유류한 물건이나 소유자, 소지자 또는 보관자가 임의로 제출한 물건을 영장 없이 압수할 수 있다'고 규정하고 있고, 같은 법 제219조에 의하여 준용되는 제112조 본문은 '변호사, 변리사, 공증인, 공인회계사, 세무사, 대서업자, 의사, 한의사, 치과의사, 약사, 약종상, 조산사, 간호사, 종교의 직에 있는 자 또는 이런 직에 있던 자가 그 업무상 위탁을 받아 소지 또는 보관하는 물건으로 타인의 비밀에 관한 것은 압수를 거부할 수 있다.'고 규정하고 있을 뿐이고, 달리 형사소송법 및 기타 법령상 의료인이 진료 목적으로 채혈한 혈액을 수사기관이 수사 목적으로 압수하는 절차에 관하여 특별한 절차적 제한을 두고 있지 않으므로, 의료인이 진료 목적으로 채혈한 환자의 혈액을 수사기관에 임의로 제출하였다면 그 혈액의 증거사용에 대하여도 환자의 사생활의 비밀 기타 인격적 법익이 침해되는 등의 **특별한 사정이 없는 한** 반드시 그 환자의 동의를 받아야 하는 것이 아니다.

(2) 판례이론의 본 사안에의 적용 경찰관이 간호사로부터 진료 목적으로 이미 채혈되어 있던 D의 혈액 중 일부를 임의로 제출받아 이를 압수한 것으로 보이므로 당시 간호사가 위 혈액의 소지자 겸 보관자인 의료원 또는 담당의사를 대리하여 혈액을 경찰관에게 임의로 제출할 수 있는 권한이 없었다고 볼 **특별한 사정이 없는 이상**, 그

압수절차가 D 또는 D의 가족의 동의 및 영장 없이 행하여졌다고 하더라도 이에 적법절차를 위반한 위법이 있다고 할 수 없다.[1)]

제2사안(상고기각)(대법원 2011.4.28. 선고 2009도2109 판결)

사법경찰관이 범죄수사에 필요한 때에는 검사에게 신청하여 검사의 청구로 지방법원판사가 발부한 영장에 의하여 압수, 수색 또는 검증을 할 수 있고(법 제215조 제2항), 범행 중 또는 범행 직후의 범죄장소에서 긴급을 요하여 판사의 영장을 받을 수 없는 때에는 압수·수색·검증을 할 수 있으나 이 경우에는 사후에 지체 없이 영장을 받아야 하며(법 제216조 제3항), 검사 또는 사법경찰관으로부터 감정을 위촉받은 감정인은 감정에 관하여 필요한 때에는 검사의 청구에 의해 판사로부터 감정처분허가장을 발부받아 신체의 검사 등 형사소송법 제173조 제1항에 규정된 처분을 할 수 있도록 규정되어 있으므로(법 제221조, 제221조의4, 제173조 제1항), 위와 같은 형사소송법 규정에 위반하여 수사기관이 법원으로부터 **영장 또는 감정처분허가장**을 발부받지 아니한 채 피의자의 동의 없이 피의자의 신체로부터 혈액을 채취하고 더구나 사후적으로도 지체없이 이에 대한 영장을 발부받지도 아니하고서 그 강제채혈한 피의자의 혈액 중 알코올농도에 관한 감정이 이루어졌다면, 이런 감정결과보고서 등은 형사소송법상 영장주의 원칙을 위반하여 수집되거나 그에 기초한 증거로서 그 절차 위반행위가 적법절차의 실질적인 내용을 침해하는 정도에 해당하고, 이런 증거는 피고인이나 변호인의 증거동의가 있다고 하더라도 유죄의 증거로 사용할 수 없다.

원심이 적법한 절차에 따르지 아니하고 수집된 피고인의 혈액을 이용한 혈중 알코올농도에 관한 감정서 및 주취운전자적발보고서의 증거능력을 부정한 것은 정당하고,

---

1) **[따름판결]** 교도관이 재소자가 맡긴 비망록을 수사기관에 임의로 제출한 경우의 비망록의 증거능력: "형사소송법 제218조는 '검사 또는 사법경찰관은 피의자, 기타인의 유류한 물건이나 소유자, 소지자 또는 보관자가 임의로 제출한 물건을 영장 없이 압수할 수 있다'라고 규정하고 있고, 같은 법 제219조에 의하여 준용되는 제111조 제1항은 '공무원 또는 공무원이었던 자가 소지 또는 보관하는 물건에 관하여는 본인 또는 그 해당 공무소가 직무상의 비밀에 관한 것임을 신고한 때에는 그 소속공무소 또는 당해 감독관공서의 승낙 없이는 압수하지 못한다'고 규정하고 있으며, 같은 조 제2항은 '소속공무소 또는 당해감독관공서는 국가의 중대한 이익을 해하는 경우를 제외하고는 승낙을 거부하지 못한다'고 규정하고 있을 뿐이고, 달리 형사소송법 및 기타 법령상 교도관이 그 직무상 위탁을 받아 소지 또는 보관하는 물건으로서 재소자가 작성한 비망록을 수사기관이 수사 목적으로 압수하는 절차에 관하여 특별한 절차적 제한을 두고 있지 않으므로, 교도관이 재소자가 맡긴 비망록을 수사기관에 임의로 제출하였다면 그 비망록의 증거사용에 대하여도 재소자의 **사생활의 비밀 기타 인격적 법익이 침해되는 등의 특별한 사정이 없는 한 반드시 그 재소자의 동의를 받아야 하는 것은 아니고**, 따라서 검사가 교도관으로부터 보관하고 있던 D의 비망록을 뇌물수수 등의 증거자료로 임의로 제출받아 이를 압수한 경우, 그 압수절차가 피고인의 승낙 및 영장 없이 행하여졌다고 하더라도 이에 적법절차를 위반한 위법이 있다고 할 수 없다. 또한, 이 사건 비망록에 D2의 사생활의 비밀 기타 인격적 법익이 침해되는 등의 특별한 사정이 있다고 볼만한 자료가 없으므로, 이 점에 관한 상고이유의 주장도 받아들일 수 없다."(대법원 2008.5.15. 선고 2008도1097 판결)

음주운전자에 대한 채혈에 관하여 영장주의를 요구할 경우 증거가치가 없게 될 위험성이 있다거나 음주운전 중 교통사고를 야기하고 의식불명상태에 빠져 병원에 후송된 자에 대하여 수사기관이 수사의 목적으로 의료진에게 요청하여 혈액을 채취한 사정이 있다 하더라도 이런 증거의 증거능력을 배제하는 것이 형사사법의 정의를 실현하려고 한 취지에 반하는 결과를 초래하는 것으로 평가되는 예외적인 경우에 해당한다고 볼 수 없다.

IV 분석과 해설

(가) 문제의 제기

제2사안에서 경찰관은 음주운전피의자의 동의를 얻지는 못하였지만 음주운전피의자의 동서(자신의 방계여성 혈족의 배우자)의 동의를 얻어 의료인에게 채혈을 요구하여 채취한 혈액이 위법수집증거로 판단되었다.[2] 이와 대조적으로 제1사안에서 경찰관은 음주운전피의자 본인의 동의를 얻지는 못하였지만 다른 제3자(그중에서도 음주운전피의자의 치료를 담당하는 의료인)의 동의를 얻어 평온하게, 이미 치료목적으로 채취한 혈액의 일부를 음주운전죄 수사에 필요한 만큼 확보하였는데, 이 경우의 혈액은 위법수집증거가 아닌 것으로 보았다. 음주운전피의자의 동의 없이 채혈된 혈액은 음주운전피고사건에서 때로는 위법수집증거로, 때로는 위법수집증거로 판단됨을 알 수 있다. 양자를 어떻게 구별할 것인가, 그 구별은 타당한 것인가가 문제된다.

(나) 시간적 긴급성과 방법의 상당성

1) 제1사안과 제2사안 모두에서의 채혈은 음주운전죄(도교법 위반죄), 교특법위반죄(업무상과실치상죄), 위험운전치사상죄(특가법 제5조의11 위반죄) 혐의사건의 수사를 위하여 긴급성의 요건을 갖추고 있다. 혈중 알코올성분은 단시간 내에 그 농도가 급격히 저하되기 때문에 수사측으로서는 사전영장을 구할 시간적 여유가 없음을 부인하기 어렵다. 따라서 모든 경우에 영장 없는 채혈을 위법하다고 보면, 음주운전죄, 교특법위반죄(업무상과실치상죄), 위험운전치사상죄(특가법 제5조의11 위반죄)의 수사는 사실상 불가능해진다.

2) 또 하나 고려해야 할 사항은 '방법의 상당성' 문제이다. 제1사안의 항소심은 혈액의 채취나 확보는 "원칙적으로는 (혈액주체의) 동의나 영장에 터잡아

---

2) 이 판결에 부합하는 취지의 학설들이 많다. 혈액주체의 '개인정보 자기결정권' 개념에 터잡아 담당의사나 간호사에게 환자의 동의 없이 혈액을 수사기관에게 제출할 권한이 없음을 근거로 혈액채취의 불법성을 논하는 견해가 있다. 한영수, 「음주측정을 위한 '동의 없는 채혈'과 '혈액의 압수'」, 『형사판례연구』, 9권, 2001.6., 353~376; 이상돈, 「혈액압수와 정보지배권」, 『저스티스』, 제34권 4호, 2001, 217 이하; 김형준, 「진료목적으로 채취한 혈액의 압수」, 『형사판례의 연구』 II(이재상교수화갑기념), 2003.1., 75 이하 참조.

행하여져야 하지만 본 사안의 수집절차상의 흠은 적법절차의 실질적인 내용을 침해하는 경우에 해당하지 아니한다"고 판단[3)]하였다. 그러나 제1사안의 대법원은 당해사건의 혈액확보를 (특별한 사정이 없는 한) '혈액의 채취'로 볼 수 없고, 의료인이 진료목적으로 채취한 혈액의 일부를 의료인의 동의를 얻어 임의제출받은 것(법 제218조의 임의제출물의 압수)으로 파악하여 위법수집증거가 아니라고 판단하였다. 그런가 하면 제2사안(음주운전피의자의 치료를 담당하는 의료인이 치료목적으로 채취한 혈액이 아직 없는 경우)의 대법원은 음주운전피의자가 의식을 잃고 있는 경우에도 경찰관이 음주운전피의자의 동의를 얻지 않고 의료인에게 의뢰하여 채혈하면 그 혈액은 위법수집증거로 판단한다. 따라서 대법원에 따르면 제2사안에서 경찰관이 합법적으로 혈액을 확보할 수 있는 방법은 오로지 경찰관이 사전영장을 발부받아 강제로 채혈하는 방법 외에는 없게 된다. 그런데 2011.6.8.자로 도로교통법이 개정되어 음주측정불응죄, 음주운전죄의 법정형이 3년 이하의 징역으로 상향[4)]되었다.

---

3) 항소심판결의 다음 부분은 이를 말하고 있다: "적법절차 및 인권보호의 요청에 비추어 위법하게 수집된 증거는 그 증거에 동의하였는지 여부에 상관없이 원칙적으로 증거능력이 없다고 보아야 할 것이지만, 그렇다고 하여 모든 절차위법에 대하여 증거를 배제하는 것은 타당하지도 아니할 뿐만 아니라 현실적으로도 불가능하다. 법원으로서는 적법절차 및 인권보호의 요청과 다른 한편 침해된 이익과 위법의 정도, 그 증거사용의 필요성 등을 고려하여 구체적·개별적으로 배제되어야 할 위법수집증거의 해당 여부에 관하여 판단하여야 할 것이다. (중략) D나 그 가족의 동의를 얻을 수 없는 상황에서 간호사에 의하여 병원에서 치료의 필요에 따라 채취한 D의 혈액 중 소량을 사용하여 얻어진 위 감정결과는 모든 절차를 적법하게 준수하여 얻어진 증거라고 할 수는 없다(원칙적으로는 동의 또는 영장에 의하여야 할 것이다) 하더라도, 그 위법의 정도나 그로 인하여 D가 입은 신체의 안전과 인간의 존엄성의 각 침해정도가 위 증거를 배제하여야 할 정도에는 이르지 아니하므로 위 채혈에 따른 감정의뢰회보는 그 증거능력이 있다(숙련된 기술자에 의한 혈액검사는 양심에 충격을 주는 행동이 아니고, 정의감에 반하는 증거채취방법도 아니라고 하며, 특히 음주운전혐의자의 혈액 내 알코올이 영장을 발부받기 위하여 지체되는 동안에 사라질 우려가 있어 긴급성이 있으므로, 음주운전으로 체포된 사람으로부터 혈액채취가 필요하고, 또한 장소와 절차가 합리적이라면 강압에 의해서도 혈액샘플을 채취할 수 있다고 인정한 미국 연방대법원 1966. *Schmerber v.California* 판결도 같은 취지로 판단한 것으로 보이고, D의 변호인이 원심법원의 제2회 공판기일에서 위 감정의뢰회보를 증거로 함에 동의한다는 의사표시를 한 점도 참작될 수 있을 것이다)."(대전지법 1998.3.18. 선고 97노1560 판결)

4) **제148조의2**(벌칙) ① 다음 각 호의 어느 하나에 해당하는 사람은 1년 이상 3년 이하의 징역이나 500만원 이상 1천만원 이하의 벌금에 처한다. 1. 제44조 제1항을 2회 이상 위반한 사람으로서 다시 같은 조 제1항을 위반하여 술에 취한 상태에서 자동차등을 운전한 사람 2. 술에 취한 상태에 있다고 인정할 만한 상당한 이유가 있는 사람으로서 제44조 제2항에 따른 경찰공무원의 측정에 응하지 아니한 사람 ② 제44조 제1항을 위반하여 술에 취한 상태에서 자동차등을 운전한 사람은 다음 각 호의 구분에 따라 처벌한다. 1. 혈중알콜농도가 0.2퍼센트 이상인 사람은 1년 이상 3년 이하의 징역이나 500만원 이상 1천만원 이하의 벌금 2. 혈중알콜농도가 0.1퍼센트 이상 0.2퍼센트 미만인 사람은 6개월 이상 1년 이하의 징역이나 300만원 이상 500만원 이하의 벌금 3. 혈중알콜농도가 0.05퍼센트 이상 0.1퍼센트 미만인 사람은 6개월 이하의 징역이나 300만원 이하의 벌금 ③ 제45조를 위반하여 약물로 인하여 정상적으로 운전하지 못할 우려가 있는 상태에서 자동차등을 운전한 사람은 3년 이하의 징역이나 1천만원 이하의 벌금에 처한다. [전문개정 2011.6.8.]

(다) 강제채혈·채뇨·채모 기타 신체훼손의 규율

수사기관이 혐의를 두고 있는 사건의 증거를 확보하기 위하여 '사람의 신체표면의 수색을 초과하는 신체적 훼손'(bodily intrusion)이 필요한 경우가 있다. 음주운전죄와 마약투약죄의 증거가 되는 혈액·오줌(尿)·모발의 채취가 필요할 때 혈액·오줌·모발의 주체(소유자)가 혈액·오줌·모발의 채취에 동의하지 않으면 수사기관은 혈액·오줌·모발을 강제로 채취하여야 한다.

그런데 현행법상 '대인적 긴급강제처분인 긴급체포'와는 달리 강제채혈·채뇨·채모 등의 대물적 강제처분의 긴급처분(먼저 강제처분하고 사후에 승인을 받는 방식의 강제처분)을 허용하는 명시적 조문은 존재하지 아니한다.[5)]

미국에서는 불합리한 압수·수색을 금지하는 수정헌법 제4조가 사람의 신체표면수색을 초과하는 신체적 훼손(bodily intrusion)에도 적용되는 것으로 해석되어 왔다. 이런 헌법운용의 전통은 사람의 신체에 대한 강제처분(구속)과 신체 이외의 물건이나 장소에 대한 강제처분을 준별하여 별개의 절차로 규율하고 있는 한국 헌법과 형사소송법의 구조와 크게 다른 것이다. 또한 미국에서는 사전영장을 발부받지 않고 행하는 긴급처분에 대한 근거규정을 따로 규정하지 않고 긴급처분의 적법성문제도 수정헌법 제4조의 합리성(reason-able-ness) 요건의 개별적 심사에 의하여 처리하고 있다. 이에 반하여 한국에서는 사전영장주의를 강화시켜 긴급한 대물적 강제처분의 가능성과 적법요건을 법률로 엄격히 규제하는 강제처분법정주의를 취하고 있기 때문에, 사전영장 없이 긴급히 수행해야 실효를 거둘 수 있는 강제채혈·강제채뇨·강제채모를 수행하기가 곤란한 사정하에 있다. 정당한 이유 없이 음주측정요구에 불응하는 행위에 대하여 음주운전죄와 동일한 법정형으로 처벌하는 입법상의 무리(도교법 제150조 제2호)를 강행하고 헌법재판소가 이 조항을 합헌이라고 결정한 것은 위와 같은 한국의 고유한 사정과 무관하지 않다.

(라) 강제채혈·강제채뇨·강제채모에 필요한 영장

이때 수사기관은 어떤 영장을 발부받아 강제채혈·강제채뇨·강제채모를 할 수 있는가?

이에 대하여는 검증으로서의 신체검사영장설, 신체검사영장과 감정처분허가장(법 제221조의4)의 양자를 겸용해야 한다는 병용설, 압수·수색영장을 발부받아

---

5) 형사소송법 제216조 제1항 제2호와 제3항의 포섭범위는 너무 좁다.

야 한다는 설, 압수·수색과 감정의 절차에 의해야 한다는 설 등이 다양하게 주장되고 있다. 방론(傍論)이지만 2004년에 대법원은 감정처분허가장(법 제221조의4)을 발부받아 강제채혈·강제채뇨·강제채모를 할 수 있다[6]는 견해를 표명하였다. 제2사안에 대한 2011년 판결에서 대법원은 '영장 또는 감정처분허가장'이라고 판시하였다가 대법원 2012.11.15. 선고 2011도15258 판결에서는 압수로 명시하였다.

수사기관이 강제채혈·강제채뇨·강제채모를 위하여 청구한 영장의 적법성을 법원이 판단할 때에는 ① 범죄의 혐의가 상당할 것 ② 영장을 구할 시간적 여유가 없을 것(사후영장을 청구하는 경우), ③ 신체훼손이 증거획득을 위한 최후의 수단일 것, ④ 시료(오줌과 피, 모발 등)의 획득은 의사 등 전문가의 입회하에 안전한 시술방법에 따라 행해질 것, ⑤ 시술로 말미암아 초래될지도 모르는 피처분자의 신체의 안전성에 대한 위험과 사회(국가, 정부)의 이익을 비교형량하여 사회의 이익이 압도적으로 우위일 것 등의 사정이 고려되어야 할 것이다.

(마) 사전영장 없는 긴급강제채혈(대법원 2012.11.15. 선고 2011도15258 판결)

[사안] D3는 2011.3.5. 23:45경 서울 구로동의 간선도로에서 오토바이를 운전하여 가다가 선행 차량의 뒷부분을 들이받는 교통사고를 야기한 후 의식을 잃은 채 119 구급차량에 의하여 병원 응급실로 후송되었다. 사고 시각으로부터 약 1시간 후인 2011.3.6. 00:50경 사고신고를 받고 경찰관 P는 병원 응급실로 출동하였다. 병원 응급실에 도착한 P는 D의 신체와 의복류에서 술 냄새가 강하게 나는 것을 알게 되었다.

(1) 피의자(D3)의 동의가 없더라도 P가 음주운전죄의 증거(혈액)를 수집할 목적으로 사전영장에 의하여 적법하게 D3의 혈액을 취득할 수 방법이 있는가? 있다면 그 방법은 무엇인가: "수사기관은 법원으로부터 **감정처분허가장**을 받아 '감정에 필요한 처분'(법 제221조의4 제1항, 제173조 제1항)으로 채혈할 수 있고, **압수의 방법**(법 제219조, 제106조 제1항)으로도 할 수 있다. 압수의 방법에 의하는 경우 혈액의 취득을 위하여 피의자의 신체로부터 혈액을 채취하는 행위는 그 혈액의 압수를 위한 것으로서 '압수영장의 집행에 있어 필요한 처분'(법 제219조, 제120조 제1항)에 해당한다. 수사기관(검사 또는 사법경찰관)이 증거수집목적으로 채혈을 할 때는 ㉮ 의료법상 의료인의 자격이 있는 자로 하여금, ㉯ 의료용 기구로 의학적인 방법에 따라, ㉰ 필요최소한의 한도 내에서 피의자의 혈액을 채취하게 하여야 한다(최소침해의 원칙)."

(2) 음주로 인한 혈중 알코올은 24시간 이내에 급속히 체내에서 분해되기 때문

6) "우리 형사소송법에 의하더라도 음주측정을 거부한 사람에 대하여 법원의 감정처분허가장 등을 발부 받아 강제로 혈액을 채취한 다음 그 혈액을 의사로 하여금 감정하게 하는 방법으로 혈중 알코올 농도를 측정하지 못할 이유는 없으며(하략)"(대법원 2004.11.12. 선고 2004도5257 판결)

에, 법원으로부터 사전영장을 발부받는 절차를 밟으면 음주운전의 증거를 확보할 수 없는 경우가 있을 수 있다. 사안에서 사전영장을 발부받지 않고 먼저 혈액을 채취한 후 사후적인 적법절차를 밟을 가능성이 있는지, 있다면 그 절차는 무엇인가: "**피의자의 신체 내지 의복류에 주취로 인한 냄새가 강하게 나면** 형사소송법 제211조 제2항 제3호가 정하는 ⓐ 범죄의 증적이 현저한 준현행범인으로서의 요건이 갖추어져 있고(사안에서는 이 요건이 충족된 것으로 보인다) ⓑ 교통사고 발생 시각으로부터 사회통념상 범행 직후라고 볼 수 있는 시간 내(사안에서는 이 요건도 충족된 것으로 보인다)라면, 피의자의 생명·신체를 구조하기 위하여 사고현장으로부터 곧바로 후송된 병원 응급실 등의 장소는 형사소송법 제216조 제3항의 범죄장소에 준한다. 검사 또는 사법경찰관은 피의자의 혈중 알코올농도 등 증거의 수집을 위하여 ⓒ 의료법상 의료인의 자격이 있는 자로 하여금 의료용 기구로 의학적인 방법에 따라 필요최소한의 한도 내에서 피의자의 혈액을 채취하게 한 후 그 혈액을 영장 없이 압수할 수 있다. 다만 ⓓ 이 경우에도 사후에 지체 없이 강제채혈에 의한 압수의 사유 등을 기재한 영장청구서에 의하여 법원으로부터 압수영장을 받아야 한다(법 제216조 제3항 단서, 규칙 제58조,[7] 제107조 제1항 제3호[8])"

(3) "원심이 적법한 절차에 따르지 아니하고 수집된 D의 혈액을 이용한 혈중알코올농도에 관한 감정의뢰회보 등의 증거능력을 부정한 것은 정당하고, 달리 위와 같은 증거의 증거능력을 배제하는 것이 헌법과 형사소송법이 형사소송에 관한 절차 조항을 마련하여 적법절차의 원칙과 실체적 진실 규명의 조화를 도모하고 이를 통하여 형사사법 정의를 실현하려 한 취지에 반하는 결과를 초래하는 것으로 평가되는 예외적인 경우에 해당한다고 볼 사유도 찾아볼 수 없다."

7) 제58조(압수·수색영장의 기재사항) 압수·수색영장에는 압수·수색의 사유를 기재하여야 한다.

8) 제107조(압수, 수색, 검증 영장청구서의 기재사항) ① 압수, 수색 또는 검증을 위한 영장의 청구서에는 다음 각호의 사항을 기재하여야 한다.〈개정 1996.12.3, 2007.10.29, 2011.12.30.〉 1. 제95조 제1호부터 제5호까지에 규정한 사항 2. 압수할 물건, 수색 또는 검증할 장소, 신체나 물건 3. 압수, 수색 또는 검증의 사유.

2.35

1개의 압수·수색영장으로 거듭하여 압수·수색을 집행할 수 있는가?(부정)[1]

대법원 1999.12.1. 자 99모161 결정[2]

I 사 안

국가정보원 소속 사법경찰관은 서울지방법원 판사가 1999. 8.20. 발부한 압수·수색영장에 기하여 같은 달 24. S(재항고인)의 주거지에 대하여 압수·수색(1차 압수·수색)을 실시하여 별지목록1 기재 물건을 압수하고, 같은 달 27. 같은 영장에 기하여 다시 같은 장소에서 압수·수색(2차 압수·수색)을 실시하여 별지목록2 기재 물건을 압수하였다. S는 2차 압수·수색의 취소를 구하는 준항고를 하였다. 준항고법원(서울지방법원)은 '수사기관이 압수·수색영장을 청구할 당시부터 공소유지에 필요한 모든 물품을 예견하기 곤란한 경우가 많고 수사의 진행에 따라 같은 장소에서 다시 압수·수색을 할 필요가 있는 경우가 있으므로 압수·수색영장을 한 번 집행한 뒤라도 사건의 성질상 미리 압수대상물건을 예측하기 극히 곤란하거나 수사의 진행에 따라 새로운 사실이 나타나 다시 압수·수색할 필요성이 생긴 경우에는 동일한 영장에 기한 압수·수색의 재집행이 허용된다'며 준항고인(S)의 청구를 기각하였다. S가 대법원에 재항고하였다.

II 쟁 점

1개의 압수·수색영장으로 거듭하여 압수·수색할 수 있는가?

III 재판요지 (파기자판)

"형사소송법 제215조에 의한 압수·수색영장은 수사기관의 압수·수색에 대한 허가장으로서 거기에 기재되는 유효기간은 집행에 착수할 수 있는 종기(終期)를 의미하는 것일 뿐이므로, 수사기관이 압수·수색영장을 제시하고 집행에 착수하여 압수·수색을 실시하고 그 집행을 종료하였다면 이미 그 영장은 목적을 달성하여 효력이 상실되는 것이고, 원심이 설시한 바와 같은 사유가 있어 동일한 장소 또는 목적물에 대하여 다시 압수·수색할 필요가 있는 경우라면 그 필요성을 소명하여 법원으로부터 새로운 압수·수색영장을 발부 받아야 하는 것이지, 앞서 발부 받은 압수·수색영장의 유효기간이 남아 있다고 하여 이를 제시하고 다시 압수·수색을 할 수는 없다. 따라서 국가정보원 소속 사법경찰관이

1) 이승녕, 동일 영장에 의한 재도의 압수·수색의 가부, 『해설』(통권 제33호), 784~793 (2000) 참조.
2) **[따름판결]** 대법원 2003.5.30. 선고 2003도705 판결.

1999.8.27. 재항고인(S)의 주거지에서 실시한 압수·수색은 결국 적법한 영장 없이 이루어진 것으로서 위법하다. 그 중 원상회복이 가능한 별지목록 기재 물건에 대한 압수처분은 마땅히 취소되어야 한다. 그러므로 원심결정을 파기하고, 이 사건은 자판하기에 충분하므로 대법원이 종국재판을 하기로 하는바, 국가정보원 소속 사법경찰관이 1999.8.27. 실시한 압수·수색은 위에서 본 바와 같이 위법하므로 별지목록 기재 물건에 대한 압수처분을 취소하기로 하여 관여 대법관의 일치된 의견으로 주문과 같이 결정한다."

IV 분석과 해설

(가) 압수·수색·검증 집행 1회성의 원칙

수사기관이 판사의 영장을 발부받아 적법하게 영장을 집행할 수 있는 회수는 1회에 그친다. 만약 동일 장소, 동일인에 대하여 다시 강제처분을 할 필요가 있으면 다시 새로운 영장을 발부받아야 한다. 다만 영장을 집행하다가 부득이하게 일시적으로 중지(법 제127조, 제219조)한 다음 집행을 재개하는 것은 '집행의 일시중지와 재개'이고 재차의 강제처분집행이 아니다. 그러나 설사 영장의 유효기간 내라 하더라도 일단 영장집행을 종료한 후에 거듭 집행하는 것은 위법한 영장집행이다.

(나) 기타 유의하여야 할 적법한 압수·수색·검증영장집행의 절차적 요건들

(1) 영장의 유효기간 영장에는 유효기간이 있다. 영장의 유효기간이 경과되면 수사기관은 집행에 착수하지 못하며 영장을 반환하여야 한다(법 제75조, 제114조, 제173조, 제200조의6, 제209조, 제219조, 제221조의4 제4항 등).[3)]

(2) 처분을 받는 자에 대한 영장의 제시 압수·수색영장은 처분을 받는 자에게 반드시 제시하여야 한다(법 제118조, 제219조).[4)]

---

3) **법 제75조**(구속영장의 방식) ① 구속영장에는 피고인의 성명, 주거, 죄명, 공소사실의 요지, 인치구금할 장소, 발부연월일, 그 **유효기간과 그 기간을 경과하면 집행에 착수하지 못하며 영장을 반환하여야 할 취지**를 기재하고 재판장 또는 수명법관이 서명날인하여야 한다. **제114조**(영장의 방식) ① 압수·수색영장에는 피고인의 성명, 죄명, 압수할 물건, 수색할 장소, 신체, 물건, 발부연월일, 유효기간과 그 기간을 경과하면 집행에 착수하지 못하며 영장을 반환하여야 한다는 취지 기타 대법원규칙으로 정한 사항을 기재하고 재판장 또는 수명법관이 서명날인하여야 한다. **제173조**(감정에 필요한 처분) ② 전항의 허가에는 피고인의 성명, 죄명, 들어갈 장소, 검사할 신체, 해부할 사체, 발굴할 분묘, 파괴할 물건, 감정인의 성명과 **유효기간**을 기재한 허가장을 발부하여야 한다.

4) "수사기관이 이 사건 압수·수색에 착수하면서 이 사건 사무실에 있던 제주도지사 비서실장 B에게 압수·수색영장을 제시하였다고 하더라도 그 뒤 그 사무실로 이 사건 압수물을 들고 온 제주도지사 비서관 C로부터 이를 압수하면서 따로 압수·수색영장을 제시하지 않은 이상, 위 압수절차는 형사소송법이 정한 바에 따르지 않은 것이라고 본 원심의 판단은 정당(하다)."(대법원 2009.3.12. 선고 2008도763 판결)

(3) 피의자 또는 변호인의 참여권 피의자 또는 변호인은 압수·수색·검증영장의 집행에 참여할 수 있으므로(법 제121조, 제219조) 수사기관은 압수·수색·검증영장을 집행하기 전에 미리 집행의 일시와 장소를 이들에게 통지하여야 한다(법 제122조, 제219조).

(4) 여성신체수색시 성년여성의 참여 여자의 신체에 대하여 수색·검증할 때에는 성년의 여자를 참여하게 하여야 한다(법 제124조, 제141조 제3항, 제219조).

(5) 야간집행의 제한 일출 전, 일몰 후에는 압수·수색영장에 야간집행을 할 수 있는 기재가 없으면 그 영장을 집행하기 위하여 타인의 주거, 간수자 있는 가옥, 건조물, 항공기 또는 선거 내에 들어가지 못한다(법 제125조, 제143조 제1항, 제219조).

(6) 영장의 집행과 책임자의 참여권 공무소, 군사용의 항공기 또는 선차 내에서 압수·수색영장을 집행할 때는 그 책임자에게 참여할 것을 통지하여야 한다(법 제123조, 219조). '공무소, 군사용의 항공기 또는 선차' 이외의 타인의 주거, 간수자 있는 가옥, 건조물, 항공기 또는 선차 내에서 압수·수색영장을 집행함에는 주거주, 간수자 또는 이에 준하는 자를 참여하게 하여야 한다. 주거주, 간수자 또는 이에 준하는 자를 참여하게 하지 못할 때에는 인거인(隣居人) 또는 지방공공단체의 직원을 참여하게 하여야 한다.

(7) 수사기관의 압수목록교부의무 수사기관이 압수한 경우에는 목록을 작성하여 소유자, 소지자, 보관자 기타 이에 준할 자에게 교부하여야 한다(법 제129조, 제219조).[5)]

(8) 낙-앤드-어나운스 루울(Knock-and-announce rule(requirement))

a) 한국법에는 명시적 조항이 없지만 반드시 필요한 루울이 이것이다. 수색에 임하는 수사관은 상대방의 주거를 수색하기 전에 미리 노크하고 자신의 신분을 밝히는 것이 시민사회에서 시민의 생명과 재산권을 존중하는 수사관의 예절(적법절차준수의지)이다.

b) 예 외 미리 노크하여 수사목적을 알리거나 수사관의 신분을 밝

5) "공무원인 수사기관이 작성하여 피압수자 등에게 교부해야 하는 압수물 목록에는 작성연월일이 기재되고(형사소송법 제57조 제1항) 그 내용도 사실에 부합하여야 한다. 또 압수물 목록은 피압수자 등이 압수물에 대한 환부·가환부신청을 하거나 압수처분에 대한 준항고를 하는 등 권리행사절차를 밟는 가장 기초적인 자료가 되므로, 이러한 권리행사에 지장이 없도록 압수 직후 현장에서 바로 작성하여 교부해야 하는 것이 원칙이다. 같은 취지에서, 작성월일을 누락한 채 일부 사실에 부합하지 않는 내용으로 작성하여 압수·수색이 종료된 지 5개월이나 지난 뒤에 이 사건 압수물 목록을 교부한 행위는 형사소송법이 정한 바에 따른 압수물 목록 작성·교부에 해당하지 않는다고 본 원심의 판단은 정당(하다)."(대법원 2009.3.12. 선고 2008도763 판결)

히면 진입이 거절되거나 상대방이 도주하거나 증거물을 인멸할 우려가 있을 때에는 그럴 필요가 없다.[6)]

(다) 사전통지 없이 집행한 압수·수색에 의하여 취득한 증거들의 증거능력

(대법원 2012.10.11. 선고 2012도7455 판결)

"피의자 또는 변호인은 압수·수색영장의 집행에 참여할 수 있고(법 제219조, 제121조), 압수·수색영장을 집행함에는 원칙적으로 미리 집행의 일시와 장소를 피의자 등에게 통지하여야 하나(법 제122조 본문), '급속을 요하는 때'에는 위와 같은 통지를 생략할 수 있다(법 제122조 단서). 여기서 '급속을 요하는 때'라고 함은 압수·수색영장 집행 사실을 미리 알려주면 증거물을 은닉할 염려 등이 있어 압수·수색의 실효를 거두기 어려울 경우라고 해석함이 옳고, 그와 같이 합리적인 해석이 가능하므로 형사소송법 제122조 단서가 명확성의 원칙 등에 반하여 위헌이라고 볼 수 없다. 원심이 같은 취지에서 형사소송법 제122조 단서가 위헌이라거나, 수사기관이 이 사건 이메일 압수·수색영장 집행시 급속을 요하는 때에 해당한다고 보아 사전통지를 생략한 것이 위법하다는 피고인들의 주장을 배척한 제1심판결을 그대로 유지한 조치는 정당한 것으로 수긍이 가고, 거기에 상고이유 주장과 같이 압수·수색영장 집행이나 위법수집증거배제법칙에 관한 법리를 오해하는 등의 위법이 있다고 할 수 없다."

6) "The officer may break open any outer or inner door or window of a house, or any part of a house, or anything therein, to execute a search warrant, if, after notice of his authority and purpose, he is refused admittance or when necessary to liberate himself or a person aiding him in the execution of the warrant."[Title 18 U.S.C. § 3109]

2.36

사전·사후영장 없이 행한 검증·실황조사는 위법수사

대법원 1984.3.13. 선고 83도3006 판결; 대법원 1989.3.14. 선고 88도1399 판결

I 사 안

1. 제1사안

국도상에서 같은 회사 소속의 대형버스 3대가 충돌하여 30여명의 사상자가 생겼다. 운전기사가 교통사고처리특례법(업무상과실치상)위반 혐의로 기소되었다. 사건 수사를 위하여 사법경찰관 사무취급 P가 범행직후의 범죄 장소에서 검증을 행한 후 작성한 검증조서의 증거능력이 문제되었다. P 작성의 검증조서에 의하면 '이 사건 발생 후 범행장소에서 긴급을 요하여 법원판사의 영장을 받을 수 없으므로 영장 없이 시행한다'고 기재되어 있는데 P는 사후영장 발부절차를 밟지 않았다. 공판절차에서 검증조서의 증거능력이 문제되었다.

2. 제2사안

공로(公路)상에서 발생한 교통사고와 관련하여 수사기관이 특정범죄 가중처벌 등에 관한 법률위반 등의 혐의로 수사를 진행하다가 행한 실황조사의 결과를 기재한 실황조사서가 공판에서 증거로 제출되었다. 공판절차에서 실황조사서의 증거능력이 문제되었다.

II 쟁 점

사전·사후영장 없이 행한 검증·실황조사는 위법수사. 따라서 그 검증조서·실황조사서는 위법수집증거인가?(긍정)

III 재판요지

1. 제1사안

수사에 관하여는 그 목적을 달성하기 위하여 필요한 조사를 할 수 있는 것이나 강제처분은 형사소송법에 특별한 규정이 없으면 하지 못한다(법 제199조 제1항). 사법경찰관이 범죄수사에 필요한 때에는 검사에게 신청하여 검사의 청구로 지방법원 판사가 발부한 영장에 의하여 압수, 수색 또는 검증을 할 수 있으며(법 제215조 제2항) 범행 중 또는 범행직후의 범행장소에서 긴급을 요하여 법원판사의 영장을 받을 수 없는 때에는 영장 없이 압수, 수색 또는 검증을 할 수 있는 것이나 이 경우에는 사후에 지체 없이 영장을 받아야 한다(법 제216조 제3항). 그런데 이 사건 사법경찰관 사무취급 작성의 검증조서에 의하면 동 검증은 '이 사건 발생 후 범행장소에서 긴급을 요하여 법원판사의 영장을 받을 수 없으므로 영장 없이 시행한다'고 기재되어 있으므로(동 검증조서 중 검증연월일 1983.1.16.은 1983.1.6.의 오기로 인정된다) 이 검증은 형사소송법 제216조 제3항에 의한 검증임에도 불구하고 사후영장을 받은 흔적이 없으니 이 검증조서는 피고인에 대한 유죄의 증거로 할 수 없다. 원심이 위 검증조서를 유죄의 증거로 삼았음은 위법(하다).

2. 제2사안

사법경찰관 사무취급이 작성한 실황조서는 이 사건 사고가 발생한 1985.10. 26. 19:30 직후인 1985.10.27. 10:00에 사고장소에서 긴급을 요하여 판사의 영장 없이 시행된 것이므로 이는 형사소송법 제216조 제3항에 의한 검증에 해당한다. 그런데 기록상 사후영장을 받은 흔적이 없으므로 이 실황조서는 유죄의 증거로 삼을 수 없다.

IV 분석과 해설

이 판결들은 현행법 308조의2가 규정되기 이전의 판례들인데 **사전·사후영장 없이 행한 검증·실황조사를 위법수사로 자리매김한 판결들**이다. 308조의2의 규정신설에 앞서 위법수집증거배제를 인정한 보기 드문 선례들이다.

현행법상 수사단계에서의 적법한 검증은 사전영장을 발부받아 행하는 검증(법 제215조)과 긴급한 사정이 있을 때 사전영장 없이 먼저 검증하고 사후승인영장을 발부받아야 하는 체포현장에서의 검증(법 제216조 제1항 제2호)과 현행범검증(법 제216조 제3항)이 있을 뿐이다. 체포현장에서의 검증, 현행범검증 후 사후승인영장을 발부받으려면 체포현장에서의 검증, 현행범검증의 요건이 구비되어야 한다. 검증을 행하는 수사기관의 입장에서는 이런 규제가 번거롭게 느껴질 수 있다. 여기서 수사기관의 편의상 영장주의의 제약을 받지 아니하는 '임의수사로서의 실황조사'의 개념이 안출되었다. 그러나 대법원은 수사기관의 그런 실무를 일방적인 발상으로 간주하고, 수사기관이 행하는 이른바 실황조사도 강제처분으로서의 검증으로 간주하겠다는 메시지를 보인 것이다.

2.37

국제우편물 통관검사절차에서 압수·수색영장 없는 우편물 개봉·시료채취·통제배달의 적법성

대법원 2013.9.26. 선고 2013도7718 판결

I 사 안

인천공항 국제우편세관 우편검사과 직원 A는 2012.9.9. 18:25경 아시아나항공으로 인천공항에 도착한 국제특급우편물에 대한 X-Ray 검사를 하다가 이상 음영이 있는 우편물을 발견하였고, 같은 과 소속 B가 우편물 개장검사를 하였는데, 우편물의 수취인은 'L(010-3789……, 최종수취인이 아니라 중간수취인)', 수취지는 '경기도 남양주시 화도읍 가곡리(이하 생략)'로 기재되어 있었다.

당초 우편물은 우황청심환, 칼슘으로 신고가 되어 있었는데, 신고된 내용과 달리 칼슘 약통 속에 향정신성의약품인 메트암페타민(일명 '필로폰' 이하 '필로폰'이라 함) 4.9그램(캡슐 포함)이 15개의 캡슐에 분산되어 은닉된 상태였다. 이에 세관원 C는 2012.9.10. 우편물 속 물품 중 0.1그램의 시료를 채취하였고, 인천공항세관 분석실에 성분분석을 의뢰하였다.

인천공항세관 분석실에서 위 0.1그램의 시료에 대한 성분분석을 한 결과 필로폰으로 확인이 되었고, 분석실에서는 2012.9.11. 마약조사과에 성분분석결과를 회보하였다.

세관직원과 인천지검 수사관들로 구성된 합동수사팀은 우편물의 최종수취인인 D를 수취장소에서 체포하였다. D는 2012.9.11. 인천지방검찰청 검사실에서 우편물 전체를 수사기관에 임의로 제출하였고, 검사는 우편물을 영장 없이 압수하였다. 그 후 D는 "중국에 체류 중인 U와 공모하여 중국에서 대한민국으로 필로폰 4.9그램을 밀수입"한 혐의로 기소되었다.

제1심 법원은 검사 작성의 수사착수보고, 중국 하얼빈발 국제특급우편 이용 메스암페타민 4.9g 적발보고 및 적발사진, 성분분석의뢰 및 분석결과 회보, 우편물 송장 사본, 압수조서 등을 증거능력이 없는 것으로 보아 증거로 채택하지 아니하는 한편, 검사가 제출한 나머지 증거들만으로도 이 사건 공소사실을 인정할 수 있다고 판단하여 피고인 D에게 징역 3년 및 몰수(필로폰 4.9그램)를 선고하였다.

항소심은 "① 인천공항세관 우편검사과에서 이 사건 우편물 중에서 시료를 채취하고, 인천공항세관 분석실에서 성분분석을 하는 데에는 검사의 청구에 의하여 법관이 발부한 압수·수색영장이 필요하지 않고, ② 수사기관에서 이 사건 우편물을 최종적으로 수취한 피고인 D로부터 임의제출 받아 영장 없이 압수한 것은 적법하고, 우편물에 대한 통제배달의 과정에서 수사관이 사실상 해당 우편물에 대한 점유를 확보하고 있더라도 이는 (최종)수취인을 특정하기 위한 특별한 배달방법으로 봄이 상당하고, 이를 해당 우편물의 (최종)수취인이 특정되지도 아니한 상태에서 강제로 점유를 취득하고자 하는 강제처분으로서의 압수라고 할 수는 없다"고 판단하는 한편, "③ 제1심이 검사 작성의 수사착수보고 등 일부 증거들을 증거능력이 없는 것으로 보아 증거로 채택하지 아니한 조치는 (통제배달을 이해하지 못하여) 잘못"이지만, "제1심이 그 채택 증거들만을 종합하여 이 사건 공소사실을 유죄로 인정한 것은 정당하다"고 보아, 피고인 D의 사실오인 또는 법리오해 주장을 배척하고 항소를 기각하였다. 피고인 D가 상고하였다. 상고이유는 다음과 같다:

"① X-Ray 검사 결과 마약류가 감추어져 있다고 의심하여 우편물의 점유를 확보한 후 우편물을 뜯어 성분검사를 한 것은 관세법 제246조가 정한 '검사'의 범주를 벗어난 대물적 강제수사로서 압수·수색·검증에 해당하고, 따라서 성분분석결과는 사전 또는 사후에 영장을 받지 않은 압수·수색·검증의 결과이므로 증거능력이 없으며, ② 수사기관이 통제배달 과정에서 필로폰에 대한 점유를 확보하고 있었던 것은 압수에 해당함에도 사전영장은 물론 사후영장도 받지 않았으므로 위법하고, 위법한 압수 이후 피고인으로부터 필로폰을 임의제출 받았다 하더라도 필로폰은 증거능력이 없을 뿐만 아니라, ③ 위법수집증거인 필로폰을 기초로 하여 확보된 2차 증거들은 모두 증거능력이 없다."

II 쟁 점

1. 세관원이 국제우편물 통관검사절차에서 압수·수색영장 없이 우편물 개봉·시료채취한 것은 관세법 제246조가 정한 '검사'의 범주를 벗어난 대물적 강제수사로서 압수·수색에 해당하는가?

2. 수사기관이 통제배달 과정에서 필로폰에 대한 점유를 확보하고 있었던 것은 압수에 해당함에도 사전영장은 물론 사후영장도 받지 않았으므로 그것은 위법한 절차위배행위인가?

III 재판요지 (상고기각)

1. **[세관에서의 우편물개봉, 시료채취, 성분분석 등의 검사의 성격]** 관세법 제246조 제1항 및 제2항, 제257조, 관세법 규정에 따른 국제우편물의 신고와 통관에 관하여 필요한 사항을 정하고 있는 '국제우편물 수입통관 사무처리'에 관한 관세청고시, 수출입물품 등의 분석사무 처리에 관한 시행세칙 등의 규정들과 관세법의 목적에 비추어 보면, **우편물 통관검사절차에서 이루어지는 우편물의 개봉, 시료채취, 성분분석 등의 검사는 수출입물품에 대한 적정한 통관 등을 목적으로 한 행정조사의 성격을 가지는 것으로서 수사기관의 강제처분이라고 할 수 없으므로, 압수·수색영장 없이 우편물의 개봉, 시료채취, 성**

분분석 등의 검사가 진행되었다 하더라도 '특별한 사정이 없는 한' 위법하다고 볼 수 없다.

2. [**법 제218조의 임의제출**] "형사소송법 제218조는 '검사 또는 사법경찰관은 피의자, 기타인의 유류한 물건이나 소유자, 소지자 또는 보관자가 임의로 제출한 물건을 영장 없이 압수할 수 있다'고 규정하고 있고, 압수는 증거물 또는 몰수할 것으로 사료되는 물건의 점유를 취득하는 강제처분으로서, 세관공무원이 통관검사를 위하여 직무상 소지 또는 보관하는 우편물을 수사기관에게 임의로 제출한 경우에는 비록 소유자의 동의를 받지 않았다 하더라도 수사기관이 강제로 점유를 취득하지 않은 이상 해당 우편물을 압수하였다고 할 수 없다. (중략) 수사기관이 이 우편물을 수취한 D로부터 임의제출 받아 영장 없이 압수한 것은 적법하고,

3. [**통제배달의 적법성**] 이 우편물에 대한 통제배달의 과정에서 '수사관이 사실상 해당 우편물에 대한 점유를 확보'하고 있더라도 이는 수취인(최종 수취인)을 특정하기 위한 특별한 배달방법으로 봄이 상당하고 이를 해당 우편물의 수취인이 특정되지도 아니한 상태에서 강제로 점유를 취득하고자 하는 강제처분으로서의 압수라고 할 수는 없다.

IV 분석과 해설

(가) 우편물 통관검사절차에서 우편물 개봉등의 검사의 성격: 행정조사

세관직원은 X선 검사로 금제품의 의심이 있는 비닐봉지를 발견하고 '의심스러운 국제우편물 개봉→시료채취→분석의뢰→약물확인→수사기관에의 통보'절차(이하 '일련의 조치'로 약칭함)를 밟았다. 이와 같은 세관직원의 일련의 조치의 법적 성격이 재판과정에서 핵심쟁점의 하나가 되었다. 피고인 D의 변호인은 이 일련의 조치의 법적 성격을 관세법 제246조, 제257조가 규정하는 '검사(檢査)'[1]의 범위를 초과하는 관세법 제296조 제1항의 '수색·압수'[2]로 보고 세관당국이 사전·사후 영장을 발부받지 아니하였으므로 나중에 압수된 압수물

1) 피고인 D의 변호인은 '세관당국의 X-선 검사'의 적법성은 문제삼지 않았다. 피고인 D의 변호인조차 '세관당국의 X-선 검사'를 관세법 제246조, 제257조가 규정하는 '검사'에 포섭되는 적법한 조치로 본 것 같다. 그러나 '세관당국의 X-선 검사'의 적법성도 그 이유가 설명되어야 할 대상이다. 생각건대 탁송화물에 대한 '세관당국의 X-선 검사'는 '사람'에 대한 검사가 아니라 '물건'에 대한 검사이고, 포장을 개봉하지 않고 외부에서 X-선을 쏘아 검사하는 것이어서 권리(재산권)침해성이 약하고, X-선 검사의 초점은 오로지 '금제품이 있는가 여부'에 한정되고 기타의 프라이버시 관련 정보탐색이 적으므로 영장주의를 관철시킬 만한 '수색'으로 보기 어렵다. United States v. Jacobsen - 466 U.S. 109 (1984) 참조.

2) **관세법 제296조 제1항**(이 법에 따라 수색·압수를 할 때에는 관할 지방법원 판사의 영장을 받아야 한다. 다만, 긴급한 경우에는 사후에 영장을 발급받아야 한다).

(마약)은 '毒樹의 果實'이므로 위법수집증거라고 주장하였다.

그러나 항소심과 대법원은 검사의 주장을 받아들여 현재 대한민국의 국제우편물 통관검사절차 실무에서 수행되는 국제우편물의 개봉, 시료채취 등의 법적 성격을 "수출입물품에 대한 적정한 통관 등을 목적으로 한 '행정조사'(administrative search)로 파악하여 세관당국이 판사가 발부한 압수·수색영장 없이 일련의 조치를 수행한 것이 영장주의 위반이 아니"라는 논증을 펴면서 피고인 D의 항소·상고를 기각하였다. 본 사안과 같이 관세법의 적용을 받는 대상에 한정하여, 세관당국의 조치가 '행정조사이므로 영장주의의 적용이 없다'는 논증이라면 이견이 없다. 그러나 혹시라도 이 판결의 취지가 '행정조사 일반에 대하여 영장주의의 적용이 없다' 는 논지로 확장해석되면 곤란하다.

이 논증을 좀 더 자세히 이해하려면 '통제배달'의 성격을 이해하는 것이 선결과제이다.

(나) 통제배달

통제배달기법(The technique of controlled delivery)은 실무상 대체로 다음과 같은 요소를 포함하는 수사기법이다:

금제품(contraband, 마약, 향정신성물질, 무기 등 소지와 소유가 금지된 물건)이 비금제품을 가장한 탁송화물(consignment) 속에 은닉된 채, 점유자(courier) 없이, 세관(customs) 통관절차를 밟는 도중 세관당국(customs officer)에 발각되었을 때 당국이 금제품을 즉시 압수·폐기하지 아니하고 세관당국과 수사기관이 긴밀히 협조하여 그 금제품이 밀수출입업자·유통업자(smuggler)의 손에 유출되지 못하도록 '충분한 감시(監視)'(a enough surveillance) 체제를 가동하면서, 탁송화물이 발송계약상의 경로를 밟아 밀수출입업자·그 공범에게 배송되도록 추적하다가 밀수출입업자·그 공범이 확실히 드러나면 체포하여 관련자들을 일망타진하고 최대한의 금제품을 압수하려는 세관당국·수사당국의 수사기법이다. 이때 보통은 배송업자(택배업자·운송업자)의 협조가 수반된다. 또 보통 탁송계약상의 형식적 수취인과 실질적인 밀수출입업자가 다른 경우가 많다. 금제품이 밀수출입업자도 세관당국·수사기관이 협력하여 통제배달기법을 활용할 수 있음을 예상하고 있기 때문에 발각되지 않으려고 일부러 복잡하게 여러 단계를 경유하려고 애쓰고, 때로는 사정을 모르는 배송인이나 무고한 시민을 교묘하게 개입시키는 전략을 활용한다. 설사 밀수출입업자가 배송계약상의 수취인과 동일하다 하더라도 피의자들은 당국에 발각되는 순간부터 '나는 모르는 일'이라고 잡아떼어 '금제품은 존재하는데 증거불충분으로 어느 누구도 소추하기 곤란한 사안'이 발생하기도 한다.

(다) 관세법 제296조와의 관계

관세법은 제2장 조사 부분에서 조사의 내용으로 피의자·증인 또는 참고인의 출석요구와 진술청취만을 예정하고 있고(제290-294조) 수색·압수를 행함에는 판사의 영장을 필요(제296조 제1항)로 하고 있다.

따라서 '행정조사라는 이유만으로 영장주의가 적용되지 아니한다'고 일반화시키는 것은 타당하지 않다. 영미문헌에서 '행정조사'와 유사한 다른 용어로 검사(inspections) 혹은 '규제 수색'(regulatory searches)이 있지만 이 경우에 일률적으로 영장주의의 적용이 배제되는 것은 아니다.

2012년 6월 헌법재판소는 "적법절차의 원칙은 국가작용으로서 기본권 제한과 관련되든 아니든 모든 입법 작용 및 **행정작용에도 광범위하게 적용**되는 것으로서(헌재 2001.11.29. 2001헌바41 결정), 법률이 정한 형식적 절차와 실체적 내용이 모두 합리성과 정당성을 갖춘 적정한 것이어야 한다는 실질적 의미를 지니고 있으며, 형사소송절차와 관련하여서는 '형사소송절차의 전반을 기본권 보장의 측면에서 규율하여야 한다'는 기본원리"(헌재 1996.12.26. 94헌바1 결정)"(헌재 2012.6.27. 선고 2011헌가36 결정)라고 판시한 바 있다. '영장주의(warrant requirement)의 관철은 적법절차의 핵심요소' 중의 하나이고 특단의 사정이 없는 한 '**행정작용에도 적용**'된다. 독점규제 및 공정거래에 관한 법률(제50조), 조세범 처벌절차법(제9조-12조)은 행정기관이 행정조사를 실천할 때도 원칙적으로 영장주의의 관철을 도모하도록 규정하고 있고 '적법절차를 존중하라'는 취지의 주의적 조문(조사권의 남용금지)까지 설치[3]하고 있다. 관세법 제296조도 관세부과 대상물에 대하여 원칙적으로 영장주의가 적용됨을 선언하고 있다.

(라) 임의제출물의 압수(법 제218조)

법 제218조는 "검사, 사법경찰관은 피의자 기타인의 유류한 물건이나 소유자, 소지자 또는 보관자가 임의로 제출한 물건을 영장 없이 압수할 수 있다."고 규정하여 영장주의의 예외를 설정[4]하고 있다. 임의제출의 대상은 증거물이나 몰수물에 한정되지 아니하고, 소유자, 소지자 또는 보관자가 자유의사

3) 독점규제 및 공정거래에 관한 법률 제50조의2, 국세기본법 제81조의4는 '조사권 남용 금지'를 명시하고 있다.

4) 이를 영치라고도 한다.

에 따라 임의로 제출하기만 하면 적법하다(통설).[5] 일단 영치되면 제출자가 임의로 취거할 수 없으므로 임의제출물의 압수는 강제처분이다.

사안에서 검사는 D를 체포한 다음, 우편물을 D로부터 임의제출 받는 형식을 취하였으므로 영장주의를 잠탈한 것이 아닌가 하는 의문이 생길 수 있다. 항소심은 "① 이 사건 우편물에 대한 통제배달의 과정에서 수사관이 사실상 해당 우편물에 대한 점유를 확보하고 있더라도 이는 수취인을 특정하기 위한 특별한 배달방법으로 봄이 상당하고 이를 해당 우편물의 수취인이 특정되지도 아니한 상태에서 강제로 점유를 취득하고자 하는 강제처분으로서의 압수라고 할 수는 없고", ② "수사기관이 우편물을 수취한 D로부터 임의제출 받아 영장 없이 압수한 것을 적법[6]"으로 보았고, 대법원도 이 논증을 그대로 유지하고 있다.

---

5) 적법한 절차에 따라 소지하지 않은 경우도 포함한다. 관련 판례들로 (1) '의료인이 진료 목적으로 채혈한 환자의 혈액을 수사기관에 임의로 제출한 것은 특별한 사정이 없는 한 적법하다'고 한 판결(대법원 1999.9.3. 선고 98도968 판결 ⇨ 상세는 본서 **2.34** 참조) (2) '교도관이 재소자가 맡긴 비망록을 수사기관에 임의로 제출한 것은 특별한 사정이 없는 한 적법하다' 고 한 판결(대법원 2008.5.15. 선고 2008도1097 판결) (3) '소유자, 소지자 또는 보관자'가 아닌 피해자로부터 임의 제출받은 것은 부적법하다고 한 판결(대법원 2010.1.28. 선고 2009도10092 판결) 등 참조.

6) D가 우편물을 수취하여 '소유자, 소지자 또는 보관자'가 되었고, 그 상태에서 우편물을 임의제출받은 것으로 본 것이다.

제6절 수사의 종결

2.38

검사의 '부당한 기소유예처분'에 대한 재정신청

대법원 1988.1.29.자 86모58 결정

I 사 안

'다른 사람의 주민등록증을 변조·행사한 위장취업' 혐의로 구속된 여대생 V는 사건이 검찰에 구속송치된 후 구치소 안에서 담당형사였던 D경장을 인천지방검찰청에 고소하였다. 고소사실의 요지는 "D가 1986년 6월 6일 새벽에 여자 피의자 V를 경찰서 수사과 조사계 사무실로 끌어내 2시간에 걸쳐 5·3 인천소요사태 관련수배자의 소재를 추궁하면서 V의 상의를 벗기고 바지의 지퍼를 끌어내린 다음 젖가슴을 여러 번 만지고 고춧가루 고문을 하겠다는 등 협박을 하였으며, 6월 7일 밤 8시 30분경 V를 같은 경찰서 조사계 사무실로 불러 내 5·3 인천 소요사태의 배후관련자의 소재를 추궁하면서 6월 7일 밤 10시 30분경까지 2시간에 걸쳐 V의 바지단추를 풀고 지퍼를 내린 후 V의 젖가슴을 여러 번 만지고 팬티 속으로 손을 넣어 음부를 수회 만지다가 V의 바지와 팬티를 무릎 밑까지 끌어내린 다음 자신의 성기를 꺼내 V의 음부에 대고 수회 비비는 등 고문과 강제추행을 하였다"는 것이다. 변호사 9명은 1986년 7월 5일 V의 고소사실과 동일한 내용으로 D를 고발하는 고발장을 인천지방검찰청에 제출하였다. 인천지방검찰청의 검사는 강제추행(형법 제298조) 혐의에 대하여는 증거불충분을 이유로 '무혐의' 판단을 하고, 독직·가혹행위(형법 제125조) 혐의는 인정하면서도 '기소유예처분'을 하였다. 기소유예처분의 이유는 "D가 직무에 집착한 나머지 우발적으로 저지른 범행이고 이로 인하여 이미 '파면처분'을 받았으며, 또한 D가 10여 년간 경찰관으로 봉직하면서 성실하게 근무하여 왔을 뿐 아니라 자신의 잘못을 깊이 반성하고 있는 등 그 정상(情狀)에 참작할 사유가 많으므로 소추를 유예함이 상당"하다는 것이었다. 고소인과 고발인은 1986년 9월 1일 서울고등법원에 재정신청을 하였다. 서울고등법원은 독직·가혹행위 사실을 인정하였으나 "검사의 기소유예처분이 타당하다"고 판단하여 재정신청을 기각하였다(1986년 10월 31일 재정신청기각결정). 재정신청인이 대법원에 재항고하였다.

II 쟁 점

검사의 기소유예재량에 한계가 있는가?

III 재판요지 (파기환송)

1) 기소편의주의를 채택하고 있는 우리 법제 하에서 검사는 범죄의 혐의가 충분하고 소송조건이 구비되어 있는 경우에도 개개의 구체적 사안에 따라 형법 제51조에 정한 사항을 참작하여 불기소처분(기소유예)을 할 수 있는 재량을 갖고 있기는 하나 그 재량에도 스스로 합리적인 한계가 있는 것으로서 이 한계를 초월하여, 기소를 하여야 할 극히 상당한 이유가 있는 사안을 불기소처분한 경우, 이는 '기소편의주의의 법리'에 어긋나는 부당한 조처라 하지 않을 수 없고, 이러한 부당한 처분을 시정하기 위한 방법의 하나로 우리 형사소송법은 재정신청제도를 두고 있다.

2) 헌법 제9조는 '모든 국민은 인간으로서의 존엄과 가치를 가지며 행복을 추구할 권리를 가진다. 국가는 개인이 가지는 불가침의 기본적 인권을 확인하고 이를 보장할 의무를 진다. 국가는 개인이 가지는 불가침의 기본적 인권을 확인하고 이를 보장할 의무를 진다'고 규정하고 있고, 헌법 제11조 제2항은, '모든 국민은 고문을 받지 아니하며 형사상 자기에게 불리한 진술을 강요당하지 아니한다'고 하여, 특히 형사절차에서의 인권보장 규정도 두고 있는 바, 이러한 헌법 정신에 비추어 볼 때에 (중략) 경찰관이 그 직무를 행함에 당하여 형사피의자에 대하여 폭행 및 가혹행위를 하고, 특히 여성으로서의 성적 수치심을 자극하는 방법으로 신체적, 정신적 고통을 가하는 것과 같은 인권침해행위는 용납할 수 없는 범죄행위로서, 원심판시와 같은 정상을 참작한다 할지라도 그 기소를 유예할 만한 사안으로는 도저히 볼 수 없다. 결국 원심은 재정신청제도와 기소편의주의에 관한 법리를 오해하여 재판에 영향을 미친 위법을 저질렀다.

IV 분석과 해설

(가) 문제의 소재: 재정신청의 제도적 의의

D의 혐의사실이 사실이라면 형법상 강제추행(형법 제298조)과 폭행·가혹행위(형법 제125조)의 구성요건을 충족시킨다. 피해자와 일반인은 D를 고소·고발할 수 있을 뿐만 아니라 그들의 불법행위에 대하여 민사상의 손해배상이나 국가배상을 청구할 수도 있다. 그러나 여기서는 형사상의 구제방법이 쟁점이다. 가장 실효성이 있는 구제방법이 재정신청이다.

대법원은 '수사기관이 피의자를 수사하는 과정에서 구속영장 없이 피의자를 함부로 구금하여 피의자의 신체의 자유를 박탈하였다면 직권을 남용한 불법감금(형법 제124조)의 죄책을 면할 수 없고, 수사의 필요상 피의자를 임의동행한 경우에도 조사 후 귀가시키지 아니하고 그의 의사에 반하여 경찰서 조사실 또는 보호실 등에 계속 유치함으로써 신체의 자유를 속박하였다면 이는 구금에 해당된다'고 판시하여 검사의 무혐의처분을 위법하다고 판단[1]하면서도 '검사의 공소를 제기하지 아니하는 처분에 대한 당부(當否)에 관한 재정신청에 당(當)하는 법원은 검사의 무혐의 불기소처분이 위법하다 하더라도 제반사정을 고려하여 기소유예의 불기소처분을 할 만한 사건이라고 인정되는 경우에는 재정신청을 기각할 수 있다'고 거듭 천명[2]하여 왔다. 대법원은 어떤 경우에 기소유예할 만한 사건이라고 보고 있는가?

(나) 유죄가 인정되지만 기소유예 처분을 할 만한 사건으로 판단된 사안들

1980년대 이후 고등법원의 재정신청기각결정에 대한 재항고사건은 총 6건이었는데 그중 1건을 제외하고는 모두 대법원에서 기소유예할 만한 사건이라고 판단되었다. 기소유예할 만한 사정으로 참작된 사정들은 ㉮ 범행동기에 개인적인 감정이나 이해관계가 개입되지 아니하였다는 점[3], ㉯ 오랫동안 경찰에 몸담아 왔으며 표창을 받는 등 그간의 공적이 크다는 점[4], ㉰ 초범이고 범행 후 잘못을 깊이 뉘우치고 앞으로 적법한 절차의 준수를 다짐하고 있다는 점[5], ㉱ 석방을 곤란하게 하는 검사로부터의 지시나 재지휘명령을 받고 있었던 사정[6] 등이었다. 그러다가 본 사안인 이른바 부천의 성고문사건에 대한 서울고등법원의 재정신청기각결정에 대한 재항고사건에서 대법원은 위에서 열거된 피고소인에게 참작할 만한 사정이 모두 존재하였음에도 불구하고 '경찰관이 그 직무를 집행함에 당하여 형사피의자에 대하여 폭행 및 가혹행위를 하고, 특히 여성으로서의 성적 수치심을 자극하는 방법으로 신체적, 정신적 고통을 가하는 것과 같은 인권침해행위는 용납할 수 없는 범죄행위로서, 원심판시와 같은 정상을 참작한다 할지라도 그 기소를 유예할 만한 사안으로는 도저히 볼 수 없는 것'이라고 판시하였다.

---

1) 대법원 1985.7.29.자 85모16 결정.
2) 대법원 1986.9.16.자 85모37 결정; 대법원 1993.8.12.자 93모9 결정; 대법원 1994.3.16.자 94모2 결정; 대법원 1995.6.24.자 94모33 결정.
3) "국가보안법위반사건을 수사함에 있어 업무에 열성을 다하다 보니 구금에 대한 법리를 오해한 데 연유한다."(대법원 1986.9.16.자 85모37 결정)
4) 대법원 1986.9.16.자 85모37 결정; 대법원 1994.3.16.자 94모2 결정.
5) 대법원 1992.12.3.자 92초233 결정.
6) 대법원 1995.6.24.자 94모33 결정.

(다) 재정신청을 기각하는 고등법원의 결정에 대하여 재항고가 허용되는가?

구법 제262조 제2항은 '재정신청에 관한 결정에 대하여는 **항고할 수 없다**'고 규정하고 있었다. 대상결정들은 재정신청을 기각하는 고등법원의 결정에 대한 재항고를 인용하여 긍정설의 입장에 서 있었다.

2008년 시행 개정 형사소송법은 제262조 제4항을 "재정신청에 대한 결정에 대하여는 **불복할 수 없다**"고 좀 더 강한 어조로 개정하였다. 따라서 이 조항을 문리해석하면 공소제기결정은 물론 재정신청을 기각하는 고등법원의 결정에 대하여도 불복할 수 없는 것으로 해석할 여지가 있다. 그러나 2011년 헌재는 재정신청을 기각하는 고등법원의 결정에 대하여 재정신청인의 형사소송법 제415조의 재항고를 허용하는 취지의 결정을 선고하였다.[7)]

(라) 2011.7.18.자 형사소송법 개정

피의사실공표죄(형법 제126조)에 대하여는 피공표자의 명시한 의사에 반하여 재정을 신청할 수 없다.[8)]

(마) 최신판례와 개정법령

(1) 공소제기결정을 한 관계로 그에 따른 공소가 제기되어 본안사건의 절차

---

7) **헌재 2011.11.24. 선고 2008헌마578 결정:** "재정신청 기각결정에 대하여 형사소송법 제415조의 재항고를 금지하는 것은 대법원에 명령·규칙 또는 처분의 위헌·위법 심사권한을 부여하여 법령해석의 통일성을 기하고자 하는 헌법 제107조 제2항의 취지에 반할 뿐 아니라, 헌법재판소법에 의하여 법원의 재판이 헌법소원의 대상에서 제외되어 있는 상황에서 재정신청인의 재판청구권을 지나치게 제약하는 것이 된다. 그리고 법 제415조는 법 제402조와 달리 아무런 예외를 두지 않은 채 이른바 법령위반을 이유로 즉시항고할 수 있다고 규정하고 있고, 소액사건심판법 제3조 제1호, '상고심절차에 관한 특례법' 제4조 제1항에서 처분이나 원심판결의 헌법위반이나 법률위반 여부가 문제되는 경우 대법원의 판단을 받도록 규정하고 있는 것과 비교할 때, 처분(불기소처분)의 헌법위반 여부나 위법·부당 여부에 관한 법원의 결정인 재정신청 기각결정에 대하여 이른바 법령위반을 이유로 한 재항고를 허용하지 아니하는 것은 재정신청 기각결정의 법적 성격에도 부합하지 않으며, 민사소송법은 재항고(제442조)뿐만 아니라 불복할 수 없는 결정이나 명령에 대하여 이른바 법령위반을 이유로 대법원에 특별항고를 할 수 있도록 하고 있다(제449조). 비교법적으로도 일본 형사소송법은 항고재판소의 결정에 대하여는 항고할 수 없지만, 항고재판소의 결정에 대하여 헌법위반이나 헌법해석의 잘못을 이유로 하여 특별항고를 할 수 있도록 규정하고 있다. 이러한 사정들을 고려할 때, 법 제262조 제4항의 '불복할 수 없다.'는 부분은, 재정신청 기각결정에 대한 '불복'에 법 제415조의 '재항고'가 포함되는 것으로 해석하는 한, 재정신청인인 청구인들의 재판청구권을 침해하고, 또 법 제415조의 재항고가 허용되는 고등법원의 여타 결정을 받은 사람에 비하여 합리적 이유 없이 재정신청인을 차별취급함으로써 청구인들의 평등권을 침해한다."

8) **형사소송법 제260조**(재정신청) ① 고소권자로서 고소를 한 자(「형법」 제123조부터 제126조까지의 죄에 대하여는 고발을 한 자를 포함한다. 이하 이 조에서 같다)는 검사로부터 공소를 제기하지 아니한다는 통지를 받은 때에는 그 검사 소속의 지방검찰청 소재지를 관할하는 고등법원(이하 "관할 고등법원"이라 한다)에 그 당부에 관한 재정을 신청할 수 있다. 다만, 「형법」 제126조(피의사실공표)의 죄에 대하여는 피공표자의 명시한 의사에 반하여 재정을 신청할 수 없다.

가 개시된 후에는, 다른 특별한 사정이 없는 한 본안사건에서 재정신청서에 재정신청을 이유 있게 하는 사유의 기재가 없는 잘못을 다툴 수 없다(대법원 2010.11.11. 선고 2009도224 판결(사기)).[9)]

(2) 제262조 제2항, 제4항은 재정신청이 법률상의 방식을 준수하였음에도 불구하고 법원이 방식위배의 신청이라고 잘못 보아 그 신청이유에 대한 실체 판단 없이 형식적인 사유로 기각한 경우에는 그 적용이 없다(대법원 2011.2.1.자 2009모407 결정(재정신청기각결정에 대한 재항고)).[10)]

(3) 대법원 2012.10.29.자 2012모1090 결정

"1. 형사소송법(이하 "법"이라고만 한다) 제262조 제2항, 제4항은 검사의 불기소처분에 따른 재정신청에 대한 법원의 재정신청기각 또는 공소제기의 결정에 불복할 수 없다고 규정하고 있다. 법 제262조 제2항 제2호의 공소제기결정에 잘못이

9) "형사소송법(이하 '법'이라고 한다) 제260조 제4항은 '재정신청서에는 재정신청의 대상이 되는 사건의 범죄사실, 증거 등 재정신청을 이유 있게 하는 사유를 기재하여야 한다.'고 정하고 있고, 법 제262조 제2항 제1호는 재정신청이 '법률상의 방식에 위배'된 때에는 그 신청을 기각한다고 정하고 있으며, 법 제262조 제4항은 '제2항의 결정에 대하여는 불복할 수 없다.'고 정하고 있다. 따라서 법원은 재정신청서에 재정신청을 이유 있게 하는 사유가 기재되어 있지 않은 경우에는 그 재정신청을 기각하여야 한다. 그런데 법원이 재정신청서에 재정신청을 이유 있게 하는 사유가 기재되어 있지 않음에도 이를 간과한 채 법 제262조 제2항 제2호 소정의 **공소제기결정**을 한 관계로 그에 따른 공소가 제기되어 본안사건의 절차가 개시된 후에는, 다른 특별한 사정이 없는 한 이제 그 **본안사건**에서 위와 같은 잘못을 다툴 수 없다. 위와 같은 잘못을 본안사건에서 다툴 수 있다고 한다면 이는 재정신청에 대한 결정에 대하여 그것이 기각결정이든 인용결정이든 불복할 수 없도록 한 법 제262조 제4항의 규정취지에 위배하여 형사소송절차의 안정성을 해칠 우려가 있기 때문이다. 또한 위와 같은 잘못은 본안사건에서 공소사실 자체에 대하여 무죄, 면소, 공소기각 등을 할 사유에 해당하는지를 살펴 무죄 등의 판결을 함으로써 그 잘못을 바로잡을 수 있다. 뿐만 아니라 본안사건에서 심리한 결과 범죄사실이 유죄로 인정되는 때에는 이를 처벌하는 것이 오히려 형사소송의 이념인 실체적 정의를 구현하는 데 보다 충실하다는 점도 고려하여야 한다. 비록 재정신청서에 법 제260조 제4항에 정한 사항의 기재가 없어서 법원으로서는 그 재정신청이 법률상의 방식에 위배된 것으로서 이를 기각하여야 함에도 심판대상인 사기 부분을 포함한 고소사실 전부에 관하여 공소제기결정을 한 잘못이 있고 나아가 그 결정에 따라 공소제기가 이루어졌다 하더라도, 공소사실에 대한 실체판단에 나아간 제1심의 판결을 유지한 원심의 조치는 정당하다."

10) "형사소송법 제262조 제2항, 제4항은 '검사의 불기소처분에 따른 재정신청에 대한 법원의 재정신청기각 또는 공소제기의 결정에 불복할 수 없다'고 규정하고 있으나, 위 규정은 그 취지에 비추어 재정신청이 법률상의 방식을 준수하였음에도 법원이 방식위배의 신청이라고 잘못 보아 그 신청이유에 대한 실체 판단 없이 형식적인 사유로 기각한 경우에는 그 적용이 없다. 원심은 재정신청이 검찰항고기각결정의 통지일인 2008.12.3.부터 재정신청기간인 10일이 지난 2008.12.15. 제기되었으므로 법률상의 방식에 위배되어 부적법하다는 이유로 재정신청을 기각하였다. 그런데 재정신청기간의 말일인 2008.12.13.은 토요일, 그 다음날은 일요일임은 **공지의 사실에 해당**하고, 따라서 법 제66조 제3항에 의하여 위 신청기간에 산입되지 아니하는 관계로 그 신청기간의 말일은 2008.12.15.이 되므로 같은 날 제기된 재정신청은 적법한 것이다. 그럼에도 불구하고 원심은 재정신청기간의 계산에 관한 법리를 오해하여 재정신청이 법률상의 방식에 위배되었다는 형식적인 사유로 재정신청을 기각함으로써 더 나아가 그 신청이유에 대한 실체 판단을 하지 아니한 잘못을 저질렀고, 이 원심결정에는 적법한 재정신청에 대하여 법이 정하는 바에 따른 재판을 하지 아니한 위법이 있다."

있는 경우에는 그 공소제기에 따른 본안사건의 절차가 개시되어 본안사건 자체의 재판을 통하여 대법원의 최종적인 판단을 받는 길이 열려 있으므로, 이와 같은 공소제기의 결정에 대한 재항고를 허용하지 않는다고 하여 재판에 대하여 최종적으로 대법원의 심사를 받을 수 있는 권리가 침해되는 것은 아니고, 따라서 법 제262조 제2항 제2호의 공소제기결정에 대하여는 법 제415조의 재항고가 허용되지 않는다.

2. 법 제415조에 규정된 재항고의 절차에 관하여는 법에 아무런 규정을 두고 있지 아니하므로 그 성질상 상고에 관한 규정을 준용하여야 할 것이고, 한편 상고에 관한 법 제376조 제1항에 의하면 상고의 제기가 법률상의 방식에 위반하거나 상고권 소멸 후인 것이 명백한 때에는 원심법원은 결정으로 상고를 기각하여야 하는바, 재항고의 대상이 아닌 공소제기의 결정에 대하여 재항고가 제기된 경우에는 재항고의 제기가 법률상의 방식에 위반한 것이 명백한 때에 해당하므로 원심법원은 결정으로 이를 기각하여야 한다."

2.39

검사의 불기소처분에 대한 헌법소원

헌재 2004.5.27. 선고 2004헌마27 결정

I 사 안

피의자 S는 2003.10.29. 검사로부터 기소유예처분을 받았는바, 그 피의사실 및 이유의 요지는 다음과 같다. S는 "○○아파트 관리원으로서, S2 등과 공모, 합동하여 2003.8.12. 11:15경 ○○아파트 지하주차장에 세워둔 번호판 없는 50cc 검정색 텍트 오토바이 2대와 빨간색 텍트 오토바이 1대 등 오토바이 3대 시가 150,000원 상당을 절취한 사실은 인정되나, 피의자는 초범이고, 직업이 일정하며, 사안이 경미하고 피해품이 압수되어 피해가 회복되었으므로 그 소추를 유예한다." S는 "위 아파트의 관리인이 주민들의 민원을 처리하기 위하여 '주차장에 버려진 오토바이들을 치워야 한다'고 말하여 끌고 간 것이며 절취의 고의가 없었는데도 검사가 범죄혐의를 인정한 다음 기소유예처분을 한 것은 청구인 S의 행복추구권 및 평등권을 침해한다"고 주장하면서 2004.1.9. 기소유예처분의 취소를 구하는 헌법소원심판(헌법재판소법 제68조 제1항)을 청구하였다.

II 쟁 점

검사의 불기소처분에 대하여 헌법소원심판청구가 가능한가?

III 재판요지 (불기소처분취소)

이 사건 피해 오토바이들은 타인의 점유 하에 있었다고 볼 수 없고, 소유자가 소유권을 포기하였을 가능성을 배제할 수 없어 타인의 재물인지 여부가 불명확하다. 또한 청구인에게 재물의 타인성에 대한 인식이 있었는지 여부가 불명확하고, 다른 사정이 없는 한 적어도 '타인의 점유'를 배제한다는 인식은 없었던 것으로 보아야 한다. (중략) 그러나 피청구인(검사)이 청구인의 '재물의 타인성에 대한 인식' 유무를 명확히 하지 않은 점은 위에서 본 바와 같다. 사정이 위와 같음에도 피청구인이 이 사건을 송치받은 후 아무런 수사를 진행하지 아니하고 곧바로 기소유예처분한 것은, 자의로 수사를 다하지 아니하고 청구인의 혐의를 인정하는 처분을 한 것으로 인정되므로, 이는 청구인의 평등권, 행복추구권, 재판받을 권리 등을 침해하였다. 그렇다면 이 사건 심판청구는 이유 있으므로 이 사건 기소유예처분을 취소하기로 하여 재판관 전원의 일치된 의견으로 주문과 같이 결정한다.

IV
분석과 해설

(가) 검사의 불기소처분에 대한 불복방법

개정 형사소송법이 재정신청의 범위를 대폭 확대함으로써 검사의 불기소처분에 대한 고소인·고발인 또는 피의자의 불복방법은 그 절차가 구법과는 판이하게 달라졌다.

첫째, **고소인**(형법 제123조, 124조, 125조, 제126조 위반의 범죄사건에서는 고발인 포함)은 특별한 예외사유가 없는 한 검찰청법 제10조에 따른 항고를 경유하여(검찰항고 전치주의) 재정신청을 하여야 하며, 이 경로로만 구제를 도모할 수 있다. 고소인이 형사소송법 제260조 제1항, 제2항의 재정신청을 경유한 경우에 고소인에게 더 이상의 구제절차는 없다.

둘째, **고발인**(형법 제123조, 124조, 125조, 제126조 위반의 범죄사건에 대한 고발인 제외)은 검찰청법 제10조에 따라 불기소처분을 한 검사가 속하는 지방검찰청 또는 지청을 경유하여 서면으로 관할 고등검찰청검사장에게 항고할 수 있고, 항고기각결정이 있으면 검찰총장에게 검찰재항고를 할 수 있다.

신법 시행 이후에 고소인이나 고발인에게는 **헌법소원심판청구**가 허용되지 아니한다. 고소인이 재정신청기각 결정을 받은 경우에는 헌법재판소법 제68조 제1항의 제한을 받게 되고, 고발인에게는 '자기관련성'이 없기 때문이다.

(나) 예외적으로 헌법소원이 허용되는 경우

고소를 하지 아니한 형사피해자(헌재 2004.11.25. 2004헌마595), 기소유예처분을 받은 피의자(헌재 2004.5.27. 2004헌마27), 참고인 중지결정을 받은 피의자(헌재 1991.4.1. 90헌마115; 헌재 1997.2.20. 95헌마362)에게 헌법소원심판청구를 인정한 헌법재판소 결정례가 있다. 본 사안은 기소유예처분을 받은 피의자가 '혐의없음'을 주장하면서, 검사의 기소유예처분이 자신의 '평등권, 행복추구권, 재판받을 권리 등을 침해'하였다고 헌법소원을 한 사안이다.

(다) 형사피해자의 헌법소원(헌재 2004.11.25. 2004헌마595 결정(불기소처분취소 헌공제99호))

아버지가 범죄피해자인 아들을 위하여 고발하고 검사가 불기소처분하자 검찰청법이 정한 항고, 재항고를 경유하고 헌법소원심판 청구에 이르러서는 아들과 함께 헌법소원심판의 청구인이 된 경우 아버지의 청구는 헌법상의 재판절차진술권의 주체인 형사피해자의 청구가 아니므로 자기관련성이 없어 부적법하나 범죄피해자인 아들의 청구는 '고소한 바 없어도 적법하다'고 보아 본안판단을 한 후에 기각한 사안이다.

(라) 기소중지권 피의자의 헌법소원(헌재 1991.4.1. 90헌마115 결정, 불기소처분취소헌판집 제3권)

a) 기소중지(참고인 중지를 말한다; 필자 주)는 가급적 억제되어야 하는 것으로서 이미 피의

자신문을 마쳐 그의 진술을 충분히 청취하였거나 또는 피의자신문은 아니 하였다 하더라도 그 밖의 증거자료에 의하여 공소제기나 불기소처분 등 종국처분을 하기에 부족함이 없는 경우에 (검사는) 기소중지처분을 하여서는 아니되고 원칙에 좇아 종국처분을 하여야 한다.

b) 검사가 사건을 수사함에 있어 재기수사 전후에 걸쳐 피의자신문을 비롯하여 더 이상 수사를 할 필요가 없을 만큼 충분한 수사가 되어 있어 종국결정을 하기에 부족함이 없음에도 불구하고 피의자 중의 한 사람이 단순히 현재 소재불명이라는 이유로 그에 대하여서뿐만 아니라 다른 피의자에 대하여서까지도 기소중지처분을 하는 것은 형평을 잃은 처사로서 기소중지권의 남용에 해당한다.

2.40

검사의 자의적인 공소권행사

대법원 2001.9.7. 선고 2001도3026 판결; 대법원 1999.12.10. 선고 99도577 판결; 대법원 1996.2.13. 선고 94도2658 판결

I 사 안

(가) 선행기소의 내용과 기소경위

V(간판업자)의 종업원으로 근무하던 D는 1999.7.28. V 소유의 화물차를 훔쳤다. V는 1999.7.29. 고양경찰서 주엽2파출소에 D의 '차량 절취 장면이 녹화된 테이프'를 제출하며 차량 도난신고를 하였다. **고양경찰서**의 사법경찰관 P는 D가 '소재불명'으로 밝혀지자 1999.10.18. D를 절도 혐의로 지명수배하고 1999.11.18. 서울지방검찰청 의정부지청에 사건을 송치하였다. 위 지청의 검사는 1999.11.25. 위 사건을 기소중지하였다. D는 위 화물차를 운전하고 다니다가 1999.12.2.경 **안산경찰서** 목감 경찰초소에 설치된 차량자동판독기에 위 화물차가 도난차량으로 확인되어 그곳에 근무하던 경찰관들에게 '자동차절도 범행의 기소중지자'로 **검거**(체포)되었다. 안산경찰서 경찰관 P2는, D가 절도 범행뿐만이 아니라 '도로교통법위반의 무면허운전'(이하 '무면허운전'으로 약칭함)도 저지른 사실이 밝혀지자, D의 신병을 **수배관서**인 고양경찰서에 인계하지 아니한 채, 무면허운전 혐의로 D를 구속하여 무면허운전혐의만을 조사한 다음 수원지방검찰청에 송치하였다. 수원지방검찰청 검사는 송치 받은 D의 무면허운전 혐의를 조사하여 1999.12.13. 수원지방법원에 "1999.7.28. 22:00 경부터 1999.12.2. 15:00까지의 무면허운전" 혐의만을 기소(이하 이를 '선행기소'로 약칭함)하였다.

(나) 후행기소의 내용과 기소경위

D는 2000.1.27. 수원지방법원에서 무면허운전죄로 **징역 6월**의 형을 선고받고 같은 날 항소포기로 그 판결이 확정되어 **수원교도소**에서 그 징역형을 복역하다가 2000.5.10. 가석방으로 출소하던 중 **수원경찰서** 경찰관들에게 '차량절도범행의 기소중지자'로 **긴급체포**되어 **고양경찰서로 인계**되었다. 고양경찰서 경찰관은 같은 날 절도 범행의 피의자로 조사를 받은 D로부터 무면허운전죄의 혐의 내용과 긴급체포된 경위에 관한 진술을 받았고 그 범죄경력조회서에 무면허운전죄의 전과내용이 기재되어 있음에도 불구하고, D가 절도범행을 자백하면서 그 범행의 경위로 '평소에도 운전면허 없이 위 화물차를 운전하였다'고 진술하자, 무면허운전죄의 내용을 확인하지 않은 채, 무면허운전죄를 추가로 인지한 다음, 서울지방검찰청 의정부지청에 **기소중지자 소재**

발견보고를 하고 그 수사지휘에 따라 2000.5.11. D에 대하여 절도죄와 무면허운전죄로 구속영장을 청구하였다. 위 영장청구를 받은 서울지방법원 의정부지원의 영장담당판사는 'D의 자동차절도혐의에 대하여 1999.10.18. 지명수배조치가 취하여진 사실을 수사기관이 알고 있었음에도 불구하고 수사기관(안산경찰서 경찰관 P2)이 1999년 12월경 D를 별개의 무면허운전죄로 구속·기소하면서 절도범행에 대하여는 아무런 조치를 취하지 않다가 무면허운전죄로 징역형을 복역하고 출소하는 날 수사기관(수원경찰서 경찰관 P)이 D를 절도 범행 혐의로 긴급체포함은 'D에게 가혹하고 수사권남용의 여지가 있다'는 이유로 구속영장청구를 기각하였다. 그 후 서울지방검찰청 의정부지청의 검사는 2000.7.21. D에 대한 피의자신문에서 'V로부터 화물차를 절취한 후 6개월간 무면허로 운전하다가 1999.12.2. 안산시 목감검문소에서 검거되었다'는 진술을 받았고 그 검찰서기의 수사보고를 통하여 D가 2000.1.27. 도로교통법위반죄(무면허운전)로 징역 6월의 형을 선고받고 그 형을 복역하다가 2000.5.10. 가석방된 사실을 알고 있었음에도, 종전의 무면허운전혐의의 내용을 확인하지 아니한 채, 2000.7.28. 절도혐의와 아울러 무면허운전혐의(도로교통법위반, 1999.7.28. 23:00경의 무면허운전행위)도 기소(이하 '후행기소사건'으로 약칭함)하였다.

(다) 소송의 경과

후행기소사건의 제1심과 항소심은 공소사실을 모두 유죄로 인정한 다음, D가 2000.1.27. 수원지방법원에서 징역 6월의 형을 선고받아 같은 날 확정된 무면허운전죄(이하 '선행기소 사건' 혹은 '종전 사건'으로 약칭한다)와 그 판결이 확정되기 전에 범한 '절도죄 및 무면허운전죄'(이하 '후행기소 사건'이라 한다)는 형법 제37조 후단의 경합범 관계에 있다는 이유로 형법 제39조 제1항에 따라 판결을 받지 아니한 후행기소 사건에 대하여 징역 6월의 형을 선고하였다. D는 "피고인이 도난 신고된 차량을 운전하다가 안산의 도난차량감지기에 적발되어 조사를 받음에 있어 절도범행 등 사건 일체를 진술하였고 그 차량은 피해자 V에게 반환되었다. 그런데 위 사건을 담당한 경찰관은 D의 법률에 관한 무지를 이용하여 **수사실적을 올릴 의도**로 사건을 관할경찰서(V가 D의 차량절도를 고소한 고양경찰서)로 이송하지 않고 경합범죄라는 점도 무시한 채 도로교통법위반죄(무면허운전)만을 기소하여 처벌받게 한 다음, 다시 별개의 사건인 양 이 사건으로 기소한 것은 피고인으로 하여금 피해 차량 등을 돌려주어 죄가 가벼워진 것으로 오판케 하여 경합범임을 주장하지 못하게 하는 등 부당하게 공권력을 행사한 것"이며 "형을 선고받아 복역하고 출소한 피고인을 다시 처벌함은 일사부재리의 원칙에 반하는 이중처벌"이라고 주장하며 상고하였다.

II 쟁 점

피고인이 피고인의 '**관련 사건을 함께 재판받을 이익**'을 박탈당하면 공소권남용이 되는 '검사의 자의적인 공소권행사'인가?

III
재판요지
(파기환송)

1) 이 사건(후행기소의 무면허운전혐의와 자동차절도혐의의 병합사건: 필자) 도로교통법위반의 점(후행기소의 무면허운전혐의: 필자)은 종전 사건(선행기소의 무면허운전혐의: 필자)의 범죄사실 가운데 포함되어 있어 확정판결이 있는 때에 해당하므로 면소의 판결을 선고하였어야 할 것[1]이다. 그럼에도 종전 사건의 범죄사실 가운데 이 사건 도로교통법위반의 점이 포함되어 있는지 여부를 조사하지 아니한 채 이 사건 공소사실 전부에 대하여 유죄를 선고한 원심판결에는 확정판결의 존부에 관한 심리미진 내지 법리오해의 위법이 있고, 따라서 이 점을 지적하는 상고이유의 주장은 이유 있다.

2) (i) ㉮ 형사소송법 제246조와 제247조에 의하여 검사는 범죄의 구성요건에 해당하여 형사적 제재를 함이 상당하다고 판단되는 경우에는 공소를 제기할 수 있고 또 형법 제51조의 사항을 참작하여 공소를 제기하지 아니할 수 있는 재량권이 부여되어 있다. 그러나 ㉯ 검사가 '자의적으로 공소권을 행사'하여 ㉰ '피고인에게 실질적인 불이익'을 줌으로써 ㉱ 소추재량권을 현저히 일탈하였다고 보여지는 경우에 이를 ㉲ 공소권의 남용으로 보아 공소제기의 효력을 부인할 수 있는 것이고, 여기서 ㉳ '자의적인 공소권의 행사'라 함은 "단순히 '직무상의 과실'에 의한 것만으로는 부족하고 적어도 미필적이나마 어떤 의도가 있어야 한다."

(ii) 위에서 인정한 사실관계에 비추어 보면, ⓐ '종전 사건(무면허운전혐의)만을 송치받아 수사한 검사'로서는 그 수사기록과 피고인에 대한 심문을 통하여 피고인이 이 사건 절도 범행으로 기소중지된 사정을 알고 있었을 것이므로 서울지방검찰청 의정부지청으로 하여금 이 사건을 재기(再起)하여 이송하도록 하거나, 종전 사건을 위 지청에 이송하여 **관련 사건인 이 사건과 종전 사건이 함께 기소되도록 하여야** 함에도 그러한 조치를 취하지 아니한 채 종전 사건만을 기소한 것으로 보이고, ⓑ 이 사건(후행기소의 자동차절도혐의: 필자)을 수사한 검사로서도 **기소중지자체포업무처리지침**(대검예규)상 기소중지자를 체포한 경찰관서는 수배 경찰관서를 통하여 기소중지한 검찰청에 보고하게 되어 있음에 비추어 기소중지된 피고인이 종전 사건으로 구속되었다는 보고를 받았을 것으로 보이며, 따라서 피고인의 소재가 파악되었을 뿐만 아니라 종전 사건이 구속 사건으로서 그 기소와 재판이 곧 이루어질 것으로 예상되므로 이 사건을 신속히 재기하여 종전 사건을 관할하는 수원 지방검찰청에 이송하는 등의 조치를 취하여야 함에도, 피고인이 종전 사건으로 재판을 받고 그 형을 복역하고 출소하기까지 별다른 이유 없이 이 사건을 재기하지도 아니한 채 내버려 둔 것이 아닌가 하는 의심이 드는 데다가, [ⓒ-1] '이 사건과 종전

---

1) D는 "1999.7.28. 22:00부터 같은 해 12.2. 15:06까지 주차장에서 절취한 화물차량을 무면허로 운전하였다."는 도로교통법위반죄로 기소되어, 2000.1.27. 수원지방법원에서 징역 6월의 형을 선고받고 그 판결이 같은 날 확정되었으므로 후행기소의 범죄사실 가운데 D가 "1999.7.28. 23:00경 절취한 화물차량을 무면허로 운전하였다."는 부분은 확정판결이 있는 때에 해당하므로 면소가 선고되어야 한다.

사건은 **동일한 기회에 저질러진 경합범**이고 종전 사건은 피고인이 이 사건 절도 범행의 기소중지자로 체포되면서 비로소 입건된 범행이며 [ⓓ-1] 종전 사건에 대한 기소 당시 피고인이 이 사건 절도 범행을 모두 자백하고 [ⓒ-2] 그 보강증거도 충분히 확보되어 이를 **분리하여 기소할 필요도 이유도 없었으며**, 종전 사건의 수사과정에서 피고인이 절취한 화물차가 피해자에게 반환되고 그 수사기록 등에서 피고인이 운전한 차량이 이 사건 절도 범행으로 취득한 화물차임이 나타나 종전 사건의 재판에서 그러한 사정이 양형의 요소로 참작되었다고 보여지고, 나아가 [ⓓ-2] 종전 사건의 공소사실 가운데 피고인이 무면허로 운전한 화물차가 이 사건 절도 범행으로 취득한 것임이 적시되어 그 공판과정에서 심리되었다면 피고인으로서는 종전 사건으로 처벌받음으로써 이 사건 절도 범행도 아울러 처벌받은 것으로 믿어 그에 대한 추가기소와 처벌은 없을 것으로 기대함이 상당하다.

사정이 이러하다면 ⓔ 종전 사건의 판결이 확정되고 나아가 피고인이 그 형을 복역하고 출소한 다음에서야 이미 처벌받은 종전 사건의 일부 범죄사실까지 포함하는 이 사건 공소를 제기하여 다시 피고인에 대한 재판과 처벌을 반복하는 것은 **'관련 사건을 함께 재판받을 이익'**을 **박탈함으로써 현저하게 피고인의 권리나 이익을 침해하는 것이어서 공소권을 자의적으로 행사한 것이 아닌가 하는 의심이 든다**. 그렇다면 원심으로서는, 안산경찰서 경찰관들이 이 사건 절도 범행의 기소중지자인 피고인을 체포하고도 그 수배관서에 인계하지 않은 채 종전 사건으로 구속하였을 뿐만 아니라 그 체포과정에서 확보된 화물차를 압수하지 않고 피해자에게 반환한 경위, 이 사건 절도 범행을 기소중지한 검사가 종전 사건을 수사한 안산경찰서나 수원지방검찰청으로부터 피고인이 종전 사건으로 구속되었다는 통지를 받았는지 여부 및 그러한 통지를 받았다면 기소중지한 피고인의 소재가 밝혀졌음에도 이 사건을 재기하지 않고 있다가 종전 사건의 형을 복역하고 출소하는 피고인이 기소중지자로 긴급체포된 다음에야 이 사건을 재기한 이유와 경위 및 종전 사건의 공소사실에 무면허운전에 이용된 화물차가 이 사건 절도 범행으로 취득한 사정이 적시되어 공판과정에서 그에 대하여 심리되었는지 여부 등을 상세히 조사하여, 검사의 이 사건 공소제기가 ⓕ **'형사절차의 적정성의 원칙'에 위반하는 자의적인 공소권의 행사로서 '피고인의 적정하고도 신속한 재판을 받을 권리'를 침해하는 등으로 그 소추재량권을 현저히 일탈하여 공소권을 남용한 것인지 여부**를 따져 보았어야 할 것이다. 그럼에도 불구하고 만연히 이 사건 공소제기가 적법한 것으로 보아 이를 유죄로 인정한 원심판결에는 '기소편의주의와 공소권남용에 관한 법리'를 오해하였거나 이에 관한 심리를 제대로 하지 아니한 위법이 있다.

IV 분석과 해설

본 사안의 쟁점은 첫째, 일정기간 동안 계속·반복의 의사로 수행된 무면허운전은 경합범인가 포괄적 일죄인가 여부[2], 둘째, 공소권남용의 근거·요건·효과로 요약할 수 있다. 그 중에서도 공소권남용의 근거와 요건, 효과가 가장 주목되어야 할 쟁점이다.

(가) '누락사건의 추가기소'가 공소권남용이 되는 경우

2001년 판결은 공소권남용의 요건을 "㉯ 검사가 '자의적으로 공소권을 행사'하여 ㉰ '피고인에게 실질적인 불이익'을 줌으로써 소추재량권을 현저히 일탈하였다고 보여지는 경우"로 설정하고 이 중 ㉯의 요건을 별도로 풀이하여 "단순히 '직무상의 과실'에 의한 것만으로는 부족하고 적어도 미필적이나마 어떤 의도가 있어야 한다"고 부연하고 있다. ㉯의 요건을 주관적 요건이라고 보면 ㉰의 요건은 객관적 요건이다. 대법원이 공소권남용의 요건을 위와 같이 설정하기까지 약간의 동요와 주저함이 있었던 것으로 보인다. 주관적 요건에 관하여 1996년 판결(대법원 1996.2.13. 선고 94도2658 판결)은 "검사가 위 항소심판결 선고 이후에 이 사건 공소를 제기한 것이 '검사의 태만 내지 위법한 부작위'에 의한 것으로 인정되지 아니(한다)"고 판시하여 '검사의 태만 내지 위법한 부작위'를 주관적 요건으로 설정했던 항소심의 견해를 대법원도 따르려는 것이 아닌가 하는 추정을 가능하게 하였으나, 1999년 판결과 2001년 판결은 "**단순히 '직무상의 과실'에 의한 것만으로는 부족하고 적어도 미필적이나마 어떤 의도가 있어야 한다**"고 두 번에 걸쳐 명시하여 대법원은 공소권남용의 주관적 요건을 엄격히 요구하는 입장임이 명백해졌다.

(나) 본 판결의 의의

"그동안 관련 사건을 함께 기소할 수 있었음에도 그 일부만이 추가로 기소

---

2) 2002년에 대법원은 무면허운전죄의 죄수에 관하여 "사회통념상 운전한 날을 기준으로 운전한 날마다 1개의 운전행위가 있다"고 판시하여 실체적 경합범설의 입장을 분명히 하였다; "무면허운전으로 인한 도로교통법위반죄에 있어서는 어느 날에 운전을 시작하여 다음날까지 동일한 기회에 일련의 과정에서 계속 운전을 한 경우 등 특별한 경우를 제외하고는 **사회통념상 운전한 날을 기준으로 운전한 날마다 1개의 운전행위가 있다**고 보는 것이 상당하므로 운전한 날마다 무면허운전으로 인한 도로교통법위반의 1죄가 성립한다고 보아야 할 것이고, 비록 계속적으로 무면허운전을 할 의사를 가지고 여러 날에 걸쳐 무면허운전행위를 반복하였다 하더라도 이를 포괄하여 일죄로 볼 수는 없다. 약식명령이 확정된 도로교통법위반(무면허운전) 사건의 범죄사실은 D가 자동차운전면허 없이 2001.5.5. 11:35경 서울 구로구 가리봉동 소재 가리봉 5거리 앞길에서부터 서울 구로구 신도림동 소재 대림아파트 앞길까지 약 5㎞ 가량을 아반테 승용차를 운전하였다는 것이고 위 범죄사실과 이 사건 공소사실은 D가 운전한 차량에 있어서는 동일하나, 운전한 일자가 다르고, 전후 운전행위 사이에 하루 반 정도의 시간적 간격이 있으며, 전후 운전행위를 사회통념상 동일한 기회에 일련의 과정에서 계속된 하나의 운전행위로 볼 만한 자료도 찾아볼 수 없으므로 앞서 본 법리에 비추어 보면 위 각 무면허운전행위는 수죄로 처벌되어야 할 것으로 보인다."(대법원 2002.7.23. 선고 2001도6281 판결)

된 사건에서 피고인이 '한꺼번에 재판받을 수 있는 기회를 상실하였다'는 등의 사정을 들어 공소권남용이 주장되었고, 하급심판결 가운데에는 이를 인정한 사례도 있었다. 그러나 대법원은 공소권 남용이론을 수용하여 그 의의와 판단기준을 제시하면서도 그 주장을 받아들이지 않다가, 이 판결에서 비로소 공소권남용을 인정하기에 이르렀다."[3)]

3) 민중기, 공소권남용의 의의와 판단기준, 『해설』 39호, 475~492 참조.

제7절 경찰관직무집행법

2.41

정지질문의 법적 성격: 제한적 체포·수색·압수

대법원 2012.9.13. 선고 2010도6203 판결

I 사 안

부평경찰서 역전지구대 소속 경위 P, 경사 P2, 순경 P3가 2009. 2.15. 01:00경 인천 부평구 부평동 소재 예림원 앞길에서 경찰관 정복 차림으로 검문을 하던 중, '01:00경 자전거를 이용한 핸드백 날치기 사건발생 및 자전거에 대한 검문검색 지령'이 01:14경 무전으로 전파되면서, 범인의 인상착의는 "성인 남자, 짧은 머리, 회색바지, 검정잠바 착용'으로 특정되었다. 위 경찰관들은 무전을 청취한 직후인 01:20경 자전거를 타고 검문 장소로 다가오는 D를 발견하였다. P 등은 같은 날 01:00경 부근에서 발생한 날치기사건과 관련한 용의자의 인상착의 등에 관한 무전지령을 받고, 목(目)검문을 실시 중이었는데, D의 인상착의가 용의자와 유사하고, D의 진행방향이 용의자의 도주방향과 일치한다고 판단하여 검문을 실시하였다. D는 사건 당시 시간도 늦었고 자전거를 타고 있었으며 평상시 늘 다니던 길에서 행하여지는 검문을 받기가 싫어서 검문에 불응하고자 하는 확고한 의사를 가지고 있었으며 경찰관들도 D의 이 의사를 알 수 있었다. P2가 D에게 다가가 정지를 요구하였으나, D는 자전거를 멈추지 않은 채 P2를 지나쳤다. 이에 P3가 경찰봉으로 D의 앞을 가로막고 자전거를 세워 줄 것을 요구하면서 소속과 성명을 고지하고 "인근 경찰서에서 자전거를 이용한 날치기가 있었는데 인상착의가 비슷하니 검문에 협조해 달라"는 취지로 말하였다. D는 '평상시 그곳에서 한 번도 검문을 받은 바 없다'고 하면서 검문에 불응하고 그대로 전진하였다. 이에 P3는 D를 따라가서 D가 가지 못하게 앞을 막고 검문에 응할 것을 요구하였다. 이와 같은 제지행위로 더 이상 자전거를 진행할 수 없게 된 D는 경찰관들이 자신을 범인으로 취급하여 검문하는 것에 화가 나, P3의 멱살을 잡아 밀치고 P, P2에게 욕설을 하는 등의 폭행을 가하였다. 그 결과 단속경찰관 중 한 사람에게 약 3주간의 치료를 요하는 상해의 결과가 발생하였다. 이에 위 경찰관들은 D를 공무집행방해죄와 모욕죄의 현행범인으로 체포하였다. 그 후 D는 공무집행방해, 상해, 모욕죄 혐의로 기소되었다.

P는 법정에서 "나는 평소 불심검문에 불응하는 사람들을 쫓아가면서 끈질기게 설득하는 편"이라고 진술하였고, 특히 이 사건 당시에는 "자전거에 대한 검문검색 지령이 있었기 때문에 D가 불응하더라도 불심검문을 해야 할 필요성을 느끼고 있었으며, D는 웬만큼 허술하게 제지했으면 그냥 자전거를 몰고 갈 태세였다"고 진술하였다. 제1심은 유죄를 선고하였다. D가 항소하였다. 항소심은 "정지의 목적인 질문에 대답하는 것이 상대방의 임의에 맡겨져 있는 이상, 경찰관이 질문을 거부할 의사를 밝힌 상대방에 대하여 수갑을 채우거나, 신체를 잡거나, 자동차·오토바이·자전거 등이 진행할 수 없도록 강제력을 사용하여 막거나, 소지품을 돌려주지 않는 등의 방법으로 상대방이 그 장소를 떠나지 못하도록 하는 것은 사실상 답변을 강요하는 것이 되므로 허용되지 않는다."고 전제하고, "D가 불심검문에 응하지 않으려는 의사를 분명히 하였음에도, P가 그 앞을 가로막는 등의 행위를 하여 D가 가지 못하게 하면서 계속 검문에 응할 것을 요구한 행위는 언어적 설득을 넘어선 유형력의 행사로 답변을 강요하는 것이 되어, 경찰관직무집행법상 불심검문의 방법적 한계를 일탈한 것"이므로 "P의 불심검문을 적법한 경찰관의 직무집행으로 볼 수 없고", 따라서 "D가 이를 거부하는 과정에서 폭행을 가하였다고 하여도 공무집행방해죄, 상해죄, 모욕죄는 성립하지 않는다."며 모든 공소사실에 대하여 무죄를 선고하였다. 검사가 상고하였다.

II 쟁 점

순찰경찰관은 정지질문할 때 소폭의 유형력을 행사할 수 있는가?

III 재판요지 (파기환송)

1. 경찰관직무집행법(이하 '법'이라고만 한다) 제1조는 제1항에서 "이 법은 국민의 자유와 권리의 보호 및 사회공공의 질서유지를 위한 경찰관(국가경찰공무원에 한한다. 이하 같다)의 직무수행에 필요한 사항을 규정함을 목적으로 한다."고 규정하고, 제2항에서 "이 법에 규정된 경찰관의 직권은 그 직무수행에 필요한 최소한도 내에서 행사되어야 하며 이를 남용하여서는 아니 된다."고 규정하고 있다. 한편 법 제3조는 제1항에서 "경찰관은 수상한 거동 기타 주위의 사정을 합리적으로 판단하여 어떠한 죄를 범하였거나 범하려 하고 있다고 의심할 만한 상당한 이유가 있는 자 또는 이미 행하여진 범죄나 행해지려고 하는 범죄행위에 관하여 그 사실을 안다고 인정되는 자를 정지시켜 질문할 수 있다."고 규정하고, 제2항에서 "그 장소에서 제1항의 질문을 하는 것이 당해인에게 불리하거나 교통의 방해가 된다고 인정되는 때에는 질문하기 위하여 부근의 경찰서·지구대·파출소 또는 출장소(이하 '경찰관서'라 하되, 지방해양경찰관서를 포함한다)에 동행할 것을 요구할 수 있다. 이 경우 당해인은 경찰관의 동행요구를 거절할수 있다."고 규정하고 있으며, 제3항에서 "경찰관은 제1항에 규정된 자에 대하여 질문을 할 때에 흉기의 소지 여부를 조사할 수 있다."고 규정하고, 제7항에서 "제1항 내지 제3항의 경우에 당해

인은 형사소송에 관한 법률에 의하지 아니하고는 신체를 구속당하지 아니하며, 그 의사에 반하여 답변을 강요당하지 아니한다."고 규정하고 있다.

위와 같은 법의 목적, 규정 내용 및 체계 등을 종합하면, 경찰관은 법 제3조 제1항에 규정된 대상자에게 질문을 하기 위하여 범행의 경중, 범행과의 관련성, 상황의 긴박성, 혐의의 정도, 질문의 필요성 등에 비추어 그 목적 달성에 필요한 최소한의 범위 내에서 사회통념상 용인될 수 있는 상당한 방법으로 그 대상자를 정지시킬 수 있고 질문에 수반하여 흉기의 소지 여부도 조사할 수 있다.

2. 원심이 인정한 사실관계를 앞서 본 법리에 비추어 살펴보면, 이 사건 범행장소 인근에서 자전거를 이용한 날치기 사건이 발생한 직후 검문을 실시 중이던 경찰관들이 위 날치기 사건의 범인과 흡사한 인상착의의 D를 발견하고 앞을 가로막으며 진행을 제지한 행위는 그 범행의 경중, 범행과의 관련성, 상황의 긴박성, 혐의의 정도, 질문의 필요성 등에 비추어 그 목적 달성에 필요한 최소한의 범위 내에서 사회통념상 용인될 수 있는 상당한 방법으로 법 제3조 제1항에 규정된 자에 대하여 의심되는 사항에 관한 질문을 하기 위하여 정지시킨 것으로 보아야 한다. 그럼에도 원심은 그 판시와 같은 이유만으로 이 사건 공소사실 중 공무집행방해 부분에 관하여 경찰관들의 불심검문이 위법하다고 보아 무죄를 선고하고 말았으니, 이러한 원심의 판단에는 불심검문의 내용과 한계에 관한 법리를 오해하여 판결 결과에 영향을 미친 위법이 있다 할 것이다. 한편 원심이 정당방위에 해당하여 무죄라고 판단한 상해 및 모욕 부분은 위 공무집행이 적법하다는 전제에서는 더 이상 유지될 수 없으므로, 더 나아가 살펴볼 필요 없이 원심판결은 전부 파기될 수밖에 없다.

IV 분석과 해설

(가) 목적 달성에 필요한 최소한의 범위 내에서 사회통념상 용인될 수 있는 상당한 방법

경찰관직무집행법(이하 '경직법'으로 약칭한다)은 순찰경찰관에게 정지질문, 임의동행의 요구, 보호조치(제4조), 위험발생의 방지조치(제5조), 위험방지를 위한 출입조치(제6조), 사실확인조치(제8조), 경찰장비의 사용(제10조), 경찰장구의 사용(제10조의2)권한을 부여하고 있다. 그런데 이들 권한의 행사는 순찰경찰관의 자유재량에 맡겨 있는 것이 아니고 그 직권발동의 요건과 방법이 법정되어 있다. 그러나 그 요건과 방법에 관한 성식법소항은 불확정조항으로 규정되어 있다. 2012년의 본 판결은 경직법의 해석적용에 관한 일반적 지도원리를 "ⓐ 목적 달성에 필요한 최소한의 범위 내에서 ⓑ 사회통념상 용인될 수 있는 상당한 방법"으로 제시하여 향후에 그 각론적 법리의 발전이 기대되는 중요한 판결이다. 이하에서 위 기준에 비추어 정지질문, 임의동행의 요구, 흉기조사, 자동차검문(이상 제3조), 보호조치(제4조), 위험

발생의 방지조치(제5조), 위험방지를 위한 출입조치(제6조), 사실확인조치(제8조), 경찰장비의 사용(제10조), 경찰장구의 사용(제10조의2) 등 모든 영역에서 무엇이 '적법한 직권발동'이고 무엇이 '위법한 직권발동'인지를 다소간 구체화시켜 보겠다.

(나) 정지질문과 '정식 체포·수색·압수에 이르지 아니하는 유형력' 행사

제1심은 순찰경찰관의 '정식 체포·수색·압수에 이르지 아니하는 유형력' 행사를 정지질문권의 한 내용으로 파악하고, 사안에서 순찰경찰관들의 일련의 조치들을 적법하다고 판단하였다. 그러나 항소심은 순찰경찰관의 정지질문을 순수한 임의수사로 파악하여 순찰경찰관에게는 적어도 유형력행사권한이 없다고 보았다. 사안의 순찰경찰관들의 조치들은 항소심이 파악한 것처럼 임의수사의 범위를 넘은 것이지만 '정식의 체포·수색·압수'로까지 나아간 것은 아니다. 2012년 대법원 판결은 "목적 달성에 필요한 최소한의 범위 내에서 사회통념상 용인될 수 있는 상당한 방법"이라면 "정식 체포·수색·압수에 이르지 아니하는 유형력 행사"를 용인하는 취지[1]로 보인다.

(다) 흉기조사

1) 정지질문에 임하는 순찰경찰관이 흉기조사에 나서려면 상대방에게'무기소지의 상당한 의심(혐의)'의 존재가 필요한가? 긍정하여야 할 것이다.[2]
2) 흉기조사의 정당화 근거는 "경찰관과 공중의 생명·신체의 안전보장"에 있다.

(라) 흉기 이외의 소지품 조사는 원칙적으로 위법하다.[3] 그러나 '플레인 터치 이론'의 적용으로 적법성이 긍정될 여지가 있다.[4]

(마) '프라이버시에 대한 합리적인 주관적·객관적 기대': 경찰활동(policing)의 정당화근거와 한계

1) '시민의 프라이버시'를 침해하지 아니하는 한도에서의 범죄예방을 위한

---

1) "(사안에서) 순경 P의 행위는 사회적으로 용인될 수 있는 정도이다. 경찰관이 D에게 행사한 유형력은 쫓아가면서 질문에 응해 줄 것을 요구하면서, 거의 정지상태에 이르거나 느리게 진행하는 자전거를 가로막는 정도에 불과하였던 것으로 보인다. 더욱이 인근 파출소에서 지령이 내려졌기 때문에 그것에 관하여 불심검문을 한다는 목적도 분명히 이야기하였다. 따라서 경찰관의 직무집행은 정당하다." [우인성, 불심검문의 적법 요건 및 그 내용과 한계, 대법원판례해설 제94호(2012년 하)]

2) 이재상, 206; *Minnesota v. Dickerson*(1993).

3) **경직법 제3조** 제3항의 반대해석; *Sibron v. New York*(1968, 피의자의 신체와 그 직접적인 지배하에 있는 범위에 대한 무기탐지실패 후 그 주변을 계속 탐지하는 행위를 위법수사로 판단).

4) *Minnesota v. Dickerson*(1993, 피의자의 신체와 그 직접적인 지배 하에 있는 범위에서 무기를 탐지하다가 우연히 마약을 발견하였을 때 그 마약은 위법수집증거가 아니다).

각종의 경찰활동(순찰 patrolling, 감시 surveillance, monitoring)은 필요악이다.

2) '시민의 프라이버시'를 침해하는지 여부의 판정은 '프라이버시에 대한 합리적인 주관적·객관적 기대'(reasonable expectation of privacy)를 인정할 수 있는가에 달려 있다.

3) 공도(公道)상, 백화점 등에서는 '프라이버시에 대한 합리적인 주관적·객관적 기대'를 인정하기 어렵다.

4) 일반적으로 checkpoint(공항, 항만등)는 다른 곳보다 '프라이버시에 대한 합리적인 주관적·객관적 기대'가 낮은 곳으로 판단되기 쉽다.

5) 그러나 checkpoint라 하더라도 전신투시기로 탐지하는 것은 '전인격을 탐지'하는 것이므로 불법성이 낮다고 보기 어렵다.

6) 마약탐지견을 사용하는 것은 경찰관의 오관(五官) 중 오직 마약에 대한 냄새만을 맡아 경찰관의 후각을 보조하는 보조수단일 뿐이므로 불법성이 낮아 보인다.

(바) 따름판례(대법원 2014.2.27. 선고 2011도13999 판결)

[**사안**] 1. 사복을 입은 경찰관 P는 강도강간미수 사건에 대한 정보를 입수한 상태에서 지정구역을 순찰 중 의심이 드는 D를 보고 경찰공무원증을 제시하고 정지시켜 정지질문을 하려고 하였다. D는 경찰관이 질문하려고 하자 막 바로 도망하기 시작하였다. P와 그 동료들은 D를 차량으로 추적하여 앞을 가로막으면서 검문을 하려고 하였다. 정지질문을 강행하려는 P와 이에 응하지 않으려는 D 사이에 충돌이 발생하여 P에게 상해가 발생하였다. D는 공무집행방해와 상해 혐의로 기소되었다. 항소심은, '이 사건 전에 발생한 강도강간미수 사건 피의자의 인상착의와 D의 인상착의가 다소 일치하지 않는다'거나 혹은 '비슷하다고 단정할 수 없다'는 이유를 들어 'D가 불심검문 대상자가 될 수 없다' 고 판단한 다음, "설령 불심검문 대상자가 된다고 하더라도 D가 경찰관 P의 경찰공무원증 제시에도 불구하고 도망감으로써 불심검문에 응하지 않으려는 태도를 분명히 하였음에도 경찰관들이 D를 차량으로 추적하여 앞을 가로막으면서까지 검문을 요구한 행위는 언어적 설득을 넘어선 유형력의 행사로서 답변을 강요하는 것이어서 불심검문의 방법적 한계를 일탈한 위법한 행위이고, 따라서 적법한 공무집행을 전제로 하는 공무집행방해죄는 성립할 수 없으며, 이러한 위법한 불심검문에 대항하는 과정에서 이루어진 상해행위도 정당방위로서 위법성이 조각된다."고 판단하여 D에게 무죄를 선고하였다. 검사가 상고하였다.

2. [**추가로 확인되는 사실**] 이 사건 당시 P가 D를 불심검문하려던 장소는 이 사건 발생 하루 및 이틀 전에 각 발생한 강도강간미수 사건이 발생한 지역이었고, 시간

대도 위 강도강간미수 사건이 발생하였던 시각과 비슷한 무렵이었다. 위 강도강간미수 사건의 용의자에 관하여 '20~30대 남자, 신장 170cm 가량, 뚱뚱한 체격, 긴 머리, 둥근 얼굴, 상의 흰색 티셔츠, 하의 검정색 바지, 검정색 신발 착용' 및 '키 175cm 가량, 마른 체형, 안경 착용'이라는 등으로 그 인상착의가 대략적으로 신고되어 P는 위 강도강간미수 사건의 피의자와 관련된 사전 정보를 지득하고 있었는데, D의 인상착의는 P가 지득하고 있던 사전 정보와 **상당 부분 일치**하였다. D는 경찰관이 질문하려고 하자 막바로 도망하기 시작하였다. D는 자신을 추격하는 경찰관들을 피하여 도망하다가 넘어졌는데, 당시는 새벽 02:20경으로 상당히 어두웠던 심야였고 경찰관들은 정복이 아닌 사복을 입고 있었다. 자신을 추격하는 차량(일반 승용차였던 것으로 보인다)을 피하려다 넘어진 D는 주변에 고성으로 '경찰을 불러 달라'고 요청하여 지나가던 택시기사도 이 소리를 듣고 정차한 바 있고, D는 항소심 법정에 이르기까지 일관하여 이 사건 경찰관들을 "소위 '퍽치기'를 하려는 자들로 오인하였던 것"이라고 진술하고 있다. [판지(파기환송)] 원심의 위와 같은 판단은 다음과 같은 이유에서 이를 그대로 수긍하기 어렵다.

1. 우선 D가 이 사건 불심검문 대상자가 될 수 있는지에 관하여 본다. 경찰관들이 D를 불심검문 대상자로 삼은 조치는 D에 대한 불심검문 당시의 구체적 상황과 경찰관들의 사전 지식 및 경험칙에 기초하여 객관적·합리적 판단과정을 거쳐 이루어진 것으로서, 가사 **D의 인상착의가 미리 입수된 용의자에 대한 인상착의와 일부 일치하지 않는 부분이 있다고 하더라도** 그것만으로 경찰관들이 D를 불심검문 대상자로 삼은 조치가 위법하다고 볼 수는 없다.

2. 다음으로 경찰관들의 D에 대한 이 사건 불심검문이 위법한 것인지에 관하여 본다. 경찰관들이 D를 정지시켜 질문을 하기 위하여 추적하는 행위도 그것이 범행의 경중, 범행과의 관련성, 상황의 긴박성, 혐의의 정도, 질문의 필요성 등에 비추어 그 목적 달성에 필요한 최소한의 범위 내에서 사회통념상 용인될 수 있는 상당한 방법으로 이루어진 것이라면 허용된다. 이 사건 불심검문은 강도강간미수 사건의 용의자를 탐문하기 위한 것으로서 D의 인상착의가 위 용의자의 인상착의와 **상당 부분 일치**하고 있었을 뿐만 아니라, D는 경찰관이 질문하려고 하자 막 바로 도망하기 시작하였으므로, 이러한 경우 원심으로서는 경찰관들이 D를 추적할 당시의 구체적인 상황, 즉 경찰관들이 D에게 무엇이라고 말하면서 쫓아갔는지, 그 차량에 경찰관이 탑승하고 있음을 알 수 있는 표식이 있었는지, D로부터 어느 정도 거리에서 어떤 방향으로 가로막으면서 차량을 세운 것인지, 차량의 운행속도 및 차량 제동의 방법, D가 그 차량을 피해 진행해 나갈 수 있는 가능성, D가 넘어지게 된 경위 및 넘어진 D에 대하여 경찰관들이 취한 행동을 면밀히 심리하여 경찰관들의 이 사건 추적행위가 사회통념상 용인될

수 있는 상당한 방법으로 이루어진 것인지 여부를 판단하였어야 할 것이다. 그럼에도 원심은 이에 이르지 아니한 채 단지 그 판시와 같은 이유만으로 경찰관들의 불심검문이 위법하다고 단정하여 공무집행방해죄 및 상해죄의 공소사실에 대하여 모두 무죄를 선고하고 말았으니, 이와 같은 원심의 판단에는 불심검문에 관한 법리를 오해하여 필요한 심리를 다하지 아니한 잘못이 있다. 이를 지적하는 상고이유 주장은 이유 있다.

3. D가 원심 법정에 이르기까지 일관하여 이 사건 경찰관들을 소위 '퍽치기'를 하려는 자들로 오인하였던 것이라고 진술하고 있는 사정 등을 종합하면, D는 당시 경찰관들을 치한이나 강도로 오인함으로써 이 사건 공무집행 자체 내지 그 적법성이나 자신의 경찰관들에 대한 유형력 행사의 위법성 등에 관하여 착오를 일으켰을 가능성을 배제하기 어려우므로, 원심으로서는 당시 D가 자신이 처한 상황을 어떻게 인식하였는지, D에게 착오가 인정된다면 **그러한 착오에 정당한 사유가 존재하는지 여부** 등에 관하여 면밀히 심리한 다음 범죄성립이 조각될 수 있는지 여부를 신중히 판단하여야 한다는 점을 덧붙여 지적하여 둔다.

2.42

보호조치(경찰행정상 즉시강제) 상태에서의 음주측정요구의 적법성

대법원 2012.2.9. 선고 2011도4328 판결; 대법원 2012.12.13. 선고 2012도11162 판결

I 사 안

[2월사안] D는 2009.11.3. 00:30경 고양시 일산서구 탄현동 439에 있는 맥도널드 앞 도로의 편도 2차로 중 1차로에서 자신의 차량에 시동을 켠 채로 그대로 정차하여 운전석에 잠들어 있다가 신고를 받고 출동하여 자신을 깨우는 경찰관 P에게 발각되었다. P는 'D에게 술냄새가 나고, 혈색이 붉으며, 말을 할 때 혀가 심하게 꼬이고 비틀거리며 걷는 모습'을 보고 D를 경찰관직무집행법 제4조 제1항[1]에 따른 보호조치 대상자로 인정하여 순찰차 뒷자리에 태운 뒤 일산경찰서 탄현지구대로 데려갔다. D가 지구대에 도착한 직후인 2009.11.3. 00:47부터 같은 날 01:09까지 P는 D에게 3회에 걸쳐 음주측정을 요구하였으나 D는 이에 불응하였다. D는 도교법위반(음주측정 불응죄) 혐의로 기소되었다. 항소심은 "D에 대한 보호조치가 경찰관이 D에게 음주측정을 요구할 시점에는 이미 종결된 것으로 보아야 한다"는 전제 아래, "그와 같이 보호조치가 종결된 D에 대하여 지구대에서 자유롭게 퇴거할 수 있음을 고지하거나 D에 대한 체포영장을 발부받는 방법 등으로 적법한 강제처분을 거치지 아니하고 이루어진 음주측정 요구는 위법한 체포 상태에서 이루어진 것으로 보아야 하므로 D에게 음주측정불응죄가 성립하지 아니한다"고 판단하여 무죄를 선고하였다. 검사가 상고하였다.

---

1) **제4조**(보호조치등) ① 경찰관은 수상한 거동 기타 주위의 사정을 합리적으로 판단하여 다음 각호의 1에 해당함이 명백하며 응급의 구호를 요한다고 믿을 만한 상당한 이유가 있는 자를 발견한 때에는 보건의료기관 또는 공공구호기관에 긴급구호를 요청하거나 경찰관서에 보호하는 등 적당한 조치를 할 수 있다. 〈개정 1988.12.31.〉 1. 정신착란 또는 술취한 상태로 인하여 자기 또는 타인의 생명·신체와 재산에 위해를 미칠 우려가 있는 자와 자살을 기도하는 자 2. 미아·병자·부상자등으로서 적당한 보호자가 없으며 응급의 구호를 요한다고 인정되는 자. 다만, 당해인이 이를 거절하는 경우에는 예외로 한다. ② 제1항의 긴급구호요청을 받은 보건의료기관이나 공공구호기관은 정당한 이유없이 긴급구호를 거절할 수 없다. ③ 제1항의 경우에 피구호자가 휴대하고 있는 무기·흉기등 위험을 야기할 수 있는 것으로 인정되는 물건은 경찰관서에 임시영치할 수 있다. ④ 경찰관이 제1항의 조치를 한 때에는 지체없이 이를 피구호자의 가족·친지 기타의 연고자에게 그 사실을 통지하여야 하며, 연고자가 발견되지 아니할 때에는 피보호자를 적당한 공중보건의료기관이나 공공구호기관에 즉시 인계하여야 한다. ⑤ 경찰관은 제4항의 규정에 의하여 피구호자를 공중보건의료기관 또는 공공구호기관에 인계한 때에는 즉시 그 사실을 소속 경찰서장 또는 지방해양경찰관서의 장에게 보고하여야 한다. 〈신설 1988.12.31., 1996.8.8.〉 ⑥ 제5항의 보고를 받은 소속 경찰서장 또는 지방해양경찰관서의 장은 대통령령이 정하는 바에 의하여 피구호자를 인계한 사실을 지체없이 당해 공중보건의료기관·공공구호기관의 장 및 그 감독행정청에 통보하여야 한다. 〈신설 1988.12.31., 1996.8.8.〉 ⑦ 제1항의 규정에 의한 경찰관서에서의 보호는 24시간을, 제3항의 임시영치는 10일을 초과할 수 없다. 〈개정 1988.12.31〉

[12월사안] D2는 도로교통법 위반(음주측정거부), 공무집행방해 혐의로 기소되었다. 사실관계는 다음과 같다:

① D2는 화물차를 운전하여 가다가 음주단속을 당하게 되자 경찰관 P3가 들고 있던 경찰용 불봉을 충격하고 그대로 도주하여 그 단속 현장에서 약 3㎞ 떨어진 지점을 진행하던 중 다른 차량에 막혀 더 이상 진행하지 못하게 되자 차량을 세운 후 운전석에서 내려 도주하려 하였는데, 그와 같이 운전하는 동안 교통사고를 내지는 않았고 스스로 정차하여 차량에서 내렸다.

② 경찰관 P2는 음주단속 현장에서부터 D2를 추적하여 검거하였고, D2는 그와 같이 검거된 후에도 계속 도주하려 하였으며, D2의 처(원래부터 차량에 동승하고 있었고, 검거 당시에 운전석 옆 좌석에서 내렸다가 D2의 옆으로 이동하여 왔다)가 D2를 잡고 있는 경찰관 P2를 잡아서 D2의 도주를 도와주자 D2가 실제로 차도 방향으로 도주하려다가 넘어져서 경찰관 P에게 제압당하였다.

③ 경찰관 P2는 음주측정기를 가지고 있지 아니하여 현장에서 D2에게 음주측정을 요구할 수 없었다. P2는 D2에 대하여 보호조치를 하려고, D2의 처에게 'D2를 봉담지구대로 데려간다'고 말한 다음 D2의 처의 의사에 반하여 D2를 봉담지구대로 데려갔다.

④ 경찰관 P2 등은 D2를 봉담지구대에 데려간 후 경찰서의 주취자안정실에 상응하는 장소에 D2를 입실시키는 등의 보호조치를 취하지 않았으며, 주취자안정실 운영규칙 제6조에 따른 보호조치보고서를 작성하여 보고하지 않았다.

⑤ 경찰관 P2는 음주측정을 할 의도로 경찰관 P3 등에게 'D2를 가까운 봉담지구대로 데려가라'고 말하였으며, 경찰관 P3는 경찰용 불봉이 부서진 것을 확인시켜 주기 위하여 D2를 순찰차에 태워서 음주단속 현장에 들렀다가 봉담지구대로 데려갔고, 봉담지구대에 도착하여서도 계속 음주측정을 요구하였다.

⑥ D2는 자해행위를 하였는데 'D2의 자해'는 D2가 음주단속 현장에서 도주하였다가 검거되자 이를 회피할 목적으로 시도한 것이다. 사건 바로 다음날 작성된 수사보고에는 'D2의 검거 및 자해를 방지하기 위해 D2를 제압하고 봉담지구대로 동행하였다'고 기재되어 있다.

⑦ 경찰관 P2 등은 경찰관직무집행법 제4조 제4항에 따른 가족 등에 대한 통지절차를 취하였으며 보호시간은 24시간을 초과하지 않았다.

항소심은 위와 같은 사실에 비추어 "당시 D2는 술에 취하여 자기 또는 타인의 생명·신체와 재산에 위해를 미칠 우려가 있는 자에 해당함이 명백하고 또한 응급의 구호를 요한다고 믿을 만한 상당한 이유가 있는 자에 해당하여 이러한 D2를 봉담지구대로 데려간 경찰관들의 행위는 경찰관직무집행법 제4조에 따른 보호조치로서 적법하고, 같은 조 제4항에 따른 가족 등에 대한 통지절차도 거쳤으며 보호시간이 24시간을 초과하지도 않았으므로, 경찰관 P3가 봉담지구대로 적법하게 보호조치된 D2에게 입에서 술 냄새가 나는 등 술에 취한 상태에서 운전하였다고 인정할 만한 상당한 이유가 있어 음주측정을 요구한 것은 적법하고, 그러한 음주측정요구에 불응하고 경찰관 P3에게 폭행을 가하여 경찰관의 직무집행을 방해한 행위는 도로교통법 위반(음주측정불응)죄, 공무집행방해죄를 구성한다"며 공소사실을 모두 유죄로 인정하였다. D2가 상고하였다.

II 쟁 점

경찰관직무집행법상의 보호조치와 그 상태에서의 음주측정요구가 적법한 경우와 부당한 경우를 어떻게 구별할 것인가?

III 재판요지

[2월판결](파기환송) 경찰관은 수상한 거동 기타 주위의 사정을 합리적으로 판단하여 술 취한 상태로 인하여 자기 또는 타인의 생명·신체와 재산에 위해를 미칠 우려가 있는 자 등에 해당함이 명백하며 응급의 구호를 요한다고 믿을 만한 상당한 이유가 있는 자를 발견한 때에는 보건의료기관 또는 공공구호기관에 긴급구호를 요청하거나 24시간을 초과하지 않는 범위 내에서 경찰관서에 보호하는 등 적당한 조치를 할 수 있다(경찰관직무집행법 제4조).

한편 경찰공무원은 교통의 안전과 위험방지를 위하여 필요하다고 인정하거나 운전자가 술에 취한 상태에서 자동차 등을 운전하였다고 인정할 만한 상당한 이유가 있고 운전자의 음주운전 여부를 확인하기 위하여 필요한 경우에는, 사후의 음주측정에 의하여 음주운전 여부를 확인할 수 없음이 명백하지 않는 한, 당해 운전자에 대하여 구 도로교통법(2011.6.8. 법률 제10790호로 개정되기 전의 것, 이하 같다) 제44조 제2항에 의하여 음주측정을 요구할 수 있고, 당해 운전자가 이에 불응한 경우에는 같은 법 제148조의2 제2호 소정의 음주측정불응죄가 성립한다(대법원 1997.6.13. 선고 96도3069 판결, 대법원 2007.9.7. 선고 2007도5928 판결 등 참조). 이와 같은 법리는 당해 운전자가 경찰관직무집행법 제4조에 따라 보호조치된 사람이라고 하여 달리 볼 것이 아니므로, 경찰공무원이 보호조치된 운전자에 대하여 음주측정을 요구하였다는 이유만으로 그 음주측정 요구가 당연히 위법하다거나 그 보호조치가 당연히 종료된 것으로 볼 수는 없다.

위 음주측정 요구 당시 D에 대한 보호조치가 종료된 상태였다거나 사후의 음주측정에 의하여 음주운전 여부를 확인할 수 없음이 명백하다고 볼 만한 자료는 없다.

경찰관이 탄현지구대로 보호조치된 D에게 음주측정을 요구한 것은 구 도로교통법 제44조 제2항에 따른 것이므로, 그러한 음주측정 요구에 불응한 D의 행위는, D에 대한 보호조치가 경찰관직무집행법을 위반한 것으로서 위법함에도 불구하고 그러한 위법한 보호조치 상태를 이용하여 음주측정 요구가 이루어졌다는 등의 특별한 사정이 없는 한, 음주측정불응죄에 해당한다.

원심의 판단에는 경찰관직무집행법상의 보호조치와 음주측정불응죄에 관한 법리를 오해하고 보호조치의 종료 여부에 관하여 필요한 심리를 다하지 아니하여 **판결 결과에 영향을 미친 위법**이 있다.

[12월판결](파기 환송) [보호조치의 법적 의미] ⓐ 경찰관직무집행법 제4조 제1항 제1호(이하 '이 사건 조항'이라 한다)에서 규정하는 술에 취한 상태로 인하여 자기 또는 타인의 생명·신체와 재산에 위해를 미칠 우려가 있는 피구호자에 대한 보호조치는 경찰행정상 즉시강제에 해당하므로, 그 조치가 불가피한 최소한도 내에서만 행사되도록 그 발동·행사 요건을 신중하고 엄격하게 해석하여야 한다(대법원 2008. 11. 13. 선고 2007도9794 판결[2] 등 참조). ⓑ 따라서 이 사건 조항의 술에 취한 상태라 함은 **피구호자가 술에 만취하여 정상적인 판단능력이나 의사능력을 상실할 정도에 이른 것**을 말하고, 이 사건 조항에 따른 ⓒ 보호조치를 필요로 하는 피구호자에 해당하는지는 구체적인 상황을 고려하여 경찰관 평균인을 기준으로 판단하되, ⓓ 그 판단은 보호조치의 취지와 목적에 비추어 현저하게 불합리하여서는 아니되며, ⓔ 피구호자의 가족 등에게 피구호자를 인계할 수 있다면 특별한 사정이 없는 한 경찰관서에서 피구호자를 보호하는 것은 허용되지 않는다. 한편 이 사건 조항의 ⓕ 보호조치 요건이 갖추어지지 않았음에도, 경찰관이 실제로는 범죄수사를 목적으로 피의자에 해당하는 사람을 이 사건 조항의 피구호자로 삼아 그의 의사에 반하여 경찰관서에 데려간 행위는, 달리 현행범체포나 임의동행 등의 적법 요건을 갖추었다고 볼 사정이 없다면, 위법한 체포에 해당한다. ⓖ 교통안전과 위험방지를 위한 필요가 없음에도 주취운전을 하였다고 인정할 만한 상당한 이유가 있다는 이유만으로 이루어지는 음주측정은 이미 행하여진 주취운전이라는 범죄행위에 대한 증거 수집을 위한 수사절차로서의 의미를 가지는 것인데, ⓗ **도로교통법상의 규정들이 음주측정을 위한 강제**

---

2) "경찰관직무집행법 제6조 제1항은 '경찰관은 범죄행위가 목전에 행하여지려고 하고 있다고 인정될 때에는 이를 예방하기 위하여 관계인에게 필요한 경고를 발하고, 그 행위로 인하여 인명·신체에 위해를 미치거나 재산에 중대한 손해를 끼칠 우려가 있어 긴급을 요하는 경우에는 그 행위를 제지할 수 있다.' 고 규정하고 있는데, 위 조항 중 경찰관의 제지에 관한 부분은 범죄의 예방을 위한 경찰행정상 즉시강제 즉, 눈앞의 급박한 경찰상 장해를 제거하여야 할 필요가 있고 의무를 명할 시간적 여유가 없거나 의무를 명하는 방법으로는 그 목적을 달성하기 어려운 상황에서 의무불이행을 전제로 하지 아니하고 경찰이 직접 실력을 행사하여 경찰상 필요한 상태를 실현하는 **권력적 사실행위**에 관한 근거조항이다. **행정상 즉시강제**는 그 본질상 행정 목적 달성을 위하여 불가피한 한도 내에서 예외적으로 허용되는 것이므로, 위 조항에 의한 경찰관의 제지 조치 역시 그러한 조치가 불가피한 최소한도 내에서만 행사되도록 그 발동·행사 요건을 신중하고 엄격하게 해석하여야 하고, 그러한 해석·적용의 범위 내에서만 우리 헌법상 신체의 자유 등 기본권 보장 조항과 그 정신 및 해석 원칙에 합치될 수 있다. 따라서 경찰관은 형사처벌의 대상이 되는 행위가 눈앞에서 막 이루어지려고 하는 것이 객관적으로 인정될 수 있는 상황이고, 그 행위를 당장 제지하지 않으면 곧 인명·신체에 위해를 미치거나 재산에 중대한 손해를 끼칠 우려가 있는 상황이어서, 직접 제지하는 방법 외에는 위와 같은 결과를 막을 수 없는 절박한 사태일 때에만 경찰관직무집행법 제6조 제1항에 의하여 적법하게 그 행위를 제지할 수 있고, 그 범위 내에서만 경찰관의 제지 조치가 적법한 직무집행으로 평가될 수 있다."

처분의 근거가 될 수 없으므로 위와 같은 음주측정을 위하여 당해 운전자를 강제로 연행하기 위해서는 수사상의 강제처분에 관한 형사소송법상의 절차에 따라야 하고, 이러한 절차를 무시한 채 이루어진 강제연행은 위법한 체포에 해당한다. 이와 같은 ⓘ 위법한 체포 상태에서 음주측정요구가 이루어진 경우, 음주측정요구를 위한 위법한 체포와 그에 이은 음주측정요구는 주취운전이라는 범죄행위에 대한 증거 수집을 위하여 연속하여 이루어진 것으로서 개별적으로 그 적법 여부를 평가하는 것은 적절하지 않으므로 그 일련의 과정을 전체적으로 보아 위법한 음주측정요구가 있었던 것으로 볼 수밖에 없고, ⓙ 운전자가 주취운전을 하였다고 인정할 만한 상당한 이유가 있다 하더라도 그 운전자에게 경찰공무원의 이와 같은 위법한 음주측정요구에 대해서까지 그에 응할 의무가 있다고 보아 이를 강제하는 것은 부당하므로 그에 불응하였다고 하여 음주측정거부에 관한 도로교통법 위반죄로 처벌할 수 없다(대법원 2006.11.9. 선고 2004도8404 판결[3] 등 참조).

또한 ⓚ 형법 제136조가 규정하는 공무집행방해죄는 공무원의 직무집행이 적법한 경우에 한하여 성립하는 것이고, 여기서 적법한 공무집행이라고 함은 그 행위가 공무원의 추상적 권한에 속할 뿐만 아니라 구체적 직무집행에 관한 법률상 요건과 방식을 갖춘 것을 말하는 것이므로, 이러한 적법성이 결여된 직무행위를 하는 공무원에게 대항하여 폭행이나 협박을 가하였다고 하더라도 이를 공무집행방해죄로 다스릴 수는 없다(대법원 2005.10.28. 선고 2004도4731 판결, 대법원 2009.2.12. 선고 2008도9926 판결 등 참조).

[대법원의 사안분석] ㉠ 당시 D2가 술에 취한 상태이기는 하였으나 차량을 운전할 정도의 의사능력과 음주단속에 따른 처벌을 회피하기 위하여 도주하려 할 정도의 판단능력은 가지고 있었다. 따라서 술에 만취하여 정상적인 판단능력이나 의사능력을 상실할 정도에 이른 것을 뜻하는 이 사건 조항의 술에 취한 상태에 있었다고 보기는 어렵다.

㉡ 경찰관 P는 음주단속 현장에서부터 D2를 추적하여 검거하였고, D2는 그와 같이 검거된 후에도 계속 도주하려 하였으며, D2의 처가 D2를 잡고 있는 경찰관 P를 잡아서 D2의 도주를 도와주자 D2가 실제로 차도 방향으로 도주하려다가 넘어져서 경찰관 P에게 제압당한 상황이라면, 평균적인 경찰관으로서는 D2가 이 사건 조항의 보호조치를 필요로 하는 상태에 있었다고 판단하지는 않을 것이다.

㉢ 경찰관 P가 D2에 대하여 이 사건 조항에 따른 보호조치를 하고자 하였다면, 당시 D2의 처가 옆에 있었으므로 D2를 제압한 이후에는 가족인 D2의 처에게 D2를

3) "피고인이 이 사건 오토바이를 운전하여 자신의 집에 도착한 상태에서 단속경찰관으로부터 주취운전에 관한 증거 수집을 위한 음주측정을 위하여 인근 파출소까지 동행하여 줄 것을 요구받고 이를 명백하게 거절하였음에도 위법하게 체포·감금된 상태에서 이 사건 음주측정요구를 받게 되었으므로, 그와 같은 음주측정요구에 응하지 않았다고 하여 피고인을 음주측정거부에 관한 도로교통법 위반죄로 처벌할 수 없다."

인계하였어야 하는데도, D2의 처에게 '봉담지구대로 데려간다'고 말한 다음 D2의 처의 의사에 반하여 그대로 봉담지구대로 데려갔다. ㉣ 경찰관 P 등은 화성서부경찰서 교통관리계 소속이었으므로, D2에 대하여 이 사건 조항에 따른 보호조치를 하고자 하였다면, 자신들의 근무지로서 주취자안정실이 설치되어 있을 것으로 보이는 '화성서부경찰서'로 D2를 데려갔어야 하고(주취자안정실운영규칙, 2009.7.31. 경찰청 훈령 제551호) 제1조에 의하면, 주취자안정실은 '경찰서'에 설치하도록 되어 있다], 그것이 여의치 않아서 D2를 '봉담지구대'에 데려갔다고 하더라도 경찰서의 주취자안정실에 상응하는 장소에 D2를 입실시키는 등의 보호조치를 하였어야 할 것인데 그러한 절차를 전혀 취하지 않았으며, 주취자안정실 운영규칙 제6조에 따른 보호조치보고서를 작성하여 보고하지도 않았다. ㉤ 경찰관 P는 검거 현장에서도 음주측정을 하려 하였고, 음주측정을 할 의도로 경찰관 P2 등에게 'D2를 가까운 봉담지구대로 데려가라'고 말하였으며, 경찰관 P2는 경찰용 불봉이 부서진 것을 확인시켜 주기 위하여 D2를 순찰차에 태워서 음주단속 현장에 들렀다가 봉담지구대로 데려갔고, 봉담지구대에 도착하여서도 계속 음주측정을 요구하였다. ㉥ 원심(항소심)이 판시한 '자해'는 D2가 음주단속 현장에서 도주하였다가 검거되자 이를 회피할 목적으로 시도한 것으로 보인다.

위의 제반사정을 종합하여 보면, 경찰관 P 등이 D2를 봉담지구대로 데려갈 당시 D2에 대하여는 이 사건 조항의 보호조치 요건이 갖추어지지 않았으므로, 경찰관 P 등이 위와 같이 D2 및 D2의 처의 의사에 반하여 D2를 봉담지구대로 데려간 행위를 이 사건 조항에 의한 적법한 보호조치라고 할 수는 없다. 나아가 경찰관 P 등이 이미 행하여진 주취운전이라는 범죄행위에 대한 증거 수집을 위한 수사절차로서의 의미를 가지는 음주측정 등의 수사목적으로 D2를 봉담지구대로 데려가면서, 달리 D2를 현행범으로 체포하였다거나 임의동행에 관한 동의를 얻는 등의 적법 요건을 갖추었다고 볼 자료가 없는 이상, 경찰관 P 등이 D2를 봉담지구대로 데려간 행위는 위법한 체포에 해당한다. 따라서 그와 같이 위법한 체포 상태에서 이루어진 경찰관 P2의 음주측정요구 또한 위법하다고 볼 수밖에 없고, D2에게 그와 같은 위법한 음주측정요구에 대해서까지 응할 의무가 있다고 보아 이를 강제하는 것은 부당하므로 그에 불응하였다고 하여 D2를 음주측정거부에 관한 도로교통법 위반죄로 처벌할 수는 없으며, 위법한 음주측정요구가 있었던 것으로 볼 수밖에 없다면 그 위법한 음주측정요구라는 공무집행행위 역시 위법하므로, D2가 음주측정을 요구하는 경찰관 P2를 폭행하였다고 하여 공무집행방해죄가 성립한다고 볼 수도 없다.

IV 분석과 해설

(가) 경찰관직무집행법상의 보호조치와 그 상태에서의 음주측정요구가 적법한 사안(2월 사안)과 부당한 사안(12월 사안)을 어떻게 구별할 것인가?

이는 오로지 음주측정에 선행하는 보호조치가 경직법이 규정하는 보호조치의 적법요건을 구비하였는가 여부에 달려 있다. 2월 사안의 보호조치는 적법하였지만 12월 사안의 보호조치는 적법요건이 결여된 보호조치였다. 2월 사안에서 경찰관 P의 보호조치는 경직법상의 요건을 구비한 적법한 보호조치였다. 반면에 12월 사안에서의 경찰관 P2, P3의 보호조치는 경직법상의 요건을 구비하지 못한 불법조치였다. 그 상황에서 경찰관 P2, P3의 적절한 대응은 D2를 현행범으로 체포하거나 적법하게 임의동행하는 것이었다. 그러나 경찰관 P2, P3는 그러한 대응을 하지 못하여 대법원은 경찰관 P2, P3의 행위를 '위법 체포'로 판단하였다.[4)]

(나) 위법한 체포 상태에서의 음주측정요구의 위법성(대법원 2006.11.9. 선고 2004도8404 판결)

[사안] D는 목수로서 2003.6.6. 12:00경 청주시 흥덕구 봉명동 소재 봉명초등학교 앞 원룸건축공사장에서 점심을 먹으면서 막걸리를 마신 상태에서 같은 날 16:00경 작업이 끝나자 D 소유의 충북 청주(등록번호 생략) 125cc 오토바이(이하 '오토바이'라 한다)를 운전하여 봉명동(번지 생략) 소재 D의 집으로 귀가하던 중 집 앞에 도착한 상태에서 근무 중인 청주서부경찰서 사창파출소 소속 경찰관인 경장 P로부터 안전모 미착용을 이유로 단속되었다. P는 D에게 운전면허증의 제시를 요구하고 D의 얼굴이 붉은 색을 띠고 술냄새가 심하게 나자 '음주측정기를 휴대하지 않고 있다'고 하면서 음주측정을 위하여 인근 사창파출소로 동행할 것을 요구하였다. 이에 D는 운전면허증이 집에 있다고 하면서 처에게 연락하여 운전면허증을 가져오게 한 후 이를 P에게 제시하면서 '영세민이니 안전모 미착용으로만 적발해 달라'고 부탁하였다. P가 D의 요구를 거절하며 위 파출소까지 임의로 동행할 것을 요구하자 D는 이를 거절하였고, 이에 P의 요청으로 출동한 다른 경찰관이 순찰차로 D를 위 파출소까지 강제로 연행하였다. 그 후 D는 P의 음주측정요구에 응하는 듯했으나 음주측정결과가 나오도록 5초 이상 길게 불지 아니하여 유효한 측정결과가 나오지 아니하였다. 그 과정에서 P는 D에게 30여 분간 수갑을 채웠다. 수사기록에는 D에 대한 체포보고서, 범죄사실의 요지 및 변호인선임권 고지에 관한 확인서 등이 편철되어 있지 않았다. D는 음주측정불응죄 혐의로 기소되었다.

제1심과 항소심은, "도로교통법 제107조의2[5)] 제2호 소정의 음주측정거부죄는 술

---

4) 권덕진, 경찰관직무집행법 제4조의 보호조치 요건, 피고인을 지구대로 데려간 행위가 보호조치의 요건을 갖추지 못하여 위법한 체포에 해당하는 경우 도로교통법위반(음주측정거부)죄, 공무집행방해죄가 성립하지 않는다고 판단한 사례, 대법원판례해설 제94호(2012년 하), 867 이하 참조.

5) 현재는 **제148조의2**(벌칙) ① 다음 각 호의 어느 하나에 해당하는 사람은 1년 이상 3년 이하의 징역

에 취한 상태에 있다고 인정할 만한 상당한 이유가 있는 사람이 같은 법 제41조 제2항의 규정에 의한 경찰공무원의 측정에 응하지 아니한 경우에 성립하는 것이고, 경찰공무원이 음주측정을 요구하는 행위는 공무집행행위로서 적법하고 정당한 절차에 따라 이루어져야 하는바, 음주측정을 위하여 운전자를 파출소로 데려가야 할 필요가 있는 경우 음주단속을 하는 경찰관으로서는 운전자에게 파출소까지 동행하여 줄 것을 요청한 후 그의 동의를 얻어 임의동행하는 형식으로 수사를 하거나 운전자가 임의동행에 응하지 않는 경우는 운전자를 현행범으로 체포하든지 긴급체포하여 파출소로 데려갈 수밖에 없고 그와 같이 현행범체포 또는 긴급체포하기 위하여는 헌법 및 형사소송법에 규정된 바와 같이 운전자에 대하여 범죄사실의 요지, 체포 또는 구속의 이유와 변호인을 선임할 수 있음을 말하고 변명할 기회를 준 후가 아니면 체포할 수 없다. 이와 같은 고지는 체포를 위한 실력행사에 들어가기 전에 미리 하여야 하는 것이 원칙이나 그것이 여의치 않은 경우에라도 일단 붙들거나 제압한 후에는 지체없이 행하여야 할 것이고, 위와 같은 적법절차를 준수함이 없이 운전자를 체포한다면 이는 위법한 체포에 해당하고 그러한 상태에서의 음주측정요구는 위법한 공무집행이므로 그 요구에 불응한 것을 음주측정거부에 해당한다고 볼 수 없을 것"이라고 전제한 다음, "이 사건에서 적법한 음주측정요구가 있었는지에 관하여 보면 법정에서 D는 파출소까지 D의 의사에 반하여 끌려갔다는 취지로 주장하고 있고 증인 O2도 당시 D가 파출소로 가지 않으려 하는데 경찰관이 강제로 D를 데리고 갔다고 진술하고 있으며 D를 단속한 경찰관인 P도 D를 현행범인으로 체포하였다는 진술을 하고 있어 당시 D의 연행이 임의동행은 아니었음이 분명한데, 파출소까지 D를 연행함에 있어 현행범체포 또는 긴급체포의 절차를 준수하였다는 점에 부합하는 유일한 증거인 P의 진술을 그대로 믿기 어렵고, 달리 D에 대한 체포가 적법한 것이었음을 인정할 증거가 없으므로, 결국 이 사건 음주측정요구는 D에 대한 위법한 체포상태에서 이루어진 것으로서 적법한 공무집행이라 할 수 없고 그 밖에 D에 대하여 적법한 절차에 따른 음주측정요구가 있었음을 인정할 만한 다른 증거가 없다"며 D에게 무죄를 선고(형사소송법 제325조 후단)하였다. 검사는 "D가 단속경찰관으로부터 술에 취한 상태에서 오토바이를 운전하였다고 인정할 만한 상당한 이유가 있다

이나 500만원 이상 1천만 원 이하의 벌금에 처한다. 1. 제44조 제1항을 2회 이상 위반한 사람으로서 다시 같은 조 제1항을 위반하여 술에 취한 상태에서 자동차등을 운전한 사람 2. **술에 취한 상태에 있다고 인정할 만한 상당한 이유가 있는 사람**으로서 제44조 제2항에 따른 경찰공무원의 측정에 응하지 아니한 사람 ② 제44조 제1항을 위반하여 술에 취한 상태에서 자동차등을 운전한 사람은 다음 각 호의 구분에 따라 처벌한다. 1. 혈중알콜농도가 0.2퍼센트 이상인 사람은 1년 이상 3년 이하의 징역이나 500만 원 이상 1천만 원 이하의 벌금 2. 혈중알콜농도가 0.1퍼센트 이상 0.2퍼센트 미만인 사람은 6개월 이상 1년 이하의 징역이나 300만 원 이상 500만 원 이하의 벌금 3. 혈중알콜농도가 0.05퍼센트 이상 0.1퍼센트 미만인 사람은 6개월 이하의 징역이나 300만원 이하의 벌금 ③ 제45조를 위반하여 약물로 인하여 정상적으로 운전하지 못할 우려가 있는 상태에서 자동차등을 운전한 사람은 3년 이하의 징역이나 1천만 원 이하의 벌금에 처한다. (전문개정 2011.6.8.)

는 이유로 음주측정을 위해 파출소로 갈 것을 요구받고도 이를 거부한 이상 도로교통법 소정의 음주측정거부죄가 성립한다"며 상고하였다.

[판지(상고기각)] 구 도로교통법(2005.5.31. 법률 제7545호로 전문개정되기 전의 것. 이하 같다) 제41조[6] 제2항은 "경찰공무원은 교통안전과 위험방지를 위하여 필요하다고 인정하거나 제1항의 규정에 위반하여 술에 취한 상태에서 자동차 등을 운전하였다고 인정할 만한 상당한 이유가 있는 때에는 운전자가 술에 취하였는지의 여부를 측정할 수 있으며, 운전자는 이러한 경찰공무원의 측정에 응하여야 한다."고 규정하고, 제107조의2 제2호는 "술에 취한 상태에 있다고 인정할 만한 상당한 이유가 있는 사람으로서 제41조 제2항의 규정에 의한 경찰공무원의 측정에 응하지 아니한 사람은 2년 이하의 징역이나 500만 원 이하의 벌금의 형으로 벌한다."고 규정하고 있다. 여기서 교통안전과 위험방지를 위한 필요가 없음에도 주취운전을 하였다고 인정할 만한 상당한 이유가 있다는 이유만으로 이루어지는 음주측정은 이미 행하여진 주취운전이라는 범죄행위에 대한 증거 수집을 위한 수사절차로서의 의미를 가지는 것인데, 구 도로교통법상의 규정들이 음주측정을 위한 강제처분의 근거가 될 수 없으므로 위와 같은 음주측정을 위하여 당해 운전자를 강제로 연행하기 위해서는 수사상의 강제처분에 관한 형사소송법상의 절차에 따라야 하고, 이러한 절차를 무시한 채 이루어진 강제연행은 위법한 체포에 해당한다. 이와 같은 **위법한 체포 상태에서 음주측정요구가 이루어진 경우, 음주측정요구를 위한 위법한 체포와 그에 이은 음주측정요구는 주취운전이라는 범죄행위에 대한 증거 수집을 위하여 연속하여 이루어진 것으로서 개별적으로 그 적법 여부를 평가하는 것은 적절하지 않으므로 그 일련의 과정을 전체적으로 보아 위법한 음주측정요구가 있었던 것으로 볼 수밖에 없다.** 그렇다면 운전자가 주취운전을 하였다고 인정할 만한 상당한 이유가 있다 하더라도 그 운전자에게 경찰공무원의 이와 같은 위법한 음주측정요구에 대해서까지 그에 응할 의무가 있다고 보아 이를 강제하는 것은 부당하므로 그에 불응하였다고 하여 음주측정거부에 관한 도로교통법 위반죄로 처벌할 수 없다. 원심판결에는 상고이유로 주장하는 바와 같은 위법한 체포 상태에서의 음주측정요구와 음주측정거부에 관한 도로교통법 위반죄의 성립에 관한 법리오해의 위법이 없다.

---

6) 현재는 제44조(술에 취한 상태에서의 운전 금지) ① 누구든지 술에 취한 상태에서 자동차등(「건설기계관리법」 제26조 제1항 단서에 따른 건설기계 외의 건설기계를 포함한다. 이하 이 조, 제45조, 제47조, 제93조 제1항 제1호부터 제4호까지 및 제148조의2에서 같다)을 운전하여서는 아니 된다. ② 경찰공무원(자치경찰공무원은 제외한다. 이하 이 항에서 같다)은 교통의 안전과 위험방지를 위하여 필요하다고 인정하거나 제1항을 위반하여 술에 취한 상태에서 자동차등을 운전하였다고 인정할 만한 상당한 이유가 있는 경우에는 운전자가 술에 취하였는지를 호흡조사로 측정할 수 있다. 이 경우 운전자는 경찰공무원의 측정에 응하여야 한다. ③ 제2항에 따른 측정 결과에 불복하는 운전자에 대하여는 그 운전자의 동의를 받아 혈액 채취 등의 방법으로 다시 측정할 수 있다. ④ 제1항에 따라 운전이 금지되는 술에 취한 상태의 기준은 운전자의 혈중알코올농도가 0.05퍼센트 이상인 경우로 한다. (전문개정 2011.6.8.)

제 3 장

공 소 의 제 기

제1절 공소장일본주의

제2절 공소장특정과 공소권의 내용

제3절 피고인의 인정

제4절 검사의 기소재량과 그 한계 · 공소시효

제5절 수사기록의 열람 · 등사(증거개시)

제1절 공소장일본주의

3.1

공소장일본주의

대법원 2009.10.22. 선고 2009도7436 전합판결

I 사 안

D는 **공직선거법**위반, **정치자금법**위반 혐의로 기소되었다.

주위적 공소사실은 "창조한국당 대표인 D는 같은 당(당 직책 1 생략) 인 D2와 공모하여, 2008.4.9. 실시된 제18대 국회의원 선거에 임하여, 같은 당의 비례대표 후보자로 L을, 중앙선거관리위원회에 등록해 주고, L로부터 2008.3.26. 6,000만 원, 그 달 28일 5억 5,500만 원, 합계 6억 1,500만 원의 공천헌금을 예금계좌로 입금 또는 송금받아, 위 정당이 위 L을 국회의원 비례대표 후보자로 추천하는 일과 관련하여 **6억 원**(선거관리위원회 기탁금 1,500만 원 제외)을 제공받음과 동시에 같은 금액의 정치자금을 기부받았다."는 것이고, 항소심에서 추가된 **예비적 공소사실**은 "(주위적 공소사실과 같이) L을 비례대표 후보자로 등록해 주고, L로 하여금 이율 연 1%의 당채를 매입하게 하여 당채매입대금 6억 원을 제공받음으로써, 6억 원의 자금 융통 및 **6억 원에 대한 시중 사채금리와 당채이율 사이의 차액 상당 재산상 이익을 수수**하여 국회의원 후보자 추천과 관련하여 재산상 이익을 제공받음과 동시에 정치자금을 기부받았다."는 것이었다. 항소심은 예비적 공소사실을 추가하는 취지의 공소장변경신청을 허가하고 직권으로 제1심판결을 파기한 후 예비적 공소사실에 대하여 유죄를 선고[1]하였다. D는 '항소심이 공소장일본주의를 위반하여 유죄를 선고한 위법이 있다'고 주장하며 상고하였다.

II 쟁 점

검찰은 **통상의 사건**에서는, 구성요건을 이루는 사실만을 나열하여, 공소사실을 간략하고 명료하게 기재하고 있으며, 이 사건 공소사실을 그와 같이 기재하는 경우 **그 분량은 불과 1쪽을 넘기기 어렵다.** 그런데 이 사건에서 검사는 위 범죄사실 이전단계의 정황과 경위, 범행을 전후한 과정에서 관계자들이 주고받은 대화내용과 이메일 내용, 수첩의 메모내용, 세세한 주

1) 항소심은 '징역 8월 집행유예 2년'을 선고

변사실, 이 사건 공소사실에 포함되지 않은 것으로 보이는 L 이외의 다른 비례대표 후보 지망자들로부터 이 사건과 유사한 방법으로 금품을 제공받은 내용 등을 **장황하게 기재하여 그 분량이 무려 14쪽**에 이르고 있다. 그리고 그 기재의 상당부분은 대화내용, 이메일 내용과 수첩의 기재내용을 인용부호까지 사용하면서 그대로 인용하는 형식으로 기재되어 있다.

III 재판요지 (상고기각)

(1) 공소장일본주의의 위배 여부판단의 기준과 위배에 대한 효과의 원칙 '**법관 또는 배심원**'[2]에게 예단을 생기게 하여 법관 또는 배심원이 범죄사실의 실체를 파악하는 데 장애가 될 수 있는지 여부를 기준으로 **당해 사건에서 구체적으로 판단**하되 공소장일본주의에 위배된 공소제기라고 인정되는 때에는 그 절차가 법률의 규정에 위반하여 무효인 때에 해당하는 것으로 보아 **공소기각의 판결**을 선고(법 제327조 제2호)하여야 한다.

(2) 예 외(흠=하자[瑕疵]의 치유[3]) ⓐ (사실심에서) 피고인 측으로부터 아무런 **이의가 제기되지 아니하였**고, ⓑ 법원 역시 '범죄사실의 실체를 파악하는 데 지장이 없다'고 판단하여 그대로 '제1심 공판절차'를 진행한 결과 증거조사절차가 마무리되어 **법관의 심증형성이 이루어진 단계**에서는 ⓒ **소송절차의 동적 안정성 및 소송경제의 이념** 등에 비추어 볼 때 이제는 더 이상 공소장일본주의 위배를 주장하여 이미 진행된 소송절차의 효력을 다툴 수는 없다(시기제한설[4]).

(3) 사안에의 적용 주위적 공소사실은, 정당이 후보자 추천과 관련하여 당대표

---

2) 사실인정자(trier of the fact)

3) 부정하는 것이 다수설(이재상, 379). **[김영란·박시환·김지형·전수안 등 4명의 대법관의 반대의견**
"공소장일본주의를 위반한 공소제기는 법률의 규정에 위배된 것으로 **치유될 수 없는 것**이므로 시기 및 위반의 정도와 무관하게 항상 공소기각 판결을 하는 것이 타당하다. 이 사건 공소장에서 공소장일본주의 위반이 문제되는 부분은 **기소된 범죄사실에는 포함되지 않았음에도 유사한 사례를 열거**함으로써 D에 대한 공소사실이 진실한 것으로 예단을 갖게 할 기재로서 공소장일본주의에 위배되는 '기타 사실의 기재'에 해당하거나, 증거의 내용들을 그대로 인용, 기재해 **사실상 공소제기단계에서 이미 중요한 증거조사는 마친 것이나 다름없는 효과**를 본 것과 같은 '증거의 인용'에 해당해 공소장일본주의를 정면으로 위반했다. 따라서 이 사건 공소제기는 법률의 규정에 위반된 것으로 공소기각의 판결을 선고해야 한다."
[검찰의 시각] "**사건의 기초사실이 되는 정황 등을 기록하는 것**은 공소장일본주의에 반하지 않는다. 예를 들어 국가보안법 위반사건의 경우 공소사실을 뒷받침하는 피고인의 이적성 성향을 나타내지 않으면 오히려 공소장으로서의 요건을 갖추지 않은 것이다. 대학 때 어떤 활동을 했고 어떤 서적을 읽었는지 등을 기록하면 그를 통해 피고인이 반국가성, 이적성 등을 형성하게 됐다는 사실을 드러낼 수 있다. 단순히 '물건을 훔쳤다'고만 공소장에 기록하면 법관은 왜 훔쳤는지 알 수 없지만 훔친 동기를 기록하면 그 사안이 이해되는 것처럼 공소장일본주의를 어디까지로 볼 것인가는 사안별로 달리 판단해야 한다. 검사의 입장에서는 각 사안별로 기초사실을 설명하지 않으면 오히려 공소사실이 특정되지 않는다는 이유로 공소기각판결을 받을 수도 있다."

4) 박순영, 공소장일본주의, 『사법』 12호(2010.6.), 295~338. 참조.

등이 금품 등을 수수하여 공직을 매수하는 범행(공직선거법위반, 정치자금법위반)에 관한 것으로서, ⓓ 이러한 범죄는 당 내부적으로도 **일부 핵심 인사만 알 수 있도록 은밀하고도 계획적으로 행하여지는 성격을 가지기 때문에 검사로서는 그 범의나 공모관계, 범행의 동기나 경위 등을 명확히 하기 위하여 구체적인 사정을 적시할 필요도 어느 정도 있다**는 점, ⓔ (b&c). 이와 관련하여 제1심 공판절차에서 피고인 측이 이 점에 관하여 아무런 이의를 제기하지 않은 상태에서 공판절차가 진행되어 위와 같이 공소사실에 인용된 증거들을 포함하여 검사가 제출한 증거들에 대한 **증거조사가 모두 마쳐진 점** 등을 종합하여, ⓕ (원심이) 피고인의 주장('이 사건 공소제기의 절차가 법률의 규정에 위반하여 무효인 경우에 해당하므로 공소기각 하여야 한다')을 받아들이지 않은 것은 정당하다.

IV

분석과 해설

(가) 개 념

1) 공소장일본주의 검사가 공소를 제기할 때에는 원칙적으로 공소장 하나만을 제출하여야 하고 그 밖에 사건에 관하여 법원에 예단을 생기게 할 우려가 있는 서류 기타 물건을 첨부하거나 그 내용을 인용하여서는 아니 된다(규칙 제118조 제2항, 군사법원법 제296조 제6항).[5)]

2) 역사와 근거 2006.4.1. 개정된 대법원 재판예규에 의하여 전국적으로 **증거분리제출제도**가 시행됨으로써 획기적인 변화가 시도되었다. 검사는 피고인이 자백하든 부인하든 제1회 공판기일 이후 증거조사에 들어가서야 비로소 증거서류를 법정에 제출할 수 있게 된 것이다.[6)]

3) 신 법 재판장은 증거조사를 하기에 앞서 검사 및 변호인으로 하여금 공소사실 등의 증명과 관련된 주장 및 입증계획 등을 진술하게 할 수 있다. 다만 증거로 할 수 없거나 증거로 신청할 의사가 없는 자료에 기초하여 법원에 사건에 대한 예단 또는 편견을 발생하게 할 염려가 있는 사항은 진술할 수 없도록 하였고(법 제287조 제2항), 공판절차의 순서를 바꾸어 증거조사를 피고인신문에 앞서서 실시하도록 규정하는(법 제290조, 제296조의2) 등 **당사자주의 소송구조를 강화**하였다.

5) **[기타 관련조항] 법 제287조**(재판장의 쟁점정리 및 검사·변호인의 증거관계 등에 대한 진술) ① 재판장은 피고인의 모두진술이 끝난 다음에 피고인 또는 변호인에게 **쟁점의 정리를 위하여 필요한 질문**을 할 수 있다. ② 재판장은 증거조사를 하기에 앞서 검사 및 변호인으로 하여금 **공소사실 등의 증명과 관련된 주장 및 입증계획** 등을 진술하게 할 수 있다. **다만, 증거로 할 수 없거나 증거로 신청할 의사가 없는 자료에 기초하여 법원에 사건에 대한 예단 또는 편견을 발생하게 할 염려가 있는 사항은 진술할 수 없다.**

6) **[이전의 모습]** 검사는 기소와 동시에(혹은 기소 후 1, 2일 지난 후) 일체의 수사기록과 증거물을 법원에 제출→3분의 2 이상의 법원은 미리 수사기록을 읽어보고 사건에 대한 상당한 심증을 형성한 상태에서 공판에 임하였다→법원이 수사기관의 심증을 인계받는 결과→예단의 형성→불공평, 불공정. 반대논거는?

4) 공소장일본주의의 도입근거 "**피고사건에 대한 실체심리는, 공개된 법정**에서 검사와 피고인 양 당사자의 공격·방어활동에 의하여 행해질 것을 요구하는 **당사자주의**[7]와 '**공판중심주의**[8] 원칙' 및 공소사실의 인정은 '법관의 면전(面前)[9]'에서 **직접 조사한 증거**만을 기초로 이루어져야 한다는 **직접심리주의**[10]와 증거재판주의 원칙"을 들 수 있다.

(나) 무엇을 이 원칙 위배로 볼 것이며, 이 원칙 위배의 효과를 형사소송법 제327조 제2호에 정한 "공소제기의 절차가 법률의 규정에 위반하여 무효인 때"에 해당한다고 볼 것인가?

1) 예단을 일으킬 우려가 있는 문서의 첨부와 기재인용이 금지된다.[11]

2) 전과(前科, past convictions)(사실)의 기재 ⓐ 전과가 범죄구성요건에 해당하는 경우(상습누범, 상습범)나 범죄사실의 내용을 이루는 경우(전과를 수단으로 하는 공갈·협박 등)에는 공소장특정의 요청이 우선한다. ⓑ ⓐ를 제외하고, 동종(同種) 전과의 기재는 공소장일본주의위반이지만, 이종(異種) 전과는 삭제를 명하는 것으로 족하다(견해대립).

3) '기타사실(餘事)'(피고인의 성격·경력·소행 등의 기재)은 원칙적으로 기재가 금지된다.[12] ⓐ 그러나 공소사실 특정의 요구가 더 우선한다(혹은 '양자의 요청을 조화'). ⓑ 종래의 판례는 이 부분에 관하여 관대하여 '공소장일본주의 위반으로 공소기각된 사례'는 거의 없다.[13]

---

7) 당사자주의 중 특히 어떤 의미의 당사자주의? 사실인정자가 백지상태에서 공판에 임하기 때문에 소송의 진행을 양 당사자에게 맡길 수밖에 없고→증거는 양 당사자가 공판정에 제출한 것에 한정되므로 공판이 중시될 수밖에 없고→증거법칙이 중요한 의미를 띠게 된다.

8) **'principle of centrality of trial'**

9) 'in front of the trier of the fact'

10) 'principle of immediacy'

11) 협박죄, 명예훼손죄의 공소장에 협박문서, 명예훼손문서의 내용을 인용하는 경우→인용의 정도가 공소장기재 공소사실의 특정에 필요한 정도를 넘어 과도한 경우에는 공소장일본주의 위반이다.

12) "공소장에 법령이 요구하는 사항 이외의 사실로서 법원에 예단이 생기게 할 수 있는 사유를 나열하는 것이 허용되지 않는다는 것도 이른바 '기타 사실의 기재 금지'로서 공소장일본주의의 내용에 포함된다."(대법원 1994.3.11. 선고 93도3145 판결 참조)

13) "① 공소장의 공소사실 첫머리에 **소년부송치처분** 등 범죄전력을 기재하였다 하더라도 이는 피고인의 특정에 관한 사항으로서 그와 같은 내용의 기재가 있다 하여 공소제기의 절차가 법률의 규정에 위반된 것이라고 할 수 없고(대법원 1990.10.16. 선고 90도1813 판결 참조), ② 공소장에는 법령이 요구하는 사항만 기재할 것이고, 공소사실의 첫머리에 공소사실과 관계없이 법원의 예단만 생기게 할 사유를 불필요하게 나열하는 것은 옳다고 할 수 없으며, 공소사실과 관련이 있는 것도 원칙적으로 범죄의 구성요건에 적어야 할 것이고, 이를 첫머리 사실로서 불필요하게 길고 장황하게 나열하는 것을 적절하다고 할 수 없으나, 공소장에 기재된 첫머리 사실이 공소사실의 **범의나 공모관계, 공소범행에 이르게 된 동기나 경위 등을 명확히 나타내기 위하여 적시한 것으로 보이는 때**에는 공소제기의 방식이 공소장일본주의에 위배되어 위법하다고 할 수 없으며(대법원 1992.9.22. 선고 92도1751 판결, 대법원 1994.3.11. 선고 93도3145 판결, 대법원 1999.5.14. 선고 99도202 판결 등 참조), ③ 설사 범죄의 직접적인 동기가 아닌 경우에도 **동기의 기재는 공소장의 효력에 영향을 미치지 아니한다**."(대법원

4) 범행경위의 기재 "공소장에는 법령이 요구하는 사항만 기재할 것이고 공소사실의 첫머리에 공소사실과 관계없이 법원의 예단만 생기게 할 사유를 불필요하게 나열하는 것은 옳다고 할 수 없고, 공소사실과 관련이 있는 것도 원칙적으로 범죄의 구성요건에 적어야 할 것이고, 이를 첫머리 사실로서 불필요하게 길고 장황하게 나열하는 것을 적절하다고 할 수 없다. 그러나 이 사건 공소장에 기재된 첫머리 사실이(은) 길고 다소 장황한 점이 없지는 아니하나 이는 이 사건 상습사기 공소사실의 범의나 공모관계를 명확히 나타내기 위하여 공소범죄사실에 이르게 된 경위를 적시한 것으로 보여져 공소제기의 방식이 공소장일본주의에 위배되어 위법하다고 할 수는 없다."(대법원 1992.9.22. 선고 92도1751 판결)

5) 공소시효가 완성된 범죄사실의 지적 원칙적으로 기재할 필요가 없다.[14]

(다) 예 외

1) 서면심리가 원칙인 약식절차와 즉결심판절차에 이 요청은 적용이 없다.

2) 판사의 경질로 인한 공판절차의 갱신[15]의 경우에는 직접주의만 보강하면 되므로 이 요청은 적용이 없다.

3) 파기환송 후의 제2심(항소심)에서는 위법사항의 시정이 더 중요하므로 이 요청은 적용이 없다.

2007.5.11. 선고 2007도748 판결 참조)

14) "이 사건 공소장에 기재된 사실 중 공소시효가 완성된 범죄사실이라고 지적하고 있는 사실들은 검사가 공소범죄사실로 기재한 것이 아니라는 점을 분명히 밝히고 있어 공판심리의 대상이 아니므로 원심이나 제1심이 그 부분에 대하여 공소시효가 완성된 여부를 심리판단하지 아니한 조치는 당연하고, 거기에 위법이 있을 수 없으며 형사소송법 제254조 제3항은 공소장에 동항 소정의 사항들을 필요적으로 기재하도록 한 규정에 불과하고 그 이외의 사항의 기재를 금지하고 있는 규정이 아니므로 소론과 같이 공소시효가 완성된 범죄사실을 공소범죄사실 이외의 사실로 기재한 이 사건 공소장이 위 형사소송법 제254조 제3항의 규정에 위배된다고 볼 수 없다."(대법원 1983.11.8. 선고 83도1979 판결)

15) **법 제301조**(공판절차의 갱신) 공판개정 후 판사의 경질이 있는 때에는 공판절차를 갱신하여야 한다. 단, 판결의 선고만을 하는 경우에는 예외로 한다.

3.2

공소사실의 특정과 불특정의 효과

대법원 2005.6.24. 선고 2005도1014 판결; 대법원 1997.8.22. 선고 97도1211 판결

I 사 안

2005년 사안

D는 배우자 있는 여자로서 D2와 사귀면서, 매주 주말이면 오후 2시경에 D2를 만나 평택시 아산호 관광지 근처 여관들에서 성관계를 맺어 오던 중 남편인 V에게 발각되어 V가 간통죄로 고소를 제기하였다. D와 D2가 범행을 부인하자, 검사는 V의 고소장과 진술을 근거로 삼아 범행일시는 D와 D2가 관계를 가졌다고 추측되는 전체 기간을 한 달 단위로 균분하는 방식으로, 그 범행장소도 편의상 획일적으로 기재하는 방식으로, 각 특정하고, 공소사실을 "D와 D2가 2002.6., 7., 9., 10., 12. 및 2003.1.의 각 일자불상 주말 14:00경 평택시 소재 아산호 관광지 근처 상호불상 여관에서 각 1회 성교하여 각 간통 및 상간하였다"고 기재하여 공소를 제기하였다. 항소심이 "공소사실 특정의 기본 취지 및 법리와 이 사건 공소사실의 기재내용 및 그 경위에 비추어 위와 같은 내용의 범죄사실의 기재만으로는 이 사건 공소사실이 법원에 대하여 심판의 대상을 한정하거나 피고인들의 방어권 행사에 지장을 초래하지 않을 정도로 특정된 것으로 볼 수는 없으므로 이 사건 공소는 그 공소제기의 절차가 법률의 규정에 위반하여 무효인 때에 해당한다"는 이유로 공소를 기각하였다. 검사가 상고하였다.

1997년 사안

D3은 미술학원을 운영하는 자로서, 1996년 초경부터 범행이 발각된 1996.7.15. 사이에 학원생인 V(당시 5세)를 수십 회에 걸쳐 몸을 만지는 등 추행한 혐의를 받았다. V가 음부에 염증을 일으킨 것을 발견한 부모의 확인으로 이 사실이 밝혀지자 V의 부모는 D3를 고소하였다. D3는 범행을 부인하고, 나이 어린 V가 정확한 피해사실을 기억하지 못하자, 검사는 피해자가 일부 기억하는 내용과 학원운영시간 등의 자료를 바탕으로 "D3가 1996년 월일불상 11:30경 V를 다마스승합차에 태워 인적이 드문 하

천가로 데려가 차를 주차시킨 후, 미리 준비한 수건으로 V의 얼굴을 가리고 하의를 완전히 벗긴 다음, V의 음부 주위를 만지는 등 문지르는 등의 방법으로 추행하는 등 수십 회에 걸쳐 미성년자인 V를 추행하고, 이로 인하여 약 1주일간의 치료를 요하는 외음부염의 상해를 입게 하였다"는 공소사실로 D3를 미성년자의제강제추행치상죄 혐의로 기소하였다. 제1심은 D3에 대하여 유죄판결을 선고하였으나, 항소심은 "형사소송법 제254조 제4항에 의하면 공소사실의 기재는 범죄의 시일, 장소와 방법을 명시하여 사실을 특정할 수 있도록 하여야 한다고 규정하고 있으며, 이 사건 미성년자의제강제추행치상죄는 행위시마다 1개의 범죄가 성립하는 것이므로, 위와 같은 공소사실의 기재로는 피고인이 방어권을 행사할 수 있을 정도로 범죄의 일시 및 그 횟수가 특정되어 있다고 할 수 없고, 따라서 위 공소사실은 구체적인 범죄사실의 기재가 없는 경우로서 형사소송법 제327조 제2호에 위반하여 무효인 때에 해당한다"고 판단하고, 피고인에 대하여 유죄를 선고한 제1심판결을 파기하고 공소를 기각하였다. 검사가 상고하였다.

II 쟁 점

공소사실의 특정의 취지와 그 정도에 관한 기준은 무엇인가?

III 재판요지

2005년 사안(상고기각)

형사소송법 제254조 제4항이 "공소사실의 기재는 범죄의 시일, 장소와 방법을 명시하여 사실을 특정할 수 있도록 하여야 한다."라고 ① 규정한 취지는 심판의 대상을 한정함으로써 심판의 능률과 신속을 꾀함과 동시에 방어의 범위를 특정하여 피고인의 방어권 행사를 쉽게 해 주기 위한 것이므로, 검사로서는 그중 ② 일시에 관하여는 이중기소나 시효에의 저촉 여부, 장소에 관하여는 토지관할의 해당 여부, 방법에 관하여는 범죄구성요건의 해당 여부 등의 식별이 가능한 범위 내에서 ③ 위 세 가지 특정요소를 종합하여 다른 사실과의 식별이 가능하도록 범죄 구성요건에 해당하는 구체적 사실을 기재하여야 하고(대법원 2000.10.27. 선고 2000도3082 판결, 2001.4.27. 선고 2001도506 판결, 2002.7.26. 선고 99도5192 판결, 대법원2003.5.16. 선고 2003도1399 판결 등 참조), ④ 다만 위 특정을 위한 요소 중 일부가 다소 불명확하게 적시되어 있다 해도 그와 함께 기재된 다른 사항에 의하여 특정할 수 있으면 공소제기의 효력에는 영향이 없지만(대법원 1999.6.25. 선고 99도1900 판결, 대법원 2001.10.26. 선고 2000도2968 판결, 대법원 2002.5.10. 선고 2000도5019 판결 등 참조) 그 경우에도 공소사실 특정의 기본 취지에 비추어 ⑥ 피고인의 합리적인 방어권 행사에 중대한 지장을 초래하는 형식이어서는 안 되며(대법원 2002.10.11. 선고 2002도2939 판결 등 참조), 한편 형법 제241조의 간통죄는 각 성교행위마다 1개의 간통죄가 성립하므로 각 간음행위의 일시, 장소 및 방법을 명시하여 다른 사실과 구별이 가능하도록 공소사실을 기재하여야 함이 원칙이다. (중략) 앞서 본 공소사실 특정의 기본 취지 및 법리와 이 사건 공소사실의 기재내용 및 그 경위에 비추어 위와 같은 내용의 범죄사실의 기재만으로는 이 사건 공소사실이 법원에 대하여 심판의 대상을 한정하거나 피고인들의 방어권 행사에 지장을 초래하지 않을 정도로 특정된 것으로 볼 수는 없다. 따라서 이 사건 공소는 그 공소제기의 절차가 법률의 규정에 위반하여 무효인 때에 해당한다.

1997년 사안(파기환송)

형사소송법 제254조 제4항에서 공소사실의 특정요소를 갖출 것을 요구하는 ① 법의 취지는 피고인의 방어의 범위를 특정시켜 방어권 행사를 쉽게 하려는 데에 있는 것이므로, 공소사실은 그 ③ 특정요소를 종합하여 범죄구성요건에 해당하는 구체적 사실을 다른 사실과 식별할 수 있는 정도로 기재하면 족한 것이고, 위 법규정에서 말하는 ② 범죄의 '시일'은 이중기소나 시효에 저촉되지 않을 정도로 기재하면 되는 것이다. 그러므로 비록 공소장에 범죄의 시일이 구체적으로 적시되지는 않았더라도 그 기재가 위에서 본 정도에 반하지 아니하고, 더구나 그 ⑤ 범죄의 성격에 비추어 그 시일에 관한 개괄적 표시가 부득이하며 또한 그에 대한 ⑥ 피고인의 방어권 행사에 지장이 없다고 보이는 경우에는 그 공소내용이 특정되지 않았다고 볼 수 없다(대법원 1989.12.12. 선고 89도2020 판결, 대법원 1991.10.25. 선고 91도2085 판결, 대법원 1994.12.9. 선고 94도1680 판결 등 참조).

이 사건 기록에 의하면, 피해자는 공소제기 당시 5세 9개월에 불과한 아동으로 피해를 당한 정확한 일자를 표현·진술하지 못하고 있고, 피고인은 범행을 부인하고 있어, 검사는 피해자의 일부 진술과 다른 증거들을 기초로 범행의 일자는 1996년 초경부터 피해사실이 드러난 1996.7.15. 사이의 날로, 범행시각은 11:30경으로 가능한 한 특정하여 공소를 제기하였음을 알 수 있는 한편, 공소장에 범행의 장소와 방법 등이 구체적으로 기재되어 있는 점과 이 사건 범죄의 성격을 고려하면, 범죄의 시일을 위와 같이 기재하였다고 하더라도 그 공소사실은 특정되어 있다.

한편 원심은 피고인에 대하여 공소사실에 기재된 '수십 회'의 범죄가 모두 공소제기된 것으로 보고 공소사실의 특정 여부를 판단한 것으로 여겨지나, 이 사건 공소사실의 전체적인 내용으로 볼 때, 검사는 "1996년 일자불상 11:30경"으로 특정된 시각의 단일한 범죄에 대하여만 공소를 제기한 것일 뿐, '수십 회에 걸쳐' 피해자를 추행하였다는 부분은 그 범행의 시일, 장소, 방법에 관한 아무런 기재도 없으므로, 이는 별도의 수죄로 공소제기한 것이라기보다는 단지 범죄의 결과인 상해와의 인과관계나 피고인의 정상에 관한 기재에 불과한 것으로 볼 여지도 있으므로, 원심으로서는 형사소송규칙 제141조에 따라 석명을 구하는 등으로 이를 명확히 한 다음 공소사실의 특정 여부를 판단하였어야 할 것이다.

IV 분석과 해설

(가) 공소사실의 특정의 의미와 특정을 요구하는 법의 취지

형사소송법 제254조 제4항은 "공소사실의 기재는 범죄의 시일, 장소와 방법을 명시하여 사실을 특정할 수 있도록 하여야 한다."고 규정하고 있다. 공소사실이 특정되지 아니하면 형사소송법 제327조 제2호의 '공소제기의 절차가 법률의 규정에 위반하여 무효인 때'에 해당하므로 법원은 판결로써 공소기각의 선고를 하여야 한다. 그러나 구체적 사안에서 필요한 공소사실의 특정의 정도는 학설과 판례에 맡겨져 있다. 본 판례들은 그 취지와 기준을 제시하고 있다. 형사소송법이 공소사실의 특정을 요구하는 취지는 "심판의 대상을 한정함으로써 심판의 능률과 신속을 꾀함과 동시에 방어의 범위를 특정하여 피고인의 방어권행사를 쉽게 해주기 위한 것"이라고 판시하고 있다.

(나) 공소사실 특정의 정도

공소장에는 공소사실, 즉 '범죄의 특별구성요건을 충족하는 구체적 사실'을 특정하여 기재하여야 한다. 그런데 과연 공소사실을 어느 정도로 특정하여야 특정되었다고 할 수 있는가? 본 판례를 비롯한 수많은 판례들은 형사소송법 제254조 제4항을 토대로 하여 대체로 다음과 같은 기준을 제시하고 있다.

첫째, 가장 기본이 되는 기준은 '구성요건 해당사실을 다른 사실과 식별할 수 있는 정도로 기재'(**재판요지** ③ 참조)하여야 한다는 점이다. '구성요건 해당사실을 다른 사실과 식별'되도록 하기 위하여 검사는 형사소송법 제254조 제4항의 '범죄의 시일, 장소와 방법 등'을 동원하여 '범죄의 특별구성요건을 충족하는 구체적 사실'을 특정하여야 한다. 따라서 '범죄의 시일, 장소와 방법'은 당해 구성요건 해당사실을 다른 사실과 식별시키는 '특정인자(特定因子)들'이다.

둘째, 범죄의 시일은 '이중기소나 시효에 저촉되지 않는 정도'로, 장소는 '토지관할을 가늠할 수 있는 정도'로, 방법은 '범죄의 특별구성요건을 밝힐 수 있을 정도'로 기재하여야 한다(**재판요지** ②와 대법원 1994.12.9. 선고 94도1680 판결(향정신성의약품관리법위반)). 그런데 형사소송법 제254조 제4항이 공소사실 특정의 인자로 적시한 '범죄의 일시·장소·방법'은 예시적 열거에 불과하므로 그 이외의 사항도 공소사실의 특정에 필요한 경우에는 적절히 동원되어야 한다. 예를 들어 "재산범의 경우에는 피해품의 종류, 수량, 시가를, 결과범인 경우에는 결과를, 목적범인 경우에는 목적을, 신분범인 경우에는 신분관계를 명시하여야 한다.

셋째, 위 특정을 위한 요소 중 일부가 다소 불명확하게 적시되어 있다 해도 그와 함께 기재된 다른 사항에 의하여 특정할 수 있으면 된다(재판요지 ④). 나아가 범죄의 성격에 비추어 그 시일 등에 관한 개괄적 표시가 부득이한 경우에는 개괄적 기재도 허용된다(재판요지 ⑤와 위 94도1680 판결 등).

넷째, 어떤 경우에도, 피고인의 합리적인 방어권 행사에 중대한 지장을 초래하는 형식이면 특정되었다고 볼 수 없다(재판요지 ⑥). 따라서 형사소송법 제254조 제4항을 구체적 사례에 적용하기 위해서는 위와 같은 기준에 의하여 순차적으로 판단하여야 한다. 그러나 지금까지 언급한 것은 일반론에 해당하는 기술이고 중요한 것은 '구체적 각론'이다. 이에 대하여는 다음 항에서 분설한다.

(다) 범죄의 일시·장소·방법의 특정

(1) 범죄의 일시 범죄의 일시는 가능한 구체적으로 특정되어야 한다. 단순일죄의 경우도 그렇지만 특히 경합범으로 기소되는 경우에는 각 죄의 특정을 위하여 더욱 그러하다(포괄일죄 등 특정성 요건이 대폭 완화되는 사례에 대해서는 다음에서 살펴본다). 범죄의 시간이 특별구성요건이 되는 경우에도 마찬가지이다.

① "관세법 제269조 제2항 제1호 소정의 무신고수입죄는 수입물품에 대한 정당한 관세의 확보를 그 보호법익으로 하는 것이므로, 각각의 수입시마다 1개의 죄가 성립하는 것이므로 수개의 무신고수입행위를 경합범으로 기소하는 경우에는 각 행위마다 그 일시와 장소 및 방법을 명시하여 사실을 특정할 수 있도록 공소사실을 기재하여야 한다. '피고인이 2001.2.부터 2002.6.까지 보따리상을 통하여 장뇌삼 9,398뿌리 외 7종 시가 1억 99,928,460원 상당품을 밀수입하고, 2002.9.경부터 2003.2.경까지 보따리상을 통하여 중국산 장뇌삼 9,529뿌리 외 3종 시가 1억 60,673,000원 상당의 물품을 밀수입하였다는 공소사실에 대하여, 2002.4.경 홍경천 23박스와 2002.12.5.경 장뇌삼 500뿌리를 각 수입한 부분을 제외한 나머지 부분은 그 수입의 일시, 방법, 품목, 수량 등이 기재되어 있지 않는 등으로 공소사실이 특정되지 아니하여 공소제기의 절차가 법률에 위반하여 무효인 때에 해당한다."[1]

② "간통죄는 각 성행위마다 1개의 간통죄가 성립되는 것이므로 개개의 간통행위의 내용을 이루는 구체적 범죄사실의 기재가 없이 '일정한 기간 동안 수회 성교하였다'는 기재는 추상적인 범죄구성요건의 문구만을 적시한 공소장기재는 공소사실의 특정이 되지 아니한 것이다."[2]

1) 대법원 2007.1.11. 선고 2004도3870 판결.
2) 대법원 1982.12.14. 선고 82도2448 판결.

③ "폭력행위 등 처벌에 관한 법률 제3조 제2항 위반의 점에 관하여 폭력행위 등 처벌에 관한 법률 제3조 제2항은 야간에 흉기 기타 위험한 물건을 휴대하여 상해죄 등을 범한 자를 가중처벌하고 있으므로, 이 조항을 적용하여 공소를 제기하기 위하여는 공소사실에 그 범죄행위가 야간에 행하여졌음이 명백히 기재되어 있어야 공소사실이 구체적으로 특정되었다고 할 것이다. 그런데 기록에 의하면, 검사는 피고인이 1998.4.20. 18:00경부터 약 4시간 동안 위험한 물건인 고추장단지로 피해자의 머리 부분을 내리치는 등 여러 차례 폭행하여 피해자에게 전두부 두피열상 등을 가하였음을 공소사실로 확정하고, 이에 대하여 폭력행위 등 처벌에 관한 법률 제3조 제2항을 적용하여 공소를 제기하고 있으나, 원심판결이 인정하고 있는 바대로 위 야간이라 함은 일몰 후부터 다음날 일출 전까지를 뜻하고 위 범행 당일의 일몰시각이 19:12이라면, 위 공소사실에 기재된 범죄시간은 주간과 야간에 걸쳐 있어 피고인이 위 고추장단지로 피해자를 폭행한 시각이 주간인지 또는 야간인지를 특정할 수 없고, 이는 결국 범죄행위가 야간에 행하여 질 것을 요건으로 하는 위 범죄에 있어서 구체적인 범죄사실의 특정이 되어 있지 아니함을 의미한다고 할 것이다."[3)]

(2) 범죄의 방법 범죄의 방법도 특정되어야 하겠지만 범죄의 성격에 따라 다소 달라질 수 있다. 범죄의 방법이 특별구성요건이 되는 경우에는 구체성을 요한다.

① 공소제기된 범죄의 성격에 비추어 그 공소의 원인이 된 사실을 다른 사실과 구별할 수 있을 정도로 그 일시·장소·방법·목적 등을 적시하여 특정하면 족하고, 그 일부가 다소 불명확하더라도 그와 함께 적시된 다른 사항들에 의하여 그 공소사실을 특정할 수 있고, 그리하여 피고인의 방어권 행사에 지장이 없다면 공소제기의 효력에는 영향이 없다(대법원 1999.4.23. 선고 99도82 판결, 대법원 2006.3.9. 선고 2005도8675 판결 등 참조). 또한 살인죄에 있어 범죄의 일시·장소와 방법은 범죄의 구성요건이 아닐 뿐만 아니라 이를 구체적으로 명확히 인정할 수 없는 경우에는 개괄적으로 설시하여도 무방하다(대법원 1986.8.19. 선고 86도1073 판결 참조).[4)]

② "원심은 공소사실로서 '피고인이 공소외 1 외 3명과 공모하여 부산세관장의 수입면허를 받지 아니하고 1983.4.6. 19:00경 부산 해운대구 우2동 1135 소재 수식회사 대한선주의 보세장치장에 장치되어 있던 골프 크럽 360 셋트와 골프 그립 70개 및 골프 샤프트 70개 등 도합 원가 65,352,210원 상당을 함부로 동 장치장으로부터 반출하여서 이를 무면허수입하고 동시에 사위의 방법

3) 대법원 1999.9.17. 선고 99도2976 판결.
4) 대법원 2008.3.27. 선고 2008도507 판결.

으로 동 물품에 대한 소정의 관세 32,676,105원과 방위세 1,633,804원을 포탈한 것'이라고 기재하고 이를 무면허수입 및 관세포탈에 대한 각 특정범죄 가중처벌 등에 관한 법률(이하 '특가법'이라 한다) 위반죄와 관세에 따른 방위세포탈죄의 각 상상적경합범이라 하여 특가법 제6조 제2항 제1호, 제3항, 제4항 제1호, 제5항, 관세법 제180조 제1항, 제181조, 방위세법 제13조 제1항, 형법 제40조를 적용하고 있다. 그러나 관세포탈의 특가법위반죄를 규정하고 있는 특가법 제6조 제2항, 관세법 제180조를 보면 동 특가법위반죄는 관세의 포탈행위가 '사위 기타 부정한 방법'에 의하여 저질러질 것을 구성요건으로 하고 있음이 분명하므로 검사로서는 모름지기 피고인이 이 사건 소정 관세 등을 포탈함에 있어서 이용한 '사위 기타 부정한 방법'이 어떠한 내용의 것인가를 구체적으로 공소장에 명시하여야 그 구성요건 사실이 특정될 수 있을 것임에도 불구하고 만연히 '사위의 방법으로 (중략) 포탈한 것이다'라고 추상적 구성요건을 기재함에 그쳤으며, 보세장치장에 장치된 물건을 수입면허를 받지 아니하고 방출하였다 하여 그것이 곧바로 사위의 방법이라고 단정할 수도 없고 달리 그 사위의 방법인 범행수법에 관한 기재가 없으니 이 사건 공소장에는 범죄의 특별구성요건을 충족하는 구체적 사실의 기재가 특정되어 있지 아니하여 결국 그 공소제기절차가 형사소송법 제254조의 요건을 갖추지 못한 부적법한 것이다."[5)]

(라) 피해자 · 피해품 등에 관한 기재

(1) **특수절도죄의 객체의 불특정** "'피고인은 공소외 성명불상 3명과 합동하여 (중략) 성명불상 여자 소유의 품명불상 재물을 절취한 것'이라는 기재는 그 절취하였다는 물품이 과연 재물성을 가진 것인지조차도 알 수 없어 범죄의 특별구성요건을 충족하는 구체적 사실이라고 할 수 없(다)."[6)]

(2) **사문서위조의 피위조자의 불특정** "공소사실을 기재함에 있어서 2인의 명의만 특정하였을 뿐 나머지 채권자 4명에 대하여는 그 명의를 구체적으로 특정하지 않은 채 만연히 채권자들이라고만 지적하였다면 나머지 채권자 4명의 명의의 사문서를 위조하였다는 공소는 그 공소사실을 기재하지 아니한 것이다."[7)]

(3) **업무상과실치상의 치료기간미상은 특정에 영향이 없다** "피해자에 대한 치료기간이 미상이라고 기재하더라도 공소사실의 기재는 범죄의 일시, 장소와 방법을 명시하여 사실을 특정할 수 있도록 하면 되는 것이고, 치상의 경우 그 치료

5) 대법원 1984.5.22. 선고 84도471 판결.
6) 대법원 1975.11.25. 선고 75도2946 판결.
7) 대법원 1983.9.13. 선고 82도2063 판결.

기간은 필요적 기재사항이라고 할 수 없으므로 이러한 경우 공소사실은 특정된 것이다."[8)]

(4) **배임죄의 손해의 대상과 범위의 특정** "토지임차권 상실을 배임행위로 인한 손해로 인정하면서 그 손해의 표시를 '토지 1,085.5평에 대한 임차권의 시가상당액'이라고 설시하여 그 대상과 범위를 정해 놓았다면 설사 이를 금액으로 산정 표시되지 않았다고 하여 손해가 특정되지 않았다고 할 수 없다."[9)]

(5) **폭력행위 등 처벌에 관한 법률 제2조 제2항 위반죄의 피해자의 불특정** "'피고인들이 공동하여, 성명불상 범종추측 승려 100여 명의 전신을 손으로 때리고 떠밀며 발로 차서 위 성명불상 피해자들에게 폭행을 각 가한 것이다'라는 부분은 피해자의 숫자조차 특정되어 있지 않아 도대체 몇 개의 폭행으로 인한 폭력행위 등 처벌에 관한 법률위반죄를 공소제기한 것인지조차 알 수가 없으므로, 위 각 폭행으로 인한 폭력행위 등 처벌에 관한 법률위반의 점은 공소장에 구체적인 범죄사실의 기재가 없어 그 공소제기의 절차가 법률의 규정에 위반하여 무효인 경우에 해당한다."[10)]

(6) **교사범·방조범·공동정범의 특정** 교사범이나 방조범의 경우에는 교사행위·방조행위뿐만 아니라 정범의 실행행위와 그 관계가 특정되어야 한다.

① "교사범, 방조범의 범죄사실 적시에 있어서는 그 전제요건이 되는 정범의 범죄구성요건이 되는 사실 전부를 적시하여야 하고, 이 기재가 없는 교사범, 방조범의 사실 적시는 죄가 되는 사실의 적시라고 할 수 없다."[11)]

② 이 사건 사문서변조의 공소사실에는 그 변조의 대상이 된 예금잔액증명서의 발급경위와 이미 금액란의 변조가 마쳐진 상태의 예금잔액증명서가 피고인에게 전달된 과정이 기재되어 있을 뿐 사문서변조의 범죄구성요건에 해당하는 구체적 사실에 관해서는 그 일시·장소와 방법의 기재가 모두 빠져 있고, 변조의 실행행위를 한 사람도 전혀 나타나 있지 않다(공범자도 성명불상자로만 기재되어 있을 뿐이다). 그 외에 이 사건 공소장 내에 적시된 여타 사항들만으로는 다른 사실과 구별될 수 있는 사문서변조에 관한 구체적 공소사실을 파악하기 어렵다. 이와 같은 공소사실은 범죄구성요건의 특정요소에 관한 기재 자체가 누락된 것이어서, 앞서 본 형사소송법의 규정이 요구하는 특정한 사실의 기재로 볼 수 없다.[12)]

---

8) 대법원 1984.3.13. 선고 83도3006 판결.
9) 대법원 1990.1.23. 선고 87도2625 판결.
10) 대법원 1995.3.24. 선고 95도22 판결.
11) 대법원 1981.11.24. 선고 81도2422 판결.
12) 대법원 2009.1.15. 선고 2008도9327 판결.

(마) 특정성 요건이 완화될 수 있는 예외상황

공소사실은 검사가 증거에 의하여 재구성한 사실이므로, 실체적 진실관계의 세세한 부분까지 그대로 공소사실에 반영할 수는 없다. 특히 피의자가 범행을 부인하는 경우에는 더욱 한계가 있다. 공소사실의 특정이 피고인의 방어권 행사를 용이하게 하기 위한 것이라 하더라도 뻔히 범죄를 범하였다는 것이 명백히 증거에 의하여 인정될 경우에 공소사실의 불특정만을 이유로 공소를 기각하도록 하는 것은 정의와 형평에 반한다. 따라서 범죄의 시일, 장소 등이 구체적으로 적시되지 않았더라도 예외적으로 특정성요건을 충족시킨 것으로 보아야 할 경우를 일정한 한도에서 인정하지 않을 수 없다. 판례는 그와 같은 예외상황을 인정하고 있으므로 다음과 같이 유형별로 나누어 살펴보기로 한다.

(1) 다른 사실 기재에 의하여 '당해 구성요건 해당사실이 다른 사실과 식별할 수 있는 정도'로 기재되어 있으며 또한 그런 기재가 '피고인의 방어권행사에 지장이 없는 경우' 첫째, 공소장에 범죄의 시일, 장소 등이 구체적으로 적시되지 않았더라도 '다른 사실 기재에 의하여', '당해 구성요건 해당사실이 다른 사실과 식별할 수 있는 정도'로 기재되어 있으며 또한 그런 기재가 '피고인의 방어권행사에 지장이 없는 경우'에는 그 공소내용이 특정되지 않았다고 볼 수 없다. 이 판례이론이 적용된 사안으로 다음의 몇 개의 판례를 적시할 수 있다.

① "이 사건 공소장에서 이 사건 범행 시간을 2003.11.30. 20:00경부터 그 다음날 11:20경까지 사이로 기재하였음은 기록상 명백한바, 앞서 본 법리에 비추어 볼 때, 위와 같은 범행 일시의 기재가 이 사건 공소사실을 다른 사실과 식별할 수 없는 정도이거나 피고인의 방어권을 부당하게 침해하는 것으로서 '공소사실이 특정되지 못한 경우'에 해당한다고 볼 수는 없고, 따라서 원심판결에 공소사실의 특정에 관한 법리오해의 위법이 있다는 상고이유의 주장은 받아들이기 어렵다."[13)]

② "1996년 초경부터 피해사실이 드러난 1996.7.15. 사이의 날로, 범행시각은 11:30경으로 가능한 한 특정하여 공소를 제기하였음을 알 수 있는 한편, 공소장에 범행의 장소와 방법 등이 구체적으로 기재되어 있는 점과 이 사건 범죄의 성격을 고려하면, 범죄의 시일을 위와 같이 기재하였다고 하더라도 그 공소사실은 특정되어 있다고 보아야 할 것이다."[14)]

③ "사문서위조 및 변조의 공소사실에 있어서 위조 또는 변조되었다는 매매계약서

13) 대법원 2006.3.9. 선고 2005도8675 판결.
14) 대법원 1997.8.22. 선고 97도1211 판결.

들이 모두 현존하고 있고 위조 또는 변조한 방법이 특정되어 있는 이상 공소장에 그 위조 또는 변조하였다는 일시를 '1984.5.30. 이후 1986.10.20. 사이'로, 그 범행장소를 '장소불상지'로 표기하였다 하여도 그 이상으로 확인하기 어려워 부득이 그와 같이 기재한 것이고 그것이 이중기소 또는 공소시효의 완성여부와 전혀 관계가 없는 때에는 공소사실이 특정되지 아니한 것이라고 할 수 없다."[15]

④ "공모의 시간, 장소, 내용 등을 구체적으로 명시하지 아니하였다 하더라도 다른 기재사실 등에 의하여 그 공소사실을 특정할 수 있는 한 그와 같은 이유만으로 공소사실이 특정되지 아니하였다고 할 수 없다. (중략) 피고인에 대한 공소사실을 종합하여 보면 피고인이 위 S, P 등과 공모한 일시나 장소가 명시되지 아니하였다는 이유만으로 이 사건 공소사실이 특정되지 아니하였다고 할 수 없다."[16]

⑤ 유서사건: "공소사실에 일시와 장소로서 '1991.4.27.경부터 같은 해 5.8.까지의 어느 날 서울 어느 곳에서'로 되어 있고, 유서 작성의 방법에 관하여 구체적인 기재가 없다 하더라도, 유서 대필 여부가 문제로 되는 한 이는 자살자와 유서 대필자 사이에 일어난 일이어서, 결국 그 유서가 대필되었는지 여부가 그 범죄성립의 핵심을 이루는바, 이처럼 자살이 이미 실행되어 버렸고 그 유서가 압수되어 특정되어 있는 경우, 그 일시와 장소는 범죄의 동일성 인정과 이중기소 방지, 시효저촉 여부, 토지관할을 가늠할 수 있는 범위에서 그 유서대필사실을 뒷받침할 수 있는 정도로만 기재되어 있으면 충분하므로, 위 공소사실은 특정되어 있다고 봄이 상당하고, 따라서 위와 같은 정도의 기재만으로는 현장부재 등의 증명 또는 방어권 행사에 장애를 초래한다고 단정할 수 없다."[17]

⑥ "공소사실의 특정은 공소의 원인이 된 사실을 다른 공소사실과 구별할 수 있는 정도로 그 일시, 장소, 방법 등을 적시하여 일응 특정하게 되면 족한 것이고, 그 일부가 다소 불명확하게 적시되어 있다 하더라도 그와 함께 적시된 다른 사항들에 의하여 그 공소사실을 특정할 수 있는 한 그 공소제기의 효력에는 아무런 영향이 없다 할 것인 바(대법원 1992.8.18. 선고 92도1395 판결 참조), 이 사건 공소장에 피고인이 이 사건 기계를 횡령한 일시를 '1991.6.22.경 마산세관 진주출장소를 통하여 통관한 후'로 표기하고 횡령한 장소를 명기하지 아니하였다고 하여도 그 이상으로 확인하기가 어려워서 부득이 그와 같이 기재된 것이고 그것이 이중기소나 공소시효의 완성여부와 전혀 관계가 없는 이 사건에 있어서는 공소사실이 특정되지 아니한 것이라고 할 수 없다 할 것이어서, 원심이 피고인에 대한 이 사건 공소사실이 특정되었다고 보았음은 옳고, 거기에 소론과 같은

15) 대법원 1990.6.26. 선고 89도513 판결.
16) 대법원 1993.6.22. 선고 91도3346 판결.
17) 대법원 1992.7.24. 선고 92도1148 판결.

법리오해의 위법이 있다고 할 수 없다."[18]

(2) 범죄의 성격상 개괄적 표시(일정한 폭이 있는 표시)가 부득이한 경우 공소범죄의 성격에 비추어 그 개괄적 표시가 부득이 하며 또한 그에 대한 피고인의 방어권행사에 지장이 없는 경우에는 개괄적 표시가 있다 하더라도 그 공소내용이 특정되지 않았다고 볼 수 없다(재판요지 ④ 참조). 현재까지 '범죄의 성격상' 개괄적 표시가 부득이한 경우로 취급되고 있는 사안유형은 크게 다음과 같이 세 가지로 분류할 수 있다.

(i) 마약범죄(혹은 약물범죄) '범죄의 성격상' 개괄적 표시가 부득이한 경우의 전형적인 사안은 약물사건(마약류 투약죄)이다.

① "모발에 대한 감정을 실시한 결과 모발에서 메스암페타민 성분이 검출되어 피고인이 메스암페타민을 투약한 사실이 판명된 경우에도 피고인이 그 투약사실을 부인하는 경우, 검사로서는 그 투약의 시기 및 장소를 구체적으로 밝힐 증거를 확보하기란 용이하지 않은 점을 고려할 때, 검사가 기소 당시의 증거에 의하여 가능한 한 특정한 것이라면, 위와 같이 시일을 일정 범위의 기간 내로 기재하고 장소를 '인천 또는 불상지'라고 기재하였다고 하더라도, 범죄의 특성상 공소사실이 특정되어 있다고 보아야" 한다고 판시한다. 그러나 그렇다 하더라도 검사의 특정의무가 완전히 면제되는 것은 아니고 검사는 '기소 당시의 증거에 의하여 가능한 한 특정'하여야 한다."[19]

(ii) 범죄단체조직죄

① "피고인이 폭력행위 등 범죄를 목적으로 하는 단체를 구성하였다는 요지의 폭력행위 등 처벌에 관한 법률 제4조 제1호 위반공소사실을 기록에 의하여 살펴보면 그 공소사실은 특정되어 있다고 보여지고, 그 범죄의 시일이 '1985. 1.3. 이후 같은 해 월일불상경'으로, 범죄장소가 '수원지 북문소재 장소불상지'로 다소 구체적으로 적시되지 않았다 하더라도 이 범죄의 성격 및 위에서 밝힌 법리에 비추어 소론과 같이 공소사실이 특정되지 않아 공소제기가 위법하다고는 볼 수 없다."[20]

② "이 사건 범죄단체를 구성하게 된 일시, 장소가 '1988.8.경부터 1989. 초경까지 사이에 제주시 산지천 부근 및 신제주 일원'으로 되어 있고 그 목적이 '폭력을 수단으로 불법적인 경제적 이익의 취득'으로 되어 있다 하여 그것만으

---

18) 대법원 1994.9.30. 선고 94도1990 판결.
19) 대법원 1994.12.9. 선고 94도1680 판결.
20) 대법원 1991.10.25. 선고 91도2085 판결.

로 범죄의 일시, 장소, 방법이 특정되지 않아 공소제기의 절차가 위법하다 할 수 없으므로 원심판결에 공소사실의 특정에 관한 법리오해가 있다고도 할 수 없다."[21)]

(iii) 포괄일죄 판례이론의 구도를 수용한다면 '포괄일죄의 범죄사실을 개괄적으로 표시하여도 특정성요건에 위반되지 않고 정당화되는 근거'는 이 범주에서 찾아야 할 것이다.

① "포괄일죄에 있어서는 그 일죄의 일부를 구성하는 개개의 행위에 대하여 구체적으로 특정되지 아니하더라도 그 전체 범행의 시기와 종기, 범행방법, 피해자나 상대방, 범행횟수나 피해액의 합계 등을 명시하면 이로써 그 범죄사실은 특정되는 것이라고 할 것이고, 상습사기와 같이 공소범죄의 특성상 개괄적 기재가 불가피한 경우 개별적 사기 범행의 피해자가 특정되지 아니하였다고 하더라도 기본적 사실관계에 차이가 없고 피고인의 방어권행사에 지장을 주지 않는다면 그 공소내용이 특정되지 않았다고 할 수 없는 것이나, 비록 공소범죄의 특성에 비추어 개괄적인 기재가 불가피한 경우가 있다 하더라도, 사실상 피고인의 방어권행사에 지장을 가져오는 경우에는 형사소송법 제254조 제4항에서 정하고 있는 구체적인 범죄사실의 기재가 있는 공소장이라고 할 수 없다."[22)]

② "수산자원보호령위반죄의 범행장소의 개괄적 표시: "공소사실 중 어망 목의 제한을 위반한 점의 공소사실 요지는, '1995.8.11.경부터 1995.9.6.까지 전국 연근해에서 근해선망어선 제62 세길호를 타고 다니며 선망의 주요 부분의 망목내경이 법령이 정한 제한기준에 미달하는 25㎜짜리 어망을 사용 조업하였다'는 것인바, 이러한 행위는 단일의사로 계속하여 반복된 것으로서 포괄하여 직업범으로서 일죄를 구성한다고 볼 것이고, 이와 같이 어군을 찾아 대한민국 근해 각지를 떠다니며 사용금지된 어망을 사용한 행위는 그 공소범죄의 성격상 어구사용의 장소를 일일이 특정하지 아니하고 그 범행장소를 개괄적으로 표시하였다고 할지라도 그로 인하여 피고인의 방어권 행사에 지장이 없다고 할 것이므로 당해 공소내용을 공소제기절차위반으로 무효라고 판단하여서는 아니된다."[23)]

③ "재무부장관의 인가를 받지 아니하고 단기금융업을 영위한 단기금융법위반죄와 단기금융법의 적용대상이 되는지 여부에 대한 특정: "재무부장관의 인가를 받지 아니하고 단기금융업을 영위한 단기금융법위반죄와 같은 경우에는 각

21) 대법원 1995.3.17. 선고 95도13 판결.
22) 대법원 2007.8.23. 선고 2006도5041 판결.
23) 대법원 1997.5.30. 선고 97도414 판결.

그 어음이 1년 이내로서 재무부장관이 정하는 기간 내에 만기가 도래하는 것인지 여부도 특정하여 단기금융법의 적용대상이 되는지 여부를 밝혀야만 할 것이다(대법원 1982.12.28. 선고 82도2569 판결 참조). 이러한 기준에서 피고인에 대한 판시 단기금융업법위반죄의 공소사실을 살펴보면, 원심판결 별지 범죄일람표 1 기재 약속어음 12장에 대하여는 각 그 어음이 발행일로부터 1년 이내로서 재무부장관이 정하는 기간 내에 만기가 도래하고 있음을 구체적으로 밝히고 있고, 나머지 어음들에 대하여도 그것이 이에 해당함을 전제로(수사기록 1,330면부터 1,503면에 의하면, 위 어음들은 모두 각 그 발행일로부터 만기가 1년 이내에 도래하고 있음은 명백하다) 그 전체 범행의 시기와 종기, 범행방법, 범행횟수, 또는 거래액의 합계 및 거래 상대방을 명시하였는바, 그렇다면 위 공소사실 부분은 이를 특정되지 아니하였다고 볼 수 없고 위 피고인의 방어권 행사에 지장이 있다고 보여지지도 아니할 뿐 아니라 원심에서 위 피고인은 단기금융업법위반죄에 대한 공소사실이 특정되어 있지 아니하였다는 주장을 철회하여 원심이 이에 대한 판단을 한 바 없으므로 상고심에 이르러 이를 다시 상고이유로 주장할 수는 없다."[24)]

(iv) 기　타

① "검사가 유가증권위조의 점에 관한 공소사실의 범죄의 일시를 '2000. 초경부터 2003.3.경 사이에'로 기재하여 범행의 일시가 비교적 장기간으로 되어 있으나, 문서위조죄는 피고인들이 그 범행을 자백하지 아니한 이상 언제 어디에서 문서를 위조한 것인지 알기가 어려우며 이 사건에 있어서도 그 범죄일시를 일정한 시점으로 특정하기 곤란하여 부득이하게 개괄적으로 표시할 수밖에 없었다고 판단되고, 피고인들이 1996년경 공소외 1과 협의하여 이 사건 주권의 발행에 관여하여 그 이후로 계속 이를 보관하다가 2003.3.경 그중 일부를 공소외 2와 공소외 3에게 교부하였다고 주장하는 이 사건에서의 쟁점은 위 주권이 1996년경 증자될 당시 적법하게 발행되었는지 아니면 공소사실과 같은 시기에 위조된 것인지 여부로서 그 쟁점이 명확하여 피고인들의 방어권을 침해하였다고 볼 수도 없다."[25)]

(바) 공소사실 불특정의 효과

공소사실이 특정되지 아니하면 그 공소장은 부적법하므로 법원은 공소기각의 판결을 하여야 한다(법 제327조 제2호). 그러나 사소한 흠이 있거나 약간의 보정(補正)을 하면 흠이 시정될 수 있는 경우에도 공소기각을 하도록 하는 것은 과중한 소추업무부담을 지고 있는 검사에게 가혹한 일이고 법원의 입장에서 보아도 소송경제에 반한다. 여기서 사소한 흠이 있는 경우 '공소사실의 사후보정'을

24) 대법원 1997.9.12. 선고 97도1706 판결.
25) 대법원 2006.6.2. 선고 2006도48 판결.

허용할 것인가 하는 문제가 제기된다.

(사) 법원의 석명권 행사의 의무성(규칙 제141조)

형사소송법에는 법원의 검사에 대한 석명요구조치에 관하여 아무런 명문의 규정이 없다. 그러나 형사소송규칙 제141조는 '재판장은 소송관계를 명료하게 하기 위하여 검사, 피고인 또는 변호인에게 사실상과 법률상의 사항에 관하여 석명을 구하거나 입증을 촉구'할 수 있으며(제1항) '합의부원은 재판장에게 고하고 제1항의 조치'를 할 수 있고(제2항) '검사, 피고인 또는 변호인은 재판장에 대하여 제1항의 석명을 위한 발문을 요구'할 수 있도록 하여 법원의 석명요구권 발동의 근거를 규정하고 있다.

대법원 1983.6.14. 선고 83도293 판결(배임등)은 공소사실의 기재가 '일부 특정되지 아니한 경우'에 사실심 법원은 막바로 공소기각의 판결을 할 것이 아니라 ① 우선 검사에게 석명을 구하여 공소장을 보정할 기회를 부여하고 ② 보정의 기회를 주었음에도 불구하고 검사가 이를 보정하지 아니하는 경우에 비로소 공소기각의 판결을 하도록 하여 관대한 입장을 표명[26)]하고 있다(대법원 1994.12.9. 선고 94도1680 판결(향정신성의약품관리법위반)도 같은 취지이다).

'공소사실이 특정되지 아니한 경우, 법원은 예외 없이 석명권을 행사하여야 한다'는 취지로 해석할 수도 있겠으나, 판례의 취지에 비추어 공소사실이 일부 특정되지 아니하여 오해를 불러일으키거나 명료하지 못한 경우(특히 공소사실이 더 구체적으로 특정될 가능성이 있는 경우)에 한하여 예외적으로 석명권을 행사하여야 한다고 해석하여야 할 것이다. 공소사실의 특정 문제는 피고인의 방어상의 이익과 관련되므로 엄격하게 취급되어야 하지만 공소사실의 기재가 '일부 특정되지 아니한 사소한 흠이 있

---

26) D는 1979.4.7. 13:00경 서울시 은평구 역촌동 소재 옥호 미상 중국집에서 20구좌 계금 300만 원짜리 낙찰계를 조직하고 계주가 되었는데 1980.4.7. 위 낙찰계가 13회에 이르러 종료하였다. D는 계금 중 잔액 150만 원을 계원들에게 분배하지 아니하고 임의로 사용하여 배임혐의로 기소되었다. 그런데 공소장에는 피해자인 계원들의 성명과 피해자별 피해액이 명확하지 아니하였다. 항소심은 "배임공소사실은 피해자를 개별적으로 특정하고 그 피해금액을 피해자별로 특정짓지 아니하고서는 피고인의 범죄사실이 특정되어 있다고 할 수 없으니 본건 공소는 공소제기의 절차가 형사소송법 제254조 제4항에 위반"함을 이유로 법 제327조에 의하여 공소기각의 판결을 선고하였다. 검사가 상고하였다. '공소사실 불특정을 이유로 공소기각을 하려면 수소법원이 먼저 검사에게 공소장석명을 요구하여야 하는가'가 쟁점이다. 대법원(파기환송)은 "공소장에 피고인인 계주가 조직한 낙찰계의 조직일자, 구좌, 계금과 계원들에게 분배하여야 할 계금이 특정되어 있고 피해자인 계원들의 성명과 피해자별 피해액만이 명확하지 아니한 경우에 법원은 검사에게 석명을 구하여 검사가 이를 명확하게 하지 아니한 경우에 비로소 공소사실의 불특정을 이유로 공소기각을 할 것이고 이에 이르지 않고 바로 공소기각의 판결을 하였음은 심리미진의 위법이 있다"고 판시하였다.

는 경우'에 법원의 석명요구권 발동은 소송지휘권의 일내용으로 파악할 수 있고 소송경제의 요청도 있으므로 관대한 입장이 크게 부당한 것은 아니다.

(아) 공소장특정이 부정되어 무효로 판단된 사례(대법원 2009.8.20. 선고 2009도9 판결)

[**사안**] D는 '집회 및 시위에 관한 법률'(이하 '집시법'이라 한다) 위반 혐의로 기소되었다. 공소사실은 "D는 2008.4.8. 10:00경부터 서울 (상세 주소 생략)○○○○상가재건축공사장 출입구 앞에서 철거대책위원회 회원 26명과 함께 재건축 공사장 출입구를 막고 일렬로 도열하여 서거나 때로는 앉아서 회원들 일부가 연설을 하고 회원들이 함께 구호를 외치는 등 집회를 개최하는 방법으로 공사장 출입차량의 통행을 불가능하게 하여 V조합의 재건축 업무를 방해하며 집회를 하고 있었다. 이에 중부경찰서 서장으로부터 불법집회 해산에 관한 권한을 위임받은 중부경찰서 경비과장이 자진 해산할 것을 요청하고, 이어서 11:00경, 11:05경, 11:10경 3회에 걸쳐 해산명령을 하였다. 그러나 D는 지체 없이 해산하지 아니하였다"이고 적용법조는 집시법 제24조 제5호, 제20조 제2항으로 적시되었다. 항소심은 무죄를 선고하였다. 검사가 상고하였다. [**판지**(직권파기환송)] 상고이유를 판단하기에 앞서 직권으로 본다. 공소장에 적용법조를 기재하는 이유는 공소사실의 법률적 평가를 명확히 하여 공소의 범위를 확정하는 것을 돕고, 또한 D의 방어권을 보장하고자 함에 있다(대법원 2006.4.14. 선고 2005도9743 판결 참조). 한편 공소장의 공소사실은 법원의 심판대상을 한정하고 D의 방어범위를 특정하여 그 방어권을 보장하는 데 의미가 있는 것이므로, 형사소송법 제254조 제4항은 공소사실을 기재함에 있어서는 범죄의 일시·장소와 방법을 명시하여 구성요건에 해당하는 구체적 사실을 특정하여야 한다고 정하고 있다.

그런데 여기서 집시법 제24조는 벌칙규정으로서 그 제5호는 '집시법 제20조 제2항을 위반한 자를 일정한 형벌에 처한다'는 내용이고, 집시법 제20조 제2항은 '집회 또는 시위가 제1항에 따른 해산명령을 받았을 때에는 모든 참가자는 지체 없이 해산하여야 한다'는 것이다. 그러므로 이 사건 집시법 위반의 점에 대하여 심리·판단하기 위하여는 거기서 정하는 '**제1항에 따른 해산명령**'이 무엇인지를 살펴보지 않을 수 없다.

(1) 집시법 제20조 제1항 "① 관할경찰관서장은 다음 각 호의 어느 하나에 해당하는 집회 또는 시위에 대하여는 상당한 시간 이내에 자진(自進) 해산할 것을 요청하고 이에 따르지 아니하면 해산(解散)을 명할 수 있다. 1. 제5조 제1항, 제10조 본문 또는 제11조를 위반한 집회 또는 시위 2. 제6조 제1항에 따른 신고를 하지 아니하거나 제8조 또는 제12조에 따라 금지된 집회 또는 시위 3. 제8조 제3항에 따른 제한, 제10조 단서 또는 제12조에 따른 조건을 위반하여 교통 소통 등 질서 유지에 직접적인 위험을 명백하게 초래한 집회 또는 시위 4. 제16조 제3항에 따른 종결 선언을 한 집회 또는 시위 5. 제16조 제4항 각 호의 어느 하나에 해당하는 행위로 질서를 유지할 수 없는

집회 또는 시위”

(2) 집시법 제20조 제1항 제5호에서 인용하는 제16조 제4항 “④ 집회 또는 시위의 주최자는 다음 각 호의 어느 하나에 해당하는 행위를 하여서는 아니 된다. 1. 총포, 폭발물, 도검(刀劍), 철봉, 곤봉, 돌덩이 등 다른 사람의 생명을 위협하거나 신체에 해를 끼칠 수 있는 기구(器具)를 휴대하거나 사용하는 행위 또는 다른 사람에게 이를 휴대하게 하거나 사용하게 하는 행위 2. 폭행, 협박, 손괴, 방화 등으로 질서를 문란하게 하는 행위 3. 신고한 목적, 일시, 장소, 방법 등의 범위를 뚜렷이 벗어나는 행위”

이와 같이 집시법 제20조 제1항에 따라 해산명령을 할 수 있는 집회 또는 시위의 태양은 매우 다종·다양하다. 그런데 앞서 본 공소사실의 기재만으로는 이 사건 집회가 위 제20조 제1항에서 해산명령이 발하여질 수 있다고 정하여진 그 많은 집회의 태양 중 어느 것에 해당하여 경찰로부터 해산명령을 받았는지를 쉽사리 알 수 없다. 또한 이 사건 공소사실을 위 제20조 제1항에서 열거된 이들 규정에 일일이 비추어 본다고 하여도 그러한 불명확함이 현저히 감소된다고 할 수 없으므로, 이 사건 집시법 위반의 점에 대하여 공소장에 적용법조로 집시법 제20조 제2항만을 기재한 것은 결국 공소사실에 대한 법적 평가를 제대로 제시하지 못하였다고 할 수밖에 없다. 따라서 이 사건 공소사실 및 적용법조의 기재는 공소의 범위를 확정하지 못하고 나아가 D의 방어권 행사에 실질적인 불이익을 주는 것이어서, 이 사건 공소제기의 절차는 위법하여 무효이다. 비록 검사가 제1심 변론이 종결된 후에 이르러 집시법 제20조 제1항 제5호, 제16조 제4항 제3호가 이 사건 해산명령의 근거라는 의견을 제시하였다고 하더라도, 그에 의하여 공소장변경의 절차를 밟은 것이 아닌 이상, 그것만으로 위와 같은 공소제기절차상의 위법이 치유된다고 할 수 없다.

설령 검사가 위와 같이 제시한 위 각 집시법 규정이 적용법조로 추가된 것으로 볼 수 있다고 하더라도, 이 사건 공소사실은 앞서 본 집시법 제16조 제4항 제3호에 해당하는 구체적 사항, 즉 이 사건 집회에 관하여 신고된 목적·일시·장소·방법이 어떤 내용인지 및 이 사건 집회가 어떠한 점에서 그 신고된 목적·일시·장소·방법 등의 범위를 ‘뚜렷이 벗어나는’ 것인지를 전혀 기재하지 않고 있으므로, 구성요건에 해당하는 구체적 사실을 특정하였다고 볼 수 없어 결국 위법함을 면할 수 없다. 원심이 이와 같은 점을 간과한 채 이 사건 집시법 위반의 점에 관한 공소사실을 무죄로 인정한 것은 공소제기절차에 관한 법리를 오해하여 판결에 영향을 미친 위법이 있다. 그러므로 원심판결 중 집시법 위반의 점에 관한 무죄부분을 파기하고 이 부분 사건을 다시 심리·판단하게 하기 위하여 원심법원에 환송하기로 하여, 관여 대법관의 일치된 의견으로 주문과 같이 판결한다.

(자) 컴퓨터 등 장애 업무방해죄의 공소사실이 특정되지 않았다고 판단된 사례 (대법원 2011.5.13. 선고 2008도10116 판결)

"형법 제314조 제2항은 '컴퓨터 등 정보처리장치 또는 전자기록 등 특수매체기록을 손괴하거나 정보처리장치에 허위의 정보 또는 부정한 명령을 입력하거나 기타 방법으로 정보처리에 장애를 발생하게 하여 사람의 업무를 방해한 자'를 처벌하도록 규정함으로써, 피해자의 업무를 그 보호객체로 삼고 있는바, 불특정 다수인이 그 업무처리를 위하여 사용하는 컴퓨터 등 정보처리장치 등을 대상으로 하여 위 조항 소정의 범죄가 저질러진 경우에는 최소한 그 컴퓨터 등 정보처리장치 등을 이용한 업무의 주체가 구체적으로 누구인지, 나아가 그 업무가 위 조항의 보호객체인 업무에 해당하는지를 심리·판단할 수 있을 정도로 특정되어야만 하고, 이에 이르지 못한 경우에는 공소사실로서 적법하게 특정되었다고 보기 어렵다(대법원 2009.3.12. 선고 2008도11187 판결 참조). 이 부분 컴퓨터 등 장애 업무방해의 점에 관한 공소사실은 그 기재만으로는 피해자인 인터넷 이용자들이 누구인지, 그 숫자가 몇 명인지조차 특정되어 있지 않아 몇 개의 컴퓨터 등 장애 업무방해죄로 공소제기한 것인지를 알 수 없고, 또한 방해된 업무의 내용이 구체적으로 무엇인지 알 수가 없어 형법 제314조 제2항의 보호객체인 업무에 해당하는지를 심리·판단할 수 없으므로, 공소장에 구체적인 범죄사실의 기재가 없어 형사소송법 제327조 제2호에 의하여 '공소제기의 절차가 법률의 규정에 위반하여 무효인 때'에 해당한다. 원심이 같은 취지에서 이 부분 공소가 기각되어야 한다고 판단한 것은 정당하다."

(차) 간통죄의 공소사실 특정(대법원 2012.3.29. 선고 2010도11274 판결)

[사안] ① D, D2는 2008년 **5월 4회**('D가 2008년 5월 11일께부터 같은 달 17일께까지 부산 이하 장소를 알 수 없는 곳에서 천씨와 4회에 걸쳐 성교했다'), ② 같은 해 **6월 2회**, ③ **11월에 1회** 성관계를 한 혐의('2008년 11월 14일 부산 이하 장소를 알 수 없는 곳에서 1회 성교했다')로 기소되었다. 제1심과 항소심은 '**범행 일시와 장소가 특정된 6월에 저지른 범죄**'(②)**에 대해서만 유죄를 인정**, '징역 8월에 집행유예 2년'을 선고하고 나머지 범죄(①, ③)에 대하여 공소를 기각했다. 검사가 상고하였다: [**판지**(파기환송)] "(③에 대하여) 간통행위는 당사자 사이에 비밀리에 행해져 제3자가 범행 장소를 알아내기 곤란하므로, 공소사실을 ③ '2008년 11월 14일 부산 이하 장소를 알 수 없는 곳에서 1회 성교했다'고 기재했더라도 구체적인 범행 장소를 확인하기 어려워 부득이 그와 같이 기재한 것이 인정된다. 검사는 박씨의 전자우편을 토대로 그 전날 이뤄진 간음행위를 대상으로 삼아 공소를 제기했으므로 범행 장소를 이같이 기재했다고 하더라도 D들의 방어권 행사에 지장을 초래하는 것으로 볼 수 없고, 공소사실이 특정되지 않았다거나 공소제기 절차가 위법하다고 볼 수 없다. (①에 대하여) 그러나 간통죄는 각 성교행위마다 1개의 죄가 성립하므로 각 행위의 일시와 장소 등을 명시해 다른 사실과 구별이 가능하도록 공소사실을 기재해

야 한다. 'D가 2008년 5월 11일께부터 같은 달 17일께까지 부산 이하 장소를 알 수 없는 곳에서 천씨와 4회에 걸쳐 성교했다'는 공소사실은 **4회의 간음행위가 날짜별로 구분되지 않는 등 개개의 간음행위가 구별되지 않으므로** 무죄를 주장하는 D들의 방어권 행사에 지장이 있다."

3.3

마약류 투약죄와 공소사실의 특정

대법원 1994.12.9. 선고 94도1680 판결

I 사 안

D는 1993.8.16. 12:10경 인천 남구 숭의4동 소재 D2(공동 피고인)의 집에서 인천지방검찰청 소속 마약반에 검거되어(현장에서 대마가 압수되었음) 대마초흡연혐의로 조사를 받았다. D는 대마초흡연사실을 자백하였고, 같은 날 소변과 모발을 채취하여 감정하는 것에 동의하였다. 인천지방검찰청은 D의 소변 및 모발을 채취하여 국립과학수사연구소에 같은 달 17. 위 모발 및 소변에서 대마성분 및 히로뽕 성분이 검출되는지 여부에 관하여 감정의뢰하였다. D는 대마관리법위반죄로 같은 달 24. 기소되었다. 같은 해 9.1. 국립과학수사연구소가 “D의 소변에서는 대마성분만 검출되었고 메스암페타민(이른바 히로뽕) 성분이 검출되지 아니하였으나, D의 모발에서는 메스암페타민 및 그 대사체인 암페타민이 검출되었다”는 감정결과를 통보함에 따라 검사는 D를 향정신성의약품관리법위반죄로 추가 입건하여 조사하였으나 D는 투약사실을 완강히 부인하였다. 그러자 검사는 그 투약의 일시 및 장소가 구체적으로 밝혀지지 않은 상태에서 그 투약의 시기를 ‘1993.8. 중순경’으로 기재하고, 장소는 ‘인천 이하 불상지’로 기재하며, 방법을 ‘증류수에 희석하여 주사하는 방법으로 투약한 것’으로 기재하여 향정신성의약품관리법위반죄를 추가로 기소하였다(이하에서는 대마관리법 위반혐의는 논외로 하고 향정신성의약품관리법위반혐의에 대하여서만 논한다). 제1심은 유죄를 선고하였다. D가 항소하였다.

항소심은 “① D의 소변에서 D가 1993.8.16. 03:30경 흡연한 대마초 성분이 검출되었는데, 공소사실에 적시된 메스암페타민의 투약시기도 1993.8. 중순경으로서 위 대마초 흡연시기와 근접함에도 소변에서는 대마성분만 검출되었다는 점이 우선 수긍이 가지 않고, ② 메스암페타민 및 그 대사체가 검출되었다는 모발의 주인공이 D라는 점에 대하여 확신을 가질만한 자료도 없다”는 등의 점을 종합하여 “D가 언제인가 히로뽕을 투약하지 않았나 하는 강한 의심이 들기는 하나, 합리적인 의심을 할 여지가 없을 정도로 확신을 가지게 하지는 않고, 달리 위 공소사실을 인정할 증거가 없으므로, 위 국립과학수사연구소장에 대한 사실조회회보만으로는 D가 공소사실과 같이 히로뽕을 투약하였다고 단정하기 부족하다”고 판단하여 제1심판결을 파기하고 무죄를 선고하였다. 검사가 상고하였다.

II
쟁 점

마약류 투약죄의 공소사실을 검사가 기소 당시의 증거에 의하여 가능한 한 특정한 것이라면 '시일을 일정 범위의 기간 내'로 기재하고 장소를 '인천 또는 불상지'라고 기재하였다고 하더라도 범죄의 특성상 공소사실이 특정되어 있다고 보아야 할 것인가?

III
재판요지
(파기환송)

1) 국립과학수사연구소장의 사실조회회보의 기초가 된 감정에 있어서 실험물인 모발이 바뀌었다거나, 착오나 오류가 있었다는 등의 구체적인 사정이 없는 한, D로부터 채취한 모발에서 메스암페타민 성분이 검출되었다고 인정하여야 하고, 따라서 논리와 경험의 법칙상 D는 감정의 대상이 된 모발을 채취하기 이전 언젠가에 메스암페타민을 투약한 사실이 있다고 인정하여야 한다. (중략) 위 사실조회회신에 의하여 밝혀진 바는 D가 위 모발을 채취하기 이전 언제인가에 메스암페타민을 투약하였다는 사실뿐이고, 그 시기, 장소에 대하여는 D가 메스암페타민을 투약한 사실 자체를 부인하고 있어 이를 구체적으로 밝힐 아무런 자료가 없다. 검사 작성의 D에 대한 피의자신문조서의 진술기재에 의하면, D는 인천 소재 고등학교를 중퇴하였고, 인천 소재 캬바레에서 종업원으로 근무한 적이 있다는 사실이 인정되고, 거기에 D가 대마초를 흡연한 장소가 인천이라는 점을 함께 고려할 때, D가 메스암페타민을 투약한 장소가 인천이 아닌가 추측이 되나, D의 주소지가 서울인 점을 고려하면 반드시 인천이라고 볼 수는 없다. 다만 검사 작성의 D에 대한 피의자신문조서의 진술기재에 의하면, D의 팔에 주사자국이 많이 나 있는 사실이 인정되므로, 이에 비추어 보면, D는 주사하는 방법으로 메스암페타민을 투약하였다고 인정할 수 있어 원심이 D가 주사하는 방법으로 메스암페타민을 투약하였다고 볼 증거가 없다고 판시한 것은 채증법칙을 위배한 것이다.

2) 따라서 검사로서는 이 사건 기소 당시의 증거에 따라 공소제기를 하려면, 공소사실을 기재할 때 시일은 '언제부터 1993.8.16. 사이(이 기간은 이 사건 D의 모발감정에서 메스암페타민이 검출될 가능성이 있는 메스암페타민 투약기간 의 범위임)' 장소는 '인천 또는 불상지에서'라고 표시하였어야 한다.

3) 공소사실의 기재는 범죄의 시일, 장소와 방법을 명시하여 사실을 특정할 수 있도록 하여야 하는 것이므로(법 제254조 제4항), 공소사실을 위와 같이 기재(투약의 시기를 '1993.8. 중순경'이라고 하고, 장소는 '인천 이하 불상지'라고 하며, 방법을 '증류수에 희석하여 주사하는 방법으로 투약한 것'으로 기재한 것: 필자 주)한 경우 그 공소사실이 특정되어 있는 것으로 볼 수 있는지 문제로 되나, ㉮ 범죄의 시일은 이중기소나 시효에 저촉되지 않는 정도로, 장소는 토지관할을 가늠할 수 있는 정도로 기재하면 되는 것이고, ⓐ 이와 같은 요소들에 의하여 공소사실의 특정을 요구하는 법의 취지는 D의 방어권행사를 쉽게 해주기 위한 데에 있는 것이므로, 공소사실은 이러한 요소를 종합하여 ㉯ 구성요건 해당사실을 다른 사실과 식별할 수 있는 정도로 기재하면 족하고(식별설), ㉰ 공소장에 범죄의 시일, 장

소 등이 구체적으로 적시되지 않았더라도 위의 정도에 반하지 아니하고 더구나 ㉱ 공소범죄의 성격에 비추어 그 개괄적 표시가 부득이 하며 또한 그에 대한 D의 방어권행사에 지장이 없다고 보여지는 경우에는 그 공소내용이 특정되지 않았다고 볼 수 없는 것이므로(대법원 1991.10.25. 선고 91도2085 판결; 대법원 1989.12.12. 선고 89도2020 판결 등 참조), 모발에 대한 감정을 실시한 결과 모발에서 메스암페타민 성분이 검출되어 D가 메스암페타민을 투약한 사실이 판명된 경우에도 D가 그 투약사실을 부인하는 경우, 검사로서는 그 투약의 시기 및 장소를 구체적으로 밝힐 증거를 확보하기란 용이하지 않은 점을 고려할 때, 검사가 기소 당시의 증거에 의하여 가능한 한 특정한 것이라면, 위와 같이 '시일을 일정 범위의 기간 내로 기재'하고 장소를 '인천 또는 불상지'라고 기재하였다고 하더라도, 범죄의 특성상 공소사실이 특정되어 있다.

IV 분석과 해설

(가) 마약류 투약죄의 특수성: 진술을 거부하거나 범행을 부인하는 피고인

메스암페타민(필로폰)과 같은 마약류 투약죄는 범행이 은밀하게 행하여지고 증거 확보가 곤란한 경우가 많다. 그뿐만이 아니라 공소유지도 본인의 자백이나 감정결과에 의존하기 십상이다. 피고인이 자백하면 일시나 장소, 방법이 특정되고, 피고인의 자백과 감정결과에 의하여 공소사실을 구성하고 증명하는 데 별다른 어려움이 없지만, 실무상 상당수의 마약류 투약사범은 소변이나 모발감정결과에도 불구하고, 진술을 거부하거나 범행을 부인하고 있다.

(나) 상충하는 검사·재판부·피고인의 입장

검사는 공소사실의 일시를, 소변의 경우 7~10일, 모발의 경우 6개월(모발 분할 감정의 경우는 2개월) 정도의 마약류 성분 잔류 기간 내에서, 장소는 그 기간 내의 피고인의 활동반경을 기준으로 삼고, 방법은 일반적인 마약류의 사용방법-필로폰의 경우에는 1회 약 0.03그램을 증류수에 희석하여 주사하는 등의 방법-으로 기재하는 것이 보통이다.

죄수론상 마약류 투약죄의 죄수는 투약행위마다 1개의 죄가 성립하는 것으로 취급되고 있다. 또 마약류는 습관성 물질이어서 피의자들은 대부분 짧은 기간 내에 다수의 투약행위를 반복하는 것이 보통이다. 따라서 공소사실에 적시된 일시나 장소가 개괄적일 때에는 공소사실에 기재된 투약행위와 그 즈음의 가능성이 있는 다른 투약행위와 구별하기 곤란하다.

여기서 기판력의 시간적 한계에 민감한 법원의 입장에서는 공소사실에 적시된 일시나 장소가 개괄적으로 기재되면 심판대상을 한정할 수 없게 되는 문제에 봉착하게 된다. 특히 서로 인접하는 기간의 다른 투약행위가 공소장변경의 형식으로 기소되거나 추가기소되면 이중기소에 해당되는지 여부도 문제된다.

다른 한편 피고인의 입장에서는 공소사실이 개괄적으로 기재된 기간 내의 어느 투약행위에 대하여 방어권을 행사하여야 하는지가 막연해지고, 특히, 알리바이의 증명은 사실상 불가능하게 된다.

그렇다고 공소사실의 개괄적 기재를 허용하지 않는다면 자백하지 않는 범인에 대한 마약류 투약죄에 대한 공소제기는 사실상 불가능하게 되므로 어느 정도의 공소사실의 개괄적 기재를 허용하지 않을 수도 없다. 마약류 투약죄의 공소사실의 특정문제는 피고인의 방어권 보호와 국가형벌권의 실현이라는 두 가지 명제가 첨예하게 대립되는 영역이다.

(다) 절충과 조화

여기서 '검사가 기소 당시의 증거에 의하여 가능한 한 특정하려고 최선을 다하였다고 볼 수 있는가' 가 공소사실특정의 기준이 되었다. 그런데 다음 항(⇨본서 3.4)에서 보는 바와 같이 최근의 대법원 판결례들은 세 가지 서로 다른 방향성을 보이고 있어 판례의 통일적 학습이 매우 어렵다.

3.4

마약류 투약범죄의 공소사실 특정에 대한 세 가지 패턴의 판례들

대법원 2007.1.11. 선고 2005도7422 판결; 대법원 2010.8.26. 선고 2010도4671 판결

I 사 안

2007년 판결의 사안(모발검사 결과사안)

D는 마약류관리에 관한 법률위반(향정 투약) 혐의로 기소되었다. 수사기관이 D에게 유죄의 심증을 갖게 된 계기는 모발검사결과이다. 공소사실은 "D는 마약류 취급자가 아님에도 2004.9.경에서 10.경 사이 대구 달성군 등지에서, 메스암페타민 약 0.03g을 1회용 주사기에 넣고 물과 희석한 다음 피고인의 팔에 주사하는 방법으로 이를 투약하였다"는 것이다. 항소심은 "위 공소사실의 기재에 의해 공소사실이 특정되었다고 볼 수 없다"며 공소를 기각하였다. 검사가 상고하였다.

2010년 판결의 사안(소변검사결과)

D는 마약류관리에 관한 법률위반(향정 투약) 혐의로 기소되었다. 수사기관이 D에게 유죄의 심증을 갖게 된 계기는 소변검사결과이다. 검사는 향정신성의약품인 메스암페타민의 양성반응이 나온 소변의 채취일시, 메스암페타민의 투약 후 소변으로 배출되는 기간에 관한 자료와 D가 체포될 당시까지 거주 또는 왕래한 장소에 대한 D의 진술 등 기소 당시의 증거들에 기초하여 범죄일시를 '2009.8.10.부터 2009.8.19.까지 사이'로 열흘의 기간 내로 표시하고, 장소를 '서울 또는 부산 이하 불상'으로 표시하여 가능한 한 이를 구체적으로 특정하도록 노력하였다. D는 자신의 체내에 메스암페타민이 투약된 사실을 인정하면서도 '투약은 O가 위 범죄일시로 기재된 기간에 해당하는 2009.8.19. D 몰래 D의 음료에 메스암페타민을 넣어서 생긴 것이므로 위 투약에 관한 정을 몰랐다'는 취지로 변소하였다. 이에 대응하여 O에 대한 수사기관의 수사와 제1심의 증거조사까지 이루어졌다. 항소심은, "투약시기가 D의 소변감정결과만에 기초하여 소변에서 필로폰이 검출되자 소변채취일로부터 그 투약 가능한 기간을 역으로 추산한 것이고, 투약장소도 범위가 광범위하여 구체적이라고 보기 어려우며, 투약량이나 투약방법도 불상으로 기재하고 횟수도 기재하지 않아서 그 정도의 기재만으로는 심판대상이 한정되었다고 보기 어려워, D의 방어권 행사에 지장을 초래할 위험이 크므로 공소사실이 특정되었다고 할 수 없다."며 공소를 기각하였다. 검사가 상고하였다.

II 쟁 점

마약투약범행은 투약자 홀로 은밀한 장소에서 행하여지는 관계로 혐의자가 범행을 부인하면 공소사실의 특정이 곤란하다. 따라서 범죄단속의 실효성을 위해서는 공소사실 특정을 어느 정도 완화하여야 할 필요성이 있다. 그러나 다른 한편 그렇게 되면 피고인의 방어권이 심각하게 훼손될 우려도 있다. 어느 지점에서 양자의 요청을 조화시킬 것인지가 문제된다.

III 재판요지

2007년 판결(상고기각)

1. 형사소송법 제254조 제4항이 '공소사실의 기재는 범죄의 시일, 장소와 방법을 명시하여 사실을 특정할 수 있도록 하여야 한다.'라고 규정한 취지는, 심판의 대상을 한정함으로써 심판의 능률과 신속을 꾀함과 동시에 방어의 범위를 특정하여 피고인의 방어권 행사를 쉽게 해주기 위한 것이므로, 검사로서는 위 세 가지 특정요소를 종합하여 다른 사실과의 식별이 가능하도록 범죄 구성요건에 해당하는 구체적 사실을 기재하여야 하는바(대법원 2000.10.27. 선고 2000도3082 판결, 2005.12.9. 선고 2005도7465 판결 등 참조), 이는 마약류취급자가 아니면서도 마약류를 투약하였음을 내용으로 하는 마약류관리에 관한 법률 위반죄의 공소사실에 관한 기재에 있어서도 마찬가지이다.

2. 메스암페타민 투약시기에 관한 위와 같은 기재만으로는 피고인의 방어권 행사에 지장을 초래할 위험성이 크고, 단기간 내에 반복되는 공소 범죄사실의 특성에 비추어 볼 때 위 투약시기로 기재된 위 기간 내에 복수의 투약 가능성이 농후하여 심판대상이 한정되었다고 보기도 어렵다. 이 공소사실의 기재는 특정한 구체적 사실의 기재에 해당한다고 볼 수 없어 형사소송법 제254조 제4항에 정해진 요건을 갖추지 못한 것이므로, 이 부분 공소는 공소제기의 절차가 법률의 규정에 위반하여 무효이다.

2010년 판결(파기환송)

공소사실의 기재는 범죄의 시일, 장소와 방법을 명시하여 사실을 특정할 수 있도록 하여야 하는데(형사소송법 제254조 제4항), 이처럼 공소사실의 특정을 요구하는 법의 취지는 D의 방어권 행사를 쉽게 해 주기 위한 데에 있으므로, 공소사실은 이러한 요소를 종합하여 구성요건 해당사실을 다른 사실과 식별할 수 있는 정도로 기재하면 족하고, 공소장에 범죄의 일시, 장소, 방법 등이 구체적으로 적시되지 않았더라도 공소사실을 특정하도록 한 법의 취지에 반하지 아니하고, 공소범죄의 성격에 비추어 그 개괄적 표시가 부득이하며 그에 대한 D의 방어권 행사에 지장이 없다면 그 공소내용이 특정되지 않았다고 볼 수 없다(대법원 2007.6.14. 선고 2007도2694 판결, 대법원 2008.7.24. 선고 2008도4854 판결 등 참조).

이 부분 공소사실 기재의 경위 및 D의 변소와 그에 대한 증거조사 내용에다가 향정신성의약품투약 범죄의 특성 등에 비추어 볼 때 이 부분 공소사실은 D의 방어권을 침해하지 않는 범위 내에서 범죄의 특성을 고려하여 합리적인 정도로 특정된 것으로 볼 수 있다. 이와 달리 이 부분 공소사실이 특정되었다고 볼 수 없다고 판단하여 이 부분 공소를 기각한 원심에는 향정신성의약품 관련 공소사실의 특정에 관한 법리를 오해하여 판결 결과에 영향을 미친 위법이 있고 이를 지적하는 검사의 상고이유는 이유 있다.

IV 분석과 해설

(가) 투약시기와 투약장소를 개괄적으로 기재한 공소사실에 대한 세 가지 패턴의 판례들

마약류사범 단속의 필요성을 감안하여 관대한 입장을 보이는 Ⅰ그룹(대법원 1998.2.24. 선고 97도1376 판결, 투약기간의 폭을 최대 7개월 8일까지로 기재한 경우에도 공소사실의 특정성 인정), 엄격한 입장을 보이는 Ⅱ그룹(대법원 1999. 6. 11. 선고 98도3293 판결, 기간의 폭을 3개월까지 기재한 경우에도 공소사실의 특정성을 부정), '모발을 분획하는 등 검사가 기소 당시의 증거에 의하여 약물투약시기를 세분하여 감정한 모발감정 결과에 기초하거나 D의 행적 등 다른 증거들에 의하여 모발감정에서 약물 성분이 검출될 수 있는 기간의 범위 내에서 약물 투약시기를 가능한 한 최단기간으로 특정하고, 장소도 토지관할의 구분이 가능할 정도로 특정할 경우 공소사실이 특정되는 것으로 보는 Ⅲ그룹(대법원 2001.1.30. 선고 2000도3111 판결, 3.3번 판례는 이 패턴에 속하는 판례이다)의 판례들이 공존하고 있다.[1)]

(나) 2007년 이후의 대략적인 추세

대법원은 위와 같이 세 가지 패턴의 판결을 보이므로써 일관되지 못한 태도를 취하다가 대법원 2007.1.11. 선고 2005도7422 판결을 계기로 모발감정결과에 기초한 특정은 대체로 그 특정성을 부정하는 경향을 보이고 있고, 대법원 2010.8.26. 선고 2010도4671 판결을 계기로 소변감정결과에 기초한 특정은 그 특정성을 긍정하는 경향을 보이고 있다. 양 감정결과의 정확성과 추정된 투약기간의 장단 등에서의 차이가 작용한 결과로 보인다.[2)]

---

1) 김양섭, 양성반응이 나온 소변감정 결과에 기하여 투약범행일시를 기재하여 공소제기한 경우 형사소송법 제254조 제4항이 요구하는 공소사실의 특정을 충족하였는지 여부, 『해설』 86호(2010 하반기)(2011년), 682-683.

2) 김양섭, 마약범죄에서의 공소사실 특정문제—마약투약범죄를 중심으로—, 재판자료 제123집(2012년), 형사법 실무연구, 47면 이하.

제3절 피고인의 인정

3.5

성명모용소송의 법리

대법원 1993.1.19. 선고 92도2554 판결

I 사 안

검사는 J(모용인)를 도박혐의로 약식기소하고자 의도하였지만 J가 수사단계에서 S의 성명, 생년월일, 주민등록번호, 주거, 본적 등 인적사항을 사칭(모용)하였기 때문에 검사는 J의 성명을 S의 성명으로 오인하여 약식명령청구서의 피고인 표시는 S(피모용인)로 표시되었다. 약식명령을 청구받은 법원도 사칭사실을 알지 못하고 그대로 약식명령을 발하고 그 재판서를 검사와 S에게 송달하였다. 약식명령을 송달받은 S(피모용인)가 놀라 정식재판을 청구하였다. 정식재판절차의 공판기일에 성명사칭사실이 드러나자 검사는 공소장의 인적사항을 S로부터 J로 변경하고자 법원에 피고인표시변경 허가신청을 하였다. 정식재판의 제1심법원은 ⓐ 모용인(J)에 대한 조치로서 이미 발령(發令)된 처음의 약식명령의 피고인표시를 J로 경정(更正)하는 피고인표시 경정결정을 하고, 본래의 약식명령 정본과 함께 피고인표시경정결정을 J에게 송달한 후 ⓑ 피모용인(S)에 대한 관계에서는 "이 사건 공소의 효력은 피모용인(S)에게는 미치지 아니하고 따라서 이 공소제기절차는 법률의 규정에 위반하여 무효"라는 취지로 "피모용인(S)에 대한 공소를 기각"하는 판결을 선고하였다. 검사가 항소하였다. 항소심은 검사의 항소를 기각하였다. 검사가 상고하였다.

II 쟁 점

성명모용소송에서 피고인 인정과 검사·법원이 취하여야 할 조치는 무엇인가?

III 재판요지 (상고기각)

㉮ 형사소송법 제248조에 의하여 공소는 검사가 피고인으로 지정한 이외의 다른 사람에게 그 효력이 미치지 아니하는 것이므로 공소제기의 효력은 검사가 피고인으로 지정한 자에 대하여만 미치는 것이고, 따라서 피의자가 다른 사람의 성명을 모용한 탓으로 공소장에 피모용인이 피고인으로 표시되었다 하더라도 이는 당사자의 표시상의 착오일 뿐이고 검사는 모용인

에 대하여 공소를 제기한 것이므로, 모용인이 피고인이 되고 피모용인에게 공소의 효력이 미친다고 할 수는 없다. 그러므로 이와 같은 경우 ㉯ 검사는 공소장의 인적사항의 기재를 정정하여 피고인의 표시를 바로 잡아야 하는 것인바, 이는 피고인의 표시상의 착오를 정정하는 것이지 공소장을 변경하는 것이 아니므로, 형사소송법 제298조에 따른 공소장변경의 절차를 밟을 필요는 없고 법원의 허가도 필요로 하지 아니한다. 그러나 ㉰ 검사가 이와 같은 피고인의 표시를 정정하여 그 모용관계를 바로 잡지 아니한 경우에는 외형상 피모용인 명의로 공소가 제기된 것으로 되어 있고, 이는 공소제기의 방식이 형사소송법 제254조의 규정에 위반하여 무효이므로 법원은 공소기각의 판결을 선고하여야 할 것이다(대법원 1982.10.12. 선고 82도2078 판결; 대법원 1985.6.11. 선고 85도756 판결 각 참조). 그리고 ㉱ 검사가 공소장의 피고인 표시를 정정하여 바로잡은 경우에는 처음부터 모용인에 대한 공소의 제기가 있었고 피모용인에 대한 공소의 제기가 있었던 것은 아니므로, 법원은 모용인에 대하여 심리하고 재판을 하면 될 것이지, 원칙적으로는 피모용인에 대하여 심판을 할 것이 아니다. ㉲ 그러나 이와 같은 경우라도 피모용인이 약식명령에 대하여 정식재판의 청구를 하여 피모용인을 상대로 심리를 하는 과정에서 성명모용 사실이 발각되어 검사가 공소장을 정정하는 등 사실상의 소송계속이 발생하고 형식상 또는 외관상 피고인의 지위를 갖게 된 경우에는 법원으로서는 피모용인에게 적법한 공소의 제기가 없었음을 밝혀주는 의미에서 **형사소송법 제327조 제2호를 유추적용**하여 공소기각의 판결을 함으로써 피모용인의 불안정한 지위를 명확히 해소해 주어야 할 것이다(대법원 1981.7.7. 선고 81도182 판결; 대법원 1991.9.10. 선고 91도1689 판결 각 참조).

돌이켜 이 사건에 관하여 보건대, 검사가 피고인(피모용인 S)을 피고인으로 표시하여 약식기소하였다고 하더라도 피고인(피모용인 S)은 성명을 모용당한 것에 지나지 아니하므로 그 **공소제기의 효력**은 피고인(피모용인 S)에게 미치지 아니하고, **모용인인 J에게 미친다**. 그리고 이에 대하여 약식명령이 발하여지고 피고인(피모용인 S)이 이를 수령하여 정식재판을 청구하였다고 하여도 ㉳ **진정한 피고인인 J**에게는 아직 약식명령의 송달이 없었고, 검사는 공소장에 기재된 피고인의 표시를 정정할 수 있고, 법원은 이에 따라 약식명령의 피고인 표시를 경정할 수 있으며, 본래의 약식명령 정본과 함께 이 경정결정을 모용인인 J에게 송달하면 이때에 그 약식명령은 적법한 송달이 있다. 이에 대하여 소정의 기간 내에 정식재판의 청구가 없으면 이 약식명령은 확정된다. 그러나 피고인(피모용인 S)은 본래의 약식명령에 대하여 정식재판을 청구하여 통상의 공판절차의 진행이 있었으므로 피고인(피모용인 S)은 형식상 또는 외관상 피고인의 지위를 갖고 사실상의 소송계속이 발생한 셈이 되므로 법원으로서는 공소기각의 판결을 하는 것이 옳다.

IV 분석과 해설

(가) 성명모용소송과 위장출석사안

광의의 '피고인 특정' 문제는 '순수한 특정문제'와 '피고인인정 문제'로 구분하여 파악함이 타당하다. '순수한 피고인 특정' 문제는 공소장에 피고인의 성명, 본적, 주소, 직업, 주민등록번호 등을, 피고인이 누구인가를 식별할 수 있을 정도로 기재하였는가의 문제이다.

이에 비하여 '피고인 인정'의 문제는 '공소제기의 효력·판결의 효력은 누구에게 미치는가' 하는 문제이다. 피고인 인정이 문제되는 상황은 성명모용사안과 위장출석사안이 있을 수 있다. A(모용인)가 수사단계에서부터 B(피모용인)의 성명과 인적사항을 모용(사칭)하고 이에 속은 수사기관이 B의 명의를 공소장·약식기소장에 기재('표시'와 '검사의 실질적 의사'의 불일치)하는 사안이 **성명모용사안**이다. 검사가 공소장에 피고인 C로 기재하여 기소하고 공소장이 C에게 제대로 송달되었지만 D가 C로 가장하여 공판절차에 관여하는 사안이 **위장출석사안**(표시와 검사의 의사는 일치하나 피고인으로 행동한 자가 불일치)과는 구별된다. 성명모용사안의 해결방안에 관하여 '정식재판절차이든 약식절차이든 공소제기의 효력은 모용인에게만 미치고 피모용인에게는 미치지 아니한다'는 것이 대법원 판례의 기조이다.

(나) 성명모용사안의 실질적 피고인과 모용관계를 바로잡기 위하여 검사·법원이 취하여야 할 조치

(1) 공소제기의 효력이 미치는 인적범위 구공판사안이든 구약식사안이든 공소제기의 효력은 모용인에게만 미치며(대법원 1961.3.31. 선고 4293형상637 판결; 대법원 1984.9.25. 선고 84도1610 판결 참조) 피모용인에게는 공소제기의 효력이 미치지 아니한다. 따라서 **검사는 모용관계를 바로잡기 위하여 신속히 피고인표시를 정정**하여야 한다. 반드시 피고인표시정정으로 착오를 시정하여야 하고 공소장변경절차를 경유하여서는 아니 된다. 피고인표시정정은 공소장변경이 아니므로 검사가 이에 대하여 법원의 허가를 받을 필요는 없다(대법원 1981.7.7. 선고 81도182 판결). 검사가 이 의무를 게을리하면 법원은 '이 공소는 모용인에 대한 공소로서는 형사소송법 제254조의 규정에 위반하여 무효이므로 형사소송법 제327조 제2호를 적용하여 공소기각의 판결을 선고한다. 법원이 모용관계를 간과하고 유죄판결을 선고하거나 그 판결이 확정된 때에 그 판결의 효력은 피모용인에게 미치지 아니한다. 1993년 선고된 본 판결은 ㉮, ㉯, ㉰, ㉱에서 종래의 판결의 주류적 입장을 재확인하고 있으나 종래의 판결에 없었던 새로운 내용(㉲)을 추가하고 있다.

(2) **피모용인에 대한 법원의 조치** 피모용인에 대하여는 공소제기의 효력이 미치지 아니하므로 원칙적으로 법원은 피모용인에 대한 관계에서 판단하여 줄 의무(심판의무)가 없다. 구약식사안인 1993년 선고된 본 사안에서 대법원은 "원칙적으로는 피모용인에 대하여 심판을 할 것이 아니"지만 "피모용인이 정식재판을 청구하는 등 소송절차에 관여하게 된 이후에는 사실상의 소송계속이 발생하고 피모용인(S)이 형식상 또는 외관상 피고인의 지위를 갖게 되었으므로 법원은 피모용인(S)에게 적법한 공소의 제기가 없었음을 밝혀주는 의미에서 **형사소송법 제327조 제2호를 유추적용**하여 공소기각의 판결을 함으로써 피모용인의 불안정한 지위를 명확히 해소해 주어야 한다"고 판시하였다.

구공판 사안에서도 비슷한 추론을 할 수 있다. 피모용인이 자신의 명의로 송달된 공소장부본과 소환장 송달에 놀라 공판기일에 출석하여 변론한 이후에는 불구속기소사안의 피모용인에게도 구약식사안의 피모용인과 마찬가지로 운용(피모용인이 응소한 이후에는 피모용인에 대한 불안정한 지위 해소차원의 공소기각설)하여야 할 것이다.

(다) 검사·법원이 모용인에 대하여 취하여야 할 조치

㉥에서 판시된 바와 같이 "진정한 피고인인 J에게는 아직 약식명령의 송달이 없었다." 다음에 검사는 공소장에 기재된 피고인의 표시를 정정하여야 하고, 법원은 이에 따라 약식명령의 피고인 표시를 경정하여야 하며, 법원이 본래의 약식명령 정본과 함께 이 경정결정을 모용인(사안의 J)에게 송달하면 이때에 그 약식명령이 적법하게 송달된 것이다. 이에 대하여 소정의 기간 내에 진정한 피고인인 J의 정식재판의 청구가 없으면 이 약식명령은 확정된다.

(라) 위장출석의 법리

위장출석의 경우에도, 피고인은 공소장에 피고인으로 기재된 자이다. 위장출석이 인정신문단계에서 판명되면, 법원은 위장출석자를 배제한 후 실질적 피고인을 재소환하면 그만이다. 그러나 위장출석자에 대한 사실심리가 있은 후에는 위장출석자도 형식적 피고인이 되므로 법원은 공소기각판결을 하여야 할 것이다. 만약에 위장출석자에 대한 판결이 확정되면 그 판결의 효력은 위장출석자에 미친다(거동설). 이에 대한 구제방법으로 재심설과 비상상고설이 나뉘고 있다.

제4절 검사의 기소재량과 그 한계·공시시효

3.6

일죄의 일부기소와 법원이 취해야 할 조치

대법원 1999.11.26. 선고 99도1904 판결; 대법원 2008.2.14. 선고 2005도4202 판결

I 사 안

군수사관 D는 국방부 합동조사단장으로부터, D3의 병무비리사건과 관련하여 뇌물수수 등의 혐의로 수배 중인 D2를 체포하도록 구체적인 임무를 부여받아 그 직무를 수행할 즈음에 D2와 여러 차례에 걸쳐 전화통화를 하고, 나아가 D2를 위하여 서류를 전달해 주는 한편 D2의 예금통장까지 개설해 주고서도 그와 같은 사실을 감독자에게 보고조차 하지 아니하였다. 군검찰관은 D를 범인도피죄(법정형 3년 이하)로 공소를 제기하지 않고 직무유기죄(법정형 1년 이하)로만 공소를 제기하였다. 항소심은 D에게 유죄판결을 선고하였다. D가 '원심판결은 죄수에 관한 법리오해의 위법이 있다'고 주장하며 상고하였다.

II 쟁 점

하나의 행위가 수개의 구성요건에 해당하는 경우, 검사가 무거운 법정형 해당사실을 버려두고 가벼운 법정형 해당사실만을 기소하면 법원은 가벼운 법정형 해당사실에 대하여만 심판하여야 하는가?

III 재판요지 (상고기각)

㉮ 하나의 행위가 부작위범인 직무유기죄와 작위범인 범인도피죄의 구성요건을 동시에 충족하는 경우[1] ㉯ 공소제기권자는 재량에 의

1) 이를 대법원이 일죄(법조경합)로 본 것인지 상상적 경합으로 본 것인지는 명확하지 않다. 종래의 판례(대법원 1999.11.26. 선고 99도1904 판결)는 "검사로부터 범인을 검거하라는 지시를 받고서도 그 직무상의 의무에 따른 적절한 조치를 취하지 아니하고 오히려 범인에게 전화로 도피하라고 권유하여 그를 도피케 하였다는 범죄사실만으로는 직무위배의 위법상태가 범인도피행위 속에 포함되어 있는 것으로 보이야 할 것이므로, 이와 같은 경우에는 작위범인 범인도피죄만이 성립하고 부작위범인 직무유기죄는 따로 성립하지 아니한다"라고 판시한 사실이 있다. 2006년도의 전원합의체 판결(대법원 2006.10.19. 선고 2005도3909 전원합의체 판결)에서도 "경찰서 방범과장이 부하직원으로부터 음반·비디오물 및 게임물에 관한 법률 위반 혐의로 오락실을 단속하여 증거물로 오락기의 변조 기판을 압수하여 사무실에 보관 중임을 보고받아 알고 있었음에도 그 직무상의 의무에 따라 위 압수물을 수사계에 인계하고 검찰에 송치하여 범죄 혐의의 입증에 사용하도록 하는 등의 적절한 조치를 취하지 않고, 오히려 부하직원에게 위와 같이 압수한 변조 기판을 돌려주라고 지시하여 오락실 업주에게 이를 돌려준 경우, 작위범인 증거인멸죄만이 성립하고 부작위범인 직무유기(거부)죄는 따로 성

하여 작위범인 범인도피죄로 공소를 제기하지 않고 부작위범인 직무유기죄로만 공소를 제기할 수도 있으므로[2] (중략) 이 사건에서 원심이 ㉰ '그 공소범위 내에서' 피고인(D)을 직무유기죄로 인정하여 처벌한 조치는 수긍이 가고, 거기에 상고이유에서 지적하는 바와 같은 죄수에 관한 법리오해의 위법이 없다.

IV 분석과 해설

(가) 이 판결의 판례사적 의의

이 판결은 사실심법원(사안에서는 항소심)의 공판심리결과 검사의 기소가 결과적으로 일죄의 일부기소를 한 것이 아닌가 하는 의심이 드는 경우에 사실심법원이 취하여야 할 조치를 언급하고 있어 주목된다. 일죄의 일부기소가 문제될 만한 사안들은 검사가 ① 단순일죄의 일부(예를 들어 피해금품의 일부)를 기소하는 경우, ② 과형상의 일죄(상상적 경합은 그 일종이다)[3], 포괄일죄의 일부를 기소하

립하지 아니한다"고 판시한 것을 보아서는 상상적 경합범으로 본 것이라고 해석하기는 어렵다.

2) **같은 취지의 후속판결**: "원심이 그 설시의 증거를 종합하여 판시와 같은 출입국관리법령의 규정, 불법체류자 단속업무에 관한 경찰 내부의 업무지시, 경찰공무원의 일반적인 직무상 의무, 위 D 자신이 경찰에서 진술하였던 내용 등을 인정한 다음, 수원중부경찰서 (이름 생략) 파출소부소장으로 근무하던 위 D가 112 순찰을 하고 있던 O 경장과 O2 순경에게 '지동시장 내 동북호프에 불법체류자가 있으니 출동하라'는 무전지령을 하여 동인들(O, O2)로 하여금 그곳에 있던 불법체류자들인 O3 등 5명을 (이름 생략) 파출소로 연행해 오도록 한 다음, 위 O3 등이 불법체류자임을 알면서도 이들의 신병을 출입국관리사무소에 인계하지 않고 본서인 수원중부경찰서 외사계에조차도 보고하지 않았을 뿐만 아니라(달리 자진신고 하도록 유도한 것도 아니다), 더 나아가 근무일지에 단지 '지동 복개천 꼬치구이집 밀항한 여자 2명과 남자 2명이 있다는 신고 접한 후, 손님 3명, 여자 2명을 조사한바 꼬치구이 종업원으로 혐의점 없어 귀가시킴'이라고 허위의 사실을 기재하고, 이들이 불법체류자라는 사실은 기재하지도 않은 채 자신이 혼자 소내 근무 중임을 이용하여 이들을 훈방하였으며, 훈방을 함에 있어서도 통상의 절차와 달리 이들의 인적사항조차 기재해 두지 아니한 행위는 직무유기죄에 해당한다고 판단한 것은 정당하[다]. (중략) 하나의 행위가 부작위범인 직무유기죄와 작위범인 허위공문서작성·행사죄의 구성요건을 동시에 충족하는 경우 공소제기권자는 재량에 의하여 작위범인 허위공문서작성·행사죄로 공소를 제기하지 않고 부작위범인 직무유기죄로만 공소를 제기할 수도 있는 것이므로(위 대법원 1999.11.26. 선고 99도1904 판결 참조), 검사가 위 D의 행위를 허위공문서작성·행사죄로 기소하지 않고 직무유기죄로만 공소를 제기한 이 사건에서 원심이 그 공소범위 내에서 위 D를 직무유기죄로 인정하여 처벌한 조치 역시 정당하다."(대법원 2008.2.14. 선고 2005도4202 판결)

3) "공무원이 취급하는 사건 또는 사무에 관하여 청탁 또는 알선을 한다는 명목으로 금품·향응 기타 이익을 받거나 받을 것을 약속하고 또 제3자에게 이를 공여하게 하거나 공여하게 할 것을 약속한 때에는 위와 같은 금품을 받거나 받을 것을 약속하는 것으로써 변호사법 제111조 위반죄가 성립되고, 위 금품을 교부받은 자가 실제로 청탁할 생각이 없었다 하더라도 금품을 받은 것이 자기의 이득을 취하기 위한 것이라면 동 죄의 성립에는 영향이 없으므로, 만약 피고인이 공무원이 취급하는 사건에 관하여 청탁 또는 알선을 할 의사와 능력이 없음에도 청탁 또는 알선을 한다고 기망하고 이에 속은 피해자로부터 이른바 청탁자금 명목으로 금품을 받았다면 이러한 피고인의 행위는 형법 제347조 제1항의 사기죄와 변호사법 제111조 위반죄에 각 해당하고 위 두 죄는 상상적 경합의 관계에 있는 것이지만(대법원 2006.1.27. 선고 2005도8704 판결 등 참조), 그렇다고 하여 그 중 어느 한 죄로만 공소가 제기된 경우에 법원이 공소장변경절차를 거치지 아니하고 다른 죄로 바꾸어 인정하거나 다른 죄를 추가로 인정하는 것은 불고불리의 원칙에 위배된다."(대법원 2007.5.10. 선고 2007도2372 판결)

는 경우, ③ 법정형이 중한 구성요건사실을 그에 포함되는 법정형이 가벼운 구성요건사실로 기소하는 경우(예를 들어 상습절도사실을 절도사실로, 강도치상사실을 강도사실로, 기수사실을 미수사실로 기소하는 경우) 등 여러 유형이 있을 수 있다. 본 판결은 일부기소사안에서 검사의 기소행위의 적법성을 명시적으로 긍정한 최초의 판결이기 때문에 극히 주목을 요한다.

(나) 관련 판례

대법원 2008.7.10. 선고 2008도3747 판결이 그것이다. 이 판결의 사안은 피고인들이 공모하여 피해자(15세) V를 약취한 다음, V의 안전을 염려하는 V의 모친의 우려를 이용하여 재물을 취득하고자 그 모친에게 3억 원을 요구하였으나 V가 탈출하는 바람에 그 뜻을 이루지 못한 사안이다. 이 사안에서 검사는 피고인들을 '미성년자 약취 후 재물취득 미수' 혐의(가벼운 법정형)[4]로 기소하였는데 항소심은 공소장변경 없이 '미성년자 약취 후 재물요구 기수'에 의한 특가법 위반사실(무거운 법정형)을 인정하여 처단하였다. 피고인이 상고하자 대법원은 "'미성년자 약취 후 재물취득 미수'에 의한 특가법 위반죄에 대하여는 형법 제25조 제2항을 적용하여 감경을 할 수 있으므로 법원의 감경 여부에 따라 처단형의 하한에 차이가 발생할 수 있고, 미수감경 및 작량감경에 의하여 집행유예를 선고받을 수 있을 것으로 기대하여(검사도 피고인3에 대하여는 미수감경과 작량감경을 한 형기범위 내에서 징역 3년을 구형하였다) 공소사실을 모두 자백하고 피해자측과의 합의를 위해 노력한 결과 제1심판결 선고 이후 피해자측과 합의까지 한 사실을 엿볼 수 있으므로, '미성년자 약취 후 재물취득 미수'에 의한 특가법 위반죄로 공소가 제기된 이 사건에서 법원이 공소장변경 없이 '미성년자 약취 후 재물요구 기수'에 의한 특가법 위반죄로 인정하여 미수감경을 배제하는 것은 피고인들에게 예상외의 불이익을 입게 하는 것으로서 피고인들의 방어권 행사에 실질적인 불이익을 초래할 염려가 있다."고 판시하였다.

(다) 예비적 공소사실은 일죄의 일부(대법원 2005.1.14. 선고 2002도5411 판결)

"법인세는 사업연도를 과세기간으로 하는 것이므로 그 포탈범죄는 각 사업연도마다 1개의 범죄가 성립하고(대법원 1987.12.22. 선고 87도84 판결 참조), 일죄의 관계에 있는 범죄사실의 일부에 대한 공소제기 및 고발의 효력은 그 일죄의 전부에 대하여 미치는 것이므로, 검사가 D

---

4) **특가법 제5조의2**(약취·유인죄의 가중처벌) ② 형법 제287조의 죄를 범한 자가 다음 각호의 1에 해당하는 행위를 한 때에는 다음과 같이 가중처벌한다. 1. 약취 또는 유인한 미성년자의 부모 기타 그 미성년자의 안전을 염려하는 자의 우려를 이용하여 재물이나 재산상의 이익을 취득하거나 이를 요구한 때에는 무기 또는 10년 이상의 징역에 처한다. ⑥ 제1항·제2항(제2항 제4호를 제외한다) 및 제4항에 규정된 죄의 미수범은 처벌한다.

와 O 일간신문사의 1999년도 법인세 포탈죄를 기소한 이상 공소장 변경을 통하여 그 범행의 태양, 포탈액수 등을 예비적으로 변경하는 것은 허용되어야 하고, 또 서울지방국세청장이 2001.6.29.에 이 사건 주위적 공소사실에 대하여 한 고발의 효력은 그와 일죄의 관계에 있는 이 사건 예비적 공소사실에도 미치므로, 예비적 공소사실에 대하여도 적법한 고발이 있었던 것으로 보아야 한다고 판단하였다. 관계 법령과 기록에 비추어 살펴보면, 원심의 위와 같은 인정과 판단은 정당(하다)."

3.7

공소사실의 예비적·택일적 기재

대법원 1966.3.24. 선고 65도114 전원합의체 판결

I 사 안

검사가 D에 대하여는 뇌물수수와 업무상횡령의 범죄사실을 택일적으로, D2에 대하여는 뇌물공여와 업무상횡령의 범죄사실을 택일적으로 각 기재하여 공소를 제기하였다. 항소심은 "형사소송법 제254조 제5항에 수개의 범죄사실과 적용법조를 예비적 또는 택일적으로 기재할 수 있다고 규정한 것은 어디까지나 범죄사실의 동일성이 인정되는 범위 내에서만 가능한 것이며 동일성 없는 수개의 범죄사실은 예비적 또는 택일적으로 기재할 수 없는 것"이라며 이 기소는 "공소제기의 절차가 법률의 규정에 위반된 것"이라는 이유로 공소를 기각하였다. 검사는 "기소당시에 수개의 범죄사실과 적용법조를 예비적 또는 택일적으로 기재하는 경우에는 그 수개의 범죄사실 사이에 동일성을 요하지 아니한다"며 상고하였다.

II 쟁 점

기소 후 공소장변경허가를 신청할 때에는 동일성 없는 수개의 범죄사실을 예비적 또는 택일적으로 기재할 수 없지만 기소시점에서는 위와 같은 제한이 없는가?

III 재판요지

다수의견

형사소송법 제254조 제5항에 '수개의 범죄사실과 적용법조를 예비적 또는 택일적으로 기재할 수 있다'라고 규정하고 있는바 이는 검사가 공소를 제기함에 있어 수개의 범죄사실과 적용법조를 예비적 또는 택일적으로 기재하여 그중 어느 하나의 범죄사실만의 처벌을 구할 수 있다는 것이며 그들 수개의 범죄사실 간의 범죄사실의 동일성이 인정되는 범위 내에서 예비적 또는 택일적으로 기재할 수 있음은 물론이나 그들 범죄사실 상호 간에 범죄의 일시, 장소, 수단, 및 객체 등이 달라서 수개의 범죄사실로 인정되는 경우에도 이들 수개의 범죄사실을 예비적 또는 택일적으로 기재할 수 있다. 이렇게 본다 하여도 공소장에 수개의 범죄사실을 특정하여 기재하고 있느니만큼 피고인의 방어권 행사에 경합범으로 기소된 경우에 비하여 더 시장이나 불이익을 준다고 볼 수 없을 것일 뿐만 아니라 위와 같은 택일적 또는 예비적 기소는 **검사의 기소편의주의의 입장에서도 법률상 용인**될 것임이 명백할 것이며, 검사가 수개의 범죄사실을 택일적으로 기소한 경우에는, 법원으로서는 수개의 범죄사실 중 어느 하나 만에 대하여 심리하여 유죄로 인정하면 이에 대한 유죄판결을 할 것이고, 만일 유죄로 인정되지 않는다면 다른 공소사실을 심리하여 이에 대한 재판을 할 것이다. 다만, 검사가 수개의 범죄사실을 예비적으로 기소한 경우에는 검사의 청구에 따라 심리순서가 제한될 뿐이다. 그리고 당원이 일찍이 이 점에 관하여 '형사소송법 제254조 제5항에 수개의 범죄사실과 적용법조를 예비적 또는 택일적으로 기재할 수 있다 함은 범죄 사실 상호간에 동일성을 인정할 수 있는 범위 내에서 가능하며 동일성의 범위를 벗어나서 전연 별개의 범죄사실을 예비적 또는 택일적으로 기재할 수 있다는 취지는 아닐 것'이라는 견해(대법원 1962.6.28. 선고 62도66 판결(국가보안법 위반))를 표명한 바 있으나 이와 같은 종전의 당원의 견해는 이를 폐기하는 바이다.

IV 분석과 해설

공소장에는 수개의 범죄사실과 적용법조를 예비적 또는 택일적으로 기재할 수 있다(법 제254조 제5항). 범죄사실의 예비적 기재라 함은 검사가 먼저 선순위의 범죄사실(A: 주위적 공소사실)의 심판을 구하고 이것(A 사실)이 유죄로 인정되지 아니할 경우 후순위의 범죄사실(B: 예비적 공소사실)의 심판을 구하는 기재방법[1]을 말한다. 이 경우 선순위의 범죄사실을 **주위적 공소사실**이라 하고 후순위의 범죄사실을 예비적 공소사실이라고 한다. 범죄사실의 택일적 기재라 함은 수개의 범죄사실을 그 심판의 순서를 정하지 아니하고 어느 사실이든 하나로 유죄를 인정하여도 좋다는 기재방법[2]을 말한다. 공소제기시의 공소사실의 예비적·택일적 기재는 공소제기 후에 공소사실의 동일성이 인정되는 범위 안에서 공소사실을 예비적·택일적으로 추가하는 취지의

---

1) [sample] 주위적으로 "D는 중국에 있는 O와 공모하여, 2009.12.8. 11:00경 인천 제2국제여객터미널에서 청도발 인천행 여객선을 타고 입국한 O2를 통하여, 필로폰 약 1g이 들어 있는 곡물포대를 배달받는 방법으로 필로폰을 수입하고, D들이 위 O와 공모하여 2010.1.7. 11:00경 위 여객터미널에서 같은 방법으로 필로폰 약 2g을, 2010. 2. 4. 11:00경 위 여객터미널에서 같은 방법으로 필로폰 약 5g을 각 수입하였다."**(주위적 공소사실)**, **예비적으로** "D가 2009.12.8. 11:00경 인천 제2국제여객터미널에서 청도발 인천행 여객선을 타고 입국한 O2를 통하여 필로폰 약 1g이 들어 있는 곡물포대를 배달받는 방법으로 필로폰을 매수하고, D들이 공모하여 2010.1.7. 11:00경 위 여객터미널에서 같은 방법으로 필로폰 약 2g을, 2010.2.4. 11:00경 위 여객터미널에서 같은 방법으로 필로폰 약 5g을 각 매수하였다." **(예비적 공소사실)**

2) [sample] "D는 중국에 있는 O와 공모하여, 2009.12.8. 11:00경 인천 제2국제여객터미널에서 청도발 인천행 여객선을 타고 입국한 O2를 통하여, 필로폰 약 1g이 들어 있는 곡물포대를 배달받는 방법으로 필로폰을 수입하고, D들이 위 O와 공모하여 2010.1.7. 11:00경 위 여객터미널에서 같은 방법으로 필로폰 약 2g을, 2010.2.4. 11:00경 위 여객터미널에서 같은 방법으로 필로폰 약 5g을 각 수입하였다."**(선택적 공소사실1)**, **선택적으로** "D가 2009.12.8. 11:00경 인천 제2국제여객터미널에서 청도발 인천행 여객선을 타고 입국한 O2를 통하여 필로폰 약 1g이 들어 있는 곡물포대를 배달받는 방법으로 필로폰을 매수하고, D들이 공모하여 2010.1.7. 11:00경 위 여객터미널에서 같은 방법으로 필로폰 약 2g을, 2010.2.4. 11:00경 위 여객터미널에서 같은 방법으로 필로폰 약 5g을 각 매수하였다." **(선택적 공소사실2)**

공소장변경과 구별된다. 문제는 '검사가 공소제기 시에 공소사실을 예비적·택일적으로 기재하는 경우에 예비적·택일적으로 기재되는 범죄사실 간에도 동일성이 인정되어야 하는가' 하는 점이다. 이 점에 대하여는 견해가 갈린다.

이 경우에도 공소장변경과 마찬가지로 동일성이 인정되어야 한다는 견해[3]가 다수설이나, 이에 반대하는 견해도 있다.[4] 위에서 본 바와 같이 대법원은 예비적·택일적으로 기재되는 범죄사실 간에 동일성이 없어도 허용된다는 입장이다.

---

3) **[위 판결의 반대의견]** 대법원판사 양회경, 최윤모, 나항윤의 반대의견은 다음과 같다. 다수의견은 형사소송법 제254조 제5항에 수개의 범죄사실을 예비적 또는 택일적으로 기재할 수 있다는 규정을 글자 그대로 해석하여 전연 별개의 범죄사실로 경합범이 되는 경우에도 이를 예비적 또는 택일적으로 기소할 수 있다고 단정하고 있다. 그러나 법의 해석은 법문에 충실하여야 함은 물론이나 법체계전체와의 관련에 있어서 통일적이고 모순이 없는 것이라야 할 것인바 다수의견이 취하는 해석은 형사법전체의 체계와 통일성이 없고 모순을 내포하고 있는 것이라 아니할 수 없다. 첫째로, 형사소송법 제298조에는 검사는 법원의 허가를 얻어 공소장에 기재한 공소사실의 추가, 철회 또는 변경을 할 수 있으되 법원은 공소사실의 동일성을 해하지 아니하는 한도에서 허가하여야 한다고 규정되어 있어 공소제기 후에는 검사는 공소사실의 동일성이 없는 한 공소사실의 추가, 변경을 할 수 없음이 명백한바 제1심의 심판에 관한 공소제기시와 공소제기 후를 구별하여 규정할 실질적 이유가 없는데 공소제기 후에는 불가능한 일이 공소제기시에는 가능하다고 해석하는 다수의견은 법의 통일적 해석에 대한 고려가 부족하다. 둘째로, 일사부재리의 효력은 공소가 제기되고 심판의 대상이 된 사건전체에 대하여 미친다. 다수의견과 같이 경범죄, 살인죄, 강도죄, 방화죄등 전연 별개의 범죄사실도 예비적 또는 택일적으로 기소할 수 있다고 하면 경범죄가 제1위적 공소사실이었거나 법원이 경범죄를 택일하여 처벌하였을 경우에는 여타의 살인죄, 강도죄, 방화죄에도 일사부재리의 효력이 미치는 것이라 아니할 수 없어 경범죄의 처벌로 여타의 중죄에 대한 처벌을 면할 수 있게 된다는 결론이 되어 그 부당함은 명약관화하다. 셋째로, 형법 제38조는 경합범을 동시에 판결할 때의 처벌례를 규정하고 있는바 검사가 경합범을 예비적 또는 택일적으로 기소함으로서 위 형법의 규정을 무의미하게 만들 수 있다. 그렇다면 과연 형사법의 통일적 해석이라 할 수 있는지 의문이다. 다수의견이 그 입론의 근거로 들고 있는 검사의 기소편의주의는 범죄의 혐의가 있는 경우라도 형법 제51조 소정의 양형의 조건을 참작하여 공소를 제기하지 아니할 수 있다는 것에 불과한 것이지 처벌의 가치가 있다고 수개의 범죄사실에 관하여 공소를 제기하면서도 어느 범죄사실에 대하여 처벌하고 아니하고를 법원에 예비적·택일적으로 맡기는 권한을 포함하고 있는 것이라고는 할 수 없다. 넷째로, 현행 형사소송법은 종전의 직권주의를 수정하여 당사자주의를 가미하고 피고인의 형사책임을 추구하는 원고인 검사에게 사실면, 법률적 구성면에서 심판의 대상을 명확히 할 의무를 부하하고 있고, 법원이 심판의 대상에 대하여 직권을 발동할 여지를 줄이고 있다. 이러한 법의 정신에 비추어 보더라도 검사가 전연 별개의 범죄사실을 예비적·택일적으로 기소함으로써 심판의 범위, 기판력 즉 일사부재리의 효력이 미치는 범위를 흐리게 하고 법원이 유죄로 인정되는 수개의 범죄사실 중에서 재량으로 택일하여 처벌할 수 있다는 법해석은 형사소송법 전체의 정신과도 조화가 되지 않는 것이다. 그러므로 형사소송법 제254조 제5항에 수개의 범죄사실과 석용법조를 예비직 또는 택일적으로 기재할 수 있다 함은 검사가 특정한 범죄사실을 기재함에 있어 그 범죄사실과 동일성을 잃지 않는 범위 내에서 범죄의 일시, 장소, 방법, 객체등의 사실면의 어느 점에 있어 상위한 사실을 예비적 또는 택일적으로 기재하거나 또는 법률적 구성에 있어 동일사실을 이중으로 평가할 수 있을 경우에 이를 예비적 또는 택일적으로 기재할 수 있음을 규정한 것이고, 다수의견과 같이 범죄사실의 동일성의 범위를 벗어나서 전연 별개의 경합범에 해당하는 사실을 예비적 또는 택일적으로 기재하는 것을 허용하는 규정으로는 볼 수 없다. 따라서 종전의 판례는 변경의 필요가 없다.

4) 신동운, 428.

3.8

기소 후의 수사의 적법성

대법원 1982.6.8. 선고 82도754 판결; 대법원 2011.4.28. 선고 2009도10412 판결

I 사 안

1982년 사안

D는 국가보안법위반 혐의로 기소되었다. 검사가 유죄의 증거로 제출한 증거 중에 검사가 기소 후에 작성한 '피고인(D)에 대한 진술조서'가 있었다. 항소심은 이것을 증거로 채택하여 유죄판결을 선고하였다. D는 "기소 후의 수사는 위법하므로 검사의 피고인에 대한 진술조서를 유죄증거로 삼은 것은 위법하다"고 주장하며 상고하였다.

2011년 사안

공정위 공무원 D(수뢰혐의자)는 "2002년 3월 하순경 과천시에 있는 상호불상의 식당에서, D2로부터 향후 동일한 취지의 불공정거래행위 신고나 관련 업무처리 등을 할 경우 잘 봐달라는 취지로 건네주는 액면 금 100만 원 권 자기앞수표 1매를 교부받아 그 직무에 관하여 뇌물을 수수"한 혐의로 기소되었다. 공소사실에 부합하는 증거로 제출된 것은 검사가 이 사건 공소가 제기되고 공판절차가 진행 중이던 2007.12.7.경 법 제215조에 의하여 수소법원이 아닌 지방법원 판사로부터 D2(증뢰혐의자)에 대한 압수·수색영장을 발부받아 그 집행을 통하여 확보한 자립예탁금 거래내역표 1부, 해당거래청구 및 수표발행전표 사본 각 1부, 지급필수표 조회내용 1부, 자기앞수표 사본 3부와 이를 기초로 작성된 2008.1.17.자 수사보고뿐이다. 항소심은 위 증거들은 "모두 공소제기 후 검사가 적법한 절차에 따르지 아니하고 수집한 증거들이거나 이를 기초로 하여 획득된 2차적 증거에 불과하여 원칙적으로 유죄 인정의 증거로 삼을 수 없으며, 나아가 검사로서는 이 사건에서 수소법원에 압수·수색에 관한 직권발동을 촉구하거나 법 제272조에 의한 사실조회를 신청하여 절차를 위반하지 않고서도 소정의 증명 목적을 달성할 수 있었던 사정들에 비추어 볼 때, 위 증거들이 유죄 인정의 증거로 사용할 수 있는 예외적인 경우에 해당하지 않는다"는 이유로 무죄를 선고하였다. 검사가 상고하였다.

II 쟁 점

1982년 사안

기소 후에 수사관에 의하여 수집된 증거(기소 후에 검사가 피고인을 조사하여 작성한 진술조서)의 증거능력

2011년 사안

수소법원 아닌 판사에게 피고인에 대한 강제처분신청에 대한 허가권이 있는가?

III

재판요지

1982년 사안(상고 기각)

검사의 피고인에 대한 진술조서가 기소 후에 작성된 것이라는 이유만으로 곧 그 증거능력이 없는 것이라고는 할 수 없으므로 피고인들에 대한 검사작성의 각 피의자신문조서 또는 진술조서를 증거로 채택한 제1심이나 원심의 조치에 증거법칙을 어긴 위법이 있다고 할 수 없다.[1)]

2011년 사안(상고 기각)

"ⓐ 헌법 제12조 제1항 후문에서 규정한 적법절차의 원칙, 그리고 헌법 제27조가 보장하는 기본권, 즉 법관의 면전에서 모든 증거자료가 조사·진술되고 이에 대하여 피고인(D)이 공격·방어할 수 있는 기회가 실질적으로 부여되는 재판을 받을 권리 등을 구현하기 위하여 현행 형사소송법(이하 '법'이라고만 한다)은 당사자주의·공판중심주의·직접주의를 그 기본원칙으로 하고 있다. 이에 따라 ⓑ 공소가 제기된 후에는 그 피고사건에 관한 형사절차의 모든 권한이 사건을 주재하는 수소법원의 권한에 속하게 되며, 수사의 대상이던 피의자는 검사와 대등한 당사자인 피고인으로서의 지위에서 방어권을 행사하게 되므로, 공소제기 후 구속·압수·수색 등 피고인의 기본적 인권에 직접 영향을 미치는 강제처분은 원칙적으로 수소법원의 판단에 의하여 이루어지지 않으면 안 된다. ⓒ 법 또한 강제처분에 관하여, 먼저 공판절차에서 수소법원이 행하는 강제처분을 규율하는 상세한 규정을 두고(법 제68조 이하), 수사절차상 강제처분, 특히 이 사건에서 문제된 압수·수색에 대하여는 법 제215조에서 '검사는 범죄수사에 필요한 때에는 지방법원판사에게 청구하여 발부받은 영장에 의하여 압수·수색 또는 검증을 할 수 있다'고 규정한 다음 그 구체적인 요건, 대상, 절차 등은 수소법원이 행하는 압수·수색에 관한 규정들을 준용하는 형식을 취함으로써(법 제219조), **수사절차에서의 강제처분**과 **공판절차에서의 그것을 준별**하고 있다. ⓓ 나아가 법 제215조에 의한 압수·수색 영장 청구의 절차를 구체적으로 규정한 형사소송규칙(이하 '규칙'이라고만 한다)은 압수·수색 영장 청구서의 기재사항으로 '피의자'의 성명 등 그 인적 사항과 그 범죄사실 즉, '피의사실'의 요시를 기재하도록 되어 있고, '피의자'에게 범죄의 혐의가 있다고 인정되는 자료와 압수·수색의 필요를 인정할 수 있는 자료를 제출하여야 한다고 되어 있을 뿐(규칙 제107조 제1항, 제108조 제1항), '피고인'의 인적 사항이나 '공소사실'의 요지를 기재할 수 있도록 규정하고 있지

1) 같은 취지의 판결로 대법원 1983.8.23. 선고 83도1632 판결; 대법원 1984.9.25. 선고 84도1646 판결이 있다.

않으며, 위 규정들이 공소제기 후 압수·수색 영장을 청구함에 있어서 준용된다고 볼 여지도 없다. 이처럼 우리 법 및 규칙은 공소제기 후 수사기관의 압수·수색 영장 청구에 관하여 정식의 구체적 절차를 전혀 마련하지 않고 있다. 결국 ⓔ 법은 제215조에서 검사가 압수·수색 영장을 청구할 수 있는 시기를 공소제기 전으로 명시적으로 한정하고 있지는 아니하나, 헌법상 보장된 적법절차의 원칙과 재판받을 권리, 공판중심주의·당사자주의·직접주의를 지향하는 현행 형사소송법의 소송구조, 관련 법규의 체계, 문언 형식, 내용 등을 종합하여 보면, 일단 공소가 제기된 후에는 그 피고사건에 관하여 검사로서는 법 제215조에 의하여 압수·수색을 할 수 없다고 보아야 하며, 그럼에도 검사가 공소제기 후 법 제215조에 따라 수소법원 이외의 지방법원 판사에게 청구하여 발부받은 영장에 의하여 압수·수색을 하였다면, 그와 같이 수집된 증거는 기본적 인권 보장을 위해 마련된 적법한 절차에 따르지 않은 것으로서 원칙적으로 유죄의 증거로 삼을 수 없다.

IV 분석과 해설

(가) 1983년 판결

1983년에 대법원은 공소제기 후의 수사를 '위법은 아니지만 바람직스럽지 않다'는 취지로 판시하였다.[2] 그러나 1983년에 비하여 당사자주의가 현저히 강화된 현행법 하에서는 그렇게 해석할 이유가 약화되었다. 현행 형사소송법의 구조를 원칙적으로 당사자주의로 파악하면 '수사절차는 수사기관이 공판을 준비하는 활동'에 불과할 뿐 수사절차를 검사가 주재하는 절차로 볼 필요는 없고 또 당사자주의 하에서 검사는 피고인의 유죄를 합리적 의심의 여지없이 입증할 거증책임이 있고 법원은 가급적 직권탐지활동에 나설 것이 아니라 수동적으로 양 당사자의 주장과 입증을 충실히 청취하여야 하므로 공소의 제기로 사건이 법원의 직권적 사실탐지활동의 지배하에 놓인다고 보아야 할 이유도 없다. 요약건대 형사소송법을 완전한 당사자

2) "공소가 제기된 이후 수사관에 의하여 수집된 증거가 위법한 절차에 의하여 수집된 증거라고 할 수도 없고 증거금지의 관념이나 증거배제의 원칙상 반드시 이를 위법이라고 단정할 수는 없다고 하더라도 결코 바람직스러운 것이 아닐 뿐더러 그에 의하여 수집된 증거의 신빙성에는 적지 않은 의혹이 있다고 하지 않을 수 없다. 형사소송에 있어서의 실체적 진실주의와 자유심증주의를 관철할 때 어떠한 경로나 어떠한 방법에 의하여 수집된 증거라도 증거가 될 수 있다고 할 것이나 반면 인권의 보장과 당사자주의라는 입장에서 볼 때 법률이 증거방법에 관하여 설정한 제한범위에는 속하지 않는다고 하더라도 공소가 제기된 이후 수사관에 의하여 일방적으로 수집된 증거에는 스스로 어떤 제약이 있다고 하지 않을 수 없다. 물론 공익기관으로서의 수사관이 공소의 유지를 위하여 공소가 제기된 이후에 있어서도 계속하여 증거의 수집 등 수사활동을 전개함을 결코 나무랄 수만은 없으나 그러나 이와 같은 소박한 생각은 형사소송이 추구하는 이상의 양면성과 현행 형사소송법의 소송구조로 볼 때 결코 바람직스러운 것이 되지 못함은 재론의 여지가 없다."(대법원 1983.8.23. 선고 83도1632 판결)

주의 소송구조로 편제하면 '기소 후의 수사의 적법성 문제'는 소멸된다. 그러나 현행법의 해석론(입법론이 아니라!)으로서의 부정설(위법설)의 주장을 전혀 일리 없는 주장이라고 할 수도 없다. 현행법은 피의자에 대한 강제처분과 피고인에 대한 강제처분을 구분하여 규정하고 있기 때문이다. 여기서 학자들은 이 문제를 다음과 같이 **구체적인 실정법 해석 차원의 논의로 이행**시키고 있다.

(나) 피고인에 대한 강제수사

(1) 대인적 강제처분 피고인에 대한 구속과 구인의 권한은 법원에 있다(법 제70조). 따라서 피고인의 신병확보를 위하여 수사기관이 자신의 고유권한의 일환으로 체포영장이나 구속영장을 청구함은 허용될 수 없다. 불구속 피고인의 도망이나 증거인멸의 우려를 포착한 검사는 수소법원의 직권발동을 촉구하여 구속하는 방식으로 처리하여야 한다. 2011년 판결은 이 점을 명시하고 있다.

(2) 대물적 강제처분 법 제215조가 대물적 강제처분의 시한을 정하지 아니한 점과 형사소송규칙 제108조 제1항[3]을 근거로 수사기관은 '제1회 공판기일 전에 한하여' 압수·수색·검증할 수 있다는 견해(강구진, 차용석)가 있다. 그러나 이 견해에 대하여는, 혹시 그럴 필요가 있을 경우 검사는 증거보전절차에 의하여 압수·수색·검증(법 제184조)할 수 있으므로 이를 인정할 필요가 없다는 반대설(이재상)이 유력하다.

(3) 2011년 판결 2011년 판결은 "ⓑ 공소가 제기된 후에는 그 피고사건에 관한 형사절차의 모든 권한이 사건을 주재하는 수소법원의 권한에 속하게 되며, 수사의 대상이던 피의자는 검사와 대등한 당사자인 피고인으로서의 지위에서 방어권을 행사하게 되므로, 공소제기 후 구속·압수·수색 등 피고인의 기본적 인권에 직접 영향을 미치는 강제처분은 원칙적으로 수소법원의 판단에 의하여 이루어지지 않으면 안 된다."며 대인적 강제처분, 대물적 강제처분을 구분하지 아니하고 검사는 수소법원의 직권발동을 촉구하는 방식으로 처리하여야 한다고 한다.

생각건대 형사소송규칙 제107조와 제108조는 대물적 강제처분을 청구하는 검사에게 '피의'사실의 요지를 기재하도록 하고 있다. 따라서 이 조항들은

3) **형사소송규칙 제108조**(자료의 제출) ① 법 제215조의 규정에 의한 청구를 할 때에는 피의자에게 범죄의 혐의가 있다고 인정되는 자료와 압수, 수색 또는 검증의 필요를 인정할 수 있는 자료를 제출하여야 한다. ② 피의자 아닌 자의 신체, 물건, 주거 기타 장소의 수색을 위한 영장의 청구를 할 때에는 압수하여야 할 물건이 있다고 인정될 만한 자료를 제출하여야 한다.

기소 후에 검사는 기소 전과 같은 대물적 강제처분을 법관에게 청구할 수 없다는 전제에 서 있다.

(다) 임의수사

(1) 문제의 소재 참고인의 조사, 감정의 위촉, 공무소에의 조회와 같은 임의수사는 제1회 공판기일의 전후를 막론하고 금지할 이유가 없다. 문제는 검사가 피고인에 대하여 마치 피의자신문을 하듯이 피고인신문[4](이하 '피고인조사'로 약칭함)을 행할 수 있겠는가 하는 점이다.

(2) 피고인조사

(i) 학 설 피의자신문을 임의수사로 보고 그와 성격이 동일한 피고인조사도 임의수사로 파악하여 이를 긍정하는 견해와 피의자신문을 임의수사로 보지만 피고인의 당사자적 지위와의 충돌을 이유로 부정하는 견해(다수설), 제1회 공판기일 전에 한하여 허용된다는 절충설(백형구)이 경쟁하고 있다.

(ii) 판 례 앞에서 언급한 바와 같이 대법원은 두 번(1982년 판결과 1984년 판결)에 걸쳐 "검사의 피고인에 대한 진술조서가 기소 후에 작성된 것이라는 이유만으로 곧 그 증거능력이 없는 것이라고도 할 수 없다"고 판시한 바 있다.

(라) 법정증언을 번복시키려는 취지의 조사

형사사건의 공판심리 중에 피고인에게 유리한 증언을 한 증인을 사법경찰관이나 검사가 법정 외에서 추궁하여 법정증언을 번복하는 진술조서(이하 '번복진술조서'로 약칭한다)를 받아 그 후의 공판기일에 법원에 증거로 제출하는 수가 있다. 이런 경우에 이 번복진술조서는 공소제기 후의 수사의 결과일 뿐만 아니라 공판중심주의와 직접주의에 반하는 측면이 있으므로 이에 비추어 볼 때 증거능력이나 증명력을 어떻게 평가하여야 할 것인가가 문제되지만 이에 대하여는 공판중심주의의 측면에서 별도로 고찰되어야 한다. 대법원은 이를 공판중심주의 위반으로 파악하여 증거능력을 부정하고 있다(⇨ 본서 **5.4** 대법원 2000.6.15. 선고 99도1108 판결 참조).

---

4) 검찰실무는 이 점을 의식해서인지 이 조사와 그 결과물을 각각 참고인조사, 참고인진술조서로 자리매김하고 있다고 한다.

3.9

강간죄의 수단인 폭행·협박 행위에 대한 분리기소

대법원 2002.5.16. 선고 2002도51 판결

I 사 안[1)]

D는 2000.5. 초순경 V를 자신의 승용차 안으로 유인한 다음 준비한 가위로 '반항하면 밑을 도려 내겠다'고 협박하며 가위로 V의 음모를 자른 후 강간하였다. V는 D가 죽이고 싶도록 미웠지만 D를 고소하면 세상에 이 사실이 알려질 것이므로 창피하고 또한 D가 어떤 보복을 가하여 올지 두려워 고소를 못하고 있던 중 1년이 경과하였다. 사건 후 V는 강간피해자증후군(Post Traumatic Disorder Syndrome, PTDS)으로 인한 정신질환으로 시달리다가 오랜 동안 정신과 치료를 받고 강간피해자증후군으로부터 벗어날 기미가 보였다. 그런데 V로서는 가해자인 D를 처벌하지 아니하면 D가 또다시 가해행위를 할지 두렵기도 하였고 또한 정신과적으로는 D가 처벌되거나 진지하게 자신의 잘못을 시인하고 용서를 빌어야 강간피해자증후군으로부터 벗어나는 데 커다란 도움이 될 수 있었다. 그리하여 V는 D를 적법한 고소기간이 경과한 후에 고소하였다. 검사는 이미 고소기간이 경과하였지만 '범인의 범행행태가 너무나 흉악하고 범행 후에도 D에게 개전의 정이 엿보이지 아니하므로 D를 어떤 형태로든 응징하는 것이 필요하고 사회정의에 합치한다'고 생각하여 강간의 수단인 폭행·협박행위를 떼어내어 폭행죄(혹은 협박죄)로 기소하였다. 폭행사실의 유죄가 인정되지만 항소심은 "형법 제297조에 규정된 강간죄는 같은 법 제306조에 의하여 V의 고소가 있어야 공소를 제기할 수 있는 친고죄인데, 이 사건에서 V는 고소기간이 경과한 이후인 2001.3.14.에야 고소를 제기하였으므로, 이 부분 공소는 부적법한 고소에 따라 제기된 것으로서 공소제기의 절차가 법률의 규정에 위반하여 무효인 때에 해당한다"는 이유로 공소를 기각하였다. 피고인과 검사 모두 상고하였다. D는 "'강간죄에 대하여 고소취소가 있는 경우에 그 수단인 폭행만을 분리하여 공소제기하였다면 이는 범죄로 되지 아니하는 경우에 해당하므로 무죄를 선고하여야 하므로'[2)] 고소기간이 이미 경과한 '강간행위들의 수단으로 사용된 폭행·협박행위'에 대하여도 무죄판결을 선고하였어야 마땅하다"며 상고하였나.

1) 본 판례사안은 매우 복잡하므로 독자들의 이해의 편의를 도모하기 위하여 피고인의 제3행위를 토대로 아주 간단한 가정적 사안으로 재구성하였다. 2013.6.19. 이후의 성범죄에서는 이 문제가 발생할 여지가 없다. 성범죄가 모두 비친고죄로 변경되었기 때문이다.

2) 대법원 1976.4.27. 선고 75도3365 판결.

II 쟁 점

강간죄의 고소기간 경과 후 강간범행의 수단으로 행하여진 폭행·협박행위만이 분리되어 폭행·협박죄로 기소된 경우 이 기소는 적법한 기소인가?

III 재판요지 (파기환송)

다수의견

㉮ 폭행 또는 협박으로 부녀를 강간한 경우에는 강간죄만 성립하고, 그것과 별도로 강간의 수단으로 사용된 폭행·협박이 형법상의 폭행죄나 협박죄 또는 폭력행위 등 처벌에 관한 법률위반의 죄를 구성한다고는 볼 수 없으며, 강간죄와 이들 각 죄는 이른바 **법조경합**의 관계일 뿐이다(대법원 1974.6.11. 선고 73도2817 판결 참조). 성폭력범죄의 처벌 및 피해자보호 등에 관한 법률이 시행된 이후에도 여전히 친고죄로 남아 있는 강간죄의 경우, 고소가 없거나 고소가 취소된 경우 또는 강간죄의 고소기간이 경과된 후에 고소가 있는 때에는 강간죄로 공소를 제기할 수 없음은 물론, 나아가 그 강간범행의 수단으로 또는 그에 수반하여 저질러진 폭행·협박의 점 또한 강간죄의 구성요소로서 그에 **흡수되는 법조경합의 관계**에 있는 만큼 이를 따로 떼어내어 폭행죄·협박죄 또는 폭력행위 등 처벌에 관한 법률위반의 죄로 공소제기 할 수 없다. ㉯ 이러한 공소제기를 허용한다면, 강간죄를 친고죄로 규정한 취지에 반하기 때문이다. 결국, 그와 같은 공소는 공소제기의 절차가 법률에 위반되어 무효인 경우로서 형사소송법 제327조 제2호에 따라 공소기각의 판결을 하여야 할 것이다. ㉰ 그러므로 강간죄에 대하여 고소취소가 있는 경우에 그 수단인 폭행만을 분리하여 공소제기하였다면 이는 범죄로 되지 아니하는 경우에 해당하므로, 무죄를 선고하여야 한다고 본 대법원 1976.4.27. 선고 75도3365 판결의 견해는 이와 저촉되는 한도 내에서 변경하기로 한다.

피해자는 2001.3.14.에야 이 사건 고소를 하였으므로, 이는 성폭력범죄의 처벌 및 피해자보호 등에 관한 법률 제19조 제1항에 규정된 고소기간(1년)이 경과한 후임이 분명하여 이들 강간죄에 대한 고소는 부적법함에도 불구하고, 검사는 그 강간범행의 수단으로 행해진 폭행·협박행위들만을 분리하여 다른 공소사실과 함께 피고인을 폭력행위 등 처벌에 관한 법률 제2조 제1항의 죄로 공소제기 한 것으로 보인다. 따라서 원심법원으로서는 '공소사실 1의 아 내지 카항의 각 폭행·협박'(제1, 2, 3, 4의 강간행위의 수단으로 사용된 폭행·협박행위들)이 강간행위의 수단임에도 불구하고, 검사가 그 폭행 또는 협박사실들만을 분리하여 공소를 제기한 것인지 여부를 심리하여 그 공소제기의 적법 여부를 가려 보았어야 할 것인데도, 이에 나아가지 아니한 채 그 부분 공소사실까지 포함하여 폭력행위 등 처벌에 관한 법률위반죄로 다스린 원심판결에는 강간죄와 그 수단인 폭행죄·협박죄 또는 폭력행위 등 처벌에 관한 법률위반죄 사이의 죄수관계 및 친고죄에 관한 법리를 오해하여 필요한 심리를 다하지 아니한 위법이 있고, 이는 판결에 영향을 미쳤음이 명백하다. 이 점을 지적하는 상고이유는 이유 있다.

IV 분석과 해설

(가) 판례변경의 이론적 근거와 타당성

1970년대의 판례는 '강간죄와 그 수단이 되는 폭행죄는 법조경합의 관계'에 있다고 보았으며, 이 입장은 2002년에도 유지되고 있다. 1970년대에 선고된 종래의 2개의 판례는 "강간죄의 수단인 폭행만을 분리하여 공소제기하였다면 이는 범죄로 되지 아니하는 경우에 해당하므로 무죄를 선고하여야 한다"[3]는 것이었는데 본 판결은 이를 변경하여 "공소제기의 절차가 법률에 위반되어 무효인 경우로서 형사소송법 제327조 제2호에 따라 공소기각의 판결을 하여야 한다"며 판례를 변경하였다.

2002년 판례는 "㉯ 이러한 공소제기를 허용한다면 강간죄를 친고죄로 규정한 취지에 반하기 때문"이라고 판시하고 있다. 그러면 '강간죄를 친고죄로 규정한 취지'는 무엇인가?

본 판결의 다수의견은 그 근거를 명시하고 있지 아니하다. 학계의 다수설은 '강간죄를 친고죄로 규정한 취지'는 '그 사실이 공개되면 V의 명예가 손상되어 오히려 V에게 불이익을 초래할 우려가 있기 때문'이라고 파악한다.

(나) '일죄의 일부기소의 문제'인가?

본 사안의 문제는 일죄의 일부기소의 법리와는 관계가 없다. 강간피해자가 고소기간 경과 후에 고소하였지만 검사가 보기에 '가해자의 가해행위가 악랄하고 가해자에게 개전의 정이 없어 다른 범죄로라도 기소하여 처벌함이 사회정의에 합치한다'고 판단되어 강간의 수단이 되는 폭행·협박을 폭행죄·협박죄(혹은 폭처법 위반)로 기소하는 사안은 입증전술상의 일부기소도 아니고 형사정책적 일부기소도 아니다. 본 판결의 다수의견이나 별개의견, 보충의견의 어느 견해에서도 본 사안을 '일죄의 일부기소의 법리'와 연관시키고 있지 아니하다.

3) 대법원 1974.6.11. 선고 73도2817 판결; 대법원 1976.4.27. 선고 75도3365 판결.

3.10

공소시효의 법적성질과 정지

대법원 2008.12.11. 선고 2008도4101 판결

I 사 안

D는 1995.6.부터 같은 해 11.경까지 부정수표단속법 위반죄를 범하고 1996.6.22.경 대한민국에 가족을 그대로 둔 채 중국으로 출국하여 그곳에서 사업을 하던 중 범한 죄로 징역 14년의 형을 선고받고 1998.3.13.경부터 그 약 8년 10개월 동안 중국의 수감시설에 수감되어 있다가 2007.1.13. 대한민국으로 추방되어 2007.9.19. 부정수표단속법 위반 혐의로 기소되었다. 제1심은 "D가 중국에서 수감된 기간 동안 부정수표단속법 위반죄에 대한 공소시효가 진행되어 이 사건 공소제기 당시에는 그 공소시효가 완성되었다"는 이유로 D에게 면소를 선고하였고, 항소심도 이를 유지하자, 검사가 상고하였다.

II 쟁 점

공소시효진행의 정지사유인 형사소송법 제253조 제3항의 "범인이 형사처분을 면할 목적으로 국외에 있는 경우"의 의미

III 재판요지 (상고기각)

형사소송법 제253조 제3항은 "범인이 형사처분을 면할 목적으로 국외에 있는 경우 그 기간 동안 공소시효는 정지된다"고 규정하고 있다. 위 규정의 ⓐ 입법 취지는 범인이 우리나라의 사법권이 실질적으로 미치지 못하는 국외에 체류한 것이 도피의 수단으로 이용된 경우에 그 체류기간 동안은 공소시효가 진행되는 것을 저지하여 범인을 처벌할 수 있도록 하여 형벌권을 적정하게 실현하고자 하는 데 있다. 그래서 위 규정이 정한 ⓑ '형사처분을 면할 목적'이 국외 체류의 유일한 목적으로 되는 것에 한정되지 않고 범인이 가지는 여러 국외 체류 목적 중에 포함되어 있으면 족하고(대법원 2005.12.9. 선고 2005도7527 판결, 대법원 2007.2.8. 선고 2006도8277 판결 등 참조), 범인이 국외에 있는 것이 형사처분을 면하기 위한 방편이었다면 국외 체류기간 동안에는 별다른 사정이 없는 한 '형사처분을 면할 목적'이 있었다고 볼 수 있고, ⓒ 위 '형사처분을 면할 목적'과 양립할 수 없는 범인의 주관적 의사가 명백히 드러나는 객관적 사정이 존재하지 않는 한 '형사처분을 면할 목적'은 계속 유지된다.

한편, 국외에 체류 중인 범인에게 '형사처분을 면할 목적'이 계속 존재하였는지가 의심스러운 사정이 발생한 경우, 그 기간 동안 '형사처분을 면할 목적'이 있었는지 여부는 ⓓ 당해 범죄의 공소시효의 기간, 범인이 귀국할 수 없는 사정이 초래된 경위, 그

러한 사정이 존속한 기간이 당해 범죄의 공소시효의 기간과 비교하여 **도피 의사**가 인정되지 않는다고 보기에 충분할 만큼 연속적인 장기의 기간인지, **귀국 의사**가 수사기관이나 영사관에 통보되었는지, 피고인의 생활근거지가 어느 곳인지 등의 제반 사정을 참작하여 판단하여야 한다. 이러한 기준에 의하여 볼 때, 통상 범인이 외국에서 다른 범죄로 외국의 수감시설에 수감된 경우, 그 범행에 대한 법정형이 당해 범죄의 법정형보다 월등하게 높고, 실제 그 범죄로 인한 수감기간이 당해 범죄의 공소시효 기간보다도 현저하게 길어서 범인이 수감기간 중에 생활근거지가 있는 우리나라로 돌아오려고 했을 것으로 넉넉잡아 인정할 수 있는 사정이 있다면 그 수감기간에는 '형사처분을 면할 목적'이 유지되지 않았다고 볼 여지가 있고, 그럼에도 그러한 목적이 유지되고 있었다는 점은 검사가 입증하여야 할 것이다.

이 사건 부정수표단속법 위반죄의 법정형은 최고 징역 5년으로서 그 공소시효의 기간이 5년에 불과한 반면, 이 사건 공소제기는 범행종료일로부터 약 12년이 경과한 시점에 제기되고, 그 사이 피고인이 중국에 체류하면서 그곳 교도소에 수감되어 있었던 기간이 무려 8년 10개월이나 되는 점에 비추어 보면 피고인이 그 수감기간 중에 가족이 있는 우리나라로 돌아오려고 하였을 것이라고 충분히 짐작되는 점을 고려하면, 피고인이 귀국하려는 의사가 수사기관 등에 통보되는 등 객관적으로 표출된 사정이 없다고 하더라도 중국의 교도소에 수감되어 있었던 기간 동안에도 이 사건 범죄에 대한 '형사처분을 면할 목적'이 있었다고 볼 다른 자료가 없는 상태에서는 이 사건 범죄에 대한 '형사처분을 면할 목적'이 있다고 쉽게 단정할 수 없다.

IV 분석과 해설

(가) 공소시효의 법적 성질

(1) 공소시효와 형의 시효

형사시효에는 확정판결 전의 시효와 확정판결 후의 시효가 있다. 전자가 공소시효이며 형사소송법에 규정(법 제249조 이하)이 있다. 후자는 형의 시효이며 형법에 규정(형법 제77~80조)되어 있다. 공소시효는 범죄 후 공소가 제기되지 아니하거나 공소가 제기된 후 판결이 확정되지 아니한 채 일정기간이 경과하면 공소권을 소멸시키는 제도이다.

(2) 공소시효의 법적 성질

시간의 경과로 범죄의 사회적 영향이 미약해지고 미확정의 형벌권이 소멸하거나 가벌성이 감소된다고 보는 실체법설, 시간의 경과로 증거가 멸실되기 때문에 정확한 재판을 할 수 없으므로 오판을 용납하느니 차라리 면소사유로 삼은 것이라는 소송법설(다수설), 양자의 이유가 다 고려되었다고 보는 경합설이 있다.

(나) 본 판례의 분석

이 판례는 공소시효진행의 정지사유인 형사소송법 제253조 제3항의 "범인이 형사처분을 면할 목적으로 국외에 있는 경우"의 의미를 실질적으로 해석하였다는 점에서 그 의미를 찾을 수 있다. 대법원은 ⓐ, ⓑ 부분에서 종래의 대법원의 입장을 확인한 후, ⓒ 에서 "'형사처분을 면할 목적'과 양립할 수 없는 범인의 주관적 의사가 명백히 드러나는 객관적 사정이 존재한다면, '형사처분을 면할 목적'이 유지되지 않는다"고 판시하고, ⓓ에서 그 객관적 사정에 대한 판단기준을 제시하였다. 대법원은 ⓔ에서 그 기준을 사안에 적용하여 "'비록 형사처분을 면할 목적'으로 국외로 출국하였다 하더라도 국외에 있는 기간 전부에 대하여 공소시효의 진행이 정지되는 것은 아니고, 특별한 객관적 사정이 존재하는 기간 동안은 '형사처분을 면할 목적'이 없는 것으로 보아 공소시효가 진행한다"고 판시한다.[1)]

'형사처분을 면할 목적'에 대하여는 실질적인 판단을 하는 것이 옳으나, 국외로 출국할 때 이미 형사처분을 면할 목적이 있었던 경우라면 위와 같은 사정만으로 '국내로 들어 오려고 하였다'고 볼 수 있을지 의심스럽다.

(다) 2007년의 공소시효기간의 연장

개정 형사소송법(법률 제8730호, 2007.12.21, 일부개정)은 "DNA 감정 기술 등 과학수사의 발달로 오랜 기간이 경과한 증거도 증거수집이 가능하여 실체적 진실 발견이 가능하게 되었고, 날로 지능화·흉포화하는 강력범죄에 대한 범죄예방의 필요성이 요구되어 공소시효를 연장"하였다. 개정법은 사형에 해당하는 범죄는 15년에서 25년으로, 무기징역 또는 무기금고에 해당하는 범죄는 10년에서 15년 등으로 각 범죄에 대한 공소시효의 기간을 연장하고, 공소가 제기된 범죄는 판결의 확정 없이 공소를 제기한 때로부터 15년을 경과하면 공소시효가 완성한 것으로 보던 것을 향후에는 25년이 경과하여야 공소시효가 완성한 것으로

---

1) "국외에 체류 중인 범인에게 형사소송법 제253조 제3항의 '형사처분을 면할 목적'이 계속 존재하였는지가 의심스러운 사정이 발생한 경우, 그 기간 동안 '형사처분을 면할 목적'이 있었는지는 당해 범죄의 공소시효기간, 범인이 귀국할 수 없는 사정이 초래된 경위, 그러한 사정이 존속한 기간이 당해 범죄의 공소시효기간과 비교하여 도피 의사가 인정되지 않는다고 보기에 충분할 만큼 연속적인 장기인지, 귀국 의사가 수사기관이나 영사관에 통보되었는지, 피고인의 생활근거지가 어느 곳인지 등의 제반 사정을 참작하여 판단하여야 한다."(대법원 2012.7.26. 선고 2011도8462 판결)

보도록 하였다(법 제249조 참조). 공소시효 변경의 소급효와 관련하여 논란이 있으므로 개정법 부칙 제3조는 "이 법 시행 전에 범한 죄에 대하여는 종전의 규정을 적용한다"는 경과규정을 두었다.

(라) 성폭력범죄 등의 특례

1) 미성년자에 대한 성폭력범죄의 공소시효는 형사소송법 제252조 제1항 및 군사법원법 제294조 제1항에도 불구하고 해당 성폭력범죄로 피해를 당한 미성년자가 성년에 달한 날부터 진행한다.

2) 일부 성폭력범죄에 대하여는 디엔에이(DNA) 등 과학적인 증거가 있는 경우에 공소시효가 10년 연장된다.

3) 13세 미만자 및 장애인에 대한 강간 등, 강간살인죄 등에 대하여는 공소시효의 적용이 배제된다.[2)]

---

2) **아동·청소년의 성보호에 관한 법률 제20조**(공소시효에 관한 특례) ① 아동·청소년대상 성범죄의 공소시효는 형사소송법 제252조 제1항에도 불구하고 해당 성범죄로 피해를 당한 아동·청소년이 성년에 달한 날부터 진행한다. ② 제7조의 죄는 디엔에이(DNA)증거 등 그 죄를 증명할 수 있는 과학적인 증거가 있는 때에는 공소시효가 10년 연장된다. ③ 13세 미만의 사람 및 신체적인 또는 정신적인 장애가 있는 사람에 대하여 다음 각 호의 죄를 범한 경우에는 제1항과 제2항에도 불구하고 형사소송법 제249조부터 제253조까지 및 군사법원법 제291조부터 제295조까지에 규정된 공소시효를 적용하지 아니한다. 1. 형법 제297조(강간), 제298조(강제추행), 제299조(준강간, 준강제추행), 제301조(강간등 상해·치상) 또는 제301조의2(강간등 살인·치사)의 죄 2. 제9조 및 제10조의 죄 3. 성폭력범죄의 처벌 등에 관한 특례법 제6조제2항, 제7조 제2항, 제8조, 제9조의 죄 ④ 다음 각 호의 죄를 범한 경우에는 제1항과 제2항에도 불구하고 형사소송법 제249조부터 제253조까지 및「군사법원법」제291조부터 제295조까지에 규정된 공소시효를 적용하지 아니한다. 1. 형법 제301조의2(강간등 살인·치사)의 죄(강간등 살인에 한정한다) 2. 제10조 제1항의 죄 3. 성폭력범죄의 처벌 등에 관한 특례법 제9조 제1항의 죄

성폭력범죄의 처벌 등에 관한 특례법 제21조(공소시효에 관한 특례) ① 미성년자에 대한 성폭력범죄의 공소시효는「형사소송법」제252조 제1항 및「군사법원법」제294조 제1항에도 불구하고 해당 성폭력범죄로 피해를 당한 미성년자가 성년에 달한 날부터 진행한다. 〈개정 2013.4.5.〉 ② 제2조 제3호 및 제4호의 죄와 제3조부터 제9조까지의 죄는 디엔에이(DNA)증거 등 그 죄를 증명할 수 있는 과학적인 증거가 있는 때에는 공소시효가 10년 연장된다. ③ 13세 미만의 사람 및 신체적인 또는 정신적인 장애가 있는 사람에 대하여 다음 각 호의 죄를 범한 경우에는 제1항과 제2항에도 불구하고 형사소송법 제249조부터 제253조까지 및 군사법원법 제291조부터 제295조까지에 규정된 공소시효를 적용하지 아니한다. 1. 형법 제297조(강간), 제298조(강제추행), 제299조(준강간, 준강제추행), 제301조(강간등 상해·치상) 또는 제301조의2(강간등 살인·치사)의 죄 2. 제6조 제2항, 제7조 제2항, 제8조, 제9조의 죄 3. 아동·청소년의 성보호에 관한 법률 제9조 또는 제10조의 죄 ④ 다음 각 호의 죄를 범한 경우에는 제1항과 제2항에도 불구하고 형사소송법 제249조부터 제253조까지 및 군사법원법 제291조부터 제295조까지에 규정된 공소시효를 적용하지 아니한다.〈개정 2013.4.5.〉 1. 형법 제301조의2(강간등 살인 치사)의 죄(강간등 살인에 한정한다) 2. 제9조 제1항의 죄 3. 아동·청소년의 성보호에 관한 법률 제10조 제1항의 죄 4. 군형법 제92조의8의 죄(강간 등 살인에 한정한다)

(마) 공소시효 관련 중요판례들

1) "범죄 후 **법률의 개정에 의하여 법정형이 가벼워진 경우**에는 형법 제1조 제2항에 의하여 당해 범죄사실에 적용될 가벼운 법정형(신법의 법정형)이 공소시효기간의 기준으로 된다." (대법원 2008.12.11. 선고 2008도4376 판결)

2) "1개의 행위가 여러 개의 죄에 해당하는 경우 형법 제40조는 이를 과형상 일죄로 처벌한다는 것에 지나지 아니하고, 공소시효를 적용함에 있어서는 각 죄마다 따로 따져야 할 것인바, 공무원이 취급하는 사건에 관하여 청탁 또는 알선을 할 의사와 능력이 없음에도 청탁 또는 알선을 한다고 기망하여 금품을 교부받은 경우에 성립하는 사기죄와 변호사법 위반죄는 상상적 경합의 관계에 있으므로, 변호사법 위반죄의 공소시효가 완성되었다고 하여 그 죄와 **상상적 경합관계**에 있는 사기죄의 공소시효까지 완성되는 것은 아니다."(대법원 2006.12.8. 선고 2006도6356 판결)

3) "수개의 업무상횡령행위라 하더라도 피해법익이 단일하고, 범죄의 태양이 동일하며, 단일 범의의 발현에 기인하는 일련의 행위라고 인정될 때에는 포괄하여 1개의 범죄라고 봄이 타당하고, **포괄일죄의 공소시효**는 최종의 범죄행위가 종료한 때부터 진행한다."(대법원 2006.11.9. 선고 2004도4234 판결)

4) "**공소시효의 기산점**에 관하여 규정하는 형사소송법 제252조 제1항의 '범죄행위'는 당해 **범죄행위의 결과**까지도 포함하는 취지로 해석함이 상당하다."(대법원 2003.9.26. 선고 2002도3924 판결)

5) "**공소장 변경이 있는 경우**에 공소시효의 완성 여부는 당초의 공소제기가 있었던 시점을 기준으로 판단할 것이고 공소장 변경시를 기준으로 삼을 것은 아니지만, 공소장변경절차에 의하여 공소사실이 변경됨에 따라 그 법정형에 차이가 있는 경우에는 변경된 공소사실에 대한 법정형이 공소시효기간의 기준이 된다고 보아야 하므로 공소제기 당시의 공소사실에 대한 법정형을 기준으로 하면 공소제기 당시 아직 공소시효가 완성되지 않았으나 변경된 공소사실에 대한 법정형을 기준으로 하면 공소제기 당시 이미 공소시효가 완성된 경우에는 공소시효의 완성을 이유로 면소판결을 선고하여야 한다."(대법원 2001.8.24. 선고 2001도2902 판결)

6) "형사소송법 제253조 제1항, 제2항에 의하면 '공소시효는 공소의 제기로 진행이 정지되고, **공범**의 1인에 대한 공소시효의 정지는 다른 공범자에 대하여 효력이 미치고 당해 사건의 재판이 확정된 때로부터 진행한다'고 규정하고 있는바, 위 제2항 소정의 공범관계의 존부는 현재 시효가 문제되어 있는

사건을 심판하는 법원이 판단하는 것으로서 법원조직법 제8조의 경우를 제외하고는 다른 법원의 판단에 구속되는 것은 아니고, 위 형사소송법 제253조 제2항 소정의 재판이라 함은 종국재판이면 그 종류를 묻지 아니하나, 공범의 1인으로 기소된 자가 구성요건에 해당하는 위법행위를 공동으로 하였다고 인정되기는 하나 책임조각을 이유로 무죄로 되는 경우와는 달리 범죄의 증명이 없다는 이유로 공범 중 1인이 무죄의 확정판결을 선고받은 경우에는 그를 공범이라고 할 수 없어 그에 대하여 제기된 공소로써는 진범에 대한 공소시효정지의 효력이 없다."(대법원 1999.3.9. 선고 98도4621 판결)

3.11

죄수판단의 유동성과 동일법원에의 추가기소·변론병합·추가취지의 공소장변경허가신청의제

대법원 1996.10.11. 선고 96도1698 판결; 대법원 2007.8.23. 선고 2007도2595 판결; 대법원 2012.6.28. 선고 2012도2087 판결

I 사 안

1996년 사안

1) D는 ① 1995.6.28. ② 같은 해 7.일자 미상 ③ 같은 해 9.1. 각 특수절도죄를 범하였고, ④ 같은 해 6.17. ⑤ 같은 해 8.6. ⑥ 같은 달 11.에도 각 특수절도죄를 범하였다. 검사는 1995.9.15. 먼저 밝혀진 ①, ②, ③의 특수절도죄를 각 실체적 경합범으로 기소하였고, 나중에 ④, ⑤, ⑥의 죄가 밝혀지자, D에게 상습성이 있다고 보고, 같은 해 10.27. ④, ⑤, ⑥의 죄를 특정범죄 가중처벌 등에 관한 법률위반(상습절도)죄로 같은 재판부에 추가기소하면서 동시에 변론병합을 신청하여 변론병합결정을 얻어냈다.

2) 제1심법원은 제4회 공판절차에서 검사가 구두로 ①, ②, ③사건의 공소장 중 죄명 '특수절도'와 적용법조 '형법 제331조 제2항, 제1항'을 각 철회하자, "검사의 공소철회가 있으므로 공소를 기각한다."는 결정을 하고 이를 고지한 후, **D의 모든 범행을 특정범죄 가중처벌 등에 관한 법률(상습절도)위반으로 유죄판결**하였다. 검사가 항소하였다.

3) 항소심은 "검사는 [먼저 제기된 ①, ②, ③사건의 특수절도 범행 이전에 이루어진] ④, ⑤, ⑥사건의 특수절도 범행에 관하여 그 행위가 D의 절도의 습벽의 발로로 이루어진 것으로 판단하여 이를 특정범죄 가중처벌 등에 관한 법률(절도)위반으로 기소하고 있고, 이미 기소된 ①, ②, ③사건의 특수절도 범행도 절도습벽에서 이루어진 것으로 보아 제1심 4회 공판절차에서 그 사건의 공소장의 죄명과 적용법조를 '특수절도'와 '형법 제331조 제2항, 제1항'에서 '특정범죄 가중처벌 등에 관한 법률(절도)위반'과 '특정범죄 가중처벌 등에 관한 법률 제5조의4 제1항, 형법 제331조'로 변경하려는 의도로 ①, ②, ③사건의 죄명과 적용법조를 각 철회하는 진술을 한 것으로 보여지나, 이러한 구두의 진술만으로는 적법한 공소장변경 허가신청이 있었다고 볼 수 없고, 또한 ①, ②, ③특수절도의 점에 관하여 공소를 취소할 아무런 이유가 없는 이 사건에서 검사의 위 구두진술을 ①, ②, ③사건의 특수절도의 점에 대한 공소취소로 볼 수 없으며, 더욱이 제1심 판결은 위 특수절도의 공소사실을 범죄사실로 그대로 기재하고 이

를 ④, ⑤, ⑥사건의 공소사실과 포괄일죄로 처단하고 있으므로, 결국 제1심의 '검사의 공소철회가 있으므로 공소를 기각한다.'는 결정은 검사의 공소취소 없이 이루어진 것으로서 '공소기각'이라는 용어에도 불구하고 공소기각으로서의 효력이 없고, 다만 위와 같이 검사가 의도한 대로 공소장의 죄명과 적용법조를 변경하는 것을 허가한다는 의미밖에 없으나 이는 위에서 본 바와 같이 부적법하여 효력이 없고, 한편 공소의 효력은 그 공소사실과 동일성이 인정되는 범위 내에서는 비록 공소장에 공소사실로 적시되지 아니하였다 할지라도 그 전부에 대하여 미친다고 할 것인바, 먼저 제기된 공소의 특수절도 범행과 뒤에 제기된 상습특수절도 범행이 다 같이 피고인들의 절도습벽에서 이루어졌다고 한다면, 먼저 제기된 공소사실과 뒤에 제기된 공소사실은 실체법상 일죄인 상습특수절도의 포괄일죄의 관계에 있다. 따라서 먼저 제기된 ①, ②, ③사건의 공소의 효과는 그와 포괄일죄의 관계에 있는 위 ④, ⑤, ⑥사건의 공소사실에도 미치게 되므로, ④, ⑤, ⑥사건의 공소제기는 형사소송법 제327조 제3호 소정의 '공소가 제기된 사건에 대하여 다시 공소가 제기된 경우'에 해당한다"는 이유로 ④, ⑤, ⑥사건에 대하여는 공소를 기각하고, 먼저 기소된 ①, ②, ③사건의 특수절도 범행만을 유죄로 인정하여 경합범으로 형을 선고하였다. 검사가 상고하였다.

2007년 사안

D2는 2000.3.경 V녀가 경영하는 회사에 입사한 후 동거하여 오다가, 2004. 7.23.경 회사 직원의 고용 문제로 V와 다투고 동거관계를 청산하게 되자, ① 2004.7.25. 14:00경 V에게 전화로 "돈 100억 원을 주지 않으면 부동산 미등기전매 및 조세포탈사실을 국세청과 수사기관에 알려 구속되도록 하겠다"고 말하고, ② 같은 달 26. 11:00경 V에게 "100억 원을 주지 않으면 파장을 내겠다"라고 말하고, ③ 같은 날 오후 시간 불상경 전화로 "오늘 중으로 36억 원을 내 놓지 않으면 불법, 탈법 자료를 국세청에 넘겨주고 구속되게 하겠다"고 말하고, ④ 같은 달 28.경 "탈세한 것을 수사기관과 국세청에 고발"하는 내용의 고발장을 팩스로 송부하여 V의 신체 또는 재산에 대하여 어떠한 해악을 가할 듯한 태도를 보였다.

검사는 2005.5.30. 서울중앙지방법원에 D2에 대하여 ①, ②, ③ 각각의 범행을 협박죄의 실체적 경합범으로 기소하였고, 그 다음날에는 ④ 범행에 대하여 같은 법원에 추가기소하면서 변론병합을 신청하였다. 제1심은 양자의 변론을 병합한 후 위 ①, ②, ③, ④행위를 모두 실체적 경합범으로 의율하여 D2에게 유죄판결을 선고하였다. D2가 항소하자 항소심(서울고등법원)은 "D2가 단일하고도 계속된 범의 하에서 동일 죄명에 해당하는 수개의 협박행위를 일정기간 계속하여 행한 것으로서 그 피해법익도 모두 동일하다"는 이유로 ①, ②, ③, ④행위를 통틀어 "협박죄의 포괄일죄에 해당하고 따라서 검사로서는 원칙적으로 먼저 기소한 사건의 범죄사실에 추가기소의 공소장에 기재한 범죄사실을 추가하는 것으로 공소장변경신청을 하고 추가기소한 사건에 대하여는 공소취소를 하는 것이 바람직할 것이나, 위와 같은 추가기소는 공소사실을 추가하는 등의 공소장변경과는 절차상 차이만 있을 뿐 그 실질에 있어서는 별다른 차이가 없으므로, 위 추가기소에 의하여 공소장변경이 이루어진 것으로 보고 전후에 기소된 범죄사실 전부에 대하여 실체판단을 함이 상당하다(대법원 1999.11.26. 선고 99도3929 판결)." 며 제1심판결을 파기자판하였다. 피고인이 "항소심의 판단은 이중기소와 공소장변경의 법리를 오해하였다"고 주장하며 상고하였다.

II 쟁 점

포괄일죄(혹은 상상적 경합)를 구성하는 일부 범죄사실(1개의 범죄사실일 수도 있고 복수의 범죄사실일 수도 있다)이 먼저 단순일죄·실체적 경합범으로 기소된 후 그 나머지 범죄사실이 동일재판부에 추가기소되어 변론이 병합된 후 전·후의 공소사실이 합하여 포괄일죄·상상적 경합의 전체범죄임이 드러나면 추가기소의 위법(이중기소)을 문제삼지 아니하고 추가기소를 공소사실추가취지의 공소장변경허가신청으로 간주하고 추가기소에 대하여 공소기각판결(법 제327조 제3호)을 할 필요가 없는가?(긍정)

III 재판요지

1996년 사안(파기환송)

검사가 단순일죄라고 하여 특수절도 범행을 먼저 기소하고 포괄일죄인 상습특수절도 범행을 추가기소하였으나 심리과정에서 전후에 기소된 범죄사실이 모두 포괄하여 상습특수절도인 특정범죄 가중처벌 등에 관한 법률(절도)위반의 일죄를 구성하는 것으로 밝혀진 경우에는, ⓐ 검사로서는 원칙적으로 먼저 기소한 사건의 범죄사실에 추가기소의 공소장에 기재한 범죄사실을 추가하여 전체를 상습범행으로 변경하고 그 죄명과 적용법조도 이에 맞추어 변경하는 공소장변경 신청을 하고 추가기소한 사건에 대하여는 공소취소를 하는 것이 형사소송법의 규정에 충실한 온당한 처리이다.

그러나 위와 같이 포괄일죄를 구성하는 일부 범죄사실이 먼저 단순일죄로 기소된 후 그 나머지 범죄사실이 포괄일죄로 추가기소되고 단순일죄의 범죄사실도 추가 기소된 포괄일죄를 구성하는 행위의 일부임이 밝혀진 경우라면, 위 ⓑ 추가기소에 의하여 전후에 기소된 각 범죄사실 전부를 포괄일죄로 처벌할 것을 신청하는 취지가 포함되었다고 볼 수 있어 공소사실을 추가하는 등의 공소장변경과는 절차상 차이가 있을 뿐 그 **실질에 있어서 별 차이가 없으므로**, 위의 경우에 ⓒ 검사의 석명에 의하여 추가기소의 공소장의 제출은 포괄일죄를 구성하는 행위로서 먼저 기소된 공소장에 누락된 것을 추가 보충하고 죄명과 적용법조를 포괄일죄의 죄명과 적용법조로 변경하는 취지의 것으로서 1개의 죄에 대하여 중복하여 공소를 제기한 것이 아님이 분명하여진 경우에는 위의 추가기소에 의하여 공소장변경이 이루어진 것으로 보아 전후에 기소된 범죄사실 전부에 대하여 실체판단을 하여야 하고 추가기소에 대하여 공소기각판결을 할 필요가 없다(대법원 1993.10.22. 선고 93도2178 판결 참조).

ⓓ 왜냐하면 형사소송법 제298조의 공소장변경제도는 피고인의 방어권행사를 실질적으로 보장하려는 당사자주의적 견지에서 공소사실의 동일성이 인정되는 범위 내라 할지라도 공소장변경 절차에 의하여 심판의 대상을 명확히 한정하지 아니하면 심판대상이 되지 아니하는 것으로 함으로써 피고인이 예상하지 아니한 처벌을 받는 불이익을 방지하려는 것인데, 포괄일죄가 추가기소되는 경우에도 구체적으로 추가적으로 심판대상이 되는 사실이 명확히 제시되어 피고인이 방어하여야 할 대상이 분명히 한정되므로 이를 공소장변경으로 보더라도 방어권행사에 아무런 지장이 없고, ⓔ 이중기소의 경우 공소기각판결을 하도록 규정한 형사소송법 제327조 제3호의 취지는 동일 사건에 대하여 피고인으로 하여금 **이중위험**을 받지 아니하게 하고 법원이 2개의 실체판결을 하지 아니하도록 함에 있는 것이나 ⓕ 포괄일죄의 일부 사실이 2차례에 걸쳐 기소된 것을 공소장변경으로 보아 전부에 대하여 실체판단을 하고 추가기소된 사실에 대하여 공소기각판결을 하지 아니하더라도 **동일법원에서 병합하여 심리하는 이상** 피고인이 이중위험에 처할 수는 없고 1개의 판결이 선고될 것이기 때문에 2개의 실체판결이 날 가능성도 배제할 수 있게 되므로 아무런 문제점이 없으며, 또한 **이를 허용하는 것이 절차유지의 원칙이나 소송경제에도 부합**할 것이기 때문이다.

제1심에서의 검사의 추가기소는 공소장변경의 취지에서 행하여진 것으로서 이중기소의 취지가 아니므로 두 사건 전체를 포괄일죄로 하여 심판을 구한다는 취지임을 표시하는 것으로 볼 여지도 없지 아니한바, 이 사건의 경위가 위와 같다면 **원심으로서는 석명권을 행사하여 검사로 하여금 추가기소의 진정한 취지를 밝히도록 하여 만일 그 취지가 일죄에 대한 이중기소가 아니라 위와 같은 공소장변경의 취지라고 한다면 그 범죄사실 전체에 대하여 실체판단을 하여야 할 것**임에도 불구하고, 원심이 이에 나아가지 아니하고 곧바로 추가기소가 이중기소라고 하여 공소기각판결을 선고한 것은 심리를 다하지 아니하여 결과적으로 포괄일죄에 대한 추가기소의 경우 공소장변경 절차 없이 심판할 수 있는 범위에 관하여 법리를 오해한 위법을 저질렀다고 할 것이므로 그 논거는 다르지만 결론적으로 이를 지적하는 상고논지는 이유 있다. 그러므로 원심판결 중 공소기각 부분은 이 부분에 관한 나머지 주장에 대하여 판단할 것도 없이 파기를 면할 수 없고, 위 공소기각 부분과 원심이 유죄로 인정한 특정범죄 가중처벌 등에 관한 법률(절도)위반의 점은 포괄일죄의 관계에 있고 원심이 위의 유죄 부분과 나머지 유죄로 인정한 각 죄를 경합범으로 하여 1개의 형을 선고하였으므로 결국 원심판결은 전부 파기할 수밖에 없다. 따라서 원심판결을 전부 파기하여 사건을 다시 심리·판단하게 하기 위하여 원심법원에 환송한다.

2007년 사안(상고기각)

검사가 수개의 협박 범행을 먼저 기소하고 다시 별개의 협박 범행을 추가로 기소하였는데 이를 병합하여 심리하는 과정에서 전후에 기소된 각각의 범행이 모두 포괄하여 하나의 협박죄를 구성하는 것으로 밝혀진 경우, ① 이중기소에 대하여 공소기각판결을 하도록 한 형사소송법 제327조 제3호의 취지는 동일사건에 대하여 피고인으로 하여금 이중처벌의 위험을 받지 아니하게 하고 법원이 2개의 실체판결을 하지 아니하도록 함에 있으므로, 위와 같은 경우 법원이 각각의 범행을 포괄하여 하나의 협박죄로 인정한다고 하여 이중기소를 금하는 위 법의 취지에 반하는 것이 아닌 점과 ② 법원은 실체적 경합범으로 기소된 범죄사실에 대하여 그 범죄사실을 그대로 인정하면서 다만 죄수에 관한 법률적인 평가만을 달리하여 포괄일죄로 처단하더라도 이는 피고인의 방어에 불이익을 미치는 것이 아니므로 공소장변경 없이도 포괄일죄로 처벌할 수 있는 점에 비추어 보면, 비록 ③ **협박죄의 포괄일죄로 공소장을 변경하는 절차가 없었다거나 추가기소의 공소장의 제출이 포괄일죄를 구성하는 행위로서 먼저 기소된 공소장에 누락된 것을 추가·보충하는 취지의 것이라는 석명절차를 거치지 아니하였다 하더라도, 법원은 전후에 기소된 범죄사실 전부에 대하여 실체판단을 할 수 있고,** ④ **추가기소된 부분에 대하여 공소기각판결을 할 필요는 없다.**

IV 분석과 해설

(가) 추가기소와 공소사실의 추가취지의 공소장변경허가신청의 차이

추가기소는 이미 기소된 공소장 기재 공소사실과 기본적사실관계가 다른 죄, 즉 실체적 경합범의 관계에 있는 별개의 죄를 기소하는 것이다. 통상 추가기소는 기존의 공소사실을 심판하는 재판부에 행하여지고 기존의 공소사실과 추가되는 공소사실은 관련사건이므로 검사는 추가기소와 함께 변론병합을 신청하여 기존의 공소사실을 심판하는 재판부가 추가기소된 공소사실도 함께 심판하기를 원한다. 검사가 추가기소를 하려면 통상의 공소제기 방식에 따라 공소장을 관할법원에 제출하여야한다(법 제254조 제1항).

이에 반하여 **공소사실의 추가취지의 공소장변경허가신청**은, 이미 기소된 공소장기재 공소사실과 기본적 사실관계가 동일한 범위 내에서 검사가 법원의 허가를 얻어 서면으로 하는 것이다. 추가기소의 경우에는 이중기소의 문제가 발생할 수 있지만 공소사실의 추가 취지의 공소장변경허가신청에서는 이중기

소의 문제가 발생할 여지가 없다.[1)]

포괄일죄를 구성하는 죄의 일부 또는 상상적 경합관계의 죄들 중 일부(대법원 2012.6.28. 선고 2012도2087 판결)가 이미 기소되어 있을 때에는 다른 일부의 행위는 추가기소의 대상이 아니라 추가취지의 공소장변경의 대상일 뿐이다. 그런데도 검사가 추가기소를 한 경우에는 그 추가기소는 원칙적으로 이중기소에 해당하여 법원은 형사소송법 제327조 제3호에 따라 공소기각의 판결을 고려하게 된다. 그런데 법원이 공소기각의 판결을 한다 하더라도 법원은 검사가 다시 그 부분을 공소장변경의 방법으로 추가하는 것을 금지하지 아니한다. 따라서 특단의 사정이 없는 한 검사는 다시 공소장변경의 형식으로 공소사실의 추가를 기도할 것이다. 대법원은 이런 불필요한 절차의 반복을 소송경제적 측면에서 무용한 일로 보고, 피고인의 방어권행사에 실질적인 불이익도 없으므로 형식상의 추가기소지만, 공소장변경으로 보는 것이 상당하다고 판시한 것이다. 복수의 범죄사실 상호간의 관계가 실체적 경합범의 관계인지, 포괄적 일죄의 관계인지, 상상적 경합의 관계인지를 판별하는 것은 쉬운 일이 아니다. 대법원은 이와 같은 '**죄수판단의 유동성**'**을 직시하여 재판부로 하여금 검사의 의중을 최대한 선의로 해석하여** 구체적 타당성있게 처리할 것을 주문하는 실용주의적 태도를 보여주고 있다.

(나) 두 개의 판결의 분석

위의 두 개의 사안에서의 대법원의 태도는 거의 일치한다. 이런 태도는 이미 대법원 1993.10.22. 선고 93도2178 판결(⇨ 아래의 (다) 참조)에서도 간략하게 설시된 바 있다. 그 근거는 검사가 포괄일죄를 구성하는 행위의 일부를 추가기소하는 것은 "일죄를 구성하는 행위 중 누락된 부분을 추가 보충하는 취지이므로 거기에 이중기소의 위법이 있다 할 수는 없다"는 것이었다.

1996년 사안에서 대법원은 "석명권을 행사하여 검사가 추가기소를 한 취지를 밝힌 후에 공소장변경으로 해석할 수 있다"고 판시(석명 후 공소장변경의제설)하고 있으

1) 공소장변경 중 공소사실의 철회와 공소취소도 그 차이를 명백히 할 필요가 있다. **공소사실의 철회**는 공소장변경의 한 형태로 공소장변경의 법리에 따라야 하고 절차도 **반드시 서면으로 하여야** 하지만, 공소의 취소는 형사소송법 제255조에 규정된 바와 같이 서면으로 하는 것이 원칙이나, 공판정에서는 구술로도 할 수 있으며, 경합범관계에 있는 수개의 공소사실 중 일부를 취소하는 절차이다. 법원은 공소취소가 있으면 형사소송법 제328조 제1호에 따라 공소기각의 결정을 하여야 한다. 위 1996년 사안의 항소심은 "제1심에서 검사가 죄명과 적용법조를 각 철회하는 진술을 한 것으로 보여지나, 이러한 구두의 진술만으로는 적법한 공소장변경 허가신청이 있었다고 볼 수 없다"고 판시하였다.

나, 2007년 사안에서 대법원은 석명한 사실이 없는데도 추가기소를 공소장변경의 취지로 보았으므로(공소장변경의제설) 판례의 태도가 변경된 것이 아닌가 하는 의심이 생길 수도 있다. 그러나 대법원의 진의는, 법원은 원칙적으로 석명권을 행사하여야 하되, 피고인에게 실질적인 불이익이 없고, 검사의 추가기소의 취지가 공소사실추가 취지의 공소장변경임이 비교적 명백한 경우에는 굳이 석명권을 행사하지 않았다 하더라도 위법은 아니라는 입장으로 보인다.[2)]

(다) 영업범의 추가기소와 공소장변경(대법원 1993.10.22. 선고 93도2178 판결)

"피고인은 먼저 기소된 위 93노1312 사건의 범죄사실로 구속되었다가 1991.12.20. 보석으로 석방되자 1992.1.부터 영업을 재개하여 동일한 장소에서 같은 유기기구를 사용하여 손님에게 사행행위를 하게 하는 동일한 형태의 영업을 하다가 다시 위 93노49 사건으로 공소제기된 사실을 알 수 있는 바, 이에 의하면 피고인은 단일한 범의 아래 반복적으로 계속하여 영업을 한 것으로서 피고인의 구속으로 일시 영업이 중단되었다는 사정만으로는 범의의 갱신이 있다고 볼 수 없어 포괄적 일죄의 하나인 영업범에 해당한다. 그리고 포괄적 일죄를 구성하는 행위의 일부에 관하여 추가기소된 경우에는 일죄를 구성하는 행위 중 누락된 부분을 추가 보충하는 취지라고 볼 것이어서 거기에 소론이 지적하는 이중기소의 위법이 있다 할 수 없다."

(라) 상상적 경합의 추가기소와 공소장변경의제(대법원 2012.6.28. 선고 2012도2087)

[사안] 검사는 D에 대하여 먼저 동일인 대출한도 초과대출로 인한 상호저축은행법 위반죄로 공소(2010고합67호)를 제기한 후 위 대출과 동일한 대출로 인한 특경법 위반(배임) 및 업무상배임죄의 공소사실이 포함된 공소장(2010고합84호)을 동일재판부에 제출(추가기소취지)하면서 동시에 2010고합67호 사건과 2010고합84호 사건의 변론병합신청서를 제출하였다.

---

2) 대법원 2012.1.26. 선고 2011도15356 판결 "검사가 단순일죄라고 하여 존속상해 범행을 먼저 기소하고 다시 포괄일죄인 폭처법 위반(상습존속상해) 범행을 추가로 기소하였는데 이를 병합하여 심리하는 과정에서 전후에 기소된 각각의 범행이 모두 포괄하여 하나의 폭처법 위반(상습존속상해)죄를 구성하는 것으로 밝혀진 경우, 이중기소에 대하여 공소기각판결을 하도록 한 형사소송법 제327조 제3호의 취지는 동일사건에 대하여 피고인으로 하여금 이중처벌의 위험을 받지 아니하게 하고 법원이 2개의 실체판결을 하지 아니하도록 함에 있으므로, 위와 같은 경우 법원이 각각의 범행을 포괄하여 하나의 폭처법 위반(상습존속상해)죄로 인정한다고 하여 이중기소를 금하는 위 법의 취지에 반하는 것이 아닌 점과 법원은 실체적 경합범으로 기소된 범죄사실에 대하여 그 범죄사실을 그대로 인정하면서 다만 죄수에 관한 법률적인 평가만을 달리하여 포괄일죄로 처단하더라도 이는 피고인의 방어에 불이익을 미치는 것이 아니므로 공소장변경 없이도 포괄일죄로 처벌할 수 있는 점에 비추어 보면, 비록 폭처법 위반(상습존속상해)죄의 포괄일죄로 공소장을 변경하는 절차가 없었다거나 추가기소의 공소장의 제출이 포괄일죄를 구성하는 행위로서 먼저 기소된 공소장에 누락된 것을 추가·보충하는 취지의 것이라는 석명절차를 거치지 아니하였다 하더라도, 법원은 전후에 기소된 범죄사실 전부에 대하여 실체판단을 할 수 있고, 추가기소된 부분에 대하여 공소기각판결을 할 필요는 없다 (대법원 2007.8.23. 선고 2007도2595 판결 등 참조)."

제1심 재판부는 위 두 사건을 병합심리하기로 결정한 다음 제6회 공판기일에 위 두 사건의 공소사실이 중복되는 경우가 있는지 등에 관하여 밝힐 것(석명)을 요구하였다. 검사가 별다른 조치를 취하지 아니하자 제1심은 '위 2010고합84호 공소사실 중 2010고합67호 공소사실의 상호저축은행법 위반죄와 동일한 대출로 인한 특경법 위반(제3조(이득액 5억원 이상의 배임)) 및 업무상배임죄의 공소사실은 이중기소에 해당한다'고 보아 공소를 기각하였다. 검사는 항소한 후 항소이유서 및 2011.11.9.자 의견서를 통하여 '위 추가기소를 하면서 병합심리를 요청한 진정한 취지는 상상적 경합관계에 있는 공소사실에 관하여 **공소장변경의 취지로 공소사실을 추가한다**는 의미'라고 밝혔다. 항소심은 "설령 제1심의 석명 요구가 적절한 것이었다고 하더라도 항소심에 이르러 검사가 위 추가기소가 공소장변경의 취지임을 밝힌 이상 제1심의 판단은 그대로 유지될 수 없다"고 판단하여, 위 공소기각 부분 및 그와 상상적 경합관계에 있거나 형법 제37조 전단의 경합범 관계에 있는 유죄 부분 전부를 파기하여 제1심법원에 환송하였다. 피고인이 상고하였다: [**재판요지**(상고기각)] "동일인 대출한도 초과대출 행위로 인하여 상호저축은행에 손해를 가함으로써 상호저축은행법 위반죄와 업무상배임죄가 모두 성립한 경우, 위 두 죄는 형법 제40조 소정의 상상적 경합관계에 있다(대법원 2011.2.24. 선고 2010도13801 판결 참조). 상상적 경합관계에 있는 공소사실 중 일부가 먼저 기소된 후 그 나머지 공소사실이 추가기소되고 이들 공소사실이 상상적 경합관계에 있음이 밝혀진 경우라면, 그 추가기소에 의하여 전후에 기소된 각 공소사실 전부를 처벌할 것을 신청하는 취지가 포함되었다고 볼 수 있어, 공소사실을 추가하는 등의 공소장변경과는 절차상 차이가 있을 뿐 그 실질에 있어서 별 차이가 없다. 따라서 법원으로서는 석명권을 행사하여 검사로 하여금 **추가기소의 진정한 취지를 밝히도록 하여** 검사의 석명에 의하여 추가기소가 상상적 경합관계에 있는 행위 중 먼저 기소된 공소장에 누락된 것을 추가 보충하는 취지로서 1개의 죄에 대하여 중복하여 공소를 제기한 것이 아님이 분명하여진 경우에는, 그 추가기소에 의하여 공소장변경이 이루어진 것으로 보아 전후에 기소된 공소사실 전부에 대하여 실체판단을 하여야 하고 추가기소에 대하여 공소기각판결을 할 필요가 없다(포괄일죄에 관한 대법원 1996.10.11. 선고 96도1698 판결 등 참조)."

3.12

법원의 증거개시결정과 검사의 증거개시의무

대법원 2012.11.15. 선고 2011다48452 판결; 헌재 2010.6.24. 선고 2009헌마257 결정; 헌재 1997.11.27. 선고 94헌마60 결정

I 사 안

1. D는 "2009.1.19. 03:00경부터 같은 달 20일 07:10경까지 서울 용산구(이하 생략)에 있는 Y건물에 침입하여, 건물 옥상에 망루를 짓고 점거 농성을 하면서 화염병을 사용하여 사람의 생명, 신체 또는 재산에 위험을 발생하게 하는 한편 위험한 물건을 휴대하여 시위진압에 관한 경찰관들의 정당한 공무집행을 방해하고, 이로 인하여 경찰특공대원 1명을 사망에 이르게 함과 동시에 경찰특공대원 13명으로 하여금 상해를 입게 하였다"는 공소사실로 2009.2.8. 특수공무집행방해치사죄 등으로 기소되었다.

2. D의 변호인들은 2009.3.25. 서울중앙지방검찰청 검사(이하 '검사'라 한다)에게 형사소송법 제266조의3 제1항 제3호, 제4호에 따라 별지 목록 서류의 열람·등사를 신청하였으나, 검사는 2009.3.27. 형사소송법 제266조의3 제2항, 검찰사건사무규칙 제112조의3 제1항 등을 들어 이를 거부하였다.

3. 이에 변호인들은 2009.3.31. 서울중앙지방법원에 형사소송법 제266조의4 제1항에 따라 위 서류의 열람·등사를 허용하도록 할 것을 신청하였고, 위 법원은 2009.4.14. 위 신청이 이유 있다고 인정하여 형사소송법 제266조의4 제2항에 따라 검사에게 이 사건 또는 관련 소송의 준비에 사용할 목적이 아닌 다른 목적으로 다른 사람에게 교부 또는 제시하여서는 아니 된다는 조건을 붙여 위 서류에 대한 열람·등사를 허용할 것을 명하는 결정을 하였다(이하 '허용 결정'이라 한다).

4. 변호인들은 2009.4.14. 검사에게 이 사건 허용 결정의 사본을 첨부하여 위 서류의 열람·등사를 신청하였으나 검사는 위 서류 중 별지 목록 비고란 기재 '1차 교부본'의 등사만을 허용하고, 나머지 서류에 대하여는 2009.4.16. 재차 위와 같은 이유를 들어 이를 거부하였다.

5. 그 후 검사는 2009.4.23. 변호인들에게 추가로 별지 목록 비고란 기재 '2차

교부본'의 등사를 허용하고, 위 1차 및 2차 교부본을 제외한 나머지 서류(이하 '수사서류'라 한다)에 대해서는 여전히 이를 거부하였다.

6. D에 대한 위 형사사건의 항소심이 진행되던 중 항소심 재판장은 관련된 재정신청사건을 함께 심리하면서 2010.1.14. 위 재정신청사건 기록에 편철되어 있는 이 사건 수사서류에 대한 변호인들의 열람·등사를 허용하여 변호인들은 이 사건 수사서류에 대한 열람·등사를 모두 마쳤다.

7. D가 국가에게 국가배상책임을 구하는 민사소송을 제기하였다. 제1심과 항소심은 국가에게 5백만원의 배상책임을 인정하였다. 국가가 상고하였다.

II 쟁 점

검사가 수소법원의 개시결정에 불응하면 검사에게 국가배상법 제2조 제1항에서 규정하는 과실이 인정되는가?

III 재판요지 (상고기각)

1. 검사는 공익의 대표자로서 실체적 진실에 입각한 국가 형벌권의 실현을 위하여 공소제기와 유지를 할 의무뿐만 아니라 그 과정에서 피고인의 정당한 이익을 옹호하여야 할 의무가 있다. 그리고 법원이 형사소송절차에서의 피고인의 권리를 실질적으로 보장하기 위하여 마련되어 있는 형사소송법 등 관련 법령에 근거하여 검사에게 어떠한 조치를 이행할 것을 명하였고, 관련 법령의 해석상 그러한 법원의 결정에 따르는 것이 당연하고 그와 달리 해석될 여지가 없는 경우라면, 법에 기속되는 검사로서는 법원의 결정에 따라야 할 직무상 의무도 있다. 그런데도 그와 같은 상황에서 검사가 관련 법령의 해석에 관하여 대법원판례 등의 선례가 없다는 이유 등으로 법원의 결정에 어긋나는 행위를 하였다면 특별한 사정이 없는 한 당해 검사에게 그 직무상 의무를 위반한 과실이 있다.

2. 형사소송법 제266조의4는 검사의 열람·등사 거부처분에 대하여 법원이 그 허용 여부를 결정하도록 하면서도, 법원의 열람·등사 허용 결정에 대하여 집행정지의 효력이 있는 즉시항고로 불복할 수 있는 명문의 규정을 두고 있지 않다. 따라서 법원의 열람·등사 허용 결정은 그 결정이 고지되는 즉시 집행력이 발생한다.

한편 형사소송법 제266조의4 제5항은 검사가 수사서류의 열람·등사에 관한 법원의 허용 결정을 지체없이 이행하지 아니하는 때에는 해당 증인 및 서류 등에 대한 증거신청을 할 수 없도록 규정하고 있는데, 이는 검사가 그와 같은 불이익을 감수하기만 하면 법원의 열람·등사 결정을 따르지 않을 수도 있다는 의미가 아니라, 피고인의 열람·등사권을 보장하기 위하여 검사로 하여금 법원의 열람·등사에 관한 결정을 신속히 이행하도록 강제하는 한편 이를 이행하지 아니하는 경우에는 증거신청상의 불이익도 감수하여야 한다는 의미로 해석하여야 한다.

이 사건 검사의 열람·등사 거부 행위 당시 학설상 법원의 열람·등사 허용 결정이 있는데도 검사가 형사소송법 제266조의4 제5항의 불이익을 감수하기만 하면 법원의 열람·등사 결정을 따르지 않을 수도 있다는 해석론이 있었던 것이 아니고, 그러한 검찰의 실무 관행이 있었다고 볼 만한 자료도 없다. 따라서 법원의 열람·등사 허용 결정이 있으면 검사는 허용 결정에 따라 일단 증거를 개시하여야 한다는 점에 있어서는 당시 대법원판례 등 선례가 없었다 하더라도 의문이 있을 수 없었다.

따라서 법원이 검사의 열람·등사 거부처분에 정당한 사유가 없다고 판단하여 수사서류의 열람·등사를 허용하도록 명한 이상, 법에 기속되는 검사로서는 당연히 법원의 그러한 결정에 지체없이 따랐어야 함에도 이 사건 검사는 약 9개월 동안 법원의 결정에 반하여 이 사건 수사서류의 열람·등사를 거부하였다. 그렇다면 이 사건 열람·등사 거부 행위 당시 이 사건 검사에게 국가배상법 제2조 제1항에서 규정하는 과실이 있었다.

3. 손해의 발생 여부에 관하여

위법한 열람·등사 거부 행위로 인하여 D가 약 9개월이나 되는 매우 오랜 기간 동안 재판에 필요한 증거 등을 검토하는데 곤란을 겪었고, 이로써 D의 열람·등사권, 신속·공정한 재판을 받을 권리가 침해되었으며, 그 결과 D가 상당한 정신적 고통을 받았을 것임은 경험칙상 명백하다. 비록 D에 대한 형사사건의 항소심 재판장이 관련된 재정신청사건을 함께 심리하면서 그 기록에 편철된 이 사건 수사서류에 대한 변호인들의 열람·등사를 허용함으로써 변호인들이 수사서류의 열람·등사를 할 수 있게 되었다 하더라도 그러한 사정만으로 그때까지 D에게 초래된 위와 같은 정신적 고통에 의한 손해가 소멸되는 것이라고는 할 수 없다.

IV 분석과 해설

(가) 1997년의 헌재결정

현행 형사소송법의 증거개시조항(법 제266조의3·4)이 없었던 시절에 헌재는 적법절차조항에서 유래하는 '실질적 당사자대등' 개념을 논거로 삼아 "수사기록에 대한 열람·등사를 ① 피고인에 대한 수사가 종결되고 ② 공소가 제기된 이후에만 허용"하였다. 헌재는 "공소제기 이전의 수사단계에서도 열람·등사를 허용한다면 수사기밀의 누설 등으로 국가형벌권의 행사가 현저히 방해받을 우려가 있기 때문"이라고 보았다. 현재는 증거개시조항(법 제266조의3·4)이 명시되어 이 조항의 구체적 해석·적용이 문제되고 있다.

(나) 1997년 결정과 2008년 개정법의 증거개시조항의 관련성

1997년 결정과 2008년 개정법의 증거개시조항은 모두 '한국형 증거개시 법제의 원형'을 제공하는 법원(法源)이므로 향후 형사재판상 증거개시를 둘러싼 분쟁이 발생하였을 때 가장 먼저 주목하여야 할 대상이다. 1997년 헌재결정과 2008년 개정법의 증거개시조항은 모두 미국의 증거개시 관련법제를 모델로 삼아 변용된 것인 점에서 공통점을 지니고 있다.

첫째, 1997년 헌재결정은 대한민국의 최고재판소가 설시한 '최고규범에 대한 헌법적 차원의 유권적 해석론'의 전개이지만 2008년 개정법의 증거개시조항은 대한민국의 최고 입법부인 '국회가 제정한 법률적 차원의 조항'이다. 따라서 2008년 개정법의 증거개시조항과 그 해석론은 1997년 헌재결정의 설시내용에 위배될 수 없다.

둘째, 1997년 헌재결정은 '증거관련 정보'에 대하여 피의자·피고인의 헌법적 기본권의 최저한을 선언한 것이므로 법률과 그 하위법령에서 피의자 피고인의 정보획득권의 수준과 범위를 축소하면 위헌문제를 발생시키지만 법률과 그 하위법령에서 피의자·피고인의 정보획득권의 수준과 범위를 확장시키면 위헌문제를 발생시키지 아니한다. 예를 들어 2008년 개정법 제266조의3은 '공소제기 후' 검사가 보관하고 있는 서류 등의 열람·등사만을 개시대상으로 삼고 있지만 '공소제기 전에 구속된 피의자의 변호인에게 일정한 범위의 수사기록의 열람·등사신청권을 확인'한 헌법재판소 2003.3.27. 선고 2000헌마474 결정(정보비공개결정위헌확인, 이하 '2003년 결정'으로 약칭함 ⇨ 본서 **3.13**)은 증거개시의 시점을 '공소제기 후'로 명시한 2008년 개정법의 시행 이후에도 여전히 유효하다.

셋째, 2008년 개정법의 증거개시조항에는 증거개시의 정당화근거가 명시되어 있지 않지만 1997년 헌재결정은 증거개시제도의 존재근거 혹은 정당화근거를 제공하는 측면에서 중요한 의미를 지니고 있다. 1997년 결정이 들고 있는 첫 번째 정당화근거는 "검사가 보관하는 수사기록에 대한 변호인의 열람·등사는 실질적 당사자대등을 확보하고, 신속·공정한 재판을 실현하기 위하여 필요불가결한 것이며, 그에 대한 '지나친 제한'은 피고인의 신속·공정한 재판을 받을 권리를 침해한다."는 것이며 두 번째 정당화근거는 "검사보관의 수사기록에 대하여 변호인의 열람·등사를 지나치게 제한하는 것이 변호인의 조력을 받을 권리를 침해한다."는 것이다.

(다) 2010년 헌재결정(헌재 2010.6.24. 선고 2009헌마257 결정)

2010년에 헌재는 다음과 같이 증거개시대상에 관하여 법 제266조의3 제1호의 문언(검사가 증거로 신청할 서류 등)에 구애되지 아니하는 혁신적 해석을 내려 주목된다:

(1) 수사서류 열람·등사권의 실질적 보장 형사소송법은 피고인의 신속 공정한 재판을 받을 권리 및 변호인의 조력을 받을 권리를 실질적으로 보장하기 위하여 공소가 제기된 후의 피고인 또는 변호인의 수사서류 열람·등사권에 대하여, '증거개시의 대상을 검사가 신청할 예정인 증거에 한정하지 아니하고 피고인에게 유리한 증거까지를 포함한 전면적인 증거개시를 원칙으로 하며' 검사는 열람·등사의 신청이 있는 경우에는 원칙적으로 열람·등사를 허용해야 하고, 예외적으로 제한사유가 있는 경우에만 열람·등사를 제한할 수 있으며, 열람·등사를 제한할 경우에도 지체 없이 그 이유를 서면으로 통지하도록 규정하고 있고(법 제266조의3), 피고인 측의 열람·등사신청권이 형해화되지 않도록 검사의 열람·등사 거부처분에 대하여 별도의 불복절차를 마련하고 있다(법 제266조의4).

이렇듯 형사소송법이 행정처분에 대한 항고소송과 유사한 형태로 별도의 권리구제 절차를 마련한 것은 일반적인 행정소송에 의하여 권리구제를 받도록 하는 것이 신속한 권리구제의 필요성 등에 비추어 적당하지 않다는 입법자의 정책적 판단에 따른 것으로서, 피고인 측의 수사서류 열람·등사권이 헌법상의 신속 공정한 재판을 받을 권리 및 변호인의 조력을 받을 권리의 중요한 내용인 점을 감안하여 종전 헌법소원심판이나 정보공개법상의 행정쟁송절차 등과 같은 우회적인 권리구제수단 대신에 보다 신속하고 실효적인 권리구제절차를 마련하기 위한 것이다.

(2) 열람·등사 허용 결정의 효력 형사소송법은 검사의 열람·등사 거부처분에 대하여 법원이 그 허용 여부를 결정하도록 하면서도, 법원의 열람·등사 허용 결정에 대하여 집행정지의 효력이 있는 즉시항고 등의 불복절차를 별도로 규정하고 있지 않으므로, 이러한 법원의 열람·등사 허용 결정은 그 결정이 고지되는 즉시 집행력이 발생한다.

(3) 열람·등사 허용 결정 후의 검사의 거부행위와 기본권의 침해 형사소송법 제266조의4 제5항은 검사가 수사서류의 열람·등사에 관한 법원의 허용 결정을 지체 없이 이행하지 아니하는 때에는 해당 증인 및 서류 등에 대한 증거신청을 할 수 없도록 규정하고 있다. 법원의 열람·등사 허용 결정에도 불구하고 검사가 이를 신속하게 이행하지 아니하는 경우에는 해당 증인 및 서류 등을 증거로 신청할 수 없는 불이익을 받는 것에 그치는 것이 아니라, 그러한 검사의 거부행위는 피고인의 열람·등사권을 침해하고, 나아가 피고인의 신속

공정한 재판을 받을 권리 및 변호인의 조력을 받을 권리까지 침해하게 된다.

(4) **개별 수사서류에 대한 정당한 사유의 판단 필요성** 신속하고 실효적인 구제절차를 형사소송절차 내에 마련하고자 열람·등사에 관한 규정을 신설한 입법취지와, 검사의 열람·등사 거부처분에 대한 정당성 여부가 법원에 의하여 심사된 마당에 헌법재판소가 다시 열람·등사 제한의 정당성 여부를 심사하게 된다면 이는 법원의 결정에 대한 당부의 통제가 되는 측면이 있는 점 등을 고려하여 볼 때, 이 사건과 같이 수사서류에 대한 법원의 열람·등사 허용 결정이 있음에도 검사가 열람·등사를 거부하는 경우 수사서류 각각에 대하여 검사가 열람·등사를 거부할 정당한 사유가 있는지를 심사할 필요 없이 그 거부행위 자체로써 청구인들의 기본권을 침해한다.

(라) 2012년의 대법원 판결(대법원 2012.5.24. 선고 2012도1284 판결⇨본서 3.14 참조)

(마) 2012년 11월의 민사판결

본 판결은 형식상 민사판결로 선고되었지만 내용상 형사소송법 판결이다.

첫째, 재판요지 부분은 정독을 요하는 부분이다.

둘째, 2012년 11월과 2012년 5월의 대법원판결(⇨본서 3.14 참조), 1997년과 2010년의 헌재결정은 상호 연결되어 있으므로 크로스 체크가 필요하다.

3.13

구속피의자의 변호인의 공소제기전 수사기록열람 · 등사청구권

헌재 2003.3.27. 선고 2000헌마474 결정

I 사 안

사기죄로 구속된 피의자 S의 변호인으로서 S로부터 구속적부심사청구(법 제214조의2(체포와 구속의 적부심사) 제1항)의 의뢰를 받은 변호사 C(청구인)는 2000. 5.29. 인천서부경찰서장(피청구인)에게 S에 대한 수사기록 중 고소장과 피의자신문조서의 열람 및 등사를 신청하였다. 인천서부경찰서장은 "위 서류들이 형사소송법 제47조 및 공공기관의 정보공개에관한 법률 제7조 제1항 제1호[1]의 비공개정보에 해당한다는 이유로 이를 공개하지 않는다"며 신청을 거부[2]하였다. C는 '경찰서장의 정보비공개결정이 C의 기본권을 침해하여 위헌'이라는 이유로 그 위헌확인을 구하는 헌법소원을 제기하였다. 여기서 '사기죄 피의자에 대한 수사기록 중 고소장과 피의자신문조서에 관한 변호인의 열람 및 등사신청을 받아주지 않은 인천서부경찰서장의 정보비공개결정의 위헌 여부'가 문제되었다.

1) **공공기관의 정보공개에 관한 법률 제7조**(비공개대상정보) "1) 공공기관은 다음 각호의 1에 해당하는 정보에 대하여는 이를 공개하지 아니할 수 있다. (중략) 제4호. 진행 중인 재판에 관련된 정보와 범죄의 예방, 수사, 공소의 제기 및 유지, 형의 집행, 교정, 보안처분에 관한 사항으로서 공개될 경우 그 직무수행을 현저히 곤란하게 하거나 형사피고인의 공정한 재판을 받을 권리를 침해한다고 인정할 만한 상당한 이유가 있는 정보."

2) 검찰총장의 다음과 같은 의견요지는 인천경찰서장의 정보비공개결정의 배경적 발상을 짐작하게 만든다: "공소제기 전 수사기록에 대하여 피의자에게 열람 및 등사를 허용하게 되면 다음과 같은 문제가 발생한다. 첫째, 피의자는 진술거부권이 보장되어 방어방법을 숨길 수 있는 반면, 피의사실에 대하여 전적으로 입증책임을 지고 있는 검사의 공격방법은 모두 공개됨으로써 힘의 균형을 잃고 검사로 하여금 부당하게 불리한 위치에 서게 함으로써 무기평등의 원칙에 위배된다. 둘째, 검사가 아직 증거제출 여부를 결정하지 아니한 증거서류나 증거물에 대하여도 피의자나 그 변호인에게 공소제기 전에 열람을 허용하여야 하는 것은 당사자 스스로의 책임으로 증거를 수집하여 입증하여야 한다는 당사자주의의 원칙에 비추어 보아도 적절하지 않다. 셋째, 공소제기 전에 수사기록에 대한 열람을 허용하게 되면, 수사기밀의 유출의 위험성을 야기하고, 이러한 수사기밀의 유출은 범죄자의 도망, 증거은닉, 공범도피를 조장하여 공소제기 후의 관련사건 수사, 보충수사에 지장을 초래하게 될 것이고, 특히 공범 또는 중요참고인이 공개될 경우 더 이상 수사의 진척은 불가능하게 될 것이다. 또한 유출된 증거를 이용하여 피의자측에서 참고인 회유, 증거조작, 증거은닉에 이용될 우려까지 있으며, 사건 관련자의 진술 등이 언론을 통하여 보도된다면 추후 증인이나 법원에 부당한 영향을 미치게 되는 등 부작용이 초래될 위험성이 있다. 특히 조직폭력범죄, 강간 등 성폭력범죄 등에 있어서 피해자, 목격자 등은 피의자나 그 가족, 조직원들로부터의 보복 등이 두려워 신고나 증언을 꺼리는 현상이 빈번하게 발생할 우려가 있다. 위와 같은 문제가 있기 때문에 현행 **형사소송법 제47조**(소송에 관한 서류는 공판의 개정 전에는 공익상 필요 기타 상당한 이유가 없으면 공개하지 못한다)도 소송서류를 공판의 개정 전에는 공개하지 못하도록 소송서류 비공개원칙을 규정하고 있는 것이므로 이 사건 정보비공개결정은 위헌이라고 할 수 없다."

II 쟁 점

구속피의자의 변호인은 기소 전에도 수사기록 중 고소장과 피의자신문조서의 열람·등사를 청구할 수 있는가?

III 재판요지 (다수의견)

1) 청구인(C)은 공공기관의 정보공개에 관한 법률 제18조에 의한 행정소송을 제기하여 정보비공개에 대한 구제를 청구할 수 있었음에도 불구하고 그렇게 하지 아니하였다. 그러나 비록 헌법재판소법 제68조 제1항 단서가 헌법소원심판청구를 함에 있어 다른 법률에 구제절차가 있는 경우에는 그 절차를 모두 거친 후가 아니면 이를 청구할 수 없다고 규정하고 있지만, 청구인이 신청한 고소장과 피의자신문조서에 대한 열람은 기소전(起訴前)의 절차인 구속적부심사에서 피구속자를 변호하기 위하여 필요한 것인데, 그 열람불허를 구제받기 위하여 행정소송을 제기하더라도 그 심판에 소요되는 통상의 기간에 비추어 볼 때 이에 의한 구제가 기소 전에 이루어질 가능성이 거의 없고 오히려 기소된 후에 이르러 권리보호이익의 흠결을 이유로 행정소송이 각하될 것이 분명한 만큼, 청구인에게 이러한 구제절차의 이천(履踐=실천)을 요구하는 것은 불필요한 우회절차를 강요하는 셈이 되어 부당하다. 그러므로 이 소원은 비록 구제절차를 거치지 아니하고 직접 제기한 것이긴 하지만 이를 적법한 것으로 보아 허용하기로 한다.

2) 고소로 시작된 형사피의사건의 구속적부심절차에서 피구속자의 변호를 맡은 변호인으로서는 피구속자에 대한 고소장과 경찰의 피의자신문조서를 열람하여 그 내용을 제대로 파악하지 못한다면 ㉮ 피구속자가 무슨 혐의로 고소인의 공격을 받고 있는 것인지 그리고 이와 관련하여 ㉯ 피구속자가 수사기관에서 무엇이라고 진술하였는지 그리고 ㉰ 어느 점에서 수사기관 등이 구속사유가 있다고 보았는지 등을 제대로 파악할 수 없게 되고 그 결과 구속적부심절차에서 피구속자를 충분히 조력할 수 없음이 사리상 명백하므로 ⓐ 위 서류들의 열람은 피구속자를 충분히 조력하기 위하여 변호인인 청구인(C)에게 그 열람이 반드시 보장되지 않으면 안 되는 핵심적 권리로서 청구인의 기본권에 속한다. 또한 변호인인 청구인은 고소장과 피의자신문조서의 내용을 알 권리가 있는 것이고 따라서 ⓑ 청구인은 정당한 이해관계를 가진 자로서 그 알 권리를 행사하여 피청구인에게 위 서류들의 공개를 청구할 권리가 있다.

3) 고소사실이 사인(私人, private person) 사이의 금전수수와 관련된 사기에 관한 것이고 증거자료를 별첨하고 있기 때문에 특별한 사성이 없는 한 고소장이나 피의자신문조서를 변호인에게 열람시켜도 이로 인하여 국가안전보장·질서유지 또는 공공복리에 위험을 가져올 우려라든지 또는 사생활침해를 초래할 우려가 있다고 인정할 아무런 자료가 없다. 또한 공공기관의 정보공개에 관한 법률 제7조 제1항 제4호는 '수사, 공소의 제기 및 유지에 관한 사항으로서 공개될 경우 그 직무수행을 현저히 곤란하게 하거나 형사

피고인의 공정한 재판을 받을 권리를 침해한다고 인정할 만한 상당한 이유가 있는 정보'를 공개거부의 대상으로 규정하고 있지만 이 사건에서는 고소장과 피의자신문조서를 공개한다고 하더라도 증거인멸, 증인협박, 수사의 현저한 지장, 재판의 불공정 등의 위험을 초래할 만한 사유 있음을 인정할 자료를 기록상 발견하기 어렵다. 그리고 형사소송법 제47조의 입법목적은, 형사소송에 있어서 유죄의 판결이 확정될 때까지는 무죄로 추정을 받아야 할 피의자가 수사단계에서의 수사서류 공개로 말미암아 그의 기본권이 침해되는 것을 방지하고자 함에 목적이 있는 것이지 구속적부심사를 포함하는 형사소송절차에서 피의자의 방어권행사를 제한하려는 데 그 목적이 있는 것은 원래가 아니라는 점,[3] 그리고 형사소송법이 구속적부심사를 기소 전에만 인정하고 있기 때문에 만일 기소 전에 변호인이 미리 고소장과 피의자신문조서를 열람하지 못한다면 구속적부심 제도를 헌법에서 직접 보장함으로써 이 제도가 피구속자의 인권옹호를 위하여 충실히 기능할 것을 요청하는 헌법정신은 훼손을 면할 수 없다는 점 등에서, 이 규정은 구속적부심사단계에서 변호인이 고소장과 피의자신문조서를 열람하여 피구속자의 방어권을 조력하는 것까지를 일체 금지하는 것은 아니다. 그렇다면 고소장과 피의자신문조서에 대한 열람 및 등사를 거부한 피청구인의 정보비공개결정은 청구인의 피구속자를 조력할 권리 및 알 권리를 침해하여 헌법에 위반된다.

IV 분석과 해설

(가) 공소제기 이전의 수사기록열람·등사

1997년의 헌재결정은 "수사기록에 대한 열람·등사는 피고인에 대한 수사가 종결되고 공소가 제기된 이후에 허용된다"고 판시한 바 있고 신법의 증거개시조항(법 제266조의3)도 공소제기 이후에만 수사기록에 대한 열람·등사를 허용한다. 그런데 2003년에 선고된 본 결정은 공소제기 이전의 "구속된 피의자의 변호인"에게도 "구속영장 발부의 기초가 된 수사기록의 열람·등사청구권"을 인정하여 주목된다.

1997년 결정은 구속기소된 피고인의 변론준비를 위하여 변호인은 검사에게 수사기록의 열람·등사신청권이 있음을 긍정하는 논거로 ① "실질적 당사자대등을 확보하고, 신속·공정한 재판을 실현하기 위하여 필요불가결"하다는 점과 ② 피고인에게는 "변호인의 조력을 받을 권리가 있는 점"을 들었다. 그러나 2003년 결정에서 확인된 수사기록 중 고소장과 피의자신문조서의 열람·등사신청권은 모든 변호인에게 인정된 것이 아니라 오로지 기소 전에 구속된 피의자로부터 구속적부심사청구의 의뢰를 받은 변호인이 구속적부심사의 변

---
3) 헌재 1997.11.27. 선고 94헌마60 결정.

론기일의 변론을 준비하기 위한 경우에 한정된다는 점에 주의하여야 한다.

(나) 본 결정이 1997년 헌재결정과 연속되는 측면

본 결정도 열람·등사권의 범위에 관하여 거의 1997년 결정과 비슷한 방향성을 취하고 있다. 본 결정이 변호인에게 피의자신문조서에 대한 열람·등사신청권을 확인한 것은 피의자신문조서가 1997년 결정에서 분류한 '제한 없이 허용'되어야 하는 카테고리[4]에 속하기 때문이다. 본 결정이 변호인에게 고소장과 피의자신문조서에 대한 열람·등사신청권을 확인한 것은 고소장과 피의자신문조서가 1997년 결정에서 분류한 "증인에 대한 신분이 사전에 노출됨으로써 증거인멸, 증인협박 또는 사생활침해 등의 폐해를 초래할 우려"가 없어 '원칙적으로 허용'되어야 하는 카테고리에 속하기 때문이다. 본 결정이 구속피의자의 변호인에게 명시적으로 허용한 열람·등사권의 대상은 '고소장과 피의자신문조서'에 그치고 있지만 '고소장과 피의자신문조서'는 예시의 취지이지 열거의 취지로 볼 것은 아니다.

4) 고소장에 관하여는 재판관 송인준의 다음과 같은 반대의견이 있음에 주의하여야 한다: "피의자신문조서에 대한 피청구인의 비공개결정은 다수의견과 같이 위헌이라고 생각하지만 고소장의 경우에는 문제가 조금 다르다. 이 사건과 같이 고소로 시작된 형사사건에서도 헌법 제12조 제4항에서 보장한 변호인의 조력을 받을 권리가 충분히 보장되어야 함은 당연하다고 하겠으나, 다른 한편으로 범죄자 필벌의 공익적 요청과 범죄피해자 권익의 보호에 대하여 충분히 고려하지 않고 경시한 채 위 권리의 의미와 내용을 수사현실에 전혀 부합되지 아니할 정도로 과도하게 확대함으로써 인권보장과 공익보호 사이에 균형이 현저히 무너지게 하여서는 아니 된다. 그런데 수사개시의 최초 단서가 되는 고소장에는 사실관계 외에도 주요한 증거방법까지 기재되는 경우가 허다한데 수사의 초기단계부터 이에 대한 열람 및 등사를 피의자나 그 변호인에게 허용하게 되는 때에는 수사기관이 아직 조사하지 아니한 증거방법까지 피의자측에 미리 알려주게 되는 결과가 되고, 그로 인하여 주요 참고인이 소재불명이 된다거나 기타 자기에게 불리한 증거를 인멸할 경우 실체적 진실발견이 어려워지고 국가형벌권의 행사가 현저히 방해받게 될 것이다. 그러므로 이러한 위험을 피하기 위하여 수사 초기단계에서 피청구인이 고소장을 공개하지 않는 것은 정당한 이유가 있는 것이다. 따라서 고소장을 공개하지 않는 것이 피구속자를 조력할 변호인의 권리를 침해하는 것도 아니고 나아가 이를 반드시 열람하여 알아야 할 정당한 이해관계가 변호인에게 있다고도 할 수 없다. 그러므로 고소장의 비공개를 위헌이라고 주장하는 청구인의 주장부분은 이유가 없는 것이다."

3.14

정당한 이유 없는 문서송부촉탁의 거절이나 변호인의 열람·지정의 거절

대법원 2012.5.24. 선고 2012도1284 판결

I 사 안

D, D2, D3, D4(이하 'D들'로 약칭함)는 폭력행위 등 처벌에 관한 법률 위반(단체 등의 구성·활동) 혐의로 기소되었다. 항소심 계속 중이던 2011.10.28. D들의 변호인은 D들이 가입하였다는 이른바 'C파'가 '폭처법 소정의 범죄단체에 해당하지 않는다'고 주장하면서, 수원지방검찰청 평택지청이 C파의 범죄단체 여부를 수사한 후 각 '혐의 없음' 처분을 한 O 등 12명에 대한 불기소결정서 및 O2에 대한 불기소결정서의 각 '인증등본 송부촉탁'을 신청하였다. 항소심은 위 신청을 채택하여 인증등본 송부촉탁서를 위 지청에 송부하였으나, 위 지청은 2011.12.2. 위 각 '불기소결정서가 수사기관의 내부문서에 해당한다'는 이유로 그 송부요구 내지 변호인의 열람 지정을 거절하였다. O는 제1심에 증인으로 출석하여, 2003년경 C파와 관련하여 수사기관에서 조사받을 때, "D4가 범행을 지시한 부분에 관하여 사실대로 진술하지 않고 축소하였다, O의 선배 이름은 거론하지 않았으며 자신의 하위 조직원들만 이야기하였다, O 자신이 독자적으로 계획하고 우발적인 사건인 것처럼 진술하였다."는 취지로 증언하였고 그 진술에는 별다른 모순점이 없어 보인다. 또한 O2의 경우, 2006.2.경부터 C파의 간부급 회의였던 이른바 사장단회의에 지방선거에 대한 지원과 관련하여 한시적으로 참석한 것으로 보이나, 항소심이 적법하게 채택한 O3, O4의 진술에 의하면 위 '사장단회의에서는 지방선거의 지원 이외에도 A파의 수괴인 O5를 테러할 방법을 논의하거나 평택 지역의 각종 이권 처리방안을 논의'하였고, 'C파의 중요 의사결정은 대부분 D의 지시로 사장단회의를 거쳐 하위 조직원들에게 순차적으로 전달'되었다. 항소심은 유죄판결을 선고하였다. D들의 변호인은 "항소심은 수원지방검찰청 평택지청이 항소심의 송부요구와 변호인의 열람·지정을 정당한 이유 없이 거절한 사실을 알면서도 D들에게 유죄를 선고하였으니 D들의 헌법상 적법절차에 따른 재판을 받을 권리를 침해한 위법이 있다."고 주장하며 상고하였다.

II 쟁 점

문서송부촉탁을 받은 공무소·공사단체가 정당한 이유 없이 송부요구와 변호인의 열람·지정을 거절하는 것은 피고인의 적법절차에 따른 재판을 받을 권리를 침해하는 처분인가?

III 재판요지 (상고기각)

1. ⓐ "법원은 직권 또는 검사, 피고인이나 변호인의 신청에 의하여 공무소 또는 공사단체에 조회하여 필요한 사항의 보고 또는 그 보관서류의 송부를 요구[1]할 수 있다."(형사소송법 제272조 제1항) 또 (피고인이나 변호인의) 보관서류 송부요구신청을 법원이 채택하는 경우에는 그 서류를 보관하고 있는 법원, 검찰청, 기타의 공무소 또는 공사단체에 대하여 그 서류 중 신청인 또는 변호인이 지정하는 부분의 인증등본을 송부하여 줄 것을 요구할 수 있고(형사소송규칙 제132조의4 제2항), 위와 같은 요구를 받은 공무소 등은, 당해 서류를 보관하고 있지 아니하거나 기타 송부요구에 응할 수 없는 사정이 있는 경우를 제외하고는, 신청인 또는 변호인에게 당해 서류를 **열람하게 하여 필요한 부분을 지정**할 수 있도록 하여야 하며 정당한 이유 없이 이에 대한 협력을 거절하지 못한다(형사소송규칙 제132조의4 제3항).

위와 같이 ⓑ 법원이 송부요구한 서류에 대하여 변호인 등이 열람·지정할 수 있도록 한 것은 피고인의 방어권과 변호인의 변론권 행사를 위한 것으로서 실질적인 당사자 대등을 확보하고 피고인의 신속·공정한 재판을 받을 권리를 실현하기 위한 것이다. 따라서 그 서류의 열람·지정을 거절할 수 있는 '정당한 이유'는 엄격하게 제한하여 해석하여야 한다. 특히 그 서류가 관련 형사재판확정기록이나 불기소처분기록 등으로서 D 또는 변호인이 행한 법률상·사실상 주장과 관련된 것인 때에는, '국가안보, 증인보호의 필요성, 증거인멸의 염려, 관련 사건의 수사에 장애를 가져올 것으로 예상되는 구체적인 사유'에 준하는 사유가 있어야만 그에 대한 열람·지정을 거절할 수 있는 정당한 이유가 인정될 수 있다(형사소송법 제266조의3 제1항 제4호, 제2항 참조).

한편 ⓒ 검찰청이 보관하고 있는 불기소처분기록에 포함된 불기소결정서는 형사피의자에 대한 수사의 종결을 위한 검사의 처분 결과와 이유를 기재한 서류로서 그 작성 목적이나 성격 등에 비추어 이는 수사기관 내부의 의사결정과정 또는 검토과정에 있는 사항에 관한 문서도 아니고 그 공개로써 수사에 관한 직무의 수행을 현저하게 곤란하게 하는 것도 아니므로, 달리 특별한 사정이 없는 한 변호인의 열람·지정에 의한 공개의 대상이 된다.

그리고 ⓓ 법원이 형사소송법 제272조 제1항에 의하여 송부요구한 서류가 D의 무죄를 뒷받침할 수 있거나 적어도 법관의 유·무죄에 대한 심증을 달리할 만한 상당한 가능성이 있는 중요증거에 해당하는데도 정당한 이유 없이 D 또는 변호인의 열람·지정 내지 법원의 송부요구를 거절하는 것은, D의 신속 공정한 재판을 받을 권리와 변호인의 조력을 받을 권리를 중대하게 침해하는 것이다. 따라서 이러한 경우 서류의 송부요구를 한 법원으로서도 해당 서류의 내용을 가능한 범위에서 밝혀보아 그 서류가 제출되면 유 무죄의 판단에 영향을 미칠 상당한 개연성이 있다고 인정될 경우에는

---

1) 이를 실무상 '문서송부촉탁'이라 부른다.

공소사실이 합리적 의심의 여지없이 증명되었다고 보아서는 아니 된다.

2. 위 각 불기소결정서를 보관하고 있는 수원지방검찰청 평택지청이 수사기관의 내부문서라는 사유로 법원의 송부요구 내지 변호인의 열람·지정을 거절한 것은 형사소송규칙 제132조의4 제3항 소정의 '기타 송부요구에 응할 수 없는 사정'이나 '정당한 이유'에 해당하지 아니한다. 그러나 불기소결정서는 피의사건의 사실관계 및 법리적 쟁점 등에 대한 검사의 판단과 의견을 기재한 서류로서 그것이 이 사건에서 쟁점이 되고 있는 C파의 범죄단체 여부에 대한 사실인정에 기속력이 없고, 또한 거기에 직접적 영향을 미치는 서류라고도 할 수 없다. 뿐만 아니라, O 등 12명에 대한 불기소결정서가 위 D들의 폭력행위 등 처벌에 관한 법률 위반(단체등의 구성·활동)의 점에 대하여 무죄를 뒷받침할 수 있거나 적어도 유 무죄에 대한 법관의 심증을 달리할 만한 상당한 가능성이 있는 중요증거에 해당한다고 보기 어렵다. 따라서 가사 위 불기소결정서에 O2가 참석한 C파의 사장단회의가 범죄단체가 아니라는 취지로 기재되어 있다 하더라도 그 사정만으로 위 불기소결정서가 위 D들의 폭력행위 등 처벌에 관한 법률 위반(단체등의 구성·활동)의 점에 관한 무죄를 뒷받침할 수 있거나 적어도 유·무죄에 대한 법관의 심증을 달리할 만한 상당한 가능성이 있는 중요증거에 해당한다고 보기도 어렵다.

따라서 수원지방검찰청 평택지청이 정당한 이유 없이 위법하게 위 각 불기소결정서에 대한 변호인의 열람·지정에 응하지 않았다 하더라도 그 서류의 성격과 내용 및 원심이 증거조사를 하여 인정한 관련 사실관계 등으로 볼 때, 위 검찰청의 조치로써 피고인의 신속·공정한 재판을 받을 권리와 변호인의 조력을 받을 권리가 중대하게 침해되어 이 사건 공소사실에 대한 유·무죄의 판단 등에 영향을 미칠 상당한 개연성이 있다고는 할 수 없다. 그러므로 위 피고인들이 주장하는 이 부분 상고이유는 형사소송법 제383조 제1호 소정의 '판결에 영향을 미친 헌법·법률 또는 규칙의 위반이 있을 때'에 해당한다고 볼 수 없다.

IV 분석과 해설

본 판결은 다음과 같은 사항을 명시하여 한편에서 증거개시의 범위를 확대시키고 다른 한편 정당한 이유 없는 증거개시 거부에 대한 제재를 강화시키는 계기를 마련하였다.

(가) 보관서류 송부요구신청을 법원이 채택하는 경우의 법적효과(ⓐ)

법원의 문서송부촉탁요구를 받은 공무소 등은, 당해 서류를 보관하고 있지 아니하거나 기타 송부요구에 응할 수 없는 사정이 있는 경우를 제외하고는, 신청인 또는 변호인에게 당해 서류를 **열람하게 하여 필요한 부분을 지정**할 수 있도록 하여야 하며, 정당한 이유 없이 이에 대한 협력을 거절하지 못한다

(형사소송규칙 제132조의4 제3항).

(나) 법 제272조 제1항과 규칙 제132조의4의 존재이유(ⓑ)

법원이 송부요구한 서류에 대하여 변호인 등이 열람·지정할 수 있도록 한 것은 피고인의 방어권과 변호인의 변론권 행사를 위한 것으로서 실질적인 당사자 대등을 확보하고 피고인의 신속·공정한 재판을 받을 권리를 실현하기 위한 것이다.

(다) 불기소결정서는 수사기관의 내부문서인가

검찰청이 보관하고 있는 불기소처분기록에 포함된 불기소결정서는 수사기관의 내부문서가 아니므로 열람·지정에 의한 공개대상이다(ⓒ).

(라) 정당한 이유 없는 문서송부촉탁의 거절이나 변호인의 열람·지정거절의 효과

서류의 송부요구를 한 법원은 해당 서류의 내용을 가능한 범위에서 밝혀보아 그 서류가 제출되면 유·무죄의 판단에 영향을 미칠 상당한 개연성이 있다고 인정될 경우에는 공소사실이 합리적 의심의 여지없이 증명되었다고 볼 수 없으므로 무죄판결을 할 수도 있다.[2)]

2) 김승주, 불기소결정서에 대한 보관서류 송부요구를 거절할 수 있는 '정당한 이유'의 한계와 그 소송법적 효과, 『해설』 제92호(2012년 상), 2012, 900쪽 이하 참조.

제 4 장

공소장 변경

4.1

공소사실의 동일성

대법원 1982.12.28. 선고 82도2156 판결; 대법원 1989.9.26. 선고 88도1677 판결

I 사 안

제1사안(범죄의 일시)

당초의 공소사실은 "D는 1981.1.14. 19:00경 안영리 소재 O의 집에서 평소 감정이 있음을 이유로 V의 얼굴을 1회 때려 폭행을 했다"(폭력행위 등 처벌에 관한 법률위반)는 것인데, 검사는 **범죄의 일시**만을 '1979.12. 중순경'으로 변경하는 취지의 공소장변경을 신청하였다. 항소심은 공소장변경을 허가하지 아니하였다. 검사가 상고하였다.

제2사안(횡령 금액)

당초의 공소사실은 "D2가 V2로부터 1976.12.27. 교부받은 금 1,200만 원을 횡령하였다"는 것인데 검사가 변경 신청한 공소사실은 "D2가 V2로부터 1977.3.20. 교부받은 금 1,500만 원을 횡령하였다"는 것이었다. 제1심과 항소심은 검사의 공소장변경 신청을 허가하지 아니하였다. 검사가 상고하였다.

II 쟁 점

1) 범죄일시가 달라지면 공소사실의 동일성이 부정되는가?
2) 횡령금액이 달라지면 공소사실의 동일성이 부정되는가?

III 재판요지

제1사안(파기 환송)

일반적으로 범죄의 일시는 공소사실의 특정을 위한 요인이지 범죄사실의 기본적 요소는 아니므로 그 일시가 다소 다르다 하여 공소장변경의 절차를 요하는 것이 아님은 소론(所論)과 같으며 범죄의 시일이 그 간격이 길고 범죄의 성부에 중대한 관계가 있는 경우에는 피고인의 방어에 실질적 불이익을 가져다 줄 염려가 있으므로 이러한 경우에는 공소장변경의 절차를 밟아야 하고, 그 간의 **공소사실의 동일성의 여부는 그 사실의 기초가 되는 사회적 사실관계가 기본적인 점에서 동일한지 여부를 구체적 사실에 관하여 개별적으로 판단하여 결정**하여야 할 것이다. (중략) 이와 같이 양(兩) 공소사실이 그 일시만을 달리하는 경우 사안의 성질상 두 개의 공소사실이 양립할 수 있다고 볼 사정이 있는 경우에는 그 기본인 사회적 사실을 달리할 위험이 있다 할 것이므로 그 기본적 사실은 동일하다고 볼 수 없지만, 일방의 범죄가 성립되는 때에는 타방의 범죄의 성립은 인정할 수 없다고 볼 정도로 양자가 밀접한 관계에 있는 경우에는 그 간에 시간적 간격이 긴 경우라도 양자의 기본적 사실관계는 동일한 것으로 보아야 함이 상당하다. 피고인(D) 및 피해자(V)의 경찰에서의 진술과 법정에서의 진술 또는 증언에 의하면 공소사실과 같은 시비나 폭행을 1981.1.중순경이 아니고 1979.12. 중순경에 있었던 일을 경찰에서 잘못 진술했다는 취지로 인정되고 양 공소사실의 내용에 의하더라도 그 폭행한 장소, 수단, 방법, 부위, 회수나 피해자가 같아서 양 사실을 별개의 다른 사실이 아니고 일개의 동일한 사실이라고 보지 않을 수 없으니 양 공소사실은 동일성의 범위 안에 있다. 그렇다면 원심으로서는 마땅히 위 공소장변경을 허용하고, 변경된 공소사실 존부의 심리를 하였어야 (한다). 따라서 원심판결을 파기하고 다시 심리하게 하기 위하여 원심인 대전지방법원 합의부에 환송하기로 관여법관의 일치된 의견으로 주문과 같이 판결한다.

제2사안(상고 기각)

원심은 피고인 D2가 아리랑 관광호텔의 관광택시 사업권과 관련하여 피해자 V2로부터 1976.12.27. 금 1,200만 원을 교부받은 외에 별도로 1977. 3.20. 택시구입대금으로 금 1,500만 원을 받은 사실이 있음을 인정하고 있는 바 이와 같이 두 가지 사실이 양립하고 있는 것이라면 D2가 V2로부터 1976. 12.27. 교부받은 금 1,200만 원을 횡령하였다는 당초의 공소사실과 검사가 변경신청한 같은 D2가 V2로부터 1977.3.20. 교부받은 금 1,500만 원을 횡령하였다는 사실은 두 개의 공소사실이 양립할 수 있는 것일 뿐 아니라 **금원의 교부일시 및 금액**에 있어 차이가 있어 공소사실의 동일성이 인정된다고 할 수 없을 것이다. 같은 취지에서 검사의 공소장변경신청을 불허한 제1심을 유지한 원심의 판단은 정당하고 거기에 소론과 같은 공소장변경에 관한 법리오해의 위법이 없다.

IV 분석과 해설

(가) 공소사실의 변경과 그 한계

공소사실은 그 동일성을 해하지 아니하는 한도에서 그 변경이 허용된다(법조 제298). 동일성이 인정되지 아니하는 사실은 검사가 별도의 공소제기를 통하여 심판을 청구할 수 있을 뿐이다. 그런데 공소사실의 변경을 인정하는 이론적 근거는 무엇인가?

1차적으로는 검사와 법원의 편의를 도모하는 것이다. 기소 당시 검사의 심중(心中)에 형성된 심증(心證)과 공판절차의 진행 중 법관의 심중에 형성된 심증이 다를 수 있고 그 차이가 크지 않은 경우에는 공소장변경을 허용하여 당해 절차에서 실체심리를 진행하여야 소송경제를 도모할 수 있기 때문이다. 다만 피고인의 방어상의 이익을 고려해야 하므로 공소장변경에는 일정한 한계가 없을 수 없다. 그 한계가 '양(兩) 공소사실(당초의 공소사실과 변경 후의 공소사실)의 상호동일성'이다. 공소사실의 동일성이 인정되는 범위 내에서 공소제기의 효력이 미치며, 그 전부에 대하여 잠재적으로 소송계속이 되어 그 전부가 잠재적으로 심판의 대상이 되며(이른바 이원설 혹은 쌍방설) 판결이 확정되면 동일한 사건 전부에 대하여 기판력(일사부재리의 효력)이 미치도록 하여야 하기 때문에(법 제326조 제1호) 공소장변경의 한계를 '양 공소사실의 상호동일성'으로 획정하는 것(통설·판례)은 자연스러운 발상이다.

(나) 공소사실의 동일성 판단의 기준

이에 대하여는 ① 기본적 사실동일설 ② 죄질동일설 ③ 구성요건공통설 ④ 소인공통설 ⑤ 사회적 혐의동일설 ⑥ 형벌관심동일설 ⑦ 법익침해동일설 ⑧ 지도형상동일설 ⑨ 범죄행위동일설 등 여러 가지가 있으나 법실무(판례)는 일관하여 기본적 사실동일설을 취하고 있다.

기본적 사실동일설이란 공소사실의 동일 여부는 '비교되는 양 공소사실'(예를 들어 제1사안에서 당초의 공소사실과 변경 후의 공소사실)을 각각 그 사실의 기초가 되는 사회적 사실로 환원시켜 이 두 가지 자연적·사회적 사실이 기본적인 점에서 동일한가의 여부로 판단하여야 한다는 입장이다. 이 입장에서는 사실의 지엽적인 점이 동일하지 않더라도 기본적인 사실 혹은 중요한 사실이 동일하면 공소사실의 동일성이 인정된다고 판정한다. 다른 학설들도 논증방식은 상이하나 결과는 거의 대동소이하다.

(다) 양립가능·불가능론

"공소사실의 동일성의 여부는 그 사실의 기초가 되는 사회적 사실관계가 기본적인 점에서 동일한지 여부를 구체적 사실에 관하여 개별적으로 판단하여 결정"하여야 한다. 그러나 때로 이 기준만으로는 동일성 판정이 어려울 때가 있다. 예를 들어 "일반적으로 범죄의 일시는 공소사실의 특정을 위한 요인이지 범죄사실의 기본적 요소는 아니므로 그 일시가 다소 다르다 하여 공소장변경의 절차를 요하는 것은 아니다." 그러나 "범죄의 시일이, 그 간격이 길고 범죄의 성부에 중대한 관계가 있는 경우에는 피고인의 방어에 실질적 불이익을 가져다 줄 염려가 있으므로 이런 경우에는 공소장변경의 절차를 밟아야" 한다. 어떤 경우가 공소장변경의 절차가 필요한 사안이고 어떤 경우가 그것이 불필요한 사안인지 애매한 경우를 돌파하려는 실무상의 판정기준이 개발되었다.

그 기준이 '양립가능·비양립(밀접)관계론'이다.

대법원은 종래 기본적 사실동일설을 기초로 공소사실의 동일성 여부를 판정해 왔는데 **대법원 1982.12.28. 선고 82도2156 판결**부터 '두 개의 공소사실 사이에 비(非)양립(밀접)관계가 성립되어야 동일성을 긍정할 수 있다'는 취지의 판결도 내고 있다. 비양립관계란 '당초의 공소사실이 성립한다고 가정하면 논리적으로 변경된 공소사실은 성립할 수 없는 관계'를 말한다. 양립·비양립관계론은 사건의 실체에 대한 증거조사에 들어가지 않고도 양자의 동일성 여하를 판정할 수 있는 장점이 있어서 실무상 가끔 활용되는 기준이다. 제1사안은 이 이론이 응용되어 동일성이 긍정된 사안[1]이고 제2사안은 이 이론이 응용되어 동일성이 부정된 사안이다.

그러나 기본적 사실동일설과 양립·비양립(밀접)관계론이 전혀 동일한 기준인 것은 아니다. 기본적 사실동일설은 두 개의 공소사실이 전제하는 '순수한 역사적·사회적·자연적 사실'을 비교하는 것임에 비하여 양립·비양립(밀접)관계론은 두 개의 공소사실 사이의 양립가능성이라는 '순수한 논리적 관계'를 따지는 이론이기 때문이다(⇨판례의 '수정된 기본적 사실동일설'에 관하여는 본서 **10.1 기판력의 객관적 범위**: 수정된 기본적 사실동일설(장물취득죄와 강도상해죄) 참조)

(라) 동일성이 부정된 최근사례(대법원 2011.6.30. 선고 2011도1651 판결)

[사안] D는 2005.4.13. 서울동부지방법원에서 구 주택건설촉진법 위반죄로 벌금 700만 원의 형을 선고받아 같은 달 21일 그 판결이 확정되었는데, 그 범죄사실의 요지는 'D가 원심 공동피고인 및 O와 공모하여 관할관청으로부터 주택조합 설립인가를 받지 아니하고, 2002.10. 초순경 이 사건 토지상에 주택조합아파트 약 2,300세대를 건축·분양하는 사업을 함께 추진하여 이익을 나누어 갖기로 한 다음 그 무렵 위 조합아파트 명의의 청약권을 인쇄하여 원심 공동피고인에게 교부하고, 원심 공동피고인과 O는 2002.11.경부터 2003.1.30.경까지 O2 등에게 위 조합아파트의 청약권을 1장당 750만 원 또는 1,500만 원씩 총 870장 합계 80억 3,750만 원 상당을 판매하여 위 조

---

1) **양립가능·비양립**(밀접)**관계론을 응용한 최근의 대법원판결**: "검사는 이 사건 제1심의 제4회 공판기일에서 위 '가'항 기재 범죄에 관한 공소사실의 범행 일시와 편취 금액을 변경하는 내용의 공소장변경을 하였는바, 위 공소장변경은 피고인이 위 '가'항의 위조문서를 행사하는 기망행위에 의하여 O로부터 차용금 명목으로 금원을 편취한 범죄행위를 특정함에 있어 그 일시와 금액만을 달리 기재한 것에 지나지 아니하므로, 그 공소장변경 전후의 범행 중 한 쪽이 범죄로 성립되는 경우에는 다른 한 쪽은 범죄로 성립될 여지가 없는 것이어서 두 공소사실은 양립불가능한 관계에 있다. 따라서 위 공소장변경 전후의 공소사실은 상호 동일성을 인정할 수 있어 그 공소장변경은 적법하다."(대법원 2007.5.10. 선고 2007도1048 판결; 대법원 2009.5.14. 선고 2008도10771 판결; 대법원 1991.6.11. 선고 91도723 판결; 대법원 1992.12.22. 선고 92도2596 판결; 대법원 2011.5.13. 선고 2011도1442 판결; 대법원 2012.5.24. 선고 2010도3950 판결)

합가입자 약 870명을 모집하였다'는 것임을 알 수 있다. 그리고 D에 대한 이 사건 사기의 공소사실 중 O3 주식회사가 모집한 조합원들에 대한 사기 부분(이하 '이 사건 사기 부분'이라 한다)의 요지는 '위 D가 이 사건 토지상에 정상적으로 아파트를 건축하여 분양할 의사나 능력이 없음에도, 2002.12.경 V(O4)에게 조합업무추진비 및 토지비용 등 명목으로 돈을 납입하면 조합아파트에 관한 청약권을 교부한다는 취지로 거짓말하여 이에 속은 V(O4)로부터 조합비 및 청약증거금 명목으로 합계 1,500만 원을 교부받아 편취한 것을 비롯하여 2002.11.29.부터 2003.4.경까지 제1심판결 별지(범죄일람표(1), (2)) 기재의 V 133명으로부터 같은 명목으로 합계 20억 2,500만 원을 교부받아 편취하였다'는 것이다. D는 면소판결을 주장하였지만 항소심은 실체심리를 진행하여 유죄판결을 선고하였다. D가 상고하였다. **[재판요지**(상고기각)**]** 공소사실이나 범죄사실의 동일성 여부는 사실의 동일성이 갖는 법률적 기능을 염두에 두고 D의 행위와 그 사회적인 사실관계를 기본으로 하되 그 규범적 요소도 고려에 넣어 판단하여야 한다(대법원 1994.3.22. 선고 93도2080 전원합의체 판결, 대법원 1998.8.21. 선고 97도2487 판결 등 참조).

위와 같이 유죄로 확정된 위 구 주택건설촉진법 위반죄의 범죄사실과 이 사건 사기 부분 공소사실은 사전분양행위의 점에서는 일부 중복되는 면이 있으나, 이 사건 사기 부분 공소사실은 단순히 D가 위 V들에게 사전분양행위를 하였다는 것만이 아니라 위 D가 이 사건 아파트를 건축하여 분양할 의사나 능력이 있는 것처럼 V들을 기망하여 금원을 편취하였다는 것인 데 비하여, 위 구 주택건설촉진법 위반죄는 주택의 건설·공급과 이를 위한 자금의 조달·운용 등에 필요한 사항을 규정함을 그 입법 취지로 하는 구 주택건설촉진법상의 행정목적을 달성하고자 사전분양행위를 처벌하는 데 불과하여 행위의 태양이나 피해법익 등에 있어 다를 뿐 아니라 죄질에도 현저한 차이가 있어, 위 주택건설촉진법 위반죄의 범죄사실과 이 사건 사기 부분 공소사실 사이에는 동일성이 있다고 보기 어렵고, 또한 위 두 죄는 그 행위의 태양이나 보호법익에 비추어 보면 이를 1죄 내지 상상적 경합관계에 있다고 볼 수도 없다. 따라서 D가 위 주택건설촉진법 위반죄의 범죄사실에 관하여 위와 같은 확정판결을 받았다고 하여 그 확정판결의 기판력이 이 사건 사기 부분 공소사실에까지 미치는 것은 아니므로, 이 사건 사기 부분 공소사실에 대하여 면소를 선고할 수는 없다.

4.2

공소사실의 단일성

대법원 1989.3.14. 선고 88도2428 판결; 대법원 1990.1.25. 선고 89도1317 판결

I 사 안

제1사안(가혹행위에 준강제추행을 추가)

D는 "부천경찰서 수사과 조사계에서 근무하던 경찰관으로서 1986년 6월 7일 21시경 위 제1호 조사실과 바로 붙은 위 조사계 북서쪽 구석에 있는 D의 방인 제2호 조사실로 V(여성)를 끌고 가 그때부터 그날 22시 30분경까지의 사이에 실내등도 켜지 않고 약 12미터 떨어져 있는 무기고 앞 외등의 불빛에 의하여 겨우 사람을 식별할 수 있는 그 방 안에서 D는 북쪽 창 앞 D의 책상 옆에 앉아 위 V를 '가까이 오라'고 하여 V의 바지단추를 풀고 지퍼를 내린 후, 자기 바로 앞에 놓여있는 철제의자에 앉게 하고, V 가까이 다가앉으면서 V의 상의를 모두 올리고 양손으로 젖가슴을 만지면서 '간첩도 결국은 분다. 너같이 독한 년은 처음 본다'고 하면서 'H(여성)'의 집을 대라고 하였으나, V가 '이○경이란 친구의 집에서 만나 H를 알게 되었을 뿐 H의 거처를 정말 모른다'면서 신음소리를 내자 '신음을 내면 아무도 없는데 무슨 소용이 있느냐'고 겁을 주고 욕설을 하면서 V의 허리부분과 상체를 어루만지는 등 추행을 함으로써 인신구속에 관한 직무를 보조하는 사법경찰리로서 그 직무를 행함에 당하여 형사피의자에 대하여 가혹한 행위(형법 제125조)"를 한 혐의로 기소되었다. 제1심 공판절차에서 공소유지변호사는 준강제추행사실[1]을 추가하는 공소장변경을 신청(1988년 4월 19일)하였다. 추가된 공소사실은 "D는 1986년 6월 7일 21시경부터 23시경까지 사이에 부천경찰서 수사과 조사계 사무실에서 V를 조사하면서 V의 허리부분과 상체를 만지다가 팬티 속으로 손을 넣어 음부를 수회 만지고 V를 일어나게 한 후, 책상에 엎드리게 하고 바지와 팬티를 무릎 밑까지 내린 후 자신의 성기를 꺼내 V의 음부에 대고 수회 비비는 등 V의 항거불능상태를 이용하여 추행하였다"는 내용의 범죄사실이다. 제1심법원(인천지방법원)은 1988년 5월 17일의 공판기일에 공소장변경을 허가한 후 D에게 유죄(징역 5년과 자격정지 3년)를 선고하였다. D는 "형사소송법 제260조에 의하면, 재정신청의 대상이 되는 범죄가 엄격히 제한되고 있으므로, 재정신청절차에 의하여 공판에 회부된 사건을 심리하는 경우 D에게 불리하게 공소사실이 추가될 수 없다고 보는 것이 재정신청의 대상을 엄격히 제한하고 있는 형사소송법의 정신에 합치"한다고 주장하였지만 항소심은 "ⓐ

---

1) **형법 제299조**(준강간, 준강제추행) 사람의 심신상실 또는 항거불능의 상태를 이용하여 간음 또는 추행을 한 자는 전2조의 예에 의한다.

'부심판결정'(현재는 기소강제절차로 변경되었다)의 취지를 몰각하는 것과 같은 공소사실과 적용법조의 변경은 허용되지 않지만, ⓑ 부심판결정의 기초를 그대로 유지하는 범위 내에서의 공소사실과 적용법조의 변경은 허용"되고 "이 사건에서와 같이 ⓒ 심판에 부쳐진 가혹행위사건과 과형상 일죄의 관계에 있는 준강제추행의 공소사실 및 적용법조의 단순한 추가적 변경은 부심판결정의 기초를 그대로 유지하는 것이어서 이를 허용할 수 있다"며 항소를 기각하였다. D가 상고하였다.

제2사안(간통에 상간을 추가)

D3, D4는 간통죄 혐의로 기소되었다. 공소사실은 "D3는 V3와 혼인신고를 마친 배우자 있는 자로서 상피고인 D4와 일시와 장소를 달리하여 3회에 걸쳐 간음하여 각 **간통**하고, D4는 D3가 '배우자 있는 자'라는 사실을 알면서도 상피고인 D3와 간음하여 각 **상간**하였다"는 것이었다. 그 후 고소인 V3(D3의 부인)는 고소를 취소하였지만 V4(D4의 부인)는 고소를 취소하지 않았다. 제1심은 "V3가 공소제기 후 고소를 취소하였음"을 이유로 "D3, D4에 대한 공소를 기각"하였다. 검사가 항소하였다. 항소심에서 검사는 적용법조로서 형법 제40조를 추가하고, 공소사실로서 "D4는 V4와 혼인신고를 마친 배우자 있는 자인바, D3, D4는 간음하여 D4는 간통죄, D3는 상간죄를 범하였다"는 취지로 변경하는 내용의 공소장변경신청을 하였다. 항소심은 이를 불허한 다음, "D3는 배우자 있는 자로서, D4는 그의 상간자로서 이 사건 공소가 제기되었을 뿐인데 V3가 배우자인 D3에 대한 고소를 취소하였으므로 D3, D4에 대한 공소를 기각한 제1심법원의 조치는 정당하다"고 하면서 항소를 기각하였다. 검사가 상고하였다.

II 쟁 점

1) 가혹행위와 상상적 경합 관계에 있는 준강제추행의 공소사실 및 적용법조를 추가하면 가혹행위와 동일성이 있는가?

2) 간통행위와 상상적 경합 관계에 있는 상간행위의 공소사실 및 적용법조를 추가하면 간통행위와 동일성이 있는가?

III 재판요지

제1사안(상고기각)

원심이 가혹행위와 상상적 경합 관계에 있는 준강제추행의 공소사실 및 적용법조의 추가적 변경을 허가하여 이를 심판의 범위로 삼은 것은 정당하다.

제2사안(파기환송)

형법 제241조[2] 제1항 전문과 후문은 주관적 구성요건으로서의 고의의 내용을 달리하므로 배우자 있는 자들이 상대방에게도 배우자가 있음을 자인하면서 서로 간통하는 이른바 이중간통의 경우에는 쌍방 모두 위 전문과 후문에 해당하게 되고, 이는 '처분상의 일죄인 상상적 경합의 관계'에 있다. 검사가 이와 같은 **상상적 경합의 관계에 있는 수죄** 중 A를 간통자로, B를 상간자로 하여서만 공소를 제기하였더라도 그 공소제기의 효력은 A, B가 각각 간통과 동시에 상간한 수죄의 전부에 미치는 것이다. 검사가 제1심이나 항소심에서 상상적 경합의 관계에 있는 수죄 가운데 당초 공소를 제기하지 아니한 공소사실을 추가하는 내용의 공소장변경신청을 하는 경우 법원은 공소사실의 동일성을 해하지 아니함이 명백하므로 그 공소장변경을 허가하여 추가된 공소사실에 대하여 심리판단 하여야 하는 것이다.

IV 분석과 해설

(가) 공소사실의 단일성

본 사안들에서는 '협의의 공소사실의 동일성'이 문제된 앞의 항목의 사안들과 달리 단일성이 문제되고 있다. 그렇지만 본 사안들도 넓은 의미의 공소사실의 동일성 판정 문제영역에 속한다. 왜냐하면 법 제298조의 동일성은 '사건의 단일성과 협의의 동일성'을 모두 아우르는 개념이기 때문이다.

사건의 단일성은 '사건의 불가분성'이라고 표현할 수도 있다. 단일성 문제는 소송의 동적·발전적 과정을 문제 삼지 않고 전적으로 소송물을 횡단적·정적으로 관찰할 경우에 '사건이 1개'인 것을 의미한다. 달리 표현하면 단일성이란 '사건의 객관적·공간적 자기동일성'이다. 따라서 사건의 단일성은 실체법상의 죄수론의 견지에서 해결될 일이다.

(나) 단일성과 동일성의 대비

이에 반하여 동일성은 소송절차의 발전에 착안하여 종단적·동적으로 관찰할 경우에 '사건이 시간적으로 전후 동일한 것'임을 의미한다. 동일성을 달리 표현하면 '소송사건의 시간적 자기동일성'이다.

본 사안들에서 '당초의 공소사실'과 '검사가 공소장변경에 의하여 추가하려는 공소사실'은 동일한 사실이라기보다는 다른 사실이지만 양자('당초의 공소사실'과 '검사가 공소장변경에 의하

2) **형법 제241조**(간통) ① 배우자 있는 자가 간통한 때에는 2년 이하의 징역에 처한다. 그와 상간한 자도 같다. ② 전항의 죄는 배우자의 고소가 있어야 논한다. 단, 배우자가 간통을 종용 또는 유서한 때에는 고소할 수 없다.

여 추가하려는 공소사실')가 과형상 일죄(상상적 경합은 그 일종)의 관계에 있어 상호 완전히 다른 사건은 아니다.

(다) 사건의 단일성의 요건

사건이 단일하려면 피고인과 공소범죄사실이 단일하여야 한다. 공범사건으로 피고인이 수인이면 사건은 수개이다. 그 수개의 사건은 상호 관련사건이 된다.

피고인 1명의 범죄사실이 수개이면 사건은 수개의 사건이 되고 이 역시 상호 관련사건이 된다. 경합범이 반드시 병합심리되는 것은 아니며 병합심리되는 경우에도 사건이 1개가 되는 것은 아니다. 다만 경합범에 대하여 1개의 형이 선고되는 경우에 상소관계에서 사건에 대한 취급이 불가분하게 취급(상소불가분)될 뿐이다.

본 사안들에서처럼 '상호 상상적 경합범의 관계에 있는 수죄'(간통죄와 상간죄, 폭행죄와 모욕죄 등)는 물론이고 '상호 포괄일죄의 관계에 있는 부분적 범죄사실들'도 형사절차상 단일한 죄로 취급되고 있다.

(라) 공소의 효력·판결의 기판력과 단일성

단일사건의 일부에 대하여만 공소가 제기되었다 하더라도 공소제기의 효력은 단일사건의 전체에 미치고 동일성이 인정되는 한 그 효력은 계속 유지된다(공소불가분의 원칙, 법 제248조 제2항). 공소제기의 객관적(물적) 효력이 미치는 범위는 법원의 잠재적 심판범위를 의미하며 그것이 바로 공소장변경의 한계가 되고 다른 한편 기판력(일사부재리의 효력)이 미치는 객관적 범위와도 일치하여야 한다. 이처럼 과형상 일죄는 소송법상 일죄로 취급되므로 공소사실의 단일성이 긍정되는 범위에서 법원은 공소사실의 추가를 허용하여야 한다.

사건이 단일하면 그 일부에 대한 판결의 효력도 그 전부에 미친다. 사건의 일부에 대하여만 판결이 있었다 하더라도 검사는 공소장변경에 의하여 전부에 대하여 심판을 청구할 가능성이 있었기 때문이다. 따라서 판결에서 빠진 부분에 대하여 판결확정 후에 다시 심판하는 것을 허용할 수 없다. 또 법원은 일죄의 일부에 대하여 유죄를 선고하는 경우에 굳이 단일한 범위 내에 있는 다른 부분에 대하여 무죄를 선고할 필요는 없고 다만 판결이유 중에 그 취지를 명시하는 것으로 족하다.

4.3

공소장변경의 필요성

대법원 1984.9.25. 선고 84도312 판결; 대법원 1979.6.26. 선고 78도1166 판결

I 사 안

1984년 사안

D는 "1981.10.28. 11:00경 및 동년 11.25. 14:00경 등 두 차례에 걸쳐 V의 집에서, 변제의 의사나 능력이 없음에도 불구하고 '일시 차용한 후 곧 변제하겠다'는 허언으로 V를 기망하여 이를 믿은 V로부터 도합 금 480,000원을 교부받아 편취한" 사기(형법 제347조 제1항 위반) 혐의로 기소되었다. 항소심에서 D는 V의 소개와 보증 하에 K로부터 금원을 차용한 사실을 시인하였다. 항소심은 "D가 같은 일시·장소에서 V에게 'V가 직접 돈을 빌려주거나 혹은 V의 소개로 타인으로부터 돈을 빌 수 있게 하여 주면 이를 곧 변제하겠다'는 취지의 거짓말을 하여 V를 기망함으로써 이에 속은 V를 통하여 K로부터 도합 금 480,000원을 차용하면서 V로 하여금 D에 대한 보증채무를 부담하게 하여 재산상의 이익을 취득하였다"는 범죄사실을 인정하여 유죄를 선고하였다. D가 "원심판결은 불고불리의 원칙에 위배된다"고 주장하며 상고하였다.

1979년 사안

검사가 D2를 변호사법위반죄로 기소하였다가, 제1심 공판절차 진행도중 변경신청한 공소사실은 "D2는 1976.8.4. 서울 중구 인현동 112의 3호 소재 동보교역 사무실에서 V2에게, D3, D4 등에게 부탁하여 '고속버스 터미널 화장실 관리권이나 노량진 수산시장 앞 공터에 점포허가를 받아 동업을 하자'고 거짓말을 하여 V2로부터 그 교제비 명목으로 금 90만 원을 교부받아 편취하였다"(형법 제347조 제1항 위반)는 것이었다. 제1심은 공소장변경을 허가하였다. 제1심은 "D2는, V2가 'D3, D4에게 부탁하여 관계당국으로부터 인천-태안 간의 시외버스 노선 허가를 받으려고 노력하다가 사정이 여의치 못하여 포기상태에 있는 것'을 알고 1976.8.4. 동보교역 사무실에서 V2에게 '자신(D2)에게 교제비를 주면 D3, D4를 통하여 같은 해 11.30.경까지 틀림없이 위 시외버스 노선허가를 관계당국으로부터 받아주겠다'라는 취지의 거짓말을 하여 V2를 기망하고 이에 속은 V2로부터 교제비 명목으로 돈 900,000원을 교부받아 편취"한 사실을 인정하고 D2에게 유죄를 선고하였다. D2가 항소하였으나 항소심은 항소를 기각하였다. D2가 "원심판결은 불고불리의 원칙에 위배된다"고 주장하며 상고하였다.

Ⅱ 쟁 점

법원이 공소장변경 없이 공소장 기재 공소사실과 다른 범죄사실을 인정할 수 있는 범위와 요건은 무엇인가?

Ⅲ 재판요지

1984년 사안(상고 기각)

본건 공소사실과 원심인정의 범죄사실과를 비교하여 보면 D가 차용한 금원의 액수가 도합 금 480,000원으로 동일하고, 기망의 태양도 '변제의 의사나 능력이 없음에도 불구하고 조속한 기간 안에 변제할 것처럼 거짓말을 하였다'는 점에서 동일하며 V가 입은 피해의 내용도 비록 적극적 재산의 감소 혹은 소극적 재산의 증가 등 형식상 차이가 있기는 하나, 실질적으로는 금 480,000원이라는 피해액수가 동일하므로 'D가 V를 기망하여 금원을 편취하였다'는 기본적 사실에 아무런 차이도 없으므로 원심의 인정사실이 이 사건 공소사실의 동일성을 벗어나는 것이라고는 할 수 없다. 또 원심에서 D는 V의 소개와 보증 하에 K1, K2로부터 금원을 차용한 사실을 시인하고 있음이 분명한 이상, 원심이 공소장변경절차 없이 이와 같은 사실을 인정하였다 하여 D의 방어에 하등의 불이익을 주었다고는 볼 수 없으므로 원심의 위와 같은 조치에 소론이 주장하는 불고불리의 법리를 오해한 위법이 있다 할 수 없다.

1979년 사안(파기 환송)

㉮ 본건 공소사실은 "D2가 V2에게 '고속버스 터미널 화장실 관리권이나 수산시장 앞 공터에 점포허가를 받아 동업하자'고 거짓말을 하여 그 교제비 명목으로 금 900,000원을 편취하였다"는 것임에 반하여 제1심 법원의 인정사실은 "(D2가) V2에게 '시외버스 노선허가를 받아 주겠다'고 거짓말을 하여 그 교제비 명목으로 금 90만 원을 편취하였다"는 것이니 제1심 판결의 위와 같은 조치는 공소가 제기된 사실(고속버스 터미널의 화장실 관리권이나 수산시장 앞 공터에의 점포허가를 받아 동업하자고 거짓 제의하여 교제비 명목으로 금원을 편취하였다는 점)에 관하여는 판단을 아니하고 청구를 받지 아니한 사실(시외버스 노선허가를 받아주겠다고 허언을 하여 교제비 명목으로 금 900,000원을 편취하였다는 점)에 대하여 심판을 한 결과로 되어 ㉯ 불고불리의 원칙에 위배되었고, ㉰ 혹은 위 양 사실, 즉 공소사실과 판시사실과의 사이에 피해자 및 편취금원 등 동일성이 인정된다 할지라도 적법한 공소장 변경절차가 없는 한 판시사실을 단죄할 수 없다. 이와 같은 ㉱ 절차상의 위법은 다른 죄와 경합범으로 처단한 판결 결과에 영향을 미쳤음이 분명하다. 그럼에도 불구하고 ㉲ 원심판결은 제1심 판결의 위 위법을 간과하였을 뿐 아니라 피고인이 항소이유에서 구체적으로 명시는 아니하였지마는 ㉳ 불고불리의 원칙 위반을 주장하였음에도 불구하고 이 점에 관한 명확한 판시를 아니하고 피고인의 항소를 기각하였음이 그 판문상 뚜렷하므로 이 점 판단유탈(判斷遺脫)의 위법이 있다.

IV

분석과 해설

(가) 공소장변경의 필요성

현행 형사소송은 불고불리의 원칙(Nemo judex sine actore)을 기본원칙으로 삼고 있는 탄핵주의적 소송구조이므로, 공소의 제기에 의하여 비로소 법원의 심판절차가 개시될 뿐 아니라, 법원은 공소가 제기된 사건에 관하여서만 심판할 수 있다. 따라서 법원의 심판범위는 공소제기에 의하여 한정되는 결과, 공소제기의 효력이 미치는 범위와 일치한다. 아울러, 형사소송법은 검사가 공소장에 막연한 공소사실을 기재하는 것을 허용하지 않고, 범죄의 시일, 장소와 방법 등을 명시하여 그 범죄사실을 특정할 수 있도록 요구하고(法 제254조), 이를 중심으로 공판의 심리가 진행되도록 하는 동시에 이를 중심으로 당사자가 공격·방어하도록 재편성하였다. 한편 현행법은 공판심리의 동적·발전적 성격으로 인하여 공판심리의 진행과정에서 사실적 또는 법률적 내용에 변화가 생기는 경우 검사가 법원의 허가를 얻어 공소사실의 동일성이 인정되는 범위 내에서 공소장에 기재된 공소사실 또는 적용법조를 추가·철회·변경함에 의하여 심판의 범위를 확장·축소할 수 있도록 하였다(法 제298조). 그런데 피고인의 방어권행사를 보장하기 위해 공소사실의 특정 및 공소장변경제도가 요구된다고 하더라도, 공소장기재와 다른 사실을 인정하려면 언제나 공소장변경 절차를 거쳐야 한다고 하면 소송의 신속을 저해하고 소송경제에 반하게 된다. 현재 소송실무는 '일정한 범위에서 공소장변경을 불필요(不必要)한 것'으로 운용하고 있으며, 이를 반대하는 학설도 찾아볼 수 없다. 1984년 판례는 공소장변경이 불필요한 것으로 판단된 사안이며 1979년 판례는 공소장변경이 필요한 것으로 판단된 사안이다. 그러면 법원은 어느 한도에서 공소장변경 없이도 공소장에 기재된 공소사실과 다른 범죄사실을 인정할 수 있는가?

(나) 학 설

공소장변경의 요부의 기준에 관한 학설은 공소사실의 법률적 측면을 중시하는 입장과 사실적 측면을 중시하는 입장으로 대별할 수 있다.

(1) **사실기재설** 법률적 구성에 영향이 없는 경우에도 공소장에 기재된 사실과 다른 사실을 인정하려면 공소장변경을 요하지만 모든 미세한 사실의 변경에도 공소장변경을 요한다고 하는 것은 번잡하고 무의미하므로 피고인의 방어에 실질적인 불이익을 줄 염려가 없는 때에는 공소장변경 없이 다른 사실

을 인정할 수 있다는 견해로서 통설·판례의 입장이다. 공소사실의 사실적 측면을 중시하는 입장이다.

(2) 동일벌조설·법률구성설 구체적 사실관계가 다르다고 할지라도 그 구성요건 혹은 법률구성(작위범인가 부작위범인가 등)에 영향이 없는 한 공소장변경 없이 공소장에 기재된 사실과 다른 사실을 인정할 수 있다는 견해이다. 공소사실의 법률적 측면을 중시하는 입장이다.

(다) 판례의 추이

형사소송법의 시행초기(대체로 1950년대)에는 공소사실의 동일성이 인정되는 한도 내에서 법원은 공소장변경이 없는 경우에도 직권으로 공소된 사실과 다른 범죄를 인정할 수 있다는 취지의 판결[1]이 수없이 나와 공소장변경제도의 존재를 무색케 할 정도이었다. 그러다가 대법원은 1960년대 말에 이르러 전원합의체 판결[2]로 특수강도의 공소사실을 공소장변경 없이 특수공갈죄로 처단한 원심의 조치를 "심판의 대상이 되지 아니한 사실을 심판한 위법이 있다"고 판시하여 현재와 같은 사실기재설의 입장으로 선회하기 시작했다.

(라) 동일구성요건 안에서의 사실의 변경

사실기재설은 하나하나의 사건의 심리경과를 구체적으로 고찰하여 개별적으로 판정하는 방식의 해결방안이므로 사실기재설을 어떤 추상적이고 획일적인 기준을 제시하여 설명하는 것은 거의 불가능하다. 따라서 유형별로 공소장변경의 요부를 가려볼 필요가 있다. 우선 동일구성요건 안에서의 사실의 변경에 대하여 검토하면 다음과 같다.

1) 범죄의 일시·장소는 일반적으로 공소사실의 특정을 위한 요인이지 범죄사실의 기본적 요소가 아니므로, 그 일시·장소를 다소 다르게 인정하여도 원칙적으로 공소장변경을 요하지 아니한다.[3] 그러나 그 변경인정이 피고인의 방어에 실질적인 불이익을 초래할 염려가 있는 때, 예를 들어 현장부재증명과 관계있는 일시·장소 등의 변경에는 공소장변경을 요한다.[4]

2) 범행의 수단·방법, 예를 들어 사기죄의 기망의 방법[5], 살인죄의 살해방법

---

1) 대법원 1955.7.15. 선고 4288형상74 판결; 대법원 1959.6.9. 선고 4292형상83 판결; 대법원 1959.12.23. 선고 4291형상399 판결; 대법원 1961.12.28. 선고 4294형상477 판결.

2) 대법원 1968.9.19. 선고 68도995 판결.

3) 대법원 1967.9.29. 선고 67도946 판결.

4) 대법원 1982.6.22. 선고 81도1935 판결.

5) 대법원 1979.6.26. 선고 78도1166 판결; 대법원 2010.4.29. 선고 2010도2414 판결.

(독살, 사살, 타살, 교살 등), 강도죄의 강취방법(폭행, 협박), 교사범의 교사의 내용[6] 등을 공소사실과 다르게 인정할 경우에는 공소장변경을 요한다. 이런 경우에는 양형의 조건이 달라져 피고인에게 불이익을 줄 염려가 있고 방어방법에도 기본적 수정을 가져오기 때문이다. 교통사범의 과실의 태양·내용을 다르게 인정하는 때[7]에도 원칙적으로 공소장의 변경을 요한다. 그러나 공소장에 예시적으로 기재된 자동차운전기사의 업무상 주의의무와 다른 주의의무를 인정하는 때[8]에는 피고인의 방어에 불이익이 없으므로 변경을 요하지 아니한다. 작위범으로 구성된 공소사실을 부작위범으로 인정하는 때 및 그 반대의 경우에도 원칙적으로 공소장의 변경을 요한다.

3) 범죄의 피해액수 또는 정도, 예를 들어 절도죄의 절취품의 수량 또는 그 액수, 상해죄의 치료기간 등을 일부 탈락 또는 축소시켜 인정하는 때[9]는 물론이고 그것을 약간 다르게 추가 또는 확장하여 인정하는 때에도 공소장의 변경을 요하지 아니하나[10], 그것이 현저하게 증가한 때에는 공소장의 변경을 요한다.

4) 범죄의 피해자 또는 상대방을 달리하는 때, 예를 들어 사기죄의 상대방의 변경, 횡령죄의 위탁자의 상위, 마약법위반죄의 마약양도상대방의 상위 등의 경우에는 원칙적으로 공소장변경을 요한다. 그러나 그것이 피고인의 방어권행사에 중요성을 가지지 아니할 때에는 그러하지 아니하다.[11]

5) 포괄적 일죄의 경우에는 조금 복잡하다. 공소장에 그 죄를 구성하는 개개의 사실로서 특정될 수 있는 정도로 명시된 범죄사실만이 심판의 대상이 되므로 이에 포함되지 아니한 다른 범죄사실(그러나 이것이 공소장에 적시된 공소사실과 포괄적 일죄의 관계에 있을 때)을 인정하려면 공소장변경을 요한다.[12]

(마) 구성요건이 달라지는 경우

공소사실과 인정사실이 구성요건을 달리하는 때는 원칙적으로 공소장변경이 필요하다. 구성요건이 달라지면 피고인의 방어방법과 그 전략이 크게 달라질 것이기 때문이다. 예를 들어 절도를 장물운반으로, 사기를 횡령으로, 절도를 강도로, 상해치사를 살인으로, 업무상과실치상을 중과실치상으로, 단순사기를 상습사기로 인정하는 때와 같이 구성요건이 달라지는 때에는 원칙적으로 공소장변경이 필요하다. 무거운 법정형의 구성요건으로 변경하는 경우뿐만 아니라, 동등하거나 가벼운 법정형의 구성요건으로 변경하는 때에도 사정이 달

6) 대법원 1974.11.26. 선고 74도1789 판결.
7) 대법원 1968.11.19. 선고 68도1998 판결.
8) 대법원 1965.1.19. 선고 64도719 판결.
9) 대법원 1969.12.9. 선고 69도1761 판결.
10) 대법원 1984.10.23. 선고 84도1803 판결.
11) 대법원 1978.2.28. 선고 77도3522 판결; 대법원 1987.12.22. 선고 87도2168 판결.
12) 대법원 1971.11.23. 선고 71도1548 판결; 대법원 1977.1.25. 선고 76도3792 판결.

라지지 않는다. 대법원은 일찍부터 특단의 사정이 없는 한 공소장변경 없이는 특수절도죄를 장물운반죄로[13], 특수절도죄를 점유이탈물횡령죄로[14], 증뢰물전달죄를 수뢰죄로[15], 강간치상을 강제추행치상으로[16], 사기를 배임으로[17], 강제집행면탈죄를 권리행사방해죄로[18], 명예훼손을 모욕으로[19], 야간주거침입절도미수를 주거침입죄로[20], 살인죄를 폭행치사죄로[21] 변경 인정할 수 없다고 판시하여 왔다. 또한 대법원은 미수를 기수로, 종범을 공동정범 또는 단독정범으로 변경 인정함에도 공소장변경을 요한다고 한다. 어느 경우든 간에 죄명을 기준으로 하기보다는 구체적 사건에서 피고인의 방어권 행사에 실질적 불이익이 있는지 여부에 따라 개별적으로 판단하는 것이 대법원의 입장이다.

(바) 공소장변경이 필요 없는 경우

법원의 인정사실이 공소사실과 달라도 공소장변경이 필요하지 않은 경우로 대법원은 두 가지 유형을 인정하여 왔다. 첫째는 ① 축소사실의 인정이다. 피고인이 그 부분에 대하여 이미 방어를 했거나 아니면 방어의 준비가 되어 있을 것으로 예상되어 공소장변경절차를 경료하지 않는다 하더라도 **피고인에게 불의의 타격을 가할 가능**성이 적기 때문이다. 둘째는 ② 법률적 평가만을 달리 하는 경우이다. 여기에서는 둘째 경우만 살펴보기로 한다(⇨축소사실의 인정에 대하여는 본서 4.6 참조).

사실관계의 변화 없이 법률 평가만 다른 경우, 즉 경합범이 포괄일죄가 되는 경우[22] 등 죄수의 변경, 횡령과 배임죄[23] 사이에는 공소장변경을 요하지 아니한다. 그러나 사실이 변화되나 법정형이 높아지면 방어권 행사에 실질적 불이익이 있는 것[24]이므로 그러하지 아니하다.

---

13) 대법원 1965.1.26. 선고 64도681 판결.
14) 대법원 1965.8.24. 선고 65도537 판결.
15) 대법원 1965.10.26. 선고 65도785 판결.
16) 대법원 1968.9.29. 선고 68도776 판결.
17) 대법원 1971.4.20. 선고 71도396 판결.
18) 대법원 1972.5.31. 선고 72도1090 판결.
19) 대법원 1972.5.31. 선고 70도1859 판결.
20) 대법원 1976.10.12. 선고 76도1902 판결.
21) 대법원 1981.7.28. 선고 81도1489 판결.
22) 대법원 2007.8.23. 선고 2007도2595 판결.
23) 대법원 1999.11.26. 선고 99도2651 판결.
24) "'미성년자 약취 후 재물취득 미수'에 의한 특가법 위반죄에 대하여는 형법 제25조 제2항을 적용하여 감경을 할 수 있으므로 법원의 감경 여부에 따라 처단형의 하한에 차이가 발생할 수 있고, 피고인들은 '미성년자 약취 후 재물취득 미수'로 공소제기된 사실에 대하여 미수감경 및 작량감경에 의하여 집행유예를 선고받을 수 있을 것으로 기대하여(검사도 피고인 3에 대하여는 미수감경과 작량감경

을 한 형기범위 내에서 징역 3년을 구형하였다) 공소사실을 모두 자백하고 피해자측과의 합의를 위해 노력한 결과 제1심판결 선고 이후 피해자측과 합의까지 한 사실을 엿볼 수 있으므로, '미성년자 약취 후 재물취득 미수'에 의한 특가법 위반죄로 공소가 제기된 이 사건에서 법원이 공소장변경 없이 '미성년자 약취 후 재물요구 기수'에 의한 특가법 위반죄로 인정하여 미수감경을 배제하는 것은 피고인들에게 예상외의 불이익을 입게 하는 것으로서 피고인들의 방어권 행사에 실질적인 불이익을 초래할 염려가 있다."(대법원 2008.7.10. 선고 2008도3747 판결); "성폭력범죄의 처벌 및 피해자보호 등에 관한 법률 제5조 제1항의 주거침입에 의한 강간미수죄와 주거침입에 의한 강제추행죄의 법정형은 동일하지만, 전자의 경우 형법 제25조 제2항에 의한 미수감경을 할 수 있어 법원의 감경 여부에 따라 처단형의 하한에 차이가 발생할 수 있다. 따라서 법원이 성폭력범죄의 처벌 및 피해자보호 등에 관한 법률상 주거침입강간미수의 공소사실을 공소장변경 없이 직권으로 같은 법의 주거침입강제추행죄로 인정하여 미수감경의 가능성을 배제하는 것은 피고인의 방어권 행사에 실질적인 불이익을 초래할 염려가 있어 위법하다."(대법원 2008.9.11. 선고 2008도2409 판결); "D2가 D로 하여금 그(D)의 직무와 관련하여 부정한 청탁을 받고 3억 2,000만 원을 제3자인 D2에게 뇌물로 공여하게 하는 행위를 하도록 교사하였다는 부분에 관하여, 검사가 형법 제130조, 제31조 제1항을 적용하여 형법상의 제3자 뇌물공여 교사죄로 기소한 데 대하여, 특정범죄 가중처벌 등에 관한 법률 제2조는 뇌물의 가액에 따라 가중처벌하는 규정이므로 뇌물의 가액이 공소장에 특정된 이상 검사가 공소장에 가중처벌에 관한 적용법조의 기재 또는 추가·변경 등의 절차를 취하지 아니하여도 법원이 직권으로 뇌물의 가액에 해당하는 법조를 적용하여야 한다는 이유로 이 부분 공소사실에 대하여 특정범죄 가중처벌 등에 관한 법률 제2조 제1항, 형법 제130조, 제31조 제1항을 적용하여 피고인에게 그 가중된 법정형에 따라 형을 선고하고 있다. 그러나 이 사건과 같이 일반법과 특별법이 동일한 구성요건을 가지고 있고 어느 범죄사실이 그 구성요건에 해당하는데 검사가 그 중 형이 보다 가벼운 일반법의 법조를 적용하여 그 죄명으로 기소하였으며, 그 일반법을 적용한 때의 형의 범위가 '징역 5년 이하'이고, 특별법을 적용한 때의 형의 범위가 '무기 또는 10년 이상의 징역'으로서 차이가 나는 경우에는, 비록 그 공소사실에 변경이 없고 또한, 그 적용 법조의 구성요건이 완전히 동일하다 하더라도, 그러한 적용 법조의 변경이 피고인의 방어권 행사에 실질적인 불이익을 초래한다고 보아야 하며, 따라서 법원은 공소장변경 없이는 형이 더 무거운 특별법의 법조를 적용하여 특별법 위반의 죄로 처단할 수는 없다(대법원 2007.12.27. 선고 2007도4749 판결 참조)."(대법원 2008.3.14. 선고 2007도10601 판결)

4.4

실질적 불이익설(구체적 방어설)

대법원 2011.11.24. 선고 2009도7166 판결

I 사 안

D는 '금지금 폭탄업체'[1]를 정범으로 한 조세포탈범행의 공동정범으로 기소되었다. 제1심은 유죄를 선고하였다. D는 '공동가공의 의사' 및 '실행행위의 분담' 등을 다투며 항소하여 항소심에서 위 쟁점들을 중심으로 공방(攻防)이 이루어졌다. 항소심은 'D가 조세포탈의 공동정범으로 인정되지는 않지만 그 방조범으로는 인정이 된다'고 판단하여 공소장변경 없이 조세포탈범행의 방조범으로 유죄판결을 선고하였다. 제1심 및 항소심 심리과정에서 D가 공동정범이 아닌 방조범으로서 유죄라고 인정될 수 있는지에 대해서는 전혀 언급되거나 공방이 이루어진 바가 없고, 공소장변경과 관련된 논의도 없었다. 항소심은 "D가 폭탄업체(노숙자등이 바지사장으로 등장), 과세도관업체(2차도매업자), 바닥업체(마지막 도매업자) 등의 운영자와 공모하여 금지금 폭탄영업의 방법으로 부가가치세를 포탈하였다"는 공소사실에 대하여, 공소장변경 절차를 거치지 아니한 채 "D가 폭탄업체 등 전단계 매출업체의 운영자들이 공동하여 금지금 폭탄영업의 방법으로 부가가치세를 포탈하리라는 정을 알고도 그 범행을 완성할 수 있도록 바닥업체로부터 시세보다 싼 금액에 금지금을 매입해 줌으로써 바닥업체의 조세포탈 실행행위를 방조하였다"고 직권으로 인정한 것이다. D가 상고하였다.

II 쟁 점

공동정범으로 기소된 피고인에 대하여 법원이 검사의 공소장변경(허가신청)절차의 경유없이 방조범을 인정할 수 있는가(원칙적 부정)

---

1) 금지금 변칙거래를 활용한 국고편취수법은 많이 알려져 있는데(지면 관계상 생략함), 그 거래의 목적은 각 거래단계의 납세의무자들이 성실하게 부가가치세를 낼 것을 전제로 하는 부가가치세제도(납부액 = 매출세액 - 매입세액)를 악용하여, 폭탄업체(일정물량의 거래 후 폐업)가 개입한 거래과정에서 매출세액이 납부는 없고 매입세액의 환급만 발생함으로써 국고유출이 지속적으로 발생하게 된다(변칙거래가 성행한 2003년~2005년 사이에 연간 약 5,000억 원의 국고가 유출). 전합판결이 나오기 전까지는 폭탄업체가 개입한 거래과정에서 주고받은 세금계산서가 '사실과 다른 세금계산서'에 해당하여 매입세액 공제를 거부할 수 있는지 여부를 둘러싸고 논쟁이 있었는데, 대법원은 변칙적인 거래사실을 모두 인정하면서도 "폭탄영업을 명목상의 거래로서 재화의 공급이 아니라고 단정하기 어려우므로, 세금계산서 역시 '사실과 다른 세금계산서'에 해당한다고 보기 어렵다"는 법리를 들어 폭탄영업에 관여한 수출업자의 매입세액 공제를 허용하는 판결을 되풀이하였다. 그러나 대법원 2007.2.15. 선고 2005도9546 전원합의체 판결에서 이를 조세포탈행위에 해당한다고 판시한 바 있다.

III
재판요지
(파기환송)

"1. ⓐ 형법상 방조행위는 정범이 범행을 한다는 정을 알면서 그 실행행위를 용이하게 하는 직접·간접의 행위를 말하므로, 방조범은 정범의 실행을 방조한다는 이른바 방조의 고의와 정범의 행위가 구성요건에 해당하는 행위라는 점에 대한 인식, 즉 정범의 고의가 있어야 한다. 이러한 방조범은 공동정범과 비교할 때 형법상 다 같이 공범의 형식으로 규정되어 있다고 하더라도 그 성립요건에서 엄연한 차이가 있고 범의의 내용도 반드시 동일하지 않다. 따라서 공동정범으로 기소된 피고인이 정범으로서의 공동가공 의사나 실행행위의 분담이 없었다고 다투는 것과 범행을 주도하는 정범의 존재를 전제로 하여 그 정범의 실행행위를 인식하면서 단순히 이를 돕는 행위를 한다는 방조의 의사 및 방조행위의 내용을 다투는 것은 방어권 행사의 내용과 접근방식에서 크게 다를 수 있다.

한편 형사소송법은 공소사실의 동일성 범위 내에서 공소장을 변경할 수 있도록 하는 한편 법원에 대해서도 심리의 경과에 비추어 상당하다고 인정할 때에는 검사에게 공소장의 변경을 요구하여야 한다고 규정하고 있다(형사소송법 제298조 제2항). 비록 위 ⓑ 공소장 변경 요구가 법원의 의무는 아니라고 하더라도, ⓒ 법원이 당초의 공소사실과 다른 사실을 심판대상으로 삼아 유죄로 인정하고자 할 경우에는 공소장변경 절차를 거치는 것이 **불고불리 원칙 등 형사소송의 기본원칙**에 부합한다. 다만 ⓓ 공판과정에서 이미 변경하여 인정하려는 사실이 심판대상으로 드러나 공방(攻防, 공격과 방어)이 되었다거나 당초의 공소사실에 대한 심판범위에 변경하여 인정하려는 사실이 포섭되어 있다는 등 특별한 사정이 있어 D의 방어권 행사를 해치지 아니할 정도라고 인정되는 경우라면 예외적으로 공소장 변경 없이도 직권에 의하여 공소사실과 동일성이 인정되는 범위 내에서 그와 다른 사실을 인정하여 유죄로 판단하는 것이 허용된다. 이러한 취지에서 ⓔ 공소사실의 동일성이 인정되는 범위 내에서 공소가 제기된 범죄사실보다 가벼운 범죄사실이 인정되는 경우 법원이 공소장변경 없이 직권으로 그 범죄사실을 인정할 수는 있으나, 그 경우에도 심리의 경과 등에 비추어 이로 인하여 D의 방어에 실질적인 불이익을 주는 것이 아니어야 한다.

이와 같은 형법상 방조행위 및 형사소송법상 공소장변경에 관한 법리에 비추어 볼 때, ⓕ 공동정범으로 공소가 제기된 D에 대하여 법원이 공소장 변경 없이 직권으로 방조범으로 인정하여 처벌하기 위해서는, ㉮ 정범의 범행에 대한 공동가공의 의사나 기능적 행위지배의 점에 대한 증명이 부족하지만 그 의심이 있다는 정도로는 부족하고 ㉯ 방조의 고의와 행위가 있었다는 점에 대한 적극적인 증명이 있어야 하고, 나아가 ㉰ 그 점에 대하여 D에게 방어의 기회가 제공되는 등 심리의 경과에 비추어 D의 방어에 실질적인 불이익을 주지 아니한 경우라야 가능할 것이다.

[A] 법원이 최종판결에서 갑자기 직권으로 방조범의 성립을 인정하게 되면 D의 방

어권행사에 실질적 불이익을 초래할 우려가 있다. 따라서 원심으로서는 ⓖ 설령 그 판시와 같은 사정을 들어 D를 조세포탈범행의 방조범으로 인정할 수 있다고 하더라도 그에 앞서 공소장변경의 절차를 거치거나 D에게 방조범의 성립 여부와 관련한 방어의 기회를 제공함으로써 그 방어권 행사에 불이익이 초래되지 않도록 필요한 조치를 하였어야 한다. 그럼에도 불구하고 원심이 공판진행과정에서는 아무런 언급이 없다가 판결을 선고하면서, 공동정범으로는 인정되지 않지만 방조범으로는 인정이 된다고 하여 유죄로 판단한 것은 공소장변경에 관한 법리를 오해하여 판결에 영향을 미친 위법이 있는 경우에 해당한다.

IV 분석과 해설

(가) 실질적 불이익설(구체적 방어설)

이 판결은 실질적 불이익설(구체적 방어설)이 어떤 것이고 실질적 불이익 여부의 판정을 어떻게 할 것인가를 가장 구체적으로 판시한 판결이므로 정독할 필요가 있다.

(나) 사실심에서 피고인이 방조사실을 시인한 경우

제1심 및 항소심 심리과정에서 피고인 D가 공동정범이 아닌 방조범으로서 유죄라고 인정될 수 있는지에 대해서는 전혀 언급되거나 공방이 이루어진 바가 없고, 공소장변경과 관련된 논의도 없었다. 그러나 만약 본 사안에서 D가 '방조는 했을지 몰라도 정범은 아니라'는 취지로 방어행위에 임하였다면 결과는 달라질 것이다.

(다) 공범관계의 변경인정과 공소장변경의 요부

사실심법원이 증거조사 후에 공소장변경절차의 경유 없이 기소된 것과 다른 공범관계를 인정하여 유죄선고를 하면 불고불리원칙 위반인가? 불고불리원칙 위반이 선언된 판례(본판례)가 있는가 하면 불고불리원칙 위반이 아니라는 판례(대법원 1991.5.28. 선고 90도2977 판결)도 있다. 그러면 전자의 판결과 후자의 판결은 모순되는 판결인가? 그렇지 않다. 실질적 불이익설이 '케이스 바이 케이스' 기준이기 때문에 다른 결론이 나올 수 있다.

(라) 장래의 유사사안에 대한 예측

향후 피고인이 단독범으로 기소되었지만 실제로는 공동정범으로 판명되는 경우 공소장변경절차의 경유가 필요한가 하는 문제는 일률적으로 논할 수 없고 개별 사건의 구체적인 소송경과를 고려하여 개별적으로 판정되어야 할 문제이다. 공판심리과정에서 피고인이 판명된 사실을 인정하였으면 공소장변경절차의 경유는 필요하지 않다. 반대로 공판심리과정에서 피고인이 판명된 사실을 부정하였으면 공소장변경절차의 경유가 필요하다.

요컨대, 단독범을 공범으로 인정하는 것, 혹은 공범으로 기소하였는데 정범을 인정하는 것, 정범으로 기소하였는데 공범을 인정하는 것 자체만 가지고 그 방어권행사에 지장을 초래하였는지 여부를 판단할 일은 아니고, 그때그때의 공판심리과정, 피고인의 범행과 관련한 주장등을 종합하여 피고인의 방어권행사에 지장을 주는지 여부를 가려서 판단할 일이다. 물론 검사가 공소장변경절차를 경유하면 공판심리절차는 좀 더 매끄럽게 진행될 것이다.

4.5

일반법과 특별법이 동일한 구성요건을 가지고 있는 경우 검사의 기소재량권

대법원 2007.12.27. 선고 2007도4749 판결

I 사 안

군인인 D에게 "소속 군부대 내에서 현금을 19회 절취하고 **야간**에 취사병 생활관에 침입하여 현금을 2회 절취한 혐의"의 조사가 진행되었다. 군검찰관은 D를 **형법상의 상습절도죄**(형법 제332조, 제329조, 제330조) 혐의로 기소(항소심에 이르러 공소장변경이 허가된 결과이고 법정형은 '징역 15년 이하')하였다. 특정범죄 가중처벌 등에 관한 법률(이하 '특가법'으로 약칭함) 제5조의4 제1항은 형법상의 상습절도와 구성요건이 동일하고 **법정형만이 가중**(법정형 '무기 또는 3년 이상의 징역')되어 있다. 항소심은 "특가법 제5조의4 제1항은 형법상의 상습절도와 구성요건이 동일하고 **법정형만이 가중**되어 있어서 피고인 D의 방어권 행사에 아무런 불이익을 초래하지 아니한다"는 이유로, 공소장변경절차를 경유하지 아니하고 D에게 특가법 제5조의4 제1항, 형법 제329조, 제330조를 적용하여 형을 선고하였다. D가 상고하였다.

II 쟁 점

일반법(형법)과 특별법(특가법)이 동일한 구성요건을 가지고 있고 어느 범죄사실이 그 구성요건에 해당하는데 검사가 형이 가벼운 일반법의 법조를 적용하여 기소하였을 때 법원이 공소장변경절차의 경유 없이 형이 무거운 특별법의 법조를 적용하여 유죄판결을 할 수 있는가?

III 재판요지
(파기환송)

피고인의 방어권 행사에 실질적인 불이익을 초래할 염려가 없는 경우에는 법원이 공소장변경절차를 거치지 아니하고 일부 다른 사실을 인정하거나 적용법조를 달리한다고 할지라도 불고불리의 원칙에 위배되지 아니하지만, 방어권행사에 있어서 실질적인 불이익 여부는 그 공소사실의 기본적 동일성이라는 요소 외에도 '법정형의 경중'(추상적 방어설의 견지: 필자) 및 그러한 경중의 차이에 따라 피고인이 자신의 방어에 들일 노력·시간·비용에 관한 판난을 날리할 가능성이 뚜렷한지 여부 등의 여러 요소를 종합하여 판단하여야 한다. 이 사건과 같이 일반법과 특별법이 동일한 구성요건을 가지고 있고 어느 범죄사실이 그 구성요건에 해당하는데 검사가 그중 형이 보다 가벼운 일반법의 법조를 적용하여 그 죄명으로 기소하였으며, 그 일반법을 적용한 때의 형의 범위가 '징역 15년 이하'이고, 특별법을 적용한 때의 형의 범위가 '무기 또는 3년 이상의 징역'으로서 차이가 나는 경우에는, 비록 그 공소사실에 변경이 없고 또한 그 적용법조의 구성요건이 완전히 동일하다 하더라도, 그러한 적용법조의 변경이 피고인의 방어권 행사에 실질적인 불이익을 초래한다고 보아야 하며, 따라서 법원은 공소장변경 없이는 형이 더 무거운 특별법의 법조를 적용하여 특별법 위반의 죄로 처단할 수는 없다.

IV 분석과 해설

(가) 형법상의 상습절도죄와 특가법상의 상습절도죄의 관계

형법상의 상습절도죄와 특가법상의 상습절도죄는 구성요건이 동일하고 법정형만이 다르다. 기존의 대법원 판례에 따르면 양자의 관계는 '법조경합 중 일반·특별의 관계'와 구별된다. 왜냐하면 기존의 대법원 판례는 '법조경합의 한 형태인 특별관계'를 "어느 구성요건이 다른 구성요건의 모든 요소를 포함하는 외에 다른 요소를 구비하여야 성립하는 경우로서 특별관계에 있어서는 특별법의 구성요건을 충족하는 행위는 일반법의 구성요건을 충족하지만 반대로 일반법의 구성요건을 충족하는 행위는 특별법의 구성요건을 충족하지 못"하여야 하는데[1] 형법상의 상습절도죄와 특가법상의 상습절도죄는 구성요건이 완전히 동일하기 때문이다.

(나) 항소심의 논증

항소심은 형법상의 상습절도죄와 특가법상의 상습절도죄의 관계를 '법조경합의 한 형태인 특별관계'와 동일시하였거나, 아니면 법의 일반원칙인 '특별법우선(특가법과 형법의 관계에서 특별법인 특가법 우선)의 원칙' 혹은 '신법우선(특가법과 형법의 관계에서 신법인 특가법이 우선)의 원칙'을 적용하고, 또 법원의 판단이 검사의 주장과 '죄수에 대한 법률적 평가만을 달리 하는 경우'에는 공소장변경절차의 경유를 요하지 아니한다는 기존의 대법원판례[2]를 원용하여 특가법 위반죄를 선고한 것으로 보인다.

1) "상상적 경합은 1개의 행위가 실질적으로 수개의 구성요건을 충족하는 경우를 말하고, 법조경합은 1개의 행위가 외관상 수개의 죄의 구성요건에 해당하는 것처럼 보이나 실질적으로 1죄만을 구성하는 경우를 말하며, 실질적으로 1죄인가 또는 수죄인가는 구성요건적 평가와 보호법익의 측면에서 고찰하여 판단하여야 한다"(대법원 1998.3.24. 선고 97도2956 판결, 2002.7.18. 선고 2002도669 전원합의체 판결 등 참조). 그리고 "법조경합의 한 형태인 특별관계란 어느 구성요건이 다른 구성요건의 모든 요소를 포함하는 외에 다른 요소를 구비하여야 성립하는 경우로서 특별관계에 있어서는 특별법의 구성요건을 충족하는 행위는 일반법의 구성요건을 충족하지만 반대로 일반법의 구성요건을 충족하는 행위는 특별법의 구성요건을 충족하지 못" 한다.(대법원 1993.6.22. 선고 93도498 판결; 대법원 1997.6.27. 선고 97도1085 판결; 대법원 2003.4.8. 선고 2002도6033 판결)

2) "법원이 동일한 범죄사실을 가지고 포괄일죄로 보지 아니하고 실체적 경합관계에 있는 수죄로 인정하였다고 하여도 이는 다만 죄수에 관한 법률적 평가를 달리한 것에 불과할 뿐이지 소추대상인 공소사실과 다른 사실을 인정한 것도 아니고 또 피고인의 방어권행사에 실질적으로 불이익을 초래할 우려

(다) 검사의 기소재량의 긍정

본 판결은 소폭이나마 검사의 기소재량을 긍정하려는 사고를 전제하지 아니하면 이해하기 어렵다. 실체법의 '일반·특별관계의 법조경합' 이론은 법정형이 무거운 법조를 법정형이 가벼운 법조에 우선하여 적용할 것[3]을 요구하지만, 대법원은 'ⓐ 일반법과 특별법이 동일한 구성요건을 가지고 있고 어느 범죄사실이 그 구성요건에 해당하는데 ⓑ 검사가 형이 가벼운 일반법의 법조를 적용하여 기소하였을 때', ⓒ '검사가 모종의 합리적인 이유로 법정형이 가벼운 법조를 적시하여 기소한 것이면 ⓓ 법원은 검사의 공소장변경허가신청을 경유하지 아니하고 법정형이 무거운 다른 법조를 적용하여 피고인을 처단할 수 없다'고 판시하여 일정한 범위에서 검사의 기소재량을 존중하고 있다.[4]

다른 한편 이 판결은 공소장변경의 요부 문제에서 '실질적 불이익 여부'의 판단기준으로 추상적 방어설(소송의 구체적 경과를 고려하지 않고 추상적·유형적 기준으로 '실질적 불이익 여부'를 판단하는 기준)의 입장을 전개한 판결로 분석할 수도 있다. 왜냐하면 이 판결은 '법정형이 가중되는 방향의 법적용을 하는 경우에는 (소송의 구체적 경과를 고려할 것 없이) 피고인의 방어상의 불이익이 있다' 고 간주하는 방향의 판결(추상적 방어설의 입장5))이기 때문이다.

도 없어서 불고불리의 원칙에 위반되는 것이 아니므로(대법원 1987.5.26. 선고 87도527 판결 참조), 가사 원심에서 적법한 공소장변경이 없었다고 하더라도 원심이 D의 O에 대한 부당대출죄와 O2에 대한 부당대출죄를 포괄일죄로 보지 아니하고 실체적 경합범으로 인정한 것이 위법하다고 볼 수도 없다."(대법원 2005.10.28. 선고 2005도5996 판결)

3) "형법 제356조의 업무상의 횡령과 배임의 죄의 구성요건과 농가대여양곡법 제17조 제1호의 죄의 구성요건을 대비검토하여 보건대, 이는 일반법과 특별법의 관계에 있다고 보아야 할 것이고 같은 사항에 대하여 일반형벌법규와 특별형벌법규가 있는 때에는, 특별형벌법규가 우선하여 적용되는 것임에도 불구하고, 원심이 앞에 적기한 바와 같이 판시하였음은 법리오해의 잘못이 있는 것이라 아니할 수 없고, 논지는 이유 있다."(대법원 1967.4.18. 선고 67도113 판결)

4) "어느 범죄사실이 일반법과 특별법에 모두 해당하는 경우라 하여도 검사가 형이 보다 가벼운 일반법의 죄로 기소하면서 그 일반법의 적용을 청구하고 있는 이상 법원은 형이 더 무거운 특별법을 적용하여 특별법위반의 죄로 처단할 수는 없다(대법원 1960.9.9. 선고 4293형상366 판결 등 참조)."(대법원 2006.4.14. 선고 2005도9743 판결)

5) 본서의 **2.13**(비친고죄로 기소되었지만 친고죄 사실만 인정되는 경우 항소심에서의 고소취소의 효력) 판결도 추상적 방어설의 견지로 분석할 수 있다.

4.6

공소사실의 축소인정이 가능한 범위

대법원 1999.4.15. 선고 96도1922 판결

I 사 안

(생략 ⇨ 본서 **2.13 비친고죄로 기소되었지만 친고죄 사실만 인정되는 경우 항소심에서의 고소취소의 효력** 참조)

II 쟁 점

비친고죄인 강제추행치상죄로 기소된 사안에서 법원은 공소장변경절차를 경유하지 아니하고 친고죄인 강제추행죄의 사안으로 축소인정할 수 있는가?

III 재판요지 (다수의견)

공소장변경의 요부(要否)에 관한 판례이론

피고인의 방어권행사의 보장을 비롯한 적법절차의 준수는 형사소송에서 어길 수 없는 원칙이며 공소장변경제도는 피고인의 방어권행사를 보장하기 위한 제도 중의 하나이어서 그의 중요성이 아무리 강조되어도 지나침이 없다. 그런데 '정의와 형평'의 기조 아래서의 실체적 진실의 신속한 발견 역시 형사소송이 목적하는 바이므로 형사소송에서는 적법절차를 준수하면서 동시에 실체적 진실을 발견하도록 요청된다.[1] 공소사실의 변경과 관련하여 이처럼 일응 상반되는 두 가지의 요청을 적절히 조화시키려면 피고인의 방어권행사에 실질적으로 불이익을 줄 우려가 없을 때에 한하여 법원으로 하여금 검사의 공소장변경절차를 거치지 아니하고 공소사실과 다른 범죄사실을 인정할 수 있게 함이 상당하다.

'피고인의 방어권행사에 실질적으로 불이익을 줄 우려가 있을 때'에 관한 판례이론

㉮ 이 사건에서 공소제기된 강제추행치상의 공소사실 중에는 강제추행의 공소사실도 포함되어 있으므로 ㉯ 강제추행치상의 공소사실에 대한 피고인의 방어행위는 동시에 강제추행의 공소사실에 대한 방어행위를 겸하고 있으며 한편, 고소와 그의 취소는 고소의 대상이 된 범죄사실과 동일성이 인정되는 범위 내의 공소사실 전부에 대하여 그 효력이 미치는 것이어서[2], ㉰ 피고인으로서는 그 방어행위의 일환으로 자신의 행위

1) 대법원 1990.12.7. 선고 90도1283 판결; 대법원 1990.10.26. 선고 90도1229 판결; 대법원 1984.11.27. 선고 84도2089 판결; 대법원 1983.11.8. 선고 82도2119 판결.
2) 대법원 1985.8.20. 선고 85도1171 판결.

로 인하여 피해자에게 강제추행치상죄에서의 상해를 입힌 사실이 없다는 주장을 하고 법원이 그와 같은 주장을 받아들여 피고인의 행위가 강제추행죄로 처벌하는 때까지도 대비하여 강제추행죄에 관한 고소인의 고소취소의 원용 등 일체의 방어행위를 할 수 있다.

판례이론의 본 사안에의 적용

법원이 사건의 실체적 사실관계나 공소요건을 포함한 절차적 사실관계에 관하여 심리를 거쳐 판단한 이상 공소장변경절차를 거치지 아니하고 강제추행치상죄의 공소사실에 대하여 강제추행죄를 인정·처벌하였다고 하더라도, 그로 인하여 피고인에게 미처 예기하지 못한 불의의 타격을 가하여 강제추행죄에 관한 방어권행사에 어떠한 불이익을 주었다고는 할 수 없으며, 이러한 이치는 공소제기된 강제추행치상죄는 친고죄가 아닌 반면 원심법원에 의하여 인정된 강제추행죄는 친고죄라 하여 달라질 것은 아닐 터이다. 그렇기 때문에, 공소제기된 강제추행치상죄가 입증되지 않고 강제추행죄만 입증되는 때에 법원은 공소장변경절차를 거치지 아니하고 강제추행의 공소사실에 관하여 심리·판단할 수 있고, 그때 그 강제추행죄에 대한 고소를 취소한 사실이 인정되면 공소기각의 판결을 선고하여야 할 것이지 강제추행치상죄의 증명이 없다 하여 무죄의 선고를 할 것은 아니다.[3)]

형사소송법 제232조 제1항은 '고소는 제1심판결 선고 전까지 취소할 수 있다'고 규정한다. 원래 고소의 대상이 된 피고소인의 행위가 친고죄에 해당할 경우 소송요건인 그 친고죄의 고소를 취소할 수 있는 시기를 언제까지로 한정하는가는 형사소송절차운영에 관한 입법정책상의 문제이기에 형사소송법의 그 규정은 국가형벌권의 행사가 피해자의 의사에 의하여 좌우되는 현상을 장기간 방치하지 않으려는 목적에서 고소취소의 시한을 획일적으로 제1심판결 선고시까지로 한정한 것이다. 따라서 그 규정을 현실적 심판의 대상이 된 공소사실이 친고죄로 된 당해 심급의 판결 선고 시까지 고소인이 고소를 취소할 수 있다는 의미로 볼 수는 없다. 항소심에서 공소장의 변경에 의하여 또는 공소장변경절차를 거치지 아니하고 법원 직권에 의하여 친고죄가 아닌 범죄를 친고죄로 인정하였더라도 항소심을 제1심이라 할 수는 없는 것이므로[4)], 항소심에 이르러 비로소 고소인이 고소를 취소하였다면 이는 친고죄에 대한 고소취소로서의 효력은 없다.[5)]

---

3) 대법원 1988.3.8. 선고 87도2673 판결.
4) 대법원 1988.3.8. 선고 85도2518 판결.
5) 대법원 1985.2.8. 선고 84도2682 판결.

IV

분석과 해설

(가) 축소사실의 인정에 대한 대법원의 태도

사안과 같이 공소제기된 공소사실 중에 인정되는 사실이 포함되어 있는 경우, 다시 말하여 인정사실이 축소사실인 경우에 공소장변경을 요하지 않는다는 판례가 다수 존재하고 있다. 예를 들어 강도죄를 절도죄로[6)], 특수절도죄를 절도죄로[7)], 강도상해죄를 강도죄로[8)], 강간치사죄를 강간미수죄로[9)], 강간치상죄를 강간죄로[10)], 중실화를 실화로[11)] 변경 인정함에는 공소장변경을 요하지 아니한다. 굳이 일반화한다면 법원이 결과적 가중범을 기본범죄만으로, 기수를 미수로, 결합범의 일부만을 인정하는 경우에 검사의 공소장의 변경신청절차를 요하지 아니한다. 그러나 이 경우에도 항상 피고인의 방어권 행사에 실질적인 불이익이 생기는지 여부를 따져 보아야 한다.

대법원이 강간치상죄를 공소장변경 없이 강제추행치상죄로 인정한 것은 잘못이라고 하면서도[12)] 강간치상으로 공소가 제기된 경우 공소장변경절차 없이 준강제추행죄로 인정할 수 있다고 한 사례[13)]도 같은 맥락으로 이해되어야 할 것이다.

---

6) 대법원 1961.5.21. 선고 4292형상430 판결.
7) 대법원 1973.7.24. 선고 73도1256 판결; 대법원 1976.7.27. 선고 75도2720 판결.
8) 대법원 1963.9.12. 선고 63도215 판결.
9) 대법원 1969.2.18. 선고 68도106 판결.
10) 대법원 1976.5.11. 선고 74도1898 판결.
11) 대법원 1980.10.14. 선고 79도305 판결.
12) 대법원 1968.9.29. 선고 68도776 판결.
13) "법원은 공소사실의 동일성이 인정되는 범위 내에서 공소가 제기된 범죄사실에 포함된 것보다 가벼운 범죄사실이 인정되는 경우에, 심리의 경과에 비추어 피고인의 방어권 행사에 실질적 불이익을 초래할 염려가 없다고 인정되는 때에는 공소장이 변경되지 않았더라도 직권으로 공소장에 기재된 공소사실과 다른 공소사실을 인정할 수 있다(대법원 1999.11.9. 선고 99도1530 판결 참조). 원심은 그 판시와 같은 이유로 이 사건 범행 당시 피고인에게 강제추행의 범의는 인정할 수 있어도 강간의 범의까지 있었다고 보기 어렵고, 공소장에 기재된 강간치상의 범죄사실에는 준강제추행의 범죄사실이 포함되어 있으므로 피고인을 준강제추행죄로 처벌하더라도 피고인에게 불의의 처벌을 가하거나 그 방어권 행사에 실질적인 불이익을 초래할 염려가 없다는 이유로 강간치상의 공소사실을 공소장변경절차 없이 준강제추행죄로 인정하였다. 피고인은 수사기관에서부터 원심 법정에 이르기까지 일관하여 이 사건 범행 자체를 부인하여 왔고, '가사 피해자의 진술과 같은 내용의 실행행위가 있었다고 하더라도 그와 같은 정도의 행위만으로는 강간의 범의를 인정할 수 없다'고 변소하고 있음을 알 수 있고, 원심이 유죄로 인정한 준강제추행죄는 강간치상죄의 공소사실과 동일성이 인정되고, 공소제기된 범죄사실에 포함되어 있어 원심에 이르기까지 충분히 심리되었음을 알 수 있는바, 이와 같은 사정 하에서라면 피고인을 공소장변경절차 없이 준강제추행죄로 처벌하더라도 피고인의 방어권 행사에 실질적 불이익을 초래할 염려가 있다고 볼 수 없으므로 원심판결에 공소장변경 요부에 관한 법리오해의 위법 등이 없다."(대법원 2008.5.29. 선고 2007도7260 판결)

(나) 공범관계의 변경

일률적으로 축소사실 인정의 범주에 넣기에는 마땅치 않지만, 법원의 공범관계의 인정이 공소장기재 공소사실과 달라지는 경우가 있을 수 있다. 예를 들어 어떤 범죄를 단독으로 범한 것으로 기소되었는데 법원에서 공소장변경절차를 거치지 않고 다른 사람과 공모하여 그 범죄를 범한 것으로 인정할 수 있는가?

대법원은 "피고인이 제1심과 항소심에서 자신은 단독으로 허위의 호적정정신청서를 작성한 것이 아니고 상급자인 호적계장, 작성권자인 시민봉사실장과 상의하여 한 것이라고 계속 주장하여 왔으므로 단독범으로 기소된 것을 공소장변경절차를 경유하지 아니하고 항소심이 공동정범으로 인정하였더라도 피고인의 방어권행사에 불이익을 초래한 것은 아니"라고 판시[14]하고 있다. 공동정범으로 기소된 피고인을 공소장변경 없이 방조범으로 인정한 대법원 판례[15]도 있다. 단독범으로 기소된 것을 법원이 다른 사람과 공모하여 동일한 내용의 범행을 한 것으로 인정하는 경우에는 이 때문에 피고인에게 불의의 타격을 주어 그 방어권의 행사에 실질적 불이익을 줄 우려가 있지 아니하는 경우에는 반드시 공소장변경을 필요로 한다고 할 수 없다는 판례[16]도 있다. 주의할 것은 본 판례로 인하여 단독범으로 기소된 것을 공소장변경 없이 공동정범으로 인정하는 모든 경우가 적법한 것으로 되는 것은 아니라는 것이다. 기존의 판례는 단독범을 공동정범으로 인정하는 것 자체만 가지고 그 방어권행사에 지장을 초래하였는지 여부를 판단한 것이 아니라 그때그때의 공판심리과정, 피고인의 범행과 관련한 주장 등을 종합하여 피고인의 방어권행사에 지장을 주는지 여부를 가려서 판단[17]하여 왔다. 따라서 판례의 태도를 구성요건을 기준으로 유형화하는 것은 의미가 없다고 할 수도 있다.

---

14) 대법원 1991.5.28. 선고 90도2977판결.

15) "원심은 피고인에 대해 향정신성의약품(히로뽕)제조의 공동정범의 공소사실에 대하여 공소장 변경절차 없이 그 판시와 같이 방조사실을 인정하고 방조범으로 처단하였음은 소론과 같으나, 피고인과 변호인은 원심에 이르기까지 피고인이 공소외 ○의 히로뽕 제조의 방조에 해당하는 행위마저도 부인하는 한편, '피고인의 범죄사실이 인정된다면 이는 공동정범이 아닌 방조범에 해당된다'고 주장하여 왔음을 알 수 있으니, 이와 같은 심리의 경과에 비추어 보면 원심의 위 조처가 본건 공소사실의 범위 내에 속한다고 인정되는 그 제조 방조에 대한 방어에 실질적인 불이익을 주는 것이라고는 볼 수 없으므로 원심판결에 공소장 변경절차에 관한 법리를 오해하여 그 심판범위를 일탈한 위법이 있다고 할 수 없다."(대법원 1982.6.8. 선고 82도884 판결)

16) 대법원 1999.7.23. 선고 99도1911 판결.

17) 손용근, 공소장변경 없는 단독범의 공동정범 인정 가능 여부, 『해설』 제15호, 1992, 673~ 682 참조.

(다) 기 타

금품수수의 공소사실에 금품대여로 인한 금융이익제공이 포함되어 있다고 볼 수 없다는 판례가 있다. 대법원은 "정당의 공직후보자 추천과 관련하여 '금품을 수수하였다'는 공소사실에 대하여, 법원이 공소장변경절차를 거치지 않고 직권으로 '금원을 대여함으로써 금융이익 상당의 재산상 이익을 수수하였다'는 범죄사실을 유죄로 인정한 것은, 금품수수 행위에 금융이익 상당의 재산상 이익의 수수행위가 포함된 것으로 볼 수 없고 그 범죄행위의 내용 내지 태양이 서로 달라 그에 대응할 피고인들의 방어행위 역시 달라질 수밖에 없으므로, 피고인들의 방어권 행사에 실질적인 불이익을 초래한 것으로 위법하다"고 한다(대법원 2009.6.11. 선고 2008도11042 판결).

4.7

법원의 축소사실 인정의 의무성

대법원 1999.11.9. 선고 99도3674 판결

I 사 안

D에 대한 공소사실은 "D는 향정신성의약품 취급자가 아님에도 불구하고 제1심 공동피고인 D2와 공모하여, 1998.11. 중순 일자불상 23:00경 경기 광주읍 소재 마이아미 포장마차 집에서 이미 매수한 향정신성의약품인 메스암페타민(속칭 히로뽕, 이하 '히로뽕'으로 약칭함) 약 0.7g을 맥주컵 2개에 나누어 넣은 다음 각자 한 잔씩 마셔 히로뽕을 투약하였다"는 기수(旣遂)사실이었는데 공판심리결과 판명된 사실은 "D는 적어도 히로뽕을 투약하는 실행행위에 착수하였다"는 미수(未遂)사실이었다. 항소심은 '투약사실에 대한 증명이 없다'고 판단하여 무죄판결을 선고하였고 검사가 상고하였다.

II 쟁 점

공판심리의 결과 "실제로 인정되는 범죄사실(판명사실)이 공소가 제기된 범죄사실(공소사실)과 다르지만 판명사실이 공소사실의 일부에 해당하고(판명사실을 법원이 인정하면 공소사실의 축소인정이 되는 경우) 검사의 공소장변경신청이 없을 경우"(이하 '문제사안'으로 약칭함) 법원은 **불고불리의 원칙**과 **피고인의 방어권**을 중시하여 무죄판결을 선고하여야 하는가, 아니면 **실체적 진실주의**를 중시하여 판명사실에 대하여 유죄판결을 선고(이를 인정하면 '법원의 직권심판의무'를 인정하는 것이다)하여야 하는가?

III 재판요지 (파기환송)

판례이론의 설시

㉮ "법원은 공소사실의 동일성이 인정되는 범위 내에서 공소가 제기된 범죄사실에 포함된 보다 가벼운 범죄사실이 인정되는 경우"(문제사안)에 심리의 경과에 비추어 ㉯ 피고인의 방어권행사에 실질적인 불이익을 초래할 염려가 없다고 인정되는 때에는 ㉰ 공소장이 변경되지 않았더라도 직권으로 공소장에 기재된 공소사실과 다른 범죄사실을 인정할 수 있고, 이와 같은 경우 ㉱ 공소가 제기된 범죄사실과 대비하여 볼 때 실제로 인정되는 범죄사실의 사안이 중대하여 공소장이 변경되지 않았다는 이유로 이를 처벌하지 않는다면 적정절차에 의한 신속한 실체적 진실의 발견이라는 형사소송의 목적에 비추어 현저히 정의와 형평에 반하는 것으로 인정되는 경우라면 법원으로서는 직권으로 그 범죄사실을 인정하여야 할 것이다(대법원 1990.10.26. 선고 90도1229 판결; 대법원 1993.12.28. 선고 93도3058 판결; 대법원 1997.2.14. 선고 96도2234 판결 등 참조).

판례이론의 본 사안에의 적용

D는 적어도 히로뽕을 투약하는 실행행위에 착수를 하였다고 인정되고(향정신성의약품관리법 제42조 제3항에 의하면, 히로뽕 투약죄의 경우 그 미수범도 처벌된다), 마약류의 심각한 폐해와 마약사범의 급속한 증가현상에 비추어 볼 때, 히로뽕 투약의 경우 그 미수범도 기수범에 못지않게 그 사안이 중대하므로 공소장이 변경되지 않았다는 이유로 이를 처벌하지 않으면 현저히 정의와 형평에 반하고, 이 사건 심리의 경과에 비추어 그 미수의 범죄사실을 인정한다고 하여 D의 방어권행사에 실질적인 불이익을 초래할 염려가 있지도 않다. 따라서 원심으로서는 이 사건에서 D가 히로뽕을 투약하였다는 위 공소사실에 대한 증거가 없다고 판단하였더라도 위에서 본 사정을 참작하여 위 공소사실에 포함된 히로뽕 투약 미수의 범죄사실을 유죄로 인정하였어야 함에도 불구하고, 위 공소사실에 대하여 무죄를 선고하였으니, 원심판결에는 위에서 본 법리를 오해하였거나 법령적용을 잘못한 위법이 있고, 이러한 위법은 판결의 결과에 영향을 미쳤음이 분명하므로, 이 점을 지적하는 상고이유의 주장도 이유 있다.

IV 분석과 해설

(가) 문제의 제기

문제사안의 해결방안에 대하여 종래의 판결들은 일견 서로 엇갈린 모습을 보여 판례의 통일적인 이해가 어려웠었다. 이 경우에 공소장변경 없이 법원이 판명사실을 인정해도 위법이 아니라는 판례가 다수 존재하고 있는 반면 변경인정하려면 공소장변경을 요한다는 판례도 다수 존재하고 있다.

판명사실이 공소사실의 일부에 지나지 않고 판명사실과 공소사실이 동일구성요건 내에 걸치는 경우에는 원칙적으로 공소장변경이 불필요한 것으로 보아도 문제가 없다. 이 경우에 특단의 사정이 없는 한 피고인은 그 부분에 대하여 이미 방어를 했거나 아니면 방어의 준비가 되어 있을 것으로 예상되어 공소장변경절차를 경유하도록 하지 않는다 하더라도 피고인에게 불의의 타격을 가할 가능성이 적기 때문이다. 그런데 축소사실을 인정하여 유죄판결을 가능하도록 하면 '공소사실의 축소인정'에 해당하지만 양자(공소사실과 판명사실)가 상호 다른 구성요건에 포섭되고 '판명사실의 적용법조의 법정형'이 '공소사실의 적용법조의 법정형'보다 가벼운 경우[1]가 문제이다. 이 경우 공소사실의 축소인정이라는 측면에서는 공소장변경을 요구하지 않아도 될 것처럼 보이지만 양자가 구성요건(적용법조)을

1) '판명사실의 적용법조의 법정형'이 '공소사실의 적용법조의 법정형보다 무거운 경우'에는 공소장변경이 필요하므로 이 문제가 생기지 않는다.

달리한다는 측면에서는 공소장변경을 요구하는 요인으로 작용하기 때문이다.

그런데 '1999년 선고된 본 판결'(이하 '1999년 판결'로 약칭함)은 종래 일견 엇갈린 판례로 보였던 판례들을 통일적으로 이해할 수 있는 단서를 제공하기 때문에 중요하다.

(나) 현저한 정의와 형평기준

1999년 판결의 ㉱ 부분에서 언급되고 있는 논지를 편의상 '현저한 정의와 형평기준'으로 약칭하기로 하자. 여기서 '정의(justice)'란 무엇일까?

그것은 검사의 공소장변경이 없더라도 '실체적 진실'을 밝혀 유죄판결을 하는 것이 정의에 합치한다는 뜻으로 이해된다. 그러면 '형평'이란 무엇일까? 본 사안에서 공범자는 처벌되고 있는데 정범으로 판단되는 D를 공소장변경이 없다는 이유로 처벌하지 않으면 형평에 맞지 않는다는 뜻으로 풀이된다.

종래의 판례들이 일견 엇갈린 것으로 보인 것은 '현저한 정의와 형평기준'이 판례상 명시되어 나타나지 않았기 때문이 아닌가 생각된다. '공소장변경의 요부기준'에 관한 통설·판례의 입장인 **사실기재설**은 '법률적 구성에 변경이 없는 경우에도 공소장에 기재된 사실과 다른 사실을 인정하려면 공소장변경을 요하지만 모든 미세한 사실의 변경에도 공소장변경을 요한다고 하는 것은 번잡하고 무의미하므로 피고인의 방어에 실질적인 불이익을 줄 염려가 없는 때에는 법원이 검사의 공소장변경 없이 다른 사실을 인정할 수 있다는 견해'이다. 사실기재설의 '피고인의 방어에 실질적인 불이익을 줄 염려'라는 기준은 개별 사건의 구체적인 소송 진행 상황 여하에 따라 다른 결론을 초래할 수 있는 신축적·탄력적 기준이다.

이처럼 사실기재설 자체가 '케이스 바이 케이스 해결'을 추구하고 있는데 여기에 덧붙여 '현저한 정의와 형평'이라는 또 하나의 '케이스 바이 케이스 해결기준'이 복합되어 작동하고 있으므로 문제사안에 대한 판례가 일견 혼란된 모습으로 나타난 것이 아닌가 생각된다.

(다) '현저한 정의와 형평기준'에 의하여 법원의 직권심판의무가 긍정된 사안들

1999년 판결 이후 대법원은 대체로 '판명사실이 비교적 가벼운 범죄가 아닌 때에는 검사의 공소장변경신청이 없더라도 '정의와 형평(衡平)'을 중시하여 판명사실에 대하여 유죄판결을 선고하여야 한다'는 판결을 거듭 선고하고 있다.

현재까지 법원의 직권심판의무가 확인된 사례들은 ① "강간치상죄로 기소되었는데 강간의 점은 증명이 있고 치상의 점에 관하여 증명이 없는 사안"

(대법원 1988.3.8. 선고 87도2673 판결), ② "'야간에 흉기를 휴대하여 형법 제319조(주거침입·퇴거불응)의 죄를 범하여 폭력행위 등 처벌에 관한 법률 제3조 제2항, 제1항, 형법 제319조 제1항 위반으로 기소되었는데 형법 제319조 제1항의 주거침입사실만 인정되는 사안"(대법원 1990.4.24. 선고 90도401 판결), ③ "마약류 복용의 기수혐의로 기소되었는데 미수만 인정되는 사안"(대법원 1999.11.9. 선고 99도3674 판결), ④ "영리목적 마약류 물질의 소지 혐의로 기소되었지만 판명된 사실은 마약류 물질의 제조목적 소지인 사안"(대법원 2002.11.8. 선고 2002도3881 판결), ⑤ "공소제기된 사실과 증거에 의하여 인정되는 범죄사실 사이에는 피해자의 재산상의 처분행위로 인한 이익이 누구에게 귀속되는가 하는 법적 평가에 차이가 있을 뿐인 사안"(대법원 2002.11.22. 선고 2000도4419 판결). ⑥ "장물취득으로 기소되었는데 실제로 인정되는 사실은 장물보관의 범죄사실인 사안"(대법원 2003.5.13. 선고 2003도1366 판결)[2], ⑦ "사문서 위조의 공모자만이 다른 사안"(대법원 2006.4.13. 선고 2005도9268 판결)[3]의 7개 사안이다.[4]

---

2) "공소사실 중 장물취득의 점과 실제로 인정되는 장물보관의 범죄사실은 객관적 사실관계로서는 동일하고, 다만 이를 장물의 취득으로 볼 것인가 보관으로 볼 것인가 하는 법적 평가에 있어서만 차이가 있을 뿐이어서 피고인을 장물보관죄로 처단하더라도 피고인의 방어권 행사에 실질적인 불이익을 초래할 염려가 있다고는 보이지 아니하므로, 단순히 피고인이 위 신용카드들의 사실상 처분권을 취득한 것이 아니라는 이유만으로 피고인을 처벌하지 아니하는 것은 적정절차에 의한 신속한 실체적 진실의 발견이라는 형사소송의 목적에 비추어 현저히 정의와 형평에 반한다고 할 것이다. 따라서 원심으로서는 따로 공소사실의 변경이 없었더라도 피고인을 장물보관죄로 처단하였어야 할 것임에도 불구하고 이에 이르지 아니한 채 만연히 피고인의 행위가 장물취득죄의 구성요건에 해당하는지의 여부만을 심리한 끝에 그 부분에 관하여 무죄를 선고하고 말았으니, 이러한 원심판결에는 공소장 변경 없이 심판할 수 있는 범위에 관한 법리를 오해함으로써 판결에 영향을 미친 위법이 있다고 아니할 수 없으므로, 이 점을 지적하는 검사의 상고이유 주장은 이유 있다."

3) 피고인이 공범과 공모하여 사문서위조죄를 저지른 것으로 공소제기되었으나, 피고인이 제3자가 실제 사문서를 위조하였다고 주장함에 따라 그에 관하여 증거조사 등 심리를 진행한 결과 피고인이 공범 및 위 제3자와 함께 공모하여 사문서위조 범행을 저지른 것으로 밝혀졌다면, 원심으로서는 따로 공소장변경절차 없이도 직권으로 피고인, 공범 및 위 제3자의 공모에 의한 사문서위조죄를 인정하였어야 한다는 이유로, 이 부분 공소사실에 대하여 무죄를 선고한 원심판결을 파기한 사례이다.

4) 다음 두 개의 판례를 추가할 수 있다. 대법원 2007.12.27. 선고 2007도6650 판결 **[사안]** D는 V에게 건물을 매도하고 그 매매대금을 수령하였으며 V에게 그 소유권이전등기에 필요한 서류까지 교부하였으나, V의 사정으로 그 등기명의가 D에게 남아 있었다. 그 사이에 건물의 변형물인 배당금이 지급되었는데 D는 이 배당금을 V에게 지급하지 않고 그 반환을 거부하였다. D는 횡령혐의로 기소되었다. 항소심은 D와 V 사이에 건물에 관한 명의신탁관계가 인정되지 않는다는 등의 이유로 D에게 무죄를 선고하였다. 검사가 상고하였다. **[판지]** "이 경우 V와 D 사이의 내부관계에서는 **건물에 관한 사실상의 처분권**이 이미 V에게 귀속되었다고 볼 수 있어 D로서는 건물의 변형물인 이 사건 배당금을 자신에게 귀속시키기 위하여 수령할 수는 없고 오로지 V에게 전달해 주기 위하여서만 수령할 수 있을 뿐이므로, D가 수령한 배당금은 D와 V 사이에서 V의 소유에 속하고, 여기에다가 D가 V를 위하여 건물에 관한 V의 등기신청에 협력하여야 할 사무를 처리하는 지위에 있다는 점을 고려하면, D는 이 사건 배당금을 V를 위하여 보관하는 관계에 있다. 따라서 D가 배당금을 V에게 지급하지 않고 그 반환을 거부한 행위는 횡령죄에 해당한다. 이 사건 공소사실과 (항소심이) 인정한 범죄사실 사이에는 D가 건물을 V에게 매도한 후에도 V 앞으로 소유권이전등기가 경료되지 않고 D 명의가 그대로 유지되고 있는 상태에 대한 법적평가에 차이가 있을 뿐, 공소사실의 동일성이 인정되는 범위 내이고, D가 **명의**

(라) 법원의 직권심판의무가 부정된 사안들

1) 공소사실은 '피고인이 피해자의 얼굴을 주먹으로 2회 때리고 계속 달려드는 피해자의 전신을 주먹 등으로 수회 때려 땅바닥에 넘어뜨려서 피해자로 하여금 심장파열상 등으로 사망하게 하였다'는 상해치사의 공소사실인데 판명사실은 '피고인이 주먹으로 얼굴을 2회 때리는 등의 정도로 피해자의 신체에 대하여 폭행을 가한 사실'인 사안[5]

2) 공소사실의 요지는 '주한미군 캠프 피엑스($\binom{P}{X}$)의 지배인으로 근무하던 피고인이 비면세권자인 내외국인 관광객에게 등록기에 기장하지 않는 방법으로 면세품인 라디오 등을 판매하여 이에 대한 관세와 방위세를 포탈하였다'는 것인데 판명사실이 '관세포탈의 방조행위'에 해당되는 사안[6]

3) 공소사실은 상해인데 판명사실은 손전등의 불을 켜서 피해자의 눈에 비춘 사실인 사안[7]

4) 공소사실은 '형법 제309조 제2항의 허위사실적시 출판물에 의한 명예훼손'인데 판명사실은 '허위라는 점에 대한 인식이 없거나 비방목적이 없어 형

수탁자가 아닌 매도인으로서 배당금의 보관자 지위에 있다고 보아 횡령죄의 성립을 인정하더라도 D의 방어권 행사에 실질적인 불이익을 초래할 염려가 있다고는 보이지 아니하므로, 단지 D와 V 사이에 이 사건 부동산에 관한 명의신탁관계가 인정되지 않는다는 이유만으로 D를 처벌하지 않는 것은 적정절차에 의한 신속한 실체적 진실의 발견이라는 형사소송의 목적에 비추어 현저히 정의와 형평에 반한다."; 대법원 2009.5.14. 선고 2007도616 판결 **[살인죄로 기소되었는데 살인의 점은 인정되지 아니하지만 폭행이나 상해, 체포·감금사실이 인정되는 사안]** "항소심은 그 채택 증거들과 제1심이 채택한 증거들에 의하여, 공소사실 중 'D가 V를 베란다로 끌고 간 후 베란다 창문을 열고 V를 난간 밖으로 밀어 12층에서 떨어지게 하였다는 점'을 제외한 나머지 공소사실은 모두 인정된다고 판단하였고, D도 'V를 때리고 양쪽 손과 발목을 테이프로 묶었다'는 등 살인의 점을 제외한 나머지 공소사실을 전부 시인하고 있어 이 부분 범죄사실을 유죄로 인정하여도 D의 방어권 행사에 실질적인 불이익을 초래할 염려가 없다. 그리고 D가 사실상 혼인관계에 있어 서로 신뢰하고 보호할 의무가 있는 V에 대하여 위와 같은 범행을 한 점, 그 구체적 행위의 태양이나 전·후의 경위, V가 발이 묶인 채로 추락하기까지 한 사정을 종합하여 보면, 원심이 인정한 위와 같은 범죄사실만으로도 살인죄에 비하여 결코 사안이 가볍다고 할 수 없으므로, 이와 같은 경우 검사의 공소장 변경이 없다는 이유만으로 위 공소사실에 포함된 나머지 범죄사실로 처벌하지 아니하는 것은 적정절차에 의한 실체적 진실의 발견이라는 형사소송의 목적에 비추어 현저히 정의와 형평에 반한다. 그렇다면 원심으로서는 검사의 공소장 변경이 없더라도 공소제기된 범죄사실에 포함된 그보다 가벼운 다른 범죄사실인 폭행이나 상해, 체포·감금 등의 죄에 해당하는지를 판단하여 그 죄로 처단하였어야 한다."

5) 대법원 1990.10.26. 선고 90도1229 판결.

6) "설사 (중략) '관세포탈의 방조행위'에 해당된다고 하더라도, 관세 등 포탈죄의 정범으로 공소가 제기된 사건의 심리과정에서 방조사실이 단 한 번도 언급된 바 없었다면 (중략) 법원이 공소장의 변경도 없이 그대로 유죄로 인정하는 것이 피고인의 방어권행사에 실질적인 불이익을 초래할 염려가 없다고 보기 어려울 뿐만 아니라, 공소가 제기된 관세 등 포탈의 범죄사실과 대비하여 볼 때, (중략) 관세 등 포탈의 방조사실을 유죄로 인정하지 아니하는 것이 현저히 정의와 형평에 반하는 것이라고도 인정되지 않는다."(대법원 1991.5.28. 선고 91도676 판결)

7) 대법원 1993.12.28. 선고 93도3058 판결(폭력행위 등 처벌에 관한 법률위반).

법 제309조 제1항의 사실적시 출판물에 의한 명예훼손이거나 형법 제307조 제1항의 명예훼손'인 사안[8)]

5) 공소사실은 특수강도 사실인데 판명사실은 공동 폭행·협박 또는 특수강도의 종범사실인 사안[9)]

(마) 논 평

대법원은 법 제298조 제2항의 공소장변경요구를 법원의 재량[10)](재량의 취지는 공소장변경을 요구해도 위법이 아니고 요구하지 않아도 위법이 아니라는 뜻)으로 파악하고 있다. 그러면서도 동시에 다른 한편 소폭적으로나마(무죄판결을 하면 사안의 중요성에 비추어 현저히 정의와 형평에 반하는 경우) 법원의 직권발동에 의한 심판의무를 긍정하는 태도는 소송구조론의 관점에서 모순적 측면이 있다. 그 이유는 다음과 같다.

대법원이 형사소송법 제298조 제2항의 문언('요구하여야 한다')을 무시하고 그것이 법원의 의무가 아니라고 부인할 때는 '당사자주의 소송구조'론의 발상이 작용하고 있다. 그런데 일정한 경우 법원의 직권발동에 의한 심판의무를 긍정하는 모습에서는 일제강점기 시대의 직권주의적 발상의 작동이 드러난다. 일정한 경우 법원의 직권발동에 의한 심판의무를 긍정하려는 발상은 법원의 공소장변경요구에 형성력을 부여하는 것보다 한층 더 직권주의적인 발상이다.

---

8) "이 사건의 경우에도 위 인정사실을 공소가 제기된 범죄사실과 대비하여 보고, 특히 일죄로 기소된 이 사건 출판물에 의한 명예훼손죄의 일부의 점에 대하여는 원심이 유죄로 인정한 점 등과 이 사건의 진행경위 등에 비추어 보면 이 사건에서 위의 점에 관하여 피고인을 형법 제309조 제1항이나 제307조 제1항으로 처벌하지 아니한다고 하여 현저히 정의와 형평에 반하는 것으로 인정되지는 아니하므로 원심이 이를 직권으로 유죄로 인정하지 아니하였다고 하여 위법이라고 할 수 없다."(대법원 1997.2.14. 선고 96도2234 판결)

9) 대법원 2001.12.11. 선고 2001도4013 판결.

10) "형사소송법 제298조 제2항의 공소장변경 요구에 관한 규정은 법원의 변경요구를 의무화한 것이 아니고 이는 어디까지나 법원의 재량에 속하는 것이므로(대법원 1974.2.26. 선고 73도3007 판결 참조) 원심이 이 사건 D에 관한 공소사실을 정정(訂正)하게 하지 아니하였다 하여 거기에 소론과 같은 공소장변경 요구 등 석명(釋明)절차를 다하지 아니한 위법이 있다 할 수 없다."(대법원 1983.2.8. 선고 82도2401 판결); "원심판결이 유지한 제1심 판결은 피고인들이 1972.6.28-6.30의 양일에 멱우 저수지에서 주낙으로 가물치 약 20관을 낚은 사실은 인정되나 이 사실 자체만으로는 피고인들의 낚시행위를 사업으로 한 것이라고 단정하기에 부족하고 달리 사업으로 한 것이라고 인정할 만한 아무런 증거가 없다 하여 피고인들에 무죄를 선고하였다. 소론은 피고인들의 위와 같은 낚시행위는 수산업법 제2조에서 말하는 '어업'이라는 것이나 기록에 의하여 피고인들의 변소를 보면, 피고인 D의 허약한 딸에게 약으로 먹이려고 뱀장어를 잡기 위하여 저수지 관리자의 승낙을 얻어 뱀장어낚시를 한 것이나 뜻밖에도 가물치를 많이 낚게 되었다 하므로 이로써는 피고인들의 위 인정 낚시행위를 수산동식물을 체포하는 사업이라 볼 수 없고 그 외 피고인들의 위 낚시 소위를 어업이라고 볼 아무런 자료가 없으므로 위 판결의 그와 같은 조치는 정당하며 반대의 견해에서 나온 논지는 이유 없으며, 형사소송법 제298조 제2항의 공소장변경요구에 관한 규정은 법원의 변경요구를 의무화한 것이 아니라 그는 어디까지나 법원의 재량에 속하는 것이라고 해석되므로(대법원 1974.2.12. 선고 73도3004 판결 참조) 이와 견해를 달리하여 의무규정임을 전제한 논지는 이유 없다."(대법원 1974.2.26. 선고 73도3007 판결)

생각건대 이렇게 복잡한 논리를 전개할 것이 아니라 당사자주의 소송구조론에 입각하여 법원의 심판의무를 부정하되, 무죄판결을 하면 '현저히 정의와 형평'에 반하는 경우에만 공소장변경요구가 법원의 의무라고 해석하는 예외적 의무설을 취하는 것이 타당할 것 같다.

4.8

이중기소의 위법의 치유

대법원 1989.2.14. 선고 85도1435 판결; 대법원 1996.9.24. 선고 96도2151 판결

I 사 안

절도전과가 수회 있는 D는 1981.12.16.과 1982.4.16.에 의정부 부근에서 자행한 상습절도사실(이하 '제1상습절도사실'로 약칭함)로 인하여 '의정부지방법원 1982.5.10. 82고합138 특정범죄 가중처벌 등에 관한 특례법(상습절도) 사건'(전소)으로 구속기소되었다가 1982.6.19. 구속집행이 정지되어 석방되었다. 그 후 D는 다시 1984.2.16.부터 1984.3.14.까지 4차에 걸쳐 대전부근에서 자행한 상습절도사실(이하 '변경 전의 제2상습절도사실'로 약칭함)의 혐의로 '대전지방법원 84고합103 특정범죄 가중처벌 등에 관한 특례법(상습절도)사건'(후소)으로 구속기소되었다. 의정부지방법원 1982.5.10. 82고합138 사건이 대전지방법원으로 이송되어 '대전지방법원 84고합136 사건'(전소)으로 표시변경 후 '대전지방법원 1984.4.16 84고합103 사건'(후소)과 병합심리되었다. 검사는 1984.5.22. 대전지법 1984.4.16 84고합103 사건(후소)의 공소사실인 '변경전 제2상습절도사실'을 상습절도사실의 피해품인 장물을 알선한 장물알선사실로 공소장변경을 신청하고 법원이 이를 허가하여 심리를 종결하고 제2상습절도에 대한 기소사실(후소)에 대하여 공소기각 판결을 선고하였다. 검사가 항소하였다. 항소심은 "상습죄의 공소제기의 효력은 공소가 제기된 범죄사실과 동일성이 인정되는 범죄사실 전체에 미치는 것이며, 또한 공소제기의 효력이 미치는 시적한계는 사실심리의 가능성이 있는 최후의 시점인 판결선고시를 기준으로 삼아야 할 것이므로 검사가 일단 상습죄로 공소제기(전소)한 후 그 공소의 효력이 미치는 위 기준시까지의 범행의 일부를 별개독립의 상습죄로 공소제기(후소)하는 것은 비록 그 공소사실이 먼저 공소제기를 한 상습절도의 범행 이후에 이루어진 절도범행을 내용으로 한 것일지라도 공소가 제기된 동일사건에 대한 이중기소에 해당되어 허용될 수 없다. 이와 같이 ⓐ 일단 이중기소에 해당되는 이상 소송계속 중 후에 기소된 공소사실에 관하여 공소장변경이 허가되었다고 하더라도 그 공소장변경이 그 기초되는 사회적 사실관계가 기본적인 점에서 동일함을 전제로 하는 이상 이를 별개의 공소사실로 보아 이중기소가 안 된다[1]거나 ⓑ 공소장의 변경으로 이중기소의 하자가 치유된다고 볼 수 없음은 피고인 보호의 견지에서도 당연하다"며 항소를 기각하였다. 검사가 상고하였다.

1) 이 부분은 '상습절도'와 '장물알선'의 공소사실의 동일성에 관하여 항소심이 대법원과 견해를 달리하는 부분이다.

II 쟁 점

기소 당시에는 이중기소의 위법상태가 있었으나 그 후 공소장변경으로 후발적으로 이중기소의 위법상태가 제거되면 당초의 이중기소의 위법상태가 치유될 수 있는가?

III 재판요지 (파기환송)

판례이론의 설시

법원은 공소장에 기재된 공소사실과 적용법조를 기초로 하여 이에 대하여 형식적 또는 실체적 심판을 행하는 것이나 반드시 ㉮ 공소제기 당시의 공소사실과 적용법조에 구속되는 것이 아니라 소송의 진행을 거쳐 사실심리의 가능성 있는 최종 시점인 판결선고시를 기준으로 하여 이때 특정된 공소사실과 적용법조가 현실적인 심판의 대상이 된다. 한편 검사는 법원의 허가를 얻어 공소사실 또는 적용법조를 변경할 수 있고 법원은 동일성을 해하지 아니하는 한도에서 허가하도록 되어 있어 검사의 공소장변경은 동일성의 범위 내에서 법원의 허가를 받으면 족하고 그 밖에 이를 변경하는 데 아무런 제한이 없다.

판례이론의 본 사안에의 적용

이 사건의 경우 검사가 1984.5.22. 위 84고합103 사건(後訴)의 공소사실을 장물알선 사실로 변경허가신청을 하고 제1심의 D에 대한 당초의 심리기일의 기소요지 진술단계에서 법원이 그 변경을 허가하였으므로 위 사건의 공소사실은 상습절도 사실로부터 장물알선 사실로 적법하게 변경되어 이 사건 제1심판결 선고시에는 장물알선 사실만이 심판의 대상이 되고 당초의 공소사실이었던 상습절도 사실은 심판의 대상에서 제외되며 법원은 변경된 장물알선 사실에 대하여서만 형식적 또는 실체적 판단을 하여야 하는 것이다. 그런데 ㉯ 변경된 장물알선 사실은 최초에 기소된 대전지법 84고합136 사건(前訴)의 상습절도 사실과는 포괄일죄의 관계에 있지도 아니하고 또 범죄의 일시, 장소, 피해자 등이 모두 서로 달라 위 두 사건의 공소사실 간에는 동일성이 없음이 명백하다.[2] 위 84고합103 사건(後訴)은 제1심판결 선고시에는 이미 위 84고합136 상습절도사건(前訴)과 이중기소된 관계에 있지 아니하게 되었다 할 것이며 ㉰ 기소당시에 이중기소된 위법이 있었다 하여도 그 후 공소사실 및 적용법조가 적법하게 변경되어 새로운 사실의 소송계속상태가 있게 된 때에까지 그 이중기소된 위법상태가 계속 존재하게 된다고 볼 것은 아니다. 제1심이나 원심은 이 사건 변경된 장물알선 공소사실에 대하여 실체적 심리판단을 하였어야 함에도 불구하고 위 84고합103 사건(後訴)의 공소장변경 전 상습절도사실이 최초로 공소제기된 84고합136상습절도사실(前訴)과 포괄일죄 관계에 있어 이중기소된 데에 해당하고 그 후 84고합103 사건(後訴)의 공소사실이 장

2) 대법원은 공소사실의 동일성에 관하여 항소심과 다른 견해를 취하고 있음에 주의할 것.

물알선사실로 변경되었다 하여도 그것이 공소사실의 동일성을 유지하는 이상 역시 이중기소된 상태에 있으며 공소장변경으로 이중기소의 하자(瑕疵)가 치유(治癒)되는 것이 아니라는 이유로 공소기각판결을 선고한 것은 법원의 심판의 대상과 범위 및 형사소송법 제327조에 규정된 이중기소에 관한 법리를 오해하여 판결결과에 영향을 미쳤음이 명백하므로 파기를 면할 수 없다.

IV 분석과 해설

(가) 사안의 분석

사안이 복잡하여 사안을 다소 단순하게 정리하여 볼 필요가 있다. 전소에서 제1상습절도사실이 기소되고 후소에서 제2상습절도사실이 기소되었다. 후소의 공소제기 당시에는 '제1상습절도사실'과 '제2상습절도사실'이 하나의 포괄일죄의 관계에 있어 후소의 공소제기시를 기준으로 한다면 후소의 제2상습절도사실의 기소는 이중기소의 상태에 놓여 있었다. 그런데 후소의 공판심리 도중 제2상습절도사실이 장물알선사실로 변경되었다. 이 사안에 대하여 대법원은 "공소사실이 장물알선사실로 변경된 이후에는 법원의 현실적인 심판대상이 장물알선사실이므로 후소의 변경된 공소사실을 기준으로 하면 후소는 이중기소라고 할 수 없다"고 판시하여 '공소장변경에 의한 이중기소의 흠의 후발적 치유'를 인정하고 있다.

(나) 소송조건불비의 흠의 치유

친고죄의 보정적 추완을 부정하는 태도에서 보듯이 종래 대법원은 소송조건불비의 흠의 치유를 좀처럼 허용하지 아니하였다. 그런데 본 판결은 '공소장변경에 의한 이중기소의 흠의 후발적 치유'를 긍정하여 주목된다. 이것 외에 '소송조건불비의 흠의 치유'가 인정된 또 다른 사안들이 있다.

(다) 일부 특정되지 아니한 공소사실의 보정

대법원은 공소사실의 기재가 '일부 특정되지 아니한 경우'에 사실심 법원은 막바로 공소기각의 판결을 할 것이 아니라 ① 우선 검사에게 석명을 구하여 공소장을 보정할 기회를 부여하도록 촉구하고, ② 보정의 기회를 주었음에도 불구하고 검사가 이를 보정하지 아니하는 경우에 비로소 법원이 공소기각의 판결을 하여야 한다고 판시하고 있다.[3)]

---

3) 대법원 1983.6.14. 선고 83도293 판결.

(라) 피해자의 고소가 없거나 혹은 '고소취소·처벌불원의 의사표시'가 있음에도 친고죄·반의사불벌죄로 기소된 후 비친고죄·비반의사불벌죄로 공소장이 변경되면 공소제기의 흠은 치유되는가?

협박죄에 대한 피해자의 고소(혹은 처벌을 원하는 의사표시)가 취소(또는 처벌불원의 의사표시: 공소제기의 무효사유)된 후에 협박죄(반의사불벌죄)로 기소된 사안에서 검사가 공판절차 진행 중 공갈미수로 공소장변경을 신청하여 허가된 경우에 관하여 대법원은 "공갈죄의 수단으로서 한 협박은 공갈죄에 흡수될 뿐 별도로 협박죄를 구성하지 않으므로, 이 사건 범죄사실에 대한 피해자의 고소는 결국 공갈죄에 대한 것이어서, 그 후 고소가 취소되었다 하여 공갈죄로 처벌하는 데에 아무런 장애가 되지 아니하며, 공소를 제기할 당시에는 이 사건 범죄사실을 협박죄로 구성하여 기소하였다 하더라도 그 후 공판 중에 기본적 사실관계가 동일하여 공갈미수로 공소장변경이 허용된 이상 그 공소제기의 흠(하자)은 치유된다"(대법원 1996.9.24. 선고 96도2151 판결)[4]고 판시하고 있다.

(마) 결어: 소송실체와 관련된 기소의 적법·유효조건(소송조건)의 존부판단대상

기소의 적법·유효조건 중에는 재판권의 유무처럼 '공소사실이나 적용법조'(실체)와 무관한 절차적인 것도 있으나 친고죄이냐 여부, 동일사건에 대한 이중기소이냐 여부 등 심판대상이 된 '공소사실과 적용법조'와 무관하게 판단될 수 없는 것도 있다. 이와 같이 소송실체(심판대상)와 관련된 기소의 적법·유효조건의 존부 여부는 공소사실 또는 적용법조의 여하에 따라 달리 파악될 수 있다. 공소사실과 적용법조는 소송진행 과정에서 공소장변경절차를 매개로 추가되고 철회되거나 변경될 수 있다. 그런데 소송계속 중 변경되어 사실심리의 가능성이 있는 사실심판결선고 단계에서 특정된 공소사실과 적용법조만이 법원의 '현실적 심판대상'이 되고, 공소장변경 전의 공소사실과 적용법조는 심판대상에서 제외된다.

여기서 살펴본 판결들은 기소의 적법·유효조건(=소송조건)의 존부를 판단할 때 최초의 공소사실을 대상으로 판단하지 않고 현실적 심판대상으로 확정된 공소사실을 대상으로 판단한 판결들이다. 그런데 여기서 살펴본 판결들은 친고죄의 고소의 추완을 완강히 거부하는 종래의 대법원 판례들의 방향과 성향을 달리하는 판결들이어서 주목된다.

---

4) 이 판결의 사안은 다음과 같다: D와 V는 동거 중이었다. D는 V에 대하여 금전채권이 있었다. D는 동거를 청산하는 과정에서 V에게 폭언을 하면서 금전채권의 변제를 요구하였다. V가 D를 고소하였으나 공소제기 전에 고소를 취소하였다. 검사는 D를 협박죄로 기소하였다. 검사는 공판심리 중에 공소사실을 공갈미수로 구성하여 공소장변경을 신청하였으며 이 신청이 허가되었다. 제1심과 항소심은 피고인 D에게 공갈미수의 유죄를 선고하였다. D가 상고하였다.

4.9

공소장변경과 공소시효완성 여부의 계산 기준시점

대법원 2001.8.24. 선고 2001도2902 판결

I 사 안

검사는 "D가 1995년 7월 하순 무렵 한 병원 지하 문서고에 들어가 병록지 22매를 절취하였다"는 내용을 공소사실로 하여 2000.2.20.(범죄행위시로부터 약 4년 7월 경과) D를 절도죄(법정형이 6년 이하이므로 공소시효는 5년이다. 형법 제229조, 구형사소송법 제249조 제1항 제4호)[1]의 혐의로 공소를 제기하였다가 항소심계속 중인 2001.3.21.(범죄행위시로부터 약 5년 8월 경과)에 이르러 검사는 공소사실을 종전의 절도죄에서 "D가 1995년 7월 하순 무렵 한 병원 지하 문서고에 들어가 건조물에 침입하였다"는 내용의 건조물침입죄(법정형이 3년 이하이므로 공소시효는 3년이다. 형법 제229조, 구 형사소송법 제249조 제1항 제5호)로 변경하는 공소장변경신청을 하였다. 항소심은 2001.3.22.(범죄행위시로부터 약 5년 8월 경과)에 열린 제4회 변론기일에서 검사의 공소장변경신청을 허가한 후 공소장변경을 이유로 제1심판결을 파기한 다음 변경된 공소장기재 공소사실에 대한 범죄의 증명이 있다고 판단하여 D에게 징역 6월 집행유예 1년의 형을 선고하였다. D가 상고하였다.

III 재판요지 (파기자판)

"ⓐ 공소장변경이 있는 경우에 공소시효의 완성 여부는 당초의 공소제기가 있었던 시점을 기준으로 판단할 것이고 공소장변경시를 기준으로 삼을 것은 아니지만(대법원 1982.5.25. 선고 82도535 판결; 대법원 1992.4.24. 선고 91도3105 판결 등 참조), ⓑ 공소장변경절차에 의하여 공소사실이 변경됨에 따라 그 법정형에 차이가 있는 경우에는 변경된 공소사실에 대한 법정형이 공소시효기간의 기준이 된다[2]고 보아야 하므로 ⓒ 공소제기 당시의 공소사실에 대한 법정형을 기준으로 하면 공소제기 당시 아직 공소시효가 완성되지 않았으나, 변경된 공소사실에 대한 법정형을 기준으로 하면 공소제기 당시 이미 공소시효가 완성된 경우에는 공소시효의 완성을 이유로 면소판결을 선고하여야 한다. (중략) D에 대한 변경된 공소사실인 건조물침입죄의 법정형은 3년 이하의

---

1) 개정된 형사소송법(일부개정 2007.12.21 법률 제8730호)상의 공소시효는 연장되었음에 유의할 것.

2) **같은 취지의 후속판결들**: 대법원 2002.1.22. 선고 2001도4014 판결; 대법원 2002.10.11. 선고 2002도2939 판결; 대법원 2004.7.22. 선고 2003도8153 판결("피고인들에 대한 변경 후 공소사실인 재하도급금지규정 위반으로 인한 건설산업기본법위반죄의 법정형은 1년 이하의 징역 또는 벌금이어서 범죄행위의 종료일로부터 3년의 기간이 경과하면 그 공소시효가 완성되는바, 그 범행종료일이 O와 하도급계약을 체결한 1998.11.1.이라고 할 것이므로, 범죄행위가 종료된 때로부터 3년이 경과하기 전인 2000.10.28. 최초로 피고인들에 대한 공소가 제기되었음이 역수상 명백한 이 사건의 경우 공소제기 당시 변경 후 공소사실인 재하도급금지규정 위반으로 인한 건설산업기본법위반죄에 대한 공소시효가 완성되지 않았다. 피고인들에 대한 변경 후 공소사실을 유죄로 인정한 원심판결에 공소시효가 완성되었음을 간과하여 면소의 판결을 하지 않은 위법이 있다고 할 수 없다.")

징역 또는 벌금이어서 **범죄행위의 종료일**로부터 3년의 기간이 경과하면 그 공소시효가 완성됨이 명백한 바(구 형사소송법 제249조 제1항 제5호), D에 대하여 건조물침입의 범죄행위가 종료된 때로부터 3년이 훨씬 지난 2000.2.20. 이 사건 **공소가 제기**되었으므로 이 사건 공소제기 당시 변경된 공소사실인 건조물침입죄에 대하여는 이미 공소시효가 완성된 것이다. (중략) 검사의 항소이유는 제1심판결에는 채증법칙 위배로 인한 사실오인의 위법이 있다는 것이나 ⓓ 검사가 원심에 이르러 D에 대한 공소장을 변경함으로써 현실적 심판의 대상이 달라져 제1심판결은 더 이상 유지할 수 없게 되었으므로 이를 파기하기로 한다.

IV 분석과 해설

(가) 문제의 제기

공소장변경(특히 공소사실변경을 내용으로 하는 공소장변경)으로 '공소장기재 공소사실'(이하 '공기실'로 약칭함)이 변경되면 기소의 적법·유효조건(소송조건)의 존부(예를 들어 공소시효의 완성 여부, 이중기소인가 여부, 고소의 존부 등)는 '기소 당시의 공기실'을 대상으로 판단하여야 하는가 아니면 '변경된 공기실'을 대상으로 판단하여야 하는가? 기소의 적법·유효조건 전부를 염두에 두고 이 문제를 논의하면 매우 복잡하게 되므로 여기서는 그중에서 '공소시효의 미만료(未滿了)'(법 제326조 제3호)라는 조건만을 논의의 대상으로 삼기로 한다.

(나) 본 판결의 취지

본 판결은 'ⓐ 공소장변경이 있는 경우에 공소시효의 완성 여부는 당초의 공소제기가 있었던 시점(기소시점)을 기준으로 판단'한다고 판시하고 있는데 그 의미하는 바가 무엇인지 불분명하다. 더욱이 재판요지 ⓓ에서 언급되고 있듯이 공소사실이 변경되면 심판의 대상은 변경 후의 공기실이 될 터인데 왜 '공소시효의 완성 여부'는 '새롭게 심판의 대상으로 등장한 공소장변경시'가 아니라 '당초의 공소제기가 있었던 시점을 기준으로 판단'하여야 하는지 의문이 제기된다. 그러므로 차후의 분석을 진행하기에 앞서 이 두 가지 의문을 좀 더 분명히 밝혀볼 필요가 있다.

'ⓒ 공소제기 당시의 공소사실에 대한 법정형을 기준으로 하면 공소제기 당시 아직 공소시효가 완성되지 않았으나 변경된 공소사실에 대한 법정형을 기준으로 하면 공소제기 당시 이미 공소시효가 완성된 경우에는 공소시효의 완성을 이유로 면소판결을 선고하여야 한다'는 점에 주목하여 분석하면 대법원의 의도는 다음과 같은 것으로 이해된다.

1954년에 제정된 형사소송법은 피고인의 방어권강화를 도모하려고 당사자주의를 대폭 도입하고 그 일환으로 공소장변경제도를 도입하였으므로 이제 심판의 대상은 공기실로 설정되어야 한다. 만약 공소장변경으로 공기실이 변경되면 '변경된 공기실'이 심판의 대상으로 전면(前面)에 부상(浮上)한다. 따라서 기소조건의 존부는 원칙적으로 변경 후의 공기실을 대상으로 판단되어야 한다. 재판요지 중 ⓑ의 부분이 이 점을 확인하고 있다. 그런데 '공소장변경이 있는 경우에 공소시효의 완성 여부는 당초의 공소제기가 있었던 시점을 기준으로 판단'하여야 한다는 ⓐ 부분의 판시는 도대체 무슨 뜻인가?

이것은 '변경 전의 공기실'(당초의 공기실)에 대한 공소제기의 효력, 특히 공소시효 진행 정지의 효력(법 제253조 제1항)이 '변경된 공기실'에 대하여도 미치므로 변경된 공기실에 대한 공소시효만료 여부는 '공소시효의 기산점인 범죄행위 종료시로부터 기소시'까지를 계산(이른바 기소시 기준설)하면 되고 '공소시효의 기산점인 범죄행위 종료시로부터 공소장변경시'까지를 계산할 것(이른바 변경시 기준설)이 아니라는 뜻이다.

제 5 장

공 판

5.1

제1심 공판중심주의

대법원 2006.11.24. 선고 2006도4994 판결

I 사 안

D는 2004.4.경 불상의 방법으로 소지하게 된 O(고소인)의 인감도장을 찍어 약속어음 및 위임장을 위조·행사한 혐의로 기소되었다. D는 수사 초기부터 일관하여 'O가 공소사실 기재 일시경 D의 사무실을 방문하여 O2(O의 남편)의 채무를 연대보증하는 취지로 백지 약속어음 및 위임장에 직접 인감도장을 날인하였다'고 주장하였다. 이에 반하여, O와 O2는 고소 이후 일관하여, O는 '공소사실 기재 일시경 O2의 채무에 대하여 연대보증한 사실은 물론, D의 사무실을 방문하거나 O2에게 인감도장을 맡긴 사실조차 없다'고 주장하였고, 제1심에 증인으로 출석해서도 같은 취지로 진술하였다. O와 O2에 대한 증인신문을 마친 제1심은 문제의 '약속어음 및 위임장에 O의 인감도장이 날인되어 있는 사실 등에 비추어 두 사람의 진술은 믿기 어렵다'고 보아 그 신빙성을 배척하고 D에게 무죄를 선고하였다. 검사가 항소하였다. 항소심은 O의 연대보증 여부와 관련된 정황에 대하여 D에게 석명하여 D가 항소심에서 제출한 일부 서류들에 대하여 추가로 증거조사를 하기는 하였으나, 그 제출한 서류들이 대부분 수사기록에 첨부되어 있는 서류들이고 주로 제1심에서 증거조사를 마친 수사기록에 첨부된 대출 관련 서류들에 기초하여 수사 및 제1심 과정에서 이미 지적이 되었던 사정들 즉, "이 사건 대출 관련 서류들의 연대보증인란에 O의 서명날인이 없고, D가 O의 인감증명서를 받아 두지 않았다는 사실 등으로 미루어 볼 때 'O가 연대보증을 하지 않았다'는 두 사람(O, O2)의 제1심법정 진술에 신빙성이 인정된다"고 판단하여 제1심을 파기하고, D에게 유죄를 선고하였다. D가 상고하였다.

II 쟁 점

증인 진술의 신빙성에 대한 제1심의 판단을 항소심이 뒤집을 수 있는가?

III 재판요지 (파기환송)

판례이론

ⓐ 우리 형사소송법은 형사사건의 실체에 대한 유죄·무죄의 심증 형성은 법정에서의 심리에 의하여야 한다는 공판중심주의의 한 요

소로서, 법관의 면전에서 직접 조사한 증거만을 재판의 기초로 삼을 수 있고 증명 대상이 되는 사실과 가장 가까운 **원본 증거**를 재판의 기초로 삼아야 하며 **원본 증거의 대체물** 사용은 원칙적으로 허용되어서는 안 된다는 **실질적 직접심리주의**를 채택하고 있는바, 이는 법관이 법정에서 직접 **원본 증거**를 조사하는 방법을 통하여 사건에 대한 신선하고 정확한 심증을 형성할 수 있고 피고인에게 원본 증거에 관한 직접적인 의견진술의 기회를 부여함으로써 실체적 진실을 발견하고 공정한 재판을 실현할 수 있기 때문이다. 형사소송절차를 주재하는 법원으로서는 형사소송절차의 진행과 심리 과정에서 법정을 중심으로 특히, **당사자의 주장과 증거조사가 이루어지는 원칙적인 절차인 제1심의 법정**에서 위와 같은 실질적 직접심리주의의 정신이 충분하고도 완벽하게 구현될 수 있도록 하여야 할 것이다.

원래 ⓑ 제1심이 증인신문 절차를 진행한 뒤 그 진술의 신빙성 유무를 판단함에 있어서는, 진술 내용 자체의 합리성·논리성·모순 또는 경험칙 부합 여부나 물증 또는 제3자의 진술과의 부합 여부 등은 물론, 법관의 면전에서 선서한 후 공개된 법정에서 진술에 임하고 있는 증인의 모습이나 태도, 진술의 뉘앙스 등 증인신문조서에는 기록하기 어려운 여러 사정을 직접 관찰함으로써 얻게 된 심증까지 모두 고려하여 신빙성 유무를 평가하게 된다. 이에 비하여, ⓒ 현행 형사소송법상 제1심 증인이 한 진술에 대한 항소심의 신빙성 유무 판단은 원칙적으로 증인신문조서를 포함한 기록만을 그 자료로 삼게 되므로, 진술의 신빙성 유무 판단에 있어 가장 중요한 요소 중의 하나라 할 수 있는 진술 당시 증인의 모습이나 태도, 진술의 뉘앙스 등을 신빙성 유무 평가에 반영할 수 없다는 **본질적인 한계**를 지니게 된다. 앞서 본 ⓓ 실질적 직접심리주의의 정신에 비추어 위와 같은 제1심과 항소심의 신빙성 평가 방법의 차이를 고려해 보면, 제1심판결 내용과 제1심에서 적법하게 증거조사를 거친 증거들에 비추어 제1심 증인이 한 진술의 신빙성 유무에 대한 제1심의 판단이 명백하게 잘못되었다고 볼 특별한 사정이 있거나, 제1심의 증거조사 결과와 항소심 변론종결시까지 추가로 이루어진 증거조사 결과를 종합하면 제1심 증인이 한 진술의 신빙성 유무에 대한 제1심의 판단을 그대로 유지하는 것이 현저히 부당하다고 인정되는 예외적인 경우가 아니라면, 항소심으로서는 제1심 증인이 한 진술의 신빙성 유무에 대한 제1심의 판단이 항소심의 판단과 다르다는 이유만으로 이에 대한 제1심의 판단을 함부로 뒤집어서는 아니 된다(대법원 1991.10.22. 선고 91도1672 판결, 대법원 1994.11.25. 선고 94도1545 판결, 대법원 1996.12.6. 선고 96도2461 판결, 대법원 2005.5.26. 선고 2005도130 판결 등 참조).

특히 공소사실을 뒷받침하는 증거의 경우에는, 증인신문 절차를 진행하면서 진술에 임하는 증인의 모습과 태도를 직접 관찰한 제1심이 증인의 진술에 대하여 그 신빙성을 인정할 수 없다고 판단하였음에도 불구하고, 항소심이 이를 뒤집어 그 진술의 신빙성을 인정할 수 있다고 판단할 수 있으려면, 진술의 신빙성을 배척한 제1심의 판단

을 수긍할 수 없는 충분하고도 납득할 만한 현저한 사정이 나타나는 경우이어야 할 것이다.[1)]

판례이론의 사안에의 적용

(중략) 원심이 지적한 사정들은 제1심에서 증거조사를 마친 수사기록에 첨부된 대출 관련 서류들에 기초하여 수사 및 제1심 과정에서 이미 지적이 되었던 사정들로서 제1심이 O, O2의 제1심법정 진술의 신빙성을 배척함에 있어 이미 고려했던 여러 정황들 중 일부에 불과한 것으로 보이고 제1심의 판단을 뒤집을 만한 특별한 사정으로 내세울 만한 것은 아니니, 원심이 O, O2가 제1심에서 한 진술의 신빙성에 대한 제1심의 판단을 뒤집은 조치는 수긍하기 어렵다.

결국 원심에는 제1심 증인이 한 진술의 신빙성에 대한 판단을 함에 있어 공판중심주의와 직접심리주의의 원칙에 어긋남으로써 채증법칙을 위반한 위법이 있고, 이는 판결에 영향을 미쳤음이 명백하여 그대로 유지될 수 없다. 그러므로 원심판결을 파기하고, 이 사건을 원심법원에 환송한다.

IV 분석과 해설

(가) 당사자주의와 제1심 공판중심주의·실질적 직접심리주의

당사자주의에서는 '제1심 공판절차가 전 형사절차의 핵심'이라는 관념이 발달되어 있다. 당사자주의에서 공판전 절차(pretrial procedure)는 오로지 제1심 공판절차의 준비행위로서의 의미가 있을 뿐이고 상소(ap-pe-al) 절차에서 당사자가 다투는 이슈는 법률적 쟁점에 한정된다. '검사와 피고인의 분쟁이 제1심 공판절차 전까지 해결되지 않으면 제1심 공판절차에서 양 당사자가 치열하게 다툰 후 배심단 앞에서 한 번에 결판을 내자'(one shot)는 발상이 당사자주의의 가장 큰 특징 중의 하나이다. 당사자주의에서는 '제1심의 공판절차에서 양 당사자가 원 없이, 그리고 공정하게 투쟁할 수 있는 환경을 만들고 양당사자가 제1심 공판에서 단번에 승패를 가늠'하는 '제1심 공판중심주의적 구상'이 크게 작용하고 있다.

제1심 공판중심주의는 '종래 형사재판의 모습이 법정에서 단지 검찰이 제출한 증거의 추인과정처럼 변해버리고, 형사재판은 피고인의 유죄를 선고하기 위한 의식처럼 되어버렸다'는 어느 언론인의 지적[2)]처럼, "수사기관에서 작성한 조서의 증명력에 너무 의존해 왔던 한국 형사재판의 모습"을 바꾸어, 법정, 특

1) **같은 취지의 후속판결들**: 대법원 2007.5.11. 선고 2007도2020 판결; 대법원 2008.5.29. 선고 2007도1115 판결.
2) 2003.3.26. 국민일보, 노동일 논설위원, 칼럼.

히 제1심의 공판절차에서 "피고인의 유·무죄 공방이 생생하게 이루어지도록 함으로써 실체적 진실을 발견하자"[3]는 데에 그 목표가 있다. 이 구상은 영미식 당사자주의의 발상과 정확히 일치한다. 본 판결은 이런 맥락의 공판중심주의, 특히 제1심의 공판중심주의와 그 효과를 강조하고 있다.

또한 본 판결은 공판중심주의의 한 요소로서 실질적 직접심리주의를 거론하고 있음이 주목된다. 이 판결은 실질적 직접심리주의의 의미를 "법관의 면전에서 직접 조사한 증거만을 재판의 기초로 삼을 수 있고 증명 대상이 되는 사실과 가장 가까운 원본 증거를 재판의 기초로 삼아야 하며 원본 증거의 대체물 사용은 원칙적으로 허용되어서는 안 된다"로 설정하고 실질적 직접심리주의 채택의 근거를 "법관이 법정에서 직접 원본 증거를 조사하는 방법을 통하여 사건에 대한 신선하고 정확한 심증을 형성할 수 있고 피고인에게 원본 증거에 관한 직접적인 의견진술의 기회를 부여함으로써 실체적 진실을 발견하고 공정한 재판을 실현할 수 있기 때문"이라고 한다.

(나) 신법에서의 공판중심주의의 강화

당사자주의에서는 '공판중심주의적 구상'에 수동적(passive)인 배심단(jury)을 염두에 둔 '구두주의'(principle of orality)가 가미되어 전문법칙이 발달되었고, 수사절차에서 수집한 증거(특히 조서와 각종기록)가 공판에 인계되어 증거조사의 대상이 되는 직권주의적 발상을 극히 위험한 현상으로 바라본다. 당사자주의의 그런 발상의 구체적 표현형태가 '철저한 구두주의, 전문법칙, 실질적 직접심리주의, 공소장일본주의[4]'이다.

(다) 결어: 증인 진술의 신빙성에 대한 제1심의 판단을 항소심이 뒤집을 수 있는가?

"항소심이 항소이유가 있다고 인정하는 경우에는 제1심이 조사한 증인을 다시 심문하지 아니하고 그 조서의 기재만으로 그 증언의 신빙성 유무를 판단할 수 있는 것이 원칙[5]"(항소심의 제1심통제기능)이다. 그러나 공판중심주의와 직접심리주의의 원칙상 "제1심 증인이 한 진술의 신빙성 유무에 대한 제1심의 판단을 그대

---

3) 임성근, 공판중심주의와 형사변론, 『인권과 정의』 366호, 21면.

4) 영미의 배심제 형사재판에서 제1심 공판의 당사자의 공방(변론)이 일단락되고 평결에 들어가기에 앞서 재판장이 배심원에게 설시하는 "배심원은 공판에서 전개된 증거자료에만 의존하여 평의하여야 한다"는 설시가 일본과 한국에서 공판중심주의라는 용어로 정착되었다.

5) 대법원 2007.5.11. 선고 2007도2020 판결; 대법원 2012.6.14. 선고 2011도5313 판결.

로 유지하는 것이 현저히 부당하다고 인정되는 예외적인 경우가 아니라면, 항소심으로서는 제1심 증인이 한 진술의 신빙성 유무에 대한 제1심의 판단이 항소심의 판단과 다르다는 이유만으로 이에 대한 제1심의 판단을 함부로 뒤집어서는 아니 된다.”

5.2

피고인의 대면권: 공범인 공동피고인(D2)의 법정진술의 피고인(D) 사건에서의 증거능력

대법원 1992.7.28. 선고 92도917 판결

I 사 안[1)]

'D는 D2와 공모·합동하여 특수강도죄를 범한 혐의'로 '병합기소' 되었다.[2)] D는 경찰, 검찰과 법정에서 [一貫하여] 범행을 부인(경찰·검찰부인과 법정부인)하였지만 D2는 법정에서 "나(D2)는 D와 공모·합동하여 V로부터 200만 원을 강취하였다."(이하 'X3'로 약칭함)고 진술하였다.

D2는 경찰·검찰에서도 X3와 동일한 취지["나(D2)는 D와 공모·합동하여 V로부터 200만 원을 강취하였다."]의 진술을 하였고 그 취지의 진술은 각각 사법경찰관 작성 피의자신문조서(X1), 검사 작성 피의자신문조서(X2)에 기재되었다. 제1심 증거조사절차에서 D2는 자신(D2)에 대한 검사 및 사법경찰관 작성의 각 피의자신문조서의 성립과 임의성을 인정하였다. D2가 법정진술을 하게 된 계기는 다음과 같다:

> 법정에서 행하여진 피고인신문절차에서 검사의 D2에 대한 직접신문(피고인은 공소사실 기재 장소와 시각에 무슨 일을 하였나요?)에 대하여 "나(D2)는 D와 공모·합동하여 V로부터 200만원을 강취하였다."고 답변(검사의 직접신문에 대한 D2의 답변)하였다. 그러자 특히 'D와 공모·합동하여'라는 부분에 동의할 수 없었던 D의 변호인은 'D2를 증언대에 세워 위증죄를 경고한 후 반대신문을 하게 해 달라'고 재판장에게 신청하였다.[3)] 재판장은 D2를 증언대에 세우지 아니한 상태에서 D의 변호인에게 D2를 상대로 반대신문할 기회를 제공하였다. D의 변호인이 D2를 상대로 반대신문을 하기 시작하였다. D2는 때로 답변을 하기도 하고(D의 변호인의 반대신문에 대한 D2의 답변) 때로 진술거부권이 있음을 근거로 답변을 거부하기도 하였다. 항소심 재판부는 직접신문에 대한 D2의 답변과 반대신문에 대한 D2의 답변, 반대신문에 대한 D2의 답변거부 등을 종합하여 D에게 유죄판결을 선고하였다. D의 변호인은 "항소심이 피고인 D의 범죄사실을 인정함에 있어 공범인 다른 피고인(D2)의 진술을 증거로 삼은 것은 D의 반대신문권(혹은 대면권)을 침해한 위법판결"이라고 주장하며 상고하였다.

---

1) 정확한 사안은 미상(未詳)이나 재판요지를 훼손하지 아니하는 범위에서 필자가 가상적으로 덧붙였다.

2) 사안에서 사건은 D의 강도피고사건, D2의 강도피고사건 등 2개이므로 'D의 피고사건의 소송법률관계'와 'D2의 피고사건의 소송법률관계'를 따로 논하여야 한다. 여기서는 'D의 피고사건'에 집중하기로 하자. 이 경우 D2를 D의 공동피고인, 혹은 상피고인으로 부른다.

3) 대면권이 헌법적 권리로 승격된 미국에서 재판장은 D의 변호인의 신청을 거부할 수 없다. 이 신청을 거부하면 그 재판은 헌법위반의 재판이어서 파기사유가 되고 결국 D가 이를 다투면 다시 재판(retrial)이 행하여져야 한다. 그러나 한국에서는 본문과 같이 다소 다른 처리가 행하여진다.

II
쟁 점

다음과 같은 세 가지 쟁점을 모두 염두에 두기로 한다.

Q1. 재판장이 D의 변호인의 신청과 달리 D2를 증언대에 세우지 않은 이유는 무엇인가?

Q2. D의 변호인의 신청과 달리 D2를 증언대에 세우지 않으면서도 검사의 직접신문에 대한 D2의 답변과 D의 변호인의 D2를 상대로 한 반대신문에 대한 D2의 답변, 반대신문에 대한 D2의 답변거부 태도 등의 증거를 채택한 재판부의 의중은 무엇일까?

Q3. 사안에서는 D의 변호인이 'D2를 상대로 반대신문을 하게 해 달라'고 재판장에게 신청하고 제한적이기는 하지만 재판장은 이 신청을 허가한 셈이다. 그런데 만약 재판장이 D의 변호인의 신청을 기각하고 검사의 직접신문에 대한 D2의 답변만을 자료로 삼아 D에게 유죄판결을 선고하였다면 이 판결은 상급심에서 교정될 가능성이 있는 '판결에 영향을 미친 위법한 판결'인가?

III
재판요지
(상고기각)

"ⓐ 형사소송법 제310조의 피고인(D)의 자백에는 '공범인 공동피고인'(D2)의 진술은 포함되지 않으며, 이 ⓑ 공동피고인(D2)의 진술에 대하여는 피고인(D)의 반대신문권이 보장되어 있어 독립한 증거능력이 있다는 것이 당원의 일관된 견해이므로(당원 1985.3.9. 선고 85도951 판결**4)**; 1985.6.25. 선고 85도691 판결**5)**; 1987.7.7. 선고 87도973 판결**6)** 각 참조), ⓒ 원심이 피고인 D의 범죄사실을 인정함에 있어서 공범인 다른 피고인(D2)의 진술을 증거로 삼았다고 하여 이를 위법이라고 탓할 수 없다."

IV
분석과 해설

(가) 대면권과 반대신문권

재판요지의 ⓑ 부분에서 언급되고 있는 반대신문권은 전문

---

4) "대리점사기죄의 기망행위에 공동가담하였음을 시인하는 원심 공동피고인의 **수사기관 이래의 일관된 진술**을 들어 피고인에 대한 유죄의 증거로 사용한 데에는 소론이 지적하는 바와 같은 공범자의 자백에 관한 법리를 오해한 위법이 있다 할 수 없고 더욱이 이 사건에서는 그 밖에도 피고인이 증거로 함에 동의한 P, L의 진술과 같은 보강할 증거도 있다."

5) "공동피고인의 자백은 이에 대한 피고인의 반대신문권이 보장되어 있어 증인으로 신문한 경우와 다를 바 없으므로 독립한 증거능력이 있다는 것이 당원이 견지해온 견해인바(대법원 1963.7.25. 선고 63도185 판결; 대법원 1968.4.16. 선고 68도177 판결; 대법원 1968.4.16. 선고 68도231 판결; 1981.2.10. 선고 80도2722 판결 각 참조), 기록에 의하면, 원심 공동피고인은 1심법정에서 위 공소내용과 같이 피고인에게 두 차례에 걸쳐 500,000원과 200,000원, 도합700,000원을 교부하였다고 진술하고 있고 2심법정에 이르러서는 위 금원 중 500,000원은 피고인으로부터 돌려받은 것 같다고 진술하고 있다. 원심이 위와 같은 원심 공동피고인의 법정진술의 증거가치에 관하여는 전혀 언급함이 없이 공소사실을 인정할 증거가 없다고 판단하고 말았음은 증거에 관한 판단을 유탈한 위법을 범한 것이다. 원심으로서는 원심공동피고인의 위 법정진술의 신빙성 유무를 살펴보고 특히 500,000원을 반환받은 상황과 그 일시 등을 따져서 피고인의 영득의사 유무를 가려보아야 할 것이다."

6) "공동피고인의 자백은 이에 대한 피고인의 반대신문권이 보장되어 있어 증인으로 심문(신문의 오기로 보인다)한 경우와 다를 바 없으므로 독립한 증거능력이 있다고 하는 것이 당원의 견해인 즉(당원 1985.6.25 선고 85도691 판결 참조) 이에 반하는 논지는 채용할 수 없다."

법칙의 인정근거인 반대신문권(the right to cross-examine)과는 구별되는 개념이다. 전문법칙의 인정근거인 반대신문권은 '법정외 진술'(out of court statement)의 증거능력을 제한하는 법리이지만 위 사안에서 문제되는 대면권(the right to confront)은 주로 법정진술(in-court statement)의 증거능력을 제한하는 법리이다.

D2는 법정에서 D에게 불리한 진술을 하고 있다. 이처럼 '㉮ 기소된 피고인(D)이 ㉯ 법정(사실인정자 앞)에서 ㉰ 자신에게 불리한 증언·진술을 하는 자(D2)를 상대로 ㉱ 반대신문을 할 수 있는 권리'를 특히 (반대신문권 중에서도) 대면권(the right to confront)이라고 한다. 전문법칙의 인정근거인 반대신문권은 광범한 예외사유로 그 생략이 정당화될 수 있지만 대면권은 특단의 사유가 없는 한 그 생략이 정당화될 수 없는 권리로 상정되고 있다. 미국헌법과 일본헌법은 피고인의 대면권을 명시하고 있기 때문이다.

(나) 공범으로 병합기소된 공동피고인(D2)의 피고인(D) 사건에서의 증인적격과 사실상의 반대신문

사안에서 D의 변호인은 '법정에서 D에게 불리한 진술을 하는 D2'를 '증언대에 세워 위증의 경고 하에 정식으로 반대신문'할 기회를 달라고 신청하고 있다. 재판장은 D의 변호인의 요청을 100% 허용하지 않고 다소 변형하여 허용하였다. 재판장은 D2를 증언대에 세우지 않고, D2에게 위증의 경고도 하지 않았다. 그러나 재판장은 D의 변호인이 D2를 상대로 반대신문할 기회를 부여하였다. 이런 형식의 반대신문을 '사실상의 반대신문'으로 부르기로 하자.

재판장이 D의 변호인의 신청을 수용하려 하면서도 D2를 증언대에 세우지 않은 이유는 D2도 피고인이어서 증인적격이 없기 때문이다(⇨ Q 1 에 대한 답변). 다른 한편 검사의 직접신문에 대한 D2의 답변과 변호인의 사실상의 반대신문에 대한 D2의 답변, 반대신문에 대한 D2의 답변거부 태도 등을 증거자료로 인정한 재판부의 행태는 정식으로 대면권을 인정한 것은 아니지만 사실상의 대면권을 허용한 것이므로 재판부가 피고인의 대면권을 전혀 외면한 것도 아니다(⇨ Q 2 에 대한 답변). 다음에 재판장이 'D2를 증언대에 세워 위증죄를 경고한 후 반대신문을 하게 해 달라'는 D의 변호인의 신청을 실현시키는 방법이 있을까?

사안에서 사건은 D의 강도피고사건, D2의 강도피고사건 등 2개이므로 변론을 분리하면 된다. 그러나 이렇게 되면 소송경제(심리시간의 절약)를 해치게 된다.

생각건대 재판장의 '사실상의 반대신문' 허용은 '공동피고인 D2의 진술거부권'과 '피고인 D의 대면권'을 조화시키기 위한 고육지책(苦肉之策, 어느 입장도 무시할 수 없는 타협의 산물)으로 보인다. 소송경제를 도모하고 아울러 '공동피고인 D2의 진술거부권'도 존중하고 '피고인 D의 대면권'도 존중하여야 하는 결과 "공동피고인(D2)이 진술거부권을 행사하거나 그 책임을 전가하는 진술을 할 우려가 없지 않다. 그럴 경우에 재판부는 공동피고인(D2)의 진술의 신빙성판단에 신중을 기할 수밖에 없다."[7)]

(다) 대면권 인정의 실정법적 근거

대면권을 명시하고 있는 미국헌법, 일본헌법과 달리 한국헌법에는 대면권을 명시하는 조문이 없다. 그런 헌법적 상황에서 본 판결은 피고인에게 사실상의 반대신문을 허용하고 있기 때문에 주목을 요한다. 본 판결의 실정법적 근거를 굳이 찾아보자면 헌법의 적법절차 조항(헌법 제12조 제1항)과 형소법 제161조의2, 제184조, 제312조 제4항을 들 수 있다.

(라) Q3에 대한 답변

판례의 취지가 명확한 것은 아니지만 D에게 '사실상의 반대신문'조차 허용하지 아니하는 식의 재판장의 소송지휘는 피고인의 대면권을 침해하는 위법한 소송지휘로 보아야 할 것이다.

(마) 관련 판결

다음의 1999년 판결은 피고인의 대면권을 상정하지 아니하면 이해하기 곤란한 판결이다.

(1) 대법원 1999.10.8. 선고 99도3063 판결(국가보안법위반)[8)] "직권으로 살피건대, 공범(D2)이나 제3자에 관한 검사 작성의 피의자신문조서'등본'[9)]이 증거로

---

7) 『제요』 II, 99.

8) 이 판결에 대하여는 이태종, 공범이나 제3자에 대한 검사 작성의 피의자신문조서등본의 증거능력, 『해설』 통권 제33호(2000년), 794이하. 여기에 다음과 같은 해설이 있다: "전문법칙의 근거가 반대신문의 결여에 있다고 보는 이상, 공범 또는 제3자가 그의 사건에서 임의성 및 진정성립을 인정하였다 하더라도 현재의 피고인에게는 반대신문의 기회가 없었던 것이 명백하므로 공범 또는 제3자가 현재 피고사건의 증인으로 나와 진정성립을 인정하여야만 증거능력이 있다고 보는 제한설이 타당하다(사법연수원, 형사증거법(1999), 240면)."

9) "D에 대한 검사 작성의 피의자신문조서가 그 내용 중 일부를 가린 채 복사를 한 다음 '원본과 상위없다'는 인증을 하여 초본의 형식으로 제출된 경우에, 위와 같은 ⓐ 피의자신문조서 초본은 피의자신문조서 원본 중 가려진 부분의 내용이 가려지지 않은 부분과 분리 가능하고, 당해 공소사실과 관련성이 없는 경우에만, ⓑ 그 피의자신문조서의 원본이 존재하거나 존재하였을 것, ⓒ 피의자신문조서의 원본 제출이 불능 또는 곤란한 사정이 있을 것, ⓓ 원본을 정확하게 전사하였을 것 등 3가지 요건을 전제로 D에 대한 검사 작성의 피의자신문조서 원본과 동일하게 취급할 수 있다."(대법원

제출된 경우 피고인(D)이 위 공범(D2) 등에 대한 피의자신문조서를 증거로 함에 동의하지 않는 이상, 원진술자인 공범(D2)이나 제3자가 각기 자신에 대한 공판절차나 다른 공범(D3)에 대한 형사공판의 증인신문절차에서 위 수사서류의 진정성립을 인정해 놓은 것만으로는 증거능력을 부여할 수 없고, 반드시 공범이나 제3자가 현재의 사건에 '증인'으로 출석하여 그 서류의 성립의 진정을 인정하여야 증거능력이 인정된다. 비록 공범인 D2, D3가 각 자신에 대한 공판절차나 다른 공범에 대한 공판절차에서 피고인 본인 혹은 증인의 자격으로 출석하여 검사 작성의 자신들에 대한 각 피의자신문조서에 관하여 임의성 및 성립의 진정을 인정하고 있기는 하지만, 검찰관이 증거로 제출한 검사 작성의 위 각 피의자신문조서등본에 관하여 피고인이 이를 증거로 함에 동의하지 않고 있는 이상, 반드시 위 D2, D3 등이 D에 대한 이 사건 공판기일 등에 증인으로 출석하여 위 각 서류의 성립의 진정을 인정하기 전에는 이를 증거로 쓸 수 없다."

(2) 반면에 다음 1990년 판결은 대면권 보장의 측면에서 문제가 있는 판결이다. 공범관계에 있는 피고인들(D, D2)이 병합기소된 경우 검사작성의 '공범자(로 기소된 자)인 공동피고인(D2)'에 대한 피신조서를 'D의 형사피고사건'에 증거로 사용할 수 있는가?(D2가 법정에서 성립의 진정·임의성을 인정10)하면 긍정)

"검사 작성의 상피고인 D2에 대한 피의자신문조서는 위 D2가 제1심에서 성립 및 임의성을 인정한 경우에는 피고인 D가 이를 증거로 함에 부동의하였다고 하더라도 피고인 D의 범죄사실에 대한 유죄의 증거로 삼을 수 있다." (대법원 1990.12.26. 선고 90도2362 판결)

2002.10.22. 선고 2000도5461 판결)

10) 법정에서 성립의 진정·임의성을 인정하여야 하므로 이 기회에 D는 D2를 상대로 사실상의 반대신문을 할 수 있는 기회가 제공될 수 있다. 그런데도 만약 'D가 D2를 상대로 사실상의 반대신문을 할 수 있는 기회의 제공'과 무관하게 증거능력을 인정하는 취지라면 이 판례는 대면권 차원에서 문제가 있는 판결로 보인다.

5.3

대면권(반대신문권)과 피해자의 재판절차 진술권의 조화

대법원 2010.1.14. 선고 2009도9344 판결; 대법원 2012.2.23. 선고 2011도15608 판결

I 사 안

2010년 사안

D는 '폭행과 강제추행' 혐의로 기소되었다. 제1심법원의 재판장은 제3회 공판기일에 피해자 V를 증인으로 신문함에 있어 위 '증인이 D의 면전에서 충분한 진술을 할 수 없다'고 인정하여 D의 퇴정을 명하고 증인신문을 진행하였다. 당시 D에게는 변호인이 선임되어 있지 아니하여 변호인 또는 D가 증인신문과정에 전혀 참여할 수 없었다. 제1심법원의 재판장은 증인신문에서 D의 퇴정을 명하기 전에 미리 D로부터 신문사항을 제출받아 퇴정한 D를 대신하여 증인신문을 행하였다. 재판장은 증인신문이 모두 종료한 후에 D를 입정하게 하고 법원사무관 등이 진술의 요지를 고지하여 준 다음 바로 신문절차를 종결하였고, D에게 실질적인 반대신문의 기회를 부여하지는 않았다. 제4회 공판기일에서 재판장이 증인신문 결과를 공판조서에 기초하여 고지하였는데 D는 '변경할 점과 이의할 점이 없다'고 진술하였다. 제1심은 이 증인신문결과를 증거로 채용하여 유죄판결을 선고하였다. D는 '자신에게 불리한 증언을 하는 V에게 실질적인 반대신문을 할 수 있는 기회가 박탈당하였으므로 제1심판결은 위법하다'고 주장하며 항소·상고하였다.

2012년 사안

D2는 아동·청소년의 성보호에 관한 법률위반(강간등) 혐의로 기소되었다. 항소심법원의 재판장은 피해자들을 증인으로 신문함에 있어 위 증인들이 D2의 면전에서 충분한 진술을 할 수 없다고 인정하여 D2의 퇴정을 명하고 증인신문을 진행하였다. 당시 D2에게는 변호인이 선임되어 있어 변호인이 증인신문과정에 참여하였다. 항소심법원의 재판장은 증인신문을 실시하는 과정에 D2를 입정하게 하고 법원사무관 등으로 하여금 진술의 요지를 고지하게 한 다음 변호인을 통하여 반대신뮤의 기회를 부여하였다. D2는 '자신에게 불리한 증언을 하는 증인들에게 실질적인 반대신문을 할 수 있는 기회가 박탈당하였으므로 항소심판결은 위법하다'고 주장하며 상고하였다.

II 쟁 점

법 제297조가 피해자를 증인으로 신문함에 있어 증인이 피고인의 면전에서 충분한 진술을 할 수 없다고 인정하면 재판장이 피고인의 퇴정을 명하고 증인신문을 진행할 수 있게 한 것은 피해자의 재판절차진술권을 존중하여야 하기 때문이다. 그러나 그리되면 피고인의 반대신문권, 특히 대면권이 손상된다. 따라서 대면권(반대신문권)과 피해자의 재판절차 진술권의 조화로운 운용이 문제된다. 2010년 사안에서 재판장은 D의 퇴정을 명하기 전에 미리 D로부터 신문사항을 제출받아 퇴정한 D를 대신하여 증인신문을 행하였다. 재판장은 증인신문이 모두 종료한 후에 D를 입정하게 하고 법원사무관으로 하여금 증인진술(증언)의 요지를 고지하게 하였다. 이것만으로 피고인의 반대신문권, 특히 대면권이 존중되었다고 할 수 있는가?

III 재판요지

2010년 사안(상고기각)

형사소송법 제297조의 규정에 따라 재판장은 증인이 피고인의 면전에서 충분한 진술을 할 수 없다고 인정한 때에는 피고인을 퇴정하게 하고 증인신문을 진행함으로써 피고인의 직접적인 증인 대면을 제한할 수 있지만, 이러한 경우에도 피고인의 반대신문권을 배제하는 것은 허용되지 않는다. 변호인이 없는 D를 일시 퇴정하게 하고 증인신문을 한 다음 D에게 실질적인 반대신문권의 기회를 부여하지 아니한 채 이루어진 증인 V의 법정진술은 위법한 증거로서 증거능력이 없다고 볼 여지가 있다. (그러나) D가 책문권 포기 의사를 명시함으로써 실질적인 반대신문의 기회를 부여받지 못한 하자가 치유되었다고 할 수 있으므로(대법원 1974.1.15. 선고 73도2967 판결 등 참조), 증인 V의 법정진술이 위법한 증거라고 볼 수 없고, 결국 상고이유의 주장은 이유 없다.

2012년 사안(상고기각)

사실관계를 앞서 본 법리에 비추어 살펴보면, 원심의 증인신문절차 등 공판절차에 어떠한 위법이 있다고 볼 수 없다.

IV 분석과 해설

(가) 변호인이 선임된 경우

변호인이 선임된 경우에는 변호인으로 하여금 피고인을 대신하여 대면권을 행사하게 하면 대면권(반대신문권)과 피해자의 재판절차 진술권의 조화를 훌륭하게 달성할 수 있다. 2012년 사안은 이 점을 잘 보여주고 있다.

(나) 변호인이 없는 경우

2010년 사안의 제1심법원의 재판장이 증인신문절차에서 D의 퇴정을 명하기 전에 미리 D로부터 신문사항을 제출받아 퇴정한 D를 대신하여 반대신문을 행한 것은 자연스러운 일이다. 증인신문이 모두 종료한 후에 D를 입정하게 하고 재판장이 법원사무관으로 하여금 증인진술(증언)의 요지를 고지하게 한 것도 자연스러운 일이다. 그러나 재판장이 증인신문절차에서 D의 퇴정을 명하기 전에 미리 D로부터 신문사항을 제출받아 퇴정한 D를 대신하여 반대신문을 행하였다면 D에게 한 번 더 기회를 주는 의미에서 '추가적으로 반대신문할 것이 있는가'라고 묻는 등의 수고를 기울였어야 마땅하다.

(다) 책문권의 포기로 인한 흠의 치유

2010년 사안에서 재판장이 예를 들어 D에게 '추가적으로 반대신문할 것이 있는가'라고 묻지 않은 것은 D에게 실질적인 반대신문의 기회를 부여하지 않은 흠(하자)이 있는 절차진행이다. 그러나 이 흠은 한편에서 사소한 것이고 다른 한편에서 그 흠의 처리여하에 관한 법익은 피고인이 처분할 수 있는 법익이다. 이리하여 대법원은 '재판장이 D에게 실질적인 반대신문의 기회를 부여하지 않은 흠(하자)'은 피고인이 그 '흠을 다툴 수 있는 최초의 기회'에 다투지 아니하면 책문권의 포기로 치유된다고 판시한다. 사안에서 '흠을 다툴 수 있는 최초의 기회'란 차회(제4회) 공판기일에 재판장이 증인신문 결과를 공판조서에 기초하여 고지한 후 D에게 '변경할 점과 이의할 점이 있는가' 하고 물었을 때이다. 이 기회에 D는 '변경할 점과 이의할 점이 없다'고 진술하였으므로 '재판장이 D에게 실질적인 반대신문의 기회를 부여하지 않은 흠(하자)'은 치유되었다.

5.4

법정증언을 번복하는 내용의 검사작성의 참고인진술조서의 증거능력

대법원 2000.6.15. 선고 99도1108 판결; 대법원 2013.8.14. 선고 2012도13665 판결

I 사 안

D는 "변호사가 아니면서 W의 대출사기로 인한 형사사건에 관하여 청탁교제비 명목으로 W로부터 2억여 원을 받았다"는 혐의(변호사법 위반)로 기소되었다. 검사는 W에 대하여 작성한 1998.10.9.자 진술조서(이하 '진술조서'라고 한다)를 유죄의 증거로 제출하였다. '진술조서'는 W가 1998.8.25. 제1심의 제4회 공판기일에 증인으로 출석하여 검사의 주신문과 D측의 반대신문을 거쳐 D의 변소(辨疏)내용에 일부 부합하는 취지의 증언(이하 '제1차 증언'으로 약칭한다)을 마친 다음 검사의 소환에 따라 검찰청에 다시 출석하여 작성된 것이다. 검사는 W를 별도의 위증사건 피의자로 입건하여 신문하는 절차 없이 단순히 법정에서의 증언 내용을 다시 추궁하여 W로부터 그 증언 내용 중 "D의 변소에 일부 부합하는 부분이 진실이 아니라"는 취지의 번복 진술을 받아냈다. 검사가 이 번복 진술을 내용으로 하는 '진술조서'를 유죄의 증거로 제출하자 D는 이를 증거로 할 수 있음에 동의하지 아니하였다. 그 후 검사의 신청으로 재출석한 증인 W는 1998.10.27. 제1심의 제8회 공판기일에 다시 증언(이하 '제2차 증언'으로 약칭한다)을 하면서 진술조서의 성립의 진정함을 인정하고 제1차 증언을 번복하여 공소사실에 부합하는 취지의 증언을 하였다. 증인 W는 이때 D측의 반대신문에 응하였다. 제1심은 제2차 증언과 진술조서의 증거능력을 인정하여 이를 유죄증거의 하나로 명시하고, 항소심은 이를 유지하였다. D는 '이 증거를 유죄증거로 삼은 것은 위법하다'고 주장하며 상고하였다.[1)]

II 쟁 점

공판준비 또는 공판기일에서 이미 증언을 마친 증인을 검사가 소환한 후 그 증인을 별도의 위증사건 피의자로 입건하여 신문하는 절차 없이 피고인에게 유리한 그 증언 내용을 추궁하여 이를 일방적으로 번복시키는 방식으로 작성한 진술조서를 유죄의 증거로 삼을 수 있는가?

1) 사안구성에는 대법원판결 외에 이재홍, 법정증언을 번복하는 진술조서의 증거능력(제101회 형사판례연구회 발표요지문, 2000.7.10.)을 참고하였다.

III 재판요지 (상고기각)

㉮ 공판준비 또는 공판기일에서 이미 증언을 마친 증인(W)을 검사가 소환한 후(W를 별도의 위증 사건 피의자로 입건하여 신문하는 절차 없이: 필자 첨가) 피고인에게 유리한 그 증언 내용을 추궁하여 이를 일방적으로 번복시키는 방식으로 작성한 진술조서를 유죄의 증거로 삼는 것은 당사자주의·공판중심주의·직접주의를 지향하는 현행 형사소송법의 소송구조에 어긋나는 것일 뿐만 아니라, ㉯ 헌법 제27조가 보장하는 기본권, 즉 법관의 면전에서 모든 증거자료가 조사·진술되고 이에 대하여 피고인이 공격·방어할 수 있는 기회가 '실질적으로' 부여되는 재판을 받을 권리를 침해하는 것이므로, ㉰ 이러한 진술조서는 피고인이 증거로 할 수 있음에 동의하지 아니하는 한 그 증거능력이 없다. ㉱ 그 후 원진술자인 종전 증인이 다시 법정에 출석하여 증언을 하면서 그 진술조서의 성립의 진정함을 인정하고 피고인측에 반대신문의 기회가 부여되었다고 하더라도 그 증언 자체를 유죄의 증거로 할 수 있음은 별론으로 하고 위와 같은 진술조서의 증거능력이 없다는 결론은 달리할 것이 아니다.[2] 이와는 달리 그 후의 공판기일에서 원진술자인 종전 증인이 다시 증언을 함에 있어서 피고인측에 반대신문의 기회가 부여되었다면 위와 같은 진술조서를 유죄의 증거로 쓸 수 있다는 취지의 대법원 1992.8.18. 선고 92도1555 판결 및 위와 같은 진술조서도 증거능력이 있음을 전제로 한 대법원 1983.8.23. 선고 83도1632 판결, 1984.11.27. 선고 84도1376 판결, 1993.4.27. 선고 92도2171 판결의 각 견해는 이와 저촉되는 한도에서 이를 변경하기로 한다.

IV 분석과 해설

(가) 이 판결의 사정(射程)범위

첫째, 이 판결은 '공소사실에 배치되는 법정증언을 번복(공소사실에 부합)하는 내용의 검사작성의 참고인(참고인이지만 통상의 수사절차상의 참고인이 아니라 이미 법정증언을 한 바 있는 참고인이다)진술조서'(이하 '번복진술조서'로 약칭한다)의 증거능력과 증명력에 관하여 다소 불분명했고 엇갈리기도 했던 종래의 판결들을 전원합의체 판결로 분명히 하는 한편 종래의 판결을 변경하는 판결이기 때문에 주목을 요한다. 종래의 판결은 번복진술조서에 대하여 경우에 따라 신빙성을 부인할 수 있다고 한 판례[3]가 있는가 하면, 번복진술조서는 원칙적으로 증거로 할 수 없다는 전제를 깔고, 그러나 "이러한 진술조서라도 그 후에 법정에서 피고인측에게 증인에 대한 반대신문이 기회를 부여하였다면 그 증거능력이 인정된다"는 판례[4]도 있었다. 그러나 대

2) 같은 취지의 후속판결: 대법원 2004.3.26. 선고 2003도7482 판결.

3) 대법원 1983.8.23. 선고 83도1632 판결; 대법원 1984.11.27. 선고 84도1376 판결; 대법원 1993.4.27. 선고 92도2171 판결.

4) "증인이 법정에서 증언한 후에 검사가 그 증인을 검찰청에 소환하여 일방적인 신문방식으로 그 증언내용의 진실여부를 추궁하여 작성한 진술조서는 피고인이나 변호인의 반대신문의 기회가 확보된 법정진

법원은 본 판결에서 종래의 엇갈렸던 판례를 증거능력의 문제로 통일시키고 번복진술조서는 "그 후 원진술자인 종전 증인이 다시 법정에 출석하여 증언을 하면서 그 진술조서의 성립의 진정함을 인정하고 피고인측에 반대신문의 기회가 부여되었다고 하더라도 증거능력이 없다"고 못박았다.

둘째, 이 판결은 번복진술조서의 증거능력(피고인이 증거로 할 수 있음에 동의하지 아니하는 한 그 증거능력이 없다. 재판요지 ㉯ 참조)을 문제 삼고 있지만 번복진술조서 중에서도 검사가 법정증인을 별도의 위증사건 피의자로 입건하여 신문하는 절차 없이 추궁하여 작성한 진술조서만을 문제 삼고 있다. 이 부분을 반대해석하면 검사가 법정증인 W를 별도의 위증사건 피의자로 입건하여 정식의 피의자신문절차에서 W를 추궁하여 작성한 (위증사건에 대한) 피의자신문조서는 증거로 할 수 있다는 취지로 읽힐 여지가 있다. 그러나 2013년에 대법원은 검사가 법정증인 W를 별도의 위증사건 피의자로 입건하여 정식의 피의자신문절차에서 W를 추궁하여 작성한 (위증사건에 대한) 피의자신문조서도 피고인이 증거로 할 수 있음에 동의하지 아니하는 한 그 증거능력이 없다[5]고 판시하였다.

셋째, 이 판결은 공소사실에 배치되는 증인의 1차 증언 후 수사기관(본 사안에서는 검사가 작성하였지만 사법경찰관이 작성한 경우에도 마찬가지로 해석된다)에 의해 작성된 법정증인의 번복(공소사실에 부합)진술조서의 증

술을 검사의 일방적 신문으로 번복하는 것이어서 당해 사건의 유죄의 증거로 삼아서는 안 될 것이나 이러한 진술조서라도 그 후에 법정에서 피고인 측에게 증인에 대한 반대신문의 기회를 부여하였다면 그 증거능력이 인정된다."(대법원 1992.8.18. 선고 92도1555 판결)

5) **대법원 2013.8.14. 선고 2012도13665 판결**: "O2에 대한 각 검찰 피의자신문조서 사본의 증거능력에 관하여 본다. 공판준비 또는 공판기일에서 이미 증언을 마친 증인을 검사가 소환한 후 피고인에게 유리한 그 증언 내용을 추궁하여 이를 일방적으로 번복시키는 방식으로 작성한 진술조서 (중략) 이러한 진술조서는 피고인이 증거로 할 수 있음에 동의하지 아니하는 한 증거능력이 없다. 그리고 그 후 원진술자인 종전 증인이 다시 법정에 출석하여 증언을 하면서 그 진술조서의 성립의 진정함을 인정하고 피고인측에 반대신문의 기회가 부여되었다고 하더라도 그 증언 자체를 유죄의 증거로 할 수 있음은 별론으로 하고 위와 같은 진술조서의 증거능력이 없다는 결론은 달리할 것이 아니다(대법원 2000.6.15. 선고 99도1108 전원합의체 판결, 대법원 2012.6.14. 선고 2012도534 판결 등 참조). 이는 검사가 공판준비 또는 공판기일에서 이미 증언을 마친 증인에게 수사기관에 출석할 것을 요구하여 그 증인을 상대로 위증의 혐의를 조사한 내용을 담은 피의자신문조서의 경우도 마찬가지이다. 기록에 의하면, O2에 대한 각 검찰 피의자신문조서 사본은 O2가 제1심 공판기일에서 증언을 마친 후 검사가 O2를 소환하여 위증죄의 피의자로 조사하면서 작성한 것으로서, 이는 피고인이 이 사건 지게차를 가져간 경위에 관한 O2의 법정에서의 증언 내용을 검사가 추궁하여 O2로부터 그 중 일부가 진실이 아니라는 취지의 번복 진술을 받아낸 것인 사실, 검사가 O2에 대한 각 검찰 피의자신문조서 사본을 원심법원에 유죄의 증거로 제출하자 피고인은 이를 증거로 함에 동의하지 아니하였고, 이에 검사의 신청에 따라 O2가 증인으로 채택되었으나 소환이 되지 아니하여 O2에 대한 증인신문이 이루어지지 못하자 원심은 O2를 증인으로 채택한 결정을 취소한 다음 그에 대한 각 검찰 피의자신문조서 사본을 증거로 채택한 사실을 알 수 있다. 이러한 사실관계를 앞서 본 법리에 비추어 살펴보면, O2에 대한 각 검찰 피의자신문조서 사본 역시 이 사건에서 증거능력이 없다."

거능력을 부인하였지만 그 증인이 2차 증언에서 '공소사실에 부합하는 번복증언'(이하 '번복증언'으로 약칭한다)을 하고 피고인측의 반대신문을 경유하였다면 이 번복증언은 증거능력이 있다고 판시하였다. 2차 증언의 실시는 당사자주의나 공판중심주의, 직접주의의 어떤 견지에서도 문제될 것이 없으므로 이 부분의 판시에 대하여는 특별히 지적할 사항이 없다. 그런데 이 판결은 무엇을 근거로 하여 위와 같은 판결을 하였는가?

(나) 이 판결의 법리적 논거

이 판결은 검사가 법정증인을 별도의 위증사건 피의자로 입건하여 신문하는 절차 없이 검사가 일방적으로 번복진술조서를 받아내는 것은 "㉮ 당사자주의·공판중심주의·직접주의를 지향하는 현행 형사소송법의 소송구조에 어긋나는 것일 뿐만 아니라, ㉯ 헌법 제27조가 보장하는 기본권, 즉 법관의 면전에서 모든 증거자료가 조사·진술되고 이에 대하여 피고인이 공격·방어할 수 있는 기회가 '실질적으로' 부여되는 재판을 받을 권리를 침해하는 것"이기 때문에 증거로 할 수 없다고 논단하고 있다. 그런데 ㉯ 부분의 판시는 헌법재판소가 형사소송법 제314조에 대한 위헌소원에서 헌법 제12조 제1항 후문 후단의 적법절차조항과 헌법 제27조 제1항 및 제3항을 근거로 이끌어낸 형사피고인의 '공정한 재판을 받을 권리' 선언[6]을 토대로 발전시킨 것[7]이다. 이 판결의 생성을 가능하게 했던 법리는 이렇듯 가깝게는 공판중심주의·직접주의이고 멀리는 당사자주의와 적법절차원리임을 알 수 있다. 이 판결은 당사자주의와 적법절차와 같은 '기저적(基底的)인 구조원리'가 공판중심주의·직접주의와 같은 '하위수준의 구조원리'개념을 매개로 형사실무의 최전방말단에 자리하고 있는

6) "여기서 '공판중심주의에 의하여 공개된 법정의 법관의 면전에서 모든 증거자료는 조사·진술되고 이에 대하여 피고인이 공격·방어할 수 있는 기회를 보장받을 피고인의 권리'가 생기는 것이다"[헌재 1994.4.28. 선고 93헌바26 결정(합헌 형사소송법 제314조 위헌소원 판례집 6-1, 348~370)].

7) "㉠ 헌법은 제12조 제1항에서 적법절차에 의하지 아니하고는 처벌을 받지 않을 권리를, 제27조 제1항 및 제3항에서 법관의 법률에 의한 공정하고 신속한 공개재판을 받을 권리를 각 명문으로 규정하고 있고, ㉡ 이러한 기본권을 실현하기 위하여 법은 제161조의2에서 피고인의 반대신문권을 포함한 교호신문제도를 규정함과 동시에, 제310조의2에서 법관의 면전에서 진술되지 아니하고 피고인에 대한 반대신문의 기회가 부여되지 아니한 진술에 대하여는 원칙적으로 증거능력을 부여하지 아니함으로써, 결국 ㉢ 형사재판에 있어서 모든 증거는 법관의 면전에서 진술·심리되어야 한다는 직접주의와 피고인에게 불리한 증거에 대하여는 반대신문할 수 있는 권리를 원칙적으로 보장하고 있으므로, ㉣ 법 제310조의2에서 정한 예외 규정인 제312조와 제313조가 엄격하게 해석·적용되어야 함은 당연하다."(김형선 대법관의 다수의견에 대한 보충의견)

각론적 쟁점의 해석 문제에 깊숙이 침투해 들어가고 있는 과정[8]을 실증해 주는 사례의 하나이다.

(다) 검사의 향후 대응책

검사는 종래와 같이 '위증죄 기소'를 무기로 법정증인의 번복진술조서를 받아내려는 발상을 포기하고 반대신문의 기술을 발전시켜 제1차 증인신문에서부터 송곳 같은 반대신문으로 위증을 기도하는 증인을 무력화시키고 이에 실패하면 제2차, 제3차의 증인신문에서 위증을 무력화시키는 수밖에 없을 것이다. 물론 쉬운 일은 아닐 것이고 '실질적으로 유죄이지만 재판상 무죄'를 선고받는 피고인들이 생길 것이다. 그러나 적법절차, 당사자주의, 공판중심주의, 직접주의 등의 구조원리는 '더 큰 공익(bigger public interest)'을 위하여 '보다 작은 공익(smaller public interest)'을 기꺼이 희생시키는 원리이므로 이 판결에 순응할 필요가 있다.

8) "ⓑ 직접주의의 원칙에다가 관련 법규정을 종합하여 보면, 법 제312조나 제313조는 전문증거인 조서나 진술서 등이 작성될 당시 그 사건을 직접 심리할 수소법원이 그 원진술자 등을 신문하여 그가 경험한 사실을 직접 청취할 수 없었던 사정을 감안하여 일정한 요건 하에 예외적으로 증거능력을 부여하는 취지임을 알 수 있는바, 이 사건과 같이 ⓢ 참고인이 증인으로 소환되어 법관의 면전에서 자기가 경험한 사실을 직접 진술한 바 있고 그 후에도 재차 증언이 가능한 경우, 수소법원으로서는 그 증인의 종전 증언 내용에 의문이 있다고 판단되면 직권이나 당사자의 신청에 따라 그를 다시 소환하여 증언을 직접 들으면 되고 또한 그것으로 충분한 것이며, ⓞ 그럼에도 불구하고 검사가 종전 증인을 상대로 진술조서를 작성하여 유죄의 증거로 제출하였다면, 그것은 법원의 직접 심리가 얼마든지 가능한 상황에서 의도적으로 만들어진 전문증거로서 직접주의에 역행하는 산물임이 분명하므로, 여기에 제312조나 제313조를 내세워 증거능력을 부여할 수 없는 것이다. 이와 반대의 입장을 취한다면, 1961.9.1. 법률 제705호로써 법 제310조의2의 원칙 규정을 신설한 입법취지가 몰각됨은 물론이고, 직접주의의 원칙과 그 예외가 뒤바뀌는 결과에 이르게 될 것이다. (중략) 형사소송의 당사자인 피고인의 권리의 측면에서 보더라도 이 사건 진술조서는 그 증거능력이 부정될 수밖에 없다. 헌법 제27조 제1항 및 제3항이 규정하는 국민의 기본권에는 법관의 면전에서 모든 증거자료가 조사·진술되고 이에 대하여 피고인이 공격·방어할 수 있는 기회가 실질적으로 부여되는 재판을 받을 권리가 포함되어 있는바, ⓩ 공소가 제기된 이후 피고인은 수사의 대상인 피의자의 입장에서 벗어나 당사자로서의 지위를 갖게 되고, 이에 따라 법은 피고인에게 공판정 출석권(제276조), 증거신청권(제294조), 증거조사 참여권(제163조, 제121조, 제145조, 제176조), 증인신문에 있어서 반대신문권(제161조의2), 증거조사에 대한 의견진술권(제293조), 증거조사에 대한 이의신청권(제296조) 등을 부여하고 있다. ⓒ 이 점과 관련하여 대법원은 일찍부터, 법관의 면전에서 직접 신문이 이루어짐으로써 성립의 진정에 아무런 문제도 없는 증인신문조서에 관하여도 소송관계인인 피고인에게 증인신문을 통지하는 등 공격방어의 기회를 부여하지 아니하였다면 특별한 사정이 없는 한 그 증거능력이 부정되어야 한다는 취지의 판시를 한 바 있다(대법원 1955.7.15. 선고 4288형상128 판결; 대법원 1967.7.4. 선고 67도613 판결; 대법원 1969.7.25. 선고 68도1481 판결; 대법원 1992.2.28. 선고 91도2337 판결 등 참조). 그런데 ⓚ 이 사건 진술조서는 공소제기에 따라 피고인이 당사자로서의 지위를 갖춘 이후에 작성된 것임에도 불구하고 피고인측의 반대신문권 보장은 물론이고 피고인이나 변호인의 참여도 전혀 없는 상태에서 이루어진 것임이 분명하므로, 앞서 본 법원의 증인신문조서와 비교하여 볼 때 그 증거능력을 인정할 도리가 없는 것이다."(김형선 대법관의 다수의견에 대한 보충의견)

5.5

피고인의 출석권 · 공시송달 · 특례법 · 위법한 궐석재판에 대한 구제방법(상소권회복)[1]

대법원 2003.11.14. 선고 2003도4983 판결

I 사 안

D는 공문서위조(형법 제225조; 법정형 10년 이하의 징역) · 위조공문서행사(위와 같음) 혐의로 기소되었다. 검사는 2001.10.24. D를 제1심법원에 기소하면서 공소장에 D의 주거지를 '포항시 북구 동빈동 1가(이하 생략)'로 기재함과 아울러 D가 다른 사건으로 경주교도소에 수용 중으로서 2001.11.16. 그 형기가 종료될 예정임을 표시하였다. 제1심은 공소장 부본을 D의 위 주거지에 우편으로 발송하여 그 송달불능보고서가 2001.11.2. 제1심에 접수되었으며, D의 출소 후 '답변서 및 정상관계 진술서(양식)'가 D의 위 주거지로 발송되었으나 그 송달불능보고서가 2002.3.15. 제1심에 접수되었다.

검사가 2002.5.2. D가 2001.12.22. '포항시 북구 죽도동(이하 생략)'으로 주민등록 전입신고를 한 것으로 되어 있는 주민조회서를 제1심에 제출함으로써 D의 주소를 보정하자, 제1심은 2002.5.3. 관할 경찰서에 D의 소재탐지를 촉탁하였고, 그 결과 2002.5.14. "'포항시 북구 죽도동(이하 생략)'은 O(D의 형)의 거주지로서 D는 O와 10년이 넘게 왕래가 없으며 D는 소재불명"이라는 내용의 소재탐지보고서가 제1심에 접수되었다.

수사기록에 의하면, O2(D의 동거녀)가 경찰에서 참고인으로 조사받은 바 있는데, 그 진술조서에는 O2의 주거지가 '포항시 남구 오천읍(이하 생략)'으로 기재되어 있고, 휴대폰 번호(번호 생략)와 집 전화번호(번호 생략)가 기재되어 있었으며, 검사 작성의 D에 대한 피의자신문조서에도 자택전화번호가 '휴대폰(번호 생략)(처 O2)'으로 기재되어 있었다.

제1심은 위와 같이 경찰의 소재탐지보고서가 접수되자 2002.6.12. 위 O2(D의 동거녀)의 주거지나 휴대폰으로 연락을 취해보지 않은 채, D에 대한 공소장 부본과 공판기일 소환장(2002.6.20. 10:00)의 송달을 공시송달로 할 것을 결정으로 명하였다.

제1심은 2002.6.20.의 공판기일에 D가 불출석하자 그 기일을 연기함과 아울러 다음 기일을 2002.7.11. 10:00로 지정한 후 그 소환장 역시 공시송달[2]하였다. 제1심

1) 韓凡洙, 궐석재판에 대한 구제방법, 『해설』(통권 제48호, 2003), 435 이하 참조.

2) **법 제60조**(송달받기 위한 신고) ① 피고인, 대리인, 대표자, 변호인 또는 보조인이 법원 소재지에 서류의 송달을 받을 수 있는 주거 또는 사무소를 두지 아니한 때에는 법원 소재지에 주거 또는 사무

은 2002.7.11. 10:00 공판기일에 D의 출석 없이 개정하여(공판조서에 의하면 개정의 근거법령이 형사소송법 제365조로 되어 있으나 위 조항은 항소심의 공판기일에 관한 것이므로 이는 오기로 보이고, 제1심의 개정의 근거는 소송촉진등에 관한 특례법 제23조이다) 증거조사를 마치고 변론을 종결한 다음 2002.7.25. D를 공문서위조죄 등으로 징역 8월에 처하였다.

제1심판결에 대하여 검사가 양형부당을 주장하며 항소하였다. 항소심은 소송기록접수통지서, 항소이유서, 소환장 등의 서류를 D의 주민등록지인 '포항시 북구 죽도동(이하 생략)'으로 발송하였으나 모두 송달불능되자 검사에게 D의 주소를 보정할 것을 명하였고, 검사가 제1심에서 제출된 소재탐지보고서와 거의 같은 내용으로 된 경찰의 소재수사결과보고서를 항소심에 제출하자, 항소심은 2003.3.25. D에 대한 서류의 송달은 공시송달로 할 것을 명하고(법 제63조 제1항), 2003.4.29. 검사의 항소를 기각하는 판결을 선고하였다.

그 후 D는 형집행을 위하여 검거되었다. D는 항소심에 상고권회복청구[3]를 하였

소있는 자를 송달영수인으로 선임하여 연명한 서면으로 신고하여야 한다. ② 송달영수인은 송달에 관하여 본인으로 간주하고 그 주거 또는 사무소는 본인의 주거 또는 사무소로 간주한다. ③ 송달영수인의 선임은 같은 지역에 있는 각 심급법원에 대하여 효력이 있다. ④ 전3항의 규정은 신체구속을 당한 자에게 적용하지 아니한다.

제61조(우체에 부치는 송달) ① 주거, 사무소 또는 송달영수인의 선임을 신고하여야 할 자가 그 신고를 하지 아니하는 때에는 법원사무관 등은 서류를 우체에 부치거나 기타 적당한 방법에 의하여 송달할 수 있다.〈개정 2007.6.1.〉 ② 서류를 우체에 부친 경우에는 도달된 때에 송달된 것으로 간주한다.

제62조(검사에 대한 송달) 검사에 대한 송달은 서류를 소속검찰청에 송부하여야 한다.

제63조(공시송달의 원인) ① 피고인의 주거, 사무소와 현재지를 알 수 없는 때에는 공시송달을 할 수 있다. ② 피고인이 재판권이 미치지 아니하는 장소에 있는 경우에 다른 방법으로 송달할 수 없는 때에도 전항과 같다.

제64조(공시송달의 방식) ① 공시송달은 대법원규칙의 정하는 바에 의하여 법원이 명한 때에 한하여 할 수 있다. ② 공시송달은 법원사무관 등이 송달할 서류를 보관하고 그 사유를 법원게시장에 공시하여야 한다.〈개정 1961.9.1, 2007.6.1.〉 ③ 법원은 전항의 사유를 관보나 신문지상에 공고할 것을 명할 수 있다.〈개정 1961.9.1.〉 ④ 최초의 공시송달은 제2항의 공시를 한 날로부터 2주일을 경과하면 그 효력이 생긴다. 단, 제2회 이후의 공시송달은 5일을 경과하면 그 효력이 생긴다.〈개정 1961.9.1.〉

제65조(「민사소송법」의 준용) 서류의 송달에 관하여 법률에 다른 규정이 없는 때에는 「민사소송법」을 준용한다.〈개정 2007.6.1〉 [제목개정 2007.6.1]

3) **법 제345조**(상소권회복청구권자) 제338조 내지 제341조의 규정에 의하여 상소할 수 있는 자는 자기 또는 대리인이 책임질 수 없는 사유로 인하여 상소의 제기기간 내에 상소를 하지 못한 때에는 상소권회복의 청구를 할 수 있다.

제346조(상소권회복청구의 방식) ① 상소권회복의 청구는 사유가 종지한 날로부터 상소의 제기기간에 상당한 기간 내에 서면으로 원심법원에 제출하여야 한다. ② 상소권회복의 청구를 할 때에는 원인된 사유를 소명하여야 한다. ③ 상소권의 회복을 청구한 자는 그 청구와 동시에 상소를 제기하여야 한다.

제347조(상소권회복에 대한 결정과 즉시항고) ① 상소권회복의 청구를 받은 법원은 청구의 허부에 관한 결정을 하여야 한다. ② 전항의 결정에 대하여는 즉시항고를 할 수 있다.

제348조(상소권회복청구와 집행정지) ① 상소권회복의 청구가 있는 때에는 법원은 전조의 결정을 할 때까지 재판의 집행을 정지하는 결정을 할 수 있다.〈개정 2007.6.1.〉 ② 전항의 집행정지의 결정을 한 경우에 피고인의 구금을 요하는 때에는 구속영장을 발부하여야 한다. 단, 제70조의 요건이 구비된 때에 한한다.

다. 항소심은 2003.7.31. D의 상고권을 회복하는 결정을 하였고, 그 결정이 확정되었다. D는 "제1심과 항소심은 공시송달의 요건이 구비되지 아니하였음에 불구하고 공시송달에 의하여 재판을 진행함으로써 D의 방어권이 침해되었다. D가 경주교도소에서 복역 중이던 당시 경주교도소로 공소장 부본을 송달하였으면 D가 수령할 수 있었음에도 불구하고 그러한 조치를 취하지 아니하였다."고 주장하며 상고하였다.

II 쟁점

부적법한 공시송달과 이로 인한 위법한 궐석재판에 대한 구제방법

III 재판요지 (상고기각)

제1심판결 및 항소심판결에는 다음과 같이 판결에 영향을 미친 위법이 있다.

(가) 제1심판결의 위법

(1) 소송촉진 등에 관한 특례법(이하 '특례법'이라고만 한다) 제23조,[4] 같은 법 시행규칙 제18조 제2항, 제3항, 제19조 제1항은, D의 소재를 확인하기 위하여 필요한 조치를 취하였음에도 불구하고 D의 소재가 확인되지 아니한 때에는 그 후 D에 대한 송달은 공시송달의 방법에 의하도록 규정하고 있다. D의 동거녀의 핸드폰 번호와 주거지가 기록상 나타나 있고, D가 검사의 신문을 받으면서 자신의 자택전화번호로서 동거녀의 핸드폰 번호를 진술하고 있으므로, 제1심으로서는 공시송달결정을 함에 앞서 D의 동거녀의 주거지로 송달이 가능한지 여부를 살펴보거나 위 전화번호로 연락하여 송달받을 장소를 확인하여 보는 등의 시도를 해 보았어야 한다. 그럼에도 불구하고, 이러한 조치를 취하지 아니한 채 D의 소재가 확인되지 아니한다고 단정하여 곧바로 공시송달의 방법에

4) **소송촉진 등에 관한 특례법 제23조**(제1심 공판의 특례) 제1심 공판절차에서 피고인에 대한 송달불능보고서(送達不能報告書)가 접수된 때부터 6개월이 지나도록 피고인의 소재(所在)를 확인할 수 없는 경우에는 대법원규칙으로 정하는 바에 따라 피고인의 진술 없이 재판할 수 있다. 다만, 사형, 무기 또는 장기(長期) 10년이 넘는 징역이나 금고에 해당하는 사건의 경우에는 그러하지 아니하다.〈개정 2009.12.29.〉[전문개정 2009.11.2.]

제23조의2(재심) ① 제23조 본문에 따라 유죄판결을 받고 그 판결이 확정된 자가 책임을 질 수 없는 사유로 공판절차에 출석할 수 없었던 경우 「형사소송법」 제424조에 규정된 자는 그 판결이 있었던 사실을 안 날부터 14일 이내[재심청구인(再審請求人)이 책임을 질 수 없는 사유로 위 기간에 재심청구를 하지 못한 경우에는 그 사유가 없어진 날부터 14일 이내]에 제1심 법원에 재심을 청구할 수 있다. ② 제1항에 따른 청구가 있을 때에는 법원은 재판의 집행을 정지하는 결정을 하여야 한다. ③ 제2항에 따른 집행정지 결정을 한 경우에 피고인을 구금할 필요가 있을 때에는 구속영장을 발부하여야 한다. 다만, 「형사소송법」 제70조의 요건을 갖춘 경우로 한정한다. ④ 재심청구인은 재심청구서에 송달 장소를 적고, 이를 변경하는 경우에는 지체 없이 그 취지를 법원에 신고하여야 한다. ⑤ 재심청구인이 제4항에 따른 기재 또는 신고를 하지 아니하여 송달을 할 수 없는 경우에는 「형사소송법」 제64조에 따른 공시송달(公示送達)을 할 수 있다. ⑥ 재심 개시 결정이 확정된 후 공판기일에 재심청구인이 출석하지 아니한 경우에는 「형사소송법」 제365조를 준용한다. ⑦ 이 법에 따른 재심에 관하여는 「형사소송법」 제426조, 제427조, 제429조부터 제434조까지, 제435조제1항, 제437조부터 제440조까지의 규정을 준용한다.[전문개정 2009.11.2.]

의한 송달을 하고 D의 진술 없이 판결을 한 제1심의 조치는 위 특례법 및 그 시행규칙에 위배된다.

(2) D의 소재를 확인하기 위하여 필요한 조치를 취하였음에도 불구하고 D에 대한 송달불능보고서가 접수된 때로부터 6월이 경과하도록 D의 소재가 확인되지 아니한 때에 비로소 공시송달의 방법에 의하도록 하고 있는데(특례법 제23조와 같은 법 시행규칙 제19조 제1항), 위 6월의 기간이 D의 재판청구권 및 공격·방어권 보호를 위하여 설정된 최소한의 기간이라는 점에 비추어 보면, 그 기산점이 되는 '송달불능보고서가 접수된 때'는 엄격하게 해석하여야 할 것이고, 한편 형사소송법 제65조에 의하여 이 사건 공소장 부본 송달 당시 준용되던 구 민사소송법(2002.1.26. 법률 제6626호로 전문 개정되기 전의 것) 제169조는 교도소 또는 구치소에 구속된 자에 대한 송달은 그 소장에게 하도록 하고 있는바, 이 사건 공소제기 당시 D는 경주교도소에 수용 중이었으므로, 제1심은 D에 대한 공소장 부본을 경주교도소 소장에게 송달하였어야 함에도 불구하고 공소장에 기재된 D의 주거지로 부적법하게 공소장 부본을 송달하였고, D가 아직 경주교도소에 수용되어 있던 2001.11.2. 그 송달불능보고서가 제1심에 접수되었다. 그렇다면 이러한 부적법한 공소장 부본의 송달에 따른 그 송달불능보고서가 접수된 시점을 기산점으로 하여 위 6월의 기간을 산정할 수는 없다. 그 후 '답변서 및 정상관계 진술서(양식)'의 송달불능보고서가 제1심에 접수된 2002.3.15.을 기산점으로 해서는 제1심의 공시송달결정은 물론 그 판결선고도 6월이 경과하기 전에 이루어졌음이 명백하므로, 제1심은 특례법 제23조 소정의 6월이 경과하기 전에 공시송달결정을 한 위법을 저질렀다.

(3) 또한 제1심은 2002.6.12. 최초로 공시송달결정을 하면서 2002.6.20. 10:00의 공판기일 소환장을 공시송달하였으나, 형사소송법 제64조 제4항, 제2항에 의하면 최초의 공시송달은 그 사유를 법원게시장에 공시한 날로부터 2주일이 경과하면 효력이 발생한다고 하고 있으므로, 위 소환장의 송달의 효력은 위 공판기일인 2000.6.20.이 경과한 후에 비로소 발생한다. 따라서 위 공판기일에 관해서는 D는 소환을 받지 못하였다. 그럼에도 불구하고, 제1심은 2002.6.20. 10:00 공판기일에서 다음 공판기일을 2002.7.11. 10:00로 정하고 그 소환장 역시 공시송달한 다음 2002.7.11. 10:00 D가 그 기일에 불출석하자 D의 출석 없이 개정하여 증거조사를 마치고 변론을 종결하였다. 이러한 제1심의 조치는 D가 공판기일의 소환을 2회 이상 받고도 출석하지 아니한 때에 D의 진술 없이 재판할 수 있다고 한 특례법시행규칙 제19조 제2항을 위반한 것이다.

(나) 항소심판결의 위법

(1) D의 동거녀의 핸드폰 번호와 주거지가 기록상 나타나 있고, D가 검사의 신문을 받으면서 자신의 자택전화번호로서 동거녀의 핸드폰 번호를 진술하고 있음에도 불

구하고, 항소심은 공시송달결정을 함에 앞서 D의 동거녀의 주거지로 송달이 가능한지 여부를 살펴보거나 위 전화번호로 연락하여 송달받을 장소를 확인하여 보는 등의 조치를 취하지 아니한 채 D의 소재가 확인되지 아니한다고 단정하여 곧바로 공시송달의 방법에 의한 송달을 함으로써 형사소송법 제63조 제1항, 제365조를 위반하였다.

(2) 또한 제1심이 위법한 공시송달결정에 터잡아 공판기일소환장을 송달하고 D가 2회 이상 출석하지 아니하였다고 보아 D의 출석 없이 심리·판단한 이상, 이는 D에게 출석의 기회를 주지 아니한 것이 되어 그 소송절차는 위법하다. 항소법원은 판결에 영향을 미친 사유에 관하여는 항소이유서에 포함되지 아니한 경우에도 직권으로 심판할 수 있으므로, 항소심으로서는 검사만이 양형부당을 이유로 항소하였음에 구애되지 말고 마땅히 직권으로 제1심의 위법을 시정하는 조치를 취했어야 한다. 제1심의 위법한 절차진행으로 말미암아 D가 소송절차에서 배제되어 제1심의 위법을 지적할 기회조차 박탈당하였다는 점을 감안하면 더욱 더 항소심은 직권으로 제1심의 위법을 시정할 필요가 있었다. 따라서 이러한 조치를 취하지 않은 항소심 역시 위법하다.

(다) 이 사건 상고의 적법 여부

항소심의 상고권회복결정이 확정되어 D의 상고권이 회복되었다고 하더라도 이 사건 상고가 적법한지 여부에 관하여 의문이 갈 수 있다. 외관상으로만 보면, 제1심판결에 대하여 D는 불복하지 않고 검사만이 양형부당으로 항소하여 항소심은 검사의 항소를 기각하고 있는데, 이와 같은 경우에 대법원은 일관하여, 제1심판결에 대하여 D는 항소하지 않고 검사만 항소하여 그 항소가 기각된 경우 항소심판결은 D에게 불이익한 판결이 아니므로 D는 그 판결에 대하여 상고할 수 없다고 보고 있으며, 위 법리에 따르면 D의 이 사건 상고는 부적법하다고 보이기도 하다.

그러나 위와 같은 법리는 제1심이 통상적인 절차에 따라 진행되어 D가 공격·방어권을 제대로 행사할 수 있었던 경우에만 적용될 수 있고, 이 사건과 같이 제1심 및 항소심의 소송절차에서 D가 부당하게 배제되어 공격·방어권을 전혀 행사할 수 없었던 경우에는 적용될 수 없다. 만약 그렇게 해석하지 않고 위 법리에 따라 D의 상고가 부적법하다고 해석한다면, 제1심이나 항소심에서 D의 공격·방어권이 부당하게 침해된 사실을 인정하면서도, 그 위법을 시정하지 않고 오히려 D가 공격·방어권을 행사할 기회조차 영원히 박탈하는 결과에 이르고, 이는 재판을 받을 권리를 기본권으로 규정하는 한편 적법절차를 보장하고 있는 헌법의 정신에 반하기 때문이다. 따라서 D의 이 사건 상고는 적법하다.

(라) 항소심이 취하여야 할 조치

현재 D의 소재가 확인된 이상, 항소심으로서는 다시 적법한 절차에 의하여 공소장 부본을 송달하고, D에게 공판기일에 출석하여 이익되는 사실을 진술하고 유리한 증거를 제출할 기회를 부여하는 등 새로이 소송절차를 진행한 다음, 위법한 제1심판결을 파기하고 항소심에서의 새로운 심리 결과에 따라 다시 판결하여야 한다. 그리고 검사가 항소를 취하함으로써 제1심판결을 확정시키려고 하는 것은 D의 재판청구권을 부당하게 침해하는 것으로서 허용되지 않는다.[5)]

IV 분석과 해설

(가) 문제의 제기

피고인이 출석하지 아니하면 개정하지 못한다.(법 제276조 본문)[6)] 이 조항을 뒤집어 보면 피고인은 공판정에 출석하여 적극적으로 방어권을 행사할 수 있는 권리를 가진다. 피고인의 이 방어권을 '피고인의 출석권'이라고 부르기로 하자. 당사자주의 소송구조에서는 '피고인의 출석권'이 크게 중시되어야 한다.[7)] 피고인의 출석권은 의무가 아니므로 피고인이 출석을 거부하는 때에는 출석권이 제한된다.[8)] 그러나 후술하는 바와 같이 소송경제만을 추구하는 특례법 기타의 졸속적인 조항들 때문에 현재 피고인의 출석권은 현저하게 제한되고 있다. 따라서 피고인의 출석권을 제한하는 조항들은 엄격히 제한해석될 필요가 있다.

(나) 1998년 헌재결정(헌재 1998.7.16. 선고 97헌바22 결정)의 요지

이 결정은 구 특례법 제23조(제1심 공판의 특례)[9)]가 "㉮ 피고인 불출석 상태에서 중형이 선고될 수도 있는 가능성을 배제하고 있지 아니할 뿐만 아니라 그 적용대상이 너무 광범위하므로 헌법 제37조 제2항의 과잉금지의 원칙에 위배되어 ㉯ 피고인의 공정한 재판을 받을 권리를 침해하고 ㉰ 피고인에게 불출석에 대한 개인적 책임을 전혀 물을 수 없는 경우[10)]까지 피고인에게 답변과 입증 및 반증을

---

5) [따름판결] **대법원 2004.2.27 선고 2002도5800 판결**; 이 판결에 대하여는 愼鏞碩, 제1심이 위법한 公示送達로 D의 출석 없이 재판한 경우 抗訴審이 취하여야 할 조치(대법원 2004.2.27. 선고 2002도5800 판결), 『해설』 50호(통권 제50호, 2004), 753이하 참조.

6) "단 피고인이 법인인 경우에는 대리인을 출석하게 할 수 있다."(법 제276조 단서)

7) 법원은 피고인 소환장이 송달불능된 경우에는 공판기일 전에 검사에게 서면으로 주소보정을 요구하고 기일을 변경하거나, 첫 기일에 검사에게 주소보정을 요구하여야 한다.

8) "① 피고인이 출석하지 아니하면 개정하지 못하는 경우에 구속된 피고인이 정당한 사유 없이 출석을 거부하고, 교도관에 의한 인치가 불가능하거나 현저히 곤란하다고 인정되는 때에는 피고인의 출석 없이 공판절차를 진행할 수 있다. ② 제1항의 규정에 의하여 공판절차를 진행할 경우에는 출석한 검사 및 변호인의 의견을 들어야 한다."[법 제277조의2 (피고인의 출석거부와 공판절차)]

9) "제1심 공판절차에서 피고인에 대한 송달불능보고서가 접수된 때로부터 6월이 경과하도록 피고인의 소재를 확인할 수 없는 때에는 대법원규칙이 정하는 바에 따라 피고인의 진술 없이 재판할 수 있다. 다만, 사형·무기 또는 단기 3년 이상의 징역이나 금고에 해당하는 사건의 경우에는 그러하지 아니하다."

10) 반대의견을 낸 이영모 헌법재판관은 특단의 사정이 없는 한 '피고인에게 불출석에 대한 개인적 책

위한 기회조차 부여하지 아니한 채 궐석재판을 행할 수 있도록 하여 적법절차의 원칙에도 반한다"며 위헌을 선언하였다. 이 결정은 1996.1.25. 선고 95헌가5 결정('반국가행위자의 처벌에 관한 특별조치법'(이하 '특조법'으로 약칭함) 제2조 제1항 제2호 등 위헌제청)에서 이미 어느 정도 예고되고 있었다.

(다) 1998년 헌재결정과 헌재 1996.1.25. 선고 95헌가5 결정의 관계

헌법재판소 1996.1.25. 선고 95헌가5 결정은 "특조법 제7조 제5항은 검사의 청구에 의하여 법원으로 하여금 처음부터 의무적으로 궐석재판을 행하도록 하고 있으며, 재판의 연기도 전혀 허용하지 않고 있어, 중형에 해당하는 사건에 대하여 피고인의 방어권이 일절 행사될 수 없는 상태에서 재판이 진행되도록 규정한 것이므로 그 입법목적의 달성에 필요한 최소한의 범위를 넘어서 피고인의 공정한 재판을 받을 권리를 과도하게 침해"하고 "중형에 해당되는 사건에 대하여 피고인에게 출석 기회조차 주지 아니하여 답변과 입증 및 반증 등 공격·방어의 기회를 부여하지 않고, 피고인에게 불출석에 대한 개인적 책임을 전혀 물을 수 없는 경우까지 궐석재판을 행할 수 있다는 것은 절차의 내용이 심히 적정하지 못하여 적법절차의 원칙에도 반"하며, "중형에 해당되는 사건에서 피고인이 자신을 방어하기 위해 변호인도 출석시킬 수 없고, 증거조사도 없이 실형을 선고받는 것은 공격·방어의 기회를 원천적으로 봉쇄당하는 것이므로 적법절차의 원칙에 반하고, 특조법의 입법목적 달성에 필요한 최소한도의 범위 이상으로 재판청구권을 침해" 한다고 판시한 바 있다. 1998년 결정은 헌재 1996.1.25. 선고 95헌가5 결정[11]의 사정범위(射程範圍)를 한층 확장시

임을 전혀 물을 수 없는 경우'를 상정할 수 없다고 주장하고 있다.

11) "헌법은 제12조 제1항 후문 후단에 규정된 적법절차의 원칙을 명시하고 있는 외에 제27조 제1항에서는 당사자가 공판절차에서 충분한 공격·방어권을 행사하는 것, 이러한 대심(對審)절차를 통하여, 그리고 원칙적으로 법관의 면전에서 직접 조사된 증거를 토대로 한 객관적인 재판을 받을 권리, 재판절차를 규율하는 법률 및 재판에 적용될 실체적 법률이 모두 합헌성을 띠어야 한다는 의미에서의 '법률에 의한 재판을 받을 권리'를 내용으로 하는 공정한 재판을 받을 권리를 보장하고 있다. 그리고 피고인의 공격·방어방법 중 변호인의 조력을 받는 것이 피고인의 인권침해를 방지하기 위하여 가장 효율적이고 중요한 방법의 하나이므로, 형사소송법은 그 제30조에서 피고인은 변호인을 선임할 수 있음을 규정하였고, 그 제282조에서 사형, 무기 또는 단기 3년 이상의 징역이나 금고에 해당하는 사건에 한하여는 변호인 없이 개정하지 못한다고 규정하였다. 그런데 특조법 제2조 제1항에 규정한 죄 중 많은 죄의 법정형이 사형·무기 또는 단기 3년 이상의 징역형인 점은 위에서 본 바이다. 그럼에도 불구하고 피고인이 자신을 방어하기 위해 변호인도 출석시킬 수 없고, 또한 증거조사도 없이 실형을 선고받는다는 것은 공격·방어의 기회를 원천적으로 봉쇄당하는 것을 뜻하게 되므로, 특조법 제7조 제6항 및 제7항은 헌법 제12조 제1항에 정한 적법절차의 원칙에 반하고, 헌법 제27조 제1항에 정한 재판청구권을 특조법이 정한 목적의 달성에 필요한 최소한의 범위 이상으로 침해하는 것이라 아니할 수 없다.(중략) 또한 특조법 제7조 제7항 본문은 나아가 헌법 제101조 제1항에 의해 부여된 법원의 사법권을 과도하게 제약하고 있다. 사법(司法)의 본질은 법 또는 권리에 관

킨 데 그 의의가 있다. 1998년 결정을 계기로 하여 특례법이 현재와 같이 개정되었다.

(라) 소송촉진 등에 관한 특례법의 개정

개정의 주요골자는 궐석재판 대상사건의 축소(법정형이 사형·무기 또는 장기 10년이 넘는 징역이나 금고에 해당하지 아니하는 사건, 제23조 단서), 불출석에 귀책사유 없이 유죄선고를 받은 피고인에게 특례법상의 재심청구권 부여(제23조의2), 불출석에 귀책사유가 없는 피고인에게 상소제기와 재심청구를 선택적으로 보장하고 필요적 집행정지(제2항)를 규정하여 피고인의 방어권과 심급의 이익을 보장하고, 재심청구가 있는 경우 법원은 재판의 집행을 정지하되, 피고인의 구금을 요하는 때에는 구속영장을 발부하게 한 것 등이다. 아울러 판례도 특례법 제23조 '피고인의 소재를 확인할 수 없는 경우'의 요건을 강화하는 추세에 있다.[12] 그러나 여전히 궐석재판 대상사건의 범위가 광범하다.

(마) '궐석재판'이 가능한 경우[13]

'피고인의 출석' 없이 공판을 개정하거나 공판심리를 진행하는 것을 '불출석심판' 혹은 '궐석재판'으로 부르기로 하자. '불출석심판' 혹은 '궐석재판'은 가급적 회피되어야 한다. 따라서 '불출석심판' 혹은 '궐석재판'이 가능한 경우를 확인·검토할 필요가 있다(위에서 본 특례법상의 특례는 제외).

(1) 피고인이 법인인 경우 법인은 자연인이 아니므로 법인 자체가 소송행

한 다툼이 있거나 법이 침해된 경우에 독립적인 법원이 원칙적으로 직접 조사한 증거를 통한 객관적 사실인정을 바탕으로 법을 해석·적용하여 유권적인 판단을 내리는 작용이라 할 것이다. 그런데 특조법 제7조 제7항이 특정 사안에 있어 법관으로 하여금 증거조사에 의한 사실판단도 하지 말고, 최초의 공판기일에 공소사실과 검사의 의견만을 듣고 결심하여 형을 선고하라는 것은 입법에 의해서 사법의 본질적인 중요부분을 대체시켜버리는 것에 다름 아니어서 우리 헌법상의 권력분립원칙에 어긋나는 것이다. 우리 헌법은 권력 상호간의 견제와 균형을 위하여 명시적으로 규정한 예외를 제외하고는 입법부에게 사법작용을 수행할 권한을 부여하지 않고 있다. 그런데도 입법자가 법원으로 하여금 증거조사도 하지 말고 형을 선고하도록 하는 법률을 제정한 것은 헌법이 정한 입법권의 한계를 유월하여 사법작용의 영역을 침범한 것이라고 할 것이다. 따라서 특조법 제7조 제7항 본문은 사법권의 법원에의 귀속을 명시한 헌법 제101조 제1항에도 위반된다."

12) 대법원 2013.6.27. 선고 2013도2714 판결 "피고인이 구치소나 교도소 등에 수감 중에 있는 경우는 형사소송법 제63조 제1항에 규정된 '피고인의 주거, 사무소, 현재지를 알 수 없는 때'나 소송촉진 등에 관한 특례법 제23조에 규정된 '피고인의 소재를 확인할 수 없는 경우'에 해당한다고 할 수 없으므로, 법원이 수감 중인 피고인에 대하여 공소장 부본과 피고인소환장 등을 종전 주소지 등으로 송달한 경우는 물론 공시송달의 방법으로 송달하였더라도 이는 위법하다고 보아야 한다. 따라서 법원은 주거, 사무소, 현재지 등 소재가 확인되지 않는 피고인에 대하여 공시송달을 할 때에는 검사에게 주소보정을 요구하거나 기타 필요한 조치를 취하여 피고인의 수감 여부를 확인할 필요가 있다." [그 밖에 대법원 2011.5.13. 선고 2011도1094 판결; 대법원 2014.5.16. 선고 2014도3037 판결; 대법원 2014.10.16. 자 2014모1557 결정 등 참조]

13) 제요[Ⅱ](2014), 20~26 참조.

위를 할 수는 없다. 따라서 법인의 대표자가 소송행위를 대표하고[14](법 제27조 제1항), 대표자가 없을 때는 법원이 선임한 특별대리인이 대표자의 임무를 행할 수밖에 없다(법 제28조). 따라서 피고인이 법인인 때는 그 대표자 또는 특별대리인이 출석하여야 하고 그의 출석 없이는 개정할 수 없다. 그러나 법인에 대한 처벌은 통상 벌금 또는 과료이므로 형법상의 형의 경중에 비추어 볼 때 법인이 피고인인 형사사건은 비교적 가벼운 사건에 속하고 또한 법인의 대표자가 소송을 수행할 수 있는 최적임의 주체가 아닌 경우가 있다. 오히려 사건내용을 잘 아는 실무자를 출석시키는 것이 효과적인 경우가 많다. 이 점을 고려하여 형소법은 대표자 또는 특별대리인이 있더라도 다른 대리인을 출석시킬 수 있는 길을 열어 놓았다(법 제276조 단서). 대표자가 여러 명일 때는 각자 대표권이 있으므로(법 제27조 제2항) 각자가 따로 대리인을 선임하여 출석시킬 수 있다. 대표자는 대리권을 특정 공판기일만으로 한정할 수도 있다.

(2) 피고인에게 의사능력이 없는 경우 형사책임무능력조항이 적용되지 아니하는 사건에서 피고인에게 의사능력이 없으면 법정대리인(친권자·후견인)이 피고인의 소송행위를 대리하고(법 제26조), 법정대리인이 없으면 법원이 선임한 특별대리인(법 제28조)이 법정대리인의 임무를 수행한다. 따라서 이 경우에는 피고인 본인의 출석 없이 법정대리인 또는 특별대리인이 출석하여 공판절차에 참여한다. 이 특례에 해당하는 사건이 아래 (3)의 경미사건에 해당한다면 위 법정대리인 등의 출석 없이도 개정할 수 있고 대리인을 출석시킬 수도 있다.

(3) 경미사건과 즉결심판사건 다액 500만 원 이하의 벌금이나 과료에 해당하는 사건은 피고인의 출석 없이 개정할 수 있다(법 제277조 제1호). 이 경우에 피고인은 출석의무가 없으며 대리인을 선임하여 대신 출석시킬 수 있다(같은 조 단서). 즉결심판으로 즉결피고인에게 벌금 또는 과료를 선고하는 경우에도 피고인의 출석을 요하지 아니한다(즉심법 제8조의2). 즉심법은 이를 불출석심판으로 부르고 있다.

(4) 피고인에게 공소기각 또는 면소의 판결을 할 것이 명백한 사건(법 제277조 제2호) 공소기각의 재판에는 공소기각의 판결(법 제327조 각 호)과 공소기각의 결정(법 제328조 각 호)이 모두 포함된다. 면소의 재판사유는 법 제326조에 나열되어 있다. 이 경우에도 피고인에게는 출석의무가 없다. 그러나 피고인은 대리인을 선임하여 대신 출석시킬 수 있다.

14) "수인이 공동하여 법인을 대표하는 경우에도 소송행위에 관하여는 각자가 대표한다."(법 제27조 제2항)

(5) 공판절차 정지사유가 있는 사건 ① 피고인에게 의사능력이 없는 경우와 ② 피고인이 질병으로 출정할 수 없는 경우에 법원은 직권으로 공판절차를 정지하여야 한다(법 제306조 제1항, 제2항). 이 결정을 하기 전에 법원은 검사와 변호인 및 의사의 의견을 들어야 한다(같은 조 제3항). 그러나 위 (3), (4)에 의하여 대리인이 출석할 수 있는 경우에 법원은 정지결정을 하지 못한다(같은 조 제5항). 그런데 위 ①, ②의 사유가 있더라도 사건이 무죄, 면소, 형 면제, 공소기각의 재판을 할 것이 명백한 때에는 정지결정을 하지 않은 채 피고인의 출석 없이 재판할 수 있다(같은 조 제4항). 면소와 공소기각의 재판을 할 것이 명백한 경우는 어차피 위 (4)에 의하여 피고인의 출석 없이 개정할 수 있으므로, 공판절차의 정지사유 있는 사건에 특유한 불출석 개정사유는 결국 '무죄'와 '형의 면제'의 재판을 할 것이 명백한 경우에 한정된다. 무죄와 형 면제 사유로 불출석 개정하는 경우에는 대리인 출석에 관한 명문조항이 없으므로 대리인 출석은 허용되지 아니한다.

(6) 피고인이 재판장의 허가 없이 퇴정하거나 퇴정명령을 받은 경우 피고인이 재정의무에 위반하여 무단 퇴정하였거나 재판장으로부터 퇴정명령(법 제281조 제1항, 법원조직법 제58조 제2항)을 받아 퇴정당한 때에는 그 진술 없이 판결할 수 있다.(법 제330조)[15] 따라서 그 재판의 전제가 되는 공판절차를 피고인이 재정하지 아니한 상태에서 개정·진행할 수 있다.

(7) 구속피고인의 출정거부의 경우 피고인이 출석하지 아니하면 개정하지 못하는 경우에 구속된 피고인이 정당한 사유 없이 출석을 거부하고 교도관리에 의한 인치가 불가능하거나 현저히 곤란하다고 인정되는 때에는 피고인의 출석 없이 공판절차를 진행할 수 있다(법 제277조의2). 법원이 출정 거부의 사유로 불출석 공판을 진행할 경우에는 공판에 출석한 검사 및 변호인의 의견을 들어야 하고(법 제277조의2 제2항), 재판장은 공판정에서 소송관계인에게 그 취지를 고지하여야 한다(규칙 제126조의6).

(8) 약식명령에 대한 정식재판청구가 있는 경우 약식명령에 대하여 정식재판을 청구한 피고인이 정식재판절차의 공판기일에 2회 출석하지 아니하면 법원은 피고인의 출석 없이 심판할 수 있다(법 제458조 제2항). 경미사건과 즉결심판사건에서 궐석재판을 허용한 것과 같은 맥락이다. 피고인만이 정식재판의 청구를

15) 판결뿐 아니라 심리할 수도 있다고 해석된다(이재상, 439).

하여 판결만을 선고하는 경우에도 피고인의 출석을 요하지 않는다(법 제277조 4호).

(9) 법원이 피고인의 불출석을 허가한 경우[16] 장기 3년 이하의 징역 또는 금고, 다액 500만 원을 초과하는 벌금 또는 구류에 해당하는 사건에서 피고인의 불출석허가신청이 있고 법원이 피고인의 불출석이 그의 권리를 보호함에 지장이 없다고 인정하여 이를 허가한 사건도 피고인의 출석을 요하지 않는다. 다만, 인정신문절차를 진행하거나 판결을 선고하는 공판기일에는 출석하여야 한다(법 제277조 3호).

(10) 상소심의 특칙 항소심이 사후심으로 진행되는 경우에는 새로운 변론을 하지 아니하므로 피고인의 출석을 요하지 아니한다. 또 상고심은 비교적 순수한 법률심이므로 피고인의 출석이 불필요하거나 부적당하다.

(i) 항소심 항소심에서 피고인이 공판기일에 출정하지 아니한 때에는 다시 기일을 정하여야 하지만 피고인이 정당한 사유 없이 다시 정한 기일에 출정하지 아니한 때에 항소심법원은 피고인의 진술 없이 판결할 수 있다(법 제365조). 다만, 피고인이 불출석한 상태에서 그 진술 없이 판결할 수 있으려면 피고인이 적법한 공판기일 통지를 받고서도 2회 연속으로 정당한 이유 없이 출정하지 아니한 경우에 해당하여야 한다(대법원 2012.6.28. 선고 2011도16166 판결).

(ii) 상고심 상고심은 순수한 법률심이므로 상고심의 공판기일에는 피고인의 소환을 요하지 아니한다(법 제389조의2).

16) 2008년 개정 형사소송법에서 추가된 부분이다.

5.6

공판조서에 대한 이의와 그 증명력

대법원 1988.11.8. 선고 86도1646 판결; 대법원 1995.4.14. 선고 95도110 판결

I 사 안

제1사안

D는 "1985.6.26. 19:00경 치안본부(현 경찰청) 수사2대 구내식당에서 공동피고인 D3로부터 직무에 관한 뇌물로 현금 450만 원을 교부" 받아 특정범죄 가중처벌 등에 관한 법률위반 혐의로 기소되었다. 검사가 제1심 제9회 공판기일에, 제1회 공판조서 중 D의 진술(공소사실 부인)이 기재된 부분에 관하여 변경(공소사실 인정=자백)을 청구하면서 공판조서의 기재의 정확성에 대한 이의를 진술하자, 변호인은 그 '공판조서의 기재가 정확한 것'이라는 취지의 의견을 진술하였으나, 제1심 재판장은 검사의 청구가 이유 있다고 판단하여 참여한 법원사무관에게 검사의 청구대로 제1회 공판조서의 기재를 변경하도록 명하여 참여한 법원사무관이 D의 진술내용을 검사가 변경청구한 대로 제9회 공판조서에 다시 기재하였다. D는 계속된 신문에서 제1회 공판조서에 기재된 바와 같은 취지로 진술하였다. 제1심과 항소심은 유죄를 선고하였다. D가 상고하였다. 상고이유는 "D가 제1심 제1회 공판기일에 그 공소사실을 확실하게 부인하였고, 또한 그 공판조서에 그 취지로 기재되었음에도 불구하고 제1심 제9회 공판기일에 이르러 검사가 '제1회 공판조서 중에 피고인(D)이 그 공소사실을 부인하였다'고 기재되어 있으나 사실은 '뇌물수수의 약속을 하였다'는 취지로 진술한 바 있으니 그 취지로 변경하여 줄 것을 청구하면서 공판조서 기재의 정확성에 대한 이의를 진술하자 제1심 재판장이 검사의 청구를 받아들여 참여 사무관으로 하여금 검사의 청구 내용대로 D의 진술내용을 변경된 것으로 제9회 공판조서에 다시 기재하도록 한 후 제1심판결이나 원심판결이 변경된 제1심의 제9회 공판조서의 기재를 유죄의 증거로 삼은 것은 잘못"이라는 것이었다.

제2사안

D2는 부정수표단속법위반혐의로 기소되었다. 부정수표단속법(1993.12.10.시행 법률 제4587호) 제2조 제4항에 의하면, 같은 법 제2조 제2항 및 제3항의 죄는 제1심판결 선고 전까지 수표를 발행하거나 작성한 자가 그 수표를 회수하거나 회수하지 못하였을 경우라도 수표소지인의 명시한 의사에 반하여는 각 공소를 제기할 수 없도록 규정되어 있다. 제1심은 제3회 공판기일에 D2가 발행한 부도수표의 일부가 회수되었음을 확인하였다. 이에

제1심 제3회 공판기일의 공판조서는 다음과 같이 작성되었다.

> "판사, '공소장 별지 기재 8 내지 12 부도수표가 회수되었음'을 고지. 검사, '위 수표에 대한 공소를 취소한다' 진술. 판사, '위 수표에 대한 공소를 기각한다'는 결정고지"

그러나 실제 회수된 수표는 공소장 별지 기재 8, 9, 12 세 장뿐이었으며 공소장 별지 기재 10, 11 수표는 아직 미회수상태였다. 제1심은 제4회 기일에 미회수 수표부분에 대하여 판단하면서 미회수 수표(공소장 별지 기재 10, 11 수표를 포함)에 대하여 유죄판결을 선고하였다. 제1심은 이와 나머지 공소사실을 형법 제37조 전단의 경합범 관계에 있는 것으로 보아 D2에게 하나의 형을 선고하였다. D2가 항소하였다. 항소심은 "D2는 공소제기 후 제1심판결 선고 전에 공소장 별지 기재 8 내지 12 부도수표를 회수하였으므로 위 수표들에 대한 각 공소사실에 대하여서는 D2에게 공소기각의 판결을 선고하여야 한다"는 이유로 항소이유에 관한 판단에 앞서 직권으로 제1심판결을 전부 파기하였다. 검사는 "비록 제1심 제3회 공판기일의 공판조서에는 '공소장 별지 기재 8 내지 12 부도수표가 회수'되었다고 기재되어 있더라도 공소장 별지 기재 10, 11 수표는 실제로는 미회수된 것이므로 공소장 별지 기재 10, 11 수표에 대하여 공소기각결정을 한 것은 위법"이라며 상고하였다.

II 쟁 점

1) 기재내용이 서로 다른 공판조서 중 어느 공판조서를 신뢰할 것인지가 법관의 자유심증의 대상인가?(제1사안)

2) 공판조서의 공판기일의 소송절차 기재가 소송기록상 명백한 오기인 경우, 공판조서는 올바른 내용에 따라 증명력을 가지는가?(제2사안)

III 재판요지

제1사안(상고기각)

동일한 사항에 관하여 두 개의 서로 다른 내용이 기재된 공판조서가 병존하는 경우 양자는 동일한 증명력을 가지는 것으로서 그 증명력에 우열이 있을 수 없으므로 그 중 어느 쪽이 진실한 것으로 볼 것인지는 공판조서의 증명력을 판단하는 문제로서 법관의 자유로운 심증에 따를 수밖에 없다. 제1심판결이나 원심판결이 변경된 제1심의 제9회 공판조서의 기재를 유죄의 증거로 삼았다 하여 반드시 위법한 것이라고 볼 수는 없다.

제2사안(파기환송)

형사소송법 제56조는 '공판기일의 소송절차로서 공판조서에 기재된 것은 그 조서만으로써 증명한다'고 규정하고 있으므로 ① 소송절차에 관한 사실은 공판조서에 기재된 대로 공판절차가 진행된 것으로 증명되고 다른 자료에 의한 반증은 허용되지 아니하나(대법원 1993.11.26. 선고 93도2505 판결 참조), ② 공판조서의 기재가 소송기록상 명백한 오기인 경우에는 공판조서는 그 올바른 내용에 따라 증명력을 가진다. 우선 이 사건 제1심 제3회 공판기일의 공판조서 기재를 보면, "판사, 공소장 별지 기재 8 내지 12 부도수표(공소장 별지 기재 10 수표(수표번호 아가05043405)는 제1심 판시 범죄일람표 순위 제9번 수표와 같고, 공소장 별지 기재 11 수표(수표번호 아가05043407)는 제1심 판시 범죄일람표 순위 제10번 수표와 같다. 이하, 위 수표들을 '이 사건 수표들' 이라고 한다)가 회수되었음을 고지", 이어서 "검사, 위 수표에 대한 공소를 취소한다 진술"이라고 기재되고, 다시 "판사, 위 수표에 대한 공소를 기각한다 결정 고지"라고 순차 기재되어 있으므로, 위 공판기일에 이 사건 수표들에 대한 부정수표단속법위반의 점에 대한 공소기각 결정 고지 절차가 일응 적법하게 이루어진 것처럼 보인다.

그러나 기록에 의하면 공소장 별지 기재 8 내지 12 수표들 중 위 공판기일까지 회수된 것은 공소장 별지 기재 8, 9, 12 수표들일 뿐 공소장 별지 기재 10, 11 수표인 이 사건 수표들은 회수된 바가 없는데다가, 제1심 판사가 제4회 공판기일에 피고인에 대하여 이 사건 수표들에 대한 부정수표단속법위반의 공소사실에 관하여 유죄를 선고한 점에 비추어 보면, 위 공판조서상의 "판사, 공소장 별지 기재 8 내지 12 부도수표가 회수되었음을 고지"는 "판사, 공소장 별지 기재 8, 9, 12 부도수표가 회수되었음을 고지"의 명백한 오기이고, 따라서 그 올바른 내용에 따라 검사의 공소취소 및 제1심 판사의 공소기각결정 대상으로 순차 기재된 "위 수표"는 모두 "공소장 별지 기재 8, 9, 12 부도수표"를 가리키는 것이어서 위 공판기일에 이 사건 수표들에 대한 부정수표단속법위반의 점에 대한 공소기각 결정 고지 절차가 이루어진 것은 아니다.

IV 분석과 해설

(가) 공판조서 기재에 대한 당사자의 이의권[1)]

법원은 공판기일에 전회의 공판심리에 관한 주요사항의 요지를 조서에 의하여 고지하여야 한다. 검사, 피고인 또는 변호인이 그 변경을 청구하거나 이의를 제기할 수 있다(법 제54조 제2항, 제3항). 공판조서의 기재는 당해 심급과 상소심에서 중요한 자료가 되고, 더 나아가 공판기일의 소송절차에 관한 배타적 증명력이 인정되므로, 법은 공판조서 기재의 정확성에 대한 당사자의 이의권을 인정하였다. 이러한 이의는 법원의 일정한 행위(예를 들어 기재의 변경, 증감, 삽입 등)를 요구하는 소송행위이므로, 본항의 '이의제기'는 실질적으로 '이의신청'이다. 본항의 변경청구 또는 이의제기에 대하여 그 취지와 이에 대한 재판장의 의견을 기재한 조서를 당해 공판조서에 첨부하여야 한다(법 제54조 제4항).[2)]

---

1) 김영기, 공판조서의 기재에 대한 이의 신청이 있을 경우 그 조서의 증명력, 『해설』 제10호, 1988, 437~442 참조.

2) 이 사안에 적용된 개정 전의 형사소송법은 다음과 같다. **법 제54조**(공판조서의 정리 등) ① 공판조서는 각 공판기일 후 5일 이내에 신속히 정리하여야 한다. ② 차회의 공판기일에 있어서는 전회의 공

이의권자는 검사, 피고인 또는 변호인이며 이의신청의 방식은 서면이든 구술이든 상관이 없다. 이의신청의 대상은 공판조서에 기재된 모든 사항이며 당사자는 '기재의 누락'에 대해서도 이의신청할 수 있다. 이의신청의 시기에 관해서는 제한규정이 없으므로 판결선고 전까지 가능하다. 당사자가 공판조서의 정확성 여부에 대하여 이의신청을 하면 그 사항에 관하여 공판조서 기재의 배타적 증명력은 상실된다. 이때 이의신청의 내용과 공판조서 기재의 어느 쪽을 진실한 것으로 볼 것인가? 본 판결은 '상소심의 자유로운 심증'에 맡겨져 있다고 판시한다. 따라서 당사자는 공판조서 이외의 자료를 가지고 다툴 수 있을 것이다. 이의신청권의 행사가 법원에 의하여 방해되는 경우에도 마찬가지이다. 당사자가 상급심에서 원심 공판절차의 적법성 또는 그 존부를 다투려면 원심의 공판절차에서 본항에 의한 이의신청을 하는 것이 하나의 방법이다.

(나) 제1사안에 대한 논평

제1사안에서 재판장은 검사의 이의신청을 받아들여 참여한 법원사무관으로 하여금 제9회 공판조서에 기재하도록 하였고, 피고인이 계속된 신문에서 당초의 변경 전 공판조서(제1회 공판조서)에 기재된 바와 같은 취지로 진술하였다. 이렇게 되면 서로 충돌되는 내용이 기재된 공판조서가 복수(2개)로 병존하게 된다. 이때 두 개의 공판조서는 동일한 증명력을 가지는 것으로서 그 증명력에 우열이 있을 수 없다. 그 중 어느 쪽 공판조서의 기재를 진실한 것으로 볼 것인지는 그 증명력을 판단하는 문제이므로 법관의 자유로운 심증에 따를 수밖에 없다.[3)]

(다) 공판조서 중 소송절차의 기재에 절대적 증명력을 부여하는 이유

(1) 공판조서의 절대적 증명력 공판기일의 소송절차로서 공판조서에 기재된 것은 그 조서만으로써 증명한다(법조 제56). 공판조서란 공판기일의 소송절차를 기재한 조서이다. '공판조서만으로써 증명한다' 함은 공판조서 이외의 다른 증거를 참작하거나 반증을 허용하지 않고 공판조서에 기재된 대로 인정해야 함을 의미한다. 법은 공판조서에 대하여 배타적 증명력을 인정하여 자유심증주의에 대한 예외를 설정하였다. 이러한 예외를 인정한 이유는 무엇인가?

판심리에 관한 주요사항의 요지를 조서에 의하여 고지하여야 한다. 검사, 피고인 또는 변호인이 그 변경을 청구하거나 이의를 진술한 때에는 그 취지를 공판조서에 기재하여야 한다. ③ 전항의 경우에는 재판장은 그 청구 또는 이의에 대한 의견을 기재하게 할 수 있다.

3) 김영기, 앞의 글 439 이하 참조.

(2) 공판기일의 소송절차에 법령위반이 있는가 여부를 상소심에서 판단하는 경우에 원심의 법관이나 법원사무관 등을 증인으로 신문하는 것은 번잡을 초래한다. 여기서 상소심의 판단자료를 공판조서에 한정하면 상소심에서의 심판의 편의를 도모할 수 있다. 또한 공판조서의 절대적 증명력을 인정하면 소송관계인은 공판기일의 소송절차 진행의 적법성 여부에 관해 용이하게 입증할 수 있다. 따라서 '공판조서 기재의 정확성'이 보장되도록 하는 제도적 보장이 필요하다.

(라) 공판조서 기재의 정확성보장

공판조서의 정확성을 담보하기 위하여 형사소송법은 여러 안전장치를 마련하고 있다.

첫째, 공판조서는 공판에 참여한 법원사무관 등이 작성해야 한다.

둘째, 공판조서에는 법원사무관 등의 기명날인 또는 서명 이외에 재판장의 기명날인 또는 서명이 필요하다(법 제53조 제1항).

셋째, 법은 변호인에게 공판조서를 열람, 등사할 수 있게 하고(법 제35조), 피고인에게도 공판조서열람권을 인정할 뿐만 아니라(법 제55조), 공판기일에는 전회(前回)의 공판심리에 관한 주요사항의 요지를 조서에 의하여 고지하게 하고, 검사·피고인·변호인에게 공판조서에 대한 이의신청을 인정하고 있다(법 제54조). 피고인의 공판조서에 대한 열람 또는 등사청구에 법원이 불응하여 피고인의 열람 또는 등사청구권이 침해된 경우에는 그 공판조서를 유죄의 증거로 할 수 없을 뿐만 아니라(법 제55조 제3항), 공판조서에 기재된 당해 피고인이나 증인의 진술도 증거로 할 수 없다.[4] 그러나 한국의 형사실무상 실제의 공판조서는 사실과 다른 내용을 담고 있는 경우가 많다. 여기서 공판조서의 절대적 증명력을 완화할 필요가 있다.

(마) 공판조서의 증명력에 대한 판례의 변천

종래 판례는 일관하여 공판조서의 절대적 증명력을 인정하여 왔으나, 대법원 1988.8.9. 선고 88도1018 판결은 "피고인에게 최종의견 진술의 기회를 주었는지 여부와 같은 절차적 사항에 관하여는 '특단의 사정이 없는 한' 공판조서만으로 증명할 것이며 그 밖의 자료에 의하여 증명할 수 없다"고 판시하여, '특단의 사정이 있는 경우의 증명력제한의 가능성'을 열어놓았다. 특단의

4) 대법원 2003.10.10. 선고2003도3282 판결; 대법원 2012.12.27. 선고 2011도15869 판결.

사정이 있는 경우로 현재 '소송기록상 명백한 오기(誤記)'가 인정되고 있다.

(바) 공판조서 기재의 오기 여부의 판단자료

공판조서의 기재가 오기인지 여부를 판단할 때 당해 공판조서의 기재 외에 다른 자료에 의하여 판단할 수 있는가? 본 판결은 '소송기록상 명백한 오기'라는 표현을 사용하고 있다. 이것은 대법원이 당해 공판조서 외에 당해 사건과 관련하여 작성된 수사서류, 고소장 등을 모두 참조할 수 있음을 암시하고 있다. 실제로 본 판결에서 대법원은 검사의 공소장과 선고공판기일의 공판조서를 참조하여 명백한 오기에 해당함을 인정하였다.[5)]

---

5) 신동운, 『판례월보』 303호, 1995.12., 40.

5.7

공판절차를 주재하는 법원의 소송지휘재량과 재량권 일탈의 사례

대법원 2009.11.12. 선고 2009도8949 판결; 대법원 2011.11.10. 선고 2011도11115 판결

I 사 안

2009년 사안

D는 "허위사실임을 알면서 O가 오른쪽 팔꿈치로 자신(D)의 얼굴을 가격하여 자신(D)에게 약 6개월간의 치료를 요하는 측두하악관절질환 등의 상해를 가하였다는 취지"로 고소하여 무고죄와 출판물에 의한 명예훼손죄(무고죄와 별도로 기사화한 점) 혐의로 기소되었다. 항소심은 유죄를 선고하였다. D는 상고하면서 상고이유로 항소심이 D측의 신청을 채택하지 아니한 것이 심리미진의 위법이라는 취지로 다음과 같이 주장하였다: 첫째, 항소심은 제1회 공판기일에서 '사건 현장에 대한 D의 검증신청'을 채택하였다가 제7회 공판기일에 이를 취소하고 대신에 서울 동작구 흑석동 10에 있는 명수대 현대아파트(이하 '아파트'라고 한다) 109동 현관 및 엘리베이터에 설치되어 있던 폐쇄회로티브이(이하 'CCTV'라고 한다) 동영상에 대한 검증을 실시하였고 D측과 검사측에서 현장의 상황과 사건 당시의 상황을 재연한 동영상을 각각 제출하여 항소심이 이를 심리하였다. 둘째, 항소심은 제1회 공판기일에 '진단서 발급경위에 관한 D의 사실조회신청'을 채택하였다가 제7회 공판기일에 이를 취소하였다. 다만 진단서 발급경위에 관하여는 이미 제1심에서 O2, O3, O4 등 영동세브란스병원의 의사들을 증인으로 채택하여 신문을 마친 바 있다. 셋째, 항소심은 '아파트 현관 CCTV 동영상 원본 검증결과에 관하여 D가 신청한 사실조회에 대하여 아파트의 보안업체인 주식회사 에이디티캡스, 아파트 현관 CCTV 제조사인 주식회사 휘앤시스에 대한 사실조회만을 채택'하고, 주식회사 다우리 커뮤니케이션즈 및 카이스트 전산학과 교수 P 등에 대한 사실조회는 받아들이지 아니하였다. D는 "항소심이 불공정한 소송지휘를 하였다"고 주장하며 상고하였다.

2011년 사안

D는 "버스 운전기사인 V가 '다른 차량에게 양보하며 운행한다'는 이유로 화가 나 운전석 옆에 서서 V에게 '운전을 누구한테 배웠는지 참 개같이 배웠다'는 등 험한 말을 하였고, 자제를 요청하는 V에게 10여 분 넘게 심한 욕설을 계속 하고, V의 어깨를 잡는 등 유형력을 행사하여, 이에 참다못한 V가 고속도로를 운행하는 도중 경찰에 신고"

하여 업무방해죄[1] 혐의로 기소되었다. 제1심에 증인으로 출석한 V는, '증인(V)이 운전을 하는 동안 피고인(D)이 증인의 어깨를 잡은 사실이 있는가'라는 신문에 대하여 '어깨를 살짝 잡은 것이지 폭행은 없었다'는 취지로 진술하였고, V는 경찰에서도 'D는 폭행을 하지 않고 계속하여 말로만 괴롭히면서 업무를 방해하였다'는 취지로 진술하였다. D는 제1심 이래 줄곧 '유형력을 행사하는 등의 폭행을 한 바는 전혀 없다'며 다투어 왔고, '당시 버스 내에서 촬영된 CCTV 영상을 살펴보면 내(D)가 그와 같은 범행을 한 사실이 없음이 밝혀질 것'이라며 변소(辨疏: 변명)하였다. 제1심과 항소심은 유죄를 인정하였다. D는 "제1심과 항소심이 불공정한 소송지휘를 하였다"고 주장하며 상고하였다.

[증거관계]

1) 제1심과 항소심이 유죄의 증거로 채용한 것은 '증인 V의 법정진술'과 'V에 대한 경찰 진술조서'뿐이고, 'CCTV 영상'은 유죄의 증거로 채용된 바가 없다.

2) 제1심은 경기수원중부경찰서 경찰관이 작성한 수사보고를 증거로 채택하여 조사하였는데, 위 수사보고는 증인(V)(버스운전기사)이 사건 당시 버스에 설치된 CCTV에 의해 녹화된 영상을 재생할 수 있는 매체인 CD(컴퓨터용 디스크)를 제출하여 첨부한다'는 내용이고 실제로 CD가 그 보고서에 첨부되어 있었다.

3) '공판조서의 일부인 증거목록'에 의하면 제1심은 'CD가 첨부되어 있는 수사보고'에 대한 증거조사를 형사소송법 제292조에서 정한 증거서류에 대한 증거조사 방식에 따라 제시 및 내용고지의 방법으로 하였고, 형사소송법 제292조의3에서 정한 컴퓨터용 디스크에 대한 증거조사 방식(재생하여 시청 또는 청취[2])에 따라 증거조사를 하지는 않았다.

II 쟁점

법원(재판장)의 소송지휘재량과 재량권 일탈의 경계

III 재판요지

2009년 사안(상고기각)

1) 첫째 점과 둘째 점의 심리미진 주장에 대하여 "항소심이 따로 현장검증을 실시하지 아니하였거나 D의 사실조회신청을 채택하

---

1) **형법 제314조**(업무방해) ① 제313조의 방법(허위의 사실을 유포하거나 기타 위계) 또는 위력으로써 사람의 업무를 방해한 자는 5년 이하의 징역 또는 1천500만 원 이하의 벌금.

2) **형소규칙 제134조의8**(음성·영상자료 등에 대한 증거조사) ① 녹음·녹화테이프, 컴퓨터용디스크, 그 밖에 이와 비슷한 방법으로 음성이나 영상을 녹음 또는 녹화(다음부터 이 조문 안에서 "녹음·녹화 등"이라 한다)하여 재생할 수 있는 매체(다음부터 이 조문 안에서 "녹음·녹화매체 등"이라 한다)에 대한 증거조사를 신청하는 때에는 음성이나 영상이 녹음·녹화 등이 된 사람, 녹음·녹화 등을 한 사람 및 녹음·녹화 등을 한 일시·장소를 밝혀야 한다. ② 녹음·녹화매체 등에 대한 증거조사를 신청한 당사자는 법원이 명하거나 상대방이 요구한 때에는 녹음·녹음매체 등의 녹취서, 그 밖에 그 내용을 설명하는 서면을 제출하여야 한다. ③ 녹음·녹화매체 등에 대한 증거조사는 녹음·녹화매체 등을 재생하여 청취 또는 시청하는 방법으로 한다.

지 않았다고 하여도 항소심의 위와 같은 조치는 사실심법원의 합리적인 심리방법의 선택에 속하는 것으로서 위법하다고 할 수 없다."

2) **셋째 점의 심리미진 주장에 대하여** "증거신청의 채택 여부는 법원의 재량으로서 법원이 필요하지 아니하다고 인정할 때에는 이를 조사하지 아니할 수 있으므로, 항소심의 위와 같은 조치가 위법하다고 할 수 없다."

2011년 사안(파기환송)

"1) 형사소송법은 제307조에서 '사실의 인정은 증거에 의하여야 하고, 범죄사실의 인정은 합리적인 의심이 없는 정도의 증명에 이르러야 한다'는 증거재판주의를 천명하면서, **증거서류**와 **증거물** 및 **그 밖의 증거**를 구분한 다음 **각각의 증거방법**에 대한 증거조사방식을 개별적으로 규정하고 있다. 또한 우리 형사소송법은 **형사사건의 실체**에 대한 유죄·무죄의 심증 형성은 **법정에서의 심리**에 의하여야 한다는 공판중심주의의 한 요소로서, 법관의 면전에서 직접 조사한 증거만을 재판의 기초로 삼을 수 있고 **'증명 대상이 되는 사실'과 가장 가까운 원본 증거**를 재판의 기초로 삼아야 하며, **원본 증거의 대체물** 사용은 원칙적으로 허용되어서는 안 된다는 **실질적 직접심리주의를 채택**하고 있기도 하다. 이는 법관이 법정에서 직접 원본 증거를 조사하는 방법을 통하여 사건에 대한 신선하고 정확한 심증을 형성할 수 있고, 피고인에게 원본 증거에 관한 직접적인 의견진술의 기회를 부여함으로써 실체적 진실을 발견하고 공정한 재판을 실현할 수 있기 때문이다(대법원 2006.11.24. 선고 2006도4994 판결[⇨ 본서 5.1] 등 참조). 그러므로 형사소송절차를 주재(主宰)하는 법원으로서는 절차의 진행과 심리(審理) 과정에서, 법정을 중심으로 위와 같은 실질적 직접심리주의의 정신이 최대한 구현될 수 있도록 하여야 한다. 특히 '범죄사실의 인정을 위한 증거조사'를 함에 있어서는 특별한 사정이 없는 한 공개된 법정에서 그 증거방법에 가장 적합한 방식으로 증거조사를 하여야 하고, 이를 토대로 형성된 심증에 따라 공소가 제기된 범죄사실이 합리적인 의심이 없는 정도로 증명되었는지 여부를 판단하여야 한다.

2) 업무방해죄의 '위력'이란 사람의 자유의사를 제압·혼란케 할 만한 일체의 세력으로 유형적이든 무형적이든 묻지 아니하고, 또한 현실적으로 V의 자유의사가 제압될 것을 요하는 것은 아니지만, 범인의 위세, 인원수, 주위의 상황 등에 비추어 V의 자유의사를 제압하기 족한 정도의 실력을 의미하는 것으로서, 위력에 해당하는지는 범행의 일시와 장소, 동기와 목적, 인원수, 세력의 태양, 업무의 종류, V의 지위 등 제반 사정을 고려하여 객관적으로 판단하여야 한다(대법원 2009.9.10.선고 2009도5732 판결 등 참조). 또한 업무방해죄의 성립에 있어서는 업무방해의 결과가 실제로 발생함을 요하는 것은 아니고 그 결과를 초래할 위험이 발생하면 충분하나, 결과 발생의 염려가 없는 경우에는 업무방해죄가

성립하지 않는다(대법원 2005.10.27. 선고 2005도5432 판결 등 참조).

V는 제1심에서 '증인이 운전을 하는 동안 피고인이 증인의 어깨를 잡은 사실이 있는가'라는 신문에 대하여 '어깨를 살짝 잡은 것이지 폭행은 없었다'는 취지로 진술하였고, 경찰에서도 '피고인이 폭행을 하지 않고 계속하여 말로만 괴롭히면서 업무를 방해하였다'는 취지로 진술하였다. 제1심이 유죄의 증거로 채용한 증거들만으로는 이 부분 범죄사실을 그대로 인정하기 부족하고, 오히려 V의 위와 같은 진술 내용에 의하면 피고인이 V의 어깨를 살짝 잡은 것은 사실이나 이로 인해 V의 운전업무가 방해되는 결과 발생의 염려는 없었다고 볼 여지도 있다.

3) ⓐ 원칙적으로 증거의 채부는 법원의 재량이지만, ⓑ 형사사건의 실체를 규명하는 데 가장 직접적이고 핵심적인 증거는 법정에서 증거조사를 하기 곤란하거나 부적절한 경우 또는 다른 증거에 비추어 굳이 추가 증거조사를 할 필요가 없다는 등 특별한 사정이 없는 한, ⓒ 공개된 법정에서 ⓓ 그 증거방법에 가장 적합한 방식으로 증거조사를 하고, ⓔ 이를 통해 형성된 유죄·무죄의 심증에 따라 사건의 실체를 규명하는 것이 형사사건을 처리하는 법원이 마땅히 취하여야 할 조치이고, 그것이 우리 형사소송법이 채택한 **증거재판주의**, **공판중심주의** 및 그 한 요소인 **실질적 직접심리주의**의 정신에도 부합한다. 특히 이 사건에서 버스를 운행 중인 V에 대해 '단지 말로만 위협한 경우'와 '폭력 등의 유형력을 행사한 경우'는 범행의 내용에 결정적 차이가 있고, 이는 ⓔ **유죄·무죄의 판단**뿐만 아니라 ⓕ **양형의 요소**로서도 매우 중요한 인자가 되는 것이므로 그 점을 밝혀볼 수 있는 가장 확실하고 **직접적인 증거**가 있다면 다른 특별한 사정이 없는 한 그 **증거방법**에 대해 적합한 방식으로 증거조사를 하여 실체를 밝혀내는 것이 필요하다. 그럼에도 원심이 이 사건 범죄사실에 대하여 가장 관건이 되는 실체를 밝혀줄 수 있는 CCTV 영상 자료가 녹화되어 있는 CD에 대한 증거조사를 하지 아니한 채 'V의 애매한 진술'만을 토대로 폭행의 점에 대해서까지 범죄사실의 증명이 있다고 판단한 것은 ⓖ **법원의 증거결정권의 내재적인 재량의 한계**를 넘은 것일 뿐만 아니라 피고인의 방어권을 침해하는 것이기도 하다."

IV 분석과 해설

2009년 사안에서는 증거(신청)의 채부, 증거를 채용하였을 때 어떤 방식으로 증거조사에 임할 것인가에 대하여 사실심 법원에 폭넓은 재량이 인정된 반면, 2011년 사안에서는 CCTV 영상 자료가 녹화되어 있는 CD에 대한 증거조사를 하지 아니한 사실심 법원의 조치가 'ⓖ **법원의 증거결정권의 내재적인 재량의 한계**를 넘은 것일 뿐만 아니라 피고인의 방어권을 침해'한 것이라는 부정적 판단을 받았다.

수사기관과 법원에는 처리해야 할 업무(사건부담)가 폭주하고 있으므로 일정한 범위의 재량을 인정하여야 하지만, 공정한 수사와 재판을 담보하려면 재량의 한계를 설정할 필요도 있다. 위 판결들을 계기로 수사기관과 법원의 재량권의 한계를 좀 더 구체적으로 설정(demarcation)하는 작업이 필요함을 절감하게 된다. 2009년 사안과 2011년 사안은 그런 작업에 좋은 시사점을 주는 리딩 케이스로 보인다.

5.8

재판장의 증언거부권 불고지와 위증죄의 성부

대법원 2010.1.21. 선고 2008도942 전원합의체 판결;
대법원 2010.2.25. 선고 2007도6273 판결 등

I 사 안

제1사안

D(남)는 O(여)와 상호 '상대방으로부터 상해를 당하였다'고 주장하며 상호간에 맞고소를 하였다. D와 O는 상해 혐의[D는 O를 상해한 혐의(이하 'A사건'으로 약칭함), O는 D를 상해한 혐의(이하 'B사건'으로 약칭함)]로 **병합기소**되었다.

D는 법정에서 '나(D)는 O에게 폭행한 사실이 없다'고 주장하며 다투던 중 A사건(D의 상해 피고사건)과 B사건(O의 상해 피고사건)의 변론이 분리되었다. D는 B사건의 V로서 증인자격으로 소환되어 검사로부터 신문받게 되었다. 재판장은 실수로 D에게 증언거부권을 고지하지 않았다. 검사는 B사건에 관한 질문을 하다가 갑자기 D의 O에 대한 폭행 여부에 관하여 질문을 하였다. D는 자신(D)의 종전 주장(나(D)는 O에게 폭행한 사실이 없다)을 그대로 되풀이하였다. 검사는 D가 '거짓 진술을 하였다'고 판단하여 D를 위증혐의로 기소(이하 'C사건'으로 약칭함)하였다. 제1심은 유죄, 항소심은 무죄를 선고하였고 검사가 상고하였다.

제2사안

D2녀(O의 전처)는 O(D2녀의 전남편)의 도로교통법 위반(음주운전) 피고사건에서, O의 증인으로 법정에 출석하여 선서하고 다음과 같이 증언하였다:

"O는 음주운전한 사실이 없고 내(D2녀)가 운전하던 차에 타고 있었을 뿐이었다."[공소사실의 적극적 부인: 필자].

D2녀는 O의 전처로서 형사소송법 제148조 제1호 소정의 친족관계가 있었던 자에 해당하였지만 재판장은 D2녀에게 증언거부권을 고지함이 없이 증인신문을 하였다. 당시 D2녀는 O의 변호인의 신문에 대하여 "술에 만취한 O를 집으로 돌려보내기 위해 내(D2녀)가 O를 차에 태우고 운전하였다." 며, O의 변명에 부합하는 내용을 적극적으로 진술하였다.

D2녀는 제1심 제8회 공판기일에 재판장이 "증언을 하지 않을 수 있다는 사실을 알았다면 증언을 거부했을 것이냐"는 신문에 대하여 "그렇다 하더라도 증언을 하였을 것"이라는 취지로 답변하였다. 제1심과 항소심은 "증언거부권의 고지는 증언거부권에 대한 절차적 보장을 의미하므로 이를 고지하지 아니한 채 선서를 하게하고 증인신문을

한 경우에 위 선서는 적정절차에 위배되므로 법률에 의한 유효한 선서가 있다고 볼 수 없다"는 이유로 D2녀에게 무죄를 선고하였다. 검사가 상고하였다.

II 쟁 점

증인에게 증언거부사유가 있는 경우에 재판장은 증인신문 전에 증언을 거부할 수 있음을 고지하여야 한다(법 제160조). 그런데 재판장의 실수로 증언거부권이 고지되지 않고 진행된 증인신문절차에서 증인이 위증하였을 때 재판장의 실수를 중시하여 위증죄를 부정할 것인가 아니면 증인의 '증언거부권의 고지를 받을 지위'를 권리로 보지 아니하여 위증죄를 인정할 것인가?

III 재판요지

제1사안(상고기각)(대법원 2010.1.21. 선고 2008도942 전원합의체 판결)(이하 '1월 판결'로 약칭함)

1. 형법은 제152조 제1항에서 '법률에 의하여 선서한 증인이 허위의 진술을 한 때에는 5년 이하의 징역 또는 1천만 원 이하의 벌금에 처한다.'고 규정하여 위증죄를 두고 있다. 위증죄의 보호법익은 국가의 사법작용 및 징계작용에 있으며, 위증죄는 선서에 의하여 담보된 증인 진술의 정확성을 확보함으로써 법원 또는 심판기관의 진실 발견을 위한 심리를 해하여 정당한 판단이 위태롭게 되는 것을 방지하는 기능을 수행한다.

형사사법작용에 관한 대표적인 법률인 형사소송법은 진실 발견을 위하여 증인으로 출석하여 증언을 하는 것을 모든 국민의 의무로 규정하면서도(제146조), 다른 한편으로는 소송법이 지향하고 있는 목표 내지 이념 및 이와 긴장 대립관계에 있을 수 있는 증인의 기본권 내지 이익 또는 다른 공익적 가치와의 조화를 꾀하고 있다. 형사소송법이 증인신문과 관련하여 마련한 여러 제도와 상세하고도 구체적인 절차 조항들은 모두 이런 가치, 권리, 이익의 균형 조화 속에서 적법절차를 구현하기 위한 장치들이다. 위와 같은 위증죄와 형사소송법의 취지, 정신과 기능을 고려하여 볼 때, 형법 제152조 제1항에서 정한 '법률에 의하여 선서한 증인'이라 함은 '법률에 근거하여 법률이 정한 절차에 따라 **유효**한 선서를 한 증인'이라는 의미이고, 그 증인신문은 법률이 정한 절차 조항을 준수하여 적법하게 이루어진 경우여야 한다.

2. 형사소송법은 증인신문에 관하여 진지하고도 엄숙한 절차 규정을 두어 증인에게 진실의무를 부과함과 동시에 이를 어길 때에는 위증의 벌을 받는다는 것을 명확하고 충분하게 인식할 수 있도록 하고, 재판장으로 하여금 재판진행과정에서 이런 절차 규정을 엄격하게 준수하게 함으로써 위증의 방지 및 궁극적으로는 형사소송의 이념을 실현할 것을 도모하고 있다. 즉, 재판장은 증인이 선서무능력자에 해당하지 아니하는 한 신문 전에 선서하게 하여야 하며(제156조, 제159조), 선서할 증인에 대하여 선서 전에 위증의 벌을 경고하여야 하고(제158조), 증인으로 하여금 기립하여 엄숙하게 '양심에 따라 숨김과 보탬이 없이 사실 그대로 말하고 만일 거짓말이 있으면 위증의 벌을 받기로 맹서합

니다'라고 기재된 선서서를 원칙적으로 직접 낭독하고 기명날인 또는 서명하는 방식으로 선서하도록 하고 있다(제157조). 한편, 형사소송법은 자신에 대한 소송절차가 아님에도 불구하고 **법정에 출석하여 선서하고 경험한 사실을 진술하여야 하는 의무를 부담하는 증인**을 위하여 일정한 경우에는 진술 대신 **침묵할 수 있는 증언거부권 제도**를 두고 있다. 즉, 자기나 자기와 친족 또는 친족관계가 있었던 자, 법정대리인 및 후견감독인 등이 형사소추 또는 공소제기를 당하거나 유죄판결을 받을 사실이 발로될 염려 있는 증언, 변호사, 의사, 종교의 직 등 일정한 직역에 있는 자 또는 이런 직에 있던 자가 그 업무상 위탁을 받은 관계로 알게 된 사실로서 타인의 비밀에 관한 증언 등에 대하여는 증언거부권을 인정하고(제148조·제149조), 증언을 거부하는 자는 거부사유를 소명하도록 하는 일방(제150조), **증언거부권 고지 제도**를 마련하여 재판장으로 하여금 증인에게 증언거부사유가 있는 경우에는 신문 전에 증언을 거부할 수 있음을 설명하도록 하고 있다(제160조).

위에서 살펴본 위증죄의 의의 및 보호법익, 형사소송법에 규정된 증인신문절차의 내용, 증언거부권의 취지 등을 **종합적으로 살펴보면**, 증인신문절차에서 **법률에 규정된 증인 보호를 위한 규정이 지켜진 것으로 인정되지 않은 경우**에는 증인이 허위의 진술을 하였다고 하더라도 위증죄의 구성요건인 '법률에 의하여 선서한 증인'에 해당하지 아니한다고 보아 이를 위증죄로 처벌할 수 없다. 다만, 법률에 규정된 증인 보호 절차라 하더라도 개별 보호절차 규정들의 내용과 취지가 같지 아니하고, 당해 신문 과정에서 지키지 못한 절차 규정과 그 경위 및 위반의 정도 등 제반 사정이 개별 사건마다 각기 상이하므로, 이런 사정을 **전체적·종합적으로 고려**하여 볼 때, 당해 사건에서 **증인 보호에 사실상 장애가 초래되었다고 볼 수 없는 경우**에까지 예외 없이 위증죄의 성립을 부정할 것은 아니다.

이런 기준에서 보면, 재판장이 선서할 증인에 대하여 선서 전에 위증의 **벌을 경고하지 않았다**는 등의 사유는 그 증인신문절차에서 **증인 자신이 위증의 벌을 경고하는 내용의 선서서를 낭독하고 기명날인 또는 서명**한 이상 위증의 벌을 몰랐다고 할 수 없을 것이므로 증인 보호에 사실상 장애가 초래되었다고 볼 수 없고, 따라서 위증죄의 성립에 지장이 없다. 그리고 증언거부권 제도는 앞서 본 바와 같이 증인에게 증언의무의 이행을 거절할 수 있는 권리를 부여한 것이고, 형사소송법상 증언거부권의 고지 제도는 증인에게 그런 권리의 존재를 확인시켜 침묵할 것인지 아니면 진술할 것인지에 관하여 심사숙고할 기회를 충분히 부여함으로써 침묵할 수 있는 권리를 보장하기 위한 것임을 감안할 때, 재판장이 신문 전에 증인에게 증언거부권을 고지하지 않은 경우에도 당해 사건에서 증언 당시 증인이 처한 구체적인 상황, 증언거부사유의 내용, **증인이 증언거부사유 또는 증언거부권의 존재를 이미 알고 있었는지 여부, 증언거부권을 고**

지받았더라도 허위진술을 하였을 것이라고 볼 만한 정황이 있는지 등을 **전체적·종합적으로 고려**하여 **증인이 침묵하지 아니하고 진술한 것이 자신의 진정한 의사에 의한 것인지 여부를 기준**으로 위증죄의 성립 여부를 판단하여야 한다. 그러므로 헌법 제12조 제2항에 정한 불이익 진술의 강요금지 원칙을 구체화한 자기부죄거부특권에 관한 것이거나 기타 증언거부사유가 있음에도 **증인이 증언거부권을 고지받지 못함으로 인하여 그 증언거부권을 행사하는 데 사실상 장애가 초래되었다고 볼 수 있는 경우**에는 위증죄의 성립을 부정하여야 할 것이다.

이와 달리, D가 증인으로 선서한 이상 진실대로 진술한다고 하면 자신의 범죄를 시인하는 진술을 하는 것이 되고 증언을 거부하는 것은 자기의 범죄를 암시하는 것이 되는 처지에 있다 하더라도 증인에게는 증언을 거부할 수 있는 권리를 인정하여 위증죄로부터의 탈출구를 마련하고 있는 만큼 적법행위의 기대가능성이 없다고 할 수 없고 선서한 증인이 허위의 진술을 한 이상 증언거부권 고지 여부를 고려하지 아니한 채 위증죄가 바로 성립한다는 취지로 대법원 1987.7.7. 선고 86도1724 전원합의체 판결에서 판시한 대법원의 의견은 위 견해에 저촉되는 범위 내에서 이를 변경하기로 한다. 원심(항소심)판결은 결론에 있어 정당하(다).[1)]

---

1) **[따름판결]** 대법원 2010.2.25. 선고 2009도13257 판결: [사안] D는 2008.12.2. 14:00경 제주지방법원 제202호 법정에서 위 법원 2008고단777, 1061(병합) O외 1명에 대한 관광진흥법 위반 피고사건의 증인으로 출석하였다. 위 관광진흥법 위반 사건에서는 '내국인인 O2가 내국인 출입이 제한된 라마다호텔 카지노에 입장하여 도박을 하였는지 여부'가 쟁점으로 되었는데, O는 'O2가 위 카지노에 출입한 적은 있으나 도박을 한 적은 없다'고 주장하면서 O2의 범행을 부인하였다. 검사는 O의 도박행위를 입증하기 위하여 O2와 그 사촌형제인 D를 증인으로 신청하였는데, O2는 법정에 출석하지 않았고 D만이 증인으로 출석하였다. D는 위증의 벌을 경고받고 선서를 한 뒤 검사의 신문에 답하게 되었다. D는 그 직업에 대한 검사의 첫 번째 질문에 답하고 나서 O, O2와의 관계에 대한 검사의 두 번째 질문에 대하여, 'D는 O2와는 사촌관계이고 O는 오늘 처음 본다'고 진술하였다. 그 후부터 D는 검사로부터 'O2가 위 카지노에 들어갔는지, O2가 위 카지노에서 바카라 게임을 한 것을 본 적이 있는지, O2가 사기도박으로 잃었다고 한 3억 3천만 원이 카지노 게임을 하면서 잃은 것인지' 여부 등에 관하여 질문을 받게 되었다. D는 거짓임을 알면서도 위 각 질문들에 대하여 허위로 답변하였다. D는 'O2와 사촌관계에 있었다'는 사실을 법정에서 밝힌 바 있음에도 이 사건 증언 전이나 증언 도중에 D에게 증언거부권이 있음을 고지받지 못했다. D는 수사기관 이래 제1심까지 공소사실 기재와 같이 허위로 증언한 것에 대하여 시인하면서 그 이유에 대하여 'O2가 전에 도박으로 처벌받은 전력이 있어서 이번에도 도박을 하였다고 하면 크게 처벌될 것 같아 O2가 도박으로 처벌받지 않게 하기 위하여 허위 진술을 하였다'고 진술하였다. D는 위증혐의로 기소되었다. 항소심은 무죄를 선고하였다. 검사가 상고하였다: [판지(상고기각)] O2에 대한 피고사건은 아니지만 D가 한 증언의 대부분은 O2가 위 카지노에서 도박을 한 사실이 있었는지 여부에 관한 것으로서 향후 사촌형제인 O2가 도박죄로 형사소추 또는 공소제기를 당할 염려가 있는 내용인 점, O2가 증인으로 출석하지 아니하여 검사의 증인신청 및 신문에 따라 D가 부득이 먼저 이 사건 증언을 하게 된 것인 점, 증언 첫머리에서 D가 'O2와 사촌관계에 있다'고 진술함으로써 O2의 도박 사실에 관하여 증언거부사유가 발생하게 되었는데도 재판장으로부터 증언거부권을 고지받지 못한 상태에서 이 사건 허위 진술을 하게 된 점 등을 종합하여 보면, 이 사건 증언 당시 증언거부권을 고지받지 못함으로 인하여 D가 그 증언거부권을 행사하는 데 사실상 장애가 초래되었다고 볼 수 있으므로, 원심이 D에게 위증죄의 죄책을 물을 수 없다고 판단한 것은 위 법리에 비추어 정당하(다).

제2사안(파기 환송)(대법원 2010.2.25. 선고 2007도6273 판결)(이하 '2월 판결'로 약칭함)

위증죄는 선서를 한 증인이 허위의 진술을 함으로써 성립하는 죄이며, 선서에 의하여 담보된 증인 진술의 정확성을 확보함으로써 법원 또는 심판기관의 진실 발견을 위한 심리를 해하여 정당한 판단이 위태롭게 되는 것을 방지하는 기능을 수행한다. 한편 형사소송법상 **증언거부권의 고지 제도**는 증인에게 그런 권리의 존재를 확인시켜 침묵할 것인지 아니면 진술할 것인지에 관하여 심사숙고할 기회를 충분히 부여함으로써 침묵할 수 있는 권리를 보장하기 위한 것임을 감안할 때, 재판장이 신문 전에 증인에게 증언거부권을 고지하지 않은 경우에도 당해 사건에서 증언 당시 증인이 처한 구체적인 상황, 증언거부사유의 내용, 증인이 증언거부사유 또는 증언거부권의 존재를 이미 알고 있었는지 여부, 증언거부권을 고지받았더라도 허위 진술을 하였을 것이라고 볼 만한 정황이 있는지 등을 전체적 종합적으로 고려하여 증인이 침묵하지 아니하고 진술한 것이 자신의 진정한 의사에 의한 것인지 여부를 기준으로 위증죄의 성립 여부를 판단하여야 한다(대법원 2010.1.21. 선고 2008도942 전원합의체 판결 참조).

이 사건의 경우 D2녀가 위 형사사건의 증인으로 출석하여 증언을 한 경위와 그 증언 내용, D2녀의 이 사건 제1심 제8회 공판기일에서의 진술 내용 등을 전체적·종합적으로 고려하여 보면 D2녀가 선서 전에 재판장으로부터 증언거부권을 고지받지 아니하였다 하더라도 이로 인하여 D2녀의 증언거부권이 사실상 침해당한 것으로 평가할 수는 없다.

그럼에도 불구하고 원심은 증언거부권의 침해 여부에 관한 여러 사정을 살피지 아니한 채 재판장이 D2녀에게 증언거부권을 고지하지 아니하였다는 사유만으로 위증죄의 성립을 부정한 제1심판결을 유지하였으니, 원심의 판단은 위증죄의 성립에 관한 법리를 오해한 위법이 있고, 이는 판결 결과에 영향을 미쳤다. 이 점을 지적하는 상고이유 주장은 이유 있다.[2)]

---

2) **[따름판결]** 대법원 2011.7.28. 선고 2009도14928 판결: [사안] 민사재판에서의 위증혐의로 기소된 피고인에 대하여 항소심은 "민사소송절차에서의 증인인 D의 증언은 D 자신이 공소제기 되거나 유죄판결을 받을 염려가 있는 사항에 관한 것이므로 D에게는 민사소송법 제314조에 따라 증언거부권이 있고, 비록 민사소송법상 증언거부권 고지에 관한 별도의 명문규정이 없더라도 이는 입법의 불비에 불과하여, 재판장이 증언거부권을 고지하지 않은 것은 위법하고, 따라서 증언거부권을 고지받지 아니한 채 진행된 위법한 증인신문절차에서 증언을 한 D를 위증죄로 처벌할 수 없다"며 무죄를 선고하였다. 검사가 상고하였다: [판시(파기환송)] "형사소송법은 증언거부권에 관한 규정(제148조, 제149조)과 함께 재판장의 증언거부권 고지의무에 관하여도 규정하고 있는 반면(제160조), 「민사소송법」은 증언거부권 제도를 두면서도(제314조 내지 제316조) 증언거부권 고지에 관한 규정을 따로 두고 있지 않다. 우리 입법자는 1954.9.23. 제정 당시부터 증언거부권 및 그 고지 규정을 둔 「형사소송법」과는 달리 그 후인 1960.4.4. 「민사소송법」을 제정함에 있어 증언거부권 제도를 두면서도 그 고지 규정을 두지 아니하였고, 2002.1.26. 「민사소송법」을 전부 개정하면서도 같은 입장을 유지하였다. 이러한 입법의 경위 및 규정 내용에 비추어 볼 때, 이는 양 절차에 존재하는 그 목적 적용원리 등의 차이를 염두에 둔 입법적 선택으로 보인다. 더구나 「민사소송법」은 「형사소송법」과 달리,

IV 분석과 해설

(가) 1987년 판결의 부분적 수정

"D가 증인으로 선서한 이상 진실대로 진술한다고 하면 자신의 범죄를 시인하는 진술을 하는 것이 되고 증언을 거부하는 것은 자기의 범죄를 암시하는 것이 되는 처지에 있다 하더라도 증인에게는 증언을 거부할 수 있는 권리를 인정하여 위증죄로부터의 탈출구를 마련하고 있는 만큼 적법행위의 기대가능성이 없다고 할 수 없고 선서한 증인이 허위의 진술을 한 이상 재판장의 증언거부권 고지 여부를 고려하지 아니한 채 위증죄가 바로 성립한다"는 것이 종래의 판결(대법원 1987.7.7. 선고 86도1724 전원합의체 판결, 이하 '1987년 판결'로 약칭함)이었다. 2008년부터 시행된 개정형소법은 피의자·피고인의 방어권을 강화시켰을 뿐만 아니라 V나 기타 형사소송관여자들의 권리사항을 배려하는 조항들을 다수 설치하였고 원칙적으로 적법절차에 위배하여 수집된 증거의 증거능력을 제한하는 조항(법 제308조의2)을 신설하였으며 이 조항의 규범력을 강화시키는 판례가 다수 출현하고 있다.

1987년 판결은 재판장의 실수로 증언거부권이 고지되지 않고 증인이 위증하였을 때 재판장의 실수보다는 증인의 재판에 임하는 자세를 더욱 중시한 판결이었다. 그러나 이렇게 보면 헌법 제12조 제2항에 정한 불이익 진술의 강요금지 원칙을 구체화한 자기부죄거부특권, 그리고 이와 맥락이 닿아 있는 증언거부권 고지 의무제도가 무시되는 결과가 된다. 이리하여 2010년 판결은 **증언거부권의 고지 제도의 존재의의**를 "증인에게 그런 권리의 존재를 확인시켜 침묵할 것인지 아니면 진술할 것인지에 관하여 심사숙고할 기회를 충분히 부여함으로써 침묵할 수 있는 권리를 보장하기 위한 것"임을 감안하여 "**증인이 증언거부권을 고지받지 못함으로 인하여 그 증언거부권을 행사하는 데 사실상 장애가 초래되었다고 볼 수 있는 경우**"에는 위증죄의 성립을 부정하여야 한다는 입장으로 선회하였다. 1987년 판결의 입장을 부분적으로 수정한 것이다.

'선서거부권 제도'(제324조), '선서면제 제도'(제323조) 등 증인으로 하여금 위증죄의 위험으로부터 벗어날 수 있도록 하는 이중의 장치를 마련하고 있어 증언거부권 고지 규정을 두지 아니한 것이 입법의 불비라거나 증언거부권 있는 증인의 침묵할 수 있는 권리를 부당하게 침해하는 입법이라고 볼 수도 없다. 그렇다면 민사소송절차에서 재판장이 증인에게 증언거부권을 고지하지 아니하였다 하여 절차위반의 위법이 있다고 할 수 없고, 따라서 적법한 선서절차를 마쳤음에도 허위진술을 한 증인에 대하여는 달리 특별한 사정이 없는 한 위증죄가 성립한다. 「민사소송법」이 정하는 절차에 따라 증인으로서 적법하게 선서를 마치고서도 허위의 진술을 한 D의 행위는 위증죄에 해당하고 기록상 달리 특별한 사정이 보이지 아니함에도, 원심이 법적 근거가 없는 증언거부권의 고지절차가 없었음을 이유로 이와 달리 판단한 것은 민사소송절차에서의 증언거부권 고지에 관한 법리를 오해하여 판결에 영향을 미친 잘못이 있다."이 판결에 대하여는 김양섭, 2011하, 744-792의 해설이 있다.

그런데 "증인이 증언거부권을 고지받지 못함으로 인하여 그 증언거부권을 행사하는 데 사실상 장애가 초래되었다고 볼 수 있는 경우"와 그렇지 아니한 경우를 구분하는 것이 용이한 일이 아닐 것이다.

D2녀는 제1심 제8회 공판기일에 재판장이 "증언을 하지 않을 수 있다는 사실을 알았다면 증언을 거부했을 것이냐"는 신문에 대하여 "그렇다 하더라도 증언을 하였을 것"이라는 취지로 답변하였다. 이를 근거로 2월판결은 "증인이 증언거부권을 고지받지 못함으로 인하여 그 증언거부권을 행사하는 데 사실상 장애가 초래되었다고 볼 수 없는 경우"로 판단하였다.

(나) 후속판결들

(1) 대법원 2011.12.8. 선고 2010도2816 판결 "'O 주식회사(이하 'O 회사'라 한다)가 그 홈페이지에 O 회사가 협찬하는 연예인 축구단과 대검찰청과의 축구경기에 대한 글을 올린 것을 이용하여 피고인 측을 협박하였다'는 취지로 피고인이 증언한 부분에 관하여 본다. 형사소송법 제148조에서 '형사소추'는 증인이 이미 저지른 범죄사실에 대한 것을 의미하므로, 증인의 증언에 의하여 비로소 범죄가 성립하는 경우에는 형사소송법 제160조, 제148조 소정의 증언거부권 고지대상이 된다고 할 수 없다. 위 법리와 기록에 비추어 살펴보면, 피고인이, 'O 회사의 홈페이지에 O 회사가 협찬하는 연예인 축구단이 대검찰청에서 행사를 가진 글이 게재되어 있는지 여부에 관한 사실을 묻는 질문'에 대하여, 'O 회사가 검찰과의 친분관계를 이용하여 피고인 측을 협박하였다'는 취지로 증언한 것은 피고인이 이미 저지른 범죄사실에 대한 것이 아님이 분명하므로 피고인의 위와 같은 증언은 형사소송법 제160조, 제148조 소정의 증언거부권 고지대상에 해당한다고 볼 수 없다."

(2) 대법원 2011.11.24. 선고 2011도11994 판결 "'누구든지 자기가 형사소추 또는 공소제기를 당하거나 유죄판결을 받을 사실이 발로될 염려 있는 증언을 거부할 수 있다'는 형사소송법 제148조의 증언거부권은 헌법 제12조 제2항에 정한 불이익 진술의 강요금지 원칙을 구체화한 자기부죄거부특권에 관한 것인바, 이미 유죄의 확정판결을 받은 경우에는 헌법 제13조 제1항에 정한 일사부재리의 원칙에 의해 다시 처벌받지 아니하므로 자신에 대한 유죄판결이 확정된 증인은 공범에 대한 피고사건에서 증언을 거부할 수 없고, 설령 증인이 자신에 대한 형사사건에서 시종일관 그 범행을 부인하였다 하더라도 그러한 사정만으로 증인이 진실대로 진술할 것을 기대할 수 있는 가능성이 없는 경우에 해당한다고 할 수 없으므로 허위의 진술에 대하여 위증죄의 성립을 부정할 수 없다(대법원 2008.10.23. 선고 2005도10101 판결 참조). 한편 자신에 대한 유죄판결이 확정된 증인이 재심을 청구한다 하더라도, 이미 유죄의 확정판결이 있는 사실에 대해서는 일사부재리

의 원칙에 의하여 거듭 처벌받지 않는다는 점에는 변함이 없고, 형사소송법상 피고인의 불이익을 위한 재심청구는 허용되지 아니하며(형사소송법 제420조), 재심사건에는 불이익변경의 금지 원칙이 적용되어 원판결의 형보다 중한 형을 선고하지 못하므로(형사소송법 제439조), 자신의 유죄 확정판결에 대하여 재심을 청구한 증인에게 증언의무를 부과하는 것이 형사소추 또는 공소제기를 당하거나 유죄판결을 받을 사실이 발로될 염려 있는 증언을 강제하는 것이라고 볼 수는 없다. 따라서 자신에 대한 유죄판결이 확정된 증인이 공범에 대한 피고사건에서 증언할 당시 앞으로 재심을 청구할 예정이라고 하여도, 이를 이유로 증인에게 형사소송법 제148조에 의한 증언거부권이 인정되지는 않는다. 원심이, 피고인의 이 사건 증언은 자신에 대한 유죄판결이 확정된 후에 이루어진 것임이 분명하여 피고인에게 공범에 대한 피고사건에서 증언을 거부할 권리가 없으므로, 그 증언에 앞서 피고인이 증언거부권을 고지받지 못하였더라도 증인신문절차상 잘못이 없다고 판단하여 위증죄를 유죄로 인정한 제1심판결을 유지한 조치는 정당하다."

(3) **대법원 2013.5.23. 선고 2013도3284 판결** [사안] D는 "수원지방법원 안산지원 2010고단224호 O에 대한 사기 피고사건의 증인으로 출석하여 선서한 후, 사실은 O가 대금을 지급할 의사 없이 피해자들로부터 육류를 공급받아 편취하고 사기죄로 고소를 당하자, D가 애초의 공모 내용에 따라 그 형사책임을 모두 떠안기로 하고 그 대가로 O로부터 합계 1억 8,000만 원을 받았음에도, 'O로부터 위와 같은 이유로 돈을 받은 사실이 전혀 없다'고 위증"한 혐의로 기소되었다. 검사와 재판장의 신문내용은, 'D가 O와 공모하여 피해자들로부터 육류를 공급받아 편취하는 사기죄를 범하였는지'와 관련된 것이다. 재판장은 신문 전에 D(증인)에게 증언거부권을 고지하지 않았다. 제1심과 항소심은 유죄를 선고하였다. D가 상고하였다. O에 대한 위 사기 피고사건의 D에 대한 증인신문조서에는 "증인(D)에게 형사소송법 제148조 또는 149조에 해당하는가의 여부를 물어 이에 해당하지 아니함을 인정하고 위증의 벌을 경고한 후 별지 선서서와 같이 선서를 하게 하였다."라고 기재되었다. [판지(파기환송)] 사정이 이와 같다면, D는 형사소송법 제148조가 정한 자기부죄거부특권에 관한 증언거부사유가 있음에도 증언거부권을 고지받지 못함으로 인하여 그 증언거부권을 행사하는 데 사실상 장애가 초래된 상태에서 선서와 증언을 하였다고 봄이 상당하므로, 그러한 D에게 이 부분 공소사실에 기재된 진술에 관하여 위증의 죄책을 물을 수는 없다.

제 6 장

위법수집증거배제

6.1

위법수집증거와 2차적 증거의 증거능력

대법원 2007.11.15. 선고 2007도3061 전원합의체 판결;
광주고법 2008.1.15. 선고 2007노370 판결; 대법원 2009.3.12. 선고 2008도763 판결

I 사 안

제주도 지사 D가 2006.5.31 지방선거를 앞두고 공직선거법을 위반하여 불법선거운동의 기획에 참여하거나 그 실시에 관여하는 행위를 한 혐의가 포착되었다. **선관위의 수사의뢰**로 검사는 2006.4.25. **제주지사 D의 정s책특별보좌관 A(피내사자)가 사용하던 사무실**에 대한 압수수색영장을 발부받고 다음 날 A의 사무실을 수색하였다. 당시 A는 부재중이었고 제주지사 **비서실장** B가 A와 같은 사무실을 사용하고 있었으므로 검사와 검찰수사관은 **B의 참관** 하에 A의 사무실을 수색하고 있었는데 마침 제주지사 비서관(C)이 그곳을 방문하였다. C는 당시 **D의 업무일지 등이 포함된 서류뭉치**를 들고 있었다. 이를 본 검찰수사관이 C에게 그 서류뭉치를 '한번 보자'고 말하였으나 C는 "지사님 집무실에서 보던 것이므로 내줄 수 없다"며 거절하였다. 이를 본 검사는 자신이 검사임을 밝히고 그 서류를 '압수하겠다'고 하는데 C가 이를 거절하자 검사는 C에게 "검찰에 가서 조사를 받아야 서류를 주겠느냐"고 말하였다. 그러자 C는 서류를 그곳에 있던 소형 캐비넷 위에 놓고 나가 검사와 검찰수사관은 이를 압수하였다.[1] 2006.10.18. B와 C는 검찰청으로부터 **압수목록을 교부**받았다. 압수목록에는 교부일자가 2006. . . 로 월, 일이 공란으로 기재되어 있었고 압수경위는 B와 C로부터 각 **임의제출**받은 것으로 기재되어 있으나 검사가 작성한 압수조서에는 **영장에 의하여 압수**된 것으로 기재되어 있었다. 검사는 위와 같이 B와 C로부터 **획득한 문서**를 기초로 삼아 D의 혐의를 보강하는 **2차적 증거물들과 진술**을 수집할 수 있었다. D는 **'자신을 위한 선거운동의 기회에 다른 공무원을 활용하여 공직선거법 제86조를 위반한 혐의'**[2]로 기소되었다. 공판절차

---

1) 이 대목에서 검사의 이 서류 입수가 '임의제출물'인가, 압수인가가 문제된다. 법원은 압수로 판단하였다.

2) 공직선거법 제86조(공무원 등의 선거에 영향을 미치는 행위금지) ① 공무원(국회의원과 그 보좌관·비서관·비서 및 지방의회의원을 제외한다), 제53조(공무원 등의 입후보) 제1항 제4호 및 제6호에 규정된 기관 등의 상근 임·직원, 통·리·반의 장, 주민자치위원회위원과 향토예비군소대장급 이상의 간부, 특별법에 의하여 설립된 국민운동단체로서 국가나 지방자치단체의 출연 또는 보조를 받는 단체(바르게살기운동협의회·새마을운동협의회·한국자유총연맹을 말한다)의 상근 임·직원 및 이들 단체 등(시·도조직 및 구·시·군조직을 포함한다)의 대표자는 다음 각 호의 어느 하나에 해당하는 행위를 하여서는 아니된다.〈개정 1997.11.14, 2000.2.16, 2002.3.7, 2004.3.12, 2005.8.4〉 1. 소속직원 또는 선거구민에게 교육 기타 명목여하를 불문하고 특정 정당이나 후보자(후보자가 되고자 하는

에서 위와 같이 획득된 문서와 2차적 증거물들과 진술이 D의 공소사실을 입증하는 중요한 증거로 제출되었다. D와 그 변호인들은 공소제기 직후부터 일관하여 "검사가 실시한 압수·수색은 압수·수색영장의 효력이 미치는 범위, 영장의 제시 및 집행에 관한 사전통지와 참여, 압수목록 작성·교부 등에 관하여 법이 정한 여러 절차 조항을 따르지 않은 위법한 것이어서 이를 통하여 수집된 이 사건 압수물은 물론 이를 기초로 획득한 2차적 증거물들과 진술·증언들도 모두 공소사실을 입증하는 증거로 삼아서는 안 된다"고 주장하였다. 항소심은 "압수·수색 절차가 위법하다는 이유만으로는 압수물의 증거능력을 부정할 수 없다"는 기존의 판례에 기초하여, 이 사건의 압수·수색 절차에서 구체적으로 어떤 위법사유가 존재하는지에 관하여 판단하지 않고 이 압수물을 유죄 인정의 증거로 사용하였다. D가 상고하였다.

II 쟁 점

적법한 절차에 따르지 아니하고 수집한 증거는 증거로 할 수 없다(법 제308조의2(위법수집증거의 배제)). 수집 과정에서 헌법 및 형사소송법이 정한 절차 조항을 위반한 압수물과 그것을 기초로 하여 획득한 2차적 증거(증거물과 진술증거)를 유죄 인정의 증거로 삼을 수 있는가?

III 재판요지

1) ㉮ 헌법과 형사소송법이 정한 절차에 따르지 아니하고 수집한 증거는 기본적 인권 보장을 위해 마련된 적법한 절차에 따르지 않은 것으로서 **원칙적으로 유죄 인정의 증거로 삼을 수 없다**. 수사기관의 위법한 압수·수색을 억제하고 재발을 방지하는 가장 효과적이고 확실한 대응책은 이를 통하여 수집한 증거는 물론 이를 기초로 하여 획득한 2차적 증거를 유죄 인정의 증거로 삼을 수 없도록 하는 것이다. 그러나 ㉯ 수사기관의 증거 수집 과정에서 이루어진 절차 위반행위와 관련된 모든 사정 즉, 절차 조항의 취지와 그 위반의 내용 및 정도, 구체적인 위반 경위와 회피가능성, 절차 조항이 보호하고자 하는 권리 또는 법익의 성질과 침해 정도 및 피고인과의 관련성, 절차 위반행위와 증거수집 사이의 인과관계 등 관련성의 정도, 수사기관의 인식과 의도 등을 전체적·종합적으로 살펴볼 때, 수사기관의 절차 위반행위가 **적법절차의 실질적인 내용을 침해하는 경우에 해당하지 아니하는 예외적인 경우[3]라면, 법원은 그 증거를 유죄 인정의 증거로 사용할 수 있다.**

자를 포함한다. 이하 이 항에서 같다)의 업적을 홍보하는 행위 2. 선거운동의 기획에 참여하거나 그 기획의 실시에 관여하는 행위 3. (이하 생략)

3) 절차위반이 있지만 적법절차의 실질적인 내용을 침해하지 아니하고 증거능력배제의 상당성도 부정된 최초의 사례(대법원 2011.5.26. 선고 2011도1902 판결)가 2011년 5월에 판시되었다. "압수 후 압수조서의 작성 및 압수목록의 작성·교부 절차가 제대로 이행되지 아니한 잘못이 있다 하더라도, 그것이 적법절차의 실질적인 내용을 침해하는 경우에 해당한다거나 위법수집증거의 배제법칙에 비추어 그 증거능력의 배제가 요구되는 경우에 해당한다고 볼 수는 없다."; '영장제시가 없는 체포: 구속'

㉰ 이는 **적법한 절차에 따르지 아니하고 수집한 증거를 기초로 하여 획득한 2차적 증거의 경우에도 마찬가지**여서, 절차에 따르지 아니한 증거 수집과 2차적 증거 수집 사이 **인과관계의 희석 또는 단절 여부**[4]**를 중심**으로 2차적 증거 수집과 관련된 모든 사정을 전체적·종합적으로 고려하여 예외적인 경우에는 유죄 인정의 증거로 사용할 수 있다(이상은 대법원 2007.11.15. 선고 2007도3061 전원합의체 판결).

2) 원래 도지사 집무실에 보관 중이던 서류를 도지사를 보좌하는 공무원(C)이 압수수색절차가 진행 중이던 압수장소에 일시적으로 가져온 경우에는 이를 영장에 기재된 압수대상물인 '보관 중인 물건'에 포함된다고 볼 수 없고, '보관 중인 물건'에 영장집행 당시 영장기재 장소에 '현존'하는 물건까지 포함된다고 해석할 수는 없으며, 압수물에 대한 압수목록이 압수 후 무려 5개월이나 지난 뒤에 작성 교부된 점, 압수목록의 작성자가 압수물을 제대로 확인하고 압수목록을 작성한 것이 아니라 제3자가 작성한 것을 옮겨 적은 데 불과한 점, 압수경위가 임의제출로 잘못 기재되어 있을 뿐만 아니라 작성월일을 공란으로 한 다음 그 사본을 2006.4.27.자 다른 압수목록 교부서 사본들 사이에 편철함으로써 마치 이 사건 압수물에 대한 압수목록이 2006.4.27.경 교부된 것처럼 보이게 하려는 것으로 보여 수사기관에서 이 사건 압수물에 대한 압수절차에서의 위법을 알면서도 은폐하려고 시도한 것이 아닌가 하는 의심이 드는 점 등에 비추어 볼 때 이 사건 압수물에 대한 압수는 위법하다. 또한 이런 위법행위가 없었다면 이 사건 압수물의 수집이 가능하지 않았을 것으로 보이는 점 등의 모든 사정을 전체적·종합적으로 살펴보면, 이 사건 압수물의 압수는 그 압수절차에서 수사기관의 절차위반행위로 인하여 압수에 관한 적법절차의 실질적인 내용을 침해하는 경우에 해당한다. 나머지 증거들은 기본적으로 이 사건 압수물을 기초로 한 것으로서 이 사건 압수물의 증거능력이 부인된다면 나머지 증거들만으로는 공소사실을 인정하기 어려우므로, 이 사건 압수물의 증거능력에 관한 법리오해는 판결 결과에 중대한 영향을 미쳤다고 할 것이어서 이에 대한 피고인들의 항소이유는 이유 있다. 또한, 이 점에서 원심판결 중 피고인들에 대한 유죄부분은 더 이상 유지될 수 없으므로, 이 사건 압수물의 증거능력이 인정되거나 이 사건 압수물의 증거능력이 인정된다 하더라도 이것만으로는 원심의 판결 결과에 영향을 미치지 않음을 전제로 하는 피고인들의 나머지 사실오인, 불고불리원칙위배, 정당행위에 관한 법리오해, 양형부당 등에 대한 항소이유 및 검사의 양형부당에 대한 항소이유는 더 나아가 살펴볼 필요가 없다(파기환송심인 광주고법 2008.1.15. 선고 2007노370 판결).

3) (i) 헌법과 형사소송법이 구현하고자 하는 적법절차와 영장주의의 정신에 비추어 볼 때, 법관이 압수·수색영장을 발부하면서 '압수할 물건'을 특정하기 위하여 기재

은 '적법절차의 실질적인 내용을 침해'한다고 판단된 것과 비교하여 잘 식별할 필요가 있다.

4) 미국연방대법원이 인정하는 '오염순화의 예외, 불가피한 발견의 예외, 독립된 증거원의 예외' 법리를 염두에 둔 표현으로 보인다.

한 문언은 이를 엄격하게 해석하여야 하고, 함부로 피압수자 등에게 불리한 내용으로 확장 또는 유추해석하는 것은 허용될 수 없다. 같은 취지에서, 이 사건 압수·수색영장에서 압수할 물건을 '압수장소에 보관 중인 물건'이라고 기재하고 있는 것을 '압수장소에 현존하는 물건'으로 해석할 수 없다고 한 원심의 판단은 옳고, 압수·수색영장의 효력에 관한 법리오해 등의 위법은 없다. 이 부분 검사의 주장은 모두 받아들이지 않는다.

(ii) 압수·수색영장은 처분을 받는 자에게 반드시 제시하여야 하는바(법 제219조, 제118조), 현장에서 압수·수색을 당하는 사람이 여러 명일 경우에는 그 사람들 모두에게 개별적으로 영장을 제시해야 하는 것이 원칙이고, 수사기관이 압수·수색에 착수하면서 그 장소의 관리책임자에게 영장을 제시하였다고 하더라도, 물건을 소지하고 있는 다른 사람으로부터 이를 압수하고자 하는 때에는 그 사람에게 따로 영장을 제시하여야 한다. 한편 당사자의 증거신청을 받아들일 것인지는 법원이 재량에 따라 결정하는 것이 원칙이므로, 법원은 당사자가 신청한 증거가 적절하지 않다고 판단하거나 조사할 필요가 없다고 인정할 때에는 그 신청을 기각할 수 있다(대법원 2003.10.10. 선고 2003도3282 판결 등).

같은 취지에서, 수사기관이 이 사건 압수·수색에 착수하면서 이 사건 사무실에 있던 제주도지사 비서실장 B에게 압수·수색영장을 제시하였다고 하더라도 그 뒤 그 사무실로 이 사건 압수물을 들고 온 제주도지사 비서관 C로부터 이를 압수하면서 따로 압수·수색영장을 제시하지 않은 이상, 위 압수절차는 형사소송법이 정한 바에 따르지 않은 것이라고 본 원심의 판단은 정당하고, C에 대한 압수·수색영장 제시 여부에 관한 사실인정과 관련하여 원심이 검사의 일부 증거신청을 받아들이지 않은 조치에 증거신청 채택 여부에 관한 재량의 한계를 벗어난 위법이 있다고 보이지 않는바, 원심 판단에 압수·수색영장 제시 범위 등에 관한 법리오해나 증거신청 채택 여부 등에 관하여 법령을 위반한 위법은 없다. 이 부분에 관한 상고이유 역시 모두 받아들이지 않는다.

(iii) 공무원인 수사기관이 작성하여 피압수자 등에게 교부해야 하는 압수물 목록에는 작성연월일이 기재되고(법 제57조 제1항) 그 내용도 사실에 부합하여야 한다. 또한 압수물 목록은 피압수자 등이 압수물에 대한 환부·가환부신청을 하거나 압수처분에 대한 준항고를 하는 등 권리행사절차를 밟는 가장 기초적인 자료가 되므로, 이러한 권리행사에 지장이 없도록 압수 직후 현장에서 바로 작성하여 교부해야 하는 것이 원칙이다.

같은 취지에서, 작성월일을 누락한 채 일부 사실에 부합하지 않는 내용으로 작성하여 압수·수색이 종료된 지 5개월이나 지난 뒤에 이 사건 압수물 목록을 교부한 행위는 형사소송법이 정한 바에 따른 압수물 목록 작성·교부에 해당하지 않는다고 본 원심의 판단은 정당하고, 압수물 목록 작성·교부에 관한 법리오해 등의 위법은 없다.

이 부분 상고이유도 모두 받아들이지 않는다.

(iv) 헌법과 형사소송법이 정한 절차에 따르지 아니하고 수집된 증거라고 할지라도 수사기관의 증거 수집 과정에서 이루어진 절차 위반행위와 관련된 모든 사정을 전체적·종합적으로 살펴볼 때, 수사기관의 절차 위반행위가 적법절차의 실질적인 내용을 침해하는 경우에 해당하지 아니하고, 오히려 그 증거의 증거능력을 배제하는 것이 헌법과 형사소송법이 형사소송에 관한 절차 조항을 마련하여 적법절차의 원칙과 실체적 진실 규명의 조화를 도모하고 이를 통하여 형사사법정의를 실현하려 한 취지에 반하는 결과를 초래하는 것으로 평가되는 예외적인 경우라면, 법원은 그 증거를 유죄 인정의 증거로 사용할 수 있다(대법원 2007.11.15. 선고 2007도3061 전원합의체 판결 참조).

그러나 이러한 예외적인 경우를 함부로 인정하게 되면 결과적으로 헌법과 형사소송법이 정한 절차에 따르지 아니하고 수집된 증거는 기본적 인권 보장을 위해 마련된 적법한 절차에 따르지 않은 것으로서 유죄 인정의 증거로 삼을 수 없다는 원칙을 훼손하는 결과를 초래할 위험이 있으므로, 법원은 구체적인 사안이 위와 같은 예외적인 경우에 해당하는지를 판단하는 과정에서 위와 같은 결과가 초래되지 않도록 유념하여야 한다. 나아가, 법원이 수사기관의 절차 위반행위에도 불구하고, 그 수집된 증거를 유죄 인정의 증거로 사용할 수 있는 예외적인 경우에 해당한다고 볼 수 있으려면, 그러한 예외적인 경우에 해당한다고 볼 만한 구체적이고 특별한 사정이 존재한다는 것을 검사가 입증하여야 한다(이상은 대법원 2009.3.12. 선고 2008도763 판결).

IV 분석과 해설

(가) 적법절차의 실질적인 내용을 침해하는지 여부를 판단하는 기준

대법원은 위법수집증거와 2차적 증거의 증거능력부인의 판단기준으로 수사기관(본 사안에서는 검사)이 실시한 압수·수색이 헌법 및 형사소송법이 정한 **적법절차의 실질적인 내용을 침해한 점이 있는지 여부**로 설정하였다. 이 이론에 따르면 압수절차에 수사기관의 위법행위가 있더라도 적법절차의 실질적인 내용의 침해가 없으면 증거능력이 부정되지 아니한다. 그런데 무엇이 '적법절차의 실질적인 내용의 침해'인가가 문제된다. 이 문제에 관하여 광주고등법원은 파기환송 후의 제2차 항소심에서 수사기관이 실시한 압수·수색이 ㉮ 압수·수색영장의 효력이 미치는 범위 내에서 집행되었는지 여부(예를 들어 영장에 압수할 물건으로 기재되지 않은 물건의 압수 여부 등), ㉯ 영장 제시 절차의 누락 여부(압수수색을 집행할 때 영장의 제시 및 집행에 관한 사전통지와 참여가 있었는지 여부), ㉰ 압수·수색을 집행할 때 압수목록이 작성·교부되었는지, 압수목록 작성·교부 절차의 현저한 지연 여부 등에 관하여 법이 정한 여러 절차 조항이 준수되었는가 하는 점을 예시하고 이 요소들을 종합하여 본 사안에서 '적법절차의 실질적인 내용을 침해'하였다고 판단하였다.

(나) 위법수사 억지를 위한 증거배제

대법원은 수사기관의 위법수사를 억지하는 가장 효과적인 수단이 "위법수집증거의 증거능력배제"에 있음을 명시하고 있음이 주목된다. 구법에는 현행법 제308조의2(위법수집증거의 배제)와 같은 명시적인 조항이 없어 대법원은 과거에 "영장주의에 위반하여 압수한 증거물은 비록 압수절차가 위법이라 하더라도 물건 자체의 성질이나 형상에 변경을 가져오는 것이 아니므로 그 형상 등에 관한 증거가치에는 변함이 없다 할 것이므로, 증거능력이 있다."고 판시(이른바 성질·형상 불변론)하여 왔다. 그런데 현행법은 위법수집증거의 증거능력배제를 선언하는 원칙적 조항을 명시하였다. 이 조항의 구체적 해석은 판례와 학설에 위임되어 있지만 적어도 이 조항의 존재로 말미암아 향후에 위법수집증거라는 이유로 증거능력이 배제되는 사례는 구법시대보다 늘어날 수 있는 발판이 마련된 셈이다. 이 조항의 존재는 개정형소법이 당사자주의를 강화시키고 실체적 진실주의보다 적법절차를 한 단계 우위에 두려는 발상에 터잡아 추진되었음을 알게 하여 주는 징표이다.

(다) 독수독과론의 채택과 그 예외의 인정

두 가지를 주목하여야 한다.

첫째, 대법원은 파기환송판결에서 "적법한 절차에 따르지 아니하고 수집한 증거를 기초로 하여 획득한 2차적 증거의 경우에도 마찬가지"라고 판시하여 이른바 독수독과(毒樹毒果)의 이론(the doctrine of the fruit of the poisonous tree)도 인정하고 있지만 그 예외의 가능성도 인정하고 있음이 주목된다. 그러므로 어떤 경우에 독수독과론의 예외를 인정할 것인지 여부가 장래의 탐구과제이다. 수사기관이 위법한 압수물과 무관한 독립된 자료에 의하여 독과실의 존재를 파악하고 있었거나(독립된 정보원의 이론, the independent source exception doctrine), 위법수집증거(독수)와 거기서 파생된 제2차증거(독과, 증거물과 진술증거) 간에 인과관계가 인정되지 않을 때(불가피한 발견의 이론, the inevitable discovery exception doctrine), 또한 피의자의 동의나 수사기관의 적법한 보완조치로 원래의 위법성이 희석되는 경우(오염순화의 예외이론, The purged taint exception doctrine)에는 위법하게 수집된 증거라 할지라도 증거능력이 인정되는 경우가 있을 수 있다.[5)]

5) 대법원 2009.4.23. 선고 2009도526 판결: "사전에 구속영장을 제시하지 아니한 채 구속영장을 집행

둘째, 독수독과론은 2차적 증거가 증거물인 경우에 한정되지 아니하고 2차적 증거가 진술증거(예를 들어 증언이나 자백)인 경우에도 적용된다.

(라) 기타 관련문제

(1) 증거배제의 주장적격: 스탠딩 법리의 부정 증거배제의 신청권자는 자기의 권리가 침해된 자에 한하는가?

미국 연방대법원은 이를 인정하는데 이 법리를 'standing' 법리(*Rakas v. Illinois*)라고 한다. 그러나 한국 대법원(대법원 2011.6.30. 선고 2009도6717 판결⇨ 본서 **6.4** 참조)은 이를 도입하지 아니하였다.

(2) 사인에 의한 위법수집증거 배제규칙은 국가기관인 수사기관의 위법활동을 억제함을 목적으로 하므로 사인(私人)에 의한 위법수집증거를 배제할 필요는 없다. 그러나 수사기관이 사인을 교사하여 위법하게 증거를 수집하게 하였다면 그것은 수사기관의 증거수집활동으로 간주하여야 한다.(⇨본서 **6.6** 참조)

공직선거법의 적용에 있어서 선거관리위원회 위원·직원의 조사절차에는 당연히 법 제308조의 2가 적용된다.(대법원 2014.10.15. 선고 2011도3509 판결)

(3) 증거로 함에 대한 동의의 효과 임의성 없는 자백은 피고인의 동의가 있어도 증거로 할 수 없다(대법원 2006.11.23. 선고 2004도7900 판결). 최근 대법원은 위법수집증거에 대하여도 동일한 효과를 부여[6]하고 있다.

하고, 그 구속 중 수집한 피고인의 진술증거 중 피고인의 제1심 법정진술은, 피고인이 구속집행절차의 위법성을 주장하면서 청구한 ⓐ **구속적부심사의 심문 당시 구속영장을 제시받은 바 있어 그 이후에는 구속영장에 기재된 범죄사실에 대하여 숙지하고 있었**던 것으로 보이고, 구속 이후 원심에 이르기까지 ⓑ 구속적부심사와 보석의 청구를 통하여 구속집행절차의 위법성만을 다투었을 뿐, 그 구속 중 이루어진 진술증거의 임의성이나 신빙성에 대하여는 전혀 다투지 않았을 뿐만 아니라, ⓒ 변호인과의 충분한 상의를 거친 후 공소사실 전부에 대하여 자백한 것이라면 유죄 인정의 증거로 삼을 수 있는 예외적인 경우에 해당한다."; 대법원 2013.3.28. 선고 2012도13607 판결: "수사기관이 위와 같이 법관의 영장에 의하지 아니하고 매출전표의 거래명의자에 관한 정보를 획득한 경우 이에 터잡아 수집한 2차적 증거들, 예컨대 피의자의 자백이나 범죄 피해에 대한 제3자의 진술 등이 유죄 인정의 증거로 사용될 수 있는지 역시 위와 같은 법리에 의하여 판단되어야 할 것인데, 수사기관이 의도적으로 영장주의의 정신을 회피하는 방법으로 증거를 확보한 것이 아니라고 볼 만한 사정, 위와 같은 정보에 기초하여 범인으로 특정되어 체포되었던 피의자가 석방된 후 상당한 시간이 경과하였음에도 다시 동일한 내용의 자백을 하였다거나 그 범행의 피해품을 수사기관에 임의로 제출하였다는 사정, 2차적 증거 수집이 체포 상태에서 이루어진 자백 등으로부터 독립된 제3자의 진술에 의하여 이루어진 사정 등은 통상 2차적 증거의 증거능력을 인정할 만한 정황에 속한다고 볼 수 있을 것이다."

6) 대법원 2009.12.24. 선고 2009도11401 판결: **[사안]** D는 자신의 주거지에서 여신전문금융업법위반 피의사건의 범인으로 긴급체포되었다. "형사소송법 제216조 제1항 제2호, 제217조 제2항, 제3항은 사법경찰관은 형사소송법 제200조의3(긴급체포)의 규정에 의하여 피의자를 체포하는 경우에 필요한 때에는 영장 없이 체포현장에서 압수·수색을 할 수 있고, 압수한 물건을 계속 압수할 필요가 있는 경우에는 지체 없이 압수수색영장을 청구하여야 하며, 청구한 압수수색영장을 발부받지 못한 때에는 압수한 물건을 즉시 반환하여야 한다고 규정하고 있는바, 형사소송법 제217조 제2항, 제3항에 위반하여, 압수수색영장을 청구하여 이를 발부받지 아니하고도 즉시 반환하지 아니한 압수물은 이를 유죄 인정

(4) 탄핵증거적격 실질증거로서 증거능력이 없는 위법수집증거는 탄핵증거로서는 사용할 수 있는가? 부정하여야 할 것이다.[7](미국판례는 반대)

(5) 거증책임과 증명방식 피고인 측에서 검찰 측이 제출한 증거가 위법수집증거라는 일응의 증명을 한 경우에 그 증거가 적법하게 수집된 증거(예를 들어 인과관계의 부존재)라는 점에 대한 실질적 거증책임은 소추 측에 있다. 이 부분은 소송법적 사실이므로 자유로운 증명의 대상으로 보아야 할 것이다. 다만, 자백의 임의성의 기초되는 사실은 엄격한 증명의 대상으로 삼아야 할 것이다.[8]

(마) 결 론

과거 역사가 증명하듯이 종래 실체적 진실주의의 미명 하에 인권이 부당하게 침해되어 왔음을 부인할 수 없다. 형사절차의 영역에서 실체진실발견과 적법절차의 두 가지 상호 상충되는 목표를 어떤 방식으로 조화롭게 달성할 것인

의 증거로 사용할 수 없는 것이고, 헌법과 형사소송법이 선언한 영장주의의 중요성에 비추어 볼 때 D나 변호인이 이를 증거로 함에 동의하였다고 하더라도 달리 볼 것은 아니다. 원심이 증거동의에도 불구하고 압수물의 증거능력을 부정한 것은 정당하다."; 대법원 2010.1.28. 선고 2009도10092 판결: **[사안]** 충청남도 금산경찰서 소속 경사 P는 'D 소유의 쇠파이프를 D의 주거지 앞마당에서 발견'하였으면서도 그 소유자, 소지자 또는 보관자가 아닌 V로부터 임의로 제출받는 형식으로 위 쇠파이프를 압수하였고, 그 후 압수물의 사진을 찍었다. 공판조서의 일부인 제1심 증거목록상 D는 위 사진(증 제4호의 일부)을 증거로 하는 데 동의한 것으로 기재되어 있다. D는 폭력행위 등 처벌에 관한 법률위반(집단·흉기 등 상해) 혐의로 기소되었다. 제1심과 항소심은 쇠파이프를 증거로 사용하여 유죄를 선고하였다. D는 '위법수집증거를 증거로 채택'하였음을 이유로 상고하였다. **[판지**(상고기각)**]** "이 사건 압수물과 그 사진은 형사소송법상 영장주의 원칙을 위반하여 수집하거나 그에 기초한 증거로서 그 절차 위반행위가 적법절차의 실질적인 내용을 침해하는 정도에 해당하므로, D의 증거동의에도 불구하고 위 사진은 이 사건 범죄사실을 유죄로 인정하는 증거로 사용할 수 없다. 이것은 잘못이나, 위 증거를 제외한 나머지 증거들만으로도 이 사건 범죄사실을 유죄로 인정하기에 충분하므로, 원심의 위와 같은 잘못은 판결 결과에는 영향이 없다."; 대법원 2010.7.22. 선고 2009도14376 판결: **[사안]** D는 폭력행위 등 처벌에 관한 법률위반(집단·흉기 등 상해) 혐의로 기소되었다. "형사소송법 제215조 제2항은 '사법경찰관이 범죄수사에 필요한 때에는 검사에게 신청하여 검사의 청구로 지방법원 판사가 발부한 영장에 의하여 압수, 수색 또는 검증을 할 수 있다'고 규정하고 있는바, 사법경찰관이 위 규정을 위반하여 영장 없이 물건을 압수한 경우 그 압수물은 물론 이를 기초로 하여 획득한 2차적 증거 역시 유죄 인정의 증거로 사용할 수 없는 것이고, 이와 같은 법리는 헌법과 형사소송법이 선언한 영장주의의 중요성에 비추어 볼 때 위법한 압수가 있은 직후에 피고인으로부터 작성받은 그 압수물에 대한 임의제출동의서도 특별한 사정이 없는 한 마찬가지이다. 경찰이 피고인의 집에서 20m 떨어진 곳에서 피고인을 체포하여 수갑을 채운 후 피고인의 집으로 가서 집안을 수색하여 칼과 합의서를 압수하였을 뿐만 아니라 적법한 시간 내에 압수수색영장을 청구하여 발부받지도 않았음을 알 수 있는바, 이를 위 법리에 비추어 보면 위 칼과 합의서는 임의제출물이 아니라 영장 없이 위법하게 압수된 것으로서 증거능력이 없고, 따라서 이를 기초로 한 2차 증거인 임의제출동의서, 압수조서 및 목록, 압수품 사진 역시 증거능력이 없다."

7) 신동운, 1047, 이재상 550.

8) 판례는 자백의 임의성의 기초되는 사실에 대하여 자유로운 증명이면 족하다고 한다(대법원 1984.3.13. 선고 83도3228 판결, 대법원 1987.9.22. 선고 87도929 판결).

가 하는 문제는 매우 어려운 문제이다. 그러나 현 시점에서 실체적 진실주의는 당분간 적법절차의 이념에 그 자리를 양보함이 타당하다. 따라서 위법수집증거에 대하여는 서서히 그 허용성이 배제되는 영역을 확장시켜갈 것이 요구된다.

특히 이 사안은 위법수집증거배제법칙을 증거물의 영역에까지 넓힌 것에 주목하여야 한다. 따라서 이른바 종래의 증거물의 성질·형상불변론은 폐지되고, 앞으로 적법절차에 따르지 아니한 채 수집된 증거물에 대한 증거능력을 원칙상 인정할 수 없게 됨에 따라 그동안 소홀히 여겨졌던 압수·수색 절차에서의 적법성이 강조될 수 밖에 없고, 이에 대한 판례가 다수 형성될 것이 예상된다.[9)]

(바) 선거관리위원회 위원·직원의 농업협동조합법위반범죄 수사권의 성질(대법원 2014.10.15. 선고 2011도3509 판결)

[사안] 전라남도 선거관리위원회 직원들은 'A농협 조합장 후보자였던 D와 그의 처 O가 조합원인 O2에게 금품을 제공'한 혐의를 조사하기 위하여 O2의 집을 방문하여 조사하였다. 공직선거법 제272조의2 제1항은 선거범죄 조사와 관련하여 '선거관리위원회 위원·직원은 관계인에 대하여 질문·조사를 할 수 있다'는 취지로 규정하고, 공직선거관리규칙 제146조의3 제3항에서는 "위원·직원은 조사업무 수행 중 필요하다고 인정되는 때에는 질문답변내용의 기록, 녹음·녹화, 사진촬영, 선거범죄와 관련 있는 서류의 복사 또는 수집 기타 필요한 조치를 취할 수 있다"고 규정하고 있다. 또 제272조의2 제6항은 선거관리위원회 위원·직원이 선거범죄와 관련하여 질문·조사하거나 자료의 제출을 요구하는 경우에는 관계인에게 그 신분을 표시하는 증표를 제시하고 소속과 성명을 밝히고 그 목적과 이유를 설명하여야 한다고 규정하고 있다. 위 선거관리위원회 직원들은 당시 피조사자인 O2에게 그 진술을 녹음한다는 사실을 알리지 아니한 채 이를 녹음한 후 그 녹음파일에 터잡아 녹취록을 작성하였다. D는 농업협동조합법위반 혐의(D가 O2에게 조합장 선거운동과 관련한 금품을 제공하였다는 공소사실)로 기소되었는데 녹취록과 그 2차증거들이 유죄증거로 제출되었다. D는 '이 녹취록이 위법수집증거이므로 그것은 물론이고 그 2차증거들도 모두 증거능력이 없다'고 주장하였다. 제1심과 항소심은 "선거관리위원회 직원은 수사기관에 준하는 국가기관에 해당한다는 전제 하에, 선거관리위원회 직원의

9) "형사소송법은 제215조에서 검사가 압수·수색영장을 청구할 수 있는 시기를 공소제기 전으로 명시적으로 한정하고 있지는 아니하나, 헌법상 보장된 적법절차의 원칙과 재판받을 권리, 공판중심주의·당사자주의·직접주의를 지향하는 현행 형사소송법의 소송구조, 관련 법규의 체계, 문언 형식, 내용 등을 종합하여 보면, 일단 공소가 제기된 후에는 피고사건에 관하여 검사로서는 형사소송법 제215조에 의하여 압수·수색을 할 수 없다고 보아야 하며, 그럼에도 검사가 공소제기 후 형사소송법 제215조에 따라 수소법원 이외의 지방법원 판사에게 청구하여 발부받은 영장에 의하여 압수·수색을 하였다면, 그와 같이 수집된 증거는 기본적 인권 보장을 위해 마련된 적법한 절차에 따르지 않은 것으로서 원칙적으로 유죄의 증거로 삼을 수 없다."(대법원 2011.4.28. 선고 2009도10412 판결)

조사절차에는 영상녹화 사실을 미리 고지하도록 규정한 형사소송법 제244조의2 제1항이 준용되므로 선거관리위원회 직원들이 O2에게 미리 그 녹음사실을 고지하지 아니한 채 대화내용을 녹음한 행위는 위 형사소송법 규정에 위배되는 위법한 행위이고, 그 녹음파일 내지 녹취록은 적법한 절차에 따르지 아니하고 수집한 증거에 해당하므로 증거능력이 없으며, 이를 기초로 하여 수집된 2차적 증거인 O2에 대한 각 검찰 진술조서 및 '수사보고' 또한 증거능력이 부인되어야 한다"고 판단하여 무죄를 선고하였다. 검사가 상고하였다.

[판지(상고기각)] 가. 공직선거법 제272조의2 제1항등은 (중략) 선거범죄 조사와 관련하여 조사를 받는 관계인의 사생활의 비밀과 자유 내지 자신에 대한 정보를 결정할 자유, 재산권 등이 침해되지 않도록 하기 위한 절차적 규정이므로, 선거관리위원회 직원이 관계인에게 사전에 설명할 '조사의 목적과 이유'에는 조사할 선거범죄혐의의 요지, 관계인에 대한 조사가 필요한 이유뿐만 아니라 관계인의 진술을 기록 또는 녹음·녹화한다는 점도 포함된다. 따라서 선거관리위원회 위원·직원이 관계인에게 진술이 녹음된다는 사실을 미리 알려 주지 아니한 채 진술을 녹음하였다면, 그와 같은 조사절차에 의하여 수집한 녹음파일 내지 그에 터잡아 작성된 녹취록은 형사소송법 제308조의2에서 정하는 '적법한 절차에 따르지 아니하고 수집한 증거'에 해당하여 원칙적으로 유죄의 증거로 쓸 수 없다.

나. 원심의 이유설시 중 선거관리위원회의 조사절차에 형사소송법 제244조의2 제1항이 준용된다고 설시한 부분은 적절하다고 할 수 없으나, O2에게 미리 녹음사실을 알리지 아니한 채 진술을 녹음한 행위는 공직선거법 제272조의2 제6항이 정하는 절차에 위배한 행위로서 위법하다. 그렇다면 O2에 대한 녹음파일 내지 이 사건 녹취록 뿐만 아니라 이에 터잡아 수집된 위 각 증거는 모두 형사소송법 제308조의2에서 정하는 '적법한 절차에 따르지 아니하고 수집한 증거'에 해당하므로 공소사실에 대한 유죄의 증거로 쓸 수 없고, 나아가 그 절차위반행위가 적법절차의 실질적인 내용을 침해한 경우에 해당하는 이상 위법수집증거 배제법칙의 예외로서 그 증거능력을 인정하는 경우에 해당한다고 볼 수도 없다.

6.2

적법한 진술거부권의 고지는 없으나 임의성 있는 자백의 2차증거의 증거능력(오염순화의 예외이론)

대법원 2009.3.12. 선고 2008도11437 판결

I 사 안

D는 '강도범행2'의 혐의로 기소되었다. D는 2008.3.12. 03:00경 은평경찰서 연신내지구대 소속 경장 P2, P3에 의하여 V에 대한 **강도**의 현행범(강도범행1)으로 체포되었다. 은평경찰서 형사과 소속 경장 P는 같은 날 **05:00**경 위 경찰서에서 D를 인계받아 '진술거부권을 고지하지 아니한 채 같은 날 **06:00**경까지 조사를 하면서 강도범행1에 대한 자백'을 받았다. P는 D의 또 다른 범행(강도범행2)을 의심하여 같은 날 **06:00**경 D의 주거지로 향하는 차 안에서 진술거부권을 고지하지 아니한 채 D에게 "이 사건 전의 범행이 있으면 경찰관이 찾기 전에 먼저 이야기하라, 그렇게 해야 너(D)에게 도움이 된다"는 취지로 이야기하여 D로부터 '같은 해 2월 초, 중순경 새벽에 응암시장 부근에서 **어떤 아주머니**(W) 가방을 날치기한 적이 있고, 그 가방을 D의 집에 보관하고 있다'는 진술(1차증거, 이하 ① '자백1(경찰차 안에서의 경고 없는 임의의 수사상 진술)'로 약칭함)을 듣게 되었다. P는 같은 날 09:00경 D의 집에서 가방 등을 발견하여 임의 제출받아 압수하였고(그 후 사후영장을 발부받았다)[1], 그 직후인 10:20경 D에 대하여 최초로 진술거부권을 고지한 후 D로부터 'W의 가방을 빼앗았다'는 자백을 받았다. 그 후 이루어진 경찰 및 검찰의 D에 대한 신문 전에 모두 진술거부권 고지가 이루어졌고, D는 일관하여 임의로 자백(이하 ② '적법한 진술거부권고지 이후의 수사상 자백' = '경고 있는 임의의 수사상자백(자백2)' 로 약칭함)하였다. 한편 ③ 압수된 가방 내용물을 기초로 그 피해자가 W인 점이 확인된 후 W를 상대로 피해 사실에 관한 진술(④ W의 수사상 진술)을 받는 등 W에 대한 조사가 이루어졌다. 그 후 2008.4.23. 열린 제1심 제1회 공판기일에서 D는 변호인과 함께 출석하여 인정신문에 앞서 '진술을 하지 아니하거나 각개의 물음에 대하여 진술을 거부할 수 있고 이익되는 사실을 진술할 수 있음'을 고지받은 후, 검사가 공소장에 의하여 공소사실, 죄명, 적용법조를 낭독하자 '공소사실을 인정한다'[2](⑤ 경고 있는 임의의 공판정자백)고 진술하였다. 제1심은 ① 경고 없는 임의의 수사상 자백(1차증거)은 위법수집증거이므로 증거능력을 부정하고, 2차증거들인 ②, ③, ④, ⑤[3]에 대하여는,

1) 검사는 D의 집 수색을 '동의에 의한 수색'이라고 주장하나 항소심은 이를 부정하였다. 또 검사는 가방에 대하여 '불가피한 발견의 예외, 선의의 예외'를 주장하나 항소심은 '긴급한 사유'가 없음을 이유로 부정하였다.

2) '공소사실을 인정하나 피해자들에게 강압적이고 의도적으로 심하게 하면서 가방을 빼앗은 것은 아니다'라고 진술하였지만 이하에서는 자백한 것으로 간주함.

3) ② 경고 있는 임의의 수사상 자백, ③ 물적 증거(압수된 가방내용물), ④ W의 수사상 진술, ⑤ 경고

2007년 전원합의체 판결(이하 '2007년 판결'로 약칭함)을 철저하게 문리해석(독수독과론의 예외 없는 적용)하여 증거능력을 부정하여 무죄판결을 선고하였다. 검사가 항소(이 경우에는 불이익금지가 작동하지 아니함)하였다. 항소심에서 검찰은 W를 증인으로 신청하였고, 2008.10.16. 열린 항소심 제3회 공판기일에 출석한 W(2008.9.19. 증인소환장을 본인이 송달받았으나 2008.9.25. 항소심 제2회 공판기일에 출석하지 않았고, 2008.9.30. 증인소환장을 재차 본인이 송달받은 후 항소심 제3회 공판기일에 출석하였다)는 공소사실(강도범행2)에 부합하는 증언(⑥ 증인 W의 임의의 공판정 증언)을 하였고, D는 항소심에서 W에 대한 범행을 시인(이하 '⑦ 경고 있는 임의의 공판정자백'으로 약칭함)하였다. 항소심은 2007년 판결을 문리해석하되 '인과관계 희석·단절의 가능성을 제기'하여 본 사안에서 '경고 있는 임의의 공판정자백'(⑤, ⑦)과 '증인 W의 임의의 공판정 증언'(⑥, 보강증거)의 증거능력만을 인정하여 유죄판결을 선고하였다. 검사는 상고하지 않았고, 변호인만 제1심판결의 논지(독수독과론의 예외 없는 적용)를 주장하며 상고(이 경우에는 불이익금지가 작동함)하였다.

II 쟁 점

독수독과론의 예외인정요건은 무엇인가?

III 재판요지 (상고기각)

"ⓐ '수사기관이 진술거부권을 고지하지 않은 상태에서 임의로 이루어진 피의자의 자백(①)'을 기초로 수집한 2차적 증거들, 예컨대 반복된 자백[4], 물적 증거[5]나 증인의 증언[6] 등이 유죄 인정의 증거로 사용될 수 있는지 역시 '위와 같은 법리'[7]에 따라 판단되어야 할 것이다. 구체적인 사안에서 위와 같은 2차적 증거들의 증거능력 인정 여부는 제반 사정을 전체적·종합적으로 고려하여 판단하여야 할 것인데, 예컨대 ㉮ 진술거부권을 고지하지 않은 것이 단지 수사기관의 실수일 뿐 '피의자의 자백을 이끌어내기 위한 의도적이고 기술적인 증거확보의 방법'으로 이용되지 않았고, ㉯ 그 이후 이루어진 신문에서는 진술거부권을 고지하여 잘못이 시정되는 등 수사 절차가 적법하게 진행되었다는 사정, 최초 자백 이후 구금되었던 D가 석방되었다거나 변호인으로부터 충분한 조력을 받은 가운데 상당한 시간이 경과하였음에도 다시 자발적으로 계속하여 동일한 내용의 자백을 하였다는 사정, ㉰ 최초 자백 외에도 다른 독립된 제3자의 행위나 자료 등도 물적 증거나 증인의

있는 임의의 공판정자백.

4) ②, ⑤, ⑦.

5) ③.

6) ⑥.

7) "법원이 2차적 증거의 증거능력 인정 여부를 최종적으로 판단할 때에는 먼저 절차에 따르지 아니한 1차적 증거 수집과 관련된 모든 사정들, 즉 절차 조항의 취지와 그 위반의 내용 및 정도, 구체적인 위반 경위와 회피가능성, 절차 조항이 보호하고자 하는 권리 또는 법익의 성질과 침해 정도 및 피고인과의 관련성, 절차 위반행위와 증거수집 사이의 인과관계 등 관련성의 정도, 수사기관의 인식과 의도 등을 살피는 것은 물론, 나아가 1차적 증거를 기초로 하여 다시 2차적 증거를 수집하는 과정에서 추가로 발생한 모든 사정들까지 구체적인 사안에 따라 주로 인과관계 희석 또는 단절 여부를 중심으로 전체적·종합적으로 고려하여야 한다(대법원 2007.11.15. 선고 2007도3061 전원합의체 판결 참조)."

증언 등 2차적 증거 수집의 기초가 되었다는 사정, ㉣ 증인이 그의 독립적인 판단에 의해 형사소송법이 정한 절차에 따라 소환을 받고 임의로 출석하여 증언하였다는 사정 등은 통상 2차적 증거의 증거능력을 인정할 만한 정황에 속한다.

앞서 본 법리에 비추어 살펴보면, 비록 ⓑ D의 제1심 법정에서의 자백(⑤)은 진술거부권을 고지받지 않은 상태에서 이루어진 D의 최초 자백과 같은 내용이기는 하나, D의 제1심 법정에서의 자백에 이르게 되기까지의 모든 사정들, 특히 최초 자백이 이루어진 이후 몇 시간 뒤 바로 수사기관의 진술거부권 고지가 이루어졌을 뿐 아니라 그 후 신문시마다 진술거부권 고지가 모두 적법하게 이루어졌고, 제1심 법정 자백은 최초 자백 이후 약 40여 일이 지난 후 공개된 법정에서 변호인의 충분한 조력을 받으면서 진술거부권을 고지받는 등 적법한 절차를 통해 임의로 이루어진 사정 등을 전체적·종합적으로 고려해 볼 때, 이를 유죄 인정의 증거로 사용할 수 있는 경우에 해당한다.

나아가 ⓒ W의 항소심 법정에서의 진술(⑥) 또한 그 진술에 이르게 되기까지의 앞서 본 바와 같은 모든 사정들, 특히 W가 피해자로서 범행일로부터 무려 7개월 이상 지난 시점에서 법원의 적법한 소환에 따라 **자발적**으로 공개된 법정에 출석하여 위증의 벌을 경고받고 선서한 후 자신이 직접 경험한 사실을 임의로 진술한 사정 등을 고려해 볼 때, 이 역시 유죄 인정의 증거로 사용할 수 있는 경우에 해당한다."

IV 분석과 해설

본 판례는 '한국형 독수독과론'이 전개되는 최초의 사안이어서 주목된다. 본 사안에서 문제가 되는 공소사실은 '강도범행1'이 아니라 '강도범행2'이고 증거로서의 허용성이 문제되는 2차증거들은 ② 경고 있는 피의자(D)의 임의의 수사상 자백, ③ 물적 증거(압수된 가방내용물), ④ W의 수사상 진술, ⑤ 경고 있는 피의자(D)의 임의의 제1심 자백, ⑥ W의 항소심 법정에서의 증언, ⑦ 경고 있는 피의자(D)의 임의의 항소심 자백의 6가지이다. 본 사안의 핵심쟁점을 좀 더 구체적으로 특정하면 '수사기관이 진술거부권을 고지하지 않은 상태에서 임의로 이루어진 피의자의 자백(①)을 기초로 수집한 2차적 증거들(②, ③, ④, ⑤, ⑥, ⑦)이 유죄 인정의 증거로 사용될 수 있는지 여부'[8](이하 '경고 없는 임의자백의 2차증거의 증거능력(The admissibility of the derivative evidences of the unwarned voluntary confession)'으로 약칭함)이다. 이하에서 위 6가지 증거들의 증거능력에 대하여 차례로 살핀다.

(가) '자백1'(① 경고 없는 임의자백, unwarned voluntary confession)의 증거능력

① 자백1은 '피의자 D의 미란다 경고를 받을 권리'를 침해하여 획득된 것이므로 1차적인 위법수집증거이다. '피의자의 미란다 경고를 받을 권리'는 헌

8) 이것은 판지의 ⓐ 부분의 앞부분에 설시된 표현을 그대로 인용한 것이다.

법적 권리[9]이고 '수사기관이 질문 전에 미란다 경고를 발할 의무의 불이행'은 적법절차위배의 정도가 현저하므로 자백1은 증거로 쓸 수 없다. 문제는 이를 기초로 수집된 2차적 증거들(②, ③, ④, ⑤, ⑥, ⑦)이 유죄 인정의 증거로 사용될 수 있는지 여부', 즉 2차증거들이 독수(毒樹, the poisonous tree)인 자백1을 기초로 획득된 과실(毒果, fruits)인가 하는 점이다.

(나) '경고 있는 피의자(D)의 임의의 공판정자백'(⑤, ⑦)의 증거능력

자백1이 피의자의 진술의 임의성을 침해하여 고문 등으로 강제로 획득되거나 피의자의 헌법적 권리를 침해(예를 들어 위법한 수색·압수·체포·구속)한 후에 획득된 것이면 자백1은 독수가 될 수 있고 그 후에 획득된 자백은 독수의 과실이다. 그러나 본 사안에서 문제되는 것은 '수사관(경찰)의 흠이 오로지 미란다 경고를 발하지 못하였을 뿐'인데도 그 흠의 효과가 2차증거(②, ⑤, ⑦)에까지 파급된다고 볼 것인가 하는 점이다.

"자백1이라면 몰라도 본 사안의 그 후의 온전한 자백들(②, ⑤, ⑦)은, 적법하게 진술거부권이 고지된 이후에 평온하게 (피의자의 임의진술로) 획득된 것이므로 '자백1'과 무관한 독립적인 증거"가 아닐까 하는 의문이 제기된다. 그런데 본 사안의 자백들(②, ⑤, ⑦)을 2차증거(secondary evidence, derivative evidence)로 몰고 가는 논증이 있다. 미국에서는 그 논증을 '바구니를 떠난 고양이론'(cat out of the bag theory)이라고 한다. 이 논증은 "불법환경에서 일단 자백한 피의자는 '더 이상 부인해도 아무 소용이 없을 것'이라는 자포자기에 빠져 이후 계속적으로 자백하는 것이 보통이므로 1차자백 이후의 자백은 모두 2차증거"라고 주장한다. *Oregon v. Elstad*(1985)[10]에서 오리건 주의 항소법원이 이 입장에 섰다. 오리건 주의 항소법원은 경고 없는 임의자백의 2차자백에 대하여 "1차자백과 2차자백 사이의 간극이 매우 짧으므로 1차자백시의 강제적 분위기의 효과는 사라지지 아니하였고, 사안의 2차자백은 바구니를 떠난 고양이에 불과하므로 독과로서 증거능력이 없다"고 판단하였다. 그러나 '미국 연방대법원'(이하 '연방대법원'으로 약칭함)은 '임의성 있는 2차자백에 미란다 고지의

9) 대법원 1992.6.23. 선고 92도682 판결; *DICKERSON V. UNITED STATES*(99-5525) 530 U.S. 428(2000)

10) *Oregon v. Elstad*, 470 U.S. 298(1985): 18세의 절도 혐의자 엘스테드의 집에서 경찰은 미란다 경고 없이 엘스테드로부터 임의로 구술자백을 얻어냈다. 1시간 후에 경찰서에서 경찰은 엘스테드에게 미란다 경고를 발한 후 임의로 구술자백과 서면자백을 얻어냈다. '2차자백이 독수의 과실인가'가 문제되었다. 엘스테드는 '바구니를 떠난 고양이론'을 전개하여 '2차자백이 독수의 과실'이라고 주장하였다.

무 위반이 없는 경우'에는 '이 이론의 적용이 없다'[11]고 판시하였다.

2009년 판결의 ㉯와 ⓑ 부분의 판시는 **(다)**에서 보는 바와 같이 대법원이 *Oregon v. Elstad*의 주항소법원의 논증과 미국연방대법원의 논증을 교묘하게 결합·변형시켰음을 보여준다. '수사관(경찰)의 흠이 오로지 미란다 경고를 발하지 못하였을 뿐'인데도 그 흠의 효과가 2차증거(②, ⑤, ⑦)에까지 파급될 수 있다고 본 측면은, *Oregon v. Elstad*의 미국연방대법원의 견해('임의성 있는 2차자백에 미란다 고지의무 위반이 없는 경우'에는 '바구니를 떠난 고양이론'의 적용이 없다)와 판이하게 다르고, 오히려 '*Oregon v. Elstad*의 주항소법원의 논증'에 가깝다. 그런데 대법원은 그 법리를 오직 '경고 있는 피의자(D)의 임의의 수사상 자백'(②)에만 관철시키고, '경고 있는 피의자(D)의 임의의 공판정자백'(⑤, ⑦)에 대하여는 그 예외를 인정할 수 있다(이른바 인과관계의 희석·단절이론)는 취지의 논증이므로 '*Oregon v. Elstad*의 주항소법원의 논증'과 100% 일치하는 것도 아니다.

(다) '경고 있는 피의자(D)의 임의의 수사상 자백'(②)의 증거능력

제1심은 2007년 판결의 **독수독과론을 철저하게 적용**하여 "적법한 절차에 따르지 아니하고 수집한 D의 차 안에서의 진술을 기초로 획득한 2차적 증거인 경찰 압수조서 및 압수목록, 압수품 사진, D에 대한 각 피의자신문조서 중 V2(강도범행2의 피해자)에 관한 부분, V2의 수사기관에서의 각 진술들은 증거능력이 없다"고 판단하여 예외의 가능성을 배제하였다. 그러나 항소심은 "적법한 절차에 따르지 아니하고 수집한 증거를 기초로 하여 획득한 2차적 증거의 경우에는, 절차에 따르지 아니한 증거 수집과 2차적 증거 수집 사이의 **인과관계의 희석 또는 단절 여부를 중심으로** 2차적 증거 수집과 관련된 모든 사정을 전체적·종합적으로 고려하여야 한다"고 전제한 후 본 사안에서는 "D의 차 안 진술과 체포 당일의 제1회 경찰 자백, 구금 3일째의 제2회 경찰 자백, 구금 10일째의 검찰 자백과 사이에 그 인과관계가 희석 또는 단절되었다고 인정할 만

---

11) "수정헌법 제4조는 전통적으로 독수독과론을 광범하게 적용할 것을 요구하였지만 미란다 경고의 무위반은 그것과는 근본적으로 다르다. 수정헌법 제5조는, '미란다 경고의무위반이 있지만 임의성 있는 진술'은 그 진술만이 오염된 것이므로 그 진술만을 배척하도록 요구한다. 수정헌법 제5조는 '미란다 고지의무 위반이 없고 임의성 있는 2차자백'에 수정헌법 제4조의 독수독과론을 적용할 것을 요구하지 아니한다." 이것은 다음과 같은 취지의 논변이다: 1차자백이 피의자의 진술의 자유를 침해한 경찰의 강제획득자백이면 설사 2차자백시 미란다 경고가 주어지고 피의자의 진술의 자유의 침해가 없다 하더라도 2차자백은 독과가 될 수 있다. 그러나 1차자백이 오로지 미란다 경고 없이 획득된 것일 뿐 평온하게 획득된 것인데 반하여 2차자백이 미란다 경고가 주어지는 등 임의로 행하여진 것이면 2차자백은 독과가 아니다. 한걸음 더 나아가 수정헌법 제4조의 독수독과론은 '경고 없는 임의자백의 2차증거'에 대하여는 적용이 없다.

한 사정이 없으므로, D가 경찰, 검찰에서 한 V2에 관한 자백 진술이 오염순화의 예외를 적용하여 유죄 인정의 증거로 사용할 수 있는 경우에 해당한다고 보기 어렵다(이는 D가 각 신문 전에 진술거부권을 고지받았다거나 원심 변호인이 위 각 피의자신문조서의 진정성립과 임의성을 인정하였다는 사정까지 고려하더라도 마찬가지다)"고 판단하였다.[12] ⓐ의 ㉯ 부분을 면밀히 검토하면 대법원은 양자(피의자의 임의의 수사상 자백과 임의의 공판정자백)의 차별근거로 '피의자가 **실효성 있는 변호인의 조력**(예를 들어 변호인이 참여하여 D를 조력)을 받았는가'에 두고 있는 것 같다.

(라) 'W의 공판정 진술'(⑥)과 *Wong Sun v. United States*(1963)

2009년 판결의 ㉱는, 'W의 공판정 진술은 2차증거이기는 하지만 증거능력이 있다'는 취지이다. 이것은 어떤 법리일까? 이 부분에서는 미국 연방대법원이 *Wong Sun v. United States*(1963)[13]에서 전개한 법리가 연상된다.

'제임스 토이'(James Toy, 이하 '토이')는 마약거래 혐의로 불법체포된 직후 '쟈니 예'(Johny Yee, 이하 '예')를 공범으로 끌어들이는 진술을 하였다. 경찰은 이 진술을 토대로 예를 체포하고 예의 자택을 수색하였다. 예의 침실에서 마약이 발견된 직후 예는 다시 왕산(Wong Sun)을 공범으로 끌어 들이는 진술을 하여 왕산이 체포되었다. 왕산은 보석으로 풀려났다. 며칠 후 왕산은 자발적으로 경찰에 출석하여 '자신이 마약거래에 관여하였다'는 진술을 하였다. '왕산의 진술이 토이의 형사사건에서 독수의 과실인가'가 문제되었다. 불법체포로 인한 위법수집증거인 토이의 진술과 왕산의 진술 사이에 조건관계는 인정되지만 중간에 왕산의 자발적인 경찰출석 사실이 개입(intervene)되었으므로 왕산의 진술을 독수독과로 볼 것인가가 문제되었다. *Wong Sun v. United States*에서 연방대법원은 '인과관계의 희석·단절' 논증[14]으로 왕산의 진술을 독과로 보지 아니하였다.

2009년 판결의 ㉱, 그리고 ⓒ부분의 판시는 대법원이 *Wong Sun v. United*

---

12) 항소심은 판결문에 '구금 10일째의 검찰 자백' 부분에 주석으로 "기록상 경찰 및 검찰 신문 당시에 변호인이 참여하여 D를 조력한 흔적은 찾을 수 없다"고 기재하여 '변호인이 참여하여 D를 조력한 흔적'이 있어야 '인과관계의 희석 또는 단절'을 인정할 수 있음을 암시하고 있다.[형진휘(2010)에서 재인용함]

13) *Wong Sun v. United States* 371 U.S. 471(1963).

14) "토이의 진술은 불법체포 직후 획득된 불법체포의 직접적인 산물이므로 허용될 수 없다. 예의 진술과 그의 집에서 발견된 마약도 배제되어야 한다. 왜냐하면 그것은 연방요원이 오로지 토이로부터 획득한 위법수집증거로부터 직접 획득한 것이기 때문이다. 그러나 왕산의 진술은 토이에게 불리한 증거로 사용될 수 있다. 왜냐하면 왕산의 진술은 이미 독과가 아니기 때문이다. 왕산은 보석된 지 며칠 후 자발적으로 진술하였고 오랜 시간이 경과하였으므로 왕산의 진술과 최초의 위법 사이의 연관은 희석되거나 단절되었다."

*States*의 법리를 일부 차용하였음을 보여준다.[15]

(마) '차 안에서의 여죄 진술 권유'와 *Missouri v. Seibert*(2004)

2009년 판결의 ㉮부분에서 대법원은 수사관이 '차 안에서의 여죄(餘罪) 진술 권유'를 할 때 "진술거부권을 고지하지 않은 것이 '피의자의 자백을 이끌어내기 위한 의도적이고 기술적인 증거확보의 방법'[16]으로 이용되지 않았음"에 주목하고 있다. 이를 반대해석하면, 만약 "진술거부권을 고지하지 않은 것이 '피의자의 자백을 이끌어내기 위한 의도적이고 기술적인 증거확보의 방법'으로 이용된 것[17]이라면 2차자백도 증거로 쓸 수 없다."는 취지로 읽을 수 있다. 2009년 판결의 이 논증은 *Missouri v. Seibert*(2004)[18]의 논증과 매우 흡사하다.

(바) 물적 증거(압수된 가방 내용물, ③)와 *United States v. Patane*(2004)[19]

2009년 판결의 제1심은 "차안에서의 진술은 진술거부권을 불고지한 상태에서의 진술이므로, 이에 기한 2차적 증거[20]는 모두 증거능력이 없다"고 판시하였다. 제1심판결에 대하여 검사는 "차 안에서의 진술에 기초한 2차 증거들[21]"에 대하여는 "독수독과원리의 예외 법리(오염순화의 예외, 불가피한 발견의 예외, 선의의 예외)가 적용되므로 증거능력이 있다"며 항소하였다. 항소심은 "인과관계가 희석 또는 단절되었다고 인정할 뚜렷한 사정을 찾을 수 없다"는 등의 취지로 검사의 항소를 배척[22]하였

15) 그러나 '대법원이 *Oregon v. Elstad*(1985)의 법리를 수용하였다고 가정'하면 '인과관계의 희석·단절 논증'은 불필요하다. 왜냐하면 *Oregon v. Elstad*(1985)는 '경고 없는 임의자백의 2차증거'에 대하여 '수정헌법 제4조의 독수독과론의 적용이 없다.'고 판시하였기 때문이다. 그러므로 여기서 2009년 판결이 *Oregon v. Elstad*(1985)의 법리를 100% 수용했다고 볼 것인지 여부에 대하여 좀 더 심층적인 분석이 필요하다.

16) 이것은 아마도 '먼저 질문하고 원하는 진술을 얻은 다음 비로소 미란다 고지를 하는 책략적인 조사방법(question-first strategy as a interrogation tactic)'을 지칭하는 것으로 보인다.

17) 조국, 독수과실의 원리(『형사판례연구』 17, 455)는 본 사안에서 경찰이 '먼저 질문하고 원하는 진술을 얻은 다음 비로소 미란다 고지를 하는 책략적인 조사방법(question-first strategy as a interrogation tactic)'을 구사한 것이라고 주장하지만 이것은 지나친 해석으로 보인다. 이에 대하여는 형진휘(2010) 참조.

18) *Missouri v. Seibert*, 542 U.S. 600(2004).

19) *United States v. Patane*, 542 U.S. 630(2000): '미란다 경고의무위반의 과실과 비진술증거(증거물)의 증거능력'이 문제된 사안인데 비진술증거(증거물)의 증거능력을 인정한 판결이다.

20) 여기서는 오직 압수물에 대하여만 주목하기로 하자.

21) 여기서도 오직 압수물에 대하여만 주목하기로 하자.

22) 형진휘(대법원 2009.3.12. 선고 2008도11437 판결의 제1심공판에 관여하였고 항소이유서를 작성한 검사), 위법수집증거 배제법칙/독수독과의 원칙 예외—대법원 2008도11437호 판결사례 분석(2010.6.21. 월요일 법학실무연구회 발표자료).

다.[23] 그런데 "차 안에서의 진술에 기초하여 경찰이 획득한 압수물"에 대하여 대법원은 애매한 태도를 보이고 있다.

대법원은 2009년 판결의 ⓐ부분에서 '경고 없는 임의자백의 2차증거'의 예로 '반복된 자백, 물적 증거나 증인의 증언'을 언급하고 있다. 그러나 정작 그에 대한 답변이 예측되는 ㉰부분에서는 "최초 자백 외에도 다른 독립된 제3자의 행위나 자료 등도 물적 증거나 증인의 증언 등 2차적 증거 수집의 기초가 되었다는 사정"이라고만 언급하여 그 취지가 모호[24]하다.[25]

(사) 따름판결(대법원 2009.4.23. 선고 2009도526 판결[26])

"**[상고기각]** 구속영장의 사전제시 없는 구속 중 수집한 피고인의 진술증거에 대하

---

23) 그러나 안성수, 진술거부권 불고지로 인한 위법수집증거 배제와 그 불복방법(『형사판례연구』 17, 509)는 본 사안이 '불가피한 발견의 예외이론을 적용할 만한 사안'이라고 주장한다.

24) 형진휘는, 2009년 판결은, "진술거부권을 고지하지 않은 것이 단지 수사기관의 실수일 뿐 피의자의 자백을 이끌어내기 위한 의도적이고 기술적인 증거확보의 방법으로 이용되지 않았고, (중략) 그 이후 이루어진 신문에서는 진술거부권을 고지하여 잘못이 시정되는 등 수사 절차가 적법하게 진행되었다는 사정, 최초 자백 외에도 다른 독립된 제3자의 행위나 자료 등도 물적 증거나 증인의 증언 등 2차적 증거 수집의 기초가 되었다는 사정 (중략)"이라고 판시하여, 본건 사례에 있어 "압수물(압수조서, 압수목록, 압수물 사진)의 경우 그 증거능력이 인정될 수도 있음을 설시하고 있다"고 해석한다.

25) 피의자 파타니가 불법으로 총을 소지하고 있었는데, 경찰이 파타니에게 묵비할 권리가 있다는 점만 고지하고, 변호인 선임권 등의 내용을 상세하게 고지하지 않은 채 파타니를 체포하고, '총이 어디에 있는지'를 물어 파타니로부터 '침대 방에 있다'는 진술을 듣고 증거물인 총을 압수하였다. 연방제10항소법원은 '미란다 고지 위반은 헌법위반이고 따라서 독수독과의 원리가 적용된다'고 하면서 총의 증거능력을 배제하였다. 그러나 연방대법원은 "진술거부권이 고지되지 않았지만 임의성 있는 자백을 기초로 획득한 증거물은 증거로 허용되어야 한다. 경찰의 미란다 고지의무는 피의자의 진술강요를 방지하기 위한 사전 예방장치이다. 미란다 고지를 하지 않고 얻은 진술증거는, 이를 검사가 본증으로 입증하는 데 사용하는 것을 금지하는 것으로 족하다. 그러나 이를 탄핵증거로 사용하는 것, 증거물을 사용하는 것을 금지하거나, 독수독과이론을 적용할 필요성이 없다."며 연방 제10항소법원의 결정을 파기하였다. *Missouri v. Seibert*(2004)와 *United States v. Patane*(2004)는 같은 해 같은 달 같은 날짜(June 28, 2004)에 동시에 선고된 판결들이다. 그러므로 대법원이 *Missouri v. Seibert*(2004)는 수용하고 *United States v. Patane*(2004)는 수용하지 않을 태세로 임한 것으로 보기는 어렵다. 김태업, 진술거부권의 불고지 상태에서의 자백과 2차적 증거의 증거능력, 『대법원판례해설』 80호(2009년 상), 754는 이 문제에 대하여 대법원이 입장을 밝히지 않은 것으로 진단하고 있다.

26) **[사안]** D는 2008.6.25. 08:38경 체포영장에 의하여 체포되어 같은 날 11:00경 수원지방검찰청 검사실에 인치된 후 2008.6.26. 00:40경 수원구치소에 구금되었다. D에 대한 구속영장이 2008.6.27. 발부되었다. 위 구속영장은 같은 날 23:10경 수원구치소에서 교도관리에 의하여 집행5된 것으로 구속영장에 기재되어 있다. 2008.7.1. D에 대한 검사 작성의 제3회 피의자신문조서가 작성되었고, 그 이후인 2008.7.7. D에 대한 검사 작성의 제4회 피의자신문조서가, 2008.7.11. D에 대한 검사 작성의 제6회 피의자신문조서가 작성되었다. D는 2008.7.2. 변호인을 선임하였고, 2008.7.3. 변호인을 통하여 '구속영장을 제시받지 못한 채 불법적으로 구금되어 있다'는 등의 사유를 주장하면서 구속적부심사청구를 하였다. D는 이에 따라 열린 2008초적63 구속적부심사 사건의 심문절차에서 판사로부터 구속영장을 제시받았다. D는 검사 작성의 제4회, 제6회 피의자신문조서에서 이 사건 공

여 (중략) 수사기관이 헌법 제12조 제3항[27], 형사소송법 제85조 제1항, 제209조에 반하여 사전에 영장을 제시하지 아니한 채 구속영장을 집행한 경우, 그 구속 중 수집한 2차적 증거들인 구속 피고인의 진술증거가 유죄 인정의 증거로 사용될 수 있는지 역시 위와 같은 법리[28]에 의하여 판단되어야 하고, 이는 형사소송법 제81조 제3항, 제209조에 따라 검사의 지휘에 의하여 교도관리가 구속영장을 집행하는 경우에도 마찬가지이다. ⓔ D의 주장과 같이 D에 대한 구속영장의 집행 당시 구속영장이 사전에 제시된 바 없다면, 이는 헌법 및 형사소송법이 정한 절차를 위반한 구속집행이고, 그와 같은 구속 중에 수집한 D의 진술증거인 'D에 대한 검사 작성의 제3회 내지 제6회의 피의자신문조서'와 'D의 법정진술'은 예외적인 경우가 아닌 한 유죄인정의 증거로 삼을 수 없는 것이 원칙이다. 더욱이 구속 직후 D가 위와 같은 구속영장이 사전에 제시됨이 없이 구속된 불법구금임을 주장하면서 법원에 구속적부심사를 청구하고 제1심 법원에 보석을 청구하는 등 구속집행절차상의 위법을 다투고 있는 상황이라면, 원심으로서는 D에 대한 구속영장을 집행하는 과정에서 실제로 위 D가 주장하는 바와 같은 위법이 있는지를 살펴보고 나아가 위 각 증거를 유죄 인정의 증거로 삼을 수 있는지에 대하여 심리해 보았어야 한다. 그런데도 제1심이 이 점에 관하여 전혀 심리를 하지 아니한 채 D에 대한 검사 작성의 제4회, 제6회의 각 피의자신문조서와 D의 법정진술의 각 증거능력을 인정하고 이를 유죄 인정의 증거로 채택하여 이 사건 공소사실에 대하여 유죄의 죄책을 인정하였으며, 원심은 D가 양형부당만을 항소이유로 주장하였다는 이유만으로 이 점에 대한 심리에 이르지 아니한 채 제1심판결을 그대로 유지하였는바, 이러한 조치는 잘못된 것이다. ⓕ 그러나 D의 제1심 법정진술은, 앞서든 법리나 위 인정사실에 나타난 다음에서 드는 각 사정을 전체적·종합적으로 고려해 볼 때, 이를 유죄 인정의 증거로 사용할 수 있는 경우에 해당한다. 즉, D는 구속적부심사의 심문 당시 구속영장을 제시받은 바 있어 그 이후에는 구속영장에 기재된 범죄사실에 대하여 숙지하고 있었던 것으로 보이고, 구속 이후 원심에 이르기까지 구속적부심사와 보석의 청구를 통하여 사전에 구속영장을 제시받지 못한 구속집행절차의 위법성만을 다투었을 뿐 그 구속 중 이루어진 D의 진술증거인 D에 대한 검사 작성의 피의자신문조서와 법정에서의 D 진술의 임의성이나 신빙성에 대하여는 전혀 다투지 아니하였으며, 구속 이

소사실 중 일부만을 시인하였다. D는 제1심 소송이 계속 중이던 2008.8.18. 변호인을 통하여 '구속영장을 제시받지 못한 채 구속되어 있다'는 등의 사유를 주장하면서 보석허가청구를 하였다. 한편 D와 그 변호인은 모두 제1심의 제1회 공판기일에서 범의를 일부 부인하였을 뿐 이 사건 공소사실의 객관적인 사실관계는 모두 인정하였고, 제2회 공판기일 이후 항소심의 각 공판기일에 이르기까지 이 사건 공소사실을 모두 자백하였다.

27) "체포·구속·압수 또는 수색을 할 때에는 적법한 절차에 따라 검사의 신청에 의하여 법관이 발부한 영장을 **제시**하여야 한다."

28) '대법원 2007.11.15. 선고 2007도3061 전원합의체 판결'에서 전개된 '인과관계 희석·단절론'을 가리킨다.

후 D에 대한 검사 작성의 제4회, 제6회 피의자신문조서의 작성시에는 이 사건 공소사실 중 일부만을 시인하는 태도를 보이다가, 오히려 변호인과 충분히 상의를 한 제1심 법정 이후에는 이 사건 공소사실 전부에 대하여 자백하는 것으로 태도를 바꾼 후 원심에 이르기까지 그 자백을 번복하고 있지 아니하였다. 이와 같이 증거능력이 인정되는 D의 제1심 법정진술 등 나머지 제1심의 적법한 채택 증거들에 의하더라도 이 사건 범죄사실 모두를 인정하기에 충분한바, 제1심이 이 사건 공소사실을 모두 유죄로 인정하고, 원심이 이러한 제1심판결을 그대로 유지한 조치는 결국 정당하므로, 원심의 위에서 본 잘못은 판결 결과에 영향을 미쳤다고 볼 수 없다."[29]

---

29) 본 사안에서 문제되는 파생증거는 '경고 없는 임의자백의 2차증거'가 아니라 '불법구속 중 수집한 파생증거들'이므로 파생증거에 대하여 독수독과론의 적용이 있다. 남는 문제는 추후의 사정으로 인과관계의 희석·단절이 있는가를 검증하는 문제이다. (1) '검사의 제4,5,6회 피신자백'의 증거능력: 제1심과 항소심은 이를 증거로 채택하여 유죄판결의 자료로 삼았다. D는 구속적부심사청구절차가 개시될 때까지는 적법하게 구속영장을 제시받지 못하였다. 게다가 D는 2008.7.2. 변호인을 선임하였고, 2008.7.3. 변호인을 통하여, '구속영장을 제시받지 못한 채 불법적으로 구금되어 있다'는 등의 사유를 주장하면서 구속적부심사청구를 하였다. D는 이에 따라 열린 2008초적63 구속적부심사 사건의 심문절차에서 비로소 판사로부터 구속영장을 제시받았고 제1심 소송이 계속 중이던 2008.8.18. 변호인을 통하여 '구속영장을 제시받지 못한 채 구속되어 있다'는 등의 사유를 주장하면서 보석허가청구를 하였다. 대법원은 '검사의 제4,5,6회 피신자백(毒果: fruit)'에 이르기까지 위법한 구속[혹은 최초의 피신자백(毒樹, poisonous tree)]의 위법성을 희석·단절할 만한 개입사정이 없으므로 '검사의 제4,5,6회 피신자백(독과)'은 증거로 삼을 수 없다며 제1심과 항소심을 나무라고 있다. (2) D의 제1심 법정진술: 그러나 D의 제1심 법정진술이 행하여진 사정은 '검사의 제4,5,6회 피신자백'이 획득되는 사정과 판이하게 다르다. D는 ⓐ 구속적부심사의 심문 당시 구속영장을 제시받은 바 있어 그 이후에는 구속영장에 기재된 범죄사실에 대하여 숙지하고 있었고, ⓑ 구속 이후 항소심에 이르기까지 구속적부심사와 보석의 청구를 통하여 사전에 구속영장을 제시받지 못한 구속집행절차의 위법성만을 다투었을 뿐 그 구속 중 이루어진 D의 진술증거인 D에 대한 검사 작성의 피의자신문조서와 법정에서의 D 진술의 임의성이나 신빙성에 대하여는 전혀 다투지 아니하였으며, ⓒ 구속 이후 D에 대한 검사 작성의 제4회, 제6회 피의자신문조서의 작성시에는 이 사건 공소사실 중 일부만을 시인하는 태도를 보이다가, ⓓ 오히려 변호인과 충분히 상의를 한 제1심 법정 이후에는 이 사건 공소사실 전부에 대하여 자백하는 것으로 태도를 바꾼 후 항소심에 이르기까지 그 자백을 번복하지 아니하였다. 이리하여 대법원은 '법정진술(전부자백)'에 대하여, 최초의 오염(구속영장의 제시 없이 D를 구속함)이, "변호인과 충분히 상의를 한 제1심 법정 이후에는 공소사실 전부에 대하여 자백하는 것으로 태도를 바꾼 후 항소심에 이르기까지 그 자백을 번복하고 있지 아니하는 태도"를 보여 순화되었으므로 증거로 쓸 수 있다고 판단한 것으로 보인다. 본 사안은 인과관계의 희석·단절론을 전개할 만한 교과서적인 케이스이다.

6.3

절차위반행위와 그로 인한 수집증거와의 사이의 인과관계의 희석·단절

대법원 2013.3.14. 선고 2012도13611 판결 등

I 사 안

2013.2.15. 23:00경 O(D의 지인)는 D와 함께 'M모텔'에 투숙하였는데 D가 정신분열증 비슷하게 안절부절 못하는 등 정신이 이상한 것 같은 행동을 목격하여 M모텔에서 먼저 빠져 나와 24:00경 'D가 마약을 투약하였거나 자살할 우려가 있다'는 취지로 경찰에 신고하였다. 신고를 받은 사법경찰관 P는 D에게 마약(메스암페타민) 투약혐의를 잡고, 2013.2.16. 02:00경 M모텔 주인과 D의 동의를 얻어 D가 투숙한 모텔 방안으로 들어갔다. 당시 D는 마약 투약 혐의를 부인하는 한편 모텔 방안에서 운동화를 신고 안절부절 못하면서 P 앞에서 바지와 팬티를 모두 내리는 등의 행동을 하였다. P는 D에게 '마약 투약이 의심되므로 경찰서에 가서 채뇨를 통하여 투약 여부를 확인하자'고 하면서 동행을 요구하였다. D는 "영장 없으면 가지 않겠다"고 말하였다. P는 D를 소속 경찰서로 데려갔다. D는 경찰서에 도착한 이후에도 계속하여 자신의 바지와 팬티를 내린다거나, 휴지에 물을 적셔 이를 화장실 벽면에 계속하여 붙이는 등의 행동을 하였고, 같은 날 03:25경 위 경찰서에서 채뇨를 위한 '소변채취동의서'에 서명하고 그 소변을 제출(이하 이 절차를 '제1차 채뇨절차'라고 한다)하였고, 소변에 대한 간이시약검사결과 메스암페타민에 대한 양성반응이 검출(간이시약검사결과)되어 이를 시인하는 취지의 '소변검사시인서'에 서명하였다. P는 같은 날 07:50경 D를 '마약류 관리에 관한법률' 위반(향정) 혐의로 체포의 이유와 변호인 선임권 등을 고지하면서 D를 긴급체포하였고, 23:00경 D에 대한 구속영장과 D의 소변 및 모발 등에 대한 압수·수색·검증영장(이하 '압수영장'이라고만 한다)을 청구하여 2013.2.17.경 지방법원으로부터 영장이 발부되었다. P는 2013.2.18. D에게 압수영장을 제시하고 D로부터 소변과 모발을 채취(이하 이 절차를 '제2차 채뇨·채모절차'라고 한다)하였다. 소변과 모발을 송부받은 국립과학수사연구원은 'D의 소변과 모발에서 메스암페타민에 대한 양성반응이 검출되었다'는 내용이 담긴 소변 감정서 및 모발 감정서(이하 이를 통틀어 '각 감정서'라고 한다)를 P에게 송부하였다. D는 '마약류 관리에 관한법률' 위반(향정) 혐의로 기소되었고 '각 감정서'가 유죄증거로 제출되었다. 제1심과 항소심은 유죄를 선고하였다. D가 상고하였다.

II 쟁 점

2차증거(파생증거: 제2차로 수집된 소변과 모발)가 선행하는 절차위반행위의 직접적 효과인지 여부

III 판지 (상고기각)

1) **[판례이론]** 형사소송법 제199조 제1항은 '수사에 관하여 그 목적을 달성하기 위하여 필요한 조사를 할 수 있다. 다만, 강제처분은 이 법률에 특별한 규정이 있는 경우에 한하며, 필요한 최소한도의 범위 안에서만 하여야 한다'고 정하여 임의수사의 원칙을 밝히고 있다. 수사관이 수사과정에서 당사자의 동의를 받는 형식으로 피의자를 수사관서 등에 동행하는 것은 그 신체의 자유가 영장에 의하지 아니하고 현실적으로 제한되어 실질적으로 체포와 유사한 상태에 놓이게 됨에도, 사실상 강제성을 띤 동행을 억제할 수 있는 방법이 없어서 제도적으로는 물론 현실적으로도 임의성이 보장되지 아니할 우려가 적지 아니하다. 따라서 ⓐ 수사관이 동행에 앞서 피의자에게 동행을 거부할 수 있음을 알려 주었거나 동행한 피의자가 언제든지 자유로이 동행과정에서 이탈 또는 동행장소에서 퇴거할 수 있었음이 인정되는 등 오로지 피의자의 자발적인 의사에 의하여 수사관서 등에의 동행이 이루어졌음이 객관적인 사정에 의하여 명백하게 입증된 경우에 한하여 그 적법성이 인정되는 것으로 봄이 타당하다(대법원 2006.7.6. 선고 2005도6810 판결 등 참조).

2) 나아가 피의자가 동행을 거부하는 의사를 표시하였음에도 불구하고 경찰관들이 영장에 의하지 아니하고 피의자를 강제로 연행한 행위는 수사상의 강제처분에 관한 형사소송법상의 절차를 무시한 채 이루어진 것으로 위법한 체포에 해당하고, 이와 같이 ⓑ 위법한 체포상태에서 마약 투약 혐의를 확인하기 위한 채뇨 요구가 이루어진 경우, 채뇨 요구를 위한 위법한 체포와 그에 이은 채뇨 요구는 마약 투약이라는 범죄행위에 대한 증거 수집을 위하여 연속하여 이루어진 것으로서 개별적으로 그 적법 여부를 평가하는 것은 적절하지 아니하므로 그 일련의 과정을 전체적으로 보아 위법한 채뇨 요구가 있었던 것으로 볼 수밖에 없다(대법원 2006.11.9. 선고 2004도8404 판결[1] 참조).

---

1) 대법원 2006.11.9. 선고 2004도8404 판결: "교통안전과 위험방지를 위한 필요가 없음에도 주취운전을 하였다고 인정할 만한 상당한 이유가 있다는 이유만으로 이루어지는 음주측정은 이미 행하여진 주취운전이라는 범죄행위에 대한 증거 수집을 위한 수사절차로서의 의미를 가지는 것인데, 구 도로교통법상의 규정들이 음주측정을 위한 강제처분의 근거가 될 수 없으므로 위와 같은 음주측정을 위하여 당해 운전자를 강제로 연행하기 위해서는 수사상의 강제처분에 관한 형사소송법상의 절차에 따라야 하고, 이러한 절차를 무시한 채 이루어진 강제연행은 위법한 체포에 해당한다. 이와 같은 위법한 체포 상태에서 음주측정요구가 이루어진 경우, **음주측정요구를 위한 위법한 체포와 그에 이은 음주측정요구는 주취운전이라는 범죄행위에 대한 증거 수집을 위하여 연속하여 이루어진 것으로서 개별적으로 그 적법 여부를 평가하는 것은 적절하지 않으므로 그 일련의 과정을 전체적으로 보아 위법한 음주측정요구가 있었던 것으로 볼 수밖에 없다.** 그렇다면 운전자가 주취운전을 하였다고 인정할 만한 상당한 이유가 있다 하더라도 그 운전자에게 경찰공무원의 이와 같은 위법한 음주측정요구에 대해서까지 그에 응할 의무가 있다고 보아 이를 강제하는 것은 부당하므로 그에 불응하였다고 하여 음주측정거부에 관한 도로교통법 위반죄로 처벌할 수 없다. 원심이, 그 판시와 같은 사실을 인

3) 한편 형사소송법 제308조의2는 '적법한 절차에 따르지 아니하고 수집한 증거는 증거로 할 수 없다'고 정하고 있다. 그에 따라 수사기관이 헌법과 형사소송법이 정한 절차에 따르지 아니하고 수집한 증거는 물론, 이를 기초로 하여 획득한 2차적 증거 역시 유죄 인정의 증거로 삼을 수 없는 것이 원칙이다. 다만 ⓒ '수사기관의 절차 위반행위'가 적법절차의 실질적인 내용을 침해하는 경우에 해당하지 아니하고, 오히려 그 증거의 증거능력을 배제하는 것이 헌법과 형사소송법이 형사소송에 관한 절차조항을 마련하여 적법절차의 원칙과 실체적 진실 규명의 조화를 도모하고, 이를 통하여 형사사법정의를 실현하려고 한 취지에 반하는 결과를 초래하는 것으로 평가되는 예외적인 경우라면, 법원은 그 증거를 유죄 인정의 증거로 사용할 수 있다. 따라서 ⓓ 법원이 2차적 증거의 증거능력 인정 여부를 최종적으로 판단할 때에는 먼저 절차에 따르지 아니한 1차적 증거 수집과 관련된 모든 사정들, 즉 절차조항의 취지와 그 위반의 내용 및 정도, 구체적인 위반 경위와 회피가능성, 절차조항이 보호하고자 하는 권리 또는 법익의 성질과 침해 정도 및 D와의 관련성, 절차 위반행위와 증거수집 사이의 인과관계 등 관련성의 정도, 수사기관의 인식과 의도 등을 살피는 것은 물론, 나아가 1차적 증거를 기초로 하여 다시 2차적 증거를 수집하는 과정에서 추가로 발생한 모든 사정들까지 구체적인 사안에 따라 주로 인과관계 희석 또는 단절 여부를 중심으로 전체적·종합적으로 고려하여야 한다(대법원 2007.11.15. 선고 2007도3061 전원합의체 판결, 대법원 2009.4.23. 선고 2009도526 판결 등 참조). 수사기관이 이른바 임의동행 명목으로 피의자를 수사관서 등에 동행하는 방법에 의하여 실질적으로 영장 없이 피의자를 체포한 위법이 있는 경우에도, 그와 같이 체포된 상태에서 수집된 2차적 증거를 유죄 인정의 증거로 삼을 수 있는지 역시 위와 같은 법리에 의하여 판단되어야 한다.

4) **[사안에의 적용: 필자 추가]** ⓔ D가 동행을 거부하겠다는 의사를 표시하였음에도 불구하고 경찰관들이 영장에 의하지 아니하고 D를 강제로 연행한 조치는 위법한 체포에 해당하고, 이와 같이 위법한 체포상태에서 마약 투약 여부의 확인을 위한 채뇨 요구가 이루어진 이상, 경찰관들의 채뇨 요구 또한 위법하다. 위와 같이 위법한 채뇨 요구에 의하여 수집된 '소변검사시인서'는 적법한 절차에 따르지 아니한 것으로서 유죄 인정의 증거로 삼을 수 없다.

그러나 ⓕ 제1심이 유죄의 증거로 거시하였던 각 감정서는 다음에서 보는 사정을 전체적·종합적으로 고려하여 볼 때, 이를 유죄 인정의 증거로 사용할 수 있는 경우에

정한 후, 위와 같은 법리를 전제로 하여 피고인이 이 사건 오토바이를 운전하여 자신의 집에 도착한 상태에서 단속경찰관으로부터 주취운전에 관한 증거 수집을 위한 음주측정을 위하여 인근 파출소까지 동행하여 줄 것을 요구받고 이를 명백하게 거절하였음에도 위법하게 체포 감금된 상태에서 이 사건 음주측정요구를 받게 되었으므로, 그와 같은 음주측정요구에 응하지 않았다고 하여 피고인을 음주측정거부에 관한 도로교통법 위반죄로 처벌할 수 없다고 판단한 것은 정당하다."

해당한다.

㉠ 연행 당시 피고인이 정신분열증 비슷한 행동을 하는 것으로 보아 '마약을 투약한 것이거나 자살할지도 모른다는 취지의 구체적 제보가 있었'던 데다가, ㉡ 피고인이 모텔 방안에서 운동화를 신고 안절부절 못하면서 술 냄새가 나지 아니함에도 불구하고 경찰관 앞에서 바지와 팬티를 내리는 등 비상식적인 행동을 하였고, ㉢ 경찰서로 연행된 이후에도 피고인은 계속하여 자신의 바지와 팬티를 내린다거나, 휴지에 물을 적셔 이를 화장실 벽면에 계속하여 붙이는 등의 비정상적 행동을 거듭하였으므로 당시 상황에 비추어 피고인에 대한 '긴급한 구호의 필요성'도 있다. ㉣ 나아가 위와 같은 상황에서는 피고인을 마약 투약 혐의로 긴급체포하는 것도 고려할 수 있었고, ㉤ 실제로 경찰관들은 그 임의동행시점으로부터 얼마 지나지 아니하여 체포의 이유와 변호인 선임권 등을 고지하면서 피고인에 대한 긴급체포의 절차를 밟는 등 '절차의 잘못을 시정하려고 한 바' 있으므로, 경찰관들의 위와 같은 임의동행조치는 단지 그 수사의 순서를 잘못 선택한 것이라고 할 수 있지만 관련 법규정으로부터의 '실질적 일탈 정도가 헌법에 규정된 영장주의 원칙을 현저히 침해할 정도에 이른 것도 아니다.' 그리고 ㉥ 연행 당시 경찰관들로서는 피고인에게 마약 투약 범행의 혐의가 있다고 인식하기에 충분한 상황이었으므로 형사소송법 제196조 제2항에서 정한 바에 따라 그 **혐의에 관한 수사를 개시·진행하여야 할 의무**가 있었다. 그런데 ㉦ 모텔에 투숙 중이던 피고인이 마약 투약 혐의를 부인하면서 경찰서에의 동행을 거부하였으므로 경찰관들로서는 피고인의 임의 출석을 기대하기 어려울 뿐 아니라, ㉧ 시일의 경과에 따라 피고인의 신체에서 마약 성분이 희석 배설됨으로써 증거가 소멸될 위험성이 농후하였으므로 달리 적법한 증거수집 방법도 마땅하지 아니하였다. ㉨ 한편 이 사건에서 수사기관은 법원에 피고인의 소변과 모발 등에 대한 압수영장을 청구하여 이를 발부받은 바 있다. 영장주의의 본질은 강제수사의 요부에 대한 판단 권한을 수사의 당사자가 아닌 인적 물적 독립을 보장받는 제3자인 법관에게 유보하는 것인데(헌법재판소 2012.6.27. 선고 2011헌가36 전원재판부 결정 등 참조), 이 사건 압수영장의 발부는 수사절차로부터 독립된 법관에 의한 재판의 일종으로서 이에 따라 수사기관에 피고인의 소변 모발 등을 압수할 권한을 부여하고 피고인에게는 그와 같은 수사기관의 압수를 수인할 의무를 부담하게 하는 효력을 지닌다. 그리고 ㉩ 수사기관은 형사소송법 제120조(법 제219조) 소정의 '압수영장의 집행을 위하여 필요한 처분'으로서 피고인에 대한 채뇨 등 절차를 적법하게 행할 수 있다. 나아가 ㉪ 기록상 압수영장의 집행과정에 별다른 위법을 찾아볼 수 없고, ㉫ 피고인 또한 압수영장을 제시받은 뒤 그 집행에 응하여 소변과 모발을 제출한 것으로 인정된다.

그렇다면 설령 수사기관의 연행이 위법한 체포에 해당하고 그에 이은 제1차 채뇨에 의한 증거 수집이 위법하다고 하더라도, 피고인은 이후 법관이 발부한 구속영장에 의하여 적법하게 구금되었고 법관이 발부한 압수영장에 의하여 2차 채뇨 및 채모 절차가 적법하게 이루어진 이상, 그와 같은 2차적 증거 수집이 위법한 체포 구금절차에 의하여 형성된 상태를 직접 이용하여 행하여진 것으로는 쉽사리 평가할 수 없으므로, 이와 같은 사정은 체포과정에서의 절차적 위법과 2차적 증거 수집 사이의 인과관계를 희석하게 할 만한 정황에 속한다.

반면 ㉬ 메스암페타민 투약 범행은 구 '마약류 관리에 관한 법률'(2011.6.7. 법률 제10786호로 개정되기 전의 것) 제60조 제1항 제3호에 의하여 그 법정형이 10년 이하의 징역 또는 1억 원 이하의 벌금에 해당하는 것으로서 국민과 사회의 신체적 정신적 건강에 심각한 해악을 야기하는 중대한 범죄이다. 이와 같이 중대한 범행의 수사를 위하여 피고인을 경찰서로 동행하는 과정에서 위법이 있었다는 사유만으로 법원의 영장 발부에 기하여 수집된 2차적 증거의 증거능력마저 부인한다면, 이는 오히려 헌법과 형사소송법이 형사소송에 관한 절차조항을 마련하여 적법절차의 원칙과 실체적 진실 규명의 조화를 도모하고 이를 통하여 형사 사법 정의를 실현하려 한 취지에 반하는 결과를 초래하게 될 것이라는 점도 아울러 참작될 필요가 있다. 이상과 같은 사정들을 종합하면 법관이 발부한 압수영장에 의하여 이루어진 2차 채뇨 및 채모 절차를 통해 획득된 이 사건 각 감정서는 모두 그 증거능력이 인정된다.

IV 분석과 해설

(가) 선행위법행위의 직접적 효과와 인과관계의 희석·단절

[본서 6.1]에서 문제된 것은 '절차위반행위의 결과물인 1차증거를 토대로 획득된 또 다른 증거(이른바 2차증거 혹은 파생증거)의 증거능력(이를 일응 '독수독과형'이라 부르기로 하자)이었다. 이에 비하여 본건에서 문제된 것은 '선행수사(1차적 절차위반행위)가 위법이면 이를 직접적으로 이용하여 후행된 수사행위(2차의 수사처분)도 원칙적으로 절차위반행위이고, 따라서 2차수사 자체에는 흠이 없어도 2차수사의 결과물도 '1차적 절차위반행위의 결과물'로 볼 수 있는가 하는 문제이다. 본 판례는 원칙적으로 이 논증이 가능하다는 전제에 서 있다.

그러나 본 판례는 1차적 절차위반행위 이후의 새로운 개입사정 여하에 따라서는 '1차적 절차위반행위의 흠의 효과'(2차수사의 적법성뿐만 아니라 2차수사의 결과물의 증거능력까지 부정하는 요인)가 희석 단절되는 수가 있음을 인정하는 점에서 주목할 반하다. 대법원은 다음과 같은 13가지 요인들(㉠-㉬)을 종합하여 '1차적 절차위반행위(위법체포)의 흠의 효과'가 희석 단절되었다고 판단하였다. 그러나 다음의 (나) 사안에서와 같이 '1차적 절차위반행위(위법체포)의 흠의 효과'의 희석·단절이 인정되지 못한 사안도 있음에 주의하여야 한다. 본 사안(희석·단절 긍정사안)과 (나)의 사안(희석·단절 부정사안)을 잘 대조시킬 필요가 있다.

(나) 인과관계 희석·단절부정사안(대법원 2013.3.14. 선고 2010도2094 판결)

[**사안**] D는 2012.12.12. 22:00경 승용차를 운행하던 중 'V 차량의 후사경을 부딪쳤다'는 이유로 V 차량의 운전자, 동승자들과 시비가 벌어졌고 V 차량 측의 신고로 경찰관들이 현장에 출동하였다. 경찰관들이 D의 음주운전을 의심하여 음주측정을 위해서 지구대로 동행할 것을 요구하자 D는 '술을 마시지 않았고 사고도 내지 않았다'는 취지로 주장하면서 계속해서 순찰차에 타기를 거부하였다. 그러자 4명의 경찰관이 D의 팔다리를 잡아 강제로 순찰차에 태워 지구대로 데려 갔으며, 그 과정에서 경찰관들은 D에게 형사소송법 제200조의5에 정한 사항[2]을 고지하는 등의 절차를 밟지 않았다. D는 지구대로 연행된 후 경찰관들로부터 호흡조사 방법에 의한 음주측정에 응할 것을 요구받았으나 이를 거부하다가 '계속 음주측정에 불응할 경우 구속된다'는 말을 듣고 호흡측정에 응하였고 그 결과 음주운전으로 처벌받는 수치가 나왔다. 담당 경찰관은 D에게 '이제 다 끝났으니 집으로 가라'는 취지로 수차 말하였으나 D는 '운전을 한 당시에는 음주를 한 상태가 아니었고 또 위 호흡측정 결과도 받아들일 수 없다'는 취지로 항의하면서 혈액측정을 요구하였고 이에 경찰관이 D와 인근 병원에 동행하여 채혈을 하게 되었다. 채혈된 혈액이 국과수에 송부되었고 국과수는 혈중 알코올농도 감정서를 경찰에 송부하였다. 혈중 알코올농도 감정서에도 음주운전으로 처벌받는 수치가 나왔다. D는 도교법 위반(음주운전) 혐의로 기소되었다. 위의 국과수의 혈중 알코올농도 감정회보서가 유죄증거로 제출되었다. 이 회보서에 의하면 D는 운전시에 음주운전으로 처벌받는 수치 하에 있었다. 항소심은, "비록 D를 현장에서 지구대로 데리고 간 경찰관들의 행위가 임의동행이 아닌 강제력에 의한 체포에 해당하고, 그 체포 당시 형사소송법 제200조의5에 정한 절차가 이행되지 않았다고 하더라도, D의 자발적인 의사에 기하여 이루어진 채혈을 바탕으로 이루어진 혈중 알코올농도 감정서와 주취운전자 적발보고서는 증거능력이 있다"고 보아 D를 유죄로 판단하였다. D가 상고하였다: [**판지**(파기환송)] "피고인의 연행 경위 및 채혈에 이르는 과정 등 위 사실관계를 앞서 본 법리에 비추어 보면, 경찰관들이 피고인을 지구대로 강제연행한 행위는 위법한 체포에 해당하므로 그 상태에서 한 음주측정요구는 위법한 수사라고 볼 수밖에 없고, 그러한 요구에 따른 음주측정 결과 또한 적법한 절차에 따르지 아니하고 수집한 증거로서 그 증거능력을 인정할 수 없다. 나아가 피고인이 위와 같이 적법한 절차에 따르지 아니하고 수집한 증거인 호흡조사 방법에 의한 음주측정 결과에 이의를 제기하고 채혈을 하기에 이른 과정 등 제반 사정에 비추어 보면, 혈액채취 방법에 의한 혈중 알코올

---

2) **사전청문절차**(준미란다 고지): 수사기관이 피의자를 체포시 고지하여야 하는 "피의사실의 요지, 체포의 이유와 변호인을 선임할 수 있음을 말하고 변명할 기회"를 주어야 하는 것.

농도 감정서 및 주취운전자 적발보고서 역시 불법체포의 연장선상에서 수집된 증거 내지 이를 기초로 한 2차적 증거로서 형사소송법 제308조의2에 규정된 '적법한 절차에 따르지 아니하고 수집된 증거'에 해당하므로 이는 원칙적으로 유죄 인정의 증거로 삼을 수 없다. 또한 강제연행과 호흡측정 및 채혈에 이르기까지의 장소적 연계와 시간적 근접성 등 연결된 상황에 비추어 볼 때, 당시 불법적인 호흡측정을 마친 경찰관이 피고인에게 귀가를 권유하였음에도 불구하고 피고인 스스로 채혈을 요구하였다는 등 원심이 든 사정만으로는 그 채혈이 위법한 체포 상태에 의한 영향이 완전하게 배제되고 피의자의 자유로운 의사결정이 확실하게 보장된 상태에서 이루어진 것으로서 불법체포와 증거수집 사이의 인과관계가 단절되었다고 평가할 만한 객관적 사유가 개입되어 위법수집증거 배제의 원칙이 적용되지 않는다고 할 예외적 사유에 해당한다고 보기는 어렵다."

(다) 2차증거이지만 인과관계의 희석·단절이 인정된 사안(구두 사건)(대법원 2013.3.28. 선고 2012도13607 판결)

[사안] 2012.2.1.경 V로부터 절도 범행 신고를 받은 대구중부경찰서 소속 경찰관들(이하 'P 등'으로 약칭함)이 범행 현장인 대구 중구(주소 1 생략) 대구백화점 내 A매장에서 범인이 벗어 놓고 간 점퍼와 그 안에 있는 O 주식회사(금융실명법 제4조에 정한 '금융회사 등'에 해당하는 신용카드회사로서, 이하 '카드회사'라 한다) 발행의 매출전표를 발견하였다. 위 P 등은 카드회사에 공문을 발송하는 방법으로 카드회사로부터 위 매출전표의 거래명의자가 누구인지 그 인적 사항을 알아내었고 이를 기초로 하여 D를 범행의 용의자로 특정하였다. P 등은 2012.3.2. D의 주거에서 위와 같은 절도 혐의로 D를 긴급체포하였다. 긴급체포 당시 D의 집안에 있는 신발장 등에서 새것으로 보이는 구두가 발견되었다. 그 후 구금 상태에서 이루어진 2차례의 경찰 피의자신문에서 D는 위와 같은 절도 범행(이하 '제1범행'이라 한다) 이외에 위 구두는 2012.1. 초 대구백화점 구두 매장에서 절취한 것(이하 '제2범행'이라 한다)이라는 취지로 자백하였다. 수사기관은 D에 대하여 구속영장을 청구하였으나 2012.3.4. 대구지방법원이 D에 대한 구속영장을 기각하여 같은 날 D가 석방되었다. 2012.3.9. D는 위 경찰서에 다시 출석하여 제3회 피의자신문에서 2011.4.경 대구 중구(주소 2 생략)에 있는 동아쇼핑 지하 1층 구두 매장에서 구두 1켤레를 절취하였다(이하 '제3범행'이라 한다)고 자백하였고, 위 구두를 경찰에 임의로 제출하였다. 위와 같은 자백 등을 기초로 제2, 3범행의 피해자가 확인된 후 2012.3.18.경 그 피해자들이 피해 사실에 관한 각 진술서를 제출하였다. 그 후 2012.6.20. 열린 제1심 제2회 공판기일에서 D는 제1 내지 3 범행에 대하여 전부 자백하였다. 제1심과 항소심은 D의 제1심 법정에서의 진술과 제1, 2, 3 범행에 관한 V들의 진술서를 증거로 채택하여 공소사실(제1, 2, 3 범행)을 유죄로 인정하였다. D의 변호인은 제1심과 항소심이 "위법하게 수집한 1차증거와 2차증거를 증거로 채택한 위법이 있다"고 주장하면서 상고하였다.

[쟁점] 위법한 절차의 직접적 효과로 수집한 제2차증거(피의자의 자백이나 범죄 피해에 대한 제3자의 진술 등)을 증거로 쓸 수 있는가?

[판지(상고기각)] ⓐ 수사기관이 의도적으로 영장주의의 정신을 회피하는 방법으로 증거를 확보한 것이 아니라고 볼 만한 사정, ⓑ 위와 같은 정보에 기초하여 범인으로 특정되어 체포되었던 피의자가 석방된 후 상당한 시간이 경과하였음에도 다시 동일한 내용의 자백을 하였다거나 그 범행의 피해품을 수사기관에 임의로 제출하였다는 사정, ⓒ 2차적 증거 수집이 체포 상태에서 이루어진 자백 등으로부터 독립된 제3자의 진술에 의하여 이루어진 사정 등은 통상 2차적 증거의 증거능력을 인정할 만한 정황에 속한다. 이 사건에서 ㉮ 수사기관이 법관의 영장도 없이 위와 같이 매출전표의 거래명의자에 관한 정보를 획득한 조치는 위법하므로, 그러한 위법한 절차에 터 잡아 수집된 증거의 증거능력은 원칙적으로 부정되어야 하고, 따라서 이와 같은 과정을 통해 수집된 증거들의 증거능력 인정 여부에 관하여 특별한 심리 판단도 없이 곧바로 위 증거들의 증거능력을 인정한 제1심의 판단을 그대로 유지한 원심의 조치는 적절하다고 할 수 없다. 그러나 ㉯ D의 제1심 법정에서의 자백은 수사기관이 법관의 영장 없이 그 거래명의자에 관한 정보를 알아낸 후 그 정보에 기초하여 긴급체포함으로써 구금 상태에 있던 D의 최초 자백과 일부 동일한 내용이기는 하나, D의 제1심 법정에서의 자백에 이르게 되기까지의 앞서 본 바와 같은 모든 사정들, 특히 D에 대한 구속영장이 기각됨으로써 석방된 이후에 진행된 제3회 경찰 피의자신문 당시에도 제3범행에 관하여 자백하였고, 이 사건 범행 전부에 대한 제1심 법정 자백은 최초 자백 이후 약 3개월이 지난 시점에 공개된 법정에서 적법한 절차를 통하여 임의로 이루어진 것이라는 점 등을 전체적 종합적으로 고려하여 볼 때 이는 유죄 인정의 증거로 사용할 수 있는 경우에 해당한다. 나아가 ㉰ 제2, 3범행에 관한 각 진술서 또한 그 진술에 이르게 되기까지의 앞서 본 바와 같은 모든 사정들, 즉 수사기관이 매출전표의 거래명의자에 관한 정보를 획득하기 위하여 이 사건 카드회사에 공문까지 발송하였던 사정 등에 비추어 볼 때 의도적 기술적으로 금융실명법이 정하는 영장주의의 정신을 회피하려고 시도한 것은 아니라고 보이는 점, ㉱ 제2, 3범행에 관한 V들 작성의 진술서는 제3자인 V들이 범행일로부터 약 3개월, 11개월 이상 지난 시점에서 기존의 수사절차로부터 독립하여 자발적으로 자신들의 피해 사실을 임의로 진술한 것으로 보이고, 특히 ㉲ 제3범행에 관한 진술서의 경우 앞서 본 바와 같이 D가 이미 석방되었음에도 불구하고 이 부분 범행 내용을 자백하면서 피해품을 수사기관에 임의로 제출한 이후에 비로소 수집된 증거인 점 등을 고려하여 볼 때, 위 증거들 역시 유죄 인정의 증거로 사용할 수 있는 경우에 해당한다.

(라) 압수물의 범죄사실과의 관련성·수집 과정에서의 절차적 위법과 2차증거 사이의 직접적 인과관계의 존부(대법원 2014.1.16. 선고 2013도7101 판결(공직선거법위반·정치자금법위반))

[사안] 부산지방검찰청 검사가 2012.8.3. 부산지방법원으로부터 압수·수색영장(이하 '이 사건 영장'이라 한다)을 발부받았는데, 이 사건 영장에 피의자는 'D2', 압수할 물건은 'D 등이 소지하고 있는 휴대전화(휴대전화, 스마트폰) 등', 압수·수색할 장소는 'D의 주거지 등', 영장 범죄사실은 '피의자(D2)는 공천과 관련하여, 2012.3.15. 및 3.28. O에게 지시하여 정의당 공천심사위원인 O3 등에게 거액이 든 돈 봉투를 각 제공하였다 등' 으로 각 기재되어 있었다. 이에 따라 부산지방검찰청 수사관이 D의 주거지에서 그의 휴대전화를 압수하고 이를 부산지방검찰청으로 가져온 후 그 휴대전화에서 추출한 전자정보를 분석하던 중 D와 D7 사이의 대화가 녹음된 녹음파일을 통하여 위 D들에 대한 공직선거법 위반의 혐의점을 발견하고 수사를 개시하였으나, 위 D들로부터 이 사건 녹음파일을 임의로 제출받거나 새로운 압수수색영장을 발부받지 아니하였다. D는 공직선거법(정당후보자 추천 관련 내지 선거운동 관련 금품 요구·약속의 범행에 관한 것) 위반 혐의로 기소되었는데 위 녹음파일이 유죄증거로 제출되었다. 항소심은, "① 이 사건 영장은 'D2'를 피의자로 하여 'D2가 O에게 지시하여 D를 통해 공천과 관련하여 정의당 공천심사위원인 O3 등에게 거액이 든 돈 봉투를 각 제공하였다' 는 혐의사실을 범죄사실로 하여 발부된 것으로서 D2의 정당후보자 관련 금품제공 혐의사건과 관련된 자료를 압수하라는 취지가 명백하므로, 이 사건 영장에 기재된 범죄사실과 전혀 다른 'D7과 D 사이의 정당후보자 추천 및 선거운동 관련한 대가 제공 요구 및 약속에 관한' 혐의사실에는 그 효력이 미치지 아니하며, ② 이 사건 녹음파일이 D2에 대한 공소사실을 입증하는 간접증거로 사용될 수 있다는 것과 이 사건 녹음파일을 이 사건 영장 범죄사실과 무관한 D7·D 사이의 범죄사실을 입증하기 위한 증거로 사용하는 것은 별개의 문제이므로 'D2에 대한 관계에서 이 사건 녹음파일에 대한 압수가 적법하다'고 하여 D7·D에 대한 관계에서도 적법한 것은 아니라는 이유 등을 들어, 검사가 별도의 압수·수색영장을 발부받지 아니한 채 이 사건 녹음파일을 수집한 행위에는 적법하게 발부된 영장에 의하지 아니하고 증거를 수집한 절차적 위법이 있으므로, 이에 따라 수집된 증거인 이 사건 녹음파일은 위법수집증거로서 그 증거능력이 없다." 고 판단하였다. 검사가 상고하였다.

[판지(상고기각)] 1. 이 사건 녹음파일에 의하여 그 범행이 의심되었던 혐의사실은 공직선거법상 정당후보자 추천 관련 내지 선거운동 관련 금품 요구·약속의 범행에 관한 것으로서, 일응 범행의 객관적 내용만 볼 때에는 이 사건 영장에 기재된 범죄사실과 동종·유사의 범행에 해당한다고 볼 여지가 있다. 그러나 이 사건 **영장에서 당해 혐의사실을 범하였다고 의심된 '피의자'는 D2에 한정되어 있는데, 수사기관이 압수한 이 사건 녹음파일은 D와 D7 사이의 범행에 관한 것**으로서 D2가 그 범행에 가담 내

지 관련되어 있다고 볼 만한 아무런 자료가 없다. 결국 이 사건 영장에 기재된 '피의자'인 D2가 이 사건 녹음파일에 의하여 의심되는 혐의사실과 무관한 이상, 수사기관이 별도의 압수·수색영장을 발부받지 아니한 채 **압수된 이 사건 녹음파일**은 형사소송법 제219조에 의하여 수사기관의 압수에 준용되는 형사소송법(2011.7.18. 법률 제10864호로 개정되어 2012.1.1.부터 시행된 것) 제106조 제1항이 규정하는 '피고사건' 내지 같은 법 제215조 제1항이 규정하는 **'해당 사건'과 '관계가 있다고 인정할 수 있는 것'에 해당한다**고 할 수 없으며, 이와 같은 압수에는 헌법 제12조 제1항 후문, 제3항 본문이 규정하는 헌법상 영장주의에 위반한 절차적 위법이 있다. 따라서 이 사건 녹음파일은 형사소송법 제308조의2에서 정한 '적법한 절차에 따르지 아니하고 수집한 증거'로서 이를 증거로 쓸 수 없고, 그와 같은 절차적 위법은 헌법상 규정된 영장주의 내지 적법절차의 실질적 내용을 침해하는 중대한 위법에 해당하는 이상 예외적으로 그 증거능력을 인정할 수 있는 경우로 볼 수도 없다.

2. 그렇다면 '수사기관의 이 사건 녹음파일 압수·수색 과정에서 피압수·수색 당사자인 D에게 참여권이 보장되었는지, 복사대상 전자정보의 목록이 교부되었는지 여부 등은 별론으로 하더라도, 원심이 위와 같은 전제에서 이 사건 녹음파일이 이 사건 영장에 의하여 압수할 수 있는 물건 내지 전자정보로 볼 수 없다'고 하여 그 증거능력을 부정한 조치는 결론에 있어 정당한 것으로 수긍할 수 있[다.]

3. 이른바 '2차적 증거'의 증거능력에 관하여

법원이 2차적 증거의 증거능력 인정 여부를 최종적으로 판단할 때에는 먼저 절차에 따르지 아니한 1차적 증거 수집과 관련된 모든 사정들, 즉 절차 조항의 취지와 그 위반의 내용 및 정도, 구체적인 위반 경위와 회피가능성, 절차 조항이 보호하고자 하는 권리 또는 법익의 성질과 침해 정도 및 D와의 관련성, 절차 위반행위와 증거수집 사이의 인과관계 등 관련성의 정도, 수사기관의 인식과 의도 등을 살피는 것은 물론, 나아가 1차적 증거를 기초로 하여 다시 2차적 증거를 수집하는 과정에서 추가로 발생한 모든 사정들까지 구체적인 사안에 따라 주로 인과관계 희석 또는 단절 여부를 중심으로 전체적·종합적으로 고려하여야 한다(대법원 2009.3.12. 선고 2008도11437 판결, 대법원 2013.3.28. 선고 2012도13607 판결 등 참조). 항소심은 '이 사건 녹음파일의 증거능력이 부정되는 이상, 이에 터 잡아 수집한 **2차적 증거인 D들의 검찰 진술** 또한 그 증거능력이 배제되어야 하는 것으로서 증거로 쓸 수 없다'고 판단하는 한편, '**D들의 법정진술과 참고인 O4 등의 수사기관 및 법정 진술**에 대해서는, 공개된 법정에서 진술거부권을 고지받고 변호인의 충분한 조력을 받은 상태에서 자발적으로 이루어진 것이고 수사기관이 의도적으로 그 영장주의의 취지를 회피하려고 시도한 것은 아니라는 사정 등을 종합하여 그 증거능력이 인정된다.' 고 판단하였다.

위 D들의 제1심 법정진술의 경우에는 그 증거능력이 부정되어야 할 이 사건 녹음파일을 제시받거나 그 대화 내용을 전제로 한 신문에 답변한 내용이 일부 포함되어 있으므로, 그와 같은 진술과 이 사건 녹음파일 수집 과정에서의 절차적 위법과의 사이에는 여전히 직접적 인과관계가 있다고 볼 여지가 있어, 원심이 이 부분 진술까지 그 증거능력이 있다고 단정한 데에는 부적절한 점이 없지 아니하다. 그러나 이를 제외한 나머지 증거들의 증거능력에 대한 원심의 위와 같은 판단은 정당한 것으로 수긍할 수 있고 거기에 D의 상고이유 주장과 같은 법리오해의 위법이 없으며, 뒤에서 보는 바와 같이 위 D들의 제1심 법정진술을 제외하더라도 D에 대한 이 부분 공소사실에 대한 원심의 결론은 정당하므로, 결국 원심의 위와 같은 잘못은 판결 결과에 영향을 미치지 아니하였다.

6.4

스탠딩 법리의 부정

대법원 2011.6.30. 선고 2009도6717 판결

I 사 안

D(S유흥주점의 영업실장), D2(S유흥주점의 업주)는 식품위생법위반혐의로 기소되었다. D는 2008.1.30. 22:25경 위 S유흥주점 4호실에서 위 업소 종업원인 O2로 하여금 손님으로 온 O와 함께 일명 티켓영업을 나가도록 한 후 그 대가(20만 원으로 추정)를 받은 혐의로, D2는 종업원인 D가 위와 같은 위반행위를 하지 않도록 주의·감독의무를 다하지 못한 혐의[1]로 기소되었다.

괴산경찰서 생활안전계는 'S유흥주점'에서 성매매가 이루어지고 있다는 첩보를 입수하고, 소속 경사 2명이 2008.1.30. 21:30경부터 같은 날 22:25경까지 위 유흥주점 앞에서 잠복근무를 하던 중, 같은 날 22:24경 위 유흥주점 입구에서 O(남, 손님)와 O2(여, S유흥주점의 종업원)가 같이 나오는 것을 발견하고 미행하여 위 남녀(O, O2)가 위 주점에서 100미터 정도 거리에 있는 M여관으로 들어가는 것을 확인하였다. 경사로부터 위와 같은 연락을 받고 출동한 경위 P 등 4명의 경찰관은 여관 카운터에 있던 업주를 상대로 위 남녀가 몇 호실로 들어갔는지를 문의하며 협조를 요청하였고, 여관 업주는 예비열쇠를 이용하여 O, O2가 들어간 여관방의 문을 열어 주었다. 당시 O와 O2는 침대에 옷을 벗은 채로 약간 떨어져서 이불 속에 누워 있었다. 경찰관들은 '성매매의 현행범으로 체포한다'는 점과 '변호인을 선임할 권리가 있음'을 고지하고(다만, P는 제1심법정에 증인으로 출석하여 '당시 본인이 미란다원칙을 고지하였는데, 진술거부권은 고지하지 않았다' 고 진술하였다), 위 둘을 서로 분리하여 상호간의 관계 및 여관에의 입실 경위 등을 구두로 조사하였다. O와 O2는 경찰관들의 위 질문에 '성행위를 한 사실은 없다'고 답하였다. 당시 O와 O2가 실제 성행위를 하고 있는 상태는 아니었고, 방 내부 및 화장실 등에서 성관계를 가졌음을 증명할 수 있는 화장지나 콘돔 등도 발견되지 않았

---

1) **식품위생법 제44조**(영업자 등의 준수사항) ① 식품접객영업자 등 대통령령으로 정하는 영업자와 그 종업원은 영업의 위생관리와 질서유지, 국민의 보건위생 증진을 위하여 보건복지부령으로 정하는 사항을 지켜야 한다. **제97조**(벌칙) 다음 각 호의 어느 하나에 해당하는 자는 3년 이하의 징역 또는 3000만 원 이하의 벌금에 처한다. 6. 제42조 제1항 또는 제44조 제1항에 따라 영업자가 지켜야 할 사항을 지키지 아니한 자. 다만, 보건복지부령으로 정하는 경미한 사항을 위반한 자는 제외한다. **시행규칙 제57조**(식품접객영업자 등의 준수사항 등) 법 제44조 제1항에 따라 식품접객영업자 등이 지켜야 할 준수사항은 별표 17과 같다. **별표 17** 타. 허가를 받거나 신고한 영업 외의 다른 영업시설을 설치하거나 다음에 해당하는 영업행위를 하여서는 아니 된다. 5) 식품접객업소의 영업자 또는 종업원이 영업장을 벗어나 시간적 소요의 대가로 금품을 수수하거나, 영업자가 종업원의 이러한 행위를 조장하거나 묵인하는 행위.

다. 경찰관들은 위 둘을 성매매의 현행범으로 체포하지 못하고(성매매 미수는 그 처벌규정이 없으므로, 성교행위에 나가지 않은 이상 성매매로는 처벌할 수 없다), 괴산경찰서 증평지구대로 임의동행해 줄 것을 요구하면서 '동행을 거부할 수도 있으나, 거부하더라도 강제로 연행할 수 있다'고 말하였다(이에 대하여 경위 P는, O와 O2를 분리하여 조사할 당시 O와 O2는 '성행위는 아직 안하였으나 소위 2차를 나온 사실'은 인정하였기 때문에 죄가 성립한다고 판단하여 '거부하더라도 강제로 연행할 수 있다'고 고지한 것이라고 진술하였다). O와 O2는 증평지구대로 가서 각 자술서를 작성한 후 참고인 조사를 받았다. O는, 자술서에서 '양주 1병을 같이 먹고 여관에 들어가 누워서 서로 이야기하던 중이었고, 대금은 45만 원을 결제하였으며, 그 내역 확인은 안 했으나 2차비가 포함된 것으로 안다'고 기재하였다가, 참고인 조사를 받으면서는 '성행위는 안 하였고, 양주 2병을 마시고, 대금 45만 원을 결제하였으며, 아가씨를 데리고 나가는 비용이 얼마인지는 모르나 45만 원에 포함되어 있는 것으로 알고 있다.'고 진술하였다. 한편, O2는 일관하여 '양주 2병을 마시고 서로 맘에 들어 여관에 온 것일 뿐, 대가를 받고 여관에 온 것은 아니고, 성행위는 안 하였다'고 진술하였다.

경찰은 술값과 테이블 봉사료 이외에 대가를 수수하였는지에 관하여 보완수사를 하였으나, 추가 증거를 더 이상 발견하지 못하였고, 검사는 '양주를 1병만 시켰다'는 O 작성의 자술서와 경찰이 O를 상대로 작성한 참고인진술조서를 주된 증거로 삼아 공소를 제기하였다(공소사실에는 '시간적 소요의 대가가 약 20만 원으로 추정된다'고 되어 있다. 이는 O가 계산한 45만 원 중 양주 1병 값 20만 원과 테이블 봉사료 5만 원을 제외한 나머지 금액을 그 대가로 계산한 것으로 보인다).

'O 작성의 자술서와 경찰이 O를 상대로 작성한 참고인진술조서의 증거능력 여부'가 주요쟁점이 되었다. 제1심과 항소심은 "이 사건 당시 경찰관들이 O와 O2를 임의동행함에 앞서 '동행을 거부할 수도 있다'고 고지한 사실은 있으나, 그에 부가하여 '동행을 거부하더라도 강제로 연행할 수 있다'고 하였으며, 그 과정에서 O2가 화장실에 가자 여자 경찰관이 O2를 따라가 감시하기도 하였으므로, 사법경찰관이 O, O2를 수사관서까지 동행한 것은 적법요건이 갖추어지지 아니한 채 사법경찰관의 동행 요구를 거절할 수 없는 심리적 압박 아래 행하여진 사실상의 강제연행에 해당"하여 "위 각 증거들은 위법수집증거로서 증거능력이 없다"며 무죄를 선고하였다. 검사가 상고하였다.

II 쟁 점

절차적 기본권을 침해당하지 아니한 자에게도 위법수집증거는 배제되는가?(긍정)

III 재판요지 (상고기각)

형사소송법 제199조 제1항은 '수사에 관하여 그 목적을 달성하기 위하여 필요한 조사를 할 수 있다. 다만, 강제처분은 이 법률에 특별한 규정이 있는 경우에 한하며, 필요한 최소한도의 범위 안에서만 하여야 한다.'고 규정하여 임의수사의 원칙을 명시하고 있는바, 수사관이 수사과정에서 당사자의 동의를 받는 형식으로 피의자를 수사관서 등에 동행하는 것은, 상대방의 신체의 자유가 현실적으로 제한되어 실질적으로 체포와 유사한 상태에 놓이게 됨에도, 영장에 의하지 아니하고 그 밖에 강제성을 띤 동행을 억제할 방법도 없어서 제도적으로는 물론 현실적으로도 임의성이 보장되지 않을 뿐만 아니라, 아직 정식의 체포·구속단계 이전이라는 이유로 상대방에게 헌법 및 형사소송법이 체포·구속된 피의자에게 부여하는 각종의 권리보장 장치가 제공되지 않는 등 형사소송법의 원리에 반하는 결과를 초래할 가능성이 크므로, 수사관이 동행에 앞서 피의자에게 동행을 거부할 수 있음을 알려주었거나 동행한 피의자가 언제든지 자유로이 동행과정에서 이탈 또는 동행장소로부터 퇴거할 수 있었음이 인정되는 등 오로지 피의자의 자발적인 의사에 의하여 수사관서 등에의 동행이 이루어졌음이 객관적인 사정에 의하여 명백하게 입증된 경우에 한하여, 그 적법성이 인정되는 것으로 봄이 상당하다(대법원 2006.7.6. 선고 2005도6810 판결 참조).

또한 형사소송법 제308조의2는 '적법한 절차에 따르지 아니하고 수집한 증거는 증거로 할 수 없다'고 규정하고 있는바, 수사기관이 헌법과 형사소송법이 정한 절차에 따르지 아니하고 수집한 증거는 유죄 인정의 증거로 삼을 수 없는 것이 원칙이므로(대법원 2007.11.15. 선고 2007도3061 전원합의체 판결 등 참조), 수사기관이 피고인이 아닌 자를 상대로 적법한 절차에 따르지 아니하고 수집한 증거는 원칙적으로 피고인에 대한 유죄 인정의 증거로 삼을 수 없다(대법원 1992.6.23. 선고 92도682 판결, 대법원 2009.8.20. 선고 2008도8213 판결 참조).

(중략) 비록 사법경찰관이 O와 O2를 동행할 당시에 물리력을 행사한 바가 없고, 이들이 명시적으로 거부의사를 표명한 적이 없다고 하더라도, 사법경찰관이 이들을 수사관서까지 동행한 것은 위에서 본 적법요건이 갖추어지지 아니한 채 사법경찰관의 동행 요구를 거절할 수 없는 심리적 압박 아래 행하여진 사실상의 강제연행, 즉 불법체포에 해당한다. 따라서 위와 같은 불법 체포에 의한 유치 중에 O와 O2가 작성한 위 각 자술서와 사법경찰리가 작성한 O, O2에 대한 각 제1회 진술조서는 헌법 제12조 제1항, 제3항과 형사소송법 제200조의2, 제201조 등이 규정한 체포·구속에 관한 영장주의 원칙에 위배하여 수집된 증거로서 수사기관이 피고인이 아닌 자를 상대로 적법한 절차에 따르지 아니하고 수집한 증거도 형사소송법 제308조의2에 의하여 그 증거능력이 부정되므로 피고인들에 대한 유죄 인정의 증거로 삼을 수 없다.

원심이 O, O2에 대한 수사관서로의 동행이 위법하여 위 각 자술서와 위 각 진술조서가 증거능력이 없다고 판단함에 있어 설시한 이유는 위 법리와는 다소 달라 적절하지 아니한 점이 없지 아니하나, 위 각 자술서와 위 각 진술조서가 증거능력이 없어 피고인들에 대한 공소사실의 증거로 사용할 수 없다고 판단한 조치는 결론에 있어 정당하다.

IV
분석과 해설

(가) 미국에서 인정되고 있는 스탠딩(stand-ing) 법리를 명시적으로 거부하고 있는, 극히 주목을 요하는 판결

사안에서 문제되고 있는 사건은 D(S유흥주점의 영업실장), D2(S유흥주점의 업주)의 식품위생법위반피고사건(이하 분석의 편의를 위하여 'D'만 문제삼겠다)이다. O, O2(이하 분석의 편의를 위하여 'O'만 문제삼겠다)는 피고인이 아니다. D의 입장에서 볼 때 O는 '피고인 아닌 자'이다. 스탠딩(stand-ing) 법리란 위법수집증거배제규칙을 특정피고인 D의 절차적 기본권을 침해하여 채집된 증거에 한하여 적용하겠다는 취지의 발상이다. 이 법리를 위 사안에 적용하여 설명하자면 다음과 같이 된다.

사안에서 경찰의 O에 대한 임의동행이 실질적으로 강제연행이라면 이 강제연행으로 기본권침해를 받은 사람은 O이지 D가 아니다. 따라서 경찰이 O를 조사하여 채집한 진술증거는 O의 형사피고사건에서는 위법수집증거가 될 수 있지만, 스탠딩(stand-ing) 법리를 인정하면 O의 형사피고사건과 무관한 D의 형사피고사건에서 O를 조사하여 채집한 진술증거는 위법수집증거가 아니다. 다른 말로 표현하여 D는 자신의 절차적 기본권을 침해당하지 아니하였으므로 경찰의 O에 대한 강제연행과 그 이후의 채증활동을 탄핵할 지위(stand-ing)에 있지 아니하고 따라서 경찰이 O를 조사하여 채집한 증거는 D의 형사피고사건에서 위법수집증거가 아니라는 것이 스탠딩(stand-ing) 법리이다.

그러나 대법원 1992.6.23. 선고 92도682 판결은 대법원의 '스탠딩(stand-ing) 법리의 불채용' 입장이 간접적으로 표출된 판결이다.

(나) 의　의

이 판결을 계기로 미국에서 통용되고 있는 '스탠딩(stand-ing) 법리'와 한국에서의 도입 여부에 대한 심층적인 분석이 요구된다.

6.5

통화·대화의 당사자녹음·청취와 제3자 녹음·청취의 적법성

대법원 1999.3.9. 선고 98도3169 판결; 대법원 2002.10.8. 선고 2002도123 판결

I 사 안

1999년 사안

D는 공직선거 및 선거부정방지법위반혐의로 기소되었다. 제1심과 항소심은 유죄를 선고하였다. 그런데 제1심과 항소심이 유죄의 증거로 사용한 증거 중에 사인(私人) A가 D 아닌 다른 사람(B)과의 대화내용을 대화 상대방(B) 몰래 녹음한 것이 포함되어 있었다. D가 상고하였다.

2002년 사안

D2(이용업자)는 W를 시켜 W가 P(경쟁관계에 있는 이용원 업주)와 통화하게 한 다음 그 내용을 녹음[1)]하였다. 검사는 D2가 '공개되지 아니한 타인간의 대화를 녹음'하였으므로 통신비밀보호법 제16조(벌칙) 제1호[2)]를 위반한 것으로 판단하여 기소하였다. 제1심과 항소심은 D2의 행위를 대화도청으로 파악하고 "통신비밀보호법 제3조에서 공개되지 아니한 타인간의 대화를 녹음하는 행위를 금지하는 이유는 대화당사자 사이에 대화의 비밀성을 보장하는 것이고, ⓐ 대화의 일방(W)이 상대방(P)과의 대화를 상대방의 승낙 없이 녹음하는 경우에는 위 조문의 구성요건에 해당하지 아니하는 점 등을 고려해 보면 ⓑ 피고인(D2)이 일방 당사자(W)의 동의를 받아 녹음한 이 사건 행위는 대화자 일방의 상대방 승낙 없는 녹음행위와 동일하다"는 이유로 무죄를 선고하였다. 검사가 상고하였다.

---

1) D2는 자신이 경영하는 모 이용원에서 경쟁업체를 공중위생법 위반죄로 고발하는 데 사용할 목적으로 W로 하여금 같은 상가 내 모 미용실 P에게 전화를 걸어 "귓불을 뚫어 주느냐"는 용건으로 통화하게 한 다음 그 내용을 녹음하였다.

2) **통신비밀보호법 제16조**(벌칙) "① 다음 각호의 1에 해당하는 자는 10년 이하의 징역과 5년 이하의 자격정지에 처한다. 1. 제3조의 규정에 위반하여 우편물의 검열 또는 전기통신의 감청을 하거나 '공개되지 아니한 타인간의 대화'를 녹음 또는 청취한 자 2. 제1호의 규정에 의하여 지득한 통신 또는 대화의 내용을 공개하거나 누설한 자(하략)"
제2조(정의) 이 법에서 사용하는 용어의 정의는 다음과 같다. 6. "검열"이라 함은 우편물에 대하여 당사자의 동의 없이 이를 개봉하거나 기타의 방법으로 그 내용을 지득 또는 채록하거나 유치하는 것을 말한다. 7. "감청"이라 함은 전기통신에 대하여 당사자의 동의 없이 전자장치·기계장치등을 사용하여 통신의 음향·문언·부호·영상을 청취·공독하여 그 내용을 지득 또는 채록하거나 전기통신의 송·수신을 방해하는 것을 말한다.

II 쟁 점

통화·대화의 당사자녹음·청취와 제3자 녹음·청취는 적법한가?

III 재판요지

1999년 사안(상고 기각)

수사기관이 아닌 사인(私人, A)이 '피고인 아닌 사람(B)'[3]과의 대화내용을 녹음한 녹음테이프가 위법하게 수집된 증거로서 증거능력이 없다고 할 수 없으며, 사인이 피고인 아닌 사람과의 대화내용을 상대방 몰래 비디오로 촬영·녹음한 경우에도 그 비디오테이프의 진술 부분에 대하여도 위와 마찬가지로 취급하여야 할 것이다.

2002년 사안(파기 환송)

통신비밀보호법에서는 그 규율의 대상을 통신과 대화로 분류하고 그중 통신을 다시 우편물과 전기통신으로 나눈 다음, 법 제2조 제3호로 '전기통신'이라 함은 '유선·무선·광선 및 기타의 전자적 방식에 의하여 모든 종류의 음향·문언·부호 또는 영상을 송신하거나 수신'하는 것을 말한다고 규정하고 있는바, ㉮ 전화통화가 위 법에서 규정하고 있는 전기통신에 해당함은 전화통화의 성질 및 위 규정 내용에 비추어 명백하므로 이를 법 제3조 제1항 소정의 '타인간의 대화'에 포함시킬 수는 없고, 나아가, ㉯ 법 제2조 제7호가 규정한 '전기통신의 감청'은 그 전호(제6호: 필자)의 '우편물의 검열' 규정과 아울러 고찰할 때 '제3자가 전기통신의 당사자인 송신인과 수신인의 동의를 받지 아니하고 같은 호 소정의 각 행위를 하는 것만을 말한다'고 풀이함이 상당하므로, ㉰ 전기통신에 해당하는 전화통화 당사자의 일방이 상대방 모르게 통화내용을 녹음(법에는 '채록'이라고 규정한다)하는 것은 여기의 감청에 해당하지 아니하지만(따라서 전화통화 당사자의 일방이 상대방 몰래 통화내용을 녹음하더라도, 대화 당사자 일방이 상대방 모르게 그 대화내용을 녹음한 경우와 마찬가지로 법 제3조 제1항 위반이 되지 아니한다), ㉱ 제3자의 경우는 설령 전화통화 당사자 일방의 동의를 받고 그 통화내용을 녹음하였다 하더라도 그 상대방의 동의가 없었던 이상, 사생활 및 통신의 불가침을 국민의 기본권의 하나로 선언하고 있는 헌법규정과 통신비밀의 보호와 통신의 자유 신장(自由伸張)을 목적으로 제정된 통신비밀보호법의 취지에 비추어 이는 법 제3조 제1항 위반이 된다(㉲. 이 점은 제3자가 공개되지 아니한 타인간의 대화를 녹음한 경우에도 마찬가지이다).

이 사건에 관하여 보건대, 검사는 D2에 대한 이 사건 공소사실을 적시함에 있어 D2가 W를 시켜 P와 통화하게 한 다음 그 내용을 녹음하였다고 하여 전화통화의 감청 사실을 기재한 후 이를 '공개되지 아니한 타인간의 대화'를 녹음한 것이라고 하고 있기는 하나, 위 공소사실은 전체적으로 보아 D2가 제3자로서 W와 P 사이의 전기통신에 해당하는 전화통화를 감청한 사실을 기소하고 있다고 보는 것이 타당할 것인바, 이러

3) 상대방이 피고인이어도 내용이 달라질 바 없을 것이다.

한 전화통화의 감청이 법 제3조 제1항 위반으로 되지 않기 위하여는 앞서 본 바와 같이 원칙적으로 양 당사자 모두의 동의가 있어야 할 것이고, 단지 일방 당사자의 동의를 받은 것만으로는 불법감청이다.

IV 분석과 해설

(가) 문제의 제기

첫째, 2002년 사안의 제1심과 항소심이 D2의 행위를 전화감청이 아니라 대화도청으로 판단(ⓐ 부분 참조)한 것은 통신비밀보호법(이하 '통비법'으로 약칭함)의 해석 착오이므로 이 점에 관한 2002년 판결의 ㉮ 부분의 지적(전화통화가 위 법에서 규정하고 있는 전기통신에 해당함은 전화통화의 성질 및 위 규정 내용에 비추어 명백하므로 이를 법 제3조 제1항 소정의 '타인간의 대화'에 포함시킬 수는 없[다])은 정당하다.

둘째, 주목하여야 할 점은 대화녹음이든 전화통화녹음이든 '대화·통화당사자일방'(이하 '당사자일방'으로 약칭함)의 동의는 있지만 그 '대화·통화'(이하 '통화'로 약칭함)의 상대방의 동의가 없는 대화·통화의 '녹음·청취'(이하 '녹음'으로 약칭함)의 적법성 여하의 문제에 대한 본 판결들의 견해이다

(나) '당사자의 동의'의 의미에 관한 종래의 판례

통신제한조치에 대하여 '당사자의 동의'가 있으면 통비법의 규제대상(불법감청·불법대화도청)에서 제외된다. 여기서 '당사자의 동의'란 '당사자 쌍방의 동의'를 말하는가, '당사자 일방의 동의'로 족한 것으로 볼 것인가?

1999년 사안과 비슷한 사안을 취급한 1997년 판례[4)]와 1999년 판례는 '당사자 일방이 상대방의 동의를 얻지 아니하고 녹음'한 이른바 당사자녹음의 경우에 그 녹음테이프의 증거능력'이 문제된 사안에서 그 녹음테이프의 증거능력을 인정하여 일방동의설을 취한 듯한 외관을 보이고 있었다. 그런데 2002년 사안은 '제3자가 당사자 일방만의 동의를 얻어 녹음한 제3자 녹음사안'이므로 이 경우에도 당사자녹음사안에 관한 종래의 판례를 관철시킬 수 있는가 하는 문제가 새롭게 제기된다.

(다) 2002년 판례의 판례사적 의미

2002년 사안의 제1심·항소심은 종래의 판례를 일방동의설로 해석하고

4) "변호인은 '이 사건 비밀녹음에 의한 녹음테이프는 위법수집증거배제법칙에 의하여 증거능력이 없다'고 주장하나, D가 범행 후 V에게 전화를 걸어오자 V가 증거를 수집하려고 그 전화내용을 녹음한 이 사건에서는 그것이 D 모르게 녹음된 것이라 하여 이를 위법하게 수집된 증거라고 할 수 없고 나아가서 그 녹음테이프에 대한 검증조서가 증거능력이 없다고 할 수 없으므로(뿐만 아니라 D는 V가 녹음한 이 사건 녹음테이프에 대하여 제1심 법정에서 이를 증거로 함에 동의하였다) 변호인의 이 점에 관한 주장도 이유 없다."(대법원 1997.3.28. 선고 97도240 판결)

그 입장을 '제3자가 당사자 일방만의 동의를 얻어 녹음한 제3자녹음 사안'에도 관철시킬 수 있다고 보고 무죄판결을 선고한 것으로 보인다.

2002년 사안에 관한 2002년 판례는 '당사자의 동의'의 의미를 당사자녹음과 제3자녹음으로 구분하여 당사자녹음의 경우에는 종래의 일방동의설을 견지(㉰ 부분 참조)하되 제3자녹음의 경우에는 쌍방동의설의 입장을 표명(㉱ 부분 참조)하고 이 논법을 대화녹음·청취의 경우에도 동일하게 관철(㉲ 부분 참조)시키고 있다.

프라이버시 보호의 견지에서 쌍방동의설이 우세(현재 학설은 일방동의설[5]도 있지만 쌍방동의설[6]이 우세하다)한 가운데 2002년 판례는 제3자녹음의 경우에 한하여 쌍방동의설을 수용한 점에서 진취적인 면모를 보여 주고 있다.

(라) 후속판례

(1) 대법원 2003.11.13. 선고 2001도6213 판결 "한국도로공사가 마련한 위 '고속도로 구난(견인)차량 고정배치 운영지침' 및 '고속도로 구난(견인)차량 등록업체 준수사항'의 내용은 등록업체의 비용으로 등록업체의 렉카나 등록차량에 단말기(무선기) 또는 무선설비를 설치하여 한국도로공사와 등록업체 간의 통신에 이용하도록 하는 것에 불과하고, 한국도로공사 울산지사의 상황실과 순찰차량 간의 무선전화통화에 제공하기 위한 한국도로공사 소유의 이 사건 무전기와 같은 무전설비를 등록업체에 설치하는 것을 뜻하는 것이 아님은 명백하며, 한편 한국도로공사 울산지사 통신장인 D2의 검찰에서의 진술에 의하면, D3로부터 무전기 설치 협조요청을 받고는 별다른 문제가 없을 것으로 생각하고 임의로 이 사건 무전기를 건네주었으며 이 사건 무전기의 교부가 상부의 방침은 아니었다는 것이고(수사기록 31쪽, 51쪽), 원심이 배척하지 아니한 한국도로공사 울산지사 교통안전과장인 제1심증인 W의 증언에 의하면, 한국도로공사 순찰대원들과 D4 주식회사관계자들로부터 무전기 설치를 건의받고 정식절차를 밟으면 가능할 수 있다는 정도의 대답만을 하였을 뿐이고 이 사건 무전기를 설치하는 것에 대하여 사전보고받은 바 없고 다만 설치된 이후 D2로부터 그 사실을 들었으나 이 사건 무전기에서 마이크를 제거했다고 하여 대수롭지 않게 생각하고 이를 상사에게 보고하지 않았다는 것인바(공판기록 261~262쪽), 이와 같이 이 사건 무전기를 위 D4 주식회사 기사대기용 컨테이너박스 안에 설치함에 있어 한국도로공사 울산지사의 정당한 계통을 밟은 결재가 있었던 것이 아닌 이상 전기통신의 당사자인 한국도로공사 울산지사의 동의가 있었다고는 볼 수 없으므로 위 피고인들이 이 사건 무전기를 이용하여 한국도로공사 울산지사의

5) 이재상, 222.

6) 신동운, 312; 배종대/이상돈/정승환/이주원, 98; 신양균, 224; 권영세, 현행 통신비밀보호법상 '도청행위'의 의의 및 범위, 『저스티스』 30권 4호(1997.12.) 127; 하태훈, 사인이 비밀리에 녹음한 녹음테이프의 증거능력, 『형사판례연구』 8권(2000.06.), 516; 조국, 288 이하.

상황실과 순찰차 간의 무선전화통화를 청취한 것은 통신비밀보호법상의 감청에 해당한다."

(2) 대법원 2006.10.12. 선고 2006도4981 판결 "검사의 상고이유를 본다. 통신비밀보호법 제3조 제1항이 '공개되지 아니한 타인 간의 대화를 녹음 또는 청취하지 못한다.'라고 정한 것은, 대화에 원래부터 참여하지 않는 제3자가 그 대화를 하는 타인들 간의 발언을 녹음해서는 아니 된다는 취지이다. 3인 간의 대화에 있어서 그 중 한 사람이 그 대화를 녹음하는 경우에 다른 두 사람의 발언은 그 녹음자에 대한 관계에서 '타인 간의 대화'라고 할 수 없으므로, 이와 같은 녹음행위가 통신비밀보호법 제3조 제1항에 위배된다고 볼 수는 없다. 원심은, 'D는 2005.7.9. 12:30경 '(업체명 생략)' 사무실에서 O, O2가 함께 한 자리에서 소형녹음기를 이용하여 O, O2 사이의 공개되지 아니한 타인 간의 대화를 녹음하였다.'는 공소사실에 대하여, 'D는 대화의 일방 당사자로서 위 3인이 상호 대화하는 내용을 녹음한 것일 뿐 D가 제3자로서 O, O2 사이의 대화를 녹음한 것이 아니어서 대화 당사자 일방이 상대방 모르게 대화내용을 녹음한 경우에 해당하여 통신비밀보호법 제3조 제1항에 위반되지 아니한다'며 같은 취지의 제1심판결을 유지하였다. 원심이 피고인에 대한 이 부분 공소사실에 대하여 그것이 죄가 되지 않음을 이유로 무죄를 선고한 것은 수긍이 간다."

(3) 대법원 2008.10.23. 선고 2008도1237 판결 "통신비밀보호법 제3조 제1항이 금지하고 있는 '전기통신의 감청'이란 전기통신에 대하여 그 당사자인 송신인과 수신인이 아닌 제3자가 당사자의 동의를 받지 않고 전자장치 등을 이용하여 통신의 음향·문언·부호·영상을 청취·공독하여 그 내용을 지득 또는 채록하는 등의 행위를 하는 것을 의미하므로(대법원 2008.1.18. 선고 2006도1513 판결 참조), 전기통신에 해당하는 전화통화의 당사자 일방이 상대방과의 통화내용을 녹음하는 것은 위 법조에 정한 '감청' 자체에 해당하지 아니한다."

(4) 수사기관의 요청을 받은 자가 상대방의 동의 없이 통화 내용을 녹음한 것은 적법한 당사자녹음이 아니라, 동의를 받지 아니한 제3자의 불법감청(대법원 2010.10.14. 선고 2010도9016 판결) **[사안]** D는 "O에게 2008.1.경 필로폰 0.7g을 100만 원에 매도하고, 같은 해 3월경 필로폰 0.7g을 50만 원에 매도"한 마약류관리에 관한 법률위반(향정) 혐의로 기소되었다. 제1심과 항소심은 "O의 검찰 진술과 수사보고(D 녹취 첨부 보고) 등을 증거로 삼아 유죄를 선고하였다. O는 2009.9.21.경 검찰에서 D의 공소사실 범행을 진술하는 등 다른 마약사범에 대한 수사에 협조해 오던 중, 같은 달 29일경 필로폰을 투약한 혐의 등으로 구속되었는데, 구치소에 수감되어 있던 같은 해 11.3.경 D의 이 사건 공소사실에 관한 증거를 확보할 목적으로 검찰로부터 자신의 압수된 휴대전화를 제공받아 구속수감 상황 등을 숨긴 채 D와 통화하고 그 내용을 녹음한 다음 그 휴대전

화를 검찰에 제출하였다. 이에 따라 작성된 수사보고는 "'O가 2009.11.3. 오전 10:00경 D로부터 걸려오는 전화를 자신이 직접 녹음한 후 이를 수사기관에 임의제출하였고, 이에 필로폰 관련 대화 내용을 붙임과 같이 녹취하였으며, 휴대전화에 내장된 녹음파일을 mp3파일로 변환시켜 붙임과 같이 첨부하였음을 보고한다'는 내용으로, 첨부된 녹취록에는 'D가 이전에 O에게 준 필로폰의 품질에는 아무런 문제가 없다'는 D의 통화 내용이 포함되어 있다. D와 변호인은 이를 증거로 함에 동의하였다. D가 상고하였다. **[판지]** "통신비밀보호법(이하 '법'이라고만 한다) 제2조 제7호는 "감청"이라 함은 '전기통신에 대하여 당사자의 동의 없이 전자장치·기계장치 등을 사용하여 통신의 음향·문언·부호·영상을 청취·공독하여 그 내용을 지득 또는 채록하거나 전기통신의 송·수신을 방해하는 것을 말한다'고 규정하고, 제3조 제1항은 '누구든지 이 법과 형사소송법 또는 군사법원법의 규정에 의하지 아니하고는 전기통신의 감청을 하지 못한다'고 규정하며, 나아가 제4조는 '제3조의 규정에 위반하여, 불법감청에 의하여 지득 또는 채록된 전기통신의 내용은 재판 또는 징계절차에서 증거로 사용할 수 없다'고 규정하고 있다. 이에 따르면 전기통신의 감청은 '제3자가 전기통신의 당사자인 송신인과 수신인의 동의를 받지 아니하고 전기통신 내용을 녹음하는 등의 행위를 하는 것'만을 말한다. 전기통신에 해당하는 전화통화 당사자의 일방이 상대방 모르게 통화 내용을 녹음하는 것은 여기의 감청에 해당하지 아니하지만, 제3자의 경우는 설령 전화통화 당사자 일방의 동의를 받고 그 통화 내용을 녹음하였다 하더라도 그 상대방의 동의가 없었던 이상, 이는 여기의 감청에 해당하여 법 제3조 제1항 위반이 되고(대법원 2002.10.8. 선고 2002도123 판결 참조), 이와 같이 법 제3조 제1항에 위반한 불법감청에 의하여 녹음된 전화통화의 내용은 법 제4조에 의하여 증거능력이 없다(대법원 2001.10.9. 선고 2001도3106 판결 등 참조). 그리고 사생활 및 통신의 불가침을 국민의 기본권의 하나로 선언하고 있는 헌법규정과 통신비밀의 보호와 통신의 자유 신장을 목적으로 제정된 통신비밀보호법의 취지에 비추어 볼 때 D나 변호인이 이를 증거로 함에 동의하였다고 하더라도 달리 볼 것은 아니다(대법원 2009.12.24. 선고 2009도11401 판결 참조).

위와 같은 녹음행위는 수사기관이 O로부터 D의 이 사건 공소사실 범행에 대한 진술을 들은 다음 추가적인 증거를 확보할 목적으로 구속수감되어 있던 O에게 그의 압수된 휴대전화를 제공하여 그로 하여금 D와 통화하고 D의 이 사건 공소사실 범행에 관한 통화 내용을 녹음하게 한 것이고, 이와 같이 수사기관이 구속수감된 자로 하여금 D의 범행에 관한 통화 내용을 녹음하게 한 행위는 수사기관 스스로가 주체가 되어 구속수감된 자의 동의만을 받고 상대방인 D의 동의가 없는 상태에서 그들의 통화 내용을 녹음한 것으로서 범죄수사를 위한 통신제한조치의 허가 등을 받지 아니한 불법감청에 해당하므로, 그 녹음 자체는 물론이고 이를 근거로 작성된 이 사건 수사보고의 기재 내용과 첨부 녹취록 및 첨부 mp3파일도 모두 D와 변호인의 증거동의에 상관없이 증거능력이 없다.

그럼에도 불구하고 D와 변호인이 이 사건 수사보고를 증거로 함에 동의하였다는 이유만으로 이를 증거능력이 있는 것으로 인정하여 이 사건 공소사실에 대한 유죄의 증거로 삼은 원심의 조치는 잘못이다."

(5) 대화의 당사자녹음의 적법성과 전문법칙의 적용(대법원 2012.9.13. 선고 2012도7461 판결)

[사안] A광역시 B구청장 D에게는 C조합의 토지구획정리사업 완료에 필수적인 공사 등에 관한 협의 권한이 있다. D는 승소 가능성이 거의 없는 민사소송을 제기한 뒤 C조합의 대표자인 O에게 'D의 요구대로 조정에 응하지 않으면 위 사업 완료를 위한 관련 협의가 진행되지 않을 것'이라고 말하였다. C조합의 대표자인 O는 위 사업이 제대로 마무리되지 않을 경우 C조합이 피해를 볼 것을 우려하여 조정합의에 이르렀다. O가 D를 고소하여 D는 특정경제범죄 가중처벌 등에 관한 법률위반(공갈) 혐의로 기소되었다.

[증거관계] D와 그 대화 상대방(O) 사이의 대화 내용(D의 발언내용의 핵심은 'D의 요구대로 조정에 응하지 않으면 위 사업 완료를 위한 관련 협의가 진행되지 않을 것')에 관한 녹취서가 **공소사실의 증거로 제출**되어 그 녹취서의 기재 내용과 녹음테이프의 녹음 내용이 동일한지 여부에 대하여 법원이 검증을 실시하였다. ① V의 대표자 O가 디지털 녹음기로 D와의 대화를 녹음한 후 자신(O)의 사무실로 돌아와 디지털 녹음기에 저장된 녹음파일 원본을 컴퓨터에 복사하고 디지털 녹음기의 파일 원본을 삭제한 뒤 D와의 다음 대화를 다시 녹음하는 과정을 반복하였다. ② O는 검찰과 제1심 법정에서 '이 사건 녹음파일 사본은 D와의 대화를 자신(O)이 직접 녹음한 파일 원본을 컴퓨터에 그대로 복사한 것으로서 위 녹음파일 사본과 해당 녹취록 사이에 동일성이 있다'고 진술하였다. ③ D는 검찰과 제1심 법정에서 이 사건 녹음파일 사본을 모두 들어본 뒤 일부 파일에 인사말 등이 녹음되지 않은 것 같다는 등의 지적을 한 외에는 녹음된 음성이 자신의 것이 맞고 그 내용도 자신이 진술한 대로 녹음되어 있으며 이 사건 녹음파일 사본의 내용대로 해당 녹취록에 기재되어 있다는 취지로 진술하였다. ④ 대검찰청 과학수사담당관실에서 이 사건 녹음파일 사본과 그 녹음에 사용된 디지털 녹음기에 대하여 국제적으로 널리 사용되는 다양한 분석방법을 통해 정밀감정한 결과 이 사건 녹음파일 사본에 편집의 흔적을 발견할 수 없고, 이 사건 녹음파일 사본의 파일정보와 녹음 주파수 대역이 위 디지털 녹음기로 생성한 파일의 그것들과 같다고 판정하였다.

항소심이 유죄를 선고하자 D가 상고하였다.

[판지(상고기각)**]** **[법리]** 공갈죄의 수단으로서 협박은 사람의 의사결정의 자유를 제한하거나 의사실행의 자유를 방해할 정도로 겁을 먹게 할 만한 해악을 고지하는 것을 말한다. 해악의 고지는 반드시 명시의 방법으로 해야 하는 것은 아니고 언어나 거

동으로 상대방으로 하여금 어떠한 해악에 이르게 할 것이라는 인식을 갖게 하는 것이면 충분하다. 또한 직접적이 아니더라도 피공갈자 이외의 제3자를 통해서 간접적으로 할 수도 있으며, 행위자가 그의 직업, 지위를 가지고 불법한 위세를 이용하여 재물의 교부를 요구하고 상대방으로 하여금 그 요구에 응하지 아니한 때에는 부당한 불이익을 초래할 위험이 있다는 위구심을 야기하게 하는 경우에도 해악의 고지가 된다(대법원 2002.12.10. 선고 2001도7095 판결, 대법원 2003.5.13. 선고 2003도709 판결 등 참조). 한편 해악의 고지가 권리실현의 수단으로 사용된 경우라고 하여도 그것이 권리행사를 빙자하여 협박을 수단으로 상대방을 겁을 먹게 하였고 권리실행의 수단 방법이 사회통념상 허용되는 정도나 범위를 넘는다면 공갈죄가 성립한다(대법원 2007.10.11. 선고 2007도6406 판결 등 참조). D가 1광역시 2구청장의 지위에서 3조합의 토지구획정리사업 완료에 필수적인 공사 등에 관한 협의 권한이 있음을 기화로 승소 가능성이 거의 없는 소를 제기한 뒤 'D의 요구대로 조정에 응하지 않으면 위 사업 완료를 위한 관련 협의가 진행되지 않을 것'이라고 3조합 대표자에게 말하여(협박), '위 사업이 제대로 마무리되지 않을 경우 3조합이 피해를 볼 것을 우려하여 이 사건 조정합의에 이르렀다'고 보아 공소사실을 유죄로 판단하였다. 원심의 위와 같은 판단은 수긍할 수 있(다).

2. D와 상대방 사이의 대화 내용에 관한 녹취서가 **공소사실의 증거로 제출**되어 그 녹취서의 기재 내용과 녹음테이프의 녹음 내용이 동일한지 여부에 대하여 법원이 검증을 실시한 경우에, 증거자료가 되는 것은 녹음테이프에 녹음된 대화 내용 그 자체이고, 그 중 D의 진술 내용은 실질적으로 형사소송법 제311조, 제312조의 규정 이외에 D의 진술을 기재한 서류와 다름없어, D가 그 녹음테이프를 증거로 할 수 있음에 동의하지 않은 이상 그 녹음테이프에 녹음된 D의 진술 내용을 증거로 사용하기 위해서는 형사소송법 제313조 제1항 단서에 따라 공판준비 또는 공판기일에서 그 작성자인 상대방의 진술에 의하여 녹음테이프에 녹음된 D의 진술 내용이 D가 진술한 대로 녹음된 것임이 증명되고 나아가 그 진술이 특히 신빙할 수 있는 상태 하에서 행해진 것임이 인정되어야 한다(대법원 2001.10.9. 선고 2001도3106 판결, 대법원 2004.5.27. 선고 2004도1449 판결, 대법원 2008.12.24. 선고 2008도9414 판결 등 참조). 또한 대화 내용을 녹음한 파일 등의 전자매체는 그 성질상 작성자나 진술자의 서명 또는 날인이 없을 뿐만 아니라, 녹음자의 의도나 특정한 기술에 의하여 그 내용이 편집, 조작될 위험성이 있음을 고려하여, 그 대화 내용을 녹음한 원본이거나 원본으로부터 복사한 사본일 경우에는 복사과정에서 편집되는 등의 인위적 개작 없이 원본의 내용 그대로 복사된 사본임이 입증되어야 한다(대법원 2005.12.23. 선고 2005도2945 판결, 대법원 2007.3.15. 선고 2006도8869 판결 등 참조).

V의 대표자인 O가 D와 대화하면서 녹음한 이 사건 녹음파일 사본은 타인 간의 대화를 녹음한 것이 아니므로 타인의 대화비밀 침해금지를 규정한 통신비밀보호법 제14조의 적용 대상이 아니고(대법원 2001.10.9. 선고 2001도3106 판결 참조), 위 녹음파일 사본은 그 복사 과정에서

편집되는 등의 인위적 개작 없이 원본의 내용 그대로 복사된 것으로 대화자들이 진술한 대로 녹음된 것으로 인정된다. 나아가 녹음 경위, 대화 장소, 내용 및 대화자 사이의 관계 등에 비추어 그 진술이 특히 신빙할 수 있는 상태 하에서 행하여진 것으로 인정되므로 위 녹음파일 사본과 해당 녹취록을 증거로 사용할 수 있다.

항소심이 같은 취지에서 이 사건 녹음파일 사본과 해당 녹취록의 증거능력을 인정한 것은 정당하다.

6.6

사인이 위법하게 수집한 증거

대법원 1997.9.30. 선고 97도1230 판결; 대법원 2008.6.26. 선고 2008도1584 판결

I 사 안

1997년 사안

D(여)는 간통죄혐의로 기소되었다. D는 자신이 경영하는 단란주점의 내부 수리 공사를 한 L이 단란주점에 찾아와서 D에게 '할 말이 있는데 단란주점은 너무 시끄러우니 조용한 곳으로 가서 이야기 좀 하자'고 하여 D는 L과 함께 인근의 종로 호프집으로 가서 맥주를 마시게 되었다. 그 날 L은 D를 여관으로 데리고 갔으며, 그곳에서 D의 전라의 모습이 담겨있는 나체사진(이하 '사진'이라고 한다)이 L에 의하여 촬영되었다. L은 며칠 후에 D를 찾아와서 사진을 D에게 보여주고, '사진을 D의 남편과 단란주점의 손님들에게 공개하겠다'고 말하며 금 2천만 원을 요구하였다. 가정이 파탄될 것을 두려워한 D는 37회에 걸쳐 약 금 1천 6백만 원 상당의 금원을 L에게 교부하였다. 그 후 L은 연탄가스로 인한 일산화탄소중독증으로 한강성심병원 중환자실에 입원하였으며, 식물인간의 상태가 되었다. L의 부인인 J는 1995.3.15.경 23:20경 D에게 "남편과 간통을 하였으니 돈을 내놓지 않으면 징역을 살도록 하겠다"는 취지의 말을 하였으나 D가 돈을 주지 않자 서울가정법원에 L을 상대로 이혼소송을 제기하고 같은 해 4.11. 같은 경찰서에 L과 D를 간통죄로 고소하고 위 사진들을 증거로 제출하였다. 검사는 제1심에서 위 나체사진을 D의 유죄증거로 제출하였다. D는 제1심부터 공소사실을 부인하였다. 제1심 제2회 공판기일에 D는 이 사건 사진을 '증거로 함에 동의'하였지만 '이 사진은 L이 공갈목적으로 촬영한 것이며, 촬영당시 자신은 의식이 없었으며, 또한 사진의 촬영일자 부분은 조작된 것'이라 주장하였다. 제1심은 유죄를 선고하였고 D가 항소하였다. 항소이유는 "원심이 증거로 채용한 사진은 공갈범행의 목적으로 촬영된 것이며, 촬영 당시 D는 의식이 없었으며 또한 사진의 사진촬영일자 부분이 조작되었으므로 이 사진은 증거로 쓸 수 없다"는 것이었다. 항소심은 "국가기관이 아닌 사인에 의한 사진촬영이라 하더라도 ㉠ 상대방의 명시한 의사에 반한 임의성 없는 촬영의 경우나 상대방이 범죄행위에 사용된다는 사실을 모르는 상태에서 촬영된 경우와 같이 ㉡ 헌법상 보장된 인격권이나 초상권 등의 기본권을 중대하게 침해하는 경우에는 증거능력이 부인되는 것인데, 위 L은 D로부터 금원을 갈취하기 위한 목적으로 사진을 촬영한 것이고, D가 이를 모르고 촬영에 이용당한 것이므로 이 사건 사진의 촬영은 임의성이 배제된 상태에서 이루어진 것이고, 인격의 불가침의 핵심적인 부

분을 침해한 것으로서 증거능력이 부정되어야 하고, 나아가 ⓒ 국가기관이 이를 형사소송절차에서 증거로 사용하는 것은 D의 인격권, 초상권을 다시 한 번 중대하게 침해하는 것이므로 이 점에서도 증거능력이 없으며, 한편 ⓓ D가 제1심에서 이 사건 사진에 대하여 증거동의를 하였으나 사진촬영일자 부분은 조작되었다는 항변을 함과 아울러 이 사건 간통사실을 부인하면서 이 사건 사진이 공갈범행의 목적으로 촬영된 것이며, 촬영 당시 D는 의식이 없었다는 진술을 하고 있는 점에 비추어 위 증거동의의 의사표시는 '사진 속의 인물이 D가 맞다'는 취지에 불과하고, 이 사건 각 사진이 간통죄의 증거로 사용됨에 동의한 것으로 볼 수는 없을 뿐 아니라, ⓔ 형사소송법상 증거동의는 소송경제와 신속한 재판의 관점에서 인정되는 것이지 소송관계인에게 증거에 대한 처분권을 부여하는 것은 아니고, ⓕ 위법수집증거는 처음부터 증거동의의 대상에서 배제되는 것이므로, 증거동의의 대상이 될 수도 없다"며 무죄를 선고하였다. 검사가 상고하였다.

II 쟁 점

사인이 위법하게 수집한 증거(특히 프라이버시 등 인격권을 침해하여 수집된 증거)에 대하여도 수사기관이 위법하게 수집한 증거와 마찬가지로 위법수집증거배제규칙을 적용하여야 하는가?

III 재판요지 (파기환송)

국민의 사생활 영역에 관계된 증거제출의 허용범위와 허용성 판정기준에 관한 판례이론의 창설

모든 국민의 인간으로서의 존엄과 가치를 보장하는 것은 국가기관의 기본적인 의무에 속하는 것이고, 이는 형사절차에서도 당연히 구현되어야 하는 것이기는 하나 그렇다고 하여 ㉮ 국민의 사생활 영역에 관계된 모든 증거의 제출이 곧바로 금지되는 것으로 볼 수는 없고, ㉯ 법원으로서는 효과적인 형사소추 및 형사소송에서의 진실발견이라는 공익과 개인의 사생활의 보호이익을 비교형량하여 그 허용 여부를 결정하고, 적절한 증거조사의 방법을 선택함으로써 국민의 인간으로서의 존엄성에 대한 침해를 피할 수 있다.

판례이론의 본 사안에의 적용

이 사건 사진은 ⓐ D의 동의에 의하여 촬영된 것임을 쉽게 알 수 있어(원심도 이를 부정하는 취지는 아니다) 사진의 존재만으로 D의 인격권과 초상권을 침해하는 것으로 볼 수 없고, ⓑ 가사 이 사건 사진을 촬영한 위 L이 이 사건 사진을 이용하여 D를 공갈할 의도였다고 하더라도 이 사건 사진의 촬영이 임의성이 배제된 상태에서 이루어진 것이라고 할 수는 없으며, ⓒ 이 사건 사진은 **범죄현장의 사진**으로서 D에 대한 형사소추를 위하여 반드시 필요한 증거로 보이므로, 공익의 실현을 위하여는 이 사건 사진을 범죄의 증거로 제출하는 것이 허용되어야 하고, ⓓ 이로 말미암아 D의 사생활의 비밀을 침해하는 결과를 초래한다 하더라도 이는 D가 수인(受忍)하여야 할 기본권의 제한에 해당된다.

① 이 사건 사진이 위법하게 수집된 증거로 볼 수 없는 이상 형사소송법 제318조 제1항에 의한 증거동의의 대상이 될 수 있다. ② D는 제1심 제2회 공판기일에 이 사건 사진을 증거로 함에 동의한다는 의사표시를 한 것으로 기재되어 있고, 위 증거조사가 완료되기 전까지 위 의사표시를 철회 또는 취소하였다고 볼 흔적을 찾아볼 수 없으므로, 특별한 사정이 없는 한 증거동의는 있었다. ③ **증거동의는 작성자 또는 진술자에 대한 반대신문권을 포기한다는 의사표시**인 반면(대법원 1983.3.8. 선고 82도2873 판결 참조), ④ D가 이 사건 범행을 부인한다거나 위 L이 다른 범죄에 제공하기 위하여 사진을 촬영하였고 사진 촬영 당시 D가 무의식 상태에 있었다고 다투는 것은 사진의 증명력을 다투는 취지에 불과하여 의사표시의 효력과는 무관하며, ⑤ D가 이 사건 사진의 촬영일자 부분에 대하여 조작된 것이라고 다툰다고 하더라도 이 부분은 전문증거에 해당되어 별도로 증거능력이 있는지를 살펴보면 족한 것이므로, 원심과 같이 D의 변소에 비추어 위 증거동의의 의사표시가 단순히 사진 속의 인물이 D가 맞다는 취지의 진술에 불과하다고 단정할 수는 없다. D가 원심에 이르러 증거동의를 철회하였다고 하더라도 증거조사를 마친 후의 증거에 대하여는 동의의 철회로 인하여 적법하게 부여된 증거능력이 상실되는 것이 아니므로(대법원 1994.7.29. 선고 93도955 판결; 대법원 1996.12.10. 선고 96도2507 판결 등 참조), 이 사건 사진이 진정한 것으로 인정되는 한 이로써 이 사건 사진은 증거능력을 취득한 것이다.

IV 분석과 해설

(가) 문제의 제기

본 사안에서는 간통죄 인정에 유력한 증거가 되는 사진의 증거능력이 두 가지 측면에서 문제된다. 첫째, 증거수집과정상의 흠으로 말미암아 그 증거의 증거능력이 소멸하는가 하는 문제, 특히 사인이 위법하게 수집한 증거에 대하여도 위법수집증거배제법칙이 적용·준용될 수 있는가(위법수집증거배제규칙의 사인적 효력) 하는 문제이고 둘째, 사진증거가 진술증거인가 비진술증거인가 하는 법적 성질의 문제이다.

(나) 위법수집증거인지 여부의 문제

(1) 대법원의 종합적 이익형량설 대법원은 "모든 국민의 인간으로서의 존엄과 가치를 보장하는 것은 국가기관의 기본적인 의무에 속하는 것이고, 이는 형사절차에서도 당연히 구현되어야 하는 것"이기는 하나 그렇다고 하여 "㉮ 국민의 사생활 영역에 관계된 모든 증거의 제출이 곧바로 금지되는 것으로 볼 수는 없고, ㉯ 법원으로서는 효과적인 형사소추 및 형사소송에서의 **진실발**

견이라는 공익과 개인의 사생활의 보호이익을 비교형량하여 그 허용 여부를 결정하고, 적절한 증거조사의 방법을 선택함으로써 국민의 인간으로서의 존엄성에 대한 침해를 피할 수 있다"는 '**종합적 이익형량설**'이고, 이후 이 입장은 거의 확고하게 굳어지고 있다.[1)]

(2) 기본권을 중대하게 침해하는 경우에는 증거능력을 부정하는 항소심판결 항소심은 "㉠ 상대방의 명시한 의사에 반한 임의성 없는 촬영의 경우나 상대방이 범죄행위에 사용된다는 사실을 모르는 상태에서 촬영된 경우와 같이 ㉡ 헌법상 보장된 인격권이나 초상권 등의 기본권을 중대하게 침해하는 경우에는 증거능력이 부인"되어야 한다고 판시하였다. 이 판결은 기본권을 중대하게 침해하는 사인수집증거의 증거능력을 부정한 최초의 판결이어서 주목된다.[2)]

(다) 사진증거의 법적 성질: 진술증거인가 비진술증거인가

사진이 증거로 제출되는 경로는 크게 세 가지를 상정할 수 있다. ① 원물의 사본으로 제출되는 경우, ② 사람의 진술내용을 명확히 하기 위한 보조자료로

---

1) **태전사 사건**: "이 사건 업무일지 그 자체는 D(피고인) 경영의 주식회사 S건설이 그날그날 현장 및 사무실에서 수행한 업무내용 등을 담당직원이 기재한 것이고, 그 뒷면은 1996.2.25.자 태전사 신축 공사계약서, 1998.2.25.자 태전사 신축추가 공사계약서 및 1999.11.27.자 약정서 등 이 사건 각 문서의 위조를 위해 미리 연습한 흔적이 남아 있는 것에 불과하여, 이를 D의 사생활 영역과 관계된 자유로운 인격권의 발현물이라고 볼 수는 없고, 사문서위조·위조사문서행사 및 소송사기로 이어지는 일련의 범행에 대하여 D를 형사소추하기 위해서는 이 사건 업무일지가 반드시 필요한 증거로 보이므로, 설령 그것이 제3자에 의하여 절취된 것으로서 위 소송사기 등의 피해자측이 이를 수사기관에 증거자료로 제출하기 위하여 대가를 지급하였다 하더라도, 공익의 실현을 위하여는 이 사건 업무일지를 범죄의 증거로 제출하는 것이 허용되어야 하고, 이로 말미암아 D의 사생활 영역을 침해하는 결과가 초래된다 하더라도 이는 D가 수인하여야 할 기본권의 제한에 해당된다."(대법원 2008.6.26. 선고 2008도1584 판결); **간통자의 남편이 거주를 종료한 부인의 주거에 침입하여 간통증거물을 확보한 사건**: "국민의 인간으로서의 존엄과 가치를 보장하는 것은 국가기관의 기본적인 의무에 속하는 것이고 이는 형사절차에서도 당연히 구현되어야 하는 것이지만, 국민의 사생활 영역에 관계된 모든 증거의 제출이 곧바로 금지되는 것으로 볼 수는 없으므로 법원으로서는 효과적인 형사소추 및 형사소송에서의 진실발견이라는 공익과 개인의 인격적 이익 등의 보호이익을 비교형량하여 그 허용 여부를 결정하여야 한다(대법원 1997.9.30. 선고 97도1230 판결, 대법원 2008.6.26. 선고 2008도1584 판결 참조). 원심은, D, D2 사이의 간통 범행을 고소한 D의 남편인 O가 D의 주거에 침입하여 수집한 후 수사기관에 제출한 혈흔이 묻은 휴지들 및 침대시트를 목적물로 하여 이루어진 감정의뢰회보에 대하여, 다음과 같은 이유로 위 감정의뢰회보의 증거능력을 인정하고, 공소사실을 유죄로 인정하였다. 즉, O가 D의 주거에 침입한 시점은 D가 그 주거에서의 실제상 거주를 종료한 이후이고, 위 감정의뢰회보는 D, D2에 대한 형사소추를 위하여 반드시 필요한 증거이므로 공익의 실현을 위해서 위 감정의뢰회보를 증거로 제출하는 것이 허용되어야 한다. 이로 말미암아 D의 주거의 자유나 사생활의 비밀이 일정 정도 침해되는 결과를 초래한다 하더라도 이는 D가 수인하여야 할 기본권의 제한에 해당된다는 것이다. 앞서 본 법리를 원심판결 이유에 비추어 보면 위와 같은 원심판단은 정당"(대법원 2010.9.9. 선고 2008도3990 판결). 이 판결에 대한 판례해설[이승철, 사인이 주거에 침입하여 수집한 증거에 기초한 감정의뢰회보의 증거능력, 『대법원판례해설』 86호(2010 하반기)] 참조.

2) 천진호, 위법수집증거배제법칙의 사인적 효력, 『법조』, 통권558호(2003.3.), 121.

제출되는 경우(예를 들어 검증조서나 실황조사서에 첨부되는 진술내용의 일부를 구성하는 사진), ③ 독립증거로 제출되는 경우이다. 본 사안의 사진은 셋째의 용도로 제출된 것이므로 이를 '독립증거인 현장사진'으로 명명하기로 하자. 독립증거인 현장사진은 사람의 범행상황이나 범행과 접착한 전후의 상황을 촬영한 사진을 말한다. 이 현장사진은 진술증거인가 비진술증거인가? 진술증거로 보면 전문법칙이 적용되고 비진술증거로 보면 전문법칙의 적용이 없다.

(1) 비진술증거설　이 견해는 현장사진은 렌즈의 체험이고 사람의 지각에 기초한 서술이 아니라고 본다. 현장사진에는 진술증거에서 나타나는 지각·기억·서술의 과정이 없으므로 허위의 개입여지가 없고 따라서 반대신문에 의한 탄핵은 불필요하여 전문법칙의 적용이 없다고 본다. 비진술증거설은 사진증거 제출자에게 공소범죄사실과의 관련성, 즉 당해 사진이 현장의 정확한 영상이라는 사실을 입증하여 당해 사진의 증명력을 증가시킬 과제만 남아 있다고 본다.

(2) 진술증거설(다수설)　증언은 사람의 관찰·기억·표현을 통하여 과거사실을 재현하는 것인데 사진도 기계의 힘을 빌려 과거사실을 재현하는 것일 뿐 양자 사이에 현격한 차이는 없다고 보는 견해이다. 이 견해는 사진증거에 대하여도 진술증거와 마찬가지의 신중한 배려가 필요하다고 본다. 이 안에서도 두 가지 견해가 있을 수 있다.

(i) 법 제312조 제6항 준용설(검증조서유사설, 이재상)　현장사진을 보고문서에 대신하는 것으로서 '검증결과를 기재한 서류'에 준하여 촬영자의 공판정 출석과 성립의 진정에 관한 증언을 요건으로 하여 증거능력이 부여될 수 있는 것으로 보는 견해이다.

(ii) 법 제315조 제3호 준용설　현장사진을 촬영자의 체험기록으로 파악하여 진술증거이지만 기계의 힘에 의한 자동적 녹취라는 점에서 허위나 오류개입의 여지는 없으므로 특신정황 하에서 작성된 것으로 보는 견해가 있을 수 있다.

(3) 본 판례의 입장　본 판결은 사진이 진술증거인지 비진술증거인지에 관하여 명백히 하고 있지는 아니하다. 사진이 일반적인 증거물과는 달리 증거동의의 대상이 되고 증거에 동의한 이상 작성자 또는 진술자에 대한 반대신문권을 포기한다는 의사표시라고 판시하여 마치 진술증거인 것처럼 설시한 부분이 있으나, 이로써 사진이 곧바로 진술증거로서 전문법칙을 적용받아야 한다고 추론할 수는 없다. 본 판결에서 대법원은 사진에 나타난 촬영일자 부분은 전문증거에 해당한다고 봄으로써 그 반대해석상 사진 자체는 비진술증거로 본

것이라는 추론[3])도 가능하다.

(4) 사 견 사진의 촬영, 현상, 인화 등 사진의 작성과정에 사람이 관여하므로 허위나 조작의 가능성이 절대로 없다고 할 수는 없다. 그러나 증거의 조작가능성을 말하기로 하면 어떤 증거에나 증거의 조작가능성이 있게 마련이므로 이 논거는 타당하지 아니하다. 사진의 작성과정에는 사람의 진술의 생성과정과 같은 지각, 기억, 서술, 표현으로 이어지는 과정이 없다. 사진에 사람이 관여하는 부분은 오로지 기계적 조작과정에 불과하다. 사진의 결정적 부분은 화학적 원리에 의한 기계적이고 화학적인 작용의 결과물 부분이다. 따라서 사진촬영자에게 반대신문을 통하여 사진작성과정의 정확성을 탄핵하여야 할 필요성은 그리 크지 아니하다. 만약 그 작성과정에 사람의 개입이나 조작의 흔적이 엿보일 때는 감정절차를 경유하여 증명력 평가문제로 조절할 수 있을 것이다. 따라서 현장사진은 비진술증거(증거물)로 봄이 타당하다.

---

3) 김태업, 휴대전화기에 보관된 문자정보 및 이를 휴대전화기 화면에 띄워 촬영한 사진의 증거능력(대법원 2008.11.13. 선고 2006도2556 판결), 『해설』 78호, 619~620: "(현장사진이란) 범행 당시나 전후의 사정을 촬영한 사진(현금인출기의 폐쇄회로 촬영 사진, 간통현장에서 촬영한 사진 등)이 독립증거로 제출된 경우를 말하는데, 그 증거능력에 관한 학설로 진술증거설, 비진술증거설 및 검증조서유추적용설이 있다. 대법원 1997.9.30. 선고 97도1230 판결은 '피고인이 조작된 것이라고 다투는 사진의 촬영일자가 나타난 부분은 전문증거로서 전문법칙이 적용된다'고 보았다. 이 판결에 대하여 대법원이 비진술증거설을 취하고 있다는 평석(신동운, 988)이 있다. 또 위 판례가 명백하지는 않지만 사진 자체는 비진술증거로 본 것이라고 보는 견해(『제요』, 127)가 있다. 또 위 판결이 '사진에 나타난 촬영일자 부분은 전문증거에 해당한다'고 판시하였으므로 그 반대해석상 '사진 자체는 비진술증거로 보았다는 추론이 가능하다'는 견해[김대휘, 사진과 비디오테이프의 증거능력, 『형사판례의 연구』(지송 이재상 교수 화갑기념논문집Ⅱ), 413]도 있다. 사진이 독립증거로 제출되었다면 비진술증거로서 전문법칙이 적용되지 않는다고 보아야 하므로 촬영자가 반드시 원진술자로서 증언할 필요는 없고, 대상이 그대로 촬영되었음이 증명되면 증거능력을 인정할 수 있다. 따라서 '사진 속의 물건이나 현장이 사건과 관계없다'는 등의 주장은 증거능력을 다투는 것이 아니라 요증사실과의 관련성에 관한 것으로서 증명력을 다투는 취지이고, 피고인이 사진이 조작되었다는 등의 이유로 그 증거능력을 다투는 경우 감정을 시행하거나 촬영자 또는 사진 속의 사람을 증인으로 환문하는 방법으로 원본이 정확하게 전사되었는지 여부를 판단하면 된다."

6.7

통신제한조치허가의 유효범위·영장 없는 영상감시의 적법요건·컴퓨터 디스켓의 수록내용과 전문법칙의 적용

대법원 1999.9.3. 선고 99도2318 판결[1)]

I 사 안

(가) D 등 15인이 국가보안법위반 혐의로 긴급체포된 후 기소되었다. 공소사실[2)]은 ① 반국가단체구성과 가입(이하 '제1공소사실'로 약칭한다)과 ② 반국가단체의 찬양·고무·동조, 회합·통신, 이적표현물 소지(이하 '제2공소사실'로 약칭한다)이었다. 항소심 이후 소송법상 쟁점화된 것은 주로 '제1공소사실의 예비적 공소사실(이적단체구성)'과 '제2공소사실'의 입증과 관련된 것이었다. 검사는 'D 등의 대화를 감청한 녹음테이프'와 'D 등의 행동을 영상감시(映像監視)한 비디오테이프'를 '제1공소사실의 예비적 공소사실(이적단체구성)'에 대한 유죄의 증거로, '이적표현물을 담고 있는 컴퓨터 디스켓 등을 D 등의 '제2공소사실'에 대한 유죄의 증거로 제출하였다. 제1심은 유죄를 선고하였고 D는 "녹음테이프 및 비디오테이프 등은 위법수집된 증거들로서 증거능력이 없으며, 압수된 디스켓 등은 적법절차에 의하여 압수된 것이 아니고 또 적법한 증거조사를 거치지 아니하여 증거능력이 없고, 이런 증거능력이 없는 증거들을 제외하면 각 공소사실을 인정할 증거가 없다"고 주장하며 항소하였다. 항소심에서 검사는 '제1공소사실'에 대하여 공소사실과 적용법조의 예비적 추가(이적단체구성과 가입)를 내용으로 하는 공소장변경을 신청하고 법원은 이를 허가하였다.

(나) '수사기관의 대화감청(對話監聽) 녹음테이프와 영상감시 비디오테이프, 이적표현물저장 컴퓨터 디스켓 등의 증거획득의 경위'

(1) 대화감청 녹음테이프 획득의 경위 "대화녹음의 근거가 된 것은 부산지방법원이 1996.4.30. 발부한 통신제한조치허가 제48호 및 그 연장결정과 같은 법원이 1996.11.6. 발부한 통신제한조치허가 제129호이다. 통신제한조치허가 제48호(이하 '제48호', '제129호' 등으로 약칭함)는 '통신제한조치대상자'를 'P[3)] 등'으로, '통신제한조치의 종류'를 '전기통신

---

1) '영남위원회' 사건. 『판례공보』에는 이 판결이 게재되지 않고 대법원 1999.9.3. 선고 99도2317 판결이 게재되어 있다. 피고인과 공소사실이 다르나 대법원 판결 요지는 거의 대동소이하다. 본서에서는 D 사건에 주목하기 위하여 대법원 1999.9.3. 선고 99도2318 판결을 평석대상으로 선정하였다.

2) 대단히 복잡하나 이를 아주 단순화시켰다. 사안을 단순화시키기 위하여 15인의 피고인 중 D 사건에 초점을 맞추었다.

3) D가 아니다. 부산고등법원 1999.5.17. 선고 99노122 판결에 의하면 P는 '1991.2.25. 출소한 남파공작원인 K2와 수시로 통화하거나 직접 만나서 활동하는 등 반국가적 활동을 하는 용의자'라고 한다.

감청 및 우편물 검열', '전화감청의 대상과 범위' 중 피고인 D의 0522-○○-0204, 0522-○-3961의 전화가 포함되어 있다. 제48호 허가는 수차 기간이 연장되어 오다가 1997.2.3. 기간이 연장되면서 당초 허가내용에는 없던 '대화감청녹음'이 추가되어 그 대상자로 'D', 범위로 'D 등 관련자에 대한 국가보안법위반 관련 토론시 대화내용녹음'이 추가되었고 그 후 수 회 더 연장결정이 이루어졌다. 한편 제129호에는 '통신제한조치대상자'로 K2,[4] '통신제한조치의 종류'로 '전기통신 감청', 기간은 '1996.11. 9.부터 1997.2.8.까지'로 기재되어 있으나, '통신제한조치의 대상과 범위'란에는 '전화감청 외에 우편물 검열 및 P에 대한 1997.2.3.자 연장결정서상의 대화녹음과 같은 내용의 대화녹음'이 기재되어 있다."

(2) 영상감시 비디오테이프[5] 획득의 경위

(i) "비디오테이프 및 사진들 중 대부분은 피고인 D2, D3, D4, D5가 피고인 D의 집을 방문하기 위하여 2층 계단을 오르는 장면, 방문을 마치고 현관을 나와 위 계단을 내려가는 장면, D, K(D의 妻)가 자신들의 집에 들어오기 위하여 대문을 지나 2층 계단을 오르는 장면들이다. D의 주거는 폭 7m 정도의 이면도로에 접하여 있는 다가구주택인 2층 건물의 2층 중 일부로서 그 건물 1층에는 집주인이, 2층에는 D와 다른 1세대가 각 거주하고 있으며, D 및 그 옆 세대는 위 2층 계단을 통하여 출입하고, 위 건물의 전 세대는 한 개의 대문을 통하여 출입하고 있으며, 2층의 각 세대의 현관으로 들어가는 통로나 계단의 일부가 외부의 이면도로에서 비교적 쉽게 관망되고, 위 건물에 인접하여 유사한 형태의 건물들이 밀집되어 있어 다른 건물에서도 D의 현관입구나 계단이 비교적 쉽게 관망될 수 있는 건물구조로 되어 있다."[6]

(ii) "비디오촬영은 D 등에 대한 범죄의 혐의가 상당히 포착된 상태에서 그 회합의 증거를 보전하기 위한 필요에서 이루어진 것이고 D의 주거지 외부에서 담장 밖 및 2층 계단을 통하여 D의 집에 출입하는 D 등의 모습을 촬영한 것이다."[7]

(3) 이적표현물을 저장한 컴퓨터 디스켓의 압수경위와 그 출력물 획득의 경위 울산지방법원 판사는 1998.7.21. D 경영의 울산 중구 복산2동 ○○서점에 대하여 압수·수색·검증할 수 있는 영장을 발부하였고, 이에 부산지방경찰청 소속 경사 등은 그 다음날 06:28경 위 서점에서 위 D의 처인 K의 입회하에 대우 솔로 노트북 등 8종의 물품을 압수하였다. 같은 경찰청 보안과 소속 경장 등은 같은 날 06:20경 위 같은 동

4) D가 아니다. 앞 주 3) 참조.

5) D의 주거지에 출입하는 L 등의 출입장면을 촬영한 비디오테이프 2개와 위 비디오테이프에 수록된 영상을 촬영한 사진이 공판정에서 증거로 제출되었다. 다만 사진들 중에는 D의 모습이 포함되어 있지 아니하므로 사진이 D의 형사피고사건에 유죄의 증거로 사용될 여지는 없었다.

6) 이상은 항소심판결문에 적시되어 있는 사실이다.

7) 이 부분은 대법원판결문에 적시되어 있는 사실이다.

198의3 D의 집에서 D를 긴급체포하였고(다만 긴급체포서는[8] 위 경찰청 소속 경위가 작성하였다), 위 체포현장에서 판사의 영장 없이 D로부터 D 소유의 컴퓨터 디스켓 등 79종의 물품을 압수하면서, 위 디스켓 등을 한꺼번에 모아놓고 사진촬영을 한 후, 압수목록을 작성하고, 위 압수목록 말미에 D의 서명·무인을 받았다. 부산지방경찰청 보안과 경위는 국가보안법위반 피의자 긴급체포보고서를 작성할 때 'D 등을 내사하던 중 이를 눈치 챈 D가 급히 은신하려 하므로 판사의 체포영장을 받을 시간적 여유가 없고 도망 또는 증거인멸의 우려가 있어 긴급체포하였다'고 기재하였으며, 검거자는 경장 P3 외 3명이었다. 항소심은 이적단체구성, 이적표현물소지 혐의에 대하여는 유죄, 찬양 고무 동조죄에 대하여는 무죄를 선고하였다. 검사가 상고하였다.

II 쟁 점

1) '통신제한조치허가의 유효범위'와 '허가외 감청(전화감청과 대화감청)결과물(전화녹음테이프와 대화녹음테이프)의 증거능력',

2) 영장 없는 영상감시활동의 결과물(비디오테이프)이 유효하기 위한 '영상감시의 적법요건'

3) 이적표현물저장의 컴퓨터 디스켓 수집과정의 적부(適否)와 '컴퓨터 디스켓의 수록내용과 전문법칙의 적용 여부

III 재판요지 (일부 파기환송, 일부 상고기각)

1) 통신비밀보호법은 '누구든지 이 법과 형사소송법 또는 군사법원법의 규정에 의하지 아니하고는 우편물의 검열 또는 전기통신의 감청을 하거나, 공개되지 아니한 타인과의 대화를 녹음 또는 청취'하지 못하도록 하고(통신비밀보호법 제3조 제1항, 제14조 제1항), '다른 법률에 특별한 규정이 있거나 위 법에서 규정하고 있는 절차에 의하지 아니하고 불법검열에 의하여 취득한 우편물이나 그 내용, 불법감청에 의하여 지득 또는 채록된 전기통신의 내용 및 불법 대화녹음·청취의 내용은 재판 또는 징계절차에서 증거로 사용할 수 없다'고 규정하고 있다(통비법 제4조, 제14조 제2항). 원심의 사실인정 및 판단은 정당한 것으로 수긍이 가고 (중략) 거기에 녹음테이프 등의 증거능력에 관한 법리를 오해한 위법이 있다고 할 수 없다.[9]

판례이론의 설시

ⓐ 누구든지 자기의 얼굴 기타 모습을 함부로 촬영당하지 않을 자유를 가지나 이러한 자유로 국가권력의 행사로부터 무제한으로 보호되는 것은 아니고 국가의 안전보장·질서유지·공공복리를 위하여 필요한 경우에는 상당한 제한이 따르는 것이고, 수사기관이 범죄를 수사함에 있어 ⓑ 현재 범행이 행하여지고 있거나 행하여진 직후이고, ⓒ 증거

---

8) 이하 '통비법'으로 약칭함.

9) 이 부분은 대법원이 항소심 재판의 사실인정과 법률적용을 그대로 수용한 부분이다.

보전의 필요성 및 긴급성이 있으며, ⓓ 일반적으로 허용되는 상당한 방법에 의하여 촬영을 한 경우라면 위 촬영이 영장 없이 이루어졌다 하여 이를 위법하다고는 할 수 없다.

판례이론의 본 사안에의 적용

ⓔ 촬영방법 또한 반드시 상당성이 결여된 것이라고만은 할 수 없다. 그럼에도 불구하고 원심은 위 비디오촬영이 긴급성 및 범죄혐의의 명백성, 촬영방법의 정당성 등을 결여한 위법한 강제처분이라 하여 그로 인하여 취득한 비디오테이프 및 내용 일부가 현상된 사진(이하 '비디오테이프 등'이라고 한다)의 증거능력을 배척하였으나 이 부분에 관한 원심의 판단에는 영장 없이 촬영한 비디오테이프의 증거능력에 관한 해석을 그르친 잘못이 있다고 보여지고 이 점을 지적하는 상고이유의 주장은 이유 있다. 그러나 대화녹음부분에 관한 녹음테이프 및 컴퓨터 디스켓의 증거능력을 인정하지 않는 이상(대화녹음테이프의 증거능력이 인정되지 않음은 위에서 본 바와 같고 컴퓨터 디스켓의 증거능력 역시 아래에서 보는 바와 같이 이를 인정하기어렵다). 위 비디오테이프 및 그 내용 일부가 현상된 사진만으로 피고인들의 이적·찬양·고무·동조의 범죄사실을 인정하기에는 부족하므로 결국 위 비디오테이프 등의 증거채용에 관한 위법은 이 부분에 관하여 무죄를 선고한 원심의 결론에 아무런 영향이 없다.

2) 피고인들은 위 컴퓨터 디스켓의 압수방법이 위법하다는 것이나, ⓕ 컴퓨터 디스켓을 압수함에 있어 위조, 변조 등의 위험을 피하기 위하여 피고인들이 주장하는 바와 같은 방법을 취하는 것이 바람직하다 하더라도 이는 단지 압수방법의 적정여부에 관한 것일 뿐 그와 같은 조치를 취하지 않은 것이 반드시 위법한 것이라고는 할 수 없고, 그 밖에 위 ⓖ 컴퓨터 디스켓이 당초의 압수된 상태에서 조작되었다는 피고인들의 주장 역시 받아들일 수 없다. 다만 ⓗ 컴퓨터 디스켓에 들어 있는 문건이 증거로 사용되는 경우 위 컴퓨터 디스켓은 그 기재의 매체가 다를 뿐 실질에 있어서는 피고인 또는 피고인 아닌 자의 진술을 기재한 서류와 크게 다를 바 없고, ⓘ 압수 후의 보관 및 출력과정에 조작의 가능성이 있으며, 기본적으로 반대신문의 기회가 보장되지 않는 점 등에 비추어 그 기재 내용의 진실성에 관하여는 전문법칙이 적용된다. 따라서 ⓙ 형사소송법 제313조 제1항에 의하여 그 작성자 또는 진술자의 진술에 의하여 그 성립의 진정함이 증명된 때에 한하여 이를 증거로 사용할 수 있다. 그런데 위 컴퓨터 디스켓에 수록된 문건들(컴퓨터 디스켓에 대하여 실시한 검증은 단지 디스켓에 수록된 문건의 내용이 출력물에 기재된 것과 같다는 것에 불과하여 증거자료가 되는 것은 여전히 컴퓨터 디스켓에 보관된 문건의 내용이다)에 대하여는 그 작성자 또는 진술자에 의하여 성립의 진정함이 증명된 바 없다. 그럼에도 불구하고 원심이 위 컴퓨터 디스켓의 증거능력을 인정하여 이를 유죄의 증거로 쓴 것은 위법하다. 그러나 한편 위 컴퓨터 디스켓에 수록된 문건의 내용을 제외하더라도 원심판결이 채택한 증거들을 기록과 대조하여 살펴보면 피고인 D의 이적단체 구성 및 이적표현물 소지(ⓚ 이적표현물 소지의 점에 관하여는 컴퓨터 디스켓에 담긴 문건의 내용의 진실성이 아닌 문건의 존재 그 자체가 직접 증거로 되는 경우이므로 적법한 검증절차를 거친 이상 위 컴퓨터 디스켓의 증거능력이 인정된다), 피고인 D의 이적단체가입의 점을 인정할 수 있으므로, 결국 원심의 위와 같은 위법은 위 피고인들에

대한 판결결과에는 영향을 미치지 아니하였다.

IV 분석과 해설

(가) 문제의 소재

본 사안에서는 녹음테이프·비디오테이프·컴퓨터 디스켓 등의 증거능력이 문제되고 있는데 주의하여야 할 점은 그것들의 '수집절차상 문제가 없는 경우의 증거능력의 문제'(이하 '적법하게 수집된 증거'로 약칭한다)와 '그것들의 수집절차상 문제가 있는 경우의 증거능력의 문제'(이하 '위법수집증거'로 약칭한다)가 얽혀 있다는 점이다. ① 적법하게 수집된 증거의 문제는 그것들에 대하여 전문법칙을 적용할 것인가, 적용한다면 어떤 방식으로 적용할 것인가의 문제이다. ② 위법수집증거의 문제는 그것들에 대하여 배제규칙(위법수집증거배제법칙)을 적용할 것인가, 적용한다면 어떤 방식으로 적용할 것인가의 문제이다.

(나) '통신제한조치허가의 유효범위'와 '허가 외 감청(전화감청과 대화감청) 결과물(전화녹음테이프와 대화녹음테이프)의 증거능력'

재판요지 제1항에서 대법원은 항소심 재판의 사실인정과 법률적용을 그대로 수용하였다. 그러므로 항소심재판 내용을 잘 살펴보는 것이 재판요지 제1항의 의미를 분석하는 데 필수적이다. 항소심재판요지 중 주목할 점은 다음과 같다.

(1) 통신제한조치대상자 통신제한조치허가 제48호에는 '통신제한조치대상자'로 'P(D가 아니다: 필자) 등'이라고 기재되어 있고, '전화감청의 대상과 범위' 중 D의 전화번호가 포함되어 있다. 따라서 D가 통신제한조치대상자 중 1인이라고 볼 여지가 없지 않다. 그러나 항소심은 "통신비밀보호법의 해석상 하나의 허가서에 아무런 관련 없는 여러 명을 통신제한조치대상자로 지명"할 수 없는데 제48호에는 아예 "통신제한조치대상자 명단이 없을 뿐만 아니라 D에 대하여 통신제한조치를 허가한다는 내용도 없으므로, D가 제48호의 통신제한조치대상자 중 'P 등'에 포함된다고 할 수 없다"고 판시하고 있다. 매우 타당한 논증이다.[10)]

(2) 통신제한조치 집행상의 흠 항소심은 또 "통신제한조치를 신청한 사법경찰관이 아닌 경사는 위 제48호 및 그 연장결정에 따른 통신제한조치의 집행

10) 현행법은 통신제한조치허가신청서에 기재할 내용을 보다 구체적으로 특정[각 **피의자별** 또는 각 **피내사자별**로 특정(제6조 제1항)하게 하고, 통신제한조치를 받을 통신당사자의 **쌍방 또는 일방**, 또는 **통신당사자와 공범관계에 있는 자인지 여부**를 특정(제6조 제3항), 필요한 통신제한조치의 **종류·그 목적·대상·범위·기간·집행장소·방법** 및 당해 통신제한조치가 제5조 제1항의 허가요건을 충족하는 사유 등의 청구이유를 특정(제6조 제4항)]하게 하였다. 그러나 이런 조치가 있다 하더라도 통신제한조치허가의 대상과 범위에 대하여는 여전히 논란의 여지가 있을 수 있다.

을 할 수 없으므로, 위 경사 등이 작성한 각 수사보고서 및 집행일지는 통신비밀보호법 제9조, 같은 법 시행령 제2조에 위반하여 작성된 것"이며 "집행일지가 대부분 그 일시란에 일자의 기재만 있고 시간의 기재가 없으며, 허가를 받은 감청대상전화를 **특정**할 수 있을 정도의 통신제한조치의 대상(통비법 제9조 제2항 참조)의 기재가 없는 점, 통신제한조치를 신청한 사법경찰관에 의하여 그 집행의 경위 및 이로 인하여 취득한 결과의 요지를 작성한 조서가 존재하지 않는 점" 등 통신제한조치 집행상의 흠을 지적하고 있다.

(3) **통신제한조치허가서의 내용에 비추어 본 대화감청의 흠** 항소심은 "전화감청을 허가하는 통신제한조치허가에 대화녹음의 허가가 포함되어 있다고 볼 수 없다"고 판시하고 있다.

(4) **P에 대한 통신제한조치허가서(원허가) 제48호에 대한 1997.2.3.자 연장결정의 적법성** 항소심은 또한 '통신제한조치허가 제48호에 대한 기간연장결정은 원 허가내용에 대하여 다만 기간만 연장하는 것일 뿐이므로 원 허가의 대상과 범위를 초과할 수 없다'는 중요한 법리를 확인하고 있다.

(5) **D에 대한 통신제한조치허가서 제12호에 비추어 본 D의 제3자와의 대화감청의 적법성** 항소심은 "D에 대한 통신제한조치허가서 제12호는 D의 '전화감청 및 PC통신 감청'에 대하여만 허가하였을 뿐이므로, 위 허가서로는 D의 제3자와의 대화를 당사자의 동의 없이 녹음할 수 없다"고 판시하여 위 (1)과 (3)의 판시를 재확인하고 있다.

(6) **대화녹음집행절차의 적법성** 항소심은 "대화녹음집행에 관하여 보더라도, 이 역시 통신제한조치의 규정이 적용되므로, 사법경찰관에 의하여 집행대장에 일시, 목적, 대상 등이 기재되어야 하고, 그 집행으로 인하여 취득한 결과의 요지를 조서로 작성하여야 함에도 불구하고 대화녹음에 관한 집행일지, 조서 등이 작성되었다는 자료가 없이, 단지 사법경찰리에 의하여 수사보고서 형식으로 작성되었고 녹음한 내용을 녹취한 녹취서를 첨부하는 것"에 그치고 있으므로 대화녹음의 집행이 적법하게 되었는지도 불분명하다"고 판시하여 위 (2)의 판시내용을 재확인하고 있다.

(7) 항소심은 위에서 열거한 여러 가지 흠을 근거로 삼아 "D의 공소사실에 관한 증거들 중 각 불법감청에 의하여 채록된 내용인 각 녹음테이프, 집행일지 등은 통비법 제4조에 따라 증거로 사용할 수 없다"고 결론짓고 있다.

(다) 영장 없는 영상감시의 적법요건

재판요지 제2항에서 대법원은 "누구든지 자기의 얼굴 기타 모습을 함부로 촬영당하지 않을 자유를 가지나 이러한 자유는 국가권력의 행사로부터 무제한으로 보호되는 것은 아니고 국가의 안전보장·질서유지·공공복리를 위하여 필요한 경우에는 상당한 제한이 따르는 것이고, 수사기관이 범죄를 수사함에 있어 현재 범행이 행하여지고 있거나 행하여진 직후이고, 증거보전의 필요성 및 긴급성이 있으며, 일반적으로 허용되는 상당한 방법에 의하여 촬영을 한 경우라면 위 촬영이 영장 없이 이루어졌다 하여 이를 위법하다고는 할 수 없다"고 판시하여 '종합적 이익형량설'이 지속되고 있음을 확인할 수 있다. 본 사안의 항소심이 채택한 '무영장촬영의 적법요건'(이하 '요건'으로 약칭함)과 대법원이 채택한 요건의 '이동(異同) 여하'도 주의깊게 살펴보아야 할 부분이다. 대법원은 항소심과 거의 같은 요건을 제시하고 있으면서도 '그 요건의 본 사안에의 적용' 부분에서 항소심보다 관대하게 판시하여 '수사기관이 영장 없이 영상감시활동을 할 수 있는 폭'을 넓혀 주는 방향의 판시를 보이고 있다.

(라) 압수·수색 방법에 비추어 본 컴퓨터 디스켓의 증거능력과 적법하게 수집·제출된 컴퓨터 디스켓의 증거능력

재판요지 제3항과 관련하여 주목하여야 할 사항은 본 판결이 '압수·수색 방법에 비추어 본 컴퓨터 디스켓의 증거능력(배제규칙과 관련한 쟁점)'과 '적법하게 수집·제출된 컴퓨터 디스켓의 증거능력(전문법칙과 관련한 쟁점)' 문제에 관하여 언급한 첫 대법원 판례라는 점이다. 대법원은 "컴퓨터 디스켓을 압수함에 있어 위조, 변조 등의 위험을 피하기 위하여 피고인들이 주장하는 바와 같은 방법을 취하는 것이 바람직하다 하더라도 이는 단지 압수방법의 적정 여부에 관한 것일 뿐 그와 같은 조치를 취하지 않은 것이 반드시 위법한 것이라고는 할 수 없다"고 판시하여 항소심과 마찬가지로 본 사안의 컴퓨터 디스켓은 '위법수집증거가 아니'라고 판시하였다. 그러나 대법원은 "컴퓨터 디스켓에 들어 있는 문건이 증거(의 내용, 공소사실의 진정성)로 사용되는 경우 위 컴퓨터 디스켓은 그 기재의 매체가 다를 뿐 실질에서는 피고인 또는 피고인 아닌 자의 진술을 기재한 서류와 크게 다를 바 없고, 압수 후의 보관 및 출력과정에 조작의 가능성이 있으며", 또한 기본적으로 반대신문의 기회가 보장되지 않는 점 등에 비추어 "그 기재 내용의 진실성에 관하여는 전문법칙이 적용된다"고 판시하고 따라서 "형사소송법 제313조 제1항에 의하여 **그 작성자 또는 진술자의 진술에 의하여 그 성립의 진정함이 증명**된 때에 한하여 증거로 사용할 수 있다"고 판단하여 결국 본 사안의 컴퓨터 디스켓은 아직 '증거로 쓸 수 없다'고 판시하였다.

(마) 사진촬영과 영상감시를 하려 할 때 신청하여야 할 영장: 검증영장인가?

영상감시는 그 성질이 초상권을 침해하는 강제처분이며 그중에서도 검증에 해당된다고 보는 학설이 지배적이다.

(바) T를 통신제한조치대상자로 한 통신제한조치허가서를 근거로 T아닌 자의 명의로 가입된 전화감청을 할 수 있는가(한정 긍정)(대법원 2002.10.22. 선고 2000도5461 판결)[11]

"원심이 유지한 제1심은, 'T에 대한 통신제한조치허가서에 근거하여 D와 O 사이 또는 D와 O2 사이의 통화내용을 녹취한 녹취서가 포함된 수사보고서등본을 공소사실에 대한 증거로 열거'하고 있으나, 위 통신제한조치허가서는 T의 국가보안법위반죄에 대한 증거의 수집을 위하여 발부된 것이므로, 위 통신제한조치허가서에 의하여 D와 O 사이 또는 D와 O2 사이의 통화내용을 감청하여 작성한 녹취서는 위 통신제한조치의 목적이 된 T의 국가보안법위반죄나 그와 관련된 범죄를 위하여 사용되어야 할 것이다. 따라서 원심이, 'D의 이 사건 공소사실이 위 T의 국가보안법위반죄와 어떠한 관련이 있는지에 관하여 아무런 심리도 하지 아니한 채 위 녹취서가 적법절차에 의하여 허가받은 위 통신제한조치의 범위에 포함되어 있는 D의 처 O2 명의의 전화통화내용을 감청한 것이라는 이유로 증거능력이 있다'고 판단하여, 위 녹취서가 포함된 수사보고서등본을 이 사건 공소사실 제6항 및 제7항에 대한 유죄의 증거로 채택한 제1심판결을 유지한 조치에는 채증법칙 위배의 잘못이 있다."

(사) 패킷 감청의 허용성(긍정)(대법원 2012.10.11. 선고 2012도7455 판결)

(1) '패킷 감청'이 위법하다는 주장에 대하여 통신비밀보호법 제2조 제3호에 의하면 '전기통신'이라 함은 전화·전자우편·회원제정보서비스·모사전송·무선호출 등과 같이 유선·무선·광선 및 기타의 전자적 방식에 의하여 모든 종류의 음향·문언·부호 또는 영상을 송신하거나 수신하는 것을 말한다. 그리고 같은 법 제5조 제1항에 의하면 국가보안법 위반죄 등 일정한 범죄를 계획 또는 실행하고 있거나 실행하였다고 의심할 만한 충분한 이유가 있고 다른 방법으로는 그 범죄의 실행을 저지하거나 범인의 체포 또는 증거의 수집이 어려운 경우 법원으로부터 허가를 받아 전기통신의 감청 등 통신제한조치를 할 수 있다. 인터넷 통신망을 통한 송·수신은 같은 법 제2조 제3호에서 정한 '전기통신'에 해당하므로 인터넷 통신망을 통하여 흐르는 전기신호 형태의

11) 노만경, 검사 작성의 피의자신문조서의 일부를 발췌한 초본의 증거능력과 통신제한조치허가서의 통신제한조치대상자가 아닌 자들 사이의 전기통신에 대한 감청에 의하여 수집된 증거의 사용범위, 『해설』 43호, 649 이하 참조.

패킷(pac-ket)을 중간에 확보하여 그 내용을 지득하는 이른바 '패킷 감청'도 같은 법 제5조 제1항에서 정한 요건을 갖추는 경우 다른 특별한 사정이 없는 한 허용된다. 이는 패킷 감청의 특성상 수사목적과 무관한 통신내용이나 제3자의 통신내용도 감청될 우려가 있다는 것만으로 달리 볼 것이 아니다.

(2) 통신제한조치기간 연장에 의하여 취득한 증거의 증거능력 관련 주장에 대하여 통신비밀보호법 제6조 제7항 단서에 의하면, 통신제한조치 허가요건이 존속하는 경우 수사기관은 소명자료를 첨부하여 2월의 범위 안에서 통신제한조치기간의 연장을 청구할 수 있다. 헌법재판소는 2010.12.28. 통신비밀보호법 제6조 제7항 단서 중 전기통신에 관한 '통신제한조치기간의 연장'에 관한 부분(이하 '이 사건 법률조항'이라고 한다)이 통신제한조치의 총연장기간이나 총연장횟수를 제한하지 아니하고 계속해서 통신제한조치가 연장될 수 있도록 한 것은 과잉금지원칙에 위배하여 통신의 비밀을 침해한다는 이유로 헌법에 합치하지 아니한다고 선언하면서, 이 사건 법률조항은 입법자가 2011.12.31.을 시한으로 개정할 때까지 계속 적용한다고 결정하였다(이하 '이 사건 헌법불합치결정'이라고 한다). 이 사건 헌법불합치결정의 내용 및 그 주된 이유 등에 비추어 보면, 헌법재판소가 이 사건 법률조항이 위헌임에도 불구하고 굳이 그 잠정 적용을 명하는 내용의 헌법불합치 결정을 한 것은 다음과 같은 취지임이 분명하다. 즉, 단순위헌결정을 하는 경우 그 결정의 효력이 당해 사건 등에 광범위하게 미치는 결과 이미 이 사건 법률조항에 근거하여 받은 통신제한조치의 연장허가나 그에 따른 증거취득의 효력이 전면적으로 재검토되어야 함은 물론 수사목적상 필요한 정당한 통신제한조치의 연장허가도 가능하지 아니하게 되는 등 법적 공백이나 혼란을 초래할 우려가 있으므로 이를 피하기 위하여 이 사건 법률조항의 위헌성이 제거된 개선입법이 이루어지기까지는 이 사건 법률조항을 그대로 잠정 적용한다는 것이다. 그렇다면 이 사건 법률조항의 위헌성이 제거된 개선입법이 이루어지지 아니한 채 위 개정시한이 도과함으로써 이 사건 법률조항의 효력이 상실되었다고 하더라도 그 효과는 장래에 향하여만 미칠 뿐이며 그 이전에 이 사건 법률조항에 따라 이루어진 통신제한조치기간 연장의 적법성이나 효력에는 영향을 미치지 아니한다고 볼 것이고, 이른바 당해 사건이라고 하여 달리 취급하여야 할 이유는 없다(대법원 2009.1.15. 선고 2008두15596 판결 등 참조).

(아) 송·수신이 완료되어 보관 중인 전기통신 내용은 통비법의 감청이 아니다(대법원 2012.10.25. 선고 2012도4644 판결)

[사안] D는 2009.2.경 서울 종로구 종로 6가에 있는 O 주식회사(2009. 7.13. 변경 전 상호: O2 주식회사. 이하 'O 회사'라 한다) 사무실에서, 당사자의 동의 없이 O 회사 컴퓨터 서버에 저장되어 있는 개인의 휴대전화 문자메시지 28,811건에 대한 파일을 D의 USB에 저장한 후 D의 개인용 컴

퓨터에서 위 휴대전화 문자메시지 28,811건을 열람하여 그 내용을 지득하여 전기통신을 감청"한 혐의(통신비밀보호법 제3조 제1항 위반의 감청)로 기소되었다. 제1심은 유죄를 선고하였다. D가 사실오인을 이유로 항소하였다:

> D는 2008.6.1.경 전기통신사업법상 부가통신사업자인 O3 주식회사와 자신이 운영하는 O 회사의 공용 컴퓨터 서버를 통해 고객들의 휴대폰으로 문자메시지 등을 전달하거나 전달받을 수 있도록 하는 내용의 통합메시지서비스계약을 체결하였고, 그 이후 O 회사컴퓨터를 통해 고객들에게 문자메시지를 보냈다. 그런데 2009.1.경 제3자가 위 서버 관리 프로그램을 해킹한 후 광고 문자메시지를 대량으로 발송하였고, 이로 인해 위 문자메시지 서비스 제공이 중단되었다. D는 D쪽에서 위 문자메시지를 보낸 것이 아니라는 것을 확인하기 위하여 위 컴퓨터 서버에 보관되어 있던 문자메시지 28,811건의 내용을 열람한 것으로, 통신비밀보호법 제3조 제1항을 위반하여 전기통신인 문자메시지를 감청한다는 고의가 없었다.

항소심은 항소이유에 대한 판단에 앞서 직권으로 다음과 같이 판단하였다:

> 가. 통신비밀보호법 제2조 제7호, 제3호의 각 규정을 종합하면, 위 법상 **감청은 통신행위와 동시에 이루어지는 현재성이 요구**되므로, 송·수신이 완료된 전기통신의 내용을 지득·채록하는 것은 감청에 해당하지 않는다(대법원 2003.8.22. 선고 2003도3344 판결, 서울지방법원 2003.5.14. 선고 2002노9492 판결 등 참조). 또한 국어사전의 정의에 의하면 '감청'은 '몰래 엿들음'을 의미하는바, 이러한 사전적 정의에 비추어 통신비밀보호법 제2조 제7호에서 정의하고 있는 감청 개념을 살펴보면, 감청은 '몰래 엿듣는' 행위를 기본관념으로 하여 엿듣는 행위의 대상에 있어서 '전기통신'으로 국한하고, 엿듣는 행위의 수단으로는 '전자장치, 기계장치 등'의 일정한 장치를 사용하는 것으로 한정하며, 엿듣는 행위의 구체적 내용을 '통신의 음향을 청취하여 그 내용을 지득하는 것'으로 그 내용을 구체적으로 표현하고 있다(헌재 2004.11.25. 선고 2002헌바85 전원재판부 결정 등 참조).
> 나. 이러한 법리는 통신비밀보호법(이하 '법'이라 한다) 제2조 제3호에서 정하는 전기통신에 해당하는 문자메시지에도 그대로 적용되므로, 수신하기 전의 문자메시지는 감청의 대상에 해당하지만, 문자메시지가 이미 수신자의 휴대폰에 도달·보관되어 언제든지 열람할 수 있는 상태에 있다면 문자메시지의 송·수신이 완료된 것으로 볼 수 있으므로 현재성이 없어 감청의 대상이 되지 않는다.
> 다. 앞서 본 법리에 비추어 이 사건에 관하여 살피건대, D가 열람한 문자메시지는 모두 문자메시지가 발송된 서버에 저장·보관되어 있던 것으로 송신자가 송신한 이후 수신자가 수신할 수 있는 상태에 있어 법상 송·수신이 완료된 전기통신에 해당하여 감청의 대상이 아니므로, D의 행위는 법 제3조 제1항, 제2조 제7호에서 정하는 감청을 구성하지 아니한다.
> 라. 따라서 이 사건 공소사실은 범죄로 되지 아니하는 경우에 해당하므로 원심이 형사소송법 제325조 전단에 의하여 D에게 무죄를 선고하였어야 할 것임에도 이를 유죄로 인정한 것은, 통신비밀보호법상 감청에 관한 법리를 오해하여 판결에 영향을 미친 위법이 있다.

검사가 상고하였다.

[판지(상고기각)] "통신비밀보호법 제2조 제3호 및 제7호에 의하면 같은 법상의 '감청'은 전자적 방식에 의하여 모든 종류의 음향·문언·부호 또는 영상을 송신하거나 수신하는 전기통신에 대하여 당사자의 동의 없이 전자장치·기계장치 등을 사용하여 통신의 음향·문언·부호·영상을 청취·공독하여 그 내용을 지득 또는 채록하거나 전기통신의 송·수신을 방해하는 것을 말하는 것이다. 그런데 해당 규정의 문언이 송신하거나 수신하는 전기통신 행위를 감청의 대상으로 규정하고 있을 뿐 송·수신이 완료되어 보관 중인 전기통신 내용은 그 대상으로 규정하지 않은 점, 일반적으로 감청은 다른 사람의 대화나 통신 내용을 몰래 엿듣는 행위를 의미하는 점 등을 고려하여 보면, 통신비밀보호법상의 '감청'이란 그 대상이 되는 전기통신의 송·수신과 동시에 이루어지는 경우만을 의미하고, 이미 수신이 완료된 전기통신의 내용을 지득하는 등의 행위는 포함되지 않는다(대법원 2012.7.26. 선고 2011도12407 판결 참조). 같은 취지에서 원심이 송·수신이 완료된 전기통신의 내용을 청취·공독하여 지득 또는 채록하는 것은 통신비밀보호법상의 '감청'에 해당하지 아니한다고 판단하여 D에 대한 이 사건 공소사실을 무죄로 판단한 조치는 정당하(다)."

제 7 장

증거법총론

7.1

자연적 관련성(거짓말탐지기 검사결과의 증거능력)

대법원 1983.9.13. 선고 83도712 판결

I 사 안

(생략)

II 쟁 점

거짓말탐지기 검사결과가 증거로 사용될 수 있으려면 최소한 '사실적(자연적) 관련성'이 있어야 하는가?

III 재판요지

거짓말탐지기 검사결과에 대하여 형사소송법상 증거능력을 부여하려면 우선 그 검사결과가 '사실적 관련성', 즉 '요증사실에 대하여 필요한 최소한도의 증명력을 가지고 있음을 요하는 것'이다. (중략) 이와 같은 검사결과에 대하여 '사실적 관련성'을 가진 증거로서 증거능력을 인정할 수 있으려면 [㉮-1] '첫째로 거짓말을 하면 반드시 일정한 심리상태의 변동이 일어나고, [㉮-2] 둘째로 그 심리상태의 변동은 반드시 일정한 생리적 반응을 일으키며, ㉯ 셋째로 그 생리적 반응에 의하여 피검사자의 말이 거짓인지 아닌지가 정확히 판정될 수 있다는 세 가지 전제요건이 충족되어야 할 것'이다. 특히 마지막의 생리적 반응에 대한 거짓 여부 판정은 거짓말탐지기가 검사에 동의한 피검사자의 생리적 반응을 정확히 측정할 수 있는 장치이어야 하고, ㉰ 질문조항의 작성과 검사의 기술 및 방법이 합리적이어야 하며, ㉱ 검사자가 탐지기의 측정내용을 객관성 있고 정확하게 판독할 능력을 갖춘 경우라야만 그 정확성을 확보할 수 있는 것이다. 그러므로 이상과 같은 제반요건이 충족되지 않는 한 거짓말탐지기 검사결과에 대하여 형사소송법상 증거능력을 부여하기는 어려운 것이라고 보지 않을 수 없다.[1)]

IV 분석과 해설

(가) 문제의 제기

거짓말탐지기 검사가 전제하는 기술적 이론은 다음과 같다. '사람이 진실에 반하는 허위의 진술을 하면 진술자의 심리에 혼란이 발생하고, 그것이 호흡, 맥박, 혈압 등의 생리현상에 변화를 가져오

1) **대법원 1987.7.21. 선고 87도968 판결:** "설사 거짓말탐지기 검사감정이 증거능력심사를 통과하여도 그 결과는 '검사를 받는 사람의 진술의 신빙성을 가늠하는 정황증거로서의 기능을 하는 데 그치는 것'"이라고 판시한다.

기 때문에 그 변화를 일정한 과학적 측정방법으로 검증하여 그 결과를 진술자의 허위진술여부 발견에 이용할 수 있다.' 거짓말탐지기 검사의 원리는 의식적으로 거짓말하는 자는 양심의 가책이나 거짓 발각에 대한 우려 등으로 심리상태의 변동이 일어나 이것이 호흡, 혈압, 맥박, 피부 등에 생리적 반응을 일으킨다는 전제 아래 그 생리적 반응을 측정하여 거짓말인 여부를 판독하는 데에 있다. 수사실무상 최근에는 호흡운동기록과 심장맥박기록장치가 이용되고 있다. 거짓말탐지기 검사를 수사상의 수단으로 활용함은 적법절차의 정신과 진술거부권과의 관계에서 적법한지, 그리고 국립과학수사연구소나 대검찰청 과학수사과의 거짓말탐지기 검사결과회보서는 증거능력이 있는지 여부가 문제되고 있다.

(나) '자연적 관련성'의 측면에서의 허용성 기준

(1) 사실적 관련성의 의미 대법원이 말하는 사실적 관련성이란 자연적 관련성을 지칭하는 것이다. 자연적 관련성이란 증거가 그 증명하려고 하는 사실(입증취지)에 대하여 필요최소한도의 증명력이 있어야 함을 말한다. 증명력이 극히 낮은 증거는 법원의 자유심증을 오히려 저해하기 때문에 자연적 관련성이 낮은 증거는 증명력심사단계로 넘길 것이 아니라 아예 증거능력을 배제하자는 발상에서 유래하는 것이다. 서술의 편의상 한국 대법원의 이 기준을 '거짓말탐지기 기준'으로 부르기로 하자. 이 기준은 매우 엄격한 기준이다. 어째서 엄격한 기준이라 평가하는가? 이 기준의 성격을 음미하기 위하여 미국의 많은 법원들에서 통용되는 과학적 증거의 허용성 기준과 비교해 보기로 하자.

(2) 거짓말탐지기 기준의 엄격성 대법원의 거짓말탐지기 기준은 대체로 보아서 미국의 '프라이 플러스 기준'에 필적하는 매우 엄격한 기준이다. 한국 대법원이 제시하는 기준 중에서 ㉮는 근거하는 과학적 이론(scientific theory)이 유효(valid)하여야 할 것을 요구하는 것이며, ㉯는 그 이론을 적용하는 기술(technique)이 유효하여야 할 것을 요구하는 것이며, ㉰와 ㉱는 자격 있는 전문가가 그 기술을 특정사건에 적절하게 사용(proper application)했음을 요구하는 것이다. 다만 한국 대법원의 기준에서는 ㉮와 ㉯의 요건이 '과학적 공동체에 일반적으로 수용될 것'을 명시적으로 거론하지 않았을 따름이다. 본 판결이 선고되기까지 실용화된 거짓말탐지기 분석기술은 다른 과학적 증거의 분석기술에 비하여 정확성과 신빙성이 떨어지는 것이었으므로 대법원의 기준이 거짓말탐지기 검사결과에만 적용될 때에는 큰 문제가 없다. 그러나 만약 그 기준이 요즘 한국에서 점차 실

용화되어 가는 새로운 과학적 증거, 예를 들어 유전자감식이나 모발감정, 그리고 오래 전부터 활용되어 왔던 사체부검이나 지문감식, 문서와 필적·인장감정 등에 적용된다면 문제가 심각해진다. 왜냐하면 이 기준은 너무 엄격하여 신기술의 사용을 지나치게 제한하는 결과를 빚을 수 있기 때문이다. 또한 최근에 실험실의 거짓말탐지기 조작과 분석기술이 비약적으로 발전하고 있는데 언제까지나 거짓말탐지기 검사결과의 자연적 관련성을 대법원처럼 낮게 평가하여야 하는지도 의문이다. 그런데 다른 한편 한국의 대법원은 어찌된 일인지 필적감정을 비롯한 다른 과학적 증거분야에서만큼은 거짓말탐지기 기준과는 정반대의 '지극히 느슨한 허용성 기준'을 채용해 왔다. 이 기준을 편의상 '필적감정기준'으로 명명하기로 하자. '필적감정기준'은 너무 느슨하고 거짓말탐지기기준은 너무 엄격한 것이 문제이다.

(다) 진술거부권의 침해 여부에 대한 검토

(1) 적법설 거짓말탐지기 검사에 대하여 수사기관은 ㉮ 피의자의 생리변화의 측정에 불과하고 ㉯ 상대방의 동의가 있으면 임의처분이므로 적법하다고 주장한다. 이 입장에서는 검사시의 자백에 특단의 사정이 없는 한 임의성을 긍정하여, 실험실의 거짓말탐지기 검사결과회보서는 증거능력을 갖게 된다. 판례는 피검자의 동의가 있으면 진술거부권 침해문제는 없다고 보는 입장으로 분석된다. 그러나 거짓말탐지기 검사를 하는 데 대하여 피의자의 동의가 있다고 항상 적법하다고 할 수 있을지 의문이 제기되고 있다.

(2) 부적법설 거짓말탐지기 검사는 조사담당관의 발문(發問)에 대한 피의자의 진술이 반복되고 그 과정에서 관찰되는 피의자의 진술내용의 변화와 피의자의 생리적인 모습이 객관적 측정 자료의 형태로 제시되는 것이므로 피의자의 동의가 있다 하더라도 진술거부권침해의 소지가 있다는 견해이다.

(3) 사 견 생각건대 피검자가 거짓말탐지기 검사에 진지하고 자유로운 의사로 동의할 때 이를 진술거부권침해라고 볼 것은 아니다. 경우에 따라 피검자가 거짓말탐지기 검사에 응하여 혐의를 벗을 수 있는 기회가 생길 수도 있는 일이기 때문이다. 문제는 실험실이나 수사기관의 거짓말탐지기 검사기술과 분석기술을 획기적으로 향상시키는 일이다.

(라) 자백배제법칙으로서의 위법배제설과의 관련성

수사기관의 위법한 증거수집활동을 통하여 취득된 증거의 허용성을 부정하려는 위법수집증거배제규칙은 영장주의 위반을 이유로 하는 비진술증거(증거물)의 증거능력부인을 중심으로 전개되어 왔다. 수사의 과학화가 진전되면서 수사기관은 외형적인 물리적 강제력의 행사가 아닌 과학적 수사활동을 임의처분으로 자리매김하려는 경향에 있다. 그러나 거짓말탐지기 검사시에 획득된 자백의 증거능력문제는 위법배제설의 등장에 의하여 피의자가 검사에 동의하였다 하더라도 위법수집증거배제규칙의 한 적용예로 자리매김할 수도 있다. 왜냐하면 부적법설을 취하고 또한 임의성 없는 자백의 배제근거를 위법배제설의 견지에서 파악하면 위압적인 거짓말탐지기 검사의 강요과정에서 획득한 자백은 증거능력이 배제될 수 있다고 논증할 수 있기 때문이다.

(마) 검사결과회보서의 증거능력인정요건

통상적으로 법정에 제출되는 증거는 국립과학수사연구소나 대검찰청 과학수사과가 수사기관의 촉탁에 응하여 분석한 거짓말탐지기 검사결과회보서이다. 이것은 수사기관의 촉탁에 의하여 작성된 '감정수탁자의 감정서'의 성격을 지닌다. 이것이 증거로 사용되려면 자연적 관련성의 존재나 피검자의 진지한 동의 외에 전문증거의 예외요건을 갖추어야 한다. 전문예외요건에 대하여는 법 제313조 제1항설을 주장할 수도 있으나 법 제313조 제2항을 적용함이 타당하다.[2] 감정수탁자의 감정서나 감정인의 감정서는 모두 특별한 지식, 경험을 가진 전문가의 감정의 경과와 결과를 서면에 기재한 것이어서 양자를 질적으로 구별할 근거가 희박하기 때문이다.

---

2) **대법원 1984.2.14. 선고 83도3146 판결**: **(가)** 거짓말탐지기의 검사는 그 기구의 성능, 조작기술에 있어 신뢰도가 극히 높다고 인정되고 그 검사자가 적격자이며, 검사를 받는 사람이 검사를 받음에 동의하였으며 검사자 자신이 실시한 검사의 방법, 경과 및 그 결과를 충실하게 기재하였다는 여러 가지 점이 증거에 의하여 확인되었을 경우에 형사소송법 제313조 제2항에 의하여 이를 증거로 할 수 있다. **(나)** 거짓말탐지기의 검사결과가 증거능력이 있는 경우에도 그 검사 즉 감정의 결과는 검사를 받는 사람의 진술의 신빙성을 가늠하는 정황증거로서의 기능을 다하는 데 그치는 것이다.

7.2

과학적 추론: 경험칙·논리칙의 적용례

대법원 2011.5.26. 선고 2011도1902 판결

I 사 안

피고인 D는 "2008.11.11. 20:00경부터 같은 날 21:40경까지 사이에 V(D의 처)를 조수석에 태우고 차량을 운전하여 **양주시 장흥면(이하 생략)에 있는 편도 2차선 도로의 2차로를 구파발 방면에서 양주 방면으로 진행하던 중** 그동안 V와 겪은 갈등과 차에서 대화 중 V에게 생긴 악감정으로 인해 순간적으로 V를 살해하기로 마음먹고 도로 옆에 설치된 대전차 방호벽의 안쪽 벽면을 위 차량의 우측 부분으로 들이받아 당시 안전벨트를 착용하지 않았던 V가 전신에 큰 충격을 받아 차에서 탈출하거나 D에게 저항할 수 없는 상태가 되자(이하 '1차 사고'라 한다), 재차 사고를 일으켜 그 충격으로 V를 살해하되, 마치 과실에 의한 교통사고로 V가 사망한 것처럼 가장하기로 마음먹고, 같은 날 21:40경 위 차량을 운전하여 알 수 없는 경로로 위 방호벽 부근 지점으로 되돌아온 다음 위 차량의 앞 범퍼 부분으로 위 방호벽 중 진행방향의 오른쪽에 돌출된 부분의 모서리를 들이받아(이하 '2차 사고'라 한다), V가 이 충격과 앞서의 충격으로 인해 전신에 다발성 손상을 입고 그 자리에서 사망하게 하여 V를 살해"(살인의 주위적 공소사실)한 혐의로 기소되었다. 제1심과 항소심은 "차량의 우측 앞 범퍼 부분으로 대전차 방호벽의 우측 입구 벽면을 정면으로 들이받는 2차 사고 발생 전에 차량의 우측 앞 펜더 부분으로 위 방호벽 안쪽 벽면을 강하게 스치듯 충격하고, 그로 인하여 V로 하여금 더 이상 바른 자세로 앉아 있기 어려울 정도의 충격을 가함과 아울러 위 방호벽 안쪽 벽면에 설치된 철제구조물에 차량 우측 앞 펜더의 보강용 강판조각이 끼어들어가면서 위 철제구조물에 의하여 차량의 우측 앞 펜더 부분부터 우측 앞 문짝 부분까지 찢어지는 내용의 1차 사고가 발생한 사실이 인정되며, 이에 비추어 1차 사고 당시부터 D에게 살인에 대한 미필적 고의가 있었다고 인정되고 그 고의가 2차 사고까지 계속된 것"으로 판단하여 유죄를 선고하였다. D는 '1차 사고의 발생사실 자체를 다투면서 현장에 남은 사고의 흔적들은 2차사고에 의한 것으로 추정된다'고 일관되게 주장하였고, "검찰이 주장하는 1차 사고는 없었으며, V는 D의 단 한 번(이른바 2차 사고)의 과실로 사망한 것"이라고 주장하며 상고하였다.

II 쟁 점

'추론의 방법이 과학적으로 정당하여야 한다'는 것의 구체적 의미

III
재판요지
(파기환송)

대법원은 5가지 점에서 '원심의 추론이 과학적으로 정당하지 못하다'고 판단하였다. 지면관계상 여기서는 3가지에 대하여만 소개하기로 한다.

1) 강판조각이 철제구조물에 끼어 있었는가 검사는 "수사관이 2009.2.2. 강판조각이 철제구조물에 끼어 있는 것을 발견하고 감정인의 지시에 의하여 경찰관 P2가 찍었다고 하는 사진(이하 '강판 끼어있음 사진'이라 한다)을 유죄증거로 제출하였다. 대법원은 "위 사진으로 사고 발생 당시부터 강판조각이 철제구조물에 끼어 있었음이 증명된다면 위 공소사실에 대한 유죄의 증거가 될 수 있을 것"으로 보았지만 "사고 직후에 촬영된 사진들 중 철제구조물이 나온 사진들의 컴퓨터 파일을 확대·분석한 국과수 소속 감정인 O3 작성의 2010.11.16.자 감정서에는 '철제구조물과는 구분되는 회색계통 물체가 식별된다'는 감정결과만 있을 뿐, 그 모양이 '강판 끼어있음 사진'상의 강판조각과 일치함을 인정할 만한 다른 객관적 자료는 없다. 그럼에도 **원심이 육안에 의한 비교 관찰만을 근거**로 위 '회색계통 물체'가 '강판 끼어있음 사진'상의 강판조각과 매우 유사하다고 본 것은, 증거의 분석 과정에 과학적 근거가 없어 객관적으로 수긍하기 어려운 점이 있다. 따라서 '강판 끼어있음 사진'으로 사고 발생 당시부터 강판조각이 철제구조물에 끼어있었다는 사실이 증명되었다고 할 수는 없다"고 판단하였다. **육안에 의한 비교 관찰만을 근거**로 간접사실을 인정하는 것은 '추론의 방법이 과학적으로 정당'하지 못하여 '합리적 의심을 허용하지 않을 정도의 증명'을 충족시키지 못한다는 것이다.

2) 강판조각이 보강용 강판의 일부였는가 검사는 '강판조각이 보강용 강판의 일부임을 증명하는 증거'로 '감정인이 작성한 감정서의 감정결과'를 제출하였는데 대법원은 "위 감정결과는 강판조각의 일부 파단면을 보강용 강판의 파단면에 비교하여 보거나 강판조각과 보강용 강판을 두들겨 펴서 상호 크기를 비교하는 육안 관찰의 방법에 따른 것일 뿐, 양자의 성분 비교 등 상고이유에서 주장하는 **과학적 분석과정을 전혀 거치지 아니한 것임**이 명백"하므로 "위 감정결과 역시 그 대상인 증거의 분석 과정에 **수긍할 만한 과학적 근거가 부족" 하다고 판단하였다. 과학적 분석과정을 전혀 거치지 아니하고 육안 관찰의 결론만 가지고** 간접사실을 인정하는 것은 '추론의 방법이 과학적으로 정당'하지 못하여 '합리적 의심을 허용하지 않을 정도의 증명'을 충족시키지 못한다는 것이다.

3) 차량에 묻은 페인트와 철제구조물에 도색된 페인트의 적외선 스펙트럼 결과가 유사한가 검사는 '차량 우측면의 긁힌 흔적에 묻은 적색 페인트가 철제구조물에 도색된 페인트와 같은 페인트이므로 부수적으로나마 1차 사고의 발생에 대한 근거가 될 수 있다고 본 원심판단을 뒷받침하는 증거'로 '감정인이 작성한 위 감정서의 감정결과'를 제출하였다. 이에 대하여 대법원은 "그 감정결과에 적외선 흡수 스펙트럼 실험 결

과가 첨부되어 있지도 않아 어떤 근거에서 차량에 묻은 페인트와 철제구조물에 도색된 페인트의 적외선 스펙트럼 결과가 유사하다고 판단한 것인지 알 방법이 없"으며, "감정인이 작성한 **국과수 서부분소장 명의의 사실조회 답변서 회보**에서 페인트의 스펙트럼 양상이 '유사하다'는 것은 다른 물질이 아니라는 의미라고 설명하기는 하지만, 위 회보에 의하더라도 이 사건처럼 페인트가 쓸려 묻은 경우에는 철제구조물 페인트의 도막층이 파괴되어 차량의 페인트와 혼재되면서 철제구조물에 묻은 매연 등 이물질도 섞여 묻는 등 페인트의 상태가 불균일하게 되고 이러한 이유로 적외선 스펙트럼이 완벽히 일치하는 것은 있을 수 없다는 것이므로, 단지 육안으로 관찰되는 색상과 적외선 흡수 스펙트럼의 양상이 유사하다는 이유만으로 동일한 페인트라고 단정할 수도 없다. 이는 상고이유의 주장처럼 차량 우측면에 적색의 긁힌 자국 외에 황색의 긁힌 자국도 있음에도 위 황색 페인트에 대하여는 방호벽에 도색된 황색 페인트와 비교분석을 하지 않은 데 대한 의문이 제기되고 있는 이상 더욱 그러하다"며 역시 '추론의 방법이 과학적으로 정당'하지 못하여 '합리적 의심을 허용하지 않을 정도의 증명'을 충족시키지 못한다고 판단하였다.

IV 분석과 해설

(가) 문제의 제기

형사재판에서 과학적 증거가 문제되는 문맥은 ⓐ 유죄증거로 과학적 증거가 제출되는 문맥, ⓑ 무죄증거로 과학적 증거가 제출되는 문맥, ⓒ 과학적 추론의 가능성이 있는데도 이를 생략하고 감정인이 육안이나 상식적인 판단에 의존한 감정의견을 제출하였는데 법원이 이를 맹목적으로 따른 문맥, ⓓ 과학적 추론의 가능성이 있는데도 사실심법원이 이에 관한 감정절차를 생략하고 법관의 논리칙과 경험칙에 의존하여 사실을 추론하는 문맥이 있다. 2007년 판결[1]은 ⓑ의 문맥, 2009년 판결[2], 2010년 판

1) [2007년 강도·강간피고사건 판결(**유전자검사결과**)] "**유전자검사나 혈액형검사 등 과학적 증거방법**은 그 전제로 하는 사실이 모두 진실임이 입증되고 그 **추론의 방법이 과학적으로 정당하여 오류의 가능성이 전무하거나 무시할 정도로 극소한 것으로 인정되는 경우에는 법관이 사실인정을 함에 있어 상당한 정도로 구속력을 가진다. (중략)** 그런데 DNA분석을 통한 유전자검사 결과는 **충분한 전문적인 지식과 경험을 지닌 감정인**이 적절하게 관리·보존된 감정자료에 대하여 '**일반적으로 확립된 표준적인 검사기법'을 활용하여 감정을 실행**하고, 그 **결과의 분석이 적정한 절차를 통하여 수행**되었음이 인정되는 이상 **높은 신뢰성을 지닌다** 할 것이고, 특히 유전자형이 다르면 동일인이 아니라고 확신할 수 있다는 유전자감정 분야에서 '**일반적으로 승인된 전문지식'에 비추어 볼 때**, 위와 같은 감정 결과는 D(피고인)의 무죄를 입증할 수 있는 유력한 증거에 해당한다."(대법원 2007.5.10. 선고 2007도1950 판결)

2) [2009년 마약피고사건 판결(**유전자검사결과**)] "**과학적 증거방법**이 당해 범죄에 관한 적극적 사실과 이에 반하는 소극적 사실 모두에 존재하는 경우에는 각 증거방법에 의한 분석 결과에 발생할 수 있는 **오류가능성 및 그 정도**, 그 증거방법에 의하여 증명되는 사실의 내용 등을 **종합적으로 고려**하여 범죄의 유무 등을 판단하여야 하고, 여러 가지 변수로 인하여 반증의 여지가 있는 소극적 사실에 관

결[3]은 ⓐ의 문맥에서 각각 문제되었다. 대법원은, ⓐ, ⓑ의 문맥에서는 유효성과 신뢰성이 있는 과학적 증거는 "법관이 사실인정을 함에 있어 상당한 정도로 구속력"을 가진다고 판시하였다. 한편 2011년 판결은 ⓒ와 ⓓ를 질책하는 특이한 성격의 판결이다. 위에서는 2011년 판결을 소재로 '추론의 방법이 과학적으로 정당'하여야 한다는 것의 구체적 의미를 상세히 추적하였다.

(나) 2011년 판결의 요약

위에서 소개한 1, 2, 3의 3개의 논점에 대한 대법원판결의 논지는 '적외선 흡수 스펙트럼 실험 결과'('3'부분)와 같은 과학적 실험을 토대로 하는 추론의 가능성이 있는데도 감정인의 육안판단에 의존한 감정의견은 '추론의 방법이 과학적으로 정당'하지 못하여 '합리적 의심을 허용하지 않을 정도의 증명'을 충족시키지 못한다는 것으로 요약된다.

2011년 판결에서는 위에서 소개한 3개의 논점 이외에 2개의 논점이 더 있었다. 여기서 소개를 생략한 '4'의 논점[4]에 대하여는 '원심의 판단에 배치되는 감정인의 법정진술'이 있었고, '5'의 논점[5]에 대하여는 '상호 모순되는 복수의 감정의견 중 어느 의견의 신빙성을 높게 평가할 것인가'가 문제되었다. 이 경우에도 대법원은 하급심의 '추론방법이 과학적으로 정당'하지 못하여 '합리적 의심을 허용하지 않을 정도의 증명'을 충족시키지 못한다고 판단하였다.

2007년 이후에 선고된 4개의 판결에서 과학적 증거가 문제될 수 있는 문

한 증거로써 과학적 증거방법에 의하여 증명되는 적극적 사실을 쉽사리 뒤집어서는 안 될 것이다." (대법원 2009.3.12. 선고 2008도8486 판결)

3) [2010년 수질환경보전법위반피고사건 판결(폐수 수질검사)] "**폐수 수질검사**와 같은 과학적 증거방법은 **전문지식과 경험을 지닌 감정인**이 시료에 대하여 **일반적으로 확립된 표준적인 분석기법을 활용**하여 분석을 실행하고, 그 분석이 **적정한 절차를 통하여 수행**되었음이 인정되는 이상 법관이 **사실인정을 함에 있어 상당한 정도로 구속력을 가지므로**, 비록 사실의 인정이 사실심의 전권이라 하더라도 아무런 합리적 근거 없이 함부로 이를 배척하는 것은 자유심증주의의 한계를 벗어나는 것으로서 허용될 수 없다(대법원 2007.5.10. 선고 2007도1950 판결, 대법원 2009.3.12. 선고 2008도8486 판결 등 참조). 그러나 이러한 과학적 증거방법이 사실인정에 있어서 상당한 정도로 구속력을 갖기 위해서는 감정인이 전문적인 지식·기술·경험을 가지고 **공인된 표준 검사기법으로 분석**을 거쳐 법원에 제출하였다는 것만으로는 부족하고, 시료의 채취·보관·분석 등 모든 과정에서 시료의 동일성이 인정되고 인위적인 조작·훼손·첨가가 없었음이 담보되어야 하며, 각 단계에서 **시료에 대한 정확한 인수·인계 절차를 확인할 수 있는 기록이 유지**되어야 한다."(대법원 2010.3.25. 선고 2009도14772 판결)

4) '차량의 우측 부위에 발생한 긁힌 흔적과 찢긴 손상만으로 2차 사고에 선행하여 1차 사고가 발생한 사실이 증명된다고 단정할 수 있는가'.

5) '차량이 위 방호벽에 충격되어 정지한 2차 사고 이전에 V가 이미 좌석에 바른 자세로 앉아 있을 수 없는 상태에 있었던 것으로 보이고, 그것이 1차 사고 발생의 증거가 되는가'.

맥 4가지가 모두 현출되고 있음을 알 수 있다. 2011년 판결은 한걸음 더 나아가 '과학적 추론의 가능성이 있는데도 이를 생략하고 감정인이 육안이나 상식적인 판단에 의존한 감정의견을 제출하고 법원이 이를 맹목적으로 따르는 것, 과학적 추론의 가능성이 있는데도 사실심법원이 이에 관한 감정절차를 생략하고 법관의 논리칙과 경험칙에 의존하여 사실을 추론하는 것을 위법하다'고 질책하였다. 이제 한국의 형사재판에서 '과학적 증거방법'을 어떻게 평가하고 어떻게 활용할 것인가 하는 문제는 미래의 문제가 아니라 '진지한 고민이 필요한 현안문제'가 되었다.

7.3

아동의 증언능력

대법원 1999.11.26. 선고 99도3786 판결[1)]

I 사 안

D는 살인·살인미수·현주건조물방화혐의[2)]로 기소되었다. D는 수사초기 단계로부터 공판정에 이르기까지 범행사실을 전면 부인하였다. 아동 M(사건 당시는 만 4세 6개월 남짓, 제1심에서의 증언 당시는 만 6세 11개월의 아동)은 범행현장에서 살아남아 범인을 직접 목격한 유일한 사람이므로 M의 진술은 사실인정에 결정적으로 중요하였다. M은 수사단계에서부터 지속적으로 D를 범인으로 지목하는 내용의 진술을 하였지만 법정증언에서 정황증거에 해당하는 사항에 대하여 상당한 정도로 기억을 상실('모른다'는 진술)하고 있었다. 사건발생 후 M이 행한 진술로서 중요한 것은 ㉮ 제3회 공판기일에 M이 행한 법정증언(이하 '법정증언'으로 약칭함), ㉯ 검사 및 사법경찰관 사무취급이 작성한 M2(M의 친부)에 대한 각 참고인진술조서 중 M의 진술기재 부분의 두 가지였다. ㉰ M의 진술을 기재한 수사보고서 중 일부는 M의 서명이 없어 증거로 사용되지 못하였다.[3)] 제1심은 피고인에게 유죄를 선고하였다. 항소심은 제1심판결을 유지하였다. 피고인측은 M의 '증언능력' 결여를 이유로 "㉮(법정증언)를 증거로 삼을 수 없다"고 주장하며 상고하였다.

II 쟁 점

아동(사건 당시는 만 4세 6개월 남짓, 제1심 증언 당시는 만 6세 11개월의 아동)은 증언능력이 없는가?

III 재판요지 (상고기각)

증인의 증언능력은 증인 자신이 과거에 경험한 사실을 그 기억에 따라 공술할 수 있는 정신적인 능력이라 할 것이므로, 유아의 증언

1) 제1심 판결은 서울지법 1999.4.20. 선고 98고합1266(살인 등)이고 항소심 판결은 서울고법 1999.8.11. 선고 99노1299 판결(살인 등)이다. 제1심 판결은 논증도 훌륭하고 각주도 사용하는 등 학술논문으로서도 손색이 없는 뛰어난 판결이다. 항소심 판결과 대법원 판결도 매우 수준이 높다.

2) 현주건조물방화치상 혐의에 대하여는 무죄가 선고되었다: "현주건조물방화치상죄와 같이 결과로 인하여 형이 중한 죄에 있어서 그 결과의 발생을 예견할 수 없었을 때에는 중한 죄로 벌할 수 없다 할 것인바, 위에서 본 각 증거들에 의하면 피고인은 판시 범죄사실 제2항과 같이 위 M을 살해하고자 동녀의 목을 양손으로 누르고 머리를 벽 등에 찧어 동녀가 기절하여 쓰러지자 이를 죽은 것으로 오인하고 그 장소에서 나간 사실을 인정할 수 있을 뿐이고, 이와 달리 피고인이 위 M이 살아 있다는 사실을 알고서 자신의 방화행위로 동녀가 상해를 입으리라는 것을 예견하면서도 위 제3항 기재와 같이 불을 놓았다는 점을 인정할 증거가 없으므로 위 현주건조물방화치상의 점은 범죄의 증명이 없는 경우에 해당하나 이와 일죄의 관계에 있는 판시 현주건조물방화죄를 유죄로 인정한 이상 따로 주문에서 무죄를 선고하지 아니한다."

3) 아동에게 진술조서에 서명날인을 요구하고 법정에서 성립의 진정을 인정하게 하는 태도(현재의 법실무)가 과연 타당할지 의문이다.

능력에 관해서도 그 유무는 단지 공술자의 연령만에 의할 것이 아니라 그의 지적수준에 따라 개별적이고 구체적으로 결정되어야 함은 물론 공술의 태도 및 내용 등을 구체적으로 검토하고, 경험한 과거의 사실이 공술자의 이해력, 판단력 등에 의하여 변식될 수 있는 범위 내에 속하는가의 여부도 충분히 고려하여 판단하여야 할 것인바(대법원 1991.5.10. 선고 91도579 판결 참조), 기록에 나타난 자료들을 면밀히 검토하여 보면 원심이 위와 같은 입장에서 이 사건 당시는 만 4세 6개월 남짓, 제1심에서의 증언 당시는 만 6세 11개월 남짓된 피해자인 M의 증언능력을 인정한 조치는 정당하고, 거기에 논지가 주장하는 바와 같이 유아의 증언능력에 관한 법리를 오해한 위법이 있다고 할 수 없(다).

IV 분석과 해설

(가) 증인적격과 증언능력

연소자와 유아도 각종의 형사사건의 피해자 또는 목격자가 될 수 있다. 이럴 경우 연소자와 유아가 유력한 참고인(수사절차에서) 또는 증인(공판절차에서)으로 등장하게 된다. 이럴 경우 피고인 측은 '연소자와 유아의 증언능력' 혹은 '연소자와 유아의 공술(供述, 진술)의 증거능력과 그 신빙성'을 탄핵하게 된다.

'법률상 증인으로 될 수 있는 자격'을 증인적격이라 한다. '법률상 증인적격은 부인할 수 없지만 특정증인이 특정사건에서 증언을 할 수 있는 실질적인 능력'을 증언능력이라 칭할 수 있다. 증언능력을 가지고 있지 아니한 경우에도 '증인적격이 없는 것'으로 이론구성할 수도 있다. 그러나 대륙법계 국가의 소송법이론체계에서는 증인적격과 증언능력을 구별하고 있다. 양자를 구별해도 좋고 구별하지 않아도 특별히 문제될 것은 없다.

양자를 구별하는 입장에서는 '증인적격은 법률의 규정 등에 의하여 추상적으로 정해진다'고 보게 된다. 증인적격이 쟁점화 될 때 법원은 증인으로 나설 자가 법률에 규정한 자에 해당하는가 여부를 추상적으로 판단한다. 양자를 구별하는 입장에서는 '증언능력은 어떤 구체적 사건에서 증인 개개인에 대하여 개별적으로 판단하여야 할 개별적이고 구체적인 이슈'로 보게 된다. 따라서 증인으로 지목된 자의 증언능력의 유무는 법원의 자유로운 판단에 의하여 결정할 수밖에 없다.

(나) M의 법정진술

M은 사건 당시로부터 2년 4개월 남짓 지난 제1심 법원 제3회 공판기일(1999. 1.12.)에서 다음과 같이 진술하였다.

(1) 검사의 신문에 대하여

① (옛날 1996.8.경에 M과 엄마를 때리고 불을 지른 사람이 누구인가라고 묻자) 애기아저씨이다.

② (전에 할머니, 엄마와 함께 그 애기아저씨 집에 두 번 놀러갔는데 그때 애기가 있어서 애기랑 놀았는가라고 묻자) 놀았다.

③ (애기아저씨가 낮에 놀러온 적도 있는가라고 묻자) 모르겠다.

④ (애기아저씨의 얼굴을 잘 아는가라고 묻자) 잘 안다.

⑤ (애기아저씨 이마에 점이 하나 있는가라고 묻자) 있다.

⑥ (애기아저씨가 엄마와 M을 때리고 불을 질렀는가라고 묻자) 때렸다.

⑦ (그래서 다쳐서 병원에서 치료를 받았는데 기억이 나는가라고 묻자) 잘 모르겠다.

⑧ (그리고 병원에서 퇴원하여 1996.9.7. 가든 호텔에서 경찰관에게 엄마와 M을 때린 사람이 애기아저씨라는 내용으로 이야기한 것이 기억이 나는가라고 묻자) 모르겠다.

⑨ (그리고 작년에 경찰관하고 검사실에 가서 엄마와 M을 때린 사람에 대해 이야기한 것이 기억이 나는가라고 묻자) 모르겠다.

⑩ (M이랑 엄마랑 애기아저씨한테 맞고 난 뒤에 아버지나 외할머니한테 애기아저씨에 대해 이야기한 것이 기억나는가라고 묻자) 기억난다.

⑪ (아버지한테 애기아저씨에 대해 이야기하고 아버지 등과 함께 애기아저씨 집에 찾아간 것이 기억나는가라고 묻자) 기억난다.

⑫ ('애기아저씨를 보여줘도 놀라지 않겠는가'라고 묻자) 무섭다. 지금 만나기 싫다.

(2) 변호인의 신문에 대하여

① (엄마와 증인을 때린 사람이 당일 아침에도 집에 왔었는가라고 묻자) 왔다.

② (아침에 엄마와 싸우지 아니하고 갔는가라고 묻자) 싸우지 않았다.

③ (아침에 엄마와 무슨 이야기를 하였는지 생각이 나는가 라고 묻자) 모르겠다.

④ (그 사람이 보통 때도 집에 온 적이 있는가라고 묻자) 잘 모르겠다.

⑤ (그 사람이 엄마와 손도 잡고 껴안은 적도 있는가라고 묻자) 모르겠다.

⑥ (그 사람이 엄마와 반말을 하던가, 존대말을 하던가를 묻자) 보통말을 했다.

⑦ (그 사람이 엄마를 때릴 때 엄마이름 "정주"라고 부르며 때렸는가라고 묻자) 잘 모르겠다.

⑧ (엄마를 때리기 전에 무슨 이야기를 서로 하였는가라고 묻자) 그런 것은 잘 모르겠다.

⑨ (엄마를 때린 아저씨가 그때 무슨 색 옷을 입고 왔는가라고 묻자) 모르겠다.

⑩ (병원에 있는 동안 경찰관이 하루에 두 번씩 여러 차례 와서 증인에게 누가 증인을 때렸는지 물어봤는가를 묻자) 잘 모르겠다.

⑪ (병원에 있을 때 엄마 때린 사람의 집을 간 적이 있기 때문에 찾아갈 수 있었는가라고 묻자) 잘 모르겠다.

⑫ (왜 사고 난 지 다섯 밤이나 자고 나서 범인을 지목하였는가를 묻자) 아빠가 가보자고 해서 갔고 모르겠다.

⑬ (D가 증인의 집에 모두 몇 번 왔는가를 묻자) 두 번 왔다.
⑭ (D가 전화를 하여 증인이 받았을 때 지금 가도 되느냐고 물었고 그때 증인이 엄마에게 물어보니 엄마가 안 된다고 한 적이 있었는가를 묻자) 없다.
⑮ (D가 엄마를 무어라고 부르고 엄마는 D를 무어라고 불렀던가를 묻자) 모르겠다.

(3) 재판장의 신문에 대하여

① (증인은 몇 살이냐고 묻자) 모르겠다.
② (지금은 무엇을 하느냐고 묻자) 아버지가 학교에 보내줄 수 있다고 했다.
③ (애기아저씨가 엄마를 때렸느냐고 묻자) 그렇다.
④ (애기아저씨의 얼굴을 보면 지금 알 수 있는가라고 묻자) 안다.
⑤ (이때 퇴정하였던 D를 법정에 출정시킨 후 D를 가리키며 D가 애기아저씨인가라고 묻자) D가 들어오자 무섭다면서 탁자 밑으로 몸을 숨기고 대답을 안 하는 등으로 진술을 하거나 진술태도를 보였다.

(다) 제1심 판결

제1심은 "유아(幼兒)의 증언능력의 유무는 진술자의 연령만에 의할 것이 아니라 그의 지적 수준 등에 따라 법원이 개별적이고 구체적으로 판단하여야 할 것"이라며 만 3년 6월된 여아의 증언능력을 인정한 대법원 1991.5.10. 선고 91도579 판결을 인용하고 "1992.1.31.생으로서 이 사건 당시에는 만 4세 6개월 남짓, 법정에서의 증언 당시에는 만 6세 11개월 남짓된 여자아이인데 이 사건 이전에 이미 어린이집과 유치원에 다니고 학습지도 구독하고 개인방문 학습지도도 받는 등의 지적 수준을 가지고 있었고", 당해 아동이 경험한 사건은 "누군가가 자신의 어머니의 목을 조르고 머리를 벽 등에 찧는 방법으로 살해하고 자신도 같은 방법으로 살해하려 하였다"는 것으로서 "그 사실 자체는 비교적 단순하여 증인 연령 정도의 아이라고 하더라도 이를 알고 그 내용을 표현할 수 있는 범위 내의 것"이며, 또한 "제1심법원 제3회 공판기일(1999.1.12.)에서 위 **(나)**처럼 행한 법정증언 요지에서 보는 바와 같이 M이 '사건의 핵심적 사항에 관한 질문의 취지'를 대체로 이해하고 이에 대하여 간단히 긍정 또는 부정하는 식으로 답변하고 있음"을 볼 때, "그 증언의 신빙성 및 증명력 여부와는 별도로, 자신이 과거에 경험한 사실을 그 기억에 따라 진술할 수 있는 증언능력이 있다"고 판정하였으며 항소심과 대법원에서도 그 취지를 유지하고 있다.

(라) 영어권 국가의 입법추세

20세기 초에 이르기까지 영어권 국가들에서는 아동의 증언능력을 연령으로 제한하여 왔었다. 그러나 1970년대 이후에는 그런 연령상의 제한과 같은 획일적인 제한이 폐지되고 구체적 사안마다 아동의 증언능력을 개별적으로 심사하여 가급적 아동의 증언을 청취하려는 흐름으로 변해가는 추세에 있다. 위와 같은 흐름을 1974년의 미국의 연방증거법에 비추어 분설하면 다음과 같다.

1974년의 미국의 연방증거법은 아동증언을 증거로 사용하려면 ① 아동이 사실을 정확히 인지, 저장, 기억할 수 있는 능력(육체적, 정신적 능력)이 있어야 하고 ② 아동이 실제로 사실을 경험하였어야 하고(개인적 지식), ③ 아동이 진실을 말할 것을 선언하고 진실과 거짓·환상의 차이, 그리고 자신이 진실을 말할 의무가 있음을 이해하여야 하고, ④ (필요할 때는 통역자의 도움을 받아) 아동이 질문을 이해하고 타인이 알아들을 수 있을 만큼 표현할 수 있는 능력이 있어야 할 것을 요구하고 있지만 이 요구조건은 그렇게 엄격한 것이 아니다. 위의 추세는 아동에게 최소한의 지적 능력만 있으면 증언능력을 인정하여 배심원 앞에서 증언하게 하고 아동증언의 신빙성을 배심원의 판단[4]에 맡기는 정책의 표현이다.[5]

(마) 과학적 근거

위와 같은 영어권 국가의 입법추세의 배후에는 심리학적 연구성과가 기초로 작용하고 있다. 영어권 국가에서는 아동의 기억능력에 관하여 수많은 연구가 행하여졌는데 다음과 같은 사실에 대하여는 일반적 합의가 형성되어 있다.

만 2~3세의 취학 이전의 아동을 포함하여 모든 아동은 성인 못지않은 기억력을 가지고 있어 개인적으로 경험한 사건을 오랜 기간 정확하게 기억(recall)할 수 있다. 아동피해자도 자신이 경험하거나 목격한 사건에 관하여 신뢰할 만하고 정확한 표현을 할 수 있음은 분명하다. 성인이건 아동이건 기억은 완전하지 않지만 인간기억력의 오류가능성을 과장하지 않는 것이 중요하다. 아동의 진술을 믿을 수 있는가가 문제될 때 쟁점이 되는 것은 아동의 기억능력이 아니라 그 기억이 왜곡·유도되었는가 여부이다.

(바) 판례의 경향

연소자와 유아의 증언능력이 쟁점화된 대법원판례는 많지 않다. 판례의 경향에 대하여 다음과 같이 분석할 수 있다.

첫째, 판례는 증언능력을 '증인 자신이 과거에 경험한 사실을 그 기억에 따

4) John E.B.Myers, *Legal Issues in Child Abuse and Neglect Practice*, 2nd ed.Sage Publications, 1998, pp.105~106.

5) John William Strong et al ed., *McCormic On Evidence*, 4th ed., West Publishing Co.(St. Paul, Minn., 1992), pp.90~91.

라 진술할 수 있는 정신적인 능력'으로 정의하면서 좀처럼 연소자와 유아의 증언능력을 부정하지 않으려는 태도를 보이고 있다.

둘째, 판례는 연소자와 유아의 증언능력을 긍정할 때 생기는 '부정의(不正義)'는 연소자와 유아의 '증언의 신빙성을 부인하는 방법'으로 시정하려는 태도를 보이고 있다.

증인의 증언능력을 "증인 자신이 과거에 경험한 사실을 그 기억에 따라 공술할 수 있는 정신적인 능력"으로 정의하고 유아의 증언능력을 연령 등에 따라 획일적인 기준으로 판정하지 아니하고 그 유무를 아동의 "지적수준에 따라 개별적이고 구체적으로 결정"하려는 태도는 과학적 근거가 있고 외국의 입법추세와도 부합하는 적절한 판결이다.

7.4

공정한 범인식별(identification)의 절차와 요건

대법원 2004.2.27. 선고 2003도7033 판결

I 사 안

D는 'D2로부터 4백만 원을 받고 메스암페타민(일명 히로뽕)을 판매'한 혐의로 기소되었다. D는 체포된 이래 시종일관 자신은 범인이 아니라고 변소(부인)하였다. D에게 불리한 유일한 목격증인이 D2이었다. D2는 메스암페타민을 소지하고 W2에게 판매하려다가 2000.12.4. 23:00경 검찰 수사관에게 체포된 후 부산지방검찰청에 인치되어 메스암페타민의 출처에 대하여 추궁을 받고 "친구인 W2가 '히로뽕 100g을 구하여 달라'고 요청하여 평소 알고 지내던 W3에게 전화하여 '히로뽕을 구해달라'고 하니 W3가 '성불상(姓不詳, 성을 알 수 없음) 천'이라는 '동생에게 연락하라'면서 휴대폰 번호를 알려주어 그 번호로 전화하여 2000.12.4. 22:55경 부산 수영구 수영동 소재 유토피아 호텔 앞 노상에서 '성불상 천을 만나 4백만 원을 주고 메스암페타민 100g을 교부받았다"는 취지의 진술서를 작성하였다. 검사는 이 진술서에 나타난 위 휴대폰의 가입자를 조회하여 가입자의 주소가 '부산 금정구 회동동(이하 생략)'으로 되어 있음을 알아내고 회동동사무소에 비치된 주민등록등·초본을 열람하여 D의 이름 끝자가 '천'인 것이 확인되자 사진이 첨부된 D의 주민등록초본을 모사전송받아 D2에 대한 제1회 피의자신문시 그 '사진을 제시'하였고, 이에 D2는 "그 사진상의 인물이 자신에게 메스암페타민을 판매한 '성불상 천'이 맞다"(쇼우업 형태의 유사인물 사진제시에서의 긍정 진술)고 진술하였다. D2는 위 사건으로 징역 1년 6월을 선고받고 복역 중 D의 소재가 밝혀진 2002.3.18. 이후 검찰에서 참고인으로 3회 진술하였다. 그때는 공소장 기재 일시·장소에서 '성불상 천'으로부터 이 사건 메스암페타민을 구입한 사실은 인정하면서도 "'성불상 천'은 D와는 다른 사람"이라고 하였지만, "제1회 피의자신문시에는 '성불상 천'의 인적사항에 대하여 정확히 몰랐고 당시 상황이 너무 혼란스러워 수사관들이 휴대폰 번호를 추적하여 D의 이름을 대길래 '성불상 천'의 이름 끝자가 동일하여 자세히 확인해 보지도 않고 위와 같이 진술하였다"고 종전 진술을 번복하였다(쇼우업 형태의 유사인물 사진제시에서 긍정진술한 것을 번복하는 진술). "D는 2000년 12월 부산 수영구 수영동에서 D2로부터 4백만 원을 받고 메스암페타민(일명 히로뽕) 100g(이하 '메스암페타민'이라 한다)을 판매"하여 마약류관리에 관한 법률위반(향정) 혐의로 구속기소 되었다. 제1심은 유죄를 인정하여 징역 2년을 선고하였고 항소심도 유죄를 인정하였으나 징역 1년 2월과 추징금 4백만 원을 선고하였다. D가 상고하였다.

II 쟁 점

유사인물 사진제시에서의 목격자의 긍정진술을 신빙할 수 있는 요건은 무엇인가?

III 재판요지 (상고기각)

1) ㉮ 용의자의 인상착의 등에 의한 범인식별 절차에 있어 용의자 한 사람을 단독으로 목격자와 대질시키거나(쇼우업: 필자 주) 용의자의 사진 한 장만을 목격자에게 제시하여 범인 여부를 확인하게 하는 것(쇼우업에 상당하는 유사인물 사진제시 : 필자 주)은 사람의 기억력의 한계 및 부정확성과 구체적인 상황 하에서 용의자나 그 사진상의 인물이 범인으로 의심받고 있다는 무의식적 암시를 목격자에게 줄 수 있는 가능성으로 인하여, 그러한 방식에 의한 범인식별 절차에서의 목격자의 진술은, 그 용의자가 종전에 피해자와 안면이 있는 사람이라든가 피해자의 진술 외에도 그 용의자를 범인으로 의심할 만한 다른 정황이 존재한다든가 하는 등의 부가적인 사정이 없는 한 그 신빙성이 낮다(대법원 2001.2.9. 선고 2000도4946 판결 참조). 이와 같은 점에서 볼 때, ㉯ 범인식별 절차에 있어 목격자 진술의 신빙성을 높게 평가할 수 있게 하려면, ⓐ 범인의 인상착의 등에 관한 목격자의 진술 내지 묘사를 사전에 상세히 기록화한 다음, ⓑ 용의자를 포함하여 그와 인상착의가 비슷한 여러 사람을 동시에 목격자와 대면시켜 범인을 지목하도록 하여야 하고, ⓒ 용의자와 목격자 및 비교대상자들이 상호 사전에 접촉하지 못하도록 하여야 하며, ⓓ 사후에 증거가치를 평가할 수 있도록 대질 과정과 결과를 문자와 사진 등으로 서면화하는 등의 조치를 취하여야 할 것이고, ㉰ 사진제시에 의한 범인식별 절차에 있어서도 기본적으로 이러한 원칙에 따라야 할 것이다.

이와 같은 관점에서 공소사실에 부합하는 D2의 진술의 신빙성을 살펴보면, 검찰은 D2로부터 그가 이 사건 메스암페타민을 매수하면서 목격한 판매자의 연령과 키·몸무게 등 체격조건에 관한 간략한 진술만을 확보한 다음, D2가 메스암페타민을 매수하기 직전에 매수장소 등을 정하기 위하여 통화하였다는 휴대폰번호의 가입자 주소지를 조회하여 그 주소지를 관할하는 동에 주소를 둔 D의 이름 끝 자가 '천'인 것으로 확인되자 D의 사진이 첨부된 주민등록초본을 모사전송 받아 그 사진을 D2에게 제시하였고, 이에 D2가 그 "사진상의 인물이 이 사건 메스암페타민을 판매한 '성불상 천'이 맞다"고 진술하였는바, D2의 이러한 진술은 범인식별 절차에서 신빙성을 높이기 위하여 준수하여야 할 절차를 제대로 지키지 못하였을 뿐만 아니라, 그 식별절차 이전의 과정에 비추어 볼 때 제시된 사진상의 인물인 D가 위 휴대폰의 가입명의자임을 알게 된 D2에게 'D가 범인일 가능성이 있다'는 암시가 주어졌을 개연성이 있다는 점에서 높은 정도의 신빙성이 있다고 하기는 어렵다.

그러나 D2는 이 사건 메스암페타민을 구입하기 직전에 수차례에 걸쳐서 D 명의로 된 휴대폰으로 범인과 통화를 한 것으로 인정되는 점, D는 '선배인 K가 신용불량자이어서 휴대폰 가입이 되지 않는다고 하여 그의 부탁으로 자신의 명의를 빌려주어 K가 D 명의로 휴대폰을 가입하여 사용하다가 사망하기 전에 휴대폰을 반환 받아 그 후로는 자신이 사용한 것'이라고 하고 있는데, K는 2000.11.11. 사망한 것으로 보이므로 D의 변소에 의하더라도 이 사건 당시인 2000.12.4.에는 D가 그 휴대폰을 사용하고 있었다고 보여지는 점, 그 무렵 위 휴대폰을 통하여 D가 잘 알고 지내는 W3, W4 등의 휴대폰과 통화가 이루어졌음은 물론 D의 집 전화와도 통화가 이루어진 점, D는 이 사건 범행시 누군가가 자신의 휴대폰으로 D2와 이 사건 메스암페타민의 판매를 위한 통화를 하고 이를 판매하였을 것이라고 변소하나 그 변소의 진실성을 담보할 만한 사정은 전혀 찾아볼 수 없는 점 등을 종합하면, 이 사건 당시 위 휴대폰으로 D2와 통화를 한 사람은 D라고 보아야 할 것이고, 이러한 부가적 사정을 보태어 보면 범인식별에 관한, ㉱ D2의 검찰 진술은 그 절차상의 하자에도 불구하고 높은 정도의 신빙성을 인정할 수 있다. 여기에다가 원심이 인용한 제1심 거시의 다른 증거들을 종합하여 살펴보면 D를 범인으로 인정할 수 있다.

IV 분석과 해설

(가) 문제의 제기

범행현장에서 범행을 목격한 자의 범인지목이 수사절차 혹은 공판절차에서 유죄의 증거로 제출되거나 채택되는 수가 있다. 그러나 범인식별절차가 불공정하면 목격자가 오지목(誤指目, false identification)을 할 위험성이 대단히 높다. 1970년대부터 미국과 영국의 사회심리학자, 인지(認知)심리학자들은 모의실험을 하였는데 목격자들의 오지목률은 40~50%에 달하였다.[1] 이리하여 범인식별절차를 법정하여 오지목의 위험성을 획기적으로 감소시킬 필요가 생긴다. 수사절차 혹은 공판절차에서 오지목의 위험성을 제거하려면 공정한 범인식별절차를 운용하지 않을 수 없고 불공정한 범인식별절차의 수행은 적법절차 위반으로 판단받아 그에 합당한 소송법적 효과가 부여되어야 한다. 이하에서는 수사절차에 초점을 맞추어 공정한 범인식별절차(identification)의 요건과 적법절차 위반의 효과(지목의 신빙성 부인)에 대하여 검토하기로 한다.

(나) 수사절차상 목격자로 하여금 범인을 식별하게 하는 방법

수사기관은 통상 '목격자가 진술한 범인의 인상착의'에 기초하여 용의자

1) Steven D. Penrod, 'Eyewitness Reliability: Recent Psychological Research and Legal Developments in the United States' in 한국법심리학회·한림대학교 한림과학원 공동주최 국제심포지움 자료집 목격자 진술: 법과 심리학의 만남(WITNESSES: Interchange Between Law and Psychology), 2003년 10월 27일.

(suspect)를 찾아내고 용의자를 목격자에게 확인시켜 수사에 도움을 받으려고 한다. 목격자(목격증인, eyewitness)는 초동수사단계에서 수사관에게 자신이 목격한 범인(perpetrator)의 인상착의를 진술한다. 그러면 수사관은 그 인상착의에 부합하는 가장 그럴듯한 용의자(suspect)·용의자의 사진을 찾아내거나 몽타쥬 등을 만들어서 목격자로 하여금 그 '용의자·용의자의 사진·몽타쥬'(이하 '용의자'로 약칭함) 등을 보게 하고 목격자가 기억하고 있는 범인과 그 용의자가 일치하는지 여부를 묻게 된다. 그런데 이때 수사기관이 용의자를 '1사람만 제시'(쇼우업, showup)하여 목격자로 하여금 동일성 여부를 판정하도록 하면 목격자에게 암시('수사기관은 이 용의자를 범인으로 지목하고 있구나' 하는 암시)를 주어 오지목(誤指目, false identification)으로 이끌 위험성이 대단히 높다. 1970년대부터 미국과 영국의 사회심리학자, 인지(認知)심리학자들은 모의실험을 하였는데 목격자들의 오지목률은 40~50%에 달하였다.[2] 1990년대 이후에 DNA 검사방법의 발전으로 오판의 존재를 증명할 수 있게 되었는데 실증적 분석결과 오판을 초래한 가장 큰 원인이 목격자의 범인 오지목에서 비롯되었음이 밝혀졌다. 이리하여 미국과 영국에서는 오지목을 배제하기 위한 장치를 발전시켜 왔다. 그중 현재 가장 보편적으로 사용되는 테크놀로지의 하나가 '줄세우기(line-up)' 기술이다. 수사절차상 목격자로 하여금 범인을 식별하게 하는 방법에는 대략 다음과 같은 5가지 방법이 있다.

(1) 줄세우기(Lineup, Identification Parade) 수사기관이 내심 유력한 용의자로 판정한 '진짜 용의자'(suspect, 이하 '용의자'로 약칭함)를 그와 외관(in appearance)이 비슷한 '가짜 용의자들'(foils, fillers)(이하 용의자와 가짜용의자를 합하여 '용의자군'으로 약칭함)과 섞어서 일렬로 줄 세워 놓고(line up) 목격자로 하여금 그 중에서 범인을 지목하게 하는 방법이다. 통상 용의자를 포함하여 용의자와 외관상 유사한 사람들(그러나 확실히 범인이 아닌 자이어야 한다) 5~8명 이상(미국에서는 5인 이상, 영국에서는 8인 이상)을 '용의자군'으로 편성한다.[3] 용의자군을 잘 설정하여야 '오지목'(誤指目)을 최소화할 수 있다. 수사기관은 자신이 의심하고 있는 진짜 용의자와 가짜 용의자들을 섞어 줄세우기 등의 절차를 진행시키고 있는데 가짜 용의자군은 가급적 진짜 용의자와 외관상 뚜렷하게 식별되지 않도록 비슷한 조건으로 편성되어야 '암시로 인한 오지목'을 차단할 수 있다. 용의자와 '가짜 용의자들'을 너무 확연히 구분되게 설정하면 목격자에게 수사기관이 의심하고 있는 진짜 용의자가 누구라는 점이

2) Steven D. Penrod, 앞의 글.

3) 유혁상·권창국, 주요 선진국의 과학적 수사기법의 도입과 활용방안 연구, 한국형사정책연구원, 2004.12, 285.

암시되어 전달되기 때문에 그만큼 범인식별의 의의가 감소하게 된다.

(2) 가두식별(Street Identification) 용의자를 백화점 등 공공의 장소에서 가짜 용의자들과 같이 걸어 다니게 하거나 공원, 버스정거장에서 가짜 용의자들과 섞여 앉아 있거나 줄을 서게 한 다음 목격자로 하여금 범인을 지목하게 하는 방법이다. 장소만 다를 뿐 줄세우기 구상과 크게 다르지 아니한 구상이다.

(3) 유사인물 사진제시(Photo Spread) 목격자에게 용의자 및 가짜 용의자들의 사진을 보여준 후 범인을 지목하게 하는 방법이다. 이때에도 통상 용의자를 포함한 5~8명의 가짜 용의자들의 사진을 섞어서 보여주고 목격자로 하여금 자신이 목격한 범인을 지목(photo lineup)하게 하여야 오지목'을 최소화할 수 있다. 사진 대신 용의자와 가짜 용의자들이 서 있거나 움직이는 모습을 비디오카메라 등으로 촬영하여 이를 목격자에게 보여준 후 범인을 지목(Video Film Identification)하게 할 수도 있다. 유사인물 사진제시가 실패하면 '사진철(Mug Book) 열람'을 시도할 수도 있다.

(4) 쇼우업(Showup, Confrontation, 단독대질) 목격자와 용의자를 1대 1로 직접 대면하게 하여 목격자로 하여금 범인인지 여부를 식별('yes or no' 방식)하게 하는 방법이다. 이 방법은 목격자에게 암시를 주어 오지목의 가능성을 증가시키거나 목격자에게 심리적 부담감을 주어 부득이한 사유가 없는 한 가급적 회피되어야 하는 식별방법이다.

(다) 범인식별방법의 채택순서

영국과 미국에서는 다음과 같이 시행하고 있다. 수사기관은 줄세우기가 가능하면 줄세우기를 우선적으로 실행하여야 한다. 용의자의 거부 기타 사유로 줄세우기 절차의 실행이 불가능하면 그 다음으로 가두식별이나 유사인물 사진제시를 실행한다. 그러나 유사인물 사진제시는 줄세우기나 가두식별에 비하여 매우 불확실한 것이므로 유사인물 사진제시에 의한 범인식별절차에서 목격자가 용의자를 범인으로 지목하면 다시 줄세우기나 가두식별을 시도하여 확인하는 것이 바람직하다. 쇼우업은 다른 범인식별절차가 실행 불가능한 경우에 한하여 최후수단으로 채택되어야 한다.

(라) 본 판결의 의의

첫째, 본 판결은 종래 한국의 경찰이나 검찰에서 통상적으로 사용하여 온 쇼우업(show-up)이나 쇼우업과 유사한 사진제시(photo spread, 그 중에서도 유사인물 사진제시) 방식에 의한 목격자의 진술과 범인식별방법은 “사람의 기억력의 한계 및 부정확성과 구체적인 상황 하에서 용의자나 그 사진상의 인물이 수사기관으로부터 범인으로 의심받고 있다는 무의식적 암시(Administrator Bias)를 목격자에게 줄 가능성” 때문에 그 신빙성이 낮은 점을 확인하였다. 다만 본판결은 “그 용의자가 종전에 피해자와 안면이 있는 사람이라든가 피해자의 진술 외에도 그 용의자를 범인으로 의심할 만한 다른 정황이 존재한다든가 하는 등의 부가적인 사정이 있는 때”에는 예외를 인정하고 있다. 대법원 2001.2.9. 선고 2000도4946 판결이 이미 이런 내용의 판례이론을 제시한 바 있지만 2001년 판결에서는 예외가 인정되지 아니하여 목격자진술의 신빙성이 부정되었다.[4] 그런데 본 사안에서 ‘목격자(D2)의 검찰 진술’은 절차상의 하자가 있어 신빙성이 낮지만 용의자를 범인으로 의심할 만한 다른 정황(휴대폰 통화사실)이 존재하기 때문에 높은 정도의 신빙성이 인정되었다.

둘째, 본 판결은 경찰과 검찰에게 미국과 영국, 캐나다, 독일의 법집행실무가 시행하고 있는 줄세우기 절차의 도입을 명시적으로 권고하고 있다. 이 판결은 줄세우기든 사진제시이든 목격자 진술의 신빙성을 높게 평가할 수 있게 하려면 ⓐ 범인의 인상착의 등에 관한 목격자의 진술 내지 묘사를 사전에 상세히 기록화(documentation)한 다음, ⓑ 용의자를 포함하여 그와 인상착의가 비슷한 여러 사람을 동시에 목격자와 대면시켜 범인을 지목(line-up)하도록 하여야 하고, ⓒ 용의자와 목격자 및 비교대상자들이 상호 사전에 접촉하지 못하도록 하여야 하며, ⓓ 사후에 증거가치를 평가할 수 있도록 대질과정과 결과를 문자와 사진 등으로 서면화(documentation) 하는 등의 조치를 취하는 것이 최소한의 필수요건임을 명시하고 있다. 경찰과 검찰이 이런 방향으로의 개선조치를 강

4) “이 사건에서와 같이 야간에 짧은 시간 동안 강도의 범행을 당한 V가 어떤 용의자의 인상착의 등에 의하여 그를 범인으로 진술하는 경우에, 그 용의자가 종전에 V와 안면이 있는 사람이라든가 V의 진술 외에도 그 용의자를 범인으로 의심할 만한 다른 정황이 존재한다든가 아니면 V가 아무런 선입견이 없는 상태에서 그 용의자를 포함하여 인상착의가 비슷한 여러 사람을 동시에 대면하고 그중에서 범인을 식별하였다든가 하는 부가적인 사정이 있다면, 직접 목격자인 V의 진술은 특별히 허위진술을 할 동기나 이유가 없는 한 그 증명력이 상당히 높은 것이라 하겠으나, V가 범행 전에 용의자를 한 번도 본 일이 없고 V의 진술 외에는 그 용의자를 범인으로 의심할 만한 객관적인 사정이 존재하지 않는 상태에서, 수사기관이 잘못된 단서에 의하여 범인으로 지목하고 신병을 확보한 용의자를 일대일로 대면하고 그가 범인임을 확인(쇼우업이다: 필자 주)하였을 뿐이라면, 사람의 기억력의 한계 및 부정확성과 위와 같은 상황에서 V에게 주어질 수 있는 무의식적인 암시의 가능성에 비추어 그 V의 진술에 높은 정도의 신빙성을 부여하기는 곤란하다.”

구하지 아니하면 향후에 목격자 진술의 신빙성은 부인될 것[5]이다.

(마) 목격자의 오지목(erroneous identifications)을 감소시키기 위하여 필요한 조치[6]

첫째, 줄세우기나 사진줄세우기를 진행하는 공무원은 누가 용의자인지 몰라야 한다(절차진행공무원의 중립성 보장, 맹목절차, Blind Presentation).

둘째, 목격자에게는 줄세우기나 사진 줄세우기의 대상자들 중에 '용의자가 없을 수도 있으며 절차진행자도 누가 용의자임을 모른다'는 점이 고지되어야 한다. 목격자가 누군가를 반드시 지목하여야 한다는 부담감을 가지지 않게 하여야 하기 때문이다(목격자에 대한 주의사항고지, Cautionary Instruction).

셋째, 목격자가 미리 범인에 대하여 진술한 것에 비추어 볼 때 용의자가 다른 가짜 용의자들과 두드러지게 다른 외관을 보이면 아니 된다. 여기서 강조되어야 할 점은 '가짜 용의자들이 진짜 용의자처럼 보이게 선발되어야 할 필요가 있다'는 것이 아니라 가짜 용의자들도 목격자가 진술한 범인의 모습에 부합하도록 선발되어야 한다는 것이다(목격자 진술에 부합하는 용의자군의 구성, Match to Description).

넷째, 목격자가 범인을 식별했을 때 그 식별판단의 확실성에 관하여 분명한 진술이 획득되어야 한다. 이 진술에 앞서서 그가 실제 범인을 지목했는지 여부에 대한 어떤 피드백이 주어져서도 안 된다(확신도의 획득, Confidence Judgments).

---

5) "범인식별절차에 있어서 신빙성을 높이기 위하여 준수하여야 할 절차를 충족하지 못하였을 뿐 아니라, 피고인의 유전자검사 결과가 범인의 것과 상이하다는 국립과학수사연구소의 감정결과가 제출되었음에도 불구하고 피고인을 유죄로 인정한 원심판결을 파기"(대법원 2007.5.10. 선고 2007도1950 판결; 인천지법 2005.2.18. 선고 2004고단5297 판결: 항소); "피해자들이 수사기관에서 제시한 5명의 사진 중 피고인을 범인으로 지목한 과정 등에 비추어 피해자들의 범인식별 진술의 신빙성을 배척한 원심의 판단을 수긍"(대법원 2005.5.27. 선고 2004도7363 판결); "범인식별에 관한 일부 피해자들의 진술이 그 절차상의 하자 때문에 신빙성을 쉽게 인정하기 곤란한데도, 위 피해자들이 피고인을 범인으로 지목한 경위, 위 피해자들이 기억하고 있는 범인의 인상착의와 피고인의 동일 여부 등에 대한 추가 심리 없이 위 피해자들의 진술만으로 해당 공소사실을 유죄로 인정한 원심판결을 파기"(대법원 2005.6.10. 선고 2005도1461 판결); "인터폰 모니터를 통하여 본 초인종을 누른 범인이 피고인이라는 취지의 피해자의 진술만으로는 피고인을 범인으로 인정하기 어렵다고 한 원심의 판단을 수긍"(대법원 2005.6.24. 선고 2005도734 판결); "피해자의 범인식별 진술이 그 절차상의 하자에도 불구하고 높은 정도의 신빙성이 있다고 인정"(대법원 2006.9.28. 선고 2006도4587 판결); "강간 피해자가 수사기관의 범인식별 절차에서 피고인을 범인으로 지목한 사안에서, 목격자 진술의 신빙성을 높이기 위하여 준수하여야 할 절차를 지키지 못하였다고 보아 피해자 진술의 신빙성을 배척"(대법원 2008.1.17. 선고 2007도5201 판결); "공소사실에 대한 직접적인 증거인 피해자들의 검찰에서의 진술에 관하여 피해자들이 가해자의 인상착의에 대한 정확한 기억을 갖고 있지 못한 상태에서 피고인이 가해자인지 여부를 묻는 공소외 인 등의 반복된 질문에 의한 암시를 받아 피고인을 가해자로 지목하였을 가능성을 완전히 배제할 수 없어 그 신빙성에 대한 의심을 거두기 어렵다고 판단."(대법원 2008.7.10. 선고 2006도2520 판결)

6) 安正鎬·李在錫, 목격증인의 범인식별진술의 취약성 및 증명력 제고방안, 裁判資料 第110輯: 사실인정 방법론의 정립[형사재판편](2006, 법원도서관), 515~576.

다섯째, 줄세우기는 '동시적 줄세우기'(Simultaneous Presentation)보다 '순차적 줄세우기(Sequential Presentation)'가 지목오류를 최소화하는 데 더 유익하다. 순차적 줄세우기에서는 목격자가 한 번에 한 사람씩 보고, 다른 사람을 보기 전에 각각의 사람에 대하여 결정을 내리게 된다(이 사람은 범인인가 또는 저 사람은 범인이 아닌가). 통상적인 동시적 절차와 비교해볼 때 순차적 절차에서 오류 지목(범인이 없는 줄서기에서) 비율이 더 낮게 나타나고 있기 때문이다.

(바) 일대일대면(show up)이 허용되는 예외(대법원 2009.6.11. 선고 2008도12111 판결)[7]

"범죄 발생 직후 목격자의 기억이 생생하게 살아있는 상황에서 현장이나 그 부근에서 범인식별 절차를 실시하는 경우에는, 목격자에 의한 생생하고 정확한 식별의 가능성이 열려 있고 범죄의 신속한 해결을 위한 즉각적인 대면의 필요성도 인정할 수 있으므로, 용의자와 목격자의 일대일 대면도 허용된다. 이 사건과 같이 V가 경찰관과 함께 범행 현장에서 범인을 추적하다 골목길에서 범인을 놓친 직후 골목길에 면한 집을 탐문하여 용의자를 확정한 경우에는 그 현장에서 용의자와 V의 일대일 대면이 허용된다."[8]

(사) 소매치기의 현행범을 검거한 경찰관과 경찰정보원의 진술의 증명력(대법원 1995.5.9. 선고 95도535 판결(특정범죄 가중처벌 등에 관한 법률위반[절도]))

"현행범을 체포한 경찰관의 진술이라 하더라도 범행을 목격한 부분에 관하여는 여느 목격자와 다름없이 증거능력이 있고, 다만 그 증거의 신빙성만 문제된다. 위와 같은 경찰관의 체포행위를 도운 자가 '범인의 범행을 목격하였다'는 취지의 진술은 그 사람이 경찰정보원이라 하더라도 그 증거능력을 부인할 아무런 이유가 없다. 원심이, 피고인을 현행범으로 체포한 경찰관과 위 체포행위를 도운 O의 수사기관에서의 각 진술

7) 조용현, 범인식별절차로서 일대일대면이 허용되는 경우, 『해설』 80호(2009년 상), 721~ 735.

8) **[사안(강제추행시상)]** V가 2007.11.4. 04:30경 부산 남구(이하 생략)에 있는 집으로 귀가하기 위하여 ○○동 소재 ○○동 주민자치센터(동사무소) 앞길을 혼자 걸어가고 있던 중, 뒤편에서 범인이 V의 겨드랑이 사이로 두 손을 넣어 가슴을 움켜쥐었다가 V가 놀라 비명을 지르자 V를 밀쳐 땅바닥에 넘어뜨리고 몸 위에 올라타 V의 어깨와 가슴 부위를 주먹으로 2회 정도 때린 뒤 일어나 태연히 걸어갔다. V는 범인을 뒤쫓아 가다가 때마침 순찰활동 중이던 경찰차에 탑승하여 경찰관들과 함께 범인을 추적하게 되었다. 경찰관들은 곧바로 도주하는 범인을 발견하고 경찰차로 추격하였는데, 범인이 오른쪽으로 나 있는 작은 골목길 쪽으로 사라지는 바람에 약 20m의 거리를 두고 시야에서 놓쳐 버렸으며, 그로부터 약 3초 만에 위 골목길 입구에 이르러 경찰차에서 내린 다음 골목길 주변을 둘러보았으나 범인은 발견되지 않았다. 위 골목길은 입구에서 우측으로 두 채, 좌측으로 한 채의 주택이 면하여 있는 길로서, 끝 부분에는 약 1.5m 높이의 담장이 가로막고 있고 그 위로는 쇠창살이 설치되어 있다. 경찰관들은 위 골목길에 면해 있는 주택을 탐문하여 우측 입구 주택 2층에 부부가 젊은 아들 및 딸과 함께 거주한다는 내용의 진술을 들었다. 경찰관은 위 주택 2층에 거주한다는 젊은 남자가 범인인지 여부를 확인하기 위하여 D의 아버지 승낙을 받아 위 주택 2층의 D의 방에 들어가게 되었다. 경찰관들은 집 앞에서 기다리고 있던 V를 데려와 D와 대면을 시킨 다음 범인이 맞는지 물어보아 '맞다'는 대답을 듣고는, D를 체포하였다.

및 법정에서의 각 증언이 증거능력이 있다고 판단한 것은 정당하다. 또한 형사재판에 있어서 유죄로 인정하기 위한 심증형성의 정도는 합리적인 의심을 할 여지가 없을 정도이어야 하나, 합리성이 없는 모든 가능한 의심을 배제할 정도에 이를 것까지 요구하는 것은 아니며, 증명력이 있는 것으로 인정되는 증거를 합리적인 근거가 없는 의심을 일으켜 이를 배척하는 것은 자유심증주의의 한계를 벗어나는 것으로 허용될 수 없으므로(당원 1994.9.13. 선고 94도1335 판결 참조), 소매치기의 현행범을 검거한 경찰관과 경찰정보원의 진술이라 하더라도 그 증명력에 있어서 합리적인 근거가 있는 의심을 할 만한 사정이 없는 한 그 신빙성을 배척할 수는 없다."

7.5

악성격(유사사실) 증거배척의 원칙

대법원 1991.11.12. 선고 91도2172 판결

I 사 안

D는 1990.9.28. 충남 논산군 부적면 아호리 앞 버스정류장에서 논산읍으로 가는 번호미상의 시내버스에 승차하였다. 07:05경 위 버스가 충남 논산읍 취암리 소재 목화예식장 앞 버스정류장에 이르러 정차할 무렵 D가 탄 버스 뒤에 서있던 V는 현금과 수표를 도난당한 사실을 발견하고 '소매치기 당하였다'고 소리쳤다. 그러자 D는 버스의 출입문으로 빠져 나와 도주하였다. V가 D를 범인으로 단정하고 D를 추적하여 그 옷깃을 붙잡자 D는 V를 팔로 밀쳐 넘어뜨렸다. 이로 인하여 V는 약 2주간의 치료를 요하는 두피열창상을 입었다. D는 강도상해 혐의로 기소되었다. V는 "D가 소매치기하는 것을 보지는 못했으나 자신이 '소매치기 당하였다'고 소리치자 V의 뒤에 서 있던 D가 승객을 밀치고 도주하려고 한 것으로 보아 범인으로 짐작된다"고 진술하였다. 그날은 논산 장날이고 등교시간이어서 버스승객이 많아 누가 누구인지 알 수 없을 정도로 만원이었다. D는 수사단계에서부터 제1심과 항소심 법정에 이르기까지 위 범행을 부인하고 "나는 훔치지 않았다. 소매치기의 전과가 있어 누명을 쓸 것이 두려워 현장에서 도주하려고 한 것 뿐"이라고 변소(辨疏, '변명'의 뜻) 하고 있다. 제1심과 항소심은 D에게 유죄판결을 선고하였다. D가 상고하였다.

II 쟁 점

공소사실과 유사한 전과사실(Other-crimes or 'bad acts')을 근거로 공소사실을 인정하는 증거로 사용할 수 있는가?

III 재판요지 (파기환송)

소매치기의 전과가 있는 D로서는 그 변소와 같이 누명을 쓸 것이 두려워 도주할 수도 있는 것이므로 D가 도주하였다는 사실만으로 범인이라고 단정할 수는 없다. (중략) 유죄로 단죄하기 위한 증거는 범행에 대한 직접 증거만이 아니라 상황증거 내지 정황증거도 될 수 있는 것이고 D의 경우에 소매치기의 전과가 있을 뿐 아니라 현장에서 도주하려고 한 소행으로 보아 범인이 아닌가 하는 의심이 가지 않는 것도 아니나, 유죄증거의 증명력은 유죄여부에 관한 합리적인 의심을 배제할 정도로 유죄의 확신을 가져올 수 있는 것이어야 하는 바, 위에서 본 1심판결 거시증거들은 D를 유죄로 단죄할 만한 증명력을 갖춘 증거라고 보기 어렵다. (중략) 결국 원심판결에는 채증법칙에 위반한 증거판단으로 사실인정을 그르친 위법이 있(다).

IV 분석과 해설

(가) 악성격(유사사실) 증거배척의 원칙의 의의

전과(同種 또는 이종의 前科, convict)나 비행(非行, de-lin-quency), '지역사회 안에서의 악평'(惡評) 등의 악성격 증거(Other-crimes or 'bad acts')는 원칙적으로 공소사실의 입증에 사용하여서는 아니 되는 원칙이 악성격 증거배척의 원칙이다. '악성격 증거배척의 원칙'을 '유사사실 증거배척의 원칙'으로 불러도 상관없다. 영미 증거법에서는 이런 증거들을 성격증거(character evidence)로 자리매김하여 오래전부터 이 원칙이 인정되고 있다.[1)]

본 사안에서 제1심과 항소심은 D의 '소매치기 전과사실'(악성격 증거의 전형이다)이 공소사실과 유사성이 있고 버스정류장에 이르러 버스가 정차할 무렵 D가 탄 버스에 타고 있던 V가 현금과 수표를 도난당한 사실을 발견하고 '소매치기를 당하였다'고 소리치자 D가 버스의 출입문으로 빠져 나와 도주한 의심스러운 도주행동(행동에 의한 주장)을 정황증거로 삼아 D에게 유죄를 인정하였다. 그러나 대법원은 "소매치기의 전과가 있는 D로서는 그 변소와 같이 누명을 쓸 것이 두려워 도주할 수도 있는 것이므로 D가 도주하였다는 사실만으로 범인이라고 단정할 수는 없다."고 판시하였다. 본 판결은 대법원이 '합리적 의심의 여지가 없는 증명'의 법리를 매개로 악성격(유사사실) 증거배척의 원칙을 수용하고 있음을 암시하는 최초 유일의 판결이다.

(나) 악성격(유사사실) 증거배척의 원칙을 인정하여야 하는 이유

악성격 증거를 무한정하게 허용하면 법관(혹은 배심원)에게 예단이나 편견을 줄 우려가 있고 쟁점이 애매하여져 피고인 측의 반증이 어렵게 되고 소송을 지연시킬 우려도 있다. 동종전과가 있으면 현재 공소가 제기된 공소사실도 사실일 것이라고 추측하기 쉽지만 현재 입증의 대상이 되고 있는 공소사실에 대하여 동종전과는 어떤 증명력도 없다.

1986년에 선고된 다음과 같은 하급심판결도 '악성격(유사사실) 증거배척의 원칙'의 맥락에서 참고할 만한 사안이다.

---

1) FRE Rule 404. Character Evidence; Crimes or Other Acts. (a) CHARACTER EVIDENCE. (1) Prohibited Uses. Evidence of a person's character or character trait is not admissible to prove that on a particular occasion the person acted in accordance with the character or trait.

"소매치기식 절도범행에 관하여 유일한 증거인 범행목격자의 진술이 경찰 이래 항소심 법정에 이르기까지 계속하여 조금씩 번복되어 왔고, 그 진술이 당시의 주변상황과 제대로 들어맞지 아니하며, 그 진술에 명백히 허위인 것이 포함되어 있고 체포당시 피고인에게서 피해품이 전혀 발견되지 아니하였다면, 목격자의 진술은 의심스럽다고 하지 아니할 수 없어, 비록 피고인이 절도전과 4범으로서 그 행적에 의심스러운 점이 있다 하여도 피고인이 이 사건 소매치기 범행의 범인이라고 단정할 수 없다."(대구고법 1986.5.28. 선고 86노263 판결)

(다) 예 외[2)]

'악성격(유사사실) 증거배척의 원칙'에 대하여는 다음과 같은 예외가 인정되어야 한다.

(1) 피고인측이 피고인의 선량(善良)한 성격을 입증한 경우 피고인측이 피고인의 '선량한 성격이나 평판'(good character)을 입증한 경우에는 검찰측도 반증으로 피고인의 악성격을 입증함을 허용하는 것이 공정한 재판의 이념에 합치한다.

(2) 객관적 행위가 증명된 후 피고인의 주관적 범죄요소를 증명하는 경우 이미 다른 증거로 객관적 사실이 증명되어 피고인의 동기, 악의(혹은 知情), 고의, 계획 등 범죄의 주관적 요소의 입증만이 과제로 되는 경우에도 '악성격(유사사실) 증거배척의 원칙'에 대한 예외를 인정하여야 한다. 이런 경우에는 행위자가 행위의 결과를 인식하고 있었음이 '사실상 추정'되어 진실발견을 그르칠 위험성이 거의 없기 때문이다.

(3) 기소사실과 특별한 관련성이 있는 경우 공소사실과 악성격(유사사실) 증거 사이에 '특별한 관련성'이 있는 경우에도 '악성격(유사사실) 증거배척의 원칙'에 대한 예외를 인정할 수 있다. 예를 들어 특수한 범행수법(modus operandi)이 일치하는 경우, 피해자가 일정 종류의 사람들로 한정되어 나타나는 경우 등 모종의 특

2) FRE Rule 404. (2) Exceptions for a Defendant or Victim in a Criminal Case. The following exceptions apply in a criminal case: (A) a defendant may offer evidence of the defendant's pertinent trait, and if the evidence is admitted, the prosecutor may offer evidence to rebut it; (B) subject to the limitations in Rule 412, a defendant may offer evidence of an alleged victim's pertinent trait, and if the evidence is admitted, the prosecutor may: (i) offer evidence to rebut it; and (ii) offer evidence of the defendant's same trait; and (C) in a homicide case, the prosecutor may offer evidence of the alleged victim's trait of peacefulness to rebut evidence that the victim was the first aggressor.

이한 특징이 드러나는 경우, 연쇄살인 사건에서 피살자의 자태가 특이하게 유사한 모습을 보이는 경우, 유사한 사안에서 피고인이 피해자의 사진을 지니고 있는 경우에는 특별한 관련성을 인정할 수 있다.

(4) 구성요건인 상습성·누범가중사유인 사실 상습성을 인정하는 자료가 되는 이전의 많은 범죄사실, 누범가중사유인 전과사실은 엄격한 증명의 대상이 되는 사실이므로 과거의 범죄사실을 토대로 상습성을 인정하거나 누범을 인정하는 것은 '악성격(유사사실) 증거배척의 원칙'의 예외가 아니다.

(라) 악성격(유사사실) 증거의 범위

과거의 확정판결(前科), 별소로 기소된 행위, 아직 기소되지 아니한 행위(餘罪), 단순한 비행(非行) 등을 생각할 수 있으나 과거의 확정판결(전과) 이외의 것들은 별도로 증명이 필요하므로 악성격 증거로 볼 실익이 없는 것들이다.

(마) 예외입증의 방법

공소사실이 요증사실로서 엄격한 증명의 대상이므로 악성격(유사사실)도 엄격한 증명의 대상으로 보아야 한다.

7.6

고의(범의)와 공모사실의 증명방법(엄격한 증명)·적법한 증거조사

대법원 2002.3.12. 선고 2001도2064 판결; 대법원 2003.12.12. 선고 2001도606 판결; 대법원 2011.11.10. 선고 2011도11115 판결

I 사 안

2002년 사안

D는 도지사로서, '1998.2. 하순경부터 정부에서 금융시장의 구조개선을 위하여 재무구조의 개선이 어렵다고 판단되는 금융기관에 대하여 퇴출조치를 취할 대상을 선정하는 작업을 진행 중에 있었으며, 대상 중의 하나인 A은행장 O의 부탁을 받고, 같은 해 5.28.경 A은행 지점 주차장 등에서 A은행의 퇴출을 막기 위하여 금융감독위원회 소속 공무원 등 관련 공무원을 알선하는 데 필요한 활동비로 교부하는 1억 원을 수령'하여 '공무원의 직무에 속한 사항의 알선에 관하여 금품을 수수'한 혐의(특정범죄가중처벌등에 관한 법률위반(알선수재))로 기소되었다. D는 법정에서 '금품 등을 수수'한 사실을 인정하면서도 범의를 부인하였다. 알선수재의 범의에 관하여 D는 검찰에서 자백하는 진술을 한 바 있으며, 위 진술에 뚜렷하게 신빙성을 의심할 만한 사정이 없고, 이 사건 금품을 제공한 A은행에게는 당시 퇴출을 막아야 한다는 뚜렷한 현안이 있었다. 위 현안은 D가 부총리 겸 재정경제원장관으로 재직하던 때에 이루어진 1998.2.26.자 처분과 밀접한 관련이 있으며, 위 현안과 관련하여 중요한 시점에서 D가 관련 공무원과 전화 또는 면담하고 특히 면담 전후에 걸쳐 O와 통화까지 하였으며, D의 처에 대하여도 이 사건과 같은 내용의 청탁과 금품 교부가 이루어졌고, D가 A은행의 위 현안이 무위로 돌아간 직후에 이 사건 금품을 반환하였다. 항소심은 '범의가 없다'는 이유로 무죄를 선고하였다. 검사가 상고하였다.

2003년 사안

D2는 "H증권주식회사대표이사로서, 같은 회사 상무이사 D3과 공모하여, 보유 중인 H전자의 주식 시세를 올리기로 마음먹고, 1998.5.26.부터 같은 해 11.12.까지 사이에 주식을 매매하는 과정에서, 유가증권 시장에서의 매매거래를 유인할 목직으로 종가결정을 위한 동시호가시간대에 53회에 걸쳐 합계 1,425,680주의 고가 매수주문을 내어 종가를 고가에 형성시키고, 1,023회에 걸쳐 합계 3,472,180주에 대하여 직전 체결가 및 상대호가 대비 고가매수주문을 내어 장중시세를 인위적으로 상승시키는 시세변동 거래행위를 하고, 567회에 걸쳐 합계 2,103,290주에 대하여 장중접속매

매시 매매체결가능성이 없는 허위의 대량매수주문을 내어 매수세가 성황을 이루고 있는 듯이 보이게 하고, 60회에 걸쳐 합계 302,070주에 대하여 시초가 형성을 위한 동시호가시 호가잔량만 공개되는 점을 이용하여 매매체결가능성이 없는 낮은 가격에 대량의 허위 매수주문을 내 매수세가 성황을 이루고 있는 듯이 보이게 하여, 유가증권의 매매거래가 성황을 이루고 있는 듯이 잘못 알게 한 증권거래법위반 혐의로 기소되었다. D2는 그 실행행위에 직접 관여한 사실을 인정하면서도 공모의 점과 함께 범의를 부인하였다. D의 공모사실을 직접 증명하는 직접증거는 없다. 제1심과 항소심은 유죄를 선고하였다. D2가 상고하였다.

II 쟁 점

고의(범의)와 공모사실은 엄격한 증명의 대상인가?

III 재판요지

2002년 사안(파기환송)

알선수재죄는 '공무원의 직무에 속한 사항을 알선한다는 명목'으로 '금품 등을 수수'함으로써 성립하고 '공무원의 직무에 속한 사항을 알선한다는 명목'으로 수수하였다는 ⓐ **범의는 범죄사실을 구성하는 것으로서 이를 인정하기 위해서는 엄격한 증명이 요구**되지만, ⓑ 피고인이 '금품 등을 수수'한 사실을 인정하면서도 범의를 부인하는 경우에는, 이러한 주관적 요소로 되는 사실은 사물의 성질상 범의와 상당한 관련성이 있는 간접 사실을 증명하는 방법에 의하여 이를 입증할 수밖에 없고, ⓒ 무엇이 상당한 관련성이 있는 간접 사실에 해당할 것인가는 정상적인 경험칙에 바탕을 두고 치밀한 관찰력이나 분석력에 의하여 사실의 연결상태를 합리적으로 판단하는 방법에 의하여야 한다(대법원 2000.7.7. 선고 2000도1899 판결 참조). 이 사건 범의를 입증하기 위하여 검사가 제출한 증거들을 살펴보면, 원심이 범의를 인정할 증거가 없다는 이유로 피고인에 대하여 무죄를 선고한 데에는 채증법칙을 위반하거나 검찰 피의자신문조서의 증명력 내지 알선수재죄의 범의의 입증 방법에 관한 법리를 오해하여 판결 결과에 영향을 미친 위법이 있다고 보지 않을 수 없다.

2003년 사안(상고기각)

ⓓ 공모공동정범에 있어서 공모나 모의는 범죄사실을 구성하는 것으로서 이를 인정하려면 엄격한 증명이 요구되지만, ⓔ 피고인이 그 실행행위에 직접 관여한 사실을 인정하면서도 공모의 점과 함께 범의를 부인하는 경우에는, 이러한 주관적 요소로 되는 사실은 사물의 성질상 범의와 상당한 관련성이 있는 간접사실을 증명하는 방법에 의하여 이를 입증할 수밖에 없고, ⓕ 무엇이 상당한 관련성이 있는 간접사실에 해당할 것인가는 정상적인 경험칙에 바탕을 두고 치밀한 관찰력이나 분석력에 의하여 사실의 연

결 상태를 합리적으로 판단하는 방법에 의하여야 한다(대법원 1998.11.24. 선고 98도2654 판결, 대법원 2000.3.14. 선고 99도4923 판결, 대법원 2000.7.7. 선고 2000도1899 판결, 대법원 2002.7.26. 선고 2001도4947 판결 등 참조). 원심이 그 거시 증거를 종합하여, D2가 원심공동피고인 D3에게 'H전자의 주가를 높여가면서 매수하라'고 지시한 사실을 인정하고, 위 두 사람을 공범으로 판단한 조치는 정당하고, 거기에 공모공동정범에 관한 법리오해로 인한 법령위반의 잘못이 없다.

IV 분석과 해설

(가) 판례의 분석

2003년 판결은 간접적·우회적으로 고의(범의)가 엄격한 증명의 대상임을 시사하고 있으나, 2002년 판결은 고의(범의)가 엄격한 증명의 대상이라고 직접적으로 판시하고 있어 주목된다. 주목할 것은 증명의 방법에 있어, 범의와 같은 주관적 요소는 직접증거에 의하여 인정하기 어려우므로, 범의와 상당한 관련성이 있는 간접사실을 증명하는 방법, 즉 간접증거만으로도 증명이 가능하다는 판시이다. 예를 들어 '상당한 관련성'은 "정상적인 경험칙에 바탕을 두고 치밀한 관찰력이나 분석력에 의하여 사실의 연결 상태를 합리적으로 판단하는 방법에 의하여야 한다."(2002년 판결)

(나) 엄격한 증명과 자유로운 증명의 구분: 통설의 이해방식의 문제점

통설에 의하면 법관이 소송법상 중요한 증명대상인 사실(예를 들어 공소장기재 공소사실: 주요사실)을 인정하려면 엄격한 증명방식(증거능력 있는 증거를 공판정에서의 정규의 증거조사절차를 경유하여 증명함)이 요구된다. 통설은 법 제307조(사실의 인정은 증거에 의하여야 한다)의 의의를 위와 같이 축소해석하고 있다. 통설은 '엄격한 증명' 개념과 더불어 '자유로운 증명' 개념을 별도로 인정하고 있다. 통설은 '엄격한 증명'을 '㉮ 증거능력 있는 증거를, ㉯ 공판정에서 적법한 증거조사절차를 경유하여 행하는 증명'으로 파악하고, 이에 비하여 '자유로운 증명'은 그 이외의 증명방식, 즉 '수단은 증거능력 없는 증거이어도 좋고 방법은 적법한 증거조사절차를 경유하지 아니하여도 어떤 형태로든 입증의 대상을 증명만 하면 되는 증명'으로 파악한다. 그러나 법 제307조를 통설처럼 축소해석하여야 할 논거는 제시되지 않고 있다. '자유로운 증명'도 공판정에서의 증거조사를 요하는 점은 엄격한 증명과 다르지 않다.

(다) 엄격한 증명의 대상과 증거조사 방식

(1) 대 상 **형벌권의 존부와 그 범위에 관한 사실**은 모두 엄격한 증명의 대상이다. ① 공소범죄사실(공소장기재 공소사실)이 엄격한 증명의 대상임에 대하여는 이

론이 있을 수 없다. ② 위법성과 책임을 기초지우는 사실(위법성조각사유와 책임조각사유의 부존재도 마찬가지), 누범전과(前科)사실 같은 형의 필요적 가중사유의 존재, 심신미약, 심신상실과 같은 형의 필요적 감면사유의 부존재, ③ 처벌조건인 사실의 존재, 경합범가중의 사유가 되는 사실들은 모두 엄격한 증명의 대상이다(통설·판례). ④ 몰수와 추징사유가 되는 사실도 형벌권의 존부와 그 범위에 관련되는 사실이므로 엄격한 증명의 대상으로 보아야 한다(다수설, 그러나 판례는 자유로운 증명으로 족하다고 한다).

위의 사실 자체뿐만 아니라 ⑤ 그 사실의 간접사실도 마찬가지(예를 들어 위드마크식 계산법의 전제사실)이다. ⑥ 상식이 아닌 특수한 경험법칙도 위 사실의 인정에 필요한 경우는 마찬가지이다. ⑦ 외국의 법규도 처벌의 전제가 될 경우에는 엄격한 증명의 대상이다(대법원 2008.7.24. 선고 2008도4085 판결)[1].

(2) 조사의 방식 형사소송법에 규정된 적법한 방식이 있다(법 제290조 이하). 피고인은 신문(법 제296조의 2), 증거물은 제시(법 제292조의 2), 증거서류는 낭독 또는 내용의 고지(법 제292조), 증인은 교호신문방식(법 제161조의 2)으로 공판정에서 당사자가 이의신청이나 탄핵할 수 있는 기회를 주고(법 제296조) 방청객에 공개되면서 진행되어야 한다.

(라) 자유로운 증명의 대상

(1) 소송법적인 사실 절차적인 사실에 관하여 증명이 필요할 때에는 자유로운 증명으로 족하다. 예를 들어 제312조 제4항의 '특히 신빙할 수 있는 상태'라든지(대법원 2012.7.26. 선고 2012도2937 판결), 친고죄에서 고소의 유무와 같은 소송조건에 관한 사실은 수사기록에 첨부된 고소장으로도 증명이 가능하다(대법원 1999.2.9. 선고 98도2074 판결). 그러나 자유로운 증명이 아무 증거도 없이 사실을 인정할 수 있는 증명은 아니다. 특히 상소가 허용되는, 재판의 전제가 되는 사실의 기초가 되는 증거는 소송기록 중의 증거목록 부분에 기재되어야 한다.

(2) 양형의 기초가 되는 사실(정상관계사실) 양형을 판단하는 자료가 되는 사실

---

1) "대한민국의 국민이 뉴질랜드의 시민권을 취득하면 국적법(2008.3.14. 법률 제8892호로 개정되기 전의 것, 이하 같다) 제15조 제1항에 정한 '자진하여 외국 국적을 취득한 자'에 해당하여 우리나라의 국적을 상실하게 되는 것이지 대한민국과 뉴질랜드의 '이중국적자'가 되어 국적법 제14조 제1항의 규정에 따라 법무부장관에게 대한민국의 국적을 이탈한다는 뜻을 신고하여야 비로소 대한민국의 국적을 상실하게 되는 것은 아니며(대법원 1999.12.24. 선고 99도3354 판결 등 참조), 한편 형법 제6조 본문에 의하여 외국인이 대한민국 영역 외에서 대한민국 국민에 대하여 범죄를 저지른 경우에도 우리 형법이 적용되지만, 같은 조 단서에 의하여 행위지의 법률에 의하여 범죄를 구성하지 아니하거나 소추 또는 형의 집행을 면제할 경우에는 우리 형법을 적용하여 처벌할 수 없고, 이 경우 행위지의 법률에 의하여 범죄를 구성하는지 여부에 대해서는 엄격한 증명에 의하여 검사가 이를 입증하여야 할 것이다."

은 극히 다양하기 때문에 자유로운 증명의 대상으로 삼는 것이 합리적일 수 있다. 경력·성격·일반 전과 등이 그 예이다. 또한 양형을 판단하는 자료가 되는 사실에는 지극히 개인적인 사실도 포함될 수 있는데 지극히 개인적인 사실은 자유로운 증명의 대상으로 삼아야 일반방청객에게 폭로되지 아니하여 피고인의 명예보존에도 유익한 측면이 있다.

(마) 적법한 증거조사를 거치지 않은 것(엄격한 증명 위반)으로 판단된 사안(대법원 2011.11.10. 선고 2011도11115 판결)

[사안] D는 "버스 운전기사인 V가 '다른 차량에게 양보하며 운행한다'는 이유로 화가 나 운전석 옆에 서서 V에게 '운전을 누구한테 배웠는지 참 개같이 배웠다'는 등 험한 말을 하였고, 자제를 요청하는 V에게 10여 분 넘게 심한 욕설을 계속 하고, V의 어깨를 잡는 등 유형력을 행사하여, 이에 참다못한 V가 고속도로를 운행하는 도중 경찰에 신고"하여 업무방해죄 혐의로 기소되었다. V는 제1심에서 '증인(V)이 운전을 하는 동안 피고인(D)이 증인의 어깨를 잡은 사실이 있는가'라는 신문에 대하여 '어깨를 살짝 잡은 것이지 폭행은 없었다'는 취지로 진술하였고, 경찰에서도 '나(D)는 폭행을 하지 않고 계속하여 말로만 괴롭혔다'는 취지로 진술하였다. D는 제1심 이래 줄곧 '유형력을 행사하는 등의 폭행을 한 바는 전혀 없다'며 이 부분 범죄사실을 강하게 부인하면서 다투어 왔고, '당시 버스 내에서 촬영된 CCTV 영상을 살펴보면 내(D)가 그와 같은 범행을 한 사실이 없음이 밝혀질 것'이라며 변소하기도 하였다. 제1심과 항소심은 유죄를 인정하였다. D가 상고하였다. 제1심과 항소심이 사건 범죄사실에 대한 유죄의 증거로 채용한 것은 '증인 V의 법정진술'과 'V에 대한 경찰 진술조서'뿐이고, 항소심이 인용한 'CCTV 영상'은 유죄의 증거로 채용한 바가 없다. 위 CCTV 영상과 관련하여 제1심은 경기수원중부경찰서 경찰관이 작성한 수사보고를 증거로 채택하여 조사하였는데, 위 수사보고는 증인(V)(버스운전기사)이 이 사건 당시 버스에 설치된 CCTV에 의해 녹화된 영상을 재생할 수 있는 매체인 CD(컴퓨터용 디스크)를 제출하여 첨부한다'는 내용이고 실제로 CD가 그 보고서에 첨부되어 있었다. 공판조서의 일부인 증거목록에 기재되어 있는 바와 같이 제1심은 CD가 첨부되어 있는 수사보고에 대한 증거조사를 형사소송법 제292조에서 정한 증거서류에 대한 증거조사 방식에 따라 제시 및 내용고지의 방법에 의하여 하였고, 형사소송법 제292조의3에서 정한 컴퓨터용 디스크에 대한 증거조사 방식(재생하여 시청 또는 청취)에 따라 증거조사를 하지는 않았다. **[판지]** "ⓐ 원칙적으로 증거의 채부는 법원의 재량에 의하여 판단할 것이지만, ⓑ 형사사건의 실체를 규명하는 데 가장 직접적이고 핵심적인 증거는 법정에서 증거조사를 하기 곤란하거나 부적절한 경우 또는 다른 증거에 비추어 굳이 추가 증거조사를 할 필요가 없다는 등 특별한 사정이 없는 한, ⓒ공개된 법정에서 ⓓ 그 증거방법에 가장 적합한 방식으로 증거조사를 하고,

ⓔ 이를 통해 형성된 유죄·무죄의 심증에 따라 사건의 실체를 규명하는 것이 형사사건을 처리하는 법원이 마땅히 취하여야 할 조치이고, 그것이 우리 형사소송법이 채택한 증거재판주의, 공판중심주의 및 그 한 요소인 실질적 직접심리주의의 정신에도 부합한다. 특히 이 사건에서 버스를 운행 중인 V에 대해 단지 말로만 위협한 경우와 폭력 등의 유형력을 행사한 경우는 범행의 내용에 결정적 차이가 있고, 이는 유죄·무죄의 판단뿐만 아니라 양형의 요소로서도 매우 중요한 인자가 되는 것이므로 그 점을 밝혀 볼 수 있는 가장 확실하고 직접적인 증거가 있다면 다른 특별한 사정이 없는 한 그 증거방법에 대해 적합한 방식으로 증거조사를 하여 실체를 밝혀내는 것이 필요하다. 그럼에도 원심이 이 사건 범죄사실에 대하여 가장 관건이 되는 실체를 밝혀줄 수 있는 CCTV 영상 자료가 녹화되어 있는 CD에 대한 증거조사를 하지 아니한 채 V의 애매한 진술만을 토대로 폭행의 점에 대해서까지 범죄사실의 증명이 있다고 판단한 것은 ⓕ 법원의 증거결정권의 내재적인 재량의 한계를 넘은 것일 뿐만 아니라 피고인의 방어권을 침해하는 것이기도 하다.”

7.7

자유로운 증명의 대상

대법원 2006.4.7. 선고 2005도9858 전원합의체 판결; 대법원 1987.9.22. 선고 87도929 판결; 대법원 1961.10.26. 선고 4294형상590 판결

I 사 안

(생략)

II 쟁 점

몰수·추징의 사유, 자백의 임의성 인정의 기초사실, 심신상실·심신미약의 인정 사유는 자유로운 증명의 대상인가?

III 재판요지

2006년 사안

몰수대상이 되는지 여부나 추징액의 인정 등 몰수·추징의 사유는 범죄구성요건 사실에 관한 것이 아니어서 엄격한 증명은 필요 없지만 역시 증거에 의하여 인정되어야 할 것임은 당연하다.

1987년 사안

피고인이 공판정에서 그 진정성립을 인정한 검사작성의 피고인에 대한 피의자신문조서라도 그 조서에 기재된 피고인의 진술이 임의로 되지 아니한 것이라거나 특히 신빙할 수 없는 상태에서 된 것이라고 의심할 만한 사유가 있으면 증거능력이 없고, 그 임의성 유무가 다투어지는 경우에 법원은 구체적인 사건에 따라 증거조사의 방법이나 증거능력의 제한을 받지 아니하고 당해 조서의 형식과 내용, 진술자의 학력, 경력, 지능정도 등 모든 사정을 참작하여 자유로운 심증으로 그 임의성 유무를 판정하면 된다(대법원 1983.3.8. 선고 83도3248 판결; 대법원 1986.9.23. 선고 86도1429 판결; 대법원 1986.11.25. 선고 83도1718 판결 등 참조).

1961년 사안

피고인의 범행 당시의 정신상태가 심신상실이었느냐 또는 심신미약이었느냐의 문제는 엄격히 말하여 법률적 판단이지 형사소송법 제323조 제1항에서 말하는 사실은 아니기 때문에 증거에 의한 엄격한 증명이 필요 없다.[1)]

---

1) 대법원 1961.10.26. 선고 4294형상590 판결, 법원행정처 재판자료 제22집 형사증거법(상), 93면에서 재인용.

IV

분석과 해설

(가) 몰수와 추징의 사유

형벌권의 존부와 그 범위에 관한 사실은 모두 엄격한 증명의 대상이다. 몰수와 추징사유가 되는 사실도 형벌권의 존부와 그 범위에 관련되는 사실이므로 엄격한 증명의 대상으로 보아야 한다는 것이 다수설이다. 그러나 몰수·추징의 사유는 범죄구성요건 사실에 관한 것이 아니어서 자유로운 증명으로 가능하다는 것이 대법원의 일관된 입장이다(대법원 2006.4.7. 선고 2005도9858 전원합의체 판결, 대법원 2007.3.15. 선고 2006도9314 판결, 대법원 1993.6.22. 선고 91도3346 판결 등 참조).

(나) 자백의 임의성 인정의 기초사실

(1) **판례의 태도** 대법원은 자백의 임의성 인정의 기초사실도 자유로운 증명의 대상으로 본다(대법원 1984.3.13. 선고 83도3228 판결, 대법원 1987.9.22. 선고 87도929 판결). 예를 들어 "법원은 구체적인 사건에 따라 증거조사의 방법이나 증거능력의 제한을 받지 아니하고 당해 조서의 형식과 내용, 진술자의 학력, 경력, 지능정도 등 모든 사정을 참작하여 자유로운 심증으로 그 임의성 유무를 판정하면 된다"고 한다. 1987년 사안에서 대법원은 "피고인이 1986.3.11 점심 때쯤 대전시에 있는 피고인의 집 부근에서 수사요원 4명에 의하여 보안사령부 대전분실에 연행되어 수사가 시작된 이래 같은 해 4.14. 구속영장에 의하여 구속되기까지 1달 3일 동안 외부와는 일체 연락이 끊긴 채 **장기간의 불법구금상태에서 조사**를 받았으며 그 조사과정에서 수사요원들이 피고인에 대하여 잠을 안재우기도 하고 주먹질을 하고 뺨을 때리며 몽둥이로 때리기도 하였으며 때로는 연필을 손가락 사이에 끼워 잡아 비트는 방법으로 **폭행이나 가혹행위를 하면서 이 사건 공소사실의 자백을 강요**하였고, 그러던 중 한편 가끔 피고인에게 담배를 주면서 피우게 하고 피고인을 위로해 주기도 하여 고맙게 여기고 착한 젊은이라고 생각하고 있던 어떤 현역군인인 듯한 경비원이 '수사관이 하라는 대로 다 말하고 빨리 나가는 것이 낫지 않겠느냐, 버티어 보았자 고생만 더 한다'는 말로 충고하므로 피고인은 그 말을 듣고 자기가 한 일은 없지만 수사관들이 원하는 대로 진술하면 오히려 빨리 그곳에서 나갈 수 있을 것이라는 생각도 들어 **연행된 지 한 달 가까이 되어서부터 이 사건 공소사실을 시인**하기에 이른 사실, 피고인은 연행되던 날부터 수사를 받기 시작하여 수많은 신문을 받았고 또 수사관이 쓰라는 대로 작성한 진술서도 여러 차례에 이르지만 기록에 편철된 것은 같은 해 4.4.자의 진술서와 그 이후의 피의자신문조서들뿐이고 그 내용도 하나같이 공소사실과 정확

하게 일치하고 있는 사실, **피고인의 신병이 검찰로 송치된 날인 같은 해 5.2. 위 대전분실에서 피고인의 수사를 맡고 있던 수사관이 피고인을 동행하여 피고인이 신문을 받고 있는 동안 검사실에 있으면서도 같이 점심까지 먹는 등 들락거렸으며** 피고인이 위 수사기관에 연행된 이래 최초로 변호인을 접견한 것은 검찰에서의 조사가 다 끝난 5월 말경이었다. 그동안 피고인은 가족들과는 물론이고 일체 외부와의 연락을 취하지 못한 사실을 인정한 다음, 위와 같은 피고인이 검거된 경위와 장기간의 불법구금상태, 사법경찰관의 조사과정에서 폭행 등 가혹행위가 있었던 점 등을 종합하여 보면 피고인의 사법경찰관 앞에서의 진술은 임의성이 없는 심리상태에서 이루어진 것이라고 의심할 사정이 엿보이고 그와 같은 임의성 없는 심리상태가 검사의 제1회 피의자신문조서가 작성될 당시에는 물론 제2회 피의자신문조서가 작성될 때까지도 계속되었을 가능성이 엿보인다"고 판시하여 비록 검사로부터 신문을 받을 때에는 가혹행위가 없었지만 사법경찰관에게 조사를 받은 과정 등까지 종합하여 검사 앞에서의 자백의 임의성을 부정하였다.

(2) **위법사실의 부존재와 자백을 의심하게 하는 사유의 부존재** 순수한 소송법적 사실은 자유로운 증명의 대상이지만, 소송법적 사실 중에서 '위법수사사실의 부존재'와 '자백의 임의성을 의심하게 하는 사유의 부존재' 등은 엄격한 증명의 대상으로 삼아야 한다는 견해가 유력하게 주장되고 있다. 그 논거는 다음과 같은 두 가지로 모아지고 있다. 첫째, 형사재판은 소추자 측의 주장에 이유와 필요가 있는가 여부를 심사하는 절차이고, 둘째, 형사재판은 피의자·피고인의 기본권을 침해하는 수사기관의 위법활동을 심사하는 절차이기 때문에 소송법적 사실이라 하더라도 그 사실이 인정되면 곧 피고인의 유죄사실을 인정하게 되는 결과를 초래하는 사실은 엄격한 증명의 대상으로 삼는 것이 적법절차보장의 정신에 합치한다.

(다) 심신상실·심신미약의 인정 사유

심신상실·심신미약의 인정 사유도 법률상 형의 가중·감면 사유에 해당하므로 엄격한 증명의 대상으로 보는 것이 다수설이다. 그러나 판례는 "심신상실이었느냐 또는 심신미약이었느냐의 문제는 엄격히 말하여 법률적 판단이지 형사소송법 제323조 제1항에서 말하는 사실은 아니기 때문에 증거에 의한 엄격한 증명이 필요 없다."고 판시한 바 있다. 그 밖에도 일관되게 지속되고 있는

"형법 제10조에 규정된 심신장애의 유무 및 정도의 판단은 법률적 판단으로서 반드시 전문감정인의 의견에 기속되어야 하는 것은 아니고, 정신질환의 종류와 정도, 범행의 동기, 경위, 수단과 태양, 범행 전후의 피고인의 행동, 반성의 정도 등 여러 사정을 종합하여 법원이 독자적으로 판단할 수 있다(대법원 2007.11.29. 선고 2007도8333·2007감도22 판결, 대법원 1999.8.24.선고 99도1194 판결, 대법원 2007.7.12. 선고 2007도3391 판결 등 참조)"는 취지의 판시도 같은 맥락의 발상으로 보인다. 아마도 형의 가중사유가 아닌 감면사유라는 요소도 고려된 것으로 해석된다. 그러나 심신상실·심신미약 인정의 기초되는 사실은 범죄의 성립에 필요한 책임능력에 관한 것이므로 형의 가중사유가 아니더라도 엄격한 증명의 대상이 된다고 보아야 할 것이다.

(라) 반의사불벌죄에서 처벌불원의 의사표시 또는 그 철회(대법원 2010.10.14. 선고 2010도5610 판결)[2)]

2) "이 사건 각 수사보고서는 검사가 참고인인 피해자 O, O2와의 전화통화 내용을 기재한 서류로서 형사소송법 제313조 제1항 본문에 정한 '피고인 아닌 자의 진술을 기재한 서류'인 전문증거에 해당하나, 그 진술자의 서명 또는 날인이 없을 뿐만 아니라 공판준비기일이나 공판기일에서 진술자의 진술에 의해 성립의 진정함이 증명되지도 않았으므로 증거능력이 없다(대법원 1999.2.26. 선고 98도2742 판결, 대법원 2007.9.20. 선고 2007도4105 판결 등 참조). 그러나 반의사불벌죄에서 '피고인 또는 피의자의 처벌을 희망하지 않는다'는 의사표시 또는 처벌희망 의사표시 철회의 유무나 그 효력 여부에 관한 사실은 엄격한 증명의 대상이 아니라 증거능력이 없는 증거나 법률이 규정한 증거조사 방법을 거치지 아니한 증거에 의한 증명, 이른바 자유로운 증명의 대상이다(대법원 1999.2.9. 선고 98도2074 판결, 대법원 1999.5.14. 선고 99도947 판결 등 참조). 원심이 증거능력이 없는 이 사건 각 수사보고서를 피해자들의 처벌희망 의사표시 철회의 효력 여부를 판단하는 증거로 사용한 것 자체는 위와 같은 법리에 따른 것으로서 정당하[다.]"

7.8

공동피고인의 증인적격

대법원 2008.6.26. 선고 2008도3300 판결; 대법원 2006.1.12. 선고 2005도7601 판결

I 사 안

2008년 판결의 사안

(1) D의 게임산업법 위반피고사건 D는 "D, D2는 공모하여, D는 게임장의 종업원으로, D2는 게임장 운영자로서, 관할관청으로부터 허가를 받지 않고 게임장 영업행위를 했다"는 혐의로 게임산업진흥에 관한 법률 위반죄(2007고단1674, 이하 '게임산업법 위반죄'라 한다)의 공범으로 기소되어 D2와 함께 공동피고인으로 재판을 받게 되었다.

담당판사는 D가 '제1회 공판기일에 불출석하자 **변론분리결정**'을 한 다음 D2에 대한 인정신문 등만을 실시하였다. 그리고 D가 출석한 제2회 공판기일에 위 '**변론분리결정을 취소하고 변론을 병합**한다'는 결정을 한 다음 D에 대한 인정신문과 피고인신문을 실시하였다. 먼저 판사는 D에게 '각개의 물음에 대하여 진술을 거부할 수 있음'을 고지한 후 "상피고인 D2는 게임장에 관여하지 않았나요"라고 물었고, D는 "예"라고 대답했으며, 판사는 다시 "D는 바지사장 아닌가요"라고 물었고 이에 D는 "아닙니다"라고 진술하였다.

제3회 공판기일에 D에 대한 변호인신문이 행해졌는데 D는 앞서 제2회 공판기일에서와 마찬가지로 '내가 실제 게임장 업주'라는 취지로 진술하였는데 당시 검사는 이에 대해 반대신문을 하지 않고 D를 공동피고인 D2에 대한 증인으로 신청하였고 판사는 D와 D2에 대한 변론을 분리하지 않은 채 검사의 위 증인신청을 채택하여 제4회 공판기일인 2007.11.9. D에 대한 증인신문을 행하였다(이 제4회 공판기일에서도 변론이 분리되지 않았다) 그 증인신문 절차에서 검사는 D에게 'D2가 임대한 건물에서 D가 게임장을 운영하게 된 경위, D2와 D가 그 게임장 운영에 관련하여 체결한 계약 내용, D가 게임장 운영자금을 어떻게 조달하려고 하였는지' 등을 물었고 판사는 'D가 게임장을 운영하여 나오는 수익을 어떻게 관리하려고 하였는지, D가 게임장의 실제 업주가 맞는지, 그 근거는 무엇인지' 등에 관하여 신문하였다. 그러자 D는 이전의 공판기일에서와 마찬가지로 '내가 실제 업주이고 수익은 D2가 관리하기로 했다'는 취지의 답변을 하였다.

(2) D의 위증피고사건 검사는 D가 'D2의 게임산업법 위반피고사건에서 증인으로 출석하여 선서한 다음 증언함에 있어 허위진술'한 혐의로 D를 위증죄(이하 '위증피고사건'으로 약칭함)로 기소하였다.

제1심은 '변론병합상태의 공범의 증인적격'에 관한 긍정설의 입장에서 D에게 유죄를 선고하였다. D가 항소하였다.

항소심은 "동일한 공동피고인의 진술을 변론의 병합 또는 분리라는 다소 형식적인 절차에 따라 피고인의 진술 또는 증인의 진술로 달리 파악한다든지, 공동피고인의 증인적격이 공동피고인 상호간의 실질적인 관련성과 관계없이 오직 변론의 병합 또는 분리라는 기술적인 절차에 의해 좌우되는 결과가 된다면 부당한 점 등에 비춰 보면 학설 중 적어도 자기의 피고사실과 밀접한 관련이 있는 공소사실에 대해 공범인 공동피고인은 증인적격이 없다고 보는 **절충설**의 견해가 타당하다"면서, "공범인 D2와 공동피고인으로 기소된 D의 경우 증인적격이 인정되지 않는다. 따라서 D가 제1심 제4회 공판기일에 증인으로 선서하고 증언한 후에 허위진술을 하였다고 하더라도 위증죄가 성립하지 않는다."며 제1심판결을 파기하고 D에게 무죄(D에 대한 판결의 요지를 공시)를 선고하였다. 검사가 상고하였다.

II 쟁점

공동피고인에게 증인적격이 있는가?

III 재판요지

2008년 판결의 재판요지(상고 기각)

공범인 공동피고인은 당해 소송절차에서는 피고인의 지위에 있으므로 다른 공동피고인에 대한 공소사실에 관하여 증인이 될 수 없으나, 소송절차가 분리되어 피고인의 지위에서 벗어나게 되면 다른 공동피고인에 대한 공소사실에 관하여 증인이 될 수 있다(대법원 1999.9.17. 선고 99도2449 판결, 대법원 2007.11.29. 선고 2007도2661 판결 등 참조).

원심이 이와 달리, '공동피고인은 자신에 대한 공소사실과 밀접한 관련이 있는 공범인 다른 공동피고인에 대한 공소사실에 관하여는 변론의 분리 여부와 관계없이 증인적격이 없음'을 전제로, D가 수원지방법원 성남지원 2007고단1674 게임산업진흥에 관한 법률 위반 사건에서 공범인 D2에 대한 공소사실에 관하여 증인으로 출석하여 선서한 다음 증언함에 있어 기억에 반하는 허위의 진술을 하였다고 하더라도 위증죄가 성립하지 아니한다'고 판단한 것은 잘못이다.

그러나 D와 D2의 변론이 분리되지 아니한 이상 D는 공범인 D2에 대한 공소사실에 관하여 증인이 될 수 없고, 따라서 D가 D2에 대한 공소사실에 관하여 증인으로 출석하여 선서한 다음 증언함에 있어 기억에 반하는 허위의 진술을 하였다고 하더라도 위증죄가 성립하지 아니한다. 원심이 이 사건 위증의 공소사실을 무죄로 인정한 조치는 결과적으로 정당하다.

IV

분석과 해설

(가) 이 판결 이전의 해석론

"공범자인 공동피고인이 증인적격이 있는지에 관하여 학설은 긍정설과 부정설, 절충설로 나뉜다. 긍정설은 '공동피고인이라는 개념은 사건을 병합하여 심리하는 결과 생기는 것으로 본질적으로는 소송관계가 각 피고인에 대해 개별로 존재하므로 공동피고인은 상피고인에 대한 관계에서 제3자성을 잃지 않는 것이므로 병합심리 중에 있는 공동피고인도 변론을 분리함이 없이 증인으로 신문할 수 있다'고 본다. 부정설은 '공동피고인은 모두 진술거부권이 있으므로 공동피고인이 공범인지 여부를 불문하고 변론을 분리하지 않는 한 증인적격이 없고 변론을 분리하면 증인적격이 있다'고 본다. 절충설은 '공범자인 공동피고인은 증인적격이 없지만 자기의 피고사건과 실질적으로 관련이 없는 사건[1]에 관하여는 공동피고인이라도 변론을 분리함이 없이 증인으로 신문할 수 있다'고 본다.

이에 관하여 명확한 입장을 표시한 대법원판례는 없었다. 다만, 일부 공소사실에 대해 상피고인과 공범으로 기소된 공동피고인이 상피고인의 단독범행인 공소사실 부분에 관하여 증인의 자격에서 증언한 경우 그 증인적격에 관하여 "공동피고인이 상피고인의 단독범행에 대하여는 공범자의 지위에 있지 않으므로 증인적격이 없다고 할 수 없으므로 (중략) 원심의 판단은 정당하다." 고 판시한 바 있고(대법원 2002.8.23. 선고 2001도5679 판결), 서로 싸운 공소사실로 기소되어 이해관계가 상반된 공동피고인들에 관하여 원심에서 변론을 분리하고 각각 증인으로 채택하여 신문한 존속상해죄 사건에서 "공동피고인들에 관하여 변론을 분리하고 각각 증인으로 채택하여 심문한 것은 서로의 공소사실에 관한 증인으로 각각 채택한 취지이므로 D 자신의 공소사실에 대한 증인으로 채택한 것은 아님이 분명하므로 법리 오해의 위법이 없다."고 판시한 판결이 있다(대법원 1983.10.25. 선고 83도2295 판결, 한편 대법원 1987.7.7. 선고 86도1724 전원합의체 판결은 증언거부권을 행사할 수 있는 자가 그 권리를 행사하지 않고 허위진술을 한 경우 위증죄로 처벌되어야 한다는 판결). 이 대법원의 태도에 관하여는 절충설의 입장을 따른 것으로 해석하는 견해도 있고, 변론을 분리한 경우에 한하여 증인적격을 인정하는 취지라고 해석하는 견해도 있었다."[2]

(나) 이 판결의 의의: 부정설(소극설)

항소심판결과 같이 종래의 대법원판결은 '절충설이 아닌가' 하는 의심을 불

---

1) '범인은닉죄, 증거인멸죄, 위증죄, 허위감정통역죄, 장물죄와 본범 상호간의 관계'.

2) 본 사안의 항소심판결에서 인용함.

러일으킬 만한 문장으로 판시되었다. 대법원판결의 취지는 아직도 명확하지 않다. 그러나 대체로 이 2008년 판결은 부정설에 기울어진 판결로 보인다. 항소심이 "공범인 다른 공동피고인에 대한 공소사실에 관하여는 변론의 분리 여부와 관계없이 증인적격이 없음"을 전제하고 있었는데 대법원은 그런 전제를 잘못된 판단이라고 지적하고 있기 때문이다.

부정설은 "공동피고인은 모두 진술거부권이 있으므로 공동피고인이 공범인지 여부를 불문하고 변론을 분리하지 않는 한 증인적격이 없지만, 변론을 분리하면 본래 공동피고인이었던 공동피고인이 공범으로 기소되었든 공범 아닌 자로 기소되었든 상관없이 증인적격이 있다"는 입장이다. 부정설은 "동일한 공동피고인의 진술을 변론의 병합 또는 분리라는 다소 형식적인 절차에 따라 피고인의 진술 또는 증인의 진술로 달리 파악한다든지, 공동피고인의 증인적격이 공동피고인 상호간의 실질적인 관련성과 관계없이 오직 변론의 병합 또는 분리라는 기술적인 절차에 의해 좌우되는 결과가 되어 부당"하다는 비판을 받을 수 있지만 공범이든 아니든 피고인으로 있는 상태에서 진술거부권을 인정하지 않을 수 없고, 그렇게 되면 이해가 상반되는 피고인의 반대신문권(대면권)을 침해하게 되기 때문이다.

(다) 2006년 판결

1) D3(장물피고인)는 'D4(특수절도피고인)가 절취한 수표가 장물인 점을 알면서도 현금으로 교환하도록 알선'한 혐의(장물알선죄)로, D4는 특수절도죄 혐의로 함께 기소되었다. D3는 공판정에서 범행을 부인하였다. 제1심은 D3의 장물피고사건에 대하여 범죄의 증명이 없다는 이유로 무죄를 선고하였다(일부무죄). 검사가 항소하였으나 이 부분에 대한 항소는 기각되었다. 검사가 'D4에 대한 검사작성의 피의자신문조서에 D3에 대한 공소사실을 유죄로 인정할 진술기재가 있음에도 항소심에서 이를 증거로 채택하지 아니하였다'며 상고하였다.

2) 이에 대하여 대법원은 "공동피고인인 절도범과 그 장물범은 서로 다른 공동피고인의 범죄사실에 관하여는 증인의 지위에 있으므로 증거로 함에 동의한 바 없는 공동피고인(D4)에 대한 피의자신문조서는 공동피고인(절도피고인 D4)의 증언에 의하여 그 성립의 진정이 인정되지 아니하는 한 피고인(장물피고인 D3)의 공소범죄사실을 인정하는 증거로 할 수 없다."며 상고를 기각하였다.

이 판결의 취지는 '엄격한 의미의 공범이 아닌 공동피고인 사이에서는 변론을 분리하지 아니한 상태에서도 증인적격이 있으므로 증언을 청취'할 수 있다는 취지로 읽히기도 하고 실제로 그런 실무례도 있는 것 같다. 그러나 이 판결은 '엄격한 의미의 공범이 아닌 공동피고인 사이에서는 변론을 분리한 다음 증언을 청취'하라는 취지로 읽어야 2008년 판결과 모순이 생기지 아니한다.

(라) 2008년 판결과 2006년 판결의 병존상태

2008년 사안은 '공범인 공동피고인의 증인적격'이 문제된 사안이고 2006년 사안은 '공범이 아닌 공동피고인의 증인적격'이 문제된 사안이다. 2008년 판결은 공범인 공동피고인은 현재로서는 증인적격이 없지만 변론을 분리하면 증인적격이 있다는 취지이다. 2008년 판결은 은근히 공범 아닌 공동피고인이라도 변론을 분리하지 아니하면 증인적격이 없음을 암시한다. 그런데 2006년 판결은 공범이 아닌 공동피고인은 변론을 분리하지 아니한 상태에서도 증인적격이 있는 듯한 판시를 보이고 있어 다소간의 혼란이 예상된다.

(마) 증인적격이 문제되는 '공범'의 포섭범위

증인적격이 문제되는 '공범'의 포섭범위도 애매한 상태이다. 2006년 판결은 장물범과 절도범의 관계와 같이 형법상의 공범관계는 아니지만 상대방에 대한 진술이 자신에 대한 유죄증거로도 사용될 가능성이 다분한 밀접한 관계에 있는 경우에 공범관계를 부정하였다. 그러나 공동정범[3]이나 협의의 공범, 필요적 공범(대법원 1985.6.25. 선고 85도691 판결⇨본서 **9.5** 판결)이나 임의적 공범은 여기서 말하는 공범에 포섭될 것이다.[4]

(바) 공범인 공동피고인은 당해 소송절차에서는 피고인의 지위에 있어 다른 공동피고인에 대한 공소사실에 관하여 증인이 될 수 없으나, 소송절차가 분리되어 피고인의 지위에서 벗어나게 되면 다른 공동피고인에 대한 공소

3) 강도상해의 공동정범인 공동피고인의 경우(대법원 2006.5.11. 선고 2006도1944 판결).

4) "공범인 공동피고인의 범위를 넓게 볼 경우에는 공범에 대한 증인신문절차 없이 공범인 공동피고인의 법정진술과 검찰에서 작성된 공동피고인에 대한 피의자신문조서의 증거능력을 인정하게 되는 범위가 커지게 된다(사법경찰관이 작성한 공동피고인에 대한 피의자신문조서의 경우 공범여부와 관계없이 피고인이 내용을 부인하면 증거능력이 없다는 견해를 취한다면 따로 공범의 범위를 논할 실익이 없다). '공범인 공동피고인의 진술은 자기의 범행에 관한 진술임과 동시에 상피고인의 범행에 대한 진술로서 일체불가분의 관계에 있다'는 점을 고려하면 공범인 공동피고인의 진술거부권이나 증언거부권을 침해하는 결과를 방지하기 위하여 공범의 범위는 공동정범(합동범 포함), 필요적 공범(수뢰죄와 증뢰죄, 간통죄 등), 협의의 공범(교사범, 종범)에 제한되고, 본범과 장물범, 본범과 범인은닉 또는 증거인멸의 범인 등 사후종범의 경우는 포함되지 않는다고 본다.(중략) 본 대상판결은 절도죄와 장물죄의 범행에 대하여 절도범과 장물범은 공범인 공동피고인의 관계가 아니라 서로 제3자의 지위에 있음을 밝혀 주는 판례라는 점에서 그 의의가 있다." 임동규, 형사증거법상 '공범인 공동피고인'의 범위, 『형사판례연구』 14호, 305~306.

사실에 관하여 증인이 될 수 있다(대법원 2012.10.11. 선고 2012도6848, 2012전도143(병합) 판결)

"헌법 제12조 제2항은 '모든 국민은 형사상 자기에게 불리한 진술을 강요당하지 아니한다'고 규정하고 있고 형사소송법 제283조의2 제1항도 '피고인은 진술하지 아니하거나 개개의 질문에 대하여 진술을 거부할 수 있다'고 규정하고 있으므로, 공범인 공동피고인은 당해 소송절차에서는 피고인의 지위에 있어 다른 공동피고인에 대한 공소사실에 관하여 증인이 될 수 없으나, 소송절차가 분리되어 피고인의 지위에서 벗어나게 되면 다른 공동피고인에 대한 공소사실에 관하여 증인이 될 수 있다. 한편 형사소송법 제148조는 피고인의 자기부죄거부특권을 보장하기 위하여 자기가 유죄판결을 받을 사실이 발로될 염려 있는 증언을 거부할 수 있는 권리를 인정하고 있고, 그와 같은 증언거부권 보장을 위하여 형사소송법 제160조는 재판장이 신문 전에 증언거부권을 고지하여야 한다고 규정하고 있으므로, 소송절차가 분리된 공범인 공동피고인에 대하여 증인적격을 인정하고 그 자신의 범죄사실에 대하여 신문한다 하더라도 피고인으로서의 진술거부권 내지 자기부죄거부특권을 침해한다고 할 수 없다. 따라서 증인신문절차에서 형사소송법 제160조에 정해진 증언거부권이 고지되었음에도 불구하고 위 피고인이 자기의 범죄사실에 대하여 증언거부권을 행사하지 아니한 채 허위로 진술하였다면 위증죄가 성립된다."

7.9

명예훼손죄의 위법성조각사유의 거증책임과 증명의 방법

대법원 1996.10.25. 선고 95도1473 판결

I 사 안

D 등은 강변, 강서아파트 재건축조합 조합장, 혹은 조합의 임원이다. D 등은 강변아파트 전 자치회장인 V와 아파트 재건축추진 문제로 다툼이 있자 대의원회를 개최하여 'V의 방해행위로 인하여 아파트지역이 소란스럽게 되고 관할구청에 대하여도 조합인가와 관련하여 조합원간에 내분이 있는 것처럼 보여질 위험이 있다'고 판단하여 '이를 주민들에게 사실대로 홍보하여 재건축사업에 적극협조를 구할 필요가 있다'고 결의하고 조합임원들 명의로 유인물을 배포하였다. 유인물에서 D 등은 V에 대하여 '강탈', '도용', '악의에 찬 행패', '협박과 공포조성에 혈안이다' 등 다소 감정적이고 과격한 표현방법을 사용하였다. V가 D 등을 고소하여 검사는 위 유인물 제작배포에 V를 '비방할 목적'이 있다고 보아 D 등을 출판물에 의한 명예훼손죄로 기소하였다. 공판절차에서 D 등은 강변, 강서아파트 규약, V 작성의 서신, 대의원회의록을 증거로 제시하였다. 이에 대하여 검사는 증거로 함에 동의하지 않았고 원진술자에 의한 진정성립의 인정도 없었다. 항소심은 "형법 제310조의 위법성조각사유에 관한 입증에는 형소법 제310조의2가 적용되지 않는다"고 하면서 위 증거를 인정하였고 "피고인들의 이러한 행위가 형법 제310조의 오로지 공공의 이익에 관한 때에 해당한다"고 판단하여 "피고인들의 행위는 형법 제310조에 의하여 위법성이 조각된다"고 판시하였다. 검사는 "형법 제310조의 '사실의 진실성과 공익성'의 거증책임은 피고인에게 있고, 그 증명은 엄격한 증명에 의하여야 하며 따라서 이때에도 형사소송법 제310조의2 소정의 전문법칙이 적용되어야 하며 피고인 등에게는 V를 비방할 목적이 인정되므로 형법 제310조가 적용될 수 없다"고 주장하며 상고하였다. 강변, 강서아파트규약은 그 내용이 '진술을 기재한 것'이 아니고, 대의원회의록은 그 입증취지가, '그 기재와 같은 내용의 결의가 있었다'는 데 있는 것이고, V 작성의 서신은 그 입증취지가, 'V가 그와 같은 서신들을 작성하여 보냈다'는 데 있다.

II 쟁 점

명예훼손죄의 위법성조각사유에 대한 거증책임은 누구에게 있는가?

III
재판요지
(상고기각)

공연히 사실을 적시하여 사람의 명예를 훼손한 행위가 형법 제310조의 규정에 따라서 위법성이 조각되어 처벌대상이 되지 않기 위하여는 그것이 ㉮ 진실한 사실로서 오로지 공공의 이익에 관한 때에 해당된다는 점을 **행위자가 증명**하여야 하는 것[1]이나, ㉯ 그 증명은 유죄의 인정에 있어 요구되는 것과 같이 법관으로 하여금 의심할 여지가 없을 정도의 확신을 가지게 하는 증명력을 가진 엄격한 증거에 의하여야 하는 것은 아니므로, ㉰ 이때에는 전문증거에 대한 증거능력의 제한을 규정한 형사소송법 제310조의2는 적용될 여지가 없다.

판례이론의 설시

형법 제310조에서 '오로지 공공의 이익에 관한 때'라 함은 적시된 사실이 객관적으로 볼 때 공공의 이익에 관한 것으로서 행위자도 공공의 이익을 위하여 그 사실을 적시한 것이어야 하고, 이 경우에 적시된 사실이 공공의 이익에 관한 것인지 여부는 당해 적시 사실의 구체적인 내용, 당해 사실의 공표가 이루어진 상대방의 범위, 그 표현의 방법 등 그 표현 자체에 관한 제반 사정을 감안함과 동시에 그 표현에 의하여 훼손되거나 훼손될 수 있는 명예의 침해 정도 등을 비교·고려하여 결정하여야 하며, 행위자의 주요한 목적이나 동기가 공공의 이익을 위한 것이라면 부수적으로 다른 사익적 목적이나 동기가 내포되어 있더라도 형법 제310조의 적용을 배제할 수 없다.

판례이론의 본 사안에의 적용

이 사건에 있어서 피고인들이 위와 같은 유인물을 제작·반포하게 된 주요한 동기는 위 V의 방해행위를 조합원들에게 통지하여 조합원들의 동요를 막기 위한 것으로 보이므로, 이는 위 조합 또는 조합원들 모두의 이익을 위한 것으로서 '오로지 공공의 이익에 관한 때'에 해당한다고 판단하였는바, 원심의 판단은 당원의 위와 같은 견해에 따른 것으로 볼 수 있어 정당하다.

IV
분석과 해설

(가) 형사재판에서 거증책임의 전환이 인정될 수 있을 것인가?

형법 제310조(사실의 진실성과 적시의 공익성에 의한 명예훼손죄의 위법성조각)가 소송법적으로 거증책임전환규정인지 여부에 대하여 견해가 갈리고 있으나 본 판례는 긍정설의 입장을 명시(㉮)하고 있다. 위법성조각사유의 부존재도 형벌권의 존부에 관한 중요한 사실이므로 특별한 명시적 조항이 없는 한 거증책임의 전환을 함부로 인정할 수 없다는 것이 부정설의 논거이다. 언론의 자유와 표현의 자유를 확보하려면 부정설이 유익하다. 그러나 적시된 사실이 '주관적·

1) 이 취지는 대법원 2004.5.28. 선고 2004도1497 판결에서 재확인되고 있다.

객관적으로 허위'임은 검사가 입증하여야 한다.[2] 막연한 의혹을 제기하여 허위사실적시 혐의로 기소된 사안(허위사실적시명예훼손, 공직선거법상 허위사실공표 등)에서 검사가 적시사실이 객관적으로 허위임을 입증하는 것은 불가능하므로 "ⓐ 후보자의 비리 등에 관한 의혹의 제기는 비록 그것이 공직적격 여부의 검증을 위한 것이라 하더라도 무제한 허용될 수는 없고 그러한 의혹이 진실인 것으로 믿을 만한 상당한 이유가 있는 경우에 한하여 허용되어야 하며, ⓑ 이때 의혹사실의 존재를 적극적으로 주장하는 자는 그러한 사실의 존재를 수긍할 만한 소명자료를 제시할 부담을 진다. ⓒ 그러한 소명자료를 제시하지 못한다면 달리 그 의혹사실의 존재를 인정할 증거가 없는 한 허위사실의 공표로서의 책임을 져야 한다. ⓓ 제시된 소명자료 등에 의하여 그러한 의혹이 진실인 것으로 믿을 만한 상당한 이유가 있는 경우에는 비록 사후에 그 의혹이 진실이 아닌 것으로 밝혀지더라도 표현의 자유보장을 위하여 이를 벌할 수 없다."(대법원 2003.2.20. 선고 2001도6138 전원합의체 판결)

(나) 표현의 자유확보를 위한 '자유로운 증명'의 허용

대법원도 표현의 자유확보의 중요성을 인정하여 형법 제310조의 위법성조각사유의 요건사실의 입증방법은 합리적 의심의 여지가 없는 증명이 요구되는 것이 아니며, 엄격한 증명도 요구되지 아니하고, '자유로운 증명으로 족하여 전문법칙에 관한 형사소송법 제310조의2는 적용되지 않는다'(㉯와 ㉰)고 판시하고 있다.

(다) 관련 문제

피고인에게 거증책임을 전환시키면 무죄추정의 예외를 인정하는 것이므로 명문의 규정이 있거나 전환을 인정할 만한 합리성이 있어야 한다. 이런 각도에서 아래에서 위헌의 의심이 있는 다른 사례들을 간단히 점검하여 보기로 한다.

(1) 동시범의 특례조항 형법 제263조(동시범)는 '독립행위가 경합하여 상해의 결과를 발생하게 한 경우에 있어서 원인된 행위가 판명되지 아니한 때에는 공동정범의 예에 의한다'고 규정하여 상해결과와 폭행행위와의 인과관계가 불

---

2) 대법원 2010.10.28. 선고 2009도4949 판결(정보통신망 이용촉진 및 정보보호 등에 관한 법률위반(명예훼손)·명예훼손·업무방해): "구 정보통신망 이용촉진 및 정보보호 등에 관한 법률(2007.12.21. 법률 제8778호로 개정되기 전의 것, 이하 같다) 제61조 제2항의 정보통신망을 통한 허위사실 적시에 의한 명예훼손죄, 형법 제307조 제2항의 허위사실 적시에 의한 명예훼손죄가 성립하려면 그 적시하는 사실이 허위이어야 할 뿐 아니라, 피고인이 그와 같은 사실을 적시함에 있어 적시사실이 허위임을 인식하여야 하고, 이러한 허위의 점에 대한 인식, 즉 범의에 대한 입증책임은 검사에게 있다(대법원 1994.10.28. 선고 94도2186 판결, 대법원 2009.1.30. 선고 2007도5836 판결 등 참조). 위와 같은 법리는 허위사실을 적시한 행위가 형법 제314조 제1항의 허위사실 유포 기타 위계에 의한 업무방해죄에 해당하는지 여부를 판단함에 있어서도 마찬가지이다."

명확한 경우에 각자를 공동정범과 같이 기수범으로 처벌한다. 이를 거증책임의 전환규정이라고 해석하는 것이 다수견해이나, 이는 입증곤란의 회피에 있으므로 입법으로서의 합리성을 결한 것으로 헌법위반의 의심이 있다.

(2) 배출물과 공중의 생명신체의 위험간의 인과관계 등 근로기준법 제115조 제1항 단서[3]나 선원법 제148조 제1항 단서의 사업주의 무과실, 환경범죄의 단속에 관한 특별조치법 제11조의 '배출물과 생명·신체 등의 위험간의 인과관계'(상세는 후술하는 추정 부분 참조)[4]는 피고인에게 거증책임을 전환시킨 것으로 해석하는 견해와 사용자의 종업원에 대한 선임·감독의무의 이행 여부는 검사가 증명하여야 한다는 견해가 대립한다.

(3) 추 정

(i) 문제의 소재 '형식적 거증책임을 피고인에게 부담시키는 것'을 추정이라고 한다. 예를 들어 검사가 전제사실을 입증하면 추정사실의 형식적 거증책임이 피고인에게 전환된다. 전제사실로부터 추정사실이 경험칙상 인정되는 경우에 '사실상의 추정'이라고 하는데 이는 자유심증의 한 측면이다. 문제는 법률상 추정이다. 법률상의 추정이란 ㉮ 전제사실로부터 추정사실이, 반드시는 사실상 추정되지 아니하는데 ㉯ 반증을 허용하지 아니하고 추정사실의 존재를 간주하거나 ㉰ 법률로 형식적 거증책임을 전환시켜 반증을 허용(협의의 추정)하는 수가 있다. ㉯와 ㉰는 모두 검사의 '입증의 곤란'을 회피시키려는 정책적 요청에서 나타난 발상이다. 그러나 ㉯는 '실체적 진실주의'와 '적법절차의 정신'에 반하여 어떠한 이유로도 정당화될 수 없다. ㉰도 거증에 실패한 피고인이 진실에 반하여 유죄판결을 받게 하는 경우가 있을 수 있어 피고인의 무죄추정의 권리를 침해할 소지가 있다. 그러나 '현실적 필요'와 '정책적 요청'상 부득이

---

3) **근로기준법 제115조**(양벌규정) ① 해당 사업의 근로자에 관한 사항에 대하여 사업주를 위하여 행위하는 대리인, 사용인, 그 밖의 종업원이 이 법의 위반행위를 하면 그 행위자를 벌할 뿐만 아니라 그 사업주에게도 각 해당 조문의 벌금형을 과(과)한다. 다만, 사업주(사업주가 법인인 경우에는 그 대표자, 사업주가 영업에 관하여 성년자와 동일한 능력을 갖지 아니하는 미성년자 또는 금치산자인 경우에는 그 법정대리인을 사업주로 한다. 이하 이 조에서 같다)가 위반 방지에 필요한 조치를 한 경우에는 그러하지 아니하다.

4) **환경범죄의 단속에 관한 특별조치법 제11조**(추정) 오염물질을 사람의 생명·신체, 상수원 또는 자연생태계 등(이하 "생명·신체 등"이라 한다)에 위험(제3조 제3항 각호의 1에 해당하는 경우를 포함한다. 이하 같다)이 발생할 수 있을 정도로 불법배출한 사업자가 있는 경우 그 물질의 불법배출에 의하여 위험이 발생할 수 있는 지역안에서 동종의 물질에 의하여 생명·신체 등에 위험이 발생하고 그 불법배출과 발생한 위험 사이에 상당한 개연성이 있는 때에는 그 위험은 그 사업자가 불법배출한 물질에 의하여 발생한 것으로 추정한다.

하게 예외적으로 ㉰를 도입할 필요가 있을 수 있다.

(ii) 거증책임의 전환과 당사자주의　검사가 범죄성립요건사실을 입증하면 범죄성립조각사실의 거증책임은 피고인에게 전환됨을 주장(영미법의 태도)하는 견해가 있다. 그러나 피의자, 피고인의 적극적 방어권을 담보하는 제도가 충분하지 아니한 현행법 하에서 약한 당사자에게 거증책임을 과함은 실질적 당사자대등을 해친다. 또한 사실상의 추정법리로 위 견해를 긍정하려는 시도도 있을 수 있지만 구성요건해당사실의 존재로부터 반드시 범죄조각사유의 부존재가 경험칙상 도출되지 아니하기 때문에 이 시도도 타당하지 아니하다. 따라서 (iii)(법률로 형식적 거증책임을 전환시켜 반증을 허용(협의의 추정))을 도입하려면 '명문의 규정과 합리적 근거'가 필요하다. 이런 관점에서 이하에서 (iii)의 허용요건에 대하여 검토하기로 한다.

(iii) 추정의 법적·합리적 근거　합리적인 추정이 되려면 적어도 적법절차, 실체적 진실주의, 당사자주의, 진술거부권(자기부죄거부의 권리) 보장 등 헌법적 요청을 충족시켜야 한다. 따라서 최소한 다음과 같은 요건이 갖추어져야 한다.

첫째, 전제사실이 추정사실에 대하여 증명력을 가지고 그 증명정도가 양 사실을 경험칙상 필연적으로 결부시키든가 아니면 최소한 전제사실과 추정사실 사이에 매우 가까운 개연성관계가 추정되어야 한다. 둘째, 전환되는 거증책임은 합리적인 의심을 잠재울 정도의 증거에 의한 설득책임이어서는 아니 되고 증거의 우월로 족한 증거제출책임이어야 한다. 셋째, 증거의 제출이 피고인에게 가능하여야 한다. 넷째, 피고인이 증거를 제출하지 못하는 경우라도 법관에게 유죄판단이 강제되어서는 아니 된다. 법관은 구체적 사정에 비추어 피고인의 증거 불제출을 하나의 정황으로 판단하여 고려할 수 있을 뿐이어야 한다. 그래야 진술거부권 침해의 소지가 없다.

(라) 공직선거법 제250조의 '허위사실공표죄'의 법리(대법원 2011.12.22. 선고 2008도11847 판결(공직선거법위반))

[나꼼수 정봉주 전의원 사건] [사안] 제1,2 심 모두 유죄판결을 선고하였다. D가 상고하였다.

[판지](상고기각)] "이 사건 적용법률인 공직선거법은 제250조에서 '허위사실공표죄'에 관하여 규정하고 있는데, 그 제2항은 "당선되지 못하게 할 목적으로 연설·방송·신문·통신·잡지·벽보·선전문서 기타의 방법으로 후보자에게 불리하도록 후보자, 그의 배우자 또는 직계존·비속이나 형제자매에 관하여 허위의 사실을 공표하거나 공표하게 한 자"를 처벌하도록 하고 있다. 상고이유는 이러한 허위사실공표죄의 구성요건해당성 등을 다투는 취지이므로, 먼저 그 구성요건별로 상고이유를 묶어서 판단하고, 이어서 그 밖의 상고이유를 판단한다.

(1) 허위사실공표죄의 구성요건 중 '후보자에 관하여'에 관한 법리오해의 점에 대

하여 공직선거법 제250조 제2항에서 말하는 후보자에 관한 사실 중에는 직접 후보자 본인에 관한 사실뿐 아니라 후보자의 소속 정당이나 그 정당의 소속 인사에 관한 사항 등과 같은 간접사실이라도 후보자와 직접적으로 관련된 사실이고 그 공표가 후보자의 당선을 방해하는 성질을 가진 것인 경우에는 후보자에 관한 사실에 해당한다(대법원 2007.3.15. 선고 2006도8368 판결 참조). 원심이, "판시 각 사실은 MB 후보자와 직접적으로 관련된 사실이고 그 공표가 MB 후보자의 당선을 방해하는 성질을 가진다"고 판단한 것은 수긍이 간다.

(2) 허위사실공표죄의 구성요건 중 '사실'에 관한 법리오해의 점에 대하여

공직선거법 제250조 제2항의 허위사실공표죄에서 말하는 ⓐ '사실'이란 선거인으로 하여금 후보자에 대한 정확한 판단을 그르치게 할 수 있을 정도로 구체성을 가진 것이면 충분하고, ⓑ '사실'의 공표란 가치판단이나 평가를 내용으로 하는 의견표현에 대치되는 개념으로서 시간과 공간적으로 구체적인 과거 또는 현재의 사실관계에 관한 보고 내지 진술을 의미하며, 그 표현 내용이 증거에 의한 증명이 가능한 것을 말한다. ⓒ 어떠한 표현이 사실의 적시인지 아니면 의견이나 추상적 판단의 표현인지의 구별은 단순히 사용된 한 구절의 용어만에 의하여 구별할 것이 아니라 선거의 공정을 보장한다는 입법 취지를 염두에 두고 그러한 표현을 둘러싼 모든 사정, 즉 언어의 통상적 의미와 용법, 표현 전체의 내용, 문제된 말이 사용된 문맥, 표현의 경위·전달방법·상대방, 표현 내용에 대한 증명가능성, 표현자와 후보자의 신분 등을 고려하여 종합적으로 결정되어야 할 것이다. 또한 ⓓ 의견이나 평가라고 하더라도 그것이 진실에 반하는 사실에 기초하여 행해지거나, 의견이나 평가임을 빙자하여 간접적이고 우회적인 표현방법으로 허위사실을 암시하는 경우에도 위 죄가 성립된다(대법원 1998.9.22. 선고 98도1992 판결, 대법원 2003.2.20. 선고 2001도6138 전원합의체 판결, 대법원 2008.7.10. 선고 2008도2422 판결 등 참조).

원심이, "D가 간접적이고 우회적인 표현 방식을 통하여 MB 후보자가 'K의 주가조작 및 횡령의 범죄행위에 가담하였다'는 사실 등의 존재를 암시하였으며, D가 사실의 적시가 아니라고 주장하는 부분만을 떼어내 보면 비록 그 내용 중 일부에 D가 그 표현을 함에 있어서 단정적인 문구를 사용하지는 않았고, D의 가치판단이나 의견의 표현으로 보이는 부분도 있지만, 그러한 가치판단이나 의견도 **일정한 사실을 전제**로 하고 있으므로 전체적으로 볼 때 MB 후보자에 대한 사회적 가치 내지 평가를 그르치게 할 가능성이 있을 정도의 구체성을 가진 사실을 공표하였다"고 판단한 것은 수긍이 간다.

(3) 허위사실공표죄의 구성요건 중 '공표'에 관한 법리오해의 점에 대하여

ⓔ 공직선거법 제250조 제2항의 허위사실공표죄의 구성요건 중 '기타의 방법으로 허위의 사실을 공표'한다는 것은 그 수단이나 방법에 관계없이 불특정 또는 다수인에게 허위사실을 알리는 것을 뜻하므로, '기타의 방법'이란 적시된 사실이 다수의 사람에게 전파될 수 있는 방법을 가리킨다. 따라서 허위사실을 소수의 사람에게 대화로 전하고 그 소수의 사람이 다시 전파하게 될 경우도 포함하고, 비록 개별적으로 한 사람에게만 허위사실을 알리더라도 그를 통하여 불특정 또는 다수인에게 알려질 가능성이 있다면 이 요건을 충족한다(대법원 1998.9.22. 선고 98도1992 판결, 대법원 1999.12.10. 선고 99도3930 판결, 대법원 2003.11.28. 선고 2003도5279 판결 등 참조).

원심이 "D가 2007.11.20.경 인터넷언론인 '데일리 서프라이즈' 기자로부터 전화로 질문을 받게 되자 그 판시와 같은 말을 하여 기자로 하여금 같은 날 위 '데일리 서프라이즈'에 D의 말을 게재하게 한 것은 **기자의 질문에 답하는 방법으로 공표한 것**에 해당한다"고 판단한 것은 수긍이 간다.

(4) 허위사실공표죄가 성립하기 위하여 필요한 '허위의 증명' 등에 관한 법리오해의 점에 대하여 공직선거법 제250조 제2항 소정의 허위사실공표죄가 성립하기 위하여는, ⓕ 검사가 공표된 사실이 허위라는 점을 적극적으로 증명할 것이 필요하고, 공표한 사실이 진실이라는 증명이 없다는 것만으로는 위 죄가 성립할 수 없다. 이와 관련하여 그 증명책임의 부담을 결정함에 있어 어느 사실이 적극적으로 존재한다는 것의 증명은 물론이고 어느 사실의 부존재 사실의 증명이라도 '특정 기간과 장소에서의 특정 행위'의 부존재 사실에 관한 것이라면 여전히 **적극적 당사자인 검사가 그를 합리적 의심의 여지가 없이 증명할 의무를 부담**한다(대법원 2003.11.28. 선고 2003도5279 판결, 대법원 2004.2.26. 선고 99도5190 판결, 대법원 2006.11.10. 선고 2005도6375 판결 등 참조).

민주주의 정치제도 하에서 언론의 자유는 가장 기초적인 기본권이고 그것이 선거과정에서도 충분히 보장되어야 함은 말할 나위가 없다. 공직선거에 있어서 후보자의 공직담당 적격을 검증하는 것은 필요하고도 중요한 일이므로 그 적격검증을 위한 언론의 자유도 보장되어야 하고, 이를 위하여 **후보자에게 위법이나 부도덕함을 의심하게 하는 사정이 있는 경우**에는 이에 대한 문제 제기가 허용되어야 하며, 공적 판단이 내려지기 전이라 하여 그에 대한 의혹의 제기가 쉽게 봉쇄되어서는 아니 된다. 그러나 한편, **근거가 박약한 의혹의 제기**를 광범위하게 허용할 경우 비록 나중에 그 의혹이 사실무근으로 밝혀지더라도 잠시나마 후보자의 명예가 훼손됨은 물론 임박한 선거에서 유권자들의 선택을 오도하는 중대한 결과가 야기되고 이는 오히려 공익에 현저히 반하는 결과가 되므로, ⓖ 후보자의 비리 등에 관한 의혹의 제기는 비록 그것이 공직 적격 여부의 검증을 위한 것이라 하더라도 무제한 허용될 수는 없고 그러한 **의혹이 진실인 것으로 믿을 만한 상당한 이유가 있는 경우에 한하여 허용**되어야 하며, 그러한 상당한 이유가 있는 경우에는 비록 사후에 그 의혹이 진실이 아닌 것으로 밝혀지더라도 표현의 자유 보장을 위하여 이를 벌할 수 없다(대법원 2003.2.20. 선고 2001도6138 전원합의체 판결, 대법원 2007.7.13. 선고 2007도2879 판결 등 참조).

ⓗ 허위사실공표죄에 있어서 '의혹을 받을 일을 한 사실이 없다'고 주장하는 사람에 대하여 의혹을 받을 사실이 존재한다고 적극적으로 주장하는 자는 그러한 **사실의 존재를 수긍할 만한 소명자료를 제시할 부담을 지고, 검사는 제시된 그 자료의 신빙성을 탄핵하는 방법으로 허위성의 증명을 할 수 있다.** ⓘ 이때 제시하여야 할 소명자료는 단순히 소문을 제시하는 것만으로는 부족하고 적어도 허위성에 관한 검사의 증명활동이 현실적으로 가능할 정도의 구체성은 갖추어야 하며, 이러한 소명자료의 제시가 없거나 제시된 소명자료의 신빙성이 탄핵된 때에는 허위사실 공표로서의 책임을 져야 한다(대법원 2005.7 22. 선고 2005도2627 판결, 대법원 2009.3.12. 선고 2008도11743 판결 등 참조).

원심이 "**D가 제시한 소명자료의 신빙성이 탄핵된 반면** D가 직접적인 표현 방법 또는 간접적이고 우회적인 표현 방법으로 공표한 'MB 후보자가 K와 공모하여 주가조작 및 횡령을 하였다는 사실', 'MB 후보자가 BBK를 소유하고 있다는 사실' 등이 **허위임이 증명되었으며**, D의 MB 후보자에 관한 의혹 제기가 진실인 것으로 믿을 만한 상당한 이유가 있는 근거에 기초하여 이루어진 경우에 해당되지 아니한다"고 판단한 것은 수긍이 간다.

(5) 허위사실공표죄가 성립하기 위하여 필요한 '허위의 인식', '당선되지 못하게 할 목적' 등에 관한 법리오해 내지 판단누락 등의 점에 대하여 범죄의 고의는 확정적 고의뿐만 아니라 결과 발생에 대한 인식이 있고 그를 용인하는 의사인 이른바 미필적 고의도 포

함하는 것이어서 공직선거법 제250조 제2항의 허위사실공표죄 역시 미필적 고의에 의하여도 성립된다. D가 **적시한 구체적 사실이 진실한지를 확인하는 일이 시간적·물리적으로 사회통념상 가능하였다**고 인정됨에도 그러한 확인의 노력을 하지 않은 채 당선되지 못하게 할 목적을 가지고 그 사실의 적시에 적극적으로 나아갔다면 미필적 고의를 인정할 수 있다(대법원 2002.4.10.자 2001모193 결정, 대법원 2004.2.26. 선고 99도5190 판결 등 참조). 또한, 공직선거법 제250조 제2항 소정의 허위사실공표죄에서는 행위자의 고의의 내용으로서 공표된 사실이 허위라는 점의 인식이 필요한데, 이러한 주관적 인식의 유무는 그 성질상 외부에서 이를 알거나 증명하기 어려운 이상 공표 사실의 내용과 구체성, 소명자료의 존재 및 내용, D가 밝히는 사실의 출처 및 인지경위 등을 토대로 D의 학력, 경력, 사회적 지위, 공표 경위, 시점 및 그로 말미암아 객관적으로 예상되는 파급효과 등 제반 사정을 모두 종합하여 **규범적으로 이를 판단**할 수밖에 없고, **어떠한 소문을 듣고 그 진실성에 강한 의문을 품고서도 감히 공표한 경우에는 적어도 미필적 고의가 인정될 수 있다**(대법원 2005.7.22. 선고 2005도2627 판결, 대법원 2008.12.11. 선고 2008도8952 판결 등 참조). 그리고 공직선거법 제250조 제2항에서 규정하는 허위사실공표죄에서의 '당선되지 못하게 할 목적'은 허위사실의 공표로서 후보자가 당선되지 못하게 한다는 인식만 있으면 충분하며, 그 결과 발생을 적극적으로 의욕하거나 희망하는 것을 요하는 것은 아니고, '당선되지 못하게 할 목적'에 대하여는 적극적 의욕이나 확정적 인식임을 요하지 아니하고 미필적 인식이 있으면 족하다. 또 그 목적이 있었는지 여부는 D의 사회적 지위, D와 후보자 또는 경쟁 후보자와의 인적 관계, 공표행위의 동기 및 경위와 수단·방법, 행위의 내용과 태양, 그러한 공표행위가 행해진 상대방의 성격과 범위, 행위 당시의 사회상황 등 여러 사정을 종합하여 사회통념에 비추어 합리적으로 판단하여야 한다(대법원 2006.5.25. 선고 2005도4642 판결, 대법원 2007.1.15. 선고 2006도7473 판결 등 참조). 원심이 "D에게 '허위의 인식', '당선되지 못하게 할 목적' 등이 있었다" 고 판단한 것은 수긍이 간다.

(6) 허위사실공표죄의 위법성조각사유에 관한 법리오해 등의 점에 대하여

ⓙ 공직선거법 제250조 제2항 소정의 허위사실공표죄가 성립하는 경우에는 그 행위가 공공의 이익을 위한 것이라고 하여 위법성이 조각된다고 볼 수 없다(대법원 2006.8.25. 선고 2006도648 판결, 대법원 2008.9.11. 선고 2008도4961 판결 등 참조).

아울러 D의 행위가 사회상규에 위배되지 아니하는 행위로서 형법 제20조 소정의 정당행위라고 볼 수도 없다. 비록 원심이 위와 같은 위법성조각사유에 관한 판단을 명시적으로 하지 아니하였다 하더라도 이 사건 각 허위사실공표에 대하여 D를 유죄로 인정한 원심판결에는 위법성조각사유에 관한 D의 주장을 배척하는 판단이 포함되어 있다.

(7) 나머지 상고이유들에 대하여 D가 항소이유로 무죄만을 주장한 이 사건에서 원심판결에 양형부당 주장에 관한 판단을 누락한 위법이 있다는 취지의 상고이유는 받아들일 수 없다. 또한, D가 주장하는 나머지 상고이유들은 사실심인 원심의 전권인 증거의 취사선택과 사실인정을 비난하는 취지에 불과하여 적법한 상고이유가 되지 아니하거나, 이 사건 각 범죄사실을 유죄로 인정하는 데에 아무런 지장이 없는 사유에 관한 것들로서 이를 받아들일 수 없다.

7.10

위드마크 공식에 의한 역추산 방식을 이용한 혈중 알코올농도의 산정[1)]

대법원 2005.7.28. 선고 2005도3904 판결

I 사 안

D는 2003.12.11. 새벽에 소주 2병 반 정도를 마시고 강원 34 나 4661호 그랜저 승용차를 운전하던 중 경찰의 요구로 2003. 12.11. 15:07경 음주측정기에 의하여 혈중 알코올농도[2)]를 측정한 결과 혈중 알코올농도가 0.058%로 나왔다. 그 당시 D의 언행상태 및 보행상태는 정상이었으나 눈동자가 충혈되어 있었으며, 눈주변이 붉었다. D는 음주측정기에 의한 측정에 불복하며 혈액채취를 요구하였고, 같은 날 15:37 성심병원에서 혈액을 채취하여 혈중 알코올농도를 측정한 결과 그 수치가 0.047%로 나왔다. D는 "2003.12.11. 15:05경 혈중 알코올농도 0.051%의 주취상태에서, 춘천시 신북읍 소재 성산두부촌 앞 노상에서 춘천시 동면 감정리 소재 동면 치안센타 앞 노상까지 약 2㎞ 가량 강원 34나4661호 그랜저 승용차를 운전"한 혐의로 기소되었다. 제1심은 "D가 음주운전 혐의로 적발된 지 약 30분가량 경과 후에 채취된 혈액의 혈중 알코올농도를 측정한 결과 0.047%가 나왔고, 위 수치에 위드마크 공식을 적용하면 D의 운전 당시의 혈중 알코올농도가 0.051%로 추정되기는 하나, 'D가 마신 술의 농도, D의 체중 등 위드마크 공식을 적용하기 위한 전제가 되는 여러 사정들을 검사'한 증거가 없으므로 D에 대하여 일률적으로 위드마크 공식을 적용할 수 없고, 달리 D의 운전 당시 혈중 알코올농도가 0.05%를 상회한다고 단정할 수 없다"며 무죄를 선고하였다. 검사가 항소하였다.

---

1) 이상민, 위드마크 공식에 의한 역추산 방식을 이용한 혈중 알코올농도의 산정에 있어서 주의할 점(특히, 위드마크 공식에 의하여 산출한 혈중 알코올농도가 법이 허용하는 혈중 알코올농도를 근소하게 초과하는 경우), 『해설』 통권 제59호(2006년), 593~604. 참조.

2) 혈중 알코올농도(BAC, Blood Alcohol Concentration)란 사람의 신체 내의 알코올함유량을 의미하고, 통상 % 또는 mg/㎖로 표기된다. 혈중 알코올농도란 몸에 있는 모든 알코올의 양을 몸에 있는 모든 수분의 양으로 나눈 것을 의미한다. 도로교통법 제44조는 술에 취한 상태에서의 운전을 금지하고 있고, 술에 취한 상태의 기준은 혈중 알코올농도 0.05% 이상이다. 도로교통법 시행규칙 제91조 제1항 별표 28에서는 혈중 알코올농도 0.05% 이상부터 0.1% 미만은 운전면허 100일 정지, 0.1% 이상은 운전면허 취소 사유로 규정하고 있다. 도로교통법은 음주운전을 전면적으로 금지하는 것이 아니라 혈중 알코올농도 0.05% 이상의 상태에서의 운전만을 규제하고 있고, 운전자 개개인의 운전능력과는 관계없이 혈중 알코올농도의 수치만을 기준으로 하여 형사처벌 및 운전면허 취소, 정지를 규정하고 있는 특징(스칸디나비아식 모델)이 있다. 특정범죄 가중처벌 등에 관한 법률 제5조의 11에서는 음주 또는 약물의 영향으로 정상적인 운전이 곤란한 상태에서 자동차를 운전하여 사람을 사상에 이르게 한 자를 위험운전치사상죄로 처벌하고 있다.

항소심은 "D의 운전 시점은 음주 후 상당 시간이 지난 후로서 혈중 알코올농도의 하강시점이었음이 명백하므로, 일반적인 혈중 알코올농도의 감소수치에 근거하여 운전시점부터 일정 시간 경과 후 혈액 또는 음주측정기로 측정한 혈중 알코올농도 수치에 따라 운전 당시의 혈중 알코올농도를 역추산하는 방식인 위드마크 공식의 적용이 가능한 시점"이었고, "D가 음주측정기에 의하여 최초로 혈중 알코올농도를 측정할 당시부터 30분 후 혈액채취방법에 의해 혈중 알코올농도를 측정할 때까지의 혈중 알코올농도의 감소치 역시 위드마크 공식의 전제가 되는 일반적인 감소치의 범주에 속하는 0.022%((0.058−0.047)×2)로 나타났으므로, 이미 혈중 알코올농도의 하강시점에 있던 D에게 가장 유리한 수치인 시간당 혈중 알코올농도 감소치인 0.008%를 적용하면, D의 운전 당시 혈중 알코올농도는 적어도 0.051%(0.047+(0.008×30/60))가 되므로 D에 대한 공소사실이 인정된다"며 유죄를 선고하였다. D가 상고하였다.

II 재판요지 (파기환송)

ⓐ 음주운전에 있어서 운전 직후에 운전자의 혈액이나 호흡 등 표본을 검사하여 혈중 알코올농도를 측정할 수 있는 경우가 아니라면 소위 위드마크 공식을 사용하여 수학적 방법에 따른 계산 결과로 운전 당시의 혈중 알코올농도를 추정할 수 있으나[3], ⓑ 범죄구성요건 사실의 존부를 알아내기 위해 **과학 공식 등의 경험칙**을 이용하는 경우에는 그 법칙 적용의 전제가 되는 개별적이고 구체적인 사실에 대하여는 엄격한 증명을 요한다.[4] 한편 ⓒ 위드마크

---

3) 운전 직후에 호흡검사나 혈액검사를 시행하여 운전 당시의 혈중 알코올농도를 알 수 있는 때는 위드마크 공식의 활용이 원칙적으로 금지된다. 이 경우에는 굳이 부정확한 경험법칙(위드마크 공식)을 원용할 필요가 없기 때문이다.

4) 위드마크 공식[Ct=A÷(P×R)−Bt]을 적용하여 운전시점의 혈중 알코올농도를 올바로 추산하려면, 운전자의 음주량(A), 체중(P), 음주운전측정시간(t), 성별과 체질 및 음주습관에 따라 편차가 있는 몸의 수분비율(R)과 시간당 알코올이 분해되는 양(B) 등 그 전제되는 사실이 정확해야 한다. 위드마크 공식을 적용하여 추산된 혈중 알코올농도는 사실상 범죄사실(음주운전)의 존부를 결정하는 간접사실이기 때문이다. 위드마크 공식은 경험법칙으로 증명되어야 할 '사실'이 아니라 어느 정도 일반화된 '지식'이므로 위드마크 공식에 대한 증명은 필요 없지만, 경험법칙의 전제(기초)되는 사실의 증명문제가 등장한다.

"위드마크 공식을 적용함에 있어서 그 전제되는 사실은 다음과 같이 두 가지 부류로 나누어 고찰할 필요가 있다. 첫째는 피고인의 음주량이나 체중 및 음주시간 등과 같이 어느 정도 객관화할 수 있는 사실이다. 예컨대 피고인 또는 목격자의 진술이나 음식점(주점)의 매출전표 등 객관적인 증거에 의하여 음주량이나 음주시각 등에 대해서는 증명이 비교적 쉽게 이루어질 수 있다. **대법원 2000.6.17. 선고 99도128 판결**에서 음주운전혐의부분에 대한 무죄선고가 나온 이유도 경찰이 위드마크 공식을 적용함에 있어서 피고인의 음주량이나 음주시각 등 객관적 사실에 대하여 정확히 조사하지 않은 점에 있다. 둘째는 분해상수(위드마크 상수) R과 알코올이 분해되는 양인 B와 같이 개인의 체질에 따라 다양한 편차가 존재하기 때문에 객관적으로 정확히 산출하기 어려운 사실이 있다. 똑같은 양의 술을 마셨다고 하더라도 성, 비만도, 나이, 신장, 체중에 따라 알코올의 체내흡수율은 달라질 수 있으며, 평소의 음주습관, 음주속도, 음주 후의 신체활동의 정도 등에 따라 시간당 알코올분해량도 차이가 날 수 있다. 그러나 위드마크 공식을 적용하기 위해서는 R과 B의 값이 반드시 있어야 한다. 문제는 정확한 R과 B의 값을 어떻게 찾을 수 있는가 하는 점이다."[한영수, 혈중알코올농도를 추산

공식에 의한 역추산 방식을 이용하여 특정 운전시점으로부터 일정한 시간이 지난 후에 측정한 혈중 알코올농도를 기초로 하고 여기에 시간당 혈중 알코올의 분해소멸에 따른 감소치에 따라 계산된 운전시점 이후의 혈중 알코올분해량을 가산하여 운전시점의 혈중 알코올농도를 추정함에 있어서는, 피검사자의 평소 음주정도, 체질, 음주속도, 음주 후 신체활동의 정도 등의 다양한 요소들이 시간당 혈중 알코올의 감소치에 영향을 미칠 수 있다. ⓓ 형사재판에 있어서 유죄의 인정은 법관으로 하여금 합리적인 의심을 할 여지가 없을 정도로 공소사실이 진실한 것이라는 확신을 가지게 할 수 있는 증명이 필요하므로, 위 영향요소들을 적용함에 있어 D는 평균인이라고 쉽게 단정하여 평균적인 감소치를 적용하여서는 아니되고, 필요하다면 전문적인 학식이나 경험이 있는 자의 도움을 받아 객관적이고 합리적으로 혈중 알코올농도에 영향을 줄 수 있는 요소들을 확정하여야 한다(대법원 2000.10.24. 선고 2000도3307 판결, 대법원 2000.11.10. 선고 99도5541 판결 등 참조)[5]. ⓔ 위드마크 공식에 의하여 산출한 혈중 알코올농도가 법이 허용하는 혈중 알코올농도를 상당히 초과하는 것이 아니고 근소하게 초과하는 정도에 불과한 경우라면 위 공식에 의하여 산출된 수치에 따라 범죄의 구성요건 사실을 인정함에 있어서 더욱 신중하게 판단하여야 할 것이다(대법원 2001.7.13. 선고 2001도1929 판결 참조).

일반적으로 확인된 시간당 혈중 알코올농도 감소치의 최소한이 원심이 인정한 바와 같이 0.008%라고 할 때, 이 수치는 곧 D에게 가장 유리한 수치가 된다. 이와 같이 D에게 가장 유리한 감소치를 적용하여 위드마크 공식에 따라 D의 음주운전 적발시점인 15:05경의 혈중 알코올농도를 계산하더라도 0.051%가 되어 도로교통법상 처벌기준인 0.05%를 넘는 결과가 됨은 원심의 판단과 같다.

그러나 그 초과 정도가 0.001%에 불과하고, 혈중 알코올농도의 시간당 감소치를 0.008%로 볼 때, 이는 약 7분 30초간의 감소치에 불과한바, 수사기관에서 사건발생시각을 특정함에 있어서 그 이상의 정확성을 기하기는 어렵다는 점에서 대략 10분 단위로 끊어서 특정하고 있는 점을 감안하면(이 사건의 경우는 주취운전자 적발보고서상 주취운전측정 일시가 1분단위로 기재되어 있지만 사정은 마찬가지라고 할 것이다), 이와 같은 사건발생시각을 특정하는 과정에서 발생하는 오차가능성과 위에서 살펴본 바와 같이 개인의 특성과 그 밖의 다양한 요소가 시간당 혈중 알코올의 감소치에 영향을 미칠 수 있어 위드마크 공식에 의한 역추산 방식에도 상당 정도의 불확실성이 내재

하는 경험법칙(위드마크 공식)의 사용에 관하여, 『형사판례의 연구』 II(이재상교수화갑기념논문집), 2004].

5) '위드마크 공식'은 결함이 많은 공식이므로 그 산출결과에 절대적 증명력을 인정할 수는 없다. 그러나 위드마크 공식에 대한 일반적 신뢰성은 아직도 인정되고 있고, 알코올의 체내흡수율과 알코올의 분해속도에 관한 과학적 실험결과에 따라 나와 있는 통계자료의 신빙성도 높은 것이 사실이다. 그러므로 위드마크 공식을 적용하여 산출된 혈중 알코올 농도가 처벌기준치인 0.05%를 훨씬 초과하는 경우에는 유죄의 증거로 사용할 수 있지만 단지 약간 상회하는 경우에는 운전시점의 혈중 알코올농도가 최고치를 향하여 상승하는 시점인지 최고치를 지나 하강하는 시점인지 확인할 필요가 있다.

할 수밖에 없는 점 등을 종합적으로 고려할 때 D의 운전 당시 혈중 알코올농도가 처벌 기준치를 초과하였으리라고 단정할 수는 없다.

그런데도 원심이 D의 운전 당시 혈중 알코올농도가 0.05%를 상회한다고 판단한 것은 심리를 다하지 아니하여 사실을 오인하였거나 도로교통법 제41조 소정의 술에 취한 상태에 관한 법리를 오해함으로써 판결 결과에 영향을 미친 위법이 있다.

III 분석과 해설

(가) 위드마크 공식

(1) 사람이 술을 마신 경우 소화기관이 알코올을 흡수하면서 일정기간 동안 혈중 알코올농도가 상승하다가 간의 분해작용이 이를 상쇄해 나가면서 혈중 알코올농도는 감소한다. 섭취한 알코올의 양과 혈중 알코올농도의 상관관계에 관하여 1930년대 독일의 위드마크에 의하여 제안된 위드마크 공식은 'C=a/(p×R)'로 표시된다. 여기서 C는 혈중 알코올농도, a는 섭취한 알코올의 양, p는 체중, R은 '위드마크 인수(factor)'이다. 사람 몸이 알코올을 흡수하는 혈액만으로 이루어져 있는 것이 아니고 그렇지 않은 고형물질이나 체지방으로도 이루어져 있기 때문에 R은 이러한 요소를 고려한 계수이다. 위드마크의 1932년 연구결과에 의하면 R의 값이 남자의 경우 0.52부터 0.86까지 분포되어 그 평균치가 0.68이고 여자의 경우 0.47부터 0.64까지 분포되어 그 평균치가 0.55이다.

(2) 위드마크 공식에 시간 개념을 도입하여 음주 후 일정시간이 지난 뒤의 혈중 알코올농도를 산출할 경우 'Ct=a/(p×R)−Bt'라는 등식이 성립한다. 여기서 B는 '시간당 알코올 분해량', t는 '음주 후 경과된 시간'이다. B의 값 또한 개인에 따라 시간당 '0.008%부터 0.030%'까지 분포되어 있고 그 평균치는 0.015%이다.

(3) 위드마크 공식의 전제조건 위드마크 공식의 전제조건은 피실험자가 다른 음식물과 함께 술을 마시는 것이 아니라 오직 술만을 마시되 그것도 시간 간격을 두지 않고 일시에 마시는 것으로 되어 있어 이는 일반적으로 평균인이 술을 마시는 습관과 상이하고, 실제로 술을 마시는 속도나 음주 전 혹은 음주와 함께 섭취한 음식물의 종류와 양은 소화기관이 알코올을 흡수하는 데 상당한 영향을 미치고, 또한 술의 종류, 음주자의 신체적 조건, 평소 술을 마시는 빈도와 양 등도 혈중 알코올농도를 결정하는 중요한 요소가 된다. 그러나 위드마크 공식은 이러한 개인적 특성과 구체적 상황의 차이를 고려하지 않

은 채 단지 일정 수의 성인남녀를 대상으로 실시한 실험결과를 통계적으로 분석하여 그 수치를 단순화한 자료에 불과할 뿐 아니라, 동일한 조건에서 시행한 위 실험결과에 의하더라도 개인에 따라 위드마크 공식에서 R의 값은 50% 이상, B의 값은 4배 가까이 차이가 난다.

(나) 위드마크 공식의 구체적 적용

(1) 음주 후 최고치의 혈중 알코올농도에 도달하는 시간은 개인별로 편차가 있어 빠른 경우에는 30분에서 길게는 6시간도 걸리는 경우가 있으나, 평균적으로 남자의 경우 57분이다. 마신 술의 알코올농도에 따라 체내 흡수속도에 차이가 있고, 술과 함께 섭취한 음식량에 따라서도 차이가 있어 통상 공복의 경우에는 30분, 적은 식사의 경우에는 60분, 보통 식사의 경우에는 90분, 많은 식사의 경우에는 120분이 걸린다.

시간당 알코올분해량도 개인별로 편차가 있는데, 평소 음주량이 많은 사람일수록 분해속도도 빠르다. '시간당 알코올분해율'은 0.008%~0.03%의 편차를 보인다. 대법원은 '시간당 알코올분해율'이 높을수록 운전자에게 유리할 때에는 0.03%를 적용(대법원 2001.8.21. 선고 2001도2823 판결; 대법원 2000.11.10. 선고 99도5541 판결; 대법원 2000.10.24. 선고 2000도3307 판결; 대법원 2001.7.13. 선고 2001도1929 판결)하고, 반대로 '시간당 알코올분해율'이 낮을수록 운전자에게 유리할 때에는 '0.008%'를 적용한다.

(2) 위드마크 공식 적용을 통해 존부가 인정되는 사실은 엄격한 증명을 요하는 것이므로 그 적용과정에 증명의 절차가 필요할 경우에는 감정을 통한 엄격한 증명이 요구되지만, 위드마크 공식을 적용하는 것 자체가 특별한 학식이나 경험이 요구되는 감정사항이라 할 수는 없고 불확실한 요소의 개입 여지가 있어 전문적 학식이나 경험에 기한 선택의 여지가 있는 부분인 R(위드마크 인수)이나 알코올의 체내흡수율(0.7 혹은 70%), B(시간당 알코올분해량)에 전문가(생화학자, 법의학자)에 의한 감정이 필요하다.

(3) 위드마크 공식 적용에 있어 음주 후 특정 시점에서의 혈중 알코올농도에 영향을 줄 수 있는 다양한 요소들에 관한 수치의 결정에 전문적인 학식이나 경험에 의한 선택의 여지가 있다 하더라도 위 R(위드마크 인수), B(시간당 알코올분해량), 또는 알코올 체내흡수율에 관하여 이미 알려져 있는 신빙성 있는 통계자료 중 D에게 가장 유리한 것을 대입하여 위 공식을 적용하는 것은 전문가에 의한 추론을 요구할 정도로 통상인의 지력의 범위를 초과하는 문제가 아니고 특별한 사정

이 없는 한 D의 방어권 행사에 실질적인 불이익을 줄 우려가 있다고 할 수 없다. 또한 음주운전의 도로교통법위반의 공소사실이 유죄로 인정되기 위하여는 혈중 알코올농도의 정확한 수치가 확정되어야 하는 것이 아니라 단지 0.05%를 초과한 상태라는 것만 증명되면 족하므로, 위와 같이 D에게 가장 유리한 수치를 적용하여 위 공식에 따라 산출된 혈중 알코올농도가 0.05%를 상당히 초과하는 경우에는 공소사실에 대하여 감정을 필요로 하지 않을 만큼 다른 증거에 의하여 사실의 존부가 명확하게 되었다고 볼 여지가 충분하다. 다만, 이러한 경우에도 D에게 R, p의 수치에 관한 새로운 자료가 있다든가 D가 유별난 특이체질이어서 이미 알려진 통계자료에서 제시된 폭을 넘을 수 있다는 점이 입증되면 위 증명이 탄핵될 수 있으므로 D에게 그 입증의 필요가 있다.

(다) 주목할 만한 대법원판례

(1) 대법원은 "음주운전 직후 혈중 알코올농도를 직접 측정할 수 없었다면 섭취한 알코올의 양, 음주시각, 체중 등을 기초로 위드마크 공식을 사용하여 운전 당시의 혈중 알코올농도를 추정할 수 있다"고 하면서도 위드마크 공식은 평균인을 기준으로 한 것이므로, 당해 운전자가 평균인과 같다고 쉽사리 단정하지 말 것을 요구하고 있다.

(2) 대법원 2000.10.24. 선고 2000도3307 판결: "위드마크 공식에 따른 혈중 알코올농도의 추정방식에는 알코올의 흡수분배로 인한 최고 혈중 알코올농도에 관한 부분과 시간경과에 따른 분해소멸에 관한 부분이 있고, 그중 최고 혈중 알코올농도에 있어서는 섭취한 알코올의 체내흡수율과 성, 비만도, 나이, 신장, 체중, 체질은 물론 인종, 지역, 풍습, 시대 등도 그 결과에 영향을 미칠 수 있으며 또 음주한 술의 종류, 음주속도, 음주시 위장에 있는 음식의 정도 등에 따라 그 최고치에 이르는 시간이 달라질 수 있고, 알코올의 분해소멸에 있어서는 평소의 음주정도, 체질, 음주속도, 음주 후 신체활동의 정도 등이 시간당 알코올 분해량에 영향을 미칠 수 있는 등 위 공식의 적용에 필요한 기본자료들 이외에도 음주 후 특정 시점에서의 혈중 알코올농도에 영향을 줄 수 있는 다양한 요소들이 있으므로, 특별한 사정이 없는 한 당해 운전자인 D가 평균인과 마찬가지로 위와 같은 요소들을 갖추고 있다고 쉽게 단정할 것이 아니라 이 역시 증거에 의하여 명확히 밝혀져야 하는바, 위 모든 증명을 위하여 필요하다면 전문적인 학식이나 경험이 있는 사람들의 도움 등을 받아야 하고, 만일 그 공식의 적용에 있어 불확실한 점이 남아 있고 그것이 D에게 불이익하게 작용한다면 그 계산결과는 합리적인 의심을 품게 하지 않을 정도의 증명력이 있다고 할 수 없다."

(3) "운전 당시의 혈중 알코올농도를 산정함에 있어서 시간당 알코올 분해량으로 D에게 가장 유리한 0.03%를 적용[6]하더라도 처벌기준치인 0.05%를 훨씬 초과한 0.11%가 되는 경우에는 음주운전의 공소사실에 대한 충분한 증명이 있다."(대법원 2000.11.10. 선고 99도5541 판결)

(4) "혈중 알코올농도를 산정함에 있어서 시간당 알코올 분해량으로 원고에게 가장 유리한 0.008%를 적용하더라도 기준치인 0.05%를 초과한 0.057%가 되면 운전 당시 혈중 알코올농도가 0.05%를 초과한 사실을 인정할 수 있다."(대법원 2000.11.10. 선고 2000두1577 판결)[7]

(5) '음주 후 1시간 30분이 지나 사고가 발생한 관계로 음주운전시점이 혈중 알코올농도의 상승시점인지 하강시점인지 확정할 수 없는 상황'에서 "D에게 가장 유리한 시간당 알코올 분해량 0.008%를 적용한 혈중 알코올농도 0.054%는 처벌기준치를 약간 초과"하여 "음주운전의 공소사실에 대한 충분한 증명이 없다."(사고발생한 지 1시간 8분 만에 음주측정이 이루어짐)(대법원 2001.7.13. 선고 2001도1929 판결)

(6) "혈중 알코올농도를 산정함에 있어서 시간당 0.008%라는 감소치는 D에게 가장 유리한 수치이므로 특별한 사정이 없는 한, 이 수치를 적용하여 산출된 0.0636%라는 결과는 증명력이 충분하고, 그 이하의 시간당 감소치를 적용하기 위해서는 이를 정당화할 만한 특별한 사정에 대한 입증이 있어야 한다."(대법원 2001.8.21. 선고 2001도2823 판결)[8]

(7) "특정 운전시점부터 일정한 시간이 지난 후에 혈중 알코올농도가 측정된 때에는 시간당 혈중 알코올의 분해소멸에 따른 감소치에 따라 운전시점 이후의 혈중 알코올 분해량을 계산한 후, 측정된 혈중 알코올농도에 이를 가산하여 운전시점의 혈중 알코올농도를 추정하게 된다. 혈중 알코올 분해량은 피검사자의 체질, 음주한 술의 종류, 음주속도, 음주 시 위장에 있는 음식의 정도 등에 따라 개인마다 차이가 있는데 시간당 약 0.008%~0.03%(평균 약 0.015%)씩 감소하는 것으로 알려져 있다. (중략) 한편, 섭취한 알코올이 체내에 흡수 분배되어 최고 혈중 알코올농도에 이르기까지는 피검사자의 체질, 음주한 술의 종류, 음주속도, 음주 시 위장에 있는 음식의 정도 등에 따라 개인마다 차이가 있다. 실험 결과, 혈중 알코올농도는 최종 음주시각부터 상승하기 시작하여 30분부터 90분 사이에 최고도에 달하는 것으로 알려져 있다. 따라서 **최종 음**

---

6) 이 사안에서는 D에 대한 음주측정이 아예 이루어지지 않았기 때문에 음주를 한 마지막 시간부터 알코올이 분해되는 속도를 감안하여 음주단속 적발시의 주취정도를 계산하였다. 위드마크 공식상의 시간당 알코올 분해량 0.008~0.03% 중 가장 빠른 분해 수치 0.03%를 적용하는 것이 D에게 가장 유리하다.

7) 이 사안에서 음주시각은 13:30경이고, 그로부터 3시간 40분이 지난 17:10경 사고가 발생하였으며, 음주측정은 그로부터 다시 1시간이 지난 18:10경에 이루어졌기 때문에, '음주한 때로부터 상당시간이 지나 운전하였다'는 점에서 운전 당시 혈중 알코올농도가 상승기였는지 하강기였는지는 문제가 되지 않았던 것으로 보인다.

8) 원심판결에 의하면, D는 사건 당일 운전하기 1시간 50분 전인 01:30까지 술자리에 있었다. 이 사안은 대법원 2001.7.13. 선고 2001도1929 판결의 경우와는 달리 음주운전시점이 혈중 알코올농도의 상승시점인지 하강시점인지 여부에 대하여는 언급이 없었다.

주시각부터 90분 내에 혈중 알코올농도가 측정된 경우에는 피검사자의 혈중 알코올농도가 최고도에 이르기까지 상승하고 있는 상태인지, 최고도에 이른 후 하강하고 있는 상태인지 여부를 확정하기 어렵다. (하략)"[9)]

9) 손기식, 교통형법(한국사법행정학회), 200면.

제 8 장

전문법칙과 그 예외

제1절 전문증거의 개념

제2절 전문법칙의 예외(피의자신문조서)

제3절 전문법칙의 예외(전문서류)

제4절 전문법칙의 예외(전문진술과 기타)

제1절 전문증거의 개념

8.1

진술증거와 비진술증거 · 최우량증거제출의 원칙과 예외

대법원 2008.11.13. 선고 2006도2556 판결

I 사 안

D는 공포심이나 불안감을 유발하는 문자정보를 반복적으로 V의 휴대전화에 도달하게 하는 행위[1)]를 하여 구 정보통신망 이용촉진 및 정보보호 등에 관한 법률 제65조 제1항 제3호(현재는 제74조 제1항 제3호)('정보통신망을 통하여 공포심이나 불안감을 유발하는 말, 음향, 글, 화상 또는 영상을 반복적으로 상대방에게 도달하게 한 자'를 1년 이하의 징역 또는 1천만 원 이하의 벌금에 처함) 위반 혐의로 기소되었다. D의 유죄증거로 중요한 것은 (1) V의 법정진술과 (2) 문자정보가 구현된 휴대전화기의 화면을 V가 촬영한 사진이었다. D가 기소된 시점에서는 기술적으로 문자정보를 재현할 수 없게 되었다. D는 법정에서 문자메시지로 전송된 문자정보에 대하여 그 성립과 내용의 진정을 부인하였다. 제1심은 유죄를 선고(벌금 200만 원)하였으나 항소심은 "문자메시지의 형태로 전송된 문자정보를 휴대전화기의 화면에 표시하여 이를 촬영한 이 사건 사진들에 대하여 피고인이 그 성립 및 내용의 진정을 부인"하여 "이를 증거로 사용할 수 없다"고

1) 1. 2003.12.18. 11:42경 '땅에 떨어진 당신의 악함을 지켜보고 있으리라, D'라는 내용의 문자메시지를 보내고, 2. 2003.12.18. 17:52~17:57경 '나요 만사 다 포기했음, 내 인생도 포기했음, 만신창이 되는 길을 선택합니다, V씨에게 개망신 당했는데 둘 다 불구덩이 속으로 가봅시다, 그 속이 얼마나 뜨거운지 봅시다, 누가 이기나 봅시다'라는 내용의 문자메시지를 보내고, 3. 2003.12.19. 06:15~06:21경 '이제 내가 어떻게 하는지를, 첫째, 인터넷에 띄울 것이고, 둘째, 삼성 및 교보 그리고 도이치 주주권 있는 곳에 제소하겠소, 셋째, 기업은행 건 감독기관에 실명으로 알리고 청와대 게시판에도 나의 이 억울함을 하소연할 것이며, 기사거리 찾는 이에게 기사거리로 줘야겠습니다'라는 내용의 문자메시지를 보내고, 4. 2003.12.19. 06:38~06:54경 '선배님 따님에게 이런 일이 있다면 지금 어떻게 하시겠습니까, 불 가지고 그 댁에 가 자폭할지도, 나서지 말라고, 의리를 아무데나 써먹지 말라고, 지금 이 일은 의리로 해결이 안 돼, 부부싸움에 객이 필요할까, 말리는 시누이가 더 미운 법, 서선배 그만 나서라고 해, 당신과 아무 일이나 나서는 당신 선배 땜에 뵈는 게 지금 없어, 불 가지고 그 댁에 가서 자폭하는 수도 있어, 지금 나 독이 올라 무슨 짓을 할지 몰라' 라는 내용의 문자메시지를 보내고, 5. 2004.1.2. 08:48~08:57경 '통화하고 싶지 않지만 우리 서로 마무리 지어야 할 일이 있잖습니까, 전화를 수시는 전화를 안 하든 당신 맘대로 하시오, D, 난 현재 손해 볼 게 하나도 없으니까 잠깐 안양에 다녀오면 열두시가 조금 넘을 겁니다, 비서에게 내 뜻 전했으니 본인 알아서 하시오'라는 내용의 문자메시지를 보내고, 6. 2004.1.18. 01:02~ 01:10경 '빨리 마무리 짓는 일이 마지막으로 당신을 위한 거라는 거 아시죠, 정신적 피해에 대한 위자료 문구는 내가 초안을 잡고 만나서 더 넣으실 내용은 추가하시죠, D, 거듭 부탁드립니다, 꼭 속히 매듭지으셔야죠, 그래야 제가 빨리 선교 나아갑니다, 아니면 구월로 연기됨, 성령 훼방하지 마세요, 큰 고난당합니다, D'라는 내용의 문자메시지를 보내고, 7. 2004.1.18. 15:34경 '이제 만날 의사가 없다면 이제 당신 집으로 오빠 보내겠다'라는 내용.

하면서 제1심판결을 파기하고 무죄를 선고하였다. 검사가 상고하였다.

II 쟁 점

문자정보가 저장되어 있는 V의 휴대전화기의 화면을 촬영한 사진에 전문법칙의 적용이 있는가?(부정)

III 재판요지 (파기환송)

1) ⓐ 구 정보통신망 이용촉진 및 정보보호 등에 관한 법률(2005.12.30. 법률 제7812호로 개정되기 전의 것)은 '정보통신망을 통하여 공포심이나 불안감을 유발하는 글을 반복적으로 상대방에게 도달하게 하는 행위'를 처벌하고 있는바, 검사가 위 죄에 대한 유죄증거로 문자정보가 저장되어 있는 휴대전화기를 법정에 제출하는 경우 휴대전화기에 저장된 문자정보는 그 자체가 범행의 직접적인 수단으로서 이를 증거로 사용할 수 있다. 또한, ⓑ 검사는 휴대전화기 이용자가 그 문자정보를 읽을 수 있도록 한 휴대전화기의 화면을 촬영한 사진을 증거로 제출할 수도 있을 것인바, 이를 증거로 사용하기 위해서는 문자정보가 저장된 휴대전화기를 법정에 제출할 수 없거나 그 제출이 곤란한 사정이 있고, 그 사진의 영상이 휴대전화기의 화면에 표시된 문자정보와 정확하게 같다는 사실이 증명되어야 할 것이다(대법원 2002.10.22. 선고 2000도5461 판결 참조).

2) 형사소송법 제310조의2는 "제311조 내지 제316조에 규정한 것 이외에는 공판준비 또는 공판기일에서의 진술에 대신하여 진술을 기재한 서류나 공판준비 또는 공판기일 외에서의 타인의 진술을 내용으로 하는 진술은 이를 증거로 할 수 없다."고 규정하고 있는바, 이는 '사실을 직접 경험한 사람의 진술이 법정에 직접 제출되어야 하고 이에 갈음하는 대체물인 진술 또는 서류가 제출되어서는 안 된다'는 이른바 **전문법칙을 선언**한 것이다. 따라서 정보통신망을 통하여 공포심이나 불안감을 유발하는 글을 반복적으로 상대방에게 도달하게 하는 행위를 하였다는 공소사실에 대하여 휴대전화기에 저장된 문자정보가 그 증거가 되는 경우와 같이, 그 문자정보가 **범행의 직접적인 수단**이 될 뿐 **경험자의 진술에 갈음하는 대체물**에 해당하지 않는 경우에는 형사소송법 제310조의2에서 정한 전문법칙이 적용될 여지가 없다.[2)]

IV 분석과 해설

(가) 형사증거법상 진술의 의미

공소사실의 존부(유죄·무죄)를 판단하는 데 가장 중요한 정보는 사람의 체험(경험)에서 나온다. 범죄에 관한 사람의 체험은 위험성이 없다고 할 수 없지만 이보다 더 유용한 정보는 아직까지 없다. 재판에 도움이 되는 정보를 직접 체험한 사람의 체험진술이 공판정에 현출되는 것 중 중

---

2) 이 판결에 대하여는 김태업, 휴대전화기에 보관된 문자정보 및 이를 휴대전화기 화면에 띄워 촬영한 사진의 증거능력, 『해설』 78호, 603 이하의 해설이 있다.

요한 것이 피고인의 공판정진술과 증인의 증언이다. 직접주의, 공판중심주의는 사실인정자가 이것들을 공판정에서 직접 청취한 후에 유죄, 무죄를 판단하도록 하는 발상이 제도화된 것에 다름아니다.

그런데 '사람의 체험진술'은 그것이 법정에 도달하기까지 지각(perception)→기억(memory)→서술(narration)하는 과정에서 인간적 오류(human error)가 개입되거나 '인위적 조작(부정직성, insincerity)이 개입'될 위험이 있다. 따라서 사람의 진술이 증거로 제출될 때는 반드시 그 진술의 제출로 위험에 놓이게 될 반대당사자로 하여금 그 진술의 위험성과 부정직성을 탄핵(반대신문)할 기회가 부여되어야 한다. 이런 요청이 형소법상 제도화된 것이 당사자의 반대신문권(법 제161조의2(증인신문의 방식), 제312조(검사 또는 사법경찰관의 조서 등) 제4항)이다. 피고인의 공판정진술과 증인의 법정증언이 있을 때 사실인정자는 반대당사자의 반대신문까지 함께 청취하고, 여기에 더하여 법정진술인(피고인과 증인)의 태도증거를 보고, 증인에게는 사전에 위증벌의 경고를 가하여, 완전하지는 않지만 어느 정도 사실인정의 공정성과 정확성을 담보할 수 있다.

피고인의 공판정진술은 '진술'로 불리우고 있고 증언(testimony)도 진술의 일종이므로 여기서 진술(statement)의 의미를 밝혀 보자. 증거자료로 사용될 진술은 '사실(fact)에 관하여 모종의 정보(information, knowledge)를 전달하는 것'이어야 한다. '사실에 관한 정보'가 아닌 다른 발언들, 예를 들어 질문(question), 계약의 청약이나 승낙, 話者(speaker)의 의지(will)나 의견(opinion) 등에는 '사실에 관한 정보'가 없으므로 증거법상 진술로 보기에 적절하지 아니하다. 피고인과 증인은 원칙적으로 '자신이 직접(first-hand) 체험한 사실'만을 진술하여야 하고 의견은 체험에 기초하여 추리되는 최소한의 사항에 그쳐야 한다. 이런 맥락에서 진술의 의미를 좀 더 분석적으로 정의하여 보자.

형사증거법상 진술이란 "ⓐ **사람**의 구술에 의한 주장(a person's oral assertion), ⓑ **사람**의 서면에 의한 주장(a person's written assertion), ⓒ 행동한 **사람**이 주장을 의도(intend)하였을 경우 그 **사람**의 비언어적 행동(nonverbal conduct, if the person intended it as an assertion)을 의미한다."[3] 이 이외의 것은 발설(utterances)일지언정 형사증거법상 진술로 보기에 적절하지 아니하다.

3) FRE(2011년판) Rule 801. Definitions That Apply to This Article; Exclusions from Hearsay (a) STATEMENT. 'Statement' means a person's oral assertion, written assertion, or nonverbal conduct, if the person intended it as an assertion. (b) DECLARANT. 'Declarant' means the person who made the statement. (c) HEARSAY. 'Hearsay' means a statement that: (1) the declarant does not make while testifying at the current trial or hearing; and (2) a party offers in evidence to prove the truth of the matter asserted in the statement.

(나) 전문증거와 전문법칙

'피고인의 법정진술과 증인의 법정증언'[4]이 위와 같이 위험할 진데 '피고인의 법정외 진술과 참고인의 법정외 진술'[5]의 위험성은 더 말할 나위가 없다. 피고인의 법정외 진술과 참고인의 법정외 진술이 증거로 제출될 때 이를 전문증거라고 한다. '전문증거는 예외조건을 구비하지 못하는 한 원칙적으로 증거로 쓸 수 없는 증거법칙'이 전문법칙(법 제310조의2(전문증거와 증거능력의 제한))이다. 물적 증거(physical evidence, real evidence)에는 진술에 고유한 위험이 없으므로 전문법칙의 적용이 없다.

(다) 진술과 비진술의 구별

진술(정보에 대한 인식·판단의 서술)은 사람의 기억에 남아 있는 범죄현상을 재현하는 것으로서 언어나 그에 대신하는 동작으로 표현된다. 증인의 증언, 피의자신문조서, 참고인진술조서, 검증조서에 기재되어 있는 사람의 체험(경험) 등이 진술에 속한다.

비진술은 물의 존재나 상태를 증명하기 위한 증거로서 진술 이외의 증거를 말한다. 범행에 사용된 흉기, 범행현장에 남아 있는 지문이나 범인의 옷에 남아 있는 혈흔은 비진술이다.

(라) 사안에의 적용

위 사안에 대하여는 다음 두 가지 점을 언급할 수 있다.

첫째, 사안에서 V의 휴대전화에 도달된 문자메시지는 문자정보라는 측면에서 진술처럼 보이지만 '모종의 사실의 존부에 대한 정보의 전달'이 없으므로 비진술이다. 진술이 아니라면 무엇이란 말인가?

둘째, 사안에서는 'D가 공포심이나 불안감을 유발하는 문자정보를 반복적으로 V의 휴대전화에 도달하게 한 행위' 자체가 공소사실이자 요증사실이다. 객관적으로 사람의 공포심이나 불안감을 유발하는 문자정보가 반복적으로 V의 휴대전화에 도달하기만 하면 특정한 형벌구성요건이 충족되는 것이다. 'D가 공포심이나 불안감을 유발하는 문자정보를 반복적으로 V의 휴대전화에 도달하게 한 행위'는 '언어적 행위'(verbal act)이지 진술이 아니다.

따라서 D가 그 성립과 내용의 진정을 인정하지 아니하더라도 이 문자메시지에는 전문법칙의 적용이 없다.

---

4) 기록상 이것들은 공판조서, 혹은 증인신문조서에 담겨 있다.

5) 기록상 이것들은 진술서(자술서) 혹은 고소장과 각종 조서(피의자신문조서, 참고인진술조서)에 담겨 있다.

이하에서 전문법칙의 적용이 없는 사안들을 총정리하여 보면 다음과 같다.

(마) 언어적 행동(verbal acts; Words that have Independent Legal Significance)

다음에 열거하는 5개의 대법원판결[6]은 '원진술의 존재 자체'를 '주장이 없는 언어적 행동'으로 보아 전문법칙의 적용이 없다는 방식의 논변으로 이해하여야 자연스럽다.

(1) "이적표현물을 컴퓨터 디스켓에 저장, 보관하는 방법으로 이적표현물을 소지하는 경우에는 컴퓨터 디스켓에 담긴 문건의 내용의 진실성이 아닌 그러한 **내용의 문건의 존재 그 자체**가 직접 증거로 되는 경우이므로 적법한 검증 절차를 거친 이상 이적표현물 소지의 점에 관하여는 컴퓨터 디스켓의 증거능력이 인정된다."(대법원 1999.9.3. 선고 99도2317 판결(이적표현물 소지))

(2) "D는 1997.9.22. 15:00경 V와 D2(D의 누나)와의 사이에 재산분쟁이 있음을 알고 D3에게 조직의 세력을 이용하여 V를 협박하여 재산포기 등의 각서를 받아오게 교사하고, '납치하여 감금을 할 수도 있고, 금액에 상응하는 할 수 있는 일은 다 할 수 있다.'고 하면서 자신의 요구를 들어주지 않으면 신체에 위해를 가할 것 같은 말을 하였다. 이 경우에 D의 진술 내용의 진실성이 아니라 **D가 '그러한 말을 하였다'는 자체**는 공갈죄를 요증사실로 하는 본래증거에 해당한다."(대법원 2000.2.25. 선고 99도1252 판결(공갈))

(3) "어떤 증거가 전문증거인지 여부는 요증사실과의 관계에서 정하여지는바, 원진술의 내용인 사실이 요증사실인 경우에는 전문증거이나, **원진술의 존재 자체**가 요증사실인 경우, 예컨대 명예훼손사건에 있어서 명예훼손적 발언을 들은 자의 증언과 같은 경우는 본래증거이지 전문증거가 아니다. D가 명예훼손죄로 기소된 이 사건에서 시디(C D)에 녹음된 'D의 명예훼손적 발언을 들었다'는 W의 법정진술 부분은 재전문증거라고 볼 수 없다."(대법원 2008.9.25. 선고 2008도5347 판결(명예훼손))

(4) "타인의 진술을 내용으로 하는 진술이 전문증거인지 여부는 요증사실과의 관계에서 정하여지는바, 원진술의 내용인 사실이 요증사실인 경우에는 전문증거이나, **원진술의 존재 자체**가 요증사실인 경우에는 본래증거이지 전문증거가 아니다(대법원 2008.11.13. 선고 2008도8007 판결 등 참조). O는 제1심 법정에서 D는 '88체육관 부지를 공시지가로 매입하게 해 주고 KBS와의 시설이주 협의도 2개월 내로 완료하겠다고 말하였다'고 진술하였고, O2, O6도 D의 진술을 내용으로 한 진술을 하였음을 알 수 있는데, D의 위와 같은 원진술의 존재 자체가 이 부분 각 사기죄 또는 변호사법 위반죄의 요증사실이므로, 이를 직접 경험한 O 등이 D로부터 위와 같은 말을 들었다고 하는 진술은 전문증거가 아니라 본래증거에 해당한다. 이와 다른 전제에 선 이 부분 상고이유 주장은 받아들일 수 없다."(대법원 2012.7.26. 선고 2012도2937 판결(사기죄 또는 변호사법 위반죄))

말할 필요도 없는 것이지만 위의 5개 판례에서 문제된 목적물에는 '의도된 주장'이 담겨 있지 않다.

---

6) 이하 본문에서 판례를 인용할 때 O는 '공소외', D는 '피고인', V는 '피해자'를 지칭한다.

(바) 행동한 사람이 주장을 의도하였을 경우의 비언어적·주장적 행동(Assertive Conduct=Nonverbal Conduct Intended as an Assertion)

전문법칙이 적용되는 진술의 중점을 '사람의 언어적 발설'에 두지 않고 '사람의 주장'에 두면 외관상 '비구술적, 비언어적 행동'처럼 보이지만 전문법칙을 적용하여야 할 경우가 생긴다. 다음 대법원판결에서 '피의자의 범행을 재연하는 사진이나 비디오 테이프'에 주목해 보자.

> "사법경찰관 작성의 검증조서를 살펴보면 위 검증조서 중에는 이 사건 범행에 부합되는 피의자이었던 피고인의 진술기재 부분이 포함되어 있고 또한 **범행을 재연하는 사진**이 첨부되어 있으나 기록을 자세히 살펴보아도 이들에 관하여는 원진술자이며 **행위자인 피고인**에 의하여 그 진술 및 범행재연의 진정함이 인정되지 아니하므로 위 검증조서 중 피고인의 진술기재 부분과 범행재연의 사진영상에 관한 부분은 증거능력이 없다."(대법원 1988.3.8. 선고 87도2692 판결)[7]

위 대법원판결의 취지는 피의자의 '범행재연행동'은 언어적 발설(verbal utterance)이 아닌 행동(act, conduct)이지만 자신의 범행을 시인하는 자백주장이고 그것이 공판정 밖에서 주장된 것이기 때문에 전문법칙의 적용이 있다는 것이다.

(사) 화자(話者, speaker)의 정신상태를 보여주기 위하여 話者의 발설을 정황증거로 사용하는 경우(Circumstantial Use of Utterances to Show State of Mind)

언어를 수단으로 발설되는 화자(speaker,話者)의 발설이 있지만 그 발설은, 그 발설에 나타난, 공소사실의 존부에 관한 주장내용대로의 사실의 존재를 입증하기 위하여 제출되는 것이 아니라, 화자의 어느 특정 발설 당시 화자의 정신상태(State of Mind)를 보여주기 위한 목적으로 제출되는 것이라면 이 증거(향후 이를 '상태증거'로 부르기로 한다)에는 주장이 없으므로 이 증거는 비전문증거이다. 다음 판례는 이런 맥락에서 잘 이해될 수 있다.

---

7) **[따름판결]** "'사법경찰관이 작성한 검증조서 중 **피고인의** 진술 부분을 제외한 기재 및 **사진의 각 영상**'에는 이 사건 범행에 부합되는 피의자이었던 **피고인이 범행을 재연하는 사진**이 첨부되어 있으나, 기록에 의하면 행위자인 피고인이 위 검증조서에 대하여 증거로 함에 부동의하였고 공판정에서 검증조서 중 **범행을 재연한 부분**에 대하여 그 성립의 진정 및 내용을 인정한 흔적을 찾아 볼 수 없고 오히려 이를 부인하고 있으므로 그 증거능력을 인정할 수 없다. 원심으로서는 위 검증조서 중 피고인의 진술 부분뿐만 아니라 **범행을 재연한 부분**까지도 제외한 나머지 부분만을 증거로 채용하여야 함에도 이를 구분하지 아니한 채 피고인의 진술 부분을 제외한 나머지를 유죄의 증거로 인용한 조치는 위법하다(대법원 1988.3.8. 선고 87도2692 판결, 1990.7.24. 선고 90도1303 판결 등 참조), 한편 원심 및 제1심이 적법하게 조사·채택한 나머지 증거들을 기록에 의하여 살펴보면, 피고인에 대한 살인의 범죄사실을 충분히 인정할 수 있으므로, 원심의 위와 같은 위법은 판결에 영향이 없고, 따라서 피고인에 대하여 유죄를 선고한 원심판결에 영향을 미친 채증법칙 위배나 법리오해 등의 위법이 있다고 할 수 없다."(대법원 2007.4.26. 선고 2007도1794 판결)

[검증의 내용이 그 진술 당시 진술자의 상태 등을 확인하기 위한 것인 경우] "수사기관이 아닌 사인(私人)이 피고인 아닌 자와의 전화대화를 녹음한 녹음테이프에 대하여 법원이 실시한 검증의 내용이 녹음테이프에 녹음된 전화대화의 내용이 검증조서에 첨부된 녹취서에 기재된 내용과 같다는 것에 불과한 경우에는 증거자료가 되는 것은 여전히 녹음테이프에 녹음된 대화 내용이므로, 그 중 피고인 아닌 자와의 대화의 내용은 실질적으로 형사소송법 제311조, 제312조 규정 이외의 피고인 아닌 자의 진술을 기재한 서류와 다를 바 없어서, 피고인이 그 녹음테이프를 증거로 할 수 있음에 동의하지 않은 이상 그 녹음테이프 검증조서의 기재 중 피고인 아닌 자의 진술내용을 증거로 사용하기 위해서는 형사소송법 제313조 제1항에 따라 공판준비나 공판기일에서 원진술자의 진술에 의하여 그 녹음테이프에 녹음된 진술내용이 자신이 진술한 대로 녹음된 것이라는 점이 인정되어야 하는 것이지만(대법원 1996.10.15. 선고 96도1669 판결, 대법원 1997.3.28. 선고 96도2417 판결 등 참조), 이와는 달리 녹음테이프에 대한 검증의 내용이 그 진술 당시 진술자의 상태 등을 확인하기 위한 것인 경우에는, 녹음테이프에 대한 검증조서의 기재 중 진술내용을 증거로 사용하는 경우에 관한 위 법리는 적용되지 아니하고, 따라서 위 검증조서는 법원의 검증의 결과를 기재한 조서로서 형사소송법 제311조에 의하여 당연히 증거로 할 수 있다. 원심법원이 검증한 녹음테이프는 O가 2004.2.1.경 O2와의 전화 통화를 녹음한 것으로서 그 녹음자인 O가 제1심법정에 증인으로 출석하여 제출한 것인데, 피고인들도 위 녹음테이프에 대한 녹취록(수사기록 25쪽)에 관하여는 이를 증거로 할 수 있음에 동의한 사실, 전화 통화의 상대방인 O2도 제1심 및 원심법정에 증인으로 출석하여 2004.2.1.경 O와 전화 통화한 사실 및 그 통화에서 '이 사건 부동산을 2억 원에 매도한 것이 아니고 1억 900만 원에 매도하였다는 취지로 O에게 대답하였던 것은 사실'이라고 진술하였으며, '다만 그 당시 술에 취한 상태에서 다른 부동산 매도건과 착각하여 말한 것'이라는 취지로 다투고 있는 사실, 이에 원심법원은 (1) 위 녹취록의 내용이 V(O)가 제1심법원에 제출한 녹음테이프의 내용과 일치하는지 여부 및 (2) 녹음 당시 O2가 술에 취한 상태에서 횡설수설 이야기한 것인지 여부 등을 확인하기 위하여 위 녹음테이프에 대한 검증을 실시하고 그 결과(녹음 당시 O2의 발음이 전체적으로는 뚜렷하였고 목소리 자체가 횡설수설하는 것 같지는 않았다)를 증거로 채택하여 O2가 술에 취한 상태에서 다른 부동산 매도건과 착각하여 말한 것으로는 보이지 않는다고 판단하고, 나아가 O2가 위 전화 통화에서 답한 내용이 이 사건 부동산에 관한 매도건과 관련하여 진술한 것으로서 신빙성이 높고, 그 이후에 O2가 진술을 번복하여 이 사건 부동산을 2억 원가량에 매도하였다는 진술은 그대로 믿기 어렵다고 판단한 것임을 알 수 있는바, 앞서 본 법리에 비추어 보면 원심의 위와 같은 판단은 정당한 것으로 수긍할 수 있고, 거기에 증거능력에 관한 법리오해 등의 위법이 없다."(대법원 2008.7.10. 선고 2007도10755 판결(사기))

상태증거도 언어적 발언으로 외계에 표출되고 있어 외관상 진술증거처럼 보이지만 주장이 없으므로 비진술, 비전문증거이다. 또 하나 지적하고 싶은 사항은, 언어적 발언으로 외계에 표출되고 있어 외관상 진술처럼 보이지만 주장이 없으므로 비진술, 비전문증거로 파악되는 증거들은 직접증거로 활용될 수는 없고 언제나 정황증거로 활용될 뿐이라는 사실이다.

(아) 사람의 비구술(非口述, non-oral)의 서면적(written) 진술

다음은 피고인 D의 공갈죄의 성부가 문제된 사안에 대한 2010년 판결 재판요지이다. 이 판결의 결론과 논거는 FRE의 견지에서도 설명가능한 논변이다. 다만 FRE의 견지에 서면 2010년 판결에 약간의 부적절한 표현이 있어 그 의미를 다소 제한적으로 해석할 것이 필요하다:

> "O2, O3의 제1심 법정진술 중 증거로 할 수 없는 전문진술 부분을 제외하더라도, V의 진술을 내용으로 하지 않는 다른 법정진술 부분과 당시 V로부터 '진술 내용'을 들었다는 사실 자체에 관한 법정진술 부분은 본래증거로서 증거로 삼을 수 있고, 그 외 원심과 제1심판결이 적법하게 조사하여 채택한 증거들에 의하면, D에 대한 이 사건 범죄사실을 넉넉히 유죄로 인정할 수 있으므로, 원심의 위와 같은 잘못이 판결 결과에 영향을 미친 것은 아니다.
>
> 이 사건 문자메시지는 V가 D로부터 풀려난 당일에 남동생(O3)에게 도움을 요청하면서 D가 협박한 말을 포함하여 공갈 등 D로부터 피해를 입은 내용을 문자메시지로 보낸 것이므로, 이 사건 문자메시지의 내용을 촬영한 사진은 증거서류 중 V의 진술서에 준하는 것으로 취급함이 상당할 것인바, 진술서에 관한 형사소송법 제313조에 따라 이 사건 문자메시지의 작성자인 V가 제1심 법정에 출석하여 자신이 이 사건 문자메시지를 작성하여 동생에게 보낸 것과 같음을 확인하고, 동생인 O3도 제1심 법정에 출석하여 V가 보낸 이 사건 문자메시지를 촬영한 사진이 맞다고 확인한 이상, 이 사건 문자메시지를 촬영한 사진은 그 성립의 진정함이 증명되었다고 볼 수 있으므로 이를 증거로 할 수 있다."(대법원 2010.11.25. 선고 2010도8735 판결)

D의 공갈죄의 성부(成否)가 쟁점이 된 사안에서 V(피해자)가 D로부터 풀려난 당일에 자신(V)의 남동생(O)에게 도움을 요청하면서, 'D가 협박한 말'을 포함하여 공갈 등 'D로부터 피해를 입은 내용'을 문자메시지로 보낸 문자메시지의 내용을 촬영한 사진이 D의 유죄증거로 제출되었다. '문자메시지의 내용을 촬영한 사진' 문제는 빼고 'D가 협박한 말'을 포함하여 공갈 등 'D로부터 피해를 입은 내용'을 V가 문자메시지로 O에게 보낸 것이 진술인가의 문제를 검토하여 보자. 이 문제는 결국 'O(V의 남동생)가 수신한 문자메시지에 공소사실(공갈죄)의 진부에 관련된 주장(긍정되면 전문증거)이 담겨 있는가'의 문제이다.

또 하나 지적할 사항은 주장이 있는 진술(전문법칙의 적용이 있는 진술)은 반드시 구술(orality)로만 가능한 것이 아니라 2010년 판결 사안처럼 비구술의 서면적 진술로도 가능하다는 사실이다. 위의 사안에서 'V가 D로부터 피해를 입은 내용'을 문자메시지로 전송한 행위는 '주장이 있는, 비구술의 서면적 진술'이다.

(자) 고소장의 증거능력(대법원 2012.7.26. 선고 2012도2937 판결)

"형사소송법 제313조 제1항은 '전 2조의 규정 이외에 피고인 또는 피고인이 아닌 자가 작성한 진술서나 그 진술을 기재한 서류로서 그 작성자 또는 진술자의 자필이거나 그 서명 또는 날인이 있는 것은 공판준비나 공판기일에서의 그 작성자 또는 진술자의 진술에 의하여 그 성립의 진정함이 증명된 때에는 증거로 할 수 있다.'고 규정하고 있는바, O2, O3, O4가 작성한 고소장은 위 조항 소정의 서류에 해당하는 서류로서 이들이 제1심 법정에서 각 그 진정성립을 인정한 바 있으므로 모두 그 증거능력이 있다."

(차) 최우량증거제출의 원칙과 예외

본 판례에서는 또한 최우량증거제출의 원칙(best evidence rule)과 예외를 판시하고 있어 주목을 요한다. 공소사실의 유죄입증의 증거는 원본을 제출하는 것이 원칙이지만 원본증거(문자정보가 저장된 휴대전화기나 문자정보를 담고 있는 대체물)를 법정에 제출할 수 없거나 그 제출이 곤란한 사정이 있고, 그 사진의 영상이 휴대전화기의 화면에 표시된 문자정보와 정확하게 같다는 사실이 증명(이른바 보관연쇄, chain of custody)되면[8] 검사는 휴대전화

8) 이것은 전문법칙과는 별개의 증거법원칙인 진정성(authenticity) 문제이다: (대법원 2007.12.13. 선고 2007도7257 판결) "다. 압수물인 디지털 저장매체로부터 출력된 문건의 증거능력에 대하여(이 점에 대한 검사의 상고이유를 함께 판단한다) (1) 압수물인 디지털 저장매체로부터 출력된 문건이 증거로 사용되기 위해서는 디지털 저장매체 원본에 저장된 내용과 출력된 문건의 동일성이 인정되어야 할 것인데, 그 동일성을 인정하기 위해서는 디지털 저장매체 원본이 압수된 이후 문건 출력에 이르기까지 변경되지 않았음이 담보되어야 한다. 특히 디지털 저장매체 원본에 변화가 일어나는 것을 방지하기 위해 디지털 저장매체 원본을 대신하여 디지털 저장매체에 저장된 자료를 '하드카피'·'이미징'한 매체로부터 문건이 출력된 경우에는 디지털 저장매체 원본과 '하드카피'·'이미징'한 매체 사이에 자료의 동일성도 인정되어야 한다. 나아가 법원 감정을 통해 디지털 저장매체 원본 혹은 '하드카피'·'이미징'한 매체에 저장된 내용과 출력된 문건의 동일성을 확인하는 과정에서 이용된 컴퓨터의 기계적 정확성, 프로그램의 신뢰성, 입력·처리·출력의 각 단계에서 조작자의 전문적인 기술능력과 정확성이 담보되어야 한다. 그리고 압수된 디지털 저장매체로부터 출력된 문건이 진술증거로 사용되는 경우에는 그 기재 내용의 진실성에 관하여 전문법칙이 적용되므로, 형사소송법 제313조 제1항에 의하여 그 작성자 또는 진술자의 진술에 의하여 그 성립의 진정함이 증명된 때에 한하여 이를 증거로 사용할 수 있다(대법원 1999.9.3. 선고 99도2317 판결 참조). (2) 기록에 의하여 살펴보면, 국가정보원에서 피고인들 혹은 가족, 직원이 입회한 상태에서 원심 판시 각 디지털 저장매체를 압수한 다음 입회자의 서명을 받아 봉인하였고, 국가정보원에서 각 디지털 저장매체에 저장된 자료를 조사할 때 피고인들 입회 하에 피고인들의 서명무인을 받아 봉인 상태 확인, 봉인 해제, 재봉인하였으며, 이러한 전 과정을 모두 녹화한 사실, 각 디지털 저장매체가 봉인된 상태에서 서울중앙지방검찰청에 송치된 후 피고인들이 입회한 상태에서 봉인을 풀고 세계적으로 인정받는 프로그램을 이용하여 이미징 작업을 하였는데, 디지털 저장매체 원본의 해쉬(Hash) 값과 이미징 작업을 통해 생성된 파일의 해쉬 값이 동일한 사실, 제1심법원은 피고인들 및 검사, 변호인이 모두 참여한 가운데 검증을 실시하여 이미징 작업을 통해 생성된 파일의 내용과 출력된 문건에 기재된 내용이 동일함을 확인한 사실을 알 수 있는바, 그렇다면 출력된 문건은 압수된 디지털 저장매체 원본에 저장되었던 내용과 동일한 것으로 인정할 수 있어 증거로 사용할 수 있고, 같은 취지의 원심의 판단은 정당하다. 그리고 원심은, 판시와 같은 이유로 국가정보원에서 피고인들에게 진술거부권을 고지하지 않은 상태에서 강압적인 방법을 사용하여 디지털 저장매체의 암호를 획득하였다는 피고인들의 주장을 배척하였는바, 기록에 의하여 살펴보면 원심의 이러한 판단은 정당하다. (3) 원심은 나아가, 검사가 디지털 저장매

기 이용자가 그 문자정보를 읽을 수 있도록 한 휴대전화기의 화면을 촬영한 사진을 증거로 제출할 수도 있다.[9)]

(카) 피사체가 비진술증거일 경우의 사진영상의 성질(비진술증거)

본 판결에서 문제되는 사진영상은 피사체의 성질에 좌우되는 사진영상이다. 피사체가 비진술증거이면 그 사진도 비진술증거이다. 사진영상의 증거채택에서 문제되는 것은 오로지 사진영상의 진정성(authen-ti-cation)이다. 본 판결의 ⓑ 부분이 이 점을 언급하고 있다. 피사체가 진술증거이면 이를 사진으로 담는 것이 원천적으로 불가능할 것이다. 사진이 진술증거인가 비진술증거인가에 대한 본격적인 문제제기는 다른 곳(⇨본서 8.2)에서 논한다.

(타) 진술의 진실성과 관계없는 간접사실에 대한 정황증거로 사용할 경우

"어떤 진술이 범죄사실에 대한 직접증거로 사용함에 있어서는 전문증거가 된다고 하더라도 그와 같은 진술을 하였다는 것 자체 또는 그 진술의 진실성과 관계없는 간접사실에 대한 정황증거로 사용함에 있어서는 반드시 전문증거가 되는 것은 아니다."[10)]

체에서 출력하여 증거로 제출한 문건 중에서 판시 53개의 문건은 그 작성자가 제1심에서 그 성립의 진정함을 인정하였으므로 이를 증거로 할 수 있으나, 그 밖의 문건은 그 작성자에 의하여 성립의 진정함이 증명되지 않았거나 작성자가 불분명하다는 이유로 그 문건의 내용을 증거로 사용할 수 없다고 판단하였는바, 위 법리와 기록에 비추어 보면 원심의 이러한 판단은 정당하고, 그 판단에 피고인들과 검사가 상고이유로 주장하는 증거법칙 위배나 판단유탈 등의 위법이 없다. 그리고 이 사건 디지털 저장매체로부터 출력된 문건의 경우 논지와 같은 정황자료만으로 진정 성립을 인정할 수 있다거나 형사소송법 제314조, 제315조에 의하여 증거능력이 부여되어야 한다는 검사의 상고이유 주장은, 위에서 본 법리에 배치되거나 형사소송법 제314조, 제315조의 요건을 오해한 주장으로 받아들일 수 없다."

9) 대법원 1961.3.31. 자 4292형상1072 결정: "문서의 원물을 법정에 제출함이 지난(至難, 지극히 어려움)한 경우에는 당해문서의 원물의 존재와 이를 촬영한 사진인 것임을 확인되는 이상 당해사진을 그 존재와 내용이 증거되는 증거물로 하여 조사를 하고 증거로 할 수 있다."

10) 대법원 2000.2.25. 선고 99도1252 판결; 대법원 2013.6.13. 선고 2012도16001 판결.

8.2

CCTV 녹화테이프는 전문증거인가(부정) [고물상주인 CCTV 녹화테이프망실 사건]

대법원 2011.12.8. 선고 2010도2080 판결

I 사 안

D는 "2008.5.23. 11:33경 충북 청주시 흥덕구 가경동 127의 1에 있는 하은빌라 옆 주차장에서 평소 자신(D)이 승용차를 주차해 놓던 장소에 V가 충북31모2947호 세피아 승용차를 주차해 놓은 것에 화가 나 위 세피아 승용차의 조수석 백미러를 발로 차 수리비 53,000원 상당이 들도록 V 소유의 재물을 손괴"한 혐의로 기소되었다. 검사가 제출한 유죄증거들은 다음과 같다.

1) 재판당시 CCTV 녹화 테이프는 망실되고 실시간으로 CCTV를 본 사람은 없었다.

2) 실시간은 아니지만 사건발생 후 1시간 이내인 시점에서 CCTV 녹화 테이프를 돌려보았을 때 'CCTV 영상에 나타난 범인이 D'라는 고물상주인(평소 D를 잘 알고 있었지만 D와 사이가 좋지 않은 사람으로서 세피아 승용차가 주차된 곳에 인접한 고물상 주인)의 수사보고서상의 진술: "2008.5.23. 11:33경 후 1시간 경과 이전에 녹화된 CCTV 화면상에 나타난 범인은 D였다. 내가 관리하는 CCTV에 범인이 V의 차의 백미러를 발로 차 손괴하는 장면이 촬영되었고, 그 화질은 평소 알고 지내는 사람이라면 누구인지 식별할 수 있을 정도의 화질이다."

3) 역시 실시간은 아니지만 사건발생 후 1시간 이내인 시점에서 CCTV 녹화 테이프를 돌려보았을 때 'CCTV 영상에 나타난 범인이 D'라는 V의 법정증언: "2008.5.23. 11:33경 후 1시간 경과 이전에 고물상 주인과 내가 함께 CCTV를 돌려보았는데 CCTV상에 나타난 범인은 D였다."

4) 신고를 받고 출동 중에 피해자 V와 함께 CCTV 영상을 보았다는 사건담당 경찰관 P의 법정증언: "신고를 받고 출동하여 2008.5.23. 13:00경 고물상 주인과 함께 CCTV를 돌려 보았는데 CC TV상에 나타난 범인은 D였으며 범인이 타고 있던 차량과 D의 차량이 일치함을 확인하였다."

5) D는 경찰에서 "범행을 하였는지 잘 기억이 나지 않는다. 목격자가 있다면 내가 범행한 것이 맞을 것이다. V와 합의할 생각이 있다"고 진술하였다.

제1심과 항소심은 D에게 유죄를 선고하였다.[1] D가 상고하였다.[2]

---

1) "D를 벌금 1,000,000원에 처한다. D가 위 벌금을 납입하지 아니하는 경우 금 50,000원을 1일로 환산한 기간 D를 노역장에 유치한다. 위 벌금에 상당한 금액의 가납을 명한다."

II 쟁 점

CCTV 녹화테이프를 보고 '녹화테이프상의 범인과 피고인이 동일인'이라는 피해자, 경찰관의 법정진술은 전문증거인가?(부정)

III 재판요지 (상고기각)

상고이유는 결국 사실심인 원심의 전권에 속하는 증거의 취사선택과 사실의 인정을 탓하는 것에 불과하여 적법한 상고이유가 되지 못한다. 나아가 원심판결 이유를 원심이 적법하게 채택한 증거들에 비추어 살펴보더라도 원심의 사실인정에 논리와 경험칙에 위배하여 자유심증주의의 한계를 벗어난 잘못이 있다고 할 수도 없다.

IV 분석과 해설

(가) 사안의 쟁점

이 사안의 쟁점은 CCTV를 실시간으로 본 것이 아니라, CCTV 녹화테이프를 보고 '녹화테이프상의 범인과 피고인이 동일인'이라는 피해자, 경찰관의 법정진술이 전문증거인가 여부이다. 이 문제를 검토하기 전에 '녹음테이프, 사진, 영상녹화물'에 대한 종래의 학설을 먼저 살펴보자.

(1) **비진술증거설** 수사기관이 '피신조서나 참고인진술조서를 대체하려는 목적에서 작성된 녹음테이프나 영상녹화물'(⇨본서 8.11)은 진술증거임이 명백하다. 이 이외의 다른 목적(예를 들어 보안목적이나 감시목적)으로 촬영된 사진과 영상(CCTV 녹화영상 등)은 해당 매체가 사람의 지각에 기초하여 기록된 것이 아니라 순수한 기계적 조작의 결과 저장된 전자기록 등 특수매체기록이므로 인간적 오류와 의도적 조작위험성이 개입할 여지가 없으므로 진술이 아니고 따라서 전문법칙의 적용이 없다.

(2) **진술증거설**(전문증거설) ⓐ 사진·CCTV 녹화테이프는 비유컨대 기록된 전문(Recorded Hearsay)이고, ⓑ 작성과정에 조작 가능성이 있으므로 전문법칙이 적용되어야 한다.

(3) **검증조서유추설**(법 제312조 제6항) 위 매체 기록이 비진술성을 띠기는 하나, 조작가능성 때문에 예외적으로 검증조서에 준하여 제한적으로 증거능력을 인정해야 한다.

---

2) 사안구성작업에는 박용철, CCTV를 시청한 자의 진술의 증거능력 내지 증명력 인정, 『형사법연구』 제24권 제1호(2012), 249면; 김희균, CCTV를 본 증인의 진술의 증거능력, 『서울법학』 제20권 제1호(2012.5.31.), 346~347면 참조함. 김희균은 '고물상주인이 법정증언하였다'고 기록하고 있지만 박용철은 고물상주인의 진술은 '수사보고서상의 진술'로 기록하고 있다. 여기서는 박용철의 논문을 인용하였다. 피고인 D가 그 수사보고서를 증거로 함에 동의하면 이 진술은 증거로 쓸 수 있다.

(나) 판례와 재판실무

(1) 대법원은 대화를 녹음한 테이프에 대하여 진술증거설[3]의 입장이다.

(2) **법원실무제요 형사(II)의 입장** 녹음테이프를 제외한 전자기록 등 특수매체기록(CCTV의 녹화테이프 포함)의 법적 성격에 대하여 명문의 규정이나 명시적인 판례는 아직 없다. 그런데 법원행정처가 발간한 『법원실무제요(형사)』(II)에서는 영상에 가장 가까운 '현장사진'의 증거능력 및 증명력에 대하여 다음과 같이 비진술증거설의 입장을 표명하고 있다: "현장사진이란 현장이나 범행도구의 사진, 범행당시나 전후의 사진(현금인출기의 폐쇄회로 촬영사진 등)이 독립증거로서 제출된 경우를 말한다. 그 증거능력에 관하여 학설은 진술증거설과 비진술증거설 및 검증조서유추적용설 등으로 나누어지나, 이러한 사진이 **독립증거로서 제출되었다면 비진술증거로서 전문법칙이 적용되지 아니한다.** (중략) 범행 당시의 현장상황 등이 녹화된 비디오테이프 등 영상물에 대하여는 앞서 본 현장사진이나 현장녹음과 마찬가지로 증거능력을 따지면 될 것이다."[4]

(3) 나체사진 사건 판결(⇨본서 6.6)과 본 판결(대법원 2011.12.8. 선고 2010도2080 판결)은 비진술증거설을 암시한다.

(다) 개인정보 보호법과 CCTV 녹화테이프

2011년 9월 30일 시행된 **개인정보 보호법**은 '공공기관의 개인정보 보호에 관한 법률' 을 폐지[5]하고 "일정한 공간에 지속적으로 설치되어 사람 또는 사물의 영상 등을 촬영하거나 이를 유·무선망을 통하여 전송하는 장치"를 "**영상정보처리기기**"로 정의한다(제2조 7호). CCTV는 **개인정보 보호법**이 적용되는 영상정보처리기기 중 하나로 간주된다(동법 시행령 제3조 1호). 이제 'CCTV 설치의 적법성'은 동법 제25조 제1항의 규율을 받게 되었다. 제25조 제1항은 원칙적으로 영상정보처리기기의 설치 운영을 금지하지만, '1. 법령에서 구체적으로 허용하고 있는 경우, 2. 범죄의 예방 및 수사를 위하여 필요한 경우, 3. 시설안전 및 화재예방을 위하여 필요한 경우, 4. **교통단속을 위하여 필요한 경우**, 5. 교통정보의 수집·분석 및 제공을 위하여 필요한 경우'의 5가지 예외사유가 인정되는

3) 대법원 1996.10.15. 선고 96도1669 판결: "테이프에 녹음 및 녹화된 대화 또는 진술의 내용은 실질적으로 공판준비 또는 공판기일에서의 진술에 대신하여 진술을 기재한 서류와 다를 바 없으므로 형사소송법 제311조 내지 제315조 등 전문법칙의 예외 규정을 적용하여야 한다."

4) 『제요』(II), 127면, 132면.

5) 개인정보 보호법 **부칙** 제2조(다른 법률의 폐지) '공공기관의 개인정보보호에 관한 법률'은 폐지한다.

경우에 **공개된 장소**를 상대로 영상정보처리기기를 설치 운영할 수 있다.

(라) 이 사안에 대한 평가

김희균[6]은 "대부분의 CCTV(녹화테이프: 필자 추가)나 현장사진은 진술을 담고 있지 않을 것이다. (중략) 거기에는 진술이 없고 (중략) 범죄사실 자체만 나와 있지 범죄사실에 대한 피고인의 진술이나 범행재연이 나와 있지 아니하므로 전문법칙의 적용이 없다. (중략) 만약 사건 발생 당시를 실시간으로 촬영 중인 CCTV를 본 증인이 있다면 그 증인은 목격자와 다름없다. 이때 CCTV는 먼 거리를 볼 수 있게 해 주는 망원경과 같이, 육안으로 볼 수 없는 골목 저쪽을 보여주는 것이므로, 증인은 망원경을 통해서 범행현장을 본 것과 다름없다. 따라서 실시간 촬영 중인 CCTV를 보고 자기가 본 바를 법정증언하는 경우 그 증언은 증거능력이 있다."(362면)고 하면서도 "실시간이 아니라 지나간 CCTV 화면을 본 것을 바탕으로 증언"하는 경우에는 문제가 다르다고 인식한다. 이 문제에 대하여 그는 "판례는 그 안에 증거를 조작할 가능성이 없다는 점을 들어, '과거의 현장'을 본 것에도 목격과 동일한 효과를 부여하고 있는 것 같다. 하지만 이에 대해서는 반대한다."(363면). 그 이유로 그는 "과거의 CCTV를 본 것도 현장을 목격한 것으로 봐 주면 안 되는 것인가? 안 된다고 본다. 이 사건에서는 경찰이나 피해자의 잘못 혹은 과실이 너무 크기 때문이다. CCTV와 같은 결정적인 유죄의 증거는 가장 좋은 상태에서 제출되어야 한다. 원본이 제출되는 것이 원칙임은 물론이고, 제대로 원본 내용을 보여주는 사본이라도 제출해야 한다. 그렇지 않고 그걸 봤다는 증인만으로 없어진 CCTV를 되살리려 해서는 안 된다."고 한다. 그러나 이 결론은 증거의 진정성 문제(authenticity, foundation)와 전문법칙을 혼동한 것이다. "실시간 촬영 중인 CCTV를 보고 자기가 본 바를 법정증언하는 경우 그 증언을 전문이 아니"라고 보면 "과거의 CCTV를 본 것도 현장을 목격한 것"으로 보아야 일관성 있는 태도이다. '경찰이나 피해자의 잘못 혹은 과실'문제는 '증거의 진정성을 탓하는 문제' 혹은 법정증언의 증명력을 낮게 평가할 근거는 되어도 비전문을 전문으로 전환시키는 근거로 사용될 수는 없다.

---

6) 김희균, CCTV를 본 증인의 진술의 증거능력, 『서울법학』(제20권 제1호), 서울시립대학교 법학연구소(2012. 5).

제2절 전문법칙의 예외(피의자신문조서)

8.3

사법경찰관 작성 피의자신문조서와 사경조사단계에서 작성된 자술서의 전문예외요건

대법원 1982.9.14. 선고 82도1479 판결

I 사 안

1981년 6월에 전주에서 변사체가 발견됐다. 경찰은 범행시각을 1981년 6월 24일 23시경으로 추정하였다. D는 살인사건의 유력한 용의자로 지목되었다. 경찰이 D를 유력한 용의자로 지목한 이유는 두 가지였다. 하나는 '범인이 피살된 V의 얼굴을 덮어씌워 묶었던 티셔츠가 D가 소지하고 있던 티셔츠와 같은 종류의 것이었다'는 점이었고 또 하나는 '6월 24일을 전후하여 D가 입고 있던 바지에서 피살된 V의 혈액형과 같은 형인 AB형의 혈흔이 검출되었다'는 점이었다. D는 살인 혐의로 기소되었다. 그런데 유죄증거 대부분은 수사절차에서 D 스스로 작성한 자술서(自述書)에 기재되어 있는 내용이었다. D는 수사 초기에는 범행을 부인하였으나 구류형의 집행 중 살인의 범행을 자백하는 내용을 자술서에 담아 수사기관에 제출하였다가 공판절차에서는 다시 위 진술을 부인하기 시작했다. 문제의 그 자술서는 D가 자필로 작성하고 무인(拇印)까지 한 것이었다. 그러나 검찰조사와 공판과정에서 D는 '그 자술서는 **고문과 강요에 의하여 수사관이 부르는 대로 작성**한 것'이라고 진술하였다. 제1심(전주지방법원)은 종래의 대법원 판례(법 제313조설)를 따르지 않고 "이 사건 진술서는 사법경찰관 작성의 피의자신문조서와 마찬가지로 피고인이 공판기일에 그 내용을 인정하지 아니하므로 증거로 할 수 없고 달리 살인의 증거가 없다"며 무죄를 선고하였다. 검사가 항소하였다. 항소심(광주고등법원 1982.5.20. 선고 82노150 판결)은 위 진술서의 자백에 여타 증거를 보강증거로 삼아 유죄를 선고하였다. D가 상고하였다.

II 쟁 점

사법경찰관 조사단계에서 피의자가 작성한 자필진술서의 증거능력 인정요건

III 재판요지 (파기환송)

다수의견

㉮ '검사 작성의 피의자신문조서'(이하 '검면피신조서'로 약칭함)보다 '검사 이외의 수사기관 작성의 피의자신문조서'(이하 '사경피신조서'로 약칭함)에 엄격한 요건을 요구한 취지는 사경피신에 있어 있을지도 모르는 개인의 기본적 인권보장의 결여를 방지하려는 입법정책적 고려이고 또한 ㉯ '피의자가 작성한 진술서에 대하여는 그 성립만 인정되면 증거로 할 수 있고 사경피신조서에서 요구되는 성립의 진정 이외에 내용의 인정을 요구하거나, 진술기재 서류에서 요구되는 특히 신빙할 수 있는 상태 하에 작성된 것이라는 요건을 요구하지 아니하는 취지는 피고인의 자백이나 불이익한 사실의 승인은 재현 불가능이 많고 또 진술거부권이 있음에도 불구하고 자기에게 불이익한 사실을 진술하는 것은 진실성이 강하다는 데에 입법적 근거를 둔 것'이다.

이와 같은 위의 형사소송법의 각 규정 및 그 입법정책적 고려나 입법적 근거와 그리고 공익의 유지와 개인의 기본적 인권의 보장이라는 형사소송법의 해석 및 운영의 기본 이념들을 종합 고찰하여 볼 때 이 사건과 같이 ㉰ 사법경찰관이 피의자를 조사하는 과정에서 형사소송법 제244조에 의하여 피의자신문조서에 기재됨이 마땅한 피의자의 진술내용을 진술서의 형식으로 피의자로 하여금 기재하여 제출하게 한 경우에 위 진술서의 증거능력 유무는 사경피신조서와 마찬가지로 형사소송법 제312조 제2항에 따라 결정하여야 할 것이고 같은 법 제313조 제1항 본문에 따라 결정할 것은 아니다. ㉱ 그러하지 아니하고 이러한 경우에도 피의자가 작성한 진술서이므로 형사소송법 제313조 제1항 본문에 따라야 한다고 본다면 이 사건과 같이 사법경찰관이 피의자를 조사하는 과정에서 같은 날 같은 조건에서 같은 내용으로 작성된 사경피신조서와 피의자의 진술서가 그 서류의 작성자와 명칭에 따라 전자는 형사소송법 제312조 제2항을, 후자는 같은 법 제313조 제1항 본문을 적용하게 되어 엄격하여야 할 증거능력의 부여 여부가 사법경찰관의 자의에 의하여 좌우되는 수긍하기 어려운 결과에 이를 수도 있을 것이기 때문이다. 따라서 증거능력이 없는 이 사건 진술서에 증거능력을 인정하고 동 진술서에 의한 자백에 여타 증거를 보강증거로 하고 피고인에 대한 살인공소사실을 유죄로 인정한 원심판결에는 채증법칙위반으로 판결에 영향을 미친 위법이 있다.

IV 분석과 해설

(가) 대법원 전원합의체는 위 '자술서의 신빙성을 부인하여야 한다'는 점에서는 견해가 일치하였지만 증거능력에 관한 증거법이론에 대하여는 견해가 갈렸다. 다수의견[1)]은 종래의 판례

1) 대법관 유태흥(재판장), 이일규, 김중서, 정태균, 강우영, 이성렬, 전상석, 이정우, 윤일영, 김덕주, 신정철, 이회창, 오성환.

를 수정하여 제1심의 견해에 손을 들어 주었지만 별개의견[2)]은 항소심의 견해(종래의 판례이기도 했다)를 지지했다. 다수의견은 '경찰수사의 현실'에 대한 경험적 통찰을 바탕으로 D의 무죄를 추정한 듯 이 사건에서 '평범한 문리해석'을 거부하고 법조항의 '목적론적 해석'을 시도한 것이다. 이 판결은 '피의자의 인권보장과 한국형사증거법의 발전에 획기적인 기여를 한 판결'로 평가받고 있다.

(나) 사법경찰관 작성의 피의자신문조서의 증거능력

검사 이외의 수사기관(대부분 사법경찰관이다)이 작성한 피의자에 대한 신문조서는 현행법 제312조 제3항(구법 제312조 제2항)에 따라 "적법한 절차와 방식에 따라 작성된 것으로서 공판준비 또는 공판기일에 그 피의자였던 피고인 또는 변호인이 그 내용을 인정할 때에 한하여 증거로 할 수 있다." "내용을 인정"한다는 의미는 조서의 진정성립뿐 아니라 조서의 기재 내용이 객관적 진실에 부합한다는 조서 내용의 진실성을 의미한다(대법원 2008.9.25. 선고 2008도5189 판결).

위 판례는 사법경찰관이 피의자를 조사하는 과정에서 형사소송법 제244조에 의하여 피의자신문조서에 기재됨이 마땅한 피의자의 진술내용을 진술서의 형식으로 피의자로 하여금 기재하여 제출하게 한 경우에 위 진술서의 증거능력 유무는 사경피신조서와 마찬가지로 판단하여야 한다고 선언하여 종래의 제313조 제1항 적용설을 변경하였다. 현행법은 이 판례의 취지를 받아 들여 제312조 제5항에서 "제1항부터 제4항까지의 규정은 피고인 또는 피고인이 아닌 자가 수사과정에서 작성한 진술서에 관하여 준용한다."고 규정함으로써 이를 입법적으로 해결하였다.

(다) 검증조서에 기재된 피의자의 진술과 범행을 재연하는 사진

판례는 이에 대하여도 마찬가지로 법 제312조 제3항을 적용한다.(⇨본서 8.9 사법경찰관 작성의 검증조서에 포함되어 있는 피고인의 진술 또는 범행재연사진의 증거능력 참조)

(라) 피고인이 아닌 피의자에 대한 신문조서

대법원은, 검사가 사법경찰관 작성의 공범자에 대한 피의자신문조서를 다른 공범자 사건에서의 증거로 사용하는 경우에도 같은 논법을 적용한다(⇨본서 8.4 공범피의자를 상대로 사법경찰관이 작성한 피의자신문조서를 증거로 사용할 때 필요한 요건 참조). 그러나 피고인과 공범관계로 의심받고 있지 아니한 다른 피의자(S2)를 상대로 사법경찰관이 작성한 피의자신문조서를 검

2) 대법관 정태균, 전상석, 이정우.

사가 피고(S)사건의 유죄증거로 사용할 때는 법 제312조 제4항의 요건이 구비되어야 한다.

(마) 탄핵증거로의 사용

피고인이 내용을 부인하는 사경작성의 피의자신문조서나 이에 대신하는 진술서는 당해 피고사건에서 증거능력이 없다. 그러나 대법원은 그런 증거라 하더라도, 그것이 임의로 작성된 것이 아니라고 의심할 만한 사정이 없는 한, 피고인의 법정에서의 진술을 탄핵하기 위한 반대증거로 사용할 수 있다(대법원 1998.2.27. 선고 97도1770 판결)고 한다.

8.4

공범피의자를 상대로 사법경찰관이 작성한 피의자신문조서를 증거로 사용할 때 필요한 요건

대법원 1986.11.11. 선고 86도1783 판결

I 사 안

1. 전소의 소송관계

D, D2, D3 3인은 서로 '공모하여 특정범죄 가중처벌 등에 관한 법률 제6조 제2항 제1호(관세법 제180조 제1항(현재는 제269조 제2항))를 위반한 혐의'를 받고 있었다. 그 중 D2, D3는 '사법경찰관의 피의자신문'(이하 '사경피신'으로 약칭함)에서, 'D, D2, D3 3인이 공모하여 혐의내용의 범죄를 행하였다'고 진술하여 그 진술대로의 피의자신문조서(이하 '사경피신조서'로 약칭함)가 작성되었다. 경찰수사단계에서 D는 소재불명이었다. D2, D3만 먼저 구속되어 검찰에 송치되었다. D2, D3는 검사 앞에서, 경찰에서의 진술과 다소 내용은 다르나, 대체로 'D, D2, D3 3인이 공모하여 위 범죄를 행하였다'는 취지의 진술을 하여 그 진술대로의 피신조서가 작성되었다. 기소 후 D2, D3는 공판기일에 범행을 전부 부인하는 한편, 검면피신조서에 대하여는 성립 및 임의성을 인정하였지만, 사경피신조서에 대하여는 성립은 인정하나 임의성과 내용은 인정하지 아니하였다. 제1심과 항소심은 D2, D3에게 유죄를 선고하고 그 판결이 확정되었는데 D2, D3가 내용을 인정하지 아니하였던 경찰조서는 제1심과 항소심에서 증거로 거시(擧示)되지 아니하였다.

2. 후소의 소송관계

그 후 검거된 D는 경찰과 검찰에서 범행 일체를 부인하였다. 검사는 D를 기소하고 D2, D3를 상대로 경찰과 검사가 작성하였던 각 피신조서, 공판조서, 기타 D2, D3에 대한 재판에 사용되었던 증거들을 D의 유죄증거로 제출하였다. D의 피고사건에 관한 공판절차에서 D는 범행을 부인하면서 D2, D3를 상대로 경찰과 검찰이 작성한 각 피신조서를 증거로 함에 부동의하였다. 증인으로 출석한 D2, D3는 "D는 물론이고 우리들(D2, D3)조차도 범행한 사실이 없다. 경찰이나 검찰에서 범행을 시인하는 진술을 하기는 하였지만 이는 고문으로 강요된 허위진술이었다"고 증언하였다.[1] 제1심은 유죄를 선고하였는데 유죄인정증거의 하나로 D2, D3에 대하여 작성한 경찰과 검찰의 각 피신조서를 들었다(이들 증거가 중심적 증거이다). 항소심은 양형부당을 이유로 제1심 판결을 파기하였으나 사실인정은 제1심과 동일하게 하였다. D는 "원심판결이 D2, D3에 대한 사경피신조서

---

1) 이것은 사경피신조서의 '성립은 인정하나 내용을 부인'하는 취지의 증언이다.

를 유죄의 증거로 채용한 것은 증거능력에 관한 법리를 오해하고 채증법칙을 위배한 것"이라고 주장하며 상고하였다.

II 쟁 점

공범피의자(D2, D3)의 피고사건에서 사경피신조서의 전문예외요건을 규정한 형사소송법 제312조 제3항(구법은 제312조 제2항)은 공범관계로 의심받고 있는 다른 공범(D)의 피고사건에서도 적용되는가?

III 재판요지 (상고기각)

1. 판례이론 제1항

구 형사소송법 제312조 제2항(신법은 제312조 제3항)은 '검사 이외의 수사기관에서 작성한 피의자신문조서(사경피신조서)는 공판준비 또는 공판기일에서 ㉮ 피의자였던 피고인의 진술에 의하여 그 성립의 진정함이 인정되고 아울러 ㉯ 피고인이나 변호인이 그 내용을 인정한 때에 한하여 증거로 할 수 있다'고 규정하여 ㉰ 사경피신조서의 증거능력을 엄격히 제한하고 있다.

2. 판례이론 제2항

이 규정은 ㉱ D(당해 피고인)에 대한 사경피신조서를 유죄의 증거로 하는 경우뿐만 아니라 D와 공범관계에 있는 '다른 피고인 또는 피의자(본 사안에서는 D2, D3이다: 필자)'에 대한 사경피신조서를 D에 대한 유죄의 증거로 채택할 경우에 있어서도 다 같이 적용된다(대법원 1979.4.10. 선고 79도287 판결, 대법원 1984.10.23. 선고 84도505 판결 참조).

3. 판례이론 제2항의 근거

㉲ 그 내용이 D에 대한 피신조서의 내용과 다름없기 때문이다. 따라서 그 증거능력은 (D2, D3의 법정진술에 의하여) 진정성립이 인정되는 외에 당해 피고인(D) 또는 변호인이 그 내용을 인정하여야만 부여할 수 있는 것이며, 원진술자인 피의자(증인으로 출석한 D2, D3이다: 필자) 또는 그의 변호인이 내용을 인정하였다 하여 증거능력을 부여할 수는 없다. ㉳ 이와 같이 보지 아니하고 원진술자인 D2, D3(공범피의자)가 D(피고인)에 대한 형사피고사건의 법정에 나와 그 내용을 인정하면 증거능력이 부여된다고 보게 되면 '형사재판이 각각 별도로 이루어진 경우' 자기에 대한 형사피고사건에서는 법정에서 그 내용을 부인하여 유죄의 증거가 되지 아니한 피신조서도 공범관계에 있는 다른 피고인에 대한 관계에서는 유죄의 증거가 될 수 있는 불합리하고 불공평한 결과가 생길 수 있고, 또 ㉴ 그 피의자(D2, D3: 필자)에 대한 형사피고사건에서 피고인이 되었던 그 피의자 또는 변호인이 내용을 인정한 바 있다 하여 이를 다른 피고인(D)에 대한 형사피고사건의 증거로 할 수 있다고 본다면 D의 '반대신문 기회도 없었던 진술만으로 증거능력을 인정하는 것'이 될 뿐 아니라, ㉵ '만일 그 피의자(D2, D3: 필자)에 대한 형사사건에서 유죄의 증거로 되었던 이유가 그의 변호인이 피

신조서의 내용을 인정하였기 때문인 경우라면 당해 피고인 D로서는 자기의 변호인도 아닌 사람의 소송행위로 불이익을 받는 결과'가 되어 부당하기 때문이다.

4. 판례이론 제2항의 본 사안에의 적용

원심이 D에 대한 범죄사실을 인정할 때 인용(引用)한 증거 중 사법경찰관작성의 D2, D3에 대한 각 피신조서는 피고인(D)이나 그 변호인이 증거로 함에 동의하지 아니한 서류인 것이 분명한 바, ㉶ 이는 그 내용을 인정하지 않는다는 취지와 같은 것이고, 그 피신조서는 D와 공범관계에 있는 자들에 대한 것이므로 원심이 이를 유죄의 증거로 채택한 것은 상고논지가 지적하고 있는 바와 같이 위법하다.

5. 그러나 기록을 검토하면 ㉷ 위 D2, D3에 대한 사경피신조서를 제외하고 검면피신조서를 비롯한 기타 원심인용의 증거만으로도 D에 대한 판시 범죄사실을 넉넉히 인정할 수 있으므로 상고논지가 지적하는 위법은 원심판결의 결과에 영향이 없는 것이고, 그 채증의 과정을 소론과 같이 채증법칙위반이라고 탓할 수도 없으니 논지는 결국 이유 없다.

IV 분석과 해설

(가) 사경피신조서(검사 이외의 수사기관 작성의 피의자신문조서)의 증거능력을 제한한 취지

사경피신조서[2]는 공판준비 또는 공판기일에 그 피의자였던 피고인이나 변호인이 그 성립과 내용을 인정한 때에 한하여 증거로 할 수 있다(법 제312조 제3항). 이렇게 보면 검면피신조서가 원진술자의 진정성립의 인정만으로 증거능력이 부여되는 점(법 제312조 제1항)과 비교할 때 사경피신조서의 증거능력 인정요건은 매우 엄격한 편이다. 그 이유는 무엇인가? 검사 이외의 수사기관의 피의자신문에 개입될지도 모르는 개인의 기본적 인권보장의 침해를 방지하려는 입법정책적 고려(⇨본서 **8.3번** 판례)에 있다.

(나) 공범자(D2, D3)에 대한 피신조서의 법적성질

현재 문제가 되고 있는 피고인(D, 이하 '피고인'으로 약칭한다)과 공범관계에 있는 것으로 수사기관이 지목하고 있는 공범피의자(D2, D3, 이하 '공범피의자'로 약칭한다)의 불이익진술은 그 내용상 ① 자기(D2, D3, 공범자)의 혐의사실에 대한 불이익한 진술(공범피의자인 D2, D3 자신의 혐의사실에 대하여는 자백일 수 있다)임과 동시에, ② 공범관계에 있는 것으로 지목되고 있는 다른 공범피의자(D)의 혐의사실에 대하여는 증언적 성격의 불이익한 진술이다. 공범피의자(D2, D3)의 진술은 피고인(D)의 진술이 아니므로 피고인에게는 자백이 아니고, 또한 공범피의

2) '사법경찰관 작성 피신조서'로 특정하였지만, 더 정확하게 말하면 '검사 이외의 모든 수사기관'(예를 들어 검찰수사관, 국정원 수사관 포함) 일반을 지칭한다.

자에게는 항상 그 책임전가의 위험이 있음을 염두에 두어야 한다.

(다) '공범피의자의 사법경찰관 앞에서의 진술'로서, 피고인에게 불이익한 진술이 증거로 사용되기 위한 요건(판례 이론)

'원진술자인 공범자'(D2·D3)가 '성립의 진정'을 인정하여야 하고, 피고인(D)이 내용을 인정하여야 한다. 공소사실을 부인하는 피고인(D)은, 특단의 사정이 없는 한, 자신에게 불이익한, 공범피의자(D2·D3)를 상대로 작성된 사경피신조서의 내용을 부정할 것이다. 따라서 공범피의자의 '성립의 진정' 인정요건은 큰 의미가 없다. 공범피의자의 '성립의 진정'인정 여부보다 중요한 것은 피고인(D)의 내용인정 여부이기 때문이다.

(라) '내용 인정'과 '증거동의에 의한 증거능력 부여'

전소 사건의 공범피의자(D2·D3)에 대한 사경피신조서가 후소 사건에서 증거능력을 갖게 되려면 원진술자(D2·D3) 아닌 피고인(본 사안의 D) 또는 그 변호인이 내용을 인정하여야 한다. 그렇다면 '내용 인정'과 '증거동의에 의한 증거능력부여'와는 어떠한 관계에 있는 것인가?

본 사안에서 이 점이 정면으로 쟁점화되지는 아니하였다. 그러나 본 판결은 방론(傍論)으로서 '피고인이나 변호인이 공동피의자의 사경피신조서에 대하여 증거로 함에 동의하지 아니한 것은 그 내용을 인정하지 않은 취지와 같은 것'이라고 판시(재판요지 제4항)하고 있다.

피고인(D)과 공범관계에 있는 것으로 지목되는 공범피의자(D2·D3)를 상대로 작성된 사경피신조서에 대하여는, 증거조사절차에서 피고인측의 동의 여부를 물을 것이 아니라 피고인측의 '내용인정 여부'를 조사하는 것이 정공법이다. 그러나 피고인이나 변호인이 (명백하게) 내용을 부인하면서도 증거동의의 의사표시를 한 경우, 혹은 피고인측의 내용인정 여부가 조사되지 않은 채로 증거동의의 의사표시가 행하여진 경우에 어떻게 볼 것인지 문제된다. 전자의 경우에는 내용이 부인된 것으로 보아야 하고 후자의 경우에는 법원이 당사자에게 석명을 구한 후에 처리하면 된다.

(마) 공범피의자가가 공동피고인인 경우

본 사안에서 공범피의자(D2·D3)는 피고인 D의 공동피고인이 아니었다. 그러나 공범피의자가 공동피고인으로서 병합심리되는 상황에서 '피고인(D)에게 불이익한 공범피의자(D2·D3)의 사경면전진술'이 피고인(D)의 유죄증거로 제출되는 경우에도 결론은 달라질 것이 없다.[3)]

(바) 법 제314조의 적용 여부(부정)

"당해 피고인(D)과 공범관계가 있는 다른 피의자(D2·D3)에 대한 검사 이외의 수사기관 작성의 피의자신문조서는 그 피의자(D2·D3)의 법정진술에 의하여 그 성립의 진정이 인정되더라도 당해 피고인(D)이 공판기일에서 그 조서의 내용을 부인하면 증거능력이 부정되므로 그 당연한 결과로 그 피의자신문조서에 대하여는 사망 등 사유로 인하여 법정에서 진술할 수 없는 때에 예외적으로 증거능력을 인정하는 규정인 형사소송법 제314조가 적용되지 아니한다."(대법원 2004.7.15. 선고 2003도7185 전원합의체 판결)

---

3) [피고인(D)과 공범관계에 있는 다른 피고인(D2) 등을 상대로 검사 이외의 수사기관이 작성한 피의자신문조서를 피고인(D)에 대한 유죄의 증거로 채택할 경우의 적용법조(312조 제3항설)][대법원 2009.11.26. 선고 2009도6602 판결(마약류관리에 관한 법률위반(향정)·특정범죄가중처벌 등에 관한 법률위반(향정)·사기] "형사소송법 제312조 제3항은 검사 이외의 수사기관이 작성한 당해 피고인(D)에 대한 피의자신문조서를 유죄의 증거로 하는 경우뿐만 아니라 검사 이외의 수사기관이 작성한 당해 피고인(D)과 공범관계에 있는 다른 피고인(D2)이나 피의자에 대한 피의자신문조서 또는 공동피의자에 대한 피의자신문조서를 당해 피고인(D)에 대한 유죄의 증거로 채택할 경우에도 적용된다. 당해 피고인(D)과 공범관계가 있는 다른 피의자(D2)에 대한 검사 이외의 수사기관 작성의 피의자신문조서는 그 피의자의 법정진술에 의하여 그 성립의 진정이 인정되더라도 당해 피고인(D)이 공판기일에서 그 조서의 내용을 부인하면 증거능력이 부정되므로, 그 당연한 결과로 그 피의자신문조서에 대하여는 사망 등 사유로 인하여 법정에서 진술할 수 없는 때에 예외적으로 증거능력을 인정하는 규정인 형사소송법 제314조가 적용되지 않는다(대법원 2002. 6.14. 선고 2002도2157 판결, 대법원 2004.7.15. 선고 2003도7185 전원합의체 판결 등 참조)." (대법원 2009.10.15. 선고 2009도1889 판결; 대법원 2010.1.28. 선고 2009도10139 판결도 같은 취지의 판결들이다).

8.5

검면조서 등의 '성립의 진정'의 의미

대법원 2004.12.16. 선고 2002도537 판결

I 사 안

D는 D2(병원장)와 공모하여 '사기·허위진단서작성·동행사죄의 공범'을 범한 혐의로 기소되었다. 그중 사기의 혐의사실은 "1999년 4월경 D가 D2에게 '기존 질병인 허리디스크를 교통사고로 인한 장애'인 것처럼 허위의 후유장해진단서 발급을 부탁하여 D2로부터 허위의 후유장해진단서를 발급받은 후 보험회사를 기망하여 1,700만 원 상당의 교통사고 보험금을 편취"한 보험사기죄 혐의가 중심이다. D는 수사절차와 공판절차에서 일관되게 공소사실을 부인("D2에게 허위의 후유장해진단서 발급을 부탁한 사실이 없다")하였는데 검사가 D의 유죄증거로 제출한 결정적인 증거는 '공소사실과 부합하는 내용(자백)이 기재'되어 있는 'D2의 검사면전 피의자신문조서·진술조서'와 'W(보험회사 직원, 참고인=피의자 아닌 자)의 검사면전 진술서·진술조서'였다. 무죄를 주장하는 D는 전문증거인 'D2의 검사면전 피의자신문조서·진술조서'와 'W의 검사면전 진술서·진술조서'를 증거로 함에 부동의하였다. 이제 'D2의 검사면전 피의자신문조서·진술조서'와 'W의 검사면전 진술서·진술조서'가 증거로 사용될 수 있으려면 전문법칙의 예외를 규정한 구법 제312조 제1항의 요건('공판준비 또는 공판기일에서의 원진술자의 진술에 의하여 그 성립의 진정함이 인정')이 구비되어야 한다. D2와 W는 제1심 법정에서 각각 'D2의 검사면전 피의자신문조서·진술조서'와 W의 '검사면전 진술서·진술조서'의 '형식적 성립의 진정'은 인정하였지만 '실질적 성립의 진정'을 부인(D2와 W는 제1심 법정에서 검사가 자신들에 대하여 작성한 조서들의 間印·署名은 인정하면서도 'D에 대한 공소사실에 부합하는 부분의 기재들은 자신들의 진술과 달리 기재되었다'고 진술)하였다. 이 정황은 D2와 W의 공판정 진술·증언이 D에게 적대적인 진술·증언이 아니므로 D가 D2와 W에게 반대신문이나 탄핵을 할 이유가 없는 정황이다. D는 이제 전문증거인 'D2의 검사면전 피의자신문조서·진술조서'와 'W의 검사면전 진술서·진술조서'를 증거로 사용할 수 없도록 주장하여야 하는 정황에 놓여 있다. 제1심과 항소심은 종래의 대법원 판례(원진술자가 실질적 진정성립을 다투더라도 형식적 진정성립을 인정하면 실질적 진정성립이 추정된다)를 근거로 'D2의 검사면전 피의자신문조서·진술조서'와 'W의 검사면전 진술서·진술조서'의 증거능력과 신빙성을 인정하여 유죄(징역 8월과 벌금 3백만 원)를 선고하였다. D는 구 형사소송법 제312조 제1항의 '성립의 진정'이란 "원진술자가 공판정에서 구술로 형식적 성립의 진정과 실질적 성립의 진정을 모두 인정"하여야 하는 것이라고 주장하면서 상고하였다.

II 쟁 점

구 형사소송법 제312조 제1항[1]의 '성립의 진정'[2]의 의미와 인정방법

III 재판요지

(구 형사소송법 제312조 제1항 본문의) ㉮ '성립의 진정'이라 함은 간인·서명·날인 등 조서의 형식적 진정성립과 그 조서의 내용이 원진술자가 진술한 대로 기재된 것이라는 실질적인 진정성립을 모두 의미하는 것이다(대법원 2002.8.23. 선고 2002도2112 판결; 대법원 1990.10.16. 선고 90도1474 판결 등 다수). ㉯ 그리고 위 법문의 문언상 성립의 진정은 '원진술자의 진술에 의하여' 인정되는 방법 외에 다른 방법을 규정하고 있지 아니하므로, 실질적 진정성립도 원진술자의 진술에 의하여서만 인정될 수 있는 것이며, 이는 검사 작성의 피고인이 된 피의자신문조서의 경우에도 다르지 않다. 형사소송법 제244조 제2항, 제3항은 피의자신문조서에 대한 피의자의 조서열람권, 증감변경청구권 등을 규정하고 있기는 하나, 위와 같은 형사소송법의 규정만으로 피고인이 공판정에서 검사의 피의자신문조서에 대하여 그 형식적 진정성립을 인정하였다고 하여 곧바로 그 조서의 실질적 진정성립까지 추정된다고 보기는 어렵다. 위 법문에 따르면, 검사가 '피의자 아닌 자'에 대하여 작성한 조서의 경우도 공판준비 또는 공판기일에서 원진술자의 진술에 의하여 그 진정성립이 인정되어야 증거로 할 수 있고, 이와 관련하여 대법원은 만일 원진술자가 그 진술조서의 형식적 진정성립은 인정하면서도 그 '기재내용이 진술내용과 다르다'고 하여 실질적 진정성립을 부인하는 경우에는 그 진술조서의 진정성립은 인정되지 아니하여 증거능력이 없다고 판시하여 왔(다)(대법원 2001.10.23. 선고 2001도4111 판결; 대법원 2003.10.24. 선고 2002도4572 판결 등). 검사가 작성한 피의자신문조서와 피의자 아닌 자에 대한 진술조서는 모두 형사소송법 제312조 제1항의 동일한 요건에 따라 진정성립 여부가 결정되고, 실무상으로도 피의자나 참고인의 조서열람권, 증감변경청구권 등을 달리 취급하고 있지 아니한 점 등에 비추어 보면, 검사가 작성한 피의자신문조서와 피의자 아닌 자에 대한 진술조서의 진정성립 인정 요건을 구별하여 달리 취급할 합리적인 이유도 없다. 따라서 검사가 피의자나 피의자 아닌 자의 진술을 기재한 조서는 공판준비 또는 공판기일에서 원진술자의 진술에 의하여 형식적 진정성립뿐만 아니라 실질적 진정성립까지 인정된 때에 한하여 비로소 그 성립의 진정함이 인정되어 증거로 사용할 수 있다고 보아야 하며, ㉰

1) **제312조**(검사 또는 사법경찰관의 조서) ① 검사가 피의자나 피의자 아닌 자의 진술을 기재한 조서와 검사 또는 사법경찰관이 검증의 결과를 기재한 조서는 공판준비 또는 공판기일에서의 원진술자의 진술에 의하여 그 **성립의 진정함이 인정**된 때에는 증거로 할 수 있다. 단, 피고인이 된 피의자의 진술을 기재한 조서는 그 진술이 특히 신빙할 수 있는 상태하에서 행하여 진 때에 한하여 그 피의자였던 피고인의 공판준비 또는 공판기일에서의 진술에 불구하고 증거로 할 수 있다.

2) 구법의 '실질적 성립의 진정'은 신법의 '진술한 내용과 동일하게 기재되어 있음이 공판준비 또는 공판기일에서의 피고인의 진술에 의하여 인정'(신법 제312조 제1항), '그 조서가 검사 또는 사법경찰관 앞에서 진술한 내용과 동일하게 기재되어 있음이 원진술자의 공판준비 또는 공판기일에서의 진술(중략)에 의하여 증명'(신법 제312조 제4항)의 의미와 동일하다.

그와 같이 해석하는 것이 우리 형사소송법이 취하고 있는 직접심리주의 및 구두변론주의를 내용으로 하는 공판중심주의의 이념에 부합한다.

IV 분석과 해설

(가) 본 판결의 내용분석

본 판결의 ㉮ 부분은 종래의 판결을 재확인한 것이고 ㉯, ㉰ 부분이 새로운 것이다. 본 판결은 피고인의 상고를 인용(認容)하여 "원진술자가 실질적 진정성립을 다투더라도 형식적 진정성립을 인정하면 실질적 진정성립이 추정된다"는 종래의 판례(특히 대법원 1984.6.26. 선고 84도748 판결, 이하 '1984년 판결'로 약칭함)를 폐기하고 구 형사소송법 제312조 제1항의 '성립의 진정'이란 "원진술자가 공판정에서 구술로 형식적 성립의 진정과 실질적 성립의 진정을 모두 인정"하여야 하는 것이라고 판시하였다. 본 판결로서 2단계 혹은 3단계추정설을 제창한 1984년 판결[3]은 종언(終焉)을 고하게 되었다. 본 판결의 내용 분석에서 주의할 점이 두 가지 있다.

첫째, 종래 구 형사소송법 제312조 제1항의 '성립의 진정'의 의미해석 문제는 '검면피신조서'를 중심으로 논의되어 왔었다. 그런데 본 판결은 이 문제를 '검면피신조서'에 한정하지 아니하고 '검사 면전에서 작성된 조서 일반(예를 들어 참고인 진술조서=검사가 피의자 아닌 자의 진술을 기재한 진술조서)'에 대하여까지 확장시키고 있다. 이것은 법 제312조 제1항의 문리에 합치되는 해석이므로 이의가 있을 수 없다.

둘째, '성립의 진정'의 의미에 관한 본 판결의 새로운 해석은 '성립의 진정'이 문제되는 다른 문맥(예를 들어 검사 또는 사법경찰관이 검증의 결과를 기재한 조서, 제313조 제1항의 진술서 등, 제313조 제2항의 감정의 경과와 결과를 기재한 서류)에서도 통용될 수 있느냐의 문제를 발생시키는 데 긍정적이다.

---

3) 1984년 판결은 다음과 같은 내용을 담고 있어서 중요한 역할을 수행하였다. 첫째, 이 판결은 검면피신조서의 '진정성립'의 의미를 '형식적 진정성립'과 '실질적 진정성립'으로 구분하여 양자의 의미와 상호관계를 명시하였다. 대법원은 이 판결에서 형식적 진정성립을 '원진술자가 조서에 간인과 서명, 무인(이하 '간인서명'으로 약칭함)한 사실이 있음을 인정하는 것'으로, 그리고 실질적 진정성립을 '원진술자가 그 조서는 진술자의 진술내용대로 기재된 것임을 인정하는 것'으로 정의하였다. 이 판례이론은 검면피신조서뿐만 아니라 사경면전 피신조서, 더 나아가서는 '진술조서(진술서 포함) 일반'에 확대적용될 수 있다는 점에서 중요하였다. 2004년 판결도 1984년 판결의 이 부분 판시는 폐기한 것이 아니다. 다음에 1984년 판결은 공판정에서 원진술자인 피고인이 검면피신조서의 '형식적 성립의 진정을 인정하면 그 실질적 성립의 진정이 추정된다'고 판시하여 유죄선고를 원하는 '공판검사의 공격활동을 수월하게 만드는 일련의 프로젝트의 완결판'이 되었다. 1984년 판결로 공판정에서 원진술자인 피고인이 검면피신조서의 형식적 성립의 진정을 인정하면 '실질적 성립의 진정'이 추정(1단계추정)되고 피고인과 그 변호인이 반증으로 그 '사실상 추정'을 깨지 못하는 한(그런데 '조서의 실질적 진정성립', '특신정황'의 존재가 부인된 사례는 단 한 번도 없었다) 임의성과 특신정황까지 추정(2단계추정)되어 피고인의 유죄선고를 원하는 공판검사의 공격활동은 대단히 수월해졌기 때문이다. 2004년 판결이 폐기한 부분은 바로 이 부분이다.

(나) 직접심리주의 · 구두변론주의와 공판중심주의

본 판결은 '성립의 진정'의 의미에 관한 새로운 해석이 "우리 형사소송법이 취하고 있는 직접심리주의 및 구두변론주의를 내용으로 하는 공판중심주의의 이념에 부합"하는 것이라고 판시(㉰)하고 있다. 이하에서 이 판시의 의미를 천착하여 볼 필요성이 있다.

종래의 법실무에서는 조서의 증거능력이 넓게 인정되고 있고, 조서의 증명력 또한 높게 평가되고 있기 때문이다. 사실인정자(법원)가 '자유심증주의'를 근거로 삼아 '소송관계인의 공판정에서의 진술' 이외에 '각종의 조서에 지나치게 의존하는 재판현실'을 개탄하는 취지의 용어가 '조서재판'(調書裁判)이다. '조서재판'이 활발히 작동하면 그만큼 직접심리주의 · 구두변론주의와 공판중심주의는 위축되기 마련이다. 본 사안을 예로 들어보자.

제1심 공판정에서 D는 공소사실을 부인하였고, D2, W의 공판정 진술 · 증언도 공소사실을 부인하는 내용의 진술 · 증언이었다. 'D의 형사사건'에 초점을 맞출 때 제1심과 항소심이 D의 유죄증거로 사용한 증거는 공범자로 기소된 공동피고인 D2의 '공소사실과 부합하는 내용이 기재'되어 있는 'D2의 검사면전 피의자신문조서 · 진술조서와 'W(보험회사 직원)의 검사면전 진술서 · 진술조서'였다. '공판정 진술 · 증언'과 '수사절차상 작성된 조서의 기재내용'이 상치(相馳)되고 있는 정황인데 제1심과 항소심은 '수사절차상 작성된 조서의 기재내용'을 신뢰하여 D의 유죄를 선고하였다. 더구나 'D의 형사사건'에 초점을 맞출 때 본 사안은 검사 앞에서 자백한 자(D)가 공판정에서 번복한 사안이 아니라 검사 앞에서도 부인하고 공판정에서도 부인하였는데 오직 '공범피의자(D2)의 검사 면전 피신조서'에 D에게 불이익한 진술(D2가 'D와 함께 범행을 수행하였다'는 자백)이 기재되어 있을 뿐이고 그나마도 공범피의자(D2)는 공판정에서 '조서의 기재내용이 자신의 원진술과 다르게 기재되어 있다'고 주장하는 사안이다. 검사 앞에서 자백한 자가 공판정에서 진술을 번복한 사안에서 법 제312조 제1항이 종래의 판례이론처럼 해석되어도 오판의 위험성이 있는데 하물며 본 사안과 같은 경우의 오판의 위험성은 대단히 높아진다.

(다) 개정 형사소송법상의 실질적 진정성립의 의미

개정된 형사소송법은 2004년 판결의 정신을 이어받아 발전된 형태로 나타난다. 형식적 진정성립과 실질적 진정성립으로 나누는 체제에서 벗어나 '적법절차와 방식'이라는 강화된 요건 아래 '형식적 진정성립'의 의미를 포괄하고 아울러 '원진술자가 진술한 내용과 동일하게' 조서에 기재되었다는 사실, 즉 실질적 진정성립을 원진술자의 진술이나 영상녹화물 등의 객관적 방법에 의하여 증명할 수 있도록 한 것이다.[4)]

(라) 특신정황은 완화요건이 아니라 가중요건(대법원 2007.1.25. 선고 2006도7342 판결)

"검사 작성의 피고인이 된 피의자신문조서에 대하여 실질적 진정성립이 인정되지 아니하는 이상 그 조서에 기재된 피고인의 진술이 특히 신빙할 수 있는 상태 하에서 행하여진 경우라고 하여도 이를 증거로 사용할 수 없다."

---

4) "피고인 본인의 진술에 의한 실질적 진정성립의 인정은 공판준비 또는 공판기일에서 한 명시적인 진술에 의하여야 하고, 단지 피고인이 실질적 진정성립에 대하여 이의하지 않았다거나 조서 작성절차와 방식의 적법성을 인정하였다는 것만으로 실질적 진정성립까지 인정한 것으로 보아서는 아니 된다. 또한 특별한 사정이 없는 한 이른바 '입증취지 부인'이라고 진술한 것만으로 이를 조서의 진정성립을 인정하는 전제에서 그 증명력만을 다투는 것이라고 가볍게 단정해서도 안 된다."(대법원 2013.3.14. 선고 2011도8325 판결)

8.6

공범자에 대한 검사작성 피의자신문조서를 증거로 사용할 때 필요한 요건

대법원 1990.12.26. 선고 90도2362 판결

I 사 안

D는 D2와 공모·합동하여 특수강도죄를 범한 혐의로 병합기소되었다. D는 검찰과 법정에서 범행을 부인(D의 검찰부인과 법정부인)하였지만 D2는 법정에서 공소사실을 인정하였다(D2의 법정자백). D2는 법정에서 검사작성의 자신(D2)에 대한 피의자신문조서(공소사실을 인정하는 자백진술이 담겨 있다, 이하 '검사작성 피신조서'로 약칭함)의 진정성립과 임의성을 인정하였다. D는 검사작성의 D2에 대한 피신조서를 증거로 함에 부동의하였다. 제1심은 D2의 법정진술과 검사작성의 D2에 대한 피신조서를 증거로 채택하여 D에게 유죄를 선고하였다. D는 "자신(D)이 증거로 함에 부동의한 검사작성의 상피고인 D2에 대한 피신조서를 증거로 채택한 것은 채증법칙 위반"이라 주장하며 항소·상고하였다.

II 쟁 점

복수의 피고인들(D, D2)이 공범으로 설정되어 병합기소된 경우 검사작성의 '공범(으로 기소된)인 공동피고인(D2)'에 대한 피신조서를 D의 형사피고사건에 증거로 사용할 수 있는가?(임의성과 진정성립을 인정한 '공범인 공동피고인(D2)'을 상대로 검사가 작성한 피신조서를 다른 공동피고인(D)이 증거로 함에 부동의하더라도 공동피고인 D의 형사피고사건에서 유죄증거로 삼을 수 있는가?)

III 재판요지 (상고기각)

검사작성의 상피고인 D2에 대한 피신조서는 위 D2가 제1심에서 성립 및 임의성을 인정한 것으로 되어 있으므로 피고인 D가 이를 증거로 함에 부동의하였다고 하더라도 피고인 D의 범죄사실에 대한 유죄의 증거로 삼을 수 있다.[1)]

IV 분석과 해설

(가) 개정 형사소송법상 공동피고인에 대한 검사작성 피의자신문조서의 증거능력[2)]

피고인(D)에 대한 유죄증거로 검사작성의 공동피고인(D2)에 대한 (D2가 피의자로 있을 때 작성된) 피의자신문조서를 사용하기 위한 요건에 대하여는 형사소송법 제312조 제1항 적용설[3)]과 제312조 제4항 적용설[4)]이 주

1) 대법원 1998.12.22. 선고 98도2890 판결도 같은 취지.
2) 양동철, 개정형사소송법상의 참고인진술의 증거능력, 『법조』 통권 629호(2009.2.), 74~79면에서 인용.
3) 백승민, 개정 형사소송법상 검사 작성 피의자신문조서의 증거능력, 『법조』 통권 제613호(2007. 10.), 213면

장되고 있고 이 문제에 대한 대법원판결은 선고되지 아니하였다. 제312조 제1항 적용설은 개정 형사소송법 이전의 판례인 본판결을 개정 이후에도 그대로 타당하다고 주장한다. 그러나 제312조 제1항 적용설도 '공동피고인(D)의 반대신문권이 보장되어야 한다'고 주장한다. 제312조 제4항 적용설은 '제312조 제1항은 당해 사건의 피고인이 된 피의자신문조서에 대해서만 규정하고 있고, 공동피고인(D2)은 피고인(D)이 아니라는 점'을 논거로 삼는다.

생각건대 개정 형소법 제312조 제4항은 2008년 법개정시에 요구된 '반대신문권 강화'의 주춧돌 역할을 담당하는 조항이므로 제312조 안에서 제312조 제4항에 반하는 해석을 하는 것은 비합리적이다. 2008년 법개정 이전의 본 판결은 개정 형소법 제312조 제4항으로 폐기된 것으로 보는 것이 2008년 법개정 정신에 합치한다.

(나) 법 제312조 제4항의 "공판준비 또는 공판기일에서의 진술"의 의미(피고인자격인가 아니면 증인자격인가)

종래의 판례에 따르면, 원진술자인 공동피고인(D2)이 자신(D2)에 대한 검사작성 피의자신문조서의 임의성과 진정성립을 인정하는 진술의 절차가, 공동피고인이 공범관계로 기소되었는지(위 사안), 비공범관계로 기소된 경우인지에 따라 달라진다.

(1) 공동피고인이 비공범관계로 기소된 경우 공동피고인(D2)의 피의자신문조서를 피고인(D)에 대한 증거로 사용하려면 D2는 증인(변론을 분리하여야 할 것이다[5])으로 선서하고 자신(D2)의 피의자신문조서의 진정성립에 대하여 진술하여야 한다.[6]

(2) 공동피고인이 공범관계로 병합기소된 경우 공동피고인(D2)은 피고인(D) 사건에서 증인적격이 없으므로(⇨자세한 내용은 본서 6.8 '공동피고인의 증인적격' 참조), 증인으로 진술하지 못하고 피고인으로서 자신에 대한 증거의견 진술 시 또는 피고인 신문 시 진정성립에 관한 진술을 하게 될 것이다.

(3) 검사가 공범으로 판단하는 자(D2)가 병합기소되지 아니하고 피고인(D)

이하.

4) 이재상, 571; 배종대/이상돈/정승환/이주원, 606.

5) 변론을 분리하지 아니한 상태에서 증언하게 하는 실무례도 있는 것 같다.

6) "공동피고인인 절도범과 그 장물범은 서로 다른 공동피고인의 범죄사실에 관하여는 증인의 지위에 있으므로, 피고인(D)이 증거로 함에 동의한 바 없는 공동피고인(D2)에 대한 피의자신문조서는 공동피고인의 증언에 의하여 그 성립의 진정이 인정되지 아니하는 한, 피고인(D)의 공소 범죄사실을 인정하는 증거로 할 수 없다(대법원 1982.6.22. 선고 82도898 판결; 대법원 1982.9.14. 선고 82도1000 판결 등 참조)."(대법원 2006.1.12. 선고 2005도7601 판결)

사건에서 증인으로 소환되는 경우(예를 들어 D2가 분리기소되거나 불기소처분된 경우 등)에 D2는 항상 증인자격에서 진술하여야 한다.[7)]

(다) 공범피의자를 상대로 사법경찰관이 작성한 피의자신문조서(⇨본서 8.4 참조)

7) 1999년에 대법원은 "공범(D2)이나 제3자에 관한 검사 작성의 피의자신문조서등본이 증거로 제출된 경우 피고인(D)이 위 공범 등에 대한 피의자신문조서를 증거로 함에 동의하지 않는 이상, 원진술자인 공범(D2)이나 제3자가 각기 자신에 대한 공판절차나 다른 공범(D3)에 대한 형사공판의 증인신문절차에서 위 수사서류의 진정성립을 인정해 놓은 것만으로는 증거능력을 부여할 수 없고, 반드시 공범이나 제3자가 현재의 사건에 '증인'으로 출석하여 그 서류의 성립의 진정을 인정하여야 증거능력이 인정된다"고 판시하였다; "직권으로 살피건대, 공범이나 제3자에 관한 검사 작성의 피의자신문조서등본이 증거로 제출된 경우 피고인이 위 공범 등에 대한 피의자신문조서를 증거로 함에 동의하지 않는 이상, 원진술자인 공범이나 제3자가 각기 자신에 대한 공판절차나 다른 공범에 대한 형사공판의 증인신문절차에서 위 수사서류의 진정성립을 인정해 놓은 것만으로는 증거능력을 부여할 수 없고, 반드시 공범이나 제3자가 현재의 사건에 '증인'으로 출석하여 그 서류의 성립의 진정을 인정하여야 증거능력이 인정된다. 비록 공범인 D2, D3이 각 자신에 대한 공판절차나 다른 공범에 대한 공판절차에서 피고인 본인 혹은 증인의 자격으로 출석하여 검사 작성의 자신들에 대한 각 피의자신문조서에 관하여 임의성 및 성립의 진정을 인정하고 있기는 하지만, 검찰관이 증거로 제출한 검사 작성의 위 각 피의자신문조서등본에 관하여 피고인이 이를 증거로 함에 동의하지 않고 있는 이상, 반드시 위 D2, D3 등이 피고인에 대한 이 사건 공판기일 등에 증인으로 출석하여 위 각 서류의 성립의 진정을 인정하기 전에는 이를 증거로 쓸 수 없다"[대법원 1999.10.8. 선고 99도3063 판결(국가보안법위반)]. 공범자(D2)가 피고인(D)의 형사피고사건에 증인으로 출석하여 선서하고 자신에 대하여 작성된 검면피신조서의 성립의 진정을 인정하였는데, 이 검면피신조서에 피고인(D)에게 불리한 내용[예를 들어 끌어들이는 진술(implicating statement)]이 기재되어 있으면 공판정에 출석한 피고인과 그 변호인은 공범자(D2)를 상대로 정식의 반대신문을 할 수 있을 것이다. '공범(D2)이나 제3자를 상대로 작성된 검사면전 피의자신문조서'가 D의 형사피고사건에 유죄증거로 제출된 경우 피고인(D)의 형사피고사건에 증인으로 출석한 '공범자(D2)에 의하여 성립의 진정이 인정된 공범자의 검면피신조서는 정식의 온전한 반대신문을 경유한 이후에야 증거로 쓸 수 있다'는 것이 1999년 판결의 취지로 보인다. 이 판례는 피고인(D)에게 공범자(D2)에 대한 '온전한 정식의 반대신문'의 기회를 제공하므로 타당한 측면을 보유하고 있다.

8.7

검사명의로 작성되었지만 실질적으로 검찰주사·주사보가 주도한 검찰조사단계에서 작성된 피의자신문조서·자필진술서의 증거능력과 적용법조

대법원 1990.9.28. 선고 90도1483 판결; 대법원 2003.10.9. 선고 2002도4372 판결

I 사 안

1990년 사안

D는 허위공문서작성 등 혐의로 기소되었다. 검사가 유죄의 증거로 제출한 것은 ㉮ 검사작성의 피의자신문조서(공소사실을 시인하는 자백이 포함되어 있다. 이하 '피신조서'로 약칭함), ㉯ 검사작성의 참고인에 대한 진술조서(이하 '참고인진술조서'로 약칭함), ㉰ 증인(D를 조사한 검찰주사보) J의 진술 등이었다. 피신조서는 담당검사의 지시로 검찰주사가 검사 없는 상태에서 D를 신문하여 작성한 것이고 담당검사는 검찰주사가 D를 신문하는 도중에 약 1분 가량 조사실에 들어왔다 나갔고 검찰주사가 D에 대한 조사를 마친 직후 조사실에 들어와 D에게 범죄사실을 개괄적으로 신문하였을 뿐이었다. 진술조서는 검찰주사가 다른 검찰청 직원 1명과 함께 참고인의 주거지로 찾아가 그곳에서 참고인의 진술을 받아 작성한 것이었다. 항소심은 "㉮ 피신조서는 형사소송법 제243조에 따라 검사가 검찰청 수사관 또는 서기관이나 서기를 참여하게 하고 피고인을 신문한 내용의 조서라고 볼 수 없어 증거능력이 없고, ㉯ 검사작성의 참고인에 대한 진술조서는 담당검사가 참고인을 상대로 받아낸 조서가 아니므로 위 검사작성 명의의 진술조서도 검사가 작성한 것이라고 볼 수 없어 증거능력이 없고 ㉰ 증인(D를 조사한 검찰주사)의 진술은 '자신이 D를 조사할 당시 D가 공소사실을 모두 자백하였다'는 취지이나, D가 공판정에서 그 진술을 부인하는 이상 증거능력이 없고 그 밖의 증거만으로는 이 사건 공소사실을 인정하기에 부족하며 달리 이를 인정할 만한 증거가 없다"[1]며 무죄판결을 선고하였다. 검사는 항소심의 ㉮의 판지(判旨)에 대하여는 "검사의 지시에 따라 검찰주사가 D를 신문한 것이고, 검찰주사의 조사 직후 검사가 D에게 개괄적으로 질문하였을 뿐 아니라 조서작성 후에는 검사가 이를 확인하고 서명·날인하였으므로 이를 검사작성의 피신조서가 아니라고 할 수 없다"다며 다투고, 항소심의 ㉯의 판지에 대하여는 "설사 본 사안의 피신조서와 참고인 진술조서가 형사소송법 제312조 제1항 소정의 '검사가 피의자나 피의자 아닌 자의 진술을 기재한 조

1) 구법시대의 판례는 이러하였으나 현행법 하에서는 법 제316조 제1항의 요건을 구비하면 증거로 쓸 수 있다.

서'에는 해당하지 않는다고 하더라도, 형사소송법 제313조 제1항 소정의 '피고인 또는 피고인이 아닌 자의 진술을 기재한 서류'에는 해당하므로 형사소송법 제313조 제1항과 형사소송법 제314조에 의하여 증거능력을 인정하여야 한다"고 다투며 상고하였다.

2003년 사안

D2는 뇌물을 공여(증뢰)한 혐의로, D3는 수뢰혐의로 기소되었는데 외관상 검사가 작성한 것으로 되어 있는 D2에 대한 '제1회 피신조서'(공소사실을 시인하는 자백이 포함되어 있다)와 'D2가 검찰조사단계에서 작성한 자술서'(공소사실을 시인하는 자백이 포함되어 있다. 이하 '자술서'로 약칭함)가 증거로 제출되었다. '피신조서'는 검찰주사와 검찰주사보가 사건담당 검사가 임석하지 아니한 상태에서 피의자였던 D2를 번갈아가며 신문한 끝에 작성한 것이고, 담당검사는 검찰주사와 검찰주사보가 D2에 대한 조사를 끝마치고 자백하는 취지의 진술을 기재한 피신조서를 작성하여 가져오자 이를 살펴본 후 비로소 D2가 조사를 받고 있던 방으로 와서 피신조서를 손에 든 채 D2에게 "이것이 모두 사실이냐"는 취지로 개괄적으로 질문한 사실이 있을 뿐, 피의사실에 관하여 D2를 직접·개별적으로 신문한 것이 아니었다. D2가 작성한 자술서도 검찰주사와 검찰주사보가 D2를 피의자로서 조사하는 과정에서 D2의 진술내용을 진술서의 형식으로 D2로 하여금 작성하여 제출케 한 서류였다. 공판정에서 D2는 '피신조서'와 '자술서'의 내용을 부인하였다. 항소심이 무죄를 선고하였고 검사가 상고하였다.

II 쟁 점

검찰주사가 검사의 지시에 따라 검사의 참석 없이 피의자를 신문하여 작성하였으나 검사가 작성한 것으로 되어 있는 피의자신문조서와 실제로는 검찰주사가 참고인의 주거지에서 진술을 받아 작성하였으나 검사 작성명의 진술조서인 것 같은 외관을 보이는 조서의 적용법조는 형사소송법 몇 조인가?

III 재판요지

1990년 사안(상고기각)

ⓐ 위 피신조서와 진술조서에 검사의 서명날인이 되어 있다고 하더라도 이 조서들은 검사가 작성한 것이라고는 볼 수 없으므로, 형사소송법 제312조 제1항 소정의 '검사가 피의자나 피의자 아닌 자의 진술을 기재한 조서'에 해당하지 않는 것임이 명백하다. 소론이 인용하는 대법원의 판례(대법원 1984.7.10. 선고 84도846 판결)는 검사가 피의사실에 관하여 전반적이고 핵심적인 사항에 대하여 신문을 하고 이를 토대로 그 신문에 참여한 검찰주사보가 피신조서를 작성함에 있어서 다소 불분명한 사항이나 보조적인 사항에 대하여 피의자에게 직접 질문을 하여 이를 조서에 기재하였지만, 참여주사보가 그와 같은 질문을 할 때 검사가 그 자리에 있으면서 이를 지켜보았

고, 또 문제점이 있을 때에는 검사가 다시 직접 묻고 참여주사보가 조서에 기재하였으며, 조서의 작성이 다 끝난 다음에는 검사가 이를 검토하여 자신의 신문결과와 일치함을 확인하고 서명·날인하였기 때문에, 검사가 작성한 피신조서로서 인정되는 사안에 관한 것이어서, 이 사건에 원용하기에는 적절하지 않다. ⓑ 검사가 피고인이 된 피의자나 피의자 아닌 자의 진술을 기재하여 작성한 피신조서나 진술조서의 증거능력에 관하여는 형사소송법 제312조 제1항이 규정하고 있는 만큼, 조서의 형식이 검사가 작성한 것으로 되어 있는 위와 같은 피신조서와 진술조서는 같은 법 제313조 제1항 소정의 '전 2조의 규정 이외에 피고인의 진술을 기재한 서류'에는 해당하지 않는다. ⓒ 위 J(검찰주사보)의 위와 같은 증언도 증거능력이 없다(대법원 1974.3.12. 선고 73도2123 판결; 대법원 1983.7.26. 선고 82도385 판결; 대법원 1984.2.28. 선고 83도3223, 83감도538 판결 등 참조). 왜냐하면 위와 같은 피신조서의 증거능력은 인정하지 아니하면서 그 조서에 기재된 내용을 들었다는 전문증거의 증거능력을 인정하는 것은 그 피신조서의 증거능력을 부인한 취지에 반하는 것이 되기 때문이다.

2003년 사안(상고기각)

원심은 (중략) ㉠ 위 피신조서를 형사소송법 제312조 제1항 소정의 '검사가 피의자나 피의자 아닌 자의 진술을 기재한 조서'로 볼 수 없고, ㉡ 자술서 역시 형사소송법 제244조에 의하여 피신조서에 기재됨이 마땅한 피의자의 진술내용을 진술서의 형식으로 피의자로 하여금 작성하여 제출케 한 서류이므로 그 증거능력 유무 역시 검사 이외의 수사기관이 작성한 피신조서와 마찬가지 기준에 의하여 결정되어야 할 것이어서, 결국 위 피신조서 및 자술서는 D2가 각 그 내용을 부인하는 이상 모두 유죄의 증거로 삼을 수 없다고 판단하고, 나머지 증거만으로는 합리적 의심을 넘어서는 유죄의 입증이 이루어진 것으로 볼 수 없다는 이유로 이 사건 공소사실 중 D2가 D3로부터 뇌물을 수수하였다는 점 및 D3가 D2에게 뇌물을 공여하였다는 점에 대하여 각 무죄를 선고하였다. 기록에 비추어 살펴보면, 이러한 원심의 사실인정과 법률판단은 정당(하다).

IV 분석과 해설

(가) 피의자신문절차와 피의자신문조서

검사와 사법경찰관이 피의자신문을 행할 때에는 피의자의 진술을 조서에 기재하여야 한다(법 제244조 제1항). 현행법상 검찰수사단계에서 피신조서의 작성주체는 검사로 설정되어 있지만 검사의 업무가 과다하므로 검사는 종종 피의자신문과 피신조서의 작성을 검찰주사·주사보에게 분담시키고 있는 실정이다. 여기서 검찰주사·주사보의 사실상의 피의자신문절차의 진행과 피신조서를 '검사가 진행한 피의자신문절차', '검사가 작성한 피신조서'라고 할 수 있는가가 문제된다.

(나) '조서의 적법한 작성주체'와 조서작성의 보조자

(1) '조서의 적법한 작성주체'와 '조서작성의 보조자' 형사소송법상 피신조서의 적법한 작성주체는 검사 또는 사법경찰관이며, 검찰조사단계의 피의자신문에 참여하는 검찰청수사관·서기관·서기[2]나 경찰조사단계의 피의자신문에 참여하는 사법경찰리(법 제243조)는 조서작성의 실무를 담당하고 있기는 하지만 '적법한 조서작성의 주체'는 아니고 조서작성의 보조자일 뿐이다. 참고인 진술조서도 마찬가지이다(법 제221조). 검찰주사·주사보, 사법경찰리는 '조서작성의 보조자'에 불과하다. 어느 피신조서의 작성명의가 검사·사법경찰관으로 기재되어 있지만 조서작성에 앞서 행하여지는 피의자신문에 검사·사법경찰관이 '실질적으로 관여'하지 않고 사실상 '조서작성의 보조자'가 주도적으로 관여하여 작성한 피신조서를 '조서의 적법한 작성주체'가 작성한 피신조서로 볼 수는 없다. '조서작성의 보조자'도 피의자신문절차나 피신조서작성에 관여하고 있기 때문에 '조서의 적법한 작성주체'가 어느 정도 관여하여야 적법한 피의자신문절차의 진행·적법한 피신조서로 인정할 수 있을 것인지 문제된다.

(2) '조서의 적법한 작성주체'의 의미 대법원 1984.7.10. 선고 84도846 판결은 "검사가 피의사실에 관하여 전반적이고 핵심적인 사항에 대하여 신문하고 이를 토대로 그 신문에 참여한 검찰주사보가 직접 문답하여 피신조서를 작성함에 있어 검사가 신문한 사항 중에 다소 불분명한 사항이나 또는 보조적인 사항(행위의 일시, 장소 등)에 대하여 피의자에게 직접 질문을 하여 이를 조서에 기재"한 사안에서 검사가 적법한 피의자신문절차를 진행하였고 적법한 피신조서가 작성되었음을 인정하였다.[3] 그러나 대법원은 1990년 사안에 대하여 검사의 적법한 피의자신문절차의 진행·적법한 피신조서로 인정하지 아니하였다. 여기서 주체의 측면에서 적법한 피의자신문절차의 진행·적법한 피신조서가 되기 위한 요건이 무엇인지 문제된다. 1990년 대법원 판결은 그 기준을 '조서의 적법한 작성주체'(검사 또는 사법경찰관)가 "피의사실에 관하여 피의자를 직접 개별적으로 신문하고 그 신문내용에 따라 작성"(결국 '작성권자의 주도적·실질적 관여'가 기준이 된다)하였는지 여부로 설정하였고 2003년 대법원 판결도 그 입장을 반복하여 판시하고 있다.

---

2) 법 제243조는 참여자를 '검찰청수사관·서기관·서기'로 언급하고 있으나 현재 검찰실무상으로는 주사·주사보가 참여하고 있으므로 이하에서는 참여자를 주사·주사보로 언급하기로 한다.

3) 대법원 1984.7.10. 선고 84도846 판결.

(다) '조서작성의 적법한 주체 요건'이 결여된 '외관상의 검사 명의의 피신조서'의 적용법조

1990년 판결은 단지 소극적으로 '조서작성의 적법한 주체 요건'이 결여된 검사명의의 피신조서가 "법 제313조 제1항 소정의 '전 2조의 규정 이외에 피고인의 진술을 기재한 서류'에는 해당하지 않는다"고 판시하였을 뿐이고 '법 제312조 제2항(현행법 제312조 제3항)의 준용가능성'에 대하여는 언급하지 아니하였는데 2003년 판결은 "그 증거능력 유무 역시 검사 이외의 수사기관이 작성한 피신조서와 마찬가지 기준에 의하여 결정되어야 할 것"이라고 판시하여 '법 제312조 제2항의 준용'을 명시하였다는 점에서 이전 판결과 다른 모습을 보이고 있다.

(라) 피의자신문의 '적법한 절차진행·조서작성의 보조자'의 요청에 따라 피의자가 작성한 자술서

2003년 판결은 '적법한 절차진행·조서작성의 보조자'(2003년 사안에서는 검찰주사·주사보)의 요청으로 피의자가 작성한 자술서에 대하여 "형사소송법 제244조에 의하여 피신조서에 기재됨이 마땅한 피의자의 진술내용을 진술서의 형식으로 피의자로 하여금 작성하여 제출케 한 서류이므로 그 증거능력 유무 역시 검사 이외의 수사기관이 작성한 피신조서와 마찬가지 기준에 의하여 결정되어야 할 것"이라고 판시하여 '조서작성의 적법한 주체요건'이 결여된 '외관상의 검사 명의의 피신조서'와 동일한 취급을 하고 있음(ⓛ)이 주목된다.

(마) 피의자신문의 조사자·참여자의 전문증언

사법경찰관·기타의 경찰관의 'D(피고인)가 경찰 조사과정에서 공소사실을 자백하였다'는 취지의 공판정 증언은 D가 공판정에서 그 내용을 부인하면 '검사 이외의 수사기관이 작성한 피신조서'와 마찬가지로 증거로 쓸 수 없다는 것이 위 판례의 취지이다. 그러나 현행 형사소송법 제316조 제1항은 "피고인이 아닌 자(공소제기 전에 피고인을 피의자로 조사하였거나 그 조사에 참여하였던 자를 포함한다. 이하 이 조에서 같다)의 공판준비 또는 공판기일에서의 진술이 피고인의 진술을 그 내용으로 하는 것인 때에는 그 진술이 특히 신빙할 수 있는 상태 하에서 행하여졌음이 증명된 때에 한하여 이를 증거로 할 수 있다"고 규정하고 있으므로 이 점에 대하여 위 판례는 더 이상 적용의 여지가 없다.

(바) 피신조서의 유효조건에 관한 판례

(1) 피신조서의 열람·낭독과 증거능력(대법원 1988.5.10. 선고 87도2716판결) "수사기관이 피신조서를 작성함에 있어서는 그것을 열람하게 하거나 읽어 들려야 하는 것은 형사소송법 제244

조의 규정에 비추어 명백하나 그 절차가 비록 행해지지 안했다 하더라도 그것만으로 그 피신조서가 증거능력이 없게 된다고는 할 수 없고 같은 법 제312조 소정의 요건을 갖추게 되면 그 것을 증거로 할 수 있(다)."

(2) 조서의 기재내용 불고지의 효과(대법원 1988.5.10. 선고 87도2716 판결; 대법원 1993.5.14. 선고 93도486 판결) "검사작성의 피고인들에 대한 피신조서는 피고인들이 각 조서에 서명, 무인한 사실을 인정하고 있을 뿐만 아니라 그 진술의 임의성을 의심할 만한 합리적이고 상당한 이유가 있다고 보기 어려우므로 위 각 조서의 진정성립과 그 진술의 임의성 및 신빙성을 인정할 수 있다고 한 원심판단은 정당하며, 가사 위 피신조서를 작성함에 있어 피고인들에게 그 조서의 기재내용을 알려주지 아니하였다 하더라도 그 사실만으로는 피신조서의 증거능력이 없다고 할 수 없다."[4]

(3) 기명만이 있고 날인이나 무인이 없는 조서의 유효성(대법원 1981.10.27. 선고 81도1370 판결) "검사 작성의 피고인에 대한 제1차 피신조서 말미에 피고인의 기명만이 있고 그 날인이나 무인이 되어 있지 않으며, 이 피신조서가 원심이 유지한 제1심 판결에 의하여 피고인에 대한 판시사실을 증명하는 증거로 채용되어 있음이 명백한바, 이 피신조서는 그 증거능력이 부인되어 이를 증거로 하였음은 위법임을 면할 수 없다."

(4) 검사의 서명날인이 되어 있지 아니한 피신조서의 증거능력(대법원 2001.9.28. 선고 2001도4091 판결) "검사 작성의 피고인에 대한 피신조서의 증거능력에 대하여 형사소송법 제57조 제1항은 '공무원이 작성하는 서류에는 법률에 다른 규정이 없는 때에는 작성년월일과 소속공무소를 기재하고 서명날인 하여야 한다'고 규정하고 있는바,[5] 그 서명날인은 공무원이 작성하는 서류에 관하여 그 기재 내용의 정확성과 완전성을 담보하는 것이므로 검면피신조서에 작성자인 검사의 서명날인이 되어 있지 아니한 경우 그 피신조서는 공무원이 작성하는 서류로서의 요건을 갖추지 못한 것으로서 위 법규정에 위반되어 무효이고 따라서 이에 대하여 증거능력을 인정할 수 없다고 보아야 할 것이며, 그 피신조서에 진술자인 피고인의 서명날인이 되어 있다거나, 피고인이 법정에서 그 피신조서에 대하여 진정성립과 임의성을 인정하였다고 하여 달리 볼 것은 아니다."

(5) 검찰 송치 전 구속피의자로부터 받은 검사 작성의 피의자신문조서(대법원1994.8.9. 선고 94도1228 판결) "상고이유 제2점은 피고인이 아직 검찰로 **송치되기도 전에 검사가 피고인을 불러 피의자신문조서를 작성**한 것은 위법한 것으로서 증거능력이 없다는 것인바, 살피건대 검찰 송치 전 구속피의자로부터 받은 검사 작성의 피의자신문조서는 극히 이례에

4) 형사소송법의 개정으로 조서의 증거능력 요건을 강화하여 제312조에서 "적법한 절차와 방식"을 요구하고 있으므로 위 (1)(2)판례들이 현재도 유효한지는 의문이다. 최근의 대법원 2012.5.24. 선고 2011도7757 판결 등 참조.

5) **형사소송법 제57조**(공무원의 서류) ① 공무원이 작성하는 서류에는 법률에 다른 규정이 없는 때에는 작성 연월일과 소속공무소를 기재하고 기명날인 또는 서명하여야 한다.〈개정 2007.6.1.〉

속하는 일들이고, 만약 그와 같은 것이 성행한다면 그와 같은 상태에서 작성된 피의자신문조서는 내용만 부인하면 증거능력을 상실하게 되는 사법경찰관사무취급작성의 피의자신문조서상의 자백 등을 부당하게 유지하려는 수단으로 악용될 가능성이 있어 위와 같은 상태 하에서의 조서는 **그렇게 했어야 할 특별한 사정이 보이지 않는 한** 송치 후 피의자신문조서와 마찬가지로 취급하기는 어렵다. (중략) 이 사건의 경우는 검찰 송치 후 피의자신문조서에서도 피고인이 범죄사실을 자백하고 있고, 그 신문과정에 대해서 법정에서 진술한 피고인의 진술에 의하더라도 그 임의성을 부인할 자료가 없는바, 그렇다면 이 사건은 검찰 송치전 검사 작성의 피의자신문조서를 제외하더라도 원심의 범죄사실을 인정하는데 방해가 되지 않아 판결결과에 영향이 없다."

(6) 원진술자가 공판기일에서 일부에 관하여만 실질적 진정성립을 인정하는 경우의 필요한 조치(대법원 2008.6.12. 선고 2007도7671 판결) "검사가 피의자나 피의자 아닌 자의 진술을 기재한 조서 중 일부에 관하여만 원진술자가 공판준비 또는 공판기일에서 실질적 진정성립을 인정하는 경우에는 법원은 당해 조서 중 어느 부분이 원진술자가 진술한 대로 기재되어 있고 어느 부분이 달리 기재되어 있는지 여부를 구체적으로 심리한 다음 '진술한 대로 기재되어 있다'고 하는 부분에 한하여 증거능력을 인정하여야 하고, 그 밖에 실질적 진정성립이 부정되는 부분에 대해서는 증거능력을 부정하여야 한다(대법원 2005.6.10. 선고 2005도1849 판결 등 참조)."

제3절 전문법칙의 예외(전문서류)

8.8

감정서가 증거로 사용되기 위한 요건

대법원 2011.5.26. 선고 2011도1902 판결

I 사 안

D는 살인혐의로 기소되었다. 검사는 이 사건 사고일인 2008. 11.11.부터 3개월 가까이 경과한 2009.2.2. 이 사건 사고가 발생한 대전차 방호벽의 안쪽 벽면에 부착된 철제구조물(이하 '이 사건 철제구조물' 이라 한다)에서 발견된 강판조각(이하 '이 사건 강판조각'이라 한다)을 유죄증거로 제출하였다. 강판조각은 형사소송법 제218조의 유류물에 해당되고, 차량에서 탈거 또는 채취된 보강용 강판과 페인트는 차량의 보관자가 감정을 위하여 임의로 제출한 물건이다. 수소법원은 이 강판조각의 성질에 관하여 전문지식을 얻고자 국립과학수사연구소(현재 국립과학수사연구원, 이하 '국과수'라 한다)에 감정을 명하였다. 국과수 소속 감정인 O의 감정서가 수소법원에 회보되었다. 이 감정서를 증거로 함에 D가 동의하지 아니하여 감정인 O가 법정에 출석하여 그 성립의 진정을 인정하였다.

II 쟁 점

(⇨Ⅳ 참조)

III 재판요지 (파기환송)

"1. 이 사건 강판조각은 형사소송법 제218조에 규정된 유류물에, 이 사건 차량에서 탈거 또는 채취된 이 사건 보강용 강판과 페인트는 위 차량의 보관자가 감정을 위하여 임의로 제출한 물건에 각 해당함을 알 수 있다. 따라서 이 사건 강판조각과 보강용 강판 및 차량에서 채취된 페인트는 형사소송법 제218조에 의하여 영장 없이 압수할 수 있으므로 위 각 증거의 수집 과정에 영장주의를 위반한 잘못이 있다 할 수 없고, 나아가 이 사건 공소사실과 위 각 증거와의 관련성 및 그 내용 기타 이 사건 수사의 개시 및 진행 과정 등에 비추어, 비록 상고이유의 주장처럼 위 각 증거의 압수 후 압수조서의 작성 및 압수목록의 작성·교부 절차가 제대로 이행되지 아니한 잘못이 있다 하더라도, 그것이 적법절차의 실질적인 내용을 침해하는 경우에 해당한다거나 앞서 본 위법수집증거의 배제법칙에 비추어 그 증거능력의 배제가 요구되는 경우에 해당한다고 볼 수는 없다.

2. 위 각 증거가 증거능력 없는 위법수집증거에 해당하지 않는 이상 위 각 증거를 비교 분석한 감정인(O) 작성의 2009.2.9.자 감정서 역시 위법절차에 의하여 수집된 증거에 기하여 얻어진 2차 증거에 해당한다고 할 수 없다.

형사소송법 제313조 제2항, 제1항에 의하면 감정서는 감정인의 자필이거나 그 서명 또는 날인이 있고 공판준비나 공판기일에서 감정인의 진술에 의하여 그 성립의 진정함이 증명된 때에 증거능력이 부여되는데, 위 감정서에는 감정인 O의 기명날인이 있고, 감정인 O가 제1심 제5회 공판기일에서 '작성명의가 진정하고 감정인의 관찰대로 기술되었다'고 진술함으로써 그 성립의 진정함이 증명되었으므로, 위 감정서는 그 증거능력이 인정된다."

IV 분석과 해설

(가) 1982년 판결에 대한 의문

"국립과학수사연구소장 작성의 감정의뢰회보서는 공무원인 위 연구소장이 직무상 증명할 수 있는 사항에 관하여 작성한 문서이므로 당연히 증거능력 있는 서류"라는 1982년 판결(대법원 1982.9.14. 선고 82도1504 판결)이 있다. 이 판결은 축소해석되거나 폐기되어야 할 판례이다.

(나) 감정서가 증거로 사용되기 위한 요건

2011년의 본 판결은 감정서의 전문예외요건을 "감정서에 감정인의 기명날인이 있고, 감정인이 공판기일에서 '작성명의가 진정하고 감정인의 관찰대로 기술되었다'고 진술함으로써 그 성립의 진정함이 증명"될 것으로 명시하여 1982년 판결을 사실상 축소해석하거나 폐기한 의미가 있다.

(다) 수사기관의 위촉으로 작성된 수탁감정서

법원이 명한 감정인이 작성한 감정서라고 하더라도 당연히 증거능력이 있는 것은 아니고 위에서 본 것처럼 감정인이 법정에서 성립의 진정을 인정하여야 증거로 사용할 수 있다. 수사기관의 위촉으로 수사단계에서 작성된 수탁감정서(감정회보서)도 작성자인 수탁감정인의 공판준비기일 또는 공판기일에서의 진술로 성립의 진정함이 인정된 때에 한하여 증거능력이 있다(법 제313조 제2항의 준용, 다수설).

(라) 법 제179조의2는 법원이 "필요하다고 인정하는 때에는 공무소·학교·병원 기타 상당한 설비가 있는 단체 또는 기관에 대하여 감정을 촉탁"할 수 있지만 "이 경우 선서에 관한 규정"을 적용하지 아니하고 대신 "법원은 당해 공무소·학교·병원·단체 또는 기관이 지정한 자로 하여금 감정서를 설명"할 수 있

게 한다(법 제179조의2 (감정의 촉탁)). 감정수요는 많은 데 비하여 자격과 능력을 구비한 감정인의 수가 턱없이 부족하여 감정인의 공판정 출석시간 절약을 배려한 것이다. 그러나 이 조항은 당사자(특히 피고인측)의 반대신문권을 박탈하는 것이어서 헌법위반의 의심이 있다.

8.9

사법경찰관 작성의 검증조서에 포함되어 있는 피고인의 진술 또는 범행재연사진의 증거능력

대법원 1998.3.13. 선고 98도159 판결

I 사 안

D는 존속폭행치사의 혐의로 입건되었다. D는 피해자가 사망한 당일부터 그 폭행사실을 시인하기 시작하여 검찰수사단계에 이르기까지 동일한 내용의 자백을 계속하였다. 그 자백의 취지는 '평소부터 아버지(피해자, V)의 술주정에 반감을 품어 오던 중 때마침 실직한 상태에서 계속 술을 마시고 있다가 V로부터 심한 욕설을 듣고 격분한 나머지 극히 우발적으로 주먹으로 V의 얼굴을 1회 때렸다'는 것이다. D는 존속폭행치사의 혐의로 기소되었다. '사법경찰관이 작성한 검증조서'에는 공소사실에 부합되는 '피의자이었던 피고인의 진술기재 부분'이 포함되어 있고 또한 '범행을 재연하는 사진'이 첨부되어 있다. 공판절차에서 D는 검증조서에 대하여 증거로 함에 동의만 하였을 뿐 검증조서에 기재된 진술내용 및 범행을 재연한 부분에 대하여 그 성립의 진정 및 내용을 인정한 흔적을 찾아 볼 수 없고 오히려 이를 부인하고 있다. D는 '3일간 계속하여 술을 마셨다'고는 하지만 그 음주량이 평소 주량에 비하여 과다한 것으로 보이지 않고 범행 당시의 정황도 소상히 기억하고 있으며 범행 후 상당한 시간이 경과한 시점에서 D의 혈중 알코올 농도를 측정한 결과 0.25%로 나타났으나 범행 당시에도 같은 정도 내지 그 이상의 주취(酒醉) 상태에 있었다고 단정하기는 어려웠다. 이런 사정에 비추어 볼 때 D는 범행 당시 다소 술에 취한 사실은 인정되나 그로 인하여 사물을 변별하거나 의사를 결정할 능력이 없었다든가 또는 그러한 능력이 미약한 상태에 있었던 것은 아니다. 제1심과 항소심은 위 검증조서 중 공소사실에 부합되는 D의 진술을 기재한 부분과 범행을 재연한 부분을 유죄의 증거로 인용하여 D에게 유죄를 선고하였다. D가 상고하였다. D에 대한 공소사실은 제1심과 항소심이 들고 있는 여러 증거들 중 위 검증조서 부분을 제외한 나머지 증거들에 의하여도 이를 인정하기에 충분하다. D가 상고하였다.

II 쟁 점

사법경찰관 작성의 검증조서에 포함되어 있는 피고인의 진술 또는 범행재연사진의 증거능력

III 재판요지 (상고기각)

피고인이 위 검증조서에 대하여 증거로 함에 동의만 하였을 뿐 공판정에서 검증조서에 기재된 진술내용 및 범행을 재연한 부분에 대하여 그 성립의 진정 및 내용을 인정한 흔적을 찾아볼 수 없고 오히려 이를 부인하고 있으므로 그 증거능력을 인정할 수 없는바, 원심으로서는 위 검증조서 중 이 사건 범행에 부합되는 피고인의 진술을 기재한 부분과 범행을 재연한 부분을 제외한 나머지 부분만을 증거로 채용하여야 함에도 이를 구분하지 아니한 채 그 전부를 유죄의 증거로 인용한 조치는 위법하다(대법원 1990.7.24. 선고 90도1303 판결; 대법원 1988.3.8. 선고 87도2692 판결; 대법원 1982.9.14. 선고 82도1479 전원합의체 판결 등 참조). 이 점을 지적한 논지는 이유 있다.

IV 분석과 해설

(가) 검증조서에 대한 '피고인의 동의'의 의미

사법경찰관 작성의 검증조서에 피고인의 진술 또는 범행재연사진이 포함되어 있는 경우에 피고인이 공판절차에서 사법경찰관 작성의 검증조서를 증거로 함에 동의한다는 소송행위의 의미를 어떻게 해석할 것인가?

이 동의가 ㉮ 전문증거인 검증조서를 증거로 해도 좋다는 취지에 불과한 것인가, 한걸음 더 나아가 ㉯ 검증조서에 포함되어 있는 피고인의 진술 또는 범행재연사진을 증거로 해도 좋다는 취지까지 포함하는 것으로 볼 것인가가 문제된다. 통상의 경우에는 후자로 보아도 무방할 것이다. 그런데 본 사안에서 피고인은 검증조서를 증거로 해도 좋다고 하였으면서도 다른 한편 공판정에서 검증조서에 기재된 진술내용 및 범행을 재연한 부분에 대하여 이를 부인하고 있으므로 D는 앞 뒤 모순된 소송행위를 하고 있는 셈이다. 이렇듯 피고인이 내용적으로 모순된 소송행위를 하고 있는 경우에는 피고인의 의사를 전체적으로 관찰하여 실질적으로 판단하여야 한다. 따라서 본 사안에서 대법원이 검증조서를 증거로 해도 좋다는 D의 의사표시를 전문증거인 검증조서를 증거로 해도 좋다는 취지로만 해석하고 검증조서에 포함되어 있는 D의 진술 또는 범행재연사진까지 증거로 해도 좋다는 취지로 인정하지 아니한 것은 타당한 해석이다.

(나) 증거능력 인정의 요건

본 판결은 '원진술자이며 행위자인 피고인에 의하여 그 "성립의 진정 및 내용"이 인정되어야 한다'(재판요지 참조)고 판시하여 "사법경찰관 작성의 검증조서 중 피고인의 진술기재부분은 검증의 결과를 기재한 것이 아니고 피고인의 진술내용을 기재한 것으로서 이는 검증현장에서 행하여졌기 때문에 검증조서에 기재된 것일 뿐이고 본질적으로는 사법경찰관이 작성한 피고인에 대한 피신조서의 기재와 다를 바 없으므로 형사소송법 제312조 제2항(현행 제312조 제3항)에 따라서 피고인이 '성립의 진정뿐만 아니라 그 내용까지 인정할 때에만' 증거능력이 있는 것으로 보아야"한다는 취지로 해석된다. 만약 문제되는 검증조서가 검사가 작성한 검증조서였다면 검사작성 피신조서와 마찬가지로 원진술자인 피의자의 성립의 진정 인정이 필요할 것이다.

(다) 검증조서에 포함된 참고인의 진술

수사기관의 검증조서에 참고인의 진술이 포함되어 있는 경우에 피고인이 그 참고인의 진술에 대하여 명시적 또는 묵시적으로 동의하지 아니하면 그 부분을 증거로 사용할 때 필요한 요건은 무엇인가?

실질적으로 참고인진술조서에 해당하므로 법 제312조 제4항의 요건을 구비하여야 한다.

(라) '범행을 재연'하는 피의자의 행동

실무상 피의자가 '범행을 재연하는 사진(혹은 비디오 테이프)'이 유죄증거로 제출되는 경우가 있다. '범행을 재연'하는 (피고인이 된) 피의자의 행동(act, conduct)에는 의도된 주장(intended assertion)이 있는가? 이것이 인정되면 '법정외의 그 행동'에 대하여는 전문법칙이 적용된다.

거기에는 의도된 주장(intended assertion)이 있으므로 '범행을 재연'하는 D의 행동(act, conduct)은 '법정외 진술'(따라서 전문법칙이 작동)이기도 하고 자백(따라서 전문법칙이 작동)이기도 하다.

8.10

녹음테이프의 음성정보의 증거능력

대법원 2005.12.23. 선고 2005도2945 판결; 대법원 1999.3.9. 선고 98도3169 판결

I 사 안

2005년 사안

D는 "2003.5.30. 및 같은 해 6.9. 등 두 차례에 걸쳐 V를 상대로 비리 혐의를 문제 삼지 않겠다는 등의 조건으로 3억 원 가량의 합의금을 요구, 갈취하려고 하였으나 V가 이에 불응하는 바람에 미수에 그친" 공갈미수 혐의로 기소되었다. 검사는 D의 유죄증거로 V가 D와의 대화내용을 몰래 녹음[1]한 녹음테이프를 녹취서와 함께 법원에 제출하였다. 제1심과 항소심은 그 녹취서의 기재내용과 녹음테이프의 녹음내용이 동일한지 여부에 관하여 검증을 실시하고, 검증조서에 기재된 D의 진술내용을 증거로 채택하여 D에게 유죄를 선고하였다. D가 상고하였다(원래의 사안은 D가 녹음테이프의 복제본을 제출함으로써 대법원이 원본을 제출받아 검증하여야 한다는 취지로 판단한 것이나, 본 주제에 맞도록 저자가 재구성한 것임을 밝혀 둔다).

1999년 사안

D2는 공직선거 및 선거부정방지법 위반혐의로 기소되었다. 검사가 D의 유죄증거로 제출한 것은 고발인이 W와의 대화내용을 W 몰래 녹음한 녹음테이프였다. 제1심과 항소심은 녹음테이프에 녹음된 W의 진술내용을 증거로 채택하여 D2에게 유죄를 선고하였다. D2가 상고하였다.

II 쟁 점

피고인 또는 피고인이 아닌 자와 사인(私人, citizen)의 대화내용이 녹음된 녹음물(녹음테이프, CD, 컴퓨터파일 등)이 증거능력을 인정받으려면 어떤 요건이 필요한가?

III 재판요지

2005년 사안(상고기각)

ⓐ 피고인과 피해자 사이의 대화내용에 관한 녹취서가 공소사실의 증거로 제출되어 그 녹취서의 기재내용과 녹음테이프의 녹음내용이 동일한지 여부에 관하여 법원이 검증을 실시한 경우에 증거자료가 되는 것은 녹음

1) 그 내용은 "D는, 'V에게 부당하게 징수되었다'고 주장하는 조합원 추가분담금 약 7억 3천만 원뿐만 아니라 여기에 자신의 비상대책위원회 활동에 대한 수고비를 합하여 10억 원을 줄 것을 요구하였고, 이런 요구에 응한다면 기왕의 고소도 모두 취소하고 앞으로는 더 이상 고소를 하지 않겠지만, 응하지 않는다면 계속하여 고소를 하겠다"는 취지이다.

테이프에 녹음된 대화내용 그 자체이고, 그 중 피고인의 진술내용은 실질적으로 형사소송법 제311조, 제312조의 규정 이외에 피고인의 진술을 기재한 서류와 다름없어, ⓑ 피고인이 그 녹음테이프를 증거로 할 수 있음에 동의하지 않은 이상 그 녹음테이프 검증조서의 기재 중 피고인의 진술내용을 증거로 사용하기 위해서는 형사소송법 제313조 제1항 단서에 따라 공판준비 또는 공판기일에서 그 작성자인 피해자의 진술에 의하여 녹음테이프에 녹음된 피고인의 진술내용이 피고인이 진술한 대로 녹음된 것임이 증명되고 나아가 그 진술이 특히 신빙할 수 있는 상태 하에서 행하여진 것임이 인정되어야 한다(대법원 2001.10.9. 선고 2001도3106 판결, 대법원 2004.5.27. 선고 2004도1449 판결 등 참조). ⓒ 그리고 녹음테이프는 그 성질상 작성자나 진술자의 서명 혹은 날인이 없을 뿐만 아니라, 녹음자의 의도나 특정한 기술에 의하여 그 내용이 편집, 조작될 위험성이 있음을 고려하여, ⓓ 그 대화내용을 녹음한 원본이거나, 혹은 원본으로부터 복사한 사본일 경우에는 복사과정에서 편집되는 등의 인위적 개작 없이 원본의 내용 그대로 복사된 사본임이 입증되어야만 하고, 그러한 입증이 없는 경우에는 쉽게 그 증거능력을 인정할 수 없다(대법원 2002.6.28. 선고 2001도6355 판결, 대법원 2005.2.18. 선고 2004도6323 판결 등 참조).

1999년 사안(상고기각)

ⓐ 수사기관이 아닌 사인(私人)이 피고인 아닌 사람과의 대화내용을 녹음한 녹음테이프는 형사소송법 제311조, 제312조 규정 이외의 피고인 아닌 자의 진술을 기재한 서류와 다를 바 없으므로, 피고인이 그 녹음테이프를 증거로 할 수 있음에 동의하지 아니하는 이상 그 증거능력을 부여하기 위하여는 첫째, ⓓ 녹음테이프가 원본이거나 원본으로부터 복사한 사본일 경우(녹음디스크에 복사할 경우에도 동일하다)에는 복사과정에서 편집되는 등의 인위적 개작 없이 원본의 내용 그대로 복사된 사본일 것, 둘째 ⓑ 형사소송법 제313조 제1항에 따라 공판준비나 공판기일에서 **원진술자의 진술에 의하여** 그 녹음테이프에 녹음된 각자의 진술내용이 자신이 진술한 대로 녹음된 것이라는 점이 인정되어야 할 것이고(대법원 1997.3.28. 선고 96도2417 판결 참조), ⓔ 사인이 피고인 아닌 사람과의 대화내용을 대화 상대방 몰래 녹음하였다고 하더라도 위 판시와 같은 조건이 갖추어진 이상 그것만으로는 그 녹음테이프가 위법하게 수집된 증거로서 증거능력이 없다고 할 수 없으며, ⓕ 사인이 피고인 아닌 사람과의 대화내용을 상대방 몰래 비디오로 촬영·녹음한 경우에도 그 **비디오테이프의 진술 부분**에 대하여도 위와 마찬가지로 취급하여야 할 것이다.

IV 분석과 해설

(가) 판례의 내용

대법원은 사인이 녹음한 녹음테이프에 기록된 진술의 증거능력을 인정함에 있어, 형사소송법 제313조 제1항의 전문법칙

예외조항을 적용한다. 즉, '녹음테이프에 녹음된 대화는 그 진술내용이 증거가 되는 것이므로 피고인 또는 피고인 아닌 자의 진술을 기재한 서류와 다름이 없다'는 이유에서이다. 그러나 진술의 주체가 피고인인지 피고인 아닌 자인지 여부에 따라 그 전문예외요건이 다르다. 구체적으로 살펴보자.

① 그 진술이 피고인의 진술인 경우에는 녹음자(작성자)의 진술에 의하여 진정성립이 증명되고, 아울러 특신상태가 인정되어야 하고(대법원 2005.12.23. 선고 2005도2945 판결; 대법원 2001.10.9. 선고2001도3106 판결; 대법원 2008.3.13. 선고 2007도10804 판결), ② 그 진술이 피고인이 아닌 자의 진술인 경우에는 원진술자의 진술에 의하여 진정성립이 증명되어야 한다(대법원 1999.3.9. 선고 98도3169 판결; 대법원 1997.3.28. 선고 96도2417 판결; 대법원 2005.2.18. 선고 2004도6323 판결). ③ 법원이 녹음테이프나 녹취서에 대하여 검증을 실시한 경우에도 증거자료가 되는 것은 녹음테이프에 녹음된 대화내용 그 자체이므로, 피고인이 그 녹음테이프를 증거로 할 수 있음에 동의하지 않은 이상 그 녹음테이프 검증조서의 기재 중의 진술내용을 증거로 사용하려면 형사소송법 제313조 제1항의 요건이 구비되어야 한다.

(나) 진술 녹음물의 증거능력 인정 요건에 대한 학설[2)]

학설상으로 진술녹음물에 대하여는 진술서면에 준하여 전문법칙이 적용된다는데 대해서는 큰 이견이 없다.[3)] 다만, 형사소송법상의 어느 규정을 적용하여야 하느냐에 대해서는 견해가 갈리고 있다.

(1) 제311조~제313조 적용설 진술녹음의 주체와 원진술자의 성격에 따라 제311조 내지 제313조를 준용한다는 견해이다. 따라서 법원이 녹음한 경우에는 제311조가 적용되고, 검사가 피고인이 된 피의자의 진술을 녹음한 경우에는 제312조 제1항, 제2항이, 사법경찰관이 피고인 된 피의자의 진술을 녹음한 경우에는 제312조 제3항이 적용된다. 사법경찰관이 피의자의 자백을 녹음·녹화하였다 하더라도 제312조 제3항이 적용되므로 피고인이 공판정에서 그 내용을 부인하면 증거능력이 없다. 수사기관이 피고인 아닌 자의 진술을 녹음한 경우에는 제312조 제4항이 적용된다. 사인이 녹음한 경우에는 제313

2) 양동철, 개정 형사소송법상의 참고인진술의 증거능력, 『법조』(2009.2.), 82면 이하 참조.

3) '녹음·녹화매체 등'의 증거조사에 관한 규정인 형사소송규칙 제134조의8을 근거로 형사소송규칙은 현장녹음·녹화물과 진술녹음·녹화물의 구별을 폐지하고, 진술증거설과 검증조서유사설을 결합한 내용을 채택하였다고 해석하는 견해도 있다.(신동운, 1031) 이 견해는 녹음·녹화물은 녹음·녹화하거나 복사한 사람이 녹음·녹화매체에 대한 검증기일에 출석하여 성립과정의 진정성립, 즉 편집이나 기타 인위적 개작 등이 없었다는 점을 인정하고, 아울러 원진술자가 공판기일이나 공판준비기일에 출석하여 원진술의 진정성립을 인정하여야 한다고 한다.

조 제1항에 따라 증거능력을 인정하여야 한다.

(2) 제313조 적용설 녹음이 행하여진 절차를 불문하고, 제313조 제1항을 유추 적용하여야 한다는 견해이다. 녹음이 공판절차에서 행하여진 경우에도 그 녹음테이프는 공판조서가 아니라는 점, 수사절차에서 작성된 녹음·녹화테이프 또한 피의자신문조서나 참고인진술조서는 아니라는 점, 진술이 녹음된 테이프는 제313조 제1항의 서류에 해당한다는 점, 녹음이 행하여진 절차에 따라 증거능력의 요건을 다르게 해석할 필요가 없다는 점 등을 그 이유로 한다. 단, 사법경찰관리에 대한 자백이 녹음된 테이프의 증거능력에 관해서는 제312조 제3항을 적용한다.

(3) 판 례 위에서 본 바와 같이 판례는 제311조~제313조 적용설을 취하는 것으로 보인다. 대법원은 "검사가 피의자인 갑과 그 사건에 관하여 대화하는 내용과 장면을 녹화한 비디오테이프에 대한 법원의 검증조서는 이러한 비디오테이프의 녹화내용이 피의자의 진술을 기재한 피의자신문조서와 실질적으로 같으므로 피의자신문조서에 준하여 그 증거능력을 가려야 한다"라고 판시하는 등[4] 진술녹음의 주체와 원진술자의 성격에 따라 제311조 내지 제313조를 각기 적용하고 있다.

(다) 제313조 제1항에 대한 해석과 판례

결국 거의 모든 학설이 사인이 녹음한 녹음테이프에 대하여 형사소송법 제313조 제1항을 적용한다는 것에 일치하므로, 위 조문의 해석을 살펴보기로 한다. 증거능력을 인정하기 위해서는 "① 그 작성자 또는 진술자의 자필이거나 그 서명 또는 날인이 있고 ② 공판준비나 공판기일에서의 그 작성자 또는 진술자의 진술에 의하여 그 성립의 진정함이 증명되는 것"을 요한다. 피고인의 진술을 기재한 서류인 경우에는 그 진술이 특히 신빙할 수 있는 상태 하에서 행하여 진 때에 한하여 피고인의 공판준비 또는 공판기일에서의 진술에 불구하고 증거로 할 수 있다. 일반적으로 ① 진술서의 경우는 작성자(원진술자이 기도 하다)의 자필이거나 서명 또는 그 날인이 있고, 그 작성자의 진술에 의하여 성립의 진정이 증명되어야 하고 ② 진술을 기재한 서류의 경우는 원진술자의 서명 또는 날인이 있고, 원진술자의 진술에 의하여 성립의 진정이 증명되어야 한다는 의미로 해

4) 대법원 1992.6.23. 선고 92도682 판결, 대법원 1997.3.28. 선고 96도2417 판결, 대법원 2004.5.27. 선고 2004도1449 판결.

석한다. 결국, 제313조 제1항 본문의 '작성자'는 '진술서'와, '진술을 기재한 서류'는 '진술자'와 연결하여 해석을 하는 것이다.

그렇다면 학설과 판례의 태도는 다소 차이가 있음을 알 수 있다. 진술을 기재한 서류에 대하여 대부분의 학설은 항상 원진술자의 진술에 의한 진정성립을 요구하나, 판례는 사인이 피고인의 진술을 녹음한 테이프(사인이 피고인의 진술을 기재한 서류와 같다)에 대하여는 원진술자인 피고인이 아니라 녹음자에 의한 진정성립을 요구하고 있기 때문이다. 이와 같은 차이에 대하여는 여러 가지 분석이 가능하다.

(라) 녹음테이프의 진정성립(foundation=authenticity)

지금까지 언급한 것은 전문예외요건이고 녹음테이프는 그 밖에 '진정성립'(foundation=authenticity, 여기서의 '진정성립'이란 법 제312조, 제313조의 좁은 의미의 그것과 구별되는 광의의 '진정성립'이다) 요건도 구비되어야 한다. 이 요건은 전문예외요건의 구비여부확인문제에 앞서서 검토되어야 한다.

① 녹음테이프는 그 성질상 작성자나 진술자의 서명 혹은 날인이 필요 없으나, ② 녹음자의 의도나 특정한 기술에 의하여 그 내용이 편집, 조작될 위험성이 있으므로 녹음테이프가 증거로 사용되려면 원칙적으로 녹음테이프는 대화내용을 녹음한 원본이어야 한다(최우량증거의 원칙, The best evidence rule=The original writing rule). ③ 원본으로부터 복사한 사본일 경우에 증거제출자는 복사과정에서 편집되는 등의 인위적 개작 없이 원본의 내용 그대로 복사된 사본임을 증명하여야 한다.

(마) 기타 주목할 만한 관련 판례들

1) **[사안]** 사인이 피고인과의 대화내용을 녹음한 보이스펜의 청취 결과 피고인의 변호인이 피고인의 음성임을 인정하였다. 피고인의 변호인은 보이스펜의 녹음내용을 재녹음한 녹음테이프, 녹음테이프의 음질을 개선한 후 재녹음한 시디 및 녹음테이프의 녹음내용을 풀어쓴 녹취록 등에 대하여는 증거로 함에 부동의하였으나, 극히 일부의 청취가 불가능한 부분을 제외하고는 보이스펜, 녹음테이프 등에 녹음된 대화내용과 녹취록의 기재가 일치하는 것으로 확인하였다: **[판지]** "원본인 보이스펜이나 복제본인 녹음테이프 등에 대한 제1심의 검증조서(녹취록)에 기재된 진술은 그 성립의 진정을 인정하는 작성자의 법정진술은 없었으나, D의 변호인이 원본인 보이스펜 자체의 청취 결과 D의 음성임을 인정하고 이를 증거로 함에 동의하였고, 위 검증기일에서 증거동의를 한 보이스펜에 대하여 보이스펜에 녹음된 대화내용과 녹취록의 기재가 일치하는지 확인하고, 또 녹음테이프에 수록된 대화내용도 녹취록의 기재와 일치함을 확인하였으므로, 결국 그 진정성립이 인정된다. 나아가 녹음의 경위 및 대화내용에 비추어 그 진술이 특히 신빙할 수 있는 상태하에서 행하여진 것으로 인정되므로 이를 증거로 사용할

수 있다."(대법원 2008.3.13. 선고 2007도10804 판결)

2) "수사기관이 아닌 사인(私人)이 피고인 아닌 자와의 전화대화를 녹음한 녹음테이프에 대하여 법원이 실시한 검증의 내용이 녹음테이프에 녹음된 전화대화의 내용이 검증조서에 첨부된 녹취서에 기재된 내용과 같다는 것에 불과한 경우에는 증거자료가 되는 것은 여전히 녹음테이프에 녹음된 대화 내용이므로, 그중 피고인 아닌 자와의 대화의 내용은 실질적으로 형사소송법 제311조, 제312조 규정 이외의 피고인 아닌 자의 진술을 기재한 서류와 다를 바 없어서, 피고인이 그 녹음테이프를 증거로 할 수 있음에 동의하지 않은 이상 그 녹음테이프 검증조서의 기재 중 피고인 아닌 자의 진술내용을 증거로 사용하기 위해서는 형사소송법 제313조 제1항에 따라 공판준비나 공판기일에서 원진술자의 진술에 의하여 그 녹음테이프에 녹음된 진술내용이 자신이 진술한 대로 녹음된 것이라는 점이 인정되어야 하는 것이지만(대법원 1996.10.15. 선고 96도1669 판결, 대법원 1997.3.28. 선고 96도2417 판결 등 참조), 이와는 달리 녹음테이프에 대한 검증의 내용이 그 진술 당시 진술자의 상태 등을 확인하기 위한 것인 경우에는, 녹음테이프에 대한 검증조서의 기재 중 진술내용을 증거로 사용하는 경우에 관한 위 법리는 적용되지 아니하고, 따라서 위 검증조서는 법원의 검증의 결과를 기재한 조서로서 형사소송법 제311조에 의하여 당연히 증거로 할 수 있다."(대법원 2008.7.10. 선고 2007도10755 판결)

8.11

법 제312조 · 성폭력특례법상의 영상녹화물과 성립의 진정인정주체

서울남부지법 2007.6.20. 선고 2006고단3255 판결

I 사 안

D는 "평택시 오성면에서 'C주식회사'를 운영하던 자인바, 당시 부채가 2억 원 상당에 이르고, 회사운영자금이 완전히 고갈되어 약속어음으로 물품대금을 외상으로 결제하는 상태인데다 수익이 발생하지 않아 종업원 20여 명에 대한 급여를 2 내지 3개월간 지급하지 못하였기 때문에 약속어음을 교환하여 사용하더라도 지급기일에 자신이 발행한 약속어음을 결제할 의사나 능력이 없음에도 불구하고, 처(D2)와 공모하여, 2004.1.경 인천 남동구 고잔동 641-6 소재 V가 운영하는 'B 주식회사' 사무실에서, D는 D2에게 회사자금 조달에 관한 일체의 권한을 위임하여 V와의 약속어음 교환을 지시하고, 위 D2는 V에게 "회사 자금이 필요하니, 약속어음을 발행해서 우리 회사 어음과 교환해 주면 지급기일까지 지급하겠다."고 거짓말하고, 이에 속은 V로부터 즉시 그곳에서 V로부터 B 주식회사가 발행한 액면금 24,200,000원 약속어음 1매, 액면금 19,000,000원 약속어음 1매를 교부받아 사채업자에게 할인하고 지급기일에 V가 결제해 주었음에도, D가 "V에게 발행한 43,200,000원 상당의 (주)서방케미칼 약속어음은 지급기일에 결제하지 않아 동액 상당의 재산상 이득을 취득"한 사기혐의로 기소되었다. D는 경찰에서 제1심법정에 이르기까지 일관하여 "공소사실 중 약속어음을 교부받을 당시 D가 지급기일에 위 어음금을 결제할 의사나 능력이 있었기 때문에 위와 같이 위 금액 상당을 편취할 고의가 없었다"고 주장하였다.

D에게 처음부터 편취의 범의가 있었다는 점에 부합하는 증거는 검사 작성의 각 영상녹화물이다. 이것은 D와 D2, D5가 이 사건과 관련하여 검사로부터 조사받는 과정을 녹화한 영상을 담은 것으로 검사가 작성한 D에 대한 피의자신문조서나 위 진술자들에 대한 진술조서의 제출 없이 공소사실에 대한 증거로 제출되었다.

II 쟁 점

영상녹화물을 공소사실(사기)을 입증하는 본증으로 쓸 수 있는가?

III 재판요지 (제1심판결)

① 위 각 영상녹화물 중 D에 대한 영상녹화 부분은, 검사 작성의 D에 대한 피의자신문조서의 제출 없이 유죄의 증거로 제출된다면 이는 형사소송법 제244조에서 규정한 바와 같이 피의자의 진술은

반드시 조서에 기재하도록 하고 오기 여부를 확인한 다음 피의자로 하여금 그 조서에 간인하게 하며 서명 또는 기명날인하도록 하여 피고인이 될 피의자에 대한 수사절차를 엄격히 규제하고 이 같은 절차를 거쳐 작성된 증거만 유죄의 증거로 법정에 제출하도록 하고 있는 형사소송법의 취지를 잠탈하는 부적법한 증거로서 증거능력이 없다(② 개정 형사소송법도 제244조 제1항에서 피의자의 진술을 반드시 조서에 기재하도록 하는 현행 규정을 그대로 유지하되 그 아래에서 그 작성방법이 좀 더 구체적으로 개정된 것을 감안하면, 제244조의2에서 그 작성절차와 방법이 신설된 피의자의 진술에 대한 영상녹화물은 제312조 제2항에서 규정한 바와 같이 D가 공판기일에 검사 작성의 피의자신문조서의 성립의 진정을 부인하는 경우에 그 조서에 기재된 진술이 D가 진술한 내용과 동일하게 기재되어 있음을 증명하기 위한 증거로서만 쓸 수 있을 뿐 피의자신문조서를 갈음하는 독자적인 유죄의 증거로 쓸 수 없다는 점을 명문화한 것으로 보인다).[1)]

IV 분석과 해설

(가) 위 판결의 요약

위 판결은 검사가 피의자신문과정을 녹화하여 증거로 제출한 영상녹화물에 대하여 ① 형사소송법 제244조가 "피의자의 진술은 조서에 기재하여야 한다."라고 규정하였음을 근거로 조서의 작성이나 제출 없이 피의자신문 과정을 영상녹화물로 작성한 것은 형사소송법의 취지를 잠탈하는 부적법한 증거로 증거능력이 없다고 판단한 것이다. 아울러, ② 2008. 1.1.부터 시행되는 개정 형사소송법에서의 개정내용에 비추어 보면, 개정 형사소송법 하에서는 조서의 작성 여부와 상관없이 영상녹화물의 독자적인 증거능력은 없다고 판단한 취지로 파악된다. 이 판결 당시 개정 형사소송법이 공포는 되었으나, 아직 시행 전이었으므로, ①부분은 개정전 형사소송법상의 해석, ②부분은 개정 형사소송법의 해석이라고 할 수 있다(이 해석에 대한 대법원의 판단은 아직 없다. 위 사안은 대법원에 상고되지 않았다).

(나) 수사기관에서의 진술을 기록한 영상녹화물의 증거능력[2)]

(1) 개정 형사소송법에 도입된 영상녹화제도 형사소송법 개정 이전에는 영상녹화물이나 녹음물에 기록된 진술을 증거로 사용하는 경우, 전문증거로 보고 전문법칙의 예외 규정을 적용하여 독자적 증거능력을 인정하는 데에는 별다른

---

1) "다음으로, 제3자인 D2, D5에 대한 영상녹화 부분은, D가 이를 증거로 사용하는 데 동의하지 아니하여 위 진술자들이 모두 이 법정에 증인으로 출석하여 각각 증언까지 하였음에도 위 영상녹화물을 증거로 채택한 후 다시 법정에서 이에 대한 검증을 실시하여 녹취록에 준하는 상세한 검증조서를 작성하는 것은 절차의 중복에 해당할 뿐만 아니라 검사 앞에서 D와 대질신문 형식으로 이루어진 위 사람들의 진술녹화영상 부분만을 증거능력이 없는 D의 진술녹화영상 부분과 분리하여 검증하는 것도 사실상 어려우므로 이를 위 공소사실의 증거로 채택하지 아니한다. (나) 또한, 검사 작성의 수사보고(수사기록 제1권 104쪽)의 기재는 검찰주사가 수사기록 제106쪽의 위 영상녹화물의 내용을 그대로 녹취 기재한 것에 불과한 것으로서 이를 형사소송법 제313조 제1항의 'D 또는 D 아닌 자가 작성한 진술서나 그 진술을 기재한 서류'라고 할 수도 없고, 같은 법 제311조, 제315조, 제316조의 적용대상이 되지 아니함이 분명하므로 D가 이를 증거로 사용함에 동의하지 아니하는 이 사건에 있어 증거로 쓸 수 없다."

2) 양동철, 개정 형사소송법상의 참고인진술의 증거능력, 『법조』(2009.2.), 82~90면.

이견이 없었고, 판례 또한 이를 긍정하는 입장이었다(대법원 1992.6.23. 선고 92도682 판결). 그런데 형사소송법이 개정되면서 형사소송법 제312조 제2항, 제318조의 2에 대한 해석론으로 수사기관에서 작성된 영상녹화물에 대하여는 독자적 증거능력을 부여하지 않으려는 견해가 등장하였다.

형사소송법 제312조 제2항은 "검사가 피고인이 된 피의자의 진술을 기재한 조서는 피고인이 그 조서의 성립의 진정을 부인하는 경우에는 그 조서에 기재된 진술이 피고인이 진술한 내용과 동일하게 기재되어 있음이 영상녹화물이나 그 밖의 객관적인 방법에 의하여 증명되고, 그 조서에 기재된 진술이 특히 신빙할 수 있는 상태 하에서 행하여졌음이 증명된 때에 한하여 증거로 할 수 있다."라고 규정하고 있고, 특히 형사소송법 제318조의2 제2항은 "제1항에도 불구하고 피고인 또는 피고인이 아닌 자의 진술을 내용으로 하는 영상녹화물은 공판준비 또는 공판기일에 피고인 또는 피고인이 아닌 자가 진술함에 있어서 기억이 명백하지 아니한 사항에 관하여 기억을 환기시켜야 할 필요가 있다고 인정되는 때에 한하여 피고인 또는 피고인이 아닌 자에게 재생하여 시청하게 할 수 있다."고 규정함으로써 이에 대한 해석론으로 수사기관에서 작성된 영상녹화물에 대한 독자적 증거능력 인정여부, 탄핵증거로서의 사용가능성 등에 대한 견해가 대립되고 있다.

(2) 수사기관이 피의자신문을 하는 경우에 반드시 피의자신문조서를 작성하여야 하는가? 긍정하는 견해는 '이를 작성하지 아니하면 적법절차를 준수하지 아니한 것이므로 피의자신문에서 지득한 사실에 기초하여 수집된 2차적 증거의 증거능력이 부정될 수도 있고, 조서 대신 작성된 진술서 등의 서면이나 영상녹화물의 증거능력이 부정될 수도 있다'고 주장한다. 부정하는 견해는 '조서작성 규정은 수사기관의 내부적 업무규정일 뿐이므로 그 진술의 기록물인 영상녹화물의 증거능력이 부정되는 것은 아니'라고 한다.

형사소송법은 피의자신문절차의 투명성을 확보하고 법원의 진술의 임의성 판단을 용이하게 하기 위하여 수사기관으로 하여금 조서를 작성하도록 한 것이다. 따라서 피의자신문조서를 작성하지 아니한 사실을 독수(독나무)로 보아 2차적으로 수집된 증거나 피의자신문조서에 대신하여 작성된 영상녹화물 기타 진술서 등의 증거능력을 부정하는 것은 지나친 해석이다.

(3) 독자적 증거능력에 대한 긍정·부정론의 논거

(i) 부정론

① 공판중심주의, 직접심리주의의 원칙상 법관이 직접 조사한 증거를 심증 형성의 기초로 삼아야 하는데, 수사기관 작성의 영상녹화물로 공판정에서의 진술을 대신하는 것은 이에 반하고, 공판정을 영상녹화물의 상영장소로 전락시켜(이른바 극장재판론) 공판절차를 과도하게 지연시킨다.

② 정부의 개정안에는 예외적으로 영상녹화물을 본증으로 사용할 수 있도록 허용하는 규정이 있었으나, 국회 법사위원회의 심의과정에서 이를 삭제하였으므로 수사기관이 작성한 영상녹화물은 피의자신문조서나 참고인진술조서를 대체하는 독립적인 증거방법이 될 수 없고, 이는 조서와 함께 제출되는 경우도 마찬가지이다.

③ 현행 형사소송법 제312조는 '피고인이 그 조서의 성립의 진정을 부인하는 경우에 그 조서에 기재된 진술이 피고인이 진술한 내용과 동일하게 기재되어 있음을 영상녹화물 등에 의하여 증명하는 용도로' 규정하고 있고, 제318조의2는 "영상녹화물은 공판준비 또는 공판기일에 피고인 또는 피고인이 아닌 자가 진술함에 있어서 기억이 명백하지 아니한 사항에 관하여 기억을 환기시켜야 할 필요가 있다고 인정되는 때에 한하여 피고인 또는 피고인이 아닌 자에게 재생하여 시청하게 할 수 있다"라고 규정하고 있어 영상녹화물은 기억환기용으로 사용할 수 있을 뿐 본증은 물론 탄핵증거로도 사용하지 못하도록 하고 있다.

(ii) 긍정론

① 영상녹화물의 증거능력을 부정하는 규정이 없다. 제318조의2 제2항은 신문수단에 관한 규정이지 증거능력에 대한 규정이 아니며, "제1항에도 불구하고"의 해석은 "탄핵증거로도 사용할 수 있음에도 불구하고"의 의미이다.

② 입법과정에서 피고인의 진술에 대한 영상녹화물 규정이 삭제된 것은 증거능력을 제한하는 규정의 삭제로 보아야 하므로, 결과적으로 영상녹화물의 증거능력은 개정 전의 형사소송법 체제에서와 같이 인정하여야 한다.

③ 영상녹화물의 증거능력 인정이 공판중심주의를 저해하는 것은 아니다. 모든 사건에서 영상녹화물이 상영되는 것은 아니므로 공판정이 영상상영장이 될 우려도 없다. 특히, 영상녹화물은 예외적으로, 원진술자가 그러한 진술의 존재를 부인하는 경우에 이를 증명하기 위하여 제출되는 것을 원칙으

로 한다. 따라서 공판중심주의, 구두주의, 직접심리주의, 최우량증거의 원칙을 훼손하는 것이 아니라 오히려 이를 보완하는 의미가 있다.

(4) **탄핵증거로서의 사용 가능성** 독자적 증거능력을 부인하는 견해는 대체로 탄핵증거로서의 사용 가능성에 대해서도 부정하고 있다. 수사기관이 작성한 영상녹화물이 무분별하게 법정에 제출됨으로써 공판중심주의가 퇴색하되 영상녹화물에 의한 재판이 이루어지지 않도록 하기 위해 이와 같이 "기억 환기를 위하여 필요하다고 인정되는 경우에 한하여"라는 엄격한 요건을 규정한 것이라고 주장한다.

독자적 증거능력을 인정하는 견해는 탄핵증거로서의 증거능력을 인정한다. 이 견해는 "제1항에도 불구하고"를 "탄핵증거로 사용할 수 없음에도 불구하고"의 의미로 새기고, "한하여"는 신문수단으로 영상녹화물을 사용할 때에는 추궁용이 아닌 기억환기용으로만 사용하라는 취지로 새긴다.

(5) **녹음테이프의 경우** 수사기관은 진술을 녹화하지 아니하고 녹음만 할 수도 있다. 녹음에 대하여는 영상녹화물과는 달리 명문의 규정이 없다. 수사기관에서 아무런 의도 없이 진술을 녹음한 경우도 있겠지만, 영상녹화물에 대한 문제 제기를 회피하기 위한 의도로 녹음물만을 작성하는 경우도 있을 수 있고, 그런 의도는 없을지라도 이미 작성된 영상녹화물의 음성부분만을 편집한 녹음물을 증거로 제출하거나, 영상녹화물의 영상부분을 제거한 채 제출하는 경우가 발생할 수 있다.

영상녹화물의 독자적 증거능력을 인정하는 견해에 의하면 당연히 이 녹음물의 증거능력도 인정할 것이다. 영상녹화물의 독자적 증거능력을 부정하는 견해들은 이 녹음물의 증거능력도 부인할 것이다. 영상녹화물의 증거능력을 부인하는 형사소송법의 취지를 잠탈할 염려가 있다는 이유에서이다.

(다) 비디오테이프에 대한 검증조서의 증거능력

"비디오검증조서는 이 사건 범죄단체조직죄에 관한 공범으로서 별도로 공소제기된 위 사건의 피고인에 대한 수사과정에서 담당검사가 위 사건의 피고인 2와 위 사건에 관하여 대화하는 내용과 장면을 녹화한 것으로 보이는 비디오테프에 대한 검증조서인바, 이러한 비디오테프의 녹화내용은 피의자의 진술을 기재한 피의자신문조서와 실질적으로 같으므로 피의자신문조서에 준하여 그 증거능력을 가려야 할 것이다."(대법원 1992.6.23. 선고 92도682 판결)

(라) 참고인에 대한 영상녹화물

'현행법은 영상녹화물을, 조서의 진정성립의 증명(법 제312조 제2항, 제3항) 혹은 기억환기용(법 제318조의2 제2항)으로 그 용도를 제한하고 있으므로, 영상녹화물을 공소사실을 입증하는 본증으로 사용할 수 없다'는 것이 본 판결의 해석론이다. 이리하여 현재 법원실무에서는 수사기관 작성 **조서와 함께 영상녹화물이 증거로 신청**되고 있다. 조서 없이 영상녹화물(녹취록이나 진술요약서가 첨부되는 경우 포함)만이 증거로 신청되면 그 증거신청은 기각되거나 증거능력이 부정되고 있다(대법원 2014.7.10. 선고 2012도5041 판결).

(마) 성폭력범죄의 처벌 등에 관한 특례법·아청법상의 예외(영상물에 수록된 피해자의 진술을 수록한 진술채취 영상녹화물)

(1) 대법원 2010.1.28. 선고 2009도12048 판결[3] "'성폭력범죄의 처벌 및 피해자 보호 등에 관한 법률' 제21조의3 제3항에 의해 촬영된 영상물에 수록된 V의 진술은 같은 조 제4항[4]에 의해 공판준비 또는 공판기일에서 V 또는 조사과정에 동석하였던 신뢰관계에 있는 자의 진술에 의하여 그 성립의 진정함이 인정된 때에는 증거로 할 수 있다." 이 경우에는 영상녹화물이 본증으로 사용될 수 있음에 주의하여야 한다.[5]

(2) 대법원 2009.12.24. 선고 2009도11575 판결 "제1심은 제4회 공판

3) [사안] D는 "사촌동생인 V(여, 7세)를 2009.4.11. 강간"한 혐의로 기소되었다. D는 제1심에서 범죄사실을 부인하였다. 제1심과 항소심은, "성폭력범죄 처벌법 제21조의3 제4항에 의해 같은 조 제3항의 규정에 따라 촬영된 영상물에 수록된 V의 진술이 V에 대한 경찰 진술조서의 내용과 일치함을 조사과정에 동석하였던 V의 어머니의 진술을 통하여 확인"하였으면서도, 그 V의 진술을 증거로 쓰지 아니한 채, V의 경찰에서의 진술, V의 어머니의 공판기일에서의 진술만을 증거로 삼아 범죄사실에 대한 증명이 충분하다고 보아 유죄로 판단하였다. D가 상고하였다.

4) 현행 성폭력범죄의 처벌 등에 관한 특례법(법률 제11556호) 제30조 제6항 참조.

5) 성폭력범죄의 처벌 등에 관한 특례법 제30조(영상물의 촬영·보존 등) ① 성폭력범죄의 피해자가 19세 미만이거나 신체적인 또는 정신적인 장애로 사물을 변별하거나 의사를 결정할 능력이 미약한 경우에는 피해자의 진술 내용과 조사 과정을 비디오녹화기 등 영상물 녹화장치로 촬영·보존하여야 한다. ② 제1항에 따른 영상물 녹화는 피해자 또는 법정대리인이 이를 원하지 아니하는 의사를 표시한 경우에는 촬영을 하여서는 아니 된다. 다만, 가해자가 친권자 중 일방인 경우는 그러하지 아니하다. ③ 제1항에 따른 영상물 녹화는 조사의 개시부터 종료까지의 전 과정 및 객관적 정황을 녹화하여야 하고, 녹화가 완료된 때에는 지체 없이 그 원본을 피해자 또는 변호사 앞에서 봉인하고 피해자로 하여금 기명날인 또는 서명하게 하여야 한다. ④ 검사 또는 사법경찰관은 피해자가 제1항의 녹화장소에 도착한 시각, 녹화를 시작하고 마친 시각, 그 밖에 녹화과정의 진행경과를 확인하기 위하여 필요한 사항을 조서 또는 별도의 서면에 기록한 후 수사기록에 편철하여야 한다. ⑤ 검사 또는 사법경찰관은 피해자 또는 법정대리인이 신청하는 경우에는 영상물 촬영과정에서 작성한 조서의 사본을 신청인에게 발급하거나 영상물을 재생하여 시청하게 하여야 한다. ⑥ 제1항에 따라 촬영한 영상물에 수록된 피해자의 진술은 공판준비기일 또는 공판기일에 피해자나 조사 과정에 동석하였던 신뢰관계에 있는 사람 또는 진술조력인의 진술에 의하여 그 성립의 진정함이 인정된 경우에 증거로 할 수 있다. ⑦ 누구든지 제1항에 따라 촬영한 영상물을 수사 및 재판의 용도 외에 다른 목적으로 사용하여서는 아니 된다.

기일에서 V에 대한 조사과정에 동석하였던 외할머니의 진술에 의하여 영상물에 수록된 V의 진술에 대하여 그 성립의 진정함을 인정한 다음 이를 증거로 조사한 사실을 알 수 있으므로, 증거능력 없는 V의 진술을 증거로 채택하였다는 취지의 상고이유는 받아들일 수 없다. 촬영한 영상에는 V가 피해상황을 진술하면서 보충적으로 작성한 메모도 함께 촬영되어 있는바, 이는 영상물에 수록된 V 진술의 일부와 다름없으므로 위 법률에 따라 조사과정에 동석하였던 신뢰관계 있는 자의 진술에 의하여 성립의 진정함이 인정된 때에는 증거로 할 수 있다. 그리고 원심이 인용한 제1심이 'Y 작성의 V 메모의 기재'를 별도의 증거로 채택한 것은 잘못이나, 이를 제외하고 위 영상물에 수록된 V의 진술을 비롯하여 제1심이 적시한 증거에 의하더라도 이 사건 공소사실을 인정하기에 충분하므로, 결국 위와 같은 잘못은 판결 결과에 아무런 영향이 없다."

(바) 영상녹화물을 피의자신문조서·참고인진술조서의 특신상태를 증명하는 용도로 사용할 수 있는가(긍정)(대법원 2011.11.10. 선고 2011도8125 판결)

"원심은 아무런 객관적 자료 없이 O3가 피고인들의 필로폰 수입 또는 매수 범행의 공범으로서 피의자의 지위에 있다고 단정한 후 진술거부권 불고지로 인하여 O3에 대한 진술조서의 증거능력이 없다고 판단하고 그 진술조서의 특신상태를 입증하기 위한 검사의 영상녹화 CD 검증신청을 받아들이지 아니하고 말았으니, 이 원심의 판단에는 진술거부권을 고지하지 않은 상태에서 행해진 피의자 진술의 증거능력에 관한 법리를 오해한 위법이 있고, 이 위법은 이 부분 주위적 공소사실을 무죄로 판단한 원심의 판결 결과에 영향을 미쳤음이 분명하다. 이 점을 지적하는 검사의 상고이유 주장은 이유 있다."

(사) 특정범죄신고자 등 보호법[6] 제10조의 증인신문 영상물촬영의 본증사용

특정범죄신고자 등 보호법 제10조[7]에 근거하여 행한 증거보전으로서의 증인신문 영상물촬영결과는 본증으로 사용할 수 있다.

6) 이 법 제16조에 영미식 플리바기닝을 염두에 둔 조항이 있어 주목된다: 제16조(범죄신고자등에 대한 형의 감면) 범죄신고등을 함으로써 그와 관련된 자신의 범죄가 발견된 경우 그 범죄신고자등에 대하여 형을 감경하거나 면제할 수 있다.

7) 제10조(영상물 촬영) ① 범죄신고자등에 대하여 「형사소송법」 제184조(증거보전의 청구와 그 절차) 또는 제221조의2(증인신문의 청구)에 따른 증인신문을 하는 경우 판사는 직권으로 또는 검사의 신청에 의하여 그 과정을 비디오테이프 등 영상물로 촬영할 것을 명할 수 있다.

8.12

'조사자 증언'과 '특히 신빙할 수 있는 상태'의 긍정례

대구고등법원 2008.11.27. 선고 2008노293 판결

I 사 안

(생략)

II 쟁 점

조사자의 증언이 법 제316조 제1항에 해당하는가(긍정)

III 재판요지

"D들을 조사했던 경찰관들이 원심법정에서, 'D들이 수사과정에서 선거운동과 관련하여 금품을 수수한 사실을 자백하였다'고 증언하였으나 D들은 'D들이 경찰에서 금품을 수수하였다고 인정한 것은 나이 어린 경찰관들이 모욕적인 언사로 추궁을 하며 윽박지르는 바람에 검찰에서 진솔하게 대답하기 위하여 허위로 진술한 것이므로 위 경찰관들의 증언은 형사소송법 제312조 제2항의 입법취지에 따라 아무런 증거능력이 없다'고 주장한다. 종래 대법원 판례는 'D가 경찰에서의 진술을 부인하는 경우 조사경찰관이 경찰 조사시 D가 범행을 자백하였고 그에 따라 범행사실을 확인하였다고 법정에서 증언하였다고 하더라도 D가 경찰에서의 진술을 부인하는 이상 구 형사소송법 제312조 제2항(현행 형사소송법 제312조 제3항)의 취지에 비추어 증거능력이 없다'고 판시하여 왔다. 그러나 2007.6.1. 법률 제8496호로 개정되어 2008.1.1.부터 시행된 현행 형사소송법은 조사자의 증언을 인정하지 아니한 종래의 대법원 판례의 태도와는 달리, 조사경찰관 등이 증인으로 나와 위증죄의 부담을 안고 D측의 반대신문을 받으면서 한 증언에 증거능력을 부여함으로써 실체적 진실 발견과 D의 방어권 보장 사이에 조화를 도모할 목적으로, 제316조 제1항에서 피고인이 아닌 자에 "공소제기 전에 D를 피의자로 조사하였거나 그 조사에 참여하였던 자를 포함한다."는 규정을 신설하였다. 따라서 D의 진술을 내용으로 하는 조사경찰관의 증언은 그 진술이 특히 신빙할 수 있는 상태 하에서 행하여졌다면 증거능력이 있다.

그러므로 살피건대, D들을 조사한 경찰관인 P와 P2는 D들에게 ⓐ **진술거부권과 변호인선임권이 있음을 고지**하고 **조사 도중에 적절하게 휴식 시간을 주면서 조사**하였고, D들은 2008.4.2. 긴급체포된 후 그날 오후부터 다음날 새벽 1시경까지 1회 경찰 피의자신문을 받았으나 그 후 ⓑ **충분히 수면을 취하고** 그 다음 피의자신문부터는 **주간에 조사를 받았으며,** D들이 영양경찰서에서 1회 경찰 피의자신문을 마치고 영덕경찰서 유치장에 입감되기 직전 담당 검사와의 면담을 원하여 ⓒ **조사 경찰관들이 배제**

된 상태에서 대구지방검찰청 영덕지청의 담당 검사와 면담하였는데 당시 '불편한 점이 없었느냐'는 담당 검사의 질문에 D들은 '경찰의 회유나 협박이 있었다, 불편한 점이 있다'는 등의 이야기를 한 적이 없었고, D들은 ⓓ **처음부터 범행을 자백한 것이 아니라 D의 집에 대한 압수수색 결과 장롱 위에 띠지로 묶인 100만 원 묶음 15다발이 발견되자 그때부터 자신들의 범행을 자백**하기 시작하였으며, D는 영양군 입암면 출신으로 경상북도 도의회 의원까지 지낸 인물이고, 위 D를 주로 조사하여 금품 수수 사실을 자백하는 진술을 받은 ⓔ **경찰관 P도 입암면이 고향으로 위 D 아들의 중학교 후배인 점** 등에 비추어 볼 때, 경찰에서 D들이 금품 수수 사실을 자백하는 내용의 진술을 한 것은 그 진술에 허위개입의 여지가 거의 없고 그 진술내용의 신빙성이나 임의성을 담보할 만한 상태에서 행하여졌다고 보인다. 따라서 경찰수사 단계에서 범행을 자백하는 D들의 진술을 내용으로 하는 증인 P, P2의 원심 및 당심 법정진술은 그 증거능력이 있고, D들의 신분이나 지위에 비추어 볼 때 자백의 의미나 중요성을 제대로 헤아리지 못한 채 허위자백을 하였다고 볼 수 없는 만큼 그 신빙성도 충분하다."

IV 분석과 해설

(가) 조사자의 증언이 법 제316조 제1항에 해당하는가(긍정)

종래 대법원 판례는 'D가 경찰에서의 진술을 부인하는 경우 조사경찰관이 경찰 조사시 D가 범행을 자백하였고 그에 따라 범행사실을 확인하였다고 법정에서 증언하였다고 하더라도 D가 경찰에서의 진술을 부인하는 이상 구 형사소송법 제312조 제2항(현행 형사소송법 제312조 제3항)의 취지에 비추어 증거능력이 없다'고 판시하여 왔다. 그러나 2007.6.1. 법률 제8496호로 개정되어 2008.1.1.부터 시행된 현행 형사소송법은 조사자의 증언을 인정하지 아니한 종래의 대법원 판례의 태도와는 달리, 조사경찰관 등이 증인으로 나와 위증죄의 부담을 안고 D측의 반대신문을 받으면서 한 증언에 증거능력을 부여함으로써 실체적 진실발견과 D의 방어권 보장 사이에 조화를 도모할 목적으로, 제316조 제1항에서 피고인이 아닌 자에 "공소제기 전에 D를 피의자로 조사하였거나 그 조사에 참여하였던 자를 포함한다"는 규정을 신설하였다. 따라서 D의 진술을 내용으로 하는 조사경찰관의 증언은 그 진술이 특히 신빙할 수 있는 상태 하에서 행하여졌다면 증거능력이 있다.

(나) 원진술이 특히 신빙할 수 있는 상태 하에서 행하여졌음이 인정된 사안

본 사안은 '원진술이 특히 신빙할 수 있는 상태 하에서 행하여졌음이 인정된 사안'임이 주목된다.

(다) 조사자의 증언이 법 제316조 제2항에도 해당될 수 있는가?(긍정)

대법원 2008.9.25. 선고 2008도6985 판결은 이런 전제에 서 있다: "형사소송법 제316조 제2항은 '피고인 아닌 자의 공판준비 또는 공판기일에서의 진술이 피고인 아닌 타인의 진술을 그 내용으로 하는 것인 때에는 원진술자가 사망, 질병, 외국거주, 소재불명, 그 밖에 이에 준하는 사유로 인하여 진술할 수 없고, 그 진술이 특히 신빙할 수 있는 상태 하에서 행하여졌음이 증명된 때에 한하여 이를 증거로 할 수 있다'고 규정하고 있고, 같은 조 제1항에 따르면 위 '피고인 아닌 자'에는 공소제기 전에 피고인 아닌 타인을 조사하였거나 그 조사에 참여하였던 자(이하 '조사자'라고 한다)도 포함된다. 따라서 조사자의 증언에 증거능력이 인정되기 위해서는 원진술자가 사망, 질병, 외국거주, 소재불명, 그 밖에 이에 준하는 사유로 인하여 진술할 수 없어야 하는 것이라서, 원진술자가 법정에 출석하여 수사기관에서 한 진술을 부인하는 취지로 증언한 이상 원진술자의 진술을 내용으로 하는 조사자의 증언은 증거능력이 없다."

(라) "원심은, 피고인을 조사하였던 경찰관 O의 원심 법정진술은 '피고인이 이 사건 공소사실 기재와 같은 범행을 저질렀다'는 피고인의 진술을 그 내용으로 하고 있는바, 이를 증거로 사용할 수 있기 위해서는 피고인의 위와 같은 진술이 특히 신빙할 수 있는 상태 하에서 행하여졌음이 증명되어야 하는데, 피고인이 그 진술 경위나 과정에 관하여 치열하게 다투고 있는 점, 위와 같은 진술이 체포된 상태에서 변호인의 동석 없이 이루어진 점 등을 고려해 보면, 피고인의 위와 같은 진술이 특히 신빙할 수 있는 상태하에서 행하여졌다는 점이 증명되었다고 보기 어려우므로, 피고인의 위와 같은 진술을 내용으로 한 O의 당심 법정에서의 진술은 증거능력이 없다고 판단하였다. 원심판결 이유를 기록에 비추어 살펴보면, 원심의 이러한 판단은 정당한 것으로 수긍이 가고, 거기에 상고이유에서 주장하는 바와 같은 조사자 증언에 대한 법리오해, 채증법칙 위반 등의 잘못이 없다."(대법원 2012.10.25. 선고 2011도5459 판결)

8.13

법 제314조의 진술불능요건과 그 적용범위

대법원 2008.2.28. 선고 2007도10004 판결

I 사 안

(생략)

II 쟁 점

형사소송법 제314조[1]의 "사망·질병·외국거주·소재불명 그 밖에 이에 준하는 사유로 인하여 진술할 수 없는 때"의 의미와 적용범위

III 재판요지

구 형사소송법(2007.6.1. 법률 제8461호로 개정되기 전의 것, 이하 같다) 제314조에 따라, 같은 법 제312조의 조서나 같은 법 제313조의 진술서, 서류 등을 증거로 하기 위하여는 '진술을 요할 자가 사망·질병·외국거주 기타 사유로 인하여 공판정에 출석하여 진술을 할 수 없는 경우'이어야 하고, '그 진술 또는 서류의 작성이 특히 신빙할 수 있는 상태 하에서 행하여진 것'이라야 한다는 두 가지 요건이 갖추어져야 할 것인바, 첫째 요건과 관련하여 '외국거주'라 함은 진술을 요할 자가 외국에 있다는 것만으로는 부족하고, 수사 과정에서 수사기관이 그 진술을 청취하면서 그 진술자의 외국거주 여부와 장래 출국 가능성을 확인하고, 만일 그 진술자의 거주지가 외국이거나 그가 가까운 장래에 출국하여 장기간 외국에 체류하는 등의 사정으로 향후 공판정에 출석하여 진술을 할 수 없는 경우가 발생할 개연성이 있다면 그 진술자의 외국 연락처를, 일시 귀국할 예정이 있다면 그 귀국 시기와 귀국시 체류 장소와 연락 방법 등을 사전에 미리 확인하고, 그 진술자에게 공판정 진술을 하기 전에는 출국을 미루거나, 출국한 후라도 공판 진행 상황에 따라 일시 귀국하여 공판정에 출석하여 진술하게끔 하는 방안을 확보하여 그 진술자로 하여금 공판정에 출석하여 진술할 기회를 충분히 제공하며, 그 밖에 그를 공판정에 출석시켜 진술하게 할 모든 수단을 강구하는 등 가능하고 상당한 수단을 다하더라도 그 진술을 요할 자를 법정에 출석하게

1) **현행 형사소송법 제314조**(증거능력에 대한 예외) 제312조 또는 제313조의 경우에 공판준비 또는 공판기일에 진술을 요하는 자가 사망·질병·외국거주·소재불명 그 밖에 이에 준하는 사유로 인하여 진술할 수 없는 때에는 그 조서 및 그 밖의 서류를 증거로 할 수 있다. 다만, 그 진술 또는 작성이 특히 신빙할 수 있는 상태하에서 행하여졌음이 증명된 때에 한한다.
구 형사소송법 제314조(증거능력에 대한 예외) 제312조 또는 제313조의 경우에 공판준비 또는 공판기일에 진술을 요할 자가 사망, 질병, 외국거주 기타 사유로 인하여 진술할 수 없는 때에는 그 조서 기타 서류를 증거로 할 수 있다. 다만, 그 조서 또는 서류는 그 진술 또는 작성이 특히 신빙할 수 있는 상태하에서 행하여 진 때에 한한다.

할 수 없는 사정이 있어야 예외적으로 그 적용이 있다(대법원 2002.3.26. 선고 2001도5666 판결 참조).

IV 분석과 해설

(가) 법 제314조의 취지

법 제314조는 전문서류에 관하여 법 제312조, 제313조의 요건을 갖추지 못한 경우에도 예외적으로 필요성과 신용성의 정황적 보장을 요건으로 증거능력을 부여하려는 취지에서 규정된 것이다. 실체적 진실발견에 중요한 증거서류가 원진술자가 진술을 못하게 됨으로써 사장되는 부당한 결과를 방지하는 역할을 하게 된다. 개정법은 구법이 규정하는 '기타 사유로 인하여 진술할 수 없는 때'를 '소재불명 그 밖에 이에 준하는 사유로 인하여 진술할 수 없는 때'로 개정하였는데, 이는 대법원의 판례와 실무를 반영한 것에 불과하여 신·구법상 특별히 해석상의 차이가 생긴다고는 볼 수 없다.

판례나 통설은 '진술할 수 없는 때'를 '정신적, 신체적 고장으로 소재가 불명하거나 국외에 있기 때문에 임상신문이 불가능한 경우로 새기고, '특히 신빙할 수 있는 상태하에서 행하여진 때'란 그 진술내용이나 조서 또는 서류의 작성에 허위개입의 여지가 거의 없고, 그 진술내용의 신빙성이나 임의성을 담보할 구체적이고 외부적인 정황이 있는 경우를 가리킨다고 새긴다.[2)]

(나) '진술할 수 없는 때'의 구체화

(1) 소재불명 단순히 소환장이 주소불명 등으로 송달불능된 것만으로는 부족하고, 그 소재탐지촉탁까지 하였으나 그 소재를 알지 못하게 되어 법정에서의 신문이 불가능한 상태'이어야 한다.[3)] 증인의 주소지가 아닌 곳으로 소환장을 보내 송달불능이 되자 그곳을 중심으로 소재탐지를 한 끝에 소재탐지불능 회보를 받은 경우에는 이에 해당한다고 볼 수 없다.[4)] 또 소재탐지불능 보고서를 받았다 하더라도 "수사기록 중 O에 대한 경찰 진술조서에는 집 전화번호도 기재되어 있으며, 그 이후 작성된 검찰 진술조서에는 위 휴대전화번호와 다른 휴대전화번호가 기재되어 있는데도, 검사가 직접 또는 경찰을 통하여 위 각 전화번호로 O에게 연락하여 법정 출석의사가 있는지 확인하는 등의 방법으로 O의 법정 출석을 위하여 상당한 노력을 기울였다는 자료가 보이지 않는 경우"에도 마찬가지이다(대법원 2013.4.11. 선고 2013도1435 판결).

2) 대법원 2007.7.26. 선고 2006도9294 판결 등.
3) 대법원 2006.10.26. 선고 2006도5165 판결, 대법원 2007.7.26. 선고 2006도9294 판결 등.
4) 대법원 2006.12.22. 선고 2006도7479 판결.

(2) 외국거주 "'외국거주'라고 함은 진술을 요할 자가 외국에 있다는 것만으로는 부족하고, 가능하고 상당한 수단을 다하더라도 그 진술을 요할 자를 법정에 출석하게 할 수 없는 사정이 있어야 예외적으로 그 적용이 있다. 통상적으로 그 요건의 충족 여부는 소재의 확인, 소환장의 발송과 같은 절차를 거쳐 확정되는 것이기는 하지만 항상 그와 같은 절차를 거쳐야만 위 요건이 충족될 수 있는 것은 아니고, 경우에 따라서는 비록 그와 같은 절차를 거치지 않더라도 법원이 그 진술을 요할 자를 법정에서 신문할 것을 기대하기 어려운 사정이 있다고 인정할 수 있다면, 이로써 그 요건은 충족된다."[5)]

(3) 그 밖에 이에 준하는 사유

(i) 증인의 증언거부권 행사와 법 제314조의의 진술불능요건의 충족여부

a) 법정에 출석한 **증인이 정당한 사유 없이 증언거부권을 행사**하여 증언을 거절한 때는 필요성(진술불능)요건을 충족한다(대법원 1992.8.14. 선고 92도1211 판결) "형사소송법 제314조는 공판준비 또는 공판기일에 진술을 요할 자가 사망, 질병 기타 사유로 인하여 진술을 할 수 없는 때에는 그 조서 또는 서류를 증거로 할 수 있다고 규정하고 있는바, 여기서 기타 사유로 진술할 수 없는 때에는 법정에 출석한 증인이 증언거부권을 행사하여 증언을 거절한 때도 포함된다. 원심이 같은 취지에서 소론이 주장하는 검사작성의 S에 대한 각 피의자신문조서 사본의 진술기재는 원진술자인 위 S가 제1심법정에 출석하여 정당한 사유도 없이 그 선서 및 증언을 거부하였으나, 그의 검찰에서의 진술은 특히 신빙할 수 있는 상태 하에서 이루어졌다 하여 위 각 피의자신문조서를 증거로 채택한 제1심판결을 유지한 것은 정당하다."

b) 법정에 출석한 증인이 정당한 사유로 증언거부권을 행사하여 증언을 거절한 때는 필요성(진술불능)요건을 충족하지 못한다(정당한 증언거부권행사를 보장하는 의미가 있다)(대법원 2012.5.17. 선고 2009도6788 판결) "이 사건 법률의견서는 압수된 디지털 저장매체로부터 출력한 문건으로서 그 실질에 있어서 형사소송법 제313조 제1항에 규정된 'D 아닌 자가 작성한 진술서나 그 진술을 기재한 서류'에 해당한다. 공판준비 또는 공판기일에서 그 작성자 또는 진술자인 위 변호사의 진술에 의하여 그 성립의 진정함이 증명되지 아니하였으므로[6)] 위 규정에 의하여 이 사건 법률의견서의 증거능력을 인정할 수는 없

5) 대법원 2002.3.26. 선고 2001도5666 판결, 대법원 2008.2.28. 선고 2007도10004 판결(본 사안).

6) 입증취지에 대한 증언을 거부하려는 자는 '성립의 진정 인정'여부에 대한 증언부터 거부할 것이다. '성립의 진정을 인정' 하면 검사가 314조의 적용을 검토할 필요도 없이 피고인에게 불리한 전문증거

다. ⓓ 나아가 원심 공판기일에 출석한 위 변호사가 이 사건 법률의견서의 진정성립 등에 관하여 진술하지 아니한 것은 형사소송법 제149조에서 정한 바에 따라 정당하게 증언거부권을 행사한 경우에 해당하므로, 형사소송법 제314조에 의하여 이 사건 법률의견서의 증거능력을 인정할 수도 없다."

(ii) 노인성 치매로 인한 기억력 장애, 분별력 상실 "노인성 치매로 인한 기억력 장애, 분별력 상실 등으로 인하여 진술할 수 없는 상태하"에 있는 경우도 법 제314조의 요건을 충족한다.[7)]

(iii) 구인장의 집행불능 "진술을 요할 자가 일정한 주거를 가지고 있더라도 법원의 소환에 계속 불응하고 구인하여도 구인장이 집행되지 아니하는 등 법정에서의 신문이 불가능한 상태의 경우에는 형사소송법 제314조 소정의 '공판정에 출정하여 진술을 할 수 없는 때'에 해당한다."[8)]

(iv) 기 타 "증인으로 소환받고도 출산을 앞두고 있다는 이유로 출석하지 아니한" 경우는 특별한 사정이 없는 한 사망, 질병, 외국거주 기타 사유로 인하여 진술을 할 수 없는 때에 해당한다고 할 수 없다.[9)]

(v) 피고인이 증거서류의 진정성립을 묻는 검사의 질문에 대하여 진술거부권을 행사하여 진술을 거부한 경우 "헌법은 모든 국민은 형사상 자기에게 불리한 진술을 강요당하지 아니한다고 선언하고(제12조 제2항), 형사소송법은 피고인은 진술하지 아니하거나 개개의 질문에 대하여 진술을 거부할 수 있다고 규정하여(제283조의2 제1항), 진술거부권을 피고인의 권리로서 보장하고 있다. 위와 같은 현행 형사소송법 제314조의 문언과 개정 취지, 진술거부권 관련 규정의 내용 등에 비추어 보면, 피고인이 증거서류의 진정성립을 묻는 검사의 질문에 대하여 진술거부권을 행사하여 진술을 거부한 경우는 형사소송법 제314조의 '그 밖에 이에 준하는 사유로 인하여 진술할 수 없는 때'에 해당하지 아니한다."[10)]

(다) 제314조의 적용범위

(1) 검사작성의 피고인이 된 피의자신문조서 공판절차는 원칙적으로 피

가 증거로 사용되기 때문이다.

7) 대법원 1992.3.13. 선고 91도2281 판결.

8) 대법원 2005.9.30. 선고 2005도2654 판결.

9) 대법원 1999.4.23. 선고 99도915 판결.

10) 대법원 2013.6.13. 선고 2012도16001 판결. 이 판결에 대하여는 민철기, 피고인이 증거서류의 진정성립을 묻는 검사의 질문에 대하여 진술을 거부한 경우가 형사소송법 제314조의 '그 밖에 이에 준하는 사유로 인하여 진술할 수 없는 때'에 해당하는지 여부, 대법원판례해설 제96호 (2013 상)(2013년)이 있다.

고인의 출석 없이는 개정할 수 없고, 피고인 없이 재판할 수 있는 경우에도 피고인에 대한 피의자신문조서에 형사소송법 제314조를 적용하여 증거능력을 인정하는 것은 부당하다는 견해가 있다.[11)]

(2) 검사 이외의 수사기관이 작성한 당해 피고인과 공범관계에 있는 다른 피고인·피의자에 대한 피의자신문조서 형사소송법 제312조 제3항은 검사 이외의 수사기관이 작성한 어느 피고인(D)에 대한 피의자신문조서를 그 피고인(D)의 유죄증거로 하는 경우뿐만 아니라 검사 이외의 수사기관이 작성한 당해 피고인(D)과 공범관계에 있는 다른 피고인·피의자(D2)에 대한 피의자신문조서를 당해 피고인(D)에 대한 유죄증거로 채택할 경우에도 적용된다. 대법원은 "당해 피고인(D)과 공범관계가 있는 다른 피의자(D2)에 대한 검사 이외의 수사기관 작성의 피의자신문조서는 그 피의자(D2)의 법정진술에 의하여 그 성립의 진정이 인정되더라도 당해 피고인(D)이 공판기일에서 그 조서의 내용을 부인하면 증거능력이 부정"될 뿐만 아니라, "그 당연한 결과로 그 피의자(D2) 신문조서에 대하여는 사망 등 사유로 인하여 그 피의자(D2)가 법정에서 진술할 수 없는 때에 예외적으로 증거능력을 인정하는 규정인 형사소송법 제314조도 적용되지 아니한다."[12)]고 한다. 그러나 검사작성 피의자신문조서에는 제314조의 적용이 있다.[13)]

(3) 기 타 법 제312조 제4항의 적용을 받는 조서나 진술서, 제312조 제6항의 적용을 받는 검증조서, 제313조 제1항의 진술서나 진술기재서류, 제313조 제2항의 감정서 등에는 법 제314조가 적용된다. 법 제314조는 소추측에 증거법상의 프리미엄을 주는 조치이므로 그 포섭범위가 엄격해지는 경향에 있다.

---

11) 이재상, 571; 신동운, 965 ; 반대견해가 있다. 정웅석/백승민, 296 등.

12) 대법원 2004.7.15. 선고 2003도7185 전원합의체 판결.

13) 대법원 1984.1.24. 선고 83도2945 판결(특수절도). "검사작성의 O(갑)에 대한 피의자신문조서는 제1심에서 O에 대한 증인 소환장이 소재불명으로 송달불능이 되고 소재탐지촉탁에 의하여도 거주지를 확인할 방도가 없어 그 진술을 들을 수 없는 사정이 있고 그 조서의 내용에 의하면 특히 신빙할 수 있는 상태 하에서 작성된 것으로 보여지므로 원심이 형사소송법 제314조에 의하여 증거능력을 인정한 조치는 정당하다."

8.14

진술 또는 작성이 특히 신빙할 수 있는 상태

대법원 2011.11.10. 선고 2010도12 판결

I 사 안

D는 2008.11.13. 및 같은 해 11.28. 등 2회에 걸쳐 O로부터 필로폰을 매수하거나 O와 O2 사이의 필로폰 매매를 알선한 마약류 관리에 관한 법률위반(향정) 혐의로 기소되었다. 유죄증거로 제출된 것은 O와 O2가 수사기관에서 한 다음과 같은 진술이다:

① 위 각 진술 당시 O와 O2는 D를 비롯한 마약사범 혐의자들에 대한 수사기관 제보를 통해 자신들에 대한 형사처벌을 감면받고자 노력하고 있었고, 특히 O는 D 때문에 억울하게 마약사범으로 구속되었다고 생각하는 등 D와 반대되는 이해관계인에 해당한다고 볼 여지가 많았다(대향범의 관계 등으로 인하여 통상적으로 D와 같이 처벌되어야 할 위 O와 O2에 대하여는 공소도 제기되지 아니하였다).

② D가 이 사건 수사 초반부터 일관되게 혐의사실을 부인하고 제보자와의 대질신문을 요청하기까지 하였지만 수사기관이 그 요청을 받아들이지 아니하는 바람에 D로서는 제보자의 일방적 주장에 대하여 적절한 반박의 기회도 갖지 못하였다.

③ O는 공소사실 중 D의 필로폰 매수에 관하여 최초 검찰 진술 당시에는 전혀 언급하지 아니하다가 그로부터 약 1주일 후에야 비로소 이를 언급하기 시작하였는데 이와 같은 언급은 자신의 구속이 D 때문이라고 생각하고 있던 상태에서 바로 그 전날에 D로부터 서로 '죽이는 관계이니 한번 해보자'는 취지의 서신을 받은 직후에 행하여졌다.

D는 혐의를 부인하였지만 제1심과 항소심은 위 진술들이 형사소송법 제314조에 의하여 증거능력이 인정된다고 판단하여 위 각 진술을 주된 증거로 삼아 공소사실을 모두 유죄로 인정하였다. D가 상고하였다.

II 쟁 점

법 제314조의 '진술 또는 작성이 특히 신빙할 수 있는 상태'란 무엇인가?

III 재판요지 (파기환송)

1. 형사소송법은 헌법이 요구하는 적법 절차를 구현하기 위하여 '사건의 실체에 대한 심증 형성은 법관의 면전에서, 본래증거에 대한 반대신문이 보장된 증거조사를 통하여 이루어져야 한다'는 실질적 직접심리주의와 전문법칙을 채택하고 있다. 따라서 법원은 이러한 실질적 직접심리주의와 전문법칙이 형사소송절차 진행 및 심리 과정에서 원칙적이고 실질적인 지배원리로서 충실히 기능할 수 있도록 하여야 하고, 그 예외는 직접주의와 공판중심주의에

의한 공정한 공개재판을 받을 권리와 무죄추정을 받을 권리를 본질적으로 침해하거나 형해화하는 결과가 초래되지 않도록 형사소송법이 정한 필요한 최소한도에 그쳐야 한다(대법원 2004.11.12. 선고 2004도4044 판결, 헌재 2005.12.22. 선고 2004헌바45 전원재판부 결정 등 참조).

이에 전문법칙의 예외를 규정한 형사소송법 제314조는 공판준비 또는 공판기일 외에서의 진술은 **그것이 비록 적법절차에 따라 이루어진 것으로 그 임의성이 의심스러운 때에 해당하지 않더라도** 사망, 질병, 외국거주, 소재불명 또는 이에 준하는 부득이한 사유로 원진술자나 작성자가 공판준비 또는 공판기일에 진술할 수 없는 경우로서, '특히 신빙할 수 있는 상태 하에서 행하여졌음이 증명된 때'에 한하여 증거로 할 수 있다고 명시함으로써 그 증거능력의 인정 범위를 필요한 최소한도로 엄격히 제한하고 있다.

그러므로 ⓓ 검사가 공판준비 또는 공판기일 외에서의 진술을 유죄증거로 제출하는 경우 법원은 먼저 검사로 하여금 그 진술이 '특히 신빙할 수 있는 상태 하에서 행하여진' 사정을 증명하도록 하여야 하고, ⓔ 이를 엄격히 심사하여 그 요건을 충족한 것으로 인정될 때에 비로소 증거조사의 대상으로 삼을 수 있다. ⓕ 이때 요구되는 증명의 정도는, 그 진술이 이루어진 구체적인 경위와 상황에 비추어 보아 단순히 적법하고 **진술의 임의성이 담보되는 정도를 넘어,** 법정에서의 반대신문 등을 통한 검증을 굳이 거치지 않더라도 진술의 신빙성을 충분히 담보할 수 있어 실질적 직접심리주의와 전문법칙에 대한 예외로 평가할 수 있는 정도에 이르러야 한다.

2. O와 O2가 수사기관에서 한 각 진술의 증거능력을 인정하기 위해서는 그 진술이 '특히 신빙할 수 있는 상태 하에서' 행하여진 것임이 증명되어야 할 것인바, D의 다툼에도 불구하고 이 점에 관한 검사의 증명이 없을 뿐만 아니라 기록상 달리 위와 같은 상태로 평가할 만한 정황도 보이지 않는다.

O와 O2가 수사기관에서 한 각 진술은 법정에서의 반대신문을 통하여 그 신빙성을 엄격하게 검증하여야 할 필요가 있는 것으로 보인다. 따라서 O와 O2의 수사기관에서의 각 진술은 형사소송법 제314조에 의한 증거능력을 인정할 수 없고, 이를 제외한 나머지 증거들만으로는 이 사건 공소사실을 인정하기에 부족하다. 그럼에도 불구하고, O와 O2가 수사기관에서 한 위 각 진술이 형사소송법 제314조에서 정한 '특히 신빙할 수 있는 상태 하'에서 이루어진 것인지에 대한 심리도 전혀 없이 당연히 그 증거능력이 인정됨을 전제로 이를 토대로 이 사건 공소사실이 인정된다고 판단해 버린 제1심판결 및 이를 유지한 원심판결에는 위 조항의 적용범위에 관한 법리를 오해한 위법이 있어 그대로 유지될 수 없다.

IV 분석과 해설

(가) 종래의 판례이론

종래의 판례이론은 "ⓐ 그 진술내용이나 ⓑ 조서 또는 서류의 작성에 허위개입의 여지가 거의 없고 ⓒ 그 진술내용의 신용성이나 임의성을 담보할 **구체적**이고 외부적인 정황이 있는 경우"라는 것이다.

(나) 판례이론의 문제점

이에 대하여는 두 가지 문제를 지적할 수 있다.

첫째, 외부적 정황을 문제삼는 ⓑ, ⓒ의 요건은 문제가 없지만 진술내용을 문제삼는 ⓐ의 요건은 납득하기 어렵다. 순전한 외부적 정황만으로 기준을 설정하는 것이 논리적이다.

둘째, 이 기준은 자백의 임의성 기준과 크게 다르지 않다. 자백의 임의성 기준과 전문법칙의 예외인정 기준이 달라야 하는데 현재의 판례이론은 양자를 크게 구분하지 아니하여 문제이다.

(다) 본 판결의 혁신성

위와 같은 비평을 받을 만한 상황에서 본 판결은 특신상태의 개념에 대한 종래의 판례이론이 특신상태를 '진술의 임의성'과 동일시한 것이 아니라는 점을 밝히고(ⓕ), 특신상태는 증거제출자(사안에서는 검사)가 미리 증명하여야 하며(ⓓ), 법원은 이를 엄격히 심사하여야 한다는 점을 분명히 한 점에서 '특신상태 담론'을 한층 발전시키는 계기를 마련한 판결이다.[1)]

(라) 특신상태 부정례(대법원 1987.3.24. 선고 87도81 판결(절도))

"형사소송법 제314조 단서에 규정된 진술 또는 작성이 특히 신빙할 수 있는 상태하에서 행하여진 때라 함은 'ⓐ 그 진술내용이나 ⓑ 조서 또는 서류의 작성에 허위개입의 여지가 거의 없고 ⓒ 그 진술내용의 신용성이나 임의성을 담보할 **구체적**이고 외부적인 정황이 있는 경우'를 가리킨다. 원심은 '이 사건 공소사실을 뒷받침하는 사법경찰관 사무취급 작성의 W에 대한 진술조서는 공판기일에 진술을 요할 자인 위 W가 소재불명으로 법정에서 진술할 수 없는 경우에 해당'되기는 하나 'D와 위 W가 경찰에 이

1) 대법원 2014.4.30. 선고 2012도725 판결 "형사소송법 제314조가 참고인의 소재불명 등의 경우에 그 참고인이 진술하거나 작성한 진술조서나 진술서에 대하여 증거능력을 인정하는 것은, 형사소송법이 제312조 또는 제313조에서 참고인 진술조서 등 서면증거에 대하여 피고인 또는 변호인의 반대신문권이 보장되는 등 엄격한 요건이 충족될 경우에 한하여 증거능력을 인정할 수 있도록 함으로써 직접심리주의 등 기본원칙에 대한 예외를 인정한 데 대하여 다시 중대한 예외를 인정하여 원진술자 등에 대한 반대신문의 기회조차 없이 증거능력을 부여할 수 있도록 한 것이므로, 그 경우 참고인의 진술 또는 작성이 '특히 신빙할 수 있는 상태 하에서 행하여졌음에 대한 증명'은 단지 그러할 개연성이 있다는 정도로는 부족하고 합리적인 의심의 여지를 배제할 정도에 이르러야 한다.(중략) 형사소송법 제314조의 '특신상태'와 관련된 법리는 마찬가지로 원진술자의 소재불명 등을 전제로 하고 있는 형사소송법 제316조 제2항의 '특신상태'에 관한 해석에도 그대로 적용된다."

르른 경위와 위 W에 대한 진술조서작성 당시의 진술경위'[2]에 비추어 그 진술조서가 특히 신빙할 수 있는 상태 하에서 진술된 것이라고 인정할 수 없으므로 그 증거능력이 없으며, 다른 증거들만으로는 이 사건 공소사실을 뒷받침할 증거가 되지 아니한다'며 D에게 무죄를 선고하고 있다. 원심의 증거취사 과정을 기록에 비추어 살펴보면 원심의 위와 같은 조치는 정당하다."

(마) 특신상태 긍정례(대법원 1995.6.13. 선고 95도523 판결(특정범죄 가중처벌 등에 관한 법률위반[절도]))

"형사소송법 제314조에 따라 같은 법 제312조 소정의 조서나 같은 법 제313조 소정의 서류 등을 증거로 하기 위하여는 진술을 요할 자가 사망, 질병 기타 사유로 인하여 공판정에 출정하여 진술을 할 수 없는 경우이어야 하고, 그 진술 또는 서류의 작성이 특히 신빙할 수 있는 상태 하에서 행하여진 것이라야 한다는 두 가지 요건이 갖추어져야 한다. 여기서 첫째의 요건은 진술을 요할 자가 사망, 질병, 또는 일정한 주거를 가지고 있더라도 법원의 소환에 계속 불응하고 구인하여도 구인장이 집행되지 아니하는 등 법정에서의 신문이 불가능한 상태의 경우에도 그 요건은 충족되었다고 보아야 하고(당원 1986.2.25.선고 85도2788 판결, 1989.6.27.선고 89도351 판결 각 참조), 두 번째 요건인 특히 신빙할 수 있는 상태 하에서 행

2) [진술조서를 작성함에 있어 사법경찰관사무취급이 인적사항등을 주민등록증 등 이렇다 할 자료와 면밀히 대조함이 없이 진술자가 진술하는 데에 따라 기재한 성명, 본적, 주거, 근무처, 주거지 및 근무처의 각 전화번호 등 인적사항이 모두 거짓으로 진술한 것이어서 그 진술자의 신원과 소재를 확인할 수 없는 경우라면 피고인과 진술자가 함께 경찰에 이른 경위와 아울러 볼 때에 그 진술이 특히 신빙할 수 있는 상태 하에서 행하여진 것이라고는 볼 수 없다.] 서울형사법원 1986.9.25. 선고 84노5368 제5부판결(절도피고사건): "그 진술조서를 작성함에 있어 사법경찰관 사무취급은 W의 인적사항 등을 주민등록증등 이렇다 할 자료와 면밀히 대조함이 없이 그가 진술하는 데에 따라 성명, 본적, 주거, 근무처, 주거지 및 근무처의 각 전화번호를 기재하고 진술조서를 작성하였던 바, 위의 여러 인적사항 등은 그 진술자가 모두 거짓으로 진술하여 그 진술자의 신원과 소재를 백방으로 탐지하였으나 이를 확인할 수 없었고 이 때문에 그 진술자가 법정에 출석하여 진술할 수 없게 되었으며, 또한 D와 위 W는 용산구 동자동 소재 서울역 버스정류장에 도착한 142번 버스에서 D는 승강구의 손잡이를 잡고 버스에서 내리지 아니하려고 버티고, W는 D를 버스에서 내리게 하려고 잡아당기면서 약 5분간 서로 실랑이를 벌이다가, W가 그 앞에 있던 위 버스의 승객도 아니던 K에게 도움을 청하여, K는 영문도 모른 채 W와 함께 D를 역전파출소로 인도한 사실, 위 W는 역전파출소에 이르기까지 위 K에게 D가 절도범이라는 일언반구 말한 사실이 전혀 없었던 점을 각 인정할 수 있는 바(D는 위 실랑이에 이른 경위를 달리 진술하고 있으나, W는 경찰에서 '용산구 동자동 버스정류장에 그가 승차한 버스가 도착할 무렵 40세 가량의 남자가 그의 옆구리를 찌르면서 D가 그의 주머니에서 지갑을 절취한 사실을 가르쳐 주었으므로 D를 경찰에 인도하려고 하였다'는 것인데, 사실이 그와 같다면 D가 버스에서 내리지 아니하려고 W와 실랑이를 할 때에는 D는 범행을 부인하는 입장이라 할 것이어서 우선 D의 범행을 목격하였다는 위 40세 가량의 남자의 도움을 청함이 순리일진대, 이에 이르지 아니하였음은, 역으로 D와 W는 다른 이유의 실랑이었고, D가 이 사건 범행을 저지름으로 인한 실랑이었겠는가 하는 점에 의문을 갖게 하기도 하는 바이다), D와 W가 경찰에 이른 경위와 W에 대한 진술조서의 작성당시 W의 진술경위가 위와 같다면, 사법경찰관 사무취급작성의 W에 대한 진술조서는 특히 신빙할 수 있는 상태 하에서 진술된 것이라고 인정하기에 부족하다. 위 진술자인 W가 소재불명으로 법정에서 진술할 수 없는 경우라 할지라도 그것만으로 이내 증거능력을 가진다고 인정할 수는 없고, 가사 그 증거능력을 인정할 수 있다 하더라도 그 기재내용을 선뜻 믿어 증거로 채용하기에는 그 신빙성에 부족함이 있다."

하여진 때라 함은 그 진술내용이나 조서 또는 서류의 작성에 허위개입의 여지가 거의 없고, 그 진술내용의 신빙성이나 임의성을 담보할 구체적이고 외부적인 정황이 있는 경우를 가리킨다(당원 1987.3.24.선고 87도 81 판결, 1995.2.28.선고 94도 2880 판결 각 참조).

D가 이 사건 목격자 W에 대한 경찰 진술조서를 증거로 함에 동의를 하지 아니하여 제1심 및 원심법원이 W를 증인으로 채택하여 수차에 걸쳐 소환을 하였으나 W는 'D의 보복이 두렵다'는 이유로 주거를 옮기고 또 소환에도 응하지 아니하여 결국 구인장을 발부하였지만 그 집행조차 되지 아니한 사실을 알 수 있으므로, 첫 번째 요건은 충족되었다.

또한 W는 시내버스에 승차하여 가던 중 D의 이 사건 범행을 목격하고 버스안의 승객들에게 주의를 준 다음, 버스를 파출소 앞에 정차시켜 D를 범인으로 지목하였고, 그 직후 경찰에서 D와의 대질신문을 통해 D의 **범행내용을 구체적으로 명확하게 진술**한 사실을 알 수 있으므로, 두 번째 요건 또한 충족되었다. 다만 W가 '경찰에서 자신의 인적사항을 사실과 다르게 진술'한 점은 인정되지만, 그 뒤 검찰 수사과정 및 공판과정에서 W의 정확한 신원이 밝혀졌고, D의 '보복을 두려워하고 있었다'는 점을 감안하면, W가 위와 같이 인적사항을 허위진술한 것은 D의 추적을 피할 목적에서 비롯된 것이라고 쉽게 짐작되므로, 그와 같은 사정만으로 위 진술조서의 증거능력을 부정할 사유는 되지 아니한다. 따라서 같은 취지에서 **W에 대한 경찰 진술조서의 증거능력을 인정**한 원심의 조치는 정당하다."

8.15

진술불능 요건의 충족 여부와 아동진술의 신빙성

대법원 1999.11.26. 선고 99도3786 판결

I 사 안

D는 살인·살인미수·현주건조물방화혐의로 기소되었다. D는 수사 초기 단계로부터 공판정에 이르기까지 범행사실을 전면 부인하였다. 아동 M(사건 당시는 만 4세 6개월 남짓, 제1심에서의 증언 당시는 만 6세 11개월의 아동)은 범행현장에서 살아남아 범인을 직접 목격한 유일한 사람이므로 M의 진술은 사실인정에 결정적으로 중요하다. M은 수사단계에서는, 지속적으로 D를 범인으로 지목하는 내용의 진술을 하고 있었지만 법정증언에서 정황증거에 해당하는 사항에 대하여는 상당한 정도로 기억을 상실('모른다, 기억이 없다'는 진술)하고 있었다. 사건발생 후 M이 행한 진술로서 중요한 것에 ㉮ 제3회 공판기일에 M이 행한 법정증언(이하 '법정증언'으로 약칭함), ㉯ 검사 및 사법경찰관 사무취급이 작성한 M2(M의 친부)의 각 진술조서 중 M의 진술 부분(원진술자 M의 법정외 체험진술이 M2의 통역으로 한국어로 기재)이 있었다. ㉯에는 D의 유죄를 인정하는 데 필요한 비교적 상세한 정보가 담겨 있고 법정증언(㉮)에는 그 중의 일부(D가 범인이라는 동일성식별진술과 범행현장상황에 관한 진술)만이 담겨 있다. 제1심은 피고인에게 유죄를 선고하였다. 항소심은 제1심판결을 유지하였다. 피고인측은 ㉯에 대하여 '전문증거의 예외조건을 충족시키지 못하므로 증거로 삼을 수 없다'고 주장하면서 상고하였다.

II 쟁 점

'원진술자의 기억불능'은 법 제314조[1]의 '원진술자가 진술할 수 없는 때'에 해당하는가?[2]

III 재판요지 (상고기각)

원심은 '검사와 사법경찰관사무취급이 작성한 M2(M의 친부)에 대한 각 진술조서 중 M의 진술기재 부분'에 관하여 원진술자인 M이 법정에서 그 진정성립을 인정한 바는 없으나, (중략) M이 공판정에서 진술을 한 경우라도 증인신문 당시 일정한 사항에 관하여 '기억이 나지 않는다'는 취지로 진술하여 그 진술의 일부가 재현 불가능하게 된 경우도 위 조항이 규정하는 '원진술

---

1) **법 제314조**(증거능력에 대한 예외) 제312조 또는 제313조의 경우에 공판준비 또는 공판기일에 진술을 요하는 자가 사망·질병·외국거주·소재불명 그 밖에 이에 준하는 사유로 인하여 진술할 수 없는 때에는 그 조서 및 그 밖의 서류를 증거로 할 수 있다. 다만, 그 진술 또는 작성이 **특히 신빙할 수 있는 상태 하에서 행하여졌음이 증명**된 때에 한한다.

2) 원진술자(M)가 법정에서 증언할 때 원진술자는 기억불능이었다. 검사 및 사법경찰관 사무취급이 작성한 M2(M의 친부)의 참고인진술조서 중에 포함되어 있는 M의 진술 부분(원진술자 M의 법정외 체험진술이 M2의 통역으로 기재)이 증거로 사용되려면 M이 진술불능이어야 한다.

자가 진술을 할 수 없는 때'에 해당(중략) 한다고 판단하였는바, 그와 같은 원심의 판단은 정당하(다).

IV
분석과 해설

(가) M의 원진술 기재 부분

1) ('누가 엄마와 자신을 그렇게 하였느냐'고 묻자) 애기아저씨(D)가 그랬어. (옆에 있던 아버지 M2의 목 조이는 흉내를 내며) 이렇게 하였어. 엄마 머리에서 피가 났어. 나도 머리 피났어. 우리가 본 아저씨야. 두 번 할머니랑 엄마랑 나랑 갔어. 걸어갔어. 나 혼자 걸어갈 수 있어. 차조심해서 갔어. 애기 있었어. 애기랑 장난감 가지고 놀았어. 띵동 소리가 나서 내가 문을 열어 주었어. 애기아저씨가 조금 말한 다음에 때렸어. 엄마는 내방에 피 흘리고 쓰러졌어. 나는 엄마 방에 있었어. 애기아저씨는 하얀 옷 입었어. 머리는 짧았어. 점 있는 아저씨. 점이 하나 있었어('집 찾아 갈 수 있냐'고 묻자 겁먹은 얼굴을 하면서 '모른다'고 하다가 아빠가 여러 번 설득하자 집을 알고 있다고 고개를 끄덕였다)(1996.9.7.자 경찰진술).

2) ('엄마와 자신을 때린 사건을 기억하느냐'고 묻자 울먹거리며 겁에 질린 표정을 하며) 기억한다. (D의 사진을 보여 주며 '이 아저씨가 엄마와 M을 때린 아저씨냐'고 묻자) 맞다. 그날 문은 띵동 소리가 나서 내가 열어 주었다. ('그날 몇 번 애기아저씨가 왔느냐'고 묻자) 처음 와서 애기아저씨가 때려 쓰러졌기 때문에 그 후 몇 번 왔는지는 기억 없다. 자신은 쓰러진 다음 언제인지 모르지만 깨어나니 연기가 나고 있었다. 그 후에 일어난 일은 잘 기억나지 않는다. 애기아저씨가 우리 집에 놀러온 적이 있고, 올 때는 혼자 온 것 같다(1998.9.20.자 경찰진술).

3) ('한국말을 할 줄 아느냐'고 묻자) 잊어버렸어. ('누가 엄마를 때리고 M을 때렸냐'고 묻자) (한국말로) 애기아저씨. ('애기아저씨가 또 무엇을 하였냐'고 묻자) 집 가운데에 불을 질렀어. ('애기아저씨가 어떻게 때렸냐') 집에 들어와서 엄마를 먼저 때리고 의자를 뒤집어엎었어. 그리고 M을 때리고 불을 질렀어. ('애기아저씨 이마에 점이 있냐'고 묻자 왼손으로 자신의 이마를 가리키며) 응 검은 점이 있어. (피고인의 사진을 가리키며 '이 아저씨가 엄마와 M을 때린 애기아저씨냐'고 묻자) 응. ('애기아저씨 집에 놀러간 사실이 있느냐'고 묻자) 응. ('엄마가 죽은 밤에도 아저씨가 M 집에 왔느냐'고 묻자) 응. 애기아저씨가 집에 들어와서 잠깐 엄마와 이야기를 하다가 엄마와 M을 때리고 의자를 뒤집었어. M은 맞아서 넘어졌어. 그리고 불을 질렀어. ('애기아저씨가 엄마와 싸웠냐'고 묻자) 애기아저씨가 먼저 소리를 질렀어. ('애기아저씨가 어디서 엄마를 때렸냐'고 묻자) M의 방에서 엄마를 때렸어. M은 M 방 앞에서 넘어졌어. ('애기아저씨가 밖으로 나가는 것을 보았느냐'고 묻자) 응. ('문은 누가 잠그었냐'고 묻자) 애기아저씨가 문을 닫고 나갔어. ('안에서 문을 누가 잠그었냐'고 묻자) 모르겠어. ('불이 났는데 왜 문을 열지 못했느냐'고 묻자) 열려고 했는데 뜨거워서 문이 열리지 않았어. ('애기아저씨가 M을 때리기 전에도 집에 온 적이 있냐'고 묻자) 응(1998.11.13.자 검찰진술).

(나) 제1심 판결과 대법원 판결

M의 원진술이 포함되어 있는 수사기관의 진술조서가 증거로 사용되려면 ㉠ 공판정에서 원진술자인 M이 성립의 진정을 인정하거나 ㉡ 법 제314조의 예외조건이 충족되어야 한다. 본 사안에서는 ㉠이 충족되지 못하였으므로[3] ㉡의 충족여부가 쟁점화되었다.

제1심은 "① 여기서 '사망, 질병 기타 사유로 인하여 진술을 할 수 없는 때'라 함은 출석불능의 경우에 한하지 않고 출석한 경우라도 진술을 할 수 없는 경우, 예를 들어 증인이 부당하게 증언거부권을 행사한 경우[4]나 기억상실을 이유로 증언을 거절한 경우와, 나아가 공판정에서 진술을 한 경우라도 증인신문시에 일정한 사항에 관하여 기억이 나지 않는다는 취지로 진술하여 그 진술의 일부가 재현불가능하게 된 경우 등도 포함한다. 이 사건의 경우는 원진술자인 M이 진술을 할 수 없는 때에 해당한다"고 판시하고 이 판시는 항소심과 대법원에서도 유지되고 있다. 이 결론은 국내학설[5]이나 외국의 판례·입법례[6]에 비추어 타당한 결론이다.

(다) 특히 신용할 만한 상태의 충족 여부

제1심은 "여러 사정에 비추어 볼 때 M의 진술내용이나 그에 대한 조서의 작성에 허위개입의 여지가 거의 없고 그 진술내용의 신빙성이나 임의성을 담보

3) 제1심이 "검사 및 사법경찰관 사무취급 작성의 M2에 대한 각 진술조서 중 M의 각 진술기재 부분에 관하여 살피건대, 원진술자인 M이 법정에서 증언하면서 '경찰관이나 검사에게 엄마와 증인을 때린 사람에 대해 이야기한 것이 기억 나는가'라는 취지의 질문에 '모르겠다.'고 대답하였을 뿐 위 각 진술조서의 진정성립을 인정한 바는 없으나"라고 판시한 것은 원진술자인 M에 의하여 '성립의 진정'이 인정되지 아니한 것으로 본 것임을 알 수 있다.

4) 증인이 정당하게 증언거부권을 행사한 경우는 이 요건을 충족시키지 못한다(대법원 2012.5.17. 선고 2009도6788 판결: 이 판결은 정당한 증언거부권행사를 보장하는 의미가 있다).

5) 국내의 다수설(이재상; 백형구; 배종대/이상돈; 신동운; 정영석/이형국; 임동규)도 기억상실을 진술불능사유로 인정하고 있으나 '질병'에 해당시킬지 '기타 사유'에 해당시킬지에 대하여 논급하는 사례는 극히 희소하다.

6) 미국 연방증거규칙 804(a)는 진술불능 사유로 다음과 같은 5가지를 규정하고 있다. 증인이 (1) 정당한 특권(privilege)을 행사하는 경우 (2) 법원의 특권부정에도 불구하고 특권을 고집하는 경우 (3) 기억력 결여(lack of memory)를 증언한 경우(진정한 기억력 결여뿐만 아니라 피고인과 대면하기 싫거나 두려워 기억력 결여를 가장하는 경우를 포함함), (4) 사망 혹은 육체적 정신적 질병이나 취약성(그러나 대면권 조항은 형사사건에서 일시적 장애인 경우에는 그러하지 아니하다), (5) 절차상 혹은 다른 합리적인 이유로 출석할 수 없는 경우[그러나 형사사건에서 대면권 조항은 정부 측이 증인을 출석시키기 위하여 선의의 최선의 노력(a good faith effort)을 하여야 함을 요구한다]에는 진술불능 사유로 인정될 수 있다. (Michael H. Graham, The Confrontation Clause, the Hearsay Rule, and Child Sexual Abuse Prosecutions: The State of the Relationship. 72 Minn. L. Rev. 523, pp.558~559).

할 구체적이고 외부적인 정황이 있어 그 진술이 특히 신빙할 수 있는 상태 하에서 행하여진 때에 해당한다"고 보아 M에 대한 수사기관 작성의 진술조서의 특신상태의 충족도 인정하였다. 이 점에 대하여는 항소심과 대법원도 제1심의 판단을 지지하였다.

(라) 아동진술의 신빙성

'아동의 진술을 믿을 수 있는가'가 문제될 때 쟁점이 되는 것은 아동의 기억능력이 아니라 그 기억이 왜곡·유도되었는가 여부이므로 시간이 경과할수록 아동의 증언능력이 쟁점화되기보다는 아동진술의 신빙성 문제가 공격·방어의 쟁점으로 떠오를 것이다. 이 점을 반영하여 본 사안의 제1심과 항소심 판결은 M의 진술이 외부(친족, 수사기관, 의사 등)의 영향으로 왜곡되었을 가능성을 집중적으로 따지고 있다.

흥미롭고 긍정적인 점은 제1심과 항소심이 'M 진술의 증명력에 관한 판단'에 가장 많은 지면을 할애하여 판결문을 작성하고 있는데 특히 제1심 판결에서는 '아동의 심리에 관한 국내외의 심리학적 연구성과'(국내의 연구성과가 미흡하므로 주로 영어권 국가의 연구성과)가 대폭으로 인용되고 있다는 점이다.

M은 수사단계에서부터 법정에 이르기까지 지속적으로 D를 범인으로 지목하는 내용의 진술을 하고 있었는데 이 점에 주목하여 제1심은 우선 범인식별진술의 일반적 특성과 위험성[7]을 지적하고 그 위험성을 피하기 위하여 "① 피해자 등과 범인과의 관계(특히 범인으로 지목된 사람이 피해자 등이 이미 알고 있던 사람인지 여부), ② 범행 당시의 명암, 거리, 위치관계, 관찰시간 등 관찰의 객관적 조건, ③ 피해자의 연령, 성격, 신체상태(시력 등), 심리상태(공포, 긴장 등)와 같은 진술자의 주관적 요소, ④ 범행의 목격과 범인의 식별 사이의 시간적 간격과 그 사이의 외부영향에 의한 진술의 왜곡 가능성 등의 기준들을 충분히 고려하여 그 진술의 증명력을 판단"하여야 한다고 중심을 잡은 다음 "범행을 목격한 피해자인 M이 D를 사건 이전부터 알고 있었다는 사실 및 M이 사건 당시 범인의 얼굴을 정확히 볼 수 있었다는 사실 등은 모두 명백하므로 이러한 점들은 위 ①, ②의 기준과 관련하여 M의 진술

---

7) "진술증거는 사람이 범죄를 지각하고 이를 기억하였다가 표현하는 것이므로 그 과정에서 오류가 끼어들 소지가 많다는 점에서 물증(物證) 등 비진술증거에 비하여 상대적으로 증명력이 낮을 수 있다는 일반적인 위험성 이외에도, 범죄의 피해자 등이 일반인으로서는 이례적·충격적인 상황인 범죄현장에서 목격한 범인에 대한 기억을 일정한 시간이 지난 후에 피고인의 사진이나 실물 등과 비교, 대조하여 범인과 피고인의 동일성을 진술하게 된다는 진술의 고유한 특성으로부터 말미암은 오류의 위험성을 가지고 있다."

의 증명력을 뒷받침"하는 사유로 판단하였다. 다음에 제1심은 "위 ③, ④의 기준을 중심으로 M 진술의 신빙성 내지 증명력"에 관하여 보더라도 "㉮ 수사기관에 의한 왜곡가능성, ㉯ 주위 사람들에 의한 왜곡가능성이 없고", "㉰ 이 사건 목격상황의 특수성에 비추어 왜곡가능성이 더욱 희박하다"고 결론짓고 있다. 제1심은, M의 진술은 "'자신이 목격한 범인은 애기아저씨인 D'라는 것이 주된 취지로서 진술의 핵심적 부분에 있어 일관성이 있으므로 범죄사실을 증명할 충분한 증명력이 있다"고 판단하여 유죄를 선고하였다.

(마) 결어: 향후의 아동 성학대·성추행 사건에 대하여 주는 시사

'유일목격자의 일부의 기억상실과 진술불능요건의 충족 여부'라는 논점은 다음과 같은 현실을 감안할 때 매우 중요한 논점이다.

아동이 피해자이거나 유일한 목격자인 사안에서(이하 '아동유일목격사안'으로 약칭함) 아동은 시간이 경과함에 따라 기억을 상실하여 간다. 불행 중 다행으로 기억이 생생할 때 아동이 '친지나 상담원, 의료진'에게 기억을 전달하고 '친지나 상담원, 의료진'(이하 '진술승계참고인·증인'으로 약칭함)이 아동의 기억을 보존(기억 혹은 메모, 녹음, 녹화)하여 수사기관과 법정에 제출하는 경우가 늘어나고 있다. 증거법상 진술승계참고인의 진술은 전문증거가 되므로 그것이 증거로 사용되려면 전문증거의 예외조건이 충족되어야 한다. 아동유일목격사안에서 피고인 측이 진술승계참고인의 전문증거를 증거로 함에 동의하지 아니하면 아동이 법정에 출석하여 증언하여야 한다. 그런데 아동이 공판정에 서는 일자는 사건발생 후 몇 개월 후 혹은 몇 년 후인 경우가 대부분이어서 법정에 서는 아동은 이미 상당한 정도로 기억을 상실한 상태에 있는 수가 많다. 여기서 범죄현장을 목격한 아동이 경험사실의 일부는 기억하여 법정에서 증언하고 경험사실의 일부에 대하여는 기억을 상실하여 '기억나지 않는다'고 진술하는 경우 기억상실 부분에 대하여는 진술불능요건이 충족되는 것으로 보아도 좋은가 하는 문제가 발생한다. 판례의 결론과 달리 진술불능요건이 충족되는 것으로 볼 수 없다고 하면 진술승계참고인이 제출하는 전문증거는 증거로 쓸 수 없으므로 피고인이 유죄로 인정될 수 있는 가능성이 크게 감소한다. 본 사안은 진술승계참고인 대신에 수사기관이 진술승계인의 역할을 하고 있는 사안이지만 이 사안에 대한 판결은 장차 수사기관 아닌 진술승계참고인의 전문진술이나 전문증언에도 응용될 수 있는 것이어서 매우 중요한 의미를 띠고 있다.

8.16

피고인에게 적대적인 참고인진술조서의 증명력 제한

대법원 2006.12.8. 선고 2005도9730 판결

I 사 안

유흥주점 업주인 D, D2는 '2002년 7월 하순부터 8월 초순까지 사이에 그들이 운영하는 유흥주점을 방문한 **Y 보도방 소속 접객원인 B, C**로 하여금 부근 숙박업소에서 각 윤락행위를 하도록 직접 알선'한 혐의(윤락행위방지법위반)로 기소되었다. D, D2는 수사 초기부터 일관하여 '평소 Y 보도방 소속 접객원들을 불러 접객행위를 하도록 한 사실은 있지만 윤락행위를 알선한 사실은 없다. 특히 공소사실 일시경 B, C를 D, D2가 운영하는 유흥주점에 접객원으로 부른 사실이 있는지조차 분명하지 않다'고 주장하였다. 검사가 제출한 증거들 중 B, C가 공소사실 일시경 D, D2 운영 유흥주점에 접객원으로 불려 간 사실을 뒷받침할 만한 증거는 **B, C가 수사기관에서 한 진술이 사실상 유일한 증거**이다. D, D2는 재판 과정에서 줄곧 B, C가 수사기관에서 한 진술의 모호성을 지적하며 B, C의 법정출석과 D, D2에 의한 반대신문 기회 보장을 강력히 요구하였지만 소재불명 등의 이유로 B, C의 법정출석과 D, D2에 의한 반대신문은 성사되지 못하였다. D, D2는 재판의 장기화에 따라 9회, 10회 공판기일에 부득이 **수사기관이 작성한 조서를 증거로 함에 동의**하였다. 제1심은 B, C가 수사기관에서 한 진술의 신빙성을 부정하여 D, D2에게 무죄를 선고하였지만 항소심은 B, C가 수사기관에서 한 진술의 신빙성을 인정하여 유죄를 선고하였다. D, D2가 상고하였다.

II 쟁 점

피고인에게 적대적인 참고인진술조서에 증명력이 있는가?

III 재판요지 (파기환송)

우리 형사소송법이 채택하고 있는 공판중심주의는 '형사사건의 실체에 대한 유죄·무죄의 심증형성은 법정에서의 심리에 의하여야 한다'는 원칙으로, '법관의 면전에서 직접 조사한 증거만을 재판의 기초로 삼을 수 있고 증명대상이 되는 사실과 가장 가까운 원본증거를 재판의 기초로 삼아야 하며 **원본증거의 대체물(전문증거)** 사용은 원칙적으로 허용되어서는 안 된다'는 **실질적 직접심리주의**를 주요원리로 삼고 있다.

수사기관이 원진술자(참고인)의 진술을 기재한 **조서**는 **원본증거인 원진술자의 진술을 대체하는 증거방법**으로, 원진술자의 진술을 처음부터 끝까지 그대로 기재한 것이 아니라 그 중 **공소사실과 관련된 주요부분의 취지를 요약하여 정리한 것**이어서 **본질적으로 원진술자의 진술을 있는 그대로 전달하지 못한다는 한계**를 가지고 있고, 경우에 따라 **조서작성자의 선입관이나 오해로 인하여 원진술자의 진술 취지와 다른 내용으로 작성될 가능성**도 배제하기 어렵다. 또 조서에 기재된 원진술자의 진술 내용의 신빙성을 판단하는 데 불가결한 요소가 되는 **진술 당시 원진술자의 모습이나 태도, 진술의 뉘앙스 등을 법관이 직접 관찰할 수 없다**는 점에서 조서에 기재된 원진술자의 진술 내용은 그 신빙성 평가에 있어 근본적인 한계가 있을 수밖에 없다. (중략) 따라서 D가 공소사실 및 이를 뒷받침하는, 수사기관이 원진술자의 진술을 기재한 **조서 내용을 부인**하였음에도 불구하고 ⓐ 원진술자의 법정출석 및 D에 의한 반대신문이 이루어지지 못하였다면 ⓑ 그 조서에 기재된 진술이 직접 경험한 사실을 구체적인 경위와 정황의 세세한 부분까지 정확하고 상세하게 묘사되어 있어 구태여 반대신문을 거치지 않더라도 진술의 정확한 취지를 명확히 인식할 수 있고 그 내용이 경험칙에 부합하는 등 신빙성에 의문이 없어 조서의 형식과 내용에 비추어 강한 증명력을 인정할 만한 특별한 사정이 있거나, ⓒ 그 조서에 기재된 진술의 신빙성과 증명력을 뒷받침할 만한 다른 유력한 증거가 따로 존재하는 등의 예외적인 경우가 **아닌 이상**, ⓓ 그 조서는 진정한 증거가치를 가진 것으로 인정받을 수 없는 것이어서 **이를 주된 증거로 하여 공소사실을 인정하는 것은 원칙적으로 허용될 수 없다.** ⓔ 이는 원진술자의 사망이나 질병 등으로 인하여 **원진술자의 법정출석 및 반대신문이 이루어지지 못한 경우**는 물론 수사기관의 조서를 증거로 함에 **피고인이 동의한 경우에도 마찬가지**이다.

수사기관이 B, C의 진술을 기재한 조서는 법관의 올바른 심증 형성의 기초가 될 만한 증거가치를 가진 것으로 인정받을 수 없는 것이어서 이를 사실상 유일한 증거로 하여 이 사건 공소사실을 인정하는 것은 허용될 수 없다.

IV 분석과 해설[1)]

(가) 유니크한 '한국형 실질적 직접주의'의 선언

이 판결은 종래 다소 그 내용이 애매한(elus-ive) 상태에 머물러 있던 **공판중심주의의 중심내용을 '실질적 직접심리주의'로 명시**한 점에서 한국형 공판중심주의론의 실체를 한층 구체화시킨 의미가 있다. 본 판결은 한국형 공판중심주의론의 실체를 '사실인정자가 증인의 태도증거를 직접 확인할 수 있게 하는 것'과 '반대당사자가 자신에게 불리한 진술을 하는 증인에게 반대신문권을 행사 하도록 보장하는 것'으로 설정하고 있다.

1) 이 판결에 대하여는 최병각, 공판중심주의와 참고인진술조서, 『刑事判例研究』 15號(2007.09); 김하늘, 공판중심주의와 법관의 자유심증주의, 광주지방법원 재판실무연구(2008.01)의 평석이 있다.

(나) 한국형 실질적 직접주의

본 판결이 선언한 내용의 '실질적 직접심리주의'는 외관상 '독일식의 실질적 직접주의'와 유사[2]하나 '독일식의 실질적 직접주의'에는 '반대당사자의 반대신문권 보장'이 약하므로 내용적으로는 '독일식의 실질적 직접주의'와도 차별되는 매우 유니크한 '한국형 실질적 직접주의'이다.

(다) 대법원 2001.9.14. 선고 2001도1550 판결(2011년판 판례백선, 90)과의 연속성

이 판결은 반대신문에 답변하지 아니한 적대적(불리한, inculpating) 증인의 수사상 진술의 증명력을 제한한 판결(대법원 2001.9.14. 선고 2001도1550 판결)[3]에 이어 반대신문을 경유하지 아니한 적대적 참고인진술조서의 증명력을 제한하여 반대신문권과 대면권을 강화·확인한 의미가 있다.

---

2) 신동운, 형사소송법(제3판), 법문사, 789면; 이재상, 형사소송법(제6판), 박영사, 504면.

3) **원진술자가 공판기일에서 진술조서의 내용과 다른 진술을 하거나 변호인 또는 피고인의 반대신문에 대하여 아무런 답변을 하지 아니한 경우의 검사작성 참진조서의 증거능력과 증명력**(대법원 2001.9.14. 선고 2001도1550 판결): "1. 검사가 피의자 아닌 자의 진술을 기재한 조서는 원진술자의 공판준비 또는 공판기일에서의 진술에 의하여 그 성립의 진정함이 인정되면 증거로 할 수 있고, 여기에서 성립의 진정이라 함은 간인, 서명, 날인 등 조서의 형식적인 진정과 그 조서의 내용이 진술자의 진술내용대로 기재되었다는 실질적인 진정을 뜻하는 것이므로, (ⓐ-1) 검사가 피의자 아닌 자의 진술을 기재한 조서에 대하여 그 원진술자가 공판기일에서 그 성립의 진정을 인정하면 그 조서는 증거능력이 있는 것이고, (ⓐ-2) 원진술자가 공판기일에서 그 조서의 내용과 다른 진술을 하거나 (ⓐ-3) 변호인 또는 피고인의 반대신문에 대하여 아무런 답변을 하지 아니하였다 하여 곧 증거능력 자체를 부정할 사유가 되지는 아니한다. 따라서 W가 제1심 공판기일에서 검사가 그에 대하여 작성한 각 진술조서에 대하여 위와 같이 그 성립의 진정을 인정한 이상 그 각 진술조서는 증거능력이 있다. **2. 위 각 진술조서 중 W의 진술기재의 신빙성** ⓑ 형사소송법은 제161조의2에서 피고인의 반대신문권을 포함한 교호신문제도를 규정함과 동시에, 제310조의2에서 법관의 면전에서 진술되지 아니하고 피고인에 의한 반대신문의 기회가 부여되지 아니한 진술에 대하여는 원칙적으로 증거능력을 부여하지 아니함으로써, '형사재판에 있어서 모든 증거는 법관의 면전에서 진술·심리되어야 한다'는 직접주의와 '피고인에게 불리한 증거에 대하여는 반대신문할 수 있는 권리를 원칙적으로 보장'하고 있는 바, ⓒ 반대신문권의 보장은 형식적·절차적인 것이 아니라 실질적·효과적인 것이어야 하므로, ⓓ '증인이 반대신문에 대하여 답변을 하지 아니함으로써 진술내용의 모순이나 불합리를 드러내는 것이 사실상 불가능하였다면, 그 사유가 피고인이나 변호인에게 책임 있는 것이 아닌 한 그 진술증거는 법관의 올바른 심증형성의 기초가 될 만한 진정한 증거가치를 가진다고 보기 어렵다. 따라서 이 증거를 채용하여 공소사실을 인정함에 있어서는 신중을 기하여야 할 것'이다. 이 사건에 관하여 보건대, 기록상 W가 제1심에서 반대신문에 대하여 아무런 답변을 하지 아니한 것이 피고인 또는 변호인에게 책임 있는 사유에 기인한 것이라는 점을 인정할 자료를 찾아볼 수 없는 상황에서, 이 사건 공소사실에 대한 주된 증거라 할 수 있는 위 진술기재는 반대신문에 의한 증명력의 탄핵이 제대로 이루어지지 아니한 것으로서 그 신빙성을 선뜻 인정하기 어려울 뿐 아니라, 다음과 같은 점에서 그 진실성이 의심스럽다. (중략) W가 피고인에게 건넸다는 위 수표 500만 원의 구체적인 출처, 위 130만 원이 부산교도소에 영치되고 W가 현금소지를 이유로 징벌을 받지 아니한 것이 피고인에게 100만 원을 제공한 것과 대가관계에 있는지, 그리고 W가 제1심 법정에서 변호인의 반대신문에 대하여 답변을 하지 못한 것이 피고인측의 회유나 압력에 의한 것인지를 나아가 밝혀보거나 다른 객관적인 자료에 의하여 신빙성이 보강되지 아니하는 한 W의 검찰에서의 진술을 그대로 믿기는 어렵다."

(라) 수사기관이 작성한 조서의 증거법적 약점의 명시

현대한국의 형사재판에서는 소송관계인의 '공판정에서의 진술' 이외에 '각종의 조서'(written records, 주로 수사절차상 수사기관에 의하여 작성된 수사서류이거나 수사기관의 감정위촉 사실조회에 응하여 수사기관에 송부된 서류)가 피고인의 유죄인정에 크게 기여하고 있다. 사실인정자(법원 혹은 배심원)가 '소송관계인의 공판정에서의 진술' 이외에 '각종의 조서에 지나치게 의존하는 재판현실'을 개탄하는 취지의 용어가 '조서재판'(調書裁判)이다. 조서재판의 극복은 현재 진행되고 있는 '형사사법개혁' 논의의 핵심화두이다. 이 판결에서 가장 주목되는 점은 수사기관이 작성한 조서의 증거법적 약점을 명시한 점에 있다.

그런데 '조서재판이 왜 나쁜가' 하는 강한 반론이 제기되고 있다. 본 판결은 이런 반론에 대하여 상세한 설명을 판시한 셈이다. 한국의 피의자나 일반국민이 '수사기관의 조서작성'을 가리켜 '조서를 꾸민다'고 표현하는 것은 부지불식간에 조서의 원천적 불공정성의 핵심을 절묘하게 표현한 것이다. 다음에 제기되는 반론은 '조서재판을 시정하려면 너무 많은 비용이 든다'는 반론이다. 이 반론은 매우 솔직한 반론이다.

조서재판의 현실을 생성시킨 물적 조건은 인건비가 많이 드는 판사와 검사 등 사법관의 정원을 줄여 예산을 절감하려는 사법현실이다. 일제강점기에는 예산절감의 대가로 '사법경찰관의 고문자행과 부패현상의 만연'이 방치되었다. 정도의 차이는 있겠지만 현대한국의 현실도 그 연장선상에 있다.

'실체적 진실발견 및 재판의 신속한 진행'을 이유로 종래의 조서재판의 정당성을 변호하려는 논증은 일제강점기의 조선형사령이 '검사와 사법경찰관에게 예심판사에 버금가는 강제처분권을 부여한 논리'를 연상시킨다. '21세기의 대한민국의 국민'을 '윽박지름에 혼이 나가 조서를 읽어보지도 않고 서명날인·간인하는 소극적 신민(臣民)'이 아니라 '책임 있는 민주시민'으로 양성하려면 그 정도의 비용은 부담하여야 한다. '글로벌 스탠더드'의 준수에는 감당하기에 부담스런 비용이 요구된다.

(마) 미국연방대법원의 크로포드 판결[4]과의 유사성과 향후의 과제

4) *CRAWFORD v. WASHINGTON*, 541 U.S. 36(2004) **[사안]** 크로포드는 '케네드 리(남자)를 칼로 찌른' 혐의로 기소되었다. 크로포드의 부인 실비아가 현장에 있었다. 크로포드는 '자신이 칼로 리를 찌른 것이 정당방위'라고 주장했다. 그러나 수사과정에서의 크로포드 부인의 진술은 그와 달랐다: "크로포드가 공격할 때 피해자(케네드 리)는 손에 칼을 들고 있지 않았다." 이 진술은 크로포드가 공격할 때 정당방위 상황이 아님을 암시하고 따라서 크로포드에게 불리한 진술이다. 증언면제특권[부부 사이의 증언면제특권(marital privilege)을 포함한 일반적인 증언면제특권에 대하여 미연방증거규칙 제501조

첫째, ⓓ, ⓔ 부분은 Crawford 판결과 그 문제의식을 같이하는 방향의 내용이다. 둘째, ⓑ, ⓒ의 내용이 예측불가능한 것이 문제이다. 이를 구체화시키는 것이 차후의 과제이다.

는 "보통법 혹은 각 주법에 따른다"고 규정하고 있다. Fed. R. Evid. Rule 501. 한편, 워싱턴 주법은 부부 사이의 증언면제특권을 인정하고 있다. Wash. Rev. Code § 5.60.060(1)(Crawford, 40면, 재인용)]을 원용하여 자신의 부인을 법정에 나오지 못하게 했다. 수사과정에서의 크로포드 부인의 진술은 크로포드의 살인미수 혐의사건에서 전문증거이며, 크로포드 부인의 진술은 여러모로 믿을 만했다. 사실심은 유죄를 평결하였고 크로포드가 도전하여 최종적으로 연방대법원에 상고하였다. **[판지(파기환송)]** 피고인에게 적대적인 공판정외의 진술에는 두 종류가 있다. 하나는 피고인이 반드시 증인의 얼굴을 볼 필요가 없는 category1이고, 다른 하나는 피고인이 반드시 증인의 얼굴을 봐야 하는 category2다. category1은 전문법칙과 그 예외이론이 적용되는 진술이며, category2는 미국 헌법상 대면권(피고인이 증인을 직접 예외 없이 대면할 권리["In all criminal prosecutions, the accused shall enjoy the right … to be confronted with the witnesses against him," U.S. CONST. amend. VI.]가 문제되는 진술이다. 크로포드 부인의 진술은 category2의 영역이어서 피고인 크로포드가 직접 증인을 대면할 수 없다면, 전문법칙의 예외조건을 구비한 것인지를 따질 것 없이(전문법칙의 예외조건을 구비하였다 하더라도) 위헌이다[위헌인 이유는 피고인에게 불리한 증거가 신용성의 징표가 없어서가 아니라, 반대신문권을 보장하지 않았기 때문이다. "대면권(대질심문권)의 궁극적 목적은 증거의 신용성을 확보하는 것이다. 하지만 그것은 **실체의 문제가 아니라 절차의 문제**다." 헌법은 단순히 증거의 신용성을 확보하도록 명령하지 않고, 특정한 방법에 의해서 확보하도록 명령한다. 그 방법이란 다름 아니라, 반대신문이다, Crawford, 61면].

제4절 전문법칙의 예외(전문진술과 기타)

8.17

공동피고인의 공판정 외의 진술을 내용으로 하는 증인의 전문진술의 증거능력

대법원 1984.11.27. 선고 84도2279 판결

I 사 안

D(남)와 D2(여)는 간통혐의로 병합기소되었다. D를 '피고인'으로 표시하고 D2를 '공동피고인'으로 표시하기로 하자. D와 D2는 필요적 공범 중에서도 '대향적(對向的) 공범(共犯)'의 관계에 있다. D와 D2는 모두 검사의 피의자신문시나 제1심 법정에서 "서로 성교할 목적으로 공소사실에 적시된 일시에 공소사실에 기재된 여관의 방실에 들어간 것은 인정하나 피고인 D가 그 방에 딸린 목욕탕에서 머리를 감고 있는 사이에 공동피고인 D2가 그 방에서 나와 집으로 돌아갔기 때문에 성교를 하지 못하였다"고 간통사실을 부인하였다. 제1심법원은 ① 피고인(D)과 공동피고인(D2)이 성교할 목적으로 여관에 들어갔다는 내용의 검찰 및 법정에서의 진술 ② 공동피고인 D2가 간통죄로 구속되기 전에 D2로부터 '여관의 방실에서 D와 성교하였다'는 말(자백에 해당한다)을 들었다는 내용의 '전문증인 W와 W2의 법정증언' 등을 증거로 채택하여 D, D2에 대하여 각 유죄판결을 선고하였다. 공동피고인 D2는 항소를 하지 아니하여 유죄판결이 확정되었고 피고인 D는 제1심판결에 대하여 항소를 제기하였다. 항소법원이 항소를 기각하자 피고인 D는 상고를 제기한 후 상고이유서에서 'W, W2의 증언 및 검찰진술은 전문증거이므로 형사소송법 제316조 제2항에 의하여 증거능력이 없다'고 주장하였다.

II 쟁 점

공동피고인(D2)의 공판정 외의 진술을 내용으로 하는 증인의 전문진술을 피고인(D)에 대한 증거로 사용할 수 있기 위한 요건

III 재판요지 (파기환송)

"형사소송법 제316조 제2항에 의하면 피고인 아닌 자의 공판준비 또는 공판기일에서의 진술이 피고인 아닌 타인의 진술을 그 내용으로 하는 것인 때에는 원진술자가 사망·질병 기타 사유로 인하여 진

술할 수 없고 그 진술이 특히 신빙할 수 있는 상태 하에서 행하여진 때에 한하여 이를 증거로 할 수 있다고 규정하고 있는데 ㉮ 여기서 말하는 '피고인 아닌 타인'이라 함은 제3자는 말할 것도 없고 공동피고인이나 공범자를 모두 포함한다. 피고인 D 아닌 제1심 공동피고인 D2도 '피고인 아닌 자'에 해당한다고 할 것이니 위 ㉯ D2(제1심 공동피고인이다: 필자)가 제1심법정에서 간통사실을 부인하는 이 사건에 있어서는 원진술자인 D2가 사망·질병 기타 사유로 인하여 진술할 수 없는 때에 해당하지 아니하므로 D2의 진술을 그 내용으로 하는 W 및 W2의 증언 및 진술은 전문증거로서 증거능력이 없다."

IV 분석과 해설

(가) 법 제316조 제1항과 제2항의 규정

형사소송법 제316조는 전문진술이 예외적으로 증거능력을 인정받을 수 있는 요건을 규정하고 있다. 모두 피고인 아닌 자의 전문진술에 대한 규정인데, 제1항은 "피고인이 아닌 자(공소제기 전에 피고인을 피의자로 조사하였거나 그 조사에 참여하였던 자를 포함한다. 이하 이 조에서 같다)의 공판준비 또는 공판기일에서의 진술이 피고인의 진술을 그 내용으로 하는 것인 때에는 그 진술이 특히 신빙할 수 있는 상태 하에서 행하여졌음이 증명된 때에 한하여 이를 증거로 할 수 있다."고 규정하여[1] 전문진술이 '피고인의 진술'을 내용으로 하는 경우에는 특신 상태를 요건으로 증거능력을 인정하고, 제2항은 "피고인 아닌 자의 공판준비 또는 공판기일에서의 진술이 피고인 아닌 타인의 진술을 그 내용으로 하는 것인 때에는 원진술자가 사망, 질병, 외국거주, 소재불명 그 밖에 이에 준하는 사유로 인하여 진술할 수 없고, 그 진술이 특히 신빙할 수 있는 상태하에서 행하여졌음이 증명된 때에 한하여 이를 증거로 할 수 있다."고 규정하여 전문진술이 '피고인 아닌 타인의 진술'일 경우에는 '사망 등 진술불능'과 '특신 상태'의 두 가지 요건을 충족하여야만 증거능력을 인정한다.

(나) 해석론과 판례의 태도

그런데 법 제316조 제2항의 '피고인 아닌 타인'의 개념에 '공동피고인'을

---

1) (공소제기 전에 피고인을 피의자로 조사하였거나 그 조사에 참여하였던 자를 포함한다. 이하 이 조에서 같다)는 부분은 개정으로 추가된 부분이다. 따라서 구법에서와는 달리 피고인을 조사하거나 조사에 참여한 자의 진술에 대하여도 특신상태를 요건으로 증거능력이 인정된다. "사경 또는 수사단계에서 피고인의 자백을 들었다는 제3자의 증언은 § 312②에 비추어 피고인이 내용을 부인하면 증거능력이 없다"는 판례(대법원 1968.11.19. 선고 68도1366 판결)나 "피고인이 법정에서 범행을 부인하고 경찰에서의 진술도 부인하여 피고인의 경찰에서의 자백이 형사소송법 312조 2항에 의하여 증거로 할 수 없는 경우에 피고인이 경찰에서 본건 범행을 자백하였다는 조사경찰관의 증언을 범죄사실을 인정하는 증거로 할 수 없다"(대법원 1975.5.27. 선고 75도1089 판결)는 판례는 현행법 하에서는 적용할 수 없다는 점을 유의하여야 한다.

포함할 것인가에 대하여는 해석이 나뉜다. 부정한다면 위 사안의 항소심 판결처럼 W, W2의 전문증언은 법 제316조 제1항의 적용을 받게 되고[2], 긍정한다면 법 제316조 제2항의 적용을 받게 될 것이다. 위 사안은 대법원이 제316조 2항 적용설을 취하고 있음을 확인한 판결이다. 같은 취지의 대법원 판결로는 대법원 2000.12.27. 선고 99도5679 판결, 대법원 2007.2.23. 선고 2004도8654 판결(공보불게재)[3] 등을 들 수 있다.

대부분의 학설도 대법원의 태도를 수긍하여, 법 제316조 제2항의 "피고인 아닌 타인"에는 공범자나 공동피고인을 포함한다고 해석하고 있다.[4]

---

2) 김대휘, 공범자인 공동피고인의 진술을 내용으로 하는 전문증거, 『형사판례연구』 11, 343~345: "제1, 2심은 증인의 진술이 공동피고인의 진술을 내용으로 하는 전문진술이지만 그 진술이 특히 신빙할 수 있는 상태 하에서 행하여진 것으로 인정되므로 그 전문진술은 공동피고인뿐만 아니라 피고인에 대하여도 법 제316조 제1항에 의하여 증거능력이 있고, 이를 포함하여 다른 증거들을 종합하면 피고인들 모두에 대하여 선거법 위반의 공소사실이 유죄로 된다고 판단하였다. (중략) 전문법칙은 원칙적으로 배심재판에 적용되는 원리이므로 가능한 한 제한해석 되어야 한다. (중략) 본 사건에서 공동피고인의 법정 외에서의 자백을 내용으로 하는 증인의 전문증언과 검찰진술은 공동피고인의 공소사실에 대하여는 증거능력이 있으나 공동피고인과 필요적 공범관계에 있는 피고인의 공소사실에 대하여는 증거능력이 없어 무죄가 된다는 것으로서 상식에 어긋난 결론에 이르게 된다. (중략) 그러므로 공범인 공동피고인은 피고인이 아닌 타인으로 볼 것이 아니고, 따라서 공범인 공동피고인의 진술을 내용으로 하는 전문진술은 법 제316조 제1항에 의하여 증거능력이 부여될 수 있다고 해석함이 상당하다. 그러나 공동피고인이 아닌 공범자인 경우에는 반대신문권이 보장되어 있지 아니하므로 이는 적용될 수 없다. (중략) 또 공범자가 아닌 공동피고인인 경우에는 범죄사실에 동일성이나 관련성이 없으므로 제3자로 보아야 하고 따라서 동조(법 제316조) 제2항이 적용되어야 한다."

3) 임의적 공범인 교사범에 대한 판결이므로 판례는 임의적 공범이나 필요적 공범을 구분하지 않고 있음을 알 수 있다. "형사소송법 제316조 제2항에 의하면 피고인 아닌 자의 공판준비 또는 공판기일에서의 진술이 피고인 아닌 타인의 진술을 그 내용으로 하는 것인 때에는 원진술자가 사망, 질병 기타 사유로 인하여 진술할 수 없고 그 진술이 특히 신빙할 수 있는 상태 하에서 행하여진 때에 한하여 이를 증거로 할 수 있다고 규정하고 있는데, 여기서 말하는 피고인 아닌 자라고 함은 제3자는 말할 것도 없고 공동피고인이나 공범자를 모두 포함한다고 해석된다.

4) 신동운, 1015; 이재상, 589; 배종대/이상돈/정승환/이주원, 623 등.

8.18

탄핵증거의 적격과 탄핵대상

대법원 1998.2.27. 선고 97도1770 판결[1)]

I 사 안

D는 "K가 '반국가단체인 북한공산집단의 구성원으로서 북한의 지령을 받고 북한에서 남파되어 대남적화통일사업을 위한 공작활동을 하는 간첩으로 자신을 포섭하려 한다'는 점을 알면서도 이를 수사기관 또는 정보기관에 고지하지 아니"하여 국가보안법(불고지죄)위반 혐의로 구속기소되었다. 항소심은 유죄를 선고하였다. 그런데 항소심은 ㉠ D가 내용을 부인한 사법경찰리 작성의 D에 대한 피의자신문조서(이하 '피신조서'라고 약칭함)와 D가 스스로 작성한 자술서, ㉡ 법정에서 증거로 제출된 바 없어 전혀 증거조사가 이루어지지 아니한 채 수사기록에만 편철되어 있는 1995년 9월분 소득세 징수액 집계표를 D의 진술을 탄핵하는 증거로 사용하였다. 이때 피신조서나 자술서 작성에 임의성을 의심할 만한 기록은 발견되지 아니하였다. D는 항소심이 "탄핵증거의 범위와 탄핵증거의 조사방법에 관한 법리를 오해한 위법이 있다"는 이유로 상고하였다.

II 쟁 점

피고인이 내용을 부인하여 증거능력이 없는 사법경찰리작성의 피신조서, 법정에서 증거조사를 한 바 없는 증거를 탄핵증거로 사용할 수 있는가?

III 재판요지 (상고기각)

판례이론의 설시(1)

D가 지적하는 사법경찰리 작성의 D에 대한 제3, 4, 5회 각 피신조서와 D가 작성한 자술서(3회)들은 모두 **검사가 유죄의 자료로 제출한 증거**들로서 D가 (공판정에서: 필자) 각 그 내용을 부인하는 이상 증거능력이 없으나 그러한 증거라 하더라도 그것이 ㉮ 임의로 작성된 것이 아니라고 의심할 만한 사정이 없는 한 ㉯ D의 법정에서의 진술을 탄핵하기 위한 반대증거로 사용할 수 있다.

판례이론의 본 사안에의 적용(1)

D는 사법경찰리로부터 이 사건 범죄사실에 관하여 조사를 받으면서 이 사건 범행을 완강히 부인하여 그대로 조사되었고, 기록상 D의 그 진술이 임의로 된 것이 아니라고

1) 김동윤, 피고인이 내용을 부인하여 증거능력이 없는 사법경찰리 작성의 피의자신문조서 등을 탄핵증거로 사용하기 위한 요건, 법정에서 증거조사를 한 바 없는 증거를 탄핵증거로 사용할 수 있는지 여부, 『해설』 30호, 621~639.

의심할 만한 자료가 없으므로 이와 다른 견지에서 원심판결을 비난하는 상고이유의 주장은 받아들일 수 없다.

판례이론의 설시(2)

탄핵증거는 범죄사실을 인정하는 증거가 아니므로 **엄격한 증거조사**를 거쳐야 할 필요가 없음은 형사소송법 제318조의2의 규정에 따라 명백하나(대법원 1978.10.31. 선고 78도2292 판결; 대법원 1996.1.26. 선고 95도1333 판결 등 참조), 법정에서 이에 대한 탄핵증거로서의 증거조사는 필요하다.

판례이론의 본 사안에의 적용(2)

원심은 법정에서 증거로 제출된 바가 없어 전혀 증거조사가 이루어지지 아니한 채 수사기록에만 편철되어 있는 1995.9월분 소득세징수액집계표(수사기록 678면)를 D 및 그 사무실 직원 D2 등의 진술을 탄핵하는 증거로 사용하였는바, 이러한 원심의 조치에는 탄핵증거의 조사방법에 관한 법리오해의 위법이 있다. 그러나 원심이 내세운 위 증거를 제외한 나머지 탄핵증거만으로도 K의 진술을 부인하는 D 및 D2 등의 진술의 증명력이 감쇄되었고, 따라서 위와 같은 잘못은 판결 결과에 영향이 없어 판결의 파기사유가 되는 위법이라고 볼 수 없으므로 이 점을 지적하는 상고이유의 주장은 이유 없다.

IV 분석과 해설

(가) 탄핵증거의 적격

(1) 임의성이 없는 진술 또는 진술조서를 탄핵증거로 사용할 수 있는가? 탄핵증거로 사용될 수 있는 것은 법 제312조~제316조의 규정에 의하여 증거능력이 인정되지 않는 전문증거이다(법 제318조의2 제1항 전단). 그러나 자백배제법칙에 위반하여 증거능력이 없는 자백이나 진술의 임의성이 인정되지 아니하여 증거능력이 부인된 진술이나 서류(법 제309조, 제317조)는 탄핵증거로도 사용할 수 없다(본 판례·통설). 왜냐하면 법 제309조가 임의성 없는 자백의 증거능력을 부정하는 이유는 임의성 없는 자백을 증거의 세계에서 완전히 배제하려는 헌법적 근거(헌법 제12조 제7항)에서 나온 것이고 또 법 제318조의2는 진술의 임의성을 규정한 법 제317조를 규율대상으로 명시하고 있지 않기 때문이다.

(2) 임의성이 없는 진술 이외의 탄핵증거의 적격 임의성이 없는 진술 이외의 '증거로서의 최소한의 품격' 요소로서는 원진술자의 서명날인을 들 수 있다. "진술자가 진술내용이 정확히 기재되어 있는가를 확인하지 않은 진술기재서류는 이중(二重)의 전문이므로 그 서명날인이 있는 경우에 한하여 탄핵증거가 될 수 있다."[2)]

---

2) 이재상, 623; 신동운, 916.

(3) 탄핵증거로 진술기재서면이 제출된 경우에 그 서류는 원진술자에 의하여 법 제312조와 제313조에 의한 성립의 진정 또는 내용의 진정이 인정되어야 하는가? 본 판결은 사법경찰관이 작성한 피신조서에 대하여 이를 '요하지 않는다'고 판시하고 있다. 판례의 주류는 "유죄의 자료가 되는 것으로 제출된 증거의 반대증거서류(탄핵증거의 취지로 보임: 필자)에 대하여는 그것이 유죄사실을 인정하는 증거가 되는 것이 아닌 이상 반드시 그 진정성립이 증명되지 아니하거나 이를 증거로 함에 상대방의 동의가 없다고 하더라도 증거판단의 자료로 할 수 있다"[3]는 입장이다.

(4) 탄핵증거의 조사방법 엄격한 증명의 자료로 될 수 없는 전문증거를 탄핵증거로 사용하는 것이므로 탄핵증거에 대하여 정규의 증거조사절차와 방식을 요하도록 할 수는 없다 하더라도 '공판정에서의 조사[4]는 필요'하다는 본

---

3) 대법원 1972.1.31. 선고 71도2060 판결; 대법원 1974.8.30. 선고 74도1687 판결; 대법원 1981.12.22. 선고 80도1547 판결 등 참조. 대법원 1994.11.11. 선고 94도1159 판결도 같은 취지이다.

4) **['탄핵증거의 공판정조사'의 사례]** 대법원 2005.8.19. 선고 2005도2617 판결(특정범죄 가중처벌 등에 관한 법률위반[도주차량]): **[사안]** 항소심은 '위 피의자신문조서를 피고인의 법정 진술에 대한 탄핵증거로 사용하기 위하여서는 원칙적으로 피고인의 법정 진술을 탄핵하기 위한 것이라는 입증취지가 명시되고, 법정에서 탄핵증거로서 증거조사가 이루어져야 할 것인데, 검사는 제1심 제1회 공판기일에서 위 피의자신문조서를 증거로 제출하였으나 그 입증취지로 피고인의 법정 진술을 탄핵하기 위한 것이라는 점을 명시한 바 없고 이에 관하여 법정에서 탄핵증거로서 증거조사가 이루어진 바도 없으므로 위 피의자신문조서는 피고인의 법정 진술에 대한 탄핵증거가 될 수 없다'고 판단하였다. 검사가 상고하였다: "증거신청의 방식에 관하여 규정한 형사소송규칙 제132조 제1항의 취지에 비추어 보면 '탄핵증거의 제출에 있어서도 상대방에게 이에 대한 공격방어의 수단을 강구할 기회를 사전에 부여하여야 한다'는 점에서 그 증거와 증명하고자 하는 사실과의 관계 및 입증취지 등을 미리 구체적으로 명시하여야 하므로, '증명력을 다투고자 하는 증거의 어느 부분에 의하여 진술의 어느 부분을 다투려고 한다'는 것을 사전에 상대방에게 알려야 한다. (본건에서) 검사는 유죄의 증거로 사법경찰리 작성의 피고인에 대한 피의자신문조서를 제출하였고 이에 대하여 피고인이 성립 및 임의성은 인정하였으나 그 내용을 부인하여 증거능력이 없게 되었는데, 검사는 증거제출 당시 또는 그 이후 제1심법정에서 위 피의자신문조서가 탄핵증거라는 입증취지를 밝히지 않았으나 항소심법정에서 진술한 항소이유서에서 그와 같은 취지를 밝혔으며, 다만 '법정에서 탄핵증거로서 증거조사'가 이루어진 바는 없으나, 탄핵증거는 범죄사실을 인정하는 증거가 아니므로 엄격한 증거조사를 거쳐야 할 필요가 없는 점, 위 피의자신문조서에 대하여 탄핵증거로서의 증거조사가 이루어진 바는 없지만 '어쨌든 법정에 제출되어 증거조사가 이루어진 점, 위 피의자신문조서에 대한 탄핵증거로서의 증거조사절차는 결국 검사가 입증취지 등을 진술하고 피고인측에 열람의 기회를 준 후 그 의견을 듣는 방법'에 의할 것인데, 항소심에 이르기까지 이와 같은 절차가 대부분 이루어졌다. 위 피의자신문조서는 피고인의 법정 진술에 대한 탄핵증거로 사용할 수 있다. 이러한 원심의 조치에는 탄핵증거의 증거능력 내지 그 조사방법에 관한 법리오해의 위법이 있다. 그러나 위 피의자신문조서를 피고인의 법정 진술에 대한 탄핵증거로 사용할 수 있다 하더라도, 이로써 공소사실을 부인하는 피고인의 법정 진술의 증명력이 감쇄되었다고 볼 수 없고 제1항에서 판단한 바와 같이 공소사실을 인정할 증거가 없는 이상 위와 같은 잘못은 판결 결과에 영향이 없어 판결의 파기사유가 되는 위법이라고 볼 수 없으므로, 이 점을 지적하는 상고이유의 주장은 이유 없다."; **대법원 2006.5.26. 선고 2005도6271 판결**: "기록에 편철된 증거목록을 보면 제1심 제2회 공판기일에 피고인 본인이 경찰 작성의 피의자신문조서의

판결의 입장(재판요지 제2항 참조)은 적절한 조화점을 설정한 것으로 보인다.

(나) 피고인의 공판정진술도 탄핵의 대상이 되는가?

피고인이 공판정에서 공소사실을 부인하면 검사는 피고인의 이 공판정 부인진술을 그 피고인의 공판정외에서의 자기모순의 진술과 조서(주로 '사경면전의 자백조서'와 '검사면전의 자백조서'일 것이다)로 탄핵하고 싶을 것이다. 법 제318조의2(이하 '본조'로 약칭함)는 탄핵의 대상으로 '증인의 진술뿐만 아니라 피고인의 진술도 포함'시키고 있어 본조를 문리해석하면 법적으로 문제가 없어 보이고 본 판결도 이 입장에 서 있다. 이에 대하여는 이론적, 입법론적으로 비판이 있다.

(다) 관련 문제(1)**: 탄핵증거의 허용범위**

탄핵증거로 사용할 수 있는 증거는 공판정 진술인(주로 증인)의 현재의 진술내용과 모순되는 과거의 진술(이를 '자기모순의 진술'이라 한다)에 한정되는지 여부가 문제된다. 이를 긍정하는 입장이 한정설, 부정하는 입장이 비한정설이다.

(1) **한정설** 법 제318조의2(이하 '본조'로 약칭함)에 의하여 증명력을 다투기 위한 증거로 사용할 수 있는 증거는 탄핵대상이 되는 진술을 한 자가 과거에 행한 자기모순의 진술에 한정된다는 견해이다. 이 견해에 의하면 현재 증명력을 다투려고 하는 공판정 진술을 한 자가 이전에 현재의 진술과 다른 진술을 한 경우에 현재의 진술과 상반된 진술 또는 그 진술을 기재한 서면에 한하여 본조에 의한 탄핵증거가 될 수 있다.

(2) **비한정설** 법문의 문리를 그대로 인정하여 자기모순의 진술에 한하지 않고 널리 공판정 진술의 증명력을 다투기 위한 것이라면 모든 전문증거를 사용할 수 있다는 견해이다.

(3) **절충설** 기본적으로는 한정설의 입장을 견지하여 자기모순의 진술만

내용을 인정한 것으로 기재되어 있으나, 이는 착오 기재이었거나 아니면 피고인이 그와 같이 진술한 사실이 있었다는 것을 내용인정으로 조서를 잘못 정리한 것으로 이해될 뿐 이로써 위 피의자신문조서가 증거능력을 가지게 되는 것은 아니다. 같은 취지에서 경찰 작성의 피의자신문조서의 증거능력을 배척한 원심의 조치는 정당하[다]. (중략) 원심이 공소사실에 부합하는 증거인 피해자의 진술을 탄핵하는 증거로 삼은 변호인 제출의 신용카드 사용내역승인서 사본 및 현금서비스 취급내역서 사본에 관하여 살펴보면, 변호인은 항소이유서에 현금서비스 취급내역서 사본을 첨부하여 제출하면서 2004.4.2.자 공소사실을 탄핵하였고, 원심 제1회 공판기일에는 피고인반대신문을 하면서 신용카드 사용내역승인서 사본과 함께 다시 이를 제시하여 2004.3.15.자 공소사실까지 아울러 탄핵하였는바, 비록 증거목록에 기재되지 않았고 증거결정이 있지 아니하였다 하더라도 공판과정에서 그 입증취지가 구체적으로 명시되고 제시까지 된 이상 위 각 서증들에 대하여 탄핵증거로서의 증거조사는 이루어졌다(대법원 1998.2.27. 선고 97도1770 판결, 2005.8.19. 선고 2005도2617 판결 등 참조)."

을 탄핵증거로 제출할 수 있다고 보지만 '증인의 신빙성에 관한 순수한 보조사실(예를 들어 증인이 피고인 혹은 피해자와 친구라는 사실과 같이 증인의 능력, 성격, 당사자에 대한 편견, 이해관계 등에 관한 사실)을 입증하기 위하여는 자기모순의 진술이 아니더라도 탄핵증거로 사용할 수 있다는 견해이다. 이 설은 한정설과 비한정설을 적당히 절충한 입장이므로 절충설로 불리우고 있다.

(4) 이원설 피고인 측은 증명력을 다투기 위하여 자기모순의 진술이 아니더라도 전문증거를 탄핵증거로 제출할 수 있으나 검사는 자기모순의 진술만을 증명력을 다투기 위하여 제출할 수 있다는 견해이다.

(5) 판 례 판례가 어떤 입장인지에 대하여 상이한 분석이 있어 명백하지 아니하나, 실무상 절충설적인 형태로 운영되는 듯하다.

(라) 피고인의 부인진술을 탄핵하는 명목의 증거는 탄핵증거로 볼 수 없다[대법원 2012.10.25. 선고 2011도5459 판결].

"범죄사실의 인정은 합리적인 의심이 없는 정도의 증명에 이르러야 하나(형사소송법 제307조 제2항), 사실인정의 전제로 행하여지는 증거의 취사선택 및 증명력에 대한 판단은 자유심증주의의 한계를 벗어나지 않는 한 사실심 법원의 재량에 속한다(형사소송법 제308조). 그리고 탄핵증거는 진술의 증명력을 감쇄하기 위하여 인정되는 것이고 범죄사실 또는 그 간접사실의 인정의 증거로서는 허용되지 않는다(대법원 1996.9.6. 선고 95도2945 판결 참조). 원심은 검사가 탄핵증거로 신청한 체포·구속인접견부 사본은 피고인의 부인진술을 탄핵한다는 것이므로 결국 검사에게 입증책임이 있는 공소사실 자체를 입증하기 위한 것에 불과하므로 형사소송법 제318조의2 제1항 소정의 피고인의 진술의 증명력을 다투기 위한 탄핵증거로 볼 수 없다는 이유로 그 증거신청을 기각하였다. 관련 법리와 기록에 비추어 살펴보면 원심의 이 부분 판단은 정당한 것으로 수긍이 가고, 거기에 탄핵증거에 관한 법리를 오해하거나 채증법칙을 위반한 위법이 없다."

(마) 관련 문제(3): 번복참고인진술조서를 탄핵증거로 사용할 수 있는가?

본조의 문리에 얽매여 탄핵증거의 허용범위에 대하여 비한정설을 취하고 피고인의 공판정진술도 탄핵대상이 된다고 주장하는 입장을 밀고 나가면 본조가 명문으로 금지하고 있지 않는 한 'W(증인)의 공판정 진술' 후에 행하여진 W의 자기모순진술('W의 번복참고인진술조서')도 탄핵증거로 사용할 수 있다고 해석하기 쉽다. 대법원(대법원 2000.6.15. 선고 99도1108 판결)은 사안과 같은 W의 사후의 자기모순진술('W의 번복참고인진술조서')은 "그 후 원진술자인 종전 증인이 다시 법정에 출석하여 증언을 하면서 그 진술조서의 성립의 진정함을 인정하고 피고인 측에 반대신문의 기회가 부여되었다고 하더라도 증거능력이 없다"고 못박았다(⇨상세는 본서 5.4 법정증언을 번복하는 내용의 검사 작성의 참고인진술조서의 증거능력 참조). 이 판례는 번복참고인진술조서의 증거능력을 부정한 판례이지만 탄핵증거로도 쓸 수 없다는 취지로 해석된다(반대견해가 있을 수 있다).

8.19

재전문증거의 의의와 증거능력

대법원 2000.3.10. 선고 2000도159 판결

I 사 안

자신의 딸인 '생후 30개월 가량의 아동(V)이 성인남성으로부터 강제추행 당했다'고 주장하는 모(母), M은 자신의 딸 V가 사건이 발생한 후 7개월 가량이 지난 후에 성행위를 연상시키는 이상한 행동을 하다가 M으로부터 질문을 받고서야 '성룡이 아저씨'(피의자·피고인, D)로부터 추행을 당한 사실을 이야기하였다고 진술하였다. V가 전하는 추행의 내용은 M이 딸 V와 대화하는 상황을 녹음한 녹음테이프(사인 작성 녹음테이프)에 녹음되어 있다. M은 녹취 당시 V에게 "성룡이 아저씨(D)가 '쉬 닦아 준다'고 고추로 잠지에다가 대고 흔들었다"는 내용으로 이야기할 것을 구체적으로 유도하여 V가 "'성룡이 아저씨가 쉬 닦아 준다'고 고추로 잠지에 대고 흔들었다"는 취지의 대답을 하였다(이상은 압수된 녹음테이프에 대한 제1심의 검증결과). M 이외에 V로부터 그와 같은 내용의 이야기를 들었다는 사람은 아무도 없다. 1998.4.12. M은 남편인 F와 상의하거나 D에게 추궁이나 항의도 하지 아니한 채 바로 D의 처인 R에게 연락하여 V의 피해사실을 알리고 '각자 남편에게는 알리지 말고 해결하자'고 하면서 액수를 말하지는 아니하였으나 '교외에서 살 수 있도록 도와 달라'고 하여 금전적인 보상을 요구하였으며, 그 다음날에도 다시 R에게 전화하여 금 200만 원 내지 300만 원의 보상을 요구하였다. R이 이에 응하지 아니하자 M은 같은 달 14일 인천 여성의 전화 부설 성폭력상담소를 찾아가 상담을 하고 형사고소에 관한 안내를 받은 다음, 같은 달 24일에 이르러서야 형사고소를 제기하였다. D는 경찰, 검찰에서 피의사실을 부인하였다. 검사는 D를 미성년자의제강제추행혐의[1]로 기소하였다. D는 제1심과 항소심에 이르기까지 일관하여 공소사실을 부인하였다. 제1심과 항소심은 유죄를 인정하였다. 항소심이 유죄의 증거로 채용한 증거들은 ⓐ 항소심 증인 F의 진술(공판정 진술로서 재전문진술), ⓑ 항소심 증인 V의 진술(V의 공판정 진술로서 요증사실인 공소사실과 관련성이 없음), ⓒ 항소심 증인 M의 진술(공판정 진술로서 전문진술), ⓓ 제1심 제3회 공판조서 중 증인 M의 진술기재(공판정 진술로서 전문진술), ⓔ 압수된 녹음테이프(증 제1호)에 대한 제1심의 검증결과 중 V의 진술 부분(원진술이지만 V의 공판정외의 진술), ⓕ 수사기관 작성의 M에 대한 참고인진술조서의 진술기재(공판정외의 진술로서 조사한 수사기관 작성의 전문진술이 기재된 조서), ⓖ 수사기관(검사) 작성의 Y(인천 여성의 전화 부설 성폭력상담소의 상담원)에 대한 참고인진술조서의 진술기재(공판정외의 진술로서 성폭력상담소의 상담원을 조사한 수사기관 작성의 재전문진술이 기재된 조서) 등이다.

---

1) "D는 1997년 8월 일자불상 경 D의 집에서 피해자 V(당시 생후 30개월 가량)의 하의를 벗기고 D의 성기를 V의 음부 등에 비벼대는 등 강제로 추행하였다"(**형법 제305조** 미성년자의제강제추행).

II 쟁 점

재전문증거의 의의, 재전문증거(전문진술이 기재된 조서)의 증거능력, 재전문진술이나 재전문진술을 기재한 조서의 증거능력

III 재판요지 (파기환송)

(가) 재전문증거의 의의

원심이 들고 있는 유죄의 증거들 중 M의 수사기관에서부터 원심법정에 이르기까지의 진술(ⓒ, ⓓ, ⓕ)은 모두 1998.4.12. V로부터, 'V가 D로부터 공소사실 기재와 같은 내용의 추행을 당하였다'는 이야기를 들었다는 것인바, 이러한 M의 공판기일에서의 진술(ⓒ, ⓓ)은 형사소송법 제310조의2 소정의 공판준비 또는 공판기일 외에서의 타인의 진술을 내용으로 하는 이른바 **전문진술**(법 제316조 제2항)이고, ㉮ M의 수사기관에서의 진술을 기재한 조서(ⓕ)는 그와 같은 **전문진술이 기재된 조서**로서 이른바 재전문증거이다.

(나) 전문진술이 기재된 조서의 증거능력

전문진술은 형사소송법 제316조 제2항의 규정에 따라 원진술자가 사망, 질병, 외국거주 기타 사유로 인하여 진술할 수 없고 그 진술이 특히 신빙할 수 있는 상태하에서 행하여진 때에 한하여 예외적으로 증거능력이 있고, ㉯ 전문진술이 기재된 조서는 형사소송법 제312조 또는 제314조의 규정에 의하여 각 그 증거능력이 인정될 수 있는 경우에 해당하여야 함은 물론 나아가 형사소송법 제316조 제2항의 규정에 따른 위와 같은 요건을 갖추어야 예외적으로 증거능력이 있다. 여기서 ㉰ 그 진술이 특히 신빙할 수 있는 상태하에서 행하여진 때라 함은 그 진술을 하였다는 것에 허위개입의 여지가 거의 없고, 그 진술내용의 신빙성이나 임의성을 담보할 구체적이고 외부적인 정황이 있는 경우를 가리킨다(대법원 1995.6.13. 선고 95도523 판결; 대법원 1997.4.11. 선고 96도2865 판결; 대법원 1999.2.26. 선고 98도2742 판결; 대법원 1999.11.26. 선고 99도3786 판결 등 참조). 다만 압수된 녹음테이프에 대한 제1심의 검증결과에 의하면, 그 녹취 당시 M이 V에게 "성룡이 아저씨가 쉬 닦아준다고 고추로 잠지에다가 대고 흔들었다"는 내용으로 이야기할 것을 구체적으로 유도하였는데, V는 이에 대하여 처음에는 '얘기하기 싫다'거나 '엄마는 몰라도 된다'는 식으로 대답을 회피하다가, M이 '대답을 잘해야 색연필을 사러 가고 다음에 학교 가자'는 등으로 회유하면서 같은 내용의 질문을 반복하자 결국 M이 유도하는 바에 따라 공소사실과 같은 취지의 대답을 하였음을 알 수 있다. 그러나 V는 1995.3.8.생으로 위 녹취 당시 만 3세 1개월 남짓한 유아이었고, 그 후 원심법정에서 진술함에 있어서도 그의 의사를 언어로써 제대로 표현하지 못한 점에 비추어, 과거 자신이 경험한 사실을 기억하여 그 기억에 따라 진술할 수 있는 능력이 성인이나 보다 나이가 든 아동에 비하여 미약하다고 보여지는데, M이 위와 같이 V와의 대화를 녹취한 것은 이 사건이 발생하였다는 때로부터 7개월 가량이 지난 1998.4.20.일뿐만 아니라, M이 D의 처에게 D의 V에 대한 추행사실을 들어 금전보상을 요구한 후에 그 증거자료

를 확보하기 위한 것이었으며, 더욱이 그 녹취 과정에서 'M이 V에게 편향되고 유도적인 질문을 반복하여 V로부터 그 유도에 따라 대답을 하게 하였음'을 알 수 있고, 그 녹취 당시를 제외하고는 V가 같은 내용의 이야기를 하였음을 알 수 있는 자료가 없는 점 등에 비추어 보면, V로서는 그 녹취에 이르기까지 M의 영향을 받아 진술이 왜곡되었을 가능성을 배제할 수 없다. 그렇다면 V의 증언능력 유무와는 상관없이 사건이 있은 때로부터 7개월 가량이 경과된 후에 M의 편향되고 유도적인 반복 질문에 따라 비로소 이루어진 단 1회의 V의 진술만으로 D에 대한 이 사건 공소사실을 인정하는 데 합리적인 의심을 배제한 정도의 증명에 이르렀다고 볼 수는 없다.

(다) 재전문진술이나 '재전문진술을 기재한 조서'의 증거능력

V의 아버지인 F의 원심법정에서의 진술(ⓐ)과 인천 성폭력상담소 상담원인 Y의 검찰에서의 진술을 기재한 조서(ⓖ)는, F나 Y가, M이 V로부터 들었다는 V의 피해사실을, M으로부터 다시 전해 들어서 알게 되었다는 것을 그 내용으로 하고 있는바, 이러한 F의 원심법정에서의 진술은 '요증사실을 체험한 자'(V)의 진술(원진술)을 들은 자(전문자, M)의, 공판준비 또는 공판기일 외에서의 V의 진술을 그 내용으로 하(여 법정에 전달하: 필자첨가)는 이른바 재전문진술(ⓐ)이고, Y의 검찰에서의 진술조서(ⓖ)는 그와 같은 재전문진술을 기재한 조서이다. 그런데 ㊉ '형사소송법은 전문진술에 대하여 제316조에서 실질상 단순한 전문의 형태를 취하는 경우에 한하여 예외적으로 그 증거능력을 인정하는 규정을 두고 있을 뿐, 재전문진술이나 재전문진술을 기재한 조서에 대하여는 달리 그 증거능력을 인정하는 규정을 두고 있지 아니하므로, 피고인이 증거로 하는 데 동의하지 아니하는 한 형사소송법 제310조의2의 규정에 의하여 이를 증거로 할 수 없다.' F의 원심법정에서의 진술(재전문진술)과 Y의 검찰에서의 진술을 기재한 조서(재전문진술을 기재한 조서)는 재전문진술이거나 재전문진술을 기재한 조서이므로 이를 증거로 할 수 없다.[2)]

IV 분석과 해설

(가) 문제의 제기

본 판례에 의하면 제1심과 항소심이 채택한 증거 중 ⓐ와 ⓖ는 원천적으로 증거능력이 없고(재판요지 (다)), ⓑ는 이른바 '증거의 관련성'이 없어서 증거로 할 수 없고, ⓒ, ⓓ, ⓕ는 특신정황이 구비되지 않아 증거능력이 없으며(재판요지 (가), (나)), ⓔ는 공판정에서 원진술자인 V에 의하여 성립의 진정(현행법상으로는 법 제313조 제1항)이 인정될 수 없거나 그렇지 않다 하더라도 모(母) M의 편향되고 유도적인 반복 질문에 응하여 행하여진 진술이므로 공소사실을 인정하기에 합리적인 의심을 배제할 정도의 증명력이 없다. 그러나 본 사안은 재전문증거

2) 대법원 2004.3.11. 선고 2003도171 판결도 같은 취지이다.

(double hearsay 혹은 hearsay within hearsay)나 그 이상의 누적적 전문증거(multiple hearsay)의 증거능력이 정면으로 쟁점화된 최초의 판례사안이다.

(나) 재전문증거의 의의

대법원은 본 판결에서 '전문진술이 기재된 조서'(ⓕ)만을 명시적으로 '재전문증거'라고 명명하고 있다(재판요지 (가)).[3] 사실인정의 주체(trier of the fact)인 법원의 입장에서 볼 때 본건에서 문제가 되고 있는 참고인진술조서의 진술기재내용은 원진술자(original declarant, V)의 체험을 전해들은 M(最初傳聞人)의 진술이라는 점에서 '1차의 전문성(hear-say)'을 띠고 있고 또한 그 진술이 법원면전(法院面前)에서 행하여진 것(공판정 진술)이 아니라 수사기관(검사)앞에서 행하여진 것(공판정외의 진술)이라는 점에서 '재차(再次)의 전문성'(hearsay within hearsay)을 띠고 있다. 대법원은 이런 맥락에서 수사기관 작성의 M에 대한 참고인진술조서를 '재'(전문성의 2번 누적)전문증거로 파악한 것이다.

(다) '전문진술이 기재된 조서'를 증거로 사용하기 위한 요건

대법원은 [㉯-1] "형사소송법 제312조 또는 제314조의 규정에 의하여 각 그 증거능력이 인정될 수 있는 경우에 해당하여야 함은 물론", [㉯-2] "형사소송법 제316조 제2항의 규정에 따른 위와 같은 요건을 갖추어야 예외적으로 증거능력이 있다"고 판시하고 있다. 대법원은 왜 이런 결론을 도출하였을까?

전문증거를 증거로 할 수 없는 이유는 여러 가지가 있지만 가장 중요한 것은 그것이 반대당사자의 반대신문을 경유하지 않아 신용성이 결여되기 때문이다. 그러나 전문증거라도 증거로 사용하여야 할 절박한 필요성이 있고 반대신문의 경유를 대신할 만한 다른 보장책이 구비되면 증거로 쓸 수 있도록 하려는

---

3) 재전문진술이나 재전문진술을 기재한 조서는 '재전문증거'가 아니란 말인지, 만약 그렇다면 재전문진술이나 재전문진술을 기재한 조서를 과연 무엇이라고 명명하여야 하는지에 대하여 본 판례는 명시하지 않고 있다. 더불어 전문진술에 관한 한 이제 313조 제1항의 서면 중 '특정인의 전문진술을 기재한 진술기재서'는 더 이상 의미를 상실한 것으로 보아야 한다. 본래 313조 제1항이 적용되는 진술기재서는 '원진술자(W)의 경험을 타인(W2)이 서면으로 옮기는 것'이다. 그런데 '전문진술을 기재한 W2 작성의 진술기재서'를 생각해 보자. 2000년에 선고된 본 판결로 '전문진술을 기재한 W2 작성의 진술기재서'는 이제 그 존재의의가 상실된 것으로 보아야 한다. 2000년에 선고된 본 판결은 '두 가지 엄격한 요건의 구비를 조건으로 '전문진술을 기재한 (수사기관 작성의) 조서를 재전문증거로 허용한다. 이런 마당에 '전문진술을 기재한 W2 작성의 진술기재서'를 313조 제1항의 요건 충족을 조건으로 허용하면 2000년에 선고된 본 판결의 취지는 무색해진다. 전문법칙 발상의 강화로 이제 313조 제1항의 진술기재서 형식 중 '전문진술을 기재한 W2 작성의 진술기재서'는 허용할 수 없다. 다음에 '특정인의 전문진술을 기재한 진술서'는 경찰단계에서 작성된 것이거나 검찰 단계에서 작성된 것이면 전문진술을 기재한 조서로 취급하면 될 것이고 경찰단계에서 작성된 것이거나 검찰 단계에서 작성된 것이 아니면 너무나 위험하므로 증거능력을 부정하여야 할 것이다.

것이 형사소송법의 기조이다. 본 판례가 [㉯-2]의 요건을 요구한 것은 '전문진술이 기재된 조서'의 '1차의 전문성결함'을 극복하기 위한 것이고 [㉯-1]의 요건을 요구한 것은 '전문진술이 기재된 조서'의 '재차의 전문성결함'을 극복하기 위한 것임을 어렵지 않게 추론해 낼 수 있다.

(라) 검면조서의 전문성결함을 극복하기 위한 요건의 충족여부

본 사안의 경우 최초전문인인 M은 법정에서 '전문진술이 기재된 검사작성 참고인진술조서'(이하 '檢面 調書'로 약칭함)의 '성립의 진정'을 인정하였을 것이므로(법 제312조 제4항) '재차의 전문성결함'은 극복되었을 것이다. 문제는 본 검면조서가 '1차의 전문성결함'을 극복할 수 있겠는가 하는 점이다.

본 검면조서가 '1차의 전문성결함'을 극복할 수 있으려면 필요성 요건과 특신정황 요건을 모두 갖추어야 한다. 먼저 V의 1998.4.12. 원진술을 증거로 사용할 필요성 요건의 충족여부를 살펴보자. "V는 원심법정에 증인으로 출석하여 이름과 나이 등을 묻는 재판장의 질문에만 대답하였을 뿐, 'D나 D의 가족을 알고 있느냐'는 질문에 대하여는 '모른다'고 하거나 '대답하기 싫다'고 하였다." 그렇다면 "원진술자인 V는 원심법정에서의 진술 당시 자신이 과거에 경험한 사실을 그 기억에 따라 진술할 수 있는 증언능력을 결여하였다고 볼 수 있거나 적어도 원진술자가 요증사실에 관하여 실질적으로 증언을 거부한 것과 마찬가지로 볼 수 있으므로, ㉱ 원진술자가 진술할 수 없는 사유가 있는 경우에 해당한다"(필요성 요건의 구비) 다만 대법원은 특신정황의 요건은 갖추지 못하였다고 판단한다. 그러므로 "M의 수사기관에서의 진술을 기재한 조서는 모두 형사소송법 제316조 제2항의 요건을 갖추지 못하여 형사소송법 제310조의2의 규정에 의하여 증거로 할 수 없다"는 것이 대법원의 결론이다. 이런 추론에 대하여는 별 이의가 있을 수 없다. 다음에 문제되는 것은 재전문진술과 재전문진술을 기재한 조서의 증거능력문제이다.

(마) 재전문진술과 재전문진술을 기재한 조서의 증거능력

대법원은 "㉲ 형사소송법은 전문진술에 대하여 제316조에서 실질상 단순한 전문의 형태를 취하는 경우에 한하여 예외적으로 그 증거능력을 인정하는 규정을 두고 있을 뿐, 재전문진술이나 재전문진술을 기재한 조서에 대하여는 달리 그 증거능력을 인정하는 규정을 두고 있지 아니하고 있으므로, 피고인이 증거로 하는 데 동의하지 아니하는 한 형사소송법 제310조의2의 규정에 의하여 이를 증거로 할 수 없다"(재판요지 제3항)는 형식논리를 전개하고 있으나, 이 논리에 의한다면 형사소송법은 '전문진술이 기재된 조서'에 대하여도 규정하고 있지 않음을 어떻게 정당화시킬 수 있을지 의문이다.

재전문증거와 재재전문증거를 통털어 '누적적 전문증거'(multiple hearsay)로 명명한다면, 누적적 전문증거는 전문성이 부가되는 길목마다 그것을 증거로 사용할 때 예상되는 위험성을 극복할 수 있는 전문법칙의 예외조건(필요성 요건과 특신정황 요건, 성립 및 내용의 인정)이 누적적으로 구비되면 증거로 할 수 있도록 하는 것이 타당하다.[4] 미국연방증거법과 대부분의 주의 증거법[5]이 이런 입장을 취하여 아동학대와 아동추행 사안에 대처하고 있다.

(바) 성폭력범죄의 특례(대법원 2010.1.28. 선고 2009도12048 판결)

[사안] D는 사촌동생인 V(여,7세)를 2009.4.11. 강간하고(이하 '제1범죄사실'이라 한다), 같은 해 4.22. 강간하여 상해를 입게 한 혐의(이하 '제2 범죄사실'이라 한다)로 기소되었다. D는 제2범죄사실을 자백하고 제1범죄사실을 부인하였다. 제1심은, '성폭력범죄의 처벌 및 피해자보호 등에 관한 법률(이하 '성폭력범죄처벌법'이라 한다)'[6] 제21조의3 제4항에 의해 같은 조 제3항의 규정에 따라 촬영된 영상물에 수록된 V의 진술이 V에 대한 경찰 진술조서의 내용과 일치함을 조사과정에 동석하였던 V의 어머니의 진술을 통하여 확인하였으면서도, 그 V의 진술을 증거로 쓰지 아니한 채 D의 일부 법정진술, V의 어머니의 공판기일에서의 진술, V에 대한 경찰 진술조서 등 만에 의하여 위 각 범죄사실에 대한 증명이 충분하다고 보아 이를 전부 유죄로 판단하였다. D가 항소하였다. 항소심은 제1심의 판단을 그대로 유지하여 D의 항소를 기각하였다. D가 상고하였다: (파기환송) "제1 범죄사실에 대한 직접적인 증거는 V의 경찰에서의 진술이 유일하고, V의 어머니의 공판기일에서의 진술은 V의 진술을 그 내용으로 하는 전문진술에 불과하며, 달리 이 사건 제1 범죄사실을 인정하기에 충분한 증거는 없다. V에 대한 경찰 진술조서는 형사소송법 제312조 제4항의 요건을 갖추지 못하여 증거로 할 수 없고, V의 어머니의 공판기일에서의 진술은 형사소송법 제316조 제2항의 요건을 갖추지 못하여 역시 증거로 할 수 없다. 나아가 성폭력범죄처벌법 제21조의3 제4항의 규정에 의하여 증거능력이 인정될 수 있는 것은 '같은 조 제3항에 의해 촬영된 영상물에 수록된 V의 진술' 그 자체일 뿐이고, 위 성폭력범죄처벌법 조항에 의해 V에 대한 경찰 진술조서나 조사과정에 동석하였던 신뢰관계 있는 자의 공판기일에서의 진술은 그 대상이 되지 아니한다. 그렇다면 원심은 증거능력 없는 증

---

4) 이재상, 590.

5) John William Strong et al ed., *McCormic On Evidence*, 4th ed., West Publishing Co.(St. Paul, Minn., 1992), pp.540~541 이하 참조.

6) 현행 성폭력범죄의 처벌 등에 관한 특례법

거에 의하여 이 사건 제1 범죄사실을 인정한 결과로 되었다. 피고인 아닌 자의 공판준비 또는 공판기일에서의 진술이 피고인 아닌 타인의 진술을 그 내용으로 하는 것인 때에는 원진술자가 사망, 질병, 외국거주, 소재불명, 그 밖에 이에 준하는사유로 인하여 진술할 수 없고, 그 진술이 특히 신빙할 수 있는 상태하에서 행하여졌음이 증명된 때에 한하여 이를 증거로 할 수 있다(법 제316조 제2항). 그리고 검사 또는 사법경찰관이 피고인이 아닌 자의 진술을 기재한 조서는 적법한 절차와 방식에 따라 작성된 것으로서 그 조서가 검사 또는 사법경찰관 앞에서 진술한 내용과 동일하게 기재되어 있음이 원진술자의 공판준비 또는 공판기일에서의 진술이나 영상녹화물 또는 그 밖의 객관적인 방법에 의하여 증명되고, 피고인 또는 변호인이 공판준비 또는 공판기일에 그 기재 내용에 관하여 원진술자를 신문할 수 있었던 때에는 증거로 할 수 있다. 다만, 그 조서에 기재된 진술이 특히 신빙할 수 있는 상태 하에서 행하여졌음이 증명된 때에 한한다(법 제312조 제4항). 한편 성폭력범죄처벌법 제21조의3 제3항에 의해 촬영된 영상물에 수록된 피해자의 진술은 같은 조 제4항에 의해 공판준비 또는 공판기일에서 피해자 또는 조사과정에 동석하였던 신뢰관계에 있는 자의 진술에 의하여 그 성립의 진정함이 인정된 때에는 증거로 할 수 있다. 이를 지적하는 상고이유의 주장은 정당하다.”

8.20

증거동의와 그 취소·철회의 주체와 시기

대법원 1988.11.8. 선고 88도1628 판결

I 사 안

1) D(전 국가대표 역도선수로 키가 크다)는 "주점 여주인(V)을 강간하려 하였다가 미수에 그치고 V를 상해"한 혐의를 받게 되었다. V의 고소로 경찰에서 조사를 받게 되자 D는 V2의 주선으로 일단 V와 합의를 보기에 이르렀다. "V2의 주선에 불만을 품은 D는 사건 당일 자정을 지나서까지 V2와 술을 마시고 귀가하다가 시비가 생기게 되자 '열중쉬어!', '차려!' 등의 구령을 붙여가며 V2의 멱살을 잡아 흔들어 V2를 사망"시킨 혐의가 추가되었다. D는 'V에 대한 강간치상'과 'V2에 대한 상해치사' 혐의로 기소되었다. 이하 'V2에 대한 상해치사' 혐의에 대하여만 집중한다. D는 당초 경찰에서 참고인으로서 진술하였다. 그러다가 어느 순간에 피의자로 신문받게 되었다. D는 참고인으로서 진술할 당시나 제1회 피의자신문을 받을 당시에는 일부 범행을 부인하다가 제2차 피의자신문(1987.10.10.자)에서는 범행사실을 자백하였다. D는 그 이후의 경찰이나 검찰에서 피의자신문을 받으면서 종전의 태도로 돌아가 구타사실 및 V2의 사망 현장에 간 사실을 부인하였다. 그런데 **공판조서의 일부를 이루는 증거목록**에 의하면 D는 검사가 제출한 참고인진술조서, 피신조서 중 ① 경찰작성의 W에 대한 진술조서(공소장에 기재된 사고발생 무렵은 깜깜한 밤중이었기 때문에 왕래자들의 인상을 파악할 수 있는 정도는 아니었으나 참고인은 구령과 함께 구타하는 소리가 들려 장독대 위로 올라가보니 '키가 큰 사람이 키 작은 사람을 심하게 때리고 있었다'는 내용의 진술이다. D는 전 국가대표 역도선수로 키가 크고 V2는 키가 작다), ② 검사 및 경찰 작성의 W2에 대한 참고인진술조서(D와 같은 감방에 있었던 별개사건의 피의자로서 'D가 자신에게 범행사실을 시인하였다'는 내용의 진술)에 대하여는 '증거로 함에 부동의'한 것으로 기재되어 있고, ③ 나머지 참고인에 대한 검사 및 경찰 작성의 참고인진술조서에 대하여는 증거로 함에 동의한 것으로, ④ 검면피신조서에 대하여는 성립 및 임의성 인정, ⑤ 경찰 작성의 피신조서에 대하여는 성립, 임의성 및 내용인정으로 기재되어 있으나 그와 같은 증거에 대한 의사표시를 D와 변호인 중 누가 한 것인지, 쌍방의 일치된 진술인지는 기재되어 있지 않았다. ⓐ D와 변호인은 공판정에서 범행사실을 부인하고 있을 뿐만 아니라 범행사실에 대한 간접사실(피고인이 피의자로서 신문받을 당시 시인하였던 구령사실, 기합사실)까지도 '기억이 없다'는 식으로 부인하고 있고 ⓑ 변호인은 제1심 공판의 결심(結審) 당시 D에 대하여 무죄의 변론을 하였다.

2) 제1심과 항소심은 ③, ④, ⑤의 증거를 채택하여 D의 유죄를 인정하고 징역 3년의 실형을 선고하였다. D가 상고하였다.

제1심 공판조서의 기재상황

"ⓓ 법원이 증거조사결과에 대하여 의견을 묻는 데 대하여 D 및 변호인이 모두 '별 의견이 없다'고 진술한 것으로 기재되어 있으며, ⓔ 증거조사 완료 전까지 그러한 증거에 대한 의사표시가 취소 또는 철회되었다고 볼 흔적을 찾아볼 수는 없고, ⓕ 다만 D가 제1심 공판정에서 공소사실의 중요부분을 포함한 대부분에 대하여 부인하고 있고 변호인도 D에 대한 무죄변론을 하였으며 그 후 ⓖ 제1심 제3차 공판기일에 이르러 D는 'D가 위와 같이 증거로 함에 동의한 것 등은 D가 한 일이 아니라고 진술'하고 있다. (중략) ㉤ 제1심 공판조서상의 기재만으로는 제1심판결에서 증거로 거시한 위 진술조서들에 대하여 이를 증거로 함에 동의한 것이 변호인의 일방적인 의사표시의 결과라고 단정하기 어렵고 달리 이를 인정할 아무런 자료도 엿보이지 않을 뿐 아니라 D가 그러한 증거에 대한 의사표시가 변호인의 일방적 의사표시에 불과하다는 이유로 이를 취소 또는 철회한 바도 없다. 또 ㉥ 검사가 제출한 증거들 가운데 범행현장을 목격하였다는 취지의 진술기재가 있는 W에 대한 검사 및 사법경찰리 작성의 각 진술조서와 D가 경찰신문 후 구치감에 돌아와서 범행을 자백하였다고 말하는 사실을 들었다는 취지의 진술기재가 있는 W2에 대한 검사 및 사법경찰리 작성의 각 진술조서(이는 원심 및 제1심이 유죄의 증거로 삼지 않고 있다)에 대하여는 부동의 하는 등 검사가 제출한 증거들에 대하여 선별하여 동의 여부를 결정하였고, ㉦ 증거로 함에 동의한 진술조서들의 각 기재내용에는 제1심법정에서의 D의 진술과 일부씩 부합되는 부분도 없지 아니하다. (중략) 검사작성의 D에 대한 피신조서들은 그 내용이 제1심법정에서의 진술을 크게 벗어나지도 아니하고 달리 D가 그 성립을 인정하지 아니하였다거나 D의 진술에 임의성을 의심할 만한 자료도 없다."

3) 상고이유는 "제1심 제3차 공판기일에 D는 '증거목록상에 증거로 함에 동의한 것으로 기재된 부분은 변호인이 D의 의사를 무시하고 일방적으로 증거동의 한 진술을 기재한 것이므로 이들 참고인진술조서(③)나 피신조서(④, ⑤)를 유죄의 증거로 삼아서는 아니 된다'"는 것이었다.

II 쟁 점

증거동의와 그 취소·철회의 주체는 누구이며 그 가능한 시기는 언제인가?

III 재판요지

판례이론

1) 형사소송법 제318조에 규정된 증거동의의 의사표시는 증거조사가 완료되기 전까지 취소 또는 철회할 수 있으나 일단 증거조사가 완료된 뒤에는 취소 또는 철회가 인정되지 아니하므로 취소 또는 철회 이전에 이미 취득한 증거능력이 상실되지 않는다(대법원 1983.4.26. 선고 83도267 판결).

2) '증거로 함에 대한 동의의 주체는 소송주체인 당사자이지만, 변호인은 피고인의 명시한 의사에 반하지 아니하는 한 피고인을 대리하여 이를 할 수 있으므로, 피고인이

증거로 함에 동의하지 아니한다고 명시적인 의사표시를 한 경우 이외에는 변호인은 서류나 물건에 대하여 증거로 함에 동의할 수 있고, 이 경우 변호인의 동의에 대하여 피고인이 즉시 이의하지 아니하는 경우에는 변호인의 동의로 증거능력이 인정되고, 증거조사 완료 전까지 앞서의 동의가 취소 또는 철회하지 아니한 이상 일단 부여된 증거능력은 그대로 존속한다.'[1)]

판례이론의 사안에의 적용

3) 제1심 공판조서상의 기재만으로는 제1심판결에서 증거로 거시한 위 진술조서들에 대하여 **이를 증거로 함에 동의한 것이 변호인의 일방적인 의사표시의 결과라고 단정하기 어렵고** 달리 이를 인정할 아무런 자료도 엿보이지 않을 뿐 아니라 피고인이 그러한 증거에 대한 의사표시가 변호인의 일방적 의사표시에 불과하다는 이유로 이를 취소 또는 철회한 바도 없(다).

4) 검사가 제출한 증거들 가운데 '범행현장을 목격하였다'는 취지의 진술기재가 있는 W에 대한 검사 및 사법경찰리 작성의 각 진술조서와, 'D가 경찰신문 후 구치감에 돌아와서 범행을 자백하였다'고 말하는 사실을 들었다는 취지의 진술기재가 있는 W2에 대한 검사 및 사법경찰리 작성의 각 진술조서(이는 원심 및 제1심이 유죄의 증거로 삼지 않고 있다)에 대하여는 부동의하는 등 **검사가 제출한 증거들에 대하여 선별하여 동의 여부를 결정하였고, 증거로 함에 동의한 진술조서들의 각 기재내용에는 제1심 법정에서의 D의 진술과 일부씩 부합되는 부분도 없지 아니한 점**에 비추어 볼 때, D가 제1심 법정에서 공소사실의 중요 부분을 포함한 대부분에 대해 이를 부인하고 있다는 한 가지 사실만 가지고 위와 같이 **동의한 것이 D의 의사와는 관계없이 변호인의 일방적인 의사에 의하여 이루어졌다거나 그와 같은 동의가 D에게 효력을 미칠 수 없는 것이라고 인정할 수는 없다.**

5) 검사작성의 D에 대한 피의자신문조서들은 그 내용이 제1심 법정에서의 진술을 크게 벗어나지도 아니하고 달리 D가 그 성립을 인정하지 아니하였다거나 D의 진술에 임의성을 의심할 만한 자료도 없어 그 증거능력을 부인할 수 없다.

6) 참고인들에 대한 진술조서들과 검사작성의 D에 대한 피의자신문조서들을 D에

---

1) 이 부분은 여러 문장을 한 문장으로 합쳤기 때문에 이해하기 어렵다. 그 취지를 5개의 문장으로 분리하면 다음과 같다; ⓐ 증거로 함에 대한 동의의 주체는 소송주체인 **당사자(피고인)**이다. ⓑ **변호인**은 피고인의 명시한 의사에 반하지 아니하는 한 피고인을 대리하여 이를 할 수 있다. 따라서 ⓒ '피고인이 증거로 함에 동의하지 아니한다'고 명시적인 의사표시를 한 경우 이외에는 변호인은 서류나 물건에 대하여 증거로 함에 동의할 수 있다 ⓓ 변호인의 동의를 무효화시키려면 피고인이 즉시 이의하여야 하고 피고인이 즉시 이의하지 아니하는 경우에는 변호인의 동의로 증거능력이 인정된다. ⓔ 증거조사 완료 전까지는 피고인/변호인은 앞서의 동의를 취소 또는 철회할 수 있다. 그러나 증거조사 완료 후에는 앞서의 동의를 취소 또는 철회할 수 없다. 여기에 다음 사항을 추가하여야 한다. ⓕ 동의의 효력은 동의자와 그 상대방에게 미치고, 기타의 당사자에게는 미치지 아니한다. 따라서 피고인이 복수인 경우에 1인의 피고인이 행한 동의의 효력은 다른 피고인에게 미치지 아니한다.

대한 유죄의 증거로 삼은 데에 아무런 잘못이 없다.

7) 다만 사법경찰리 작성의 1987.10.11.자 피의자신문조서에는 D의 범행자백 내용이 기재되어 있는바, D가 제1심 법정에서 시종 범행을 부인하고 있는 상태 하에서 그 조서의 내용을 인정한 데에 의문이 생길 수 있기는 하나 위와 같이 그 내용을 인정한 것이 잘못된 것이라 하더라도 원심 및 제1심이 들고 있는 증거들 가운데 위 사법경찰리 작성의 피의자신문조서를 제외한 나머지 증거들만으로도 D가 피해자 V2를 주먹과 발로 폭행하여 상처를 입히고 그로 인하여 사망의 결과에 이르게 된 원심판시 상해치사 범행을 모두 인정하기에 충분하다.

IV 분석과 해설

(가) 증거동의권의 행사주체

증거동의의 주체는 검사와 피고인 쌍방이다. 당사자 일방이 신청한 전문증거는 상대방의 동의만으로 족하다. 본 사안에서는 검사가 신청한 전문증거에 대하여 피고인의 동의가 있었는가가 문제되고 있다. 그런데 변호인도 이 동의를 할 수 있는가?

변호인은 피고인의 의사에 반하지 아니하는 한 포괄적 대리권을 가지므로 변호인이 이 동의권을 행사할 수 없다고 할 수는 없다. 그런데 법 제318조 제1항은 동의권자를 '피고인 및 검사'라고 못박고 있다. 이에 비추어 볼 때 적어도 피고인의 명시한 의사(부동의)에 반하여 변호인이 일방적으로 증거동의할 수는 없다. 대법원은 "증거로 함에 대한 동의의 주체는 소송주체인 당사자라 할 것이지만 ㉰ 변호인은 피고인의 명시한 의사에 반하지 아니하는 한 피고인을 대리하여 이를 할 수 있음은 물론이므로 (피고인이: 필자 첨가) '증거로 함에 동의하지 아니한다'고 명시적인 의사표시를 한 경우 이외에 변호인은 서류나 물건에 대하여 증거로 함에 동의할 수 있고,[2] 이 경우 ㉱ 변호인의 동의에 대하여 피고인이 즉시 이의"하거나 "증거조사 완료 전까지 앞서의 동의가 취소 또는 철회하지 아니한 이상 일단 부여된 증거능력은 그대로 존속한다"고 판시하고 있다(재판요지 2) 참조). 대법원은 '변호인의 동의도 일단 유효한 것으로 설정해 놓되 피고인이 취소할 수 있는 것'으로 하면서 '다만 취소 가능한 시한(증거조사 완료 전까지)을 설정'한 것이다. 따라서 변호인의 동의에 대하여 피고인이 즉시 이의를 표시하거나 증거조사 완료 전까지 증거동의를 취소하면 증거동의는 없는 것으로 간주된다.

2) "피고인이 출석한 공판기일에서 증거로 함에 부동의한다는 의견이 진술된 경우에는 그 후 피고인이 출석하지 아니한 공판기일에 변호인만이 출석하여 종전 의견을 번복하여 증거로 함에 동의하였다 하더라도 이는 특별한 사정이 없는 한 효력이 없다."(대법원 2013.3.28. 선고 2013도3 판결)

(나) 증거동의의 철회와 취소

소송행위는 선행행위와 후행행위가 서로 연쇄를 이루며 발전하여 가므로 이미 행하여진 절차형성행위를 그 뒤에 함부로 철회·취소가능 하도록 하는 것은 바람직하지 않다. 이 법리를 인정하는 이론을 **절차유지의 원칙**이라고 한다. 따라서 증거로 함에 대한 동의의 철회·취소가 허용된다 하더라도 무한정 허용될 수는 없다. 대법원 1983.4.26. 선고 83도267 판결은 '법 제318조에 의하여 증거로 할 수 있음을 동의한 경우에 그 동의의 의사표시는 증거조사가 완료되기 전까지 취소 또는 철회할 수 있으나 일단 증거조사가 완료된 뒤에는 취소 또는 철회할 수 없다'는 이유로 제1심에서 한 증거동의를 항소심에서 취소하는 것을 허용하지 아니하고 있다. 이 판결이 말하는 '증거조사의 완료'라 함은 '변론종결 전까지'의 의미와는 다르다. 재판요지 제2항은 대법원 1983.4.26. 선고 83도267 판결의 취지를 그대로 원용하고 있다. 대법원 1983.4.26. 선고 83도267 판결의 취지를 본 사안에 포섭하여 보다 구체적으로 언급해 보자.

검사가 제출한 서류 또는 물건에 대하여 피고인(및 변호인)이 증거로 함에 대한 동의 여부를 진술하면 법원은 피고인(및 변호인)이 증거로 함에 동의한 서류나 물건에 대하여 증거조사를 실시하고 증거조사결과에 대한 의견을 물을 것이다. 이때 피고인(및 변호인)이 의견을 진술하게 되면 그 의견진술을 마친 때가 바로 '증거조사가 완료된' 시점이다. 그런데 본 사안은 공판조서에 "ⓓ 법원이 증거조사결과에 대하여 의견을 묻는 데 대하여 피고인 및 변호인이 모두 '별 의견이 없다'고 진술한 것으로 기재"되어 있으며 또한 공판조서에는 "ⓔ 증거조사 완료 전까지 그러한 증거에 대한 의사표시가 취소 또는 철회되었다고 볼 흔적"을 찾아볼 수 없다. 따라서 D는 변호인의 증거동의가 적법하게 취소되었음을 주장할 수 없다.

(다) 관련 문제

(1) 증거동의의 의의 검사와 피고인이 증거로 할 수 있음을 동의한 서류 또는 물건은 (법원이) 진정한 것으로 인정한 때에는 증거로 할 수 있다(법 제318조 제1항). 여기서 '증거로 할 수 있음을 동의 한다' 함은 형사소송법 제310조의2의 전문증거의 원칙규정에 의하여 금지되어 있고 또 형사소송법 제311조~316조의 예외에도 해당되지 아니하기 때문에 본래 증거능력이 없는데도 이를 증거로 하여도 좋다는 취지의 검사 및 피고인의 소송행위이다. 대법원은 이 동의의 성질을 '반대신문권의 포기'(대법원 1983.3.8. 선고 82도2873 판결)로 자리매김하고 있다. 그러나 당사자가 증

거로 함에 대하여 동의하면 바로 증거능력이 인정되는 것이 아니고 법원이 당사자가 동의한 서류 또는 물건에 대하여 '진정성을 인정'한 때에 한하여 그 증거능력이 인정된다. 당사자주의를 그 기본구조로 삼고 직권주의에 의한 보충이 반영된 결과이다.

(2) 증거동의의 시기 법관이 증거능력이 없는 증거에 의하여 심증을 형성할 우려가 있으므로 증거능력이 없는 증거에 대하여는 원칙적으로 증거조사를 할 수 없다. 따라서 동의는 원칙적으로 증거조사 전에 하여야 한다(규칙 제134조 제2항). 그러나 증인신문을 하는 경우에 사전에 증언내용을 알 수 없는 당사자로서는 증거조사 전에 동의하는 것이 사실상 불가능하다. 따라서 이 경우에는 전문진술 직후에 당사자의 동의를 얻을 수밖에 없을 것이다. 사전에 증거동의 없이 전문증거를 조사했다면 조사 후에 적법한 동의가 있으면 그 하자는 치유되는 것으로 볼 것이다.

(3) '별 이의 없다'는 진술을 동의로 간주할 수 있는가?

(i) 전문진술의 경우 '동의'나 '이의' 혹은 '부동의'의 의사표시는 진술직후에 할 수밖에 없다. 증인의 전문진술에 대하여 이의신청을 하지 아니하고 증인에 대하여 '신문할 것이 없다'고 진술했다면 피고인은 증인의 전문진술에 대하여 증거동의 하였다고 보아도 무방할 것이다.

(ii) 전문서류의 경우 법원이 피고인 및 변호인에 대하여 증거로 하는 데 대한 동의 여부를 묻는데 대하여 피고인 및 변호인이 모두 '이의 없다'고 진술한 경우에 피고인 및 변호인은 동의의 의사표시를 한 것으로 보아야 할 것이다. "피의자 이외의 자의 진술조서에 대하여 피고인이 이의 없다고 진술하고 있고 또 공판정에서 진술조서의 기재내용과 부합하는 진술을 하였다면 그 진술조서를 증거로 하는데 동의한 것"으로 볼 수 있으며(대법원 1972.6.13. 선고 72도922 판결), "피고인이 사법경찰관 작성의 피해자진술조서를 증거로 함에 있어서 그 동의가 법률적으로 어떠한 효과가 있는지를 모르고 한 것이었다고 주장하더라도 변호인이 그 동의시 공판정에 재정하고 있으면서 피고인이 하는 동의에 대하여 아무런 이의나 취소를 한 사실이 없다면 그 동의에 무슨 하자가 있다고 할 수 없다"(대법원 1983.6.28. 선고 83도1019 판결).

(4) 증거동의의 의제 피고인의 출정없이 증거조사를 할 수 있는 경우에 피고인이 출정하지 아니한 때에는 증거의 동의가 있는 것으로 간주한다. 단, 대리인 또는 변호인이 출정한 때에는 예외로 한다(법 제318조 제2항). 대법원은 "약식명령에 불복하여 정식재판을 청구한 피고인이 정식재판절차의 제1심에서 2회 불출정하여 형사소송법 제318조 제2항에 따른 증거동의가 간주된 후 증거조

사를 완료한 이상, 간주의 대상인 증거동의는 증거조사가 완료되기 전까지 철회 또는 취소할 수 있으나 일단 증거조사를 완료한 뒤에는 취소 또는 철회가 인정되지 아니하는 점, 증거동의 간주가 피고인의 진의와는 관계없이 이루어지는 점 등에 비추어, 비록 피고인이 항소심에 출석하여 공소사실을 부인하면서 간주된 증거동의를 철회 또는 취소한다는 의사표시를 하더라도 그로 인하여 적법하게 부여된 증거능력이 상실되는 것이 아니다"라고 판시하고 있다(대법원 2010.7.15. 선고 2007도5776 판결).

(5) 위법수집증거와 동의 위법하게 수집된 증거로서 증거능력이 부정되는 증거는 동의에 의하여 증거능력이 생긴다고 볼 수는 없다. 대법원(대법원 2010.1.28. 선고 2009도10092 판결)도 "형사소송법 제218조는 '사법경찰관은 소유자, 소지자 또는 보관자가 임의로 제출한 물건을 영장없이 압수할 수 있다'고 규정하고 있는바, 위 규정을 위반하여 소유자, 소지자 또는 보관자가 아닌 자로부터 제출받은 물건을 영장없이 압수한 경우 그 '압수물' 및 '압수물을 찍은 사진'은 이를 유죄 인정의 증거로 사용할 수 없고, 헌법과 형사소송법이 선언한 영장주의의 중요성에 비추어 볼 때 피고인이나 변호인이 이를 증거로 함에 동의하였다고 하더라도 달리 볼 것은 아니다"라고 판시하고 있다.

(6) 전문법칙과 엄격한 증명의 원칙에 의한 '증거공통의 원칙'[3]의 수정(피고인이나 변호인이 피고인의 무죄에 관한 자료로 제출한 **서증** 가운데 도리어 유죄임을 뒷받침하는 내용이 있는 경우 이를 유죄증거로 사용할 수 있는가(한정긍정))(대법원 1989.10.10. 선고 87도966 판결) "원심은, '급료 및 수당지출결의서 사본, 상여금지출결의서 사본, 노무비지출결의서 사본, 오물수거료지출결의서 사본, 통조림구입비지출결의서 사본, 급료 및 수당지급조서사본 등은 모두 D들이 자기에게 유리한 입증을 위하여 제출한 증거이기는 하나, 증거공통의 원칙상 이는 D들에게 불리한 사실인정을 위하여도 사용될 수 있는 것이고 이 경우 위 사본들을 그 원본들과 대조 확인하지 아니하였다 하여 증거능력이 없다 할 수는 없다'는 이유로 이를 모두 유죄의 증거로 사용하고 있다.

---

3) 대법원 2004.5.14. 선고 2003다57697 판결: "㉮ 민사소송절차에서의 변론주의 원칙은 권리의 발생·변경·소멸이라는 **법률효과 판단의 요건이 되는 주요사실에 대한 주장·입증에 적용되는 것**으로서 그 주요사실의 존부를 확인하는 데 도움이 되는 간접사실이나 그의 증빙자료에 대하여는 적용되지 않는 것이고(대법원 2002.9.4. 선고 2002다33922 판결 참조), ㉯ 증거는 어느 당사자에 의하여 제출되거나 또 상대방이 이를 원용하는 여부에 불구하고 이를 당사자 어느 쪽의 유리한 사실인정 증거로 할 수 있는 것인바(대법원 1978.5.23. 선고 78다358 판결 참조), 이 사건에서 건물 분양시 부가가치세가 부과되고 부가가치세를 포함하여 총 분양대금이 산정되는 거래 관행이 존재한다는 사실은 주요사실의 존부를 확인하는 데 도움이 되는 간접사실에 해당하므로 원심이 당사자의 주장 없이 이런 사실을 인정하였거나, 원고가 제출한 갑 제13호증의 1, 2를 피고에 유리한 사실인정의 증거로 사용하였다고 하더라도, 이것이 변론주의 원칙에 위배된다거나 석명권 불행사, 심리미진 등의 위법사유에 해당한다고 할 수 없다."

그러나 ⓐ 증거공통의 원칙이란 증거의 증명력은 그 제출자나 신청자의 입증취지에 구속되지 않는다는 것을 의미하는 개념적 용어에 불과할 뿐이지 ⓑ 형사소송법에 의하여 **서증에 필요하게 되어 있는 증거능력이나 증거에 관한 조사절차**를 불필요하게 할 수 있는 힘은 없다. ⓒ 형사재판에 있어서는 유죄의 자료로 쓸 수 있는 서류는 그 진정성립이 인정되거나 피고인과 검사가 증거로 함에 동의해야만 하게 되어 있으며 이 동의는 법원이 직권으로 증거조사를 할 때에는 양 당사자의 동의가 필요하나, 당해 서류를 제출한 당사자는 그것을 증거로 함에 동의하고 있는 것이므로 상대방의 동의만 얻으면 충분하다. 그리고 ⓓ 피고인이나 변호인이 피고인의 무죄에 관한 자료로 제출한 서증 가운데 도리어 유죄임을 뒷받침하는 내용이 있다 하여도 법원은 ㉠ 상대방의 원용(동의)이 없는 한 ㉡ 당해 서류의 진정성립 여부 등을 조사하고 아울러 ㉢ 당해 서류에 대한 피고인이나 변호인의 의견과 변명의 기회를 준 다음이 아니면 당해 서증을 유죄인정의 증거로 쓸 수 없다고 보아야만 범죄사실의 인정은 증거능력이 있고 적법한 증거조사를 거친 증거에 의한 **증명(이른바 엄격한 증명)에 의하여야 한다는 증거재판주의**가 실현되므로 무죄의 자료가 유죄로 쓰여질 수 있음을 피고인이나 변호인이 예기하였거나 할 수 있었을 것이라는 구실만으로 위와 같은 절차가 불필요하다고 보아서는 안 된다. 그러므로 원심이 한 위와 같은 판단은 잘못이고 더구나 원심이 위의 증거들 중 상여금지출결의서 사본, 노무비지출결의서 사본, 오물수거자료지출결의서 사본, 통조림구입지출결의서 사본 등을 유죄의 증거로 삼은 것은 **검사의 동의가 있었다는 공판조서의 기재가 없어** 이는 위법하다."[4]

---

4) **[따름판례]** 대법원 2009.5.28. 선고 2008도10787 판결(공정증서원본불실기재 등): "ⓐ 피고인이나 변호인이 무죄에 관한 자료로 제출한 서증 가운데 도리어 유죄임을 뒷받침하는 내용이 있다 하여도, ⓑ 법원은 상대방(검사)의 원용(동의)이 없는 한, ⓒ 그 서류의 진정성립 여부 등을 조사하고 아울러 ⓓ 그 서류에 대한 피고인이나 변호인의 의견과 변명의 기회를 준 다음이 아니면 그 서증을 유죄인정의 증거로 쓸 수 없다(대법원 1989.10.10. 선고 87도966 판결 참조). D의 변호인이 제1심법원에 피고인이 작성한 '외국인 소재불명·가출신고서'를 무죄에 관한 자료로 제출한 사실과 원심이 위 신고서에 의하여 이 사건 공소사실을 추인하게 하는 그 판시와 같은 사실을 인정하였음을 알 수 있는데, 제1심이나 원심이 위 신고서에 대한 피고인이나 변호인의 의견과 변명의 기회를 주었다는 사정을 찾아볼 수 없으므로, 원심이 위 신고서를 유죄인정의 증거로 삼은 조치 역시 위법하다."

8.21

315조(당연히 증거능력이 있는 서류)

대법원 2007.7.26. 선고 2007도3219 판결

I 사 안

D는 "2005.7. 중순 20:00경 서울 강남구 역삼동 소재 역삼역 부근 상호불상의 여관에서, W2(포주)가 운영하는 인터넷 채팅사이트(사이트명생략)를 통하여 알게 된 불상의 여성에게 성매수 대가로 23만 원을 지불하고 1회 성교하여 성매수"(성매매알선 등 행위의 처벌에 관한 법률위반)한 혐의로 기소되었다. 검사는 성매매 여성들이 작성한 메모리카드와 그 출력물을 유죄증거로 제출하였다. 메모리카드 출력물의 D관련 기재사항은 "23-1, 보통"이라는 기재이다. 검사는 이 기재의 의미를 '1회 성교하고 23만 원을 받았다'는 취지라고 주장하였다. 이에 대하여 D는 ⓐ "**메모리카드 출력물을** 증거로 함에 부동의"하였고, ⓑ **메모리카드 출력물의** 성립의 진정함이 작성자에 의하여 증명되지 아니하였고, ⓒ 그 외 "W 등 38명에 관한 메모리카드 출력물 역시 증거능력이 없고", ⓓ "성매매 여성들이 남성들과 채팅으로 성매매조건만 흥정한 채 실제 성매매까지 나아가지 않은 경우에도 그 남성의 인상 및 성매매조건 등을 입력하였다."고 주장하였다. 제1심은 무죄를 선고하였지만 항소심은 유죄(벌금 1백만원)를 선고하였다. D가 상고하였다.

메모리카드 출력물의 내용

"증인 W3(포주가 고용한 여종업원)의 진술과 메모리카드 출력물의 각 기재에 의하면, 남성들이 채팅 또는 전화만 하고 실제 성매매까지 나가지 않은 경우에는 메모리카드 출력물의 방법란에 "온다구 하는 사람이 채팅하고 있음, 온다 해서 말라했음"(수사기록 제197면), "채팅만, 전화번호받음, 소식두절", "연락 없음, 장난질 췟만 하는 놈"(수사기록 제212면), "문자오더니 돈이 모자라고 안 되겠다고", "신촌 25-2인데 계속 체팅만함"(W23에 대한 피의자신문조서), "갑자기 일이 생겼다구 담에 보자구 함"(○○○에 대한 피의자신문조서), "얼굴보더니 걍감", "못한다고 했더니 딴년 만남"(W35에 대한 피의자신문조서) 등 실제 성매매 행위는 없었음을 추단케 하는 표현이 기재되어 있는 반면, 실제 성매매가 이루어진 경우에는 메모리카드 출력물의 방법 란에 "입사 원하고 질문이 많음"(수사기록 제140면), "그냥 그랬음, 말이 조금 많음"(수사기록 제176면), "착함"(수사기록 제183, 197, 212면, W22, 23, 24, 25에 대한 피의자신문조서 등), "매너있음"(W21에 대한 피의자신문조서), "뚱, 빠름"(W24에 대한 피의자신문조서), "순진, 밝힘, 왕매너"(W31에 대한 피의자신문조서), "최고짱짱짱"(W33에 대한 피의자신문조서), "변태"(W34에 대한 피의자신문조서), "링함, 괜찮음"(W39에 대한 피의자신문조서), "좀 오래함"(수사기록 제212면) 등 실제 성매매가 있었음을 추단케 하는 표현이 기재되어 있을 뿐만 아니라, W8의 메모리카드 출력물의 방법란에는 "12-1"이라고만 기재되어 있는데, W8은 경찰 조사에서 '성매매 여성에게 12만 원을 주고 1회 성매매 행위를 하였다'고 진술하였다."(서울중앙지방법원 2007.4.18. 선고 2006노3572 판결)

II 쟁 점

성매매 여성들이 성매매를 업으로 하면서 영업에 참고하기 위하여 성매매를 전후하여 상대 남성의 아이디와 전화번호 및 성매매방법 등을 메모지에 적어두었다가 직접 또는 W2(포주)가 고용한 또 다른 여직원이 입력하여 작성된 메모리카드의 출력물의 증거능력

III 재판요지 (상고기각)

"① 원심은 우선 D에 관한 메모리카드의 출력물을 유죄의 증거로 삼고 있는 것이 아니라 단지 위 메모리카드의 출처와 그 기록의 주체, 경위, 위 메모리카드에 저장된 내용 및 그 진위 등에 관한 W2(포주), W3의 **각 증언**을 유죄의 증거로 삼고 있음이 명백한데, ② 위 메모리카드에 기재된 내용은, W2가 고용한 성매매 **여성들**[1]이 성매매를 업으로 하면서 영업에 참고하기 위하여 성매매를 전후하여 상대 남성의 아이디와 전화번호 및 성매매방법 등을 **메모지에 적어두었다가** 직접 또는 W2가 고용한 또 다른 **여직원이 입력하여 작성**된 것이다. 이는 실질적으로 형사소송법 제315조 제2호 소정의 **영업상 필요로 작성된 통상문서**로서 그 자체가 당연히 증거능력 있는 문서에 해당하고 그 내용에 관한 W2, W3의 각 증언 및 피의자신문조서상의 진술기재 역시 증거능력이 없다고 할 수 없다. 또한, W 등 38명에 관한 메모리카드 출력물의 경우 **D가 이를 증거로 함에 동의하였음**이 기록상 명백하여 증거능력이 있다."

IV 분석과 해설

법 제315조(당연히 증거능력이 있는 서류)는 전문법칙의 예외에 관한 일반조항이다.

(가) 공무원 또는 외국공무원이 그 직무상 증명할 수 있는 사항에 관하여 작성한 문서(제1호)

가족관계기록사항에 관한 증명서(종전의 호적등·초본), **공정증서등본** 기타 **공무원**(주민등록등·초본, 인감증명, 전과조회회보서, 신원증명서, 세관공무원의 범칙물자에 대한 시가감정서(대법원 1985.4.9. 선고 85도225)) 또는 **외국공무원**의 직무상 증명할 수 있는 사항에 관하여 작성한 문서(일본국 세관원 작성의 히로뽕에 대한 범칙물건감정서 등본과 분석의뢰서와 회답서(대법원 1984.2.28. 선고 83도3145))가 이에 해당한다.

(나) 상업장부, 항해일지 기타 사인(私人 citizen)이 업무상 필요로 작성한 통상문서(제2호)

금전출납부[2], 전표, 통계자료, **진료부** 등은 여기에 해당하나 '공무원 아닌

---

1) 작성자가 복수인 상업장부도 있을 수 있다.

2) 대법원 1996.10.17. 선고 94도2865 판결: 범죄사실의 인정 여부와는 관계없이 자기에게 맡겨진 사

사설의사'의 진단서는 여기에 해당하지 아니한다. **상업장부인가 여부는 형식에 구애될 것이 아니라 실질을 관찰하여야 한다. 따라서 정규의 장부가 아닌 노트나 수첩에 기재된 것이어도 좋다. 본 사안의** 메모리카드와 그 출력물은 이에 해당한다. 피고인이 업무추진 과정에서 지출한 자금 내역을 기록한 수첩의 기재내용도 이에 해당한다. **탈세를 위하여 이중장부를 작성하였을 때 가짜(표면장부)는 여기에 해당시킬 수 없지만(신동운, 964) 진짜는 여기에 해당**한다(이재상, 586).

그러나 수사기관이 수사과정에서 작성하는 문서(긴급체포서, 수사보고서 등)는 여기의 업무상 필요로 작성한 통상문서로 볼 수 없다.

(다) 기타 특히 신용할 수 있는 정황에 의하여 작성된 문서

공공기록, 역서, 정기간행물의 시장가격표, 스포츠기록, 공무소작성의 각종통계와 연감, 다른 사건에서 공범의 피고인으로서의 진술을 기재한 공판조서(대법원 1965.6.22. 선고 65도372 판결), 다른 피고인에 대한 형사사건의 공판조서 중 일부인 증인신문조서[3], 군사법원의 **판결문사본**(대법원 1981.11.24. 선고 81도2591 판결), 구속적부심사절차에서 피의자를 심문하고 그 진술을 기재한 구속적부심문조서(대법원 2004.1.16. 선고 2003도5693 판결[4])가 이에 해당한다.

무를 처리한 사무내역을 그때그때 계속적, 기계적으로 기재한 문서(수첩) "ⓑ 상업장부나 항해일지, **진료일지 또는 이와 유사한 금전출납부** 등과 같이 범죄사실의 인정 여부와는 관계없이 자기에게 맡겨진 사무를 처리한 사무내역을 그때그때 계속적, 기계적으로 기재한 문서 등의 경우는 사무처리 내역을 증명하기 위하여 존재하는 문서로서 그 존재 자체 및 기재가 그러한 내용의 사무가 처리되었음의 여부를 판단할 수 있는 별개의 독립된 증거자료이고, ⓒ 설사 그 문서가 우연히 D가 작성하였고, 그 문서의 내용 중 D의 범죄사실의 존재를 추론해 낼 수 있는, 즉 공소사실에 일부 부합되는 사실의 기재가 있다고 하더라도 이를 일컬어 D가 범죄사실을 자백하는 문서라고 볼 수는 없다."(310조와 관련된 쟁점은 본서 **9.4** 판례 참조)

3) 대법원 2005.4.28. 선고 2004도4428 판결: "다른 피고인에 대한 형사사건의 공판조서는 형사소송법 제315조 제3호에 정한 서류로서 당연히 증거능력이 있는바(대법원 1964.4.28. 선고 64도135 판결, 대법원 1966.7.12. 선고 66도617 판결 등 참조), 공판조서 중 일부인 증인신문조서 역시 형사소송법 제315조 제3호에 정한 서류로서 당연히 증거능력이 있다."

4) "1. 구속적부심은 구속된 피의자 또는 그 변호인 등의 청구로 수사기관과는 별개 독립의 기관인 법원에 의하여 행하여지는 것으로서 구속된 피의자에 대하여 피의사실과 구속사유 등을 알려 그에 대한 자유로운 변명의 기회를 주어 구속의 적부를 심사함으로써 피의자의 권리보호에 이바지하는 제도이다. 법원 또는 합의부원, 검사, 변호인, 청구인이 구속된 피의자를 심문하고 그에 대한 피의자의 진술 등을 기재한 구속적부심문조서는 형사소송법 제311조가 규정한 문서에는 해당하지 않으나, 특히 신용할 만한 정황에 의하여 작성된 문서이므로 특별한 사정이 없는 한, 피고인이 증거로 함에 부동의하더라도 형사소송법 제315조 제3호에 의하여 당연히 그 증거능력이 인정된다. 2. 구속적부심문조서의 증명력은 다른 증거와 마찬가지로 법관의 자유판단에 맡겨져 있으나, 피의자는 구속적부심에서의 자백의 의미나 자백이 수사절차나 공판절차에서 가지는 중요성을 제대로 헤아리지 못한 나머지 허위자백을 하고라도 자유를 얻으려는 유혹을 받을 수가 있으므로, 법관은 구속적부심문조서의 자백의 기재에 관한 증명력을 평가함에 있어 이러한 점에 각별히 유의를 하여야 한다." (대법원 2004.1.16. 선고 2003도5693 판결)

(라) 체포·구속인접견부

"체포·구속인접견부는 유치된 피의자가 죄증을 인멸하거나 도주를 기도하는 등 유치장의 안전과 질서를 위태롭게 하는 것을 방지하기 위한 목적으로 작성되는 서류로 보일 뿐이어서 형사소송법 제315조 제2, 3호에 규정된 당연히 증거능력이 있는 서류로 볼 수는 없다. 원심이 검사가 증거로 신청한 체포·구속인접견부 사본이 형사소송법 제315조 제2, 3호에 해당하는 서류가 아니라는 이유로 이를 기각한 결정은 정당한 것으로 수긍이 가고, 거기에 상고이유에서 주장하는 바와 같은 체포·구속인접견부에 관한 증거능력을 오해한 위법이 없다."(대법원 2012.10.25. 선고 2011도5459 판결)

8.22

전자증거의 진정성 입증방법과 전문법칙의 적용방법

대법원 2013.7.26. 선고 2013도2511 판결

I 사 안

D 등은 반국가단체의 구성원과 전자 문건을 주고받는 방법으로 통신을 하여 결국 반국가단체로부터 지령을 받고 국가기밀을 탐지·수집한 혐의(국가보안법 제4조, 제9조등 위반)로 기소되었다. 유죄증거로 제출된 것은 정보저장매체에 입력하여 기억된 문자정보 또는 그 출력물(이하 '출력 문건'이라 한다)이다. 전자 문건의 작성자(원진술자)인 D 등은 법정에서 전자 문건의 성립의 진정(법 제313조 제1항)을 인정하지 아니하였다. 제1심과 항소심은 유죄를 선고하였다. D 등은 '정보저장매체 등이 수사기관에 의하여 조작되었다'고 주장하며 상고하였다.

국가정보원 수사관들은 D 등 혹은 그들의 가족, 직원이 참여한 상태에서 각 정보저장매체를 압수한 다음 참여자의 서명을 받아 봉인하였고, 국가정보원에서 일부 정보저장매체에 저장된 자료를 '이미징' 방식으로 복제할 때 D 등 또는 전문가들로부터 서명을 받아 봉인상태 확인, 봉인 해제, 재봉인하였다. 제1심법원은 D 등, 검사, 변호인이 모두 참여한 가운데 검증을 실시하여 그 검증과정에서 산출한 해쉬 값과 압수·수색 당시 쓰기방지장치를 부착하여 '이미징' 작업을 하면서 산출한 해쉬 값을 대조하여 그 해쉬 값이 동일함을 확인하거나, '이미징' 작업을 통해 생성된 파일의 문자정보와 그 출력 문건이 동일함을 확인하였다. 이를 토대로 제1심과 항소심은 증거로 제출된 출력 문건들이 '압수된 정보저장매체 원본에 저장되었던 내용과 동일한 것이고 정보저장매체 원본이 문건 출력시까지 변경되지 않았다고 인정하여 출력 문건들을 증거로 사용할 수 있다'고 판단하였다.

II 쟁 점

전자증거의 진정성 입증방법과 전문법칙의 적용여부

III 재판요지 (상고기각)

1. [**전자증거의 진정성의 개념과 그 입증방법**] "압수물인 컴퓨터용 디스크 그 밖에 이와 비슷한 정보저장매체(이하 '정보저장매체'라고만 한다)에 입력하여 기억된 문자정보 또는 그 출력물(이하 '출력 문건'이라 한다)을 증거로 사용하기 위해서는 ⓐ 정보저장매체 원본에 저장된 내용과 출력 문건의 **동일성**이 인정되어야 하고, 이를 위해서는 '정보저장매체 원본이 압수시부터 문건 출력시까지 변경되지 않았다'는 사정, 즉 **무결성**이 담보되어야 한다. 특히 ⓑ 정보저장매체 원본을 대신하여

저장매체에 저장된 자료를 '하드카피' 또는 '이미징'한 매체로부터 출력한 문건의 경우에는 정보저장매체 원본과 '하드카피' 또는 '이미징'한 매체 사이에 자료의 동일성도 인정되어야 할 뿐만 아니라, ⓒ 이를 확인하는 과정에서 이용한 컴퓨터의 기계적 정확성, 프로그램의 신뢰성, 입력·처리·출력의 각 단계에서 조작자의 전문적인 기술능력과 정확성이 담보되어야 한다(대법원 2007.12.13. 선고 2007도7257 판결 등 참조). 이 경우 출력 문건과 정보저장매체에 저장된 자료가 동일하고 정보저장매체 원본이 문건 출력시까지 변경되지 않았다는 점은, ㉮ 피압수·수색 당사자가 정보저장매체 원본과 '하드카피' 또는 '이미징'한 매체의 해쉬(Hash) 값이 동일하다는 취지로 서명한 확인서면을 교부받아 법원에 제출하는 방법에 의하여 증명하는 것이 원칙이나, ㉯ 그와 같은 방법에 의한 증명이 불가능하거나 현저히 곤란한 경우에는, 정보저장매체 원본에 대한 압수, 봉인, 봉인해제, '하드카피' 또는 '이미징' 등 일련의 절차에 참여한 수사관이나 전문가 등의 증언에 의해 정보저장매체 원본과 '하드카피' 또는 '이미징'한 매체사이의 해쉬 값이 동일하다거나 정보저장매체 원본이 최초 압수시부터 밀봉되어 증거제출시까지 전혀 변경되지 않았다는 등의 사정을 증명하는 방법 또는 ㉰ 법원이 그 원본에 저장된 자료와 증거로 제출된 출력 문건을 대조하는 방법 등으로도 그와 같은 무결성·동일성을 인정할 수 있고, 반드시 압수·수색 과정을 촬영한 영상녹화물 재생 등의 방법으로만 증명하여야 한다고 볼 것은 아니다."

2. **[전문법칙의 적용 여부]** ⓓ "사람이 정보저장매체에 입력하여 기억된 문자정보 또는 그 출력물을 증거로 사용하는 경우, 이는 실질에 있어서 사람이 작성한 진술서나 그 진술을 기재한 서류와 크게 다를 바 없고, 압수 후의 보관 및 출력과정에 조작의 가능성이 있으며, 기본적으로 반대신문의 기회가 보장되지 않는 점 등에 비추어 그 내용의 진실성에 관하여는 전문법칙이 적용되고, 따라서 원칙적으로 형사소송법 제313조 제1항에 의하여 그 작성자 또는 진술자의 진술에 의하여 성립의 진정함이 증명된 때에 한하여 이를 증거로 사용할 수 있다. 다만 정보저장매체에 기억된 문자정보의 내용의 진실성이 아닌 그와 같은 내용의 문자정보가 존재하는 것 자체가 증거로 되는 경우에는 전문법칙이 적용되지 아니한다(대법원 1999.9.3. 선고 99도2317 판결, 대법원 2013.2.15. 선고 2010도3504 판결 등 참조). 나아가 ⓔ 어떤 진술을 범죄사실에 대한 직접증거로 사용할 때에는 그 진술이 전문증거가 된다고 하더라도 그와 같은 진술을 하였다는 것 자체 또는 그 진술의 진실성과 관계없는 간접사실에 대한 정황증거로 사용할 때에는 반드시 전문증거가 되는 것은 아니다(대법원 2000.2.25. 선고 99도1252 판결 등 참조)."

IV 분석과 해설

(가) 전자증거의 진정성 개념과 그 입증방법

전자증거의 진정성이 담보되려면 '원본과 사본 혹은 출력 문건 사이'에 '동일성(identity)+무결성(無缺性, integrity)+신뢰성(reliability)'이 인정되어야 한다는 설명이 여러 연구자들 사이에 제시되어 왔다. 이 판결에서도 그런 모습이 보이고 있다. 그런데 이 개념들은 영미 증거법 총론에서 논의되는 진정성(authenticity=foundation)[모든 증거는 조사하기 전에 그 진정성(to be 'genuine')이 인정되어야 한다] 개념과 다른 개념인가 하는 점이 궁금해진다. 영미 증거법 총론에서 논의되는 증거의 진정성은 현행 형사소송법 제312조, 제313조의 조서의 진정성립 개념과는 구별되는 개념이다. 판지의 ⓐ 부분은 이 의문을 해소하고 있다. 전자증거의 '동일성+무결성+신뢰성'이란 영미 증거법 총론에서 논의되는 증거의 진정성 개념이 전자증거의 영역에서 다소 특이하게 발현되는 속성일 뿐이다.

전자증거의 진정성 입증방법은 단일하지 않고 ㉮, ㉯, ㉰와 같이 다양할 수 있다.

(나) 전자증거와 전문법칙의 적용

어떤 증거가 전문증거인가 여부는 입증취지(요증사실)와의 상대적 관계 하에서 결정된다는 일반론이 전자증거의 영역에서도 관철된다. 정보저장매체에 기억된 문자정보를 그 내용의 진실성을 입증하기 위하여 사용하는 경우에는 전문증거이지만 그와 같은 내용의 문자정보가 존재하는 사실 그 자체를 입증취지로 삼는 경우에는 비전문증거로서 전문법칙의 적용이 없다(판지 부분 ⓓ).

(다) 간접사실에 대한 정황증거로 사용할 때

정보저장매체에 기억된 문자정보를 그 내용의 진실성을 입증하기 위하여 사용하지 아니하고 그 진술의 진실성과 관계없는 간접사실에 대한 정황증거로 사용할 때에는 역시 비전문증거로서 전문법칙의 적용이 없다(판지 부분 ⓔ). 항소심은 D등의 특수잠입·탈출, 회합의 점에 관하여, "김사장 선생앞: 2011년 면담은 1월 30일~2월 1일까지 김사장과 ○○선생과 함께 북경에서 하였으면 하는 의견입니다"라는 등의 내용이 담겨져 있는 파일들이 D의 컴퓨터에 '저장'되어 있던 사실을 유죄 인정의 근거가 되는 간접사실 중의 하나로 거시하였다.

8.23

제312조의 적법한 절차와 방식의 의미

대법원 2012.5.24. 선고 2011도7757 판결; 대법원 2013.3.28. 선고 2010도3359 판결

I 사 안

리무진 공항버스 기사 D, D2는 승차권의 부정제출에 의한 업무상 횡령 혐의로 병합기소 되었다. 항소심은 아래 두 개의 유죄증거를 배척하고 무죄를 선고하였고 검사가 이에 불복하여 상고하였다.

1. [**D의 피고사건에서**] 유죄증거로 제출된 D의 피의자신문조서에는 '피의자는 진술거부권을 행사할 것인가요'라는 질문에 '아니요, 진술할 것입니다'라는 답변이 기재되어 있다. 그 답변은 D의 자필로 기재된 것이 아니고 답변란에 D의 기명날인 또는 서명이 되어 있지 않다. '검사 또는 사법경찰관은 (중략) 피의자가 진술을 거부할 권리를 행사할 것인지의 여부를 질문하고, 이에 대한 피의자의 답변을 조서에 기재하여야 한다. 이 경우 피의자의 답변은 피의자로 하여금 자필로 기재하게 하거나 검사 또는 사법경찰관이 피의자의 답변을 기재한 부분에 기명날인 또는 서명하게 하여야 한다.'(형사소송법 제244조의3 제2항) 제1심과 항소심은 이 조서가 "형사소송법 제312조 제3항에서 정한 '적법한 절차와 방식에 따라 작성'된 조서라 할 수 없으므로 그 증거능력을 인정할 수 없다."고 판단하였다.

2. [**D2의 피고사건에서**] 유죄증거로 제출된 D2의 피의자신문조서에는 '피의자(D2)는 변호인의 조력을 받을 권리를 행사할 것인가요?'라는 사법경찰관의 물음에 D2가 '예'라고 답변하였다고 기재되어 있다. 그런데 그 후 사법경찰관은 변호인이 참여하지 아니한 상태에서 계속하여 피의자(D2)를 상대로 혐의사실에 대한 신문을 행하였다. 항소심은 이 조서가 '경찰 조사 당시 변호인의 참여를 원하는 의사를 명확히 표시하였음에도 사법경찰관이 변호인의 참여를 제한하여야 할 정당한 사유 없이 변호인의 참여에 관한 조치를 취하지 않은 채 계속하여 피의자신문을 행한 조치는 위법'하고, 그 신문 결과에 터 잡아 작성된 피의자신문조서는 '적법한 절차와 방식'에 위반된 조서일 뿐만 아니라 적법한 절차에 따르지 아니하고 수집한 증거에 해당하여 이를 증거로 할 수 없다'며 증거능력을 부인하였다.

II 쟁 점

제312조의 '적법한 절차와 방식'과 제308조의2의 관계

III
재판요지
(파기환송[1])

"1. **[진술거부권 불행사의 취지가 피의자의 자필등으로 기재되지 아니한 피신조서의 증거능력]** 형사소송법 제312조 제3항 등의 (중략) '적법한 절차와 방식'이라 함은 피의자에 대한 **조서 작성 과정에서 지켜야 할** 진술거부권의 고지 등 형사소송법이 정한 제반 절차를 준수하고 조서의 작성 방식에도 어긋남이 없어야 한다는 것을 의미한다(대법원 2012.5.24.선고 2011도7757 판결 참조). 비록 사법경찰관이 피의자에게 진술거부권을 행사할 수 있음을 알려 주고 그 행사 여부를 질문하였다 하더라도, **형사소송법 제244조의3 제2항에 규정한 방식**에 위반하여 **진술거부권 행사 여부에 대한 피의자의 답변이 자필로 기재**되어 있지 아니하거나 그 **답변 부분에 피의자의 기명날인 또는 서명**이 되어 있지 아니한 사법경찰관 작성의 피의자신문조서는 형사소송법 제312조 제3항에서 정하는 '적법한 절차와 방식'에 따라 작성된 조서로 볼 수 없으므로 이를 증거로 쓸 수 없다. 따라서 사법경찰관 작성의 피의자신문조서가 '적법한 절차와 방식'에 위반된 조서라는 전제에서 그 증거능력을 부인한 이 부분 원심의 판단은 정당하다.

2. **[변호인의 참여를 원한다는 피의자의 의사가 명백하게 표시된 경우 수사기관이 취하여야 할 조치]** 누구든지 법률과 적법한 절차에 의하지 아니하고는 처벌·보안처분 또는 강제노역을 받지 아니하고(헌법 제12조 제1항), 같은 조 제4항 본문에 의하면 누구든지 체포 또는 구속을 당한 때에는 즉시 변호인의 조력을 받을 권리를 가진다(헌법 제12조 제4항). 한편 검사 또는 사법경찰관은 피의자 또는 그 변호인·법정대리인·배우자·직계친족·형제자매의 신청에 따라 변호인을 피의자와 접견하게 하거나 정당한 사유가 없는 한 피의자에 대한 신문에 참여하게 하여야 한다(형사소송법 제243조의2 제1항). 형사소송법 제243조의2 제1항은 **피의자신문에 있어 수사기관과 피의자 사이의 당사자 대등을 확보함으로써 헌법상 적법절차의 원칙과 변호인의 조력을 받을 권리를 실질적으로 보장하기 위한 것이므로 그 절차는 엄격히 준수되어야 한다.** 위와 같은 헌법, 형사소송법의 규정 및 그 입법 목적 등에 비추어 보면 **피의자**(D2)**가 변호인의 참여를 원한다는 의사를 명백하게 표시**하였음에도 수사기관이 정당한 사유 없이 변호인을 참여하게 하지 아니한 채 피의자를 신문하여 작성한 피의자신문조서는 형사소송법 제312조에 정한 '적법한 절차와 방식'에 위반된 증거일 뿐만 아니라, 형사소송법 제308조의2에서 정한 '적법한 절차에 따르지 아니하고 수집한 증거'에 해당하므로 이를 증거로 할 수 없다. D2의 피의자신문조서를 위법하게 수집된 증거라는 전제에서 그 증거능력을 부인한 이 부분 원심의 판단은 정당하다."

---

1) 대법원은 두 개의 유죄증거의 증거능력을 배척한 항소심의 판단을 지지하였으나 다른 이유로 무죄를 선고한 항소심판결을 파기환송하였다.

IV 분석과 해설

(가) 제312조의 '적법한 절차와 방식'과 제308조의2의 관계

법 제312조의 '적법한 절차와 방식'과 제308조의2의 관계는 애매하다. 본 판결은 다음과 같이 기본적으로 양자를 별개의 법원리로 파악하고 있다: "**피의자**(D2)**가 변호인의 참여를 원한다는 의사를 명백하게 표시**하였음에도 수사기관이 정당한 사유 없이 변호인을 참여하게 하지 아니한 채 피의자를 신문하여 작성한 피의자신문조서는 형사소송법 제312조에 정한 '적법한 절차와 방식'에 위반된 증거일 뿐만 아니라, 형사소송법 제308조의2에서 정한 '적법한 절차에 따르지 아니하고 수집한 증거'에 해당하므로 이를 증거로 할 수 없다." [2)]

(나) '적법한 절차와 방식'의 의미[3)]

'적법한 절차와 방식'은 서명·날인과 같은 문서의 기본 형식만을 요구하는 형식적 진정 성립의 개념보다는 넓은 것이다.[4)] 다음과 같은 세 가지 논점이 있다.

첫째, 조서 작성의 절차와 방식이 적법한 것으로 충분한 것인가 아니면 수사기관이 진술을 청취하는 절차에서의 적법성까지도 요구되는 것인가(아래의 (다) 참조)?

둘째, '적법한 절차와 방식'이 되려면 형사소송법이 규정한 절차와 방식을 어느 수준까지 충족하여야 하는가, 다시 말하여 사소한 절차 위법이 있는 경우에도 증거능력이 부정되는가? 종래의 판례[5)]는 사소한 절차상의 잘못으로 조서의 증거능력이 부인되지는 않는다고 판시하고 있으나 2008년 법개정으로 보다 엄격한 기준이 적용될 수도 있다.

셋째, 조서의 종류에 따라 절차와 방식에 차이가 있으므로 조서의 형식을 기준으로 할 것인가 또는 실질을 기준으로 할 것인가?

대법원은 실질설의 입장에서 "피의자의 진술을 녹취 내지 기재한 서류 또

---

2) 대법원은 법 제312조의 '적법한 절차와 방식'을 법 제308조의2의 특별 규정으로 해석하지 않고 법 제308조의2와는 별개로 적용이 가능하다는 취지로 보인다. 따라서 상대방이 증거 동의(제318조)하여 증거로 할 수 있는 증거라도 위법수집증거배제의 원리에 따라 증거능력이 부인될 수 있게 된다. 대법원이 자백배제법칙을 위법수집증거배제법칙의 특칙으로 해석하지 않고 그것과는 별개의 원리로 해석하는 태도와도 유사하다.

3) 양동철, "형사소송법 제312조의 '적법한 절차와 방식'", 정암정성진박사고희기념논문집(2010), 799면 이하 참조.

4) 대법원 2008.6.12. 선고 2007도7671 판결.

5) 대법원 1988.5.10. 선고 87도2716 판결: "형사소송법 제244조의 규정에 비추어 수사기관이 피의자신문조서를 작성함에 있어서는 그것을 열람하게 하거나 읽어 들려야 하는 것이나 그 절차가 비록 행해지지 안했다 하더라도 그것만으로 그 피의자신문조서가 증거능력이 없게 된다고는 할 수 없고 같은 법 제312조 소정의 요건을 갖추게 되면 그것을 증거로 할 수 있다."

는 문서가 수사기관에서의 조사과정에서 작성된 것이라면, 그것이 '진술조서, 진술서, 자술서'라는 형식을 취하였다고 하더라도 피의자신문조서와 달리 볼 수 없다"(대법원 2009.8.20. 선고 2008도8213 판결)고 판시한다. 그러나 조서를 받을 당시의 구체적 상황이 고려될 수 있을 것이다. 피의자로서의 혐의가 인정되기 전에 단순한 참고인의 지위에서 진술한 경우에까지 위 판례의 취지를 확장할 수 있을지는 의문이다.

(다) '적법한 절차와 방식'의 범위

제312조의 '적법한 절차와 방식'이란 주로 '조서 작성 과정에서 지켜야 할 절차와 방식'에 중점이 놓여 있음을 부정할 수 없지만 그 범위에 대하여는 견해가 대립된다. 법 제312조를 순수하게 진술증거의 전문성을 완화하려는 규정으로 보는 입장과 전문서류의 증거능력을 판정하는 총체적인 요건을 규정한 것으로 보는 입장의 대립이다.

가장 좁게 해석하는 견해는 이를 종래의 '형식적 진정성립'의 개념 정도로 이해하려는 견해이다.[6] 이 견해는 '적법한 절차와 방식'을 과거의 '형식적 진정성립'에 관한 내용으로 해석할 것을 주장한다. 법 제308조의2에서 '적법한 절차'에 따른 증거 수집을 명문으로 규정하였으므로, 신문과정의 적법성은 법 제308조의2에서 판단하고, 법 제312조는 조서 작성절차에서 법이 정하는 절차와 방식을 준수하였는가 여부에 국한하여 규율되어야 한다는 것이다.

넓게 해석하는 견해는 '적법한 절차와 방식'을 조서 작성의 절차와 방식은 물론이고, 개정법에서 규정한 피의자신문조서의 작성방법(제244조), 수사기관의 피의자에 대한 진술거부권의 고지(제244조의3), 수사과정의 기록(제244조의4) 등 개정법이 정한 신문절차를 준수하고 이에 따라 조서가 작성되어야 함을 의미한다[7]고 주장한다.

"단순한 서명날인의 진정성을 넘어서 신문의 방식, 즉 신문자와 참여자에 대한 규정(제243조), 변호인 참여 요청시 변호인 참여(제243조의2), 수사과정의 기록(제244조의4) 등 절차 규정을 준수함을 요구한다."는 절충적 입장[8]도 있다. 이 견해

6) 안승진, "형사소송에 있어 조서의 증거능력에 관하여—신문조서를 중심으로—", 법학교수·검찰 실무연구회 발표자료집(I), 대검찰청 2009, 350면.

7) 법원행정처, 형사소송법 개정법률 해설, 2007, 131면 등 다수 견해.

8) 법무부, 개정 형사소송법, 2007, 236면, "검사 작성의 피의자신문조서는 적법한 절차와 방식에 따라 작성된 것으로서 피고인이 법정에서 진정성립을 인정하는 경우 특신상태가 인정되면 증거능력을 부여한다(제312조 제1항). 여기서 '적법한 절차와 방식에 따라 작성'의 의미는 1차적으로는 형식적 진정성립(서명·날인의 진정성)을 의미하며, 나아가 제243조(피의자신문과 참여자), 제244조(피의자신문조서 작성), 제243조의2(변호인의 참여 등), 제244조의4(수사과정의 기록) 등 조서 작성의 절차와 방식을 의미한다."

는 변호인 참여 규정을 '적법한 절차와 방식'에 포함시키고 있으나, 진술거부권의 고지절차는 그 예로 들지 않는다. 이 견해는 진술거부권의 불고지는 위법수집증거배제법칙이나 자백배제법칙으로 포섭하려고 한다.

(라) 진술자의 성명을 가명으로 기재한 참고인진술조서는 적법한 절차와 방식을 갖추지 못한 것인가(부정)(대법원 2012.5.24. 선고 2011도7757 판결)

[사안] D는 공갈 혐의로 기소되었다. 제1심과 항소심은, "검사 또는 사법경찰관이 피고인 아닌 자에 대한 진술조서를 작성하면서 그 진술자의 성명을 가명으로 기재한 것은 형사소송법 제312조 제4항이 정한 적법한 절차와 방식을 갖추지 못한 것"이라 판단한 다음, "가명(참고인) 진술조서에 대해 그 진술인들이 공판기일에 증인으로 출석하여 성립 및 내용의 진정을 인정하였다거나, 피고인이나 변호인이 그 기재 내용에 관하여 반대신문을 할 수 있었다는 사정과 관계없이 그 증거능력이 없다"고 판단하여 무죄를 선고하였다. 제1심은 그와 같은 판단의 논거로 "① 특정범죄신고자 등 보호법을 반대해석 하여야 하고, ② 만일 가명으로 작성된 진술조서도 형사소송법 제312조 제4항에 의해 증거로 할 수 있다고 한다면 가명으로 작성된 진술조서의 원진술자가 사망·질병·외국거주·소재불명 그 밖에 이에 준하는 사유로 인하여 진술할 수 없는 때에도 형사소송법 제314조에 따라 이를 증거로 할 수 있다는 불합리한 결과가 되는 점, ③ 미리 증거를 보전하지 아니하면 그 증거를 사용하기 곤란한 사정이 있는 때에는 증거보전절차에 따라 판사에게 증인신문을 청구할 수 있는 점" 등을 들었다. 특정범죄신고자 등 보호법은 특정한 5개 범죄군[9]에 한하여 진술자의 인적 사항 전부 또는 일부를 기재하지 아니할 수 있는 특례를 정하고 있는데 공갈죄는 이 범죄군에 포함되지 아니한다. 검사가 상고하였다. **[판지**(파기환송)**]** "적법한 절차와 방식이라 함은 '피의자 또는 제3자에 대한 조서 작성 과정에서 지켜야 할 진술거부권의 고지 등 형사소송법이 정한 제반 절차를 준수하고 조서의 작성방식에도 어긋남이 없어야 한다는 것을 의미'한다. 형사소송법은 조서에 진술자의 실명 등 인적 사항을 확인하여 이를 그대로 밝혀 기재할

9) 특정범죄신고자 등 보호법 제2조 제1호는 특정강력범죄의 처벌에 관한 특례법 제2조의 범죄[(가)목], 마약류불법거래 방지에 관한 특례법 제2조 제2항의 범죄[(나)목], 폭력행위 등 처벌에 관한 법률 제4조 및 특정범죄 가중처벌 등에 관한 법률 제5조의8의 단체의 구성원의 동 단체의 활동과 관련된 범죄[(다)목], 국제형사재판소 관할 범죄의 처벌 등에 관한 법률 제8조부터 제16조까지의 죄[(라)]목, 특정범죄 가중처벌 등에 관한 법률 제5조의9의 죄[(마)목] 등 5개 범죄군을 '특정범죄'로 정하고, 같은 조 제2호, 제3호는 특정범죄에 관한 신고·진정·고소·고발 등 수사단서의 제공, 진술 또는 증언 기타 자료제출행위 및 범인 검거를 위한 제보 또는 검거활동을 한 자를 '범죄신고자등'으로 정하고 있으며, 같은 법 제7조 제1항은 검사 또는 사법경찰관은 범죄신고등과 관련하여 조서 기타 서류(이하 '조서등'이라 한다)를 작성함에 있어서 범죄신고자등이나 그 친족등이 보복을 당할 우려가 있는 경우에는 그 취지를 조서등에 기재하고 범죄신고자들의 성명·연령·주소·직업 등 신원을 알 수 있는 사항(이하 '인적 사항'이라 한다)의 전부 또는 일부를 기재하지 아니할 수 있다고 규정하여, '특정범죄'의 범죄신고자등에 대한 조서작성 과정에서의 특례를 마련하여 두고 있다.

것을 요구하는 규정을 따로 두고 있지는 아니하다. 따라서 '특정범죄신고자 등 보호법' 등에서처럼 명시적으로 진술자의 인적 사항의 전부 또는 일부의 기재를 생략할 수 있도록 한 경우가 아니라 하더라도, 진술자와 피고인의 관계, 범죄의 종류, 진술자 보호의 필요성 등 여러 사정으로 볼 때 상당한 이유가 있는 경우에는 수사기관이 진술자의 성명을 가명으로 기재하여 조서를 작성하였다고 해서 그 이유만으로 그 조서가 '적법한 절차와 방식'에 따라 작성되지 않았다고 할 것은 아니다. 그러한 조서라도 공판기일 등에 원진술자가 출석하여 자신의 진술을 기재한 조서임을 확인함과 아울러 그 조서의 실질적 진정성립을 인정하고 나아가 그에 대한 반대신문이 이루어지는 등 형사소송법 제312조 제4항에서 규정한 조서의 증거능력 인정에 관한 다른 요건이 모두 갖추어진 이상 그 증거능력을 부정할 것은 아니다."

8.24

진술서의 증거능력

대법원 2001.9.4. 선고 2000도1743 판결

I 사 안

D는 "부산시에 있는 유치원에서 경리업무를 담당하여 오면서 원생들로부터 받은 현장학습비 등을 유치원 은행통장에 입급하여야 함에도 입금하지 않고 개인용도로 임의소비하는 등 합계금 20,973,000원을 횡령"한 혐의로 기소되었다. D는 원장(V) 경영의 유치원에서 근무하기 전에 고등학교를 졸업한 후 5년 정도 경리업무에 종사한 적이 있다. 유죄증거로 D가 작성한 자필 각서(진술서)가 제출되었다. 그 각서는 1998.2.4. 유치원 원장실에서 원장(V)과 D, 유치원 교사 4명이 함께 자리한 가운데 D가 작성한 장부들과 학부모들의 교육비 등 납입내용을 일일이 D에게 확인시킨 다음 D가 자필로 작성한 것이며, 그 각서의 내용은 D에게 불이익한 내용의 진술이 자연스럽게 기재되어 있다. 항소심은 "D 작성의 각서는 D를 서재에 붙들어 둔 상태에서 '횡령사실을 시인하지 않으면 집에도 보내주지 아니하고 학교에도 가지 못하게 하겠다'는 V 등의 강요에 의하여 어쩔 수 없이 작성된 것으로 그 증거능력이 없고", "그 밖에 유죄를 인정할만한 다른 증거가 없다"며 무죄를 선고하였다. 검사가 상고하였다.

II 쟁 점

피고인이 수사과정 밖에서 작성한 자필진술서를 증거로 쓰기 위한 요건

III 재판요지 (파기환송)

1. **[제313조 제1항의 요건]** "피고인의 자필로 작성된 진술서의 경우에는 서류의 작성자가 동시에 진술자이므로 진정하게 성립된 것으로 인정되어 형사소송법 제313조 단서에 의하여 그 진술이 특히 신빙할 수 있는 상태하에서 행하여진 때에는 증거능력이 있고, 이러한 특신상태는 증거능력의 요건에 해당하므로 검사가 그 존재에 대하여 구체적으로 주장·입증하여야 하는 것이지만, 이는 소송상의 사실에 관한 것이므로, 엄격한 증명을 요하지 아니하고 자유로운 증명으로 족하다."

2. **[진술의 임의성]** "피고인(D)의 연령과 그 동안의 사회경험, 각서를 작성한 후에 피고인 측에서 V와 횡령금액에 관하여 합의를 시도하려고 하였던 사정에 비추어 볼 때 피고인이 자필로 위 각서를 작성할 당시에 현장에 함께 있었던 목격자 등을 불러 그 작

성경위를 알아보기 전에는 위 각서가 피고인의 주장처럼 K 등의 강압에 의하여 작성된 것이라고 단정하기는 어려운 것으로 보인다. 그럼에도 불구하고 원심이 위 각서의 작성경위에 관하여 심리하지도 아니한 채 위 각서가 K 등의 강압에 의하여 작성된 것이라는 이유로 증거능력이 없다고 판단한 것은 각서의 증거능력에 관하여 심리를 다하지 아니한 위법을 저지른 것이다. 이 점을 지적하는 상고이유는 이유 있다."

IV 분석과 해설

(가) 진술서의 의의[1]

진술서란 피고인·피의자 또는 참고인이 스스로 자기의 의사·사상·관념 및 사실관계 등을 기재한 서면을 말하며, 범행의 경위를 기재하여 놓은 일기장, 메모, 의사의 진단서 등을 포함한다. 피고인·피의자 또는 참고인이 작성의 주체라는 점에서 수사기관이 작성하는 조서와 구별된다. 수사기관이 진술자에게 진술서를 작성하도록 요청하여 진술서를 제출받기도 한다.

진술서에서는 원진술자와 작성자가 일치한다. 진술녹취서(진술기재서)는 진술서와는 달리 타인이 진술자의 진술을 듣고 서면에 그 타인이 청취한 내용을 기재하는 서면이다. 진술녹취서(진술기재서)에서는 원진술자와 녹취자(기재자)가 일치하지 아니한다.

진술서나 진술녹취서는 모두 전문서류이므로 이에 대하여 전문법칙이 작동한다.

(나) 제313조 제1항 본문의 '진정성립의 증명' 요건

형사소송법은 진술서·진술녹취서의 증거능력 요건과 관련하여 수사과정에서 작성된 때[2]와 수사과정 밖에서 작성된 때에 적용조문을 달리 한다. 수사과정 밖에서 작성된 진술서나 진술녹취서의 적용법조는 제313조 제1항이다.

증거능력이 인정되려면 ① "그 작성자 또는 진술자의 자필이거나 그 서명 또는 날인이 있고", ② "공판준비나 공판기일에서의 그 작성자 또는 진술자의 진술에 의하여 그 성립의 진정함이 증명"되어야 한다. ①②의 의미는 다음과 같은 것으로 해석되고 있다:

1) 증거가 되는 것은 각서에 기재된 피고인의 진술이므로 임의성이 인정되어야 한다. 여기서는 제313조의 해석에 집중하기로 한다. 양동철, 개정 형사소송법상의 참고인 진술의 증거능력: 참고인진술조서 및 진술서를 중심으로, 『법조』 58권 2호(통권 629호) (2009. 2), 58-109면 참조.

2) 제312조 제5항에 따라 조서에 관한 규정인 제1항 내지 제4항이 적용된다.

㉠ 진술서는 작성자[3]의 자필이거나 서명 또는 그 날인이 있고, 그 작성자의 진술에 의하여 성립의 진정이 증명되어야 한다. ㉡ 진술녹취서는 원진술자의 서명 또는 날인이 있고, 원진술자의 진술에 의하여 성립의 진정이 증명되어야 한다.[4] 제313조 제1항 본문의 '작성자'는 '진술서'와, '진술을 기재한 서류'는 '진술자'와 연결된다.

(다) 피고인 작성의 진술서와 제313조 제1항 단서

제313조 제1항 단서(단, 피고인의 진술을 기재한 서류는 공판준비 또는 공판기일에서의 그 작성자의 진술에 의하여 그 성립의 진정함이 증명되고 그 진술이 특히 신빙할 수 있는 상태하에서 행하여진 때에 한하여 피고인의 공판준비 또는 공판기일에서의 진술에 불구하고 증거로 할 수 있다)의 해석이 문제이다.

'피고인의 진술을 기재한 서류'의 의미를 진술서로 보는 견해, 진술녹취서로 보는 견해, 진술서·진술녹취서 모두로 보는 견해로 나뉘고, 또 "특히 신빙할 수 있는 상태"가 제1항의 요건 외에 추가로 필요한 가중요건인가, 또는 제1항에 대한 완화요건인가의 다툼도 있다.

본 판결(대법원 2001.9.4. 선고 2000도1743 판결)은 피고인이 작성한 진술서는 제313조 제1항 단서의 적용을 받아 "특히 신빙할 수 있는 상태"라는 추가적인 요건을 요한다는 입장(가중요건설)이다.

그런데 대법원 1982.9.14. 선고 82도1479 전원합의체 판결은 "피고인이 된 피의자가 작성한 자필진술서나 그 서명 또는 날인이 있는 진술서(이하 '진술서'라고 쓴다)는 공판준비나 공판기일에서의 그 피고인의 진술에 의하여 그 성립의 진정함이 증명된 때에는 증거로 할 수 있으나 피고인의 진술을 기재한 서류(이하 '진술 기재 서류'라고 쓴다)는 공판준비 또는 공판기일에서는 그 작성자의 진술에 의하여 그 성립의 진정함이 증명되고 그 진술이 특히 신빙할 수 있는 상태하에서 행하여진 때에 한하여 피고인의 공판준비 또는 공판기일에서의 진술에 불구하고 증거로 할 수 있다(형사소송법 제313조 제1항)."고 판시한 바 있다. 이 판례에 근거하여 피고인이 된 피의자가 작성한 진술서는 제313조 제1항 본문의 적용을 받고, 피고인의 진술을 기재한 서류는 제313조 제1항 단서의 적용을 받는다는 해석도 있다. 그러나 이 판례는 구 형사소송법 아래에서 피고인이 사법경찰관에게 피의자로서 조사를 받으면서 범행을 자백하는 자술서를 작성한 사안에 관한 판례이다. 이 판례는 '자술서의 증거능력은 법 제313조에 의하여 결정되는 것이 아니라 피의

3) 작성자와 진술자가 일치한다(굳이 원진술자라는 표현을 할 필요가 없다).
4) 『법원실무제요』(형사Ⅱ), 법원행정처, 2008, 114면 등 다수 견해.

자신문조서에 준하여 법 제312조에 따라 결정되어야 한다'고 판시하면서 판시이유에서 법 제313조의 진술서나 진술기재서류의 증거능력 인정 요건을 간접적으로 설시한 것이므로 수사과정 밖에서 피고인이 작성한 진술서의 증거능력 요건에 대하여는 [대법원 2001.9.4. 선고 2000도1743 판결]에 따라 제313조 제1항 단서의 "특히 신빙할 수 있는 상태"가 추가적으로 필요하다고 새겨야 한다(이설 있음). 진술서나 진술녹취서는 모두 제1항의 요건을 갖추어야 하되, 피고인이 된 자에 대한 진술서나 진술녹취서는 추가로 "특히 신빙할 수 있는 상태"의 요건이 필요하다.[5)]

(라) 관련 문제(녹음테이프의 음성정보의 적용법조)

(1) 사인(피해자, V)이 피고인과의 대화내용을 녹취한 녹음테이프

[사안] D는 "재개발조합의 조합장이자 청산인이던 V를 상대로 V의 비리 혐의를 문제 삼지 않는 등의 조건으로 3억 원 가량의 합의금을 요구, 갈취하려고 하였으나 V가 이에 불응하는 바람에 미수"에 그친 혐의로 기소되었다. D와 V 사이의 대화내용이 녹음된 녹음테이프(녹음자는 대화당사자인 V)가 유죄증거로 제출되었다. 이 녹음테이프가 증거로 사용되기 위하여 필요한 요건이 쟁점이 되었다.

[판지] "D와 V 사이의 대화내용에 관한 녹취서가 공소사실의 증거로 제출되어 그 녹취서의 기재내용과 녹음테이프의 녹음내용이 동일한지 여부에 관하여 법원이 검증을 실시한 경우에 증거자료가 되는 것은 녹음테이프에 녹음된 대화내용 그 자체이고, 그 중 D의 진술내용은 실질적으로 형사소송법 제311조, 제312조의 규정 이외에 **D의 진술을 기재한 서류**와 다름없어, D가 그 녹음테이프를 증거로 할 수 있음에 동의하지 않은 이상 그 녹음테이프 검증조서의 기재 중 D의 진술내용을 증거로 사용하기 위해서는 형사소송법 제313조 제1항 단서에 따라 공판준비 또는 공판기일에서 그 **작성자인 V의 진술에 의하여** 녹음테이프에 녹음된 D의 진술내용이 D가 진술한 대로 녹음된 것임이 증명되고 나아가 그 진술이 특히 신빙할 수 있는 상태하에서 행하여진 것임이 인정되어야 한다. 그리고 녹음테이프는 그 성질상 작성자나 진술자의 서명 혹은 날인이 없을 뿐만 아니라, 녹음자의 의도나 특정한 기술에 의하여 그 내용이 편집, 조작될 위험성이 있음을 고려하여, 그 대화내용을 녹음한 원본이거나 혹은 원본으로부터 복사한 사본일 경우에는 복사과정에서 편집되는 등의 인위적 개작 없이 원본의 내용 그대로 복사된 사본임이 입증되어야만 하고, 그러한 입증이 없는 경우에는 쉽게 그 증거능력을 인정할 수 없다."(대법원 2005.12.23. 선고 2005도2945 판결: 같은 취지의 대법원 2001.10.9. 선고 2001도3106 판결, 대법원 2012.9.13. 선고 2012도7461 판결⇨ 본서 **8.10** 판례 참조)

---

5) '특히 신빙할 수 있는 상태'란 '신용성의 정황적 보장'과 동일한 의미이다(통설).

(2) 사인이 피고인 아닌 사람의 진술을 녹음한 녹음테이프

[사안] 수사기관이 아닌 사인이 D 아닌 사람의 진술을 녹음한 녹음테이프가 유죄증거로 제출되었다. 이 녹음테이프가 증거로 사용되기 위하여 필요한 요건이 쟁점이 되었다. **[판지]** "수사기관이 아닌 사인(私人)이 D 아닌 사람과의 대화내용을 녹음한 녹음테이프는 형사소송법 제311조, 제312조 규정 이외의 D 아닌 자의 **진술을 기재한 서류와** 다를 바 없으므로, D가 그 녹음테이프를 증거로 할 수 있음에 동의하지 아니하는 이상 그 증거능력을 부여하기 위하여는 첫째, 녹음테이프가 원본이거나 원본으로부터 복사한 사본일 경우(녹음디스크에 복사할 경우에도 동일하다)에는 복사과정에서 편집되는 등의 인위적 개작 없이 원본의 내용 그대로 복사된 사본일 것, 둘째, 형사소송법 제313조 제1항에 따라 공판준비나 공판기일에서 **원진술자의 진술에 의하여 그 녹음테이프에 녹음된 각자의 진술내용이 자신이 진술한 대로 녹음된 것이라는 점이 인정되어야 할 것**이고, 사인이 D 아닌 사람과의 대화내용을 대화 상대방 몰래 녹음하였다고 하더라도 위와 같은 조건이 갖추어진 이상 그것만으로는 그 녹음테이프가 위법하게 수집된 증거로서 증거능력이 없다고 할 수 없으며, 사인이 D 아닌 사람과의 대화내용을 상대방 몰래 비디오로 촬영·녹음한 경우에도 그 비디오테이프의 진술부분에 대하여도 위와 마찬가지로 취급하여야 할 것이다."(대법원 1999.3.9. 선고 98도3169 판결; 대법원 1997.3.28. 96도2417 판결, 2005.2.18. 2004도6323 판결도 같은 취지⇨ 본서 **6.5** 판례, **8.10** 판례 참조)

8.25

변호사가 작성한 법률의견서의 성격과 증거능력 인정의 요건

대법원 2012.5.17. 선고 2009도6788 전원합의체 판결

I 사 안

건설산업기본법에는 홍보비용 지원을 구성요건으로 삼는 벌칙이 있다. D는 건설산업기본법 위반혐의로 기소되었다. D(S주식회사)의 유죄증거로 제출된 유력한 증거는 법률의견서이다. 이 법률의견서는 법무법인 소속 A변호사가 작성한 후 전자우편으로 D측에 전송한 전자문서를 검사가 컴퓨터 등 디지털 저장매체의 압수를 통하여 취득한 다음 이를 출력하여 증거로 신청한 서류이다. 법률의견서는 D 등이 이를 증거로 함에 동의하지 아니하였다. 위 변호사는 항소심 제6회 공판기일에 증인으로 출석하였으나 증언하여야 할 내용이 'D로부터 업무상 위탁을 받은 관계로 알게 된 타인의 비밀에 관한 것'임을 소명한 후 재판장으로부터 '증언을 거부할 수 있다'는 설명을 듣고 증언을 거부하였다. 법률의견서의 내용은 다음과 같다: "귀사는 위 창립총회에서 실시된 조합선거와 관련하여, J의 선거운동을 위해 I라는 업체를 통해 우회적으로 홍보비용을 지원하였습니다 (중략) 그러나 귀사가 J의 조합장 당선을 위해 간접적, 우회적 방법으로 홍보비용을 지원한 사실이 밝혀진다면 (하략)"

항소심 법원은 A변호사로부터 법률자문을 받은 내용이 기재된 법률의견서의 증거능력을 부정한 제1심의 판단을 그대로 유지하면서, "비록 현행법상 명문의 규정은 없으나 헌법 제12조 제4항에 의하여 인정되는 변호인의 조력을 받을 권리 중 하나로서 변호인과 의뢰인 사이에서 법률자문을 목적으로 비밀리에 이루어진 의사교환에 대하여 의뢰인은 그 공개를 거부할 수 있는 특권을 가진다"고 전제하고, "법률의견서는 법정에서 작성자(A변호사)에 의하여 그 성립의 진정이 인정되지 아니한 이상 증거능력이 없을 뿐만 아니라, 그 성립의 진정이 인정된다고 하더라도 위 법리에 따라 압수절차의 위법 여부와 관계없이 변호인-의뢰인 특권에 의하여 의뢰인인 D에 대한 범죄사실을 인정할 증거로 사용할 수 없다"는 이유로, 이른바 '변호인·의뢰인 특권'에 근거하여 위 의견서의 증거능력을 부정하고, '나머지 증거들만으로 D의 유죄를 인정할 수 없다'며 무죄를 선고하였다. 검사가 상고하였다.

II 쟁 점

1. "귀사는 위 창립총회에서 실시된 조합선거와 관련하여, J의 선거운동을 위해 I라는 업체를 통해 우회적으로 홍보비용을 지원하

였습니다"라는 진술이 전문증거의 요건인 진술에 해당하는가?

2. 변호사가 작성한 법률의견서의 진정성립여부에 대한 물음에 대하여 작성자인 변호사가 증언거부권을 행사하면 법 제314조의 '그 밖에 이에 준하는 사유로 인하여 진술할 수 없는 때'에 해당하는가?

III
재판요지
(상고기각)

1. **[다수의견] [변호사의 조력을 받을 권리의 범위]** "헌법 제12조 제4항 본문은 '누구든지 체포 또는 구속을 당한 때에는 즉시 변호인의 조력을 받을 권리를 가진다'라고 규정하고 있고, 이와 관련하여 형사소송법 제34조는 변호인 또는 변호인이 되려는 사람에 대하여 신체구속을 당한 피고인 또는 피의자와 제한 없이 접견하고 서류 또는 물건을 수수할 수 있도록 허용하고 있다. 한편 형사소송법은 변호사 등이 그 업무상 위탁을 받아 소지 또는 보관하는 물건으로 타인의 비밀에 관한 것은 압수를 거부할 수 있고(제112조 본문, 제219조), 그 업무상 위탁을 받은 관계로 알게 된 사실로서 타인의 비밀에 관한 것은 증언을 거부할 수 있도록 규정하여(제149조 본문), **변호사와 의뢰인 사이의 법률자문 또는 법률상담의 비밀을 일정한 범위에서 보호**하고 있다. 위와 같은 변호인의 조력을 받을 권리, 변호사와 의뢰인 사이의 비밀보호 범위 등에 관한 헌법과 형사소송법 규정의 내용과 취지 등에 비추어 볼 때, 아직 수사나 공판 등 형사절차가 개시되지 아니하여 피의자 또는 피고인에 해당한다고 볼 수 없는 사람이 일상적 생활관계에서 변호사와 상담한 법률자문에 대하여도 변호인의 조력을 받을 권리의 내용으로서 그 비밀의 공개를 거부할 수 있는 의뢰인의 특권을 도출할 수 있다거나, 위 특권에 의하여 의뢰인의 동의가 없는 관련 압수물은 압수절차의 위법 여부와 관계없이 형사재판의 증거로 사용할 수 없다는 견해는 받아들일 수 없다. 원심이 이 사건 법률의견서의 증거능력을 부정하는 이유를 설시함에 있어 위와 같은 이른바 변호인-의뢰인 특권을 근거로 내세운 것은 적절하다고 할 수 없다."

2. **[형사소송법 제149조에 따른 정당한 증언거부권의 행사와 제314조]** "A가 증언하여야 할 내용이 D회사로부터 업무상 위탁을 받은 관계로 알게 된 타인의 비밀에 관한 것임을 소명한 후 재판장으로부터 증언을 거부할 수 있다는 설명을 듣고 증언을 거부한 사실을 알 수 있다. 위 사실관계를 앞서 본 법리에 비추어 살펴보면, 이 사건 법률의견서는 압수된 디지털 저장매체로부터 출력한 문건으로서 그 실질에 있어서 형사소송법 제313조 제1항에 규정된 '피고인 아닌 자가 작성한 진술서나 그 진술을 기재한 서류'에 해당한다. 그런데 공판준비 또는 공판기일에서 그 작성자 또는 진술자인 위 변호사의 진술에 의하여 그 성립의 진정함이 증명되지 아니하였으므로 위 규정에 의하여 이 사건 법률의견서의 증거능력을 인정할 수는 없다. 나아가 원심 공판기일에 출석한 위 변호사가 이 사건 법률의견서의 진정성립 등에 관하여 진술하지 아니한 것은 형사소송법 제149조에서 정한 바에 따라 정당하게 증언거부권을 행사한 경우에 해

당하므로, 앞서 본 법리에 따라 형사소송법 제314조에 의하여 이 사건 법률의견서의 증거능력을 인정할 수도 없다."

IV 분석과 해설

(가) 위 대법원판결의 반대의견[1)]

(1) 법률의견서의 성격 반대의견은 "전문증거는 공판준비 또는 공판기일에서의 진술에 대신하여 진술을 기재한 서류나 공판준비 또는 공판기일 외에서의 타인의 진술을 내용으로 하는 진술로서(형사소송법 제310조의2), 원진술의 내용이 된 사실 자체의 존부가 요증사실을 이루는 증거를 의미한다. 그러므로 형사소송법 제313조 제1항의 전문증거로서 '피고인이 아닌 자가 작성한 진술서'는 요증사실을 직접 체험한 사람이 그 내용을 기재한 서류를 말하고, 요증사실을 체험한 내용과 관계없이 단지 자기의 의견을 표명하는 것에 불과한 서면은 위 규정의 전문증거라고 볼 수 없어 전문증거법칙에 의하여 그 증거능력을 제한할 수 없다. 이 사건 법률의견서는 D측의 자문의뢰에 따라 법무법인 소속 변호사가 밝힌 법적 의견을 그 내용으로 하는 서면으로서, 작성자인 위 변호사가 요증사실을 직접 체험하여 그 내용을 기재한 서류가 아님을 알 수 있다. 그러므로 이 사건 법률의견서를 형사소송법 제313조 제1항 등의 전문증거로 보고 그 증거능력을 제한하는 것은 타당하다고 할 수 없다."며 법률의견서를 전문증거로 보지 않는다.[2)]

(2) 법 제314의 취지 2007.6.1. 법률 제8496호로 개정된 형사소송법은 형사소송법 제314조를 '사망·질병·외국거주·소재불명 그 밖에 이에 준하는 사유로 인하여 진술할 수 없는 때'라고 규정하여 개정 전 법 제314조가 '사망·질병·외국거주 기타 사유로 인하여 진술할 수 없는 때'보다는 그 예외사유

---

1) 안대희 대법관의 반대의견.

2) 정황증거로서 증거능력을 인정하자는 취지로 보인다. [참고 판례] "사람이 정보저장매체에 입력하여 기억된 문자정보 또는 그 출력물을 증거로 사용하는 경우, 이는 실질에 있어서 사람이 작성한 진술서나 그 진술을 기재한 서류와 크게 다를 바 없고, 압수 후의 보관 및 출력과정에 조작의 가능성이 있으며, 기본적으로 반대신문의 기회가 보장되지 않는 점 등에 비추어 그 내용의 진실성에 관하여는 전문법칙이 적용되고, 따라서 원칙적으로 형사소송법 제313조 제1항에 의하여 그 작성자 또는 진술자의 진술에 의하여 성립의 진정함이 증명된 때에 한하여 이를 증거로 사용할 수 있다. 다만 정보저장매체에 기억된 문자정보의 내용의 진실성이 아닌 그와 같은 내용의 문자정보가 존재하는 것 자체가 증거로 되는 경우에는 전문법칙이 적용되지 아니한다"(대법원 1999.9.3. 선고 99도2317 판결, 대법원 2013.2.15. 선고 2010도3504 판결 등); "어떤 진술을 범죄사실에 대한 직접증거로 사용할 때에는 그 진술이 전문증거가 된다고 하더라도 그와 같은 진술을 하였다는 것 자체 또는 그 진술의 진실성과 관계없는 간접사실에 대한 정황증거로 사용할 때에는 반드시 전문증거가 되는 것은 아니다." (대법원 2000.2.25. 선고 99도1252 판결 등)

의 범위를 제한하였다.[3)]

다수의견은 "현행 형사소송법은 그 예외사유의 범위를 더욱 엄격하게 제한하고 있는데, 이는 직접심리주의와 공판중심주의의 요소를 강화하려는 취지가 반영된 것"이라고 전제하고 있는데 반하여 반대의견은 "형사소송법 제314조는 작성자 또는 원진술자의 법정진술에 의하여 진정성립이 증명되지 아니한 서류라도 일정한 경우 증거로 할 수 있도록 허용한 규정으로서, 전문증거의 증거능력을 지나치게 엄격하게 제한함으로써 형사소송의 지도이념인 실체적 진실발견을 방해하여서는 아니 된다는 데 그 목적과 취지가 있다. (중략) 다수의견은 구 형사소송법(2007.6.1. 법률 제8496호 등으로 개정되기 전의 것)의 '기타 사유로 인하여 진술할 수 없는 때'라는 문언과 달리 현행 형사소송법 제314조는 '그 밖에 이에 준하는 사유로 인하여 진술할 수 없는 때'라고 규정함으로써 전문법칙의 예외사유를 더욱 엄격하게 제한하였다고 해석하나, 이는 법문의 정비 과정에서 나타난 일부 표현상의 차이에 불과할 뿐 실질적인 의미가 변경된 것으로 볼 수는 없다. 따라서 개정 전후의 사소한 표현상 차이를 이유로 종전의 판례와 전혀 다른 해석론을 펼치는 다수의견에는 찬성할 수 없다."고 주장하였다.

(3) 변호사의 증언거부권의 행사와 제314조 반대의견은 "제314조의 '그 밖에 이에 준하는 사유로 인하여 진술할 수 없는 때'에는 서류의 작성자 또는 원진술자가 법정에 출석하여 증언거부권을 행사한 경우도 포함된다고 해석하여야 하므로, 여전히 증거능력이 인정될 가능성이 있다"고 주장하였다.

(나) 형사소송법 제148조, 제149조의 증언거부권과 제314조

본 판례(다수의견)는 "형사소송법은 누구든지 자기 또는 친족 등이 형사소추 또는 공소제기를 당하거나 유죄판결을 받을 사실이 발로될 염려가 있는 증언을 거부할 수 있도록 하고(제148조), 또한 변호사, 변리사, 공증인, 공인회계사, 세무사, 대서업자, 의사, 한의사, 치과의사, 약사, 약종상, 조산사, 간호사, 종교의 직에 있는 자 또는 이러한 직에 있던 사람은 그 업무상 위탁을 받은 관계로 알게 된 사실로서 타인의 비밀에 관한 것은 증언을 거부할 수 있도록 규정하여(제149조 본문), 증인에게 일정한 사유가 있는 경우 증언을 거부할 수 있는 권리를 보장하고 있다. 위와 같은 현행 형사소송법 제314조의 문언과 개정 취지, 증언거부권 관련 규정의 내용 등에 비추어 보면, 법정에 출석한 증인이 형사

3) 법 제314조의 해석에 대하여는 [⇨본서 8.13] 참조 바람.

소송법 제148조, 제149조 등에서 정한 바에 따라 정당하게 증언거부권을 행사하여 증언을 거부한 경우는 형사소송법 제314조의 '그 밖에 이에 준하는 사유로 인하여 진술할 수 없는 때'에 해당하지 아니한다."고 판시하여 제149조에 따라 업무상 비밀에 관한 증언의 거부 뿐 아니라 제148조에 따라 정당하게 증언을 거부하는 경우[4]에는 제314조를 적용할 수 없다고 한다. 그러나 이 견해에 대하여는 다음과 같은 의문이 든다.

영미법상의 자기부죄의 강요금지와 신분관계에 기초한 정의를 고려하여 볼 때 제148조는 '진실한 증언을 기대하기 어렵다'는 고려에서 비롯된 것으로 보이고, 헌법 제12조 제2항의 불이익한 진술의 강요 금지에 포함된다고 해석되는 반면, 제149조는 일정 업무에 종사하는 자의 비밀을 보호하려는 취지에서 비롯된 것이다. 이 조문은 실체적 진실발견이라는 형사사법의 목적을 일정 부분 희생하고 있어 제한적으로 해석되어야 할 뿐 아니라 제149조의 단서에도 본인의 승낙이 있거나 중대한 공익상 필요 있는 때에는 예외로 한다"고 규정하고 있다. 또한 제149조의 증언 거부 대상은 "업무상 위탁을 받은 관계로 알게 된 사실로서 타인의 비밀에 관한 것"이니 만큼 수사기관이 적법하게 수집한 법률의견서의 '진정성립'여부에 대한 증언까지 거부할 수 있도록 해석하는 것은 입법론이라면 몰라도 적어도 해석론으로서는 지나친 감이 없지 않다.

(다) 정당한 사유 없이 증언을 거부한 경우

위 전원합의체판결은 증언거부권의 행사와 제314조의 관계에 대한 과거의 대법원 판례들(대법원 1992.8.14. 선고 92도1211 판결; 같은 취지의 대법원 1992.8.18. 선고 92도1244 판결, 대법원 2006.5.25. 선고 2004도3619 판결)의 취지를 일부 수정한 것이다.

과거의 판례들은 "형사소송법 제314조는 공판준비 또는 공판기일에 진술을 요할 자가 사망, 질병 기타 사유로 인하여 진술을 할 수 없는 때에는 그 조서 또는 서류를 증거로 할 수 있다고 규정하고 있는바, 여기서 기타 사유로 진술할 수 없는 때에는 법정에 출석한 증인이 증언거부권을 행사하여 증언을 거절한 때도 포함된다."라고 일률적으로 해석하여 왔다. 위 전원합의체판결의 취지는 정당하게 증언거부권을 행사한 경우에 한하여[5] 제314조를 적용할 수 없다는 취지로 해석되어야 한다. 증인이 정당한 사유 없이 증언을 거부하는 경

4) **법 제150조**(증언거부사유의 소명) 증언을 거부하는 자는 거부사유를 소명하여야 한다.

5) 정당한 이유가 소명되는 경우에 한한다.

우에는 여전히 제314조가 적용될 수 있다.[6)]

(라) 진술거부권의 행사와 형사소송법 제314조(대법원 2013.6.13. 선고 2012도16001 판결)

"헌법은 모든 국민은 형사상 자기에게 불리한 진술을 강요당하지 아니한다고 선언하고(제12조 제2항), 형사소송법은 피고인은 진술하지 아니하거나 개개의 질문에 대하여 진술을 거부할 수 있다고 규정하여(제283조의 2 제1항), 진술거부권을 피고인의 권리로서 보장하고 있다. 위와 같은 현행 형사소송법 제314조의 문언과 개정 취지, 진술거부권 관련 규정의 내용 등에 비추어 보면, 피고인이 증거서류의 진정성립을 묻는 검사의 질문에 대하여 진술거부권을 행사하여 진술을 거부한 경우는 형사소송법 제314조의 '그 밖에 이에 준하는 사유로 인하여 진술할 수 없는 때'에 해당하지 아니한다."

6) "원진술자가 제1심법정에 출석하여 정당한 사유도 없이 그 선서 및 증언을 거부하였으나, 그의 검찰에서의 진술은 특히 신빙할 수 있는 상태 하에서 이루어졌다 하여 위 각 피의자신문조서를 증거로 채택한 제1심판결을 유지한 것은 정당하다."(대법원 1992.8.14. 선고 92도1211 판결)

제 9 장

자백의 증거능력과 증명력

제1절 자백의 증거능력
제2절 자백의 증명력

제1절 자백의 증거능력

9.1

임의성 없는 자백의 증거능력을 부정하는 취지

대법원 1998.4.10. 선고 97도3234 판결

I 사 안

D(공무원)는 수뢰죄로 기소되어 제1심과 항소심에서 유죄판결을 선고받았다. 항소심이 유죄의 증거로 채용한 증거는 D의 검면피신조서와 뇌물 공여자인 D2(공무원)의 검찰에서의 진술과 D2의 제1심 법정에서의 각 진술이다. 제1심과 항소심은, D가 임의성을 다투는 D의 검면피신조서는 "공판정에서 D가 그 진정성립을 인정하였을 뿐만 아니라 위 조서의 형식과 내용, D, D2의 학력, 경력, 직업, 사회적 지위, 지능 정도 등 제반 사정을 참작하더라도 특별히 임의성을 의심할 만한 합리적이고 상당한 정도의 구체적인 사실이 엿보이지 아니한다"는 이유로 그 증거능력을 인정함과 아울러 위 "D2 등의 진술도 신빙성이 있다"고 판단하였다. D, D2가 상고하였다. 상고이유는 "당초 검찰에 구인되어 조사받는 과정에서 D는 한결같이 'D2로부터 뇌물을 상납 받은 적이 없다'고 극구 결백을 주장하였음에도 검사가 'D2가 이미 자백하였다'면서 그와의 대질신문도 거절한 채 이틀 동안 자백을 강요하는 신문을 계속하였고 조사가 진행되는 동안 밤에는 안대(眼帶)로 D의 눈을 가린 채로 철제 의자에 앉히고 잠을 재우지 아니하는 바람에 D는 불안한 상태가 계속된 나머지 자포자기의 심정이 되어 어쩔 수 없이 묻는 대로 고개만 끄덕이거나 범행을 시인하는 진술을 한 결과 수뢰의 각 범행을 허위로 자백하는 결과가 되었으며 그 후에도 20여 일간을 검찰에 매일 출석하는 수난을 당하다가 공판정에 이르러 그 진실을 밝히게 된 것이므로, 위 각 자백은 임의로 진술한 것이 아니었다"는 것이었다. 기타의 정황사실로 "D는 1997.3.29. 11:00 긴급체포되어 체포 당일에는 공무원으로서의 근무경력을 기재한 진술서(=자술서)만을 작성하였고 그 다음날에 D는 자신의 평소 업무내용 및 포장공사와의 관계 및 내역 등 간단한 진술서만을 작성하였을 뿐이며, 체포된 지 이틀 후인 같은 달 31.에 이르러서야 비로소 D의 뇌물수수의 범행을 자백하는 내용이 들어 있는 진술조서 또는 피신조서가 작성되기 시작하였다. 그런데 D에 대한 검면피신조서의 경우, '거기에 기재된 근무경력이 위 1997.3.29.자 진술서나 공무원인사기록카드에 기

재된 내용과 다를 뿐만 아니라 당초에 금품수수 사실을 부인한 이유가 강화군청과 자신(D)에게 불명예를 안겨주기 싫었기 때문'이라고 진술한 반면, 금품을 교부받은 일시와 관련업체, 횟수 및 금액이 제1심과 항소심에서 유죄로 인정한 범죄사실과 상당한 차이가 있고, 그 후에도 같은 해 4.1. 및 같은 달 15. 제2회 및 제3회 각 피신조서가 작성되었으나 근무경력이나 뇌물수수의 일시 및 금액 등에 관한 종전의 진술이 전혀 정정되지 아니하였다. 특히 뇌물수수의 동기에 관하여 D는 "시공업체로서는 위 D2가 진흥계에 소속하여 있음에도 준공검사관이 되어 자리를 비우게 되면 본연의 업무가 그만큼 지연되는 데에 대한 일종의 보상차원에서 금품을 제공하고 위 D2로서는 업무지연에 대한 미안한 마음과 근무감독권을 가진 D에게 잘 봐달라는 취지에서 이를 교부하는 것"이라고 진술하였다. D는 제1회 공판기일부터 그 공소사실을 전부 부인함과 아울러 증거조사시에 위 각 피신조서의 임의성을 부인하였을 뿐더러 한결같이 "조사과정에서 벽을 마주한 채 철제의자에 앉히고 야간에도 전혀 잠을 자지 못하게 하는 등 계속하여 자백을 강요하는 강압적 수사를 받았다"고 진술하였다.

II 쟁 점

임의성 없는 자백의 증거능력을 부정하는 취지는 무엇인가?

III 재판요지 (파기환송)

판례이론의 설시

① [a-1] 임의성 없는 자백의 증거능력을 부정하는 취지가 허위진술을 유발 또는 강요할 위험성이 있는 상태 하에서 행하여진 자백은 그 자체로 실체적 진실에 부합하지 아니하여 오판의 소지가 있을 뿐만 아니라 [a-2] 그 진위 여부를 떠나서 자백을 얻기 위하여 피의자의 기본적 인권을 침해하는 위법·부당한 압박이 가하여지는 것을 사전에 막기 위한 것이므로 그 ② [b-1] 임의성에 다툼이 있을 때에는 [b-2] 그 임의성을 의심할 만한 합리적이고 구체적인 사실을 피고인이 입증할 것이 아니고 검사가 그 임의성의 의문점을 해소하는 입증을 하여야 한다.[1)]

판례이론의 본 사안에의 적용

이 사건에 있어서 D, D2는 체포 후 줄곧 범행을 부인하다가 금품수수의 상대방과

1) **같은 취지의 후속판결**: "소환의 횟수와 빈도, 조사시간 등으로 보아 과도한 육체적 피로, 수면부족, 심리적 압박감 속에서 진술을 한 것으로 보여지고, C와 D가 제1심법정에서 (중략) 수사과정의 물리적·정신적 강압상태를 진술하고 있는 사정에 비추어 보면, 검사가 작성한 'B·C·D에 대한 진술조서'는 모두 그 임의성을 의심할 만한 사정이 있다고 할 것인데 검사가 그 임의성의 의문점을 해소하는 입증을 하지 못하였으므로 증거능력이 없다."(대법원 2002.10.8. 선고 2001도3931 판결; 대법원 1999.1.29. 선고 98도3584 판결)

대질신문을 벌였다거나 특별한 증거가 제시되지 아니하였음에도 갑자기 그동안 지켜온 명예감정을 포기하고 순순히 범행 일체를 자백하였다는 것은 지극히 이례적인 것으로서 선뜻 납득하기 어려운데다가, 그 진술내용도 범행사실은 물론 굳이 허위진술의 필요가 없는 기본적인 사항마저도 부정확한 내용이 포함되어 있고 D의 경우, 준공검사의 결재과정에 관여할 여지가 없는데도 준공검사와 관련하여 부정한 금품이 수수된다는 것은 경험칙상 뇌물을 수수한 동기로 인정하기 미흡한 점, D, D2 모두 제1회 공판정에서부터 그 범행을 전면 부인한 점 등에 비추어 볼 때, D, D2의 검찰에서의 자백은 D, D2의 주장대로 잠을 재우지 아니한 채 심문을 계속한 것이 사실이라면 강요와 회유를 거듭한 끝에 받아낸 것일 뿐 임의로 진술한 것이 아니라고 의심할 만한 상당한 이유가 있어, D, D2가 검찰에서 행한 위 각 자백은 이 사건에서 문제되는 철야조사가 있어 그 때문인지 여부를 심리·판단하지 아니하고는 결국 유죄의 증거로 삼을 수 없다고 할 것이고, 이와 달리 위 판시 이유만으로 그 임의성을 인정하여 이를 유죄의 증거로 인정한 원심판단은 잘못이다.

IV 분석과 해설

(가) 문제의 제기

'임의성 없는 자백[2]의 증거능력을 부정하는 근거'를 어떻게 파악할 것인가 하는 문제는 난제(難題) 중의 난제에 속하는 문제이다. 그런데 그 문제에 답하기 이전에 도대체 '이 문제에 관하여 대법원은 과연 어떤 입장에 서 있다고 보아야 할 것인가?' 하는 점조차 불분명한 상태에 놓여 있었다. '자백배제법칙의 근거에 관한 대법원의 전통적 견해는 허위배제설'이라는 분석이 있었는가 하면 '자백의 임의성법칙의 이론적 근거에 관한 대

2) 임의성이 부정된 전형적인 사례는 다음과 같다: "D는 1983.1.31. 거제경찰서로부터 부산지방검찰청 충무지청에 송치되어 검찰조사기간 중 충무경찰서 유치장에 수감되었는데 송치당일 검사로부터 제1회 피의자신문을 받을 때 이 사건범행을 극구 부인하고 경찰에서의 자백은 심한 고문에 의한 것이라고 주장하였다가 그 후 별다른 수사의 진전이 없는데도 제2회 이후부터 범행사실을 순순히 자백하였으며 1심 법정에 이르러서부터는 다시 범행을 부인하고 있음이 명백한 바, 1심 증인 W1의 증언에 보면 충무경찰서 유치장에서 D를 면회하였을 때 '경찰에서 고문을 당했다'는 말을 들었고 고문 받은 상처도 보았으며 D로부터 '억울한 사정을 요로에 탄원해 달라'는 내용의 쪽지를 받았다는 취지로 진술하고 있고, 또 같은 1심 증인 W2의 증언에 보면 '충무경찰서 유치장에 D와 같이 수감 중 해질 무렵에 D가 불려나갔다가 밤 9시경 돌아온 뒤 밤새 앓았으며 아침에 보니 D의 오른쪽 다리에 퍼렇게 멍이 들어 있었고 다리를 폈다 오므렸다 하지 못해 일어나지를 못했으며 D가 고문을 당하였다고 말하더라'는 취지로 진술하고 있음이 인정된다. 위와 같은 자백의 경위와 증거관계에 비추어 보면 원심이 'D는 거제경찰서에 구금되어 조사를 받을 때에 고문으로 이 사건 범행을 자백하였다가 검찰에 송치된 후 범행사실을 부인하였으나 수감 중인 충무경찰서에서 다시 엄문을 당한 결과 검사의 제2, 3회 신문시에는 임의성이 없는 상태에서 다시 자백을 한 것으로 의심할만한 이유가 있다'고 판단하여 위 자백의 증거능력을 부인한 조치에 수긍이 가고 소론과 같이 채증법칙을 위반한 위법이 없다." (대법원 1984.3.13. 선고 84도36 판결)

법원판례는 없다'는 분석도 있었다.

자백의 증거능력을 부정하는 취지'를 종전판례들보다 훨씬 구체적으로 명시하였기 때문에 주목된다. 이 판결의 중요성에 비추어 여기서 그 의미를 면밀히 성찰해 보고 대법원은 '임의성 없는 자백의 증거능력을 부정하는 근거'(이른바 자백배제법칙: 법 제309조[3])와 자기부죄거부특권(진술거부권[4]), 위법수집증거배제법칙[5]과의 상호관련성을 어떻게 파악하고 있는가 하는 점을 분석해 보자.

(나) 여러 견해들

피고인의 자백에 관하여 임의성을 요구하는 근거에 관하여는 '임의성이 없는 자백은 허위일 위험성이 많고 진실의 발견을 저해할 가능성이 큰 까닭에 증거능력을 배제하여야 한다'는 **허위배제설**과 '진술의 자유 또는 진술거부권을 포함한 헌법상의 기본적 인권을 침해하기에 이른 위법·부당한 압박을 배제함으로써 인권옹호를 도모하기 위하여 임의성 없는 자백은 배척되어야 한다'는 **인권옹호설**이 있고, 이들 양 설의 입장을 모두 고려하자는 **절충설**이 있다. 또한 자백획득과정에서의 적정절차(due process) 또는 적법절차를 담보하는 방법으로서 자백획득의 방법·과정의 위법을 이유로 자백을 배제한다는 **위법배제설**도 유력하게 주장되고 있다. 이 외에 상기의 모든 학설이 근거가 된다는 종합설(綜合設, 신동운)도 있다.

(다) 본 판결의 의미('인권옹호설과 허위배제설의 경합적 적용설' 채택의 명시)

첫째, 재판요지 중 ① 부분은 대법원이 '임의성 없는 자백의 증거능력을 부정하는 취지'를 '허위배제설과 인권옹호설의 경합(競合)'으로 보고 있음을 명시하고 있다. '허위배제설과 인권옹호설의 경합(競合)'이란 자백내용에 허위가 개입

3) **법 제309조**(강제 등 자백의 증거능력) 피고인의 자백이 고문, 폭행, 협박, 신체구속의 부당한 장기화 또는 기망 기타의 방법으로 임의로 진술한 것이 아니라고 의심할 만한 이유가 있는 때에는 이를 유죄의 증거로 하지 못한다.

4) **법 제244조의3**(진술거부권 등의 고지) ① 검사 또는 사법경찰관은 피의자를 신문하기 전에 다음 각 호의 사항을 알려주어야 한다. 1. 일체의 진술을 하지 아니하거나 개개의 질문에 대하여 진술을 하지 아니할 수 있다는 것 2. 진술을 하지 아니하더라도 불이익을 받지 아니한다는 것 3. 진술을 거부할 권리를 포기하고 행한 진술은 법정에서 유죄의 증거로 사용될 수 있다는 것 4. 신문을 받을 때에는 변호인을 참여하게 하는 등 변호인의 조력을 받을 수 있다는 것 ② 검사 또는 사법경찰관은 제1항에 따라 알려 준 때에는 피의자가 진술을 거부할 권리와 변호인의 조력을 받을 권리를 행사할 것인지의 여부를 질문하고, 이에 대한 피의자의 답변을 조서에 기재하여야 한다. 이 경우 피의자의 답변은 피의자로 하여금 자필로 기재하게 하거나 검사 또는 사법경찰관이 피의자의 답변을 기재한 부분에 기명날인 또는 서명하게 하여야 한다.

5) **법 제308조의2**(위법수집증거의 배제) 적법한 절차에 따르지 아니하고 수집한 증거는 증거로 할 수 없다.

할 의심이 있는 경우에 증거능력을 배제(a-1)하여야 할 뿐만 아니라, 자백채취 과정에 인권(구체적으로 말하면 진술의 자유) 침해의 의심이 있는 경우에도 증거능력을 배제하여야 한다(a-2)는 취지이다. 종래 교과서에서는 이런 입장을 '절충설'로 명명하여 왔으나 경합설로 부르는 것이 좋다고 생각한다. '절충'과 '경합'은 다소 뉘앙스가 다른 개념이기 때문이다.

둘째, 본 판결의 의의를 종전 판결과의 연속선상에서 파악해 보면 이 판결은 '허위배제설을 기초로 하면서도[6] 특수한 사정이 있는 경우에는 인권옹호설의 견지도 경합적으로 원용'할 수 있음을 명시적으로 확인한 판결로 분석할 수 있다. '인권옹호설'을 무시할 수 없는 이유는 문리해석상 '임의성(voluntary)' 문제는 '진술자의 진술의 자유'를 확보하여야 한다는 발상에서 생성된 기준이기 때문이다.

셋째, 본 판결은 [b-2] 부분에서 피고인이 자백의 임의성을 다투는 경우, 그 거증책임이 검사에게 있음을 명시하고 있는 점에서도 주목된다. 대법원은 종래 '임의성이 추정된다'는 태도를 취하였다가(대법원 1983.3.8. 선고 82도3248 판결; 대법원 1984.8.14. 선고 84도1139 판결), '피고인이 임의성을 다투는 경우에는 법원이 자유로운 심증으로 임의성을 판단하여야 한다'고 했다가(대법원 1994.12.22. 선고 94도2316 판결), 본 판결에 이르러 정면으로 임의성의 거증책임이 검사에게 있음을 명시하였다.

그런데 대법원은 그동안 '위법배제설'의 일단을 수용한 것이 아닌가 하는 의심을 불러일으키는 판결도 가끔 생산해 왔다. 따라서 '한국의 대법원판례와 위법배제설과의 관계'를 어떻게 파악하여야 할 것인가 하는 점까지 분석되어야 한다.

(라) '자기부죄거부특권', '자백법칙', '위법수집증거배제규칙'의 상호관계

대법원은 1980년대에 위법수집증거배제규칙의 일부 채용을 고민하다가 1990년대에 이르러 체포·구속된 피의자의 변호인의 조력을 받을 권리와 진술거부권 분야에서 위법배제설의 관점을 일부 채택하기에 이르렀다. 1992년 판결(대법원 1992.6.23. 선고 92도682 판결)의 논증의 특색은 수사기관이 진술거부권을 고지하지 않고 피의자신문을 감행한 경우에 '자기부죄거부특권'과 '위법수집증거배제규칙'을 결합시켜 자백의 증거능력을 부정하고 있다는 점이다. 이것은 대법원이 이 문제에 대한 해결을 '자백의 임의성 문제의 각도'에서 풀려고 하지 않았음을 의미한다. 그렇지만 이 문제를 자백의 임의성 문제와 무관한 문제라고 보기도 어렵다.

적법절차 보장에 봉사하는 '자기부죄거부특권', '자백법칙'(임의성 없는 자백의 증거능력을 부정하는 근거),

---

6) 박광민, 자백의 임의성과 그 입증, 『형사판례의 연구』 Ⅱ(이재상교수화갑기념), 2003.1., 304.

'위법수집증거배제규칙' 등 삼자(三者)의 상호관계를 어떻게 파악하여야 하는가 하는 문제가 차후에 규명되어야 할 문제이다.

(마) 위법사유와 자백 사이에는 인과관계가 필요(대법원 1984.11.27선고 84도2252 판결; 대법원 1984.4.24. 선고 84도135 판결)

임의성 없는 자백으로 판단되려면 위법사유와 자백 사이에 인과관계가 필요하다.[7)]

(바) 임의성 없는 자백과 인과관계가 있는 과실에도 독수독과론의 적용이 있다.[8)]

7) "법 제309조의 취지는 피고인의 자백이 고문, 폭행, 협박, 신체구속의 부당한 장기화 또는 기망, 기타의 방법으로 임의로 진술한 것이 아닌지의 여부를 밝히기가 매우 어려운 점을 고려하여 자백이 동조 소정의 사유로 임의성이 없다고 의심할 만한 이유가 있는 한 그 자백과 위 사유와 사이에 인과관계가 있음이 밝혀지지 않더라도 그 자백은 증거능력을 가지지 못하는 것이나 반면 피고인의 자백이 동조 소정의 사유로 임의성이 없다고 의심할 만한 이유가 있는 경우라도 그 자백과 임의성이 없다고 의심하게 된 사유와 사이에 인과관계가 존재하지 않는 것이 명백하여 그 자백이 임의성있는 것임이 인정되는 때에는 그 자백은 증거능력을 가진다 할 것이지만 이와 같이 임의성이 없다고 의심할 만한 이유가 있는 자백은 그 인과관계의 존재가 추정되는 것이므로 이를 유죄의 증거로 하려면 적극적으로 그 인과관계가 존재하지 아니하는 것이 인정되어야 할 것."

8) "압수된 망치(증8호), 국방색 작업복과 야전잠바(증9, 10호)등은 D의 증거능력 없는 자백에 의하여 획득된 것이므로 따라서 증거능력이 없다."(대법원 1977.4.26. 선고 77도210 판결)

9.2

임의성에 의심이 있는 비전형적 자백(철야신문과 약속)

대법원 1997.6.27. 선고 95도1964 판결

I 사 안

D는 특정경제범죄 가중처벌 등에 관한 법률위반(수재등)혐의로 기소되었다. D는 검찰에서 자백하였다. 검찰수사단계에서 D가 자백에 이르게 된 경위는 다음과 같다. "1994.7.18. 08: 10경 부산지방검찰청에 연행되어 부산지방검찰청 제363호 검사실에서 '담당검사에 의하여 처음으로 D를 상대로 하는 진술조서'가 작성되었다. 그 당시 D는 위 특정경제범죄 가중처벌 등에 관한 법률위반(수재등)의 공소사실을 모두 부인하였다. 같은 달 19. 같은 검사에 의하여 제1회 피의자신문조서(이하 '피신조서'로 약칭함)가 작성될 때에도 D는 혐의를 부인하였다. 같은 날 수사검사가 교체되어 제2회 피신조서가 작성되면서 D는 그때까지 부인하였던 공소사실을 모두 자백하였다. 제2회 피신조서 작성시 D는 '마음이 괴로워서 조사를 빨리 끝내고 싶다'는 심경을 밝혔고, 제2회 피신조서에는 D가 그때까지의 진술을 번복하는 이유를 '사실대로 진술하고 선처를 바라는 마음에서 바른대로 진술을 하는 것'이라고 기재되었다. 다시 같은 날 14:00경까지 원래의 담당검사에 의하여 제3회 피신조서가 작성될 때에도 D는 혐의를 자백하였다. D는 제3회 피신조서 작성시 '전회의 진술이 사실인가'라는 검사의 신문에 대하여 처음에는 묵묵부답을 한 다음, 그 이유를 '진술조서와 제1회 피신조서 작성시에는 극구 부인을 하였다가 나중에 순순히 자백을 하고 보니 오히려 마음이 허전하고 자책감에서 아무런 말도 못하고 침묵을 지켰다'고 자백을 후회하는 듯한 진술을 하였으며, '달리 유리한 진술이나 증거가 있는가'라는 검사의 신문에 대하여도 괴로운 듯 얼굴을 찡그리고 아무런 말을 하지 아니하는 태도를 보였다. 위와 같은 검찰의 철야신문과정에서 D는 잠을 자지 못하였다. 그 이후 제1심 법정에서부터 D는 다시 공소사실을 일관하여 부인하며 각 서류의 증거조사 시에 제2, 제3회 각 피신조서의 임의성을 부정하였다." 항소심은 D의 특정경제범죄 가중처벌 등에 관한 법률위반(수재등)의 죄에 대하여 W(증인)의 수사기관 이래 원심에 이르기까지의 진술 및 압수된 경비가불장의 기재와 D의 검찰에서의 자백을 증거로 유죄를 선고하였다. D는 "원심이 유죄의 증거로 삼은 D의 검찰에서의 자백은 D가 1994.7.18. 08:10경 부산지방검찰청에 연행되어 같은 달 19. 14:00경까지 약 30시간 동안 잠도 자지 못한 채 검사 2명에 의하여 교대로 계속 조사를 받아 심신이 몹시 지친 상태에서, 검사가 '사안

이 무겁지 아니하고 취업할 처지도 아니니 유죄판결을 받더라도 집행유예의 형이 선고될 것인데 범행을 부인하여 고생할 것이 아니라 속히 귀가하는 것이 좋지 않겠느냐'고 회유하는 바람에 우선 귀가하고 보자는 자포자기의 심정에서 하게 된 허위의 자백이므로, 이를 유죄의 증거로 삼은 원심판결에는 채증법칙 위배의 위법이 있다"고 주장하며 상고하였다.

II 쟁 점

30시간 정도의 시간 동안 잠을 재우지 아니한 수사기관의 철야신문으로 인한 피의자의 자백은 법 제309조의 '기타의 방법으로 임의로 진술한 것이 아니라고 의심할 만할 이유가 있는 때'에 해당하는 자백인가?

III 재판요지 (상고기각)

이 사건에서와 같이 ㉮ 동일한 피의자에 대하여 하루 동안에 3회의 피신조서가 작성된 것과 ㉯ 뚜렷한 이유 없이 같은 날 중간에 검사가 교체되었다가 다시 원래의 담당검사에 의하여 수사가 진행된 것은 지극히 이례적이라 할 것인바, 이러한 이례적인 수사과정과, 비록 ㉰ 위 제2회 피신조서에는 D가 그때까지의 진술을 번복하는 이유를 "사실대로 진술을 하고 선처를 바라는 마음에서 바른대로 진술을 하는 것"이라고 기재되어 있지만, 그러한 사정만으로 그동안 공소사실을 부인하여 오던 D가 진술을 갑자기 번복하게 된다는 것은 선뜻 수긍이 되지 아니하는 점, 또한 기록에 의하여 인정되는 바와 같이 D가 위 제2회 피신조서 작성시에 "마음이 괴로워서 조사를 빨리 끝내고 싶다"는 심경을 밝히고 있고, 위 제3회 피신조서 작성시에도 "전회의 진술이 사실인가"라는 검사의 신문에 대하여 처음에는 묵묵부답을 한 다음, 그 이유를 "진술조서와 제1회 피신조서 작성시에는 극구 부인을 하였다가 나중에 순순히 자백을 하고 보니 오히려 마음이 허전하고 자책감에서 아무런 말도 못하고 침묵을 지켰다"라고 ㉱ 자백을 후회하는 듯한 진술을 하였으며, "달리 유리한 진술이나 증거가 있는가"라는 검사의 신문에 대하여도 괴로운 듯 얼굴을 찡그리고 아무런 말을 하지 아니하는 태도를 보인 점, ㉲ 그 이후 제1심 법정에서부터는 다시 위 공소사실을 일관하여 부인하고 있는 점 등에 비추어 보고 특히 피의자에게는 진술거부권이 있는 점을 감안하면, 위 ㉳ D의 검찰에서의 자백은 D의 자유로운 의사에 의하여 임의로 되었다기보다는 위 상고이유의 주장과 같이 검사 2명이 D를 잠을 재우지 아니한 채 교대로 신문을 하면서 회유한 끝에 받아낸 것이 아닌가 하는 강한 의심을 가지게 한다. 그렇다면, 검사 작성의 D에 대한 제2, 3회 피신조서에 기재된 D의 자백은 D를 잠을 재우지 아니한 상태에서 이루어진 것으로 임의로 진술한 것이 아니라고 의심할 만한 이유가 있는 때에 해당한다 할 것이므로 형사소송법 제309조의 규정에 의하여 위 각 피신조서는 증거능력이 없다. 따라서 이를 유죄의 증거로 삼은 원심판결은 잘못이다.

다만 원심이 D에 대한 유죄의 증거로서 들고 있는 W의 수사기관 이래 원심에 이르기까지의 진술 및 압수된 경비가불장의 기재 등에 의하더라도 D에 대한 판시 범죄사실을 유죄로 인정할 수 있다고 보이므로, 결국 원심의 위와 같은 잘못은 판결결과에 영향이 없다.

IV 분석과 해설

(가) 철야신문의 적법성

피고인에게는 신속한 재판을 받을 권리가 있으므로 수사기관은 신속하게 수사를 종결하여야 한다. 특히 수사기관은 구속기간의 제한을 받는다. 따라서 수사기관이 피의자에 대하여 장시간에 걸쳐 집중적 신문을 하게 되는 부득이한 경우가 있다. ① 피의자가 야간에 현행범으로 체포되거나 긴급체포 된 경우, ② 적법하게 체포된 피체포자에 대하여 48시간 이내에 구속영장이 청구되어야 할 경우, ③ 다른 사람의 신체나 생명에 급박한 위험을 가져올 수 있는 인물이 피의자인 경우, ④ 피의자가 야간근무자이거나 개인적인 사정으로 자진하여 철야조사를 원하는 경우, ⑤ 피의자가 대형 경제사건이나 부정부패 사건 등 시민들의 이목이 집중되고 사회에 미치는 영향이 큰 사건의 피의자인 경우, ⑥ 공소시효의 완성이 임박하였을 때(인권보호수사준칙 제40조 제2항) 등이다. 따라서 야간신문과 철야신문, 밤샘조사 그 자체를 위법수사로 평가할 수는 없고, 심야에 작성되었다는 이유만으로 그 피신조서와 자백의 임의성을 부정할 수는 없다.

대법원은 피의자 K가 "1981년 7월 22일경 시고모와 그 집의 가정부, 시고모의 양녀를 살해한 혐의로 같은 해 8월 4일 21:30분경부터 용산경찰서에 연행되어 조사를 받기 시작하여 같은 달 6일 02:30경 잠깐 풀려나왔다가 같은 날 10:30경 다시 강제연행된 후 호텔 등을 7차례나 옮겨 다니면서 같은 달 17일까지 불법구속된 상태에서 잠도 안 재우고 계속되는 고문을 견디다 못해 범행을 허위자백하게 되었다"고 주장한 "윤노파 살해사건"에 대한 판결에서 자백의 증거능력을 부정하지 않고 자백의 신빙성을 문제삼아 그 증명력을 부정한 바 있다(대법원 1985.2.26. 선고 82도2413 판결). 본 사안에서도 대법원이 야간신문과 철야신문 그 자체를 위법수사로 평가하고 피신조서가 심야에 작성되었다는 이유만으로 그 조서의 증거능력을 부인한 것은 아니다.

(나) 인권보호수사준칙

첫째, 수사기관은 피의자의 자백이 경험법칙에 위배되는 등 합리성이 의심되는 경우에는 자백하게 된 경위를 따져 그 신빙성 유무를 검토하여야 하고, 공범의 진술이 피의자의 혐의를 인정할 유일한 증거인 경우에는 그 증명력 판단에 더욱 신중해야 한다(인권보호수사준칙 제43조(자백 편중 수사의 지양)).

둘째, 수사기관은 원칙적으로 자정 이전에 조사를 마쳐야 한다. 예외적으로 조사받는 사람이나 그 변호인의 동의가 있거나, 공소시효의 완성이 임박하거나, 체포기간 내에 구속 여부를 판단하기 위해 신속한 조사의 필요성이 있는 등 합리적인 이유가 있는 경우에는 인권보호관의 허가를 받아 자정 이후에도 조사할 수 있다(인권보호수사준칙 제40조(심야조사 금지)).

셋째, 수사기관은 참여주사나 사법경찰리 등의 참여하에 조사를 진행하여야 한다(인권보호수사준칙 제41조(참여직원 등의 단독조사 금지)). 조사를 마친 경우에는 조사를 받은 사건관계인에게 조서에 기재된 내용이 정확한지 확인하여야 한다.

넷째, 수사기관은 조사에 장시간이 소요되는 경우 조사 도중에 상대방(피의자, 피내사자, 피해자, 참고인 등 다른 사건관계인)에게 적절한 휴식시간을 주어 피의자 등이 피로를 회복할 수 있도록 하여야 한다. 피의자가 조사 도중에 휴식시간을 달라고 요청하는 때에는 그때까지 조사에 소요된 시간, 피의자의 건강상태 등을 고려하여 적정하다고 판단될 경우 이를 허락하여야 한다. 또 조사 중인 피의자의 건강상태에 이상이 발견되면 의사의 진료를 받게 하거나 휴식을 취하게 하는 등 필요한 조치를 취하여야 한다(인권보호수사준칙 제42조(휴식시간 부여 등)).

(다) 임의성에 의심이 있는 약속자백

비전형적 자백의 두 번째 사항이 약속에 의한 자백이다. 수사기관의 불기소처분의 제안 혹은 가벼운 죄를 명목으로 하는 소추를 하겠다는 약속과 교환조건으로 행하여진 자백은 허위의 의심이 있어 자백의 임의성에 의심을 초래한다.[1)]

그러나 처음부터 이행의 의도가 없는 수사기관의 약속 후에 행하여진 자

1) 대법원 1983.9.13. 선고 83도712 판결: "자백의 약속이 검사의 강요나 위계에 의하여 이루어졌다던가 또는 불기소나 경한 죄의 소추 등 이익과 교환조건으로 된 것이라고 인정되지 아니하므로 위와 같은 자백의 약속 하에 된 자백을 곧 임의성이 없는 자백이라고 단정할 수는 없으며 또 위 인정과 같은 자백에 이르게 된 수사의 과정을 살펴보아도 자백의 임의성을 부인할 만한 위법사유가 개재되었다고 단정하기는 어렵다."

백은 약속자백이라기보다 기망자백에 가깝다.[2)]

2) 대법원 1985.12.10. 선고 85도2182, 85감도313 판결: "피고인 2가 범죄사실을 자백한 것으로 기재되어 있는 검사작성의 피의자신문조서(3회)는 당시 신문에 참여한 검찰 주사가 '모든 피의사실을 자백하면 원심판시 범죄사실을 불문에 붙이고 공동피고인(당시는 피의자) 1과 합동하여 소매치기하였다는 피의사실부분은 가볍게 처리할 것이며 피고인에 대하여 보호감호의 청구를 하지 않겠다' 는 각서를 작성하여 주면서 피고인의 자백을 유도한 사실이 인정되므로 위 자백은 기망에 의하여 임의로 진술한 것이 아니라고 의심할 만한 이유가 있는 때에 해당하여 형사소송법 제309조 및 제312조 제1항의 각 규정에 따라 피의자신문조서의 기재를 증거로 할 수 없다."(김명길, 자백의 임의성, 『해설』 제5호에서 재인용); 대법원 1984.5.9. 선고 83도2782 판결: "D는 처음 검찰에서 범행을 부인하다가 뒤에 자백을 하는 과정에서 D3으로부터 금 200만 원을 뇌물로 받은 것으로 하면 특정범죄 가중처벌 등에 관한 법률위반으로 중형을 받게 되니 금 200만 원 중 금 30만원을 술값을 갚은 것으로 조서를 허위 작성하였다는 것으로서 이는 수사기관이 같은 D에게 '단순수뢰죄의 가벼운 형으로 처벌되게 하여 준다'는 약속을 하고 자백을 유도한 것으로도 보여지고(그 뒤에 같은 D는 다시 범행을 부인하였으나 부인하는 제2회 피의자신문조서는 작성하지 아니하였다는 것이다) 위와 같은 상황 하에서 한 자백은 그 임의성에 의심이 가고 따라서 진실성이 없다는 취지에서 이를 배척하였다 하여 자유심증주의의 한계를 벗어난 위법이 있다고는 할 수 없다."

제2절 자백의 증명력

9.3

실질설의 응용사례들

대법원 1983.5.10. 선고 83도686 판결; 대법원 1986.2.25. 선고 85도2656 판결

I 사 안

제1사안

D(여성)는 간통혐의로 기소되었다. D는 경찰조사 이래 간통사실을 일관하여 자백하였다. 검사 및 사법경찰관 사무취급이 작성한 고소인 H(D의 남편)에 대한 진술조서에는 'D가 간통사실을 자인하는 것을 들었다'는 내용과 '공소사실 기재의 간통범행 일시 경에 D의 가출과 외박이 잦아 의심하게 되었다'는 취지의 진술이 기재되어 있었다. 항소심은 "D가 공소사실을 자백하고 있으나 이에 부합하는 검사 및 사법경찰관사무취급 작성의 H에 대한 각 진술조서 기재 내용과 H의 제1심 법정에서의 증언내용은 'D가 위 간통사실을 자인하는 것을 들었다'는 것으로서 D의 자백을 내용으로 한 것이므로 위 자백에 대한 보강증거가 되지 못하고 달리 D의 위 자백을 보강할 증거가 없다"면서 무죄를 선고하였다. 검사가 상고하였다.

제2사안

D2는 D3와 함께 지나가는 행인의 손가방 1개를 낚아챈 특수절도 혐의로 기소되었다. 항소심은 D2의 제1심 및 항소심 법정에서의 공소사실에 부합하는 진술(자백)과 사법경찰관 사무취급작성의 W(참고인)에 대한 진술조서의 기재를 종합하여 "D2가 D3와 합동하여 충주시 불상(不詳) 길가를 지나는 성명불상인이 들고 가는 현금 18,000원이 들어있는 손가방 1개를 낚아채어 절취"한 사실을 인정하여 유죄판결을 선고하였다. 사법경찰관 사무취급 작성의 W에 대한 (차량도난사실의) 진술조서의 기재내용은 "W가 1985.4.30. 22:00경 성남시 태평동 자기 집 앞에 세워 둔 경기 파란색 봉고화물차 1대를 도난당하였다"는 내용뿐이고 D2는 법정에서 위 봉고차의 절취사실을 시인하고 있다. D2가 상고하였다.

II 쟁 점

1) 'D가 간통사실을 자인하는 것을 들었다. 간통범행 일시 경에 D의 가출과 외박이 잦았다'는 고소인(D의 남편)의 법정증언은 D의 자백을 보강하는 증거가 될 수 있는가?

2) 차량도난사실을 내용으로 하는 참고인진술은 '손가방 1개의 특수절도혐의'의 자백을 보강하는 증거가 될 수 있는가?

III 재판요지

제1사안(파기환송)

자백의 보강증거는 자백한 사실이 가공(架空, 가상)적인 것이 아니고 진실한 것이라고 인정할 수 있는 정도의 증거이면 족하고 직접증거뿐만 아니라 정황증거로도 족한 것이다. 이 사건에서 D는 경찰조사 이래 간통사실을 일관하여 자백하고 있는바, 검사 및 사법경찰관 사무취급이 작성한 D의 남편이던 H에 대한 진술조서 기재를 보면 'D가 간통사실을 자인하는 것을 들었다'는 내용 외에도 위 공소사실 기재의 간통범행 일시 경에 D의 가출과 외박이 잦아 의심을 하게 되었다는 취지의 진술이 있고 이러한 정도의 증거이면 D의 위 자백이 가공적인 사실이 아니라 진실한 것이라고 인정할 만한 보강증거가 될 수 있다.

제2사안(파기환송)

자백에 대한 보강증거는 피고인의 임의적인 자백사실이 가공적인 것이 아니고 진실한 것이라고 인정할 정도면 직접 증거이거나 자백한 범죄사실과, 직접, 간접으로 관련이 있는 정황증거라도 족하다 할 것인바 기록에 의하면 (중략) W에 대한 진술조서의 기재는 D2의 위 봉고차의 절도사실의 자백에 대한 보강증거는 될 수 있으나 D2가 위 차를 타고 충주까지 가서 이건 범행을 하였다는 자백은 그 차량을 범행의 수단, 방법으로 사용하였다는 취지가 아니고 D2가 범행장소인 충주시에 가기 위한 교통수단으로 이용하였다는 취지에 불과하여 이 사건 절도사실과는 직접적으로나 간접적으로 아무런 관계가 없다. W의 차량의 도난사실의 진술조서의 기재는 이 사건(손가방 1개의 특수절도) D2의 자백에 대한 보강증거는 될 수 없다. 그렇다면 이 사건에 대한 D2의 자백은 D2에게 불이익한 유일한 증거라 할 것이고 달리 이를 보강할 증거가 없다 할 것임에도 이를 보강증거로 보아 유죄로 인정한 원심조치는 보강증거에 대한 법리를 오해하고 채증법칙을 위배하여 판결에 영향을 미친 위법이 있어 파기를 면치 못한다.[1)]

1) **[따름판결]** 대법원 1990.12.7. 선고 90도2010 판결: "검사가 보강증거로서 제출한 증거의 내용이 'D와 O가 현대자동차 춘천영업소를 점거했다가 O가 처벌받았다'는 것이고, D의 이건 자백내용은 '현대자동차 점거로 O가 처벌받은 것은 학교측의 제보 때문'이라 하여 'D는 그 보복으로 위 학교총장실을 침입 점거했다'는 것인바, 검사가 보강증거로서 제출한 위 각 증거는 공소사실의 객관적 부분인 주거침입, 점거 사실과는 관련이 없는 범행의 침입동기에 관한 정황증거에 지나지 않으므로 그

IV 분석과 해설

(가) 보강법칙과 그 근거

법원은 증거능력 있는 자백에 터잡아 범죄사실의 존재에 대하여 충분한 심증을 얻었다 하더라도 추가적으로 다른 증거(이를 보강증거라 한다)가 없으면 범죄사실을 인정할 수 없다(법 제310조). 이를 자백의 보강법칙이라 부른다. 보강법칙을 인정하여 자유심증주의(법 제308조)의 중대한 예외를 인정한 이유는 무엇인가? 자백편중과 자백강요의 실무관행과 실무경향을 제한하여 만에 하나라도 있을지 모르는 오판(誤判)사고를 막기 위한 것이다.

(나) 보강증거가 필요한 범위

(1) 판례와 학설 '죄체(corpus delicti, 범죄구성사실의 객관적 측면)의 전부 또는 적어도 중요 부분에 대하여 보강증거가 필요하다'는 **죄체설**과 범위를 한정하지 아니하고 '자백과 합하여 공소사실의 진실성을 담보하기에 족한 증거가 있으면 족하다'는 **실질설**(진실성담보설, 판례)[2]이 경쟁하고 있다. 제1사안과 제2사안은 실질설에 터잡아 보강증거로서의 적격성이 긍정 또는 부정된 사례를 잘 보여주고 있다.

대법원은 '보강증거가 피고인의 자백과 합하여 피고인의 자백이 가공(架空)적인 사실이 아니라 진실한 것이라고 인정될 수 있는 정도의 것으로 족하다'고 판시하여 '실질설=진실성담보설'을 취하고 있다. 제1사안에서 대법원은 '공소사실 기재의 간통범행 일시 경에 D의 가출과 외박이 잦아 의심을 하게 되었다'는 취지의 '고소인(D의 남편)의 법정증언과 D의 자백을 합하여 자백한 사실의 진실성을 담보할 수 있다'고 판단하였다. 이에 반하여 제2사안에서 대법원은, W에 대한 진술조서의 기재는 'D2의 봉고차의 절도사실의 자백에 대한 보강증거는 될 수 있으나 D2가 위 차를 타고 충주까지 가서 (손가방 1개의 특수절도) 범행을 하였다는 자백은 그 차량을 범행의 수단, 방법으로 사용하였다는 취지가 아니고 D2가 범행장소인 충주시에 가기 위한 교통수단으로 이용하였다는 취지에 불과하여 공소가 제기된 (손가방 1개의) 절도사실과는 직접적으로나 간접적으로 아무런 관계가 없어 D2의 자백에 대한 보강증거는 될 수 없다'고 판단하였다.

(2) 실질설에 대한 비판 법 제310조의 취지는 사실인정자(법원)로 하여금

각 증거와 D의 자백을 합쳐보아도 총장실침입이란 자백사실이 가공적인 것이 아니고 진실한 것이라 인정하기에 족하다고 볼 수 없으므로 검사 제출의 위 각 증거는 자백에 대한 보강증거가 될 수 없다. 따라서 보강증거가 없다 하여 위 공소사실에 대해 무죄를 선고한 원심판결에는 채증법칙을 위배하여 판결에 영향을 미친 법령위반의 잘못이 있다 할 수 없다."

2) 이재상 636; 신동운 1161. 대법원 2006.1.27. 선고 2005도8704 판결 등.

㉮ 먼저 자백 이외의 다른 증거들을 충분히 조사해 본 다음에 ㉯ 자백조서 등을 조사할 것을 요구한다.[3] 만약 그렇게 해석하지 아니하면 자백편중의 실무관행과 실무경향을 저지할 수 없게 될 것이다. **실질설**을 취하면 죄체의 극히 일부분에 대한 증거, 혹은 죄체와 관계없는 증거만으로 자백을 보강할 수 있다는 이야기가 되는데 그렇게 해석하여 법 제310조의 취지, 즉 자백편중으로 인한 오판을 방지하고 자백강요의 실무관행을 개선할 수 있겠는지 의심스럽다. 또 실질설에 따르면 법원이 유죄판결에서 '자백사실의 진실성을 담보할 수 있는 보강증거가 있다'고 판시할 때 피고인 측이 어떻게 법원의 사실인정에 대하여 '합리적인 자유심증의 범위를 일탈한 위법이 있다'고 다툴 수 있을지 애매하여 진다.

(3) 사　견　기본적으로는 죄체설을 취하여야 한다. 보강증거가 필요한 죄체의 범위에 대하여는 여러 견해가 경쟁하고 있지만 객관적 법익침해사실(이를 '죄체'로 약칭한다)의 중요 부분과 그 침해사실이 누군가의 범죄행위에 기초하여 행하여진 것임을 증명(그러나 범인과 피고인의 동일성 부분에 대하여까지 보강증거를 요구할 수는 없다)하는 보강증거가 필요하다.

(4) 구체적 고찰　범죄의 주관적 측면인 고의와 과실, 목적범의 목적 등에 대하여는 그 성질상 보강증거를 요구함이 곤란하고 또한 그것은 객관적 사실의 입증으로 추인시킬 수 있으므로 그에 대한 보강증거까지 요구할 필요는 없다. 경합범은 수개의 범죄사실이 있는 경우이므로 하나하나의 단일범죄마다 보강증거가 필요하다. 상상적 경합범은 가장 중한 범죄에 대하여 보강증거가 있으면 족하고 포괄일죄는 상습성이나 직업성, 단일한 의사의 존재를 인정할 수 있는 범위에 대하여 보강증거가 있으면 족하다.

(다) 보강증거적격

보강증거적격이란 '어떤 증거가 자백에 대한 보강증거가 될 수 있는 적격'을 말한다.

첫째, 보강증거는 피고인의 자백과는 별개의 독립된 증거이어야 한다. 따라서 피고인의 자백을 내용으로 하는 피고인 아닌 자의 진술, 예를 들어 제1사안에서 'D의 자백을 들었다'는 고소인(D의 남편)의 진술은 보강증거가 될 수 없다. 그러나 제1사안에서 '공소사실 기재의 간통범행 일시 경에 D의 가출과 외박이

---

3) **규칙 제135조**(자백의 조사 시기) 법 제312조 및 법 제313조에 따라 증거로 할 수 있는 피고인 또는 피고인 아닌 자의 진술을 기재한 조서 또는 서류가 피고인의 자백 진술을 내용으로 하는 경우에는 범죄사실에 관한 다른 증거를 조사한 후에 이를 조사하여야 한다.

잦아 의심을 하게 되었다'는 취지의 고소인의 진술은 보강증거적격이 있다.

둘째, 보강증거는 반드시 직접증거에 한하지 않고 간접증거나 정황증거로도 족하다. 위의 판례들은 모두 이 점을 확인하고 있다.

(라) 보강증거의 증거능력

보강증거는 엄격한 증명의 대상이 되는 범죄사실 인정에 사용되는 증거이기 때문에 증거능력이 있는 증거이어야 한다. 따라서 보강증거에도 전문법칙 등 다른 증거법칙이 적용된다.

(마) 보강을 요하는 자백

(1) 공판정 자백과 공판정외의 자백 자백편중으로 인한 오판의 방지라는 법 제310조의 취지에 비추어 볼 때 공판정자백을 공판정외의 자백과 구별할 이유는 없으므로 피고인이 공판정에서 자백한 때라 하더라도 법 제310조의 적용이 있다.

(2) 공범자의 자백 이 문제는 "공소사실을 부인하는 피고인(D)의 형사피고사건에서 법원이 그 신빙성을 인정하는 공범자(D2, 그가 병합기소되었는가 아니면 분리기소되었는가 하는 점은 문제되지 아니한다)의 자백(예를 들어 '나(D2)는 D와 함께 범행을 수행하였다'는 진술)만으로 피고인(D)에게 유죄판결을 선고할 수 있는가"의 문제이다. 예를 들어 피고인 D는 범행사실을 부인하고 있는데 D와 공범으로 병합기소된 D2는 공동범행을 자백한 경우에 D2의 자백만으로 D를 유죄로 인정할 수 있는가, 아니면 D2의 자백을 뒷받침할 다른 보강증거가 있어야 하는가?

이 문제는 자백의 보강법칙을 규정한 헌법 제12조 제7항 후단과 형사소송법 제310조(제310조 (불이익한 자백의 증거능력) 피고인의 자백이 그 피고인에게 불이익한 유일의 증거인 때에는 이를 유죄의 증거로 하지 못한다)의 '피고인'에 '공범인 공동피고인이 포함되느냐'의 문제로 논하여지고 있다. 엄격히 말해서 공범자 D2가 '자신은 D와 공동하여 범행하였다'고 진술하였다면 이 진술(D2의 자백)에는 'D2 자신의 공소사실에 대한 자백'과 'D의 공소사실에 대한 증언'이 합체되어 있다. 따라서 공범(D2)의 자백에 보강증거가 필요한가 아닌가의 문제는 자백하는 D2의 진술을 신빙하여 D에게 유죄판결을 선고하려고 할 때에도 형사소송법 제310조의 정신(허위배제와 인권침해의 방지)을 고려하여 자백의 보강법칙을 유추적용할 것인가 하는 문제이다.

(i) 소극설 대법원은 "대체로 형사소송법 제310조에 의하면 피고인의 자백이 그 피고인에게 불이익한 유일의 증거인 때에는 이를 유죄의 증거로 하

지 못한다고 되어 있는바 ㉮ 여기서 말하는 피고인의 자백이라 함은 문리해석상으로도 다른 공동피고인(공범인 경우이건 아니건 가리지 않는다)의 자백을 포함한다는 취지로 되어 있지 않을 뿐 아니라 ㉯ 실지 문제로서도 이 공동피고인의 자백에 대하여는 반대신문권도 충분히 보장되어 있는 것이므로 마치 이 공동피고인을 증인으로 신문한 경우나 다를 바가 없다. ㉰ 만일 공동피고인의 자백이기 때문에 보강증거가 필요한 것이라면 이 사람을 공동피고인의 자격으로서 신문하였는지 또는 증인의 자격으로서 신문하였는지의 우연성에 의하여 그 결과가 달라지는 기이한 결과가 될 것이다. 이러한 의미에서 공동피고인의 자백도 증거능력은 있는 것으로 보아야 될 것이며 다만 ㉱ 증거로 삼는 데 거기에 다른 보강증거가 곁들여져야 되겠는지의 여부는 오로지 법관의 자유 심증에 달려 있다. 그러므로 공동피고인의 자백은 증거능력이 없다는 논지는 상고인의 독자적 견해에 속한다"고 판시[4]하여 **소극설**을 취하고 있다.

(ii) 필요설(적극설)　공동피고인이든 아니든 간에, 공범의 자백을 피고인의 자백에 포함시켜 보강증거를 필요로 한다는 견해로서, 그 근거는 ① 자백에 보강증거를 요하는 이유가 오판의 위험방지에 있는데 공범은 일반적으로 자기의 죄책을 면제 또는 경감케 하기 위하여 타의 공범자에게 책임을 전가하는 허위진술을 하는 경향이 농후하여 공범의 자백만으로 피고인을 유죄로 하는 것은 극히 위험하며 ② 보강법칙의 규정취지인, 자백강요에 의한 인권유린의 폐해 유발을 방지하고 오판의 위험성을 방지하자는 그 어느 쪽에서 보더라도 공범의 자백을 피고인 본인의 자백과 구별할 실질적인 이유가 없고, ③ 공범의 자백을 피고인의 자백에 포함시키지 않는다면 공동피고인의 한 사람은 자백하고 또 한 사람은 부인하였을 때 그 외의 보강증거가 없으면, 자백한 사람은 무죄가 되고 부인한 사람은 유죄가 되는 불합리한(비상식적인) 결과가 생길 수 있는 점을 들고 있다. 견해에 따라서는 본인(D)이 자백하고 있는 경우에는 공범자(D2)의 자백도 보강증거가 된다고 한다.[5]

(iii) 절충설　공범자가 공동피고인으로 심리받고 있는 공판절차에서 자백한 경우에는 법관이 그 진술태도를 직접 관찰하고 또 피고인이 반대신문권을 행사할 수 있다는 점에서 보강증거의 필요성은 소멸하지만 공범자가 피고

---

4) 대법원 1963.7.25. 선고 63도185 판결, 대법원 1981.2.10. 선고 80도2722 판결, 대법원 1990.10.30. 선고 90도1939 판결.

5) 정웅석/백승민, 388.

사건의 수사절차나 또는 별개의 사건에서 자백진술을 행한 경우에는 이와 같은 제도적 보완장치가 갖추어져 있지 않기 때문에 보강증거를 통하여 법관으로 하여금 심증형성에 신중을 기하도록 요구할 필요가 있기 때문에 보강증거를 요하는 것이 타당하다는 견해이다.

(바) 보강법칙이 적용되는 범위

즉결심판사건(즉심법 제10조)과 소년보호사건에는 적용되지 아니하나[6] 간이공판절차와 약식절차에는 적용된다.

피의자에 대한 자백조서만을 자료로 제출하면서 구속영장이 청구된 경우에 판사는 영장을 기각하여야 하는가? 영장심사에도 자백배제법칙과 보강법칙이 적용된다는 이유로 긍정하는 견해[7]가 있으나 영장심사는 공판절차가 아니고 또한 실질심사제도로 피의자에게 판사대면권이 인정되므로 영장심사에 엄격한 증명의 법리를 도입할 근거는 박약하다.

6) "원심이 소론과 같이 보호소년의 비행을 강도로 인정하고 있는 것으로는 보여지지 아니하고, 가사 소론과 같이 비행사실의 일부에 자백 이외의 다른 증거가 없다 하여 형사소송절차가 아닌 이 사건 보호사건절차에 있어서 법령의 적용의 착오나 소송절차의 법령위반이 있다고 할 수 없(다)."(대법원 1982.10.15. 82모36 결정)

7) 문채규, 보강증거의 보강범위, 『고시연구』, 2003.9., 95 참조.

9.4

개인수첩의 자백성 여부

대법원 1996.10.17. 선고 94도2865 판결

I 사 안

D는 가중뇌물공여죄(형법 제133조(뇌물공여 등)) 혐의로 기소되었다. 제1심과 항소심은 "공소사실에 관한 증거로는 ㉠ 검사 작성의 D에 대한 진술조서 및 ㉡ 피신조서의 각 기재와 ㉢ D가 기소 전에 작성한 수첩의 기재만 있을 뿐이고, 달리 이를 보강할 아무런 증거가 없다"며 무죄를 선고하였다. 검사는 "D는 자백하고 있고 그에 대한 보강증거로서 D로부터 압수한 수첩이 있음에도 원심이 이를 D가 작성하였다는 이유만으로 D의 자백과 동일시하여 그 보강증거능력을 부인하여 무죄를 선고한 것은 채증법칙을 위반한 잘못을 저지른 것"이라 주장하며 상고하였다. 검사가 증거로 제출한 ㉢의 수첩[1]은 D가 그 범죄혐의를 받기 전에 수사와

---

1) D의 상피고인 D2의 변호인이 파악한 다음 내용을 참조: "이 수첩은 D가 금전의 출납사실을 기장(記帳)할 필요에 의하여 작성한 것이 아니고, 어민들이나 동업자들에게 비용이 많이 들었음을 보여주기 위하여 작성한 것입니다. 그렇다면 이 수첩의 기재내용은 정확할 필요가 없고, 과장될 여지나 허위기재할 가능성이 많다고 할 것입니다. 그러므로 이 수첩의 기재내용은 사실에 맞는 부분도 있을 것이나, 사실에 맞지 않는 부분도 많이 있을 것입니다. D는 제1심 공판에서 어민들에게 보여주기 위하여 허위의 지출을 적어 놓은 것이라고 시인하였습니다(공판기록 117면). (수첩을 작성한 일시: 필자) 이 수첩은 돈을 사용하고 그때그때 기재한 것이 아니라 어느 한 시점에서 임의로 일괄하여 기재한 것입니다. (중략) 위 수첩은 2권인데 날짜 순서대로 작성된 것이 아니고 1989년, 1990년이 왔다 갔다 하면서 기재한 사항이 많이 있습니다(예: 수사기록 308면). 이것도 이 수첩이 어느 날 어떠한 필요에 의하여 일시에 기재한 것임을 추측하게 하는 사정입니다. (중략) (뇌물을 주었다는 금액: 필자) 뇌물은 상품의 대가와 달라서 일정한 단위로 주는 것이 상례이고, 그 단수(端數)가 남지 않는 것이 보통이라고 할 것입니다. 그런데 이 사건의 경우는 뇌물의 액수가 부자연스럽습니다. 공무원들에게 돈을 주는데 32만 원, 33만 원(피고인 박○주), 18만 원(피고인 방○섭)을 준다는 것은 보통 있지 아니하는 사실입니다. 또 수첩을 보면, 다른 공무원들이지만, 26,000, 76,000, 130,000, 160,000원, 76,000, 220,000, 280,000원 등이 나오는 데 식사대로 지급한 것이라면 몰라도 부자연스러운 금액이라고 아니할 수 없습니다. 위 수첩에는 식사대는 식사대라고 기재가 되어 있습니다. (수첩의 허구성: 필자) 본 변호인과 피고인들이 합동으로 작업한 이 수첩의 분석내용은 별도로 정리하여 참고자료로 제출하겠습니다만, 중요한 허구성을 간추려 보면 다음과 같습니다. (1) 이 사건 수첩에 지출된 것으로 기록된 총 금액은 금 121,742,380원이나 됩니다. 그런데 일정한 직업이나 수입이 없는 위 D가 어디에서 돈이 나서 그와 같은 많은 돈을 쓸 수 있었다는 것인지, 무엇 때문에 그와 같은 많은 돈을 쓸 필요가 있었다는 것인지 이해할 수가 없습니다. 이 사건과 같은 어선항로준설로서 얻어지는 토사는 사실은 모래가 아니고 뻘 흙으로서, 건설골재용 모래로서는 부적합하여(공판기록 292면 참조), 모래 값을 제대로 받을 수 없는 것이고, 또 이 사건에서 얻어지는 준설토사를 매도하는 것으로서는 도저히 그와 같은 이익을 낼 수도 없습니다. D는 검찰에서 답변이 궁하니까 땅을 팔아 사용하였다고 진술하였으나, 이 사건과 같은 어로준설은 땅을 팔아서 로비자금으로 쓸 정도로 이익이 있는 사업이 아닙니다. 그는 또 어떤 땅을 팔았느냐는 신문에는 답변도 하지 못했습니다(검사 작성의 D에 대한 제6회 피신조서, 수사기록 722면). 1990년 당시의 물가가격정보지에 의한 모래의 ㎥당 가격은 금

관계없이 1989년경부터, K가 추진하고 있던 어로(漁撈)확보를 위한 준설공사에 필요한 각종 인·허가 등의 업무를 K로부터 위임받아 이를 추진하는 과정에서 그 업무수행에 필요한 자금을 지출하면서 스스로 그 지출한 자금내역을 자료로 남겨두기 위하여 뇌물자금과 기타 자금을 구별하지 아니하고 그 지출 일시, 금액, 상대방 등 내역을 그때그때 계속적, 기계적으로 기입한 것이었다.

II 쟁 점

D가 범죄혐의를 받기 전에 범죄혐의와 관계없이 각종 인·허가 등의 업무를 위임받아 이를 추진하는 과정에서 그 업무수행에 필요한 자금을 지출하면서 스스로 그 지출한 자금내역을 자료로 남겨두기 위하여 그 지출 일시, 금액, 상대방 등 내역을 그때그때 계속적, 기계적으로 기입한 수첩은 자백인가?

III 재판요지 (파기환송) [다수의견]

새로운 판례이론의 창설

㉮ '자기의 범죄사실의 전부 또는 일부를 인정하는 내용의 진술인 이상 그 진술이 [㉮-2] **어떠한 법적 지위에서 행하여진 것이냐**와는 관계없이 자기의 범죄사실을 시인하는 경우에는 이를 자백으로 보아야 한다'는 점에서 제1심이 들고 있는 검사 작성의 피고인 D에 대한 각 진술조서 및 피신조서의 각 기재가 'D의 검찰에서의 자백에 해당함'에는 의문의 여지가 없다. 그러나 ㉯ 상업장부나 항해일지, 진료일지 또는 이와 유사한 금전출납부 등과 같이 **범죄**

540원으로서, 가사 D가 1989년도 허가된 39,000㎥ 전량의 토사를 준설하고 위 준설한 토사를 모두 이 모래가격을 받고 매도하였다고 가정하여도 수첩에 기재된 돈에 훨씬 미치지 못합니다. 1990, 1991년의 경우도 마찬가지이고, 1992년도에도 그렇습니다. 또 그는 약 5년 전에 땅을 팔아 사용하고 남은 돈이 약 2천만 원이어서 이것을 가지고 다니면서 어민들의 숙원사업을 해주기 위해 사용하였다고 진술하였으나(수사기록 723면), 그는 자선사업가도 아닌데, 일정한 직업도 없는 그가 자기와 무관한 어민들의 어로준설을 위해 수첩에 기재된 대로 거액인 금 120,000,000원이 넘는 돈을 사용했다는 것은 경험법칙상 있을 수 없는 일입니다. (중략) (7) 위 수첩에는 일요일에 구청이나 시청을 방문 또는 관련 공무원을 만나 돈을 주거나 썼다는 부분이 너무 많습니다. 이것도 신빙성을 의심케 하는 사정의 하나입니다. (중략) (8) 위 수첩에는 D가 사업과 관계가 없는 공무원에게도 돈을 준 것으로 되어 있는데 이것도 수첩의 신빙성을 의심스럽게 하는 것입니다. (중략) (수첩에 허위 기록을 한 이유: 필자) 상피고인 D는 위 명지동 어촌계의 어민들을 위하여 어로확보를 해준다는 명목으로 그들의 명의로 준설허가를 얻어 토사채취사업을 시행하게 되었으나, 막상 허가를 얻어 사업시행을 하기까지 어민들이나 다른 업자들로부터 자금지원을 받지 못한 실정이었습니다. 그래서 그는 1989년도에 최초로 15일간의 허가를 얻고, 1990년 이후에도 계속 사업을 할 수 있다는 점을 이용하여, 공소외 J나 상피고인 D2 등을 동업자로 끌어들여 사업을 시행하게 되었습니다. 이때에 D 자신이 쓴 경비를 부풀려야만 더 많은 이익의 배당을 받을 수 있게 되는 것이지만 민간인에게 경비를 썼다고 하면 금방 탄로가 날 것을 감안하여 관련 공무원들의 이름(가명 및 실명 수십명)을 도용, 실제 지출되지 않은 돈을 공무원에게 주었다고 수첩에 기록한 것입니다. 그리고 그렇게 함으로써 매년 개최되는 어촌계원들의 정기총회에 나가 이 사건 어선항로준설사업에 대한 보고를 할 때도 이와 같이 경비가 많이 들었다는 사실을 선전함으로써, 어민들로부터 이 사건 공유수면의 어선항로준설에 대한 동의를 받기 쉬울 것이라 생각하고 수첩에 허위기록이나 분식기재를 한 것이 분명합니다."

사실의 인정 여부와는 관계없이 자기에게 맡겨진 사무를 처리한 사무내역을 그때그때 계속적, 기계적으로 기재한 문서 등의 경우는 사무처리 내역을 증명하기 위하여 존재하는 문서로서 그 존재 자체 및 기재가 그러한 내용의 사무가 처리되었음의 여부를 판단할 수 있는 별개의 독립된 증거자료이고, ㉰ 설사 그 문서가 우연히 D가 작성하였고, 그 문서의 내용 중 D의 범죄사실의 존재를 추론해 낼 수 있는, 즉 공소사실에 일부 부합되는 사실의 기재가 있다고 하더라도 이를 일컬어 **D가 범죄사실을 자백하는 문서라고 볼 수는 없다**.

새 판례이론의 본 사안에의 적용

공소사실에 관한 증거로서는 D의 검찰에서의 자백 외에도 D가 작성한 수첩의 현존 및 기재가 있음을 알 수 있는바, 위 수첩은 D가 이 사건 공소사실에 관하여 그 범죄혐의를 받기 전에 이와는 관계없이 1989년경부터 공소외(公訴外) K로부터, K가 추진하고 있던 어로확보를 위한 준설공사에 필요한 각종 인·허가 등의 업무를 위임받아 이를 추진하는 과정에서 그 업무수행에 필요한 자금을 지출하면서 스스로 그 지출한 자금내역을 자료로 남겨두기 위하여 이 사건 뇌물자금과 기타 자금을 구별하지 아니하고, 그 지출 일시, 금액, 상대방 등 내역을 그때그때 계속적, 기계적으로 기입한 것으로 보이고, 그 기재 내용은 D가 자신의 범죄사실을 시인하는 자백이라고 볼 수 없으므로 증거능력이 있는 한 D의 금전출납을 증명할 수 있는 별개의 증거라고 할 것인즉 D의 검찰에서의 자백에 대한 보강증거가 될 수 있다.[2)]

---

2) **대법관 천경송, 대법관 정귀호의 반대의견**: [반대의견의 자백이론] 다수의견은 D가 작성한 수첩의 기재가 D의 자백이 아니라고 보면서 이 수첩의 기재 내용이 D의 검찰에서의 자백에 대한 보강증거가 될 수 있다고 보고 있으나, 이에는 찬성할 수 없다. ⓐ 자백은 범죄사실의 전부 또는 일부를 인정하는 진술을 말하는 것이고 그러한 진술이라면 피고인의 지위에서 행한 것이건, 기소 전의 피의자의 지위에서 행한 것이건, 또 범행 혐의를 받기 전에 행한 것이건, 범행 발각 후에 행한 것이건 모두 자백임에는 다름이 없다. 그리고 그러한 진술은 구술의 형식으로 이루어질 수도 있고 서면에 기재하는 방식으로 이루어질 수도 있다. 또, 그 진술이 어디에서 누구에 대하여 행하여졌는지도 자백인지 아닌지의 문제와는 관계없는 것이고, 상대방이 없이 행하여진 경우에도 자백인 점에는 마찬가지라 할 것이다. [반대의견의 자백이론의 본 사안에의 적용] 따라서 D가 범죄의 혐의를 받기 전에, 그와는 관계없이 타인에게 보이는 것을 예상하지 아니하고 자기의 범죄사실을 기재하여 둔 것이라 하더라도, 그 기재 내용을 증거로 하는 경우에는 이 또한 자백이라고 할 것이다. 다수의견에 따르면, ⓑ 수첩의 기재 내용은 자백과는 별개의 독립된 증거라는 것이므로, 다른 증거가 없더라도 D가 스스로 작성한 수첩의 기재만으로도 유죄로 인정할 수 있다는 것이 되나, 이러한 수첩의 기재는 D가 경험한 사물에 대한 인식을 외부에 글로 표현한 내용이 증거방법으로 사용된다는 점에서 이를 자백으로 봄이 합당하고, 이를 D의 자백과는 성질이 다른 독립된 증거라고 볼 수 없고, 따라서 물증 등 다른 증거에 비하면 거짓이나 조작이 개재될 여지가 많은 피고인의 자백만으로 유죄판단을 하지 못하도록 제한하려는 형사소송법 제310조의 입법취지에 비추어 이러한 수첩의 기재 내용만으로는 유죄의 판단을 할 수 없음은 물론 이는 자백에 대한 보강증거도 될 수 없다고 보아야 할 것이다. D가 작성한 수첩의 기재 내용이 형사소송법 제315조에 의하여 증거능력을 가지게 된다는 것과 자백만으로는 유죄판결을 할 수 없다는 형사소송법의 원칙과는 서로 차원을 달리하는 것이다. 그리고, 다수의견은 ⓒ

IV 분석과 해설

(가) 종래의 자백개념과 그 예외의 설정

반대의견의 ⓐ 부분에서 설시되고 있는 바와 같이 종래 자백은 "범죄사실의 전부 또는 일부를 인정하는 진술을 말하는 것이고 그러한 진술이라면 피고인의 지위에서 행한 것이건, 기소 전의 피의자의 지위에서 행한 것이건, 또 범행 혐의를 받기 전에 행한 것이건, 범행 발각 후에 행한 것이건 모두 자백임에는 다름이 없다. 그리고 그러한 진술은 구술의 형식으로 이루어질 수도 있고 서면에 기재하는 방식으로 이루어질 수도 있다. 또, 그 진술이 어디에서 누구에 대하여 행하여졌는지도 자백인지 아닌지의 문제와는 관계없는 것이고, 상대방이 없이 행하여진 경우에도 자백인 점에는 마찬가지"로 이해되어 왔다. 다수의견도 원칙적으로 ㉮ 부분에서 이 개념을 수용하고 있다. 이 입장을 본 사안에 적용하면 D가 범죄의 혐의를 받기 전에 타인에게 보이는 것을 예상하지 아니하고 자기의 기억보존을 위하여 기재하여 둔 것이라 하더라도 이 수첩을 자백으로 보아 자백의 보강법칙(법 제310조)을 적용할 수밖에 없다. 그러나 다수의견은 ㉯와 ㉰ 부분에서 이 원칙에 대한 예외를 창설하였다.[3)]

(나) 예외의 요건

본 판결이 판시하는 예외가 인정되려면 [㉯-1] 상업장부나 항해일지, 진료일지 또는 이와 유사한 금전출납부 등과 같이 [㉯-2] 범죄사실의 인정 여부와는 관계없이 [㉯-3] 자기에게 맡겨진 사무를 처리한 사무내역을 [㉯-4] 그때그때 계속적, 기계적으로 기재한 문서(법 제315조 제2호 참조)이어야 한다. 따라서 본 사안에서의 수첩이 아니더라도 향후에 이런 4가지 요건이 갖추어진 문서가 증거로 제출되면 설사 그 문서가 우연히 D가 작성하였고, 그 문서의 내용 중 D의 범죄사실의 존재를 추론해 낼 수 있는(공소사실에 일부 부합되는) 사실의 기재가 있다고 하더라도 이 문서에는 법 제310조의 보강법칙의 적용이 없게 된다. 왜냐하면 이 문서는 사무처리 내역을 증명하기 위하여 존재하는 문서로서 그 존재 자체 및 기재가 그러한 내용의 사무가 처리되었음의 여부를 판단할 수 있는 '별개의 독립된 증거자료'가 되기 때문이다. 다수의견은 이런 문서라면 D의 자백에 대한 보강증

D가 작성한 수첩의 존재 자체가 보강증거가 되는 것으로 이해하고 있으나, 수첩 그 자체는 D의 자백에 대한 보강증거가 될 수 없고 그 기재 내용만이 증거(자백)로 될 수 있을 뿐이라는 점을 덧붙여 둔다. 그러므로, 이 사건 수첩의 기재 내용이 D의 검찰에서의 자백을 보강할 수 없다고 한 원심의 판단은 정당하고, 거기에 검사가 주장하는 바와 같이 자백의 보강증거에 관한 법리를 오해한 위법이 있다 할 수 없다. 검사의 상고는 이유 없어 기각하여야 할 것이다.

3) 대부분의 학설은 본 판례에 대하여 비판적이고 반대의견을 지지한다.

거적격이 있음(반대의견의 ⓒ)은 말할 것도 없고, 자백과는 '별개의 독립된 증거자료'가 된다(㉯)고 판시한다.

(다) 다수의견의 논거

지배적인 미국 연방판례들은 자백을 '범죄 이전의 자백'(admissions prior to crime)과 '범죄 후의 자백'(admissions subsequent to crime)을 구별하여 보강이 필요한 자백을 '범죄 후의 자백'에 한정한다. '범죄 이전의 자백'에는 '범죄 후의 자백'에 수반되는 위험성(자백강요로 인한 오판의 위험)이 없다고 보기 때문이다.[4] 다수의견은 "범죄사실의 인정여부와는 관계없이 행한 자백"을 자백이 아니라고 하기 때문에 보강법칙의 적용이 없는 자백의 범위를 다소 넓게 설정하지만 그런 논증의 핵심은 '자백강요로 인한 오판의 위험'이 있는 자백인가 여부에 있을 것이다.

4) U.S. v. Nichols, C.A. 8th, 1970, 421 F.2d 570; Charles Alan Wright, *Federal Practice and Procedure*, V.2. 1982, p. 516(§ 414).

9.5

공동피고인의 공판정 자백의 증거능력

대법원 1985.6.25. 선고 85도691 판결

I 사 안

경상북도 식산국 축정과 수의계장으로 근무하던 D(수뢰혐의자)는 축산물 유통센타 설치계획과 관련하여 D2(증뢰혐의자)로부터 1981. 11. 초순경 500,000원, 그해 12.말경 200,000원, 도합 700,000원을 뇌물로 교부받아 수뢰죄 혐의로 D2와 함께 병합 기소되었다. 항소심은 "공소사실에 부합하는 취지의 검사작성의 D, D2에 대한 각 피신조서, D 작성의 자술서의 임의성을 의심할 만한 상당한 이유가 있거나 신빙성이 없으므로 유죄의 증거로 삼을 수 없다"며 무죄를 선고하였다. 그런데 공동피고인이었던 D2는 제1심 법정에서 공소내용과 같이 임의로 'D에게 두 차례에 걸쳐 500,000원과 200,000원, 도합 700,000원을 교부하였다'고 진술하였고 항소심법정에서도 임의로 '위 금원 중 500,000원은 D로부터 돌려받은 것 같다'고 진술하였다. 검사가 상고하였다.

II 쟁 점

임의성 있는 공동피고인(D2)의 자백은 피고인(D)의 형사피고사건에서 증거로 할 수 있는가?

III 재판요지 (파기환송)

'공동피고인(D2)의 자백은 이에 대한 피고인(D)의 반대신문권이 보장되어 있어 증인으로 신문한 경우와 다를 바 없으므로 독립한 증거능력이 있다'는 것이 대법원이 견지해온 견해인바(대법원 1963.7.25. 선고 63도185 판결; 대법원 1968.4.16. 선고 68도177 판결; 대법원 1968.4.16. 선고 68도231 판결; 대법원 1981.2.10. 선고 80도2722 판결 각 참조), (중략) 원심이 위와 같은 '공동피고인 D2의 법정진술의 증거가치에 관하여는 전혀 언급함이 없이 공소사실을 인정할 증거가 없다'고 판단하고 말았음은 증거에 관한 판단을 유탈한 위법을 범한 것이라고 하지 않을 수 없다. 원심으로서는 D2의 위 법정진술의 신빙성 유무를 살펴보고 특히 500,000원을 반환받은 상황과 그 일시 등을 따져서 D의 영득의사유무를 가려보아야 할 것이다. 결국 이 점에서 원심판결은 유지하기 어렵고 논지는 이유 있으므로 원심판결을 파기한다.

IV 분석과 해설

(가) 판례의 주류

'공동피고인(예를 들어 사안의 D2)이 피고인(D)과 공범(임의적 공범과 필요적 공범)관계에 있는 경우(예를 들어, 정범과 공범, 수뢰죄와 증뢰죄)에는 공동피고인(D2)의 공판정에서의 '선서 없는 진술'('공동피고인도 피고인이므로 공동피고인에게는 증인적격이 없고, 또 공동피고인을 강제로 증언대에 세우면 공동피고인의 진술거부권을 침해하는 결과가 된다'는 논법)을 피고인(예를 들어 사안의 D)의 형사사건에서 유죄증거로 사용할 수 있다'는 것이 종래 주류적 판례의 입장이다. 대법원이 논거로 제시하는 것은, '공동피고인(D2)의 진술 중 피고인(D)에게 불이익한 진술에 대하여는 피고인(D)에게 (사실상의) 반대신문권이 충분히 보장되어 있어 증인으로 신문한 경우와 다를 바가 없다'[1]거나 '공동피고인(D2)의 진술은 피고인(D) 자신의 진술(자백)과 다른 것으로서 독립된 증거가치가 있다'[2]거나, '공동피고인(D)의 진술의 증거능력을 제한하는 근거는, 현재로서는 존재하지 아니한다'[3]는 것 등이다.

(나) 학 설

종래 '공범자가 피고인과 병합기소 된 경우, 즉 공범자인 공동피고인의 자백'을 염두에 두고 논의가 진행되어 왔다. '공범자(D2)가 분리기소된 경우 그 공범자의 법정진술을 피고인(D)의 형사피고사건에서 유죄의 증거로 사용할 수 있는가' 하는 문제는 논의되고 있지 않다. 여기서는 우선 전자의 경우(병합기소의 경우)에 대하여 검토해 보자.

'ⓐ 공판절차에서 피고인은 공범자인 공동피고인(이하 '공범자'로 약칭한다)에 대하여 반대신문권이 보장되어 있고, ⓑ 공범자의 공판정 자백은 공범자 자신에 대하여도 불리한 증거로 사용되므로 증거능력을 인정하여야 한다'는 **적극설**, '변론을 분리하여 공범자를 신문하지 않는 한 공범자(D2)의 (피고인 D에게) 불이익한 법정진술을 피고인(D)의 공소사실에 관한 증거로 사용할 수 없다'는 **소극설**[4], '공판정에

---

1) 대법원 1981.2.10. 선고 80도2722 판결; 대법원 1985.6.25. 선고 85도691 판결; 대법원 1987.7.7. 선고 87도973 판결; 대법원 1987.12.22. 선고 87도1020 판결 등.

2) 대법원 1964.4.21. 선고 64도98 판결; 대법원 1968.4.16. 선고 68도177 판결; 대법원 1968.4.16. 선고 68도231 판결; 대법원 1969.12.26. 선고 69도1988 판결; 대법원 1971.2.9. 선고 70도2525 판결; "공동피고인의 자백은 이에 대한 피고인의 반대신문권이 보장되어 있어 증인으로 신문한 경우와 다를 바 없으므로 독립한 증거능력이 있고(대법원 1985.6.25. 선고 85도691 판결, 대법원 1992.7.28. 선고 92도917 판결 등 참조), 이는 피고인들간에 이해관계가 상반된다고 하여도 마찬가지."(대법원 2006.5.11. 선고 2006도1944 판결)

3) 대법원 1966.10.18. 선고 66도567 판결.

4) *Bruton v. United States*, 391 U.S. 123(1968): **[사안]** 브러튼(D)과 에반즈(D2)는 우체국강도의 공범혐의로 병합기소되었다. 브러튼의 형사피고사건에서 우체국직원이 증언대에 섰고 에반즈는 증언대에 서지 않았다. 공판정에서 우체국직원은 "에반즈가 '나와 브러튼이 공동하여 강도했다'고 말하는 것을 들었다"고 증언하였다. 사실심판사는 배심원에게 "에반즈의 진술은 브러튼사건에서 전문증거로서 증거능력이 없으므로 무시하라"고 설시(instruct)하였다. 브러튼은 유죄평결을 받고 항소하였는데 여의치 않자 궁극적으로 연방대법원에 상고하였다. **[쟁점]** 공판정외에서의 공범자백의 증거능력(The admissibility of out-of-court accomplice confessions) **[판지]** 비록 판사가 배심원에게 "에반즈

서 (피고인 D에게) 불이익한 진술을 한 공범자에 대하여 피고인이 실제로 충분히 반대신문하였거나 반대신문의 기회가 부여된 경우에 한하여 증거능력을 인정하자'는 절충설이 경쟁하고 있다. 1985년 판결과 2001년 판결(대법원 2001.9.14. 선고 2001도1550 판결)을 종합하여 볼 때 대법원은 **절충설로 파악될 소지**가 있다. 그러나 피고인(D)의 반대신문권을 중시하면 소극설(브러튼 루울)이 타당하다.

(다) 소극설(브러튼 루울): 법률적 반대신문경유론

대법원은 1979년의 판결에서 별개의 범죄사실로 기소된 공동피고인의 공판정 진술에 대하여 피고인(D)의 형사피고사건에서의 증거능력을 부정하고 있다. 그 근거는, 그 공동피고인은 '병합심리로 상피고인(D2)이 되었을 뿐 피고인(D)에 대한 관계에서는 증인에 불과한데 선서 없이 한 것이 분명한 그의 공판정에서의 진술을 증거로 쓸 수 없기 때문'[5]이었다. 이 판결의 문제의식(법률적 반대신문을 경유하지 아니하면 증거로 쓸 수 없다)은 공동피고인이 공범자로 병합기소된 경우에도 관철되어야 한다.

> "공동피고인(D2, 설사 그가 공범자라 하더라도: 필자 첨가)은 서로 다른 피고인(D)에 대하여는 제3자로서 본질적으로 증인과 같은 지위에 있는데, 단지 심리가 병합되어 있다는 이유만으로, 허위진술의 위험성이 높은 한편 반대신문권도 충분히 보장되어 있지 아니하며, 선서와 위증의 벌의 경고에 의하여 담보되지 아니한 그의 법정에서의 임의의 진술을 상피고인(D)에 대한 유죄의 증거로 사용할 수 있다고 하는 것은, 논리적으로 맞지 않을 뿐 아니라 증거법의 정신과 변론병합제도의 본질에 어긋나는 것이어서 허용할 수 없다. 절충설이나 적극설이나 판례가 이러한 점을 무시하고 증거능력을 인정하려는 데는 우리나라의 경우 전문가인 직업법관이 직접 재판하므로 법관이 충분히 신문하고 그 결과에 대한 증거가치를 판단하면 별 문제가 없다는 안이한 생각이 밑바닥에 깔려 있는 것으로 보인다. 그러나 이것은 지극히 직권주의적인 사고방식의 잔재로서 현행법이 특히 공판심리절차에서 적극적으로 취하고 있는 당사자주의의 원칙에 어긋나는 것일 뿐만 아니라 법관에 대한 과도한 신뢰에 의지한 것이다. 법관이 아무리 사안을 헤아려 신문한다 하더라도 그것이 사건의 실제적인 체험자인 (적극적이든 소극적이든) 당사자의 반대신문만큼 절실하고 적절하기 어렵다. 또 직업법관이라고 하여 항상 과오 없이 유무죄에 확신을 가지고 판결을 내리는 것은 아니다. 오히려 증거조사

의 진술은 브러튼 사건에서 전문증거로서 증거능력이 없으므로 무시하라"고 설시하였다고 하지만 배심원으로 하여금, '브러튼의 유죄를 끌고 들어가는 에반즈'의 '공판정외의 진술'(the incriminating extrajudicial statements)을 청취하게 한 것은 '헌법수정 제6조의 대면권 조항에 의하여 보장되는 브러튼의 반대신문권'(petitioner's right of cross-examination secured by the Confrontation Clause of the Sixth Amendment)을 침해하는 것이다. 이 판결 이후 '변론을 분리하여 공범자를 증인으로 신문하지 않는 한 공범자(D2)의 (피고인 D에게) 불이익한 법정진술을 피고인(D)의 공소사실에 관한 증거로 사용할 수 없다'는 루울을 '브러튼 루울'이라고 부른다.

5) 대법원 1979.3.27. 선고 78도1031 판결; 대법원 1982.6.22. 선고 82도898 판결; 대법원 1982.9.14. 선고 82도1000 판결.

가 끝난 후에도 유죄인지 무죄인지 쉽게 단정하기 어려운 사건이 수없이 많고 법관들이 가장 고뇌하는 부분이 바로 이 사실인정 문제이며 이러한 사건들을 해결하는 데 최종적인 지침이 되는 것은 증거법칙이다. (중략) 지금까지 살펴본 어떠한 이유에 의하여서도 공동피고인이 공판정에서 피고인의 지위에서 한 진술은 상피고인에 대하여는 증거능력을 인정할 수 없다. 그 진술을 증거로 채용하려면 증인으로 신문하여야 한다. 그 공동피고인이 공범관계에 있는 경우이든 그렇지 않은 경우이든 구별할 필요가 없다. 대법원판례는 계속 공동피고인의 자백에 대하여 공범이건 아니건 가리지 않고 일률적으로 증거능력을 인정하던 태도를 벗어나 1979년에 이르러 공범자인 공동피고인과 공범 아닌 공동피고인을 구별하여 그 증거능력을 달리 보기 시작하였는데 이를 '발전적인 변화'라고 한다면 그 발전이 계속 이어질 경우 위 결론에 이르게 될 것이다."[6)]

6) 황종국, 공동피고인의 공판정진술의 증거능력: 상피고인의 반대신문권을 중심으로, 『사법논집』 19집(1988.12.), 553 이하 참조.

제 **10** 장

재　　　　판

10.1

기판력의 객관적 범위: 수정된 기본적 사실동일설
(장물취득죄와 강도상해죄)

대법원 1994.3.22. 선고 93도2080 전합판결; 대법원 2002.11.22. 선고 2001도849 판결; 대법원 2007.4.12. 선고 2006도4322 판결

I 사 안

D는 1992.11.30. 서울형사지방법원에서 장물(V 소유의 국민카드 1매)취득, 신용카드업법위반, 사기죄 혐의로 '징역 장기 1년, 단기 10월'의 형을 선고받고(공동피고인 D2, D3도 함께 같은 죄로 같은 형을 선고받았다) 항소하였다가 같은 해 3.18. 항소를 취하하여 그 판결이 확정(이하 '전소'로 약칭함)되었다. 유죄가 확정된 장물취득죄의 범죄사실은 "피고인 D는 공동피고인 D2, D3(이 사건의 원심공동피고인으로서 이들의 원심판결은 확정되었다)와 공모하여 1992.9.24. 02:00경 서울 서초구 방배동에 있는 공중전화 박스 옆에서 L 등이 전날인 같은 달 23. 23:40경 서울 구로구 구로동 노상에서 피해자 V로부터 강취한 V 소유의 국민카드 1매를 장물인 정을 알면서도 교부받아 취득하였다"는 것이었다. 그 후 1993.2.3. D에 대하여 다시 (V 소유의 국민카드 1매의) 강도상해죄의 공소가 제기(이하 '후소'로 약칭함)되고 같은 해 3.11. 제1회 공판기일이 열렸다. 후소의 항소심은 "D는 D2 등과 합동하여 1992.9.23. 23:40경 서울 구로구 구로동 번지불상 앞길에서 D와 D3 등은 망을 보고 D2 등은 술에 취하여 졸고 있던 V에게 다가가 주먹과 발로 V의 얼굴 및 몸통부위를 수회 때리고 차 V의 반항을 억압한 후 V의 상·하의 호주머니에서 V 소유의 국민카드 2매, 비씨카드 2매, 현금 60,000원, 주민등록증이 들어 있는 지갑 2개를 꺼내어 가 이를 강취하고, 그로 인하여 V에게 치료일수 미상의 안면부 타박상 등을 입혔다"는 공소사실을 인정하여 유죄를 선고하였다. D는 "전소의 장물취득죄의 목적물과 후소의 강도상해죄의 목적물(V 소유의 국민카드 2매이지만 그중 V 소유의 국민카드 1매는 동일목적물이다)이 동일하여 양 공소사실의 동일성이 인정되므로 강도상해죄에 관하여는 면소판결을 선고하여야 하며 이를 처벌하는 것은 일사부재리의 원칙에 어긋난다"고 주장하며 상고하였다.

II 쟁 점

두 죄의 기본적 사실관계가 동일한가의 여부는 그 규범적 요소를 전적으로 배제한 채 순수하게 사회적, 전법률적인 관점에서만 파악하여야 하는가?

III
재판요지
(상고기각)
[다수의견]

1) (전소에서) 유죄로 확정된 장물취득죄와 원심이 유죄로 인정한 이 사건(후소의) 강도상해죄는 범행일시가 근접하고 위 장물취득죄의 장물이 이 사건 강도상해죄의 목적물 중 일부이기는 하나, 그 범행의 일시, 장소가 서로 다르고, 강도상해죄는 피해자를 폭행하여 상해를 입히고 재물을 강취하였다는 것인 데 반하여 위 장물취득죄는 위와 같은 강도상해의 범행이 완료된 이후에 강도상해죄의 범인이 아닌 피고인이 다른 장소에서 그 장물을 교부받았음을 내용으로 하는 것으로서 그 수단, 방법, 상대방 등 범죄 사실의 내용이나 행위가 별개이고, 행위의 태양이나 피해법익도 다르고 죄질에도 현저한 차이가 있어, 위 장물취득죄와 이 사건 강도상해죄 사이에는 동일성이 있다고 보기 어렵고, 따라서 피고인이 위 장물취득죄로 받은 판결이 위와 같은 경위로 확정되었다고 하여 이 사건 강도상해죄의 공소사실에 대하여 면소를 선고하여야 한다거나 피고인을 강도상해죄로 처벌하는 것이 일사부재리의 원칙에 어긋난다고는 할 수 없으니, 이와 같은 취지의 원심판단은 정당하다.[1)]

2) 위 장물취득죄와 이 사건 강도상해죄가 동일한 범죄 또는 동일한 사건인지, 위 장물취득죄의 확정판결의 기판력이 이 사건 강도상해죄에 미치는 것인지 여부는 그 기본적 사실관계가 동일한 것인가의 여부에 따라 판단하여야 할 것이다. 그러나 ⓐ 공소사실이나 범죄사실의 동일성은 형사소송법상의 개념이므로 이것이 형사소송절차에서 가지는 의의나 소송법적 기능을 고려하여야 할 것이고, 따라서 두 죄의 기본적 사실관계가 동일한가의 여부는 그 규범적 요소를 전적으로 배제한 채 순수하게 사회적, 전법률적(前法律的)인 관점에서만 파악할 수는 없고, 그 자연적, 사회적 사실관계나 피고인의 행위가 동일한 것인가 외에 그 규범적 요소도 기본적 사실관계 동일성의 실질적 내용

---

1) **1994년 판결의 반대의견**: 당원은 일찍이 장물양여죄와 절도죄 사이에는 공소사실의 동일성이 있는 것으로 판시한 바가 있으며(대법원 1964.12.19. 선고 64도664 판결), 이 사건 강도상해죄 및 장물취득죄의 범행일시, 장소나 범행경위에 비추어 강도상해죄가 절도죄로 문제된 경우였다면 그 동일성이 인정되었을 것으로 보이는바, 강도상해죄는 강도죄와 상해죄의 결합범이고 강도죄는 절도죄와 폭행 또는 협박죄의 결합범의 형태를 갖추고 있는 것으로서 실체적으로는 수개의 행위를 법률적 관점에서 하나의 행위로 파악하고 있는 데 지나지 아니하므로, 강도상해죄가 절도죄의 경우와는 달리 장물죄와의 사이에 피해법익이 다르고 죄질에 현저한 차이가 있다는 것만으로 이 사건 범죄사실의 동일성을 부인할 이유는 되지 않는다고 본다. 금품을 강취한 후 그 장물을 분배하는 일련의 범죄행위는 이를 생활의 한 단면으로 보아야 할 것이고, 한편 공소사실의 동일성이 인정되는 한 공소장의 변경을 허용할 수 있어 기판력이 미치는 범위와 공소장변경이 허용되는 범위는 일치한다고 보아야 하는바, 생활의 한 단면 내의 어느 한 행위(장물 죄)에 대하여 재판절차를 마친 이상 피고인에게는 그 단면 내의 모든 행위에 대하여 소추 재판의 위험이 따랐다고 하여야 할 것인데 실제로 소추 재판된 행위(장물 죄)가 같은 단면 내의 다른 행위(강도죄)와 비교하여 피해법익에 있어서 완전히 겹치어지지 않는 부분이 있다는 이유만으로 그 다른 행위(강도죄)에 대해 다시 논할 수 있다는 것은 방대한 조직과 법률지식을 갖춘 국가기관이 형사소추를 거듭 행함으로써 무용의 절차를 되풀이하면서 국민에 대해 정신적, 물질적 고통을 주게 하는 것이며, 한편으로는 수사기관으로 하여금 사건을 1회에 완전히 해결하려 하지 않게 함과 아울러 이를 악용하게 할 소지마저 있다.

의 일부를 이루는 것이라고 보는 것이 상당하다. 그러므로 ⓑ 피고인이 받은 장물취득죄의 확정판결의 기판력이 이 사건 강도상해죄의 공소사실에 미치는지 여부는, 사실의 동일성이 갖는 법률적 기능을 염두에 두고, 피고인의 행위와 그 사회적인 사실관계를 기본으로 하되 그 규범적 요소도 고려에 넣어 판단하여야 할 것이고, **피고인에 대한 법적 안정성의 보호와 국가의 적정(適正)한 형벌권행사가 조화가 이루어질 수 있도록 하여야 할 것**인바, 그렇게 본다면 위 장물취득죄의 범죄사실과 이 사건 강도상해죄의 공소사실은 그 기본적인 점에서 같다고 할 수 없고, 위 장물취득죄의 확정판결의 기판력은 이 사건 강도상해죄의 공소사실에는 미치지 않는다.[2]

IV 분석과 해설

기판력이 미치는 객관적(물적) 범위는, 공소사실의 동일성의 범위와 동일하기 때문에 전소의 범죄사실과 후소의 공소사실이 과형상 일죄(상상적 경합), 상습일죄, 포괄일죄의 관계에 있으면 전소의 기판력이 후소에 미치게 된다. 따라서 상습절도죄의 확정판결이 있는 경우에 그 공소(전소)의 사실심판결선고시 이전에 범하여진 절도사실에 대하여 다시 공소(후소)가 제기되면 후소의 공소사실이 상습절도이든, 단순절도이든 법원은 면소판결을 선고하여야 한다. 그러나 전소가 단순절도의 확정판결이고 후소도 단순절도의 기소이면, 법원이 보기에 양자(전소의 범죄사실과 후소의 공소사실)가 하나의 상습절도죄를 구성한다 하더라도 전소의 확정판결의 기판력에 의한 일사부재리의 효력은 후소의 공소사실에 미치지 아니한다. 현실적 심판의 대상을 어떻게 구성할 것인가 여부는 검사의 재량이기 때문이다. 이하에서는 본 사안에 특유한 문제에 대하여만 검토하기로 한다.

(가) 문제의 제기

사안에서 전소의 목적물(V 소유의 국민카드 1매)과 후소의 목적물의 일부가 완전히 일치하기 때문에 순수한 기본적 사실 동일설을 적용하면 후소를 접한 법원은 면소판결(법 제326조 제1호)을 선고하여야 한다. 그럼에도 불구하고 1994년에 대법원은 '전소의 장물취득죄에 대한 확정판결의 기판력이 후소의 강도상해죄 공소사실에 미치지 않는다'고 판시(이하 이 판결은 '1994년 판결'로 약칭함)하여 많은 반대[3]를 불러일으켰다.

2) **1994년 판결의 반대의견**: 기본적 사실 관계 동일설을 취하는 경우에는 그 사실의 기초가 되는 사회적 사실관계가 기본적인 점에서 동일한가의 여부를 '구체적 사실에 관하여 개별적으로 판단'하여 결정하여야 하는 것으로서(대법원 1982.12.28. 선고 82도2156 판결 참조) 기본적 사실관계의 동일성 여부를 판단함에 있어서는 일체의 법률적 관점을 배제하고 순수하게 자연적, 전 법률적 관점에서 범죄사실의 동일성을 판단하고자 하는 것이고 규범적 요소는 고려되지 아니함이 원칙인 것이다.

3) 이 판결에 대하여 그간 많은 평석이 속출하였었다. 백형구, 공소사실의 동일성과 기판력(장물취득과

(나) '순수한 기본적 사실동일설'과 '수정된 기본적 사실동일설'

1994년 판결 이전에 대법원은 "두 죄의 기본적 사실관계가 동일한가의 여부는 그 규범적 요소를 전적으로 배제한 채 순수하게 사회적, 전법률적인 관점에서 파악해야 한다"는 입장에 서 있었다. 1994년 판결은 이전의 판결과 달리 "두 죄의 기본적 사실관계가 동일한가의 여부는 그 규범적 요소를 전적으로 배제한 채 순수하게 사회적, 전법률적인 관점에서만 파악할 수는 없다"고 선언(ⓐ)했다. 논의의 편의상 1994년 판결 이전의 대법원의 입장을 '**순수한 기본적 사실동일설**'로 지칭하고 이 입장에서 벗어난 듯이 보이는 1994년 판결의 입장을 '**수정된 기본적 사실동일설**'로 지칭하기로 하자.

1994년 판결은 **수정된 기본적 사실동일설**의 '정당화 논거'(rationale)로서 "피고인에 대한 법적 안정성의 보호와 국가의 적정(適正)한 형벌권행사가 조화가 이루어질 수 있도록 하여야" 함을 들었다. 그러나 이 판결의 취지가 정확히 무엇인지 파악하기는 매우 곤란하다. 예를 들어 다음과 같은 여러 의문들이 제기된다.

첫째, 전소에서 유죄로 확정된 공소사실과 적용법조가 '장물취득과 장물취득죄'로 구성되어 있고 후소에서 문제로 된 공소사실과 적용법조가 '절취행위와 절도죄'로 구성되어 있을 경우에도 1994년 판결은 전소의 기판력이 후소에 미치지 아니한다는 취지인가 하는 점이 문제된다. 이 의문은 다음과 같은 의문이다. 대법원 1964.12.19. 선고 64도664 판결(이하 '1964년 판결'로 지칭한다)은 "처음에 어느 물건을 장물인줄 알면서 남에게 양여하였다 하여 장물양여죄로 공소를 제기하였다가 나중에 그 물건을 절취한 사실을 이유로 야간주거침입절도나 절도로서 공소장에 기재한 공소사실을 변경하는 것은 그 공소사실에 있어서 동일성을 해하는 것이라고는 볼 수 없다"고 판시하였는데 1994년 판결은 이 1964년 판결의 변경을 요구하는 것인가? 1994년 판결은 1964년 판결을 명시적으로 지적하여 폐기한 바 없으므로 1964년 판결의 변경을 요구하는 것은 아니다.

둘째, 1994년 판결이 판시하는 바와 같이 '규범적 요소도 기본적 사실관계 동일설의 실질적 내용의 일부를 이루는 것'이라면 1994년 판결은 종래 대

강도상해), 『법조』 43권 7호(454호), 1994.7., 126 이하; 『법률신문』, 1994.6.6., 2317호, 15; 백형구, 공소사실의 동일성과 일사부재리의 효력, 『판례월보』 286호, 1994.7., 43 이하; 윤진수, 장물취득죄의 기판력이 강도상해죄에 미치는지 여부, 『법조』 44권 5호(464호), 1995.5., 94 이하; 임동규, 공소사실의 동일성과 일사부재리의 원칙, 『재판과 판례』 4집, 1995, 543 이하; 김상헌, 강도상해죄와 장물취득죄 사이에 공소사실의 동일성이 있는지 여부, 『판례월보』 295호, 1995, 43 이하와 형사판례연구회 편, 『형사판례연구』 3권, 1995, 404 이하 등.

법원이 견지하여 왔던 '순수한 기본적 사실관계 동일설'을 완전히 포기한 것인가 아니면 일정한 범위에서 수정한 것에 불과한 것인가?

(다) 1994년 판결 이후의 상황

1994년 판결 이후 선고된 7개 대법원판례만을 분석대상으로 삼았을 때[4] 1994년 판결은 '수정된 기본적 사실동일설'의 입장을 천명했지만 그것이 종래의 '순수한 기본적 사실관계동일설'의 입장으로부터 크게 벗어난 것은 아니다.[5]

(라) 2002·2007년 판결은 '수정된 기본적 사실동일설'이 응용된 사안들

1994년 판결 이후에 규범적 요소를 고려하여 종래의 순수한 기본적 사실동일설을 변경·적용한 사례는 그 후 거의 발견되지 아니하였다.[6] 그런데 2002년과 2007년에 1994년 판결의 취지를 이어받은 판결인 듯한 판결들이 선고되어 주목을 요한다.

2002년 판결[7]은 '범칙금납부의 원인이 된 범칙행위'와 기소의 원인사실 사이의 동일성을 부정하여 '수정된 기본적 사실동일설'을 응용한 사례처럼 보인다. 범칙금납부의 원인이 된 범칙행위는 "누비라 승용차를 운전하여 1999. 9.4. 17:00.경 서울 서초구 방배동 824 앞 도로를 진행함에 있어 안전운전의무[8]의 불이행"인데 새로 기소된 공소사실은 "서울 누비라 승용차를 운전하여 1999.9.4. 17:00.경 서울 서초구 방배동 824 앞 도로를 진행함에 있어 중앙

4) 상세는 심희기, 대법원 1994.3.22. 선고 93도2080 전원합의체 판결 이후의 공소사실의 동일성 여하 판정에 관한 대법원판례의 동향, 『고시계』 1999년 5월호, 153~168 참조.

5) 김상희, 강도상해죄와 장물취득죄 사이의 공소사실의 동일성 여부, 『형사판례의 연구』 Ⅱ(이재상교수화갑기념), 2003.1., 255~275.

6) 굳이 논란의 여지가 있는 사례를 들면, 사전분양으로 인한 주택건설촉진법위반죄의 공소사실과 아파트를 건축하여 분양할 의사와 능력 없이 분양계약자들로부터 분양대금을 상습적으로 편취하였다는 내용의 특정경제범죄 가중처벌 등에 관한 법률위반(사기)죄의 공소사실 사이에 동일성이 없다고 본 사례(대법원 1998.8.21. 선고 97도2487 판결 ;대법원 2011.6.30. 선고 2011도1651 판결), 유사수신행위의 규제에 관한 법률 제3조 위반으로 인한 유죄의 확정판결의 효력이 사기 공소사실에 미치지 아니한다고 한 사례(대법원 2006.3.23. 선고 2005도9678 판결) 등이 있다. 그 밖에 상해의 공소사실에 폭력행위 등 처벌에 관한 법률위반(집단·흉기 등 협박) 등의 공소사실을 추가하여 공소장변경신청을 한 사안에서, 범행 장소와 피해자가 동일하고 시간적으로 밀접되어 있으나 수단·방법 등 범죄사실의 내용이나 행위태양이 다를 뿐만 아니라 죄질에도 현저한 차이가 있어 기본적인 사실관계가 동일하지 않으므로 공소사실의 동일성을 인정할 수 없다고 한 사례(대법원 2008.12.11. 선고 2008도3656 판결)가 있다.

7) 대법원 2002.11.22. 선고 2001도849 판결. 자세한 내용은 임동규, 범칙행위와 일사부재리의 효력, 『형사판례연구』 12호, 2004.7, 444~460 참조.

8) **도로교통법 제4조**(안전운전의 의무) 모든 차의 운전자는 그 차의 조향장치·제동장치 그 밖의 장치를 정확히 조작하여야 하며 도로의 교통상황과 그 차의 구조 및 성능에 따라 다른 사람에게 위험과 장해를 주는 속도나 방법으로 운전하여서는 아니 된다.

선을 침범하여 운전한 과실로 V가 운전하는 서울 라노스 승용차를 충격하여 V로 하여금 2주간의 치료를 요하는 경추 및 요추부 염좌상 등을 입게 하였다"는 교통사고처리특례법위반사실(업무상과실치상)이었다. 2002년 판결은 '양 사실의 동일성을 인정하고 면소판결을 선고한 하급심판결'을 파기환송하여 '수정된 기본적 사실동일설'을 응용한 판결로 보인다. 2007년 판결[9]도 2002년 판결과 대략 비슷한 취지의 판결이다.

(마) 1996년 판결과 2002·2007년 판결의 비교

2002·2007년 판결은 1996년 판결[10]과 대조된다. 1996년 판결의 전소에 해당하는 즉결심판유죄사실은 "피고인이 1994.7.30. 21:00경 경북 봉화군 소천면 서천리 P 경영의 담배집 마당에서 **음주소란**을 피웠다"는 것이고, 후소에 해당하는 폭력행위 등 처벌에 관한 법률위반죄의 공소사실은 "피고인이 같은 일시경 같은 장소에서 V와 말다툼을 하다가 피고인 차에 실려 있던 위험한 물건인 전체길이 약 64㎝, 도끼날 약 7㎝ 가량의 도끼를 가지고 와 V를 향해 내리치며 도끼머리 부분으로 V의 뒷머리를 스치게 하여 V에게 약 2주간의 치료를 요하는 두부타박상 등을 가하였다"는 것이었다. 이 사안에서 대법원은 양자의 동일성을 긍정하여 전소의 기판력이 후소에 미침을 긍정[11]하였다.

(바) 결 어

현재까지의 판례를 종합하면 다음과 같은 결론을 내릴 수 있다.

첫째, '규범적 요소'를 고려하여야 한다는 취지는 '전소에서 평가된 불법과

9) 대법원 2007.4.12. 선고 2006도4322 판결. 이 판결에 대하여는 박길성, 신호준수의무를 불이행한 사실로 범칙금을 납부한 자에 대하여 신호위반으로 인한 업무상과실치상을 범죄사실로 공소를 제기한 경우(=유죄), 『해설』 70호, 694~741; 류석준, 교통신호위반죄와 신호위반으로 인한 업무상과실치상죄의 범죄사실의 동일성 여부, 『형사법연구』 제20권 제1호(2008. 봄)(통권 제34호) 283~301. 참조.

10) 대법원 1996.6.28. 선고 95도1270 판결.

11) "공소사실이나 범죄사실의 동일성 여부는 사실의 동일성이 갖는 법률적 기능을 염두에 두고 피고인의 행위와 그 사회적인 사실관계를 기본으로 하되 그 규범적 요소도 고려에 넣어 판단하여야 할 것이지만(대법원 1994.3.22. 선고 93도2080 전원합의체 판결 참조), (중략) 이 사건 경범죄처벌법위반죄의 범죄사실인 음주소란과 폭력행위 등 처벌에 관한법률위반죄의 공소사실은 범행장소가 동일하고 범행일시도 같으며 모두 피고인과 피해자의 시비에서 발단한 일련의 행위들임이 분명하므로, 위와 같은 요소들을 고려한다고 하더라도 양 사실은 그 기본적 사실관계가 동일한 것이라고 하지 않을 수 없다(대법원 1990.3.9. 선고 89도1046 판결 참조). 따라서 이 사건 **경범죄처벌법위반죄에 대한 즉결심판의 기판력은 폭력행위 등 처벌에 관한 법률위반죄의 공소사실에는 미친다**고 보는 것이 상당하다고 할 것이므로, 이미 확정된 즉결심판의 기판력이 이 사건 공소사실에도 미친다고 보아 피고인에 대한 이 사건 공소사실에 관하여 이미 확정판결이 있었다는 이유로 면소의 판결을 선고한 원심판결은 정당하다."

책임'을 '후소에서 평가할 불법과 책임'과 비교하여 전소의 그것이 후소의 그것과 견주어 현저히 적을 때에는 동일성과 기판력을 부정할 수 있다는 발상으로 보인다. 예를 들어 대법원은 1994년 사안에서는, 전소에서 평가된 장물취득죄의 불법과 책임이 후소에서 평가되어야 할 강도상해죄의 그것에 비하여 현저히 적으므로 동일성과 기판력을 부정하여야 오히려 정의에 합치한다고 본 것이다.

둘째, 같은 맥락에서 대법원은 '즉결심판'과 '교통범칙금통고처분'을 구분하여 확정된 즉결심판에 대하여는 그것도 재판의 일종이므로 '전소'로서의 자격을 인정하여 기판력을 인정[12)]하지만 '통고처분에 따른 교통범칙금 납부'에 대하여는 '전소'로서의 자격을 인정하는 데 주저함을 보이고 있다.

셋째, 대법원은 '경범죄처벌법상의 범칙금납부'에 대하여는 기판력에 준하는 법효과(일사부재리의 효력 긍정)를 인정하지만 '통고처분에 따른 교통범칙금 납부'에 대하여는 범칙행위의 동일성을 벗어난 형사범죄와의 관계에서 그런 법효과를 부정한다.[13)] (⇨본서 **10.5 범칙금통고처분 납부와 기판력**).

12) **기판력이 인정된 사례들**: D가 1982.3.20. 경범죄처벌법 제1조 제24호 위반혐의로 부산지방법원 밀양지원에서 유죄가 확정된 즉결심판의 범죄사실은 "1982.3.19. 19:30경 경남 밀양읍 내이동 소재 밀양군 농지개량조합 내이양수장 옆 제방에서 학교에서 귀가하는 V(14세)를 따라가면서 손목을 잡고 욕설을 하며 진로를 방해하는 등 공포심과 혐오감을 주었다"는 것이었다. 그 후 검사는 D를 강간혐의로 기소하였다. 강간죄의 공소사실은 "D는 1982.3.19. 19:30경 경남 밀양읍 내이동 소재 밀양군 농지개량조합 내이양수장 옆 제방에서 학교에서 귀가하는 V(14세)의 멱살을 잡아 부근 비닐하우스 안으로 끌고 들어가 '옷을 벗지 않으면 목을 졸라 죽인다'고 협박하여 항거 불능케 한 후 V의 옷을 전부 벗겨 눕게 하고는 강간을 하였다"는 것이었다.(대법원 1984.10.10. 선고 83도1790 판결); D2가 먼저 선고받은 확정된 유죄의 즉결심판의 범죄사실은 "D2는 1988.5.20. 17:00경부터 23:00경까지 사이에 술에 취해 주점에 찾아와 그곳 손님들에게 시비를 걸고 주먹과 드라이버로 술탁상을 마구치는 등 약 6시간 동안 악의적으로 영업을 방해하였다"(경범죄처벌법 제1조 제12호, 제24호, 제25호 위반으로 '구류 5일'의 즉결심판을 받음)는 것이었는데 그 후 D2는 다시 상해치사혐의로 기소되었다. 상해치사의 공소사실은 "D2는 1988.5.20. 17:00경 주점에서 그곳의 손님인 V2와 시비를 벌여 주먹으로 V2의 얼굴을 1회 때리고 멱살잡이를 하다가 V2를 위 주점 밖으로 끌고나와 주먹과 발로 V2의 복부 등을 수 회 때리고 차서 V2로 하여금 그 이튿날 19:30경 외상성 장간막 파열로 인한 출혈로 사망하게 하였다"는 것이었다.(대법원 1990.3.9. 선고 89도1046 판결; ⇦ 과연 이 사안들을 현재의 대법원의 태도에 비추어보면 어떤 결론이 나올 것인가?)

13) **대법원 2002.11.22. 선고 2001도849 판결**: "도로교통법 제119조 제3항은 그 법 제118조에 의하여 범칙금 납부통고서를 받은 사람이 그 범칙금을 납부한 경우 그 범칙행위에 대하여 다시 벌받지 아니한다고 규정하고 있는바, 이는 범칙금의 납부에 확정재판의 효력에 준하는 효력을 인정하는 취지로 해석할 것이다. (중략) 범칙자가 경찰서장으로부터 범칙행위를 하였음을 이유로 범칙금의 통고를 받고 납부기간 내에 그 범칙금을 납부한 경우 범칙금의 납부에 확정판결에 준하는 효력이 인정됨에 따라 다시 벌받지 아니하게 되는 행위사실은 범칙금 통고의 이유에 기재된 당해 범칙행위자체 및 그 범칙행위와 동일성이 인정되는 범칙행위에 한정된다고 해석함이 상당하다고 할 것이므로 범칙행위와 같은 때, 곳에서 이루어진 행위라 하더라도 범칙행위의 동일성을 벗어난 형사범죄행위에 대하여는 범칙금의 납부에 따라 확정판결의 효력에 준하는 효력이 미치지 아니한다고 할 것이다."

10.2

기판력의 시간적 범위

대법원 1993.5.25. 선고 93도836 판결

I 사 안

D는 상습사기죄(1989.2.23.자 이전에 D가 범한 사기 행위들이다. 이하 '별건'으로 약칭함)의 혐의로 1989.2.23. 제1심에서 징역 3년에 5년간 집행유예의 형을 선고받고 항소를 제기하였으나 법정기간 내에 항소이유서를 제출하지 아니하였다. **1989.6.26.자**로 항소법원은 **항소기각 결정**을 하였으며, 그 결정은 1989.7.2.자로 확정되었다. 그 후 D의 **1989.6.15.자**의 사기행위(이하 '본건'으로 약칭함)가 수사기관에 포착되어 D는 사기죄 혐의로 기소되었다. 본건의 제1심은 본건을 심리하다 '별건에 대한 확정판결'이 있음을 인지하고 본건에 대하여 면소판결을 선고하였다. 검사가 항소하였다. 항소심은 "현행 항소심의 구조와 운용실태에 비추어 볼 때 제1심판결에 대하여 항소가 제기된 경우에 판결의 기판력이 미치는 시간적 한계는 항소심 판결선고시라고 보는 것이 상당하다. 별건의 경우와 같이 D가 항소하였으나 항소이유서를 제출하지 아니하여 결정으로 항소가 기각된 경우에도 판결에 영향을 미친 사실의 오인이 있는 등 '직권조사사유가 있으면 항소법원이 직권으로 심판하여 제1심판결을 파기하고 다시 판결[1] 할 수도 있는 것'이므로, 이 경우 사실심리의 가능성이 있는 최후의 시점은 항소기각결정시(1989.6.26.)라고 봄이 옳고, 따라서 상습사기죄에 관한 위 별건 판결의 기판력은 위 1989.6.26.자 항소기각결정이 있기 전에 D가 범한 위 상습사기죄와 포괄일죄의 관계에 있는 다른 범죄에 대하여도 미치는 것"이라며 검사의 항소를 기각하였다. 검사가 상고하였다. 검사는 "위 상습사기죄에 관한 확정판결의 기판력은 **제1심판결 선고시**(1989.2.23.)까지에만 미치는 것이므로, 그 이후(1989.6.15.)에 행하여진 이 사건 공소사실(본건)에 대하여는 기판력이 미치지 아니한다"고 주장하며 상고하였다.

II 쟁 점

상습범에 대하여 유죄를 선고한 제1심판결에 대한 피고인의 항소가 피고인의 항소이유서 미제출로 인하여 결정으로 항소기각되고 확정된 사안에서 기판력이 미치는 시적 한계는 제1심판결 선고시인가 아니면 항소기각시점인가?

---

1) **법 제364조**(항소법원의 심판) ② 항소법원은 판결에 영향을 미친 사유에 관하여는 항소이유서에 포함되지 아니한 경우에도 직권으로 심판할 수 있다.

III
재판요지
(상고기각)

판결의 확정력은 사실심리의 가능성이 있는 최후의 시점인 판결선고시를 기준으로 하여 그때까지 행하여진 행위에 대하여만 미치는 것으로서, (별건에 대한: 필자 첨가) 제1심판결에 대하여 항소가 된 경우 판결의 확정력이 미치는 시간적 한계는 형사항소심 판결선고시라고 보는 것이 상당한데 (별건의 사안이: 필자 첨가) 항소이유서를 제출하지 아니하여 결정으로 항소가 기각된 경우에도 형사소송법 제361조의4[2] 제1항에 의하면, 피고인이 항소한 때에는 법정기간 내에 항소이유서를 제출하지 아니하였다 하더라도 판결에 영향을 미친 사실오인이 있는 등 직권조사사유가 있으면 항소법원이 직권으로 심판하여 제1심판결을 파기하고 다시 판결할 수도 있으므로 사실심리의 가능성이 있는 최후시점은 항소기각결정시라고 보는 것이 옳다.

IV
분석과 해설[3]

기판력이 미치는 범위는 인적 범위, 객관적(물적) 범위, 시간적 범위로 나누어 고찰할 수 있다. 인적 범위는 그 판결을 받은 피고인에게 한정되는 현상을 말한다. 예를 들어 기판력은 판결을 받은 피고인에게만 미치고 그 피고인과 공범관계에 있는 공범에게는 미치지 아니한다. 객관적 범위는 확정판결의 특정한 범죄사실(=공소사실)에 그치지 아니하고 그 범죄사실과 단일하고 동일한 관계에 있는 범죄사실 전체에 미친다. 그 이유는 무엇인가?

검사는 현재의 공소장기재 공소사실과 동일성의 범위 내에 있는 사실에 대하여는 1회의 소송에서 해결하여야 할 의무, 즉 **동시소추의 의무**[4]가 있다. 검사는 통상 이를 인식할 수 있으므로 공소제기시에 1개의 심판을 구하든가, 사실심 심리 중에 심판대상의 변경과 추가를 통하여 자신의 목적을 달성하든가 선택하여야 한다. 이렇게 해석하여야 피고인의 법적 지위의 안정을 도모하려는 헌법상의 거듭처벌금지 조항에 합치된다.

이처럼 기판력의 객관적 범위는 공소사실의 동일성의 범위와 동일하기 때문에 A 사실에 대한 판결의 기판력이 B 사실에 대하여 미치는가 여부는 A와

2) **법 제361조의4**(항소기각의 결정) ① 항소인이나 변호인이 전조 제1항의 기간 내에 항소이유서를 제출하지 아니한 때에는 결정으로 항소를 기각하여야 한다. 단, 직권조사사유가 있거나 항소장에 항소이유의 기재가 있는 때에는 예외로 한다. ② 전항의 결정에 대하여는 즉시항고를 할 수 있다.

3) 윤용섭, 형사확정판결의 기판력이 미치는 시간적 범위, 『해설』 제19-2호, 1993, 482~ 490 참조.

4) 일제강점기에는 '공소사실의 동일성의 범위 내에 있는 사실에 대하여 법원이 심판할 수 있었음'을 이유로 '기판력이 미친다'는 사고방식이 통용되었다. 그러나 현재는 검사만이 공소장변경을 신청할 수 있고 또 대법원은 검사의 기소재량을 존중하고 있으므로 '공소사실의 동일성의 범위 내에 있는 사실에 대하여 법원이 심판할 수 있었음'을 이유로 '기판력이 미친다'는 사고방식은 적절할 사고방식이 아니다.

B가 공소사실의 동일성의 범위 내에 있는 사실인가 여부를 판단하는 문제가 된다. 그러나 이렇게 생각하면 계속범과 상습범등이 확정판결의 전후에 걸쳐 행하여진 경우에도 그것이 일죄인 한 단일사건으로 판단되어 판결 후의 범행에 대하여까지 기판력이 미쳐 처벌불가능한 사태가 벌어진다. 이것은 명백히 정의에 반한다. 따라서 객관적 범위의 예외를 인정하여 기판력이 미치는 범위를 합리적으로 차단할 필요가 생긴다. 이것이 기판력이 미치는 시간적 범위의 문제이다.

(가) 기판력의 시간적 범위

본 사안은 포괄적 일죄(특히 일정기간에 걸쳐 다수의 동종의 행위가 동일한 의사에 의하여 반복되는 집합범(영업범, 상습범, 직업범))의 사안[5]이자 제1심판결이 항소된 사안이다. 이 사안에서 '기판력'(확정력=일사부재리의 효력)의 시간적 한계가 쟁점이 되고 있다. 확정판결의 기판력은 그 '재판 전의 범죄사실'에 대하여만 미친다(통설). 그런데 이 경우 '재판 전'이라 함은 구체적으로 언제를 가리키는 것인지 문제된다.

(나) '사실심리의 가능성이 있는 최후의 시점'

이에 관하여는 ① 변론종결시설, ② 판결선고시설, ③ 판결확정시설이 경쟁하고 있다. 대법원(대법원 1973.8.31. 선고 73도1366 판결; 대법원 1982.1.28. 선고 82도2500 판결 등)은 기판력이 미치는 기준시점을 '사실심리의 가능성이 있는 최후의 시점'인 판결선고시로 보고 있다. 특히 대법원 1983.4.26. 선고 82도2829 판결[6]은 "제1심판결에 대하여 항소가 제기된 경우에 판결의 기판력의 기준시점은 항소기각이든 파기자판이든 불문하고 항소심 판결선고시가 된다"고 판시하여 위 ②의 판결선고시설 중에서도 "제2심 판결선고시설"을 취하였다. 그런데 본 사안은 제1심 판결에 대한 항소가 항소이유서 미제출을 이유로 결정으로 기각된 사안이다. 이런 경우에 그 기판력이 미치는 시간적 한계는 언제로 삼을 것인지 문제된다.

(다) 항소심의 구조와 공소장변경의 가능성

형사판결의 기판력의 기준시점을 사실심리의 가능성이 있는 최후의 시기라고 본다면, 제1심 판결에 대하여 항소를 하였으나 항소이유서를 제출하지 아니하여 법원이 결정으로 항소를 기각한 경우에 사실심리의 가능성이 있는

---

5) 상세는 본서 **10.3 상습범과 기판력의 객관적·시간적 범위** 참조.

6) 이 판결에 대하여는 박용상, 형사항소심의 구조와 형사판결의 기판력의 시적 범위, 『해설』 2호, 269 이하 참조.

최후의 시기를 언제로 볼 것인가가 문제된다.

(1) '사실심리의 가능성'의 의미 현행법은 공소장변경제도를 도입하였다. 검사는 사실심인 제1심에서는 언제든지 공소장변경을 시도할 수 있다. 따라서 제1심에서는 '공소장에 기재되지 않아서 현실적 심판대상이 되지 않았지만 공소장변경에 의하여 언제든지 현실적 심판의 대상이 될 수 있는 사실'에 대하여 항상 '사실심리의 가능성'이 있다.

(2) 항소심과 공소장변경의 가능성 현실적으로 심판대상이 되지 아니한 부분에 대하여도 판결의 효력이 미치는 이유를 위와 같이 공소장변경에 의하여 심판의 대상이 될 가능성이 있었음에 두면 '공소장변경이 가능한 최종시점'이 바로 사실심리의 가능성이 있는 최후의 시점이라고 볼 수 있다. 따라서 제1심 판결에 대하여 항소가 제기된 경우에 확정판결의 기판력의 시간적 한계를 제1심 판결선고시로 볼 것인지 아니면 항소심판결선고시로 볼 것인지의 문제는 항소심의 구조를 어떻게 볼 것인가 하는 문제에 달려 있다.

(3) 대법원은 현행 항소심의 구조를 '기본적으로는 속심이지만 소송경제적 측면에서 사후심적 요소를 가미한 것', 혹은 '속심 겸 사후심'으로 보고 있다. 그러나 대법원은 항소심의 구조를 파악할 때 '복심·속심적 요소'에 더 많은 무게중심을 두고 있다. 그 결과 대법원은 "형사판결의 기판력의 시간적 범위를 정하는 사실심리의 가능성이 있는 최후의 시점"을 항소심판결선고시로 설정하고 그 기준시점은 "항소심이 항소를 받아들여 파기자판한 경우이든 항소를 기각한 경우든 달라질 수 없다"[7]고 판시한다.[8] 판결의 기판력이 미치는 기준시점을 항소기각이든 파기자판이든 묻지 않고 항소심 판결선고시로 파악하는 종래의 판례는 이와 같은 항소심의 구조나 운용실태에 기초하고 있다.

(라) 항소이유서 미제출로 인하여 항소기각결정이 있는 경우의 기판력이 미치는 시적 한계

본 사안에서는 아주 미묘한 상황이 전개되고 있다. 항소인이 법정기간 내에 항소이유서를 제출하지 아니하면 항소법원은 공판절차를 열지 않고 항소기각결정을 할 수 있다. 그런데 항소인의 항소이유서 미제출의 경우에도 제1심재

7) 대법원 1983.4.26. 선고 82도2829, 82감도612 판결.

8) 또한 대법원 1981.8.20. 선고 81도698 판결은 "제1심의 무죄판결에 대하여 검사가 항소하고 검사가 항소심에서 예비적 공소사실을 추가한 경우 항소심이 파기자판하면서 예비적 공소사실을 유죄로 인정한 조치는 정당하다"고 판시하고 있다.

판에 직권조사사유인 위법이 있으면 항소법원은 제1심을 파기하고 자판하여야 하므로(법 제364조 제2항) 이 경우에 항소법원이 공판을 여는 것 자체가 금지되는 것은 아니다. 또한 대법원은 '제1심에 파기사유가 없어도 항소심에서 공소장변경이 가능하다'고 보고 있다. 그렇다면 항소인이 항소이유서를 제출하지 아니한 경우에도 법원은 직권으로 공판을 열 수 있고 이 경우에 검사의 신청에 의한 공소장의 변경도 가능하게 된다.

(마) 결 어

항소인이 항소이유서를 제출하지 아니한 경우에도 공소장변경이 가능하고, 항소인의 항소이유서 미제출의 경우에도 사실심리의 가능성은 있다. 그러므로 항소인의 항소이유서 미제출을 이유로 한 항소심의 항소기각결정이 확정된 경우의 판결의 기판력이 미치는 시간적 한계는 항소기각결정시이다.

10.3

상습범과 기판력의 객관적·시간적 범위

대법원 2004.9.16. 선고 2001도3206 전원합의체 판결

I 사 안

D(49세)는 "1996.3.경 V2에게 '차량을 싸게 구입해 주겠다'고 거짓말하여 차량구입대금 명목으로 8,300만 원을 교부받아 편취하였다"는 단순사기죄의 공소사실로 기소되어 1998.3.6. 제1심에서 벌금 500만 원을 선고받고 그 판결이 확정(이하 '전소(前訴)'로 약칭함)되었다. 그런데 D는 이미 확정된 **단순사기죄** 사건의 제1심판결 선고(1998.3.6.) 전(前)인 1996.12.30.부터 1998.1.17.까지 사이에 V 등으로부터 신공항구조물공사 동업자금, 공사현장 식당경비와 운영권 명목, 또는 토지분양대금 명목 등으로 합계 1억 원 남짓의 금원을 편취한 상습사기혐의로 다시 기소(이하 '후소(後訴)'로 약칭함)되었다. 제1심(인천지방법원 부천지원)과 항소심(서울중앙지방법원 항소부)은 전소의 범죄사실(단순사기)과 후소의 공소사실(상습사기) 부분은 "그 범행의 동기, 수단 및 방법이 유사하고 2년여 기간 동안에 반복하여 행하여진 점 등에 비추어 각 사기 범행은 모두 D의 사기습벽의 발현에 의하여 저질러진 범행"이므로 "다 같이 포괄일죄인 상습사기죄에 해당"하고 따라서 "전소의 확정판결의 기판력(일사부재리의 효력)이 그와 포괄일죄의 관계에 있는 후소의 공소사실 부분에 대하여도 미친다"고 판단하여 후소에 대하여 면소판결을 선고하였다.[1)] 검사가 상고하였다.

II 쟁 점

상습범으로서 포괄적 일죄의 관계에 있는 여러 개의 범죄사실 중 일부에 대하여 유죄판결이 확정된 경우에, 그 확정판결의 사실심판결 선고 전에 저질러진 나머지 범죄에 대하여 새로이 공소가 제기되었다면 그 새로운 공소는 확정판결이 있었던 사건과 동일한 사건에 대하여 다시 제기된 데 해당하므로 이에 대하여는 판결로써 면소의 선고를 하여야 하는가?

III 재판요지 (파기환송)

다수의견

상습범이라 함은 어느 기본적 구성요건에 해당하는 행위를 한 자가 그 범죄행위를 반복하여 저지르는 습벽, 즉 상습성이라는 **행위자적 속성**을 갖추었다고 인정되는 경우에 이를 가중처벌 사유로 삼고 있는 범죄유형을

1) 제1심과 항소심 판결은 종래의 판례(면소판결설)에 충실한 판결이었다.

가리킨다. 그리고 이러한 상습성을 갖춘 자가 여러 개의 죄를 반복하여 저지른 경우에는 각 죄를 별죄로 보아 경합범으로 처단할 것이 아니라 그 모두를 포괄하여 상습범이라고 하는 하나의 죄로 처단하는 것이 상습범의 본질 또는 상습범 가중처벌규정의 입법취지에 부합한다(대법원 1978.2.14. 선고 77도3564 전원합의체 판결 등 다수)는 점은 일찍부터 대법원이 견지하여 온 견해이다.

1) ㉮ 상습범으로서 포괄적 일죄의 관계에 있는 여러 개의 범죄사실 중 일부에 대하여 유죄판결이 확정된 경우에, 그 확정판결의 사실심판결 선고 전에 저질러진 나머지 범죄에 대하여 새로이 공소가 제기되었다면 그 새로운 공소는 확정판결이 있었던 사건과 동일한 사건에 대하여 다시 제기된 데 해당하므로 이에 대하여는 판결로써 면소의 선고를 하여야 하는 것(법 제326조 제1호)인바, ㉯ 다만 이러한 법리가 적용되기 위해서는 '전의 확정판결'에서 당해 피고인이 상습범으로 기소되어 처단되었을 것을 필요로 하는 것이고, 상습범 아닌 **기본 구성요건의 범죄**로 처단되는 데 그친 경우에는, 가사 '뒤에 기소된 사건'에서 비로소 드러났거나 '새로 저질러진 범죄사실'과 '전의 판결에서 이미 유죄로 확정된 범죄사실' 등을 종합하여 비로소 그 모두가 상습범으로서의 포괄적 일죄에 해당하는 것으로 판단된다 하더라도 뒤늦게 앞서의 확정판결을 상습범의 일부에 대한 확정판결이라고 보아 그 **기판력**이 그 사실심판결 선고 전의 나머지 범죄에 미친다고 보아서는 아니된다.[2)]

2) ㉰ 확정판결의 기판력이 미치는 범위를 정함에 있어서는 그 '**확정된 사건 자체의 범죄사실과 죄명을 기준으로 하는 것이 원칙**'이고 **비상습범으로 기소되어 판결이 확정**된 이상, 그 사건의 범죄사실이 **상습범 아닌 기본 구성요건의 범죄**라는 점에 관하여 이미 기판력이 발생하였다고 보아야 할 것이며, 뒤에 드러난 다른 범죄사실이나 그 밖의 사정을 부가하여 전의 확정판결의 효력을 **검사의 기소내용보다 무거운** 범죄유형인 상습범에 대한 판결로 바꾸어 적용하는 것은 '**형사소송의 기본원칙**'에 비추어 적절하지 않기 때문이다. 그러므로 과거에 이와 다르게, 상습범으로서 포괄일죄 관계에 있는 죄 중 일부에 대하여 유죄의 확정판결이 있고, 그 나머지 부분, 즉 확정판결의 사실심 선고 전에 저질러진 범행이 나중에 기소된 경우에, 그 (전소의: 필자 주) **확정판결의 죄명이 상습범이었는지 여부를 고려하지 아니하고, 단지 확정판결이 있었던 죄와 새로 기소된 죄 사이에 상습범인 관계가 인정된다는 이유만으로 확정판결의 기판력이 새로 기소된 죄에 미친다고 판시하였던 대법원의 판결들**(대법원 1978.2.14. 선고 77도3564 전원합의체 판결; 대법원 2002.10.25. 선고 2002도1736 판결 등 다수)**은 이 판결의 견해와 어긋나는 범위 내에서 이를 모두 변경하기로 한다.**

---

2) **같은 취지의 후속판례들**: 대법원 2004.9.24. 선고 2004도3532 판결; 대법원 2005.10.28. 선고 2005도3963 판결; 대법원 2007.6.29. 선고 2006도7864 판결; 대법원 2007.12.14. 선고 2006도4662 판결.

IV
분석과 해설

(가) 본 사안의 쟁점과 장구한 역사[3]

상습범[4]의 일부범죄사실(단순범일 수도 있고 상습범일 수도 있다)에 대하여 유죄판결이 확정(전소)된 후 그 확정판결의 사실심 판결선고 전에 수행된 다른 범죄(역시 단순범일 수도 있고 상습범일 수도 있다)에 대하여 새로이 공소가 제기된 때(後訴)의 후소의 수소법원의 처리방법'(면소판결의 가부)이 쟁점이다. 확정판결의 기판력(일사부재리의 효력)은 공소가 제기된 '당해 공소사실 자체'뿐만 아니라 그것과 '동일성이 인정되는 공소사실 전체'에 미친다(판례·통설). 유죄판결이 확정된 범죄사실과 '다른 범죄'가 '순수한 단순일죄'인 때에는 형법 제37조, 제39조에 따라 처리하면 별 문제가 없으나 수개의 범죄사실이 포괄일죄로 파악되고 있는 '부진정 단순일죄'(단순일죄로 지칭되고 있지만 사실상 범죄사실이 복수인 경우, 예를 들어 포괄일죄는 그중의 하나이다)인 경우에 전소의 확정판결의 기판력이 미치는 객관적 범위는 매우 애매하다. 문제를 확대시킬 여유가 없으므로 여기서는 상습범에 국한하여 검토해 보자.

이미 확정된 전소의 공소사실이 상습사기사실(들)이었고 현재 문제되고 있는 후소의 공소사실이 단순사기사실일 때 전소의 확정판결의 기판력이 후소의 단순사기사실에 미침(물론 이 경우 후소의 단순사기사실이 기판력의 시간적 범위 내에 있을 경우, 즉 후소의 공소사실은 전소의 사실심 판결선고시점 이전에 수행된 것일 경우에 한한다)에는 별 의문이 없다. 그러나 본 사안에서처럼 확정된 전소의 공소사실이 단순사기사실이었고 후소의 공소사실이 상습사기사실로서 문제상황이 역전(逆轉)되어 있는 경우의 해결책은 매우 난해하다. 1968년 판결의 실체판결설의 입장과 '1970년 판결'의 면소판결설의 입장은 **대법원 1978.2.14. 선고 77도3564 전원합의체 판결**(이하 '1978년 판결'로 약칭함)에서 크게 다투어진 바 있다. '1978년 판결'에서는 '9대 7'의 근소한 차이로 '면소판결설'이 다수의견을 점하였었다. 그러나 2004년에 선고된 '본 판결'(이하 '2004년 판결'로 약칭함)에서는 정세가 완전히 역전되어 '1968년 판결'= '실체판결설'이 압도적 다수(10대 1대1)로 다수의견을 점하였다. 1978년의 면소판결설은 검찰의 판례변경시도[5]에 힘입어 26년 만에 '1968년 판결=실체판결설'로

3) 이병주, 상습범행 중간의 확정판결과 기판력의 범위-상습사기의 범행 중 일부에 대하여 단순사기죄의 확정판결이 있는 경우에 그 확정판결의 기판력의 표준시 전에 저질러진 상습사기범죄에 대하여 위 확정판결의 기판력이 미치는지 여부-, 광주지방법원, 『재판실무연구』, 2004(2005.01).

4) 여기서의 '상습범'이란 상습성 여부의 판단 자료를 충분히 확보하고 있는 현재(후소)의 법원이 판단할 때 상습범으로 판정되는 것을 말한다. 상습성 여부의 판단 자료를 충분히 확보하고 있지 못한 과거(전소의 기소관이나 수소법원)의 관점에서는 '비상습범'일 수도 있다.

5) 검사는 상습범인이 포괄일죄의 관계에 있는 범행 중 가벼운 부분만 발각된 채 공소가 제기되어 '기본 구성요건의 범죄'(단순사기)로 확정판결을 받게 되면 후에 그 부분과 포괄일죄를 구성하는 더 중한 부분이 발각되더라도 이를 처벌하지 못하는 불합리를 시정해 보려는 의도 하에 상고한 것이다. 검사의 상고는 일종의 '정책상고'에 해당한다.

회귀된 셈이다. 전원합의체 판결이 다시 전원합의체 판결로 번복된 매우 드문 사례에 속한다. 이 문제가 매우 난제였음을 짐작할 수 있다.

(나) 면소판결설(1978년 판결)과 실체판결설(1968년 판결)의 논거

D는 **1971.5.3.자의 절도범행**이 문제되어 특수절도범행으로 기소되고 사실심에서 공소사실이 인정되어 1971.7.30. 유죄선고를 받고 그 판결이 확정(이하 '전소'로 약칭함)되었다. 그 후 D는 1970.12.24.자의 절도범행이 문제되어 야간주거침입절도 혐의로 기소(이하 '후소'로 약칭함)되었다. 후소의 사실심은 **1970.12.24.자의 절도범행**(야간주거침입절도)과 1971.5.3.자의 절도범행(특수절도)이 모두 D의 '절도의 습벽의 발로'로 수행된 것으로 판정하였다. 면소판결설(1978년 판결의 다수의견)은 '**피고인의 법적 지위의 안정**'[6]을 키워드로 삼아 "D의 특수절도 범행과 본건 기소된 야간주거침입절도 범행이 다같이 D의 절도습벽에서 이루어졌다고 한다면 위 확정판결을 받은 범죄사실과 본건 공소사실은 실체법상 일죄인 상습특수절도의 포괄일죄의 관계에 있고 따라서 위 특수절도죄에 대한 확정 판결의 기판력은 그와 포괄일죄의 관계에 있으나 단순야간주거침입죄로 기소된 본건 공소사실에 대하여도 미치게 되는 것"이므로 "본건 범죄사실에 대하여는 면소판결"을 선고하여야 한다고 주장하였다. 그러나 실체판결설은 '불고불리의 원칙'과 '검사의 기소재량권'을 키워드로 삼아 '**피고인에게 과도한 배려를 할 필요가 없음**'을 주장[7]하였다.

---

6) '검사의 부주의로 포괄일죄의 관계에 있는 범행 중 일부만을 단순범으로 공소제기하거나 검사가 상습범으로 공소제기 하였음에도 전소에서 법원이 단순범으로 잘못 인정한 경우를 상정해 보면 법원 및 검사의 부주의로 인한 위험을 피고인에게 전가하는 것이 되어 도저히 찬성하기 어렵다'거나 '상습범관계에 있는 전후의 두 범죄를 검사가 함부로 하나하나 쪼개서 실체적 경합관계에 있는 것으로 기소한다면 D에게 불리하다는 발상' 등이다.

7) 1978년 판결의 반대의견은 "(1) 아무리 위의 두 범죄가 모두 절도습벽의 발로로 인정된다 할지언정 기소관인 검사가 위의 후자의 범죄를 (단순)야간주거침입절도죄로 기소하고, 또한 전자의 범죄를 (단순)특수절도죄로 기소한 이상 심판자인 법원은 기소범위를 넘어서서 그보다 중한 죄로 다스릴 수 없는 것이 형사소송법의 원칙" 인데 "다수의견은 이 원칙에 부딪칠 염려"가 있으며, 다수의견에 따라서 사건을 환송받은 원심이 위의 두 범죄를 모두 상습으로 이루어진 것이라고 단정하게 되면 후소에서 기소된 범죄에 대하여는 면소 판결을 하여야 될 터인데 그렇게 되면 "(2) 이미 전자의 범죄에 관하여 재판을 받을 때에 상습 아닌 단순특수절도죄로 양형되었기 때문에 상습의 죄의 경우보다 가벼운 형을 선고받았을 것인데도 불구하고, 이번에는 후자의 범죄에 대하여 면소의 은전을 받을 것이므로 필경 D는 상습의 범행을 저지르고서도 계속하여 후대를 받는 기이한 결과"가 되며, 다수의견의 근본취지에는 상습범관계에 있는 전후의 두 범죄를 검사가 함부로 하나하나 쪼개서 실체적 경합관계에 있는 것으로 기소한다면 D에게 불리하다는 생각이 그 밑바닥에 깔려있는 것(전소 피고인의 법적안전성)으로 짐작되지만 "(3) 실지 양형 면에 있어서 하나의 상습죄로 중하게 한번 처단하는 경우나 이것을 실체적 경합관계라 하여 복수의 주문이 선고되었을 때 이것을 합하는 경우나 그다지 큰 차이는 없을 것"이요, 더욱이 이 복수의 판결이 동시에 집행될 경우에는 "형법 제39조 제2항, 제38조에 의하여 집행과정에서 적절히 조절되어 그 실질에 있어서는 중하게 상습죄로 한번 처벌받은 경

(다) 검찰의 문제제기

2004년 판결(다수의견)은 검찰의 과감한 판례변경시도가 성공한 사례이므로 검찰이 판례변경을 시도한 이유를 검토하여 볼 필요가 있다.

검찰이 판례변경을 시도한 이유는 '1978년의 면소판결설'이 수사기관의 부주의 혹은 피고인의 귀책사유(범죄사실의 묵비) 등으로 전소에서 가볍게 처벌된 피고인에게 과도하게 면죄부를 주어 극단적인 경우 '상습범을 비상습범(단순범)보다 가볍게 처벌하는 결과'를 빚고 있는 실정이기 때문이다.[8] 2004년 판결이 실체판결설로 회귀한 근본적인 이유는 '단순한 이론의 수정'이 아니라 위와 같은 사법실태를 직시하였기 때문이다. 이제 문제는 이론구성에 있다. 어떤 논거로 실체판결설의 입장을 정당화시킬 것인가?

(라) 비상습범(단순범죄의 구성요건)

'2004년의 실체판결설'의 논거는 ㉰ 부분에서 설시되고 있다. 확정판결의 기판력이 미치는 범위를 정할 때는 "**확정된 사건 자체의 범죄사실과 죄명을 기준으로 하는 것이 원칙**"이어서 전소에서 "**비상습범으로 기소되어 판결이 확정**"된 때에는 "**상습범 아닌 기본 구성요건의 범죄**라는 점에 관하여만 기판력이 발생"하며, "뒤에 드러난 다른 범죄사실이나 그 밖의 사정을 부가하여 전의 확정판결의 효력을 **검사의 기소내용보다 무거운** 범죄유형인 상습범에 대한 판결로 바꾸어 적용하는 것은 '**형사소송의 기본원칙**'에 반한다"는 것이다. 여기서 언급되고 있는 '**형사소송의 기본원칙**'이란 1978년 판결의 반대의견이 암묵적으로 암시하고 있었던 '**불고불리의 원칙**'·'**검사의 기소재량권**'이다. 이 논증은 내용상 '공소불가분의 원칙'(법 제248조 제2항)을 크게 제한하는 논증이어서 극히 주목을 요하는 사항이다. 최근의 대법원 판례(대법원 2010.2.11. 선고 2009도12627 판결, 대법원 2010.5.27. 선고 2010도2182 판결)도 실체판결설의 입장을 재확인하고 있다.

우와 다를 바가 없다."고 주장하였다.

8) 성시웅, 상습범은 일죄인가, 『법률신문』 2004년 8월 23일자. 이 사정을 성시웅 부장검사는 '살인면허, 폭력면허, 도박면허의 부여'로 표현하고 있다.

10.4

면소판결의 성질

대법원 1964.3.31. 선고 64도64 판결; 대법원 1986.12.9. 선고 86도1976 판결

I 사 안

무고혐의로 기소된 D에게 제1심이 무죄를 선고하였다. 검사가 항소하였다. 항소심은 사면령을 적용하여 면소판결을 선고하였다. D가 '무죄를 주장'하며 상고하였다. 상고이유는 "상급심은 하급심의 판결에 대하여 그 정당 여부를 심판할 것인바 제1심의 결심당시를 기준으로 하여 판결하여야 하고, 항소심의 면소판결은 소급적용의 원칙에 위배되고, 사면권도 포기할 수 있다고 보아야 한다"는 것이었다.

II 쟁 점

1) 면소판결은 공소장에 기재되어 있는 범죄사실에 관하여 법 제326조 각호의 사유가 있으면 실체적 심리를 할 필요가 없이 면소판결을 하여야 하는 형식재판인가?

2) 면소판결을 선고받은 피고인이 무죄를 주장하며 상소할 이익이 있는가?

III 재판요지 (상고기각)

1) 사면법 5조 1항 1호의 규정에 의하면 일반사면은 형의 선고를 받지 않은 자에 대하여 공소권을 상실시키는 것이므로 형사소송법 제326조 제2호에 의하여 면소판결을 하여야 한다.

2) 무죄의 판결은 '실체적 공소권이 없다'는 이유로서 하는 실체적 재판임에 반하여 면소의 판결은 공소권의 소멸을 이유로 하여 소송을 종국(적으로 종결: 필자 첨가)시키는 형식적 재판으로서 공소사실의 유무에 관하여 실체적 심리를 하여 그 사실이 인정되는 경우에 한하여 면소판결을 하는 것이 아니고, 공소장에 기재되어 있는 범죄사실에 관하여 같은 법 제326조 각호의 사유가 있으면 실체적 심리를 할 필요가 없이 면소판결을 하여야 한다고 해석된다. 그러므로 원심이 피고인에 대한 무고죄에 대하여 '사면되었다'는 이유로서 면소의 판결을 선고한 것은 정당하다.

3) "직권으로 살피건대 '(면소판결을 받은: 필자 첨가) 피고인에게는 실체판결청구권이 없는 것'[1]이므로 원심의 면소판결에 대하여 실체판결을 구하여 상소할 수 없다"[2]

1) '(면소판결을 받은: 필자첨가) 피고인에게 실체판결청구권이 없다'는 논변은 '면소판결을 받은 피고인에게는 무죄판결(실체판결)을 주장하여 상소할 상소의 이익이 없다'는 뜻이다. 이 판결의 내용은 대법원 1986.12.9. 선고 86도1976 판결 등에서 확고한 판례로 정립되고 있다.

2) 이 부분은 대법원 1964.4.7. 선고 64도57 판결에서 인용하였다.

IV 분석과 해설

(가) 문제의 제기

면소판결은 공소가 제기된 당해 사건에 대하여 이미 확정판결이 있은 때(제1호), 사면이 있은 때(제2호), 공소시효가 완성되었을 때(제3호), 범죄 후의 법령개폐로 형이 폐지되었을 때(제4호) 선고되는 판결이다(법 제326조). 이 재판유형이 유죄·무죄와 같은 실체재판인가 아니면 관할위반(법 제319조)이나 공소기각 재판(법 제327, 제328조)과 같은 형식재판인가, 아니면 이도 저도 아닌 독자의 재판유형인가가 문제된다. 면소판결의 성질과 관련되는 구체적 쟁점은 첫째, 관할위반이나 공소기각 재판과 어떤 성질상의 차이가 있는가, 둘째, 일사부재리효가 인정되는가, 셋째, 면소판결에 대하여 피고인이 무죄판결을 구하며 상소할 이익이 있는가 등이다. 면소판결의 법적 성질론은 위와 같은 3가지 쟁점을 모두 일의적으로 만족스럽게 해결할 수 있는 것이어야 한다.

(나) 면소판결의 법적 성질

(1) 가정적 사안 다음과 같은 가정적 사안을 설정해 보자. 은행의 경리직원이었던 D2는 횡령죄 피고사건('전소'로 약칭함)에서 무죄판결을 선고받고 그 판결이 확정되었다. 무죄판결에 승복하지 못하는 검사가 공소사실을 다소 달리하여 D2를 횡령혐의로 재차 기소('후소'로 약칭함)하였다. 전소의 공소장기재 공소사실과 후소의 공소장기재 공소사실 사이에는 '기본적 사실이 동일한 관계'에 있다고 하자. 예를 들어 검사는 전소에서 적시되지 아니한 다른 횡령사실만을 후소의 공소사실에 적시하였는데 전소의 공소사실과 후소의 공소사실은 '1개의 횡령죄의 포괄적 일죄'의 관계에 있다. 현재의 확립된 판례에 따르면 이 경우 후소에 임하는 법원은 면소판결을 선고하여야 한다.

이 문제의 해결에 직접 관련되는 법조항은 법 제326조(면소의 판결)이다. 동일사안에 대하여 이미 확정재판이 있었던 사안에 관하여 재차 기소가 행하여지는 경우는 바로 이 면소사유 중의 하나(법 제326조 제1호: 확정판결이 있은 때)이다.

(2) 일제강점기의 법상황(실체재판설) 일제강점기의 통설은 면소판결을 다음과 같이 실체재판으로 파악하였다. '㉮ 법원은 면소사유가 있어도 실체심리를 진행하여 ㉯ 범죄사실이 증명되지 아니하면 무죄판결을 하고 ㉰ 범죄사실이 인정되면 공소권의 소멸을 이유로 면소판결을 하여야 한다.' 이처럼 실체재판설은 면소판결을 '㉱ (확정적인) 공소권의 소멸을 이유로 선고하는 ㉲ 실체재판'으로 파악하고 ㉳ 실체재판이므로 어느 정도 실체심리가 진행되고 따라서 아주

자연스럽게 면소판결에 기판력(일사부재리의 효력)이 있음을 인정하였다. 그러나 궁극적으로 유죄판결이 불가능(무죄판결 아니면 면소판결)한 것을 알면서도 법원이 실체심리를 진행함은 ① '피고인에게 불필요하게 응소(應訴)를 강요'하는 것이므로 피고인의 자유확보를 해치고 소송조건의 당사자주의적 파악을 어렵게 한다. 또한 ② 위와 같은 관점을 밀고 나가면 '동일사건에 관하여 이미 전소에서 무죄판결이 확정된 경우에도 '실체심리를 경유'하여 면소를 선고하여야 한다'고 추리하게 되는데 이런 논리는 '이중위험금지의 정신'에 배치되어 너무나 불합리하다. 예를 들어 위의 가정적 사안에서 D2는 이미 확정된 무죄판결을 받아 안심하고 있는데 검사가 전소의 공소사실과 조금 다르게 공소사실을 구성(그러나 양자는 단일하고 동일한 사건)하여 재차 기소하면 법원은 또 다시 2차기소사실의 존부에 대하여 실체심리를 행하여야 한다. 현재의 한국시민의 인권의식에 비추어 보거나 실용주의적 관점에서 볼 때 위와 같은 결론을 용인하는 것은 너무나 불합리하다.

(3) 형식재판설 본 판례와 다수설은 면소판결(법조 제326)의 성격을 다음과 같이 형식재판으로 파악한다. '면소판결은 관할위반의 판결(법조 제319), 공소기각의 판결(법조 제327), 결정(법조 제328)과 마찬가지로 사건의 실체에 관하여 판단하지 아니하고 소송을 형식적으로 종결시키는 형식재판이다. 왜냐하면 면소사유가 존재하는데도 실체심리를 계속함은 '아무런 이익과 필요성'이 없을 뿐만 아니라 '불필요하게 피고인을 소송에 연루시키는(얽매이게 하는) 결과'가 되기 때문이다.

그러나 면소판결을 위와 같이 순수한 형식재판으로 파악하면 다음과 같은 두 가지 이론적 문제가 발생한다. 이 문제를 어떻게 극복할 것인가 하는 문제가 형식재판설의 이론적 과제이다.

(다) 형식재판설의 이론적 과제

(1) 면소판결을 관할위반의 판결, 공소기각의 판결, 결정과 성질상 어떻게 구별할 것인가?

(i) 판례설의 입장 소송추행의 이익이나 가능성이 '확정적으로 상실'되었는가(면소판결, 재판요지 2), '일시적, 잠정적'으로 상실되었는가(관할위반의 판결, 공소기각의 판결, 결정)에 의하여 구별하는 관점이다. 과연 면소판결을 관할위반이나 공소기각재판과 성질상 구분됨(법효과에 있어 실체재판과 동일시)을 전제로 하는 조항들(법 제331조의 구속영장의 효력상실조항과 법 제253조 제1항의 공소시효의 정지와 재진행 조항)이 없지 않다.

(ii) 판례설의 난점 그러나 '피고인이 사망하거나 피고인인 법인이 존속하

지 아니하게 되었을 때'(법 제328조 제1항 제2호)와 '공소장에 기재된 사실이 진실하다 하더라도 범죄가 될 만한 사실이 포함되지 아니하는 때'(법 제328조 제2항 제4호)도 '소송추행의 이익이나 가능성이 확정적으로 상실된 경우'에 해당하는데도 면소사유가 아니라 '공소기각의 결정사유'이므로 이 점을 어떻게 설명할 것인가 하는 문제가 여전히 남는다.

(iii) 사 견 생각건대 '면소의 사유'와 '공소기각의 사유' 사이에 '성질상의 확연한 구분'을 이끌어냄은 거의 불가능에 가깝다. '면소사유와 공소기각의 사유'는 성질상 확연히 구분되는 것이 아니라 입법자가 입법적 결단으로 양자를 구분하여 처리(예를 들어 입법자는 공소기각의 사유 중에 소송추행의 이익이나 가능성이 '확정적으로 상실'된 것만을 추려 내 별도로 조문을 하나 더 설치하였는데 그 조문이 바로 면소판결조항이다. 그리고 입법자는 면소사유에 그러한 특성이 있어서 다른 관할위반재판이나 공소기각재판과 달리 '기판력=일사부재리효'를 인정하려는 의도를 표명한 것이다. 그러나 입법자는 (ii)에서 본 것처럼 이 작업에 성공하지 못한 측면이 있다)한 것으로 보는 것 외에는 다른 출구가 없는 것처럼 보인다.

(2) 면소판결에 기판력을 인정할 것인가, 인정한다면 그 이론적 근거를 어디에서 찾을 것인가?

(i) 이중위험금지론과 일사부재리의 효력 일사부재리의 효력(이하 '부재리효'로 약칭함)을 종래처럼 '재판의 내용적 확정력(실체적 확정력 혹은 구속력)과 연계시켜 파악'하고 또한 면소재판을 형식재판으로 파악하는 경우에는 이론상 면소판결에 부재리효를 인정하기가 곤란해진다. 그러나 부재리효를 헌법 제13조 제1항 후단의 이중위험금지의 정신을 이어받은 '순전한 형사절차상의 효과'(한 번 공판절차에 회부되어 유죄판결을 받을 위험에 노출된 사람을 동일한 사유로 재차 공판절차에 회부하여 유죄판결을 받을 위험에 노출시킴을 금지하는 절차보장적 법리)로 보면 형식재판이라고 하여 반드시 부재리효를 부정하여야 할 필연성은 없다.

(ii) 면소판결과 부재리효 부재리효를 '㉮ 피고인의 법적 지위의 안전을 보장하기 위한 ㉯ 헌법정책적 요청으로 파악하면 부재리효가 항상 실체재판으로부터만 발생한다고 보아야 할 필연적인 이유는 없다. 관할위반이나 공소기각의 사유와는 달리 면소사유가 있어 면소판결이 한 번 확정되면 동일한 사유로 다시 재소나 별소가 제기될 가능성은 거의 존재하지 아니하며 또 그런 일이 일어나서도 곤란하다. 이와 같은 두 가지 논거(면소사유의 특이성과 피고인의 법적 지위의 보장)를 근거로 면소판결에 부재리효를 긍정함이 최근 학계(판례도 크게 보아 이 계열에 서 있는 것으로 보아 무방하다)의 유력한 경향이다. 이 관점(형식재판설)을 달리 표현하면 법 제326조(면소의 판결) 제1호 사유(다음 경우에는 판결로써 면소의 선고를 하여야 한다. 1. 확정판결이 있은 때)의 '확정판결'에 면소판결도 포함된다고 보는 관점이다.

(라) 면소판결의 부재리효가 미치는 객관적 범위와 그 부수적 효과

(1) **공소사실의 동일성이 인정되는 전 범위** 유죄·무죄의 실체판결과 마찬가지로 확정된 면소판결의 기초가 된 공소사실과 동일성이 인정되는 전 범위에 미친다고 보아야 한다.

(2) **부재리효를 부인하는 견해** 형식재판설을 철저히 관철시켜 면소판결에 부재리효를 인정하지 아니하고 다만 '공소장기재 공소사실에 관하여 면소사유가 존재한다는 점에 대하여만 기판력(혹은 내용적 구속력, 부재리효가 아님을 주의)이 발생할 뿐'이라는 견해도 있을 수 있다. 이 설을 취하면 가정적 사안에서 법원은 제2차 기소(횡령피고사건)에 대하여 실체재판을 하여야 한다. 이 결론은 도저히 수용할 수 없는 결론이므로 이 견해에 찬동할 수 없다.

(3) **관련 문제** 무죄판결을 구하는 상소에서 상소의 이익 형식재판설을 취하면, 자연스럽게 면소판결을 받은 피고인이 무죄판결을 구하는 상소에 상소의 이익이 없다는 결론에 이르게 된다.

10.5

범칙금통고처분 납부와 기판력

대법원 2002.11.22. 선고 2001도849 판결; 대법원 1986.2.25. 선고 85도2664 판결

I 사 안

D는 서울 43누1438호 누비라 승용차를 운전하여 1999.9.4. 17:00.경 서울 서초구 방배동 824 앞 도로를 진행함에 있어 안전운전의무를 불이행한 범칙행위를 하였음을 이유로 그날 관할 경찰서장으로부터 도로교통법 제118조, 제44조에 따라 범칙금 40,000원의 납부 통고를 받고, 그 달 17일 그 범칙금을 납부하였다. 그 후 D는 다시 "서울 43누1438호 누비라 승용차를 운전하여 1999.9.4. 17:00.경 서울 서초구 방배동 824 앞 도로를 진행함에 있어 중앙선을 침범하여 운전한 과실로 V가 운전하는 서울 51마5786호 라노스 승용차를 충격하여 V에게 2주간의 치료를 요하는 경추 및 요추부 염좌상 등을 입힌 교통사고처리특례법위반(업무상 과실치상)" 혐의로 기소되었다. 제1심은 유죄를 선고하였지만 항소심은 "안전운전의무를 불이행한 범칙행위는 교통사고처리특례법위반(업무상 과실치상)의 공소사실과 그 기초되는 사회적 사실관계가 그 기본적인 점에서 동일하다"고 판단하여 제1심판결을 파기한 후 D에 대하여 면소판결을 선고하였다. 검사가 상고하였다.

II 쟁 점

교통범칙행위로 인하여 범칙금의 통고를 받아 이를 납부하는 경우에 범칙금의 납부로 인하여 다시 벌받지 아니하게 되는 범죄의 범위를 확정판결에서 기판력이 미치는 범위와 동일하게 보아야 하는가?

III 재판요지 (파기환송)

도로교통법 제119조 제3항은 '법 제118조에 의하여 범칙금 납부통고서를 받은 사람이 그 범칙금을 납부한 경우 그 범칙행위에 대하여 다시 벌받지 아니한다'고 규정하고 있는바, 이는 범칙금의 납부에 **확정재판의 효력에 준하는 효력**을 인정하는 취지로 해석할 것이다(대법원 1986.2.25. 선고 85도2664 판결 참조).

그런데 도로교통법 제117조는 도로교통법위반죄 중 특정된 일부의 죄를 범칙행위로 규정함과 아울러 범칙행위를 한 사람 중 일정한 사람을 범칙자로 규정하고 있고, 그 법 제118조는 '경찰서장은 범칙자로 인정되는 사람에 대하여는 그 이유를 명시한 범칙금납부통고서로 범칙금을 납부할 것을 통고할 수 있다'고 규정하고 있으며, 그 법 제119조 제1항은 '위의 규정에 의하여 범칙금납부통고서를 받은 사람은 10일 이내에 범칙금을 경찰청장이 지정하는 국고은행, 그 지점이나 대리점 또는 우체국에 납부하여야 한다'고 규정하고 있고, 그 법 제119조 제3항은 '위의 규정 등에 의하여 범칙금을 납부한 사람은 그 범칙행위에 대하여 다시 벌받지 아니한다'고 규정하고 있으며, 그 법 제120조 제1항은 '납부기간 내에 범칙금을 납부하지 아니한 사람에 대하여 경찰서장은 즉결심판을 청구'하도록 규정하고 있다.

범칙금의 통고 및 납부 등에 관한 그 규정들의 내용과 취지에 비추어 볼 때, 교통범칙금제도는 도로교통법에 위반된 행위에 대하여 벌칙을 정하면서 특정된 비교적 경미한 위반행위에 대하여는 형사절차에 앞서 행정적 처분에 의하여 일정액의 범칙금을 납부하는 기회를 부여하여 그 범칙금을 납부한 자에 대하여는 기소를 하지 아니하고 사건을 신속, 간이하게 처리하는 절차로서 법원이 공판절차를 통하여 기소된 범죄사실의 유무를 심리, 판단하는 재판절차와는 제도적 취지 및 법적 성질면에서 크나큰 차이가 있다.

또한 원래 확정판결의 기판력이 확정판결에서 인정된 범죄사실과 공소사실의 동일성이 인정되는 범죄사실에까지 미치게 된다고 보는 것은 공소가 제기된 범죄사실과 공소사실의 동일성이 인정되는 범죄사실은 언제든지 공소장 변경을 통하여 법원의 심판의 대상이 되어 유죄판결을 받을 위험성이 있다는 점을 근거로 한 것인데, 범칙자가 **범칙행위**로 인하여 범칙금의 통고를 받아 이를 납부하는 경우에는 법원의 공판절차가 개시되는 바가 없으므로 범칙금의 납부로 인하여 다시 벌받지 아니하게 되는 범죄의 범위를 확정판결에서 기판력이 미치는 범위와 동일하게 보아야 할 근거가 없게 된다.

위와 같은 사정에다 도로교통법 제119조 제3항이 '범칙행위로 인하여 범칙금의 통고를 받고 범칙금을 납부한 경우에는 그 범칙행위에 대하여 다시 벌받지 아니한다.'고 명시적으로 규정하여 이중의 처벌이 금지되는 대상을 당해 범칙행위로 한정하고 있는 점을 감안하여 볼 때, '범칙자가 경찰서장으로부터 범칙행위를 하였음을 이유로 범칙금의 통고를 받고 납부기간 내에 그 범칙금을 납부한 경우 범칙금의 납부에 확정판결에 준하는 효력이 인정됨에 따라 다시 벌받지 아니하게 되는 행위사실은 범칙금 통고의 이유에 기재된 당해 범칙행위자체 및 그 범칙행위와 동일성이 인정되는 범칙행위에 한정된다'고 해석함이 상당하므로 범칙행위와 같은 때, 곳에서 이루어진 행위라 하더라도 범칙행위의 동일성을 벗어난 형사범죄행위에 대하여는 범칙금의 납부에 따라 확정판결의 효력에 준하는 효력이 미치지 아니한다.

그런데 D가 범칙금의 통고처분을 받게 된 '범칙행위는 D가 공소사실 기재의 일시, 장소에서 승용차를 운전하여 진행함에 있어 단지 안전운전의 의무를 불이행하였다'는 것임에 반하여, D에 대한 이 사건 교통사고처리특례법위반죄의 '범죄행위사실은 D가 공소사실 기재의 일시, 장소에서 승용차를 운전하다 중앙선을 침범한 과실로 사고를 일으켜 피해자에게 부상을 입게 하였다'는 것인바, 위의 범칙행위와 공소가 제기된 이 사건 범죄행위사실은 시간, 장소에 있어서는 근접하여 있는 것으로 볼 수 있으나 범죄의 내용이나 행위의 태양, 피해법익 및 죄질에 있어 현격한 차이가 있어 동일성이 인정되지 아니하고 별개의 행위라고 할 것이어서 D가 안전운전의 의무를 불이행하였음을 이유로 통고처분에 따른 범칙금을 납부하였다고 하더라도 D를 교통사고처리특례법 제3조 위반죄로 처벌한다고 하여 도로교통법 제119조 제3항에서 말하는 이중처벌에 해당한다고 볼 수 없다(대법원 1983.7.12. 선고 83도1296 판결 참조)[1].

이와 견해를 달리하여 범칙금의 납부에 인정되는 확정판결의 효력에 준하는 효력이 통고처분의 이유가 된 당해 범칙행위와 기초되는 사실관계가 기본적인 점에서 동일한 모든 범죄행위에도 미친다고 전제하여 이 사건 범칙행위와 형사범죄행위가 동일성이 있는 것이라고 본 원심판결에는 범칙금의 납부에 따른 일사부재리의 효력과 범칙행위의 동일성의 범위에 관한 법리를 오해하여 판결의 결과에 영향을 끼친 위법이 있다.

IV 분석과 해설

(가) 형사범죄행위와 범칙행위의 구별

도로교통법(법률 제10790호) 제165조 제3항은 "범칙금을 납부한 사람은 그 범칙행위에 대하여 다시 벌받지 아니한다."고 규정하여 일사부재리의 효력을 인정하고 있다. 이는 범칙금의 납부에 확정판결에 준하는 효력을 인정하는 취지처럼 보인다. 그러나 대법원은 교통범칙행위와 형사범죄행위를 질적으로 구별하여 '교통범칙금통고처분의 대상사실'(안전의무위반)과 '교통사고처리특례법위반(업무상 과실치상)의 공소사실'이 그 기초되는 사회적 사실관계가 다르다고 판단하면서, 그 이유로 '교통범칙금통고처분의 대상사실에 대하여는 공판절차가 개시되지 않았다'는 점과 '도로교통법 제119조 제3항이 이중처벌이 금지되는 대상을 당해 범칙행위로 한정'하고 있는 점의 두 가지 논거를 들고 있다.

1) "운전자가 차량을 운전함에 있어서 도로교통법 제43조 소정의 안전운전의 의무를 위반하는 행위와 차량운전 중 과실로 사람을 충격하여 인체에 상해를 입히는 소위 업무상 과실치상행위는 별개의 것이라 할 것이므로 피고인이 위 전단의 안전운전의무 위반으로 통고처분에 따른 범칙금을 납부하였다 하여도 이는 별개의 행위인 본건 교통사고처리특례법위반(업무상과실치상)의 점에 무슨 영향을 미칠 바 아니므로 본건을 이중처벌이라 할 수 없다. 이와 같은 견해 아래 피고인의 항소를 기각한 원심의 판단은 정당하고 반대의 의견으로 일사부재리의 원칙을 내세워 면소하여야 한다고 되풀이 주장하는 소론은 이유 없다."(대법원 1983.7.12. 선고 83도1296 판결)

(나) 같은 취지의 후속판결: 신호준수의무 불이행으로 교통범칙금을 납부한 자를 신호위반으로 인한 업무상과실치상죄로 다시 처벌할 수 있는지 여부 (적극)(대법원 2007.4.16. 선고 2006도4322 판결)

"도로교통법(2005.5.31. 법률 제7545호로 전문개정되기 전의 것) 제119조 제3항에 의하면 '범칙금 납부 통고를 받고 범칙금을 납부한 사람은 그 범칙행위에 대하여 다시 벌 받지 아니한다'고 규정하고 있는바, 범칙금의 통고 및 납부 등에 관한 같은 법의 규정들의 내용과 취지에 비추어 볼 때 범칙자가 경찰서장으로부터 범칙행위를 하였음을 이유로 범칙금의 통고를 받고 그 범칙금을 납부한 경우 다시 벌 받지 아니하게 되는 행위는 범칙금 통고의 이유에 기재된 당해 범칙행위 자체 및 그 범칙행위와 동일성이 인정되는 범칙행위에 한정된다고 해석함이 상당하다. 범칙행위와 같은 때, 같은 곳에서 이루어진 행위라 하더라도 범칙행위와 별개의 형사범죄행위에 대하여는 범칙금의 납부로 인한 불처벌의 효력이 미치지 아니한다(대법원 1983.7.12. 선고 83도1296 판결, 대법원 2002.11.22. 선고 2001도849 판결 등 참조). 교통사고처리특례법 제3조 제2항 단서 각 호의 예외사유에 해당하는 신호위반 등의 범칙행위로 교통사고를 일으킨 사람이 통고처분을 받아 범칙금을 납부하였다고 하더라도 그 사람의 업무상과실치상죄 또는 중과실치상죄에 대하여 같은 법 제3조 제1항 위반죄로 처벌하는 것이 도로교통법 제119조 제3항에서 금지하는 이중처벌에 해당하지 않는다."[2]

(다) 소년법 제53조[3]의 '다시 공소를 제기하거나 소년부에 송치할 수 없다'의 의미

대법원은 이 조문의 의미를 "'확정판결과 동일한 효력'을 부여한 것이거나 '확정재판의 효력에 준하는 효력'을 인정한 것이 아니라 단순히 공소를 제기하지 못하도록 한 것에 그친다"고 해석하여 보호처분을 받은 사건과 동일한 사건이 기소된 경우에 법원은 면소판결(법 제326조 제2호)을 할 것이 아니라 공소기각판결(법 제327조 제2호)을 하여야 한다."고 한다.[4]

---

2) 더 자세한 내용은 이 판례를 해설한 박길성, "신호준수를 불이행한 사실로 범칙금을 납부한 자에 대하여 신호위반으로 인한 업무상과실치상을 범죄사실로 공소를 제기한 경우", 『해설』 70호 참조.

3) **소년법 제53조**(보호처분의 효력) 제32조의 보호처분을 받은 소년에 대하여는 그 심리가 결정된 사건은 다시 공소를 제기하거나 소년부에 송치할 수 없다. 다만, 제38조 제1항 제1호의 경우에는 공소를 제기할 수 있다.

4) "소년법 제47조는 '제30조의 보호처분을 받은 소년에 대하여는 그 심리결정 된 사건은 다시 공소제기할 수 없고 소년부에 송치하지 못한다'고 규정하고 있으므로 제30조의 보호처분을 받은 사건과 동일(상습죄 등 포괄일죄 포함)한 사건에 대하여 다시 공소제기가 되었다면 소년법 제30조의 보호처분은 확정판결이 아니고 따라서 기판력도 없으므로 이에 대하여 면소판결을 할 것이 아니라 공소제기의 절차가 법률의 규정에 위배하여 무효인 때에 해당한 경우이므로 형사소송법 제327조 제2호의 규정에 의하여 공소기각의 판결을 하여야 할 것임에도 불구하고 1, 2심은 이에 대한 법리를 오해하여 이에 대하여 1심은 면소판결을 하고, 2심은 검사의 항소를 기각하였으니 이는 판결에 영향을 미쳤다."(대법원 1985.5.28. 선고 85도21 판결); "소년법 제53조는 제32조의 보호처분을 받은 소년에 대하여는 그 심리 결정된 사건은 다시 공소를 제기하거나 소년부에 송치할 수 없다고 규정하고 있으므로,

제32조의 보호처분을 받은 사건과 동일(상습죄 등 포괄일죄 포함)한 사건에 관하여 다시 공소제기가 되었다면, 이는 공소제기절차가 법률의 규정에 위배하여 무효인 때에 해당한 경우이므로 형사소송법 제327조 제2호의 규정에 의하여 공소기각의 판결을 하여야 한다(대법원 1985.5.28. 선고 85도21 판결 참조). D는 1994.6.3. 절도, 사기, 도로교통법위반으로, 같은 해 8. 24. 같은 죄명으로 각 형사입건되어 같은 해 12.28. 대전지방법원 소년부에서 보호처분(6호-단기 소년원 송치)을 받았는데, 위 범행은 모두 오토바이를 훔쳐 무면허운전한 것으로 보이는바, 이는 범행 일시 및 대상 등에 비추어 위 보호처분결정 이전에 이루어진 이 사건 특정범죄 가중처벌 등에 관한 법률위반(절도)의 공소사실(원심이 제1심판결을 인용하여 판시한 이 사건 범죄사실 제2항)과 다 같이 D이 절도습벽에서 이루어진 것으로 볼 여지가 있으므로, 원심으로서는 마땅히 위 보호처분을 받은 사건에 대하여 심리하여 만약 위 공소사실과 포괄일죄의 관계에 해당한다면 위 공소사실에 대하여는 공소기각의 선고를 하여야 할 것임에도(다만, 보호처분결정 전의 범행이 보호처분결정 후의 범행과 포괄일죄로 기소되었고 그 부분의 범행이 유죄라 하여 형을 선고하는 경우에는 따로 주문에서 공소기각의 선고를 할 필요는 없다), 원심은 이 점에 관하여 아무런 심리를 하지 아니한 채, 위 공소사실에 대하여 유죄를 인정한 제1심을 그대로 유지하였으니, 원심판결에는 결국 소년법 제53조에 관한 법리를 오해하여 심리를 다하지 아니함으로써 판결결과에 영향을 미친 위법이 있다."(대법원 1996.2.23. 선고 96도47 판결)

10.6

경범죄처벌법상 범칙금통고처분을 받고 범칙금을 납부한 자와 기판력

대법원 1986.2.25. 선고 85도2664 판결; 대법원 2011.4.28. 선고 2009도12249 판결; 대법원 2012.9.13. 선고 2012도6612 판결

I 문제의 제기

기초질서단속경찰관으로부터 범칙금통고처분을 받고 범칙금을 납부한 기초질서위반자가 그 후 형사사건으로 기소되었다고 하자. 단속당시에는 가벼운 기초질서위반행위로 판단되어 단속경찰관이 범칙금통고처분을 하였지만 시간이 지나면서 정식기소 조치가 필요한 중대범죄(형사범죄)임이 드러나면 검사는 위반자를 정식기소하게 된다. 이 경우 범칙금 납부자는 경범죄 처벌법과 도로교통법의 '범칙금납부 통고를 받고 범칙금을 납부한 사람은 그 **범칙행위에 대하여** 다시 처벌받지 아니한다'(경범죄처벌법 제7조 제3항(2012.3.21.공포, 2013.3.22 시행 경범죄처벌법 제8조 제3항), 도로교통법 제119조 제3항)는 조항을 근거로 면소판결(형소법 제326조 제1항)을 기대한다. 정식기소를 접수한 수소법원이 면소판결을 선고하여야 하는지(이하 '면소판결설'로 약칭함) 아니면 실체심리를 진행하여 유·무죄판결을 하여야 하는지(이하 '실체판결설'로 약칭함)가 문제된다. 결국 문제는 범칙금 납부에 '기판력 혹은 기판력에 준하는 효력'을 인정할 것인가에 달려 있다.

이 문제에 대하여 하급법원과 대법원은 1980년대부터 지금에 이르기까지 고민을 거듭하고 있다. 면소판결설을 취한 판결과 함께, 실체판결설을 취한 판결이 공존하다가 1994년 전원합의체 판결(⇨동일성 판정에 순수한 사실 외에 규범적 요소도 고려하여야 한다는 본서 **10.1**번 판결 참조)을 계기로 조금씩 실체판결설로 이동하고 있다. 필자는 2011년 판결(대법원 2011.4.28. 선고 2009도12249 판결⇨본서 **10.5**번 참조)이 대법원의 확정적인 입장인지 확신할 수 없었는데, 비슷한 취지의 2012년 판결을 목격하고 이제 대법원의 입장은 실체판결설의 입장으로 굳어진 것(기판력이 미치는 객관적 범위의 '신축적 조절'이라는 글로벌 트렌드)이라고 단언할 수 있게 되었다. 이하에서는 이런 입장에서 1986년 판결, 2011년 판결·2012년 판결을 분석하여 보자.

II 1986년 판결(대법원 1986.2.25. 선고 85도2664 판결)의 사안과 판지

1986년 판결은 "경범죄처벌법 제7조 제2항에 '범칙자가 통고처분을 받고 범칙금을 납부한 경우에는 그 범칙행위에 대하여 다시 벌받지 아니한다'고 규정하고 있음은 위 **범칙금의 납부**에 **확정재판의 효력에 준하는 효력을 인정하는 취지**이므로 이에 위반하여 공소가 제기된 경우에는 면소판결을 하여야 할 것"이라고 판시하여 도로교통법상의 교통범칙행위로 인한 범칙금납부사안에 기판력을 인정하지 아니하는 것[1](⇨본서 10.1)과 대조를 보였다.

Ⅲ 2011년 판결의 사안과 판지

그런데 [대법원 2011.4.28. 선고 2009도12249 판결][2]은 "범칙행위와 '이 사건 공소사실'(후술)은 서로 별개의 행위로서 양립할 수 있는 관계에 있다. 따라서 그 사회적인 사실관계와 함께 위와 같은 규범적 요소를 아울러 고려하여 보면, 위 범칙행위와 이 사건 공소사실은 기본적 사실관계가 동일한 것으로 평가할 수 없다."고 판시하여 1986년 판결과 사뭇 다른 모습을 보이고 있다. 대법원은 명시적으로 기존 판례를 변경하거나 법리를 변경한 것은 아니지

1) 대법원 1983.7.12. 선고 83도1296 판결; 대법원 2002.11.22. 선고 2001도849 판결; 대법원 2007.4.16. 선고 2006도4322 판결; 특히 2007년 판결에 대한 평석으로 朴佶成, 신호준수의무를 불이행한 사실로 범칙금을 납부한 자에 대하여 신호위반으로 인한 업무상과실치상을 범죄사실로 공소를 제기한 경우(=유죄), 『해설』 70號 (2007. 상반기) (2007.12.) 694~741; 류석준, 교통신호위반죄와 신호위반으로 인한 업무상과실치상죄의 범죄사실의 동일성 여부, 『刑事法硏究』 제20권 제1호 (2008. 봄)(통권 제34호) 283~301 참조.

2) 대법원 2011.4.28. 선고 2009도12249 판결: D는 "2008.6.11. 12:30경 충남 당진군 (이하 생략)에 있는 재래시장 화장실 안에서 경범죄처벌법 제1조 제26호(인근소란 등)의 범칙행위를 하였음을 이유로 같은 날 관할 경찰서장으로부터 범칙금 30,000원을 납부할 것을 통고받고 같은 달 12일 이를 납부"하였다. 그런데, D는 다시 "2008.6.11. 11:50경 충남 당진군 (이하 생략)에 있는 재래시장 앞길에서 노점상 자리 문제로 V(56세)와 다투던 중 손으로 V를 밀어 넘어뜨린 후 그 곳에 있던 흉기인 야채 손질용 칼 2자루(각 칼날길이 약 10㎝)를 들고 V의 다리 부위를 찔러 V에게 약 4주간의 치료를 요하는 우측대퇴부 외측부 피하조직 손상 등의 상해를 가하였다"는 공소사실로 기소되었다. 제1심은 "이 사건 공소사실과 D가 범칙금을 납부한 위 범칙행위가 범행 장소 및 일시가 동일할 뿐만 아니라, D가 노점상 자리 문제로 V와 다투던 중 폭행을 가하는 일련의 과정에서 이루어진 것으로서 그 범행동기와 상대방까지 동일하므로, 양 사실은 그 기본적 사실관계가 동일하다. 위 범칙금의 납부에 따른 확정판결의 기판력이 이 사건 공소사실에도 미친다"며 형사소송법 제326조 제1호에 의하여 면소를 선고하였고, 항소심도 한 제1심판결을 그대로 유지하였다. 검사가 상고하자 대법원은 "D에게 적용된 경범죄처벌법 제1조 제26호(인근소란 등)의 범칙행위는 '악기·라디오·텔레비전·전축·종·확성기·전동기 등의 소리를 지나치게 크게 내거나 큰소리로 떠들거나 노래를 불러 이웃을 시끄럽게 한 행위'인 데 반하여, 이 사건 공소사실인 흉기휴대상해는 '흉기인 야채 손질용 칼 2자루를 휴대하여 사람의 신체를 상해'하였다는 것이므로 범죄사실의 내용이나 그 행위의 수단 및 태양이 매우 다르다. 또한 인근소란은 불특정인의 평온 내지 사회의 안녕질서를 보호법익으로 하는 데 비하여 흉기휴대상해는 특정인의 신체의 자유 및 완전성을 보호법익으로 하므로 각 행위에 따른 피해법익이 전혀 다르고, 그 죄질에도 현저한 차이가 있다. 나아가 위 범칙행위의 내용이나 수단 및 태양 등에 비추어 그 행위과정에서나 이로 인한 결과에 통상적으로 이 사건 공소사실인 흉기휴대상해행위까지 포함된다거나 이를 예상할 수 있다고는 볼 수 없으므로 위 범칙행위와 이 사건 공소사실은 서로 별개의 행위로서 양립할 수 있는 관계에 있다. 따라서 앞서 본 법리에 비추어 그 사회적인 사실관계와 함께 위와 같은 규범적 요소를 아울러 고려하여 보면, 위 범칙행위와 이 사건 공소사실은 기본적 사실관계가 동일한 것으로 평가할 수 없다."고 판시하였다.

만 경범죄처벌법 위반으로 범칙금을 납부하고, 사후에 형사범죄로 공소제기된 경우 양자 간의 동일성을 부정하기 시작한 것이다. 이런 상황에서 2012년 판결이 선고되었다.

Ⅳ 2012년 판결의 사안과 판지

D는 "2010.9.26. 18:00경 광주 남구 봉선동 소재 쌍용 사거리 노상에서 '음주소란 등'의 범칙행위를 하였음"을 이유로 같은 날 관할경찰서장으로부터 경범죄처벌법 제1조 제25호를 위반 혐의로 범칙금 5만 원을 납부할 것을 통고받고 다음 날 이를 납부한 사실이 있다. 그 후 D는 "2010.9.26. 18:00경 광주 남구 봉선동 484-8 소재 할리스 커피숍 주차장에서, D와 다투던 V가 바닥에 넘어져 '사람 살려라'고 고함을 치자, 이에 격분하여 O(D의 처)가 운영하는 인근의 같은 동(이하 생략)에서 위험한 물건인 과도(칼날길이 10㎝, 너비 2㎝)를 손에 들고 나와 V를 쫓아가며 '죽여 버린다'고 소리쳐 V의 신체에 어떤 위해를 가할 듯한 태도를 보여 협박"한 혐의로 기소되었다. 검사는 위 D의 행위를 폭력행위 등 처벌에 관한 법률 위반(흉기휴대 협박행위) 혐의로 기소하였다. 항소심은 실체심리를 진행하여 유죄판결을 선고하였다. D는 항소심판결이 '일사부재리의 원칙'에 어긋나는 위법한 판결이라고 주장하며 상고하였다. 대법원은 "공소사실이나 범죄사실의 동일성 여부는 ⓐ 사실의 동일성이 갖는 법률적 기능을 염두에 두고, ⓑ D의 행위와 그 사회적인 사실관계를 기본으로 하면서, ⓒ 규범적 요소 또한 아울러 고려하여 판단하여야 한다(대법원 1994.3.22. 선고 93도2080 전원합의체판결, 대법원 2011.4.28. 선고 2009도12249 판결 등 참조). 경범죄처벌법상 범칙금제도는 형사절차에 앞서 경찰서장 등의 통고처분에 의하여 일정액의 범칙금을 납부하는 기회를 부여하여 그 범칙금을 납부하는 사람에 대하여는 기소를 하지 아니하고 사건을 간이하고 신속, 적정하게 처리하기 위하여 **처벌의 특례를 마련해 둔 것**이라는 점에서 법원의 재판절차와는 제도적 취지 및 법적 성질에서 차이가 있다. 그리고 범칙금의 납부에 따라 확정판결에 준하는 효력이 인정되는 범위는 범칙금 통고의 이유에 기재된 당해 범칙행위 자체 및 그 범칙행위와 동일성이 인정되는 범칙행위에 한정된다. 따라서 **범칙행위와 같은 시간과 장소에서 이루어진 행위라 하더라도 범칙행위**의 동일성을 벗어난 **형사범죄행위**에 대하여는 범칙금의 납부에 따라 **확정판결에 준하는 일사부재리의 효력**이 미치지 아니한다(대법원 2002.11.22. 선고 2001도849 판결, 대법원 2011.4.28. 선고 2009도12249 판결 등 참조). 위 '사실관계'를 위 '법리'에 비추어 살펴보면, D가 범칙금의 통고처분을 받게 된 범칙행위

인 음주소란과 이 사건 폭력행위 등 처벌에 관한 법률 위반죄의 공소사실인 흉기휴대협박행위는 **범행 장소와 일시가 근접하고 모두 D와 V의 시비에서 발단이 된 것으로 보이는 점에서 일부 중복되는 면이 있으나**, D에게 적용된 경범죄처벌법 제1조 제25호(음주소란 등)의 범칙행위는 '공회당·극장·음식점 등 여러 사람이 모이거나 다니는 곳 또는 여러 사람이 타는 기차·자동차·배 등에서 몹시 거친 말 또는 행동으로 주위를 시끄럽게 하거나 술에 취하여 이유 없이 다른 사람에게 주정을 한 행위'인 데 반하여, 이 사건 공소사실인 흉기휴대협박은 위험한 물건인 과도를 들고 V를 쫓아가며 '죽여 버린다'고 소리쳐 협박하였다는 것이므로 범죄사실의 내용이나 그 행위의 수단 및 태양이 매우 다르고, 또한 음주소란 등은 불특정인의 평온 내지 사회의 안녕질서를 보호법익으로 하는 데 비하여 흉기휴대협박은 특정인의 의사결정의 자유를 보호법익으로 하므로 각 행위에 따른 피해법익이 전혀 다르며, 그 죄질에도 현저한 차이가 있고, 나아가 위 범칙행위의 내용이나 수단 및 태양 등에 비추어 그 행위과정에서나 이로 인한 결과에 통상적으로 이 사건 공소사실인 흉기휴대협박행위까지 포함된다거나 이를 예상할 수 있다고는 볼 수 없으므로 위 범칙행위와 이 사건 공소사실은 서로 별개의 행위로서 양립할 수 있는 관계에 있고, 따라서 그 사회적인 사실관계와 함께 위와 같은 규범적 요소를 아울러 고려하여 보면, 위 범칙행위와 이 사건 공소사실은 기본적 사실관계가 동일한 것으로 평가할 수 없다. 원심이 같은 취지로 판단한 것은 정당하(다)."며 상고를 기각하였다.

V 분석과 해설

'1986년 판결의 사안'과 '2011년 판결·2012년 판결의 사안'은 완전히 동일하지는 않지만(완전히 동일한 사안은 존재하지 아니한다) '사안패턴'(fact pattern)은 대단히 유사하다. 그럼에도 불구하고 1986년 판결과 2011년 판결·2012년 판결의 결론이 다른 것은 어떻게 설명하여야 할까?

1986년 판결에서는 "기초가 되는 사회적 사실관계가 그 기본적인 점에서 동일"한가를 판정하는 데 무게중심이 놓여졌었다(종래의 순수한 기본적 사실동일설)면 2011년 판결·2012년 판결에서는 '**기본적 사실 외에** 규범적 요소를 아울러 고려'하는 방향으로 무게중심이 이동하였다.

'도로교통법상의 기초질서위반을 이유로 하는 범칙금 납부에 기판력을 인정할 것인가'의 문제에 대하여 대법원은 3번에 걸쳐 부정설의 입장임을 분명히 하였다(대법원 1983.7.12. 선고 83도1296 판결; 대법원 2002.11.22. 선고 2001도849 판결; 대법원 2007.4.16. 선고 2006도4322 판결).

2011년 판결·2012년 판결이 나오기 전까지는, 1986년 판결(대법원 1986.2.25. 선고 85도2664 판결)이 있어, 분석가들은 "종래의 판례는 교통범칙행위로 인한 범칙금납부사안에는 기판력을 인정하지 아니하지만 경범죄처벌법위반으로 인한 범칙금납부사안에는 기판력을 인정하고 있다"고 분석하는 수밖에 없었다. 그러나 2011년 판결·2012년 판결은 대법원의 입장에 대한 분석을 재정립할 것을 요구한다.

2011년 판결·2012년 판결을 계기로 향후 '교통범칙행위로 인한 범칙금납부사안'과 '경범죄처벌법 위반으로 인한 범칙금납부사안' 사이의 질적인 차이를 인정하는 발상은 점차 소멸할 것처럼 보인다. 그러나 2011년 판결·2012년 판결은 1986년 판결(대법원 1986.2.25. 선고 85도2664 판결)을 명시적으로 폐기한 것이 아니다. 또 '경범죄처벌법 위반으로 인한 범칙금납부사안'이 아닌 '경범죄처벌법 위반으로 인한 즉결심판확정사안'에 대하여도 형사범죄행위에 대한 기판력을 부정할 것인지 여부[3]의 문제도 아직 남아 있다. '공소사실의 동일성'과 '기판력의 객관적 범위'를 판정하는 기준에 대한 불안정한 상태는 여전히 지속되고 있다.

3) 대법원 1984.10.10. 선고 83도1790 판결; 대법원 1990.3.9. 선고 89도1046 판결; 대법원 1996.6.28. 선고 95도1270 판결.

10.7

몰수·추징의 요건사실과 공소사실과의 관련성

대법원 1992.7.28. 선고 92도700 판결

I 사 안

D는 1987.3.25. 이태리 바이올린(Peter Guarnerius) 1대를 밀반입한 관세법위반혐의로 기소되었다. 항소심은 'D가 위 날짜에 위 바이올린을 밀반입'한 증거가 없다는 이유로 무죄를 선고하면서도(이 부분에 대하여는 검사가 상고를 제기하지 아니하여 이미 확정되었다) 'D가 위 바이올린을 1983.1.30. 밀반입한 것은 인정된다'며 유죄판결이 선고된 밀반입된 다른 악기 등의 범칙 당시의 시가 금 164,356,385원에 위 바이올린의 범칙 당시의 시가 금 108,824,742원을 합한 금 273,181,127원을 D로부터 추징하였다. D가 상고하였다.

II 쟁 점

유죄판결을 하지 아니하는 때에도 몰수나 추징의 요건이 구비되면 몰수/추징을 선고할 수 있는가?(한정적극)

III 재판요지 (파기자판)

형법 제49조 단서는 '행위자에게 유죄의 재판을 하지 아니할 때에도 몰수의 요건이 있는 때에는 몰수만을 선고할 수 있다'고 규정하고 있으므로 ⓐ 몰수뿐만 아니라 몰수에 갈음하는 추징도 위 규정에 근거하여 선고할 수 있다. ⓑ 그러나 우리 법제상 공소의 제기 없이 별도로 몰수나 추징만을 선고할 수 있는 제도가 마련되어 있지 아니하므로 위 규정에 근거하여 몰수나 추징을 선고하려면 어디까지나 그 몰수나 추징의 요건이 공소가 제기된 공소사실과 관련되어 있어야 하고, 공소사실이 인정되지 않는 경우에 이와 별개의 공소가 제기되지 아니한 범죄사실을 법원이 인정하여 그에 관하여 몰수나 추징을 선고하는 것은 **불고불리의 원칙**에 위반되어 불가능하다. ⓒ 뿐만 아니라 가사 몰수나 추징이 공소사실과 관련이 있다 하더라도 그 공소사실에 관하여 이미 공소시효가 완성되어 유죄의 선고를 할 수 없는 경우에는 몰수나 추징도 할 수 없다. 만일 그와 같이 보지 않는다면 현행법상 형의 일종으로 규정되어 있는 몰수나 추징에 대하여만은 공소시효의 제도가 적용되지 않는다는 부당한 결과가 되기 때문이다. ⓓ 이 사건의 경우에는 위 바이올린이 언제 밀반입되었는가 하는 점은 D의 방어권 행사에 중대한 영향을 미치므로 비록 동일한 바이올린이라 할지라도 위 1987.3.25.자 바이올린 밀반입의 점에 대한 공소제기의 효력은 원심이 인정한 위 1983.1.30.자 바이올린 밀반입의 점에 대하여는 미치지 아니한다(뒤에서 보는 바와 같이 이 점에 대하여는 이 사건 공소제기 당시 이미 공소시효도 완성된 바 있어 더욱 그러하다). 원심이 공소가 제기된 바 없는 위 1983.1.30.자 바이올린 밀반입의 사실을 인정하여 위 바이올린의 시가를 추징한 것은 불고불리의 원칙에 위반된다. 또한 다른 한편으로는 위 1983.1.30.자 바이올린 밀반입의 점에 대한 관세법 제180조 소정의 죄의 공소시효는 형사소송법 제249조 제1항 제3호에 의하여 7년이므로 이에 대한 공소시효는 이 사건 공소가 제기된 1991.7.15.에는 이미 완성되었으므로 이 점에서도 원심의 위 추징은 잘못된 것이다. 이에 형사소송법 제391조, 제396조 제1항에 의하여 원심판결의 유죄부분 중 D로부터 금 273,181,127원을 추징한 부분을 파기하고 D로부터 금 164,356,385원을 추징하며, D의 나머지 상고는 이유 없어 형사소송법 제399조, 제364조 제4항에 의하여 이를 기각하기로 하여 관여 법관의 일치된 의견으로 주문과 같이 판결한다.

IV 분석과 해설

본 판결의 요지는 '유죄판결을 하지 아니하는 때에도 ⓐ 몰수나 추징의 요건이 구비되고, ⓑ 몰수나 추징의 요건사실이 공소가 제기된 공소사실과 관련성이 있으면 몰수·추징을 선고할 수 있다'는 점이다.

(가) **[따름판례]** "이 법리는 형법 제48조의 몰수·추징 규정에 대한 특별규정인 변호사법 제116조의 규정에 의한 몰수 또는 추징의 경우에도 마찬가지로 적용된다(대법원 2009.8.20. 선고 2009도4391 판결 참조)."(대법원 2010.5.13. 선고 2009도11732 판결(변호사법위반))

(나) 유죄판결을 하지 아니하는 때에 선고된 몰수의 적법성을 인정한 사안으로(대법원 2003.5.30. 선고 2003도705 판결)(⇨본서 **2.35**)이 있다.

제 11 장

상소·비상구제절차·국민참여재판

11.1

상소의 이익

대법원 1964.4.7. 선고 64도57 판결; 대법원 1983.5.10. 선고 83도632 판결

I 사안

제1사안

D는 무고교사(誣告教唆) 혐의로 기소되었는데 사면령이 내리자 제1심이 면소판결을 선고하였다. D는 무죄판결을 주장하며 항소하였으나 항소가 기각되자 "본인에게는 당연히 무죄의 판결을 선고하여 흑백을 가려주어야 할 것임에도 불구하고 막연히 사면령에 의하여 면소판결 함은 부당하다"고 주장하며 상고하였다.

제2사안

D2는 교통사고처리특례법위반, 도로교통법위반 혐의로 기소되어 공소기각판결을 받았는데 '무죄판결을 받고 싶다'고 주장하며 항소하였다. 항소심이 항소를 기각하자 D2가 상고하였다.

II 쟁점

형식재판(면소판결, 공소기각판결·결정, 관할위반의 판결)을 받은 피고인이 무죄를 주장하는 상소에 상소의 이익이 있는가?

III 재판요지

제1사안

직권으로 살피건대 D에게는 실체판결 청구권이 없는 것이므로 원심의 면소판결에 대하여 실체판결을 구하여 상소할 수 없다. 따라서 본건 상고는 부적법하(다).

제2사안

직권으로 살피건대 피고인을 위한 상소는 피고인에게 불이익한 재판을 시정하여 이익된 재판을 청구함을 그 본질로 하는 것이므로 피고인은 재판이 자기에게 불이익하지 아니하면 이에 대한 상소권을 가질 수 없다. 공소기각의 판결이 있으면 피고인은 공소의 제기가 없었던 상태로 복귀되어 유죄판결의 위험으로부터 해방되는 것이므로 그 판결은 피고인에게 불이익한 재판이라고 할 수 없다. 그러므로 공소기각의 재판에 대하여 피고인은 상소권이 없고 따라서 원심의 공소기각의 판결에 대한 피고인의 이 건 상고는 부적법하(다).

IV 분석과 해설

(가) 상소의 이익과 상소제도의 존재이유

상소 등의 구제수단은 당사자에게 불복의 기회를 주기 위한 제도이므로 상소제도를 이용하는 자는 '새로운 재판을 구할 객관적인 필요성'이 있어야 하고, 이를 '상소의 이익'이라 한다. 상소의 이익은 상소의 적법요건이며, 원판결에 잘못이 있는가를 의미하는 상소의 이유와는 구별된다. 상소제도의 존재이유는 크게 ① 위법·부당한 재판의 시정(是正)을 목적으로 하는 객관적인 국가제도로 보는 입장, ② 당사자, 특히 불이익한 재판을 받은(더 정확하게 말하면 불이익한 재판을 받았다고 주장하는) 피고인을 구제(救濟)하거나 혹은 구제하지 못한다 하더라도 최소한 피고인을 설득하려는 데 있다고 보는 입장으로 대별할 수 있다. 상소의 이익에 관한 개별 쟁점들 중에는 양자의 이해가 대립하는 경우가 많다.

(나) 유죄판결에 대한 피고인의 상소와 상소의 이익

유죄판결에 대한 상소취지가 피고인에게 불이익한 경우, 즉 인정된 죄보다 중한 죄에 해당한다든지, 벌금의 실형 판결에 대하여 징역형의 집행유예를 주장한다든지 하는 경우를 제외하고 당연히 상소의 이익이 있다. 형면제판결이나 선고유예 판결에 대하여 무죄를 주장하는 상소도 당연히 가능하다. 소유자 아닌 피고인이 제3자 소유물에 대한 몰수의 재판에 대하여도 상소할 이익 있다. 항소기각판결에 대한 상고도 상소이익이 있는 것이 당연하지만, 제1심 유죄판결에 대하여 피고인은 항소를 포기하고 검사만 양형이 부당하게 가볍다는 이유로 항소하였다가 이유 없다고 기각된 항소심판결에 대하여는 피고인은 상소의 이익이 없다.

(다) 형식재판을 선고받은 피고인의 무죄를 구하는 상소와 상소이익

관할위반의 판결, 공소기각의 판결과 결정, 면소판결 등 형식재판이 선고된 경우에 피고인이 무죄를 구하는 상소를 할 수 있는가가 쟁점이다. 유죄도 무죄도 아닌 형식재판보다는 무죄의 실체재판을 받는 것이 일사부재리의 효력의 확보라는 점에서 피고인에게 유리하며, 형사보상이 주어진다는 점에서(형사보상 및 명예회복에 관한 법률 제2조 제1항) 상소의 이익을 인정할 여지가 없는 것은 아니다. 그러나 형식재판에 의하여 피고인은 형사절차로부터 해방되며, 형식재판에 의하여서도 피고인에게 무죄추정의 이익이 주어지고 있기 때문에 판례는 상소를 허용하지 아니한다. 대법원은 공소기각의 판결에 대하여는 '상소의 이익'이 없음을 이유로(제2사안에 대한 대법원 판결)[1], 면

---

1) 대법원 1997.8.22. 선고 97도1211 판결도 같은 취지이다.

소판결에 대하여는 피고인에게 실체판결청구권이 없음을 이유로(제1사안에 대한 대법원 판결) 무죄를 구하는 상소를 인정하지 않고 있다. 무죄·면소·공소기각·관할위반의 재판에 대한 상소와 같이 상소의 이유 없음이 상소장의 기재에 의하여 명백한 때에는 결정으로 상소를 기각한다.(원심법원의 경우는 법 제360조, 제376조, 제407조, 상소법원의 경우 제362조, 제381조, 제413조)

(라) 심신상실을 이유로 하는 무죄판결에 대하여 공소사실의 부존재를 이유로 하는 무죄판결을 구하는 경우의 상소의 이익

무죄판결은 피고인에게 가장 유리한 재판이므로 일반적으로 원심의 무죄판결에 대하여 피고인이 상소를 제기할 이익은 없다. 그러나 심신상실을 이유로 하는 무죄판결에 대하여 공소사실의 부존재를 이유로 하는 무죄판결을 구하는 것과 같이 판결의 이유를 다투는 경우에도 예외적으로 상소의 이익을 인정하여야 하지 않는가 하는 의문이 제기되고 있다. 현행법상으로도 심신상실을 이유로 하는 무죄판결이 선고되는 경우에 사회보호법에 의하여 피고인에게 치료감호가 선고될 여지가 있기 때문이다(치료감호법 제4조).

이에 대하여는 소극설과 적극설이 갈리고 있다. 소극설은 그 논거로서, 상소는 원심재판의 주문(主文)을 상대로 하는 것이어서 재판의 이유만을 상소의 목적으로 삼을 수 없다는 점[2]과 무죄판결은 법률적·객관적으로 피고인에게 가장 유리한 재판으로서 피고인의 이익·불이익을 좌우하는 법익의 박탈이 없다는 점을 들고 있다. 이에 반하여 적극설은 다음과 같은 논거를 들고 있다. '심신상실을 이유로 무죄판결이 선고되면서 동시에 치료감호가 선고된 경우에는 피고인에게 상소의 이익을 인정하여야 하며 치료감호의 선고 없이 단순히 무죄판결만 선고된 경우에는 상소의 이익을 부정하여야 한다'는 것이다.

피고인의 상소의 이익은 자기에게 불이익한 재판의 시정을 구하는 이익이다. 그러나 형사사법제도는 시민의 세금으로 충당되는 막대한 비용을 들여 운영되고 있는 만큼 이익·불이익은 피고인의 주관을 떠나 추상적·법률적·객관적으로 판단되어야 한다. 따라서 무죄판결의 이유 여하는 피고인의 법률적 이익을 좌우할 수 없다고 보아야 한다.

다만 적극설이 주장하는 바와 같이 '심신상실을 이유로 무죄판결이 선고되

2) "검사는 공익의 대표자로서 법령의 정당한 적용을 청구할 임무를 가지므로 이의신청을 기각하는 등 반대당사자에게 불이익한 재판에 대하여도 그것이 위법일 때에는 위법을 시정하기 위하여 상소로써 불복할 수 있지만 불복은 재판의 주문에 관한 것이어야 하고 재판의 이유만을 다투기 위하여 상소하는 것은 허용되지 않는다."(대법원 1993.3.4. 92모21 결정)

면서 동시에 치료감호가 선고된 경우'에는 추상적·법률적 객관적으로도 피고인에게 불이익한 경우이므로 상소의 이익을 긍정함이 타당하다.

(마) 치료감호법 제14조 제2항의 상소의제규정과 상소의 이익

치료감호법 제14조 제2항은 "피고사건의 판결에 대하여 상소 및 상소의 포기·취하가 있을 때에는 치료감호청구사건의 판결에 대하여도 상소 및 상소의 포기·취하가 있는 것으로 본다."고 규정하고 있는데, 위와 같은 치료감호청구사건에 관한 상소의제 규정은 치료감호청구사건에 관하여 상소의 이익이 있는 때에 적용된다.[3)]

---

3) "D에게 유해화학물질 관리법 위반(환각물질흡입)죄 등으로 징역 1년 6월, 몰수, 치료감호를 선고한 제1심판결에 대하여 검사만이 양형부당을 이유로 항소하였는데, 원심(항소심: 필자)이 제1심판결 중 피고사건을 파기하고 징역 2년 및 몰수를 선고하면서 치료감호청구사건에 대하여 아무런 판단을 하지 않은 사안에서, 제1심에서 피고사건에 대한 유죄판결과 함께 치료감호청구를 인용하는 판결이 선고되었고, 비록 검사만이 제1심판결의 피고사건에 대하여만 양형부당을 이유로 항소하였더라도, 검사는 피고인에게 불이익한 상소만이 아니라 피고인의 이익을 위한 상소도 가능하므로 위 치료감호사건에 대한 항소의 이익이 없다고 할 수 없고, 이 경우 원심으로서는 치료감호법 제14조 제2항에 의하여 치료감호청구사건의 판결에 대하여도 항소가 있는 것으로 보아 피고사건의 판결과 동시에 치료감호청구사건의 판결을 선고하였어야 하는데도, 치료감호청구사건에 대한 판단 및 선고를 누락한 원심판결에 치료감호법 제14조 제2항이 규정한 상소의제에 관한 법리 등을 오해한 위법이 있다." **(대법원 2011.8.25. 선고 2011도6705, 2011감도20 판결)**

11.2

파기판결의 기속력

대법원 1984.9.11. 선고 84도1379 판결

I 사 안

D는 국가보안법 위반으로 기소되었다. 제1심과 항소심은 유죄판결을 선고하였고 D가 상고하였다. 대법원은 "'D의 검찰에서의 자백내용'과 'W, W2 작성의 각 신원보증서나 W3 작성의 진술서의 각 기재내용'이 서로 상치(相馳)되므로 위 신원보증서나 진술서 기재내용의 진실여부를 확인하는 과정에서 D의 검찰에서의 자백내용이 보강되는지 여부를 심리판단하여야 함에도 불구하고 이에 이르지 아니한 것은 심리를 다하지 아니한 잘못(심리미진)"이 있음을 이유로 파기환송하였다. 파기환송판결을 받은 환송 후 원심('제2차 항소심')은 '새로운 증거에 대하여 적법한 증거조사'를 한 후 제1심 판결 거시(擧示)의 증거에 이를 보태어 유죄를 선고하였다. D가 "유죄판결을 파기환송 받은 원심이 또다시 유죄판결을 선고한 것은 환송판결의 하급심 기속에 관한 법원조직법 제7조의 2(현재는 제8조)에 위반한 위법이 있다"고 주장하며 상고하였다.

II 쟁 점

유죄판결을 파기환송 받은 원심이 또다시 유죄판결을 선고할 수 있는가?

III 재판요지

판례이론의 설시

상고법원으로부터 사건을 환송받은 법원은 그 사건처리에 있어 ㉮ '상고법원이 파기이유로 한 사실상 및 법률상의 판단에 구속(拘束)을 받는다' 함은 소론과 같으나, ㉯ 환송판결의 하급심에 대한 구속력은 파기의 이유가 된 원심판결의 사실상 및 법률상의 판단이 정당하지 않다는 '소극적인 면에서만 발생'하는 것이므로 ㉰ 환송 후의 심리과정에서 새로운 증거가 제시되어 기속(羈束)적 판단의 기초가 된 증거관계에 변동이 있었다면 구속력은 이에 미치지 아니하고 따라서 파기이유가 된 잘못된 판단을 피하면 '새로운 증거에 따라 다른 가능한 견해에 의하여 환송 전의 판결과 동일한 결론을 낸다'고 하여도 환송판결의 하급심 기속에 관한 법원조직법 제7조의 2에 위반한 위법이 있다고 할 수 없다(대법원 1983.2.8. 선고 82도2672 판결 참조).

판례이론의 본 사안에의 적용

이 사건 환송판결을 받은 환송 후 원심은 환송판결의 파기이유에 따라 환송 후 원심판결 기재의 증거에 대하여 적법한 증거조사를 한 후 제1심 판결 거시의 증거에 이를 보태어 피고인에 대한 이 사건 범죄사실을 인정하고 있는바, 그렇다면 환송 후 원심판결은 환송 후의 새로운 증거를 채택하여 환송 전의 증거와 종합하여 그 판시사실을 인정하였음이 명백하므로 환송 후 원심판결에는 환송판결의 구속력을 무시한 위법이 있다고 할 수 없다.

IV 분석과 해설

(가) 파기판결의 기속력의 실정법적 근거

법원조직법 제8조는 "(상급심재판의 기속력) 상급법원의 재판에 있어서의 판단은 당해 사건에 관하여 하급심을 기속한다"라고 규정하여 '상급심판결의 하급심법원에 대한 기속력'을 모든 재판제도에 통용되는 '재판일반의 효력으로 확장'시켰다. 따라서 형사재판에서도 '상급심판결의 하급심법원에 대한 기속력'이 긍정되어야 한다.[1)]

이는 심급(審級)제도의 합리적 유지와 효율적 운영을 도모하려는 데 있다. 기속력은 하급심뿐만 아니라 파기판결을 한 법원 자신에게도 미치고 상급심이 파기이유로 한 법률상 및 사실상의 판단이 객관적으로 잘못된 것이라고 하더라도 재상소 후의 상급법원은 앞서 파기이유로 한 판단을 변경할 수 없다.

(나) 파기판결의 기속력의 법적성질

① 확정판결의 기판력이라고 하는 설(기판력설), ② 중간판결로서의 기속력이라는 설(중간판결의 기속력설), ③ 심급제도의 유지를 위하여 실정법이나 소송법이론상 특히 인정되어야 할 특수한 효력이라는 설(특수효력설)[2)] 등이 제시되어 왔다. 어느 설에 의하든 이 기속력은 상급심과 하급심 사이에 사건이 거듭 왕복되는 불안정한 상태를 회피하여 소송의 지연을 방지하려는 제도적 필요에서 인정되는 것임에는 이론(異論)이 없다.

---

1) **대법원 2009.4.9. 선고 2008도10572 판결**: "법원조직법 제8조는 '상급법원의 재판에 있어서의 판단은 당해 사건에 관하여 하급심을 기속한다'고 규정하고, 민사소송법 제436조 제2항 후문도 상고법원이 파기의 이유로 삼은 사실상 및 법률상의 판단은 하급심을 기속한다는 취지를 규정하고 있으며, 형사소송법에서는 이에 상응하는 명문의 규정은 없지만 법률심을 원칙으로 하는 상고심은 형사소송법 제383조 또는 제384조에 의하여 사실인정에 관한 원심판결의 당부에 관하여 제한적으로 개입할 수 있는 것이므로 조리상 상고심판결의 파기이유가 된 사실상의 판단도 기속력을 가진다. 따라서 상고심으로부터 사건을 환송받은 법원은 그 사건을 재판함에 있어서 상고법원이 파기이유로 한 사실상 및 법률상의 판단에 대하여 환송 후의 심리과정에서 새로운 증거가 제시되어 기속적 판단의 기초가 된 증거관계에 변동이 생기지 않는 한 이에 기속된다."

2) 특수효력설은 "파기판결의 기속력을 판결의 통상의 효력과는 별개로 법률에 의하여 인정된 특수한 효력"으로 보는 견해로서 현재의 통설이다.

(다) 기속력이 미치는 판단의 범위

법률판단과 사실판단 모두에 미친다고 보아야 한다.[3] 대법원은 '파기의 직접적 이유', 즉 원판결에 사실오인이 있다는 '소극적인 결론부분'에 대하여만 기속력이 미치고(재판요지 ㉯ 참조) 파기판결의 정당성을 뒷받침하는 적극적·긍정적 판단부분에까지 미치지 않는다고 한다.[4] 그러나 직접적인 파기이유(사실오인, 심리미진, 의율착오 등)와 일체불가분의 관계에 있는 판단, 혹은 그 '필연적인 논리적 전제인 판단'은 적극적·긍정적 판단부분이라도 기속력이 미친다는 견해[5]도 있다.

(라) 기속력이 미치는 법원

상급심의 파기판결은 하급심뿐 아니라 그 후의 재차의 상급심도 기속한다. 이런 견지에서 보면 사안에서 제1차 상고심 재판과 제2차 상고심 재판의 결론이 다른 것은 파기판결의 기속력 개념에 배치되는 것처럼 보인다. 그러나 재판요지 ㉯와 ㉰에 주목할 필요가 있다. 제1차 상고심판결의 기속력은 '제1차 항소심변론종결시까지 드러난 증거상태'에 터잡아 판단했을 때 도출되는 결론부분에 대하여만 미친다. 따라서 사안에서처럼 '제2차 항소심이 다시 심리를 진행하고 신증거를 발굴·조사하였다면 이 단계에서 제1차 상고심 재판의 기속력은 소멸된다. 제1차 상고심 재판과 제2차 상고심 재판이 표면상 상이한 방향성(하나는 무죄를, 또 하나는 유죄를 지향)을 보인다는 사실만 보고 판단할 일이 아닌 것이다. 그러나 파기판결의 기속력은 직접적인 파기이유(사실오인, 심리미진, 의율착오 등)와 일체불가분의 관계에 있는 판단 혹은 그 필연적인 논리적 전제인 판단은 적극적·긍정적 판단부분이라도 기속력이 미친다는 견해를 취한다면 결론이 달라질 수도 있다.

---

3) **대법원 2004.9.24. 선고 2003도4781 판결**: "상고심으로부터 사건을 환송받은 법원은 그 사건을 재판함에 있어서 상고법원이 파기이유로 한 사실상 및 법률상의 판단에 대하여 환송 후의 심리과정에서 새로운 증거가 제시되어 기속적 판단의 기초가 된 증거관계에 변동이 생기지 않는 한 이에 기속된다."(同旨 대법원 2009.4.9. 선고 2008도10572 판결)

4) 대법원 2004.4.9. 선고 2004도340 판결. 이 판결에 대하여는 이균용, 파기판결의 기속력의 근거와 그 범위, 『해설』 50호, 726~735 참조.

5) 이재상, 723.

11.3

항소심의 구조

대법원 1983.4.26. 선고 82도2829 판결

I 사 안

D는 단순절도 혐의로 기소되어 **1981.12.15.** 부산지방법원 마산지원에서 벌금 200,000원을 선고받고 항소하여 항소심계속 중에 있었다. D는 다른 공소사실(1982.2.9.자 등 절도)인 '상습절도'의 혐의로 재차 기소됨과 함께 보호감호가 청구되었다. 그 후 단순절도에 대한 형사사건은 **1982.4.22. 부산지방법원에서 항소가 기각**되고 그 판결은 1982.4.30. 확정되었다. 제2공소사실에 대한 형사사건의 제1심(마산지원 합의부)은 D에게 '징역 1년 6월과 보호감호 7년'에 처하였다. D가 항소하였다. 항소심은 "이 사건 범죄사실은 위 별건(단순 절도)의 판결 확정 이전에 이루어진 것이고, 양자는 모두 피고인의 절도습벽에서 이루어진 것으로서 포괄일죄인 상습절도죄의 관계에 있으므로 위 별건 확정판결의 일사부재리의 효력은 이 사건 공소사실(상습 절도)에 대하여도 미친다"고 판단하면서 직권으로 제1심판결을 파기하고 D에게 '면소'를 선고함과 동시에 보호감호청구를 기각하였다. 검사는 "위 별건 확정판결의 일사부재리의 효력은 제1심판결 선고시(1981.12.15.)까지만 미치는 것이므로 그 이후에 범해진 이 사건 공소사실에는 그 일사부재리의 효력이 미치지 아니 한다"고 주장하며 상고하였다.

III 재판요지 (상고기각)

판례이론의 전개

㉮ 공소의 효력과 판결의 확정력은 사실심리의 가능성이 있는 최후의 시점인 판결 선고시를 기준으로 하여 가리게 되고 그때까지 행하여진 행위에 대하여만 공소의 효력과 판결의 확정력이 미친다고 함이 대법원의 판례로 하는 입장이지만 ㉯ 제1심판결에 대하여 항소가 제기된 경우 사실심리의 가능성이 있는 최후의 시점이 제1심판결 선고시인가 항소심 판결선고 시인가를 결정하기 위해서는 현행 형사항소심의 구조와 관련하여 형사소송의 이념은 물론 형사소송법의 규정, 종전 대법원의 판례 및 소송실무상의 요청 등 여러 사정을 고려하지 않을 수 없다.

㉰ ㉠ 현행 형사소송법은 **종전의 복심적 항소심 구조**를 대폭 개편하여 항소이유를 법정하고(법 제361조의5, 이하 같다), ㉡ 항소이유서의 제출을 의무화하고 있으며(법 제361조의3), ㉢ 항소법원의 심판대상은 우선 항소이유서에 포함된 사항으로서(법 제364조 제1항) 항소이유 없다고 인정한 때에는 판결로서 항소를 기각하고(법 제364조 제4항), ㉣ 항소이유가 있다고 인정한 때에는

원심판결을 파기하고 다시 판결을 하여야 한다고 규정하여(법 제364조 제6항) 이른바 **사후심적인 요소를 대폭 도입하고 있음**은 부인할 수 없다.

그러나 한편 동법은 ㉣ ⓐ 항소이유로서 사실오인과 양형부당의 사유를 포함시켜(법 제361조의5 제14호 및 제15호) 항소심에 사실심으로서의 기능을 부여하고 있고, ⓑ 제1심 판결 후에 발생한 사유라고 할지라도 판결 후에 형의 폐지나 변경 또는 사면이 있는 때(법 제361조의5 제2호)와 재심청구의 사유가 있는 때(동조 제13호)에는 이를 항소심 판결선고 시를 기준으로 하여 판단자료로 삼아야 하고(대법원 1966.3.3. 선고 65도1229 판결 참조) ⓒ 항소이유가 있는 경우에는 물론(법 제364조 제6항) 항소이유서가 제출되지 아니한 경우에도 판결에 영향을 미친 위법이 있는 경우에는 제1심 판결을 파기하고 스스로 피고 사건에 관하여 다시 판결하여야 하며(법 제364조 제2항, 대법원 1968.9.2. 선고 68도1028 판결 및 1973.11.6.자 73도70 결정 참조), ⓓ 항소법원은 판결에 영향을 미친 사유에 관하여는 항소이유에 포함되지 아니한 경우에도 직권으로 심판할 수 있고(법 제364조 제2항), ⓔ 제1심 법원에서 증거로 할 수 있던 증거는 항소법원에서도 증거로 할 수 있을 뿐 아니라(법 제364조 제3항) 항소심이 기초로 할 증거는 그에 국한되지 아니하고 항소심의 사실심리나 증거조사 등에 법조문상 하등 제한이 없이 제1심의 공판절차가 준용되는 점(법 제370조) 등을 종합하여 보면 실체적 진실을 추구하는 면에 있어서는 **사실심의 종심으로서 항소법원의 속심적 기능이 강조되고 있음**을 알 수 있다. ㉤ 대법원도 이미 현행 형사항소심은 단순한 사후심이 아님을 누차 천명한 바 있고, 현재의 형사소송실무의 현장에서 보더라도 사무량의 폭주와 구속기간의 제약 때문에 제1심의 공판중심주의나 직접주의에 의한 심리가 충분히 이루어지지 못하여 실체적 진실발견에 부족함이 있고, 양형에 영향을 줄 사유(예를 들어 피해배상이나 합의 등)가 제1심 판결 이후에 발생하는 경우가 허다하여 피고인의 이익을 위한다는 점에서도 **항소심의 속심으로서의 역할은 등한시될 수 없다**고 할 것인바, 앞서 본 사후심적 요소를 도입한 형사소송법의 관계조문들은 다만 남상소의 폐단을 억제하고 항소법원의 업무부담을 줄여 준다는 소송경제적인 필요에서 **항소심의 속심적 성격**에 제한을 가하고 있음에 불과하다(대법원 1968.9.5. 선고 68도1010 판결 참조). 이상과 같은 여러 가지 점을 종합하여 본다면 형사판결의 '기판력의 시적 범위를 정하는 사실심리의 가능성이 있는 최후의 시점'이란 항소심 판결선고 시라고 봄이 타당하고, 이 기준시점은 항소심이 항소를 받아들여 파기자판한 경우든 항소를 기각한 경우든 달라질 수 없다. 그렇다면 위 기준시점 내에 행하여진 모든 범죄행위는 그 단일성과 동일성이 인정되는 한 설사 그 일부만이 기소되었다 하더라도 그 모두에 공소의 효력과 판결의 확정력이 미친다.

IV 분석과 해설

(가) 항소심의 구조

(1) 학 설 1961.9.1. 개정 전 형사소송법상 항소심의 구조는 '복심'이었으나 1961년의 형사소송법개정으로 인한 형

사항소심의 구조개혁결과를 어떻게 파악할 것인가가 문제된다. 1961.9.1. 개정 직후에는 항소심을 '원칙상 사후심으로 보고 예외적으로 파기자판하는 경우에 속심의 성격을 갖게 된다'는 것이 다수설이었다.

(2) **판례의 변화** 대법원은 이 문제에 관하여 대단히 동요하는 모습을 보였다. 항소심은 순수한 사후심이 아니라는 판결(대법원 1966.6.17. 선고 66도125 판결)도 있었고 '반드시 속심의 성격을 가진 것이라고만 단정할 수 없다'(대법원 1972.10.10.선고 72도1832 판결)는 판결도 있었다. 그런데 대법원 1966.3.3. 선고 65도1229 전원합의체판결은 "제1심 선고 당시 소년이던 피고인이 항소심 계속 중 성년이 된 경우 부정기형을 선고한 원심판결을 파기하여야 한다"고 판시한 바 있다. 이 판례는 항소심을 속심으로 간주하는 판결이었다. 그러나 이 판결에서 항소심을 속심으로 보아야 하는 근거는 제시되지 아니하였다. 그러다가 대법원은 본 판례에서 가장 정밀하게 항소심을 속심으로 보아야 하는 근거를 제시하게 된다.

(3) **판례의 기본적 태도** 본 판례는 현행법이 위 ㉱의 이유로 항소심의 구조를 '원칙적 속심'으로 보고 있다. 그러나 대법원은 ㉰의 이유로 현행 형사소송법이 "**사후심적인 요소도 대폭 도입**"하고 있음을 인정하고 있다.

본 판례는 "ⓐ 사무량의 폭주와 ⓑ 구속기간의 제약 때문에 제1심의 공판중심주의나 직접주의에 의한 심리가 충분히 이루어지지 못하여 실체적 진실발견에 부족함"이 있는 현재의 형사소송실무의 실태를 직시하고 "ⓒ 양형에 영향을 줄 사유(예를 들어 피해배상이나 합의 등)가 제1심 판결 이후에 발생하는 경우가 허다하여 피고인의 이익을 위한다"는 점에서 항소심의 속심으로서의 역할을 등한시할 수 없다고 하여 **속심적 성격을 강조**하면서 **사후심적 요소를 도입한 형사소송법의 관계조문**들은 "ⓓ 남상소의 폐단을 억제하고 ⓔ 항소법원의 업무부담을 줄여준다는 소송경제적인 필요에서 **항소심의 속심적 성격에 제한**을 가하고 있음에 불과하다"고 보고 있다.[1)]

(나) 형사판결의 기판력의 시적 한계

항소심을 '순수한 사후심'으로 보는 경우에는 제1심판결선고시설이 타당하지만 항소심을 '원칙적 속심'으로 보는 경우에는 항소심 판결선고시설이 타당하다. 사건이 항소된 경우 판결의 기판력의 시적 한계는 파기자판된 경우나 항소기각된 경우를 구별함이 없이 모두 항소심 판결선고시로 보아야 한다.

1) 2014년 판결에서 대법원은 항소심을 '사후심적 성격이 가미된 속심'[대법원 2014.1.16. 선고 2013도7101 판결]으로 표현하고 있다.

11.4

경합범의 일부상소와 상소심의 심판범위

대법원 1992.1.21. 선고 91도1402 판결

I 사 안

1988.9.5. 24:00경 V(당시 18세)는 서울에서 봉제공장의 공원으로 일하던 중 서울 미아삼거리 소재 디스코 클럽에서 P 등 일행 4명에 의하여 "스키장에 놀러가자"고 유인되어 당일 밤 자동차로 군산까지 감금·약취된 뒤 강간당하고 나서 군산시 대명동 소재 윤락가 포주인 J에게 금 80만 원에 팔려 J의 점포에서 윤락녀생활을 하게 되었다. D(여, 50세)는 J의 점포 인근에서 윤락가를 운영하던 자로서 같은 해 10.14. 14:00경 J에게 금 80만 원을 지급하고 V의 인신을 넘겨받아 V로 하여금 1989.11.24경까지 약 13개월 동안 매일 5~10회씩 돈을 받고 윤락행위를 하게 하던 중 검거되었다. D는 형법 제288조 제2항(부녀매매죄)와 구 윤락행위등방지법 제16조 제1항 위반 혐의로 구속기소되었다. 제1심은 공소사실 모두를 유죄로 인정하여 D에게 징역 1년의 실형을 선고하였다. D만이 항소하였다. 항소심은 윤락행위등방지법위반죄에 대하여는 유죄를 인정하였지만 부녀매매죄는 무죄로 판단하여 제1심판결을 파기하고 징역 1년에 집행유예 3년을 선고(파기자판)하였다. 검사는 무죄가 선고된 부녀매매죄에 대하여만 상고(일부상고)하였으며 D는 상고하지 아니하였다.

II 쟁 점

경합범 중 일부에 대하여 무죄, 일부에 대하여 유죄를 선고한 하급심 판결에 대하여 검사만이 무죄부분에 대하여 상소한 경우, 상급심에서 상소를 인용(상소에 이유 있음)하여 원심을 파기할 때 피고인과 검사가 모두 상소하지 아니한 부분은 파기범위에서 제외되는가(긍정)?

III 재판요지 (파기환송)

1) 형법 제37조 전단의 경합범 중 일부 공소사실에 대하여 유죄의 선고를 하고, 일부 공소사실에 대하여는 무죄를 선고한 항소심판결에 대하여, 피고인은 상고하지 아니하고 검사만이 무죄부분에 대하여 상고한 사건에서 검사의 상고가 이유 있는 경우에 ㉮ 피고인과 검사가 모두 상고하지 아니한 윤락행위방지법위반죄에 대한 유죄판결은 상소기간이 지남으로써 확정되고 (형사소송법 제342조 참조) 대법원에 계속된 사건(상고심의 심판대상: 필자)은 부녀매매죄에 대한 공소뿐이므로 그 부분만을 파기할 수밖에 없다.

2)(1)과 같이 해석하여야 하는 이유: 필자) 이 사건과 같이 제2심이 형법 제37조 전단의 경합범 중 일부 공

소사실에 대하여 유죄의 선고를 하고 일부 공소사실에 대하여 무죄선고를 한 경우로서 검사만 무죄부분에 대하여 상고한 사건에서 원심이 유죄로 인정한 범죄와 상고된 무죄부분 공소사실이 경합범으로서 과형상 하나의 형으로 처단하여야 하는 관계에 있기 때문에 2심판결 전부를 파기하여야 한다고 한 대법원 판례(대법원 1989.9.12. 선고 87도506호, 대법원 1991.5.28. 선고 91도739호 판결 등)가 있으나 형법 제37조 전단(판결이 확정되지 아니한 수개의 죄)의 경합범으로 동법 제38조 제1항 제2호에 해당하는 경우 하나의 형으로 처벌하여야 함은 물론이지만 위 규정은 위 37조 전단의 경합범을 동시에 심판하게 되는 경우에 관한 규정인 것이고 경합범으로 동시에 기소된 사건이라 하더라도 ㉯ ⓐ 일부유죄·일부무죄의 선고를 하거나 ⓑ 일부의 죄에 대하여 징역형을, 다른 죄에 대하여 벌금형을 선고하는 등 **판결주문이 수개일 때에는 그 1개의 주문에 포함된 부분을 다른 부분과 분리하여 일부상소를 할 수 있고, 그러한 경우 '당사자 쌍방이 상소하지 아니한 부분은 분리 확정된다**'고 볼 수밖에 없는 것[1]이어서 이미 확정된 유죄부분에 대하여 상고심이 파기환송판결을 하는 것은 상소이론에 들어맞지 않으므로 그 판례들을 폐기할 수밖에 없다.

3)(2)와 같이 해석하는 경우 발생하는 문제점과 그 대책: 필자) ㉰ '이렇게 될 경우 형사소송법 제368조가 규정한 불이익변경의 금지원칙과 관련하여 환송을 받은 법원이 파기이유가 된 사실상과 법률상의 판단에 기속되어 유죄를 인정하고서도 조금이라도 형을 선고하면 불이익변경금지에 위반되어 형을 선고할 수 없는 부당한 결과가 된다'는 이론(異論)[2]이 있으나 원래 불이익변경

1) 이 부분(판결주문이 수개일 때에는 그 1개의 주문에 포함된 부분을 다른 부분과 분리하여 일부상소를 할 수 있고, 그러한 경우 '당사자 쌍방이 상소하지 아니한 부분은 분리 확정된다')이 'key sentence'이다.

2) "피고인이 형법 제37조 전단의 경합범으로 처벌받을 수 있었던 수개의 죄에 관하여 원심법원이 일부의 죄에 대하여 위법하게 무죄를 선고하였기 때문에 상소심법원이 원심판결 중 무죄부분을 파기하고 유죄로 인정하여 형을 선고하는 경우 그 죄와, 형을 선고한 유죄판결이 이미 확정된 것으로 보는 유죄부분의 죄는 형법 제37조 후단의 경합범관계에 있게 되어, 피고인은 따로 형을 선고받는 불이익을 입게 된다. 즉 형법 제37조 전단의 경합범으로 처벌받는다면 가장 중한 죄에 정한 형의 2분의 1을 초과하지 아니하는 형을 선고받을 수 있으나, 형법 제37조 후단의 경합범으로서 별개의 형이 선고되는 경우에는 각 판결의 **선고형을 합산한 형기 전부**를 그 경합범 중 가장 중한 죄에 정한 법정형의 장기에 2분의 1을 가중한 형기범위 내에서 **집행**하게 되기 때문에 피고인이 불이익을 받게 된다. 특히 원심판결 중 유죄부분에 대하여 형의 집행유예가 선고된 경우에, 그 후 파기된 부분의 죄에 대하여 실형을 선고할 수밖에 없게 된 때에는, 그 판결이 확정되면 위 집행유예의 선고마저 형법 제63조에 의하여 효력을 잃게 될 것이므로 피고인이 전체적으로 과형상의 불이익을 받게 될 것이다. 더욱이 원심법원의 오판으로 인하여 피고인에게 일부무죄를 선고하였다가 그 판결이 파기됨으로써 초래되는 과형상의 불이익은 피고인이 스스로 경합범으로 함께 처벌받을 수 있었던 범죄사실을 숨겼거나, 기타 다른 사정으로 나중에 그와 같은 범죄사실이 발각됨으로써 형법 제37조 후단의 경합범으로 처벌받게 되는 경우와는 달리 법원의 위법한 판결로 인하여 생긴 것이고, 피고인에게는 그 책임으로 치부할 만한 사유가 없으므로 피고인의 이익을 보호한다는 형사소송법의 이념에 비추어 무죄부분과 함께 유죄부분도 파기되어야 한다. 물론 피고인으로서는 원심판결 중 유죄부분에 대하여 자신도 상소를 함으로써 위와 같은 과형상의 불이익을 면할 수 있는 기회가 있다. 그러나 원심판결의 유죄부분에 승복하여 근신하고 있는 피고인에게 단순히 원심판결의 무죄부분에 대하여 검사가 상소한 결과에 따라 그 무죄부분이 파기될 경우에 대비하기 위하여 검사와 함께 상소하기를 기대하

의 금지라고 하는 것은 피고인이 상소권행사를 주저하는 일이 없도록 상소권행사를 보장하기 위한 것으로 그 원칙을 지키기 위하여 필요한 경우에는 법률이 규정한 형기에 구애받지 아니하는 것이므로 이미 선고된 형 이외에 다시 형을 선고하는 것이 피고인에게 불리한 결과가 된다면 그러한 이유로 형을 선고하지 아니한다는 주문을 선고할 수 있고 ㉣ 환송받은 법원이 실형을 선고하는 경우 앞서 선고한 집행유예가 취소되어 피고인에게 불리하게 된다는 이론(異論)도 있으나, 환송받은 법원이 다시 집행유예를 선고할 수도 있고, 실형을 선고하여야 하기 때문에 앞서 선고한 집행유예가 취소될 수밖에 없게 된다면, 불이익변경금지에 저촉되는 여부를 정함에 있어서는 그 형과 집행유예가 취소되어 복형(服刑)하게 될 형을 합산하여 결정하여야 할 것이고 그러한 사정을 고려하고서도 실형을 선고하는 것이 불이익변경금지에 위배되지 아니한다면 수용할 수밖에 없을 것이다.

IV 분석과 해설

(가) 일부상소의 법리

(1) 일부상소의 요건과 그 효과 상소는 재판의 일부에 대하여 할 수 있으며(법 제342조 제1항), 일부에 대한 상소는 그 일부와 불가분의 관계에 있는 전부에 대하여도 효력이 미친다(법 제342조 제2항). 여기서 재판의 일부라 함은 '수죄 중 일부'를 의미한다.[3] 예를 들어 ⓐ 하급심에서 경합범관계에 있는 수개의 공소사실의 일부에 대하여 유죄, 다른 일부에 대하여 무죄·면소·공소기각·관할위반 또는 형의 면제가 각 선고된 경우이거나, ⓑ 일부에 대하여 징역형, 다른 일부에 대하여 벌금형이 선고된 경우(대법원 1961.10.5. 선고 4293형상403 판결), 또는 ⓒ

는 것은 무리일 뿐만 아니라 남상소의 폐해를 가져올 우려도 있다. 또한 원심판결의 유죄부분에 상당한 이유도 없이 불복하여 상소한 피고인과, 같은 유죄부분에 승복하고 반성하는 뜻으로 상소하지 아니한 피고인과 사이에 결과적으로 양형의 불균형을 초래하게 되는 것도 결코 바람직한 결과라고는 할 수 없다."(이민걸, 경합범에 있어서의 일부상소의 허용범위, 『형사판례연구』 1권) 이런 문제를 완화하기 위하여 형법 제39조 제1항이 현행법처럼 변경되었다. **[구법]** ① 경합범중 판결을 받지 아니한 죄가 있는 때에는 그 죄에 대하여 형을 선고한다. ②전항에 의한 수개의 판결이 있는 때에는 전조의 예에 의하여 집행한다. **[개정형법]** ① 경합범 중 판결을 받지 아니한 죄가 있는 때에는 그 죄와 판결이 확정된 죄를 동시에 판결할 경우와 형평을 고려하여 그 죄에 대하여 형을 선고한다. 이 경우 그 형을 감경 또는 면제할 수 있다. ② 삭제〈2005.7.29.〉

3) 대법원은 이보다는 넓은 개념으로 이해하는 것으로 보인다. "형사소송법 제342조는 제1항에서 '상소는 재판의 일부에 대하여 할 수 있다.'고 규정하여 일부 상소를 원칙적으로 허용하면서, 제2항에서 '일부에 대한 상소는 그 일부와 불가분의 관계에 있는 부분에 대하여도 효력이 미친다'고 규정하여 이른바 상소불가분의 원칙을 선언하고 있다. 따라서 불가분의 관계에 있는 재판의 일부만을 불복대상으로 삼은 경우 그 상소의 효력은 상소불가분의 원칙상 피고사건 전부에 미쳐 그 전부가 상소심에 이심되는 것이고, 이러한 경우로는 일부 상소가 피고사건의 주위적 주문과 불가분적 관계에 있는 주문에 대한 것, 일죄의 일부에 대한 것, 경합범에 대하여 1개의 형이 선고된 경우 경합범의 일부죄에 대한 것 등에 해당하는 경우를 들 수 있다."(대법원 2008.11.20. 선고 2008도5596 전원합의체 판결)

전부 무죄판결이 선고된 경우에 재판에 불복하는 당사자는 그 중 일부 공소사실에 대하여 상소를 할 수 있다. 다만 ㉠ 복수의 공소사실에 대하여 유죄가 인정되었다 하더라도 형법의 경합범조항에 의하여 1개의 형이 선고된 경우에는 '재판의 내용이 불가분'이므로 일부상소를 할 수 없고, 일부에 대한 상소가 있더라도 그 상소의 효력은 전부에 대하여 미친다.[4] 그 밖에도 ㉡ 일죄(과형상의 일죄, 포괄일죄 포함)의 일부[5], ㉢ 소송비용의 재판에 대한 독립상소[6], ㉣ 몰수나 추징에 대한 독립상소[7]는 허용되지 아니한다.

(2) 일부상소와 상급심의 심판대상 그런데 문제는 본 사안과 같은 일부상소가 있는 경우 상소의 대상이 되지 아니한 부분도 상급심에 이심(移審)되어 상급심의 심판의 대상이 되는가 아니면 상소되지 아니한 부분은 상소된 부분과 독립하여 확정(부분적 확정)되는가가 문제된다. 이에 대하여는 일부파기설[8]과 전부파기설의 견해가 대립한다. 일부파기설은 '불복이 없는 유죄부분은 독립하여 확정되고, 무죄부분만이 상소심에 이심(移審)되고 상소심의 심판의 대상이 된다'고 본다. 따라서 유죄부분은 독립하여 먼저 확정되므로 상급심법원이 검사의 상소를 받아들여 무죄부분만을 파기하여 유죄로 인정하는 경우에는 양형상 피고인에게 불이익하게 되지 않도록 먼저 확정된 유죄부분에 대한 양형을

4) 대법원 1955.11.29. 선고 4288형상276 판결; 대법원 1969.2.25. 선고 68도1787 판결; 대법원 1969.3.15. 선고 69도169 판결; 대법원 1976.1.27. 선고 74도3458 판결 참조.

5) 대법원 1991.3.12. 선고 90도2820 판결; 대법원 2008.9.25. 선고 2008도4740 판결. "일부에 대한 상소가 있더라도 그 상소의 효력은 전부에 대하여 미친다."

6) 대법원 2008.7.24. 선고 2008도4759 판결. "부적법하므로 상고를 기각한다."

7) **대법원 2008.11.20. 선고 2008도5596 전원합의체 판결**: "마약류관리에 관한 법률 제67조는 '이 법에 규정된 죄에 제공한 마약류 및 시설·장비·자금 또는 운반수단과 그로 인한 수익금은 몰수한다. 다만, 이를 몰수할 수 없는 때에는 그 가액을 추징한다.'고 정하고 있는바, 이는 이른바 필수적 몰수 또는 추징 조항으로서 그 요건에 해당하는 한 법원은 반드시 몰수를 선고하거나 추징을 명하여야 하고, 위와 같은 몰수 또는 추징은 범죄행위로 인한 이득의 박탈을 목적으로 하는 것이 아니라 징벌적인 성질을 가지는 처분으로 부가형으로서의 성격을 띠고 있어, 이는 피고사건 본안에 관한 판단에 따른 주형 등에 부가하여 한 번에 선고되고 이와 일체를 이루어 동시에 확정되어야 하고 본안에 관한 주형 등과 분리되어 이심되어서는 아니 되는 것이 원칙이므로, 피고사건의 주위적 주문과 몰수 또는 추징에 관한 주문은 상호 불가분적 관계에 있어 상소불가분의 원칙이 적용되는 경우에 해당한다. 따라서 피고사건의 재판 가운데 몰수 또는 추징에 관한 부분만을 불복대상으로 삼아 상소가 제기되었다 하더라도, 상소심으로서는 이를 적법한 상소제기로 다루어야 하는 것이지 몰수 또는 추징에 관한 부분만을 불복대상으로 삼았다는 이유로 그 상소의 제기가 부적법하다고 보아서는 아니 되고, 그 부분에 대한 상소의 효력은 그 부분과 불가분의 관계에 있는 본안에 관한 판단 부분에까지 미쳐 그 전부가 상소심으로 이심되는 것이다. 이와 달리, 피고사건의 본안에 관한 판단 부분에 대하여는 상소하지 아니한 채 몰수 또는 추징 부분에 한하여 상소하는 것은 허용되지 않으므로 이러한 상소는 기각하여야 한다는 취지의 대법원 1984.12.11. 선고 84도1502 판결, 대법원 2007.11.15. 선고 2007도6775 판결 등의 견해는 이 판결의 견해에 배치되는 범위 내에서 이를 변경하기로 한다."

8) 본 사안의 판례: 이재상. 708; 신동운 1248 등.

고려하여야 한다. 전부파기설은 검사의 상소가 인용되는 경우 일부파기설처럼 처리하면 피고인에게 불리한 결과(경합범에 대하여 두 개의 형이 선고되므로 피고인에게 불리하다)가 초래되므로 형사소송법 제342조 제2항을 확대해석하여 상소가 되지 아니한 유죄부분도 무죄부분과 불가분의 관계에 있는 것으로 보아 전부파기하여 경합범으로서 1개의 형을 선고하도록 하자는 입장이다.[9)]

(3) 쌍방상소의 경우 동시적 경합범 관계에 있는 수개의 공소사실에 대하여 하급심에서 일부 공소사실에 대하여는 유죄, 일부 공소사실에 대하여는 무죄판결을 하고, 피고인은 유죄부분에 대하여 검사는 무죄부분에 대하여 상소하였으나(쌍방상소), 유죄 부분에 대한 피고인의 상소는 이유 없고 무죄 부분에 대한 검사의 상소만 이유 있는 경우 상급심은 하급심 판결의 일부만을 파기할 것인가(예를 들어 '원심판결의 무죄부분을 파기한다'는 주문) 아니면 하급심판결 전부(예를 들어 '원심판결을 파기한다'는 주문)를 파기할 것인가? 이 경우에는 "ⓐ 원심판결 전부의 확정이 차단되어 상소심에 이심되는 것이고, ⓑ 유죄부분에 대한 피고인의 상소가 이유 없더라도 무죄부분에 대한 검사의 상소가 이유 있는 때에는 피고인에게 하나의 형이 선고되어야 하는 관계로 ⓒ 무죄부분뿐 아니라 유죄부분도 함께 파기되어야 한다."(대법원 1997.6.13. 선고 96도2606 판결; 대법원 2000.6.13. 선고 2000도778 판결; 대법원 2002.6.20. 선고 2002도807 전원합의체 판결; 대법원 2007.6.28. 선고 2005도7473 판결[10)]; 대법원 2008.5.29. 선고 2008도2099 판결)

(나) 대법원 1983.7.26. 선고 82도314 판결의 사안과 본 판례사안의 차이점

본 사안의 쟁점과 대법원 1983.7.26. 선고 82도314 판결[11)] 사안의 쟁점(경합범으로 기소된 사안에 대하여 하급심에서 일부무죄, 일부유죄가 선고되었는데 검사만이 무죄부분에 대하여 상소한 사안에서 이심의 효력이 미치는 범위와 상소심의 심판 범위)은 거의 비슷하다. 그러나 본 사안에서는 대법원 1983.7.26. 선고 82도314 판결 사안에서 현재화되지 않은 쟁점이 하나 더 추가되어 있다.

---

9) 이상범, 형사소송절차에 있어서의 일부상소 및 상소심의 심판, 『사법논집』 4, 614 이하.

10) 이 판결에 대하여는 전원열의 판례해설이 있다[전원열, 피고인과 검사 쌍방이 상고한 결과 검사의 상고만 받아들여졌으나 하나의 형의 선고를 위하여 전부가 파기환송 된 경우에, 환송 후 원심에서 피고인 상고 부분에 고유한 형벌에 대하여 불이익변경금지 원칙이 적용되는지 여부, 대법원판례해설 70호(2008 상반기)(2008.01).

11) P는 구 열관리법위반죄와 중과실치상죄 혐의로 기소되었다. 구 열관리법위반죄와 중과실치상죄는 경합범의 관계에 있다. 제1심은 중과실치상죄에 대하여 유죄(금고 8월에 2년간 집행유예)를, 구 열관리법위반죄에 대하여 무죄를 선고하였다. 검사만이 무죄부분에 대하여 항소(불이익변경금지가 작동하지 아니한다!: 필자)하였다. 항소심은 항소를 기각하고 검사만이 상고(불이익변경금지 작동하지 아니한다!)하였다. 대법원은 검사의 상고를 인용하여 '무죄를 선고한 제1심판결을 유지한 원심판결에는 심리미진으로 인한 구 열관리법상의 연료사용기기에 관한 법리를 오해한 위법이 있다'고 하면서 원심판결 중 무죄부분만을 파기환송하였다. 대법원은 이 판결에서 중과실치상의 유죄부분이 제1심판결 선고로 확정되었다고 보고 구열관리법위반부분에 대하여만 파기한 이른바 '일부파기설'을 취한 것이다(대법원 1983.7.26. 선고 82도314 판결).

(다) 새로이 추가된 쟁점

새로 추가된 쟁점은 일부파기설의 입장에 따르더라도 불이익변경금지원칙의 제약을 받을 수 있다는 것이다. 대법원 1983.7.26. 선고 82도314 판결 사안에서는 검사만이 무죄부분에 대하여 항소하고 상고하였으므로 불이익변경금지원칙이 작동하지 아니한다. 그러나 본 사안에서는 제1심판결에 대하여 피고인만이 항소하였으므로 항소심재판부터는 불이익변경금지원칙이 작동한다. 따라서 그 이후의 소송법적 효과나 법원이 취하여야 할 조치를 논할 때에는 피고인에게 불이익을 주지 않는 방향의 논의가 불가피해진다. 따라서 판례는 재판요지 3)(㉰, ㉱)에서 본 바와 같은 논리를 전개하는 것이다.

11.5

포괄일죄·상상적 경합범의 일부상소와 편면적 공방대상론

대법원 1991.3.12. 선고 90도2820 판결

I 사 안

D는 특정범죄 가중처벌 등에 관한 법률위반(상습절도) 혐의로 기소되었다. 검사는 D의 공소장 1. 2. 3 기재 각 절도범행(이하 '제1공소사실', '제2공소사실' 등으로 약칭한다)에 대하여 특정범죄 가중처벌 등에 관한 법률위반(상습절도)의 포괄일죄로 기소하였다. 항소심은 이 중 제3공소사실에 대하여만 유죄판결을 선고하면서 제1, 제2공소사실에 대하여는 판결이유에서 무죄로 판단하였다. D만이 유죄로 인정된 제3공소사실에 대하여 상고하였다. 상고심은 유죄부분(제3공소사실)을 인정할 만한 증거가 없다는 이유로 항소심판결을 파기환송하였다. 환송받은 제2차 항소심은 제2, 제3공소사실을 무죄로 판단하면서 환송 전의 제1차 항소심판결이 무죄로 판단하였던 제1공소사실을 유죄로 인정하여 제1공소사실의 유죄판결을 선고하였다. D가 다시 대법원에 상고하였다.

II 쟁 점

포괄일죄의 일부만을 다투는 상소의 가부(可否)와 이를 인정할 경우 이심(移審)의 효력이 미치는 범위와 공방대상의 범위

III 재판요지 (직권에 의한 파기환송)

1) 환송전 원심(제1차 항소심: 필자)에서 포괄일죄의 일부(제3공소사실: 필자)만이 유죄로 인정된 경우 그 유죄부분에 대하여 피고인만이 상고하였을 뿐 무죄부분에 대하여 검사가 상고를 하지 않았다면 ㉮ 상고불가분의 원칙에 의하여 무죄부분도 상고심에 이심되기는 하나,

2) ㉯ 그 부분은 이미 '당사자 간의 공격방어의 대상'으로부터 벗어나 사실상 심판대상에서부터도 벗어나게 되어 상고심으로서도 그 무죄부분에까지 나아가 판단할 수 없다. 따라서 ㉰ 상고심으로부터 위 유죄부분에 대한 원심판결이 잘못되었다는 이유로 사건을 파기환송 받은 원심(제2차 항소심: 필자)은 그 무죄부분에 대하여 다시 심리판단하여 유죄를 선고할 수는 없다.

IV 분석과 해설

(가) 포괄일죄에 대한 일부상소와 이심의 효력이 미치는 범위

수개의 범죄행위를 검사가 포괄일죄로 판단하여 기소하고 하급심이 일부에 대하여는 유죄, 일부에 대하여는 무죄판결(이유

부분에서 명시함)을 선고하자 피고인만이 유죄 부분을 다투어 상소한 경우 ① 이심(移審)의 효력이 미치는 범위와 ② 상급심의 공방대상(사실상 심판의 대상)의 범위는 당사자가 다툰 부분에 한정되는가 아니면 포괄일죄 전체인가가 쟁점이다. 포괄일죄의 일부에 대하여 상소하였다 하더라도(검사 또는 피고인의 상소를 불문) 포괄일죄 전체에 대하여 이심(移審)의 효력이 발생한다(이 입장에 서면 포괄일죄의 일부만을 다투는 상소는 허용되지 아니하고 설사 당사자가 포괄일죄의 일부만을 다툰다 하더라도 상소의 효력은 전부에 미친다고 보아야 한다)는 점에 대하여는 별 이견이 없다. 그러나 여기서 한걸음 더 나아가 상급심의 심판범위가 당사자가 다투고 있는 유죄부분에 한정되는지 여부에 관하여는 견해가 갈릴 수 있다. 1991년의 판례사안은 피고인만이 유죄로 판단된 부분을 다투어 상소한 사안이지만 과거에 검사만이 무죄 부분을 다투어 상소한 사안에서 대법원은 상급심이 그 전체에 대하여(따라서 당사자가 다투지 아니한 부분에 대하여 상급심은 직권으로) 심판할 수 있다고 판시하여 왔었다(후술하는 1985년 판결과 1989년 판결 참조).

(나) 검사만이 무죄 부분을 다투어 상소한 사안에 관한 종전의 판례(대법원 1989.4.11. 선고 86도1629 판결)(전부 이심되고 전부 심판의 대상이 된다)[1)]

1989년 판결의 사안은 '하급심에서 포괄일죄의 일부에 대하여 무죄를 선고하자 검사만이 무죄부분에 대하여 상소한 사안'인데 대법원은 "㉣ 상소불가분의 원칙상 위 상고는 포괄일죄의 관계에 있는 원심판결의 유죄부분과 무죄부분 전부에 미치는 것이므로 ㉤ 같은 피고인에 대하여 유죄로 인정된 부분도 상고심에 이심되어 ㉥ 당원의 심판대상이 된다"고 판시한 바 있다. 유사한 사안인 1985년 판결(대법원 1985.11.12. 선고 85도1998 판결)에서도 대법원은 "공소불가분의 원칙상 ㉦ 경합범의 경우와는 달리 ㉧ 포괄적 일죄의 일부만에 대하여 상고할 수는 없는 법리이므로 검사만이 원심판결 중 무죄부분만을 불복상고 하였고 피고인은 상고를 하지 아니하였다 하더라도 같은 피고인에 대하여 원심에서 유죄로 인정된

1) **[따름판례]** 대법원 2008.10.23. 선고 2008도4852 판결: "형법 제156조의 무고죄는 국가의 형사사법권 또는 징계권의 적정한 행사를 주된 보호법익으로 하는 죄이나, 스스로 본인을 무고하는 자기무고는 무고죄의 구성요건에 해당하지 아니하여 무고죄를 구성하지 않는다. 그러나 피무고자의 교사·방조 하에 제3자가 피무고자에 대한 허위사실을 신고한 경우 제3자의 행위는 무고죄의 구성요건에 해당하여 무고죄를 구성하므로, 제3자를 교사·방조한 피무고자에 대하여도 교사·방조범으로서의 죄책을 부담케 함이 상당하다. 원심이 무죄로 인정한 D의 위 무고방조 부분은, 제1심이 유죄로 인정하고 원심이 그대로 유지한 D의 O에 대한 무고방조 부분과 상상적 경합관계(D2, D3가 D를 무고함에 있어 D가 허위사실을 기재한 확인서 등을 작성하여 줌으로써 이를 방조하였다는 혐의)에 있고, 상상적 경합관계에 있는 두 죄에 대하여 한 죄는 무죄, 한 죄는 유죄가 선고된 경우 검사만이 무죄 부분에 대하여 상고하였다 하여도 유죄 부분도 상고심의 심판대상이 되므로(대법원 1980.12.9. 선고 80도384 전원합의체판결 등 참조), 원심판결 중 D에 대한 무죄 부분인 위 무고방조 부분을 파기하는 이상 유죄 부분인 D의 O에 대한 무고방조 부분도 함께 파기하여야 한다."

부분도 상고심에 이심되어 심판의 대상이 된다(당원 1980.12.9. 선고 80도384 판결 및 1982.3.23. 선고 80도2847 판결 참조)"고 판시하여 '포괄적 일죄의 일부에 대한 상소의 경우와 경합범의 일부에 대한 상소의 경우는 달리 취급'(㉮ 부분 참조)하여야 한다고 판시하여 왔었다.

(다) 1991년 판결의 입장(전부 이심되지만 무죄·공소기각 부분은 공방대상에서 제외된다)

1991년 판결의 사안은 1985년 판결, 1989년 판결의 사안(검사만이 상소한 사안)과 달리 피고인만이 상소한 사안인데 제1차 항소심판결에서 무죄로 된 부분은 제1차 상고심(제1차 환송판결)에서 심판의 대상이 될 수 없으며, 또한 무죄로 된 부분이 제1차 상고심의 심판대상이 될 수 없었다면 환송받은 항소심(제2차 항소심)에서도 무죄로 된 부분을 심판할 수 없다고 판시하고 있다. 본 판결은 그렇게 보아야 하는 근거로 무죄로 된 부분은 이미 '당사자 간의 공격방어의 대상'으로부터 벗어났다는 이른바 공방대상론(攻防對象論)을 논거로 삼고 있다. 대법원은 1991년 판결에서 1985년 판결, 1989년 판결과 마찬가지로 '상고(상소)불가분의 원칙에 의하여 무죄부분도 상고심에 이심'된다[2]고 하면서도 1985년 판결, 1989년 판결과는 달리 '무죄부분은 당사자 간의 공격방어의 대상으로부터 벗어나 사실상 심판대상에서부터도 벗어났다'고 하는 편면적인 이론구성을 하고 있다.

이렇게 보면 1991년에 선고된 판결의 논지는 1985년 판결, 1989년 판결의 논지와 일견 모순된 것처럼 보이지만, 내용적으로는 '피고인의 방어권·이익보호'의 측면에서 동일한 방향성을 보이고 있음이 주목된다.

(라) 공방대상론의 확장과 예외

(1) **상상적 경합범의 일부상소**　대법원은 '포괄적 일죄에 관한 편면적 공방대상론'(1991년 판결)을 '하급심에서 포괄일죄의 일부만이 유죄로 인정되고 그 유죄 부분에 대하여 피고인만이 상소하였을 뿐 공소기각으로 판단된 부분에 대하여 검사가 상소를 하지 아니한 사안'[3], '하급심에서 상상적 경합관계에 있는

---

2) 이 입장은 일본최고재판소의 입장이기도 하다.

3) **대법원 2004.10.28. 선고 2004도5014 판결**: "포괄일죄의 일부만이 유죄로 인정된 경우 그 유죄 부분에 대하여 피고인만이 상고하였을 뿐 무죄나 공소기각으로 판단된 부분에 대하여 검사가 상고를 하지 않았다면, 상소불가분의 원칙에 의하여 유죄 이외의 부분도 상고심에 이심되기는 하나 그 부분은 이미 당사자 간의 공격·방어의 대상으로부터 벗어나 사실상 심판대상에서부터도 이탈하게 되므로, 상고심으로서도 그 부분에까지 나아가 판단할 수 없다."; **대법원 2010.1.14. 선고 2009도12934 판결(업무상횡령)**: "포괄일죄의 일부만이 유죄로 인정된 경우 그 유죄 부분에 대하여 D만이 항소하였을 뿐 공소기각으로 판단된 부분에 대하여 검사가 항소를 하지 않았다면, 상소불가분의 원칙에 의하여 유죄 이외의 부분도 항소심에 이심되기는 하나 그 부분은 이미 당사자 간의 공격·방어의 대상으로부터 벗어나 사실상 심판대상에서부터도 이탈하게 되므로 항소심으로서도 그 부분에까지 나아가 판단할 수 없다

수죄에 대하여 모두 무죄가 선고되었고, 검사가 무죄 부분 전부에 대하여 상소하였으나 그 중 일부 무죄 부분에 대하여 이를 상소이유로 삼지 아니한 사안'[4]에도 같은 견해를 취하고 있다.

(2) **대소관계**(혹은 이에 준하는 관계)**에 있는 일부에 대한 상소**(대법원 2008.9.25. 선고 2008도4740 판결) '정보통신망을 통하여 공연히 허위사실을 적시하여 타인의 명예를 훼손한 혐의'(행위 당시 정보통신망법 제61조 제2항, 현재는 정보통신망법 제70조 제2항, 7년 이하의 징역)로 기소되었으나 제1심이 정보통신망을 통하여 공연히 사실을 적시하여 타인의 명예를 훼손한 사실을 인정하여 같은 법(행위당시 정보통신망법 제61조 제1항, 현재는 정보통신망법 제70조 제2항, 7년 이하의 징역) 위반의 점만을 유죄로 인정한 사안에서 피고인만이 유죄부분(사실적시부분)에 대하여 항소한 사안이 발생하였다. 이 사안에서 대법원은 "비록 그 죄 전부가 피고인의 항소와 상소불가분의 원칙으로 인하여 항소심에 이심되었다고 하더라도 무죄 부분(허위사실적시부분)은 심판대상이 되지 아니하여, 그 부분에 관한 제1심판결의 위법은 형사소송법 제361조의4 제1항 단서의 '직권조사사유' 또는 같은 법 제364조 제2항에 정한 '항소법원은 판결에 영향을 미친 사유에 관하여는 항소이유서에 포함되지 아니한 경우에도 직권으로 심판할 수 있다'는 경우에 해당되지 아니하므로, 항소심법원이 직권으로 심판대상이 아닌 무죄 부분까지 심리한 후 이를 유죄로 인정하여 법정형이 보다 무거운 법조를 적용하여 처벌하는 것은 피고인의 방어권 행사에 불이익을 초래하는 것으로서 허용되지 않고(대법원 2006.6.15. 선고 2004도7260 판결 참조), 이는 제1심판결에 무죄로 판단된 부

(대법원 2004.10.28. 선고 2004도5014 판결 등 참조). D가 2005.8.19. 14:14경 V의 계좌에서 51만 원을 인출하여 이를 전액 D의 계좌에 입금한 다음 그 중 469,990원으로 한의원의 공과금을 납부한 후 다시 D가 V의 계좌에서 같은 날 14:27경 30만 원, 14:45경 20만 원을 각 인출하였다. 제1심은 D가 같은 날 14:14경 51만 원을 인출한 부분만 유죄로 인정하였으므로, 항소심이 새로이 횡령하였다고 판단한 위 30만 원, 20만 원 부분은 제1심이 공소를 기각한 부분에 해당한다. 따라서 이 부분에 대하여 검사가 항소를 하지 않은 이상, 위 부분은 원심에 이심되기는 하나 사실상 심판대상에서부터 이탈되어 원심으로서는 위 부분에까지 나아가 판단할 수는 없다. 이와 달리 항소심이 위 30만 원, 20만 원을 D가 횡령한 것으로 판단한 데에는 심판범위에 관한 법리를 오해하여 판결에 영향을 미친 위법이 있다. 원심이 포괄일죄로 판단한 2006.9.19.자 횡령 부분과 2005.8.19.자 횡령 부분 중 2005.8.19.자 횡령 부분은 파기를 면할 수 없다. 이와 같이 포괄일죄 중 일부 범죄사실을 유죄로 인정할 수 없는 경우에는 양형의 조건이 되는 사실이 같지 않게 되어 포괄일죄는 전부 파기되어야 하므로(대법원 2008.10.9. 선고 2006도1659 판결 등 참조), 결국 원심판결은 모두 파기될 수밖에 없다."

4) **대법원 2008.12.11. 선고 2008도8922 판결(상관협박·무고)**: "환송 전 원심에서 상상적 경합 관계에 있는 수죄에 대하여 모두 무죄가 선고되었고, 이에 검사가 무죄 부분 전부에 대하여 상고하였으나 그 중 일부 무죄 부분에 대하여는 이를 상고이유로 삼지 아니하였다면, 비록 상고이유로 삼지 아니한 무죄 부분도 상고심에 이심된다고는 하나 그 부분은 이미 당사자 간의 공격방어의 대상으로부터 벗어나 사실상 심판대상에서부터도 이탈하게 되는 것이므로, 상고심으로서도 그 무죄 부분에까지 나아가 판단할 수 없고, 따라서 상고심으로부터 다른 무죄 부분에 대한 원심판결이 잘못되었다는 이유로 사건을 파기환송 받은 원심은 그 무죄 부분에 대하여 다시 심리·판단하여 유죄를 선고할 수 없다."

분에 대한 이유를 누락한 잘못이 있다고 하여 달라지는 것이 아니다. (중략) 피고인만이 유죄 부분에 대하여 항소하고 검사는 위 무죄 부분에 대하여 항소하지 아니하였으므로 결국, 무죄로 판단된 법 제61조 제2항 위반죄 부분은 항소심의 심판대상에서 벗어났다." 고 판시하였다. 이 사안에서도 대법원은 [대법원 1991.3.12. 선고 90도2820 판결]의 논증방식을 관철시키고 있음을 알 수 있다.

(3) 주위적·예비적 공소사실의 일부에 대한 상소의 경우의 예외(대법원 2006.5.25. 선고 2006도1146 판결)

검사가 주위적으로 뇌물공여죄, 예비적으로 배임증재죄로 기소하자 사실심이 뇌물공여죄 부분은 무죄로 판단하고 배임증재죄 부분을 유죄로 인정하여, 피고인만 예비적 공소사실(배임증재죄) 부분에 대하여 상소한 사안이 발생하였다. 대법원은 법리오해가 있는 주위적 공소사실 부분을 직권 파기하면서, "원래 주위적·예비적 공소사실의 일부에 대한 상소제기의 효력은 나머지 공소사실 부분에 대하여도 미치는 것이고, 동일한 사실관계에 대하여 서로 양립할 수 없는 적용법조의 적용을 주위적·예비적으로 구하는 경우에는 예비적 공소사실만 유죄로 인정되고 그 부분에 대하여 피고인만 상소하였다고 하더라도 주위적 공소사실까지 함께 상소심의 심판대상에 포함된다."고 판시하고 있다. 공방대상론이 적용될 수 없는 예외를 인정한 것이므로 주의를 요한다.

11.6

죄수판단의 변경과 심판의 범위

대법원 1980.12.9. 선고 80도384 전원합의체 판결

I 사 안

D는 고양주유소의 판매주임인 제1심 공동피고인 D2가 휘발유에 벤젠 및 솔벤트 등을 섞어 이를 정상 휘발유인 것으로 기망하여 판매(석유사업법 제24조, 제22조 제1호 위반죄 및 형법 제347조 제1항의 사기죄)하는 것을 방조하였다. 검사는 석유사업법위반죄와 사기죄를 실체적 경합범으로 판단하고 D를 각 방조죄로 기소하였고, 항소심은 사기방조죄와 동 석유사업법 위반 방조죄가 형법 제37조 전단의 경합범 관계에 있다는 전제하에 D에 대하여 사기방조의 점은 유죄로 인정하고, 석유사업법 위반죄의 방조의 점에 대하여는 무죄로 판단하였다. 검사만 무죄부분인 석유사업법위반죄에 대하여 상고하였다.

II 쟁 점

하급심과 상급심 사이에 죄수평가가 상이한 사안에서의 상급심의 심판 범위

III 재판요지 (파기환송)

판매의 목적으로 휘발유에 솔벤트, 벤젠 등을 혼합하여 그 품질을 저하시켜 판매한 행위와 형법 제347조 제1항의 사기죄와는 1개의 행위가 수 개의 죄에 해당하는 동법 제40조 소정의 이른바 상상적 경합관계가 있고,(중략) 본건에 있어서와 같이 원심이 위 두 죄를 경합범으로 보고, 일부는 유죄, 일부는 무죄를 각 선고하였고 또 검사만이 원심판결중 무죄된 부분만을 불복 상고하였다 하더라도 위 두죄가 상상적 경합관계에 있는 것인 이상 공소불가분의 원칙이 적용되어, 원심에서 유죄된 사기방조죄의 점도 상고심에 이심되고 따라서 심판의 대상이 된다.

IV 분석과 해설

(가) 재판요지의 분석

(1) 판례이론 상상적 경합범의 관계에 있는 두 죄를 실체적 경합범으로 보고, 일부는 유죄, 일부는 무죄를 선고하고 검사만이 항소심판결 중 무죄된 부분만을 불복 상고하였다 하더라도 위 두 죄가 상상적경합관계에 있는 것인 이상 공소불가분의 원칙이 적용되어, 항소심에서 유죄로 된 사기방조죄의 점도 상고심에 이심되고 따라서 심판의 대상이 된다”

는 것이다.[1)]

(2) **판례이론과 죄수의 판단주체** 재판요지에서 '복수의 공소사실의 죄수론적 상호관계'가 '상상적 경합관계'라고 표현되었을 때 그것이 '상상적 경합관계'에 있음을 판단하는 주체는 하급심이 아니라 현재 하급심재판을 심판하는 '상급심'으로 전제되어 있다. 하급심은 경합범으로 판단하였지만 상급심이 '복수의 공소사실의 죄수론적 상호관계'를 과형상 일죄로 판단하면 하급심에서 다툼의 대상이 되지 아니한 부분(상소된 부분과 과형상일죄 혹은 단순일죄의 관계에 있는 부분)도 상고심에 이심되고 따라서 심판의 대상이 되며 그렇게 보아야 하는 근거는 '공소불가분의 원칙'이라는 것이 대법원의 이론구성이다.[2)] 판례이론은 상급심의 법령해석통일기능을 중시하는 견해이다. 그러나 죄수의 판단주체를 상급심으로 설정하면 하급심의 죄수판단을 신뢰한 당사자(특히 피고인의 경우가 더욱 그러하다)의 신뢰이익(소송의 동적 발전적 성격)이 무시되는 난점이 있다.

(나) 학 설

하급심에서 다툼의 대상이 되지 아니한 부분은 사실상 부분적으로 확정된 것으로 보되 상급심이 보기에 그 부분과 상소된 부분이 과형상 일죄의 관계에 있으므로 상급심은 면소판결을 하여야 한다는 견해가 있을 수 있으나 이 견해는 당사자의 신뢰이익을 중시하는 나머지 상급심의 법령해석통일기능을 전적으로 무시하는 난점이 있다. 다음에 다툼의 대상이 되지 아니한 부분은 사실상 부분적으로 확정된 것으로 보되 다툼이 있어 상소된 부분은 여전히 상급심의 심판범위 안에 있으므로 상급심은 다툼이 있는 부분만을 심판하면 된다는 견해가 있다.[3)] 피고인만 상소한 경우에는 무죄부분은 확정되고, 다툼이 있는 부분만 이심되는 것으로 보되, 검사가 상소한 경우에는 피고인의 이익을 위하여 전부 이심되는 것으로 보자는 견해 등이 있다.[4)]

당사자의 신뢰이익과 상급심의 법령해석통일기능을 절충한 일부이심설이 타당하나, 피고인에게 유리한 때에는(즉 검사가 상소하여 인용되는 경우) 판례이론을 따르는 것이 타당하다고 생각한다.

---

1) 대법원 1995.6.13. 선고 94도3250 판결(직업안정 및 고용촉진에 관한 법률위반)도 같은 취지이다(역시, 검사만이 상고한 사건이다).

2) 전부이심설. 같은 취지의 견해는 신동운, 1254.

3) **일부이심설**: 이재상, 709는 피고인만이 상소한 경우를 논한다; 백형구, 238은 피고인만이 상소하거나 검사만이 상소한 경우 모두에 대하여 논한다.

4) 정웅석/백승민, 1001.

11.7

불이익변경금지의 원칙

대법원 1998.3.26. 선고 97도1716 전원합의체 판결

I 사 안

D는 당국의 허가를 받지 아니하고, 1988.3.경 미국 일리노이 주 A은행에 D 및 D의 처 W 명의로 예금구좌를 개설한 후 같은 달 8. 서울 중구 태평로 소재 M 은행에서 위 구좌로 미화 7,500달러를 송금한 것을 비롯하여 1994.3.10.경까지 사이에 모두 101회에 걸쳐 D 및 N 등 이웃 주민과 친지 14명 명의로 송금명의를 분산시켜 D가 국내에서 조달한 합계 금 350,657,977원을 모 은행 각 지점에서 미화 합계 467,597달러로 환전하여 위 구좌로 송금하는 방법으로 위 금액을 국내로부터 외국에 지급하여 외국환관리법위반 혐의로 기소되었다. 제1심은 '징역 1년 6월, 형의 3년간 집행유예'를 선고하였고 D만이 항소하였다. 항소심은 제1심판결을 파기하고 자판('징역 1년, 형의 선고유예')하였다. D만이 상고하였다. 대법원은 항소심 판결을 파기환송하였다. 환송 후 제2차 항소심은 '벌금 40,000,000원의 형과 금 16,485,250원의 추징을 선고유예'하였다.[1] D는 항소심 재판이 "불이익변경금지에 위배"되어 위법하다고 주장하며 상고하였다.

II 쟁 점

제1심에서 '징역 1년 6월, 형의 3년간 집행유예'를, 제1차 항소심에서 '징역 1년, 형의 선고유예'를 각 선고하였는데 제2차 항소심에서 '벌금 40,000,000원의 형과 금 16,485,250원의 추징의 선고를 모두 유예'한 것이 불이익변경인가?

III 재판요지 (상고기각)

판례이론의 설시

㉮ 불이익변경금지의 원칙을 적용함에 있어서는 주문을 개별적·형

---

1) 대법원이 1996.4.9. 환송 전 원심판결(서울고등법원 1995.12.14. 선고 94노2246 판결)을 파기환송한 이유는 "D가 1988.3.28.경부터 1994.3.10.경까지 사이에 101회에 걸쳐 미화를 미국에 있는 D나 D의 처인 W 명의의 예금구좌에 송금한 행위 중 판시 제1, 3, 4회 송금 시 그 액수가 당시 시행 중이던 외국환관리규정상의 대외송금한도액을 초과하였는데, 과연 어떠한 경위에서 당시의 외국환관리규정에 위배하여 외국환은행에서 이러한 송금이 이루어졌는지 기록상 불분명하므로, 원심으로서는 이 점을 더 심리한 다음, 그 송금행위가 특정경제범죄 가중처벌 등에 관한 법률위반행위에 해당하는지 여부를 확정하여야 하는데도, 원심이 이에 이르지 아니한 채 위 제1, 3, 4회 송금행위를 나머지 98회의 송금행위와 함께 대한민국의 재산을 국외에 이동하여 도피시킨 것으로서 특정경제범죄 가중처벌 등에 관한 법률 제4조 제1항에 해당한다고 판단하였으니 위법하다"는 것이었다.

식적으로 고찰할 것이 아니라 전체적·실질적으로 고찰하여 그 형의 경중을 판단하여야 할 것이다(대법원 1977.3.22. 선고 77도67 판결, 대법원 1990.4.10. 선고 90도16 판결; 대법원 1994.1.11. 선고 93도2894 판결 등 참조). ㈏ 위 견해와 달리 주문을 개별적·형식적으로 고찰하여 그 형의 경중을 판단하여야 하고 새로 새로운 형이나 부가적 처분이 추가된 경우에는 피고인에게 불이익하게 변경되었다고 보아야 한다는 취지의 견해를 표명한 바가 있는 대법원 1967.11.21. 선고 67도1185 판결과 대법원 1993.12.10. 선고 93도2711 판결 등은 이를 폐기하기로 한다.

판례이론의 본 사안에의 적용

환송 후 원심이 제1심이나 환송 전 원심보다 가볍게 그 주형을 징역 1년 6월, 형의 집행유예 또는 징역 1년 형의 선고유예에서 벌금 40,000,000원 형의 선고유예로 감경한 점에 비추어, 그 선고를 유예한 금 16,485,250원의 추징을 새로이 추가하였다고 하더라도, 전체적·실질적으로 볼 때 피고인에 대한 형이 제1심판결이나 환송 전 원심판결보다 불이익하게 변경되었다고 볼 수는 없으므로 이와 배치되는 주장을 하는 소론은 채용할 수 없다.

IV 분석과 해설

(가) 불이익변경금지원칙의 의의와 존재근거

피고인이 상소한 사건과 피고인을 위하여 검사가 상소한 사건에는 원심판결의 형보다 중한 형을 선고하지 못한다는 원칙을 불이익변경금지의 원칙이라 한다. 피고인에게 불이익한 일체의 변경을 말하는 것이 아니라, 중한 형으로 변경을 금지하는 것이므로 중형변경금지의 원칙이라고 할 수 있다.

피고인의 이익을 위하여 상소한 경우 상급심에서 원심판결보다 중한 형을 선고하지 못하게 하는 근거는 피고인의 정당한 상소권행사를 보장하려는 정책적 이유에서 찾을 수 있다. 이 원칙의 적용 결과 상소가 남발되고 재판의 확정이 지연되는 결과를 초래하므로 이를 폐지하여야 한다는 주장이 있을 수 있다. 그러나 상소권이라는 기본권 보호의 견지에서 이 원칙의 제한·폐지에는 찬성할 수 없다.

(나) 불이익변경금지원칙의 적용범위

① 피고인이 항소한 사건과 피고인을 위하여 항소한 사건에 대하여 항소심법원은 원심판결의 형보다 중한 형을 선고하지 못한다(법조 제368). 이 조항은 ② 상고심에서도 준용된다(법조 제399). 파기자판은 물론 파기환송이나 파기이송의 경우에도 적용된다(대법원 1964.9.17. 선고 64도298 전원합의체 판결). ③ 재심절차에서는 별도의 독자적인 조항

이 있다(법 제439조). 형사소송법은 ④ 약식명령에 대한 정식재판을 청구하는 경우(법 제457의2)에도 이 원칙을 인정하고 있다. 나아가 판례는 ⑤ 즉결심판에 대한 정식재판절차에서도 형사소송법 제457조의2 규정을 준용하여, 즉결심판의 형보다 무거운 형을 선고하지 못한다고 본다(대법원 1999.1.15.선고 98도2550 판결). ⑥ 항고사건에서의 적용 여부에 대하여는 견해가 대립한다.

(다) 불이익 여부를 판단하는 기준

(1) 금지의 대상은 선고형 불이익변경이 금지되는 것은 선고형에 국한된다. 따라서 원판결보다 불이익한 모든 변경이 금지되는 것은 아니다. 상급심에서 하급심보다 중한 사실을 인정하였다 하더라도 상급심의 형이 하급심의 형보다 가벼우면 이 원칙위반이 아니며,[2] 하급심에서 인정한 수죄 중의 일부를 상급심에서 인정하지 않고 하급심과 동일한 형을 선고하는 것도 이 원칙위반이 아니다.

다만 여기서 형이란 형법 제41조 소정의 형에만 국한되는 것은 아니다. 실질적으로 형과 같이 피고인에게 불이익을 줄 수 있는 부수처분, 예를 들어 추징, 집행유예나 선고유예, 미결구금일수의 산입, 노역장유치기간도 불이익변경금지의 대상이다. 보안처분에도 적용된다고 하여야 한다.[3]

(2) 형의 경중을 판단하는 기준 형의 경중을 판단하는 기준이 가장 문제이다. 형사소송법에는 아무런 규정이 없지만 형의 경중은 형법 제41조와 제50조[4]를 기본으로 하여 구체적인 선고형을 비교하는 수밖에 없다.

2) [약식명령에 대하여 피고인만이 정식재판을 청구하였는데, 검사가 당초 사문서위조 및 위조사문서행사의 공소사실로 공소제기하였다가 제1심에서 사서명위조 및 위조사서명행사의 공소사실을 예비적으로 추가하는 내용의 공소장변경을 신청한 사안] "피고인에 대하여 사서명위조와 위조사서명행사의 범죄사실이 인정되는 경우에는 비록 사서명위조죄와 위조사서명행사죄의 법정형에 유기징역형만 있다 하더라도 형사소송법 제457조의2에서 규정한 불이익변경금지 원칙이 적용되어 벌금형을 선고할 수 있으므로, 위와 같은 불이익변경금지 원칙 등을 이유로 공소장변경을 불허할 것은 아닌데도, 이를 불허한 채 원래의 공소사실에 대하여 무죄를 선고한 제1심판결을 그대로 유지한 원심의 조치에는 공소사실의 동일성이나 공소장변경에 관한 법리오해의 위법이 있다."(대법원 2013.2.28. 선고 2012도13737 판결)

3) 치료감호는 그 특성상 예외이다. 그러나 치료감호만 선고된 제1심판결을 항소심에서 공판절차이행에 따라 징역형을 선고하는 것은 불이익변경금지의 원칙에 어긋난다.(대법원 1983.6.14. 선고 83도765 판결)

4) **형법 제41조**(형의 종류) 형의 종류는 다음과 같다. 1. 사형 2. 징역 3. 금고 4. 자격상실 5. 자격정지 6. 벌금 7. 구류 8. 과료 9. 몰수.
제50조(형의 경중) 1) 형의 경중은 제41조 기재의 순서에 의한다. 단 무기금고와 유기징역은 금고를 중한 것으로 하고 유기금고의 장기가 유기징역의 장기를 초과하는 때에는 금고를 중한 것으로 한다. 2) 동종의 형은 장기의 긴 것과 다액의 많은 것을 중한 것으로 하고 장기 또는 다액이 동일한 때

불이익변경의 판단기준에 관하여, 주문을 전체적으로 보지 아니하고 개별적·형식적으로 고찰하여 그 형의 경중을 판단하여야 한다는 **형식설**과 형의 종류, 형기를 형식적으로 비교할 것이 아니라, 집행유예, 미결구금일수의 산입 등 부수적 처분을 포함하여 주문을 전체적·실질적으로 고찰하여 실질상 피고인에게 불이익한지의 여부에 의하여 판단하여야 한다는 **실질설**이 주장될 수 있다. 형식설은 주형이 무거워지거나 혹은 주형이 가벼워졌다고 하더라도 부가형이 새로이 추가 또는 가중되는 경우에는 무조건 불이익변경이 된다고 본다. 그러나 현재의 통설인 실질설은 주형이 무거워지거나 부가형이 새로이 추가 또는 가중되더라도 전체적으로 보아 실질적으로 피고인에게 불이익하지 아니하면 불이익변경이 되지 아니한다고 본다.

주형과 부가형의 관계에서 주형은 그대로 두면서 새로이 부가형인 몰수 또는 추징을 추가하거나 원심보다 무거운 추징을 병과하는 것이 불이익 변경이 된다는 점에는 이론(異論)이 없다. 문제는 본 사안과 같이 주형은 가볍게 하면서 부가형을 추가하거나 증가시키는 경우에도 불이익변경이 되는지 여부이다. 종래의 대법원 판례는 긍정설을 취한 것도 있었으나, 주류적인 판례는 실질설을 취하고 있었다. 그런데 본 전원합의체판결은 실질설을 취하는 한편, 이에 반하는 판례를 모두 폐기함으로써 판례의 통일을 기하였다는 데에 그 의의가 있다.

(라) 기타, 불이익변경금지가 작동하는 경우

검사가 피고인의 이익을 위하여 상소한 경우[5] 와 검사와 피고인 쌍방이 상소했지만 검사상소가 기각된 경우 등에 불이익변경금지의 원칙이 작동하는가?

이 경우 불이익변경을 허용하여도 상소를 주저하게 하는 결과를 초래하지 않으므로 검사가 피고인의 이익을 위하여 상소한 경우에 불이익변경이 가능하다는 견해가 있다. 그러나 그렇게 보면 결과적으로 피고인에게 응소를 강제하는 것이 되어 찬성할 수 없다. 검사와 피고인 쌍방이 상소했지만 검사상소만이 기각된 경우에도 이 원칙의 적용이 있다고 보아야 한다. 그렇게 보지 않으면 불이익변경금지를 막으려는 의도만을 가진 검사의 남상소를 방지할 수 없기 때문이다. 제1심 유죄판결에 대하여 검사의 항소가 없고 피고인만의 항소가 있는

에는 그 단기의 긴 것과 소액의 많은 것을 중한 것으로 한다. 3) 전2항의 규정에 의한 외에는 죄질과 범정에 의하여 경중을 정한다.

5) "검사의 항소가 특히 피고인의 이익을 위하여 한 취지라고 볼 수 없다면 항소심에서 1심판결의 형보다 중한 형을 선고할 수 있다."(대법원 1971.5.24. 선고 71도574 판결)

제2심 유죄판결에 대하여 검사상고가 있는 경우에 상고심은 검사의 불복 없는 제1심판결의 형보다 중한 형을 과할 수 없다(대법원 1957.10.4. 선고 4290형비상1 판결).

(마) 따름판결들

(1) **대법원 1998.5.12. 선고 96도2850 판결** "제1심판결과 원심판결을 비교하여 볼 때 원심판결이 피고인에 대한 주형에서 징역 1년 및 집행유예기간 1년을 감축하고 있는 점에 비추어 추징액이 위와 같은 정도로 증액되었다는 사실만으로 제1심판결보다 피고인에게 불이익하게 변경되었다고 할 수는 없다."

(2) **대법원 1999.11.26. 선고 99도3776 판결** "제1심의 징역형의 선고유예의 판결에 대하여 피고인만이 항소한 경우에 제2심이 벌금형을 선고한 것은 제1심판결의 형보다 중한 형을 선고한 것에 해당된다(대법원 1984.10.10. 선고 84도1489 판결 참조). 따라서, 징역 6월의 선고가 유예된 제1심판결을 파기하고, 벌금 2,000,000원을 선고한 원심판결에는 군사법원법 제437조가 규정한 불이익변경금지의 원칙에 관한 법리를 오해하고 대법원의 판례에 상반하는 판단을 한 잘못이 있고 그 잘못은 판결 결과에 영향을 끼쳤다."

(3) **대법원 2004.11.11. 선고 2004도6784 판결** "제1심이 피고인에 대한 도로교통법위반(음주운전) 등 사건에, 피고인이 교통사고처리특례법위반죄에 대하여 벌금 350만 원의 약식명령을 고지받아 정식재판을 청구한 사건을 병합하여 심리한 후 교통사고처리특례법위반죄에 대하여는 금고형을, 나머지 각 죄에 대하여는 각 징역형을 선택한 다음 각 죄를 경합범으로 처단하면서 피고인에게 징역 6월을 선고하였고, 원심은 이러한 제1심의 조치를 유지하였는 바, 불이익변경금지의 원칙에 비추어 기록을 살펴보면, 정식재판청구된 약식명령의 벌금형을 징역형으로 변경하여 선고하는 것은 불이익한 변경임이 분명하고, 약식명령으로 고지받은 벌금형과 병합·심리된 판시 도로교통법위반 등 사건의 법정형 등 피고인의 법률상 지위를 결정할 객관적 사정을 전체적·실질적으로 고찰하여도 병합심판되어 선고된 징역형이 피고인에게 불이익한 변경에 해당하지 않는다고 볼 근거는 없다."

(4) **대법원 2013.12.12. 선고 2012도7198 판결**(뇌물수수) **[사안]** 제1심은 피고인에 대한 이 사건 공소사실을 전부 유죄로 인정하여 피고인에게 징역 1년 6월 및 추징 26,150,000원을 선고하였고, 이에 대하여 피고인만이 항소하였는데, 원심은 제1심과 마찬가지로 이 사건 공소사실을 모두 유죄로 인정하는 한편 제1심이 누락한 수뢰액 관련 필요적 벌금형 병과규정인 특정범죄 가중처벌 등에 관한 법률(2008.12.26. 법률 제9169호로 개정된 것) 제2조 제2항을 적용하여 피고인에게 징역 1년 6월에 집행유예 3년, 벌금 50,000,000원(1일 50,000원으로 환산한 기간 노역장 유치) 및 추징 26,150,000원을 선고하였다. **[판지]** "불이익변경금지의 원칙은 피고인의 상소권 또는 약식명령에 대한 정식재판청구권을 보장

하려는 것으로서, 피고인만이 또는 피고인을 위하여 상소한 상급심 또는 정식재판청구사건에서 법원은 피고인이 같은 범죄사실에 대하여 이미 선고 또는 고지받은 형보다 중한 형을 선고하지 못한다는 원칙이다. 이러한 불이익변경금지의 원칙을 적용함에 있어서는 주문을 개별적·형식적으로 고찰할 것이 아니라 전체적·실질적으로 고찰하여 그 경중을 판단하여야 하는 바, 선고된 형이 피고인에게 불이익하게 변경되었는지의 여부는 일단 형법상 형의 경중을 기준으로 하되, 한 걸음 더 나아가 병과형이나 부가형, 집행유예, 노역장 유치기간 등 주문 전체를 고려하여 피고인에게 실질적으로 불이익한가의 여부에 의하여 판단하여야 한다(대법원 1998. 3. 26. 선고 97도1716 전원합의체 판결, 대법원 2004. 11. 11. 선고 2004도6784 판결 등 참조).

제1심이 선고한 형과 원심이 선고한 형의 경중을 비교해 볼 때 제1심이 선고한 '징역 1년 6월'의 형과 원심이 선고한 '징역 1년 6월에 집행유예 3년'의 형만을 놓고 본다면 제1심판결보다 원심판결이 가볍다 할 수 있으나, 원심은 제1심이 선고하지 아니한 벌금 50,000,000원(1일 50,000원으로 환산한 기간 노역장 유치)을 병과하였는바, 집행유예의 실효나 취소가능성, 벌금 미납 시의 노역장 유치 가능성 및 그 기간 등을 전체적·실질적으로 고찰하면 원심이 선고한 형은 제1심이 선고한 형보다 무거워 피고인에게 불이익하다."

11.8

전체적 · 실질적 고찰방법의 구체적 전개

대법원 1965.12.10. 선고 65도826 전원합의체 판결;
대법원 1977.9.13. 선고 77도2114 전원합의체 판결

I 사 안

(생략)

II 쟁 점

구체적 사안에서의 불이익 판단의 사례들

III 재판요지 및 해설

(가) 불이익변경금지의 기준(전체적 · 실질적 고찰설)

불이익변경이 금지되는 것은 선고형에 국한된다. 여기서 '형'이란 형법 제41조 규정의 형에 국한되지 않고, 실질적으로 피고인에게 불이익을 주는 부수처분에도 적용된다. 상급심의 양형이 하급심보다 불이익한지 여부를 판단함에는 형의 종류, 형기를 형식적으로 비교할 것이 아니라, 집행유예, 미결구금일수의 산입 등 부수적 처분을 포함하여 주문을 전체적·실질적으로 고찰하여 판단하여야 한다(다수설과 판례). 그러나 다음에서 보는 것처럼 구체적인 판단은 쉽지 않다.

(나) 하급심이 집행유예를 선고하였는데 상급심이 징역형을 감축하였더라도 실형을 선고하는 것은 중형변경이다

[사안] 징역 1년에 3년간 집행유예가 선고된 제1심 판결에 대하여 피고인은 무죄를 주장하여 항소하고 검사는 '형의 양정이 부당하게 경하다(가볍다)'고 주장하여 각 항소를 하였다. 항소심은 피고인의 무죄 주장은 '이유 없다'며 기각하고 검사의 '형이 가볍다'는 주장은 오히려 '형이 부당하게 중하다'는 이유로 기각하고 나서 직권으로 제1심 판결의 형이 부당하게 중하다는 이유로 파기하고 피고인에게 징역 10월의 실형을 선고하였다: **[판지]** "판결에 있어서 집행유예의 선고는 중요한 요소로서 집행유예의 경우는 현실로 형의 집행을 받

을 필요는 없고 선고가 취소되지 않고 유예기간을 경과한 때에는 형의 선고 그 자체가 효력을 상실하게 되는 것이므로 실질적으로 보면 집행유예라는 법률적·사회적 가치판단은 높게 평가 되지 않을 수 없다. 따라서 제1심의 형과 항소심의 형을 총체적으로 고찰하여 보면 항소심의 형은 제1심의 형보다 중하다. 항소심이 '제1심의 형이 부당하게 경하다는 검사의 항소는 이유 없다'고 하여 기각하면서 직권으로 제1심판결은 형이 부당하게 중하다는 이유로 파기하고 오히려 피고인에게 대하여 중한 형을 선고하였음은 그 이유에 전후 모순이 있고 불이익 변경의 금지 규정에 위배한 위법이 있어 판결에 영향을 미쳤다."(대법원 1965.12.10. 선고 65도826 전원합의체 판결). 제1심에서 실형을 선고받은 피고인에게 제2심이 집행유예 판결을 했더라도, 징역 형량이 무거워졌다[1]면 불이익 변경금지 원칙을 위반"한 것이다(2011도11700, 법률신문 2012.4.23.자).

(다) 벌금형과 환형유치

(1) 상급심에서 추징액을 감액하였다 하더라도 벌금형의 환형유치기간을 늘리면 중형변경이다(제1심이 징역 2년에 3년간 집행유예, 벌금 50만 원, 1일 2,500원 환형유치, 25,764,000원을 추징하였는데 항소심은 징역과 벌금은 동일하게 하고 1일 1,000원으로 환형유치, 추징액을 감액(3,067,500원)한 사안) "벌금액수는 동일하나 벌금완납 불능의 경우 환형유치기간이 항소심의 그것은 제1심의 그것보다 2.5배나 되므로 두 형을 전체적 입장에서 실질적으로 고찰하여 보면 항소심의 형은 제1심의 형보다 중하다."(대법원 1976.11.23. 선고 76도3161 판결)

(2) 상급심이 징역형과 벌금형을 줄였다면 벌금에 관한 환형유치기간이 늘어났더라도 전체적으로 보아 피고인에게 불이익하다고 할 수 없다.(대법원 1977.2.22. 선고 76도4353 판결; 대법원 1980.11.25. 선고 80도2224 판결; 대법원 1981.10.24. 선고 80도2325 판결)[2]

---

1) **[사안]** '강제집행을 피하기 위해 동생에게 자신의 아파트에 대한 소유권이전청구권가등기를 해준 혐의'로 기소되어 제1심에서 징역 10월을 선고받은 피고인이 항소하였다. 제2심이 '피고인이 남편의 보증채무로 인해 거주하던 아파트를 경매당할 위험에 처하게 되자 범행을 저지르게 된 점을 참작한다'며 징역1년에 집행유예 2년을 선고하였다. 피고인이 상고하였다.

2) **[같은 취지의 판결들]** (대법원 1977.9.13. 선고 77도2114 전원합의체 판결) "피고인 7, 11의 불이익변경금지의 원칙 위반의 주장에 있어서는 피고인 7에 대한 제1심의 형량인 징역5년 벌금 2,660만 원 노역장 환형유치 1일 200,000원(환송전 원심형량은 제1심의 그것과 같다)과 원심의 형량인 징역5년 벌금 1,500만 원 환형유치 1일 100,000원을, 그리고 피고인 11에 대한 환송 전 원심의 형량인 징역 5년, 벌금1,500만 원 환형유치 1일 200,000원(제1심 형량은 벌금에 있어 환송 전 원심의 그것보다 더 무거운 2,660만 원이므로 환송전 원심의 형량을 기준으로 한다)과 원심의 형량인 징역 3년 벌금 750만 원, 환형유치 1일 50,000원을 각각 전체적으로 비교고찰할 때 단지 그 벌금형에 대한 환형유치기간이 위와 같이 더 길다고 하여 원심의 형량이 제1심 또는 환송전 원심의 그것보다 결코 위 피고인들에게 각각 불이익하게 변경되었다고는 볼 수 없다."; (대법원 1994.1.11. 선고 93도2894 판결) "판시 제2죄에 관하여 징역형의 형기가 단축된 점에 비추어 볼 때 벌금형의 액수가 같고 벌금형에 대한 환형유치기간이 제1심에서 선고한 환형유치기간보다 길어졌다고 하여 원심의 형량이 제1심

(3) 상급심의 벌금형이 하급심보다 감경되고 벌금형에 대한 노역장유치기간도 줄어든 경우라면 노역장유치 환산의 기준 금액이 제1심의 그것보다 낮아졌다 하여도 형이 불이익하게 변경되었다고 할 수 없다 "피고인에 대한 벌금형이 제1심보다 감경되었다면 비록 그 벌금형에 대한 노역장유치기간이 제1심보다 더 길어졌다고 하더라도 전체적으로 보아 형이 불이익하게 변경되었다고 할 수는 없다(대법원 1977.9.13. 선고 77도2114 판결, 1981.10.24. 선고 80도2325 판결 등 참조). 벌금 150,000,000원을 선고하고 위 벌금을 납입하지 아니할 때에는 금 150,000원을 1일로 환산한 기간 피고인을 노역장에 유치할 것을 명한 제1심판결에 대하여 피고인만이 항소한 이 사건에서, 원심이 벌금 39,800,000원을 선고하면서 노역장유치기간을 정함에 있어 금 50,000원을 1일로 환산하였다 하더라도 거기에 불이익변경금지의 원칙을 위배한 위법이 있다 할 수 없다."(대법원 2000.11.24. 선고 2000도3945 판결)

(라) 벌금형과 집행유예·선고유예

(1) 벌금형을 상급심에서 집행유예와 사회봉사명령으로 변경하는 것은 중형변경 **[사안]** 피고인의 상고에 의하여 상고심에서 원심판결을 파기하고, 사건을 항소심에 환송한 경우에는 환송 전 원심판결과의 관계에서도 불이익변경금지의 원칙이 적용되어 그 파기된 항소심판결보다 중한 형을 선고할 수 없다. 당초 항소심판결이 판시 제1, 3의 죄에 대하여 벌금 7,000,000원, 판시 제2, 4의 죄에 대하여 벌금 2,000,000원을 선고하였고 이에 대하여 피고인만이 상고한 결과 상고심에서 항소심판결을 파기하고, 사건을 항소심에 환송한다는 판결이 선고되었는데 환송 후 제2차항소심은 판시 각 죄에 대하여 징역 1년에 집행유예 2년 및 사회봉사명령 80시간을 선고하였다. **[판지]** "이와 같이 환송 후 원심이 형법 제50조 제1항, 제41조에 비추어 환송 전 원심이 선고한 벌금형보다 무거운 징역형의 집행유예와 그 부가처분인 사회봉사명령을 선고한 것은 불이익변경금지의 원칙에 위배하여 판결 결과에 영향을 미쳤다."(대법원 2006.5.26. 선고 2005도8607 판결)

(2) 징역형의 선고유예를 상급심이 벌금형으로 변경하는 것은 중형변경

"징역 6월의 선고가 유예된 제1심판결을 파기하고, 벌금 2,000,000원을 선고한 원심판결에는 군사법원법 제437조가 규정한 불이익변경금지의 원칙에 관한 법리를 오해하고 대법원의 판례에 상반하는 판단을 한 잘못이 있고 그 잘못은 판결 결과에 영향을 끼쳤다."(대법원 1999.11.26. 선고 99도3776 판결)

(3) 제1심이 선고하지 아니한 벌금을 항소심에서 추가하면 중형변경이다(대법

의 그것보다 피고인에게 불이익하게 변경되었다고는 할 수 없다."; 변종춘, 징역형의 형기는 단축되었으나 벌금형의 벌금액수가 동일하고 환형유치기간이 길어진 경우 불이익변경금지원칙에 위반되는지 여부(대법원 1994.1.11. 선고 93도2894 판결), 『해설』 제20호, 491~497.

원 2013.12.12. 선고 2012도7198 판결)[3)]

(마) 미결구금의 통산일수

"제1심에서 미결구금일수 중 통산할 수 있는 기간보다 많은 일수를 통산하였다 하더라도 피고인만이 항소하였다면 이를 피고인에게 불이익하게 줄일 수 없다." (대법원 1966.12.27. 선고 66도1500 판결).

(바) 부정기형과 정기형의 비교방법: 부정기형 중 최단기형과 정기형을 비교

"피고인이 항소한 사건에서 항소심은 제1심의 형보다 중한 형을 선고할 수 없는바, 이러한 불이익변경금지 규정을 적용함에 있어, 부정기형과 정기형 사이에 그 경중을 가리는 경우에는 부정기형 중 최단기형과 정기형을 비교하여야 한다."(대법원 2006.4.14. 선고 2006도734 판결)

(사) 소송비용에는 적용이 없다.

"형사소송법 제186조 제1항 본문은 '형의 선고를 하는 때에는 피고인에게 소송비용의 전부 또는 일부를 부담하게 하여야 한다.'고 규정하고 있고, 같은 법 제191조 제1항은 '재판으로 소송절차가 종료되는 경우에 피고인에게 소송비용을 부담하게 하는 때에는 직권으로 재판하여야 한다."고 규정하고 있다. 소송비용의 부담은 형이 아니고 실질적인 의미에서 형에 준하여 평가되어야 할 것도 아니므로 불이익변경금지원칙의 적용이 없다.(대법원 2008.3.14. 선고 2008도488 판결)

---

3) [사안] 제1심은 피고인에 대한 이 사건 공소사실을 전부 유죄로 인정하여 피고인에게 징역 1년 6월 및 추징 26,150,000원을 선고하였고, 이에 대하여 피고인만이 항소하였는데, 원심은 제1심과 마찬가지로 이 사건 공소사실을 모두 유죄로 인정하는 한편 제1심이 누락한 수뢰액 관련 필요적 벌금형 병과규정인 특정범죄 가중처벌 등에 관한 법률(2008.12.26. 법률 제9169호로 개정된 것) 제2조 제2항을 적용하여 피고인에게 징역 1년 6월에 집행유예 3년, 벌금 50,000,000원(1일 50,000원으로 환산한 기간 노역장 유치) 및 추징 26,150,000원을 선고하였다. [판지] "불이익변경금지의 원칙은 피고인의 상소권 또는 약식명령에 대한 정식재판청구권을 보장하려는 것으로서, 피고인만이 또는 피고인을 위하여 상소한 상급심 또는 정식재판청구사건에서 법원은 피고인이 같은 범죄사실에 대하여 이미 선고 또는 고지받은 형보다 중한 형을 선고하지 못한다는 원칙이다. 이러한 불이익변경금지의 원칙을 적용함에 있어서는 주문을 개별적·형식적으로 고찰할 것이 아니라 전체적·실질적으로 고찰하여 그 경중을 판단하여야 하는 바, 선고된 형이 피고인에게 불이익하게 변경되었는지의 여부는 일단 형법상 형의 경중을 기준으로 하되, 한 걸음 더 나아가 병과형이나 부가형, 집행유예, 노역장 유치기간 등 주문 전체를 고려하여 피고인에게 실질적으로 불이익한가의 여부에 의하여 판단하여야 한다(대법원 1998.3.26. 선고 97도1716 전원합의체 판결, 대법원 2004.11.11. 선고 2004도6784 판결 등 참조). 제1심이 선고한 형과 원심이 선고한 형의 경중을 비교해 볼 때 제1심이 선고한 '징역 1년 6월'의 형과 원심이 선고한 '징역 1년 6월에 집행유예 3년'의 형만을 놓고 본다면 제1심판결보다 원심판결이 가볍다 할 수 있으나, 원심은 제1심이 선고하지 아니한 벌금 50,000,000원(1일 50,000원으로 환산한 기간 노역장 유치)을 병과하였는 바, 집행유예의 실효나 취소가능성, 벌금 미납 시의 노역장 유치 가능성 및 그 기간 등을 전체적·실질적으로 고찰하면 원심이 선고한 형은 제1심이 선고한 형보다 무거워 피고인에게 불이익하다."

(아) 몰수·추징과 불이익변경금지[4)]

(1) 상급심이 주형을 감경하였다면 부가형이 추가되더라도 불이익변경이 아니다(징역 1년 6월 집행유예 3년의 형·징역 1년 선고유예·벌금 40,000,000원과 금 16,485,250원 추징의 모두 선고유예 사안) "피고인에 대하여 제1심이 징역 1년 6월에 집행유예 3년의 형을 선고하고, 이에 대하여 피고인만이 항소(불이익변경금지작동!)하였는데, 환송 전 원심은 제1심판결을 파기하고 징역 1년 형의 선고를 유예하였다. 이에 대하여 피고인만이 상고(불이익변경금지작동!)하여 대법원이 원심판결을 파기하고 사건을 원심에 환송하자, 환송 후 원심은 제1심판결을 파기하고, 벌금 40,000,000원 형과 금 16,485,250원 추징의 선고를 모두 유예하였다. 환송 후 원심이 제1심이나 환송 전 원심보다 가볍게 그 주형을 징역 1년 6월 형의 집행유예 또는 징역 1년 형의 선고유예에서 벌금 40,000,000원 형의 선고유예로 감경한 점에 비추어, 그 선고를 유예한 금 16,485,250원의 추징을 새로이 추가하였다고 하더라도, 전체적·실질적으로 볼 때 피고인에 대한 형이 제1심판결이나 환송 전 원심판결보다 불이익하게 변경되었다고 볼 수는 없다."(대법원 1998.3.26. 선고 97도1716 전원합의체 판결⇨본서 **11.7**번 판례)

(2) 상급심이 주형을 감형하고 추징액을 증액(제1심이 징역 2년에 집행유예 3년 및 금 5억여 원을 추징하였는데 항소심에서 징역 1년에 집행유예 2년 및 금 6억여 원 추징으로 변경)**한 사안** "항소심에서 주형을 감형하면서 추징액을 증액한 경우 불이익변경금지원칙에 반하지 않는다."(대법원 1998.5.12. 선고 96도2850 판결)

(3) 상급심이 추징을 몰수형으로 변경(제1심판결이 추징을 선고하였는데 항소심이 동액상당의 몰수로 변경) "형식적으로 보면 제1심이 선고하지 아니한 전혀 새로운 형을 선고하는 것으로 보일지 모르나, 추징은 몰수할 물건의 전부 또는 일부를 몰수하지 못할 때 몰수에 갈음하여 그 가액의 납부를 명하는 처분으로서, 실질적으로 볼 때 몰수와 표리관계에 있어 차이가 없고, 형법 제134조나 공무원범죄에 관한 몰수특례법 소정의 필요적 몰수와 추징은 어느 것이나 공무원이 뇌물수수 등 직무관련범죄로 취득한 부정한 이익을 계속 보유하지 못하게 하는 데 그 목적이 있으므로, 항소심이 몰수의 가능성에 관하여 제1심과 견해를 달리하여 추징을 몰수로 변경하더라도, 그것만으로 피고인의 이해관계에 실질적 변동이 생겼다고 볼 수는 없으며, 따라서 이를 두고 형이 불이익하게 변경되는 것이라고 보아서는 안 된다."(대법원 2005.10.28. 선고 2005도5822 판결)

(자) 병합과 불이익변경금지[5)]

(1) [사안] 부동산강제집행효용침해죄에 대하여 벌금 200만 원의 약식명령을 고지받자 피고인이 정식재판을 청구하고, 제1심이 위 사건에 별건으로 기소된 공무상표

---

4) 심준보, 몰수·추징과 불이익변경금지의 원칙(대법원 2005.10.28. 선고 2005도5822 판결), 『해설』 통권 제59호, 462면 이하 참조.

5) 임동규, 사건의 병합과 불이익변경금지의 원칙, 『형사판례의 연구』 Ⅱ(이재상교수화갑기념논문집), 432면 이하; 맹현무, 병합과 불이익변경금지, 광주지방법원 재판실무연구(2005), 57면 이하 참조.

시무효죄의 사건을 병합심리한 후 D에게 전부 무죄를 선고하였다. 검사가 항소하였다. 항소심이 제1심판결을 파기하고 위 각 죄를 모두 유죄로 인정한 다음 경합범으로 처단하면서 벌금 300만 원을 선고하였다.

[판지] "D가 약식명령에 대하여 정식재판을 청구한 사건에서 항소심이 다른 사건(공무상표 시무효죄)을 병합심리한 후 경합범으로 처단하면서 약식명령의 형량보다 중한 형을 선고한 것은 형사소송법 제457조의2가 규정하는 불이익변경금지의 원칙에 어긋나지 아니한다."(대법원 2003.5.13. 선고 2001도3212 판결)[6)]

(2) "제1심에서 별개의 사건으로 징역 1년에 집행유예 2년과 추징금 1천만 원 및 징역 1년 6월과 추징금 1백만 원의 형을 선고받고 항소한 피고인에 대하여 항소심이 사건을 병합심리한 후 경합범으로 처단하면서 제1심의 각 형량보다 중한 형인 징역 2년과 추징금 1,100만 원을 선고한 것이 불이익변경금지의 원칙에 어긋나지 아니한다." (대법원 2001.9.18. 선고 2001도3448 판결)

(3) "피고인이 약식명령에 대하여 정식재판을 청구한 사건과 기소된 다른 사건을 병합하여 심리한 결과 형법 제37조 전단의 경합범 관계에 있어 하나의 벌금형으로 처단하는 경우에는 약식명령에서 정한 벌금형보다 중한 벌금형을 선고하더라도 형사소송법 제457조의2에 정하여진 불이익변경금지의 원칙에 어긋나는 것이 아니다."(대법원 2004.8.20. 선고 2003도4732 판결).

(차) 하나의 판결에서 여러 개의 주문으로 형을 선고한 경우에 불이익한지 여부의 판단기준이 되는 '형'은 '주형'이다

"제1심에서 여러 개의 범죄사실을 실체적 경합범으로 보아 1개의 형(징역 4년)을 선고하였는데 항소심에서 형법 제37조 후단의 경합범으로 보아 3개의 주문(징역 1년, 징역 1년, 징역 6월)을 선고한 경우에 상급심이 주형부분에서 그 형기를 감축(2개의 형을 합해도 2년 6월이므로 감축이라고 말할 수 있다: 저자 주)하고 있다면 주문이 3개로 나뉘어 선고된 사실만으로 피고인에게 불이익하게 되었다고 할 수 없다." (대법원 1988.7.26. 선고 88도936 판결)

---

6) 신용석, 부동산강제집행효용침해죄의 객체에 퇴거집행된 부동산을 포함하는지 여부 및 피고인이 약식명령에 대하여 정식재판을 청구한 사건에서 다른 사건을 병합심리한 후 경합범으로 처단하면서 약식명령의 형량보다 중한 형을 선고한 것이 불이익변경금지의 원칙에 어긋나는지 여부, 『해설』 45호(2004), 622면 이하; 대법원 2001.9.18. 선고 2001도3448 판결; 대법원 2004.8.20. 선고 2003도4732 판결도 같은 취지이다.

11.9

재심사유인 '증거의 신규성과 명백성'

대법원 2009.7.16.자 2005모472 전원합의체 결정

I 사 안

D는 '위험한 물건을 휴대하여 V(21세, 女)를 강간'한 혐의(성폭법 제6조 제1항)로 기소되어 항소심에서 유죄를 선고받고 그 판결이 확정되었다. D는 "확정된 유죄판결은 '범인이 무정자증'임을 전제로 하고 있는데 판결이 확정된 후에 D(재심청구인)는 '정액검사결과 무정자증이 아니라는 증거'를 제출하면서 유죄판결을 선고한 법원에 재심을 청구하였다. 재심대상판결을 선고한 법원은 "㉮ 위 정액검사결과는 재심대상판결의 소송절차에서 제출할 수 없었던 증거라고 볼 수 없을 뿐 아니라 ㉯ 무죄를 인정할 명백한 증거라고 보기 어렵다"며 "재심사유가 존재하지 않는다"고 판단하여 결정으로 재심청구를 기각[1]하였다. D는 대법원에 재항고[2]하였다. D가 재심사유로 내세우고 있는 증거(자신이 무정자증이 아니라는 위 정액검사결과)와 유기적으로 밀접하게 관련되는 증거로는 재심대상인 확정판결의 사실인정에 기초가 된 증거들 가운데 '국립과학수사연구소장의 감정의뢰회보'와 '검찰주사의 수사보고' 등이 있다. 위 감정의뢰회보의 내용은 'V의 체내에서 채취한 가검물(可檢物)에서 정액 양성반응이 나타났을 뿐 정자는 검출되지 않았다'는 것이고, 위 수사보고는 이러한 '감정의뢰회보에 비추어 범인은 무정자증으로 추정된다'는 것이다. 위 감정의뢰회보의 내용과 같이 정액 양성반응이 있으나 정자가 검출되지 않은 이유에는 무정자증 이외에도 채취한 가검물의 상태나 그 보존 과정 등에서의 여러 가지 요인에 의하여 정자가 소실되는 등의 다른 원인이 있을 수 있으므로, 위 감정의뢰회보만으로 범인이 반드시 무정자증이라고 단정할 수는 없다. 구증거 중 중요한 증거로 '범인의 침입 경로인 V의 주택 난간과 배관에서 채취된 지문이 D의 지문과 일치되고, D의 주거에서 범행에 사용된 것과 같은 종류의 도구가 발견'된 사실이 있다.

II 쟁 점

형사소송법 제420조 제5호 소정의 '무죄를 인정할 명백한 증거'가 '새로 발견된 때'의 의미

---

1) **제434조**(동전) ① 재심의 청구가 이유없다고 인정한 때에는 결정으로 기각하여야 한다.
② 전항의 결정이 있는 때에는 누구든지 동일한 이유로써 다시 재심을 청구하지 못한다.

2) **제415조**(재항고) **항고법원 또는 고등법원의 결정**에 대하여는 **재판에 영향**을 미친 헌법·법률·명령 또는 규칙의 위반이 있음을 이유로 하는 때에 한하여 대법원에 즉시항고를 할 수 있다.

III
재판요지
(재항고기각)

형사소송법 제420조 제5호(이하 '5호'라고 한다)는 재심사유 가운데에서도 판결확정 후 새로운 증거의 출현을 내용으로 하는 이른바 **신규형 재심사유**로서, 첫째로 '새로운 증거가 발견되었을 것'(증거의 신규성)과 둘째로 새로 발견된 증거가 '무죄 등을 인정할 명백한 증거에 해당할 것'(증거의 명백성) 등을 그 요건으로 한다.

ⓐ 5호에서 무죄 등을 인정할 '증거가 새로 발견된 때'라 함은 '재심대상이 되는 확정판결의 소송절차에서 **발견**되지 못하였거나 또는 발견되었다 하더라도 **제출**할 수 없었던 증거로서 이를 새로 발견하였거나 비로소 제출할 수 있게 된 때'를 말한다. ⓑ **증거의 신규성을 누구를 기준으로 판단할 것인지**에 대하여 5호가 그 범위를 제한하고 있지 않으므로 그 대상을 법원으로 한정할 것은 아니다. ⓒ 그러나 재심은 당해 심급에서 또는 상소를 통한 신중한 사실심리를 거쳐 확정된 사실관계를 재심사하는 예외적인 비상구제절차이므로, D가 판결확정 전 소송절차에서 제출할 수 있었던 증거까지 거기에 포함된다고 보게 되면, 판결의 확정력이 D가 선택한 증거제출시기에 따라 손쉽게 부인될 수 있게 되어 형사재판의 법적 안정성을 해치고, 헌법이 대법원을 최종심으로 규정한 취지에 반하여 제4심으로서의 재심을 허용하는 결과를 초래할 수 있다. 따라서 **D가 재심을 청구한 경우 재심대상이 되는 확정판결의 소송절차 중에 그러한 증거를 제출하지 못한 데에 과실이 있는 경우에는 그 증거는 5호에서의 '증거가 새로 발견된 때' 에서 제외된다**(절충설)고 해석함이 상당하다[3](대법원 1963.10.31.자 63로6 결정, 대법원 1966.6.11.자 66모24 결정, 대법원 1987.2.11.자 86모22 결정, 대법원 1995.11.8.자 95모67 결정, 대법원 1997.1.16.자 95모38 결정, 대법원 1999.8.11.자 99모93 결정 등 참조).

ⓓ 또한, '무죄 등을 인정할 명백한 증거'에 해당하는지 여부를 판단할 때에는 법원으로서는 새로 발견된 증거만을 독립적·고립적으로 고찰하여 그 증거가치만으로 재심의 개시 여부를 판단할 것이 아니라, 재심대상이 되는 확정판결을 선고한 법원이 사실인정의 기초로 삼은 증거들 가운데 새로 발견된 증거와 유기적으로 밀접하게 관련되

3) [별개의견] "재심사유로 재심을 청구하는 것은 오로지 유죄의 확정판결을 선고받은 자의 이익을 위하여서만 허용되는 것이고, 그 재심청구의 내용은 피고인을 유죄로 선고한 사실인정에 대한 재심사를 구하는 것이며, 그러한 사실인정은 재심대상판결을 한 법원이 그 당시까지 제출된 증거자료에 의하여 확인된 내용을 기초로 하여 이루어진 것이라는 점을 감안한다면, 이 사건 조항에서 말하는 '새로 발견된' 증거인지 여부는 재심대상인 확정판결의 소송절차에서 법원이 유죄의 사실인정을 하면서 그 기초로 삼은 증거자료에 의하여 인식하였던 내용과 다른 것인지 여부를 기준으로 하여 결정되어야 한다. 피고인이 종전 소송절차에서 발견하여 제출할 수 있었음에도 고의 또는 과실로 제출하지 못한 귀책사유가 있다는 이유로 더 이상 새로운 증거로 제출할 수 없다고 해석한다면, 이는 피고인이 종전 소송절차에서 그러한 증거를 제출할 책임이 있음에도 이를 게을리하였으므로 새로운 증거로 제출할 권리가 없다는 **실권효를 인정하는 셈이 되고, 이는 형사소송에서의 증명책임의 법리를 정면으로 부정하는 것**이고 판결의 확정력을 배제하는 이 사건 조항의 규정취지와 어긋나는 것이 되어 받아들일 수 없다. D가 이 사건 조항 소정의 재심사유에 해당한다고 주장하는 자신에 대한 정액검사결과는 재심대상판결이 확정된 후에 발견된 증거로서 법원에 대하여 새롭다고 할 것이므로 이 사건 조항에서의 '증거가 새로 발견된 때'에 해당한다."

고 모순되는 것들은 함께 고려하여 평가하여야 하고, ⓔ 그 결과 단순히 재심대상이 되는 유죄의 확정판결에 대하여 그 **정당성이 의심되는 수준을 넘어 그 판결을 그대로 유지할 수 없을 정도로 고도의 개연성이 인정되는 경우**라면 그 새로운 증거는 5호에서의 '명백한 증거'에 해당한다.[4] 만일 법원이 새로 발견된 증거만을 독립적·고립적으로 고찰하여 명백성 여부를 평가·판단하여야 한다면, 그 자체만으로 무죄 등을 인정할 수 있는 명백한 증거가치를 가지는 경우에만 재심 개시가 허용되어 재심사유가 지나치게 제한될 것인바, 이는 새로운 증거에 의하여 이전과 달라진 증거관계 하에서 다시 살펴 실체적 진실을 모색하도록 하기 위해 '무죄 등을 인정할 명백한 증거가 새로 발견된 때'를 재심사유의 하나로 정한 재심제도의 취지에 반하기 때문이다.

이와 달리 새로 발견된 증거의 증거가치만을 기준으로 하여 '무죄를 인정할 명백한 증거'인지 여부를 판단한 대법원 1990.11.5.자 90모50 결정, 대법원 1991.9.10.자 91모45 결정, 대법원 1999.8.11.자 99모93 결정 등은 위 법리와 저촉되는 범위 내에서 이를 변경하기로 한다.

원심결정 이유를 위 법리에 비추어 살펴보면, 원심은, 첫째 ① 무죄를 인정할 '증거가 새로 발견된 때'에 해당하는지를 판단하는 데에 있어서 먼저 D가 무정자증이 아니라는 증거가 재심대상판결의 소송절차에서 발견되지 못한 것이었는지 여부를 살핀 다음, 그 당시 D가 그러한 증거를 발견하여 알고 있었는데도 '고의 또는 과실로 이를 제출하지 아니한 경우'에 해당된다고 인정될 때 이를 5호에서 정한 재심사유가 되는 신규성 있는 증거로 볼 수 없다고 판단하였어야 할 것인바, 위 정액검사결과가 그 소송절차에서 발견되지 못한 것이었는지를 살펴보지도 아니한 채 만연히 제출할 수 없었던 증거에 해당하지 않는다고 판단한 원심결정에는 5호에서 정한 증거의 신규성 요건에 관한 법리를 오해한 나머지 그 발견 여부 및 제출하지 못한 데 대한 D의 고의·과실 여부 등에 관한 심리를 다하지 아니한 잘못이 있다. 둘째(②), '무죄 등을 인정할 명백한 증거'에 해당하는지는 재심대상판결을 선고한 법원이 사실인정의 기초로 삼은 증거들 중에서 위 **정액검사결과와 유기적으로 밀접하게 관련되고 모순되는 증거들은 함께 고려하여 평가**하여야 할 것임에도, 이와 달리 원심이 그러한 증거들을 제쳐 두고 위 정

4) ⓓ와 ⓔ 부분이 판례변경 부분, 그러나 여전히 소극적이고 보수적이다. 보다 진취적인 견해는 [별개의견] "'무죄 등을 인정할 명백한 증거'에 해당하는지 여부를 판단할 때 고려하여야 할 구증거의 평가범위를 다수의견과 같이 제한할 것이 아니라 새로 발견된 증거와 재심대상인 확정판결이 그 사실인정에 채용한 모든 구증거를 함께 고려하여 종합적으로 평가·판단하는 것이 옳다. 그러나 D가 제출한 위 정액검사결과는 D가 무정자증이 아니라는 사실을 인정할 수 있는 자료에 불과하고, 이 사건 재심대상판결이 그 사실인정에 채용한 구증거 또는 그에 의하여 인정되는 사정들, 즉 범인의 침입 경로인 V의 주택 난간에서 채취된 지문이 D의 지문과 일치되고, D의 주거에서 범행에 사용된 것과 같은 종류의 도구가 발견되었다는 점 등을 종합하면, 이 사건은 이들 증거 등을 위 정액검사결과와 함께 종합적으로 평가하여 보더라도 유죄의 확정판결을 그대로 유지할 수 없을 정도로 고도의 개연성이 인정되는 경우에 해당한다고 볼 수 없다."

액검사결과의 증거가치만을 기준으로 증거의 명백성 여부를 판단한 것은 잘못이다.

D가 재심사유로 내세우고 있는 증거(자신이 무정자증이 아니라는 위 정액검사결과)와 **유기적으로 밀접하게 관련되는 증거**로는 재심대상인 확정판결의 사실인정에 기초가 된 증거들 가운데 '국립과학수사연구소장의 감정의뢰회보'와 '검찰주사의 수사보고' 등이 있는바, 위 감정의뢰회보의 내용은 'V의 체내에서 채취한 가검물(可檢物)에서 정액 양성반응이 나타났을 뿐 정자는 검출되지 않았다'는 것이고, 위 수사보고는 이러한 '감정의뢰회보에 비추어 범인은 무정자증으로 추정된다'는 것인데, 위 감정의뢰회보의 내용과 같이 정액 양성반응이 있으나 정자가 검출되지 않은 이유에는 무정자증 이외에도 채취한 가검물의 상태나 그 보존 과정 등에서의 여러 가지 요인에 의하여 정자가 소실되는 등의 다른 원인이 있을 수 있으므로, 위 감정의뢰회보만으로 범인이 반드시 무정자증이라고 단정할 수는 없고, 여러 가지 가능성 중의 하나로서 단순히 추측하는 내용에 불과한 위 수사보고 역시 별다른 증거가치를 인정할 수 없다. D가 무정자증이 아니라는 사실을 인정할 수 있는 자료에 불과한 위 정액검사결과는 위 증거들을 함께 고려하더라도 이 사건 재심대상판결을 그대로 유지할 수 없을 정도로 고도의 개연성이 인정되는 증거가치를 가지지 못하므로, 결국 이 사건에서 무죄를 인정할 명백한 증거에는 해당하지 않는다.

따라서 '원심이 D에 대한 위 검사결과가 형사소송법 제420조 제5호 소정의 재심사유에 해당하지 않는다'고 판단한 것은 **결론에 있어서 정당**하다.

IV 분석과 해설

(가) 문제의 제기

'유죄의 선고를 받은 자에 대하여 무죄 또는 면소를, 형의 선고를 받은 자에 대하여 형의 면제 또는 원판결이 인정한 죄보다 경한 죄를 인정할 명백한 증거가 새로 발견된 때'에는 유죄의 확정판결에 대한 재심을 청구할 수 있다(법 제420조 제5호).

재심은 유죄의 확정판결에 대하여 주로 사실인정의 부당을 구제하려고 마련된 비상구제절차(이 점에서 비상상고와 구별된다)이고, 확정재판에 대한 비상구제절차라는 점에서 상소와 구별된다.

재심절차는 재심청구의 이유유무를 심사하여 그것이 이유 있다고 판단될 때 재심개시결정을 하는 단계와 재심개시결정이 확정된 사건에 대하여 재심의 심판을 하는 단계로 구성된다(2단계 구조). 일제강점기에는 피고인에게 불이익한 재심도 허용되었지만 현행법은 이중처벌을 금지하는 헌법정신을 이어받아 피고인에게 이익되는 방향의 재심만 허용한다.

재심이유(재심청구의 이유, 재심개시결정의 이유)가 되는 사유는 형사소송법 제420조와 제421조에 열거되어 있다. 그 중에서 특히 문제가 되는 것이 법 제420조 제5호의 재심사유이다. '새로 발견된 때'라 함은 어떤 경우를 의미하는가 하는 문제가 증거의 신규성 문제이고 '명백한 증거'란 어느 정도를 요구하며 또 이를 어떻게 판단할 것인가 하는 문제가 증거의 명백성 문제이다.

(나) 신규성의 문제

원판결 후에 발견된 증거가 새로운 증거임에는 의문의 여지가 없다. 원판결 당시 존재하였으나 원판결 후에 발견된 증거도 새로운 증거로 인정될 수 있다. 신규성의 문제는 '누구에게' 새로운 증거이어야 하는가[5] 하는 점에 중점이 있다. 법원에 새로우면 족한가 아니면 당사자에게도 새로운 증거이어야 하는가가 문제된다. 전자의 입장에 서면 유죄판결 선고에 귀책사유 있는 피고인에게 재심청구를 허용하여 금반언(禁反言)원칙에 위배될 소지가 있다. 종래의 판례는 피고인에 대한 신규성을 엄격히 요구하지는 않지만 '피고인이 고의 또는 과실로 제출하지 않은 증거에 대하여는 신규성을 부정'[6]하는 절충설의 입장을 취하고 있다. 2009년의 본판결도 종래의 판례의 입장을 그대로 견지하고 있다.[7] 그러나 재심의 존재의의는 '무고(無辜)의 구제를 통한 정의의 회복'에 두어야 할

5) 예를 들어 진범의 몸받이가 되어 유죄판결을 받은 자가 재판확정 후 '자신은 몸받이'라고 주장하면서 재심을 신청하는 경우 신증거를 '법원에 새로우면 족'하다고 해석하면 재심개시를 허용하여야 하고 신증거를 '당사자에게도 새로워야 한다'고 해석하면 재심개시를 허용할 수 없게 된다.

6) "원심판시는 다소 설명이 부족한 점이 없지 아니하나, 결국 그 취지는 형사소송법 제420조 제5호의 '명백한 증거가 새로 발견된 때'라 함은 '확정판결을 뒤집을 만한 증거가치가 있는 증거가 있음을 피고인이 알았으나 과실 없이 확정판결 전에 제출할 수 없었거나, 또는 그 증거가 있음을 알지 못하고 있다가 판결 이후에 새로 발견한 경우를 말한다'고 할 것인바 청구인이 제출한 각 증거는 모두 위 요건을 구비한 것이 아니므로 본건 재심청구를 기각한다는 제1심 판단을 유지한 취지라고 할 것이고, 그 판단에 아무런 위법도 없다."[대법원 1966.6.11.자 66모24(재심청구기각결정에 대한 재항고결정)]

7) "ⓐ 5호에서 무죄 등을 인정할 '증거가 새로 발견된 때'라 함은 '재심대상이 되는 확정판결의 소송절차에서 **발견**되지 못하였거나 또는 발견되었다 하더라도 **제출**할 수 없었던 증거로서 이를 새로 발견하였거나 비로소 제출할 수 있게 된 때'를 말한다. ⓑ **증거의 신규성을 누구를 기준으로 판단할 것인지**에 대하여 5호가 그 범위를 제한하고 있지 않으므로 그 대상을 법원으로 한정할 것은 아니다. ⓒ 그러나 재심은 당해 심급에서 또는 상소를 통한 신중한 사실심리를 거쳐 확정된 사실관계를 재심사하는 예외적인 비상구제절차이므로, D가 판결확정 전 소송절차에서 제출할 수 있었던 증거까지 거기에 포함된다고 보게 되면, 판결의 확정력이 D가 선택한 증거제출시기에 따라 손쉽게 부인될 수 있게 되어 형사재판의 법적 안정성을 해치고, 헌법이 대법원을 최종심으로 규정한 취지에 반하여 제4심으로서의 재심을 허용하는 결과를 초래할 수 있다. 따라서 **D가 재심을 청구한 경우 재심대상이 되는 확정판결의 소송절차 중에 그러한 증거를 제출하지 못한 데에 과실이 있는 경우에는 그 증거는 5호에서의 '증거가 새로 발견된 때'에서 제외된다**(절충설)고 해석함이 상당하다(대법원 1963.10.31.자 63로6 결정, 대법원 1966.6.11.자 66모24 결정, 대법원 1987.2.11.자 86모22 결정, 대법원 1995.11.8.자 95모67 결정, 대법원 1997.1.16.자 95모38 결정, 대법원 1999.8.11.자 99모93 결정 등 참조)."[대법원 2009.7.16. 자 2005모472 전원합의체 결정(재심기각결정에 대한 재항고)]

것이므로 전자로 새겨야 할 것이다.[8] 피고인이 증거신청을 하였는데 법원이 기각한 경우에도 증거의 신규성을 인정하여야 할 것이다(이재상, 759). 또 형벌에 관한 법령이 당초부터 헌법에 위배되어 법원에서 위헌·무효라고 선언한 때에도 역시 이에 해당한다(대법원 2013.4.18. 자 2010모363 결정).

(다) 명백성의 문제

(1) 명백성의 판단기준에 대한 견해의 현황 종래 ㉠ 신증거만으로도 원래의 확정판결을 뒤집을 수 있는 증거임을 요하고(고립평가설), 또한 그 판단을 함에는 '의심스러울 때는 피고인의 이익으로'의 원칙이 적용되지 아니한다고 보는 보수적인 견해가 통용되어 왔으나, ㉡ 신증거와 기존의 전증거를 합체시켜 평가하여 판단하여야 하며(종합평가설, 재평가설), 또한 ㉢ 그 판단을 함에는 '의심스러울 때는 피고인의 이익으로'의 원칙이 적용되어야 한다는 자유주의적인 견해가 새롭게 대두하고 있다.

(2) 2009년의 본판결에 대한 논평 종래의 판례는 증거의 신규성과 명백성을 엄격히 해석하여 좀처럼 재심을 허용하지 않는 태도를 보여 왔다. 증거의 신규성과 명백성을 엄격히 해석하려는 태도는 문리해석에 충실한 태도이지만 그 배후에는 확정판결의 '법적 안정성'을 추구하려는 목표가 잠재되어 있다. 그런데 근래에 이르러 재심제도에 대한 새로운 이해를 바탕으로 증거의 신규성과 명백성의 요건을 완화하여 해석함으로써 재심의 가능성을 좀 더 넓히려는 견해들이 유력하게 대두되고 있다. 대법원 1995.11.8. 선고 95모67 판결의 제1심과 항소심은 명백성 판단의 영역에서 ㉡의 입장(종합평가설, 재평가설)을 취하여 자유주의적인 움직임을 보여주고 있다. 이런 움직임의 배후에는 '어느 확정재판이 오판(誤判)'임을 주장하는 사람들의 호소사례가 늘어나고 있고 그들의 주장을

---

8) "재심사유로 재심을 청구하는 것은 오로지 유죄의 확정판결을 선고받은 자의 이익을 위하여서만 허용되는 것이고, 그 재심청구의 내용은 피고인을 유죄로 선고한 사실인정에 대한 재심사를 구하는 것이며, 그러한 사실인정은 재심대상판결을 한 법원이 그 당시까지 제출된 증거자료에 의하여 확인된 내용을 기초로 하여 이루어진 것이라는 점을 감안한다면, 이 사건 조항에서 말하는 '새로 발견된' 증거인지 여부는 재심대상인 확정판결의 소송절차에서 법원이 유죄의 사실인정을 하면서 그 기초로 삼은 증거자료에 의하여 인식하였던 내용과 다른 것인지 여부를 기준으로 하여 결정되어야 한다. 피고인이 종전 소송절차에서 발견하여 제출할 수 있었음에도 고의 또는 과실로 제출하지 못한 귀책사유가 있다는 이유로 더 이상 새로운 증거로 제출할 수 없다고 해석한다면, 이는 피고인이 종전 소송절차에서 그러한 증거를 제출할 책임이 있음에도 이를 게을리하였으므로 새로운 증거로 제출할 권리가 없다는 **실권효를 인정하는 셈이 되고, 이는 형사소송에서의 증명책임의 법리를 정면으로 부정**하는 것이고 판결의 확정력을 배제하는 이 사건 조항의 규정취지와 어긋나는 것이 되어 받아들일 수 없다."(2005모472 전원합의체 결정의 별개의견)

무시할 수 없는 재판절차의 결함을 솔직히 인정하여야 한다' 는 가치판단이 작용하고 있다.

2009년 판결은 판단자료에 대하여 ⓐ 종래의 독립평가설을 변경하여 ㉡의 입장(종합평가설, 재평가설)을 취하였다. 그러나 2009년 판결은 ⓑ 종합평가의 대상을 "재심대상이 되는 확정판결을 선고한 법원이 사실인정의 기초로 삼은 증거들 가운데 새로 발견된 증거와 유기적으로 밀접하게 관련되고 모순되는 것들"에 한정하고, 명백성의 정도에 대하여는 ⓒ 단순히 재심대상이 되는 유죄의 확정판결에 대하여 그 정당성이 의심되는 수준을 넘어 그 판결을 그대로 유지할 수 없을 정도로 고도의 개연성이 인정될 것을 요구(이른바 엄격설[9])하여, ㉢ 명백성 판단에 있어 '의심스러울 때는 피고인의 이익으로' 의 원칙의 적용(이른바 완화설)을 부정하고 있다. 이 견해는 여전히 매우 소극적이어서 재심제도가 '오판의 구제' 역할을 하는 데 의미 있는 기여를 할 것 같지 않다. 재심제도가 '오판의 구제' 역할을 하도록 도모하려면 명백성 판단에서도 ㉡[10], ㉢[11]의 입장을 취하는 방향으로 나아갈 필요가 있다.

(라) 재심의 존재의의를 어떻게 볼 것인가

(1) 종래의 전통적인 견해 종래의 판례는 재심을, 확정판결의 법적 안정성(실체적 확정력과 재판의 권위)과 사실오인의 시정을 통한 구체적 정의(실체적 진실, 오판의 시정에 의한 재판의 권위 회복)의 모순 해소로 파악하되 전자의 요청을 보다 중시하여 왔다. 이 입장은, '판결이 분쟁의 공권적 해결에 있다'는 취지에서 볼 때 법적 안정성을 쉽사리 해침은 바람직하지 않지만 확정판결에 현저한 흠이 있는 경우에는 엄격한 요건 하에서 그 구제를 인정하여야 한다고 본다. 요컨대 이 견해는 '확정판결이 정의감에 비추어 용납될 수 없을 정도로 허위임이 인정되는 경우에만 법적 안정성과 법적 평온을 위태롭게 하지 않는 범위 안에서 실질적 정의를 실현하고자 하는 제도'가

9) 김태업, 형사소송법 제420조 제5호의 재심사유에서 증거의 신규성과 명백성, 『사법』 제11호 (2010.3.), 331면.

10) "'무죄 등을 인정할 명백한 증거'에 해당하는지 여부를 판단할 때 고려하여야 할 구증거의 평가 범위를 다수의견과 같이 제한할 것이 아니라 **새로 발견된 증거와 재심대상인 확정판결이 그 사실인정에 채용한 모든 구증거를 함께 고려하여 종합적으로 평가·판단**하는 것이 옳다."(2005모472 전원합의체 결정의 별개의견)

11) 권오걸, 재심개시사유로서의 증거의 신규성과 명백성의 의미와 판단방법[『형사법연구』 22권 1호 (2010 봄), 155]은 '의심스러울 때는 피고인의 이익으로'의 원칙의 적용은 지나치지만 적어도 '확정판결의 사실인정에 대하여 진지한 의문(ernstliche Zweifeln)'이 제기될 수 있으면 명백성을 인정하여야 한다는 절충적 입장을 주장하고 있다.

재심이라고 파악하는 셈이다.

(2) 새로운 견해 새로운 견해는 재심을 '무고(無辜, 죄가 없음)한 사람을 구제하기 위한 인권보장상의 제도'로 파악하고, 재심의 적용범위를 확대하여야 한다는 입장을 보이고 있다. 이 견해는 종래의 전통적인 견해와 같이 재심을 '법적 안정성과 정의의 이념 사이의 조화의 문제로 이해함은 피고인의 이익 재심만을 인정하고 있는 형사소송법의 해석상 너무 소극적인 해석'이라고 비판한다. 이 입장은 재심을 '공정한 재판을 받을 피고인의 헌법상의 권리에 기초를 두고 무고한 사람의 구제를 이념으로 하는 인권옹호의 최후의 보루 혹은 적법절차(due process)의 제도'로 파악할 것을 주장한다. 이 견해는 재심을 '특수한 경우의 예외적 구제수단'이 아니라 '피고인을 위한 일반적인 구제수단'(제4심)으로 볼 것을 제안하고 따라서 보다 넓게 재심을 허용하는 방향으로 규정을 확대해석하여 제도를 운용하여야 한다[12]고 주장한다.

(마) 기타 관련 판례들

(1) 공범자에 대한 무죄판결 "당해 사건의 증거가 아니고 공범자 중 1인에 대하여 무죄, 다른 1인에 대하여 유죄의 확정판결이 있는 경우에 무죄확정판결 자체만으로는 무죄확정판결의 증거자료를 자기의 증거로 하지 못하였고 또 새로 발견된 것이 아닌 한 유죄확정판결에 대한 새로운 증거로서의 재심사유에 해당한다고 할 수 없는바 이건 재심사유에 의하면, 재항고인이 상소를 하지 아니한 탓으로 이 사건에서 유죄의 확정판결을 받았고 공범자들은 상소함으로써 재항고인을 유죄로 한 같은 자료로 인정된 같은 사실이 국가보위에 관한 특별조치법 제9조 제1항의 단체행동권을 행사한 경

12) "재심이란 유죄의 확정판결에 대하여 중대한 사실오인이나 그 오인의 의심이 있는 경우에, 판결을 받은 자의 이익을 위하여 판결의 부당함을 시정하는 비상구제절차이다. 확정판결에 대한 비상구제절차라는 점에서, 미확정재판에 대한 불복신청제도인 상소와 구별된다. 또한 사실오인을 시정하기 위한 비상구제절차라는 점에서, 법령위반을 이유로 하고 청구권자가 검찰총장에 제한되며 판결의 효력도 원칙적으로 피고인에게 미치지 아니하는 비상상고와 구별된다. 재심은 형사소송에서 법적 안정성과 정의가 충돌하는 경우에, 정의를 위하여 판결의 확정력을 제거하는 가장 중요한 경우라고 할 수 있다. 물론 일단 확정된 재판을 쉽사리 깨뜨리는 것은 법적 안정성을 깨뜨리는 것이고, 재판에 대한 국민의 신뢰를 동요시키고 저하시킬 염려가 있다. 그러나 판결이 정의감에 비추어 용납될 수 없을 정도로 허위임이 인정되는 경우에, 법적 안정성과 법적 평온을 위태롭게 하지 않는 범위 안에서, 실질적 정의를 실현시키고자 하는 제도가 바로 재심이라 할 수 있다. 이에 대하여, 피고인의 이익재심만을 인정하고 있는 현행 형사소송법의 해석상 재심은 공정한 재판을 받을 피고인의 헌법상의 권리에 기초를 두고 무고한 사람의 구제를 이념으로 하는 인권옹호의 최후의 보루 내지 적법절차(due process)상의 제도로 파악하지 않으면 안된다는 새로운 견해(강구진, 형사소송법원론, 593면)가 대두하고 있다." (김영현, 형사재심절차, 『사법연구자료』 19(1992.05.), 455면 이하; 윤재우, 「형사재심제도에 관한 연구」 참조). 이 견해의 배후에는 재심을 무고한 사람을 구제하기 위한 인권보장제도로 파악함으로써 재심의 적용범위를 확대하여야 한다는 문제의식이 잠재해 있다.

우에 해당하지 아니한다는 이유로 무죄의 선고를 받은 확정판결이 재심사유에 해당한다는 것이니, 그 확정판결의 증거가 아닌 확정판결 자체로서는 그 유죄의 확정판결에 대한 재심사유에 해당하는 새로운 증거라고 할 수 없으므로 같은 취지에서 한 원결정은 옳고 거기에 아무런 위법도 없다"(대법원 1984.4.13. 자 84모14 결정)

(2) 형사소송법 제420조 제7호의 의미 "형사소송법 제420조 제7호의 재심사유 해당 여부를 판단함에 있어 사법경찰관 등이 범한 직무에 관한 죄가 사건의 실체관계에 관계된 것인지 여부나 당해 사법경찰관이 직접 피의자에 대한 조사를 담당하였는지 여부는 고려할 사정이 아니다(대법원 2006.5.11.자 2004모16 결정 참조). 또한, 형사소송법상 재심절차는 재심개시절차와 재심심판절차로 구별되는 것이므로, 재심개시절차에서는 형사소송법에서 규정하고 있는 재심사유가 있는지 여부만을 판단하여야 하고, 나아가 재심사유가 재심대상판결에 영향을 미칠 가능성이 있는가의 실체적 사유는 고려하여서는 아니 된다"(대법원 2008.4.24. 자 2008모77 결정)

(3) 경합범의 일부에 대한 재심청구와 개시결정의 범위 "경합범 관계에 있는 수개의 범죄사실을 유죄로 인정하여 한 개의 형을 선고한 불가분의 확정판결에서 그 중 일부의 범죄사실에 대하여만 재심청구의 이유가 있는 것으로 인정된 경우에는 형식적으로는 1개의 형이 선고된 판결에 대한 것이어서 그 판결 전부에 대하여 재심개시의 결정을 할 수밖에 없지만, 비상구제수단인 재심제도의 본질상 재심사유가 없는 범죄사실에 대하여는 재심개시결정의 효력이 그 부분을 형식적으로 심판의 대상에 포함시키는 데 그치므로 재심법원은 그 부분에 대하여는 이를 다시 심리하여 유죄인정을 파기할 수 없고 다만 그 부분에 관하여 새로이 양형을 하여야 하므로 양형을 위하여 필요한 범위에 한하여만 심리를 할 수 있을 뿐이다. 재심사유가 없는 범죄사실에 관한 법령이 재심대상판결 후 개정·폐지된 경우에는 그 범죄사실에 관하여도 재심판결 당시의 법률을 적용하여야 하고 양형조건에 관하여도 재심대상판결 후 재심판결시까지의 새로운 정상도 참작하여야 하며, 재심사유 있는 사실에 관하여 심리 결과 만일 다시 유죄로 인정되는 경우에는 재심사유 없는 범죄사실과 경합범으로 처리하여 한 개의 형을 선고하여야 한다."(대법원 1996.6.14. 선고 96도477 판결)

(4) 재심이 개시된 사건에 적용할 법률 "재심이 개시된 사건에서 재심사유가 없는 범죄사실에 관한 법령이 재심대상판결 후 개정·폐지된 경우에는 그 범죄사실에 관하여도 재심판결 당시 법률을 적용하여야 하는데, 이러한 법리는 재심사유가 없지만 재심의 심판대상에 포함되는 재판 계속 중에 있는 보호감호 청구사건에 관한 법령이 재심대상판결 후 개정·폐지된 경우에도 마찬가지로 적용된다. 재심이 개시된 피고인에 대한 재심대상판결의 범죄사실 중 보호감호 청구원인사실인 상습사기죄에는 재심사유가 없으나, 그 근거 법률인 구 사회보호법(2005.8.4. 법률 제7656호로 폐지)이 재심대상판결 후 폐지된 사안

에서, 구 사회보호법 폐지법률(2005.8.4. 법률 제7656호) 시행 당시 재판 계속 중에 있는 보호감호 청구사건에 관하여는 청구기각 판결을 하도록 규정한 위 폐지법률 부칙 제3조에 따라 위 보호감호 청구가 기각되어야 한다."(대법원 2011.6.9. 선고 2010도13590 판결)

(5) 확정판결의 증거가 되었던 진술을 번복하는 진술은 명백한 증거인가(부정) "형사소송법 제420조 제5호에서 말하는 '무죄로 인정할 명백한 증거가 발견된 때'란 확정판결의 소송절차에서 발견되지 못하였거나 발견되었어도 제출할 수 없었던 증거로서, 증거가치에 있어 다른 증거에 비하여 객관적으로 우위성이 인정되는 증거를 말하는 것이므로 확정판결의 소송절차에서 이미 증거로 조사채택된 공동피고인이 확정판결 후 앞서의 진술내용을 번복함과 같은 것은 이에 해당하지 않는다."(대법원 1993.5.17.자 93모33 결정)

(6) 형사소송법 제420조 제2호의 '원판결의 증거된 증언, 감정, 통역 또는 번역이 확정판결에 의하여 허위인 것이 증명된 때'의 의미 "형사소송법 제420조 제2호 소정의 재심사유에 해당하기 위해서는 원판결의 증거된 증언이 확정판결에 의하여 허위인 것이 증명되어야 하는데, 여기에서 말하는 '원판결의 증거된 증언'이라 함은 원판결의 이유 중에서 증거로 채택되어 죄로 되는 사실(범죄사실)을 인정하는 데 인용된 증언을 뜻하므로(대법원 1987.4.23.자 87모11 결정 참조), 원판결의 이유에서 증거로 인용된 증언이 '죄로 되는 사실'과 직접 혹은 간접적으로 관련된 내용이라면 위 법조 소정의 '원판결의 증거된 증언'에 해당하고, 그 증언이 나중에 확정판결에 의하여 허위인 것이 증명된 이상 그 허위증언 부분을 제외하고서도 다른 증거에 의하여 그 '죄로 되는 사실'이 유죄로 인정될 것인지 여부에 관계없이 형사소송법 제420조 제2호 소정의 재심사유가 있다고 보아야 한다."(대법원 2012.4.13. 선고 2011도8529 판결)

(7) 효력이 상실된 유죄판결에 대하여 재심개시결정이 확정된 때의 재심절차 "형사소송법 제420조 본문에 의하면 재심은 유죄의 확정판결에 대하여 그 선고를 받은 자의 이익을 위하여 청구할 수 있다. 항소심의 유죄판결에 대하여 상고가 제기되어 상고심 재판이 계속되던 중 피고인이 사망하여 형사소송법 제382조, 제328조 제1항 제2호에 따라 공소기각결정이 확정되었다면 항소심의 유죄판결은 이로써 당연히 그 효력을 상실하게 되므로, 이러한 경우에는 형사소송법상 재심절차의 전제가 되는 '유죄의 확정판결'이 존재하는 경우에 해당한다고 할 수 없다. 그런데 피고인 등이 이와 같이 공소기각결정으로 효력을 상실한 항소심의 유죄판결을 대상으로 하여 재심을 청구한 경우, 법원이 일단 이를 대상으로 재심개시결정을 한 후 이에 대하여 검사나 피고인 등이 모두 불복하지 아니함으로써 재심개시결정이 확정된 때에는, 재심개시결정에 의하여 재심이 개시된 대상은 항소심의 유죄판결로 확정되고, 재심개시결정에 따라 재심절차를 진행하는 법원이 재심이 개시된 대상을 변경할 수는 없다. 그러나 이 경우 재심개시결정은 재심을 개시할 수 없는 항소심의 유죄판결을 대상으로 한 것이므로, 재심

개시결정에 따라 재심절차를 진행하는 법원으로서는 심판의 대상이 없어 아무런 재판을 할 수 없다."(대법원 2013.6.27. 선고 2011도7931 판결; 같은 취지의 대법원 2013.4.11. 선고 2011도10626 판결)

(8) 재심이 개시된 사건에서 형벌에 관한 법령이 당초부터 헌법에 위배되어 효력이 없는 법령에 대한 것인 때 "형벌에 관한 법령이 헌법재판소의 위헌결정으로 인하여 소급하여 그 효력을 상실하였거나 법원에서 위헌·무효로 선언된 경우, 당해 법령을 적용하여 공소가 제기된 피고사건에 대하여는 형사소송법 제325조에 따라 무죄를 선고하여야 한다. 나아가 재심이 개시된 사건에서 형벌에 관한 법령이 재심판결 당시 폐지되었다 하더라도 그 폐지가 당초부터 헌법에 위배되어 효력이 없는 법령에 대한 것이었다면 형사소송법 제325조 전단이 규정하는 '범죄로 되지 아니한 때'의 무죄사유에 해당하는 것이지, 형사소송법 제326조 제4호에서 정한 면소사유에 해당한다고 할 수 없다."(대법원 2013.5.16. 선고 2011도2631 전원합의체 판결; 같은 취지의 대법원 2013.4.18. 자 2011초기689 전원합의체 결정)

(9) 재심청구인이 재심 청구를 한 후 청구에 대한 결정이 확정되기 전에 사망한 경우, 재심청구절차가 종료하는지 여부 "형사소송법이나 형사소송규칙에는 재심청구인이 재심의 청구를 한 후 청구에 대한 결정이 확정되기 전에 사망한 경우에 재심청구인의 배우자나 친족 등에 의한 재심청구인 지위의 승계를 인정하거나 형사소송법 제438조와 같이 재심청구인이 사망한 경우에도 절차를 속행할 수 있는 규정이 없으므로, 재심청구절차는 재심청구인의 사망으로 당연히 종료하게 된다."(대법원 2014.5.30. 자 2014모739 결정)

11.10

비상상고의 사유

대법원 2011.2.24. 선고 2010오1, 2010전오1 판결

I 사 안

D는 구 성폭력범죄의 처벌 및 피해자보호 등에 관한 법률 위반(13세 미만 미성년자강간 등)의 피고사건과 부착명령사건으로 기소되었다. 제1심은 유죄로 인정하여 징역 3년에 집행유예 4년을 선고하고 피부착명령청구자에 대하여 보호관찰을 명하지 않고 3년간 위치추적 전자장치의 부착을 명하고 피부착명령청구자에 대하여 준수사항을 부과하였다. 검사가 항소하였다. 항소심은 제1심판결 중 피고사건 부분에 대한 검사의 항소를 기각하고, 부착명령사건 부분을 파기하여, 피부착명령청구자에 대하여 6년간 위치추적 전자장치의 부착을 명하고, 피부착명령청구자에 대하여 준수사항을 부과하였다. 항소심판결이 확정되었다. 검찰총장이 비상상고하였다.

II 쟁 점

(생략)

III 재판요지

[주 문] 원판결 및 제1심판결 중 부착명령사건 부분을 파기한다. 이 사건 부착명령 청구를 기각한다.

[이 유] "특정 범죄자에 대한 위치추적 전자장치 부착 등에 관한 법률 제28조 제1항에 '법원은 특정범죄를 범한 자에 대하여 형의 집행을 유예하면서 보호관찰을 받을 것을 명할 때에는 보호관찰기간의 범위 내에서 기간을 정하여 준수사항의 이행 여부 확인 등을 위하여 전자장치를 부착할 것을 명할 수 있다.'고 규정하고, 제9조 제4항 제4호에 '법원은 특정범죄사건에 대하여 선고유예 또는 집행유예를 선고하는 때(제28조 제1항에 따라 전자장치 부착을 명하는 때를 제외한다)에는 판결로 부착명령 청구를 기각하여야 한다.'고 규정하고 있으며, 제12조 제1항에 '부착명령은 검사의 지휘를 받아 보호관찰관이 집행한다.'고 규정하고 있다. 위 법률에 의하면 법원이 특정범죄를 범한 자에 대하여 형의 집행을 유예하면서 보호관찰을 받을 것을 명하는 때에만 전자장치를 부착할 것을 명할 수 있다. 그런데도 원판결 및 제1심판결이 피고인에 대하여 형의 집행을 유예하면서 보호관찰을 받을 것을 명하지 않은 채 전자장치를 부착할 것을 명한 것은 법령에 위반한 것으로서 피부착명령청구자에게 불이익한 때에 해당하므로, 형사소송법 제446조 제1호 단서에 의하여 원판결 및 제1심판결 중 부착명령사건 부분을 파기하고, 이 부분에

관하여 다시 판결하기로 한다.

이 사건 부착명령 청구 원인사실의 요지는, '피부착명령청구자는 13세 미만인 피해자를 2회에 걸쳐 강제추행하고, 수회에 걸쳐 피해자를 뒤쫓아가 쳐다본 자로서, 여자 미성년자를 뒤따라가 지켜보거나 신체부위를 만지는 방법으로 자신의 성적욕구를 해소하는 등 성폭력범죄의 습벽이 인정되고, 재범의 위험성이 있다'는 것인바, 부착명령 청구를 기각하여야 하므로, 원판결 및 제1심판결 중 부착명령사건 부분을 파기하고, 이 사건 부착명령 청구를 기각하기로 하여, 관여 대법관의 일치된 의견으로 주문과 같이 판결한다."

IV 분석과 해설

(가) 비상상고의 이유로서의 순수한 법령위반

비상상고의 이유는 어떤 사건의 '심판이 법령에 위반된 것'이다(법 제441조). 이 법령위반은 심리와 판결의 법령위반을 말하고 실체법과 절차법의 위반을 모두 포함한다. 실체법에 위반함이란 예를 들어 확정판결이 법정형을 초과하는 형을 선고한 경우이고, 절차법에 위반함이란 예를 들어 확정판결의 수소법원이 피고사건에 대하여 관할권이 없음에도 실체재판을 한 경우이다. 2011년 선고된 본 사안은 비상상고의 사유로서의 순수한 법령위반의 전형적인 사안을 보여주고 있다. 이에 반하여 수소법원이 사실을 오인(예를 들어 범죄사실, 위법성조각사유, 책임조각사유의 존부에 대한 오인)하고 그 오인에 기초하여 자연스럽게 법령을 잘못 적용한 경우에는 비상상고의 사유가 되지 못한다. 이런 유형의 오류는 재심으로 교정될 수 있을 뿐이다.

(나) 법령적용의 전제가 되는 전제사실을 오인한 결과 법령위반에 빠진 경우

그런데 '어떤 재판이 법령적용의 전제가 되는 전제사실을 오인한 결과 법령위반에 빠진 경우(예를 들어 피고인에게 누범전과가 있다고 오인하여 수소법원이 누범가중을 하였다든가, 소년을 성인으로 오인하여 소년법을 적용하지 아니한 경우)에 이를 사실오인으로 간주하여 비상상고의 사유가 되지 아니한다고 볼 것인가 아니면 그것도 법령위반으로 보아 비상상고의 사유가 된다고 볼 것인가'가 문제된다. 이 점에 관하여 판례는 두 가지 방향성을 보여주고 있다. 하나는 소극설이고 또 하나는 적극설이다.

(다) 소극설 방향의 판례들

비상상고는 사실오인의 시정을 목표로 하는 재심과 달리 법령의 해석·적용의 통일을 목표로 하는 것이므로 사실오인의 결과 법령적용이 잘못된 경우는 사실오인이고 법령적용의 잘못은 아니다. 이를 강조하는 입장에서는 소송법적 사실이든 실체법적 사실이든 구분하지 아니하고 사실오인으로 인한 법령 적용의 오인이 비상상고의 사유임을 부정한다.

피고인에게 누범전과가 없는데 있다고 오인하여 수소법원이 누범가중을 한 경우(대법원 1962.9.27. 선고 62오1 판결)[1]나 피고인이 이미 사망한 사실을 알지 못하여 수소법원이 공소기각의 결정을 하지 않고 실체판결에 나아간 경우(대법원 2005.3.11. 선고 2004오2 판결)[2]에 비상상고의 대상이 되지 아니한다는 판례는 이 카테고리에 속하는 판례들이다.

(라) 적극설 방향의 판례들

그러나 비상상고에도 부차적으로나마 '당사자의 구체적 구제'의 기능이 부여되어 있으므로 대법원이 새로운 사실조사를 하지 아니하고 오로지 기록조사만으로 실체법적 사실의 오인에 기인하는 법령위반임을 알 수 있는 경우에는 비상상고의 사유가 됨을 인정하자는 견해(적극설, 이재상, 774)도 있다.

수소법원이 소년의 나이를 성인의 나이로 오인하여 정기형을 선고(대법원 1963.4.4. 선고 63오1 판결)[3]하거나 성인인 사람에게 부정기형을 선고한 때(대법원 1963.4.11. 선고 63오2 판결)[4] 또는 반의

---

1) "비상상고의 목적을 규정한 형사소송법 제441조에 이른바 '사건의 심판이 법령에 위반하였다'고 함은 확정판결에서 인정한 사실을 변경하지 아니하고 이를 전제로 한 실체법의 적용에 관한 부당 및 그 사건에서의 절차법상의 위배 있음을 말하는 것임으로 본건 확정판결이 전과의 사실이 없음에도 불구하고 누범의 원유(原由, 사유의 뜻: 필자 주)가 되는 전과사실이 있는 것으로 인정한 결과 이에 대하여 형법 제35조를 적용 처단하였다 할지라도 이에는 앞서 말한 이른바 법령의 위반이 있는 것이 아니다. 따라서 사실의 인정에 그릇이 있다 하여 일정한 사유가 있다면 그 재심을 청구하는 것은 몰라도 사건의 심판이 법령에 위반하였다는 이유로써 비상상고를 할 수는 없다."

2) "형사소송법 제441조는 '검찰총장은 판결이 확정한 후 그 사건의 심판이 법령에 위반한 것을 발견한 때에는 대법원에 비상상고를 할 수 있다.'고 규정하고 있는 바, 이러한 비상상고 제도는 법령 적용의 오류를 시정함으로써 법령의 해석·적용의 통일을 도모하려는 데에 주된 목적이 있는 것이므로, '그 사건의 심판이 법령에 위반한 것'이라고 함은 확정판결에서 인정한 사실을 변경하지 아니하고 이를 전제로 한 실체법의 적용에 관한 위법 또는 그 사건에서의 절차법상의 위배가 있음을 뜻하는 것이므로, 단순히 그 법령 적용의 전제사실을 오인함에 따라 법령위반의 결과를 초래한 것과 같은 경우는 법령의 해석적용을 통일한다는 목적에 유용하지 않으므로 '그 사건의 심판이 법령에 위반한 것'에 해당하지 않는다고 해석함이 상당하다. 법원이 원판결의 선고 전에 피고인이 이미 사망한 사실을 알지 못하여 공소기각의 결정을 하지 않고 실체판결에 나아감으로써 법령위반의 결과를 초래하였다고 하더라도, 이는 형사소송법 제441조에 정한 '그 심판이 법령에 위반한 것'에 해당한다고 볼 수 없다."

3) "서울지방법원은 1962.12.27. D에 대한 절도사건에 관하여 D를 징역 8월에 처한다는 판결을 선고하고 같은 날 이 판결이 확정되었다. D는 1944.5.15.생으로서 판결선고 당시 20세 미만인 소년이다. 소년에 대하여 법정형 장기 2년 이상의 유기형에 해당하는 죄를 범한 때에는 형의 집행유예 또는 형의 선고유예를 선고하지 않는 한 그 법정형기의 범위 내에서 장기와 단기를 정하여 선고하여야 할 것임은 소년법 제54조의 규정에 의하여 명백하다. 원심 지방법원은 D에게 형법 제329조 등을 적용하고 형의 집행유예나 형의 선고유예를 선고할 것이 아님에도 소년법 제54조의 적용을 유탈하여 징역 8월의 정기형을 선고한 판결을 한 것은 법령에 위반한 것으로서 비상상고는 이유 있다."

4) "비록 형법에는 성년범에 대하여 반드시 정기형을 선고하라는 명백한 규정은 보이지 않는다 할지라도 형법에 대한 특별법이라고 볼 수 있는 소년법 제54조는 특히 소년에 대하여는 원칙적으로 부정기형을 선고한다는 취지로 규정하고 있음에 비추어 일반법인 형법의 적용만을 받는 성년범에 대하여

사불벌죄에서 피해자의 처벌불원의사가 있는 것을 없다고 오인하고 실체판결을 한 경우(대법원 2010.1.28. 선고 2009오1 판결)[5]에 비상상고를 허용한 판례들은 이 카테고리에 속하는 판례들이다.

(마) 사견(절충설)

생각건대 형사소송법 제444조 제2항이 '법원의 관할, 공소의 수리와 소송절차에 관하여는 사실조사를 할 수 있다'고 규정하고 있으므로 법은 소송절차의 법령위반을 비상상고의 사유가 됨을 명시하고 있다고 볼 수 있다. 따라서 소송법적 사실과 실체법적 사실을 구분하여 소송법적 사실의 오인으로 인한 법령위반의 경우에는 비상상고의 사유임을 인정하되 실체법적 사실의 오인으로 인한 법령위반의 경우에는 비상상고의 사유임을 부정하는 것이 법의 취지에 합당하다. 그러나 대법원 2005.3.11. 선고 2004오2 판결은 이를 명시적으로 부정하고 있다.

는 정기형을 선고하려는 것이 형법의 취지라고 새기는 것이 상당하다."

5) 대법원 2010.1.28. 선고 2009오1 판결: "정보통신망 이용촉진 및 정보보호에 관한 법률 위반(음란물유포 등)의 점의 공소사실의 요지는 '피고인이 2007.3.19.부터 같은 달 20. 사이에 10회에 걸쳐 불안감을 유발하는 글을 반복적으로 피해자에게 도달하게 하였다'는 것이고, 이는 구 정보통신망 이용촉진 및 정보보호에 관한 법률(2007.12.21. 법률 제8778호로 개정되기 전의 것. 이하 '구 정보통신망법'이라고 한다) 제65조 제1항 제3호, 제44조의7 제1항 제3호에 해당한다는 것인바, 같은 법 제65조 제2항에 의하면, 위 죄는 피해자의 명시한 의사에 반하여 공소를 제기할 수 없다. 기록에 의하면 피고인은 원판결 선고 전인 2008.3.14. 원판결법원에 피해자가 작성한 고소취소장을 제출하였는데, 거기에 찍힌 피해자 인영(印影)이 고소장의 그것과 동일함을 알 수 있으므로, 위 공소사실에 대하여는 원판결 선고 전에 피고인에 대한 처벌을 희망하지 아니하는 피해자의 의사표시가 있었다. 그렇다면 위 공소사실에 대하여는 형사소송법 제327조 제6호에 의하여 공소기각의 판결을 선고하였어야 할 것이다. 그런데도 원판결은 이와 달리 위 공소사실을 유죄로 판단한 다음 이를 나머지 상해의 점과 형법 제37조 전단의 경합범으로 의율하여 하나의 형을 선고하였으니, 원판결에는 형사소송법 제441조에서 정한 법령위반의 사유가 있다. 이를 지적하는 비상상고의 주장은 이유 있다."

11.11

제1심판결에 대하여 양형부당만을 항소이유로 내세운 피고인이 사실오인·법령위반사유를 들어 상고이유로 삼을 수 있는가

대법원 1987.12.8. 선고 87도1561 판결[1]; 대법원 1999.6.25. 선고 98도3927 판결[2]; 대법원 2000.7.28. 선고 98도4558 판결[3]; 대법원 2000.11.10. 선고 2000도3483 판결[4]

I 문제의 제기

대법원은 1987년에 "제1심판결에 대하여 양형부당만을 항소이유로 내세운 피고인이 사실오인·법령위반사유를 들어 상고이유로 삼을 수 없(다)"는 취지의 판결을 하였는데(제1판결) 그 이후에도 그런 취지의 판결은 수없이 반복되고 있어(제2·3·4 이외에도 많이 있다)[5] 이 판결은 대법원의 확고한 입장임이 분명하다. 문제는 그

1) "피고인은 제1심판결에 대하여 양형부당만을 항소이유로 내세웠음이 기록상 뚜렷하므로 피고인의 양형부당 주장이 이유 없다 하여 피고인의 항소를 기각한 원심판결에 대하여 피고인으로서는 논지와 같은 사실오인 내지 법령위반사유를 들어 상고이유로 삼을 수 없을 뿐만 아니라 나아가 일건 기록을 살펴보아도 피고인의 이 사건 무허가 개축행위가 소론과 같은 위급한 붕괴의 위험을 예방하기 위한 부득이한 조처였다고 단정할 만한 아무런 자료도 찾아볼 수 없으므로 논지는 어느 모로 보나 이유 없다."

2) "피고인은 제1심판결에 대하여 양형부당만을 항소이유로 내세워 항소하였다가 항소기각되었는바, 이러한 경우 피고인은 원심판결에 대하여 법리오해나 사실오인의 위법이 있다는 것을 상고이유로 삼을 수는 없고(대법원 1996.11.8. 선고 96도2076 판결; 대법원 1995.2.3. 선고 94도2134 판결 등 참조), 나아가 원심이 유지한 제1심판결이 들고 있는 증거들을 기록에 비추어 살펴보면, 피고인에 대한 이 사건 공직선거 및 선거부정방지법(이하 공직선거법이라 한다) 제250조 제1항 소정의 정규학력 외의 학력기재로 인한 허위사실공표의 범죄사실을 충분히 인정할 수 있고, 원심판결에 상고이유에서 주장하는 바와 같은 채증법칙 위반으로 인한 사실오인, 심리미진, 허위사실공표죄에 대한 법리오해의 위법 등이 있다고 할 수 없다."

3) "위 피고인 및 변호인은 각 항소이유서를 통하여 양형부당 주장과 함께 위 피고인에 대한 이 사건 각 범죄사실 모두에 대하여 사실오인 주장을 제기하였음이 분명함에도, 원심이 이 사건 범죄사실 중 강제집행면탈의 점에 대한 사실오인과 양형부당의 주장만이 항소이유로 제기된 것으로 보고 이에 관하여만 판단한 것은 잘못이라고 할 것이다. 그러나 원심판결 이유에 의하면, 원심은 위 피고인의 강제집행면탈의 점에 대한 사실오인 및 양형부당의 항소이유를 각 판단하면서 위 사실오인의 항소이유는 이유 없으나 양형부당의 항소이유는 이유 있다고 인정하고 제1심판결을 파기한 다음 자판하면서 위 피고인에 대한 범죄사실을 모두 유죄로 인정함으로써 결국 강제집행면탈죄 이외의 각 범죄에 대한 사실오인의 항소이유에 대하여도 이를 배척하였다고 할 것이므로 원심판결에는 상고이유의 주장과 같은 판단유탈의 위법이 있다고 할 수 없다."(대법원 2000.5.16. 선고 2000도123 판결 등 참조)

4) "피고인이 양형부당만을 이유로 항소를 하였고 이에 대하여 원심이 제1심판결을 직권으로 파기한 후 제1심과 같은 형을 선고한 이 사건에서 피고인은 원심판결에 대하여 법리오해나 사실 오인의 점을 상고이유로 삼을 수 없다 할 것이다."(대법원 1991.2.26. 선고 90도2276 판결; 대법원 1995.2.3. 선고 94도2134 판결 등 참조)

5) **대법원 2001.4.27. 선고 99도484 판결**(특정경제범죄 가중처벌 등에 관한 법률위반[사기]): "피고인 2는 제1심판결에 대하여 양형부당만을 항소이유로 내세워 항소하였는바, 이러한 경우 피고인은 원심판결에 대하여 사실오인의 위법이 있다는 것을 상고이유로 삼을 수는 없고(대법원 1995.2.3. 선고 94도2134 판결; 대법원 1996.11.8. 선고 96도2076 판결 등 참조), 나아가 원심판결과 원심이 인용

근거를 어디에서 찾을 것인가 하는 점이다. 이에 대한 해답을 구하려면 현행법상의 '상고이유와 상고심의 구조', 그리고 '상고심의 심판대상'의 문제를 살펴볼 필요가 있다.

다음 2개의 판결에 주목할 필요가 있다.

Ⅱ 대법원 1994.8.12. 선고 94도1239 판결

[사안] D는 살인혐의로 기소되어 징역 5년의 유죄판결을 선고받고 양형부당(양형과중)을 이유로 항소하였다. 항소심은 항소를 '이유없다'며 기각하였다. D는 '살인의 고의가 없었거나 살의가 있었다 하더라도 오상방위였다'고 주장하면서 상고하였다.

[판지(상고기각)**]** "피고인이 제1심 판결에 대하여 양형부당만을 항소이유로 내세워 항소하였으나 이 주장이 이유 없다 하여 피고인의 항소를 기각한 원심판결에 대하여서는 사실오인 내지 법령위반사유를 들어 상고이유로 삼을 수는 없다(당원 1987.12.8. 선고 87도1561 판결; 1990.10.10. 선고 90도1688 판결; 1979.11.27. 선고 79도2335 판결 등 참조), 피고인이 제1심에서 그와 같은 주장을 하였다 하더라도 결론은 다르지 아니하다. 피고인은 제1심 판결에 대하여 양형부당만을 항소이유로 내세웠음이 기록상 뚜렷하므로 살인의 고의가 없었다든가, 오상방위에 해당한다든가 하는 소론 주장들은 적법한 상고이유가 될 수 없으며, 나아가 기록을 살펴보면 이 사건 범행 당시 피고인에게 피해자에 대한 살의가 있었음을 충분히 인정할 수 있고 그러한 피고인의 행위가 오상방위에 해당되는 것으로 보이지는 아니한다. 그리고 징역 10

한 제1심법원의 채용 증거들을 기록에 비추어 살펴보면, 피고인 2가 피해자 국민리스 주식회사의 부산지점장으로서 실적으로 올리기 위해 이 사건 리스가 실제로 리스물건을 설치하지 않은 채 이루어지는 이른바 '공리스'라는 사실을 알면서도 위 원심 공동피고인 1과 공모하여 원심 판시와 같이 피해자 국민리스 주식회사의 경영위원회 위원들을 기망함으로써 위 원심 공동피고인 1로 하여금 리스자금을 대출받게 하여 이를 편취한 사실을 충분히 인정할 수 있으므로, 원심판결에 심리를 제대로 하지 아니한 채 채증법칙을 위반하여 사실을 잘못 인정한 위법이 있다고 할 수 없다"; **대법원 2000.12.22. 선고 2000도4694 판결**(특정범죄 가중처벌 등에 관한 법률위반[도주차량] 등: "원심이 그 판결 이유를 설시하면서 제1심판결의 양형이 부당하다고 주장하는 피고인의 항소이유만 그 요지를 적시하고, 제1심판결에 양형부당 외에 피고인의 도주 범의에 관한 채증법칙 위배로 인한 사실오인, 판단유탈 및 이유불비 등의 위법도 있다고 주장하는 위 사선변호인의 항소이유에 대하여는 아무런 판단을 표시하지 아니한 것은 적절하다고 할 수는 없으나, 한편 원심판결 이유에 의하면, 원심은 피고인의 양형부당의 항소이유가 일부 이유 있다고 인정하고 제1심판결을 파기한 다음 자판하면서 피고인에 대한 범죄사실을 모두 유죄로 인정하여 처단함으로써 결국 사선변호인의 위 사실오인 등의 항소이유에 대하여서는 이를 배척하였다고 할 것이므로(대법원 1989.9.12. 선고 89도1297 판결; 대법원 1999.6.11. 선고 99도1238 판결; 대법원 2000.5.16. 선고 2000도123 판결 등 참조), 원심판결에는 위 사선변호인의 항소이유에 대한 판단유탈의 위법이 있다고는 할 수 없게 되었다. 그렇다면 원심이 국선변호인을 제때 선정하지 아니하고 사선변호인의 항소이유에 대하여 판단하지 않은 것은 위법이라고 하겠지만 이는 판결 결과에 아무런 영향을 미치지 아니하였다고 할 것이니, 원심판결 결과에 영향을 미친 소송절차상의 법령위배가 있다는 이 부분 상고이유는 결국 받아들일 수 없음에 귀착된다"; **대법원 2000.12.8. 선고 99도214 판결**(특정경제범죄 가중처벌 등에 관한 법률위반 등): "피고인이 제1심판결에 대하여 양형부당만을 항소이유로 내세운 경우, 이를 일부 인용한 항소심판결에 대하여 피고인은 법리오해나 사실오인의 점을 상고이유로 삼을 수 없다."

년 미만의 형이 선고된 이 사건에서 원심판결에 양형부당의 위법이 있다는 소론도 적법한 상고이유가 되지 못한다. 논지는 이유 없다." 보다 상세한 이유설명은 다음 판결에서 전개되고 있다.

Ⅲ 대법원 2011.11.10. 선고 2011도9919 판결

"상고심은 항소법원 판결에 대한 사후심[6]이므로 항소심에서 심판대상이 되지 아니한 사항은 상고심의 심판범위에 들지 아니하는 것이어서 피고인이 항소심에서 항소이유로 주장하지 아니하거나 항소심이 직권으로 심판대상으로 삼은 사항 이외의 사유에 대하여는 이를 상고이유로 삼을 수 없다. 피고인은 항소심에서 항소이유로 양형부당만을 주장하였으므로, 결국 상고심에서 새로이 편취의 범의에 관하여 법리를 오해하거나 논리와 경험칙에 반하여 사실을 인정한 위법이 있다는 것 등을 상고이유로 주장할 수 없다. 나아가 직권으로 살펴보아도 이 부분 원심의 사실인정과 판단은 정당하고, 원심판결에 영향을 미칠 만한 법리오해 등의 위법사유는 보이지 아니한다."

Ⅳ 분석과 해설

(가) 대법원의 부담경감을 의도한 정책의 수행

3심제를 택하고 있는 한국 사법제도에서 항소심에서 충분히 다툴 수 있었던 사유를 항소심에서 다투지 않고 나중에 상고심에 와서 새롭게 주장해서 판단 받고자 하는 것은 상고심의 부담을 가중시키는 결과를 낳을 수 있다. 이 판결에는 "양형요소를 직접 심리하는 제1심과 항소심 법원의 판단을 존중"함과 동시에, "대법원의 과중한 부담을 경감하여 대법원으로 하여금 최고법원으로 기능할 수 있도록 하려는 정책적인 배려가 포함되어 있다."[7]

(나) 비슷한 방향의 다른 판례들

"상고이유서라는 제목의 문서가 접수되었으나 그 안에 형사소송법 제383조가 정하는 상고이유가 담겨 있지 않은 때에는 상고이유서를 제출하지 아니한 때에 해당하는 것으로 보아 형사소송법 제380조에 따라 결정으로 상고를 기각할 수 있다."(대법원 2010.4.20. 자 2010도759 전원합의체 결정).

---

6) 대법원 1998.2.27. 선고 97도3421 판결(폭력행위 등 처벌에 관한 법률위반): "상고심에서의 심판대상은 **항소심 판결 당시를 기준으로 하여 그 당부를 심사**하는 데에 있는 것이므로 원심판결 선고 당시 미성년이었던 D가 상고 이후에 성년이 되었다고 하여 원심의 부정기형의 선고가 위법이 되는 것이 아니므로(대법원 1983.12.27. 선고 83도2557 판결, 1985.7.9. 선고 85도1053 판결 등 참조) D가 1998.2.16.에 성년에 달하므로 정기형을 선고받기 위하여 상고에 이르게 되었다는 상고이유 주장도 적법한 상고이유가 될 수 없다."; 항소심의 심판대상도 'ⓐ 항소심판결(제1심판결이 아니다!) 당시를 기준으로 한 ⓑ 제1심판결의 당부' 이다.

7) 함석천, 양형부당에 대한 항소기각 이후 사실오인·법령위반을 이유로 한 상고의 가부(110선, 106번, 245면).

11.12

피고인을 위한 기간계산방법의 특칙

대법원 2006.3.9. 자 2005모304 결정; 대법원 2006.3.16. 선고, 2005도9729 전원합의체 판결

I 사 안

사안 1

필요적 변호사건의 국선변호인의 상소이유서 제출기간의 기산점

(대법원 2006.3.9. 자 2005모304 결정)

D는 2004년 9월 22일 부천지원에서 강제추행치상 혐의로 '징역 1년 6월, 집행유예 3년 및 사회봉사명령 40시간'을 선고받자 서울고등법원에 항소하였다. 강제추행치상 범죄는 필요적 국선변호 사건이므로, 서울고등법원은 변호사 C를 국선변호인으로 선정하고 10.22. C에게 국선변호인 선정결정서 등을 송달하였다. C가 모종의 이유로 국선변호인의 교체를 신청하였다. 서울고등법원은 C의 국선변호인 교체신청을 받아들여 C의 국선변호인 선정결정을 취소하고, D가 요청한 변호사 C2에게 10.29. 국선변호인선정결정서 등을 송달하였다. 주의할 사항은 항소이유서 제출기간 내에 '피고인 D의 귀책사유에 의하지 아니한 사정'으로 그 선정결정이 취소되고 새로운 국선변호인이 선정된 사실이다. C2는 2004년 11월 15일 항소이유서를 법원에 제출하였다. 그러나 서울고등법원은 "항소이유서가 최초의 국선변호인인 C가 소송기록접수통지서를 송달받은 10.22.로부터 기산한 항소이유서 제출기간을 도과하여 제출"되었음을 근거로 결정으로 D의 항소를 기각하였다. 서울고등법원의 이 결정은 종래의 대법원판결[1]을 따른 것이었다. D가 대법원에 재항고하였다.

사안 2

재소자에 대한 특칙의 일반화(대법원 2006.3.16. 선고 2005도9729 전원합의체 판결)

'변제할 의사나 능력이 없이 V(피해자)로부터 총 13회에 걸쳐 차용금 등 명목으로 합

1) **[다수 의견]** "먼저 선임된 국선변호인이 상고이유서 제출기간을 도과함으로 말미암아 이미 상고이유서를 제출할 수 없게 되었으므로 이러한 실기(失機)의 법률상 효과는 새로이 국선변호인이 선임되었다고 하더라도 이를 소멸시킬 수 없다. 그러므로 본건에서는 이미 상고이유서 제출기간이 도과된 이후에 새로이 선임된 국선변호인은 상고이유서를 제출할 수 없는 것이고 다만 새로이 선임되었다는 이유만으로서 도과된 기간을 되살릴 수는 없다. 논지는 (중략) '국선변호인 제도를 둔 형사소송법의 정신을 들어 국선변호인의 태만으로 인하여 실기한 소송행위를 다시 하게 할 기회를 주어야 한다'는 주장으로서 법령상 이러한 해석을 가능케 할 아무런 근거도 발견할 수 없다."(대법원 1964.5.21. 선고 64도87 전합판결)

계 5천 5백여만 원을 교부받아 편취'한 사기혐의로 수원구치소에 미결수용 중이던 D2[2]는 2005.12.28. 대법원의 소송기록접수통지서를 송달받은 뒤 그 상고이유서를 2006.1.16. 수원구치소 교도관에게 제출하였다. 우편으로 발송된 위 상고이유서는 적법한 상고이유서 제출기간 만료일(2006 1.17.[3])이 지난 후인 2006.1.20. 15:00경 대법원에 도착하였다. 형사소송절차에서 법원에 제출하는 서류는 법원에 도달하여야 제출의 효과가 발생하는 것이 기본원칙이다. 그러나 형사소송법 제344조 제1항[4]은 예외적으로 재소자에 대한 특칙, 즉 '교도소 또는 구치소에 있는 피고인이 상소의 제기기간 내에 상소장을 교도소장 또는 구치소장 또는 그 직무를 대리하는 자에게 제출한 때에는 상소의 제기기간 내에 상소한 것으로 간주'하는 특칙을 두고 이 특칙을 상소권회복청구와 상소 취하, 포기(같은 법 제355조[5]), 재심 청구와 그 취하(같은 법 제430조[6]), 소송비용 집행면제 신청과 그 취하(같은 법 제490조 제2항[7])의 경우에 명문으로 준용하였지만 상소이유서 제출의 경우에는 그 준용 규정을 두지 아니하였다. 여기서 상소이유서 제출의 경우에 '재소자에 대한 특칙'을 준용하여야 하는가 하는 의문이 제기된다. '상소이유서 제출'이라는 소송행위는 '상소', '상소권회복청구와 상소 취하', '상소포기' 등의 '절차형성적 소송행위'와 더불어 '상소와 관련된 절차형성적 소송행위'라는 점에서 크게 다르지 아니하다. 여기서 상소이유서 제출의 경우에 '재소자에 대한 특칙'을 준용하지 아니하는 형소법의 태도를 '법의 흠결'로 보아 유추적용할 것인가, 아니면 '권력분립'을 중시하여 '문리해석'할 것인가가 문제된다.

II 쟁 점

1. '피고인 D의 귀책사유에 의하지 아니한 사정'으로 국선변호인 선정결정이 취소되고 새로운 국선변호인이 선정되면 새 국선변호인이 소송행위(상소이유서 작성·제출)를 다시 하게 할 기회를 주어야 하는가(사안1)

2. 상소이유서 제출의 경우에 '재소자에 대한 특칙'을 준용하여야 하는

---

2) D2는 2004년 10월 경기도 시흥시에서 알미늄 회사를 운영하던 중 자금압박을 받자 조모씨로부터 13차례에 걸쳐 5,550여만 원을 빌린 혐의 등으로 기소되어 제1, 2심에서 징역 10월을 선고 받았다.

3) 상고이유서는 상고인 또는 변호인이 소송기록접수통지를 받은 날로부터 20일 이내에 상고법원에 제출하여야 한다(법 제379조 제1항)

4) 법 제344조(재소자에 대한 특칙) ① 교도소 또는 구치소에 있는 피고인이 상소의 제기기간 내에 상소장을 교도소장 또는 구치소장 또는 그 직무를 대리하는 자에게 제출한 때에는 상소의 제기기간 내에 상소한 것으로 간주한다. ② 전항의 경우에 피고인이 상소장을 작성할 수 없는 때에는 교도소장 또는 구치소장은 소속공무원으로 하여금 대서하게 하여야 한다.

5) 법 제355조(재소자에 대한 특칙) 제344조의 규정은 교도소 또는 구치소에 있는 피고인이 상소권회복의 청구 또는 상소의 포기나 취하를 하는 경우에 준용한다.

6) 법 제430조(재소자에 대한 특칙) 제344조의 규정은 재심의 청구와 그 취하에 준용한다.

7) 법 제490조(신청의 취하) ①전3조의 신청은 법원의 결정이 있을 때까지 취하할 수 있다. ② 제344조의 규정은 전3조의 신청과 그 취하에 준용한다.

가(사안2)

III 재판요지

제1사안

[**판지**(파기환송)] "필요적 변호사건에서 피고인에게 변호인이 없는 경우에는 기록을 송부받은 항소법원은 지체없이 변호인을 선정한 후 그 변호인에게 소송기록접수통지를 함으로써 그 변호인이 통지를 받은 날로부터 기산한 소정의 기간 내에 피고인을 위하여 항소이유서를 작성, 제출할 수 있도록 하여 변호인의 조력을 받을 피고인의 권리를 보호하여야 한다(형사소송규칙 제156조의2 8)), 변호인의 조력을 받을 위와 같은 피고인의 권리는 필요적 변호사건에서 법원이 국선변호인을 선정한 후 그 변호인에게 소송기록접수통지를 하였다가 항소이유서 제출기간 내에 피고인의 귀책사유에 의하지 아니한 사정으로 그 선정결정을 취소하고 새로운 국선변호인을 선정한 경우에도 마찬가지로 보호되어야 한다. 국선변호인의 교체가 피고인의 귀책사유에 의하지 아니한 사정으로 이루어진 경우에는 법원은 형사소송규칙 제156조의2 규정을 적용하여 새로이 선정된 국선변호인에게 소송기록접수통지를 하여야 하고, 그 경우 항소이유서 제출기간은 새로이 선정된 변호인이 소송기록접수통지를 받은 날로부터 20일 이내이다. 필요적 변호사건인 이 사건에서 국선변호인의 교체는 원심이 D(재항고인)에게 송부하여 준 국선변호인교체신청고지서에 따른 D의 국선변호인교체신청을 원심이 받아준 결과이고, 이는 피고인의 귀책사유에 의하지 아니한 사정에 의한 국선변호인 교체이므로 이 경우 항소이유서 제출기간은 위 법리에 따라 새로이 선정된 국선변호인인 변호사 C2가 소송기록접수통지서를 송달받은 날로부터 다시 기산하여야 하고 따라서 국선변호인 변호사 C2의 항소이유서는 적법한 기간 내에 제출되었다. 그럼에도 불구하고, 원심은 선정취소된 국선변호인 변호사 C의 소송기록접수통지서 수령일을 기준으

---

8) **형사소송규칙 제156조의2**(국선변호인의 선정 및 소송기록접수통지) ① 기록의 송부를 받은 항소법원은 제33조 제1항 제1호 내지 제6호의 필요적 변호사건에 있어서 변호인이 없는 경우에는 지체없이 변호인을 선정한 후 그 변호인에게 소송기록접수통지를 하여야 한다. 법 제33조제3항에 의하여 국선변호인을 선정한 경우에도 그러하다. 〈개정 2006.3.23, 2006.8.17〉
② 항소법원은 항소이유서 제출기간이 도과하기 전에 피고인으로부터 법 제33조 제2항의 규정에 따른 국선변호인 선정청구가 있는 경우에는 지체없이 그에 관한 결정을 하여야 하고, 이때 변호인을 선정한 경우에는 그 변호인에게 소송기록접수통지를 하여야 한다. 〈신설 2006.3.23, 2006.8.17〉
③ 제1항, 제2항의 규정에 따라 국선변호인 선정결정을 한 후 항소이유서 제출기간 내에 피고인이 책임질 수 없는 사유로 그 선정결정을 취소하고 새로운 국선변호인을 선정한 경우에도 그 변호인에게 소송기록접수통지를 하여야 한다. 〈신설 2006.3.23〉
④ 항소법원이 제2항의 국선변호인 선정청구를 기각한 경우에는 피고인이 국선변호인 선정청구를 한 날로부터 선정청구기각결정등본을 송달받은 날까지의 기간을 법 제361조의3 제1항이 정한 항소이유서 제출기간에 산입하지 아니한다. 다만, 피고인이 최초의 국선변호인 선정청구기각결정을 받은 이후 같은 법원에 다시 선정청구를 한 경우에는 그 국선변호인 선정청구일로부터 선정청구기각결정등본 송달일까지의 기간에 대해서는 그러하지 아니하다. 〈신설 2006.3.23〉 [본조신설 1996.12.3]

로 항소이유서 제출기간을 기산함으로써 적법하게 제출된 국선변호인 변호사 C2의 항소이유서를 '제출기간을 도과하여 위법하게 제출'된 것으로 판단하고 결정으로 재항고인의 항소를 기각하였는바, 원심의 이러한 조치는 필요적 변호사건에 있어서 국선변호인의 항소이유서 제출기간의 기산에 관한 법리를 오해하여 재판에 영향을 미친 잘못이 있다. 이 점을 지적하는 재항고이유의 주장은 이유가 있다."

제2사안

[**판지**(상고기각)] [**다수의견**] "형사소송법 제344조 제1항은 '교도소 또는 구치소에 있는 D2가 상소의 제기기간 내에 상소장을 교도소장 또는 구치소장 또는 그 직무를 대리하는 자에게 제출한 때에는 상소의 제기기간 내에 상소한 것으로 간주한다'는 소위 '재소자에 대한 특칙'을 두고 이를 상소권회복청구의 제기기간에 대하여 준용토록 하고 있으나(법조 제355), 상소이유서 제출에 대하여는 위 특칙을 준용한다는 규정을 두지 않고 있다. 원래 형사소송법이 재소자에 대한 특칙을 두어 '상소장 법원 도달주의'의 예외를 인정한 취지는, 재소자로서 교도소나 구치소에 구금되어 행동의 자유가 박탈되어 있는 자가 상소심 재판을 받기 위한 상소장 제출을 위하여 할 수 있는 행위는 구금당하고 있는 교도소 등의 책임자나 그 직무대리자에게 상소장을 제출하여 그들로 하여금 직무상 해당 법원에 전달케 하는 것이 통상적인 방법이라는 점을 고려하여 재소자에게 상소 제기에 관한 편의를 제공하자는 데 있다. 그런데 D2로서는 적법한 상소이유서 제출에 의하여 비로소 자신이 주장하는 상고이유에 대하여 심판 받을 수 있으므로 상소이유서는 상소장과 함께 상소심 심판을 받기 위하여 반드시 제출이 요구되는 것이고, 그 기간의 장단(長短)에 차이가 있을 뿐 상소이유서 제출의 방법에 있어서는 상소장과 그 사정이 전혀 다를 바 없다. 한편, 제출기간 내에 교도소장 등에게 상소이유서를 제출하였음에도 불구하고 기간 도과 후에 법원에 전달되었다는 이유만으로 상소가 기각된다면 이는 실체적 진실발견을 위하여 자기가 할 수 있는 최선을 다한 자에게조차 상소심의 심판을 받을 기회를 박탈하는 것이고, 결과적으로 실체적 진실발견을 통하여 형벌권을 행사한다는 형사소송의 이념을 훼손하며 인권유린의 결과를 초래할 수도 있다. 형사소송법이 자기 또는 대리인이 책임질 수 없는 사유로 인하여 상소의 제기기간 내에 상소를 하지 못한 자에게 상소권회복의 청구를 인정하며(법조 제345), 그 상소권회복청구의 제기기간에 대하여 재소자에 대한 특칙 규정을 준용하는 것도 D2가 책임질 수 없는 사유로 상소권이 박탈되어서는 안 된다는 형사소송의 이념을 표현한 것이다. 그렇다면 형사소송법 제355조에서 재소자에 대한 특칙규정이 준용되는 경우 중에 상소이유서 제출의 경우를 빠뜨리고 있다고 하더라도 위에서 본 바와 같은 제344조 제1항의 재소자에 대한 특칙 규정의 취지와 그 준용을 규정한 제355조의 법리에 비추어 상소이유서 제출에 관하여도 위 재소자에 대한 특칙 규정이 준용되는 것으로

해석함이 상당하다(대법원 1959.7.20. 선고 4292형상261 판결 참조). 이와 달리, 상소이유서 제출에 대하여는 형사소송법 제344조 제1항의 재소자에 대한 특칙 규정이 준용되지 않는다고 판시한 대법원 1963.5.2.자 63로5 결정, 대법원 1963.6.13. 선고 63도121 판결, 대법원 1964. 5.21. 선고 64도87 전원합의체 판결, 대법원 1967.5.20.자 67모24 결정, 대법원 1969.11.26.자 69모84 결정, 대법원 1984.10.11.자 84모57 결정, 대법원 2000.6.20.자 2000모69 결정 등은 이를 모두 폐기하기로 한다. 앞서 본 법리와 사실 관계에 의하면, D2가 상고이유서 제출기간 내에 미결수용 중이던 수원구치소의 교도관에게 제출한 이 사건 상고이유서는 기간 내에 제출된 적법한 것이다."

IV 분석과 해설

(가) 대법원 2006.3.9. 자 2005모304 결정은 '필요적 변호사건의 국선변호인의 상소이유서 제출기간의 기산점을 피고인에게 불리한 방향으로 운용하여서는 아니 된다'는 점을 천명한 결정이고, 대법원 2006.3.16. 선고 2005도9729 전원합의체 판결은 '재소자에 대한 특칙의 일반화'를 시도하여 입법의 불비(법의 흠결)를 '해석으로 시정'한 판결이다. 2006년의 결정과 판결은 모두 '피고인을 위한 기간계산방법의 특칙'이라는 공통된 맥락에서의 검토가 유익하다.

(나) 40년전(1964년 판결9)) 판결의 소수의견이 2006년 결정의 다수의견이 되다

2006년 결정에서는 '1964년 당시의 소수의견'이 40여 년이 지난 2006년에 다수의견이 된 점에 주목하여야 한다. 1964년에는 2명의 대법원판사(홍순엽, 양회경)가 2006년 판결의 다수의견과 같은 의견을 제시하였었다. 그들은 "상고심에서의 피고인 변호권은 변호인에 의한 상고이유서의 제출을 제외하고는 생각할 수 없

9) 대법원 1964.5.21. 선고, 64도87 전합판결의 사안은 다음과 같았다: D는 살인혐의로 기소되어 제1, 2심에서 유죄판결을 선고받고 대법원에 상고하였다. 본건은 형사소송법 제283조 제282조에 해당하는 사건이므로 대법원은 직권으로 변호사 C를 국선변호인으로 선정하고 C에게 변호인 선임결정서 및 기록수리통지서를 발부하여 이것이 1964.2.17. C에게 적법하게 송달되었다. C는 D를 위하여 법정기간 내에 상고이유서를 제출하여야 할 의무가 있지만 그 의무를 태만히 하여 그 법정기간을 도과한 후 1964.4.15.자로 국선변호인 지정취소신청을 대법원에 제출하였다. 변호사는 변호사법 제15조에 의하여 법원이 법령에 의하여 명령하는 사항을 처리할 의무가 있는 것이므로 정당한 사유 없이 국선변호인 지정 취소를 신청할 수 없다. 그러나 본건에서는 C가 이미 상고이유서 제출을 태만히 하여 그 제출기간을 도과하는 등 정황으로 보아 C에게 본건 피고인의 변호를 계속하게 함은 피고인의 이익을 위하여 타당하지 아니하므로 대법원은 1964.4.16자로 C를 국선변호인으로 부터 해임하고 새로이 변호사 C2를 국선변호인으로 선임하였다. C2가 상고이유서를 제출하였다. C2는 "이 경우에는 새로 선임된 국선변호인에게 다시 기록수리 통지서를 송달하므로서 새로 선임된 국선변호인에게 상고이유서를 제출할 수 있는 기회를 주어야 하며 만일 그렇게 하지 않는다면 결국 피고인은 변호인 없이 재판을 받는 결과를 가져오므로 형사소송법에서 국선변호인 제도를 둔 근본취지에 어긋난다" 고 주장하였다. '새로이 국선변호인으로 선임된 변호사 C2에게 다시 상고이유서를 제출할 기회를 주어야 하느냐'가 문제되었다.

을 정도로 변호인의 상고이유서 제출이 중요"하므로 "법원에서 선정한 국선변호인이 법정기간이 경과하도록 상고이유서를 제출하지 아니한 채 사임으로 인하여 다시 변호인의 선정이 있는 때에는 같은 변호인으로부터 상고이유서 제출이 있은 후가 아니면 그대로 상고기각의 판결을 할 수 없다"고 해석함이 형사소송법 규정이나 당사자주의를 채택한 형사소송법의 근본정신 및 취지에 합치한다고 주장하였으며 "당사자주의를 형사소송법이 내세우고 있는 이상 검사와 평등한 지위에서 방어를 하자면 피고인에게도 검사가 가지고 있는 공격을 위한 동등한, 아니 그 이상의 무기"가 주어져야 하며 "변호인에 의한 상고이유서 제출 없이 상고기각의 재판을 할 수 있다면 상고심에서는 필요적 변호제도가 필요 없는 것과 동일한 결과를 감수하는 것이 될 것"이므로 "피고인의 귀책사유도 아닌 사유로 인하여 피고인으로부터 법이 보장한 변호권을 뺏는 것과 같은 사태를 가져오게 함"은 따를 수 없다고 주장하였었다. 물론 2006년의 해석이 1964년의 해석과 달리 전개될 수 있는 환경적 요인이 존재한다. 그것은 형사소송규칙 제156조의2의 신설이다. 그러나 더 근본적인 질문은 '형사소송규칙 제156조의2의 신설'을 초래한 '시대정신'이 무엇인가 하는 점이다. 그것은 지난 40여 년간, 특히 1987년 이후 한국사회의 기층에 불어닥친 민주화, 탈권위주의화 운동과 그 법적 표현인 적법절차 강화, 당사자주의 강화와 피고인의 방어권 강화 운동이다.

(다) 2006년 결정·판결 전후의 형사소송규칙에 따른 절차

형사항소심에서 국선변호인 선정 後 피고인이 책임질 수 없는 사유로 그 선정결정을 취소하고 새로운 국선변호인을 선정한 경우에는 새로운 국선변호인에게 소송기록접수통지를 하여야 한다. 수소법원이 선정청구를 기각한 경우에는 국선변호인 선정청구일로부터 기각결정등본 송달일까지는 항소이유서 제출기간에 산입되지 아니한다. 그러나 피고인이 최초의 국선변호인 선정청구에 대하여 기각결정을 받고 또다시 선정청구를 한 경우에 중복된 선정청구일로부터 기각결정등본 송달일까지의 기간은 항소이유시제출기간에 산입된다.

대법원은 형사항소심에서 피고인의 귀책사유 없이 국선변호인이 교체된 경우 새로운 국선변호인에게 소송기록접수통지를 하도록 하고 이때부터 항소이유서 제출기간을 기산하도록 형사소송규칙을 개정하여 2006.3.23.부터 시행에 들어갔다. 개정 형사소송규칙에 따르면, 항소법원은 항소이유서 제출기간이 도과하기 전에 피고인으로부터 임의적 국선변호인 선정청구가 있는 경우에는 '지체 없이' 그에 관한 결정을 하여야 하고, 변호인을 선정한 경우에는 필요적 국선변호사건과 동일하게 국선변호인에게 소송기록접수통지를 하여야 한다.

(라) 유추적용과 법창조

2006년 판결에서는 법이론상 '유추적용과 법창조'가 정면으로 문제되었다. 다수의견은 상소이유서 제출의 경우에 '재소자에 대한 특칙'을 준용하지 아니하는 형소법의 태도를 '법의 흠결'로 보아 유추적용하였지만 반대의견은 다수의견의 그런 태도를 '법창조'로 보면서 사법소극주의를 지향하고 있다. 반대의견도 ① "법관은 심판 대상이 되는 사건에 적용할 법률이 없는 경우에는 유사한 경우에 적용될 다른 법조를 유추하거나 관습법, 조리 등의 법원(法源)을 찾아내어 적절한 법리에 의하여 심판할 의무가 있고, 법률 해석에 있어서도 합리적인 해석에 의해 내용의 모호함이나 모순이 제거되는 것이므로, 재판 과정에서 법원이 부분적이나마 법 창조적 기능을 수행"할 수 있음을 인정하지만 ② "심판을 함에 있어 적용할 법률 조항의 의미와 내용이 명확하여 해석상 의문의 여지가 없는 경우에 그 내용 중 허점 또는 불합리한 점이 있다는 이유로 명문과 달리 해석함으로써 결국, 법 조항에 일부 내용을 추가, 제거 또는 변경하는 것과 동일한 효과를 가져오거나, 적용할 법률이 엄연히 있는데도 다른 법조를 적용하는 것이 더 합리적이라는 이유로 그 다른 법조를 적용하는 등의 행위는 명백히 입법 작용에 해당하는 것으로서, 헌법이 부여한 사법권의 한계를 넘어서는 것이므로 권력분립이라는 최고의 헌법적 지도 원리에 위배되어 허용되지 아니한다"고 한다. ③ 또한 "상소이유서 제출의 경우에도 위 특칙규정을 준용할 필요가 있고 그것이 형사소송법의 이념에 부합한다 하여, 그런 이유로 위 특칙 규정이 상소이유서 제출의 경우까지 준용되는 것으로 해석한다면, (중략) 이러한 해석은 법률 해석이라기보다는 입법행위에 해당"하는 것이고 "가사 현행 법률의 내용에 다수의견이 지적하는 바와 같은 입법 불비 또는 허점이 있다손 치더라도 이를 시정하는 것은 어디까지나 국회의 몫이지 법원이 그 역할을 대신할 수 없고, 대신 하여서도 아니되는 것이 우리의 헌법 질서"이며 따라서 "작은 사건 하나에서 원칙의 일각이 무너짐으로써 장차 커다란 혼란의 단초를 제공할 위험을 간과할 수 없다"고 한다.

(마) 소 결

상소이유서 제출의 경우에 '재소자에 대한 특칙'을 준용하지 아니하는 형소법의 태도를 '법의 흠결'로 보아 유추적용한 다수의견을 법창조로 보아 비난하는 것은 과도한 사법소극적 태도이다. 현대 한국에서는 법의 급격한 근대화, 현대화 수요로 인하여 입법상의 흠결이 적지 않다. 상소이유서 제출에서 '재소자에 대한 특칙'을 준용하지 아니한 것은 입법자가 의도한 바가 아니라, 단순한 실수임이 분명하다. 비단 형사법의 영역뿐만이 아니라 다른 법영역에서도 유사한 사례는 적지 않다. 그런데 입법부인 국회는 이런 저런 이유로 '입법의 불비를 신속하게 시정'하지 못하고 있다. 이런 상황에서 사법부는 '법의 흠결'을 '유추적용'으로 극복하는 모습을 보이는 데 그칠 것이 아니라, 한걸음 더 나아가 사법적극주의를 통하여 국민의 기본권을 보호할 필요가 있다.

11.13

대법원의 상고기각결정

대법원 2010.4.20. 자 2010도759 전원합의체 결정; 대법원 2012.1.27. 선고 2011도15914 판결; 대법원 2012.4.27. 자 2012모576 결정

(1) 대법원이 결정으로 상고를 기각(법 제380조)할 수 있는 경우(상고이유서가 제출되었다 하더라도 383조가 적법한 상고이유로 들고 있는 어느 하나에라도 해당하는 사유를 포함하고 있지 않은 때)(대법원 2010.4.20. 자 2010도759 전원합의체 결정) "상고인이나 변호인이 상고법원의 기록접수통지를 받은 날부터 20일 이내에 상고이유서를 제출하지 아니하고, 상고장에도 상고이유의 기재가 없는 때에는 결정으로 상고를 기각하여야 한다(법 제380조). 한편, 상고법원은 상고이유서에 포함된 사유에 관하여 심판하여야 하는데(법 제384조 본문), 법 제383조는 원심판결에 대한 상고이유로 할 수 있는 사유를 '1. 판결에 영향을 미친 헌법·법률·명령 또는 규칙의 위반이 있을 때, 2. 판결 후 형의 폐지나 변경 또는 사면이 있는 때, 3. 재심청구의 사유가 있는 때, 4. 사형, 무기 또는 10년 이상의 징역이나 금고가 선고된 사건에서 중대한 사실의 오인이 있어 판결에 영향을 미친 때 또는 형의 양정이 심히 부당하다고 인정할 현저한 사유가 있는 때'의 네 가지로 제한하고 있다. 이들 규정을 종합하면, 법 제380조에서 말하는 상고이유서라 함은 법 제383조 각 호에 규정한 **상고이유를 포함하고 있는 서면을 의미하는 것**이다. 따라서 상고인이나 변호인이 상고이유서라는 제목의 서면을 제출하였다고 하더라도 위 법조에서 상고이유로 들고 있는 어느 하나에라도 해당하는 사유를 포함하고 있지 않은 때에는 적법한 상고이유서를 제출한 것이라고 할 수 없고, 이 경우 상고법원은 법 제380조에 의하여 결정으로 상고를 기각할 수 있다. 다만, 상고법원은 법 제383조 제1호 내지 제3호의 사유에 관하여는 상고이유서에 포함되지 아니한 때에도 직권으로 이를 심판할 수 있으므로(법 제384조 단서), 원심판결에 이에 해당하는 사유가 있는 때에는 상고법원은 판결로 그 사유에 관하여 심판할 수 있다. 피고인이 제출한 상고장에는 상고이유의 기재가 없고, 상고이유서에는, 원심이 유지한 제1심판결에서, '피고인에게 선고한 벌금 300만 원을 감액하여 달라'는 뜻이 기재되어 있을 뿐임을 알 수 있는데, 이는 법 제383조 각 호에 규정된 사유의 어느 것에도 해당하지 아니함이 명백하다. 그렇다면 위에서 본 법리에 따라 이

사건 상고는 법 제380조에 의하여 결정으로 상고를 기각할 수 있는 경우에 해당한다.”

(2) 형법 제37조 후단과 대법원의 상고기각결정(대법원 2012.1.27. 선고 2011도15914 판결)

[사안] D는 **2010.8.27.** 부산지방법원(2010고정1324호 사건)에서 ‘석유 및 석유대체연료 사업법’ 위반죄로 벌금 8백만 원의 형을, **2010.12.21.** 같은 법원(2010고단3858호 사건)에서 직업안정법 위반죄로 ‘징역 4월에 집행유예 2년의 형’을 각 선고받고 이에 모두 항소하였다. 항소심은 위 두 사건을 병합하여 2010노3009호·2011노15(병합) 사건으로 심리(이하 ‘전소’로 칭한다)한 결과 2011.2.11. D의 항소를 판결로서 모두 기각하였다. 이 항소심판결에 대하여 D가 상고하였다. 대법원은 2011.4.19.자로 형사소송법 제380조 본문에 따라 결정으로 상고를 기각하였다. 상고기각결정은 다른 특별한 사정이 없는 한 형사소송법 제42조에 좇아 그 등본이 D에게 송달되는 등의 방법으로 고지된다. 그 결정이 고지된 일자는 2011.4.21. 이후였다. 그런데 D는 다시 “2011.4.11.부터 같은 달 20일까지 유사석유제품을 판매하고, 같은 달 20일 17:30경 일정량의 유사석유제품을 자동차 안에 보관”한 혐의로 기소(후소)되었다. 법원이 후소에 대하여 유죄판결을 선고할 때 형법 제37조 후단, 제39조 제1항을 적용하여야 하는지가 문제되었다. 제1심은 형법 제37조 후단, 제39조 제1항을 적용함이 없이 D에게 징역 6월의 형을 선고하였고 항소심은 이를 유지하였다. D가 상고하였다: **[판지]**(파기환송)] “위 상고기각결정의 등본이 D에게 송달되는 등으로 그 결정이 D에게 고지된 시기가 2011.4.21. 이후이어서 그때 위의 각 유죄판결이 확정되었다면, 이 사건 범죄(후소)는 ‘금고 이상의 형에 처한 판결이 확정된 죄’와 ‘그 판결 확정 전에 범한 죄’의 관계에 있게 되어 형법 제37조 후단에서 정하는 경합범 관계에 해당한다. 그리고 그 경우에는 이 사건 죄에 대한 형을 정함에 있어 같은 법 제39조 제1항에 좇아 판결이 확정된 죄를 동시에 판결할 경우와 형평을 고려하여야 한다. 따라서 원심으로서는 위 상고기각결정의 등본이 송달된 시기[1] 등에 관하여 심리하였어야 했다. 그럼에도 제1심이 그에 나아가지 아니한 채 형법 제37조 후단, 제39조 제1항을 적용함이 없이 D에게 징역 6월의 형을 선고한 것에 대하여 D가 항소하였음에도 그 항소를 그대로 기각한 원심에는 필요한 심리를 다하지 아니하였거나 형법 제37조 후단, 제39조 제1항에 관한 법리를 오해하여 판결에 영향을 미친 위법이 있다.”

---

1) 판결은 원칙적으로 구두변론을 경유하여 해야 하지만 결정 또는 명령은 구두변론을 경유하지 않을 수 있다(법 제37조). 재판의 선고 또는 고지는 공판정에서는 재판서에 의하여야 하고 기타의 경우에는 재판서 등본의 송달 또는 다른 적당한 방법으로 해야 한다(법 제42조). 대법원은 이 조항들과, ‘서류송달에 관해 다른 규정이 없는 경우 민사소송법을 준용’하도록 한 형소법 제65조를 원용하여 ‘상고기각 결정 역시 고지된 때 형 확정 효력이 생기는 것’으로 판단한 것이다(민소법 제221조: ‘결정과 명령은 상당한 방법으로 고지하면 효력을 가진다’).

(3) 대법원이 결정으로 상고를 기각한 경우 형이 확정되는 시기(D에게 상고기각 결정문이 도달(공시송달포함)된 때)(대법원 2012.4.27. 자 2012모576 결정(재판의 집행에 관한 이의 인용결정에 대한 재항고)) **[사안]** D는 공갈미수죄로 제1판결(징역 10월에 집행유예 2년)을 선고받고 2010.1.29. 그 판결이 확정되었다. D는 제1판결의 집행유예 기간 중에 절도죄를 저질렀다는 이유로 2011.8.10. 제2판결(징역 8월)을 선고받고, 그 상고심에서 '적법한 상고이유서가 제출되지 않았다'는 이유로 2012.1.17. 상고기각결정이 내려졌다. 이 상고기각결정은 2012.2.17. D에게 송달되었고,[2] 검사는 제2판결이 2012.1.17. 확정되었음을 전제로, '제1판결의 집행유예가 실효되었다'고 보아 D에게 유예된 형을 집행하도록 하는 내용의 '형집행유예 실효' 지휘처분[3]을 하였다. D가 "상고기각 결정은 집행유예기간 중에 있었지만 실제 그 결과를 고지(송달)받은 시점은 집행유예기간 만료 후"라며 '검사의 집행유예 실효 처분'에 이의를 신청[4](준항고의 일종)하였다. 제1심은 이 신청을 인용하였다. 검사가 대법원에 재항고하였다: **[판지]**(재항고기각)] "피고인의 상고에 대하여 형사소송법 제380조 본문에 따라 상고기각결정을 한 경우에는, 법률에 다른 규정이 있지 않은 한, 형사소송법 제42조 본문의 규정에 의하여 그 등본을 피고인에게 송달하거나 다른 적당한 방법으로 고지하였을 때 그 효력이 생

---

2) 대법원은 2012년 1월 17일 '적법한 상고이유서가 제출되지 않았다'며 상고를 기각하는 결정을 하고 상고기각결정문을 D에게 우편 발송했다. 결정문은 '폐문부재'(주소지의 문이 잠겨있고 온 가족이 집에 없는 경우)로 D에게 전달되지 않았다. D는 상고심 계류 중이던 2011년 11월 미결구금일수가 1, 2심 선고형량인 징역 8월에 달해 석방된 후 불구속 상태에서 재판을 받고 있었다. 대법원은 2012년 2월 공시송달의 방법으로 결정문을 송달했다. 상고기각 결정은 공갈미수죄에 대한 집행유예기간 만료 11일 전에 있었지만 결정문은 집행유예기간 만료 후에 D에게 전달되었다.

3) 검찰은 종래 상고심의 경우, 판결과 마찬가지로 결정도 결정일에 형 확정 효력이 발생하는 것으로 보고 형을 집행해 왔다. 검찰 관계자는 "재판 확정이란 통상의 불복 방법에 의해 다툴 수 없게 돼 그 내용을 변경할 수 없는 상태를 의미한다"며 "통상의 불복이 있을 수 없는 최종심의 경우에는 피고인에게 불복할 기회를 주기 위해 재판 결과를 알려주는 것이 의미가 없어 상고기각 결정이 외부적으로 표시된 날인 '결정일' 또는 '결정문을 피고인에게 발송한 날' 즉시 형 확정 효력이 발생한다고 봐야 한다"고 해석하여 왔다. 검찰 관계자는 "대법원이 상고기각 판결을 했더라면 선고 즉시 판결이 확정됐을텐데 '재판의 형식을 결정으로 했고 결정의 경우 고지를 요한다는 이유로 확정시점을 송달의 효력발생시점으로 봐야 한다'는 것은 형평에도 어긋난다"며, "특히 송달에는 교부송달, 보충송달, 우편송달, 공시송달 등 여러 가지가 있고 송달 종류별로 효력 발생시기도 다를 뿐만 아니라 언제 피고인에게 송달됐는지에 따라 형 확정시점이 들쑥날쑥해질 수 있기 때문에 형 집행의 법적 안정성에도 악영향을 미칠 수 있다"고 지적했다. 또 "형을 집행할 때마다 언제 어떤 방법으로 송달이 이뤄졌는지, 송달방법에 따른 효력 발생 시점이 언제인지, 송달의 효력이 적법한 것인지 등을 일일이 판단해야 하는데, 그러면 형집행 업무에 혼란이 초래되고 적시에 실효적인 형을 집행하는 것도 불가능해진다"고 덧붙였다. 검찰은 또 피고인들이 집행유예기간을 넘겨 결정문을 받기 위해 편법을 동원할 것이라는 우려도 제기했다. 다른 검찰 관계자는 "집행유예기간 중에 재범을 한 피고인이 앞선 집행유예기간 만료를 목적으로 재판을 장기화시키고 양형부당 등 상고이유가 되지 않는 사유만으로 상고한 후 상고기각 결정문이 송달되지 않도록 숨는 등의 일은 쉽게 예상할 수 있다"며 "상고기각 결정의 확정시점을 송달의 효력발생시점으로 보아 그 확정시점을 피고인이 마음대로 좌우할 수 있게 되면 집행유예제도의 취지가 몰각될 수도 있다"고 말했다.

4) **법 제489조**(이의신청) 재판의 집행을 받은 자 또는 그 법정대리인이나 배우자는 집행에 관한 검사의 처분이 부당함을 이유로 재판을 선고한 법원에 이의신청을 할 수 있다.

긴다(대법원 2012.1.27. 선고 2011도15914 판결 등 참조). 원심은, '제2판결은 상고기각**결정**이 신청인에게 송달되어 신청인이 그 결정내용을 알 수 있게 된 2012.2.17.확정되었다'고 보아 '이와 다른 전제에 선 검사의 형집행유예 실효지휘 처분이 위법하다'고 판단하였다. 원심의 위와 같은 판단은 정당하다."

11.14

국민의 형사재판 참여에 관한 법률 관련 중요판례

대법원 2010.3.25. 선고 2009도14065 판결; 대법원 2009.10.23. 자 2009모1032 결정; 대법원 2011.9.8. 선고 2011도7106 판결; 대법원 2012.4.26. 선고 2012도1225 판결

I 실질적 직접심리주의 및 공판중심주의의 취지와 정신에 비추어 제1심의 판단은 항소심에서의 새로운 증거조사를 통해 그에 명백히 반대되는 충분하고도 납득할 만한 현저한 사정이 나타나지 않는 한 한층 더 존중될 필요가 있다(대법원 2010.3.25. 선고 2009도14065 판결)

[사안] "D는 O와 합동하여, 모텔에서 피해자를 때려 반항을 억압한 다음, 피해자의 목에 걸려 있던 시가 290만 원 상당의 금목걸이를 강취하고, 이로 인하여 피해자에게 약 4주일간의 치료를 요하는 상해"를 가한 혐의로 기소되었다. 국민참여재판으로 진행된 제1심에서는 "D가 위 범행 당시 피해자의 금목걸이를 피해자로부터 넘겨받게 된 경위에 관하여 D의 주장과 피해자의 진술이 상반되고 그에 따라 위 금목걸이의 강취 사실 및 범의 여부가 공판의 쟁점이 되자, 피해자, D와 함께 모텔에 들어간 일행들과 모텔 주인 등 다수의 관련자들에 대한 증인신문을 마친 다음, 배심원 9명이 만장일치로 한 평결 결과를 재판부가 받아들여, 위 공소사실에 부합하는 피해자 및 O 등의 진술의 신빙성을 배척하는 한편, D가 위 범행 당시 재물 강취의 고의는 물론, 불법영득의 의사로 금목걸이를 강취하였다고 볼 증거가 부족하다"는 이유로 위 강도상해의 공소사실에 관하여 무죄로 판단하였다. 그런데 항소심은 피해자에 대하여만 증인신문을 추가로 실시한 다음, 그 진술의 신빙성이 인정된다는 이유 등을 들어, 제1심이 증거의 증명력을 판단함에 있어 경험칙과 논리법칙에 어긋나는 판단을 함으로써 자유심증주의에 관한 법리를 오해하거나 사실을 오인한 위법이 있다고 보아 제1심판결을 파기하고 위 강도상해의 공소사실에 관하여 유죄로 판단하였다. D가 상고하였다.

[판지(파기환송)**]** "사법의 민주적 정당성과 신뢰를 높이기 위해 도입된 국민참여재판의 형식으로 진행된 형사공판절차에서 엄격한 선정절차를 거쳐 양식 있는 시민으로 구성된 배심원이 사실의 인정에 관하여 재판부에 제시하는 집단적 의견은 실질적 직접심리주의 및 공판중심주의 하에서 증거의 취사와 사실의 인정에 관한 전권을 가지는 사실심 법관의 판단을 돕기 위한 권고적 효력을 가지는 것인바, 배심원이 증인신문 등 사실심리의 전 과정에 함께 참여한 후 증인이 한 진술의 신빙성 등 증거의 취사와 사실

의 인정에 관하여 만장일치의 의견으로 내린 무죄의 평결이 재판부의 심증에 부합하여 그대로 채택된 경우라면, 이러한 절차를 거쳐 이루어진 증거의 취사 및 사실의 인정에 관한 제1심의 판단은 위에서 본 실질적 직접심리주의 및 공판중심주의의 취지와 정신에 비추어 항소심에서의 새로운 증거조사를 통해 그에 명백히 반대되는 충분하고도 납득할 만한 현저한 사정이 나타나지 않는 한 한층 더 존중될 필요가 있다.

국민참여재판에서 피해자를 비롯한 다수의 증인과 D에 대한 제1심 사실심리의 전 과정을 직접 지켜본 배심원이 만장일치로 내린 평결 결과를 받아들여 공소사실을 뒷받침하는 피해자 등의 진술의 신빙성을 배척하고 이를 토대로 무죄를 선고한 제1심의 판단을 뒤집기 위해서는 원심(항소심)에서의 새로운 증거조사를 통해 그에 명백히 반대되는 충분하고도 납득할 만한 현저한 사정이 나타나는 경우라야 한다. 그런데 이 점과 관련하여 원심이 지적한 사정들은 피해자의 원심법정 진술을 제외하고는 제1심의 증거조사 과정에서 이미 현출되어 제1심이 관련 진술의 신빙성 유무를 판단함에 있어 이미 고려했던 증거나 사정들 중 일부에 불과하여 제1심의 판단을 뒤집을 만한 특별한 사정으로 내세울 것이 되지 못하고, 피해자의 원심법정 진술 또한 D와 대립되는 이해당사자로서 수사과정에서부터 대체로 공소사실에 부합하는 내용으로 일관하여 온 같은 진술의 반복에 지나지 아니하여 역시 특별한 사정이라 보기 어렵다. 그럼에도 불구하고 피해자 등 진술의 신빙성 및 그에 기초한 위 강도상해의 공소사실에 대한 제1심의 판단을 뒤집어 이를 유죄라고 인정한 원심의 판단에는, 실질적 직접심리주의와 공판중심주의의 원칙 아래 국민참여재판의 형식으로 이루어진 형사공판절차를 통해 제1심이 한 증거의 취사와 사실의 인정을 합리적 근거 없이 뒤집음으로써 공판중심주의와 실질적 직접심리주의의 원칙을 위반하고 그 결과 범죄사실의 인정은 합리적인 의심이 없는 정도의 증명에 이르러야 한다고 하는 증거재판주의에 관한 법리를 오해한 위법이 있으며, 이는 판결에 영향을 미쳤음이 명백하므로 그대로 유지될 수 없다."[1]

---

1) **[따름판결]** 대법원 2011.3.24. 선고 2010도4450 판결(살인미수): "피고인이 살인의 범의와 같은 내심적 사실을 부인하고 있는 경우에는 사물의 성질상 범의와 상당한 관련성이 있는 간접사실을 증명하는 방법에 의하여 이를 입증할 수밖에 없고, 무엇이 상당한 관련성이 있는 간접사실에 해당할 것인가는 정상적인 경험칙에 바탕을 두고 치밀한 관찰력이나 분석력에 의하여 사실의 연결상태를 합리적으로 판단하는 방법에 의하여야 한다(대법원 2004.6.25. 선고 2004도2716 판결, 대법원 1998.2.10. 선고 97도2919 판결 등 참조). 제1심은 국민참여재판으로 진행하면서 피고인이 살인의 범의를 부인함으로써 그 범의의 유무가 공판의 쟁점이 되자, 피해자, 목격자 등 다수의 관련자들에 대한 증인신문을 마친 다음, 배심원 7명이 만장일치로 한 평결 결과를 받아들여, '피고인이 이 사건 범행 당시 살인의 범의를 가지고 있었다고 볼 증거가 부족하다'는 이유로 살인미수의 공소사실에 관하여 무죄로 판단하였다. 그런데 원심(항소심)은 새로운 증거조사도 없이, 제1심이 적법하게 채택하여 증거조사를 마친 증거들에 의하여 인정되는 사정들에 의하여 '피고인이 최소한 미필적으로나마 살인의 범의를 가지고 있었음을 인정할 수 있다'고 보아 제1심판결을 파기하고 살인미수의 공소사실에 관하여 유죄로 판단하였다. 살인미수의 공소사실에 대한 제1심의 판단을 뒤집어 이를 유죄라고 인정한 원심의 판단에는, 실질적 직접심리주의와 공판중심주의의 원칙 아래에서 국민참여재판의 형

Ⅱ 국민참여재판대상사건의 피고인이 공소장 부본을 송달받은 날부터 7일이 경과한 후 국민참여재판 신청을 하였더라도 제1심 법원은 피고인의 의사를 확인하여 국민참여재판으로 진행할 수 있는가(긍정)(대법원 2009.10.23. 자 2009모1032 결정)

[**사안**] D는 2009.4.30. 전주지방법원에 강도상해죄로 불구속 기소되자 위 법원은 2009고합48호로 위 사건을 접수하였고, 제1심법원은 2009.5.16. 공소장 부본과 함께 국민참여재판 의사 확인서 등이 포함된 안내서를 D에게 발송하여 2009.5.19. D에게 송달되었다. 그 후 D는 의사 확인서를 제출하지 않고 있다가 2009.6.24. 위 사건을 '국민참여재판으로 진행하기를 원한다'는 내용이 표시된 의사 확인서를 원심법원에 제출하였다. D는 위 의사 확인서의 여백에 "본인은 2009.5.19. 공소장 부본을 송달받았으나, 국민참여재판이라는 제도에 관하여 알지 못하여 신청하지 못하였습니다. 그러던 중 사선변호인을 통하여 국민참여재판에 대해 알게 되었고, 위와 같이 국민참여재판을 신청하오니 허가하여 주시길 바랍니다." 라고 기재하였다. 제1심법원은 2009.6.26. 전주지방검찰청 검사에게 의견요청서를 보내고, 같은 달 29. '위 사건을 국민참여재판으로 진행하는 것은 상당하지 않다'는 의견을 검사로부터 받은 다음, 2009.7.20. 공판준비기일에서 쌍방의 의견을 다시 들은 후 "위 사건에 대하여 국민참여재판으로 진행하기로 하는 결정"(다음부터 '제1심 결정'이라고 한다)을 하고 이를 고지하였다. 이에 검사는 2009.7.22. 위 결정에 불복하는 항고장을 제1심법원에 제출하였다.

검사의 항고이유는 "국민의 형사재판 참여에 관한 법률(다음부터 '참여법률'이라고 한다) 제8조 제2항, 제3항이 피고인의 의사확인 기간을 7일로 정하고, 위 기간 내에 서면을 제출하지 아니한 때에는 국민참여재판을 원하지 아니하는 것으로 본다고 규정한 취지는 피고인의 국민참여재판을 받을 권리와 법적 안정성의 조화를 도모함에 있다. 그런데 피고인 자신이 책임질 수 없는 사유가 확인되어 회부결정을 하는 것은 별론으로 하더라도, 제1심 법원의 판단처럼 법규정의 문리적 해석을 뛰어넘어 피고인의 이익을 위한다는 이유로 불변기한인 7일을 도과하였음이 명백한 사안에 이르기까지 회부결정을 하는 것은 창조적 법해석이라고 비판받아 마땅하고, 나아가 국민참여재판 실시 여부에 관한 법원과 검사의 예측가능성을 송두리째 빼앗는 것일 뿐더러, 배심원 후보자들 역시 피고인의 변심에 따라 불안정한 위치에 놓이게 되고, 소송경제상으로도 막대한 손실을 야기하는 것이다. 따라서 제1심결정은 시정되어야 한다"는 것이다.

[**판지**(항고기각)] "1) 국민의 형사재판 참여에 관한 법률(이하 '참여법률'이라고만 한다)에 의하면 제1심 법원이 국민참여재판 대상사건을 피고인의 의사에 따라 국민참여재판으로 진행함

식으로 이루어진 형사공판절차를 통해 제1심이 한 증거의 취사와 사실의 인정을 합리적 근거 없이 뒤집음으로써 공판중심주의와 실질적 직접심리주의의 원칙을 위반하고 그 결과 범죄사실의 인정은 합리적인 의심이 없는 정도의 증명에 이르러야 한다고 하는 증거재판주의에 관한 법리를 오해한 위법이 있으며, 이는 판결에 영향을 미쳤다."

에 있어 별도의 국민참여재판 개시결정을 할 필요는 없고, 그에 관한 이의가 있어 제1심 법원이 국민참여재판으로 진행하기로 하는 결정에 이른 경우 이는 판결 전의 소송절차에 관한 결정에 해당하며 그에 대하여 특별히 즉시항고를 허용하는 규정이 없으므로 위 결정에 대하여는 항고할 수 없다(형사소송법 제403조). 따라서 국민참여재판으로 진행하기로 하는 제1심 법원의 결정에 대한 항고는 항고의 제기가 법률상의 방식에 위반한 때에 해당하여 위 결정을 한 법원이 항고를 기각하여야 하고(형사소송법 제407조 제1항), 위 결정을 한 법원이 항고기각의 결정을 하지 아니한 때에는 항고법원은 결정으로 항고를 기각하여야 한다(형사소송법 제413조). 같은 취지에서 원심이 국민참여재판으로 진행하기로 한 제1심 법원의 결정에 대한 검사의 항고를 기각한 것은 정당하고, 거기에 재판에 영향을 미친 헌법·법률·명령 또는 규칙의 위반이 있다고 할 수 없다.

2) 한편, 법에서는 피고인이 공소장 부본을 송달받은 날부터 7일 이내에 국민참여재판을 원하는지 여부에 관한 의사가 기재된 서면(이하 '의사확인서'라고 한다)을 제출하도록 하고(참여법률 제8조 제2항), 피고인이 그 기간 내에 의사확인서를 제출하지 아니한 때에는 국민참여재판을 원하지 아니하는 것으로 보며(참여법률 제8조 제3항), 공판준비기일이 종결되거나 제1회 공판기일이 열린 이후 등에는 종전의 의사를 바꿀 수 없도록 규정하고 있다(참여법률 제8조 제4항).

살피건대, 국민참여재판을 시행하는 이유는 사법의 민주적 정당성과 신뢰를 높이기 위한 것으로서(참여법률 제1조) 누구든지 법으로 정하는 바에 따라 국민참여재판을 받을 권리를 가지는 것이나(참여법률 제3조) 시행 초기의 제반 부담 등을 고려하여 국민참여재판 대상사건을 중죄 사건으로 한정한 것뿐이므로, 법에서 정하는 대상사건에 해당하는 한 피고인은 원칙적으로 국민참여재판으로 재판을 받을 권리를 가지는 것이고, 피고인이 국민참여재판을 원하지 아니하거나 법 제9조 제1항에 따른 배제결정이 있어 국민참여재판을 진행하지 않는 경우(참여법률 제5조 제1항, 제2항)를 예외로 보아야 하는 점, 법에서 국민참여재판 배제결정에 대하여 즉시항고를 할 수 있도록 규정하면서도(참여법률 제9조 제3항), 국민참여재판으로 진행하기로 하는 법원의 판단에 대하여는 불복의 방법을 따로 규정하지 않은 것도 같은 취지에서 비롯된 것으로 볼 수 있는 점, 당초 정부가 제출한 법률안에서는 의사확인서를 제출하지 아니한 피고인의 경우 필요적으로 기일을 열어 피고인을 상대로 국민참여재판을 원하는지 여부를 확인하도록 하였으나, 국회심사과정에서 위와 같은 의사확인 절차로 인한 법원의 부담을 감소시키고 피고인의 필요적 소환으로 인한 절차지연을 방지할 목적으로 공소장 부본을 송달받은 날부터 7일 이내에 의사확인서를 제출하지 아니한 때에는 국민참여재판을 원하지 아니하는 것으로 본다는 내용으로 수정되어 법이 제정된 것으로서, 위와 같은 입법경과에 비추어 볼 때 위 규정의 취지를 위 기한이 지나면 피고인이 국민참여재판 신청을 할 수 없도록 하려는 것으로는 보기 어려운 점, 당초 국민참여재판을 희망하지 않는다는 의사확인서를 제출한 피고인도 제1회 공판기일이 열리기 전까지 의사를 변경하여 국민참여재판 신청을 할 수 있는 것인데(국민참여재판으로 진행하는 경우에는 필요적으로 공판준비기일을 열게 되고 공판준비기일이 종결되면 종전의 의사를 변경할 수 없게 되므로, '제1회 공판기일이 열리기 전까지' 종전의 의사를 변경할 수 있는 피고인에 당초 국민참여재판을 희망하는 의사확인서를 제출한 피고인은 해당하지 않는다), 의사확인서를 제출하지 아니한 피고인은 제1회 공판기일이 열리기 전에도 국민참여재판 신청을 할 수 없다고 보는 것은 형평성에 어긋나는 점, 의사확인서를 제출하지 아니한 피고인이 제1회 공판기일이 열리기 전까지 국민참여재판 신청을 할 수 있도록 허용하더라도 재판이 지연되는 정도는 중하지 아니하며 오히려 국민참여재판으로 진행되는 경우 재판이 더욱 신속하게 종결될 가능성이 큰 점 등에 비추어 보면, 공소장 부본을 송달받은 날부터 7일 이내에 의사확인서를 제출하지 아니한 피고인도 제1회 공판기일이 열리기 전까지는 국민참여재판 신청을 할 수 있고 법원은 그 의사를 확인하여 국민참여재판으로 진행할 수 있다고 봄이 상당하다. 위 법리에 비추어 보면, 피고인이 이 사건 공소장 부본을 송달받은 날부터 7일이 경과한 후 국민참여재판 신청을 하였더라도 제1심 법원이 피고인의 의사를 확인하여 국민참여재판으로 진행하기로 한 결정은 법에 따른 정당한 조치라고 본 원심 판단은 옳고, 거기에 국민참여재판 의사확인 등에 관한 법리를 오해한 위법은 없다."

Ⅲ 피고인이 법원에 국민참여재판을 신청하였는데 법원이 이에 대한 배제결정을 하지 않은 채 통상의 공판절차로 재판을 진행하였다면 상소심은 하급심의 판결을 파기환송하여야 한다(대법원 2011.9.8. 선고 2011도7106 판결(강간치상))

[**사안**] D는 강간치상 혐의로 기소되었다. 제1심법원은 D에게 공소장 부본을 송달한 날로부터 7일이 채 경과하기도 전에 공판기일을 진행하였으며, 제1회 공판기일에 앞서 D의 국민참여재판 신청 의사를 확인하는 절차를 거치지도 않았다. 이로 인해 D는 제1회 공판기일 바로 전날에 구치소장에게 국민참여재판 신청서를 제출하였으나 제1회 공판기일이 진행된 후에야 위 신청서가 법원에 접수되었다. 제1심법원은 유죄를 선고하였다. D가 항소하였으나 항소심은 항소를 기각하였다. D가 상고하였다

[**판지**(파기환송)] "'국민의 형사재판 참여에 관한 법률' 제5조 제1항 제1호에 따르면 형법 제301조의 강간치상죄는 국민참여재판의 대상 사건이므로 법원은 피고인에 대하여 국민참여재판을 원하는지 여부에 관한 의사를 서면 등의 방법으로 반드시 확인하여야 하고(참여법률 제8조 제1항), 피고인은 공소장 부본을 송달받은 날로부터 7일 이내에 국민참여재판을 원하는지 여부에 관한 의사가 기재된 서면을 제출하여야 하며(참여법률 제8조 제2항), 법원은 공소제기 후부터 공판준비기일이 종결된 다음날까지 법 제9조 제1항 각 호의 어느 하나에 해당하는 경우 국민참여재판을 하지 아니하기로 하는 결정을 할 수 있고(참여법률 제9조 제1항), 법원은 위 결정을 하기 전에 검사·피고인 또는 변호인의 의견을 들어야 하며(같은 조 제2항), 제1항의 결정에 대하여는 즉시항고를 할 수 있다(같은 조 제3항). 그리고 국민참여재판을 시행하는 이유

는 사법의 민주적 정당성과 신뢰를 높이기 위한 것으로서(참여법률 제1조) 누구든지 법으로 정하는 바에 따라 국민참여재판을 받을 권리를 가지는 것이나(참여법률 제3조) 시행 초기의 제반 부담 등을 고려하여 국민참여재판 대상 사건을 중죄 사건으로 한정한 것뿐이므로, 법에서 정하는 대상 사건에 해당하는 한 피고인은 원칙적으로 국민참여재판으로 재판을 받을 권리를 가지는 것이고, 피고인이 국민참여재판을 원하지 아니하거나 법 제9조 제1항에 따른 배제결정이 있어 국민참여재판을 진행하지 않는 경우(참여법률 제5조 제1항, 제2항)를 예외로 보아야 하며, 법에서 국민참여재판 배제결정에 대하여 즉시항고를 할 수 있도록 규정하면서도(참여법률 제9조 제3항), 국민참여재판으로 진행하기로 하는 법원의 판단에 대하여는 불복의 방법을 따로 규정하지 않은 것도 같은 취지에서 비롯된 것으로 볼 수 있다(대법원 2009.10.23.자 2009모1032 결정 참조). 따라서 피고인이 법원에 국민참여재판을 신청하였음에도 불구하고 법원이 이에 대한 배제결정도 하지 않은 채 통상의 공판절차로 재판을 진행하는 것은 피고인의 국민참여재판을 받을 권리 및 법원의 배제결정에 대한 항고권 등의 중대한 절차적 권리를 침해한 것으로서 위법하다. 앞서 본 국민참여재판제도의 도입 취지나 배제결정에 대한 즉시항고권을 보장한 취지 등에 비추어 이와 같이 위법한 공판절차에서 이루어진 소송행위는 무효이다. 국민참여재판을 받을 권리를 침해당하였을 뿐 아니라 제1심법원이 위 신청에 대한 배제결정을 하지 않음으로 인하여 국민참여재판을 받기 위해 즉시항고할 권리조차 박탈당한 사실을 인정할 수 있는바, 이와 같이 위법한 공판절차에서 이루어진 소송행위는 무효이므로, 결국 제1심판결은 소송절차가 법령에 위반하여 판결에 영향을 미친 위법을 범한 것으로서 파기를 면할 수 없다. 그리고 이러한 제1심법원의 소송절차상의 하자는 직권조사사유에 해당하므로, 원심법원으로서는 비록 피고인이 이러한 점을 항소사유로 삼고 있지 않다 하더라도 이를 살펴 직권으로 제1심판결을 파기하였어야 함에도 불구하고 원심법원은 이러한 제1심판결의 위법에 대하여 아무런 심리, 판단을 하지 아니한 채 피고인의 항소를 기각하고 말았으니, 이러한 원심법원의 판단에도 국민참여재판을 받을 권리 및 소송절차상의 하자에 관한 법리를 오해하여 판결에 영향을 미친 위법이 있다."

Ⅳ 피고인이 국민참여재판을 원하는지에 관한 의사의 확인절차를 거치지 아니한 채 법원이 통상의 공판절차로 재판을 진행하면, 그 절차는 위법하고 그 공판절차에서 이루어진 소송행위는 무효이지만 피고인에게 충분한 안내와 그 희망 여부에 관하여 숙고할 수 있는 상당한 시간이 사전에 부여되고, 피고인이 그런 절차적 위법을 문제 삼지 아니할 의사를 명백히 표시하는 경우에 그 하자는 치유된다.(대법원 2012.4.26. 선고 2012도1225 판결)

[사안] D는 '야간에 흉기를 지니고 주택에 침입, 금품을 강취한 혐의(특가법상 강도) 등으로

기소되었다. 제1심은 유죄(징역 8년과 벌금 50만 원)를 선고하였다. D가 항소하자 항소심은 항소를 기각하였다. D가 상고하였다. D의 사건은 국민참여재판 대상사건인데 제1심법원이 피고인에게 국민참여재판 신청 여부에 관한 의사를 묻지 아니한 채 통상의 공판절차에 따라 재판을 진행하였고 항소심 제1회 공판기일에 피고인과 변호인이 이에 대하여 '이의가 없다'고 진술한 바 있다. 그런데 항소심에서의 위 진술(이의가 없다)에 앞서 국민참여재판절차 등에 관한 충분한 안내와 그 희망 여부에 관하여 숙고할 수 있는 상당한 시간이 부여되지 아니하였다.

[판지(파기환송)] "국민참여재판의 실시 여부는 일차적으로 피고인의 의사에 따라 결정되므로 국민참여재판 대상사건의 공소제기가 있으면 법원은 피고인에 대하여 국민참여재판을 원하는지 여부에 관한 의사를 서면 등의 방법으로 반드시 확인하여야 하고(참여법률 제8조 제1항), 이를 위해 공소장 부본과 함께 피고인 또는 변호인에게 국민참여재판의 절차, 법 제8조 제2항에 따른 서면의 제출, 법 제8조 제4항에 따른 의사번복의 제한, 그 밖의 주의사항이 기재된 국민참여재판에 관한 안내서를 송달하여야 한다(국민의 형사재판참여에 관한 규칙 제3조 제1항). 만일 이러한 규정에도 불구하고 법원에서 피고인이 국민참여재판을 원하는지에 관한 의사의 확인절차를 거치지 아니한 채 통상의 공판절차로 재판을 진행하였다면, 이는 피고인의 국민참여재판을 받을 권리에 대한 중대한 침해로서 그 절차는 위법하고 이러한 위법한 공판절차에서 이루어진 소송행위도 무효이다. 그러나 국민참여재판은 그 실시를 희망하는 의사의 번복에 관하여 법 제8조 제4항에 따른 시기적·절차적 제한이 있는 외에는 피고인의 의사에 반하여 할 수 없으므로, 제1심법원이 국민참여재판의 대상이 되는 사건임을 간과하여 이에 관한 피고인의 의사를 확인하지 아니한 채 통상의 공판절차로 재판을 진행하였더라도, 피고인이 항소심에서 '국민참여재판을 원하지 아니한다'고 하면서 위와 같은 제1심의 절차적 위법을 문제 삼지 아니할 의사를 명백히 표시하는 경우에는 그 하자가 치유되어 제1심 공판절차는 전체로서 적법하게 된다. 다만 국민참여재판제도의 취지와 피고인의 국민참여재판을 받을 권리를 실질적으로 보장하고자 하는 관련 규정의 내용에 비추어 위 권리를 침해한 제1심 공판절차의 하자가 치유된다고 보기 위해서는 법 제8조 제1항, 규칙 제3조 제1항에 준하여 피고인에게 국민참여재판절차 등에 관한 충분한 안내와 그 희망 여부에 관하여 숙고할 수 있는 상당한 시간이 사전에 부여되어야 한다."

V [대법원 2013.1.31. 선고 2012도13896 판결]

[사안] 제1심법원은 통상의 공판절차에 따라 재판을 진행한 다음 이 사건 공소사실이 모두 유죄로 인정된다고 판단하였으나, 이 사건 공소사실 중 성폭력범죄의 처벌 등에 관한 특례법 위반(강간 등 상해)의 점은 법 제5조 제1항 제2호에 의하여 국민참여재판의 대상사건에 해당함이 명백한데도, 제1심법원은 법 제8조 제1항, 위 규칙 제3조 제1

항에서 정한 절차에 따라 피고인에 대하여 국민참여재판을 원하는지를 확인하지 않았다. 항소심도 통상의 공판절차에 따라 항소심재판을 진행한 다음 피고인에 대하여 유죄판결을 선고하였다. 피고인이 상고하였다. [**판지**(파기환송)] "국민참여재판의 실시 여부는 일차적으로 피고인의 의사에 따라 결정되므로 국민참여재판 대상사건의 공소제기가 있으면 법원은 피고인에 대하여 국민참여재판을 원하는지 여부에 관한 의사를 서면 등의 방법으로 반드시 확인하여야 하고(참여법 제8조 제1항), 이를 위해 공소장 부본과 함께 피고인 또는 변호인에게 국민참여재판의 절차, 법 제8조 제2항에 따른 서면의 제출, 법 제8조 제4항에 따른 의사번복의 제한, 그 밖의 주의사항이 기재된 국민참여재판에 관한 안내서를 송달하여야 한다(국민의 형사재판 참여에 관한 규칙 제3조 제1항). 만일 이러한 규정에도 불구하고 법원에서 피고인이 국민참여재판을 원하는지에 관한 의사의 확인절차를 거치지 아니한 채 통상의 공판절차로 재판을 진행하였다면, 이는 피고인의 국민참여재판을 받을 권리에 대한 중대한 침해로서 그 절차는 위법하고 이러한 위법한 공판절차에서 이루어진 소송행위도 무효라고 보아야 한다(대법원 2011.9.8. 선고 2011도7106 판결 참조). 그러나 국민참여재판은 피고인의 희망 의사의 번복에 관한 일정한 제한(법 제8조 제4항)이 있는 외에는 피고인의 의사에 반하여 할 수 없는 것이므로, 제1심법원이 국민참여재판의 대상이 되는 사건임을 간과하여 이에 관한 피고인의 의사를 확인하지 아니한 채 통상의 공판절차로 재판을 진행하였더라도, 피고인이 항소심에서 국민참여재판을 원하지 아니한다고 하면서 위와 같은 제1심의 절차적 위법을 문제삼지 아니할 의사를 명백히 표시하는 경우에는 그 하자가 치유되어 제1심 공판절차는 전체로서 적법하게 된다고 봄이 상당하고, 다만 국민참여재판제도의 취지와 피고인의 국민참여재판을 받을 권리를 실질적으로 보장하고자 하는 관련 규정의 내용에 비추어 위 권리를 침해한 제1심 공판절차의 하자가 치유된다고 보기 위해서는 법 제8조 제1항, 위 규칙 제3조 제1항에 준하여 피고인에게 국민참여재판절차 등에 관한 충분한 안내가 이루어지고 그 희망 여부에 관하여 숙고할 수 있는 상당한 시간이 사전에 부여되어야 할 것이다(대법원 2012.4.26. 선고 2012도1225 판결 참조).

이러한 경우 원심으로서는 제1심법원이 피고인에 대하여 국민참여재판을 원하는지에 관한 의사를 확인하였는지 여부를 먼저 심리한 다음, 만약 제1심법원이 이를 확인하지 않았다면 앞서 본 법리에 따라 피고인에게 국민참여재판절차 등에 관한 충분한 안내를 하고 그 희망 여부에 관하여 숙고할 수 있는 상당한 시간을 부여한 후 그럼에도 피고인이 국민참여재판을 원하지 않으면서 제1심의 절차적 위법을 문제삼지 아니할 의사를 명백히 표시하는 등 제1심의 공판절차상 하자가 치유되었다고 볼 수 있는 사정이 있는지를 판단하여 결국 그 하자가 치유되지 않는 경우에 해당하면 제1심 공판절차에서 이루어진 소송행위를 무효라고 보아 직권으로 제1심판결을 파기하고 사건을 제1심법원으로 환송하였어야 한다. 그럼에도 원심은 이에 이르지 아니한 채 통상의 공판절차에 따라 항소심재판을 진행한 다음 피고인에 대하여 유죄판결을 선고하였으니, 이러한 원심판결에는 국민참여재판을 받을 권리와 소송절차상의 하자에 관한 법리를 오해하여 필요한 심리를 다하지 아니함으로써 판결 결과에 영향을 미친 위법이 있다."

11.15

약식명령에 대한 피고인만의 정식재판청구와 불이익변경금지

헌법재판소 2005.3.31. 2004헌가27, 2005헌바8(병합) 결정(형사소송법 제457조의2 위헌제청 등)

I 사 안

(1) 2004헌가27 사건 피고인 D는 '2004.3.16. 23:50경 혈중 알콜농도 0.1585%의 주취상태로 승용차를 업무상 운전하던 중 서울 송파구 방이동 89 올림픽공원 앞 노상에서 V가 운전하는 차량을 추돌하고 계속하여 같은 동 180 엠마누엘 교회 앞길에서 V3의 운전 차량을 들이받아, 그 충격으로 V에게 전치 3주간의 경부염좌 등, 동승자인 V2에게 전치 2주간의 경부염좌 등의 상해를 가함과 동시에 수리비 1,175,200원 상당의 재물을 손괴하고, V3에게 전치 3주간의 경추부 염좌 등의 상해를 입힘과 동시에 수리비 2,214,350원을 요하도록 재물을 손괴하고도, 구호조치 없이 도주'한 피의사실로 기소되어 서울동부지방법원에서 **벌금 1천만 원의 약식명령**을 고지받았다. D는 2004.6.10. 위 벌금형은 '감당하기 힘든 형벌'이라며 **'징역형에 대한 집행유예'를 선고하여 줄 것을 희망**하면서 정식재판을 청구하였다. 당해사건의 법원은 2004.9.9. 위 사건 심리 중 형사소송법 제457조의2가 피고인의 법관에 의한 공정한 재판을 받을 권리 및 법관의 양형결정권 등을 침해한다는 이유로 직권으로 위 법률조항에 대하여 위헌 여부의 심판을 제청하였다.[1)]

II 쟁 점

1. 약식명령에 대하여 피고인만이 정식재판을 청구하였을 때 약식명령보다 더 중한 형을 선고할 수 없도록 한 형사소송법 제457조의2[2)]가 피고인의 공정한 재판을 받을 권리를 침해하는지 여부(부정)

---

1) **(2) 2005헌바8 사건** : "D2는 2003.4.11. 부산시 소재 용당세관에서 석재를 수입하면서 실제 거래대금보다 적은 금액을 세관에 신고하는 등 저가신고를 하고 석재류 수입결제대금을 수출업자가 지정한 국내의 S 등의 예금계좌 또는 수출업자가 아닌 제3자 명의의 예금계좌로 송금하는 등 당해 거래의 당사자가 아닌 자에게 지급함으로써 관세법 및 외국환거래법을 위반"한 피의사실로 소추되어 부산지방법원에서 **벌금 4,000만 원의 약식명령**을 고지받았다. D2는 2004.9.22. 벌금형보다 징역형 및 그에 대한 집행유예를 선고하여 줄 것을 바라면서 부산지방법원에 정식재판을 청구하였다. 그 소송계속 중 D2는 약식명령에 대하여 정식재판을 청구할 경우 불이익변경 금지를 규정하고 있는 형사소송법 제457조의2에 대하여 위헌제청신청을 하였으나 같은 법원은 2005.1.11. 이를 기각하는 결정을 하였다. 이에 D2는 같은 해. 2.3. 이 사건 헌법소원심판을 청구하였다.

2) 형사소송법 제457조의2(불이익변경의 금지) 피고인이 정식재판을 청구한 사건에 대하여는 약식명령의 형보다 중한 형을 선고하지 못한다.; 형법 제41조(형의 종류) 형의 종류는 다음과 같다. 1. 사형 2. 징역 3. 금고 4. 자격상실 5. 자격정지 6. 벌금 7. 구류 8. 과료 9. 몰수; 형법 제50조(형의 경

2. 형사소송법 제457조의2가 법관의 양형결정권을 침해하는지 여부(부정)

III 판 지

가. 공정한 재판을 받을 권리의 침해 여부

(1) 이 사건 법률조항의 입법과정을 살펴보면 이 사건 법률조항이 신설되기 이전에는 약식절차에서 피고인이 정식재판을 청구하는 경우 불이익변경금지에 대한 규정이 존재하지 않았고 대법원도 이를 인정하지 않는 입장을 취해왔다. 이후 1995.11.1. 국회법제사법위원회 '형사소송법 중 개정법률안'에 대한 공청회에서 피고인들에 대한 약식명령의 정식재판과정에서 도리어 더욱 과중한 판결을 받음으로써 정식재판청구를 꺼리는 불합리한 점이 지적됨에 따라 국회에서 수정된 법률안에 이 사건 법률조항이 마련되어 본회의를 통과하기에 이르렀다. 따라서 이 사건 법률조항은 약식명령을 고지 받은 피고인이 더 중한 형을 선고받을 우려로 인해 위축된 나머지 정식재판청구를 기피하는 것을 방지하는 것이 그 입법취지라고 할 수 있다.

(2) 무릇 헌법 제27조 제1항과 제3항에서 보장하고 있는 **공정하고 신속한 공개재판을 받을 권리는 그 직무의 독립성과 중립성이 보장되고 법률이 정한 자격을 가진 법관에 의하여 공개된 법정에서 법에 정한 정당한 절차에 따라 심판받을 수 있는 권리를 의미한다. 여기에는 원칙적으로 당사자주의와 구두변론주의가 보장되어 당사자가 공소사실에 대하여 주장과 답변 그리고 입증하는 등 공격·방어권이 충분히 보장되는 재판을 받을 권리가 포함되었다**(헌재 1994.4.28. 93헌바26, 판례집 6-1, 348, 356-357; 1996.1.25. 95헌가5, 판례집 8-1, 1, 14 참조).

약식절차에서는 피고인에게 자신에게 유리한 각종 자료를 제출하고 주장할 기회가 전혀 주어지지 않는 반면, 정식재판절차는 약식절차와 동일심급의 소송절차로서 당사자인 피고인에게 제1심절차에서 인정되는 모든 공격·방어기회가 주어지며 자신에게 유리한 양형자료를 제출할 충분한 기회가 보장된다. 따라서 이 사건 법률조항은 오히려 피고인의 공정한 재판을 받을 권리를 실질적으로 보장하는 기능을 하며 그 입법목적이나 효과의 면에서 피고인의 권리를 제한하는 것으로 볼 수 없다.

나아가 법원은 약식명령으로 하는 것이 적당하지 아니하다고 판단하는 경우 통상의 공판절차에 회부하여 심판할 수 있고 피고인의 청구에 의하여 정식재판절차가 진행되는 경우에도 여전히 최종형을 결정하는 것은 법관이므로 이 사건 법률조항에 의하여 피고인의 법관에 의한 재판을 받을 권리가 침해된다고 볼 수도 없다.

(3) 불이익변경금지원칙은 통상 피고인이 또는 피고인을 위하여 상소한 사건에서 상소심이 원심판결의 형보다 중한 형을 선고하지 못한다는 원칙으로서 피고인이 상소결과 불이익한 결과를 받게 될 위험 때문에 상소제기를 주저하는 것을 방지함으로써

중) ① 형의 경중은 제41조 기재의 순서에 의한다.

상소권을 보장한다는 정책적인 이유에서 보장된 형사절차상의 원칙이고 대법원 역시 이와 같은 입장을 취하고 있다(대법원 1964.9.17. 64도298 참조).

이 사건 법률조항에 의한 불이익변경금지원칙 역시 정식재판청구권의 실질적 보장을 위한 정책적 고려에 의하여 명문화한 것이므로 불이익변경금지원칙이 인정되는 양자의 논리적·이론적 근거가 크게 다르지 않다. 따라서 불이익변경금지원칙을 약식절차에 확대하는 것이 불합리한 것으로 볼 수 없다.

(4) 또한 자유형의 집행이 유예된다 하더라도 형의 본질이 변한다고 볼 수 없고 여기에 집행유예기간 중 금고이상의 형의 선고를 받아 그 판결이 확정되는 경우 집행유예가 실효되므로 유예기간 중에는 언제든지 자유형의 집행이 이루어질 가능성이 있는 점을 보태어 살펴보면 징역형 및 그에 대한 집행유예의 형이 벌금형에 비하여 반드시 경한 처벌이라고 할 수 없다. 이와 같은 맥락에서 대법원도 **자유형에 대한 집행유예판결을 벌금형으로 변경하는 것은 불이익변경이 되지 않는다**(대법원 1990.9.25. 선고 90도1534)고 하고 있다. 따라서 당해사건과 같이 피고인이 **벌금형의 약식명령에 불복하여 자유형 및 그에 대한 집행유예를 희망하는 정식재판에서 법원이 피고인의 요청을 수용하는 판결을 선고하지 못한다**고 하여도 이는 형의 경중을 규정한 형법 제50조 제1항 본문 및 제41조에 의한 것이므로 이 사건 법률조항에 의하여 공정한 재판을 받을 권리가 침해된다고 볼 수 없다.

나. 법관의 양형결정권 침해 여부

(1) 제청법원과 D2는 이 사건 법률조항에 의하면 피고인이 정식재판을 청구하는 경우 법관은 벌금형을 선택하여 처벌할 수밖에 없어 법관에게 부여된 형종에 대한 선택권이 검사의 일방적인 약식명령 청구에 의하여 심각하게 제한되므로 법관의 양형결정권이 침해된다고 주장한다. 그러나 형사재판에서 법관의 양형결정이 법률에 기속되는 것은 법률에 따라 심판한다는 헌법 제103조에 의한 것으로 법치국가원리의 당연한 귀결이다. 헌법상 어떠한 행위가 범죄에 해당하고 이를 어떻게 처벌할 것인지 여부를 정할 권한은 국회에 부여되어 있고 그에 대하여는 광범위한 입법재량 내지 형성의 자유가 인정되고 있으므로(헌재 1992.4.28. 90헌바24, 판례집 4, 221, 229; 1997.8.21. 96헌바9, 판례집 9-2, 272, 282 참조) 형벌에 대한 입법자의 입법정책적 결단은 기본적으로 존중되어야 한다. 따라서 형사법상 법관에게 주어진 양형권한도 입법자가 만든 법률에 규정되어 있는 내용과 방법에 따라 그 한도 내에서 재판을 통해 형벌을 구체화하는 것으로 볼 수 있다.

또한 **검사의 약식명령청구사안이 적당하지 않다고 판단될 경우 법원은 직권으로 통상의 재판절차로 사건을 넘겨 재판절차를 진행시킬 수 있고** 이 재판절차에서 법관이 자유롭게 형량을 결정할 수 있으므로 이러한 점들을 종합해 보면 이 사건 법률조항에 의하여 법관의 양형결정권이 침해된다고 볼 수 없다.

IV 분석과 해설

(가) 약식명령·즉결심판에 대한 정식재판청구

현행법질서는 '약식명령·즉결심판'의 피의자에게 '약식절차·즉결심판' 회부의 선택권을 주지 않고 일방적으로 '약식절차·즉결심판'절차를 진행한 다음 약식명령·즉결심판이 고지·선고된 이후에야 비로소 '약식명령·즉결심판'의 피의자에게 정식재판청구권을 주고 있다. 이런 법정책은 적법절차의 측면에서 약점이 있다. 가령 '약식절차·즉결심판' 절차의 공정성을 신뢰하지 못하는 피의자가 처음부터 정식재판을 청구하고자 하는 의사가 있다고 가정해 보자. 미국이나 일본에서는 신속절차의 공정성을 신뢰하지 못하는 피의자는 처음부터 정식재판을 청구할 수 있고, 따라서 '약식절차·즉결심판' 절차의 경유를 거부할 수 있다. 그러나 한국에서는 이런 피의자도 일단은 '약식절차·즉결심판'절차를 경유하여야 한다.

(나) '약식절차·즉결심판' 절차의 공정성을 의심하는 피의자의 불만

본 결정은 '약식절차·즉결심판' 절차의 공정성을 의심하는 피의자의 불만을 살 만한 결정이다. 이런 절차적 문제가 있기 때문에 한국의 입법자는 그 미안함을 달래려고 피고인만이 약식명령·즉결심판에 불복하여 정식재판을 청구하면 불이익변경금지를 작동시킨다.

언젠가는 '약식절차·즉결심판' 절차의 공정성을 의심하는 피의자가 바로 정식재판을 청구할 수 있는 길을 열어주는 방향의 개혁이 필요하다.

[판례색인]

대법원 1955.7.15. 선고 4288형상74 판결 ● 385
대법원 1955.7.15. 선고 4288형상128 판결 ● 434
대법원 1955.10.18. 선고 4288형상242 판결 ● 12
대법원 1959.6.9. 선고 4292형상83 판결 ● 385
대법원 1959.12.23. 선고 4291형상399 판결 ● 385
대법원 1960.9.9. 선고 4293형상366 판결 ● 395
대법원 1961.3.31. 자 4292형상1072 결정 ● 602
대법원 1961.3.31 선고 4293형상637 판결 ● 325
대법원 1961.5.21. 선고 4292형상430 판결 ● 398
대법원 1961.10.26. 선고 4294형상590판결 ● 565
대법원 1961.12.28. 선고 4294형상477 판결 ● 385
대법원 1962.6.28. 선고 62도66 판결 ● 332
대법원 1962.9.27. 선고 62오1 판결 ● 837
대법원 1963.4.4. 선고 63오1 판결 ● 837
대법원 1963.4.11. 선고 63오2 판결 ● 837
대법원 1963.7.25. 선고 63도185 판결 ● 739
대법원 1963.9.12. 선고 63도215 판결 ● 398
대법원 1964.3.31. 선고 64도64 판결 ● 770
대법원 1964.4.7. 선고 64도57 판결 ● 770, 789
대법원 1964.4.21. 선고 64도98 판결 ● 747
대법원 1964.4.28. 선고 64도135 판결 ● 699
대법원 1964.5.21. 선고 64도87 전합판결 ● 842
대법원 1964.9.17. 선고 64도298 전합판결 ● 865
대법원 1964.12.19. 선고 64도664 판결 ● 756
대법원 1965.1.19. 선고 64도719 판결 ● 386
대법원 1965.1.26. 선고 64도681 판결 ● 387
대법원 1965.8.24. 선고 65도537 판결 ● 387
대법원 1965.10.26. 선고 65도785 판결 ● 387
대법원 1965.12.10. 선고 65도826 전합판결 ● 818
대법원 1966.3.3. 선고 65도1229 전합판결 ● 798
대법원 1966.3.24. 선고 65도114 전합판결 ● 331
대법원 1966.5.25.자 66모31 결정 ● 103
대법원 1966.6.11.자 66모24 ● 828
대법원 1966.7.12. 선고 66도617 판결 ● 699
대법원 1966.10.18. 선고 66도567 판결 ● 747
대법원 1967.4.18. 선고 67도113 판결 ● 395
대법원 1967.5.23. 선고 67도471 판결 ● 213
대법원 1967.7.4. 선고 67도613 판결 ● 434
대법원 1967.9.29. 선고 67도946 판결 ● 385
대법원 1967.10.4. 선고 67다1791 판결 ● 118
대법원 1968.4.16. 선고 68도177 판결 ● 747
대법원 1968.4.16. 선고 68도231 판결 ● 747
대법원 1968.9.5. 선고 68도1010 판결 ● 797
대법원 1968.9.19. 선고 68도995 판결 ● 385
대법원 1968.9.29. 선고 68도776 판결 ● 387, 398
대법원 1968.11.19. 선고 68도1366 판결 ● 674
대법원 1968.11.19. 선고 68도1998 판결 ● 386
대법원 1969.1.6. 68모57 결정 ● 18, 19
대법원 1969.2.18. 선고 68도106 판결 ● 398
대법원 1969.7.25. 선고 68도1481 판결 ● 434
대법원 1969.12.9. 선고 69도1761 판결 ● 386
대법원 1969.12.26. 선고 69도1988 판결 ● 747
대법원 1971.2.9. 선고 70도2525 판결 ● 747
대법원 1971.3.9. 선고 70도2406 판결 ● 183
대법원 1971.4.20. 선고 71도396 판결 ● 387
대법원 1971.7.6. 선고 71도974 판결 ● 14, 15

대법원 1971.11.23. 선고 71도1548 판결 ● 386
대법원 1972.5.31. 선고 70도1859 판결 ● 387
대법원 1972.5.31. 선고 72도1090 판결 ● 387
대법원 1973.7.24. 선고 73도1256 판결 ● 398
대법원 1973.8.31. 선고 73도1366 판결 ● 762
대법원 1974.2.12. 선고 73도3004 판결 ● 406
대법원 1974.2.26. 선고 73도3007 판결 ● 406
대법원 1974.6.11. 선고 73도2817 판결 ● 340, 341
대법원 1974.10.16. 74모68 결정 ● 17, 19
대법원 1974.11.26. 선고 74도1789 판결 ● 386
대법원 1975.5.27. 선고 75도1089 판결 ● 674
대법원 1975.6.24. 선고 75도1449 전합판결 ● 134, 137
대법원 1975.11.25. 선고 75도2946 판결 ● 304
대법원 1976.4.27. 선고 75도3365 판결 ● 340, 341
대법원 1976.5.11. 선고 74도1898 판결 ● 398
대법원 1976.7.27. 선고 75도2720 판결 ● 398
대법원 1976.10.12. 선고 76도1902 판결 ● 387
대법원 1977.1.25. 선고 76도3792 판결 ● 386
대법원 1977.4.26. 선고 77도210 판결 ● 728
대법원 1977.9.13. 선고 77도2114 전합판결 ● 818
대법원 1978.2.14. 선고 77도3564 전합판결 ● 766, 767
대법원 1978.2.28. 선고 77도3522 판결 ● 386
대법원 1978.5.23. 선고 78다358 판결 ● 695
대법원 1978.10.31. 선고 78도2292 판결 ● 677
대법원 1979.3.27. 선고 78도1031 판결 ● 748
대법원 1979.4.10. 선고 79도287 판결 ● 612
대법원 1979.6.26. 선고 78도1166 판결 ● 382, 385
대법원 1980.10.14. 선고 79도305 판결 ● 398
대법원 1980.12.9. 선고 80도384 전합판결 ● 806, 810
대법원 1981.2.10. 선고 80도2722 판결 ● 739, 747
대법원 1981.7.7. 선고 81도182 판결 ● 324, 325
대법원 1981.7.28. 선고 81도1489 판결 ● 387
대법원 1981.8.20. 선고 81도698 판결 ● 763
대법원 1981.10.27. 선고 81도1370 판결 ● 629
대법원 1981.11.10. 선고 81도1171 판결 ● 127
대법원 1981.11.24. 선고 81도2422 판결 ● 305
대법원 1982.1.28. 선고 82도2500 판결 ● 762
대법원 1982.5.25. 선고 82도535 판결 ● 412
대법원 1982.6.8. 선고 82도754 판결 ● 334
대법원 1982.6.8. 선고 82도884 판결 ● 399
대법원 1982.6.22. 선고 81도1935 판결 ● 385
대법원 1982.6.22. 선고 82도898 판결 ● 748
대법원 1982.9.14. 선고 82도1000 판결 ● 748
대법원 1982.9.14. 선고 82도1479 전합판결 ● 207, 607, 712
대법원 1982.9.14. 선고 82도1504 판결 ● 632
대법원 1982.10.12. 선고 82도2078 판결 ● 324
대법원 1982.10.15. 82모36 결정 ● 740
대법원 1982.12.14. 선고 82도2448 판결 ● 302
대법원 1982.12.28. 선고 82도2156 판결 ● 373, 376, 755
대법원 1982.12.28. 선고 82도2569 판결 ● 310
대법원 1983.2.8. 선고 82도2401 판결 ● 406
대법원 1983.3.8. 선고 82도2873 판결 ● 693
대법원 1983.3.8. 선고 82도3248 판결 ● 23, 727
대법원 1983.3.22. 선고 83도231 판결 ● 201
대법원 1983.4.12. 선고 82도2433 판결 ● 150
대법원 1983.4.26. 선고 82도2829, 82감도612 판결 ● 762, 763, 796
대법원 1983.5.10. 선고 83도632 판결 ● 789
대법원 1983.5.10. 선고 83도686 판결 ● 734
대법원 1983.6.14. 선고 83도293 판결 ● 311, 410
대법원 1983.6.28. 선고 83도1019 판결 ● 694
대법원 1983.7.12. 선고 83도1296 판결 ● 777, 784
대법원 1983.7.26. 선고 82도314 판결 ● 803, 804
대법원 1983.8.23. 선고 83도1632 판결 ● 335, 336, 431
대법원 1983.9.13. 선고 82도2063 판결 ● 304
대법원 1983.9.13. 선고 83도712 판결 ● 531, 732

대법원 1983.10.25. 선고 83도2295 판결 ● 571
대법원 1983.11.8. 선고 82도2119 판결 ● 396
대법원 1983.11.8. 선고 83도1979 판결 ● 297
대법원 1983.12.13. 선고 81다카1030 판결 ● 70
대법원 1984.2.14. 선고 83도3146 판결 ● 534
대법원 1984.3.13. 선고 83도3006 판결 ● 252, 305
대법원 1984.3.13. 선고 83도3228 판결 ● 474, 566
대법원 1984.3.13. 선고 84도36 판결 ● 725
대법원 1984.4.13.자 84모14 결정 ● 832
대법원 1984.4.24. 선고 84도135 판결 ● 728
대법원 1984.5.22. 선고 84도471 판결 ● 304
대법원 1984.6.26. 선고 84도748 판결 ● 618
대법원 1984.8.14. 선고 84도1139 판결 ● 727
대법원 1984.9.11. 선고 84도1379 판결 ● 793
대법원 1984.9.11. 선고 84도1579 판결 ● 121
대법원 1984.9.25. 선고 84도312 판결 ● 382
대법원 1984.9.25. 선고 84도1610 판결 ● 325
대법원 1984.9.25. 선고 84도1646 판결 ● 335
대법원 1984.10.10. 선고 83도1790 판결 ● 759, 784
대법원 1984.10.23. 선고 84도505 판결 ● 612
대법원 1984.10.23. 선고 84도1803 판결 ● 386
대법원 1984.11.27. 선고 84도1376 판결 ● 431
대법원 1984.11.27. 선고 84도2089 판결 ● 396
대법원 1984.11.27 선고 84도2252 판결 ● 728
대법원 1984.11.27. 선고 84도2279 판결 ● 673
대법원 1984.12.21.자 84모61 결정 ● 210
대법원 1985.2.8. 선고 84도2682 판결 ● 126, 397
대법원 1985.2.26. 선고 82도2413 판결 ● 731
대법원 1985.4.23. 선고 85도281 판결 ● 12
대법원 1985.5.28. 선고 85도21 판결 ● 778, 779
대법원 1985.6.11. 선고 85도756 판결 ● 324
대법원 1985.6.25. 선고 85도691 판결 ● 746, 747
대법원 1985.7.8. 85초29 결정 ● 18
대법원 1985.7.29.자 85모16 결정 ● 144, 182, 183, 262
대법원 1985.8.20. 선고 85도1171 판결 ● 396
대법원 1985.12.10. 선고 85도2139 판결 ● 135
대법원 1985.12.10. 선고 85도2182, 85감도313 판결 ● 733
대법원 1986.2.25. 선고 85도2656 판결 ● 734
대법원 1986.2.25. 선고 85도2664 판결 ● 775, 780
대법원 1986.3.25. 선고 86도325 판결 ● 140
대법원 1986.8.19. 선고 86도1073 판결 ● 303
대법원 1986.9.16.자 85모37 결정 ● 262
대법원 1986.11.11. 선고 86도1783 판결 ● 611
대법원 1986.11.11. 선고 86도1982 판결 ● 117
대법원 1986.12.9. 선고 86도1976 판결 ● 770
대법원 1987.3.24. 선고 87도81 판결 ● 660
대법원 1987.7.7. 선고 87도973 판결 ● 747
대법원 1987.7.21. 선고 87도968 판결 ● 531
대법원 1987.9.22. 선고 87도929 판결 ● 474, 565, 566
대법원 1987.9.22. 선고 87도1707 판결 ● 118
대법원 1987.10.21. 87두10 결정 ● 19
대법원 1987.12.8. 선고 87도1561 판결 ● 839
대법원 1987.12.22. 선고 87도1020 판결 ● 747
대법원 1987.12.22. 선고 87도2168 판결 ● 386
대법원 1988.1.29.자 86모58 결정 ● 260
대법원 1988.3.8. 선고 85도2518 판결 ● 126, 139, 397
대법원 1988.3.8. 선고 87도2673 판결 ● 125, 397
대법원 1988.5.10. 선고 87도2716 판결 ● 164, 628, 629
대법원 1988.7.26. 선고 88도936 판결 ● 823
대법원 1988.11.8. 선고 86도1646 판결 ● 446
대법원 1988.11.8. 선고 88도1628 판결 ● 689
대법원 1988.12.14.자 88모55 결정 ● 210
대법원 1989.2.14. 선고 85도1435 판결 ● 408
대법원 1989.3.14. 선고 88도1399 판결 ● 252
대법원 1989.3.14. 선고 88도2428 판결 ● 378
대법원 1989.4.11. 선고 86도1629 판결 ● 806
대법원 1989.6.20. 선고 89도648 판결 ● 93
대법원 1989.9.12. 선고 89도612 판결 ● 14
대법원 1989.9.26. 선고 88도1677 판결 ● 373

대법원 1989.10.10. 선고 87도966 판결 ● 695, 696
대법원 1989.12.12. 선고 89도2020 판결 ● 300, 318
대법원 1990.1.23. 선고 87도2625 판결 ● 305
대법원 1990.1.25. 선고 89도1317 판결 ● 378
대법원 1990.2.13.자 89모37 결정 ● 96
대법원 1990.3.9. 선고 89도1046 판결 ● 758, 759, 784
대법원 1990.4.24. 선고 90도401 판결 ● 404
대법원 1990.6.26. 선고 89도513 판결 ● 307
대법원 1990.9.25. 선고 90도1534 판결 ● 865
대법원 1990.9.28. 선고 90도1483 판결 ● 624
대법원 1990.10.26. 선고 90도1229 판결 ● 396, 401, 405
대법원 1990.10.30. 선고 90도1939 판결 ● 739
대법원 1990.11.2. 90모44 결정 ● 19
대법원 1990.12.7. 선고 90도1283 판결 ● 396
대법원 1990.12.26. 선고 90도2362 판결 ● 621
대법원 1991.2.12. 90초112 결정 ● 4
대법원 1991.3.12. 선고 90도2820 판결 ● 805
대법원 1991.3.28.자 91모24 결정 ● 71, 91, 96
대법원 1991.4.22.자 91모10 결정 ● 210
대법원 1991.5.28. 선고 90도2977판결 ● 399
대법원 1991.5.28. 선고 91도676 판결 ● 405
대법원 1991.6.11. 선고 91도723 판결 ● 376
대법원 1991.9.10. 선고 91도1689 판결 ● 324
대법원 1991.9.24. 선고 91도1314 판결 ● 189
대법원 1991.10.22. 선고 91도1672 판결 ● 418
대법원 1991.10.25. 선고 91도2085 판결 ● 308, 318
대법원 1991.11.12. 선고 91도2172 판결 ● 555
대법원 1991.12.30.자 91모5 결정 ● 182
대법원 1992.1.21. 선고 91도1402 판결 ● 799
대법원 1992.2.28. 선고 91도2337 판결 ● 78, 434
대법원 1992.3.13. 선고 91도2281 판결 ● 656
대법원 1992.4.24. 선고 91도3105 판결 ● 412
대법원 1992.6.23. 선고 92도682 판결 ● 57, 480, 500, 501, 640, 647, 727
대법원 1992.7.24. 선고 92도1148 판결 ● 307
대법원 1992.7.28. 선고 92도700 판결 ● 785
대법원 1992.7.28. 선고 92도917 판결 ● 422, 747
대법원 1992.8.18. 선고 92도1395 판결 ● 307
대법원 1992.8.18. 선고 92도1555 판결 ● 432
대법원 1992.9.22. 선고 92도1751 판결 ● 297
대법원 1992.10.27. 선고 92도1377 판결 ● 150
대법원 1992.12.3.자 92초233 결정 ● 262
대법원 1992.12.22. 선고 92도2596 판결 ● 376
대법원 1993.1.19. 선고 92도2554 판결 ● 323
대법원 1993.3.4. 92모21 결정 ● 795
대법원 1993.4.27. 선고 92도2171 판결 ● 431
대법원 1993.5.14. 선고 93도486 판결 ● 629
대법원 1993.5.17.자 93모33 결정 ● 833
대법원 1993.5.25. 선고 93도836 판결 ● 760
대법원 1993.6.22. 선고 91도3346 판결 ● 307
대법원 1993.6.22. 선고 93도498 판결 ● 394
대법원 1993.8.12.자 93모9 결정 ● 262
대법원 1993.10.22. 선고 93도2178 판결 ● 351, 353, 354
대법원 1993.11.23. 선고 93다35155 판결 ● 145
대법원 1993.11.26. 선고 93도2505 판결 ● 448
대법원 1993.12.28. 선고 93도3058 판결 ● 401, 405
대법원 1994.3.11. 선고 93도958 판결 ● 201
대법원 1994.3.11. 선고 93도3145 판결 ● 296
대법원 1994.3.16.자 94모2 결정 ● 262
대법원 1994.3.22. 선고 93도2080 전합판결 ● 753, 758
대법원 1994.4.26. 선고 93도1689 판결 ● 128, 131
대법원 1994.8.9. 선고 94도1228 판결 ● 629
대법원 1994.9.30. 선고 94도1990 판결 ● 308
대법원 1994.10.25. 선고 94도2283 판결 ● 201
대법원 1994.10.28. 선고 94도2186 판결 ● 577
대법원 1994.11.25. 선고 94도1545 판결 ● 418
대법원 1994.12.9. 선고 94도1680 판결 ● 301, 308, 316
대법원 1994.12.22. 선고 94도2316 판결 ● 727

대법원 1995.2.24. 선고 94도252 판결 ● 93, 111, 114
대법원 1995.3.10. 선고 94도3373 판결 ● 113, 114
대법원 1995.3.17. 선고 95도13 판결 ● 309
대법원 1995.3.24. 선고 95도22 판결 ● 305
대법원 1995.4.3. 95모10 결정 ● 19
대법원 1995.4.14. 선고 95도110 판결 ● 446
대법원 1995.5.9. 선고 95도535 판결 ● 195, 553
대법원 1995.6.13. 선고 94도3250 판결 ● 811
대법원 1995.6.13. 선고 95도523 판결 ● 661
대법원 1995.6.24.자 94모33 결정 ● 262
대법원 1995.9.5. 선고 95도577 판결 ● 54
대법원 1996.1.26. 선고 95도1333 판결 ● 677
대법원 1996.2.13. 선고 94도2658 판결 ● 153, 269, 273
대법원 1996.2.23. 선고 96도47 판결 ● 779
대법원 1996.5.15. 자 95모94 결정 ● 85
대법원 1996.6.3.자 96모18 결정 ● 90
대법원 1996.6.14. 선고 96도477 판결 ● 832
대법원 1996.6.28. 선고 95도1270 판결 ● 758, 784
대법원 1996.8.16.자 94모51 전합결정 ● 208, 213
대법원 1996.9.6. 선고 95도2945 판결 ● 680
대법원 1996.9.24. 선고 96도2151 판결 ● 408, 411
대법원 1996.10.11. 선고 96도1698 판결 ● 348
대법원 1996.10.15. 선고 96도1669 판결 ● 605
대법원 1996.10.17. 선고 94도2865 판결 ● 698, 741
대법원 1996.10.25. 선고 95도1473 판결 ● 575
대법원 1996.12.6. 선고 96도2461 판결 ● 418
대법원 1997.2.14. 선고 96도2234 판결 ● 401, 406
대법원 1997.3.20. 선고96도1167 전합판결 ● 132
대법원 1997.3.28. 선고 96도2417 판결 ● 638, 640
대법원 1997.3.28. 선고 97도240 판결 ● 504
대법원 1997.4.28.자 97모26 결정 ● 176
대법원 1997.5.30. 선고 97도414 판결 ● 309
대법원 1997.6.13. 선고 96도3069 판결 ● 284
대법원 1997.6.13. 선고 97도877 판결 ● 182, 183
대법원 1997.6.27. 선고 95도1964 판결 ● 729
대법원 1997.6.27. 선고 97도1085 판결 ● 394
대법원 1997.8.22. 선고 97도1211 판결 ● 298, 306, 790
대법원 1997.8.27.자 97모21 결정 ● 163, 174
대법원 1997.9.12. 선고 97도1706 판결 ● 310
대법원 1997.9.30. 선고 97도1230 판결 ● 234, 511, 514
대법원 1997.12.12. 선고 97도2463 판결 ● 6
대법원 1998.2.10. 선고 97도2919 판결 ● 855
대법원 1998.2.27. 선고 97도1770 판결 ● 610, 676
대법원 1998.3.13. 선고 98도159 판결 ● 634
대법원 1998.3.26. 선고 97도1716 전합판결 ● 812, 817, 821
대법원 1998.4.10. 선고 97도3234 판결 ● 723
대법원 1998.5.12. 선고 96도2850 판결 ● 816
대법원 1998.7.10. 선고 98도1273 판결 ● 153
대법원 1998.8.21. 선고 97도2487 판결 ● 377, 757
대법원 1998.11.24. 선고 98도2654 판결 ● 561
대법원 1998.12.22. 선고 98도2890 판결 ● 621
대법원 1999.1.26. 선고 98도3029 판결 ● 193, 194
대법원 1999.1.29. 선고 98도3584 판결 ● 724
대법원 1999.2.9. 선고 98도2074 판결 ● 35, 562
대법원 1999.2.26. 선고 98도2742 판결 ● 568
대법원 1999.3.9. 선고 98도3169 판결 ● 502, 637
대법원 1999.3.9. 선고 98도4621 판결 ● 347
대법원 1999.4.13. 선고 99도155 판결 ● 10
대법원 1999.4.15. 선고 96도1922 전합판결 ● 124, 127, 396
대법원 1999.4.23. 선고 99도82 판결 ● 303
대법원 1999.4.23. 선고 99도915 판결 ● 656
대법원 1999.6.25. 선고 98도3927 판결 ● 839
대법원 1999.6.25. 선고 99도1900 판결 ● 299
대법원 1999.7.23. 선고 99도1911 판결 ● 399
대법원 1999.9.3. 선고 98도968 판결 ● 240
대법원 1999.9.3. 선고 99도2317 판결 ● 157
대법원 1999.9.3. 선고 99도2318 판결 ● 517
대법원 1999.9.17. 선고 99도2449 판결 ● 570

대법원 1999.9.17. 선고 99도2976 판결 ● 303
대법원 1999.10.8. 선고 99도3063 판결 ● 425, 623
대법원 1999.10.22. 선고 99도3534 판결 ● 10
대법원 1999.11.9. 선고 99도1530 판결 ● 398
대법원 1999.11.9. 선고 99도3674 판결 ● 401, 404
대법원 1999.11.26. 선고 99도1904 판결 ● 327, 328
대법원 1999.11.26. 선고 99도2651 판결 ● 387
대법원 1999.11.26. 선고 99도3776 판결 ● 816
대법원 1999.11.26. 선고 99도3786 판결 ● 540, 663
대법원 1999.11.26. 선고 99도3929 판결 ● 350
대법원 1999.12.1. 자 99모161 결정 ● 248
대법원 1999.12.7. 선고 98도3329 판결 ● 157
대법원 1999.12.10. 선고 99도577 판결 ● 153, 269
대법원 1999.12.24. 선고 99도3354 판결 ● 562
대법원 1999.12.24. 선고 99도3784 판결 ● 121
대법원 1999.12.28. 선고 98도138 판결 ● 201
대법원 2000.2.25. 선고 99도1252 판결 ● 717
대법원 2000.3.10. 선고 2000도159 판결 ● 682
대법원 2000.3.14. 선고 99도4923 판결 ● 561
대법원 2000.6.15. 선고 99도1108 판결 ● 430, 680
대법원 2000.7.4. 선고 99도4341 판결 ● 59, 163, 166, 185, 199
대법원 2000.7.7. 선고 2000도1899 판결 ● 560, 561
대법원 2000.7.28. 선고 98도4558 판결 ● 839
대법원 2000.10.24. 선고 2000도3307 판결 ● 585, 587, 588
대법원 2000.10.27. 선고 2000도3082 판결 ● 299
대법원 2000.11.10. 선고 99도5541 판결 ● 585, 587, 589
대법원 2000.11.10. 선고 2000도3483 판결 ● 839
대법원 2000.11.10. 선고 2000두1577 판결 ● 589
대법원 2000.11.24. 선고 2000도3945 판결 ● 820
대법원 2000.12.22. 선고 2000다27725 판결 ● 213
대법원 2000.12.27. 선고 99도5679 판결 ● 675
대법원 2001.2.9. 선고 2000도4946 판결 ● 551
대법원 2001.3.9. 선고 2001도192 판결 ● 61, 66
대법원 2001.3.21. 2001모2 결정 ● 17
대법원 2001.7.13. 선고 2001도1929 판결 ● 585, 587, 589
대법원 2001.8.21. 선고 2001도2823 판결 ● 587, 589
대법원 2001.8.24. 선고 2001도2902 판결 ● 346, 412
대법원 2001.9.4. 선고 2000도1743 판결 ● 710
대법원 2001.9.7. 선고 2001도3026 판결 ● 153, 269
대법원 2001.9.14. 선고 2001도1550 판결 ● 670, 748
대법원 2001.9.18. 선고 2001도3448 판결 ● 823
대법원 2001.9.28. 선고 2001도4091 판결 ● 629
대법원 2001.9.28. 선고 2001도4291 판결 ● 162
대법원 2001.10.26. 선고 2000도2968 판결 ● 64, 90, 93
대법원 2001.12.11. 선고 2001도4013 판결 ● 406
대법원 2002.1.22. 선고 2001도4014 판결 ● 412
대법원 2002.2.22. 선고 2001다23447 판결 ● 47
대법원 2002.3.12. 선고 2001도2064 판결 ● 559
대법원 2002.3.26. 선고 2001도5666 판결 ● 654, 655
대법원 2002.4.12. 선고 2002도944 판결 ● 12
대법원 2002.5.10. 선고 2001도300 판결 ● 185, 203
대법원 2002.5.16. 선고 2002도51 판결 ● 339
대법원 2002.6.11. 선고 2000도5701 판결 ● 161, 179, 180, 194
대법원 2002.7.12. 선고 2001도6777 판결 ● 124, 126
대법원 2002.7.23. 선고 2001도6281 판결 ● 273
대법원 2002.7.26. 선고 2001도4947 판결 ● 561
대법원 2002.8.23. 선고 2001도5679 판결 ● 571
대법원 2002.9.4. 선고 2002다33922 판결 ● 695
대법원 2002.10.8. 선고 2001도3931 판결 ● 724
대법원 2002.10.8. 선고 2002도123 판결 ● 502
대법원 2002.10.11. 선고 2002도2939 판결 ● 299, 412
대법원 2002.10.22. 선고 2000도5461 판결 ● 425, 524, 594
대법원 2002.10.25. 선고 2002도1736 판결 ● 766
대법원 2002.11.8. 선고 2002도3881 판결 ● 404

대법원 2002.11.22. 선고 2000도4419 판결 ● 404

대법원 2002.11.22. 선고 2001도849 판결 ● 753, 757, 759, 775, 782, 784

대법원 2002.12.10. 선고 2002도4227 판결 ● 194

대법원 2003.2.20. 선고 2001도6138 전합판결 ● 577

대법원 2003.3.27.자 2002모81 결정 ● 178

대법원 2003.4.8. 선고 2002도6033 판결 ● 394

대법원 2003.5.13. 선고 2001도3212 판결 ● 823

대법원 2003.5.13. 선고 2003도1366 판결 ● 404

대법원 2003.5.16. 선고 2003도1399 판결 ● 299

대법원 2003.5.30. 선고 2003도705 판결 ● 248, 782

대법원 2003.9.26. 선고 2002도3924 판결 ● 346

대법원 2003.10.9. 선고 2002도4372 판결 ● 624

대법원 2003.10.10. 선고 2003도3282 판결 ● 450, 470

대법원 2003.11.11.자 2003모402 결정 ● 95, 104

대법원 2003.11.13. 선고 2001도6213 판결 ● 505

대법원 2003.11.14. 선고 2003도2735 판결 ● 40

대법원 2003.11.14. 선고 2003도4983 판결 ● 435

대법원 2003.12.12. 선고 2001도606 판결 ● 559

대법원 2004.2.27. 선고 2002도5800 판결 ● 440

대법원 2004.2.27. 선고 2003도7033 판결 ● 546

대법원 2004.3.11. 선고 2003도171 판결 ● 684

대법원 2004.3.23. 자2003모126 결정 ● 223

대법원 2004.3.26. 선고 2003도7482 판결 ● 431

대법원 2004.4.9. 선고 2004도340 판결 ● 795

대법원 2004.5.14. 선고 2003다57697 판결 ● 695

대법원 2004.5.14. 선고 2004도1066 판결 ● 148, 150

대법원 2004.5.27. 선고 2004도1449 판결 ● 640

대법원 2004.5.28. 선고 2004도1497 판결 ● 576

대법원 2004.6.24. 선고 2002도995 판결 ● 54

대법원 2004.6.25. 선고 2004도2716 판결 859

대법원 2004.7.15. 선고 2003도7185 전합판결 ● 615, 657

대법원 2004.7.22. 선고 2003도8153 판결 ● 412

대법원 2004.8.20. 선고 2003도4732 판결 ● 823

대법원 2004.9.16. 선고 2001도3206 전합판결 ● 765

대법원 2004.9.24. 선고 2003도4781 판결 ● 795

대법원 2004.9.24. 선고 2004도3532 판결 ● 766

대법원 2004.10.28. 선고 2004도5014 판결 ● 807, 808

대법원 2004.11.11. 선고 2004도6784 판결 ● 816, 817, 821

대법원 2004.11.12. 선고 2004도5257 판결 ● 246

대법원 2004.12.16. 선고 2002도537 판결 ● 616

대법원 2005.1.14. 선고 2002도5411 판결 ● 329

대법원 2005.3.11. 선고 2004오2 판결 ● 837, 838

대법원 2005.4.28. 선고 2004도4428 판결 ● 695

대법원 2005.5.26. 선고 2005도130 판결 ● 418

대법원 2005.5.27. 선고 2004도7363 판결 ● 552

대법원 2005.6.10. 선고 2005도1461 판결 ● 552

대법원 2005.6.10. 선고 2005도1849 판결 ● 630

대법원 2005.6.24. 선고 2005도734 판결 ● 552

대법원 2005.6.24. 선고 2005도1014 판결 ● 298

대법원 2005.7.28. 선고 2005도3904 판결 ● 583

대법원 2005.8.19. 선고 2005도2617 판결 ● 678

대법원 2005.9.30. 선고 2005도2654 판결 ● 656

대법원 2005.10.27. 선고 2005도5432 판결 ● 455

대법원 2005.10.28. 선고 2005도1247 판결 ● 148, 149, 150

대법원 2005.10.28. 선고 2005도3963 판결 ● 766

대법원 2005.10.28. 선고 2005도5996 판결 ● 395

대법원 2005.12.23. 선고 2005도2945 판결 ● 637

대법원 2006.1.12. 선고 2005도7601 판결 ● 569, 622

대법원 2006.1.27. 선고 2005도8704 판결 ● 328, 736

대법원 2006.2.10. 선고 2005도7158 판결 ● 192, 199, 202

대법원 2006.3.9. 선고 2005도8675 판결 ● 303, 306

대법원 2006.3.9.자 2005모304 결정 ● 842, 846, 863

대법원 2006.3.16. 선고 2005도9729 전합판결 ● 842, 846

대법원 2006.3.23. 선고 2005도9678 판결 ● 757

대법원 2006.4.7. 선고 2005도9858 전합판결 ● 565, 566
대법원 2006.4.13. 선고 2005도9268 판결 ● 404
대법원 2006.4.14. 선고 2005도9743 판결 ● 395
대법원 2006.5.11. 선고 2006도1944 판결 ● 573, 747
대법원 2006.5.25. 선고 2006도1146 판결 ● 809
대법원 2006.5.26. 선고 2005도6271 판결 ● 678
대법원 2006.5.26. 선고 2005도8607 판결 ● 820
대법원 2006.6.2. 선고 2006도48 판결 ● 310
대법원 2006.7.6. 선고 2005도6810 판결 ● 142, 500
대법원 2006.9.8. 선고 2006도148 판결 ● 184, 194
대법원 2006.9.28. 선고 2006도4587 판결 ● 552
대법원 2006.10.12. 선고 2006도4981 판결 ● 506
대법원 2006.10.19. 선고 2005도3909 전합판결 ● 327
대법원 2006.10.26. 선고 2006도5165 판결 ● 654
대법원 2006.11.9. 선고 2004도4234 판결 ● 346
대법원 2006.11.9. 선고 2004도8404 판결 ● 288
대법원 2006.11.23. 선고 2004도7900 판결 ● 473
대법원 2006.11.23. 선고 2006도2732 판결 ● 194
대법원 2006.11.24. 선고 2006도4994 판결 ● 417
대법원 2006.12.5. 2006초기335 전합결정 ● 3
대법원 2006.12.8. 선고 2005도9730 판결 ● 668
대법원 2006.12.8. 선고 2006도6356 판결 ● 346
대법원 2006.12.22. 선고 2006도7479 판결 ● 654
대법원 2007.1.11. 선고 2004도3870 판결 ● 302
대법원 2007.1.11. 선고 2005도7422 판결 ● 320
대법원 2007.1.25. 선고 2006도7342 판결 ● 620
대법원 2007.1.31.자 2006모656 결정 ● 51, 99
대법원 2007.2.23. 선고 2004도8654 판결 ● 675
대법원 2007.3.15. 선고 2007도210 판결 ● 127
대법원 2007.4.12. 선고 2006도4322 판결 ● 753, 758
대법원 2007.4.13. 선고 2007도1249 판결 ● 192
대법원 2007.4.16. 선고 2006도4322 판결 ● 778, 784
대법원 2007.5.10. 선고 2007도1048 판결 ● 376
대법원 2007.5.10. 선고 2007도1950 판결 ● 537, 552
대법원 2007.5.10. 선고 2007도2372 판결 ● 328
대법원 2007.5.11. 선고 2007도2020 판결 ● 419, 420
대법원 2007.5.31. 선고 2007도1903 판결 ● 154
대법원 2007.6.28. 선고 2005도7473 판결 ● 803
대법원 2007.6.29. 선고 2006도7864 판결 ● 766
대법원 2007.6.29. 선고 2007도3164 판결 ● 154
대법원 2007.7.12. 선고 2006도2339 판결 ● 155, 156
대법원 2007.7.26. 선고 2006도9294 판결 ● 654
대법원 2007.7.26. 선고 2007도3219 판결 ● 697
대법원 2007.8.23. 선고 2006도5041 판결 ● 309
대법원 2007.8.23. 선고 2007도2595 판결 ● 348, 387
대법원 2007.9.7. 선고 2007도5928 판결 ● 284
대법원 2007.9.20. 선고 2007도4105 판결 ● 568
대법원 2007.10.11. 선고 2007도4962 판결 ● 36
대법원 2007.11.15. 선고 2007도3061 전합판결 ● 165, 467, 469, 471, 478, 485, 500
대법원 2007.11.29. 선고 2007도2661 판결 ● 570
대법원 2007.11.29. 선고 2007도7680 판결 ● 155, 156
대법원 2007.11.29. 선고 2007도7961 판결 ● 60
대법원 2007.11.29. 선고 2007도8333·2007감도22 판결 ● 568
대법원 2007.12.14. 선고 2006도4662 판결 ● 766
대법원 2007.12.27. 선고 2007도4749 판결 ● 388, 393
대법원 2007.12.27. 선고 2007도6650 판결 ● 404
대법원 2008.1.17. 선고 2007도5201 판결 ● 552
대법원 2008.1.18. 선고 2006도1513 판결 ● 506
대법원 2008.2.14. 선고 2005도4202 판결 ● 327, 328
대법원 2008.2.28. 선고 2007도10004 판결 ● 653, 655
대법원 2008.3.13. 선고 2007도10804 판결 ● 642
대법원 2008.3.14. 선고 2007도10601 판결 ● 388
대법원 2008.3.27. 선고 2008도507 판결 ● 303
대법원 2008.4.24.자 2008모77 결정 ● 832
대법원 2008.5.15. 선고 2008도1097 판결 ● 242, 259
대법원 2008.5.29. 선고 2007도1115 판결 ● 419

대법원 2008.5.29. 선고 2007도7260 판결 ● 398
대법원 2008.6.12. 선고 2007도7671 판결 ● 630
대법원 2008.6.26. 선고 2008도1584 판결 ● 511, 514
대법원 2008.6.26. 선고 2008도3300 판결 ● 569
대법원 2008.7.10. 선고 2006도2520 판결 ● 552
대법원 2008.7.10. 선고 2007도10755 판결 ● 642
대법원 2008.7.10. 선고 2008도2245 판결 ● 215
대법원 2008.7.10. 선고 2008도3747 판결 ● 329
대법원 2008.7.24. 선고 2008도2794 판결 ● 156
대법원 2008.7.24. 선고 2008도4085 판결 ● 562
대법원 2008.8.21. 선고 2008도5335 판결 ● 136
대법원 2008.9.12.자 2008모793 결정 ● 99
대법원 2008.9.25. 선고 2008도4740 판결 ● 808
대법원 2008.9.25. 선고 2008도5189 판결 ● 609
대법원 2008.10.23. 선고 2008도1237 판결 ● 506
대법원 2008.10.23. 선고 2008도4852 판결 ● 806
대법원 2008.10.23. 선고 2008도7362 판결 ● 151
대법원 2008.11.13. 선고 2006도2556 판결 ● 516, 593
대법원 2008.11.27. 선고 2008도2493 판결 ● 135, 138
대법원 2008.12.11. 선고 2008도3656 판결 ● 757
대법원 2008.12.11. 선고 2008도4101 판결 ● 342
대법원 2008.12.11. 선고 2008도4376 판결 ● 346
대법원 2008.12.11. 선고 2008도8922 판결 ● 808
대법원 2009.1.15. 선고 2008도9327 판결 ● 305
대법원 2009.1.30. 선고 2007도5836 판결 ● 577
대법원 2009.1.30. 선고 2008도7462 판결 ● 131
대법원 2009.2.26. 선고 2008도11813 판결 ● 45
대법원 2009.3.12. 선고 2008도763 판결 ● 249, 250, 467, 471
대법원 2009.3.12. 선고 2008도8486 판결 ● 537
대법원 2009.3.12. 선고 2008도11437 판결 ● 477, 496
대법원 2009.4.9. 선고 2008도10572 판결 ● 794
대법원 2009.4.9. 선고 2008도11213 판결 ● 110
대법원 2009.4.23. 선고 2009도526 판결 ● 472, 484
대법원 2009.5.14. 선고 2007도616 판결 ● 405
대법원 2009.5.14. 선고 2008도10771 판결 ● 376
대법원 2009.5.14. 선고 2008도10914 판결 ● 228, 235
대법원 2009.5.28. 선고 2008도10787 판결 ● 696
대법원 2009.5.28. 선고 2009도579 판결 ● 110
대법원 2009.6.11. 선고 2008도11042 판결 ● 400
대법원 2009.6.11. 선고 2008도12111 판결 ● 553
대법원 2009.7.16.자 2005모472 전합결정 ● 824, 828
대법원 2009.8.20. 선고 2008도8213 판결 ● 500
대법원 2009.8.20. 선고 2009도9 판결 ● 312
대법원 2009.9.10. 선고 2009도5732 판결 ● 454
대법원 2009.10.22. 선고 2009도7436 전합판결 ● 293
대법원 2009.10.23. 자 2009모1032 결정 ● 854, 856
대법원 2009.11.12. 선고 2009도6946, 2009감도24 판결 ● 6
대법원 2009.11.12. 선고 2009도8949 판결 ● 452
대법원 2009.11.19. 선고 2009 도6058 전합판결 ● 34, 123
대법원 2009.12.10. 선고 2009도7681 판결 ● 136, 137
대법원 2009.12.24. 선고 2009도11401 판결 ● 235, 473
대법원 2009.12.24. 선고 2009도11575 판결 ● 648
대법원 2010.1.14. 선고 2009도9344 판결 ● 427
대법원 2010.1.21. 선고 2008도942 전합판결 ● 457
대법원 2010.1.28. 선고 2009도10092 판결 ● 259, 474, 695
대법원 2010.1.28. 선고 2009도12048 판결 ● 648, 687
대법원 2010.1.28. 선고 2009오1 판결 ● 838
대법원 2010.2.11. 선고 2009도12627 판결 ● 769
대법원 2010.2.25. 선고 2007도6273 판결 ● 457
대법원 2010.2.25. 선고 2009도13257 판결 ● 460
대법원 2010.3.25. 선고 2009도14065 판결 ● 60
대법원 2010.3.25. 선고 2009도14772 판결 ● 538
대법원 2010.4.20. 자 2010도759 전합결정 ● 850
대법원 2010.4.29. 선고 2010도881 판결 ● 109
대법원 2010.4.29. 선고 2010도2414 판결 ● 385

대법원 2010.5.13. 선고 2009도11732 판결 ● 786
대법원 2010.5.27. 선고 2010도2182 판결 ● 770
대법원 2010.5.27. 선고 2010도3377 판결 ● 110
대법원 2010.6.10. 선고 2010도4629 판결 ● 109
대법원 2010.6.24. 선고 2008도12127 판결 ● 64
대법원 2010.7.15. 선고 2007도5776 판결 ● 695
대법원 2010.7.22. 선고 2009도14376 판결 ● 236
대법원 2010.8.26. 선고 2010도4671 판결 ● 320
대법원 2010.9.9. 선고 2008도3990 판결 ● 514
대법원 2010.9.30. 선고 2008도4762 판결 ● 132
대법원 2010.10.14. 선고 2010도5610 판결 ● 568
대법원 2010.10.14. 선고 2010도9016 판결 ● 506
대법원 2010.10.28. 선고 2008도11999 판결 ● 167
대법원 2010.10.28. 선고 2009도4949 판결 ● 577
대법원 2010.11.11. 선고 2009도224 판결 ● 264
대법원 2011.2.1.자 2009모407 결정 ● 264
대법원 2011.2.10. 선고 2008도4558 판결 ● 109
대법원 2011.2.24. 선고 2010오1, 2010전오1 판결 ● 835
대법원 2011.3.10. 선고 2008도7724 판결 ● 116
대법원 2011.3.24. 선고 2010도18103 판결 ● 109
대법원 2011.4.28. 선고 2009도2109 판결 ● 240, 242
대법원 2011.4.28. 선고 2009도10412 판결 ● 334, 475
대법원 2011.4.28. 선고 2009도12249 판결 ● 780, 781, 782
대법원 2011.5.13. 선고 2008도10116 판결 ● 314
대법원 2011.5.13. 선고 2011도1442 판결 ● 376
대법원 2011.5.26. 선고 2011도1902 판결 ● 468, 535, 631
대법원 2011.5.26. 선고 2011도3682 판결 ● 193
대법원 2011.5.26.자 2009모1190 결정 ● 215, 224
대법원 2011.6.9. 선고 2010도13590 판결 ● 833
대법원 2011.6.24. 선고 2011도4451·2011전도76 판결 ● 123
대법원 2011.6.30. 선고 2009도6717 판결 ● 473, 498
대법원 2011.6.30. 선고 2011도1651 판결 ● 376, 757
대법원 2011.7.28. 선고 2009도14928 판결 ● 461
대법원 2011.8.25. 선고 2009도9112 판결 ● 137
대법원 2011.8.25. 선고 2011도6705, 2011감도20 판결 ● 792
대법원 2011.9.8. 선고 2011도7106 판결 ● 854, 858, 861
대법원 2011.11.10. 선고 2010도12 판결 ● 658
대법원 2011.11.10. 선고 2011도8125 판결 ● 63
대법원 2011.11.10. 선고 2011도11115 판결 ● 452, 559
대법원 2011.11.24. 선고 2009도7166 판결 ● 389
대법원 2011.11.24. 선고 2011도11994 판결 ● 463
대법원 2011.12.8. 선고. 2010도2080 판결 ● 603, 605
대법원 2011.12.8. 선고 2010도2816 판결 ● 463
대법원 2011.12.22. 선고 2008도11847 판결 ● 579
대법원 2011.12.22. 선고 2011도12927 판결 ● 7, 8, 52, 195
대법원 2012.1.26. 선고 2011도15356 판결 ● 354
대법원 2012.1.27. 선고 2011도15914 판결 ● 850, 851, 853
대법원 2012.2.9. 선고 2009도14884 판결 ● 237
대법원 2012.2.9. 선고 2011도4328 판결 ● 282
대법원 2012.2.16. 자 2009모1044 전합결정 ● 103, 109
대법원 2012.2.23. 선고 2011도15608 판결 ● 427
대법원 2012.2.23. 선고 2011도17264 판결 ● 141
대법원 2012.3.29. 선고 2010도11274 판결 ● 314
대법원 2012.4.13. 선고 2011도8529 판결 ● 833
대법원 2012.4.26. 선고 2012도1225 판결 ● 854, 859, 861
대법원 2012.4.27.자 2012모576 결정 ● 850, 852
대법원 2012.5.17. 선고 2009도6788 전합판결 ● 715
대법원 2012.5.24. 선고 2010도3950 판결 ● 376
대법원 2012.5.24. 선고 2011도7757 판결 ● 704, 708

대법원 2012.5.24. 선고 2012도1284 판결 ● 366
대법원 2012.6.14. 선고 2011도5313 판결 ● 420
대법원 2012.6.28. 선고 2011도16166 판결 ● 445
대법원 2012.6.28. 선고 2012도2087 판결 ● 348, 354
대법원 2012.7.26. 선고 2012도2937 판결 ● 562
대법원 2012.8.30. 선고 2012도6027 판결 ● 52
대법원 2012.9.13. 선고 2010도6203 판결 ● 275
대법원 2012.9.13. 선고 2012도6612 판결 ● 780
대법원 2012.9.13. 선고 2012도7461 판결 ● 508
대법원 2012.9.27. 선고 2010도17052 판결 ● 46
대법원 2012.10.11. 선고 2012도6848, 2012전도143 (병합) 판결 ● 574
대법원 2012.10.11. 선고 2012도7455 판결 ● 251, 524
대법원 2012.10.25. 선고 2011도5459 판결 ● 652, 680
대법원 2012.10.25. 선고 2012도4644 판결 ● 525
대법원 2012.11.15. 선고 2011다48452 판결 ● 356
대법원 2012.11.15. 선고 2011도15258 판결 ● 246
대법원 2012.12.13. 선고 2012도11162 ● 282
대법원 2012.12.27. 선고 2011도15869 판결 ● 450
대법원 2013.1.31. 선고 2012도13896 판결 ● 860
대법원 2013.2.28. 선고 2012도13737 판결 ● 814
대법원 2013.3.14. 선고 2010도2094 판결 ● 492
대법원 2013.3.14. 선고 2011도8325 판결 ● 620
대법원 2013.3.14. 선고 2012도13611 판결 ● 487
대법원 2013.3.28. 선고 2010도3359 판결 ● 704
대법원 2013.3.28. 선고 2012도13607 판결 ● 473, 493, 496
대법원 2013.3.28. 선고 2013도3 판결 ● 692
대법원 2013.4.11. 선고 2011도10626 판결 ● 834
대법원 2013.4.11. 선고 2013도1435 판결 ● 654
대법원 2013.4.18. 자 2010모363 결정 ● 829
대법원 2013.4.18. 자 2011초기689 전합결정 ● 834
대법원 2013.5.9. 선고 2013도1886 판결 ● 108
대법원 2013.5.16. 선고 2011도2631 전합판결 ● 834
대법원 2013.5.23. 선고 2013도3284 판결 ● 464
대법원 2013.6.13. 선고 2012도16001 판결 ● 656
대법원 2013.6.27. 선고 2011도7931 판결 ● 834
대법원 2013.6.27. 선고 2013도2714 판결 ● 442
대법원 2013.6.27. 선고 2013도4114 판결 ● 110
대법원 2013.7.1.자 2013모160 결정 ● 204
대법원 2013.7.11. 선고 2012도16334 판결 ● 108
대법원 2013.7.11. 선고 2013도351 판결 ● 106
대법원 2013.7.26. 선고 2013도2511 판결 ● 697
대법원 2013.8.14. 선고 2012도13665 판결 ● 430
대법원 2013.8.23. 선고 2011도4763 판결 ● 196
대법원 2013.9.26. 선고 2013도7718 판결 ● 254
대법원 2013.12.12. 선고 2012도7198 판결 ● 816, 820
대법원 2014.1.16. 선고 2013도7101 판결 ● 223, 495, 798
대법원 2014.2.27. 선고 2011도13999 판결 ● 279
대법원 2014.4.30. 선고 2012도725 판결 ● 660
대법원 2014.5.30.자 2014모739 결정 ● 834
대법원 2014.8.28. 선고 2014도4496 판결 ● 109
대법원 2014.10.15. 선고 2011도3509 판결 ● 473, 475

광주고법 1982.5.20. 선고 82노150 판결 ● 607
광주고법 2008.1.15. 선고 2007노370 판결 ● 165, 467, 469
대구고법 2008.11.27. 선고 2008노293 판결 ● 650
대전지법 1998.3.18. 선고 97노1560 판결 ● 244
대전지법 2007.9.13. 선고 2006고합4 판결 ● 169
서울고법 1999.8.11. 선고 99노1299 판결 540
서울고법 2002.2.28.자 99초455 결정 ● 179
서울남부지법 2007.6.20. 선고 2006고단3255 판결 ● 643
서울중앙지법 2006.10.31. 선고 2006노2113 판결 ● 232
서울중앙지법 2007.4.18. 선고 2006노3572 판결 ● 688
서울지법 1999.4.20. 선고 98고합1266 ● 540
수원지방법원 2013.3.28. 선고 2012노5294 판결 ●

196
인천지법 2005.2.18. 선고 2004고단5297 판결 ● 552

헌재 1992.1.28. 선고 91헌마111 결정 ● 76, 87
헌재 1992.4.28. 90헌바24 ● 865
헌재 1992.12.24. 92헌가8 결정 ● 27
헌재 1993.12.23. 93헌가2 결정 ● 28
헌재 1994.4.28. 93헌바26 ● 864
헌재 1994.4.28. 선고 93헌바26 결정 ● 433
헌재 1995.11.30. 선고 92헌마44 결정 ● 21, 23
헌재 1996.1.25. 95헌가5 ● 864
헌재 1996.1.25. 선고 95헌가5 결정 ● 441
헌재 1996.12.26. 94헌바1 결정 ● 27
헌재 1997.3.27. 96헌바28 결정 ● 27
헌재 1997.3.27. 선고 96헌가11 전원재판부 ● 62
헌재 1997.8.21. 96헌바9 ● 865
헌재 1997.11.27. 선고 94헌마60 결정 ● 356, 364
헌재 1998.7.16. 선고 97헌바22 결정 ● 440
헌재 2001.11.29. 2001헌바41 결정 ● 27, 258
헌재 2003.3.27. 선고 2000헌마474 결정 ● 362
헌재 2004.3.25. 선고 2002헌바104 결정 ● 177
헌재 2004.5.27. 선고 2004헌마27 결정 ● 266
헌재 2004.9.23. 2002헌가17 결정 ● 27
헌재 2004.9.23. 선고 2000헌마138 결정 ● 98
헌재 2004.9.23. 선고 2000헌마138 전원재판부 결정 ● 103
헌재 2004.9.23. 선고 2002헌가17·18(병합) 전원재판부 ● 62
헌재 2004.11.25. 2004헌마595 결정 ● 267
헌재 2004.12.16. 2002헌마478 전원재판부 결정 ● 76
헌재 2005.3.31. 2004헌가27, 2005헌바8(병합) 결정 ● 863
헌재 2007.3.29. 선고 2006 헌바69 전원재판부 결정 ● 168
헌재 2009.10.29. 선고 2007헌마992 결정 ● 80
헌재 2010.6.24. 선고 2009헌마257 결정 ● 359
헌재 2011.5.26. 선고 2009헌마341 전원재판부 ● 83
헌재 2011.11.24. 선고 2008헌마578 결정 ● 263
헌재 2012.6.27. 2011헌가36 결정 ● 26

[사항색인]

【ㄱ】

가두식별 ● 550

가명 ● 708

간이기각 ● 18

간통죄의 고소취소 ● 135

감정서 ● 631

강제채혈·강제채뇨·강제채모 ● 245

강제처분집행 ● 215

개인수첩의 자백성 ● 741

개인정보 보호법 ● 160

객관의무 ● 47

거증책임의 전환 ● 576, 579

거짓말탐지기 검사결과 ● 531

검사결과회보서 ● 532, 534

검사면전 피의자신문조서 ● 616

검사와 사법경찰관리의 관계 ● 171

검사의 기소재량 ● 327

검사의 불기소처분에 대한 불복방법 ● 267

검사의 수사지휘권 ● 170

검사의 자의적인 공소권행사 ● 269

검사작성의 피고인이 된 피의자신문조서 ● 656

검증 ● 252

경고를 받을 권리 ● 59

경합범의 일부상소 ● 799

경험칙 ● 535

고도의 개연성 ● 826

고소·고발 전 수사의 적법성 ● 111

고소의 주관적 불가분 ● 128

고소취소간주 ● 134

공동정범 ● 389

공동피고인의 공판정 자백 ● 746

공동피고인의 증인적격 ● 569

공방대상 ● 805

공방대상론 ● 807

공범관계의 변경 ● 399

공범인 공동피고인 ● 422

공범자에 대한 검사작성 피의자신문조서 ● 621

공범자의 자백 ● 738

공소권남용 ● 152

공소사실 불특정의 효과 ● 310

공소사실의 단일성 ● 378

공소사실의 동일성 ● 373

공소사실의 동일성 판단의 기준 ● 375

공소사실의 변경과 그 한계 ● 374

공소사실의 축소인정 ● 396, 402

공소사실의 특정 ● 299

공소시효기간의 연장 ● 344

공소시효완성 ● 412

공소시효의 정지 ● 346

공소장변경의제 ● 354

공소장변경의 필요성 ● 382

공소장일본주의 ● 293

공소장특정 ● 298

공소제기전 수사기록열람·등사청구권 ● 362

공시송달 ● 435

공정한 범인식별 ● 548
공판구조 ● 22
공판절차의 주도적 주체 ● 22
공판정 외의 자백 ● 738
공판정 자백 ● 738
공판조서 ● 446
공판조서의 절대적 증명력 ● 449
공판중심주의 ● 454
과학적 증거방법 ● 539
관련 사건을 함께 재판받을 이익 ● 270
교통범칙금통고처분 ● 759
구두변론주의 ● 619
구속적부심문조서 ● 699
구속집행정지 ● 26
구인장의 집행불능 ● 656
국선변호인 ● 106
국제우편물 ● 255
국제형사인권법 ● 88
권리포기행위 ● 208
궐석재판 ● 435
규범적 요소 ● 753
금제품 ● 230, 257
기록매체 ● 226
기망자백 ● 733
기본적 사실동일설 ● 375
기소유예재량 ● 261
기소재량 ● 395
기소 후의 수사 ● 334
기속력이 미치는 법원 ● 795
기속력이 미치는 판단의 범위 ● 795
기초되는 조사·심리 ● 14
기판력의 객관적 범위 ● 761
기판력의 시간적 범위 ● 762
기회제공형 ● 150
긴급처분설 ● 234
긴급체포 ● 161
긴급체포의 요건인정기준 ● 163

【ㄴ】

낙-앤드-어나운스 루울 ● 250
내사 ● 90
내사의 수사 ● 93
내용 인정 ● 614
노인성 치매로 인한 기억력 장애, 분별력 상실 ● 656
녹음테이프 ● 713
녹음테이프의 진정성립 ● 641
누락사건의 추가기소 ● 273
누적적 전문증거 ● 685

【ㄷ】

단순부인 ● 69
당사자녹음·청취 ● 502
당사자능력 ● 37
당사자주의 ● 22
당연히 증거능력이 있는 서류 ● 697
대면권 ● 423, 427, 428
도망·증거인멸의 염려 ● 184
독수독과론 ● 472
동석권 ● 99
동일벌조설·법률구성설 ● 385
동일법원에의 추가기소 ● 348
동일성 ● 701

【ㅁ】

마약류 투약죄 ● 316
메모리카드 출력물 ● 697
면소판결 ● 770
면소판결설 ● 768
면소판결에 기판력을 인정할 것인가 ● 773

면소판결의 성질 ● 771
명백성의 판단기준 ● 829
명예훼손죄의 위법성조각사유의 거증책임 ● 575
모용인 ● 326
목격자의 오지목 ● 552
몰수·추징과 불이익변경금지 ● 822
무결성 ● 701
무죄추정의 원칙 ● 97
무효의 치유 ● 40
문서송부촉탁 ● 366
문서 출력물 ● 216
미결구금의 통산일수 ● 821
미란다 경고의 고지시기 ● 166
미란다 권리 ● 58

【ㅂ】

반대신문권 ● 423, 427
반의사불벌죄 ● 34, 123
반의사불벌죄의 입법취지 ● 129
방어권행사에 실질적으로 불이익을 줄 우려 ● 396
방조범 ● 389
번복진술조서 ● 434
번복참고인진술조서 ● 680
벌금형 ● 819
범의유발형 ● 150
범인과 범증의 명백성 ● 191
범인식별 ● 546
범죄실행의 즉후 ● 190
범죄인지 ● 90
범죄혐의와 관련성 ● 227
범죄혐의의 상당성 ● 184, 186
범칙금통고처분 납부와 기판력 ● 775
범칙행위 ● 777
범행의 부인과 양형 ● 66
범행재연사진 ● 634
범행 후의 정황 ● 66
법률의견서 ● 715
법률적 반대신문경유론 ● 748
법원의 석명권 행사의 의무성 ● 311
법원의 소송지휘재량 ● 452
법정대리인의 고소권 ● 121
법정증언을 번복 ● 430
변호인과의 접견교통권(면접·교섭권) ● 80
변호인의 진실의무 ● 51
변호인의 허위진술 ● 52
별건범죄 ● 229
보강법칙 ● 736
보강법칙이 적용되는 범위 ● 740
보강을 요하는 자백 ● 738
보강증거의 증거능력 ● 738
보강증거적격 ● 744
보이스펜 ● 641
보호조치 ● 282, 288
복심 ● 797
부당한 기소유예처분 ● 260
부분적 확정 ● 802
부수처분설 ● 234
부정기형과 정기형의 비교방법 ● 821
분리기소 ● 339
불고불리의 원칙 ● 384
불기소결정서 ● 367
불기소처분 ● 266
불기소처분기록 ● 367
불법감청 ● 506
불법체포 후의 긴급체포 ● 146
불이익변경금지의 원칙 ● 812
불이익 양형 ● 69
불이익 여부를 판단하는 기준 ● 814
불특정의 효과 ● 298
브러튼루울 ● 748

비변호인과의 접견교통권 ● 79
비전형적 자백 ● 729
비한정설 ● 679

【ㅅ】

사건단위설 ● 229
사법경찰관 작성의 검증조서 ● 634
사법경찰관 작성의 피의자신문조서 ● 609
사실기재설 ● 384
사실심리의 가능성이 있는 최후의 시점 ● 762
사실적 관련성 ● 532
사인에 의한 위법수집증거 ● 473
사인이 위법하게 수집한 증거 ● 512
사진촬영 ● 158
사후심 ● 797
사후영장 ● 231
상고심의 구조 ● 840
상고심의 심판대상 ● 840
상고이유 ● 840
상소심의 심판범위 ● 799
상소의 이익 ● 789
상소절차 속행신청 ● 33
상소취하 ● 29
상습범 ● 765
선의의 예외이론 ● 237
선행기소 ● 269
선행위법행위 ● 491
성립의 진정 ● 616
성명모용소송 ● 323
성폭력범죄의 처벌 등에 관한 특례법 ● 118
소송능력 ● 38
소송법적인 사실 ● 562
소송조건불비의 흠의 치유 ● 410
소송촉진 등에 관한 특례법 ● 437, 442
소송행위 ● 29
소송행위의 성립·불성립 ● 40
소송행위의 흠(하자) ● 32
소재불명 ● 654
소지품 조사 ● 278
속심 ● 798
쇼우업 ● 550
수사조건론 ● 113
수사지휘 ● 168
수정된 기본적 사실동일설 ● 756
순수한 기본적 사실동일설 ● 756
스탠딩 법리 ● 473
스탠딩 법리의 부정 ● 498
시간적 근접성과 장소적 근접성 ● 190
신규형 재심사유 ● 825
실질설 ● 90, 736
실질적 불이익설 ● 389
실질적 직접심리주의 ● 419
실체판결설 ● 767
실체형성행위 ● 32
실황조사 ● 252
쌍방상소 ● 803

【ㅇ】

아동 성학대·성추행 사건 ● 667
아동의 증언능력 ● 540, 543
아동진술의 신빙성 ● 663, 666
악성격(유사사실) 증거배척 ● 555
압수·수색·검증 집행 1회성의 원칙 ● 249
압수목록교부의무 ● 250
압수물에 대한 권리포기 ● 211
압수물환부청구권 ● 208
야간집행의 제한 ● 250
양립가능·불가능론 ● 375

양형의 기초가 되는 사실 ● 562
엄격한 증명 ● 559
업무상 필요로 작성한 통상문서 ● 698
영상감시 비디오테이프 ● 518
영상녹화물 ● 643
영장 없는 수색·압수 ● 234
영장 없는 영상감시 ● 517
영장 없이 압수할 수 있는 물건 ● 216
영장의 유효기간 ● 249
영장의 집행과 책임자의 참여권 ● 250
영장주의 ● 26
예비적·택일적 기재 ● 331, 333
오염순화의 예외이론 ● 477
오지목 ● 548
옹호설 ● 726
원본증거의 대체물 ● 668
원진술자의 기억불능 ● 663
위드마크 공식 ● 583
위법배제설 ● 726
위법수집증거 ● 467
위법수집증거배제규칙 ● 727
위법수집증거와 동의 ● 695
위장출석 ● 325
위장출석의 법리 ● 326
위증죄 ● 457
유기적으로 밀접하게 관련되는 증거 ● 824
유사인물 사진제시 ● 547
이미징 ● 701
이심 ● 802
이중기소 ● 408
인과관계의 희석·단절 ● 491
인권보호수사준칙 ● 169, 732
인정신문 ● 61
일대일대면 ● 553
일부상소의 요건과 그 효과 ● 801
일부 특정되지 아니한 공소사실의 보정 ● 410
일부파기설 ● 802
일죄의 일부기소 ● 328
임의동행 ● 142
임의로 제출한 물건 ● 236
임의성 없는 자백 ● 724
임의성에 의심이 있는 약속자백 ● 732
임의성의 입증책임 ● 145
임의성의 판단기준 ● 144
임의제출 ● 255

【ㅈ】

자기부죄거부특권 ● 727
자백법칙 ● 727
자백의 임의성 인정의 기초사실 ● 566
자백의 증거능력 ● 723
자백의 증명력 ● 734
자술서 ● 628
자연적 관련성 ● 531
자유로운 증명 ● 561, 565
장소적 근접성 ● 190
재심사유 ● 824
재심의 존재의의 ● 828
재전문증거 ● 683
재전문진술 ● 684
재전문진술을 기재한 조서 ● 684
재정신청 ● 260, 261
재항고 ● 262
저장매체 ● 220
적극적 부인 ● 69
적법절차 ● 27
적법절차의 실질적인 내용 ● 471
적법한 절차와 방식 ● 704

전격기소 ● 176
전문서류 ● 631
전문진술 ● 673
전문진술이 기재된 조서 ● 683
전부파기설 ● 802
전속고발범죄 ● 111, 112
전속고발사건에 주관적불가분의 적용이 있는가 ● 132
전심재판 ● 12
전자정보 ● 216, 224
전자증거 ● 701
전체적·실질적으로 고찰 ● 813
전화감청 ● 524
절대적 증명력 ● 449
절차위반행위 ● 487
절차유지의 원칙 ● 693
절차형성적 소송행위 ● 29, 32
접견교통권 ● 71
접견교통권의 법적 성질 ● 74
접견교통의 비밀보장 ● 87
접견불허처분 ● 76
접견의 실태 ● 72
정보 ● 225
정보에 대한 압수 ● 225
정보저장매체 ● 227
정지질문 ● 275
제3자 녹음·청취 ● 502, 503
제1심 공판중심주의 ● 417
제척·기피·회피 ● 11
조사수인의무 ● 204
조사자 증언 ● 650
조서의 적법한 작성주체 ● 627
조서작성의 보조자 ● 627
조세범처벌법 ● 113
죄수판단 ● 810
죄수판단의 유동성 ● 348
죄체설 ● 736
주관적 공권 ● 213
준현행범 ● 199
줄세우기 ● 549
즉결심판 ● 758
증거개시 ● 368
증거개시결정 ● 356
증거개시의무 ● 356
증거공통의 원칙 ● 695
증거동의 ● 614
증거동의권의 행사주체 ● 692
증거동의의 시기 ● 694
증거동의의 의제 ● 694
증거동의의 철회와 취소 ● 693
증거배제의 주장적격 ● 473
증거분리제출제도 ● 295
증거의 신규성 ● 825
증언거부권 ● 655, 716
증언거부권 불고지 ● 457
증언거부사유 ● 458
증언능력 ● 541
증인적격 ● 424, 541
지문채취의 강요 ● 62
직권심판의무 ● 403
직권주의 ● 22
직무상 증명할 수 있는 사항에 관하여 작성한 문서 ● 698
직접심리주의 ● 619
진술거부권고 ● 99
진술거부권고권 ● 100
진술거부권 고지대상이 되는 피의자지위 ● 63
진술 녹음물 ● 639
진술 또는 작성이 특히 신빙할 수 있는 상태 ● 658
진술불능요건 ● 653

진술서 ● 710
진술조서 ● 708
진술청취 ● 206
진실성담보설 ● 736
진정성 ● 702

【ㅊ】

착오 ● 29
착오로 인한 소송행위 ● 32
참여변호인 ● 100
채혈 ● 240
처벌불원의 의사표시의 시한 ● 139
철야신문 ● 731
철야신문과 약속 ● 729
체포감금죄 ● 178
체포·구속업무처리지침 ● 170
체포·구속에 선행하는 압수·수색 ● 232
체포와 피의사실 등의 고지시기 ● 59
체포의 위법과 구속의 가부 ● 165
체포의 필요성 ● 192
체포적부심사청구 ● 174
체포현장 ● 234
추가기소 ● 352
추정 ● 578
추정의 법적·합리적 근거 ● 578
축소사실의 인정 ● 387
축소사실 인정의 의무성 ● 401
출력·파일복사 ● 227
출석권 ● 440
출석요구 ● 206
출입국사범 ● 115
친고죄 ● 111
친고죄의 입법취지 ● 129

【ㅋ】

컴퓨터 디스켓 ● 517
컴퓨터 디스켓의 수록내용 ● 517
크로포드 판결 ● 671

【ㅌ】

타인의 비밀 ● 718
탄핵대상 ● 676
탄핵증거 ● 676
탄핵증거의 적격 ● 677
탄핵증거의 조사방법 ● 678
탄핵증거의 허용범위 ● 679
통관검사절차 ● 254
통신제한조치허가 ● 517
통신제한조치허가의 유효범위 ● 519
통제배달 ● 254, 255, 257
특수효력설 ● 794
특정의 정도 ● 301
특히 신빙할 수 있는 상태 ● 650
특히 신용할 수 있는 정황에 의하여 작성된 문서 ● 699

【ㅍ】

파기판결의 기속력 ● 794
파기판결의 기속력의 법적성질 ● 794
파일복사 ● 221
판결문사본 ● 695
포괄일죄에 대한 일부상소 ● 805
플레인 뷰 이론 ● 229
피고인에게 적대적인 참고인진술조서 ● 668
피고인에 대한 강제수사 ● 337
피고인의 대면권 ● 422
피고인의 반대신문권 ● 428
피고인의 증인적격 ● 62

피고인의 진술거부권 ● 61
피고인의 출석권 ● 435
피고인조사 ● 338
피내사자 ● 90, 91
피모용인 ● 326
피신조서의 유효조건 ● 628
피의자 대면조사 ● 168
피의자신문참여변호인의 동석권 ● 100
피의자인치명령 ● 167
피체포자의 신체와 그의 직접적 지배하에 있는 장소 ● 221
피해자 아닌 자의 고소권 ● 117
피해자의 재판절차진술권 ● 428

【ㅎ】

한국형 독수독과론 ● 479
한국형 실질적 직접주의 ● 669
한정설 ● 679
함정수사 ● 149
함정수사의 소송법적 쟁점들 ● 149
항소심에서의 고소취소의 효력 ● 124
항소심의 구조 ● 762, 797
행정경찰 목적의 동행요구 ● 146
행정상 즉시강제 ● 285
행정조사 ● 255, 256
허위배제설 ● 726
허위사실공표죄의 법리 ● 579
현저한 정의와 형평 ● 403
현행범 체포 ● 189
형사범죄행위 ● 777
형식재판설 ● 772
형의 경중을 판단하는 기준 ● 814
형의 집행 및 수용자의 처우에 관한 법률 ● 79
호흡측정기에 의한 측정 ● 62
확정판결 ● 782
확정판결의 증거가 되었던 진술을 번복하는 진술 ● 833
환형유치 ● 819
효과적인 변호를 받을 권리 ● 103
후행기소 ● 269
흉기조사 ● 278

[공저자약력]

沈羲基

서울대학교 법과대학 졸업(1978)
서울대학교 대학원 법학과 석사(1980)
서울대학교 대학원 법학과 박사(1991)
영남대학교 법과대학 교수(1984-1998)
Stanford Law School 방문연구(1994-1995)
동국대학교 법과대학 교수(1998-2000)
사법시험·행정고시·입법고시위원 역임
(현재) 연세대학교 법학전문대학원 교수
한국형사소송법학회 회장

[저서]
한국법사연구(영남대학교 출판부, 1992)
한국법제사강의(삼영사, 1997)
쟁점강의 형사소송법(삼영사, 2012, 공저)

梁東哲

서울대학교 법과대학 졸업(1978)
제19회 사법시험 합격(1977)
Cornell Law School 법학석사(LL.M.)(1992)
검사 · 부장검사(1981-2001)
변호사(2001-2005)
숭실대학교 법과대학 교수(2005-2007)
사법시험·변호사시험위원 역임
(현재) 경희대학교 법학전문대학원 교수
방송통신심의위원회 통신특별위원장

[저서]
검찰실무(법무연수원, 2010, 공저)
형사법 기록형 형사소송실무(박영사, 2014)
쟁점강의 형사소송법(삼영사, 2012, 공저)

제5판 **형사소송법판례150선**

2011년 2월 28일 제1판 발행
2012년 2월 10일 제2판 발행
2013년 3월 10일 제3판 발행
2014년 3월 10일 제4판 발행
2015년 3월 23일 제5판 발행

공저자 **심희기·양동철**
발행인 임 권 규
발행처 弘文社

121-856 서울시 마포구 토정로 222 A동 205호
登錄 1993. 6. 24 第 1-1543 號
TEL : (02)712-5311(代) FAX : (02)716-5311

값 40,000원

ISBN 978-89-7770-357-5 93360